D1619119

BUCHREIHE

FINANZ UND STEUERN

Band 5, Körperschaftsteuer

SCHÄFFER
POESCHEL

Körperschaftsteuer

von

Heiner Cattelaens
Diplom-Finanzwirt/Diplom-Ökonom
Finanzministerium NRW, Düsseldorf

Siegfried Gottstein
Ltd. Regierungsdirektor
Gruppenleiter bei der OFD Stuttgart

Hubert Stegmüller
Regierungsdirektor
bei der OFD Stuttgart
Lehrbeauftragter an der Fachhochschule
für Finanzen, Ludwigsburg

Wolfgang Zenthöfer
Oberregierungsrat
Dozent an der Fachhochschule
für Finanzen NRW, Nordkirchen

11., völlig neubearbeitete Auflage
Nachdruck 1996

1995
SCHÄFFER-POESCHEL VERLAG
STUTTGART

Deutsche Bibliothek – CIP-Einheitsaufnahme
Körperschaftsteuer / neubearb. von Heiner Cattelaens ... – 11. Aufl. –
Stuttgart: Schäffer-Poeschel, 1995
(Buchreihe Finanz und Steuern; Bd. 5)
ISBN 3-8202-0909-3
NE: Cattelaens, Heiner; GT

gedruckt auf chlorfrei gebleichtem, säurefreiem und alterungsbeständigem Papier

ISBN 3-8202-0909-3

Dieses Werk einschließlich aller seiner Teile ist urheberrechtlich geschützt. Jede Verwertung außerhalb der engen Grenzen des Urheberrechtsgesetzes ist ohne Zustimmung des Verlages unzulässig und strafbar. Das gilt insbesondere für Vervielfältigungen, Übersetzungen, Mikroverfilmungen und die Einspeicherung und Verarbeitung in elektronischen Systemen.

© 1995 Schäffer-Poeschel Verlag für Wirtschaft · Steuern · Recht GmbH

Satz: Hohenloher Druck- und Verlagshaus, Gerabronn
Druck und Bindung: Franz Spiegel Buch GmbH, Ulm

Printed in Germany
Schäffer-Poeschel Verlag, Stuttgart
Ein Tochterunternehmen der Verlagsgruppe Handelsblatt
und der Spektrum Fachverlage GmbH

Vorwort zur 11. Auflage

Die Organisationsform der Kapitalgesellschaft ist weiterhin aktuell. Schon zum 31. 12. 1992 betrug die Zahl der Kapitalgesellschaften in den (alten und neuen) Bundesländern 552 878; der Bestand hat sich somit in zwei Jahrzehnten verfünffacht. Zwischenzeitlich dürfte die Zahl von 600 000 erreicht sein. Vor diesem Hintergrund bedarf die Bedeutung des Körperschaftsteuerrechts für Ausbildung und Praxis keiner weiteren Begründung.

Die Aufgabenstellung für die Neuauflage ist unverändert. Die Verfasser haben sich bemüht, die schwierige und komplexe Materie der Körperschaftsteuer überschaulich darzustellen und an einer Fülle von Beispielen zu verdeutlichen. Schwerpunkt der Darstellung sind, ohne die Probleme der Einkommensermittlung zu vernachlässigen, weiterhin die Bestimmungen des Anrechnungsverfahrens. Die Ausführungen hierzu sind bewußt breit angelegt, um auch Einzelfragen erläutern zu können. Zum besseren Verständnis der Funktionsweise des Anrechnungsverfahrens sind die einschlägigen Vorschriften des Einkommensteuerrechts in die Bearbeitung einbezogen. Ferner wurde ein Abriß der Bestimmungen des Umwandlungssteuergesetzes mit seinen aktuellen Änderungen aufgenommen.

Die Neuauflage gibt die Gesetzeslage zum 1. 1. 1995 wieder. Berücksichtigt sind insbesondere die zahlreichen Rechtsänderungen, die sich aus dem Standortsicherungsgesetz, dem Mißbrauchsbekämpfungs- und Steuerbereinigungsgesetz, dem Gesetz zur Änderung des Parteiengesetzes und anderer Gesetze und dem Gesetz zur Änderung des Umwandlungssteuerrechts im Bereich der Körperschaftsteuer ergeben haben. Hervorzuheben ist die Senkung der Steuersätze einschl. der Ausschüttungsbelastung; sie machte es erforderlich, sämtliche Beispiele – unter Berücksichtigung der Übergangsfälle – entsprechend neu zu fassen. Einzuarbeiten waren ferner die seit langem diskutierte gesetzliche Regelung zur Gesellschafter-Fremdfinanzierung, die Neuregelung zur Ausschüttung von Erträgen aus ausländischen Aktivitäten und die Folgerungen aus dem nunmehr bestehenden Wahlrecht beim Verlustabzug. Das Solidaritätszuschlaggesetz 1995 ist bereits berücksichtigt.

Die Rechtsprechung des Bundesfinanzhofs wurde ausgewertet. Ebenso die Verwaltungsanweisungen, deren Kenntnis, wie die rechtliche Auseinandersetzung zu Fragen des Wettbewerbsverbots zeigt, für die tägliche Steuerpraxis von wesentlicher Bedeutung ist.

Mit der Neuauflage ist der Anschluß an die aktuelle Rechtslage wieder erreicht. Verschiedene Gesetzesvorhaben, wie z. B. die Vereinfachung des Körperschaftsteuer-Anrechnungsverfahrens, konnten (noch) nicht verwirklicht werden; ihre Umsetzung bleibt dem künftigen Gesetzgebungsverfahren überlassen. Dies gilt auch für die Überlegungen, das System des Anrechnungsverfahrens für ausländische Körperschaftsteuer zu öffnen.

Die Darstellung soll – wie die Vorauflagen – nicht nur diejenigen ansprechen, die sich das Körperschaftsteuerrecht neu erarbeiten wollen. Sie soll auch dem Praktiker bei wesentlichen Einzelfragen eine schnelle Orientierung ermöglichen.

Anzumerken ist noch, daß Herr Heiner Cattelaens in das Autorenteam neu eingetreten ist; er betreut nunmehr die bisher von Herrn Ewald Dötsch bearbeiteten Teilbereiche.

März 1995   Die Verfasser

Bearbeiterübersicht:

Cattelaens: §§ 26–32, 34, 35, 38–43, 47 u. 54a KStG, § 50c EStG, SolzG 1991, SolzG 1995

Gottstein: §§ 14–19, 36 u. 37 KStG

Stegmüller: §§ 20–25, 44–46, 48–54 KStG, EStG (außer § 10d und § 50c), UmwStG

Zenthöfer: §§ 1–13 KStG

Cattelaens/Zenthöfer: § 10d EStG, § 8 Abs. 5 KStG 1991, § 33 KStG

Hinweise auf weitere im Schäffer-Poeschel Verlag erschienene Werke:

a) **Dötsch/Eversberg/Jost/Witt, Die Körperschaftsteuer**
Loseblattkommentar zum KStG und zu den einkommensteuerrechtlichen Vorschriften des Anrechnungsverfahrens

b) **Dötsch/Jost/Thielemann/Wehner, Anleitung zur Körperschaftsteuererklärung**
Einzelerläuterung zu jeder Zeile der Körperschaftsteuererklärung und der Erklärung zur gesonderten Feststellung nach § 47 KStG. Mit amtlichen Erklärungsvordrucken. Auswirkungen der Körperschaftsteuer auf Buchführung und Bilanz. Bemessung der Gewinnausschüttung. Zahlreiche Einzelbeispiele und Übersichten. Zwei praktische Fälle mit Lösung in Buchführung und Vordrucken.

c) **Zenthöfer/Leben, Körperschaftsteuer/Gewerbesteuer**
Grundkurs des Steuerrechts Band 11, 7. Auflage 1995

Inhaltsverzeichnis

		Seite
Vorwort zur 11. Auflage		V
Bearbeiterübersicht		VI
Abkürzungsverzeichnis		XXIX

Teil A
Einführung

1	Stellung und Entwicklung des Körperschaftsteuerrechts	1
2	Die Grundkonzeption des Körperschaftsteuergesetzes	2
3.	Rechtsgrundlagen und Verwaltungsanweisungen	4

Teil B
Steuerpflicht

1.	Anwendungsbereich des KStG	5
1.1	Allgemeines	5
1.2	Maßgeblichkeit der Rechtsform	6
1.2.1	Einmann-GmbH	6
1.2.1.1	Selbständige Körperschaftsteuerpflicht	6
1.2.1.2	Durchgriff durch die Rechtsform?	7
1.2.2	GmbH & Co KG	7
1.2.3	Publikums-KG	9
1.3	Abgrenzungsregel § 3 Abs. 1 KStG	9
2.	Bedeutung der unbeschränkten und beschränkten Steuerpflicht	12
3.	Unbeschränkte Steuerpflicht	13
3.1	Die einzelnen Steuersubjekte	13
3.1.1	Kapitalgesellschaften	13
3.1.1.1	Aktiengesellschaft	14
3.1.1.2	GmbH	15
3.1.1.3	Sonstige Kapitalgesellschaften	16
3.1.2	Erwerbs- und Wirtschaftsgenossenschaften (§ 1 Abs. 1 Nr. 2 KStG)	17
3.1.3	Versicherungsvereine auf Gegenseitigkeit (§ 1 Abs. 1 Nr. 3 KStG)	17
3.1.4	Sonstige juristischen Personen des privaten Rechts (§ 1 Abs. 1 Nr. 4 KStG)	17
3.1.4.1	Begriff der juristischen Person	17
3.1.4.2	Arten der sonstigen juristischen Personen des privaten Rechts	18
3.1.5	Nichtrechtsfähige Personenvereinigungen und Vermögensmassen (§ 1 Abs. 1 Nr. 5 KStG)	19
3.1.5.1	Keine Erfassung der Personengesellschaften	19
3.1.5.2	Nichtrechtsfähige Zweckvermögen	19
3.1.5.3	Nichtrechtsfähige Vereine	20
3.1.5.4	Ausländische Körperschaften	21
3.1.6	Betriebe gewerblicher Art von juristischen Personen des öffentlichen Rechts (§ 1 Abs. 1 Nr. 6, § 4 KStG)	21
3.1.6.1	Allgemeines	21
3.1.6.2	Begriff des Betriebs gewerblicher Art (Abschn. 5 Abs. 2 KStR)	22
3.1.6.3	Versorgungsbetriebe (§ 4 Abs. 3 KStG)	25
3.1.6.4	Betriebe gewerblicher Art als juristische Personen des öffentlichen Rechts (§ 4 Abs. 2 KStG)	25
3.1.6.5	Verpachtung von Betrieben gewerblicher Art (§ 4 Abs. 4 KStG; Abschn. 5 Abs. 6 KStR)	25
3.1.6.6	Hoheitsbetriebe (§ 4 Abs. 5 KStG; Abschn. 5 Abs. 13 KStR)	25
3.1.6.7	Abgrenzung der Hoheitsbetriebe von Wirtschaftsbetrieben	26
3.1.6.8	Einkommensermittlung bei Betrieben gewerblicher Art	26
3.1.6.9	Zusammenfassung von Betrieben	27
3.1.6.10	Betriebe in privatrechtlicher Rechtsform	27
3.2	Geschäftsleitung oder Sitz im Inland bei Körperschaften im Sinne des § 1 KStG	27

3.2.1	Allgemeines	27
3.2.2	Geschäftsleitung (§ 10 AO)	28
3.2.3	Sitz (§ 11 AO)	29
3.2.4	Besonderheiten bei ausländischen Körperschaften	29
3.3	Umfang der sachlichen Steuerpflicht	30
3.3.1	Grundsatz	30
3.3.2	Einschränkungen	30
3.3.2.1	Doppelsteuerungsabkommen	30
4.	**Beschränkte Steuerpflicht**	31
4.1	Allgemeines	31
4.2	Ausländische Körperschaften (§ 2 Nr. 1 KStG)	32
4.2.1	Allgemeines	32
4.2.2	Kreis der Steuerpflichtigen	32
4.2.3	Die inländischen Einkünfte (§§ 8 Abs. 1 KStG, 49 EStG)	33
4.2.3.1	Allgemeines	33
4.2.3.1.1	Keine neuen Einkunftsbegriffe	33
4.2.3.1.2	Erschöpfende Aufzählung	33
4.2.3.1.3	Isolierende Betrachtungsweise (§ 49 Abs. 2 EStG)	33
4.2.3.1.4	Einschränkungen durch DBA	34
4.2.3.1.5	Abgeltung der Körperschaftsteuer durch Steuerabzug	34
4.2.3.1.6	Ermittlung der Einkünfte	35
4.2.3.2	Inländische Einkünfte aus Land- und Forstwirtschaft (§ 49 Abs. 1 Nr. 1 EStG)	37
4.2.3.3	Einkünfte aus Gewerbebetrieb (§ 49 Abs. 1 Nr. 2 EStG)	37
4.2.3.4	Inländische Einkünfte aus selbständiger Arbeit (§ 49 Abs. 1 Nr. 3 EStG)	39
4.2.3.5	Inländische Einkünfte aus Kapitalvermögen (§ 49 Abs. 1 Nr. 5 EStG)	40
4.2.3.6	Inländische Einkünfte aus Vermietung und Verpachtung (§ 49 Abs. 1 Nr. 6 EStG)	41
4.2.3.7	Inländische Einkünfte aus Spekulationsgeschäften (§ 49 Abs. 1 Nr. 8 EStG)	42
4.2.3.8	Inländische Einkünfte gemäß § 49 Abs. 1 Nr. 9 EStG	43
4.2.3.9	Veranlagung, Steuersatz	43
4.3	Sonstige beschränkt steuerpflichtige Körperschaften usw. (§ 2 Nr. 2 KStG)	44
4.3.1	Kreis der Steuersubjekte	44
4.3.2	Voraussetzungen und sachlicher Umfang der Steuerpflicht	44
4.3.3	Ausschluß der Veranlagung, Abgeltungswirkung	45
4.4	Partielle Steuerpflicht gemäß § 5 Abs. 2 Nr. 1 KStG	45
4.4.1	Systematische Einordnung	45
4.4.2	Voraussetzungen und sachlicher Umfang der Steuerpflicht	46
4.4.3	Einschränkungen der partiellen Steuerpflicht	46
5.	**Zusammenfassender Überblick „Persönliche Steuerpflicht"**	47
6.	**Beginn, Ende und Wechsel der Steuerpflicht**	48
6.1	Beginn	48
6.1.1	Juristische Personen (§ 1 Abs. 1 Nr. 1–4 KStG)	48
6.1.2	Nichtrechtsfähige Körperschaften	52
6.2	Ende der Steuerpflicht	52
6.2.1	Grundsatz	52
6.2.2	Verschmelzung (§ 2 UmwG), Spaltung (§ 123 UmwG) und Vermögensübertragung (§ 174 UmwG)	52
6.2.3	Formwechselnde Umwandlung von Kapitalgesellschaften (§§ 226–250 UmwG)	52
6.2.4	Verlegung von Sitz und/oder Geschäftsleitung in das Ausland	52
6.2.5	Wegfall des Bezugs inländischer Einkünfte	53
6.3	Wechsel der Steuerpflicht	53
6.3.1	Wechsel zwischen unbeschränkter und beschränkter Steuerpflicht gemäß § 2 Nr. 1 KStG	53
6.3.2	Wechsel zwischen unbeschränkter (§ 1 Abs. 1 KStG) und partieller Steuerpflicht gemäß § 5 Abs. 2 Nr. 1 KStG	54
7.	**Persönliche Steuerbefreiungen (§§ 5, 6 KStG)**	55
7.1	Geltungsbereich	55
7.2	Allgemeiner Regelungsinhalt	55

7.3	Maßgebender Zeitpunkt bzw. Zeitraum für die Voraussetzungen der Steuerfreiheit	55
7.4	Umfang der Steuerbefreiung	56
7.4.1	Vollständige subjektive Befreiung	56
7.4.2	Keine Wirkung einer Befreiung für von steuerbefreiten Körperschaften beherrschte Rechtsgebilde	56
7.4.3	Ausschluß der Befreiung für wirtschaftliche Geschäftsbetriebe	56
7.4.3.1	Allgemeines	56
7.4.3.2	Wirtschaftlicher Geschäftsbetrieb (§ 14 AO)	57
7.4.3.3	Zweckbetriebe	59
7.4.3.4	Partielle Steuerpflicht steuerabzugspflichtiger Einkünfte (§ 5 Abs. 2 Nr. 1 KStG)	59
7.4.3.5	Herstellung der Ausschüttungsbelastung (§ 5 Abs. 2 Nr. 2 KStG)	60
8.	**Einzelne Steuerbefreiungen**	60
8.1	Berufsverbände ohne öffentlich-rechtlichen Charakter (§ 5 Abs. 1 Nr. 5 KStG)	60
8.1.1	Abgrenzung zu den öffentlich-rechtlichen Berufsverbänden	60
8.1.2	Voraussetzungen der Befreiung	60
8.2	Politische Parteien (§ 5 Abs. 1 Nr. 7 KStG)	62
8.3	Gemeinnützige, mildtätige und kirchliche Körperschaften (§ 5 Abs. 1 Nr. 9 KStG)	62
8.3.1	Voraussetzungen (Überblick)	63
8.3.1.1	Begünstigte Zwecke	63
8.3.1.2	Gemeinsame Voraussetzungen (§§ 55–63 AO)	64
8.3.1.2.1	Selbstlosigkeit (§ 55 AO)	64
8.3.1.2.2	Ausschließlichkeit (§ 56 AO)	64
8.3.1.2.3	Unmittelbarkeit (§ 57 AO)	64
8.3.1.2.4	Steuerlich unschädliche Betätigungen (§ 58 AO)	65
8.3.1.2.5	Übereinstimmung von Satzung und tatsächlicher Geschäftsführung (§§ 59–63 AO)	65
8.3.1.2.6	Umfang der Steuervergünstigung (§§ 64–68 AO)	65
8.4	Verfahren	65
8.4.1	Turnusmäßige Überprüfung	66
8.4.2	Freistellungsbescheid und Bestätigungsverfahren bei Spenden	66
8.4.3	Veranlagung	66

Teil C

Einkommen

1.	Grundlagen der Besteuerung	67
1.1	Bemessungsgrundlage	67
1.2	Für die Besteuerung bedeutsame Zeiträume	67
1.2.1	Veranlagungszeitraum	67
1.2.2	Ermittlungszeitraum	68
1.2.3	Wirtschaftsjahr	68
1.2.3.1	Betroffener Personenkreis	68
1.2.3.2	Wahl des Abschlußzeitpunkts	69
1.2.3.3	Umstellung des Wirtschaftsjahres	69
1.2.3.3.1	Allgemeines	69
1.2.3.3.2	Einvernehmen mit dem Finanzamt	70
1.2.3.3.3	Herbeiführung und Versagung des Einvernehmens	70
1.2.3.3.4	Maßgebliche Umstellungsgründe	71
1.2.3.3.5	Unmaßgebliche Gründe	71
1.2.3.3.6	Besonderheiten bei Umwandlung und Verschmelzung	72
1.2.3.3.7	Rumpfwirtschaftsjahr	72
1.2.3.3.8	Liquidation	73
1.2.3.3.9	Zuordnung des Gewinns/Verlustes	73
1.3	Zurechnung des Einkommens	74
1.3.1	Grundsatz	74
1.3.2	Zurechnung bei wirtschaftlichem Eigentum/Treuhandverhältnissen	74
1.3.3	Konkurs, Auflösung, Liquidation	74
1.3.4	Betriebe gewerblicher Art (§ 1 Abs. 1 Nr. 6 KStG) und wirtschaftliche Geschäftsbetriebe (§ 14 AO)	75

2.	**Einkommensermittlung**	75
2.1	Ableitung des Einkommensbegriffs aus dem Einkommensteuergesetz	75
2.1.1	Grundregel	75
2.1.2	Einkunftsarten	76
2.1.3	Einkünfte bei nach dem HGB zur Buchführung verpflichteten Körperschaften	76
2.1.4	Zu- und Abflüsse außerhalb der Einkunftsarten	77
2.2	Verlustausgleich	78
2.2.1	Ausgleichsberechtigter	78
2.2.2	Verlustausgleichsverbote	79
2.3	Einkunftsermittlung	79
2.4	Steuerfreie Einnahmen nach dem EStG und anderen Gesetzen	81
2.4.1	Allgemeines	81
2.4.2	Sanierungsgewinne (§ 3 Nr. 66 EStG)	82
2.4.2.1	Allgemeines	82
2.4.2.2	Voraussetzungen der Steuerbefreiung	82
2.4.2.2.1	Gewinnermittlung durch Bestandsvergleich	83
2.4.2.2.2	Erlaß betrieblicher Schulden	83
2.4.2.2.3	Sanierungsbedürftigkeit	83
2.4.2.2.4	Sanierungseignung	84
2.4.2.2.5	Sanierungsabsicht	84
2.4.2.2.6	Abgrenzung zu verdeckten Einlagen	84
2.4.2.3	Übersicht über die handelsrechtlichen und steuerlichen Auswirkungen verschiedener Sanierungsmaßnahmen	85
2.4.2.4	Sanierungskosten	86
2.4.2.5	Besserungszahlungen	86
2.4.2.6	Steuerfreie Sanierungsgewinne und Verlustberücksichtigung	87
2.4.3	Freibeträge für Veräußerungsgewinne (Abschn. 26 Abs. 3 KStR)	88
2.5	Nichtabziehbare Ausgaben nach dem Einkommensteuergesetz und anderen Gesetzen	89
2.5.1	Abzugsverbot nach § 3c EStG	89
2.5.2	Nichtabziehbare Betriebsausgaben (§ 4 Abs. 5, 7 EStG)	90
2.5.3	Geldbußen und ähnliche Rechtsnachteile	90
2.5.3.1	Vorbemerkung	90
2.5.3.2	Ersatz von Geldbußen usw. an Arbeitnehmer und an Gesellschafter	91
2.5.3.3	Fallgruppen des Abzugsverbots	91
2.5.3.4	Rückzahlung von Sanktionen	92
2.5.3.5	Kein Werbungskostenabzug	92
2.5.3.6	Verfahrenskosten	92
2.5.4	Hinterziehungszinsen (§ 4 Abs. 5 Nr. 8a EStG)	92
3.	**Besondere Vorschriften des KStG zur Einkommensermittlung**	92
3.1	Allgemeines	92
3.2	Abziehbare Aufwendungen nach § 9 KStG	93
3.2.1	Überblick	93
3.2.2	Kosten der Ausgabe von Gesellschaftsanteilen	94
3.2.3	Gewinnanteile des Komplementärs einer KGaA (§ 9 Abs. 1 Nr. 1 KStG)	94
3.2.4	Ausgaben für steuerbegünstigte Zwecke (§ 9 Abs. 1 Nr. 2 KStG)	95
3.2.4.1	Allgemeines	95
3.2.4.2	Begünstigte Zwecke	96
3.2.4.3	Spendenhöchstbeträge i. S. des § 9 Abs. 1 Nr. 2 KStG	96
3.2.4.4	Abzug von Spenden an politische Parteien als Betriebsausgaben oder Werbungskosten?	96
3.2.4.5	Ermittlung der nach § 9 Abs. 1 Nr. 2 KStG abziehbaren Spenden	97
3.2.4.5.1	Ermittlungszeitraum für Spenden	97
3.2.4.5.2	Maßgebliches Einkommen (§ 9 Abs. 2 Satz 1 KStG)	97
3.2.4.5.3	Rechengang bei Spenden mit Zusatzhöchstbetrag	98
3.2.4.6	Sachspenden	98
3.2.4.7	Verzicht mit Aufwendungsersatz	99
3.2.4.8	Einschränkung des Spendenabzugs	99

3.2.4.9	Vertrauenstatbestand und Haftungsregelung	100
3.2.4.10	Spendenvortrag für Großspenden	100
3.3	Nichtabziehbare Aufwendungen	101
3.3.1	Allgemeines	101
3.3.2	Subjektiver Geltungsbereich	101
3.3.3	Objektiver Anwendungsbereich	101
3.3.4	Verhältnis zu § 12 EStG	102
3.3.5	Körperschaftsteuer-Belastung der nichtabziehbaren Aufwendungen	102
3.4	Aufwendungen zur Erfüllung von Satzungszwecken (§ 10 Nr. 1 KStG)	102
3.4.1	Grundgedanke der Vorschrift	102
3.4.2	Persönlicher Geltungsbereich	103
3.4.3	Satzungsmäßige Zwecke	103
3.4.4	Vorbehalt des Spendenabzugs	104
3.5	Nichtabziehbare Steuern (§ 10 Nr. 2 KStG)	104
3.5.1	Begriff	104
3.5.2	Umsatzsteuer auf den Eigenverbrauch	105
3.5.3	Ausländische Steuern	107
3.5.4	Mit Steuern zusammenhängende Leistungen	107
3.5.5	Durchführung des Abzugsverbots	107
3.5.6	Rückstellung für latente Körperschaftsteuer	108
3.5.7	Erstattung nichtabziehbarer Steuern	108
3.5.8	Erstattung von mit Steuern zusammenhängenden Leistungen	110
3.6	Geldstrafen und ähnliche Rechtsnachteile (§ 10 Nr. 3 KStG)	110
3.6.1	Grundsätze	110
3.6.2	Umfang des Abzugsverbots	110
3.7	Aufsichtsratvergütungen (§ 10 Nr. 4 KStG)	111
3.7.1	Allgemeines	111
3.7.2	Personenkreis und Gremien im Sinne von § 10 Nr. 4 KStG	112
3.7.3	Überwachungsfunktion	112
3.7.4	Begriff und Umfang der Vergütungen	113
3.7.5	Durchführung des Abzugsverbots	114
3.8	Ermittlung des zu versteuernden Einkommens	114
4.	**Einkommensermittlung bei nach dem HGB zur Führung von Büchern verpflichteten Körperschaften**	**115**
4.1	Einkommensermittlung als Gewinnermittlung	115
4.2	Handelsbilanz- und Steuerbilanzgewinn	116
4.2.1	Jahresüberschuß/Jahresfehlbetrag	116
4.2.2	Bilanzgewinn/Bilanzverlust	117
4.2.3	Abweichungen zwischen Handelsbilanz- und Steuerbilanz-Gewinn	119
4.3	Gewinnrücklagen	120
4.4	Gesellschaftliche Vermögensmehrungen und -minderungen	121
4.4.1	Gesellschaftliche Einlagen	122
4.4.1.1	Gesellschaftsrechtliche Einlagen	122
4.4.1.2	Verdeckte Einlagen (Abschn. 36a KStR)	123
4.4.1.2.1	Begriff	123
4.4.1.2.2	Abgrenzung zwischen gesellschaftsrechtlichen und verdeckten Einlagen	127
4.4.1.2.3	Sonderfälle	127
4.4.1.2.3.1	Sanierung durch Gesellschafterverzicht	127
4.4.1.2.3.2	Eigenkapitalersetzende Gesellschafterdarlehn (§§ 30, 31 sowie 32a, 32b GmbHG)	128
4.4.1.2.4	Auswirkungen verdeckter Einlagen auf der Ebene der Kapitalgesellschaft	129
4.4.1.2.5	Auswirkungen verdeckter Einlagen beim Anteilseigner	130
4.4.1.2.6	Kapitalgesellschaft als Erbe ihres Gesellschafters	131
4.4.2	Vermögensminderungen	131
4.4.2.1	Einkommensverteilung (§ 8 Abs. 3 KStG)	131
4.4.2.2	Kapitalherabsetzung	133
4.5	Verdeckte Gewinnausschüttungen	133
4.5.1	Wesen und Zielsetzung der verdeckten Gewinnausschüttung	133
4.5.2	Begriff	134

4.5.2.1	Keine gesetzliche Definition	134
4.5.2.2	Entwicklung der Merkmale durch Rechtsprechung und Verwaltung	134
4.5.2.3	Zuwendung an einen Gesellschafter	137
4.5.2.4	Zuwendungen an dem Gesellschafter nahestehende Personen	138
4.5.2.5	Ursächlichkeit des Gesellschaftsverhältnisses	140
4.5.2.6	Unmaßgebliche Merkmale	141
4.5.2.7	Vorteilsausgleich	142
4.5.2.8	Erstausstattung der Kapitalgesellschaft	142
4.5.2.9	Rückwirkungsverbot bei beherrschender Beteiligung	143
4.5.2.9.1	Inhalt des Rückwirkungsverbots	143
4.5.2.9.2	Betroffener Personenkreis	145
4.5.2.10	Wettbewerbsverbot	146
4.5.2.10.1	Grundsätze	147
4.5.2.10.2	Problembereiche und Einzelfragen	148
4.5.2.10.3	Weitere Entwicklung	153
4.5.2.11	Zivilrechtliche Wirksamkeint von Vereinbarungen zwischen Gesellschaft und dem Gesellschafter	153
4.5.2.12	Selbstkontrahierungsverbot	155
4.5.2.13	Fiktionstheorie	155
4.5.3	Erhöhung des Einkommens (§ 8 Abs. 3 Satz 2 KStG)	157
4.5.3.1	Hinzurechnung der verdeckten Gewinnausschüttung nur bei Einkommensminderung	157
4.5.3.2	Hinzurechnung nur der verdeckten Gewinnausschüttung	157
4.5.3.3	Hinzurechnung außerhalb der Bilanz	158
4.5.4	Auswirkungen verdeckter Gewinnausschüttungen beim Anteilseigner	158
4.5.4.1	Einnahmen gemäß § 20 Abs. 1 Nr. 1 und 3 EStG	158
4.5.4.2	Umqualifizierung von Einkünften durch verdeckte Gewinnausschüttungen	158
4.5.4.3	Auswirkungen der Fiktionstheorie	160
4.5.4.4	Verdeckte Gewinnausschüttungen und Kapitalertragsteuer	160
4.5.4.5	Zufluß der verdeckten Gewinnausschüttung	161
4.5.5	Grundformen der verdeckten Gewinnausschüttungen	161
4.5.6	Bewertung der verdeckten Gewinnausschüttung	162
4.5.6.1	Vorteilszuwendung	162
4.5.6.2	Wertansatz bei Körperschaft und Anteilseigner	164
4.5.7	Auswirkungen auf andere Steuern. Sonstige Gewinnauswirkungen	165
4.5.7.1	Gewerbesteuer	165
4.5.7.2	Umsatzsteuer	165
4.5.7.2.1	Verbilligte Leistungen an den Gesellschafter (oder ihm nahestehende Personen)	165
4.5.7.2.2	Unentgeltliche Leistungen der Gesellschaft an ihre Gesellschafter	166
4.5.7.2.3	Überhöhtes Entgelt	170
4.5.7.3	Grunderwerbsteuer	170
4.5.7.4	Strafrechtliche und gesellschaftsrechtliche Gefahren der verdeckten Gewinnausschüttung	170
4.5.7.4.1	Untreue (§ 266 StGB) bei vGA	170
4.5.7.4.2	Steuerhinterziehung bei vGA	171
4.5.8	Verdeckte Gewinnausschüttungen bei typischen Vertragsarten	171
4.5.8.1	Verdeckte Gewinnausschüttungen bei Dienstverträgen	171
4.5.8.1.1	Steuerliche Anerkennung eines Dienstverhältnisses dem Grunde nach	171
4.5.8.1.2	Übersteigen der Angemessenheitsgrenze	173
4.5.8.1.3	Tantiemen	175
4.5.8.1.4	Pensionszusagen an Gesellschafter-Geschäftsführer	176
4.5.8.1.4.1	Gesellschafter ohne beherrschenden Einfluß	176
4.5.8.1.4.2	Beherrschende Gesellschafter-Geschäftsführer	176
4.5.8.1.4.3	Verlust und Erlangung der beherrschenden Beteiligung (Stellung)	181
4.5.8.1.5	Nebenleistungen zum Gehalt	181
4.5.8.1.6	Vorteile an nahestehende Personen	183
4.5.8.2	Darlehnsverträge	184
4.5.8.2.1	Gesellschaft als Darlehnsgeberin	184

4.5.8.2.1.1	Darlehnshingabe als verdeckte Gewinnausschüttung	184
4.5.8.2.1.2	Späterer Darlehnsverzicht der Gesellschaft	185
4.5.8.2.1.3	Späterer Ausfall der Darlehnsforderung	185
4.5.8.2.1.4	Unangemessen niedrige Verzinsung	186
4.5.8.2.2	Gesellschaft als Darlehensnehmerin	186
4.5.8.2.2.1	Nicht anzuerkennender Darlehensvertrag	187
4.5.8.2.2.2	Unangemessen hohe Verzinsung	187
4.5.8.3	Miet- und Pachtverträge; Leihe	188
4.5.8.3.1	Allgemeines	188
4.5.8.3.2	Angemessenheitsprüfung	188
4.5.8.3.3	Vermietung an den Gesellschafter	188
4.5.8.3.4	Vermietung an die Gesellschaft	189
4.5.8.3.5	Besonderheiten bei Betriebsaufspaltung	190
4.5.8.4	Kaufverträge, Lieferungs- und Leistungsverhältnisse	191
4.5.8.4.1	Rückwirkungsverbot	191
4.5.8.4.2	Angemessenheit	191
4.5.8.4.3	Einzelfälle	192
4.5.8.4.4	Unentgeltliche Übertragung von Wirtschaftsgütern durch die Gesellschaft auf den Gesellschafter	194
4.5.8.4.5	Verdeckte Gewinnausschüttung bei GmbH & Co. KG	195
4.5.8.4.6	Verdeckte Gewinnausschüttung bei GmbH § Still	197
4.5.9	Satzungsklauseln, Steuerklauseln, Rückzahlung verdeckter Gewinnausschüttungen	198
4.5.9.1	Allgemeines, Rückzahlung verdeckter Gewinnausschüttungen	198
4.5.9.2	Satzungsklauseln (Steuerklauseln)	199
4.5.9.3	Zusammenfassender Fall	200
4.5.9.4	Vorschläge zur Gesetzesänderung	201
4.6	Verdeckte Gewinnausschüttungen bei Fremdfinanzierung (§ 8a KStG)	202
4.6.1	Die Problematik	202
4.6.2	Gesetzliche Regelung § 8a KStG	204
4.6.2.1	Grundsätze	204
4.6.3	Persönlicher Anwendungsbereich	204
4.6.4	Sachlicher Anwendungsbereich	204
4.6.5	Begriff des Eigenkapitals	206
4.6.6	Begriff der wesentlichen Beteiligung	206
4.6.7	Sonderregelungen	206
4.6.7.1	Holdinggesellschaften (§ 8a Abs. 4 KStG)	207
4.6.7.2	Zwischenschaltung von inländischen Betriebsstätten und Personengesellschaften (§ 8a Abs. 5 KStG)	207
4.6.8	Steuervorteile durch Gesellschafter-Fremdfinanzierung	208
4.6.9	Zeitlicher Anwendungsbereich	209
4.7	Verlust und Verlustabzug bei Körperschaften (§ 10d EStG, § 8 Abs. 5 KStG)	209
4.7.1	Ermittlung der steuerlichen Verluste	210
4.7.2	Persönliche Berechtigung zum Verlustausgleich und Verlustabzug	210
4.7.2.1	Verlustabzug bei Umwandlung, Verschmelzung oder Auflösung der Körperschaft	210
4.7.2.2	Verlustabzug bei Mantelkauf (§ 8 Abs. 4 KStG)	211
4.7.2.2.1	Allgemeines	211
4.7.2.2.2	Neuere Rechtsprechung	211
4.7.2.2.3	Gesetzliche Regelung § 8 Abs. 4 KStG	213
4.7.2.2.3.1	Überblick	213
4.7.2.2.3.2	Hauptanwendungsfall – Voraussetzungen	213
4.7.2.2.3.3	Einstellung des Geschäftsbetriebs	214
4.7.2.2.3.4	Übertragung von mehr als 75 v. H. der Anteile	214
4.7.2.2.3.5	Zuführung von überwiegend neuem Betriebsvermögen	214
4.7.2.2.3.6	Wiederaufnahme des Geschäftsbetriebs	214
4.7.2.2.3.7	Auswirkungen auf die Gliederungsrechnung	214
4.7.3	Verlustabzug bei der Körperschaftsteuer (§ 8 Abs. 1 KStG i. V. m. § 10d EStG)	215

4.7.4	Durchführung des Verlustabzugs, Verfahrensfragen	215
5.	**Gewinne aus Anteilen an nicht steuerbefreiten Betrieben gewerblicher Art (§ 8 Abs. 5 KStG)**	**216**
5.1	Allgemeines	216
5.2	Voraussetzungen der Steuerfreiheit	217
5.2.1	Gewinnausschüttungen	217
5.2.2	Beteiligung an einem Betrieb gewerblicher Art	217
5.2.3	Rechtsfolgen	217
6.	**Steuerfreie Mitgliederbeiträge (§ 8 Abs. 6 KStG)**	**218**
6.1	Allgemeines	218
6.2	Voraussetzungen für die Steuerbefreiung	218
6.2.1	Mitgliedsbeiträge (Abschn. 38 Abs. 1 KStR)	218
6.2.2	Erhebung aufgrund der Satzung (Abschn. 38 Abs. 2 KStR)	218
6.2.3	Keine Beitragsbemessung nach einer bestimmten Leistung der Personenvereinigung oder nach dem wirtschaftlichen Vorteil für das einzelne Mitglied (Abschn. 38 Abs. 3 KStR)	219
6.3	Rechtsfolgen	220
7.	**Auflösung und Abwicklung (Liquidation)**	**220**
7.1	Allgemeines – Bedeutung der Vorschrift	220
7.2	Anwendungsvoraussetzungen	222
7.2.1	Subjektive Voraussetzungen	222
7.2.2	Objektive Voraussetzungen	223
7.2.2.1	Auflösung	223
7.2.2.2	Abwicklung	224
7.3	Liquidationsbesteuerung	224
7.3.1	Besteuerungszeitraum	224
7.3.2	Abwicklungsgewinn	226
7.3.2.1	Abwicklungs-Anfangsvermögen	226
7.3.2.2	Abwicklungs-Endvermögen	228
7.3.2.3	Allgemeine Gewinnermittlungsvorschriften	229
7.3.2.4	Zusammenfassung	229
7.3.3	Auflösung einer Organgesellschaft	230
7.3.4	Liquidation und Anrechnungsverfahren	230
7.3.4.1	Allgemeines	230
7.3.4.2	Einkünfte der Anteilseigner	232
7.3.4.3	Beispiel zur Liquidationsbesteuerung	233
8.	**Verlegung der Geschäftsleitung in das Ausland (§ 12 KStG)**	**236**
8.1	Allgemeines	237
8.2	Voraussetzungen der Schlußbesteuerung	237
8.2.1	Subjektive Voraussetzungen	237
8.2.2	Objektive Voraussetzungen	237
8.2.3	Ausnahme von der Schlußbesteuerung (§ 12 Abs. 2 KStG)	238
8.3	Gewinnermittlung	239
8.3.1	Gewinnermittlungszeitraum	239
8.3.2	Gewinnermittlung	239
8.3.3	Schlußbesteuerung und Anrechnungsverfahren	241
8.3.4	Beispiel zur Schlußbesteuerung	241
8.4	Veränderungen bei inländischen Betriebsstätten	242
8.4.1	Auflösung der Betriebsstätte	242
8.4.2	Verlegung der Betriebsstätte ins Ausland	243
8.4.3	Übertragung der Betriebsstätte als Ganzes auf einen anderen	243
8.4.4	Gewinnermittlung, Anrechnungsverfahren	245
9.	**Beginn und Erlöschen einer Steuerbefreiung (§ 13 KStG)**	**246**
9.1	Allgemeines	246
9.2	Beginn einer Steuerbefreiung	246
9.2.1	Aufstellung einer Schlußbilanz	246

9.2.2	Ansatz der Teilwerte	247
9.2.3	Besteuerung der stillen Reserven	247
9.3	Erlöschen einer Steuerbefreiung	247
9.3.1	Ansatz der Teilwerte	247
9.3.2	Beschränkung der Verlustverrechnung bei ehemals gemeinnützigen Wohnungsunternehmen (§ 13 Abs. 3 S. 2 ff. KStG)	248
9.4	Sonderregelung § 13 Abs. 4 KStG	248
9.4.1	Allgemeines	248
9.4.2	Beginn einer Steuerbefreiung	249
9.4.3	Erlöschen einer Steuerbefreiung	249
9.5	Bei partieller Steuerbefreiung (§ 13 Abs. 5 KStG)	249
9.5.1	Überdotierte Kassen	249
9.5.2	Wirtschaftlicher Geschäftsbetrieb	250
9.6	Wesentliche Beteiligung an einer Kapitalgesellschaft außerhalb des Betriebsvermögens	250
10.	**Die Organschaft**	**251**
10.1	Grundlagen	251
10.1.1	Begriff und Bedeutung	251
10.1.2	Rechtsgrundlagen	252
10.2	Voraussetzungen der Organschaft	252
10.2.1	Organgesellschaft	252
10.2.2	Organträger	252
10.2.2.1	Gewerbliches Unternehmen	252
10.2.2.2	Steuerpflicht	253
10.2.2.3	Die Personengesellschaft als Organträger	254
10.2.3	Sachliche Voraussetzungen der Organschaft	254
10.2.3.1	Finanzielle Eingliederung	255
10.2.3.2	Wirtschaftliche Eingliederung	256
10.2.3.3	Organisatorische Eingliederung	257
10.2.4	Die zeitlichen Voraussetzungen der Organschaft	258
10.3	Der Gewinnabführungsvertrag	259
10.3.1	Der Gewinnabführungsvertrag der AG und der KGaA	259
10.3.1.1	Handelsrechtliche Erfordernisse	260
10.3.1.2	Steuerrechtliche Erfordernisse	261
10.3.2	Der Gewinnabführungsvertrag anderer Kapitalgesellschaften	261
10.3.3	Der Vollzug des Gewinnabführungsvertrages	262
10.3.4	Die Beendigung des Gewinnabführungsvertrages	264
10.3.5	Der Gewinnabführungsvertrag bei Auflösung der Organgesellschaft	264
10.4	Die Rechtsfolgen der Organschaft mit Gewinnabführung	265
10.4.1	Grundsätze	265
10.4.2	Die Ermittlung des Einkommens der Organgesellschaft	265
10.4.2.1	Die Beschränkung des Verlustabzugs	266
10.4.2.2	Internationales Schachtelprivileg	267
10.4.2.3	Erweiterung der Schachtelbegünstigung (§ 8b KStG)	267
10.4.2.4	Die zeitliche Zuordnung des Einkommens	268
10.4.3	Die steuerliche Erfassung des Einkommens der Organgesellschaft beim Organträger	268
10.4.3.1	Einzelfragen	269
10.4.4	Die steuerliche Behandlung von Ausgleichszahlungen	270
10.4.5	Die Bildung und Auflösung besonderer Ausgleichsposten beim Organträger	272
10.4.5.1	Mehr- und Minderabführungen	272
10.4.5.2	Auflösung vorvertraglicher stiller Rücklagen der Organgesellschaft	275
10.4.6	Die Anwendung besonderer Tarifvorschriften	275
10.5	Gesamtbeispiele zur Organschaft	276
10.6	Die Rechtsfolgen bei verunglückter Organschaft	276
11.	**Sondervorschriften für Versicherungsunternehmen und Bausparkassen**	**277**
11.1	Bedeutung der besonderen Regelung für Versicherungsunternehmen	277
11.2	Versicherungstechnische Rückstellungen	278

11.3	Schwankungsrückstellungen (§ 20 Abs. 2 KStG)	279
11.4	Rückstellungen für Beitragserstattungen (§ 21 KStG)	280
11.5	Zuteilungsrücklage bei Bausparkassen	281
12.	**Genossenschaftliche Rückvergütung**	281

Teil D
Tarif

1.	**Steuersatz**	285
1.1	Berechnung der Körperschaftsteuer	285
1.2	Steuersätze	287
1.2.1	Regelsteuersatz	288
1.2.2	Ermäßigter KSt-Satz	289
1.2.3	Zweites Deutsches Fernsehen	289
1.3	Von 1977 bis 1993 geltende Steuersätze	289
2.	**Solidaritätszuschlag auf die Körperschaftsteuer**	290
2.1	Solidaritätszuschlag 1991/1992	290
2.2	Solidaritätszuschlag ab 1995	290
3.	**Freibeträge**	291
3.1	Freibetrag für kleinere Körperschaften	291
3.1.1	Freibetrag für kleinere Körperschaften seit1990	291
3.1.2	Freibetrag für kleinere Körperschaften bis 1989	292
3.2	Freibetrag für land- und forstwirtschaftliche Genossenschaften und Vereine	292

Teil E
Besteuerung ausländischer Einkünfte

1.	**Besteuerung ausländischer Einkünfte (§ 26 KStG, §§ 34c und 34d EStG, Abkommen zur Vermeidung der Doppelbesteuerung, § 2a Abs. 3 bis 6 EStG, Außensteuergesetz)**	293
1.1	Übersicht über die Methoden zur Vermeidung bzw. Milderung der Doppelbesteuerung ausländischer Einkünfte	295
1.2	Freistellungsmethode (internationales Schachtelprivileg)	296
1.2.1	Ausländische DBA-Gewinne	296
1.2.2	Ausländische DBA-Verluste	296
1.2.3	Überführung von Wirtschaftsgütern im eine ausländische Betriebsstätte in einem DBA-Staat und ihre Rückführung ins Inland	297
1.3	Steuerpflichtige ausländische Einkünfte, bei denen die im Ausland erhobene Steuer der deutschen Körperschaftsteuer entspricht und auf diese anzurechnen ist (Anrechnung lt. DBA, § 26 Abs. 1 bis 5 KStG, § 34c Abs. 1 EStG)	298
1.3.1	Grundsätzliches	298
1.3.2	Direkte Anrechnung ausländischer Steuern (§ 26 Abs. 1 KStG, § 34c Abs. 1 EStG)	299
1.3.3	Indirekte Anrechnung ausländischer Steuern	299
1.3.3.1	Indirekte Anrechnung ausländischer Steuern (§ 26 Abs. 2 und 5 KStG)	299
1.3.3.2	Indirekte Anrechnung ausländischer Steuern (§ 26 Abs. 2a KStG) – Umsetzung der Mutter-Tochter-Richtlinie	301
1.3.4	Fiktive indirekte Anrechnung bei wesentlichen Beteiligungen in Entwicklungsländern (Quasi-Schachtelprivileg, § 26 Abs. 3 KStG)	302
1.3.5	Fiktive direkte Anrechnung auf Grund von Doppelbesteuerungsabkommen mit Entwicklungsländern (bei nicht wesentlichen Beteiligungen)	302
1.3.6	Avoir fiscal	303
1.4	Abzug ausländischer Steuern von der Bemessungsgrundlage für die deutsche Körperschaftsteuer (§ 26 Abs. 6 KStG, § 34c Abs. 2 und 3 EStG)	303
1.5	Pauschalierung der Körperschaftsteuer auf ausländische Einkünfte (§ 26 Abs. 6 Satz 1 KStG, § 34c Abs. 5 EStG, Pauschalierungserlaß in BStBl 1984 I S. 252)	304

1.6	Ausländische Einkünfte aus dem Betrieb von Handelsschiffen im internationalen Verkehr (§ 26 Abs. 6 Satz 3 KStG, § 34c Abs. 4 EStG)	304
1.7	Eingeschränkte Berücksichtigung ausländischer Verluste i. S. des § 2a Abs. 1 EStG	305
1.8	Sonderregelungen des Außensteuergesetzes	305
1.8.1	Berichtigung von Einkünften bei internationalen Verflechtungen (§ 1 AStG)	305
1.8.2	Zugriffsbesteuerung nach den §§ 7 bis 14 AStG	305
1.8.2.1	Hinzurechnungsbetrag	305
1.8.2.2	Erstattung von Körperschaftsteuer gemäß § 11 Abs. 2 AStG	306
1.8.2.3	Besondere Anrechnung der zu Lasten der ausländischen Gesellschaft erhobenen Steuern auf die Körperschaftsteuer der deutschen Muttergesellschaft (§ 12 AStG)	307
1.9	Verbot der steuerlichen Berücksichtigung ausschüttungsbedingter Teilwertabschreibungen bei Anteilen an ausländischen Gesellschaften (§ 8b Abs. 6 KStG)	307
1.10	Indirekte Anrechnung ausländischer Steuern bei inländischen Betriebsstätten beschränkt steuerpflichtiger Körperschaften (§ 26 Abs. 7 KStG)	307
2.	**Beteiligung an ausländischen Gesellschaften (§ 8b KStG)**	**308**
2.1	Allgemeines	308
2.2	Gewinnausschüttungen ausländischer Einkünfte durch ein inländische Tochtergesellschaft (§ 8b Abs. 1 KStG)	308
2.3	Gewinn aus der Veräußerung einer Beteiligung an einer ausländischen Gesellschaft (§ 8b Abs. 2 und 3 KStG)	311
2.4	Dividenden aus einer wesentlichen Beteiligung an einer ausländischen Gesellschaft, die zum Betriebsvermögen einer inländischen Betriebsstätte einer beschränkt steuerpflichtigen Körperschaft gehört	311
2.5	Schachtelvergüntigungen bei Mindestbeteiligung von 10 vom Hundert (§ 8b Abs. 5 KStG)	312
2.6	Verbot der steuerlichen Berücksichtigung ausschüttungsbedingter Teilwertabschreibungen bei Anteilen an ausländischen Gesellschaften (§ 8b Abs. 6 KStG)	312
2.7	Anwendungsvorschrift (§ 54 Abs. 1 und 6c KStG)	313
3.	**Ausblick**	**314**

Teil F

Das körperschaftsteuerliche Anrechnungsverfahren

1.	**Wesen und Wirkungsweise**	**315**
1.1	Allgemeines	315
1.2	Wirkungsweise der Gliederungsrechnung	316
1.3	Herstellen der Ausschüttungsbelastung	318
1.4	Anrechnung oder Vergütung beim Anteilseigner	320
1.5	Steuerliche Behandlung nichtanrechnungsberechtigter Anteilseigner	321
1.6	Keine Durchleitung von Steuerfreiheit und Steuerermäßigungen an den Anteilseigner	323
2.	**Nebeneinander von Körperschaftsteuer-Veranlagung und Eigenkapitalgliederung; Verfahrensfragen**	**324**
2.1	Grundsätzliches	324
2.2	Gesonderte Feststellung von Besteuerungsgrundlagen (§ 47 KStG)	327
2.2.1	Allgemeines	327
2.2.2	Zeitpunkt der gesonderten Feststellung	331
2.2.3	Inhalt der gesonderten Feststellung	331
2.2.3.1	Grundsätzliches	331
2.2.3.2	Feststellung der Teilbeträge des verwendbaren Eigenkapitals (§ 47 Abs. 1 Satz 1 Nr. 1 KStG)	331

2.2.3.3	Feststellung des für Ausschüttungen verwendbaren Teils des Nennkapitals (§ 47 Abs. 1 Satz 1 Nr. 2 KStG)	331
2.2.3.4	Der Feststellungsbescheid nach § 47 Abs. 1 Satz 1 KStG als Grundlagenbescheid für den nachfolgenden Feststellungsbescheid (§ 47 Abs. 1 Satz 2 KStG)	332
2.2.3.5	Der Feststellungsbescheid nach § 47 Abs. 1 Satz 1 Nr. 1 KStG als Grundlagenbescheid für den Körperschaftsteuerbescheid (§ 47 Abs. 1 Satz 3 KStG)	332
2.2.4	Der Körperschaftsteuerbescheid als Grundlagenbescheid (§ 47 Abs. 2 KStG)	333
2.2.4.1	Grundsätzliches	333
2.2.4.2	Der Körperschaftsteuerbescheid als Grundlagenbescheid für den Feststellungsbescheid nach § 47 Abs. 1 Satz 1 Nr. 1 KStG (§ 47 Abs. 2 Nr. 1 KStG)	334
2.2.4.2.1	Der Umfang der Grundlagenfunktion	334
2.2.4.2.2	Grundlagenfunktion hinsichtlich des zu versteuernden Einkommens (§ 47 Abs. 2 Nr. 1 Buchst. a KStG)	336
2.2.4.2.3	Grundlagenfunktion hinsichtlich der Tarifbelastung (§ 47 Abs. 2 Nr. 1 Buchst. b KStG)	337
2.2.4.2.4	Grundlagenfunktion hinsichtlich der Steuerermäßigung nach § 21 Abs. 2 Satz 1 oder Abs. 3 Satz 1 BerlinFG (§ 47 Abs. 2 Nr. 1 Buchst. c KStG)	337
2.2.4.2.5	Grundlagenfunktion hinsichtlich der Minderung und Erhöhung der Körperschaftsteuer nach § 27 KStG (§ 47 Abs. 2 Nr. 1 Buchst. d KStG)	338
2.2.4.3	Grundlagenbescheid für den Körperschaftsteuerbescheid des Verlustrücktragsjahres (§ 47 Abs. 2 Nr. 2 KStG)	339
2.2.4.4	Grundlagenbescheid für den Feststellungsbescheid nach § 10d Abs. 3 EStG (§ 47 Abs. 2 Nr. 3 KStG)	341
3.	**Kreis der zur Gliederung des verwendbaren Eigenkapitals verpflichteten Körperschaften**	343
4.	**Minderung oder Erhöhung der Körperschaftsteuer bei Ausschüttung des Gewinns (§§ 27, 40, 43 KStG, Abschn. 77 KStR)**	344
4.1	Vorbemerkung	344
4.2	Sachlicher und persönlicher Geltungsbereich des § 27 KStG	346
4.3	Tarifbelastung	348
4.4	Herstellen der Ausschüttungsbelastung	350
4.4.1	Grundsätzliches	350
4.4.2	Erstmaliges Herstellen der Ausschüttungsbelastung	351
4.4.3	Ausschüttungsbelastung 36 v. H. oder 30 v. H.	352
4.4.4	Änderung der Körperschaftsteuer	353
4.4.5	Sachliche und zeitliche Kongruenz zwischen dem Herstellen der Ausschüttungsbelastung bei der Kapitalgesellschaft und der Besteuerung und Anrechnung beim Anteilseigner	356
4.5	Auswirkungen von Gewinnausschüttungen auf die Änderung der Körperschaftsteuer und auf das verwendbare Eigenkapital	357
4.5.1	Grundsätzliches	357
4.5.2	Gewinnausschüttungen für ein abgelaufenes Wirtschaftsjahr, denen ein ordnungsgemäßer Gewinnverteilungsbeschluß zugrunde liegt	358
4.5.2.1	Zeitliche Zuordnung der Körperschaftsteueränderung	358
4.5.2.2	Als verwendet geltendes Eigenkapital	359
4.5.2.3	Der Zeitpunkt der Ausschüttung	359
4.5.2.4	Ordnungsgemäßer Gewinnverteilungsbeschluß; spätere Änderungen der Gewinnverteilung	361
4.5.2.5	Verspätet beschlossene Gewinnausschüttungen	362
4.5.2.6	Gewinnabführung und Ausgleichszahlungen bei Organschaft	363
4.5.3	Andere Ausschüttungen im Sinne des § 27 Abs. 3 Satz 2 KStG (insbesondere verdeckte Gewinnausschüttungen)	364
4.5.3.1	Regelungen zur verdeckten Gewinnausschüttung in verschiedenen gesetzlichen Bestimmungen	365
4.5.3.2	Unterschiedliche steuerliche Wirkungen der verdeckten Gewinnausschüttung	366
4.5.3.3	Unterschiedliche Definitionen des vGA-Begriffs oder Einheitsdefinition?	366

4.5.3.4	Verhältnis des § 8 Abs. 3 KStG, der §§ 27 bis 29 KStG und des § 20 Abs. 1 Nr. 1 EStG zueinander	367
4.5.3.5	Kein Verzicht auf die Rechtsfolgen der vGA, wenn der Vorteil beim Empfänger bereits versteuert ist	369
4.5.3.6	Zeitliche Zuordnung der Körperschaftsteueränderung	369
4.5.3.7	Als verwendet geltendes Eigenkapital	370
4.5.3.8	Eigenkapitalverringerung	370
4.5.3.9	Unterschiedliche Belastung der offenen und der verdeckten Gewinnausschüttungen	370
4.5.3.10	Rückzahlung verdeckter Gewinnausschüttungen	374
4.5.4	Vorabausschüttungen	377
4.5.5	Ausschüttungen auf Genußrechte	378
4.5.6	Ausschüttungen auf Anteile an einem Wertpapiersondervermögen	379
4.5.6.1	Steuerliche Behandlung bei der Kapitalanlagegesellschaft	379
4.5.6.2	Steuerliche Behandlung beim Anteilseigner	380
4.6	Das Schütt-aus-Hol-zurück-Verfahren	380
4.7	Ausnahmen von der Körperschaftsteuer-Erhöhung (§ 40 KStG)	381
4.8	Auswirkungen des Anrechnungsverfahrens auf die Bemessung der Körperschaftsteuer-Rückstellung und des Ausschüttungsbetrags	384
5.	**Für die Ausschüttung als verwendet geltendes Eigenkapital; Verwendungsfiktion bei Gewinnausschüttungen (§ 28 KStG, Abschn. 78, 78a KStR)**	**388**
5.1	Allgemeines	388
5.2	Für die Ausschüttung als verwendet geltendes Eigenkapital	388
5.3	Die Verwendungsfiktion	389
5.4	Fiktion der Verwendung und Änderung der Körperschaftsteuer; als verwendet geltender Teil des Eigenkapitals	390
5.5	Getrennte Ermittlung der Körperschaftsteuer-Änderung für jeden einzelnen Eigenkapitalteil	391
5.6	Rechenformeln	392
5.6.1	Rechtslage bis 1993 (Ausschüttungsbelastung 36 v. H.)	393
5.6.2	Rechtslage ab 1994 (Ausschüttungsbelastung 30 v. H.)	394
5.7	Ausnahmeregel nach § 28 Abs. 4 KStG	394
5.8	Verwendungsfestschreibung bei Ausschüttungen aus dem Teilbetrag i. S. d. § 30 Abs. 2 Nr. 1 KStG (EK 01) nach § 28 Abs. 5 KStG	396
5.9	Festschreibung der Verwendung bei Vergütung des Körperschaftsteuer-Erhöhungsbetrages (§ 28 Abs. 7 KStG)	397
6.	**Verwendbares Eigenkapital (§ 29 KStG, Abschn. 79, 80 KStR)**	**400**
6.1	Zweck und Bedeutung der Vorschrift	400
6.2	Eigenkapital	400
6.2.1	Ableitung aus der Steuerbilanz	400
6.2.2	Umfang des Eigenkapitals	401
6.2.2.1	Gesetzliche Definition	401
6.2.2.2	Sonderposten mit Rücklagenanteil i. S. d. § 247 Abs. 3 HGB	401
6.2.3	Eigenkapital als Oberbegriff	402
6.2.4	Abweichungen zwischen dem Eigenkapital lt. Gliederungsrechnung und dem Eigenkapital nach der Steuerbilanz – Die Eigenkapitalverprobung	404
6.2.4.1	Vorbemerkung	404
6.2.4.2	Unterschiedliche Qualität der Verprobungsdifferenzen	404
6.2.4.3	Die amtliche Verprobungsrechnung	412
6.2.4.4	Beispiel zur Verprobungsrechnung	413
6.2.5	Sonderfall Großspenden	413
6.3	In Nennkapital umgewandelte Rücklagen als Teil des verwendbaren Eigenkapitals	414
6.3.1	Vorbemerkung	414
6.3.2	Auswirkungen der Kapitalerhöhung auf die Besteuerung des Einkommens der Kapitalgesellschaft und ihrer Anteilseigner	415
6.3.3	Auswirkungen der Kapitalerhöhung auf die Eigenkapitalgliederung der Kapitalgesellschaft	415
6.3.3.1	Kapitalerhöhung gegen Einlagen	415
6.3.3.2	Kapitalerhöhung aus Gesellschaftsmitteln	416

7.	**Gliederung des verwendbaren Eigenkapitals (§ 30 KStG, Abschn. 82 bis 83 KStR)**	418
7.1	Bedeutung der Eigenkapitalgliederung	419
7.2	Stichtag für die Gliederung; Fortführung der Gliederungsrechnung	420
7.3	Die Gliederung des verwendbaren Eigenkapitals in Teilbeträge	420
7.3.1	Gesetzliche Begrenzung der Zahl der Teilbeträge	420
7.3.2	Die einzelnen Teilbeträge des verwendbaren Eigenkapitals	422
7.3.2.1	EK 56	422
7.3.2.2	EK 50	422
7.3.2.3	EK 45	422
7.3.2.4	EK 36	423
7.3.2.5	EK 30	423
7.3.2.6	EK 46, EK 30, EK 28 und EK 25	423
7.3.2.7	Steuerfreie Vermögensvermehrungen	423
7.3.2.7.1	EK 01	423
7.3.2.7.2	EK 02	424
7.3.2.7.3	EK 03	424
7.3.2.7.4	EK 04	424
7.3.3	Die Zwangsumgliederung von Teilbeträgen	425
7.3.3.1	Die Zwangsumgliederung des Teilbetrags EK 56	426
7.3.3.2	Die Zwangsumgliederung des Teilbetrags EK 50	427
7.3.3.3	Die Zwangsumgliederung des Teilbetrags EK 36	427
7.4	Zu- und Abgänge zum verwendbaren Eigenkapital	428
7.4.1	Ermittlung der Zu- und Abgänge	428
7.4.4.1	Getrennte Zuordnung aller Zu- und Abgänge zum verwendbaren Eigenkapital	428
7.4.1.2	Direkte oder indirekte Zuordnung	428
7.4.2	Die Aufbereitung der Veranlagungswerte für die Gliederungsrechnung	429
7.4.2.1	Vorbemerkung	429
7.4.2.2	Zuordnung der Abzugsbeträge, wenn das zu versteuernde Einkommen unterschiedlichen Steuersätzen unterliegt	430
7.4.2.3	Zuordnung der Abzugsbeträge, wenn das zu versteuernde Einkommen einem einheitlichen Steuersatz unterliegt, aber für Zwecke der Eigenkapitalgliederung in seine Bestandteile zerlegt werden muß	430
7.4.2.4	Rechenschema	432
7.4.2.5	Zusammenfassendes Beispiel	434
7.4.3	Zugänge zu den nichtbelasteten Teilbeträgen des verwendbaren Eigenkapitals	435
7.4.4	Sonderfälle von Zu- und Abgängen	436
7.4.4.1	Verlustanteil an einer Personengesellschaft	436
7.4.4.2	Änderungen des verwendbaren Eigenkapitals durch Einziehung eigener Anteile oder Herabsetzung des Nennkapitals	436
7.4.4.3	Nicht abgehobene Dividenden	436
7.4.5	Reihenfolge, in der die Zu- und Abgänge in der Gliederungsrechnung zu berücksichtigen sind	437
7.5	Erstmalige Gliederung bei Eintritt in die „Gliederungspflicht"	438
7.6	Die vorgesehene Vereinfachung des körperschaftsteuerlichen Anrechnungsverfahrens durch Straffung der Gliederungsrechnung	439
8.	**Zuordnung der bei der Einkommensermittlung nichtabziehbaren Ausgaben (§ 31 KStG, Abschn. 84 KStR)**	442
8.1	Bedeutung der Vorschrift	443
8.2	Zuordnung des Körperschaftsteuer-Erhöhungsbetrages (§ 31 Abs. 1 Nr. 1 KStG)	444
8.3	Zuordnung der tariflichen Körperschaftsteuer (§ 31 Abs. 1 Nr. 2 KStG)	444
8.4	Zuordnung ausländischer Steuern (§ 31 Abs. 1 Nr. 3 KStG)	445
8.5	Zuordnung der sonstigen nichtabziehbaren Ausgaben (§ 31 Abs. 1 Nr. 4 KStG)	445
8.5.1	Vorrangiger Abzug vom ungemildert belasteten Teilbetrag	445
8.5.2	Sonstige nichtabziehbare Ausgaben im Sinne des § 31 Abs. 1 Nr. 4 KStG	447
8.5.3	Abzug der tariflichen Körperschaftsteuer und der sonstigen nichtabziehbaren Ausgaben auf unterschiedlichen Rechenstufen	448
8.5.4	Übersteigende nichtabziehbare Ausgaben (§ 31 Abs. 2 KStG)	450

8.5.5	Zuordnung in Verlustjahren	451
8.5.6	Erstattung sonstiger nichtabziehbarer Ausgaben	451
8.6	Zuordnung der vor dem 1. 1. 1977 entstandenen nichtabziehbaren Ausgaben (§ 31 Abs. 3 KStG)	453
8.7	Zuordnung der Pauschsteuer nach § 5 KapErhStG	453
9.	**Aufteilung ermäßigt belasteter Eigenkapitalteile nach § 32 KStG und Zuordnung nach § 27 BerlinFG (Abschn. 86 bis 88 KStR)**	**454**
9.1	Vorbemerkung	455
9.2	Direkte Zuordnung von Eigenkapitalzugängen (ohne Aufteilung nach § 32 KStG oder Zuordnung nach § 27 BerlinFG)	455
9.3	Indirekte Zuordnung des Eigenkapitalzugangs	456
9.3.1	Die Arten der Zuordnung	456
9.3.2	Aufteilung des Eigenkapitalzugangs nach § 32 KStG	456
9.3.2.1	Grundsätzliches	456
9.3.2.2	Unterschiedliche Tarifbelastung mehrerer Einkommensteile	456
9.3.2.3	Die Ermittlung des Vomhundertsatzes der Tarifbelastung	457
9.3.2.4	Die Aufteilungsrechnung	458
9.3.2.4.1	Die Rechtslage bis 1993	459
9.3.2.4.2	Die Rechtslage ab 1994	461
9.3.2.5	Aufteilungsrechnung bei aus ausländischen Einkünften entstandenen Eigenkapitalteilen	462
9.3.2.6	Entstehungsfiktion; Berücksichtigung der nichtabziehbaren Ausgaben bei der Aufteilung	463
9.3.3	Die Zuordnung von nach § 21 Abs. 2 oder 3 BerlinFG ermäßigt belasteten Eigenkapitalteilen (§ 27 BerlinFG)	464
10.	**Gliederung des verwendbaren Eigenkapitals bei Verlusten; Verlustrücktrag, § 33 KStG, Abschn. 89 KStR)**	**466**
10.1	Vorbemerkung	467
10.1.1	Die Regelung in § 10d EStG	467
10.1.1.1	Bis 1993 zwingender Verlustrücktrag	467
10.1.1.2	Ab 1994 wahlweiser Verlustrücktrag	467
10.1.1.3	Keine vergleichbare Abzugsbegrenzung für den Verlustvortrag	467
10.1.2	Anwendung des § 10d EStG im Körperschaftsteuerrecht	468
10.2	Gliederungstechnische Behandlung des steuerlichen Verlustes	468
10.3	Gliederungstechnische Behandlung des Verlustvortrags	469
10.4	Gliederungstechnische Behandlung des Verlustrücktrags	469
10.4.1	Grundsätzliches	469
10.4.2	Auswirkungen des Verlustrücktrags auf die Eigenkapitalgliederung	470
10.4.3	Grundfall zum zweijährigen Verlustrücktrag	471
10.5	Zusammenfassende Übersicht zur gliederungsmäßigen Behandlung von Verlust, Verlustrücktrag und Verlustvortrag	473
10.6	Übergangsfragen beim Systemwechsel zum 1. 1. 1977	474
10.7	Die Rechtslage bis 1993: Zwingender Verlustrücktrag – Begrenzung des Verlustrücktrags (§ 8 Abs. 5 KStG, § 33 Abs. 3 KStG, Abschnitt 89a KStR)	475
10.7.1	Die Begrenzung des Verlustrücktrags nach § 8 Abs. 5 KStG	475
10.7.1.1	Der Regelungsinhalt des § 8 Abs. 5 KStG	475
10.7.1.2	Die Zielsetzung des § 8 Abs. 5 KStG	475
10.7.1.3	Parallelregelung zu § 8 Abs. 5 KStG in § 33 Abs. 3 KStG	477
10.7.1.4	Gewinnausschüttungen im Sinne des § 8 Abs. 5 KStG und des § 33 Abs. 3 KStG	478
10.7.1.5	Einkommen des Abzugsjahres i. S. d. § 8 Abs. 5 KStG	478
10.7.1.6	Rechenschema zur Ermittlung des höchstzulässigen Verlustrücktrags nach § 8 Abs. 5 KStG	480
10.7.2	Festschreibung der Verwendung in den Fällen des Verlustrücktrags (§ 33 Abs. 3 KStG)	482
10.7.2.1	Regelungsinhalt und Zielsetzung der Vorschrift	482
10.7.2.2	Anwendung des § 33 Abs. 3 KStG beim Zusammentreffen eines Verlustrücktrags mit mehreren Gewinnausschüttungen, für die das verwendbare Eigenkapital zum selben Stichtag als verwendet gilt	484

10.7.3	Die Problemfälle bei der Anwendung des § 8 Abs. 5 und des § 33 Abs. 3 KStG	485
10.7.3.1	Vorbemerkung	485
10.7.3.2	Zweijähriger Verlustrücktrag – Generelles Wahlrecht zwischen zusammengefaßter und getrennter Berechnung für die Abzugsjahre bei der Ermittlung des höchstzulässigen Verlustrücktrags nach § 8 Abs. 5 KStG und der Festschreibung der Verwendung nach § 33 Abs. 3 KStG	486
10.7.3.2.1	Die Problematik	486
10.7.3.2.2	Wahlrecht zwischen getrennter und zusammengefaßter Berechnung	486
10.7.3.2.3	Wann ist die getrennte Berechnung günstiger? Entscheidungshilfen für die Ausübung des Wahlrechts	490
10.7.3.2.4	Nebenrechnung zur Ermittlung des durch § 33 Abs. 3 KStG „geschützten" Eigenkapitals	493
10.7.3.3	Einbeziehung der Anfangsbestände bei den Teilbeträgen in die Berechnung nach § 8 Abs. 5 KStG	497
10.7.4	Bei verspätet beschlossenen Gewinnausschüttungen treten Fehlwirkungen auf, die ihre Ursache in dem unrichtigen zeitlichen Bezug des § 28 Abs. 2 Satz 1 KStG haben	501
10.7.5	Übersteigende nichtabziehbare Ausgaben i. S. des § 31 Abs. 2 Satz 2 KStG bei Verlusten; Gesamtbeispiel zum zweijährigen Verlustrücktrag und zum Verlustvortrag	503
10.8	Die Rechtslage ab 1994: Wahlrecht bei Verlustrücktrag	505
10.8.1	Die Neuregelungen durch das Standortsicherungsgesetz	505
10.8.2	Anwendungsregeln	506
10.8.3	Ausübung des Wahlrechts	506
10.8.3.1	Das Wahlrecht	506
10.8.3.2	Die Gründe für das gesetzliche Wahlrecht	507
10.8.4	Kriterien für die Ausübung des Wahlrechts	508
10.8.4.1	Vorbemerkungen	508
10.8.4.2	Vorrangiger Verlustrücktrag auf das älteste Abzugsjahr	508
10.8.4.3	Ausnutzung des Steuersatzgefälles	508
10.8.4.4	Beschränkung des Verlustrücktrags, um eine volle steuerliche Entlasung zu erreichen	508
10.8.4.4.1	Die Problemstellung	508
10.8.4.4.2	Rechenschema zur Ermittlung des optimalen Verlustrücktrags	510
10.8.4.4.2.1	Einjähriger Verlustrücktrag	510
10.8.4.4.2.2	Zweijähriger Verlustrücktrag	514
10.8.4.4.2.3	Besonderheiten bei übersteigenden nichtabziehbaren Ausgaben	519
10.8.4.4.2.4	Besonderheiten bei verspäteten Gewinnausschüttungen	527
10.9	Verlustausgleich bei zwei in einem Veranlagungszeitraum endenden Wirtschaftsjahren	529
10.10	Verluste, die lediglich im Rahmen des § 2a Abs. 1, § 15 Abs. 4 oder des § 15a EStG verrechnet werden dürfen	529
10.11	Verluste im Sinne des § 2 AIG	530
10.12	Sonderfragen	530
11.	**Gliederungsmäßige Zuordnung von Vermögensmehrungen und -minderungen aus ausländischen Einkünften**	**531**
11.1	Vorbemerkung	531
11.2	Freistellungsmethode (Internationales Schachtelprivileg)	532
11.2.1	Ausländische Gewinne, die nach einem DBA steuerfrei sind	532
11.2.2	Ausländische Verluste aus DBA-Staaten	532
11.2.3	Weiterausschüttung von steuerbefreiten ausländischen Einkünften	533
11.3	Die Anrechnung ausländischer Steuern	534
11.3.1	Direkte Steueranrechnung nach § 26 Abs. 1 KStG i. V. mit § 34c Abs. 1 EStG	534
11.3.2	Indirekte Steueranrechnung nach § 26 Abs. 2 und 5 KStG	535
11.3.3	Fiktive indirekte Steueranrechnung nach § 26 Abs. 3 KStG	536
11.3.4	Fiktive direkte Steueranrechnung auf Grund von Doppelbesteuerungsabkommen mit Entwicklungsländern	536

11.3.5	Avoir fiscal	536
11.4	Abzug ausländischer Steuern von der Bemessungsgrundlage für die deutsche Körperschaftsteuer (§ 26 Abs. 6 KStG i. V. mit § 34c Abs. 2 und 3 EStG)	537
11.5	Ausländische Einkünfte im Sinne des § 34c Abs. 4 oder 5 EStG	538
11.6	Sonderregelungen des Außensteuergesetzes	539
11.6.1	Berichtigungsbetrag nach § 1 AStG	539
11.6.2	Hinzurechnungsbetrag nach den §§ 7 bis 14 AStG	540
11.7	Die Zuordnung ausländischer Steuern in der Gliederungsrechnung (§ 31 Abs. 1 Nr. 3 KStG)	542
12.	**Gliederung des verwendbaren Eigenkapitals beim Erlaß oder niedrigerer Festsetzung von Körperschaftsteuer (§ 34 KStG, Abschn. 90 KStR)**	**547**
12.1	Allgemeines	547
12.2	Ermittlung des umzugliedernden Eigenkapitalteils	548
12.3	Keine negativen Teilbeträge durch die Umgliederung	550
12.4	Schematische Übersicht zur Umgliederung nach § 34 KStG	551
12.5	Umgliederung bei niedriger Steuerfestsetzung nach § 163 AO	552
13.	**Fehlendes verwendbares Eigenkapital (§ 35 KStG Abschn. 90a KStR)**	**553**
13.1	Allgemeines	553
13.2	Herstellen der Ausschüttungsbelastung	553
13.3	Behandlung späterer Vermögensmehrungen	554
14.	**Die Gliederung des verwendbaren Eigenkapitals bei Organschaft**	**554**
14.1	Die Gliederung des verwendbaren Eigenkapitals beim Organträger	554
14.2	Die Gliederung des verwendbaren Eigenkapitals bei der Organgesellschaft	556
14.2.1	Ausgleichszahlungen	556
14.2.2	Einlagen der Anteilseigner	557
14.2.3	Vermögensmehrungen durch Gesamtrechtsnachfolge	557
14.2.4	Die Bildung von Rücklagen bei der Organgesellschaft	558
14.3	Gesamtbeispiele zur Organschaft mit Gewinnabführung	559
15.	**Auswirkungen des Vermögensübergangs durch Gesamtnachfolge auf die Gliederung des verwendbaren Eigenkapitals der übernehmenden Körperschaft**	**566**
15.1	Vermögensübertrag durch Gesamtrechtsnachfolge nach dem Umwandlungssteuergesetz 1977 (§ 38 KStG 1991, Abschnitt 93 KStG)	566
15.1.1	Allgemeines	566
15.1.2	Die Regelungen des Umwandlungsteuergesetzes 1977	566
15.1.2.1	Übersicht	566
15.1.2.2	Vermögensübergang von einer Körperschaft auf eine Personengesellschaft oder auf eine natürliche Person (§§ 3–13 UmwStG)	567
15.1.2.3	Vermögensübergang von einer auf eine andere Körperschaft (§§ 14–16 UmwStG 1977)	567
15.1.3	Die Vorschrift des § 38 KStG1991	568
15.1.3.1	Grundsätzliches	568
15.1.3.2	Zusammenrechnung der Teilbeträge des verwendbaren Eigenkapitals	569
15.1.3.3	Abweichungen zwischen dem zusammengefaßten Eigenkapital in der Gliederungsrechnung und in der Steuerbilanz-Angleichung der Gliederungsrechnung	570
15.1.3.3.1	Vergleich mit dem verwendbaren Eigenkapital, das sich aus der Übernahmebilanz ergibt	570
15.1.3.3.2	Keine Eigenkapitalangleichung nach § 38 KStG, soweit der Unterschiedsbetrag auf die von der Steuerbilanz abweichende Eigenkapitaldefinition des § 29 Abs. 1 KStG zurückzuführen ist	570
15.1.3.3.3	Die Eigenkapitalangleichung nach § 38 KStG 1991 und ihre Gründe	572
15.1.3.3.4	Form und Zeitpunkt der Verprobung	574
15.1.3.3.5	Die Angleichung der Gliederungsrechnung	576
15.1.3.3.5.1	Das zusammengerechnete verwendbare Eigenkapital lt. Gliederungsrechnung übersteigt das aus der fiktiven Steuerbilanz abgeleitete verwendbare Eigenkapital (§ 38 Abs. 1 Satz 2 und Abs. 2 KStG 1991)	576

15.1.3.3.5.2	Das zusammengerechnete verwendbare Eigenkapital lt. Gliederungsrechnung ist niedriger als das zusammengerechnete verwendbare Eigenkapital lt. fiktiver Steuerbilanz (§ 38 Abs. 3 KStG 1991)	577
15.1.3.4	Übergang des Vermögens auf eine steuerbefreite Körperschaft (§ 38 Abs. 4 KStG 1991)	578
15.2	Vermögensübertragung durch Gesamtrechtsnachfolge nach dem Umwandlungssteuergesetz 1995 (§§ 38, 38a und 38b KStG)	579
15.2.1	Allgemeines	579
15.2.2	Die Regelungen des Umwandlungssteuergesetzes 1995	579
15.2.2.1	Übersicht	579
15.2.2.2	Vermögensübergang von einer Körperschaft auf eine Personengesellschaft oder auf eine natürliche Person (§§ 3–10 UmwStG 1995)	579
15.2.2.3	Vermögensübergang von einer Körperschaft auf eine Personengesellschaft (formwechselnd; § 14 UmwStG 1995 i. V. m. §§ 3–8, 10 UmwStG 1995)	580
15.2.2.4	Vermögensübergang von einer auf eine andere Körperschaft (Vollübertragung, z. B. Verschmelzung; §§ 11–13 UmwStG 1995)	580
15.2.2.5	Vermögensübergang von einer auf eine andere Körperschaft (Teilübertragung, z. B. Spaltung; § 15 i. V. m. §§ 11–13 UmwStG 1995)	581
15.2.2.6	Vermögensübergang von einer Körperschaft auf eine Personengesellschaft (Teilübertragung, z. B. Spaltung; § 16 i. V. m. §§ 3–8, 10, 15 UmwStG 1995)	581
15.2.2.7	Vermögensübertragung von einer Körperschaft auf eine Körperschaft (§§ 174–189 UmwG 1995)	582
15.2.3	Gliederung des verwendbaren Eigenkapitals bei Verschmelzung (§ 38 KStG)	582
15.2.4	Gliederung des verwendbaren Eigenkapitals bei Aufspaltung oder Abspaltung (§ 38a KStG)	583
15.2.5	Gliederung des verwendbaren Eigenkapitals in Sonderfällen des Vermögensübergangs (§ 38b KStG)	584
15.2.6	Übergang des Vermögens auf eine steuerbefreite Körperschaft (§ 38 Abs. 2 KStG)	584
16.	**Besteuerung kleiner Körperschaften (Abschn. 104 KStR)**	**585**
17.	**Gliederung des verwendbaren Eigenkapitals bei Liquidation der Körperschaft**	**586**
17.1	Gliederungsstichtag	586
17.2	Auskehrung des Liquidationserlöses an die Anteilseigner	586
17.2.1	Herstellen der Ausschüttungsbelastung	586
17.2.2	Wahlrecht verwendbares Eigenkapital-Nennkapital	587
17.2.3	Letzte gesonderte Feststellung auf den Abwicklungs-Endzeitpunkt	587
17.3	Umgliederung des negativen nichtbelasteten verwendbaren Eigenkapitals vor der Schlußverteilung (§ 41 Nr. 4 KStG)	589
17.4	Negative Teilbeträge beim belasteten verwendbaren Eigenkapital	591
17.5	Leg ein-Hol-zurück-Verfahren	591
18.	**Kapitalerhöhung und Kapitalherabsetzung – Auswirkungen auf Einkommensermittlung und Eigenkapitalgliederung (§ 29 Abs. 3, § 41 KStG, Abschn. 95 und 95a KStR)**	**592**
18.1	Kapitalerhöhung	593
18.1.1	Formen der Kapitalerhöhung	593
18.1.2	Auswirkungen der Kapitalerhöhung auf die Einkommensbesteuerung der Kapitalgesellschaft und ihrer Anteilseigner	594
18.1.3	Auswirkungen auf die Eigenkapitalgliederung der Kapitalgesellschaft	595
18.1.3.1	Kapitalerhöhung gegen Einlagen	595
18.1.3.2	Kapitalerhöhung aus Gesellschaftsmitteln	595
18.2	Kapitalherabsetzung	599
18.2.1	Formen der Kapitalherabsetzung	599
18.2.2	Auswirkungen auf die Einkommensbesteuerung der Kapitalgesellschaft und ihrer Anteilseigner	599
18.2.3	Auswirkungen auf die Eigenkapitalgliederung der Kapitalgesellschaft	599
18.2.3.1	Reihenfolge der Verwendung (§ 41 Abs. 2 KStG)	599
18.2.3.2	Ordentliche Kapitalherabsetzung	600

18.2.3.2.1	Grundsätzliches	600
18.2.3.2.2	Kapitalherabsetzung unter Verwendung des zum verwendbaren Eigenkapital rechnenden Teils des Nennkapitals	600
18.2.3.2.3	Kapitalherabsetzung unter Verwendung von Nennkapital, das durch Umwandlung von zum verwendbaren Eigenkapital gehörenden Altrücklagen (EK 03) entstanden ist	601
18.2.3.2.4	Zusammenfassendes Beispiel zur ordentlichen Kapitalherabsetzung	603
18.2.3.3	Vereinfachte Kapitalherabsetzung	604
18.2.3.4	Kapitalherabsetzung durch Einziehung von Anteilen	606
18.3	Rückzahlung von Einlagen, die nicht auf das Nennkapital geleistet worden sind	607
19.	**Minderung oder Erhöhung der Körperschaftsteuer bei Vermögensübertragung auf eine steuerbefreite Übernehmerin (§ 42 KStG)**	**608**
19.1	Allgemeines	608
19.2	Inhalt des § 42 KStG	609

Teil G
Steuerbescheinigungen

1.	**Allgemeines**	**611**
2.	**Bescheinigung durch die ausschüttende Körperschaft (§ 44 KStG)**	**613**
3.	**Bescheinigung durch das auszahlende Kreditinstitut (§ 45 KStG)**	**615**
4.	**Bescheinigung durch einen Notar (§ 46 KStG)**	**617**

Teil H
Entstehung, Veranlagung und Erhebung der Körperschaftsteuer

1.	**Entstehung der Körperschaftsteuer**	**619**
2.	**Unmittelbare Steuerberechtigung und Zerlegung**	**619**
3.	**Veranlagung und Erhebung der Körperschaftsteuer**	**620**
4.	**Bagatellgrenze (Abschn. 104 KStR)**	**621**

Teil I
Einkommensteuerliche Vorschriften zum Anrechnungsverfahren

1.	**Beseitigung der Doppelbelastung durch Körperschaftsteuer-Anrechnung**	**623**
2.	**Zur Anrechnung von Körperschaftsteuer berechtigende Einkünfte des Anteilseigners**	**625**
2.1	Kapitaleinnahmen	625
2.2	Verhältnis zu Veräußerungsgewinnen nach § 17 EStG	627
2.3	Veräußerung von Dividendenschein ohne Stammrecht	630
2.4	Anrechnung nach § 10 UmwStG 1995	631
3.	**Anrechenbare Körperschaftsteuer als Bestandteil der Kapitaleinnahmen**	**632**
4.	**Anrechnung bei der Einkommensteuerveranlagung**	**633**
5.	**Steuerliche Erfassung der Einkünfte beim Anteilseigner**	**634**
5.1	Die Anteile befinden sich im Privatvermögen	634
5.2	Die Anteile befinden sich im Betriebsvermögen	636
5.3	Erträge aus der Ausschüttung von EK 01	638
5.4	Erträge aus der Ausschüttung von EK 04	639
5.5	Veräußerung von Stammrecht und Dividendenanspruch	639
6.	**Voraussetzungen der Anrechnung**	**641**
7.	**Vergütung von Körperschaftsteuer**	**641**
7.1	Grundsätzliches zur Vergütung	641
7.2	Anträge auf Vergütung	642
7.2.1	Sammelanträge	642
7.2.2	Sammelanträge bei Bezügen des Anteilseigners bis zu 100 DM	643

7.2.3	Einzelanträge	643
8.	**Behandlung der Kapitalertragsteuer**	**643**
8.1	Pflicht zum Kapitalertragsteuerabzug	643
8.2	Kapitalertragsteueranrechnung bei der Veranlagung	644
8.3	Erstattung von Kapitalertragsteuer	644
8.4	Kapitalertragsteuer-Erstattung an bestimmte Körperschaften	645
8.5	Kapitalertragsteuer-Erstattung aufgrund von Doppelbesteuerungsabkommen	645
9.	**Investment-Anteile**	**645**
10.	**Vergütung des Körperschaftsteuer-Erhöhungsbetrages**	**646**
11.	**Verbot der steuerlichen Berücksichtigung von ausschüttungsbedingten Gewinnminderungen (§ 50c EStG, R 227d EStR 1993)**	**648**
11.1	Vorbemerkung	648
11.2	Die Wirkungsweise	649
11.3	Der Anschaffungspreis	649
11.4	Zum Inhalt des § 50c EStG	650
11.4.1	Der Grundfall des § 50c EStG	650
11.4.2	Erweiterung des Grundfalles des § 50c EStG	653
11.4.2.1	Kapitalherabsetzung nach dem Anteilserwerb (§ 50c Abs. 2 EStG)	653
11.4.2.2	Liquidation der Kapitalgesellschaft (§ 50c Abs. 3 EStG)	654
11.4.2.3	Umwandlung und Verschmelzung	655
11.4.2.4	Anteilserwerb durch eine Personengesellschaft (§ 50c Abs. 5 EStG)	657
11.4.2.5	Einbringung der erworbenen Anteile in den steuerpflichtigen Bereich des Erwerbers (§ 50c Abs. 6 EStG)	657
11.4.2.6	Anwendung des § 50c EStG auf mittelbare Erwerbe (§ 50c Abs. 7 EStG)	658
11.4.2.7	Fortführung des Sperrbetrags bei Rechtsnachfolgern des Erwerbers (§ 50c Abs. 8 EStG)	658
11.4.2.8	Ausnahmen von den Rechtsfolgen (§ 50c Abs. 9 EStG)	658
11.4.2.9	Erwerbe über die Börse (§ 50c Abs. 10 EStG)	659
11.4.2.9.1	Allgemeines	659
11.4.2.9.2	Die Regelungen des § 50c Abs. 10 EStG	659
11.4.3	Erstmalige Anwendung des § 50c EStG; letztmalige Anwendung des § 39 KStG	661

Teil J

Solidaritätszuschlag

1.	**Solidaritätszuschlag 1991/1992**	**663**
1.1	Allgemeines	663
1.2	Abgabepflichtige Körperschaften (§ 2 SolzG 1991)	663
1.3	Bemessungsgrundlage (§ 3 SolzG 1991)	664
1.3.1	Der Zuschlag auf die veranlagte Körperschaftsteuer (§ 3 Abs. 1 Nr. 2 SolZG 1991)	664
1.3.2	Der im Vorauszahlungswege zu erhebende Solidaritätszuschlag (§ 3 Abs. 1 Nr. 6 SolZG 1991)	664
1.3.3	Der auf die Kapitalertragsteuer zu erhebende Solidaritätszuschlag (§ 3 Abs. 1 Nr. 6 SolZG 1991)	665
1.3.4	Kein Zuschlag auf die Pauschsteuer nach § 5 KapErhStG	666
1.4	Die Höhe des Zuschlags (§ 4 SolZG 1991)	666
1.5	Doppelbesteuerungsabkommen (§ 5 SolZG 1991)	666
1.6	Verfahrensvorschriften (§ 51a EStG, § 49 Abs. 1 KStG)	667
1.7	Besonderheiten bei Körperschaften mit abweichendem Wirtschaftsjahr	668
1.8	Die gliederungsmäßige Behandlung des Solidaritätszuschlags	668
1.9	Keine Einbeziehung in das körperschaftsteuerliche Anrechnungsverfahren	668
1.10	Die rechnerische Ermittlung des Solidaritätszuschlags	670
2.	**Solidaritätszuschlag ab 1995**	**671**
2.1	Allgemeines	671
2.2	Wesen des Solidaritätszuschlages	671
2.3	Abgabepflichtige Personen	671
2.4	Bemessungsgrundlage	671

2.4.1	Solidaritätszuschlag auf die veranlagte Steuer	671
2.4.2	Solidaritätszuschlag auf die Körperschaftsteuer-Vorauszahlungen	672
2.4.3	Solidaritätszuschlag auf Kapitalertragsteuer	672
2.5	Zuschlagsatz	673
2.6	Gliederungsmäßige Behandlung des Solidaritätszuschlags	673
2.7	Vermeidung bzw. Milderung der Mehrfachbelastung mit Solidaritätszuschlag durch ein eigenständiges vereinfachtes Anrechnungsverfahren	673
2.8	Doppelbesteuerungsabkommen	674
2.9	Beispiele zu den Belastungswirkungen des neuen Solidaritätszuschlags	675

Teil K
Überblick über die Vorschriften des Umwandlungssteuergesetzes

1.	**Allgemeines**	681
1.1	Umwandlungen nach Handelsrecht	681
1.2	Inkrafttreten des neuen Rechts	683
2.	**Besteuerung von Umwandlungen**	683
2.1	Formwechsel (bisher: formwechselnde Umwandlung)	683
2.2	Besteuerung der Umwandlung von Kapitalgesellschaften auf Personenunternehmen nach den allgemeinen Regeln des Ertragsteuerrechts	684
2.3	Vermögensübertragungen nach §§ 174–189 UmwG 1995	685
2.4	Steuerliche Rückwirkung	685
2.5	Vermögensübertragung auf Personengesellschaften und natürliche Personen nach bisherigem Recht (UmwStG 1977)	686
2.5.1	Besteuerung der vermögensübertragenden Kapitalgesellschaft (Übertragungsgewinn)	686
2.5.2	Besteuerung der Übernehmerin (Übernahmegewinn)	687
2.5.3	Ergänzende Regelungen	689
2.6	Vermögensübertragungen auf Personengesellschaften und natürliche Personen nach neuem Recht (UmwStG 1995)	691
2.6.1	Anwendungsbereich	691
2.6.2	Besteuerung der übertragenden Kapitalgesellschaft (Übertragungsgewinn)	691
2.6.3	Besteuerung des übernehmenden Personenunternehmens (Übernahmegewinn)	691
2.6.4	Grundbeispiel zur Anwendung der UmwStG 1995 beim Vermögensübergang von Kapitalgesellschaften auf Personenunternehmen	692
2.6.5	Wesentliche Unterschiede zwischen UmwStG 1977 und UmwStG 1995 beim Vermögensübergang von Kapitalgesellschaften auf Personenunternehmen	693
2.7	Vermögensübertragugnen auf andere Körperschaften	694
2.7.1	Besteuerung der vermögensübertragenden Körperschaft (Übertragungsgewinn)	694
2.7.2	Besteuerung der übernehmenden Körperschaft (Übernahmegewinn)	695
2.8	Mißbrauchsvorschriften	697
3.	**Spaltung von Körperschaften**	697
4.	**Betriebseinbringung in Kapitalgesellschaften gegen Gewährung von Gesellschaftsrechten**	700
4.1	Gegenstand der begünstigten Sacheinlage	701
4.1.1	Betriebseinbringung	701
4.1.2	Gegenleistung für die Sacheinlage	702
4.2	Auswirkungen des Wahlrechts	703
4.3	Einbringungszeitpunkt	707
4.4	Besteuerung des Übertragungsgewinns (Einbringungsgewinns) und weitere Steuerfolgen	708
4.5	Spätere Veräußerung der durch Einbringung erworbenen Gesellschaftsanteile	709
5.	**Betriebseinbringung in Personengesellschaften**	711

Teil L
Körperschaftsteuerfragen im Zusammenhang mit dem Beitritt der Länder der DDR zur Bundesrepublik

1.	**Vorbemerkungen**	713
2.	**Rechtslage bis zum Jahr 1990**	713
2.1	Bis Ende 1990 zwei getrennte Rechtsverordnungen	713
2.2	Das Körperschaftsteuerrecht der DDR bis 1990	713
2.2.1	Rechtslage bis zum 30. 6. 1990	714
2.2.2	Der Wechsel von der Abführungs- zur Steuerpflicht	714
2.2.3	Rechtslage vom 1. 7. 1990 bis zum 31. 12. 1990	715
2.2.4	Körperschaftsteuer-Veranlagung für 1990	716
2.2.5	Zwei Jahre Steuerfreiheit für reprivatisierte Betriebe in der ehemaligen DDR	717
2.2.6	Weitere besondere Steuervergünstigungen nach DDR-Recht	717
2.3	Die Besteuerung von DDR-Einkünften in der Bundesrepublik bis 1990	720
2.3.1	Steuerfreistellung nach § 3 Nr. 63 und 69 EStG	720
2.3.2	Das DDR-Investitionsgesetz (DDR-IG) und sein Auslaufen	721
3.	**Übernahme des bundesdeutschen Steuerrechts im beigetretenen Teil Deutschlands ab 1991**	722
4.	**Übergangsfragen**	723
4.1	Die Änderungen des KStG durch das Einigungsvertragsgesetz	723
4.1.1	Erweiterung des Katalogs der persönlichen Steuerbefreiungen in § 5 KStG	723
4.1.2	Eigenkapitalgliederung bei Eintritt in die Gliederungspflicht	723
4.1.3	Übergangsregelungen für Gewinnausschüttungen	724
4.2	Sonstige Übergangsfragen für Körperschaften im beigetretenen Teil Deutschlands	725
4.2.1	Verlustvortrag	725
4.2.2	Verlustrücktrag	726
4.2.3	Vorauszahlungen	726
4.2.4	Organschaft	726
4.3	Doppelbesteuerungsabkommen	727
4.4	Verlegung des Sitzes und/oder der Geschäftsleitung zwischen den ehemals zwei deutschen Staaten	727
4.5	Anwendung des § 50c EStG auf den Erwerb von Anteilen an Kapitalgesellschaften im Beitrittsgebiet, insbesondere über die Treuhandanstalt	728
4.6	Umwandlungen, Verschmelzungen, Spaltung	728
4.6.1	Grundsätzliches	728
4.6.2	Spaltung der von der Treuhandanstalt verwalteten Körperschaften	729
4.6.3	Entflechtung nach § 4b des Gesetzes zur Beseitigung von Hemmnissen bei der Privatisierung von Unternehmen und zur Förderung von Investitionen (PrHBG)	729
4.6.4	Rückbeziehung von Gründungen, Verschmelzungen und Entflechtungen auf den 1. 7. 1990	729
4.7	Vermögensrückgabe im Beitrittsgebiet	730
5.	**Ausgewählte steuerliche Fragen zum DMBilG**	731
5.1	Steuerbilanz zum 31. 12. 1990	732
5.2	Gleichklang von Eigenkapital bei der Kapitalgesellschaft und Beteiligungsansatz beim Anteilseigner	732
5.3	Die steuerliche Behandlung der Ausgleichsforderungen und -verbindlichkeiten (§§ 24, 25 DMBilG), der ausstehenden Einlage (§ 26 DMBilG) und des Kapitalentwertungskontos (§ 28 DMBilG)	733
Stichwortverzeichnis		735

Abkürzungsverzeichnis

a. A.	anderer Ansicht
a. a. O.	am angegebenen Ort
ABl. d. EG	Amtsblatt der Europäischen Gemeinschaften
ABl. EG	Amtsblatt der Europäischen Gemeinschaften
Abs.	Absatz
Abschn.	Abschnitt
abw. Wj.	abweichendes Wirtschaftsjahr
abzb.	abziehbar
AE	Anteilseigner
AEAO	Anwendungserlaß zur Abgabenordnung
ÄndG	Änderungsgesetz
ÄndR	Änderungsrichtlinien
ÄndVO	Änderungsverordnung
a. F.	alte Fassung
AfA	Absetzung für Abnutzung
AG	Aktiengesellschaft
AG	Die Aktiengesellschaft, Zeitschrift für das gesamte Aktienwesen
AG & Co. KG	Kommanditgesellschaft mit einer AG als persönlich haftendem Gesellschafter
AIG	Gesetz über steuerliche Maßnahmen bei Auslandsinvestitionen der deutschen Wirtschaft (Auslandsinvestitionsgesetz)
AK	Anschaffungskosten
AktG	Aktiengesetz
Altern.	Alternative
amtl.	amtlich
Anh.	Anhang
Anl.	Anlage
Anm.	Anmerkung
AO	Abgabenordnung
a. o.	außerordentlich(er)
AP	Ausgleichsposten
ARD	Arbeitsgemeinschaft der öffentlich-rechtlichen Rundfunkanstalten Deutschlands
arg. ex	argumentum ex
Art.	Artikel
AStG	Gesetz über die Besteuerung bei Auslandsbeziehungen (Außensteuergesetz)
AuslInvestmG	Gesetz über den Vertrieb ausländischer Investmentanteile und über die Besteuerung der Erträge aus ausländischen Investmentanteilen (Auslands-Investment-Gesetz)
AWD	Außenwirtschaftsdienst des Betriebs-Beraters (siehe auch RIW/AWD)
BA	Betriebsausgabe(n)
BAnz.	Bundesanzeiger
Ba.-Wü.	Baden-Württemberg
Bay.	Bayern
BB	Betriebsberater
BBK	Buchführung, Bilanz, Kostenrechnung, Zeitschrift für das gesamte Rechnungswesen
Bd.	Band
BdF	Bundesminister(ium) der Finanzen
BdF-Schr.	Schreiben des Bundesminister(ium)s der Finanzen
BdF-Schreiben	Schreiben des Bundesminister(ium)s der Finanzen
BerlinFG	Gesetz zur Förderung der Berliner Wirtschaft (Berlinförderungsgesetz)
beschr.	beschränkt
Beschl.	Beschluß
Betr.AvG	Gesetz zur Verbesserung der betrieblichen Altersversorgung
BewDV	Durchführungsverordnung zum Bewertungsgesetz
BewG	Bewertungsgesetz

BFH	Bundesfinanzhof
BFHE	Sammlung der Entscheidungen und Gutachten des Bundesfinanzhofs
BFH/NV	Sammlung amtlich nicht veröffentlichter Entscheidungen des Bundesfinanzhofs
BFuP	Betriebswirtschaftliche Forschung und Praxis
BgA	Betrieb gewerblicher Art
BGB	Bürgerliches Gesetzbuch
BGBl.	Bundesgesetzblatt
BGH	Bundesgerichtshof
BGHZ	Entscheidungen des Bundesgerichtshofs in Zivilsachen
BHG	Bäuerliche Handelsgenossenschaft (DDR)
BiRiLiG	Bilanzrichtliniengesetz
Bl.	Blatt
Bln.	Berlin
BMF	Bundesministerium der Finanzen
BMF-Schr.	Schreiben des Bundesministeriums der Finanzen
BMF-Schreiben	Schreiben des Bundesministeriums der Finanzen
BMWF	Bundesministerium für Wirtschaft und Finanzen
Bp	Betriebsprüfung
BR	Bundesrat
BR-Drucks.	Bundesratsdrucksache
BR-Drs.	Bundesratsdrucksache
Bre.	Bremen
BStBl	Bundessteuerblatt
BT-Drucks.	Bundestagsdrucksache
BT-Drs.	Bundestagsdrucksache
Buchst.	Buchstabe
BV	Betriebsvermögen
BVerfG	Bundesverfassungsgericht
BVerfGE	Entscheidungen des Bundesverfassungsgerichts
BVerwG	Bundesverwaltungsgericht
BVerwGE	Entscheidungen des Bundesverwaltungsgerichts
bzw.	beziehungsweise
d.	der/des
DB	Der Betrieb
DB	Durchführungsbestimmungen
DBA	Abkommen zur Vermeidung der Doppelbesteuerung
DBA-NL	Abkommen zur Vermeidung der Doppelbesteuerung zwischen der Bundesrepublik Deutschland und dem Königreich der Niederlande
Ddf.	Düsseldorf
DDR	Deutsche Demokratische Republik
DDR-IG	DDR-Investitionsgesetz
DDR-Spezial	DDR-Spezial, Zeitschrift
dgl.	dergleichen
d. h.	das heißt
DIG	DDR-Investitionsgesetz
DIHT	Deutscher Industrie- und Handelstag
DM	Deutsche Mark
DMBG	DM-Eröffnungsbilanz
DMBilG	Gesetz über die Eröffnungsbilanz in Deutscher Mark (DM-Bilanzgesetz)
Doppelbuchst.	Doppelbuchstabe
Drucks.	Drucksache
Drs.	Drucksache
DStG	Die Steuer-Gewerkschaft
DStJG	Jahrbuch der Deutschen Steuerjuristischen Gesellschaft
DStPr	Deutsche Steuerpraxis
DStR	Deutsches Steuerrecht

DStZ	Deutsche Steuer-Zeitung, Ausgabe A
DStZ/E	Deutsche Steuer-Zeitung/Eildienst (ab 1990: StE)
DV	Durchführungsverordnung
EAV	Ergebnisabführungsvertrag
EEAO	Einführungserlaß zur Abgabenordnung
EFG	Entscheidungen der Finanzgerichte
eG	eingetragene Genossenschaft
EG	Europäische Gemeinschaft
EGAktG	Einführungsgesetz zum Aktiengesetz
EGBGB	Einführungsgesetz zum bürgerlichen Gesetzbuch
EGHGB	Einführungsgesetz zum Handelsgesetzbuch
EGKStRG	Einführungsgesetz zum Körperschaftsteuer-Reformgesetz
EGStGB	Einführungsgesetz zum Strafgesetzbuch
Einf. Erl.	Einführungserlaß
einschl.	einschließlich
EigenbetriebsVO	Eigenbetriebsverordnung
Eink.	Einkünfte
EK	Eigenkapital
EntwLStG	Gesetz über steuerliche Maßnahmen zur Förderung von privaten Kapitalanlagen in Entwicklungsländern (Entwicklungsländer-Steuergesetz)
ErbSt	Erbschaft- und Schenkungsteuer
ErbStG	Erbschaft- und Schenkungsteuergesetz
Erl.	Erläuterung
Erl.	Erlaß
ESt	Einkommensteuer
EStDV	Einkommensteuer-Durchführungsverordnung
EStG	Einkommensteuergesetz
EStH	Einkommensteuer-Handbuch
estpfl.	einkommensteuerpflichtig
EStR	Einkommensteuer-Richtlinien
ESt-Satz	Einkommensteuersatz
e. V.	eingetragener Verein
evtl.	eventuell
EW	Einheitswert
EWG	Europäische Wirtschaftsgemeinschaft
EU	Europäische Union
f	folgende
F.	Fach
ff	folgende
FA	Finanzamt
FinBeh	Finanzbehörde
FinMin	Finanzministerium
FinVerw	Finanzverwaltung
FG	Finanzgericht
FGO	Finanzgerichtsordnung
FK	Fremdkapital
FKPG	Gesetz zur Umsetzung des Föderalen Konsolidierungsprogramms
Fn	Fußnote
FR	Finanz-Rundschau
FRL	Fusions-Richtlinie
Fst	Institut Finanz und Steuern
GAV	Gewinnabführungsvertrag
Gbl.	Gesetzblatt der DDR
GbR	Gesellschaft bürgerlichen Rechts
GdbR	Gesellschaft bürgerlichen Rechts

gem.	gemäß
GemVO	Gemeinnützigkeitsverordnung
gen.	genannt
GenG	Genossenschaftsgesetz
Ges.	Gesellschafter
Ges.-Gf.	Gesellschafter-Geschäftsführer
GewSt	Gewerbesteuer
GewStDV	Gewerbesteuer-Durchführungsverordnung
GewStG	Gewerbesteuergesetz
GewStR	Gewerbesteuer-Richtlinien
GF	Geschäftsführer
Gf.	Geschäftsführer
GG	Grundgesetz für die Bundesrepublik Deutschland
ggf.	gegebenenfalls
ggfs.	gegebenenfalls
gl. A.	gleicher Ansicht
GmbH	Gesellschaft mit beschränkter Haftung
GmbH & Co. KG	Kommanditgesellschaft mit einer GmbH als persönlich haftendem Gesellschafter
GmbHG	Gesetz betreffend die Gesellschaften mit beschränkter Haftung
GmbHR	GmbH-Rundschau
grds.	grundsätzlich
GrS	Großer Senat des BFH
Gr. Sen.	Großer Senat des BFH
G+V-Rechnung	Gewinn- und Verlustrechnung
GVBl	Gesetz- und Verordnungsblatt
H	Hinweis
Ha.	Hamburg
Halbs.	Halbsatz
HB	Handelsbilanz
Hbg.	Hamburg
HBil	Handelsbilanz
HdU	Handbuch der Unternehmensbesteuerung
He.	Hessen
HFA	Hauptfachausschuß (des Instituts der Wirtschaftsprüfer)
HFR	Höchstrichterliche Finanzrechtsprechung
HGB	Handelsgesetzbuch
h.L.	herrschende Lehre
h. M.	herrschende Meinung
Hrsg.	Herausgeber
HStrukturG	Gesetz zur Verbesserung der Haushaltsstruktur
Inf	Die Information über Steuer und Wirtschaft
i. d. F.	in der Fassung
i. d. R.	in der Regel
IDW	Institut der Wirtschaftsprüfer
i. Gr.	in Gründung
i. H. d.	in Höhe der (des)
i. H. v.	in Höhe von
insbes.	insbesondere
InvZul	Investitionszulage
InvZulG	Investitionszulagengesetz
i. R.	im Rahmen
i. S.	im Sinne
i. S. d.	im Sinne des
IStR	Internationales Steuerrecht
i. S. v.	im Sinne von

i. V.	in Verbindung
i. V. m.	in Verbindung mit
IWB	Internationale Wirtschaftsbriefe
JbFfStR	Jahrbuch der Fachanwälte für Steuerrecht
jur. Pers.	juristische Person
KAG	Kapitalanlagegesellschaft
KAGG	Gesetz über Kapitalanlagegesellschaften
KapErhG	Gesetz über die Kapitalerhöhung aus Gesellschaftsmitteln und über die Verschmelzung von Gesellschaften mit beschränkter Haftung (Kapitalerhöhungsgesetz)
KapErhStG	Gesetz über steuerrechtliche Maßnahmen bei Erhöhung des Nennkapitals aus Gesellschaftsmitteln (Kapitalerhöhungs-Steuergesetz)
Kap.Ges.	Kapitalgesellschaft
KapSt	Kapitalertragsteuer
KG	Kommanditgesellschaft
KGaA	Kommanditgesellschaft auf Aktien
KiSt	Kirchensteuer
Kj.	Kalenderjahr
KO	Konkursordnung
Kö	Körperschaft
KÖSDI	Kölner Steuerdialog
KSt	Körperschaftsteuer
KSt-ÄndG	Körperschaftsteuer-Änderungsgestz
KStÄR	Körperschaftsteuer-Änderungsrichtlinien
KStDV	Körperschaftsteuer-Durchführungsverordnung
KStG	Körperschaftsteuergesetz
Kstpfl.	Körperschaftsteuerpflichtiger
kstpfl.	körperschaftsteuerpflichtig
KStR	Körperschaftsteuer-Richtlinien
KStRG	Körperschaftsteuer-Reformgesetz
KSt-VereinfG	Körperschaftsteuer-Vereinfachungsgesetz
KVStG	Kapitalverkehrsteuergesetz
LAG	Gesetz über den Lastenausgleich
LandwAnpG	Landwirtschaftsanpassungsgesetz (DDR)
lfd.	laufend
LöschG	Gesetz über die Auflösung und Löschung von Gesellschaften und Genossenschaften (Löschungsgesetz)
LPG	Landwirtschaftliche Produktionsgenossenschaft (DDR)
LSt	Lohnsteuer
lt.	laut
M	Mark (der DDR)
m. a. W.	mit anderen Worten
MinBlFin	Ministerialblatt des Bundesministeriums der Finanzen
Mio.	Millionen
MV	Mecklenburg-Vorpommern
m. w. H.	mit weiteren Hinweisen
m. w. N.	mit weiteren Nachweisen
m. w. Nachw.	mit weiteren Nachweisen
m. E.	meines Erachtens
mtl.	monatlich
nabzb.	nichtabziehbar
Nds.	Niedersachsen
n. F.	neue Fassung
NJW	Neue Juristische Wochenschrift
NL	Niederlande

Nr.	Nummer
nrkr.	nichtrechtskräftig
Nrn.	Nummern
Nst	Neues Steuerrecht von A bis Z, Kommentar-Zeitschrift für das gesamte Steuerrecht
NRW	Nordrhein-Westfalen
n. v.	nicht amtlich veröffentlicht
NV	naamlose vennootschap (Aktiengesellschaft niederländischen Rechts)
NW	Nordrhein-Westfalen
NWB	Neue Wirtschafts-Briefe für Steuer- und Wirtschaftsrecht
o.	oder
o. a.	oben angegeben
o. ä.	oder ähnlichem
OECD	Organization for Economic Cooperation and Development
OECD-MA	OECD-Musterabkommen
öff.	öffentlich
OFD	Oberfinanzdirektion
OFDen	Oberfinanzdirektionen
OFH	Oberster Finanzhof
OHG	offene Handelsgesellschaft
OG	Organgesellschaft
oGA	offene Gewinnausschüttung
OLG	Oberlandesgericht
OT	Organträger
o. V.	ohne Verfasser
Pers. Ges.	Personengesellschaft
PGH	Produktionsgenossenschaft des Handwerks (DDR)
Pos.	Position
PrHBG	Gesetz zur Beseitigung von Hemmnissen bei der Privatisierung von Unternehmen und zur Förderung von Investitionen
R	Richtlinie(nabschnitt)
RAP	Rechnungsabgrenzungsposten
RdF	Reichsminister der Finanzen
RdNr.	Randnummer
Rdvfg	Rundverfügung
Ref. Entwurf	Referentenentwurf
RFH	Reichsfinanzhof
RG	Reichsgericht
RGBl.	Reichsgesetzblatt
Rh.-Pf.	Rheinland-Pfalz
RIW/AWD	Recht der Internationalen Wirtschaft, Außenwirtschaftsdienst des Betriebs-Beraters
rkr.	rechtskräftig
Rn.	Randnummer
RP	Rheinland-Pfalz
RStBl	Reichssteuerblatt
Rumpf-Wj.	Rumpfwirtschaftsjahr
RWP	Rechts- und Wirtschaftspraxis
RZ	Randziffer
s.	siehe
S.	Satz
S.	Seite
Sa.	Saarland
s. a.	siehe auch
SA	société anonyme (Aktiengesellschaft französischen Rechts)
Saar.	Saarland
s. b. Ertrag	sonstiger betrieblicher Ertrag

Schl.H.	Schleswig-Holstein
Schr.	Schreiben
Sdr.	Sonderdruck
Sen. f. Fin.	Senator bzw. Senatsverwaltung für Finanzen
SN	Sachsen
SnA	Sachsen-Anhalt
s. o.	siehe oben
SolZ	Solidaritätszuschlag
SolZG	Solidaritätszuschlagsgesetz
Sonder-BV	Sonderbetriebsvermögen
So.-Nr.	Sondernummer
sonst.	sonstige
Sp.	Spalte
SpTrUG	Gesetz über die Spaltung der von der Treuhandanstalt verwalteten Unternehmen
St	Steuer
ST	Sachsen-Anhalt
StandOG	Standortsicherungsgesetz
StÄndG	Steueränderungsgesetz
StAnpG	Steueranpassungsgesetz
StB	Der Steuerberater
Stbg	Die Steuerberatung
StBil	Steuerbilanz
StbJb	Steuerberater-Jahrbuch
StbKongrRep	Steuerberater-Kongreß-Report
StBp	Die steuerliche Betriebsprüfung
StBereinigungsG	Steuerbereinigungsgesetz
StEntlG	Steuerentlastungsgesetz
StE	Steuer-Eildienst (bis 1989: DStZ/E)
StEK	Steuererlasse in Karteiform
StEntlG	Steuerentlastungsgesetz
stfrei	steuerfrei
StKongrRep	Steuerkongreß-Report
StLex	Steuer-Lexikon, Teil II (Aufsätze, Verfügungen, Erlasse, Einzelfragen)
stlich	steuerlich
StMBG	Mißbrauchsbekämpfungs- und Steuerbereinigungsgesetz
StPflicht	Steuerpflicht
Stpfl.	Steuerpflichtiger
stpfl.	steuerpflichtig
str.	strittig
StRefG	Steuerreformgesetz
StRK	Steuerrechtsprechung in Karteiform
StStud	Steuer und Studium
StuB	Steuer und Buchhaltung
StuW	Steuer und Wirtschaft, Zeitschrift für die gesamte Steuerwissenschaft
StVj.	Steuerliche Vierteljahreszeitschrift
StW	Steuerwarte
StWa	Steuerwarte
StZBl Bln	Steuer- und Zollblatt Berlin
s. u.	siehe unten
TDM	Tausend Deutsche Mark
TH	Thüringen
tw.	teilweise
Tz.	Textziffer
Tzn.	Textziffern
u.	und
u. a.	unter anderem
UBG	Unternehmensbeteiligungsgesellschaften

u. E.	unseres Erachtens
UmwG	Umwandlungsgesetz
UmwStG	Umwandlungssteuergesetz
UmwStG 1977	Gesetz über steuerliche Maßnahmen bei Änderung der Unternehmensform (Umwandlungssteuergesetz) vom 6. 9. 1976, BGBl. I S. 2641, mit späteren Änderungen
UmwStG 1995	Umwandlungssteuergesetz vom 28. 10. 1994 (BGBl. I S. 3267)
unbeschr.	unbeschränkt
Urt.	Urteil
USt	Umsatzsteuer
UStG	Umsatzsteuergesetz
UStDV	Umsatzsteuer-Durchführungsverordnung
UStR	Umsatzsteuer-Richtlinien
u. U.	unter Umständen
v.	vom
VA	Lastenausgleichs-Vermögensabgabe
VAG	Gesetz über die Beaufsichtigung der privaten Versicherungsunternehmungen (Versicherungsaufsichtsgesetz)
VEB	Volkseigener Betrieb (DDR)
vEK	für Ausschüttungen verwendbares Eigenkapital (verwendbares Eigenkapital)
VermBG	Vermögensbildungsgesetz
VermG	Vermögensgesetz
Verw.-Anw.	Verwaltungsanweisung
Vfg.	Verfügung
v. g.	vor genannte
vGA	verdeckte Gewinnausschüttung
vgl.	vergleiche
v. H.	vom Hundert
VO	Verordnung
VSt	Vermögensteuer
VStG	Vermögensteuergesetz
VStR	Vermögensteuer-Richtlinien
VVAG	Versicherungsverein auf Gegenseitigkeit
VZ	Veranlagungszeitraum
wg.	wegen
WG	Wirtschaftsgut
WGG	Wohnungsgemeinnützigkeitsgesetz
WGGDV	Verordnung zur Durchführung des WGG
Wistra	Zeitschrift für Wirtschaft/Steuer/Strafrecht
Wj.	Wirtschaftsjahr
WM	Wertpapier-Mitteilungen
w. N.	weitere Nachweise
Wpg	Die Wirtschaftsprüfung
WP-Hdb.	Wirtschaftsprüfer-Handbuch
ZDF	Zweites Deutsches Fernsehen
ZfB	Zeitschrift für Betriebswirtschaft
ZfbF	Zeitschrift für betriebswirtschaftliche Forschung
ZGR	Zeitschrift für Unternehmens- und Gesellschaftsrecht
zit.	zitiert
z. T.	zum Teil
zus.	zusammen
zust.	zustimmend
zutr.	zutreffend
zuz.	zuzüglich
zzgl.	zuzüglich
z. Zt.	zur Zeit

Teil A

Einführung

1. Stellung und Entwicklung des Körperschaftsteuerrechts

Die Körperschaftsteuer erfaßt das Einkommen der im Körperschaftsteuergesetz genannten Körperschaften, Personenvereinigungen und Vermögensmassen. Dabei kommt den Kapitalgesellschaften als der bedeutsamsten Gruppe eine herausragende wirtschaftliche Bedeutung zu, was sich auch in der Höhe des Steueraufkommens niederschlägt.

Für die Kapitalgesellschaften ergibt sich aus der Tatsache, daß sie Gewinne ausschütten, ein besonderes steuerliches Problem. Schüttet eine Kapitalgesellschaft ihren erzielten Gewinn ganz oder teilweise an die Anteilseigner aus, so ist dies steuerlich in zweifacher Hinsicht von Bedeutung. Zum einen erfolgt der steuerliche Zugriff auf der Ebene der Kapitalgesellschaft durch Erhebung der Körperschaftsteuer; zum anderen rechnet der ausgeschüttete Gewinn beim Anteilseigner zu den Einkünften aus Kapitalvermögen, wenn die Beteiligung an der Kapitalgesellschaft zum Privatvermögen gehört. Stellt die Beteiligung Betriebsvermögen dar, zählt der Gewinnanteil zu den Betriebseinnahmen. Die sich hieraus ergebende Problematik der Doppelbelastung der Gewinnanteile aus der Beteiligung an ausschüttenden Körperschaften hat die geschichtliche Entwicklung des Körperschaftsteuerrechts entscheidend geprägt.

Schon vor der Einführung einer reichseinheitlichen Körperschaftsteuer im Zuge der Erzbergerschen Steuerreform im Jahre 1920 wurde das Einkommen der juristischen Personen selbständig besteuert. Die Besteuerung war in den Einkommensteuergesetzen der Einzelstaaten geregelt. Die Doppelbelastung, die sich durch die Besteuerung des Gewinns bei der juristischen Person und der Ausschüttung beim Anteilseigner ergab, hatte jedoch keine große wirtschaftliche Bedeutung, da die Steuertarife verhältnismäßig niedrig waren. So betrug der Spitzensatz nach dem Preußischen Einkommensteuergesetz vom 24. 6. 1891 ab einem Einkommen von 100 000 DM 4 v. H.

Durch das reichseinheitliche Körperschaftsteuergesetz vom 30. 3. 1920 (RGBl. S. 393) wurde die Besteuerung der Körperschaften aus dem Einkommensteuergesetz herausgelöst und in einem selbständigen Gesetz geregelt. Die (proportionale) Körperschaftsteuer betrug für den einbehaltenen Gewinn 10 v. H. und erhöhte sich für ausgeschüttete Gewinnanteile um einen Zuschlag, der bis zu 10 v. H. dieser Beträge anstieg. In den Folgejahren wurde zwar der Steuerzuschlag für Gewinnausschüttungen abgeschafft; der Körperschaftsteuersatz stieg jedoch erheblich an. Nach Ende des Zweiten Weltkrieges erreichte der Spitzensatz eine Höhe von 65 v. H. Eine Entlastung für ausgeschüttete Gewinne war nicht vorgesehen.

Durch Gesetz vom 24. 6. 1953 (BGBl. 1953 I S. 413) wurde die Doppelbelastung bei Kapitalgesellschaften erstmals durch eine niedrigere Besteuerung der Ausschüttungen gemildert. Der allgemeine Körperschaftsteuersatz betrug 60 v. H.; für berücksichtigungsfähige Ausschüttungen ermäßigte er sich auf 30 v. H. (gespaltener Steuersatz). Eine weitere Milderung der Doppelbelastung ergab sich durch das Gesetz vom 18. 7. 1958 (BGBl. 1958 I S. 473), das den allgemeinen Körperschaftsteuersatz auf 51 v. H. und für berücksichtigungsfähige Ausschüttungen auf 15 v. H. festsetzte.

Die trotz der Ermäßigung des Steuersatzes für berücksichtigungsfähige Ausschüttungen verbleibende Doppelbelastung blieb jedoch weiterhin Gegenstand einer kritischen Auseinandersetzung. Die Kritik bezog sich insbesondere darauf, daß die Doppelbelastung zu einer von der Rechtsform des Unternehmens abhängigen unterschiedlichen Belastung der betrieblichen Gewinne führte, die Eigenfinanzierung gegenüber der Fremdfinanzierung benachteiligte und die Beteiligungswerte für eine breite Vermögensbildung unattraktiv machte. Die eingehende Auseinandersetzung führte zu einer vollständigen Neuordnung der Besteuerung der

5 Körperschaften durch das **Körperschaftsteuerreformgesetz** vom 31. 8. 1976 (BGBl. 1976 I S. 2597; BStBl 1976 I S. 445). Im Rahmen dieser Neuordnung wurde zwar die selbständige Körperschaftsbesteuerung beibehalten, die Doppelbelastung ausgeschütteter Gewinne aber durch Anrechnung der Körperschaftsteuer auf die Einkommensteuer bzw. Körperschaftsteuer der Anteilseigner beseitigt (System der Vollanrechnung).

6 Stellt man das deutsche System der Körperschaftsteuer in den Zusammenhang der **Europäischen Union,** ergibt sich ein uneinheitliches Bild. Während in Italien und Frankreich ebenfalls ein System der Vollanrechnung gilt, praktizieren Großbritannien, Portugal und Spanien ein Teilanrechnungssystem. Das sogenannte klassische System der einheitlichen Besteuerung des Gesamtkeinkommens wurde bisher in den Benelux-Staaten und Dänemark beibehalten. In Griechenland besteht ein System des Vollabzugs der Ausschüttungen von der Bemessungsgrundlage. Die seit geraumer Zeit diskutierte Harmonisierung der Körperschaftsteuersysteme innerhalb der Europäischen Union ist nach wie vor ungewiß, zumal die EU-Kommission ihre früheren Vorstellungen zur Vereinheitlichung der Körperschaftsteuer auf der Grundlage eines Teilanrechnungssystems zurückgezogen hat (vgl. Saß in DB 1990 S. 2340 und DB 1993 S. 113, sowie den sog. Ruding-Bericht in Beilage 5/92 zu DB 16/1992).

7 2. Die Grundkonzeption des Körperschaftsteuergesetzes

Mit dem Körperschaftsteuerreformgesetz vom 31. 8. 1976 hat der Gesetzgeber die systematischen Grundlagen geschaffen, die zur vollständigen Beseitigung der Doppelbelastung mit Körperschaftsteuer (bei der ausschüttenden Körperschaft) und Einkommensteuer bzw. Körperschaftsteuer (beim Anteilseigner) führen. Kernstück des neuen Systems ist das Anrechnungsverfahren, das eine vollständige Neufassung des Körperschaftsteuergesetzes und umfangreiche Änderungen des Einkommensteuergesetzes erforderlich machte. Darüber hinaus waren zahlreiche Folgeänderungen notwendig, die in dem Einführungsgesetz zum Körperschaftsteuerreformgesetz vom 6. 9. 1976 (BGBl. 1976 I S. 2641; BStBl 1976 I S. 476) zusammengefaßt sind. Von Bedeutung sind insbesondere die Neufassung des Gesetzes über die steuerlichen Maßnahmen bei Änderung der Unternehmensform, die Änderungen des Gesetzes über die Kapitalanlagegesellschaften und des steuerrechtlichen Kapitalerhöhungsgesetzes. Die Bestimmungen der Kapitalertragsteuer-Durchführungsverordnung wurden im Zuge der Reform in das Einkommensteuergesetz übernommen. Seit dieser Zeit ist das Körperschaftsteuergesetz zwar mehrfach geändert worden. Hervorzuheben sind hier insbesondere die Senkung der Steuersätze durch das Steuerreformgesetz 1990 vom 25. 7. 1988 (BGBl. I S. 774) und durch das Standortsicherungsgesetz vom 13. 9. 1993 (BGBl. I S. 1569; BStBl I S. 774). Die Grundkonzeption des Anrechnungsverfahrens blieb jedoch unverändert.

8 Die Wirkungsweise des Anrechnungsverfahrens wird in den folgenden Teilen ausführlich und im Zusammenhang dargestellt (vgl. insbesondere die Teile F, G und I). Die die **Systematik** des Anrechnungsverfahrens prägenden Grundentscheidungen sollen zum besseren Verständnis jedoch bereits an dieser Stelle kurz angerissen werden.

Das bis zum Systemwechsel geltende Körperschaftsteuerrecht war entscheidend dadurch gekennzeichnet, daß die zu besteuernden Erträge der ausschüttenden Körperschaften wirtschaftlich einer Mehrfachbelastung unterworfen wurden. Zunächst einmal wurde das Einkommen der Köperschaften, Personenvereinigungen und Vermögensmassen von der Körperschaftsteuer erfaßt. Bei der wirtschaftlich gewichtigsten Gruppe der Körperschaften, den Kapitalgesellschaften und den Genossenschaften, ergab sich zusätzlich für (offene und verdeckte) Gewinnausschüttungen auf der Ebene der Anteilseigner eine weitere Belastung mit Steuer vom Einkommen. War der Anteilseigner eine natürliche Person, fiel Einkommensteuer in Höhe des individuellen Steuersatzes an. Waren zwischen die Kapitalgesellschaft und die natürliche Person weitere Kapitalgesellschaften eingeschaltet, konnte sogar eine Drei- oder Mehrfachbelastung entstehen, soweit nicht die Voraussetzungen des Schachtelprivilegs oder der Organschaft erfüllt waren. Eine gewisse Milderung der Doppelbelastung wurde dadurch erreicht, daß die Kapitalgesellschaften für Ausschüttungen, die auf einem den gesellschaftsrechtlichen Vorschriften entsprechenden Gewinnverteilungsbeschluß beruhten, einem ermäßigten Steuersatz unterlagen. Diese Regelung konnte jedoch schon aus systematischen Gründen nur zu einer pauschalen Ermäßigung führen.

Das durch das Körperschaftsteuerreformgesetz verwirklichte System vollzieht die Beseitigung der Doppelbelastung ausschließlich über die Ausschüttungen; es führt im Ergebnis dazu, daß die auf der Ebene der Körperschaft erhobene Körperschaftsteuer bei (offenen oder verdeckten) Gewinnausschüttungen durch die individuelle Einkommensteuer bzw. Körperschaftsteuer der Anteilseigner ersetzt wird. Nicht ausschüttbare Einkommensteile (z. B. im Einkommen enthaltene nichtabziehbare Aufwendungen) bleiben hiernach definitiv mit Köperschaftsteuer belastet.

Die Beseitigung der Doppelbelastung erfolgt unabhängig davon, ob die Ausschüttungen auf laufenden oder zunächst thesaurierten Gewinnen beruhen. Sie wird **in zwei Schritten** vollzogen:

a) Auf der Ebene der Körperschaft wird das steuerliche Einkommen der **Körperschaftsteuer** unterworfen. Der Regelsteuersatz beträgt 45 v. H. (bis 1993 50 v. H.). Werden Gewinne offen oder verdeckt ausgeschüttet, wird eine einheitliche Ausschüttungsbelastung von 30 v. H. (bis 1993 36 v. H.) hergestellt. Auf den Ausschüttungen lastet demnach grundsätzlich eine Körperschaftsteuer in Höhe von 30 v. H. des Gewinns vor Körperschaftsteuer; dies sind, bezogen auf den Ausschüttungsbetrag, $^{30}/_{70}$ der Ausschüttung.

b) Die auf den Ausschüttungen lastende Körperschaftsteuer von 30 v. H. wird als Steuerguthaben beim Anteilseigner auf seine Einkommensteuer bzw. Körperschaftsteuer angerechnet. Die endgültige **Entlastung von der Körperschaftsteuer** vollzieht sich damit **auf der Ebene des Anteilseigners.**

Die vom Anteilseigner zu versteuernde Einnahme setzt sich aus der Dividende (einschließlich einbehaltener Kapitalertragsteuer) und der Steuergutschrift zusammen.

Die Systematik des Anrechnungsverfahrens läßt sich an folgendem **Grundschema** skizzieren:

Kapitalgesellschaft	DM
Gewinn vor Körperschaftsteuer	100,00
Körperschaftsteuer bei Ausschüttung (Ausschüttungsbelastung)	30,00
Dividende	70,00
Kapitalertragsteuer (25 v. H. aus 70 DM)	17,50
Netto(Bar)ausschüttung	52,50
Anteilseigner	
Dividende (einschl. Kapitalertragsteuer)	70,00
Steuergutschrift ($^{30}/_{70}$ aus 70 DM)	30,00
Kapitaleinnahmen	100,00
Einkommensteuer, z. B. 40 v. H.	40,00
Anrechnung	
Körperschaftsteuer 30 DM	
Kapitalertragsteuer 17,50 DM	47,50

Verbleibende Steuerschuld ./. 7,50

Der Kapitalertrag beim Anteilseigner entspricht dem ausgeschütteten Gewinn der Kapitalgesellschaft vor

Körperschaftsteuer.

11 Wegen der Einzelheiten wird auf die Gesamtdarstellung in Teil F und I verwiesen.

3. Rechtsgrundlagen und Verwaltungsanweisungen

Die Rechtsgrundlagen für die Körperschaftsteuer sind zur Zeit:

a) Das **Körperschaftsteuergesetz** in der Fassung der Bekanntmachung vom 11. 3. 1991 (BGBl. I S. 636; BStBl I Sondernummer 1); zuletzt geändert durch das Gesetz zur Änderung des Umwandlungssteuerrechts vom 28. 10. 1994 (BGBl. I S. 3267; BStBl I S. 839);

b) die **Körperschaftsteuer-Durchführungsverordnung** i. d. Fassung der Bekanntmachung vom 31. 7. 1984 (BGBl. 1984 I S. 1055); zuletzt geändert durch die Verordnung vom 14. 12. 1993 (BGBl. I S. 2041);

c) Vorschriften des **Einkommensteuergesetzes** und der **Einkommensteuer-Durchführungsverordnung** (vgl. im einzelnen Abschn. 26 KStR).

Zur Auslegung der körperschaftsteuerlichen Vorschriften hat die Finanzverwaltung umfangreiche Verwaltungsanweisungen erlassen. Sie sind in den **Körperschaftsteuer-Richtlinien** i. d. F. vom 14. 3. 1991 (BStBl 1991 I Sondernummer 1/1991 S. 2) zusammengefaßt (KStR 1990). Mit den neuen Körperschaftsteuer-Änderungsrichtlinien ist nicht vor Ende 1995 zu rechnen. Es soll zunächst abgewartet werden, welche weiteren Änderungen des Körperschaftsteuerrechts sich im Rahmen des geplanten Jahressteuergesetzes 1996 ergeben.*)

---

*) Inzwischen sind die Körperschaftsteuer-Richtlinien 1995 (KStR 1995) vom 15. 12. 1995 (BStBl 1996 I Sondernummer 1/1996 S. 2) veröffentlicht worden. Wesentliche, rechtserhebliche Änderungen sind in diesem Nachdruck berücksichtigt worden.

Teil B
Steuerpflicht

1. Anwendungsbereich des KStG

1.1 Allgemeines

Unter die **unbeschränkte Steuerpflicht** fallen **nur die in § 1 Abs. 1 KStG aufgeführten** 6 Gruppen von Körperschaften, Personenvereinigungen und Vermögensmassen. Die Aufzählung ist grundsätzlich abschließend (Abschn. 2 Abs. 1 Satz 1 KStR). Diese Aufzählung umfaßt keineswegs alle privat- und öffentlich-rechtlichen Körperschaften usw. Zum einen fallen **juristische Personen des öffentlichen Rechts** als solche nicht unter das KStG. Sie sind nur steuerpflichtig

- im Bereich der unbeschränkten Steuerpflicht:
  mit ihren Betrieben gewerblicher Art (§ 1 Abs. 1 Nr. 6 KStG)
- im Bereich der beschränkten Steuerpflicht:
  bei Bezug inländischer Einkünfte, die dem Steuerabzug (zum Beispiel Kapitalertragsteuer) unterliegen (§ 2 Nr. 2 KStG).

Zum anderen gehören bestimmte ältere Formen juristischer Personen (vgl. Art. 164 EG-BGB) mangels Aufzählung in § 1 Abs. 1 KStG nicht zu den Kapitalgesellschaften (BFH-Urt. vom 2. 12. 1970, BStBl 1971 II S. 187), sondern fallen unter § 1 Abs. 1 Nr. 4 KStG.

Der Begriff der Kapitalgesellschaft ist einer erweiternden Auslegung nicht zugänglich (Abschn. 2 Abs. 1 Satz 2 KStR). Aufgrund der abschließenden Aufzählung unbeschränkt steuerpflichtiger Gebilde in §§ 1 und 3 KStG ergibt sich durch Umkehrschluß weiterhin:

Nicht zu den körperschaftsteuerpflichtigen Gebilden im Sinne von §§ 1 und 3 KStG gehören die **Personengesellschaften.**

Dies sind insbesondere OHG, KG, Gesellschaft bürgerlichen Rechts (GbR), sowie ähnliche Gesellschaften, Gemeinschaften (zum Beispiel atypisch stille Gesellschaft). Häufig sind hierbei die Gesellschafter Mitunternehmer eines Gewerbebetriebs. Gleichgültig aber, ob es sich um gewerbliche Mitunternehmer (i. d. R. bei OHG und KG) oder nichtgewerbliche Gemeinschaften, zum Beispiel: GbR, die kein Gewerbe betreibt, handelt, unterliegen diese Personengesellschaften nicht selbständig der Körperschaftsteuer (und auch nicht der Einkommensteuer).

Vielmehr werden die Einkünfte anteilig den Gesellschaftern zugerechnet und bei diesen als Einkünfte der Einkommensteuer unterworfen (bzw. der Körperschaftsteuer, wenn der Gesellschafter ein körperschaftsteuerpflichtiges Unternehmen ist). Handelt es sich um gewerbliche Mitunternehmer, erzielen die Gesellschafter aufgrund der Klassifikationsnorm § 15 Abs. 1 Nr. 2 EStG gewerbliche Einkünfte.

Verfahrensmäßige Besonderheit ist hierbei die einheitliche und gesonderte Feststellung der Einkünfte der Personengesellschaft gemäß §§ 179 ff AO. Inhalt dieser förmlichen und mit Rechtsbehelfen anfechtbaren Feststellung ist die Feststellung der Einkünfte und der auf die Gesellschafter entfallenden Anteile an den Einkünften.

Im Rahmen der **beschränkten Steuerpflicht** gemäß § 2 KStG ist der Kreis der Steuersubjekte **weiter** als bei der unbeschränkten Steuerpflicht **gespannt.**

Er umfaßt nach dem Wortlaut – vorbehaltlich der Einschränkung durch § 3 KStG – alle Körperschaften, Personenvereinigungen und Vermögensmassen des privaten und öffentlichen Rechts (mit bestimmten inländischen Einkünften).

Denn anders als in § 1 Abs. 1 KStG sind nicht bestimmte Körperschaften usw. aufgezählt. Trotzdem fallen unter den Begriff der „Personenvereinigungen" auch im Rahmen der beschränkten Steuerpflicht nicht die Personengesellschaften.

16 Ob eine **ausländische Personenvereinigung** unter das KStG fällt, hängt davon ab, mit welcher Rechtsform des deutschen Rechts sie im wesentlichen vergleichbar ist (RFH, RStBl 1930 S. 444). Maßgebend ist hier für die Frage der Rechtsfähigkeit das internationale Privatrecht, für die Frage der Körperschaftsteuerpflicht die Organisationsstruktur. Vgl. auch RZ 95–97 und BFH-Urt. vom 3. 2. 1988, BStBl II S. 588 sowie BFH-Urt. vom 23. 6. 1992, BStBl II 972).

> **Beispiel:**
> Die „Société Anonyme" (S. A.) (Frankreich) sowie die „Naamlose Vermatschapij" (Niederlande) entsprechen in wesentlichen Punkten der deutschen AG.
> Bei Bezug inländischer Einkünfte sind sie beschränkt steuerpflichtig (§ 2 Nr. 1 KStG).

17 Das Personalstatut einer ausländischen Kapitalgesellschaft wird nach dem Gesellschaftsrecht des **Sitzstaates** beurteilt (sog. **Sitztheorie**). Dabei ist auf den **tatsächlichen** (Verwaltungs-) Sitz abzustellen. Bei **Sitzverlegung** in das **Inland** besteht nur dann eine Kapitalgesellschaft fort, wenn – unter Beachtung der inländischen Gründungsvorschriften – eine Eintragung in das inländische Handelsregister erfolgt. Geschieht dies **nicht,** kommen **nur** § 1 Abs. 1 **Nr. 4** oder **5** KStG bzw. eine Personengesellschaft in Betracht (BFH-Beschluß vom 13. 11. 1991, BStBl 1992 II S. 263, Urt. vom 23. 6. 1992, BStBl II S. 972 und Urt. vom 1. 7. 1992, BStBl 1993 II S. 222).

1.2 Maßgeblichkeit der Rechtsform

18 Das KSt-Recht wie auch das bürgerliche Recht sehen in den juristischen Personen Rechtsträger mit eigener Willensbildung (BFH-Urt. vom 4. 5. 1956, BStBl 1956 III S. 197).

Entscheidend für die Körperschaftsteuerpflicht ist nach ständiger Rechtsprechung des BFH daher die Rechtsform eines Gebildes. Dies dient der Rechtssicherheit und Berechenbarkeit der steuerlichen Folgen.

Somit ist für die Entscheidung über die persönliche Steuerpflicht im Rahmen der §§ 1 bis 3 KStG für die Einordnung rechtsfähiger und nichtrechtsfähiger Gebilde bürgerliches Recht, insbesondere Handels- und Gesellschaftsrecht maßgebend.

Für die Anwendung wirtschaftlicher Betrachtungsweise ist kein Raum. Die Einschaltung einer weiteren Rechtspersönlichkeit zwischen natürliche Personen und den Rechtsverkehr ist steuerlich zu beachten (BFH-Urt. vom 5. 3. 1969, BStBl 1969 II S. 350).

Auch in Grenzfällen ist steuerlich allein auf die formale Rechtsgestaltung abzustellen (BFH-Urt. vom 4. 11. 1958, BStBl 1959 III S. 50).

> **Beispiel:**
> Bei einer ins Handelsregister eingetragenen **KG** soll vieles wirtschaftlich auf einen Verein hindeuten (Annahme).
> Das Gebilde ist trotzdem nicht als nichtrechtsfähiger Verein i. S. von § 1 Abs. 1 Nr. 5 KStG, sondern als **nicht** körperschaftsteuerpflichtige Personenvereinigung (Handelsgesellschaft) zu behandeln.

1.2.1 Einmann-GmbH

Ausgewählte Literaturhinweise: Raupach, Der Durchgriff im Steuerrecht, 1968, **Böttcher,** Zum Wirtschafts- und Steuerrecht der Familienunternehmen, StbJb 1969/70 S. 153.

1.2.1.1 Selbständige Körperschaftsteuerpflicht

19 Es ist gesellschaftsrechtlich zulässig, daß ein einziger Gesellschafter sämtliche Anteile einer GmbH hält.

Nach § 1 GmbHG kann bereits die Gründung durch **einen** Gesellschafter erfolgen.

Die GmbH ist körperschaftsteuerlich ohne Rücksicht auf ihre wirtschaftliche Selbständigkeit ein eigenständiges Steuersubjekt. 19

Dies gilt auch für die Einmann-GmbH.

Eine wirtschaftliche Betrachtungsweise derart, daß die Gesellschaft mit ihrem einzigen Gesellschafter identifiziert wird, ist unmöglich.

Das ganze Körperschaftsteuerrecht beruht auf der Anerkennung der besonderen Rechtsnatur dieser Gesellschaftsform. Die Gesellschaft steht rechtlich völlig unabhängig neben dem Gesellschafter (vgl. RFH, RStBl 1931 S. 741).

Beispiel:
A hält zu 100% die Anteile an der A-GmbH.

Auch wenn eine natürliche Person sämtliche Anteile an einer GmbH hält, bleibt die GmbH als juristische Person selbständig körperschaftsteuerpflichtig gemäß § 1 Abs. 1 KStG. Der Alleingesellschafter ist nicht per se Gewerbetreibender, sondern kann als Geschäftsführer Einkünfte aus § 19 EStG, als Beziher von Ausschüttungen der GmbH Einkünfte aus § 20 Abs. 1 Nr. 1 und 3 EStG erzielen.

Diese Grundsätze gelten auch bei **Ehegatten-** und **Familien-GmbH** uneingeschränkt (vgl. z. B. BFH-Urt. vom 25. 10. 1960, BStBl 1961 III S. 69).

1.2.1.2 Durchgriff durch die Rechtsform?

Die Kapitalgesellschaft ist nach der BFH-Rechtsprechung ein selbständig körperschaftsteuerpflichtiges Subjekt (BFH-Urt. vom 5. 5. 1959, BStBl 1959 III S. 369), weil an die gewählte Rechtsform anzuknüpfen ist (BFH in BStBl 1968 II S. 695). 20

Diese konsequente Rechtsprechung des BFH führt dazu, daß schuldrechtliche Beziehungen zwischen der Kapitalgesellschaft und ihren Gesellschaftern grundsätzlich auch steuerlich anzuerkennen sind.

Trotz der grundsätzlichen Anerkennung der Vorschaltung einer GmbH wird steuerlich – je nach dem Grad der Einflußnahme der Gesellschafter (des Gesellschafters) – sehr wohl bei der steuerlichen Anerkennung der Beziehungen Gesellschaft – Gesellschafter differenziert (vgl. z. B. BFH-Urt. vom 5. 5. 1959 und 4. 8. 1959, BStBl 1959 III S. 369 und S. 374). Insbesondere bei beherrschenden und Alleingesellschaftern können vertragliche Beziehungen nicht oder nur eingeschränkt anzuerkennen sein, weil „verdeckte Gewinnausschüttungen" angenommen werden. Vgl. RZ 421 ff. 21

Insoweit liegt – vom wirtschaftlichen Ergebnis her gesehen – ein **gewisser Durchgriff** durch die Rechtsform vor. So sind z. B. Pensionszusagen schon bei beherrschenden Gesellschaftern i. d. R. nach einem „biologisch" bedingten Grenzalter von 65 Jahren zu berechnen (BFH-Urt. vom 28. 4. 1982, BStBl 1982 II S. 612). Diese Rechtsprechung ist verfassungskonform (BVerfG, HFR 1965 S. 92). Nach diesem Beschluß des BVerfG dürfen anonyme Kapitalgesellschaften und beherrschte Kapitalgesellschaften in bestimmten steuerlichen Fragen unterschiedlich behandelt werden.

Eine weitere Einschränkung ergibt sich aus § 35 Abs. 4 GmbHG. Diese Vorschrift erklärt § 181 BGB für anwendbar. Das hat zur Folge, daß Verträge des Alleingesellschafters mit der GmbH ab 1. 1. 1981 nur dann rechtswirksam sind, wenn er vom Selbstkontrahierungsverbot befreit worden ist (§ 184 BGB). Ohne diese Befreiung ist der Vertrag schwebend unwirksam, so daß das steuerliche Nachzahlungsverbot mit der Folge einer verdeckten Gewinnausschüttung eingreift. Vgl. RZ 515 f. 22

1.2.2 GmbH & Co KG

Bei einer KG darf handelsrechtlich die alleinige persönlich haftende Gesellschafterin (Komplementärin) eine juristische Person sein (insbesondere GmbH und AG). 23

23 Es entstehen die
- GmbH & Co KG bzw.
- AG & Co KG.

Typischerweise sind die Kommanditisten auch gleichzeitig Gesellschafter der GmbH.

Eine solche Rechtsform ist auch steuerlich anerkannt (z. B. BFH-Urt. vom 17. 1. 1973, BStBl 1973 II S. 269).

Eine GmbH & Co KG, deren alleiniger persönlich haftender Gesellschafter eine GmbH ist, ist **keine** Kapitalgesellschaft i. S. von § 1 Abs. 1 Nr. 1 KStG und nicht als eine solche körperschaftsteuerpflichtig (BFH-Beschluß GrS vom 25. 6. 1984, BStBl 1984 II S. 751).

Die in § 15 Abs. 3 Nr. 2 EStG erfolgte gesetzliche Fundierung bzw. Festschreibung der sog. Gepräge-Rechtsprechung, die durch den o. a. Beschluß des Großen Senats aufgegeben worden war, läßt die Verneinung der Körperschaftsteuerpflicht einer GmbH & Co KG durch den BFH unberührt. So auch Abschn. 2 Abs. 1 Satz 3 KStR.

> **Beispiel:**
> GmbH Co KG
>
> An der X-KG sind beteiligt
> - die Y-GmbH als Komplementärin zu 10%,
> - die natürlichen Personen A und B als Kommanditisten zu je 45%.
>
> A und B sind gleichzeitig Gesellschafter der Y-GmbH zu je 50%. – Die KG bleibt trotz der hier vorliegenden Mischform eine Personengesellschaft, ist daher nicht körperschaftsteuerpflichtig.
>
> Der Gewinn der KG wird daher einheitlich und gesondert festgestellt. Die Kommanditisten unterliegen mit ihren Gewinnanteilen der ESt. Nur die GmbH selbst ist mit ihrem Gewinnanteil an der KG körperschaftsteuerpflichtig (§ 1 Abs. 1 Nr. 1 KStG).

24 Die Motive für die Wahl dieser Rechtsform sind steuerlich unerheblich. Dies gilt auch bei Gründung zum Zweck einer angestrebten Steuerersparnis (BFH in BStBl 1951 III S. 223). Nach der KSt-Reform 1977 dürften für die Gründung einer GmbH & Co KG steuerliche Gesichtspunkte kaum noch eine Rolle spielen. Denn die Doppelbelastung der ausgeschütteten Gewinne mit KSt und ESt ist durch das Anrechnungsverfahren beseitigt worden. Daher dürfte für die Wahl der GmbH & Co KG im wesentlichen nur noch die zu erzielende Haftungsbeschränkung sowie – nach Inkrafttreten des BiRiLiG – die Vermeidung der Offenlegungspflichten eine Rolle spielen.

25 Über die Frage des Bestehens einer GmbH & Co KG und der Mitunternehmerschaft der Kommanditisten und der GmbH wird im Rahmen der einheitlichen und gesonderten Gewinnfeststellung für die KG (§§ 179ff AO) entschieden; vgl. auch BFH vom 25. 6. 1984 GrS, BStBl 1984 II S. 751. Die dortige Entscheidung ist für die KSt der GmbH bindend (§ 182 Abs. 1 AO; BFH-Urt. vom 3. 7. 1956, BStBl 1956 III S. 308).

26 Infolge des prägenden Charakters der Beteiligung der GmbH an der KG sind allerdings die Einkünfte der KG unter den Voraussetzungen des § 15 Abs. 3 Nr. 2 EStG stets und insgesamt als gewerbliche Einkünfte zu behandeln. Eine solche gewerblich geprägte Personengesellschaft ist gegeben, wenn
- sie keine Tätigkeit, i. S. des § 15 Abs. 1 Nr. 1 EStG ausübt und
- ausschließlich eine oder mehrere Kapitalgesellschaften persönlich haftende Gesellschafter sind und
- nur diese oder Personen, die nicht Gesellschafter sind, zur Geschäftsführung befugt sind.

Ist eine gewerblich geprägte Personengesellschaft als persönlich haftender Gesellschafter an einer anderen Personengesellschaft beteiligt, so steht für die Beurteilung, ob die Tätigkeit dieser Personengesellschaft als Gewerbebetrieb gilt, die gewerblich geprägte Personengesellschaft einer Kapitalgesellschaft gleich (§ 15 Abs. 3 Nr. 2 Satz 2 EStG). Diese Vorschrift zielt auf die sog. **doppelstöckige** GmbH & Co KG.

Die Komplementär-GmbH & Co KG unterliegt aber **nicht** der Körperschaftsteuer. Die Gleichstellung mit einer Kapitalgesellschaft bezieht sich nach § 15 Abs. 3 Nr. 2 Satz 2 EStG nur auf die Gewerblichkeit der Personengesellschaft, an der sie als Komplementärin beteiligt ist. Zur gesetzlichen Festschreibung der Gepräge-Rechtsprechung vgl. im einzelnen Band 3 dieser Buchreihe (Einkommensteuer); zur gesetzlichen Rückwirkung vgl. § 52 Abs. 18a EStG. 27

Auch bei der GmbH & Co KG ist eine **Angemessenheitsprüfung** hinsichtlich der Gewinnbeteiligung der GmbH vorzunehmen. Wenn der GmbH ein zu niedriger Gewinnanteil zugewiesen wurde, liegen bei ihr insoweit verdeckte Gewinnausschüttungen vor. In solchen Fällen ist der Gewinnanteil der GmbH und damit auch der Gesamtgewinn der KG um die verdeckte Gewinnausschüttung zu erhöhen (BFH-Urt. vom 15. 11. 1967, BStBl 1968 III S. 159 sowie BStBl 1986 II S. 17). Vgl. auch Band 3 dieser Buchreihe (mit Beispiel). 28

1.2.3 Publikums-KG

Literaturhinweise: Quast, Zur steuerlichen Qualifikation der sog. Publikums-KG, FR 1981 S. 26.

Zivilrechtlich ist die Publikums-GmbH & Co KG eine Personengesellschaft, die zur Kapitalansammlung eine unbestimmte Zahl rein kapitalistisch beteiligter Kommanditisten als Anlagegesellschafter aufnehmen soll. Nach der BGH-Rechtsprechung hat sich zwar für die Publikums-KG in Anlehnung an das Recht der Kapitalgesellschaften bzw. Vereinsrecht ein – insbesondere dem Anlegerschutz dienendes – Sonderrecht herausgebildet. Gleichwohl liegt eine Personengesellschaft vor (z.B. BGH-Urt. vom 12. 7. 1982, BB 1982 S. 1400). 29

Steuerlich gehört die Publikums-GmbH & Co KG als Personengesellschaft zu den nichtrechtsfähigen Personenvereinigungen, deren Einkommen unmittelbar bei den Mitgliedern zu versteuern ist; vgl. § 3 Abs. 1 KStG und nachfolgend RZ 31ff. 30

Nach dem BFH-Beschluß GrS vom 25. 6. 1984, BStBl II S. 751 ist eine Publikums-GmbH & Co KG weder als nichtrechtsfähiger Verein i. S. von § 1 Abs. 1 Nr. 5 KStG noch als nichtrechtsfähige Personenvereinigung nach § 3 Abs. 1 KStG körperschaftsteuerpflichtig. Damit sieht sich die überwiegende Meinung im Schrifttum bestätigt. Der Große Senat stützt seine Entscheidung im wesentlichen auf die Maßgeblichkeit der Rechtsform, die eine Berücksichtigung wirtschaftlicher Gesichtspunkte verbietet, sowie die Schwierigkeiten bei Annahmen eines nichtrechtsfähigen Vereins, obwohl nicht zu verkennen ist, daß die Publikums-KG ihrer kapitalistischen Struktur nach sogar der klassische Typ einer Körperschaft ist. Die FinVerw hat sich dieser Auffassung ausdrücklich in Abschn. 2 Abs. 1 Sätze 4 und 5 KStR angeschlossen.

1.3 Abgrenzungsregel § 3 Abs. 1 KStG

Literaturhinweise: Uelner, Steuerprobleme bei kapitalistisch verfaßten KG, DStZA 1980 S. 363.

Die Vorschrift dient der Abgrenzung der Körperschaftsteuerpflicht nichtrechtsfähiger Gebilde von der Einkommen- bzw. Körperschaftsteuerpflicht ihrer Beteiligten. Dabei ist die **Körperschaftsbesteuerung** des Gebildes selbst **subsidiär**. 31

Für die Abgrenzung der KSt-Pflicht sind drei Gruppen von Gebilden zu unterscheiden:

a) juristische Personen

b) (nichtrechtsfähige) Personengesellschaften des Handelsrechts

c) sonstige Personenvereinigungen und Vermögensmassen.

Zu a): Juristische Personen im Sinne von **§ 1 Abs. 1 Nr. 1 bis 4 KStG** sind ohne weiteres selbständig körperschaftsteuerpflichtig. Dies ergibt sich allein aus ihrer Rechtsform. Denn sie sind rechtlich und wirtschaftlich Eigentümer ihres Vermögens.

Als berechtigte Bezieher der Einkünfte schließen sie ihre Gesellschafter vom unmittelbaren Bezug von Einkünften rechtlich aus. Ihr Einkommen haben sie daher selbst zu versteuern und nicht

32 ihre Gesellschafter. Vgl. auch vorstehend RZ 18 ff. Nicht erforderlich ist, daß sie tatsächlich Einkommen- oder Körperschaftsteuer zahlen.

Hiervon zu unterscheiden ist die Ausschüttung von Gewinnanteilen an die Mitglieder juristischer Personen. Dies ist lediglich eine „mittelbare" Versteuerung – nicht die im § 3 Abs. 1 KStG genannte unmittelbare Versteuerung bei anderen Personen –, und zwar aufgrund einer **Gewinnverwendung** der juristischen Person (zum Beispiel aufgrund eines gesellschaftsrechtlichen Ausschüttungsbeschlusses).

33 Zu b): Die (nichtrechtsfähigen) Personengesellschaften des Handelsrechts (**OHG, KG**) sind ebenso unproblematisch **niemals** selbst körperschaftsteuerpflichtig.

Bei diesen Gesellschaften tritt auch steuerlich das Gesamthandsverhältnis hinter dem Einzelrecht der Mitunternehmer auf **unmittelbaren** Bezug des Gewinnanteils zurück.

Die Mitunternehmer der OHG und KG sind somit **unmittelbar** Einkommensträger im Sinne von § 3 Abs. 1 KStG. Die Gewinnanteile können bei ihnen nach dem EStG (Einzelperson als Gesellschafter) oder KStG (Körperschaft im Sinne von §§ 1 bis 3 KStG als Gesellschafter) zu versteuern sein.

Auch (und gerade) die Zurechnung des Gewinns nach Bruchteilen gemäß § 39 Abs. 2 Nr. 2 AO ist „unmittelbare Einkommenszurechnung" im Sinne von § 3 Abs. 1 KStG.

Auch hier ist mithin die Rechtsform maßgebend. Auch bei – wirtschaftlich betrachtet – körperschaftsähnlicher Gesamtverfassung muß eine OHG oder KG stets als – nicht der Körperschaftsteuer unterliegende – Personengesellschaft behandelt werden.

Ihr Gewinn ist unmittelbar von den Gesellschaftern anteilig zu versteuern (§§ 3 Abs. 1 KStG, 39 Abs. 2 Nr. 2 AO, 15 Abs. 1 Nr. 2 EStG). Vgl. BFH-Urt. vom 4. 11. 1958, BStBl 1959 III S. 50.

Unmittelbar steuerpflichtig sind auch regelmäßig die Beteiligten bei **ähnlichen** Gesellschaften, z. B.

- GbR (§§ 705 ff BGB)
- stiller Gesellschaft (§§ 230 ff HGB)
- ehelicher bzw. fortgesetzter Gütergemeinschaft
- Erbengemeinschaft.

34 Zu c): **Abgrenzungsfragen** tauchen nur bei den übrigen nichtrechtsfähigen Personenvereinigungen auf, die also

- weder juristische Personen im Sinne von § 1 Abs. 1 Nr. 1 bis 4 KStG
- noch OHG, KG oder ähnliche Gesellschaft

sind; vgl. hierzu vorstehend RZ 29–30 und BFH-Beschluß GrS vom 25. 6. 1984, BStBl II S. 751.

Aus dem Bereich der sonstigen nichtrechtsfähigen Gebilde sind zunächst einmal alle nichtrechtsfähigen Vermögensmassen stets körperschaftsteuerpflichtig (§ 1 Abs. 1 Nr. 5 KStG). Problematisch ist lediglich die Einordnung nichtrechtsfähiger Personenvereinigungen.

Wie fließend die Grenzen zwischen dem nichtrechtsfähigen Verein und der GbR sind, kommt bereits in § 54 BGB zum Ausdruck. Danach gelten für den nichtrechtsfähigen Verein die Vorschriften über die GbR (§§ 705 ff BGB).

Je nach Gesamtverfassung kann es sich also handeln um

- einen **nichtrechtsfähigen Verein,** der der Körperschaftsteuer gemäß § 1 Abs. 1 Nr. 5 KStG unterliegt **oder**
- um eine GbR, die nicht der Körperschaftsteuer unterliegt. Abgrenzungsregel ist auch hier der § 3 Abs. 1 KStG.

Danach tritt bei nichtrechtsfähigen Personenvereinigungen eine Besteuerung nach dem KStG nur ein, wenn die Einkünfte nicht bereits unmittelbar bei den Gesellschaftern der Einkommensteuer (Körperschaftsteuer) zu unterwerfen sind.

§ 3 Abs. 1 KStG ist somit eine **weitere** Voraussetzung für die Körperschaftsteuer-Pflicht nicht- **35** rechtsfähiger Personenvereinigungen. Hierdurch soll bei – außerhalb des Anrechnungsverfahrens stehenden – Personenvereinigungen eine Doppelbelastung mit Einkommensteuer und Körperschaftsteuer vermieden werden.

Abgrenzungsmerkmale sind:

Der nichtrechtsfähige Verein unterscheidet sich von einer Personengesellschaft dadurch, daß er vereinsrechtlich und nicht gesellschaftsrechtlich organisiert ist, vgl. § 54 BGB. Das kommt in **folgenden Indizien** zum Ausdruck:

1. Der nichtrechtsfähige Verein tritt nach außen wie nach innen hin unter einem **Gesamtnamen** als einheitliches Ganzes auf.
2. Im Innenverhältnis hat ein nichtrechtsfähiger Verein genau wie ein eingetragener Verein **Organe,** deren Entscheidungen sich das einzelne Mitglied nicht entziehen kann (Vorstand, Mitgliederversammlung).
3. Der Bestand eines nichtrechtsfähigen Vereins ist **vom Wechsel der Mitglieder unabhängig.** (Bei Personengesellschaften entsteht auf jeden Fall bei vollständigem Austausch der Gesellschafter ein anderes Steuersubjekt.)
4. Die **Verpflichtung** zu mitgliedschaftlichen Leistungen besteht gegenüber den bestellten Organen (bei GbR gegenüber den Gemeinschaftern).
5. Ein Mitglied eines nichtrechtsfähigen Vereins hat im Falle seines **Ausscheidens keinen Anspruch auf Auseinandersetzung** des Vereinsvermögens.
6. **Kein** Einzelrecht der Mitglieder auf Anteil am Gewinn an den Einkünften.

Je größer die Mitgliederzahl, desto stärker ist der Zwang zur körperschaftlichen Verfassung.

Beispiel:

Bei einem nach seiner Gesamtverfassung als **nichtrechtsfähiger Verein** zu beurteilenden Personenzusammenschluß haben die „Mitglieder" keinen Anspruch an den Einkünften des Vereins und können daher insoweit nichts bei der Einkommensteuer zu versteuern haben. Daher unterliegt der Verein selbständig mit seinen Einkünften der **Körperschaftsteuer.** Würde es sich um eine **GbR** handeln, wären die anteiligen Einkünfte unmittelbar von den Gesellschaftern zu versteuern (§§ 3 Abs. 1 KStG, 15 Abs. 1 Nr. 2 EStG).

Bei der Beurteilung ist auch die Verkehrsauffassung zu berücksichtigen (RFH in RStBl 1929 S. 572). Trotz ihrer kapitalistischen Struktur ist jedoch die **Publikums-KG** nicht nach § 1 Abs. 1 Nr. 5 KStG körperschaftsteuerpflichtig (vgl. RZ 29–30).

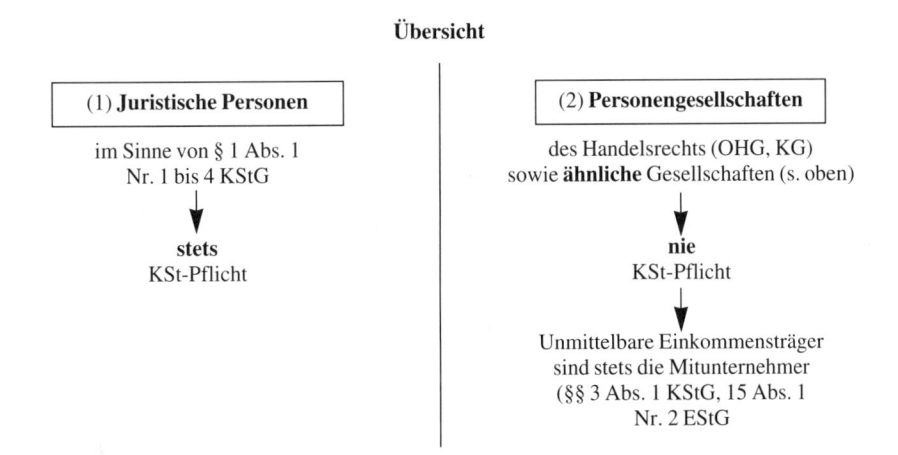

Übersicht **36**

(1) **Juristische Personen**	(2) **Personengesellschaften**
im Sinne von § 1 Abs. 1 Nr. 1 bis 4 KStG	des Handelsrechts (OHG, KG) sowie **ähnliche** Gesellschaften (s. oben)
↓	↓
stets KSt-Pflicht	nie KSt-Pflicht
	↓
	Unmittelbare Einkommensträger sind stets die Mitunternehmer (§§ 3 Abs. 1 KStG, 15 Abs. 1 Nr. 2 EStG

Strenge Maßgeblichkeit der Rechtsform

36

```
                    (3) Sonstige nichtrechtsfähige Gebilde

nichtrechtsfähige Vermögensmassen     sonstige nichtrechtsfähige Personenvereinigun-
(zum Beispiel Sammelvermögen)          gen: Abgrenzung nach wirtschaftlichen
                                       Gesichtspunkten und Verkehrsauffassung

            ↓                              entweder              oder
          stets                               ↓                    ↓
KSt-Pflicht (§ 1 Abs. 1 Nr. 5 KStG)          GbR          nichtrechtsfähiger
                                              ↓            Verein (§ 54 BGB)
                                            keine                  ↓
                                          KSt-Pflicht         KSt-Pflicht
                                              ↓               (§ 1 Abs. 1
                                      Gemeinschafter sind      Nr. 5 KStG)
                                         unmittelbare
                                       Einkommensträger
                                        (§ 3 Abs. 1 KStG)
```

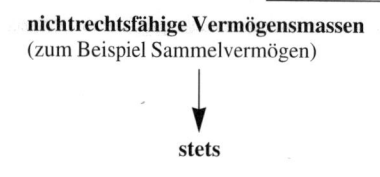

2. Bedeutung der unbeschränkten und beschränkten Steuerpflicht

37 Ähnlich wie bei der Einkommensteuer ist auch bei der Körperschaftsteuer zwischen unbeschränkter und beschränkter Steuerpflicht zu unterscheiden.

Der **unbeschränkten** Steuerpflicht unterliegen alle Körperschaften, die
– in § 1 Abs. 1 KStG aufgeführt sind und
– ihre Geschäftsleitung oder ihren Sitz im Inland haben.

Es kommt hier zur Methode der „Sitzbesteuerung". Das bedeutet, die Körperschaften unterliegen mit sämtlichen inländischen und ausländischen (steuerpflichtigen) Einkünften der Körperschaftsteuer (§§ 1 Abs. 2 KStG, 2 Abs. 1 Nr. 1 bis 3, 5 bis 7 EStG), sog. „Welteinkommen".

Einschränkungen ergeben sich insbesondere durch Doppelbesteuerungsabkommen (DBA); § 2 AO.

38 Die **beschränkte** Körperschaftsteuer-Pflicht bedeutet nur eine „Quellenbesteuerung". Bei der Körperschaftsteuer sind bei der beschränkten Steuerpflicht zwei klassische Arten zu unterscheiden:

1. Körperschaften usw. ohne Geschäftsleitung und Sitz im Inland (§ 2 Nr. 1 KStG):
   Diese ausländischen Körperschaften sind steuerpflichtig nur mit inländischen Einkünften im Sinne von § 49 EStG.

2. Sonstige (inländische) Körperschaften, die nicht unbeschränkt steuerpflichtig sind (§ 2 Nr. 2 KStG):
   Diese Körperschaften – im wesentlichen Körperschaften des öffentlichen Rechts – sind steuerpflichtig nur mit steuerabzugspflichtigen inländischen Einkünften. Weitere Beschränkungen ergeben sich durch DBA.

39 Daneben gibt es noch eine **partielle** Steuerpflicht von nach § 5 Abs. 1 KStG persönlich von der Körperschaftsteuer befreiten Körperschaften mit steuerabzugspflichtigen inländischen Einkünften (§§ 5 Abs. 2 Nr. 1, 50 Abs. 1 Nr. 1 KStG).

40 Hieraus wird bereits ersichtlich, daß der **Umfang der Besteuerung unterschiedlich** ist, je nachdem ob eine Körperschaft unbeschränkt oder beschränkt steuerpflichtig ist.

Zur Verdeutlichung folgendes   40
Beispiel:
a) Die Euro-AG mit Sitz und Geschäftsleitung in München hat je eine Betriebstätte (§ 12 AO) in München, Vaduz (Liechtenstein) und Amsterdam (Niederlande).

Die AG ist gemäß § 1 Abs. 1 KStG unbeschränkt steuerpflichtig und unterliegt an sich nach § 1 Abs. 2 KStG mit sämtlichen inländischen und ausländischen Betriebstättengewinnen der KSt.

Aufgrund des DBA-Niederlande ist der Bundesrepublik allerdings das Besteuerungsrecht hinsichtlich der niederländischen Betriebstätte entzogen. Im Ergebnis unterliegen hier der KSt die inländischen und die in Liechtenstein erzielten Einkünfte.

b) Abwandlung von a):

Die Euro-AG mit Sitz und Geschäftsleitung in Liechtenstein hat je eine Betriebstätte in München, Vaduz und Amsterdam. Die AG ist beschränkt steuerpflichtig gemäß § 2 Nr. 1 KStG. Der KSt unterliegt nur der Gewinn aus der inländischen Betriebstätte München (§ 49 Abs. 1 Nr. 2a EStG).

Unterschiede bei der Erhebungsform

Auch bei der Erhebungsform ergeben sich Unterschiede zwischen unbeschränkter und beschränkter Steuerpflicht.   41

Während die Körperschaftsteuer bei unbeschränkter Steuerpflicht durch Veranlagung erhoben wird, ist bei beschränkter Steuerpflicht eine Veranlagung für Einkünfte, die dem Steuerabzug unterliegen, ausgeschlossen.

Hierfür ist die Körperschaftsteuer unter Umständen durch den Steuerabzug abgegolten (§ 50 Abs. 1 Nr. 1 und 2 KStG).

Beispiel:

Eine ausländische Kapitalgesellschaft ohne Sitz und Geschäftsleitung im Inland und damit beschränkt steuerpflichtig gemäß § 2 Nr. 1 KStG bezieht Dividenden einer inländischen AG, die der 25%igen Kapitalertragsteuer (§ 43 Abs. 1 Nr. 1 EStG) unterliegen.

Die Einkünfte sollen nicht in einem inländischen Betrieb der Kapitalgesellschaft angefallen sein.

Die Körperschaftsteuer für diese Einkünfte ist durch den Kapitalertragsteuer-Abzug abgegolten (§ 50 Abs. 1 Nr. 2 KStG).

3. Unbeschränkte Steuerpflicht

3.1 Die einzelnen Steuersubjekte

Der Kreis der **unbeschränkt** steuerpflichtigen Körperschaften ist in § 1 Abs. 1 KStG **abschließend** aufgezählt. Man kann sie wie folgt zusammenfassen: 42

a) sämtliche juristische Personen des privaten Rechts (§ 1 Abs. 1 Nr. 1 bis 4 KStG)
   – soweit aufgezählt –
b) nichtrechtsfähige Personenvereinigungen und Vermögensmassen (§ 1 Abs. 1 Nr. 5 KStG)
   – soweit das Einkommen nicht nach § 3 Abs. 1 KStG von anderen Steuerpflichtigen zu versteuern ist; vgl. RZ 31 ff
c) Betriebe gewerblicher Art von juristischen Personen des öffentlichen Rechts (§ 1 Abs. 1 Nr. 6 KStG)

3.1.1 Kapitalgesellschaften

Die – zuerst aufgeführten – Kapitalgesellschaften sind auch die bedeutendste Gruppe der körperschaftsteuerpflichtigen Gebilde.   43

3.1.1.1 Aktiengesellschaft

44 Die Aktiengesellschaft (AG) ist eine Gesellschaft mit eigener Rechtspersönlichkeit, also eine juristische Person. Ihre Gesellschafter (Aktionäre) sind mit Einlagen auf das in Aktien zerlegte Grundkapital beteiligt, ohne persönlich für die Verbindlichkeiten der Gesellschaft zu haften; vgl. § 1 AktG.

Die AG haftet vielmehr nur mit ihrem Vermögen. Das Eigenkapital der AG setzt sich bilanziell wie folgt zusammen (vgl. § 266 HGB).

Eigenkapital in der Handelsbilanz der AG (vereinfachte Darstellung)

A	P
	gezeichnetes Kapital (= Grundkapital)
	Kapitalrücklage
	Gesetzliche Rücklage
	Sonstige Gewinnrücklagen
	Gewinnvortrag/Verlustvortrag
	Jahresüberschuß/Jahresfehlbetrag

Diese Posten sind grds. gesondert auszuweisen (§ 266 Abs. 3 A HGB).

Zur Bilanzaufstellung unter teilweiser oder vollständiger Ergebnisverwendung vgl. RZ 385 ff.

45 Ab 1995 wurde die Möglichkeit der sog. „**kleinen AG**" geschaffen (im Rahmen des Umwandlungsbereinigungsgesetzes). Zur **Gründung** der AG ist ab **1995 nur eine** Person erforderlich (§ 2 AktG). Bis zum Jahre 1994 waren 5 Personen erforderlich

Vorgeschrieben ist auch die Feststellung einer **Satzung** mit bestimmtem Inhalt.

Die Satzung muß u. a. enthalten:
- Firma § 4 AktG
- Sitz § 5 AktG
- Gegenstand des Geschäftsbetriebs § 23 Abs. 3 Nr. 2 AktG
- Höhe des Grundkapitals (§ 7 AktG)

Die Satzung bedarf der notariellen Beurkundung (§ 23 AktG). Mit der Übernahme der Aktien durch die Gründeraktionäre ist die Gesellschaft **errichtet** (§ 29 AktG).

Die Vorgründungsgesellschaft (bis zur Errichtung) wird als GbR (§§ 705 ff BGB) behandelt. Vgl. auch RZ 153 ff.

Als juristische Person **entsteht** die AG aber erst mit der Eintragung in das Handelsregister (§ 41 Abs. 1 Satz 1 AktG).

Von der Errichtung bis zur Eintragung liegt eine – noch nicht rechtsfähige – Vorgesellschaft eigener Art vor. Soweit das AktG nicht die Rechtsfähigkeit voraussetzt, gilt bereits Aktienrecht (im Rahmen der Gründungsvorschriften).

Wegen des Beginns der Steuerpflicht siehe RZ 151ff.

46 **Organe** der AG sind
1. **Vorstand** (§§ 76 ff AktG)
    als geschäftsführendes Organ
2. **Aufsichtsrat** (§§ 95 ff AktG)
    als Kontrollorgan: insbesondere
    – Bestellung und Abberufung des Vorstands
    – Überwachung der Geschäftsführung
    – Prüfung des Jahresabschlusses.

3. **Hauptversammlung** (§§ 118 ff AktG) als oberstes Organ.   **46**
Sie ist zuständig gemäß § 119 AktG vor allem für
– Bestellung der Mitglieder des Aufsichtsrats
– Beschluß über die Verwendung des Bilanzgewinns.

Das Grundkapital der AG ist in Aktien zerlegt. Eine Aktie   **47**
– verbrieft einen Anteil am Grundkapital
– verkörpert also die gesamten Mitgliedschaftsrechte.

Sie lautet auf einen bestimmten Nennbetrag (in der Praxis häufig 50,– DM, ab 1. 8. 1994 herabgesetzt auf 5,– DM).

Inhalt der vollen Mitgliedschaftsrechte bei (normalen) Stammaktien: **48**

– Anspruch auf Gewinn (Dividendenberechtigung), § 58 Abs. 4 AktG
– Stimmrecht, § 12 Abs. 1 AktG
– Bezugsrecht, § 186 AktG (als vom Stammrecht „abgespaltenes" Sonderrecht zum Bezug junger Aktien)
– Anspruch auf Liquidationserlös, § 271 Abs. 2 AktG.

Bei sog. Vorzugsaktien (§ 139 AktG) bestehen Vorrechte bei der Gewinnausschüttung, kann aber das Stimmrecht ausgeschlossen sein.

3.1.1.2 GmbH

Die Rechtsverhältnisse sind im GmbHG-Gesetz (GmbHG) geregelt.   **49**

Die GmbH ist eine rechtsfähige Gesellschaft, die nur mit ihrem Vermögen haftet (§ 13 Abs. 2 GmbHG). Das gezeichnete Kapital besteht aus Stammeinlagen (§ 5 GmbHG). Den Gesellschaftern steht ein der Stammeinlage entsprechender Geschäftsanteil zu (§ 14 GmbHG).

Die Gesellschafter haften der GmbH gegenüber nur beschränkt (mit ihren Einlagen), ggf. mit Nachschüssen (§ 26 GmbHG).

Das Eigenkapital der GmbH setzt sich bilanziell wie folgt zusammen: **50**

A	P
	gezeichnetes Kapital (= Stammkapital)
	Kapitalrücklagen
	Gewinnrücklagen
	Gewinnvortrag/Verlustvortrag
	Jahresüberschuß/Jahresfehlbetrag

Diese Posten sind grds. gesondert auszuweisen (§ 266 Abs. 3 A HGB). Vgl. aber RZ 381 ff und   **51**
385 ff.

Eine GmbH kann auch von **einer** einzelnen Person gegründet werden (§ 1 1. Altern. GmbHG). Die Gesellschaft wird durch notariellen Gesellschaftsvertrag (Mindestinhalt § 3 GmbHG) errichtet (§ 2 GmbHG). Die hierdurch entstehende Gründergesellschaft (GmbH i. Gr.) ist noch keine juristische Person, unterliegt aber bereits dem GmbH-Recht. Als juristische Person entsteht die GmbH – wie die AG – erst mit der Eintragung in das Handelsregister (§ 11 Abs. 1 GmbHG). Wegen des Beginns der KSt-Pflicht vgl. RZ 151 ff.

52 Das Mindest-Stammkapital (Summe aller Einlagen) beträgt **50 000 DM**.

Wegen der **körperschaftsteuerlichen Auswirkungen** von Kapitalerhöhungen bei GmbH gemäß der GmbH-Novelle 1980 vgl. BMF-Schreiben vom 17. 8. 1982, DB 1982 S. 1801, Erlaß FinMin NW vom 22. 3. 1984 S 1978 – 2 – V B 1.

53 Hervorzuheben sind weiterhin folgende Regelungen:
- Erfordernis einer Mindesteinlage von 25 000 DM (§ 7 Abs. 2 GmbHG).
- Erfordernis eines Sachgründungsberichts.
- Behandlung von Gesellschafterdarlehen nach Art eines nachrangigen Haftkapitals.

Vgl. Einzeldarstellung in GmbHR 1980 S. 145.

54 **Organe** der GmbH sind
- der **Geschäftsführer** (§§ 6, 35 GmbHG)
  Aufgaben: Vertretung und Geschäftsführung
- die **Gesellschafterversammlung** (§ 48 GmbHG)
  als Beschlußorgan (insbesondere Gewinnverwendungsbeschluß)
- der **Aufsichtsrat**

Nur bei mehr als 500 Arbeitnehmern Pflichtorgan (gemäß BetrVerfG).

Die GmbH eignet sich wegen der häufig dispositiven Natur der Rechtsnormen des GmbHG – im Gegensatz zur AG – besonders für die **mittelständische Wirtschaft,** insbesondere auch **Familienbetriebe.**

Zu beachten sind jedoch die durch **Bilanzrichtliniengesetz** eingeführten **Prüfungs- und Publizitätspflichten.**

3.1.1.3 Sonstige Kapitalgesellschaften

die unter § 1 Abs. 1 Nr. 1 KStG fallen, sind

55 a) **KGaA** (§§ 278 ff AktG)

als Unterart der AG. Da mindestens einer der Gesellschafter den Gläubigern unbeschränkt haftet (Komplementär), weist diese Gesellschaftsform eine **Doppelnatur** auf, nämlich
– die einer AG hinsichtlich des Kommanditkapitals und
– die einer KG hinsichtlich des Komplementärkapitals.

Folgerichtig unterliegen die Gewinnanteile des Komplementärs der KGaA **nicht** der KSt, sondern sind bei der Einkommensermittlung als abzugsfähige Ausgaben zu behandeln (§ 9 Nr. 2 KStG). Beim Komplementär liegen Einkünfte aus Gewerbebetrieb vor (§ 15 Abs. 1 Nr. 3 EStG).

Dadurch wird eine Doppelbelastung dieser Gewinnanteile mit KSt und ESt – außerhalb des Anrechnungsverfahrens – vermieden.

56 b) **Bergrechtliche Gewerkschaften**

sind Personenvereinigungen, denen Bergwerkseigentum verliehen ist (Art. 67 EGBGB). Sie fallen auch dann unter § 1 Abs. 1 Nr. 1 KStG, wenn sie nichtrechtsfähig sind.

Die Miteigentumsanteile (nach Bruchteilen) oder Geschäftsanteile heißen Kuxe.

Der tatsächliche Betrieb von Bergbau ist nicht entscheidend; ausreichend ist bereits der Besitz von Bergwerkseigentum (auch unerschlossener Felder).

Entscheidend ist auch hier die Rechtsform.

Beispiel:

Die Ruhrkohle AG zählt **nicht** zu den bergrechtlichen Gewerkschaften, sondern aufgrund ihrer Rechtsform ist sie als AG zu behandeln.

Die am 1. 1. 1982 bestehenden Gewerkschaften sind mit Ablauf des 31. 12. 1985 grds. aufgelöst (vgl. Bundesberggesetz vom 13. 8. 1980, BGBl I S. 1310). Umwandlung oder Verschmelzung waren jedoch möglich.

3.1.2 Erwerbs- und Wirtschaftsgenossenschaften (§ 1 Abs. 1 Nr. 2 KStG)
Ausgewählte Literaturhinweise vgl. vor RZ 860.

Dies sind nach § 1 des Genossenschaftsgesetzes (GenG) Gesellschaften mit nicht geschlossener Mitgliederzahl, die die Förderung des Erwerbs oder der Wirtschaft ihrer Mitglieder mittels gemeinschaftlichen Geschäftsbetriebs bezwecken. Diese Genossenschaften erlangen Rechtsfähigkeit durch Eintragung in das Genossenschaftsregister als „eG" (eingetragene Genossenschaft).

Beispiele:
Volksbanken eG,
Bäuerliche Bezugs- und Absatzgenossenschaften eG.

Nicht der Körperschaftsteuer unterliegen dagegen Genossenschaften des öffentlichen Rechts und i. d. R. die in § 3 Abs. 2 KStG aufgeführten Realgemeinden.

Beispiele:
Deich-, Wasser- und Fischereigenossenschaften.

Die Genossenschaften i. S. des § 1 Abs. 1 Nr. 2 KStG sind in das **Anrechnungsverfahren** einbezogen (vgl. § 43 KStG).

Wegen der Abzugsfähigkeit genossenschaftlicher Rückvergütungen vgl. § 22 KStG und RZ 860 ff. Vgl. auch BMF-Schreiben vom 2. 8. 1983, FR 1983 S. 431. Wegen des Freibetrags nach § 25 KStG für land- und forstwirtschaftliche Genossenschaften vgl. RZ 891 ff.

3.1.3 Versicherungsvereine auf Gegenseitigkeit (§ 1 Abs. 1 Nr. 3 KStG)
sind Personenvereinigungen, bei denen die Mitglieder eine „Schadens- bzw. Gefahrengemeinschaft" bilden. Wagnisse und Schäden werden genossenschaftlich verteilt. Die Mitglieder sind also zugleich die Versicherten.

Der VVaG erlangt Rechtsfähigkeit durch die Genehmigung der staatlichen Aufsichtsbehörde. Dies ist das Bundesaufsichtsamt für das Versicherungs- und Bausparwesen.

Neben dem VAG sind bei den „großen" VVaG auch wesentliche Bestimmungen des AktG unmittelbar oder entsprechend anwendbar.

Für die steuerliche Behandlung gelten Sondervorschriften (§§ 20 und 21 KStG); vgl. hierzu RZ 840 ff.

3.1.4 Sonstige juristische Personen des privaten Rechts (§ 1 Abs. 1 Nr. 4 KStG)
Ausgewählte Literaturhinweise: **Märkle,** Der Verein im Zivil- und Steuerrecht, Stuttgart; **Hauber,** Steuerrecht der Vereine, Ludwigshaften.

3.1.4.1 Begriff der juristischen Person
Daß das KStG vor allem auf juristische Personen abzielt, erkennt man an der Vorschrift § 1 Abs. 1 Nr. 4 KStG.

Durch diese Vorschrift wird gleichzeitig klargestellt, daß der Begriff der juristischen Person im bürgerlichen Recht und KSt-Recht der gleiche ist.

Wenn eine steuerliche Vorschrift an einen Rechtsbegriff des privaten Rechts anknüpft, darf die wirtschaftliche Betrachtungsweise nicht dazu führen, den rechtlichen Inhalt solcher Begriffe für

60 das Steuerrecht abweichend vom privaten Recht zu bestimmen (BFH, Urteil vom 24. 2. 1959, BStBl III S. 201).

Die KSt-Pflicht ergibt sich daher bei allen in § 1 KStG aufgeführten juristischen Personen des Privatrechts kraft ihrer Rechtsform.

Rechtsfähigkeit kann durch
- Eintragung in ein Register (Handelsregister, Vereinsregister) oder
- staatliche Verleihung

begründet werden.

61 **3.1.4.2 Arten der sonstigen juristischen Personen des privaten Rechts**

Unter § 1 Abs. 1 Nr. 4 KStG fallen alle rechtsfähigen Personenvereinigungen und Vermögensmassen, deren Rechtsverhältnisse durch **privatrechtliche** Vorschriften geregelt sind, und die – im Gegensatz zu den juristischen Personen des öffentlichen Rechts – keine hoheitlichen Befugnisse besitzen.

Das sind rechtsfähige
- **Vereine** des BGB
- **Stiftungen** des BGB
- **Anstalten**.

Bei rechtsfähigen **Vereinen** gibt es zwei Arten:

62 a) **Nichtwirtschaftliche („ideelle") Vereine** (§ 21 BGB)

Diese sind nicht auf einen wirtschaftlichen Geschäftsbetrieb gerichtet, sondern verfolgen zumeist ideelle Zwecke, zum Beispiel sportliche, kulturelle, politische Zwecke usw. Sie erlangen Rechtsfähigkeit durch Eintragung im (beim zuständigen Amtsgericht geführten) Vereinsregister (§ 21 BGB).

Bei dieser Gruppe sind zu beachten

aa) (bei nicht persönlich steuerbefreiten Vereinen) die sachliche Steuerbefreiung für Mitgliederbeiträge (§ 8 Abs. 7 KStG, Abschn. 38 KStR); vgl. RZ 633 ff.

bb) bestimmte persönliche Steuerbefreiungen (§ 5 Abs. 1 Nr. 9 KStG); vgl. RZ 198 ff.

b) **Wirtschaftliche Vereine** (§ 22 BGB)

Diese – seltenen – Vereine sind auf einen wirtschaftlichen Geschäftsbetrieb gerichtet. Sie erlangen ihre Rechtsfähigkeit durch Verleihung durch die örtlich zuständige Landesregierung.

Beispiel:
Privatärztliche Verrechnungsstelle e. V.

Die Tätigkeit dieser Vereine ist gewerblicher Natur. Sie dienen in erster Linie den geschäftlichen Interessen ihrer einzelnen Mitglieder. Deshalb können solche Vereine nicht wegen Gemeinnützigkeit nach § 5 Abs. 1 Nr. 9 KStG persönlich steuerbefreit sein (BFH-Urt. vom 16. 11. 1954, BStBl 1955 III S. 12).

63 Die persönliche Steuerpflicht knüpft hier übrigens – dies sei betont – **nicht** etwa an das Vorliegen eines wirtschaftlichen Geschäftsbetriebs im Sinne von § 14 AO an, sondern an die Rechtsform.

Beispiel:
In der Funktaxi-Zentrale e. V. haben sich die örtlichen selbständigen Taxiunternehmer zusammengeschlossen. Gegen Zahlung eines Jahresbeitrags vermittelt die Zentrale ständig Taxikunden über Funk und betreibt Werbung für diesen Zweck.

Der Verein dient unmittelbar den wirtschaftlichen Interessen seiner Mitglieder. Als wirtschaftlicher Verein im Sinne von § 22 BGB unterliegt er nach § 1 Abs. 1 Nr. 4 KStG der Körperschaftsteuer. Er erzielt Einkünfte aus Gewerbebetrieb (§ 15 Abs. 1 **Nr. 1** EStG). Die persönliche Steuerpflicht knüpft **nicht** etwa an einen wirtschaftlichen Geschäftsbetrieb im Sinne von § 14 AO an, sondern lediglich an die Rechtsform. **63**

Die sachliche Steuerpflicht ergibt sich aus allgemeinen Merkmalen; vgl. Abschn. 27 KStR. Hier dürften die Merkmale eines Gewerbebetriebs erfüllt sein.

Falls nach Sachlage die Gewinnerzielungsabsicht zu verneinen wäre, lägen noch sonstige Einkünfte im Sinne von § 22 Nr. 3 EStG vor. Wegen der Frage der Gewinnerzielungsabsicht vgl. EFG 1964, 69 (kann zu verneinen sein).

Die Mitgliederbeiträge fallen nicht unter die sachliche Befreiung des § 8 Abs. 6 KStG, weil sie unmittelbar Entgelte für konkrete wirtschaftliche Vorteile (Kundenvermittlung und -werbung) darstellen.

Wenn ein wirtschaftlicher Verein Mitgliedschaftsrechte gewährt, die wirtschaftlich eine kapitalmäßige Beteiligung darstellen und übertragbar sind (vgl. BFH-Urt. vom 23. 9. 1970, BStBl 1971 II S. 47), gilt das Anrechnungsverfahren über § 43 KStG.

Rechtsfähige Stiftungen (§§ 80 ff BGB) werden errichtet durch Stiftungsgeschäft. **64**

Stiftungen und **Anstalten** können ihre Rechtsfähigkeit nur durch staatliche Verleihung erlangen.

Häufig werden sie nach § 5 Abs. 1 Nr. 9 KStG steuerbefreit sein. Sog. **Familienstiftungen** unterliegen auch der **ErbSt** (§ 1 Abs. 1 Nr. 4 ErbStG). Die Besteuerung erfolgt in Abständen von 30 Jahren. Diese Besteuerung ist nach dem Beschluß des BVerfG vom 8. 3. 1983 – 2 BvL 27/81 – mit dem GG vereinbar. Vgl. zur Besteuerung bei der ErbSt im einzelnen Erlaß FinMin NW vom 7. 12. 1983 S 3800 – 15 – V A 2.

3.1.5 Nichtrechtsfähige Personenvereinigungen und Vermögensmassen (§ 1 Abs. 1 Nr. 5 KStG)

3.1.5.1 Keine Erfassung der Personengesellschaften

Wie bereits in RZ 31 ff dargestellt, fallen die Personengesellschaften des Handelsrechts (OHG, KG) sowie ähnliche Gesellschaften (GbR usw.) nicht unter das KStG, ohne daß es einer Abgrenzung nach wirtschaftlichen Gesichtspunkten gemäß § 3 Abs. 1 KStG bedarf. **65**

3.1.5.2 Nichtrechtsfähige Zweckvermögen

Diese Vermögensmassen fallen stets ohne weiteres unter § 1 Abs. 1 Nr. 5 KStG.

Es handelt sich um wirtschaftlich selbständige, einem bestimmten Zweck dienende Vermögensmassen, die dem Eigentum und der Verfügungsmacht ihrer (ehemaligen) Eigentümer – der Widmenden – (Spender, Stifter) endgültig entzogen sind, und zwar in der Weise, daß die Erfüllung des Verwendungszwecks rechtlich gesichert ist.

Hierunter fallen nichtrechtsfähige

- Anstalten
- Stiftungen
- für einen bestimmten Zweck aufgebrachte Sammelvermögen (vgl. § 1914 BGB).

Beispiel:

Eine Illustrierte ruft zu Spenden gegen eine Hungersnot in Afrika (Sahelzone) auf. Die Einzahlung erfolgt auf ein Sonderkonto.

Weder die Spender noch die Illustrierte haben Verfügungsmacht über das Vermögen. Erträge in Form von Zinsen versteuert nicht ein Inhaber des Kontos. Vielmehr unterliegt das Sammelvermögen selbständig der Körperschaftsteuer gemäß § 1 Abs. 1 Nr. 5 KStG mit Einkünften aus Kapitalvermögen (§§ 8 Abs. 1 KStG, 20 Abs. 1 Nr. 7 EStG). Der Freibetrag gemäß § 24 KStG ist zu beachten. **66**

67 Die Vorschrift des § 3 Abs. 1 KStG ist für Vermögensmassen (Zweckvermögen) bedeutungslos. Denn die Zweckvermögen sind der Verfügungsmacht der widmenden Personen ja entzogen. Der Hauptunterschied zwischen Personenvereinigungen und Zweckvermögen ist, daß

- Personenvereinigungen Mitglieder haben,
- Zweckvermögen dagegen lediglich durch eine Vermögensmasse ohne Inhaber verkörpert werden.

Nichtrechtsfähige Vermögensmassen können **Einkünfte** i. S. des § 2 Abs. 1 EStG erzielen. Dies setzt eine Tätigkeit rechtsfähiger Personen für Rechnung der Vermögensmasse voraus (BFH-Urt. vom 5. 11. 1992, BStBl 1993 II S. 388).

3.1.5.3 Nichtrechtsfähige Vereine

68 Unter die nichtrechtsfähigen Personenvereinigungen i. S. des § 1 Abs. 1 Nr. 5 KStG fallen **nur** Vereine.

Es handelt sich um Gebilde, die in der Verfolgung ihrer Zwecke von der Einzelpersönlichkeit ihrer Mitglieder unabhängig sein wollen und im Rechtsverkehr als einheitliches Ganzes unter einem Gesamtnamen auftreten, ohne den Status einer juristischen Person zu besitzen (vgl. § 54 BGB).

Ein Mitgliederwechsel berührt den Bestand des Vereins nicht.

Für einen Verein ist kennzeichnend, daß das Rechtsgebilde ein Organ besitzt (Vorstand o. ä.), dessen Entscheidungen sich das einzelne Mitglied nicht entziehen kann (RFH, RStBl 1941, S. 374).

69 Andere nichtrechtsfähige Personenvereinigungen fallen nicht unter § 1 Abs. 1 Nr. 5 KStG.

Soweit sie nicht ausnahmsweise unter eine andere Gruppe des § 1 Abs. 1 KStG fallen, wie

- nichtrechtsfähige bergrechtliche Gewerkschaften → § 1 Abs. 1 Nr. 1 KStG
- nichtrechtsfähige Genossenschaften → § 1 Abs. 1 Nr. 2 KStG,

fallen sie nicht unter das KStG.

Das sind

- OHG, KG sowie die GbR und ähnliche Gesellschaften.

Vgl. RZ 31 ff und RZ 65.

Weitere Voraussetzung ist beim nichtrechtsfähigen Verein, daß das Einkommen nicht unmittelbar bei einem anderen Einkommensträger zu versteuern ist. Wegen dieser Abgrenzung zwischen nichtrechtsfähigem Verein und GbR vgl. im einzelnen RZ 31 ff.

Beispiele:

a) Eine Firmenbelegschaft betreibt durch ihren Betriebsrat eine Kantine.

Es handelt sich um einen nichtrechtsfähigen Verein, da u. a. der Bestand der Kantine von der Belegschaftsfluktuation unabhängig ist.

Der Verein ist körperschaftsteuerpflichtig gemäß § 1 Abs. 1 Nr. 5 KStG (BFH, Urt. vom 18. 10. 1960, BStBl III S. 496).

b) Die politischen Parteien (CDU, FDP, SPD usw.) sind regelmäßig nichtrechtsfähige Personenvereinigungen im Sinne von § 1 Abs. 1 Nr. 5 KStG.

Sie sind allerdings – abgesehen von einem wirtschaftlichen Geschäftsbetrieb im Sinne von § 14 AO – stets persönlich steuerbefreit (§ 5 Abs. 1 Nr. 5 KStG).

c) Ein Gewinnsparverein als Zusammenschluß von Einzelpersonen schüttet regelmäßig im Auslosungsverfahren Gewinnprämien an seine Mitglieder aus.

Der Verein ist körperschaftsteuerpflichtig gemäß § 1 Abs. 1 Nr. 5 KStG. Die Mitgliederbeiträge sind nicht nach § 8 Abs. 6 KStG sachlich befreit.

Der Verein dürfte Einkünfte aus § 15 Abs. 1 Nr. 1 EStG beziehen (Tatfrage!). Zu beachten ist der Freibetrag gemäß § 24 KStG.

3.1.5.4 Ausländische Körperschaften

Verlegt eine ausländische Körperschaft (insbesondere **Kapitalgesellschaft**) ihren **tatsächlichen** Sitz in das Inland, ohne sich nach den inländischen Gründungsvorschriften in das inländische Handelsregister eintragen zu lassen, kann sie unter § 1 Abs. 1 Nr. 5 KStG fallen (BFH-Beschluß vom 13. 11. 1991, BStBl 1992 II S. 263 und BFH-Urt. vom 23. 6. 1992, BStBl II S. 972).

70

3.1.6 Betriebe gewerblicher Art von juristischen Personen des öffentlichen Rechts (§ 1 Abs. 1 Nr. 6, § 4 KStG)

Ausgewählte Literaturhinweise: Kießling, Besteuerung der Betriebe gewerblicher Art von Körperschaften des öffentlichen Rechts, Stlex 6.1.1; **Niebler,** Der Betrieb gewerblicher Art ..., DStZ 1976 S. 37, 54, 70; **Winter,** Zur angemessenen Höhe von Tarif und Eigenkapital kommunaler Wirtschaftsunternehmen, Wpg 1976 S. 42; **Piltz,** Zur Besteuerung der Betriebe gewerblicher Art von juristischen Personen des öffentlichen Rechts, FR 1980 S. 34; **Knobbe-Keuk,** Betriebe gewerblicher Art ... und der Tatbestand der verdeckten Gewinnausschüttung, StuW 1983 S. 227.

3.1.6.1 Allgemeines

Die juristischen Personen des **öffentlichen** Rechts fallen in ihrer Eigenschaft als Körperschaften nicht unter die unbeschränkte Körperschaftsteuer-Pflicht.

71

Es handelt sich um juristische Personen, deren Rechtsverhältnisse durch die Vorschriften des öffentlichen Rechts geregelt sind mit gewissen **hoheitlichen** Befugnissen.

Die öffentlich-rechtliche Rechtsnatur kann sich aus Bundes- oder Landesrecht ergeben.

Danach sind Körperschaften des öffentlichen Rechts u. a.

- die Gebietskörperschaften (Bund, Länder, Kreise, Gemeinden, Gemeindeverbände, Landschaftsverbände)
- die öffentlich-rechtlichen Religionsgemeinschaften
- die Universitäten und Studentenwerke
- die Träger der Sozialversicherung
- die Kammern und Innungen (zum Beispiel IHK, Steuerberaterkammern, Kreishandwerkerschaft)
- die öffentlich-rechtlichen Rundfunkanstalten. Vgl. Abschn. 5 Abs. 1 Satz 4 KStR.

Der Grund für die fehlende Aufführung in § 1 Abs. 1 KStG ist darin zu sehen, daß die Ausübung der öffentlichen Gewalt – Wahrnehmung **hoheitlicher Aufgaben** – schlechterdings nicht der Besteuerung unterliegen kann. Zum Begriff der „Ausübung öffentlicher Gewalt" vgl. BFH-Urt. vom 28. 1. 1988, BStBl II S. 473.

Soweit sich die Körperschaften der öffentlichen Hand aber privatwirtschaftlich betätigen, müssen sie – schon aus Gründen der Wettbewerbsneutralität – der Besteuerung unterliegen.

72

Eine wirtschaftliche Betätigung ist möglich

a) im Rahmen eines Betriebs gewerblicher Art (§ 1 Abs. 1 Nr. 6, § 4 KStG); vgl. RZ 75 bis 89 und/oder

b) in privatrechtlicher Rechtsform, vgl. RZ 91.

Zweck des § 1 Abs. 1 Nr. 6 KStG ist die **Gleichstellung** solcher Betätigungen mit Unternehmen der freien Wirtschaft. Voraussetzung ist allerdings die Ausgestaltung der Betätigung als „Betrieb gewerblicher Art" im Sinne des § 4 KStG.

73

73 Dies ist der Fall, wenn sich die juristischen Personen des öffentlichen Rechts durch ihre Einrichtungen in den wirtschaftlichen Verkehr einschalten und eine Tätigkeit entfalten, die sich von einem privaten gewerblichen Unternehmen nicht wesentlich unterscheidet.

Es genügt auch eine **mittelbare** Einschaltung in Form von Eigenversorgungseinrichtungen, die den Bedarf der Trägerkörperschaft decken sollen. Vgl. aber RZ 75 ff.

Es ist auch denkbar, daß der Betrieb selbst eine juristische Person des öffentlichen Rechts darstellt, § 4 Abs. 2 KStG. Vgl. RZ 85 ff.

74 **Steuersubjekt** ist nicht etwa der jeweilige Betrieb, sondern stets die **juristische Person** des öffentlichen Rechts **selbst** hinsichtlich ihrer **einzelnen** Betriebe im Sinne von § 1 Abs. 1 Nr. 6 KStG (Abschn. 5 Abs. 1 KStR), soweit diese nicht zulässigerweise zusammengefaßt sind. Vgl. auch BFH-Urt. vom 1. 8. 1979, BStBl II S. 716. Die Vorschrift des § 1 Abs. 1 Nr. 6 KStG bezieht sich ausschließlich auf **inländische** juristische Personen des öffentlichen Rechts.

Die Steuerpflicht **ausländischer** juristischer Personen des öffentlichen Rechts richtet sich nach § 2 Nr. 1 KStG (Abschn. 2 Abs. 2 KStR).

3.1.6.2 Begriff des Betriebs gewerblicher Art (Abschn. 5 Abs. 2 KStR)

75 a) **Begriffsmerkmale** sind:
  (1) Einrichtung,
  (2) die einer nachhaltigen wirtschaftlichen Tätigkeit dient
  (3) zur Erzielung von Einnahmen und
  (4) die sich innerhalb der Gesamtbetätigung der juristischen Person des öffentlichen Rechts wirtschaftlich heraushebt sowie
  (5) **nicht** Land- und Forstwirtschaft darstellt.

Damit sollen grds. alle Einrichtungen der öffentlichen Hand der Körperschaftsteuer unterworfen werden, die das äußere Bild eines Gewerbebetriebs haben. Vgl. BFH-Urt. vom 30. 11. 1989, BStBl 1990 II S. 246.

76 **Zu 1: Einrichtung**

Der Begriff Einrichtung ist weit auszulegen. Organisatorische Verselbständigung ist nicht erforderlich. Sogar die Miterledigung der Arbeiten in einem Hoheitsbetrieb (vgl. RZ 87 ff) kann unbeachtlich sein; vgl. auch BFH-Urt. vom 14. 4. 1983, BStBl II S. 491.

Beispiele:
1. Die Friedhofsverwaltung einer Gemeinde ist ein Hoheitsbetrieb, soweit sie Aufgaben des Bestattungswesens wahrnimmt. Blumenverkäufe und Grabpflegeleistungen sind dagegen wirtschaftliche, vom Hoheitsbetrieb abgrenzbare Tätigkeiten.
2. Die (geerbte und weiterbetriebene) Steuerberatungskanzlei einer Körperschaft des öffentlichen Rechts ist Betrieb gewerblicher Art (BFH, Urteil vom 30. 11. 1989, a. a. O.).

Die Einrichtung kann sich ergeben aus
– einer besonderen Leitung,
– einem geschlossenen Geschäftskreis,
– aus der Buchführung oder
– aus einem ähnlichen, auf eine Einheit hindeutenden Merkmal.

Eine Einrichtung kann auch gegeben sein, wenn der Jahresumsatz im Sinne von § 1 Abs. 1 Nr. 1 UStG aus der wirtschaftlichen Tätigkeit beträchtlich ist (über 250 000 DM), Abschn. 5 Abs. 4 Satz 6 KStR.

77 **Zu 2: Nachhaltige wirtschaftliche Betätigung**

Wirtschaftlicher Charakter ist gegeben bei Einschaltung in den Wirtschaftsablauf, typischerweise unter Wettbewerbsbedingungen, aber auch ggf. aufgrund einer Monopolstellung.

Beispiel: 77

Überlassung von Standplätzen durch Gemeinden auf Wochenmärkten ist wirtschaftliche Tätigkeit (trotz „Monopolstellung"); Abschn. 5 Abs. 20 Satz 1 KStR.

Wirtschaftliche Betätigung ist alles, was über eine **bloße Vermögensverwaltung** hinausgeht (vgl. § 14 Satz 3 AO).

Beispiel:

Die bloße Vermietung von Grundbesitz durch eine Stadtgemeinde an Dauermieter ist keine wirtschaftliche Betätigung, da sich ihre Tätigkeit auf typische Vermieterleistungen beschränkt (Nutzungsüberlassung).

Da die Stadtgemeinde insoweit nicht körperschaftsteuerpflichtig ist, werden die erzielten Überschüsse nicht der Körperschaftsteuer unterworfen.

Zu **Grundstücksverkäufen** durch Gemeinden vgl. FinMin NW vom 18. 11. 1980, DB 1980 S. 2365.

Vermögensverwaltung liegt vor, wenn sich die Tätigkeit auf die Nutzung des Vermögens beschränkt (abgesehen von dem gesetzlich geregelten Fall der **Betriebs**verpachtung; § 4 Abs. 3 KStG). 78

Dies ist der Fall bei

– bloßer Vermietung und Verpachtung von Grundbesitz ohne gewerblichen Charakter (keine darüberhinausgehenden Tätigkeiten).
– Verwaltung von Wertpapierbesitz und Kapitalbeteiligungen (ohne Betätigung innerhalb der Gesellschaft, etwa durch entscheidenden Einfluß auf die laufende Geschäftsführung).

Die Beteiligung an einer Mitunternehmerschaft stellt dagegen stets einen Betrieb gewerblicher Art dar (BFH, Urteil vom 9. 5. 1984, BStBl II S. 726).

Von der Entscheidung, ob die Beteiligung an einer Kapitalgesellschaft Betriebsvermögen eines Betriebs gewerblicher Art einer juristischen Person des öffentlichen Rechts ist oder nicht, hängt die Höhe der steuerlichen Belastung der Gewinnausschüttungen aus der Beteiligung ab (vgl. § 50 Abs. 1 Nr. 2 KStG).

Beteiligung 79

im **Betriebsvermögen eines Betriebs gewerblicher Art** (§ 1 Abs. 1 Nr. 6 KStG)	im **Hoheitsbereich** der juristischen Person
Juristische Person ist **hinsichtlich des Betriebs unbeschränkt steuerpflichtig** (§ 1 Abs. 1 Nr. 6 KStG), daher	Juristische Person ist beschränkt steuerpflichtig mit den Gewinnausschüttungen (§ 2 Nr. 2 KStG), daher
• KSt-Veranlagung	• **keine** KSt-Veranlagung

• Anrechnung von
  – KSt und
  – KapSt
auf vereinnahmte Dividenden/Gewinnanteile von unbeschränkt stpfl. Kapitalgesellschaften
	• **keine** Anrechnung der KapESt, aber Erstattung zur Hälfte
	• **keine** Anrechnung oder Vergütung anrechenbarer KSt, § 51 KStG (Ausnahme: § 52 KStG)

79	Vereinnahmte Nettodividende	52,50 DM	KapSt (25 % von 70 DM =		17,50 DM
	+ KapSt (§ 10 Nr. 2 KStG)	17,50 DM	– Erstattung auf Antrag		
	Dividende (§ 20 Abs. 1 Nr. 1 EStG)	70,00 DM	(§ 44c Abs. 2 Nr. 1 EStG) 50 % der		
	+ anrechenbare KSt (§ 20 Abs. 1 Nr. 3		KapSt		8,75 DM
	EStG) $^3/_7$ von 70 DM	30,00 DM			8,75 DM
	zu versteuernde Erträge	100,00 DM	+ definitive KSt-Ausschüttungsbelastung		
	KSt 42 % (§ 23 Abs. 2 KStG)	42,00 DM	($^3/_7$ von 70 DM)		30,00 DM
	– Anrechnung		Gesamte Steuerbelastung also:		38,75 DM
	KapSt	17,50 DM	d. h. – bezogen auf 100 DM –		38,75 %
	Anrechenbare KSt	30,00 DM 47,50 DM			
	Erstattung	./. 5,50 DM			
	Gesamte Steuerbelastung also:	42,00 DM			
	d. h.	42,00 %			

Nach der Steuersatzsenkung ab VZ 1994 ergibt sich ein Steuervorteil bei Gewinnbetrieben im Hoheitsbereich von 3,25 %-Punkten (von VZ 1989 bis VZ 1993 dagegen nur 46 % ./. 44 % = 2%-Punkte).

Die öffentliche Hand wird daher als Anteilseigner grundsätzlich weiterhin bestrebt sein, Beteiligungen an Kapitalgesellschaften im Hoheitsbereich zu halten oder, wenn sie Verlustbetriebe als Betrieb gewerblicher Art führt, die Beteiligungen dort als Betriebsvermögen einzulegen.

Wegen des Begriffs der **Nachhaltigkeit** vgl. Abschn. 12 GewStR sowie R 134a EStR.

80 **Zu 3: Einnahmeerzielungsabsicht**

Wie beim Unternehmerbegriff im USt-Recht ist **keine** Gewinnerzielungsabsicht (§ 4 Abs. 1 Satz 2 KStG), sondern lediglich Einnahmeerzielungsabsicht erforderlich.

81 **Zu 4: Wirtschaftliche Heraushebung innerhalb der Gesamtbetätigung**

liegt vor bei Ausstattung mit gewisser wirtschaftlicher Selbständigkeit.

Das bedeutet, daß die Betätigung von einigem wirtschaftlichen Gewicht sein muß (Abschn. 5 Abs. 5 KStR).

Zur Vermeidung von Abgrenzungsschwierigkeiten enthält Abschn. 5 Abs. 5 Satz 3 KStR eine betragsmäßige Grenze: **Nur bei nachhaltigem Übersteigen eines Jahresumsatzes von 60 000 DM** (§ 1 Abs. 1 Nr. 1 UStG) liegt ein Betrieb gewerblicher Art vor.

Dagegen kommt es für das Gewicht der ausgeübten Tätigkeit weder auf das im BFH-Urt. vom 11. 1. 1979 (BStBl II S. 746) angesprochene Verhältnis der Einnahmen aus der wirtschaftlichen Tätigkeit zum Gesamthaushalt der juristischen Person des öffentlichen Rechts noch auf das im BFH-Urteil vom 14. 4. 1983 (BStBl II S. 491) angesprochene Verhältnis der Einnahmen aus der wirtschaftlichen Tätigkeit zu einem bestimmten Teil des Gesamthaushalts der juristischen Person des öffentlichen Rechts an (Abschn. 5 Abs. 5 Satz 5 KStR).

82 **Zu 5:** Auch die **Verpachtung** eines land- und forstwirtschaftlichen Betriebs begründet **keinen** Betrieb gewerblicher Art (Abschn. 5 Abs. 7 KStR).

83 b) **Unmaßgebliche Merkmale (§ 4 Abs. 1 Satz 2 KStG)** sind:

    1. Gewinnerzielungsabsicht (s. o. a, 3.)

    2. Beteiligung am allgemeinen wirtschaftlichen Verkehr

Zu 2: Auch ohne Auftreten Dritten gegenüber auf dem freien Markt kommt es zu einer Konkurrenz mit den Unternehmen des freien Marktes durch die sogenannten Selbstversorgungsbetriebe.

    Beispiele:

    Hauseigene Druckereien, Beschaffungsstellen.

Dadurch, daß diese Betriebe ihre Lieferungen und Leistungen fast ausschließlich ihrem Träger 83
gegenüber erbringen, entziehen sie dem freien Markt Nachfrage in Form des Bedarfs des öffentlich-rechtlichen Trägers.

Reine Selbstversorgungsbetriebe (d. h. Betriebe ohne oder nur mit geringfügigen Umsätzen an Dritte) werden jedoch nach BMF-Schreiben vom 7. 10. 1974 (BStBl I S. 911) aus Vereinfachungsgründen **nicht** als Betriebe gewerblicher Art behandelt, da sie in der Regel keinen Überschuß erwirtschaften.

3.1.6.3 Versorgungsbetriebe (§ 4 Abs. 3 KStG)

Zu den Betrieben gewerblicher Art zählen nach § 4 Abs. 3 KStG auch die sogenannten Versorgungsbetriebe (Versorgung der Bevölkerung mit Wasser, Gas, Elektrizität, Wärme; öffentlicher Verkehr und Hafenbetrieb). 84

Der Grund für diese Einbeziehung in die Besteuerung ist ebenfalls in der Konkurrenzsituation zur freien Wirtschaft zu sehen.

3.1.6.4 Betriebe gewerblicher Art als juristische Personen des öffentlichen Rechts (§ 4 Abs. 2 KStG)

Ein Betrieb gewerblicher Art ist auch unbeschränkt steuerpflichtig, wenn er selbst eine juristische Person des öffentlichen Rechts ist. 85

> **Beispiel:**
> Kreis-, Stadt- und Verbandssparkassen sind trotz kommunaler Gewährsträgerschaft **selbst** juristische Personen des öffentlichen Rechts. Da ihr Tätigkeitsfeld durch das Sparkassengeschäft ausgefüllt wird, können sie sich nicht darauf berufen, daß Körperschaften des öffentlichen Rechts als solche nicht unter das KStG fallen.

3.1.6.5 Verpachtung von Betrieben gewerblicher Art (§ 4 Abs. 4 KStG; Abschn. 5 Abs. 6 KStR)

Als Betrieb gewerblicher Art gilt auch die Verpachtung eines solchen Betriebs. 86

Dies setzt voraus, daß die betreffende Einrichtung bei Bewirtschaftung durch die verpachtende juristische Person des öffentlichen Rechts ein Betrieb gewerblicher Art wäre.

Diese Voraussetzung ist dann erfüllt, wenn die verpachteten Räume für eine Nutzung im wesentlichen eingerichtet sind und die Führung des Betriebs gestatten; s. auch Abschn. 5 Abs. 6 KStR.

> **Beispiel:**
> Verpachtung gemeindeeigener Gaststätten samt Inventar („Ratskeller") = Betriebe gewerblicher Art.

Verpachtungsbetriebe können **nicht** durch Aufgabeerklärung entsprechend den für die Verpachtung von Betrieben natürlicher Personen geltenden Grundsätzen (vgl. R 139 Abs. 5 EStR) „aufgegeben" werden (BFH, Urteil vom 11. 1. 1979, BStBl II S. 716; hierzu BMF-Schreiben vom 20. 11. 1979, DB 1979 S. 2349).

3.1.6.6 Hoheitsbetriebe (§ 4 Abs. 5 KStG; Abschn. 5 Abs. 13 KStR)

Ausgewählte Literaturhinweise: Schaaf, Hoheitsbetriebe und Körperschaftsteuer, DStZ 1970 S. 165

Der wirtschaftliche Charakter **fehlt** einer Tätigkeit jedoch stets dann, wenn mit ihr **überwiegend** **öffentliche Gewalt** ausgeübt wird. 87

Diese Betätigungen heißen **Hoheitsbetriebe.** Ausübung der öffentlichen Gewalt ist eine Erfüllung **öffentlich-rechtlicher Aufgaben,** die aus der **Staatsgewalt** abgeleitet sind und **staatlichen Aufgaben** dienen (Abschn. 5 Abs. 13 Satz 3 KStR).

87 Öffentliche Gewalt ist insbesondere anzunehmen, wenn für den Leistungsempfänger Annahmepflicht auf Grund gesetzlicher oder behördlicher Anordnung besteht.

Andererseits reichen Zwangs- und Monopolrechte für sich allein noch nicht aus (§ 4 Abs. 5 Satz 2 KStG). Entscheidend ist die Verwirklichung der gesetzlich übertragenen Funktion durch hoheitliche Mittel (BFH-Urt. vom 30. 6. 1988, BStBl II S. 910).

Typische Hoheitsbetriebe sind zum Beispiel Friedhöfe (beschränkt auf das Bestattungswesen), Straßenreinigung, Abwasserableitung (Abschn. 5 Abs. 14 KStR). Die **Abfallentsorgung** ist eine hoheitliche Tätigkeit; zum Umfang vgl. BMF-Schr. vom 13. 3. 1987, BStBl I S. 373. Zu Müllverbrennungsanlagen vgl BMF-Schr. vom 26. 7. 1982, DB 1982 S. 1701.

Wegen der Abgrenzung in weiteren Einzelfällen vgl. Abschnitt 5 Abs. 16 bis 21 KStR und Herrmann/Heuer/Raupach, KStG, § 4 Anm. 100 (ABC von Betrieben gewerblicher Art).

3.1.6.7 Abgrenzung der Hoheitsbetriebe von Wirtschaftsbetrieben

88 Die verschiedenen Tätigkeiten einer juristischen Person des öffentlichen Rechts sind für sich zu beurteilen (Abschn. 5 Abs. 3 Satz 1 KStR).

Wirtschafts- und Hoheitsbereich sind für Besteuerungszwecke zu trennen.

Juristische Person des öffentlichen Rechts	
Hoheitsbereich Ausübung der öffentlichen Gewalt durch Erfüllung öffentlich-rechtlicher Aufgaben	**Wirtschaftlicher Bereich** Tätigkeitsfeld, das sich nicht wesentlich von der Tätigkeit von Unternehmern auf dem freien Markt unterscheidet und in Konkurrenzsituation zum freien Markt steht (Abschn. 5 Abs. 13 Satz 8 KStR)
Kein(e) Betrieb(e) gewerblicher Art	Betrieb(e) gewerblicher Art
Keine KSt-Pflicht der juristischen Person des öffentlichen Rechts (arg. ex § 1 Abs. 1 Nr. 1 und 6 KStG)	**Unbeschränkte KSt-Pflicht der juristischen Person des öffentlichen Rechts** (§ 1 Abs. 1 Nr. 6 KStG) hinsichtlich **jedes** Betriebs

Enthält **eine** Tätigkeit **nebeneinander** Elemente des hoheitlichen und wirtschaftlichen Bereichs, ist keine Aufteilung vorzunehmen, sondern eine Zuordnung zu dem Bereich, dessen Merkmale nach ihrer Gewichtigkeit überwiegen (vgl. Abschn. 5 Abs. 3 Satz 2 ff KStR).

3.1.6.8 Einkommensermittlung bei Betrieben gewerblicher Art

89 Wegen der Einkommensermittlung vgl. Abschn. 27a KStR, wegen des Ermittlungszeitraums vgl. RZ 219 ff und BMF-Schr. vom 23. 8. 1979 (DB 1979 S. 2458).

3.1.6.9 Zusammenfassung von Betrieben

Hierbei sind drei Fallgruppen zu unterscheiden: **90**

Vorgang:	Steuerliche Behandlung:
(1) Zusammenfassung mehrerer **gleichartiger** Betriebe gewerblicher Art	stets zulässig (Abschn. 5 Abs. 9 Satz 1 KStR)
(2) Zusammenfassung **verschiedenartiger** Betriebe gewerblicher Art	zulässig nach Abschn. 5 Abs. 9 Satz 2 KStR **nur,** wenn objektiv enge wechselseitige technisch-wirtschaftliche Verflechtung (stets zulässig bei Versorgungsbetrieben) – Abschn. 5 Abs. 9 Satz 4 KStR – jedoch Zusammenfassung von Versorgungs- und Verkehrsbetrieben **auch** bei **Nichtvorliegen** einer engen wechselseitigen technisch-wirtschaftlichen Verflechtung (BFH-Urt. vom 8. 11. 1989, BStBl 1990 II S. 242). **A. A.** BFH-Urt. vom 4. 12. 1991, BStBl 1992 II S. 432: Zusammenfassung von Versorgungsbetrieben und Bäderbetrieben nur bei enger wechselseitiger technisch-wirtschaftlicher Verflechtung.
(3) Zusammenfassung mehrerer Betriebe gewerblicher Art in einer Kapitalgesellschaft	Grundsätzlich zulässig (Abschn. 5 Abs. 11a KStR); Besteuerung nach § 1 Abs. 1 Nr. 1 KStG. Vgl. im einzelnen Abschn. 5 Abs. 11a Sätze 2 bis 4 und Abs. 11b KStR.
(4) Zusammenfassung von Betrieben gewerblicher Art mit Hoheitsbetrieben	Steuerlich **unzulässig** – Abschn. 5 Abs. 8 KStR

3.1.6.10 Betriebe in privatrechtlicher Rechtsform

Betriebe – auch hoheitliche –, die in eine privatrechtliche Form gekleidet sind, werden grds. nach den für diese Rechtsform geltenden Vorschriften besteuert (Abschn. 5 Abs. 28 KStR). Siehe aber oben RZ 90 und Abschn. 5 Abs. 11a Sätze 2 bis 4 und Abs. 11b KStR (evtl. Gestaltungsmißbrauch i. S. § 42 AO). **91**

> **Beispiel:**
> Versorgung der Bevölkerung mit Wasser, Strom usw. durch die Stadtwerke **GmbH**.
> Bei der GmbH liegt **kein** Betrieb gewerblicher Art der Kommune im Sinne von § 1 Abs. 1 Nr. 6 KStG vor; vielmehr ist die GmbH nach § 1 Abs. 1 Nr. 1 KStG als Kapitalgesellschaft zu besteuern.

Vorteile ergeben sich hierdurch beim Verlustausgleich. Bei Ausschüttungen dieser Gesellschaften an ihre Anteilseigner ist die Ausschüttungsbelastung herzustellen. Sind solche Kapitalgesellschaften Anteilseigner anderer Kapitalgesellschaften bzw. Genossenschaften, so können sie beim Bezug von Ausschüttungen selbst Körperschaftsteuer anrechnen.

3.2 Geschäftsleitung oder Sitz im Inland bei Körperschaften im Sinne des § 1 KStG

3.2.1 Allgemeines

Die in § 1 KStG bezeichneten Körperschaften usw. sind nur dann unbeschränkt steuerpflichtig, wenn sie **92**

- ihre Geschäftsleitung (§ 10 AO) oder
- ihren Sitz (§ 11 AO)

im Inland haben.

92 Für die unbeschränkte Steuerpflicht braucht also nur eines der beiden Merkmale im Inland gegeben sein.

Beispiele:

Eine GmbH hat

a) ihren Sitz im Ausland, ihre Geschäftsleitung im Inland,
b) ihren Sitz im Inland, ihre Geschäftsleitung im Ausland,
c) Sitz und Geschäftsleitung im Inland,
d) Sitz und Geschäftsleitung im Ausland.

Die GmbH ist in den Fällen a) bis c) unbeschränkt steuerpflichtig, im Fall d) nicht unbeschränkt steuerpflichtig, bei Vorliegen inländischer Einkünfte im Sinne von § 49 EStG beschränkt steuerpflichtig (§ 2 Nr. 1 KStG).

3.2.2 Geschäftsleitung (§ 10 AO)

93 Diese befindet sich am **Mittelpunkt der geschäftlichen Oberleitung,** also dort, wo die leitenden Personen die wesentlichen Entscheidungen treffen. Hierbei kommt es auf die tatsächlichen Verhältnisse an. Das Merkmal ist Tatfrage (RFH-Urt. vom 20. 12. 1933, RStBl 1934 S. 140). Maßgeblich ist also der Ort der entscheidenden geschäftlichen Willensbildung.

In der Regel sind dies die Geschäftsräume des Unternehmens, wenn hier die leitenden Personen ihre Arbeits- bzw. Besprechungsräume haben („Vorstandsetage") und hier tatsächlich auch ihre Entscheidungen überlicherweise treffen. Dagegen ist der Ort, an dem die geschäftlichen Entscheidungen ausgeführt werden, unbeachtlich, also etwa die Büroräume für die Verwaltung und Korrespondenzabteilung. Regelmäßig wird vermutet, daß Ort der Geschäftsleitung dort ist, wo sich die **Büroräume des (der) leitenden Geschäftsführer(s)** befinden. Denn es kommt nicht darauf an, wo die Willenserklärungen wirksam werden (s. o.), sondern an welchem Ort sie abgegeben werden (RFH, RStBl 1938 S. 949).

Sind zur Ausübung der Leitung Geschäftsräume nicht erforderlich und auch nicht vorhanden (oder: sind sie vorhanden, werden aber praktisch nicht benutzt), so kann Ort der Geschäftsleitung auch die Privatwohnung der leitenden Person, ja sogar ein (ständig bewohntes) Hotelzimmer sein (RFH, RStBl 1934 S. 1078).

Beispiel:

1. Der Gesellschafter-Geschäftsführer einer Patentverwertungs-GmbH mit Sitz in Eupen (Belgien) trifft alle Entscheidungen von seinem Wohnhaus in Aachen aus. Ort der Geschäftsleitung ist Aachen.

    Die GmbH ist **unbeschränkt** körperschaftsteuerpflichtig (§ 1 Abs. 1 KStG).

    Es ist unerheblich, daß sich im Inland keine eigentlichen Betriebsräume befinden.

2. Der Alleingesellschafter einer GmbH (Betriebsgebäude mit Verwaltungsräumen in Aachen, Sitz in Spa/Belgien) trifft alle Entscheidungen in seinem privaten Wohnhaus in Spa. Ort der Geschäftsleitung ist Spa.

    Die GmbH ist lediglich beschränkt steuerpflichtig (§§ 2 Nr. 1 KStG, 49 EStG).

Sind die an sich gesetzlich zur Vertretung berufenen Personen (Vorstandsmitglieder, Geschäftsführer) vertraglich in ihrer Entscheidungsbefugnis so eingeengt, daß der maßgebliche geschäftliche Wille von anderen Personen gebildet wird, kommt es darauf an, an welchem Ort letztere die maßgeblichen Entscheidungen treffen.

Beispiel:

Ein GmbH-Geschäftsführer muß gemäß Anstellungsvertrag und Satzung bei Fragen von einiger Bedeutung die Entscheidung der Gesellschafter einholen.

Ort der Geschäftsleitung ist dort, wo die Gesellschafter ihre Willensbildung vollziehen. Das ist dort, wo üblicherweise die Gesellschafterversammlung stattfindet.

Die Geschäftsleitung eines Unternehmens kann begrifflich zu einem bestimmten Zeitpunkt **nur einem einzigen Ort** zuzuordnen sein (anders als bei natürlichen Personen, die einen Mehrfach-

wohnsitz haben können). Aber eine **Verlegung** ist möglich. Bei Verlegung der Geschäftsleitung 93
vom Inland in das Ausland (oder umgekehrt) – ohne daß der Sitz im Inland liegt -, kommt es zum
Wechsel der persönlichen Steuerpflicht (vgl. RZ 164 ff). Außerdem ist § 12 KStG zu beachten.
Vgl. RZ 693 ff.

3.2.3 Sitz (§ 11 AO)

Der Sitz wird durch Gesellschaftsvertrag, Satzung oder Gesetz festgelegt, ist also leicht und un- 94
zweifelhaft zu bestimmen. Für die GmbH vgl. z. B. § 3 GmbHG. Es handelt sich um ein rein
rechtliches Merkmal. Sitz und Geschäftsleitung brauchen nicht übereinzustimmen. Ein inländischer Sitz ist nur von Bedeutung, wenn sich die Geschäftsleitung nicht im Inland befindet.

> **Beispiel:**
> Eine GmbH hat (rechtlichen) Sitz und (tatsächliche) Geschäftsleitung im Ausland. Da keines der beiden
> – alternativen – Merkmale im Inland gegeben ist, ist die GmbH nicht unbeschränkt steuerpflichtig
> gemäß § 1 Abs. 1 KStG, sondern beschränkt steuerpflichtig gemäß § 2 Nr. 1 KStG, wenn sie inländische
> Einkünfte (§ 49 EStG) hat.

3.2.4 Besonderheiten bei ausländischen Körperschaften

Ausgewählte Literaturhinweise:
Baranowski, Besteuerung bei Sitzverlegung einer ausländischen Kapitalgesellschaft im Inland, IWB F. 3
Gr. 4 S. 331ff; **Buyer,** Die „Repatriierung" ausländischer, beschränkt steuerpflichtiger Kapitalgesellschaften durch Sitzverlegung im Inland, DB 1990 S. 1682; **Debatin,** Subjektfähigkeit ausländischer Wirtschaftsgebilde im deutschen Steuerrecht, BB 1988 S. 1155; **ders.,** Zum Steuerstatus ausländischer Kapitalgesellschaften, BB 1990 S. 1457; **Dötsch,** Körperschaftsteuerliche Behandlung der Verlegung des Sitzes
bzw. der Geschäftsleitung einer Kapitalgesellschaft über die Grenze, DB 1989 S. 2296; **Oppermann,** Steuerrechtliche Folgen der Verlegung des Sitzes und des Ortes der Geschäftsführung von ausländischen Kapitalgesellschaften in das Inland, DB 1988 S. 1469; **Wassermeyer,** Kann eine ausländische Kapitalgesellschaft im Inland unbeschränkt steuerpflichtig sein. DB 1990 S. 244.

So wie bei der ESt-Pflicht die Nationalität keine Rolle spielt, also auch ausländische Staatsan- 95
gehörige unbeschränkt steuerpflichtig sein können, so können auch ausländische Körperschaften, Personenvereinigungen und Vermögensmassen der Körperschaftsteuer unterliegen, wenn
sie zumindest eines der beiden Merkmale Sitz oder Geschäftsleitung im Inland haben (siehe RZ
93 und 94).

Bezeichnung und Rechtsnatur ausländischer Körperschaften und Personenvereinigungen stimmen häufig nicht mit deutschem Recht überein.

Für die Einordnung unter die unbeschränkt Steuerpflichtigen nach § 1 Abs. 1 KStG gilt hier:

a) Die **Rechtsfähigkeit** ist nach **internationalem Privatrecht** zu beurteilen. 96

Nach deutschem Recht ist eine juristische Person ausländischen Rechts auch im Inland ohne
weiteres als solche anzuerkennen (arg. ex Art. 10 EGBGB).

Eine Ausnahme besteht nach dieser Vorschrift nur bei ausländischen rechtsfähigen Vereinen
im Sinne der §§ 21, 22 BGB. Diese bedürfen der besonderen innerstaatlichen Anerkennung
als juristische Person.

b) Das Bestehen der **persönlichen Steuerpflicht** ist dagegen ausschließlich nach deutschem
Steuerrecht zu beurteilen (BFH-Urt. vom 3. 2. 1988, BStBl II S. 588).

So ist zwar bei ausländischen juristischen Personen die Rechtsfähigkeit ohne weiteres auch
im Inland anzuerkennen. Dies führt jedoch nicht zwingend zur Bejahung der Körperschaftsteuer-Pflicht.

Vielmehr ist auch hier die Abgrenzung von KStG und EStG zu beachten, nämlich die Abgren- 97
zungsregel des § 3 Abs. 1 KStG. So sind nach ausländischem Recht **rechtsfähige** Personengesellschaften, die wirtschaftlich im wesentlichen der OHG, KG oder GbR entsprechen, **nicht** körperschaftsteuerpflichtig, da auch in diesem Fall nach den leitenden Gedanken der ESt und

97 Körperschaftsteuer diese Gesellschafter (Mitunternehmer) als unmittelbare Einkommensträger im Sinne von § 3 Abs. 1 KStG anzusehen sind (vgl. BFH-Urt. vom 12. 2. 1988, a. a. O.). Siehe RZ 31ff.

Nur bei kapitalistisch-korporativer Organisationsstruktur kann die Körperschaftsteuerpflicht bejaht werden. Vgl. auch BMF-Schr. vom 1. 12. 1980, DB 1981 S. 139.

> **Beispiel:**
> Eine OHG nach französischem (italienischem; spanischem; portugiesischem) Recht ist nach internationalem Privatrecht eine juristische Person (im romanischen Rechtskreis vorherrschend).
> Bei Sitz oder Geschäftsleitung im Inland besteht jedoch keine KSt-Pflicht (§§ 3 Abs. 1 KStG, 15 Abs. 1 Nr. 2 EStG), da die Gebilde trotz eigener Rechtspersönlichkeit eher der deutschen Mitunternehmerschaft vergleichbar sind.

98 Das Personalstatut einer ausländischen Kapitalgesellschaft wird nach dem Gesellschaftsrecht des **Sitzstaates** beurteilt (sog. **Sitztheorie**). Dabei ist auf den **tatsächlichen** (Verwaltungs-) Sitz abzustellen. Bei **Sitzverlegung** in das **Inland** besteht nur dann eine Kapitalgesellschaft fort, wenn – unter Beachtung der inländischen Gründungsvorschriften – eine Eintragung in das inländische Handelsregister erfolgt. Geschieht dies **nicht,** kommen **nur** § 1 Abs. 1 **Nr. 4** oder **5** KStG bzw. eine Personengesellschaft in Betracht. (BFH-Beschluß vom 13. 11. 1991, BStBl 1992 II S. 263, Urt. vom 23. 6. 1992, BStBl II S. 972 und Urt. vom 1. 7. 1992, BStBl 1993 II S. 222).

3.3 Umfang der sachlichen Steuerpflicht

3.3.1 Grundsatz

99 Die unbeschränkte Steuerpflicht erstreckt sich auf sämtliche – nicht nach § 3 EStG usw. steuerbefreite – Einkünfte im Sinne des § 2 Abs. 1 EStG,

also

- inländische und
- ausländische Einkünfte
  § 1 Abs. 2 KStG, Abschn. 2 Satz 1 KStR.

Es entspricht dem Wesen der unbeschränkten Steuerpflicht, daß der „Staat der Geschäftsleitung bzw. des Sitzes" im Prinzip ein uneingeschränktes Besteuerungsrecht hat ohne Rücksicht auf die Belegenheit oder eine sonstige Inlandsbeziehung der Einkunftsquellen.

3.3.2 Einschränkungen

100 Praktische Einschränkungen dieses Grundsatzes ergeben sich aus

(1) Doppelbesteuerungsabkommen (DBA)

(2) Sonstigen zwischenstaatlichen Vereinbarungen (vgl. H 7 EStH und Anlage zum BMF-Schreiben vom 13. 6. 1991, BStBl I 746).

3.3.2.1 Doppelbesteuerungsabkommen

101 Nach einem Doppelbesteuerungsabkommen (DBA) kann das Besteuerungsrecht der Bundesrepublik entzogen sein. Die DBA sind – als völkerrechtliche Vereinbarungen – überstaatliches Recht und gehen insoweit dem KStG vor (§ 2 AO). Typischerweise wird das Besteuerungsrecht einem der Vertragsstaaten entzogen. Dies geschieht durch die Freistellungsmethode.

> **Beispiel:**
> Eine GmbH mit Sitz (und Geschäftsleitung) in Münster unterhält auch eine Betriebsstätte im Sinne des DBA-Niederlande (Art. 2 Abs. 1 Nr. 2 DBA-NL) in Venlo (Niederlande).

Die Einkünfte aus der Betriebsstätte in den Niederlanden sind in der Bundesrepublik steuerfrei zu lassen (Art. 20 Abs. 2 Satz 1 DBA-NL). **101**

4. Beschränkte Steuerpflicht

Ausgewählte Literaturhinweise: Wurster, Die Anerkennung ausländischer Körperschaften im deutschen Ertragsrecht, FR 1980 S. 588, ders., Einkünfte beschränkt stpfl. Kapitalges. aus selbständiger Arbeit, RiW/AWD 1982 S. 888; **BMF-Finanznachrichten** Nr. 24/1978: Auswirkungen der KSt-Reform auf die Auslandsinvestoren, DB 1978 S. 1010; **Orth,** Verlustausgleich und Verlustabzug beim Wechsel zwischen unbeschränkter und beschränkter Steuerpflicht, FR 1983 S. 1; **Crezelius,** Beschränkte Steuerpflicht und Gestaltungsmißbrauch, DB 1984 S. 530.

4.1 Allgemeines

§ 2 KStG enthält außer der auf inländische Einkünfte beschränkten Steuerpflicht der **ausländi-** **102**
schen Körperschaften (§ 2 Nr. 1 KStG) daneben eine auf steuerabzugspflichtige inländische Einkünfte beschränkte Steuerpflicht sonstiger nicht unbeschränkt steuerpflichtiger Körperschaften; das sind die **Körperschaften des öffentlichen Rechts** mit **kapitalertragsteuerpflichtigen inländischen Einkünften (§ 2 Nr. 2 KStG).**

Einen Sonderfall beschränkter Steuerpflicht – vergleichbar dem § 2 Nr. 2 KStG – enthält § 5 Abs. 2 Nr. 1 KStG. Nach dieser Vorschrift sind an sich persönlich von der KSt befreite Gebilde ebenfalls mit inländischen steuerabzugspflichtigen Einkünften partiell (das heißt teilweise, im Ergebnis also „beschränkt") steuerpflichtig.

Nach Auffassung der FinVerw begründet § 5 Abs. 2 Nr. 1 KStG **keinen** Sonderfall der beschränkten Steuerpflicht (vgl. RZ 147). **103**

Die drei (bzw. zwei) Arten beschränkter Steuerpflicht können sich **nicht** überschneiden, insbesondere nicht § 2 Nr. 1 und § 2 Nr. 2 KStG. Dies wird in § 2 KStG in dem Zusatz „sonstige" ... Körperschaften (§ 2 Nr. 2 KStG) zum Ausdruck gebracht.

Unbeschränkt steuerpflichtige, aber nach § 5 KStG befreite Körperschaften, Personenvereinigungen oder Vermögensmassen müssen sich zwar ebenfalls den Abzug von Kapitalertragsteuer gefallen lassen. Rechtsgrundlage dafür ist § 5 Abs. 2 Nr. 1 KStG, nicht § 2 Nr. 2 KStG. Vgl. dazu auch RZ 147 ff.

Unter § 2 Nr. 2 KStG fallen somit nur inländische Körperschaften usw. des öffentlichen Rechts.

Zusammenfassend ist also zwischen folgenden drei Arten beschränkter Steuerpflicht zu unter- **104**
scheiden:

1. **Ausländische** Körperschaften usw. mit inländischen Einkünften im Sinne des **§ 49 EStG** (§ 2 Nr. 1 KStG).
2. Sonstige nicht unbeschränkt steuerpflichtige Körperschaften (das sind ausschließlich die **inländischen Körperschaften des öffentlichen Rechts**) mit **steuerabzugspflichtigen inländischen** Einkünften (§ 2 Nr. 2 KStG).
3. Inländische Körperschaften, Personenvereinigungen und Vermögensmassen, die an sich unter § 1 Abs. 1 KStG fallen, aber nach § 5 Abs. 1 KStG persönlich von der KSt befreit sind, mit steuerabzugspflichtigen inländischen Einkünften (**partielle** Steuerpflicht gemäß § 5 Abs. 2 Nr. 1 KStG).

4.2 Ausländische Körperschaften (§ 2 Nr. 1 KStG)

4.2.1 Allgemeines

105 Nach § 2 Nr. 1 KStG sind Körperschaften **ohne** Geschäftsleitung und Sitz im Inland beschränkt steuerpflichtig, wenn sie inländische Einkünfte im Sinne von § 49 EStG erzielen, zum Beispiel Betriebsstättengewinne nach § 49 Abs. 1 Nr. 2 EStG oder Einkünfte aus der Vermietung inländischen Grundbesitzes nach § 49 Abs. 1 Nr. 6 EStG.

Die Steuerpflicht ist gleichzeitig beschränkt auf die inländischen Einkünfte gemäß § 49 EStG.

Ob die Einkünfte im Inland verbleiben oder in das Ausland transferiert werden, ist unbeachtlich.

Die inländischen Einkünfte im Sinne von § 49 EStG erfüllen insoweit eine Doppelfunktion: Sie sind

1. Tatbestandsmerkmal (objektive Voraussetzung) für die beschränkte Steuerpflicht nach § 2 Nr. 1 KStG **und**
2. Rechtsfolge (Umfang der sachlichen Steuerpflicht) zugleich.

Diese Art der beschränkten Körperschaftsteuerpflicht entspricht mithin § 1 Abs. 3 EStG.

> **Beispiel:**
> Die Surprise SA (Aktiengesellschaft französischen Rechts) mit Sitz und Geschäftsleitung in Paris unterhält eine Betriebsstätte (§ 12 AO) in Düsseldorf.
> Die Körperschaft ist beschränkt steuerpflichtig nach § 2 Nr. 1 KStG, da sie inländische Einkünfte erzielt (§§ 8 Abs. 2 KStG, 49 Abs. 1 Nr. 2a EStG).

4.2.2 Kreis der Steuerpflichtigen

106 Nach § 2 Nr. 1 KStG können **alle** Körperschaften, Personenvereinigungen und Vermögensmassen (ohne Sitz und Geschäftsleitung im Inland) beschränkt steuerpflichtig sein – soweit sie inländische Einkünfte im Sinne des § 49 EStG haben. Denn in § 2 Nr. 1 KStG sind – im Gegensatz zu § 1 Abs. 1 KStG – nicht bestimmte Körperschaften usw. aufgezählt. Daher können im Prinzip **alle** – im Ausland ansässigen – Körperschaften usw. sowohl des **privaten** wie **öffentlichen** Rechts nach § 2 Nr. 1 KStG beschränkt steuerpflichtig sein.

Nach dem **Wortlaut der Vorschrift** fallen alle rechtsfähigen **und nichtrechtsfähigen** Gebilde ohne Sitz und Geschäftsleitung im Inland unter diese Form der beschränkten KSt-Pflicht (BFH-Urt. vom 5. 11. 1992, BStBl 1993 II S. 388).

Soweit es sich um nichtrechtsfähige **Personenvereinigungen** handelt, wird allerdings die persönliche Steuerpflicht durch **§ 3 KStG wieder ausgeschlossen**.

> **Beispiele:**
> 1. Eine ausländische Personengesellschaft (etwa der **OHG** oder **KG vergleichbar**) hat eine inländische Betriebstätte ihres Gewerbebetriebs.
>   Die Personengesellschaft ist **nicht beschränkt körperschaftsteuerpflichtig** aufgrund des § 3 Abs. 1 KStG, da die auf die Gesellschaft entfallenden Gewinnanteile bereits nach **§ 15 Abs. 1 Nr. 2 EStG i. V. m. § 49 Abs. 1 Nr. 2a EStG** unmittelbar bei diesen nach §§ 1 Abs. 4, 49 EStG im Rahmen der beschränkten Einkommensteuerpflicht der Gesellschafter erfaßt werden.
> 2. Eine liechtensteinische **Anstalt** ist eine sonstige juristische Person des privaten Rechts i. S. von § 1 Abs. 1 Nr. 4 KStG, die bei Bezug inländischer Einkünfte i. S. des § 49 EStG beschränkt stpfl. ist (BFH-Urt. vom 27. 7. 1988, BStBl 1989 II S. 101).

107 Wegen der Einordnung von Körperschaften ausländischen Rechts vgl. RZ 31 ff und RZ 95 ff und BFH-Urt. vom 3. 2. 1988, BStBl II S. 588.

Die persönlichen Befreiungen nach § 5 Abs. 1 KStG gelten bei der beschränkten Steuerpflicht nach § 2 Nr. 1 KStG **nicht** (§ 5 Abs. 2 Nr. 3 KStG).

4.2.3 Die inländischen Einkünfte (§§ 8 Abs. 1 KStG, 49 EStG)

4.2.3.1 Allgemeines

4.2.3.1.1 § 49 EStG schafft **keine neuen Einkunftsbegriffe.**

§ 49 EStG **schränkt** nur den **Umfang** der steuerpflichtigen Einkünfte i. S. des § 2 Abs. 1 EStG ein.   **108**

Die Zuordnung von Einkünften zu einer bestimmten Einkunftsgruppe im Sinne des § 49 EStG ist über die §§ 13–24 EStG hinaus vom Vorliegen **zusätzlicher Tatbestandsmerkmale** abhängig, zum Beispiel

– Belegenheit im Inland (§ 49 Abs. 1 Nr. 1 und 6 EStG)
– inländische Betriebsstätte (§ 49 Abs. 1 Nr. 2 EStG)
– Steuerabzugspflicht (§ 49 Abs. 1 Nr. 7 EStG; diese Vorschrift ist daher zur Zeit gegenstandslos).

Es wird also eine Auswahl unter den inländischen Einkunftsquellen getroffen.

4.2.3.1.2 Aus der erschöpfenden Aufzählung der 10 Gruppen inländischer Einkünfte in § 49   **109**
Abs. 1 EStG können beschränkt Steuerpflichtige (§ 2 Nr. 1 KStG) nicht kraft Tätigkeit erzielen:
Einkünfte aus
– § 49 Abs. 1 Nr. 4 EStG (nichtselbständige Arbeit)
– § 49 Abs. 1 Nr. 8a EStG (Abgeordnetenbezüge).

Denn diese Einkunftsgruppen setzen als Bezieher eine natürliche Person voraus.

Darüber hinaus können beschränkt körperschaftsteuerpflichtige Gebilde, insbesondere **Kapitalgesellschaften,** auch keine Einkünfte aus selbständiger Arbeit (§§ 18, 49 Abs. 1 Nr. 3 EStG) erzielen (BFH-Urt. vom 20. 2. 1974, BStBl II S. 511; vom 1. 12. 1982, BStBl 1983 II S. 213; und vom 20. 6. 1984, BStBl II S. 828).

Als **Erbin** jedoch kann u. E. eine Kapitalgesellschaft **alle** Einkunftsarten beziehen.

4.2.3.1.3 Isolierende Betrachtungsweise (§ 49 Abs. 2 EStG)

Im Ausland gegebene Besteuerungsgrundlagen bleiben außer Betracht, soweit bei ihre Berück-   **110**
sichtigung inländische Einkünfte im Sinne des § 49 EStG nicht angenommen werden könnten und dadurch eine Besteuerungslücke eintreten würde (vgl. R 223 EStR).

Dadurch werden die **Subsidiaritätsklauseln** (zum Beispiel §§ 20 Abs. 3, 21 Abs. 3 EStG) weitgehend **bedeutungslos.** Vgl. auch BFH-Beschl. vom 1. 12. 1982, BStBl 1983 II S. 367.

Beispiel:

Zum Betriebsvermögen einer ausländischen Kapitalgesellschaft (ohne Sitz und Geschäftsleitung im Inland) gehört ein vermietetes Mietwohngrundstück im **Inland.** Eine inländische Betriebsstätte ist nicht vorhanden.

Normalerweise wären die Einkünfte aus diesem Grundstück Einkünfte aus Gewerbebetrieb (§ 15 i. V. m. **§ 21 Abs. 3 EStG** – Subsidiaritätsprinzip).

Da aber bei einer bloßen Grundstücksverwaltung Einkünfte aus § 49 Abs. 1 Nr. 2a EStG zu verneinen sind, sind die Einkünfte aufgrund der isolierenden Betrachtungsweise als Einkünfte aus § 49 Abs. 1 Nr. 6 EStG (Vermietung und Verpachtung) zu versteuern. Das Grundstück wird bei dieser Betrachtungsweise **isoliert** vom ausländischen Gewerbebetrieb nur nach den inländischen Besteuerungsmerkmalen beurteilt.

Auf diese Weise wird – aus Gründen der Gleichbehandlung – eine sonst eintretende Besteuerungslücke vermieden.

Abwandlung

Gehört das vermietete Grundstück zu einer inländischen Betriebsstätte der Kapitalgesellschaft, liegen auch bezüglich der Einkünfte aus der Grundstücksvermietung gewerbliche Einkünfte (§§ 15, 49 Abs. 1 Nr. 2a EStG) vor.

110 Aufgrund der isolierenden Betrachtungsweise ist auch die Vorschrift des § 8 Abs. 2 KStG, wonach bei nach HGB buchführungspflichtigen Steuerpflichtigen **alle** Einkünfte als Einkünfte aus Gewerbebetrieb anzusehen sind, **insoweit** gegenstandslos.

4.2.3.1.4 Einschränkungen durch DBA

111 Die Erfassung inländischer Einkünfte im Sinne von § 49 EStG kann durch DBA weiter eingeschränkt sein.

> **Beispiel:**
>
> Ein holländisches Bauunternehmen (Rechtsform: NV – entspricht der AG) unterhält im Inland eine Baustelle von 10 Monaten Dauer.
>
> Es handelt sich zwar um Einkünfte im Sinne von § 49 Abs. 1 Nr. 2a EStG, da eine Baustelle von mehr als 6 Monaten Dauer nach § 12 Satz 2 Nr. 8 AO als Betriebsstätte anzusehen ist.
>
> Das Besteuerungsrecht ist jedoch der Bundesrepublik entzogen (Art. 20 Abs. 2 Satz 1 DBA-NL), da die Baustelle nicht eine Dauer von mehr als 12 Monaten aufweist und daher keine Betriebsstätte im Sinne des DBA-NL ist (Art. 2 Abs. 1 Nr. 2a) gg) DBA-NL).

4.2.3.1.5 Abgeltung der Körperschaftsteuer durch Steuerabzug

a) **Grundsatz**

112 Die Körperschaftsteuer wird durch Veranlagung erhoben (§§ 49 Abs. 1 KStG, 25 EStG).

Für steuerabzugspflichtige Einkünfte ist jedoch die Körperschaftsteuer durch den Steuerabzug **abgegolten** (§ 50 Abs. 1 Nr. 2 KStG). Diese Regelung entspricht § 50 Abs. 5 Satz 1 EStG.

In Betracht kommen
- Kapitalertragsteuer (§ 43 EStG)
- Steuerabzug nach § 50a Abs. 4 EStG.

Infolge der Abgeltungswirkung können die Steuerabzugsbeträge nicht auf die KSt angerechnet werden.

113 Ein Abzug von **Betriebsausgaben,** die in wirtschaftlichem Zusammenhang mit steuerabzugspflichtigen Einkünften stehen, ist nicht möglich, § 8 Abs. 7 KStG (entspricht § 43a Abs. 2 EStG). Handelt es sich bei den kapitalertragsteuerpflichtigen Einkünften um Einnahmen, die der Art nach unter § 20 Abs. 1 Nr. 1 oder 2 EStG fallen, ist außerdem die Anrechnung der KSt (Ausschüttungsbelastung) ausgeschlossen (§ 50 Abs. 5 Satz 2 EStG). Wegen der Vergütung des Körperschaftsteuer-Erhöhungsbetrags an nicht anrechnungsberechtigte Anteilseigner vgl. RZ 1992 ff.

> **Beispiel:**
>
> Eine liechtensteinische AG (Sitz Vaduz) ist zu 20% an einer inländischen GmbH beteiligt. Der Gewinnanteil für 01 beträgt nach Abzug von 25% KapSt 75 000 DM. Die Beteiligung ist fremdfinanziert (Schuldzinsen VZ 01 10 000 DM). – Die AG ist beschränkt steuerpflichtig gemäß § 2 Nr. 1 KStG mit den inländischen Einkünften im Sinne der §§ 49 Abs. 1 Nr. 5a, 49 Abs. 2 EStG.
>
> Eine Veranlagung findet jedoch nicht statt, da die KSt durch den Kapitalertragsteuerabzug (§ 43 Abs. 1 Nr. 1 EStG) abgegolten ist (§ 50 Abs. 1 Nr. 2 KStG).
>
> Weder die KapSt noch die Körperschaftsteuer (Ausschüttungsbelastung) können angerechnet werden. Die Schuldzinsen, obwohl Betriebsausgaben (§ 4 Abs. 4 EStG) in wirtschaftlichem Zusammenhang mit den inländischen Einkünften (§ 50 Abs. 1 Satz 1 EStG), sind nicht abzugsfähig (§ 8 Abs. 7 KStG).
>
> **Abwandlung**
>
> Es handelt sich um eine in den Niederlanden ansässige NV (= AG niederländischen Rechts) mit inländischer Betriebsstätte.
>
> Hier steht das Besteuerungsrecht den Niederlanden als „Wohnsitzstaat" zu (Art. 13 Abs. 1 DBA-NL). Die Einkünfte sind daher in der Bundesrepublik steuerfrei (§ 2 AO, Art. 20 Abs. 2 Satz 1 DBA-NL). Der Bundesrepublik verbleibt allerdings als „Quellenstaat" die Berechtigung zum Kapitalertragsteuer-Abzug (Art. 13 Abs. 2 DBA-NL), der aber nach Art. 13 Abs. 3 DBA-NL auf 15% begrenzt ist.

b) Ausnahmeregelung; Anrechnung von Körperschaftsteuer und Kapitalertragsteuer

Die Körperschaftsteuer ist dann nicht durch den Kapitalertragsteuer-Abzug abgegolten, wenn die Einkünfte im Rahmen eines inländischen land- und forstwirtschaftlichen oder Gewerbebetriebs angefallen sind, vgl. § 50 Abs. 1 Nr. 2 zweiter Halbsatz KStG. Dies ist zum Beispiel der Fall, wenn das Kapitalvermögen usw. zum Betriebsvermögen einer inländischen Betriebsstätte gehört (vgl. § 50 Abs. 5 Satz 3 Nr. 1 EStG). 114

Bei Einnahmen im Sinne des § 20 Abs. 1 Nr. 1/2 EStG sind in diesem Fall (ohne Rücksicht auf die Einkunftsart) die Körperschaftsteuer (Ausschüttungsbelastung) und die Kapitalertragsteuer auf die Körperschaftsteuer des beschränkt Steuerpflichtigen anrechenbar (§§ 50 Abs. 5 Satz 3 Nr. 1, § 36 Abs. 2 Nr. 2 und 3 EStG).

> **Beispiel:**
> Eine in Liechtenstein ansässige AG unterhält im Inland eine unselbständige Verkaufsfiliale. Im Betriebsgewinn dieser Filiale von 120 000 DM ist eine Gewinnausschüttung von 14 000 DM (**vor** KapSt) sowie die hierauf entfallende anrechenbare Körperschaftsteuer von 6 000 DM aus der Beteiligung an einer inländischen GmbH von 20% enthalten.
>
> Die liechtensteinische AG ist beschränkt steuerpflichtig gemäß § 2 Nr. 1 KStG mit inländischen Einkünften im Sinne von § 49 Abs. 1 Nr. 2a EStG aus ihrer inländischen Betriebsstätte (§ 12 AO).
>
> Zum Gewinn aus Gewerbebetrieb gehören auch die Kapitalerträge (§ 20 Abs. 3 EStG); die isolierende Betrachtungsweise – § 49 Abs. 2 EStG – ist nicht anwendbar.
>
> Da es sich mithin bei den Kapitalerträgen um Betriebseinnahmen einer inländischen gewerblichen Betriebsstätte handelt, ist ausnahmsweise die Körperschaftsteuer nicht durch den Kapitalertragsteuer-Abzug abgegolten (§§ 50 Abs. 1 Nr. 2 KStG, 50 Abs. 5 Satz 3 EStG), d. h. die Körperschaftsteuer (Ausschüttungsbelastung) und die Kapitalertragsteuer sind anrechenbar (§ 50 Abs. 5 Satz 3 Nr. 1 EStG) und haben daher zu Recht den Betriebsstättengewinn erhöht.
>
> Auf die festzusetzende KSt sind anzurechnen:
> – Kapitalertragsteuer 3 500 DM (§ 36 Abs. 2 Nr. 2 EStG)
> – Körperschaftsteuer 6 000 DM (§ 36 Abs. 2 Nr. 3 EStG).

4.2.3.1.6 Ermittlung der Einkünfte

a) Einkünfte im Sinne des § 49 Abs. 1 Nr. 1–3 EStG

Anzusetzen ist der **Gewinn** aus dem inländischen Betrieb, der inländischen Betriebsstätte oder der im Inland ausgeübten oder verwerteten Tätigkeit. Er kann nach § 4 Abs. 3 EStG oder durch Bestandsvergleich zu ermitteln sein. Nach Handelsrecht kann Buchführungspflicht bestehen insbesondere für Zweigniederlassungen und Personengesellschaften. Auch § 141 AO ist auf den inländischen Betrieb bzw. die inländische Betriebsstätte anzuwenden. 115

Als Formen der **Verteilung** bzw. **Aufteilung** des **Betriebsergebnisses** auf das Ausland und die inländische(n) Betriebsstätte(n) usw. kommen die sogenannten **direkte** und **indirekte** Methode in Betracht. 116

aa) Direkte Methode

> Diese Methode erfordert gesonderte Buchführung für den inländischen Betrieb bzw. die Betriebsstätte (BFH-Urt. vom 28. 6. 1972, BStBl II S. 789).
>
> Künstliche Gewinnverlagerungen müssen ausgeschlossen sein. Daher ist das Buchführungsergebnis ggf. zu berichtigen, wenn die Verrechnungspreise im Verhältnis der inländischen und ausländischen Betriebsstätten zueinander nicht wie zwischen fremden selbständigen Unternehmen angesetzt wurden. Verrechnungspreise sind bei Handelsware die üblichen Verkaufspreise (Marktpreise einschließlich Handelsspanne). Bei der Überführung von Wirtschaftsgütern des Anlagevermögens aus einer inländischen Betriebsstätte in das Ausland ist – ohne wie auch bei Bestehen eines DBA – eine Aufdeckung der stillen Reserven durch Ansatz des **Teilwerts** vorzunehmen (BFH, Urteil vom 16. 7. 1969, BStBl 1970 II

116 S. 175), da sonst die stillen Reserven nach den Grundsätzen der beschränkten Steuerpflicht (§ 2 Nr. 1 KStG) und dem Betriebsstättenprinzip der DBA endgültig der deutschen Besteuerung entzogen würden.

Nicht sachgerecht wäre hier der Ansatz des Marktpreises, da auch bei einer Entnahme der Teilwert anzusetzen ist. Nach dem BMF-Schreiben vom 12. 2. 1990 (BStBl I S. 72), unter Nr. 2 ist jedoch auch hier der sogenannte **Fremdvergleichspreis** anzusetzen. Zu weiteren Einzelheiten sowie zur **Rückführung** von Wirtschaftsgütern in das **Inland** vgl. das v. g. BMF-Schreiben (a. a. O.). Außerdem kann nach den bestehenden DBA das Buchführungsergebnis noch zu korrigieren sein, zum Beispiel um sogenannte Managementkosten (vgl. Schlußprotokoll Tz. 6 zum DBA-NL). **Geschäftsführungs-** und **allgemeine Verwaltungskosten** einer (ausländischen) Hauptniederlassung sind **anteilig** einer inländischen Betriebsstätte zuzurechnen, **wenn** und **soweit** die Aufwendungen durch eine spezielle Leistung der Hauptniederlassung an die Betriebsstätte ausgelöst worden sind **oder** die den Aufwendungen zugrunde liegende Leistung im Gesamtunternehmensinteresse liegt und damit auch der inländischen Betriebsstätte zugute kommt (BFH-Urt. vom 20. 7. 1988, BStBl 1989 II S. 140).

Aufgrund der direkten Methode kann sich bei einem Gesamtverlust des multinationalen Unternehmens ein inländischer Betriebstättengewinn ergeben (und umgekehrt).

Vgl. im einzelnen BMF-Schr. vom 23. 2. 1983, BStBl I S. 218 zur internationalen Einkunftsabgrenzung, das hier (zumindest entsprechend) anwendbar sein dürfte (vgl. BFH-Urt. vom 20. 7. 1988, a. a. O.).

117 bb) **Indirekte Methode**

Hier wird das multinationale Gesamtergebnis entsprechend dem Beitrag der nationalen Unternehmensteile nach einem geeigneten Schlüssel aufgeteilt, zum Beispiel nach Umsatzverhältnis, Zerlegungsmaßstäben der GewSt o. ä.

Bei Bestehen eines DBA ist diese Methode meist nur in besonders gelagerten Fällen anwendbar und bedarf eines bilateralen Verständigungsverfahrens der Finanzbehörden beider Vertragsstaaten (vgl. z. B. Tz. 7 des Schlußprotokolls zum DBA-NL).

118 **Schuldrechtliche Verträge** zwischen der inländischen Betriebstätte und dem ausländischen Unternehmen sind infolge der rechtlichen Gläubiger-Schuldner-Identität steuerlich unbeachtlich, auch wenn ggf. (z. B. aufgrund devisenrechtlicher Bestimmungen) Vergütungen als im **Rechtssinne** geschuldet angesehen werden (BFH-Urt. vom 27. 7. 1965, BStBl 1966 III S. 24 und vom 20. 7. 1988, a. a. O. S. 142).

Wegen der **Mitwirkungspflichten** der Körperschaft vgl. **§ 90 Abs. 2 AO** und BFH-Urt. vom 20. 7. 1988, BStBl 1989 II S. 140.

Bei der Gewinnermittlung der inländischen Betriebstätte sind alle Aufwendungen Betriebsausgaben, die mit ihr in einem wirtschaftlichen Zusammenhang stehen (§ 4 Abs. 4 und § 50 Abs. 1 Satz 1 EStG). Dabei ist es unerheblich, ob

- die Aufwendungen im Inland oder Ausland anfallen und
- ob sie von der ausländischen Betriebstätte oder der inländischen Betriebstätte getragen werden.

b) **Einkünfte im Sinne des § 49 Abs. 1 Nr. 5–8 und 9 EStG**

119 Einkünfte sind hier der Überschuß der Einnahmen über die Werbungskosten (§§ 8, 9, 11 EStG).

Der bei unbeschränkter Steuerpflicht anwendbare Werbungskostenpauschbetrag von 100 DM bei den Einkünften aus Kapitalvermögen (§ 9a Nr. 2 Satz 1 EStG) ist bei beschränkter Steuerpflicht nicht anwendbar, ebenso nicht der Sparer-Freibetrag von 6000 DM (§ 50 Abs. 1 Satz 5 EStG).

Der Abzug von Betriebsausgaben und Werbungskosten ist nur insoweit zulässig, als ein wirtschaftlicher Zusammenhang mit inländischen Einkünften besteht (§ 50 Abs. 1 Satz 1 EStG).

4.2.3.2 Inländische Einkünfte aus Land- und Forstwirtschaft (§ 49 Abs. 1 Nr. 1 EStG)

Der Betrieb wird im Inland betrieben, soweit die bewirtschafteten Ländereien im Inland belegen sind. Hofgebäude und Inventar können im Ausland liegen; die Leitung vom Ausland aus erfolgen. 120

Es kann sich auch um gepachtete Flächen oder Bewirtschaftung aufgrund sonstiger Nutzungsberechtigungen handeln.

Auch Veräußerungsgewinne (§ 14 EStG) fallen unter § 49 Abs. 1 Nr. 1 EStG.

Aufgrund von DBA ergeben sich keine Einschränkungen des Besteuerungsrechts, da regelmäßig das Belegenheitsprinzip gilt.

4.2.3.3 Einkünfte aus Gewerbebetrieb (§ 49 Abs. 1 Nr. 2 EStG)

Von den **5 Arten** gewerblicher Einkünfte wird nachfolgend nur auf § 49 Abs. 1 Nr. 2 Buchst. a und e EStG eingegangen. 121

a) § 49 Abs. 1 Nr. 2a EStG

Es muß sich um gewerbliche Einkünfte im Sinne der §§ **15** oder **16** EStG handeln.

Die Einkünfte müssen mit einer **inländischen gewerblichen Tätigkeit im Sinne des § 15 EStG** zusammenhängen **oder** auf eine **frühere** inländische gewerbliche Tätigkeit zurückzuführen sein (zum Beispiel betriebliche Veräußerungsrenten im Sinne des § 16 EStG). Inländische Einkünfte aus Gewerbebetrieb liegen jedoch nur vor, soweit die Einkünfte durch eine inländische **Betriebstätte** (§ 12 AO) **oder** einen ständigen **inländischen Vertreter** (§ 13 AO) erzielt werden (BFH-Urt. vom 13. 11. 1990, BStBl 1991 II S. 95).

> **Beispiel:**
> Eine ausländische Körperschaft ohne inländische Betriebsstätte oder ständigen inländischen Vertreter verkauft im Inland Waren.
> Die Gewinne hieraus unterliegen nicht der Körperschaftsteuer, da keine inländischen Einkünfte im Sinne des § 49 Abs. 1 Nr. 2a EStG vorliegen.
> Es ist unerheblich, ob die ausländische Körperschaft ausschließlich im Inland einen Gewerbebetrieb unterhält oder ob sich ihr Gewerbebetrieb auf das Inland und das Ausland erstreckt.

Begriff der (inländischen) Betriebsstätte

Betriebsstätte ist jede feste örtliche Anlage oder Einrichtung, die in der Verfügungsgewalt des Unternehmers steht und innerhalb der bestimmten Betriebshandlungen verrichtet werden (§ 12 **Satz 1** AO). 122

Feste örtliche Anlagen sind zum Beispiel

- Auslieferungslager,
- Filialen,

aber auch ein unbebautes Grundstück, das als Lager dient (mit Zu- und Abgängen von Waren).

Es muß eine **Entfaltung gewerblicher Tätigkeit auf dieser Anlage von einiger Dauer** sein.

> **Beispiele:**
> 1. Anlagen, die **ausschließlich Wohnzwecken, Erholungszwecken, Sportzwecken** o. ä. dienen, sind **keine** Betriebsstätten, da es an einer **gewerblichen** Betätigung insoweit mangelt. (Vgl. auch Abschn. 24 Abs. 4 GewStR).
> 2. Im Inland wird lediglich ein **Werbebüro** unterhalten. Dies reicht als gewerbliche Betätigung aus (nicht jedoch meist aufgrund eines DBA).

Eine Aufzählung typischer Betriebsstätten ist in § 12 Satz 2 AO enthalten. Für Baustellen und Montagen ist die Regelung in § 12 Satz 2 Nr. 8 AO zu beachten (voraussichtliche oder tatsächliche Dauer von mehr als 6 Monaten).

123 Dieser Betriebsstättenbegriff im Sinne der §§ 49 Abs. 1 Nr. 2a EStG, 12 AO wird durch die bestehenden DBA meist eingeschränkt, so zum Beispiel durch Art. 2 Abs. 1 Nr. 2a und b DBA-NL.

Beispiel:
Die holländische Baugesellschaft (Rechtsform NV, entspricht AG) unterhält eine Baustelle in Wechsel von 10monatiger Dauer. Der Gewinn hieraus (zutreffend ermittelt) beträgt 1 000 000 DM.

Es handelt sich bei der Baustelle zwar um eine Betriebsstätte im Sinne von § 12 Satz 2 Nr. 8 AO (Dauer mehr als 6 Monate), so daß inländische Einkünfte im Sinne von § 49 Abs. 1 Nr. 2a EStG vorliegen.

Das Besteuerungsrecht ist der Bundesrepublik für die Einkünfte aus dieser Baustelle jedoch entzogen, da die Baustelle nach Art. 2 Abs. 1 Nr. 2a gg) DBA-NL **nicht** als Betriebstätte gilt (nicht länger als 12 Monate).

„Klassische" Betriebsstätte ist eine **rechtlich unselbständige Zweigniederlassung** mit einer gewissen Selbständigkeit in wirtschaftlicher und gesellschaftlicher Beziehung (häufig mit eigener Buchführung und Organisation).

Die Annahme einer inländischen Betriebsstätte kann je nach den Verhältnissen des Einzelfalles aber auch in Betracht kommen, wenn im Rahmen der inländischen Tätigkeit lediglich Büroräume des inländischen Auftraggebers unter Einräumung entsprechender Verfügungsmacht benutzt werden (BFH-Urt. vom 3. 2. 1993, BStBl II S. 462 betreffend ausländische Hotel-Management-Kapitalgesellschaft). Dies kann z. B. bei ausländischen Unternehmensberaterfirmen, die ihre Aufträge zur Überprüfung und Verbesserung der technischen und kaufmännischen Organisation inländischer Unternehmen durch bloße – zeitlich beschränkte – Entsendung von Angestellten in diese inländischen Unternehmen erledigen, zur Annahme der beschränkten Steuerpflicht führen (FinMin NW vom 1. 7. 1982, DStZ/E S. 228). Die Geschäftsleitungsbetriebstätte i. S. von § 12 S. 2 Nr. 1 AO setzt **keine** feste Geschäftseinrichtung oder Anlage voraus (BFH, DB 1994, 76).

124 **Keine** Betriebsstätten im Sinne von § 12 AO eines ausländischen Unternehmens sind Filialen, Zweigniederlassungen usw., die in die **Rechtsform** einer **Kapitalgesellschaft** (AG, GmbH) gekleidet werden (Maßgeblichkeit der Rechtsform).

Die juristischen Personen sind selbst Einkommensträger. Bei Sitz oder Geschäftsleitung im Inland ist die Filiale usw. selbst unbeschränkt kstpflichtig (§ 1 Abs. 1 Nr. 1 KStG).

Im Verhältnis zur ausländischen Muttergesellschaft sind ggf. Gewinnkorrekturen gemäß § 1 AStG i. V. m. den Verwaltungsgrundsätzen zur internationalen Einkunftsabgrenzung (BMF-Schr. vom 23. 2. 1983, BStBl I S. 218) erforderlich. Ein Vorteil liegt aber bereits in der Anerkennung schuldrechtlicher Verträge zwischen der Tochter- und Muttergesellschaft dem **Grunde** nach; vgl. RZ 115 ff.

125 Ist keine Betriebsstätte im Sinne von § 12 AO vorhanden, ist noch zu prüfen, ob die Einkünfte nicht aufgrund der Bestellung einer Person zum inländischen ständigen Vertreter erzielt wurden.

Begriff des ständigen inländischen Vertreters (§ 13 AO)

1. Der Vertreter muß **für eine gewisse Dauer** bestellt sein und **allgemeine Vollmacht zu Rechtshandlungen (insbesondere Vertragsabschlüssen)** haben.

   Kein ständiger Vertreter liegt vor bei Vertretungsvollmacht nur für den Einzelfall (aufgrund Einzelvollmacht).

2. Es muß ein **sachliches Weisungsrecht** der ausländischen Körperschaft gegenüber dem Vertreter bestehen. Der Vertreter braucht aber zur Körperschaft nicht in einem Arbeitsverhältnis stehen.

Ständiger Vertreter kann auch ein **selbständiger Gewerbebetreibender** sein (R 222 Abs. 1 EStR und H 222 EStH).

Die Tätigkeit darf dabei im Rahmen einer **eigenen** gewerblichen Tätigkeit des Vertreters ausgeübt werden (BFH-Urt. vom 28. 6. 1972, BStBl II S. 785).

Beispiele: 125

Agenten, Generalagenten.

Ausnahmeregelung

Nicht unter den Begriff des ständigen Vertreters fallen aber 126

- **Kommissionäre** und **Makler,** sofern Tätigkeit für die ausländische Körperschaft in die **ordentliche** Geschäftstätigkeit fällt,
- **Agenten,** die Handelsvertreter im Sinne von § 84 HGB sind, aber ohne allgemeine Vollmacht zu Vertragsabschlüssen sind **und** kein Warenlager unterhalten (Abschn. 222 Abs. 1 EStR).

  Beispiel:
  Ein Handelsvertreter mit Warenlager, durch das die Waren der ausländischen Gesellschaft ausgeliefert werden, sowie allgemeiner Vollmacht zu Vertragsabschlüssen ist ein „ständiger Vertreter".

Einschränkungen des Begriffs durch DBA sind zu beachten.

Es ist auch denkbar, daß gleichzeitig eine Betriebsstätte und ein ständiger Vertreter vorliegen.

  Beispiel:
  Einer der Angestellten läßt sich weisungsgemäß in der Bundesrepublik nieder. Er mietet auf Kosten der ausländischen Kapitalgesellschaft Räume und übernimmt die Überwachung der Warenlieferungen in das Inland. –
  Es handelt sich um einen ständigen Vertreter (§ 13 AO). Außerdem liegt auch eine Betriebsstätte (§ 12 AO) vor – selbst bei Anmietung unter dem Namen des Angestellten (BFH-Urt. vom 30. 1. 1974, BStBl II 1974 S. 327).

Einkünfte im Sinne des § 49 Abs. 1 Nr. 2a EStG liegen auch bei einer ausländischen Körperschaft vor bei 127

- Einkünften aus der Beteiligung an einer inländischen Personengesellschaft (OHG, KG) oder als atypisch stille Gesellschafterin (§ 15 Abs. 1 Nr. 2 EStG)

  Hierzu muß die Personengesellschaft ihren Betrieb (bzw. eine Betriebsstätte oder einen ständigen Vertreter) im Inland haben.

- Einkünften aus der Veräußerung eines inländischen Gewerbebetriebs (§ 16 Abs. 1 und Abs. 3 EStG); zur Veräußerung eines Mitunternehmeranteils an einer inländischen KG vgl. BFH-Urt. vom 18. 5. 1983, BStBl 1984 II S. 771.

  Hierfür ist Belegenheit des **veräußerten Betriebs** (der Betriebsstätte) im **Inland** erforderlich.

- Einkünften aus einer **Betriebsverpachtung im ganzen,** falls ein ständiger Vertreter bestellt wurde und solange keine Aufgabeerklärung abgegeben wurde, also noch ein „ruhender Gewerbebetrieb" gegeben ist (vgl. R 139 Abs. 5 EStR); BFH-Urt. vom 12. 4. 1978, BStBl II S. 494. Inländischer ständiger Vertreter i. S. des § 13 AO kann auch der Pächter des Gewerbebetriebs sein, wenn er die allgemeinen Merkmale erfüllt. Ist dagegen kein inländischer Vertreter vorhanden, kommt es unter dem Gesichtspunkt der „Entstrickung" zur Aufdeckung der stillen Reserven mit anschließender Einkunftserzielung nach den §§ 21, 49 Abs. 1 Nr. 6 EStG.

b) § 49 Abs. 1 Nr. 2e EStG

Hierunter fallen Einkünfte aus der Veräußerung **wesentlicher Beteiligungen** an Kapitalgesellschaften im Sinne des § 17 EStG, die nicht zu einem inländischen Betriebsvermögen gehören. 128

Hierzu muß der **Sitz** oder die **Geschäftsleitung** der **Kapitalgesellschaft** im **Inland** sein.

4.2.3.4 Inländische Einkünfte aus selbständiger Arbeit (§ 49 Abs. 1 Nr. 3 EStG)

Einkünfte aus freiberuflicher Tätigkeit setzen als Einkunftsbezieher natürliche Personen voraus, weil bei dieser Einkunftsart der persönliche Einsatz der Arbeitskraft bestimmend ist. Bei be- 129

129 schränkt steuerpflichtigen Kapitalgesellschaften kann daher auch nicht bei Leistungen, die ihrem Wesen nach bei einer natürlichen Person in den Bereich der selbständigen Arbeit fallen könnten (wie Verwertung von Urheberrechten), eine Verwertung selbständiger Arbeit im Inland angenommen werden, obwohl nach § 49 Abs. 2 KStG bei isolierender Betrachtung das Merkmal „ausländische Kapitalgesellschaft" bei der Einordnung der Einkünfte außerachtzulassen ist. **A. A.** BFH-Urteil vom 20. 6. 1984, BStBl II S. 828 und vom 1. 12. 1982, BStBl 1983 II S. 213, wonach in diesem Fall bereits nach den inländischen Besteuerungsmerkmalen eine gewerbliche Betätigung vorliegt; bestätigt durch § 49 Abs. 1 Nr. 2d EStG i. d. F. des SteuerbereinigG 1985.

U. E. kommt es in der Praxis bei ausländischen Kapitalgesellschaften im Regelfall **nicht** zur Besteuerung nach § 49 Abs. 1 Nr. 3 EStG.

130 Vielmehr kommt nur die Zuordnung zu folgenden Einkunftsgruppen in Betracht:
   a) § 49 Abs. 1 Nr. 2a EStG – bei Erzielung der Einkünfte aus zeitlich begrenzter Überlassung von Rechten sowie Überlassung gewerblicher Erfahrungen (Know-how) durch eine inländische Betriebsstätte bzw. § 49 Abs. 1 Nr. 2d EStG.
   b) § 49 Abs. 1 Nr. 6 EStG – im Falle zeitlich begrenzter Überlassung von Rechten (falls nicht durch eine inländische Betriebsstätte der ausländischen Körperschaft erzielt) – vgl. BFH-Urt. vom 4. 3. 1970, BStBl II S. 428 – und
   c) § 49 Abs. 1 Nr. 9 EStG – bei der Überlassung gewerblicher Erfahrungen (mit der Einschränkung wie zu b).

131 In den genannten Fällen kommt der Steuerabzug nach § 50a Abs. 4 Nr. 3 EStG in Betracht – vorbehaltlich eines DBA.

Beispiele:
a) Eine ausländische Kapitalgesellschaft (ohne Betriebsstätte im Inland) schließt mit inländischen Unternehmen Know-how-Verträge ab.

Die Vergütungen sind
- keine Einkünfte aus § 49 Abs. 1 Nr. 2a EStG:
  mangels Betriebsstätte;
- keine Einkünfte aus § 49 Abs. 1 Nr. 3 EStG:
  mangels Verwertung freiberuflicher Tätigkeit im Inland;
- keine Einkünfte aus § 49 Abs. 1 Nr. 6 EStG:
  mangels „zeitlich begrenzter" Überlassung; Know-how entzieht sich der zeitlich begrenzten Überlassung.

Daher liegen Einkünfte aus § 49 Abs. 1 Nr. 9 EStG vor. Nach § 50a Abs. 4 Nr. 3 EStG ist ein 25%iger Steuerabzug vorzunehmen, vorbehaltlich eines DBA (§ 73h EStDV).

Die Körperschaftsteuer ist durch die Steuerabzugspflicht abgegolten (§ 50 Abs. 1 Nr. 2 KStG).

b) Bei Erzielung der Vergütungen durch eine inländische Betriebsstätte der ausländischen Kapitalgesellschaft liegen Einkünfte im Sinne von § 49 Abs. 1 Nr. 2a i. V. m. § 49 Abs. 1 Nr. 9 letzter Halbsatz EStG vor. Wegen des Steuerabzugs siehe unter a).

c) Die Kapitalgesellschaft erzielt keine Einkünfte aus selbständiger Arbeit, sondern sie übt bereits nach den im Inland gegebenen Besteuerungsmerkmalen eine gewerbliche Tätigkeit aus. Diese gewerblichen Einkünfte fallen jedoch nicht unter § 49 Abs. 1 Nr. 2a EStG mangels inländischer Betriebsstätte bzw. inländischem Vertreter. Die Kapitalgesellschaft ist somit nicht beschränkt stpfl. Auch ein Steuerabzug nach § 50a Abs. 4 Nr. 3 EStG scheidet aus (BFH-Urt. vom 20. 6. 1984, a. a. O.).

Auch § 49 Abs. 1 Nr. 2d EStG und § 50a Abs. 4 Nr. 1 EStG scheiden aus, so daß im Ergebnis eine deutsche Körperschaftsteuer nicht anfällt.

4.2.3.5 Inländische Einkünfte aus Kapitalvermögen (§ 49 Abs. 1 Nr. 5 EStG)

132 Falls das Kapitalvermögen im Sinne des § 49 Abs. 1 Nr. 5 EStG einer ausländischen Körperschaft nicht zu

– einem inländischen Betrieb der Land- und Forstwirtschaft oder
– einer inländischen gewerblichen Betriebsstätte der ausländischen Körperschaft gehört, kommt regelmäßig die isolierende Betrachtungsweise (§ 49 Abs. 2 EStG) zum Zuge. Dann beziehen auch Kapitalgesellschaften Einkünfte aus § 49 Abs. 1 Nr. 5 EStG.

132

> **Beispiel:**
> Eine ausländische Kapitalgesellschaft aus einem Nicht-DBA-Staat (ohne Sitz und Geschäftsleitung im Inland) bezog folgende Einkünfte:
> 1. **Zinsen Bundesanleihe:**
>   Es liegen **keine** inländischen Einkünfte aus § 49 Abs. 1 Nr. 5 c) EStG vor.
>   Zinsabschlag wäre gemäß § 43 Abs. 1 Nr. 7 EStG nur im Falle von Tafelgeschäften zu erheben (vgl. § 49 Abs. 1 Nr. 5c cc) EStG).
> 2. **Anleihezinsen Niederlande:**
>   (emittiert über eine inländische Bank) -
>   Es liegen **keine inländischen** Einkünfte im Sinne des § 49 Abs. 1 Nr. 5c EStG vor.
> 3. **Zinsen aus Darlehen an Unternehmer in Hamburg:**
>   Das Darlehen ist durch eine Grundschuld an einem inländischen Grundstück des Darlehensnehmers abgesichert.
>   Es liegen inländische Einkünfte gemäß § 49 Abs. 1 Nr. 5c aa) EStG vor (**kein** Zinsabschlag). Als Einkünfte sind die Einnahmen anzusetzen. Der Werbungskostenpauschbetrag und der Sparerfreibetrag sind gemäß § 50 Abs. 1 Satz 5 EStG nicht abzuziehen.

Bei Zugehörigkeit des Kapitalvermögens zu einer inländischen Betriebsstätte der ausländischen Körperschaft liegen Einkünfte aus § 49 Abs. 1 Nr. 2a EStG vor, auch ohne daß die einschränkenden Merkmale des § 49 Abs. 1 Nr. 5 EStG erfüllt sind.

133

> **Beispiel:**
> Der inländischen Betriebsstätte werden Guthabenzinsen für Termingelder bei einer inländischen Sparkasse gutgeschrieben. – Die Zinsen werden als Betriebseinnahmen im Gewinn der inländischen Betriebsstätte erfaßt (§ 49 Abs. 1 Nr. 2a EStG).

Bei steuerabzugspflichtigen Kapitalerträgen entfällt die Abgeltungswirkung, ggf. ist anrechenbare KSt anzusetzen (§ 50 Abs. 5 Satz 3 Nr. 1 EStG) – vgl. RZ 108 ff.

Aufgrund von DBA wird der Bundesrepublik zum Teil das Besteuerungsrecht entzogen und dem Staat zugewiesen, in dem die Körperschaft Sitz/Geschäftsleitung hat (Wohnsitzprinzip).

4.2.3.6 Inländische Einkünfte aus Vermietung und Verpachtung (§ 49 Abs. 1 Nr. 6 EStG)

Darunter fallen – wenn keine Zugehörigkeit des Miet- oder Pachtobjektes zu einer inländischen Betriebsstätte gegeben ist –

134

a) Vermietung und Verpachtung von
   (1) im Inland belegenen **unbeweglichen Vermögen** (§ 21 Abs. 1 Nr. 1 EStG)
   (2) im Inland belegenen Sachinbegriffen (§ 21 Abs. 1 Nr. 2 EStG)

b) Einkünfte aus **zeitlich begrenzter Überlassung** von Rechten (§ 21 Abs. 1 Nr. 3 EStG) bei
   (1) Eintragung in ein inländisches öffentliches Register oder
   (2) Verwertung in einer (fremden) inländischen Betriebsstätte (bei nicht geschützten Erfindungen) oder in einer anderen Einrichtung; vgl. BFH-Urt. vom 5. 11. 1992, BStBl 1993 II S. 407.

Einkünfte aus der „**Verwertung von Rechten**" unterliegen gemäß § 50a Abs. 4 Nr. 3 EStG dem Steuerabzug und sind deshalb gemäß § 50 Abs. 1 Nr. 2 KStG nicht veranlagungsfähig.

135

135 Auch hier ist der Ausnahmefall § 50 Abs. 1 Nr. 2 KStG zu beachten. Vgl. RZ 112 und 113.

Beispiele:

(1) Ausländische Kapitalgesellschaft vermietet Grundstück in Berlin

Es liegen vor inländische Einkünfte gemäß §§ 21 Abs. 1 Nr. 1, 49 Abs. 1 Nr. 6 EStG (Belegenheit des unbeweglichen Vermögens im Inland).

(2) Ausländische Kapitalgesellschaft verpachtet im Inland Gewerbebetrieb

    a) **nach** Aufgabeerklärung. -

        Der Aufgabegewinn fällt unter die §§ 16 Abs. 3 , 15, 49 Abs. 1 Nr. 2a EStG.

        Die Verpachtung führt zu Einkünften aus §§ 21 Abs. 1 Nr. 2, 49 Abs. 1 Nr. 6 EStG (→ **Sachinbegriff**).

    b) **ohne** Aufgabeerklärung;

        Der Pächter ist zum **Vertreter** bestellt: –

        Es liegt ein „ruhender Betrieb" vor (R 139 Abs. 5 EStR). Die Kapitalgesellschaft erzielt weiterhin Einkünfte aus § 15 Abs. 1 Nr. 1 EStG, § 49 Abs. 1 Nr. 2a EStG. Vgl. RZ 127.

(3) Ausländische Kapitalgesellschaft ohne inländische Betriebstätte überläßt inländischem Unternehmen geschützte (oder nicht registrierte) Erfindung gegen laufende Lizenzzahlungen. –

Aufgrund der isolierenden Betrachtungsweise (§ 49 Abs. 2 EStG) erzielt die Kapitalgesellschaft Einkünfte aus § 49 Abs. 1 Nr. 6 EStG. Die Subsidiaritätsklausel § 21 Abs. 3 EStG ist daher nicht anwendbar.

Falls die Einkünfte nicht aufgrund eines DBA steuerfrei sind (häufig erfolgt Zuweisung des Besteuerungsrechts für Lizenzen an den „Wohnsitzstaat" mit der Folge der Abstandnahme vom Steuerabzug aufgrund des § 50d Abs. 3 EStG) ist der Steuerabzug gemäß § 50a Abs. 4 Nr. 3 EStG mit 25% vorzunehmen. Hierdurch ist die Körperschaftsteuer abgegolten (§ 50 Abs. 1 Nr. 2 KStG).

4.2.3.7 Inländische Einkünfte aus Spekulationsgeschäften (§ 49 Abs. 1 Nr. 8 EStG)

136 Die Erfassung ist beschränkt auf Einkünfte aus Spekulationsgeschäften mit

1. **inländischen Grundstücken** oder inländischen grundstücksgleichen **Rechten** (§ 23 Abs. 1 Nr. 1a EStG) sowie

2. Anteilen an inländischen Kapitalgesellschaften bei wesentlicher Beteiligung i. S. des § 17 Abs. 1 Satz 4 EStG; dabei sind § 23 Abs. 1 Satz 2 und § 23 Abs. 3 EStG anzuwenden.

Auch bei Bezug durch Körperschaften handelt es sich um sonstige Einkünfte (§§ 22 Nr. 3, 49 Abs. 1 Nr. 8 EStG), falls das veräußerte Grundstück u. ä. nicht zu einer inländischen Betriebsstätte gehört.

Beispiele:

1. Eine ausländische Kapitalgesellschaft veräußert zu ihrem ausländischen Gewerbebetrieb gehörendes, im Inland belegenes Grundstück binnen eines Zweijahreszeitraums.

    Es liegen Einkünfte aus § 49 Abs. 1 Nr. 8 EStG vor (§§ 23 Abs. 1 Nr. 1a, 22 Nr. 2, 49 Abs. 2 EStG – isolierende Betrachtungsweise).

2. Veräußerung einer **wesentlichen Beteiligung** an einer inländischen Kapitalgesellschaft (zum Beispiel 30%iger GmbH-Anteil) durch eine ausländische AG binnen 6 Monaten nach Erwerb.

    Die Beteiligung gehört zum Betriebsvermögen

    a) des ausländischen Betriebs:

        Wegen Anwendung der isolierenden Betrachtungsweise (§ 49 Abs. 2 EStG ergeben sich Einkünfte aus § 23 Abs. 1 Nr. 1b EStG, die ab VZ 1994 unter § 49 Abs. 1 Nr. 8 EStG fallen. Trotz wesentlicher Beteiligung hat § 23 EStG Vorrang vor § 17 EStG (§ 23 Abs. 3 Satz 2 EStG).

    b) einer inländischen Betriebsstätte des ausländischen Betriebs:

        Es liegen Einkünfte gemäß § 49 Abs. 1 Nr. 2a EStG vor. (Die Subsidiaritätsklausel ist anzuwenden, **nicht** die isolierende Betrachtungsweise.)

3. Wie 2. a), aber Veräußerung **außerhalb** der Spekulationsfrist. Nunmehr liegen Einkünfte gemäß § 49 Abs. 1 Nr. 2e EStG, § 17 EStG.

4.2.3.8 Inländische Einkünfte gemäß § 49 Abs. 1 Nr. 9 EStG

Hierunter fallen sonstige Einkünfte im Sinne des § 22 Nr. 3 EStG in Form von

a) Einkünften aus der Nutzung beweglicher Sachen im Inland und

b) Einkünften aus der
  – zeitlich begrenzten Überlassung von Rechten und
  – Überlassung von Know-how (vgl. BFH-Urt. vom 14. 2. 1973, BStBl II S. 412, m. w. N.).

aufgrund der isolierenden Betrachtungsweise, falls die Vorgänge nicht einer inländischen Betriebsstätte der ausländischen Körperschaft zuzurechnen sind (§ 49 Abs. 1 Nr. 9 letzter Halbsatz EStG).

Beispiele:

– Nutzung beweglicher Sachen im Inland –

(1) Ausländische Kapitalgesellschaft (Nicht-DBA-Staat) vermietet einen Kran im Inland. Die Mieterträge betragen im Veranlagungszeitraum 60000 DM, Betriebsausgaben (Wartung, AfA) 40000 DM.

Die Mieteinnahmen fallen unter § 49 Abs. 1 Nr. 9 EStG mangels inländischer Betriebsstätte (§ 49 Abs. 2 EStG).

Es ist der Steuerabzug gemäß § 50a Abs. 4 Nr. 3 EStG von 25% von 60000 DM = 15000 DM vorzunehmen.

Folgen:

● Abgeltung der Körperschaftsteuer durch Steuerabzug (§ 50 Abs. 1 Nr. 2 KStG)

● Keine Anrechnung der Abzugsteuer

● Kein Abzug der Betriebsausgaben mangels Veranlagungsfähigkeit (§ 8 Abs. 8 KStG).

(2) Wie Fall (1), aber der Kran gehört zum Betriebsvermögen einer inländischen Betriebsstätte der ausländischen Körperschaft. -

Hier ist die isolierende Betrachtungsweise **nicht** anzuwenden. Vielmehr liegen Einkünfte aus § 49 Abs. 1 Nr. 2a EStG vor (Anwendung der Subsidiaritätsklausel § 49 Abs. 1 Nr. 8 letzter Halbsatz EStG).

Auch in diesem Fall ist der Steuerabzug gemäß § 50a Abs. 4 Nr. 3 EStG vorzunehmen. Die Körperschaftsteuer ist nicht durch den Steuerabzug abgegolten (§ 50 Abs. 1 Nr. 2 KStG); die Betriebsausgaben dürfen den Gewinn mindern (§ 50 Abs. 1 S. 1 EStG, arg. ex § 8 Abs. 7 KStG und § 50a Abs. 4 Sätze 5 und 6 EStG.

Die Beispiele (1) und (2) sind entsprechend zu lösen, wenn es sich um die Überlassung von **Know-how** an ein inländisches Unternehmen handelt.

4.2.3.9 Veranlagung, Steuersatz

1. Veranlagung und Abgeltungswirkung des Steuerabzugs

Auch bei beschränkter Steuerpflicht wird die Körperschaftsteuer im Prinzip durch Veranlagung erhoben (§§ 49 Abs. 1 KStG, 25 EStG).

Dieser Grundsatz ist jedoch erheblich eingeschränkt durch das Verbot der Einbeziehung von steuerabzugspflichtigen Einkünften in die Veranlagung (§ 50 Abs. 1 Nr. 2 KStG), es sei denn, es handelt sich um Betriebseinnahmen einer inländischen Betriebsstätte.

2. Verlustausgleichsverbot § 50 Abs. 2 Satz 1 EStG

Der in § 2 Abs. 2 Satz 1 EStG geregelte **Ausgleich** von Verlusten mit positiven Einkünften ist **auch für die beschränkte Steuerpflicht grundsätzlich zulässig.** Lediglich bei Einkünften, die dem **Steuerabzug** unterliegen, und bei Einkünften im Sinne des **§ 20 Abs. 1 Nr. 5 und 7 EStG**

139 ist für beschränkt Steuerpflichtige ein Ausgleich mit Verlusten aus anderen Einkunftsarten **nicht** zulässig (§ 50 Abs. 2 Satz 1 EStG). Das **Verlustausgleichsverbot gilt uE auch dann,** wenn die Einkünfte, die dem Steuerabzug unterliegen oder zu den in § 20 Abs. 1 Nr. 5 und 7 EStG genannten Erträgen gehören, **im Rahmen einer inländischen Betriebsstätte der Körperschaft als Betriebseinnahmen anfallen.** gl. A. Beckermann, StWa 1972 S. 177; a. A. Herrmann/Heuer/Raupach, EStG, Anm. 4 zu § 50 und Erl. grüne Seiten S. 8 und 9.

> **Beispiel:**
> Eine ausländische Körperschaft erzielte die folgenden inländischen Einkünfte:
> Einkünfte aus Gewerbebetrieb   100 000 DM.
> Einkünfte aus Vermietung und Verpachtung   ./. 90 000 DM.
> In den Einkünften aus Gewerbebetrieb sind Dividendenerträge in Höhe von 14 000 DM brutto sowie anrechenbare Körperschaftsteuer von 6 000 DM enthalten.
> Der Verlustausgleich ist **nur insoweit** möglich, **als er sich nicht auf die Dividendenerträge** (§ 20 Abs. 1 Nr. 1 EStG) **erstreckt.** Dazu gehört **nicht** die anrechenbare KSt (nicht kapitalertragsteuerpflichtig). Als Gesamtbetrag der Einkünfte ergeben sich somit 14 000 DM. Für den Gewinn (ohne Dividenden) von 86 000 DM ist ein Verlustausgleich bis 0 DM vorzunehmen.
> Die Vorschrift soll verhindern, daß Abzugsteuern erstattet werden. Gl. A. Beckermann (a. a. O.).

3. Steuersatz

140 Bei beschränkter Steuerpflicht nach § 2 Nr. 1 KStG gilt ein Steuersatz von 42% gemäß § 23 Abs. 3 KStG (bis VZ 1993: 46 %).

Alle anderen in § 23 KStG vorgesehenen besonderen Steuersätze gelten nicht für beschränkt Steuerpflichtige.

Die Freibeträge nach §§ 24, 25 KStG gelten **nicht** bei beschränkter Steuerpflicht.

4.3 Sonstige beschränkt steuerpflichtige Körperschaften usw. (§ 2 Nr. 2 KStG)

4.3.1 Kreis der Steuersubjekte

141 Unter die zweite Art der beschränkten Steuerpflicht fallen „sonstige nicht unbeschränkt steuerpflichtige" Körperschaften usw. Dies können **nur inländische** Körperschaften usw. des **öffentlichen** Rechts sein.

Durch das Wort „sonstige" wird klargestellt, daß sich die beschränkte Steuerpflicht nach § 2 Nr. 1 und 2 KStG **nicht** überschneiden können.

Weiterhin fallen auch **nicht** unter § 2 KStG die subjektiv befreiten Körperschaften, die steuerabzugpflichtige inländische Einkünfte beziehen. Die beschränkte („partielle") Steuerpflicht dieser Gebilde wird erst durch § 5 Abs. 2 Nr. 1 KStG begründet (vgl. RZ 147 ff).

Körperschaften des öffentlichen Rechts sind insbesondere
– Gebietskörperschaften (Bund, Länder, Gemeinden, Gemeindeverbände)
– Kammern, Innungen.

4.3.2 Voraussetzungen und sachlicher Umfang der Steuerpflicht

142 Neben der Eigenschaft als inländische Körperschaft usw. des öffentlichen Rechts ist objektive Voraussetzung der Bezug „inländischer Einkünfte, die dem Steuerabzug unterliegen". Dieser Begriff ist weder auf steuerabzugpflichtige Kapitalerträge noch auf unter § 49 EStG fallende steuerabzugpflichtige Einkünfte beschränkt (BFH-Urt. vom 11. 12. 1956, BStBl 1957 II S. 49).

Vielmehr fallen **alle** inländischen Einkünfte, die einem Steuerabzug unterliegen, unter die Vorschrift (ausgenommen Einkünfte aus § 19 EStG!).

Dem Steuerabzug unterliegen 142
- Kapitalerträge im Sinne von § 43 EStG (Kapitalertragsteuer 25% bzw. 30%)
- Vergütungen im Sinne von § 50a Abs. 4 EStG (Steuersatz 25%)

nicht dagegen Aufsichtsratvergütungen (§ 50a Abs. 1–3 EStG) und Einnahmen aus § 19 EStG (§ 49 Abs. 1 Nr. 4 EStG).

Die sachliche Steuerpflicht erstreckt sich nur auf diese steuerabzugspflichtigen Einkünfte.

4.3.3 Ausschluß der Veranlagung, Abgeltungswirkung

Eine Veranlagung der nach § 2 Nr. 2 beschränkt Steuerpflichtigen findet generell **nicht** statt. Die 143
KSt ist ausnahmslos durch den Steuerabzug abgegolten (§ 50 Abs. 1 Nr. 2 KStG).

Bei Kapitalerträgen im Sinne von § 20 Abs. 1 Nr. 1 oder 2 EStG wird die Ausschüttungsbelastung ($^3/_7$ der Dividende) im Regelfall definitiv, da die Anrechnung ausgeschlossen ist, § 51 KStG.

Die Gesamtbelastung – bezogen auf die Ausschüttung 70 DM – beträge daher:

30,00 DM Körperschaftsteuer-Ausschüttungsbelastung =   42,85 % (nicht anrechenbar)
17,50 DM Kapitalertragsteuer =   25,00 %
                                 67,85 % der Ausschüttung.

Zur Senkung dieser Belastung sieht § 44c EStG (auf Antrag) 144

- für steuerbefreite Körperschaften die Erstattung der gesamten KapSt (§ 44c Abs. 1 EStG)
- für inländische juristische Personen des öffentlichen Rechts die **hälftige** Erstattung der Kapitalertragsteuer (§ 44c Abs. 2 EStG) vor.

Nach § 52 KStG ist zusätzlich eine Vergütung des sogenannten Körperschaftsteuer-Erhöhungs- 145
betrages (Körperschaftsteuer-Erhöhung infolge Verwendung von EK 03) möglich.

Auch vom KSt-Erhöhungsbetrag wird grundsätzlich Kapitalertragsteuer einbehalten (§ 43 Abs. 1 Nr. 8 EStG) und ggf. erstattet (§ 44c Abs. 1 EStG).

Mit der Abgeltungswirkung gehen einher 146

a) ein Abzugsverbot für Ausgaben (§ 43a Abs. 2 EStG, § 8 Abs. 7 KStG)

b) das Verlustausgleichsverbot des § 50 Abs. 2 Satz 1 KStG (vgl. Beispiel in RZ 139).

> **Beispiel:**
> Die Stadt Düsseldorf ist zu 10% an einer inländischen AG beteiligt und bezieht von ihr 14 000 DM Dividende. Bei der Auszahlung wurden 25% Kapitalertragsteuer einbehalten (§ 43 Abs. 1 Nr. 1 EStG). Für die Ausschüttung gilt EK 45 als verwendet. -
>
> Die Stadt Düsseldorf ist – obwohl inländische Körperschaft – **nicht** unbeschränkt steuerpflichtig (vgl. § 1 Abs. 1 KStG).
>
> Sie ist aber mit den steuerabzugspflichtigen Kapitalerträgen beschränkt steuerpflichtig gemäß § 2 Nr. 2 KStG. Eine Veranlagung findet aber **nicht** statt, da die Körperschaftsteuer durch den Steuerabzug abgegolten ist (§ 50 Abs. 1 Nr. 2 KStG).
>
> Auf Antrag wird die **Hälfte** der Kapitalertragsteuer erstattet (§ 44c Abs. 2 EStG).
>
> Die auf die Dividende entfallende Körperschaftsteuer-Ausschüttungsbelastung von $^3/_7$ von 14 000 DM = 6 000 DM wird definitiv. Sie ist generell nicht anrechenbar (§ 51 KStG), und in diesem Fall auch nicht nach § 52 KStG vergütungsfähig, da EK 45 als ausgeschüttet galt.

4.4 Partielle Steuerpflicht gemäß § 5 Abs. 2 Nr. 1 KStG

4.4.1 Systematische Einordnung

In § 5 Abs. 2 Nr. 1 KStG ist **kein** Hinweis auf § 2 Nr. 2 KStG enthalten. Nach der amtlichen Be- 147
gründung sollen die unter § 5 Abs. 1 KStG fallenden Gebilde trotz persönlicher Befreiung wei-

147 terhin zu den unbeschränkt Körperschaftsteuerpflichtigen im Sinne von § 1 Abs. 1 KStG gehören. (Dies hat praktische Bedeutung für die in § 5 Abs. 2 Nr. 2 KStG vorgesehene Herstellung der Ausschüttungsbelastung, die **un**beschränkte Steuerpflicht voraussetzt [§ 27 KStG].)

Nach Auffassung der **Verwaltung** begründet § 5 Abs. 2 Nr. 1 KStG **keinen** Sonderfall der beschränkten Steuerpflicht, sondern schränkt lediglich die Steuerfreiheit bei unbeschränkter Steuerpflicht ein. Vom **Personenkreis** her gehört § 5 Abs. 2 Nr. 1 KStG zur unbeschränkten Steuerpflicht, von der **Wirkung** auf den sachlichen Umfang der Besteuerung ähnelt sie vor allem dem § 2 Nr. 2 KStG.

4.4.2 Voraussetzungen und sachlicher Umfang der Steuerpflicht

148 Die persönlichen Steuerbefreiungen des § 5 Abs. 1 KStG gelten insoweit nicht, als diese Körperschaften inländische Einkünfte, die dem Steuerabzug (im wesentlichen Kapitalertragsteuer) unterliegen, erzielen (§ 5 Abs. 2 Nr. 1 KStG).

Insoweit sind diese Körperschaften partiell (beschränkt) steuerpflichtig. Auch hier ist die KSt durch den Steuerabzug abgegolten (§ 50 Abs. 1 Nr. 1 KStG).

Der Bezug inländischer steuerabzugspflichtiger Einkünfte ist – wie in den Fällen des § 2 KStG – Tatbestandsmerkmal und Rechtsfolge zugleich.

4.4.3 Einschränkungen der partiellen Steuerpflicht

149 In folgenden Fällen wird der Ausschluß der Steuerbefreiung durchbrochen:

1. Abstandnahme vom Kapitalertragsteuerabzug gemäß § 44a Abs. 4 EStG:

   Dies ist der Fall, wenn eine steuerbefreite inländische Körperschaft von einer anderen steuerbefreiten Körperschaft Gewinnanteile bezieht.

2. Erstattung der Kapitalertragsteuer gemäß § 44c Abs. 1 Nr. 1 EStG: bei Zufluß der Kapitalerträge an steuerbefreite Körperschaften i. S. des § 5 Abs. 1 Nr. 9 KStG.

3. Erstattung der Hälfte der Kapitalertragsteuer gemäß § 44c Abs. 2 Nr. 1 EStG bei Zufluß der Kapitalerträge an nach § 5 Abs. 1 steuerbefreite Körperschaften (mit Ausnahme des § 5 Abs. 1 Nr. 9 KStG).

5. Zusammenfassender Überblick „Persönliche Steuerpflicht"

150

	Unbeschränkte Steuerpflicht § 1 Abs. 1 KStG	Beschränkte Steuerpflicht § 2 Nr. 1 KStG	Beschränkte Steuerpflicht § 2 Nr. 2 KStG	Sondertatbestand § 5 Abs. 2 Nr. 1 KStG
I. Voraussetzungen	1. In § 1 Abs. 1 KStG aufgezählte Körperschaft 2. Sitz (§ 10 AO) oder Geschäftsleitung (§ 11 AO) im Inland	1. Körperschaft usw. **ohne** Sitz oder Geschäftsleitung im Inland 2. Inländische Einkünfte (§ 49 EStG)	1. Nicht unbeschränkt steuerpflichtige sonstige Körperschaft (= inländische Körperschaft des öffentlichen Rechts) 2. Inländische Einkünfte, die dem Steuerabzug unterliegen	1. Nach § 5 Abs. 1 KStG persönlich von der Körperschaftsteuer befreite Körperschaft usw. 2. Inländische Einkünfte, die dem Steuerabzug unterliegen
II. Umfang der sachlichen Steuerpflicht	Alle – steuerpflichtigen – Einkünfte (§§ 1 Abs. 2 KStG, 2 Abs. 1 Nr. 1–3, 5–7 EStG) a) inländische b) ausländische	**Nur** inländische Einkünfte i. S. § 49 EStG (ohne § 19 EStG)	Inländische Einkünfte, die dem Steuerabzug unterliegen	Inländische Einkünfte, die dem Steuerabzug unterliegen
III. Einschränkungen zu II	Steuerbefreiungen **ausländischer** Einkünfte durch DBA	Steuerbefreiungen durch **DBA**	–	–
IV. Erhebungsform	**Generell Veranlagung** (§§ 49 Abs. 1 KStG, 25 EStG)	**Grundsatz:** Veranlagung **Ausnahme:** Abgeltung der KSt durch Steuerabzug bei steuerabzugspflichtigen inländischen Einkünften (§ 50 Abs. 1 Nr. 2 KStG) **Keine Abgeltung,** falls Einkünfte in einem inländischen Betrieb angefallen sind	**Ausschließlich** Steuerabzug (§ 43 EStG) **Stets** Abgeltung der Körperschaftsteuer (§ 50 Abs. 1 Nr. 2 KStG)	**Ausschließlich** Steuerabzug (§ 43 EStG) **Stets** Abgeltung der Körperschaftsteuer (§ 50 Abs. 1 Nr. 1 KStG

6. Beginn, Ende und Wechsel der Steuerpflicht

6.1 Beginn

151 Das KStG regelt nicht den Zeitpunkt des Beginns der Körperschaftsteuerpflicht. Also sind die zivilrechtlichen Regelungen sowie wirtschaftliche Gesichtspunkte heranzuziehen.

6.1.1 Juristische Personen (§ 1 Abs. 1 Nr. 1–4 KStG)

Bei den in § 1 Abs. 1 Nr. 1 KStG aufgeführten juristischen Personen liegt es zunächst nahe, als Beginn der persönlichen Steuerpflicht den Zeitpunkt der zivilrechtlichen Entstehung anzunehmen. Die **rechtliche Existenz der juristischen Personen beginnt mit der Eintragung in das** jeweils vorgesehene **Register:**

Art der juristischen Person	Zivilrechtliche Entstehung durch
1. **Kapitalgesellschaften,** zum Beispiel AG KGaA GmbH	Eintragung in das Handelsregister (§§ 41 AktG, 11 GmbHG)
2. Genossenschaften (eG)	Eintragung in das Genossenschaftsregister (§ 13 GenG)
3. VVaG	Erteilung der Erlaubnis zum Geschäftsbetrieb durch Aufsichtsbehörde
4. **Sonstige rechtsfähige Gebilde des Privatrechts** Eingetragener Verein (e. V.) a) nichtwirtschaftlicher Verein b) wirtschaftlicher Verein Rechtsfähige Anstalten, Stiftungen und sonstige Vermögensmassen	Eintragung in das Vereinsregister (§ 21 BGB) Verleihung (§ 22 BGB) Staatliche Genehmigung oder Verleihung

Die Eintragung in das jeweilige Register hat **konstitutive** Wirkung. Typischerweise geht aber dem zivilrechtlichen Entstehungszeitpunkt eine in mehreren Stufen verlaufende Gründungsphase voraus, insbesondere bei den Kapitalgesellschaften (Regelfall).

Erläutert sei dies an den Kapitalgesellschaften. Die zivilrechtliche Gründung der Kapitalgesellschaften läuft in **drei Stufen** ab:

152 **Vor** der Registereintragung werden **zwei Vorstadien** durchlaufen: **Vorgründungs**gesellschaft und **Vor**gesellschaft.

a) Vorgründungsgesellschaft

Die Vorgründungsgesellschaft entsteht durch Vereinbarung der künftigen Gesellschafter über die Gründung einer bestimmten Kapitalgesellschaft (**Vorvertrag**). Ihr Zweck ist also die Gründung einer **anderen** Gesellschaft.

Die Vorgesellschaft ist entweder eine

– **GbR** (§§ 705 ff BGB) oder

– bei Aufnahme eines Grundhandelsgewerbes ggf. eine **OHG** (§§ 105 ff HGB).

Sie ist rechtlich **in keinem Falle identisch** mit der später entstehenden juristischen Person.

Die **steuerliche** Behandlung der Vorgründungsgesellschaft entspricht ihrer zivilrechtlichen Natur.

Sie ist also eine **Personengesellschaft,** also nicht körperschaftsteuerpflichtig.

Bei gewerblicher Betätigung liegt Mitunternehmerschaft vor (§ 15 Abs. 1 Nr. 2 EStG), für die **152** eine einheitliche und gesonderte Gewinnfeststellung (§§ 179 ff AO) durchzuführen ist. Die Gründer erzielen somit selbst Einkünfte (im Regelfall aus Gewerbebetrieb).

Dies gilt unabhängig davon, ob es später zum Abschluß des förmlichen Gesellschaftsvertrags und der Eintragung der Kapitalgesellschaft in das Handelsregister kommt.

Wegen der fehlenden Personenidentität ist ein **Verlustausgleich** zwischen Vorgründungsgesellschaft und nachfolgender Vorgesellschaft bzw. juristischer Person (siehe unter b) **ausgeschlossen**.

b) Vorgesellschaft

Durch Abschluß des förmlichen Gesellschaftsvertrags (zum Beispiel § 2 Abs. 1 GmbHG) ent- **153** steht die sogenannte Vorgesellschaft (zum Beispiel GmbH in Gründung), als unmittelbare Vorstufe einer Kapitalgesellschaft.

Soweit AktG und GmbHG nicht ausdrücklich die rechtliche Existenz der Kapitalgesellschaft voraussetzen, gelten bereits Aktien- bzw. GmbH-Recht.

Bereits zivilrechtlich gelten Vorgesellschaft und nach Eintragung rechtlich entstandene KapGes als dieselbe Person (Einheits- und Identitätstheorie, RGZ 82 S. 288).

Auch im Steuerrecht geht man von dieser Identität aus (BFH-Urt. vom 14. 10. 1992, BStBl 1993 II S. 352). Rechtsprechung und Verwaltung nehmen allerdings als Zeitpunkt des Beginns der Körperschaftsteuerpflicht den Abschluß des formgültigen Gesellschaftsvertrags erst an, falls folgende **weiteren** Voraussetzungen gegeben sind

– Vorhandensein von Vermögen (dies ist bereits der Fall bei geleisteten Einlagen oder bestehenden Einzahlungsansprüchen)

– keine ernsten Hindernisse für die Eintragung in das Handelsregister

– alsbaldiges Nachfolgen der Eintragung und

– **Aufnahme einer nach außen gerichteten Geschäftstätigkeit** (BFH, Urteil vom 16. 5. 1952, BStBl III 1952 S. 189; KSt-Kartei OFDen Düsseldorf-Köln-Münster § 1 KStG Bl. B 1; ebenso KSt-Kartei Hannover; BFH-Urt. vom 20. 10. 1982, BStBl 1983 II S. 247, und vom 8. 11. 1989, BStBl 1990 II S. 91).

Eine nach außen gerichtete Geschäftstätigkeit ist noch nicht gegeben bei bloßem Anspruch auf Einzahlung des Stammkapitals oder der bloßen Verwaltung der eingezahlten Stammeinlagen (BFH in BStBl 1960 III S. 319; KSt-Karteien, a. a. O.).

Der Abschluß des formgültigen Gesellschaftsvertrags allein kann daher – vor allem bei kleinerem Gesellschafterkreis – noch keine KSt-Pflicht auslösen (BFH-Urt. vom 6. 5. 1952, BStBl III S. 172; KSt-Karteien, a. a. O.).

In der Literatur wird zum Teil die Auffassung vertreten, daß die KSt-Pflicht einer Kapitalgesellschaft nichts mit der Aufnahme ihrer Geschäftstätigkeit zu tun habe. Vielmehr bewirke die nachfolgende Eintragung, daß die Vorgesellschaft – rückwirkend – vom Abschluß des förmlichen Gesellschaftsvertrags an ohne weiteres eintrete (Herrmann/Heuer/Raupach, KStG § 1, Anm. 70a; so auch Abschn. 2 Abs. 3 KStR). Vgl. auch BFH-Urt. vom 14. 10. 1992, BStBl 1993 II S. 352.

Die Identität von Vorgesellschaft und (eingetragener) GmbH ist auch nach einem **Wechsel** der „Vorgesellschafter" gegeben (BFH-Urt. vom 14. 10. 1992, a. a. O.)

c) Unechte Vorgesellschaft

Kommt es **nicht** zur Eintragung der Vorgesellschaft, so liegt – wie schon bei der Vorgründungs- **154** gesellschaft – weiterhin auch bei der Vorgesellschaft eine **Personengesellschaft** vor (GbR oder OHG „verunglückte Gründung", „unechte Vorgesellschaft"). Bei größerer Mitgliederzahl kann evtl. ein nicht rechtsfähiger Verein gegeben sein, der gemäß § 1 Abs. 1 Nr. 4 KStG körperschaftsteuerpflich-

154 tig wäre (**streitig**). Bejahend z. B. KSt-Karteien (a. a. O.), § 1 KStG Bl. B 1 für den Fall, daß eine große Zahl von Beteiligten, eine Verfassung und besondere Organe vorhanden sind.

Wurde das Unternehmen bisher von einer **Einzelperson** betrieben, steht der **Weiterbehandlung als Einzelunternehmen** nichts im Wege, falls keine Aufnahme von Gesellschaftern vorgesehen war (entsprechend KSt-Karteien [a. a. O.]).

d) Keine vertragliche Rückbeziehung der Gründung?

155 Eine vertragliche Rückbeziehung der Gründung auf einen Zeitpunkt vor dem Abschluß des Gesellschaftsvertrags kann lt. BFH steuerlich **nicht** anerkannt werden (BFH-Urt. vom 20. 10. 1982, BStBl 1983 II S. 247).

Auch eine entsprechende Anwendung des § 20 Abs. 7 UmwStG 1977 (Rückbeziehung bis zu 6 Monaten bis 1994; ab 1995: 8 Monate [§ 20 Abs. 8 UmwStG 1995]) kommt lt. **BFH nicht** in Betracht, da die Vorschrift nur für **handelsrechtliche** Umwandlungsfälle gelte. A. A. ist die Fin-Verw: Nach BMF-Schr. vom 14. 6. 1982 (BStBl 1982 I S. 624) ist eine Anwendung des § 20 Abs. 7 UmwStG im Billigkeitswege möglich.

Eine Ausnahme wird vor allem bei geringfügigem Zeitunterschied, verbunden mit unwesentlichen Steuerbeträgen zu machen sein.

Die Praxis der Außenprüfung verfährt hier – soweit uns bekannt – bisher nicht kleinlich.

Das **Hauptproblem** sind **Tätigkeitsvergütungen** an **Gründungspersonen:**
– Bis zum Abschluß des förmlichen GmbH-Gesellschaftsvertrags liegen **nichtabziehbare** Vergütungen i. S. des § 15 Abs. 1 Nr. 2 EStG vor (soweit keine Rückwirkung der Gründung eingreift).
– Ab dem Beginn der Vorgesellschaft sind als Betriebsausgaben abziehbare Vergütungen gegeben.

Bei **beherrschenden** Gesellschaftern gilt dies jedoch nur, wenn vorher abgeschlossene, klare Vereinbarungen bestehen. Das **Rückwirkungsverbot** gilt auch in der **Gründungsphase** (BFH-Urt. vom 20. 10. 1982, BStBl 1983 II S. 247).

e) Heilung von Formmängeln

156 Ist der Gesellschaftsvertrag nicht in der erforderlichen notariellen Form abgeschlossen, kommt es aber dennoch nachfolgend zur Eintragung der Gesellschaft in das Handelsregister, so ist nach h. M. bereits dadurch der Formmangel geheilt. Auch in diesem Fall ist mithin die Gründergesellschaft bereits körperschaftsteuerpflichtig.

Im übrigen ist nach § 41 Abs. 1 AO die Unwirksamkeit eines Rechtsgeschäfts wegen Formmangel unerheblich, soweit und solange die Beteiligten das wirtschaftliche Ergebnis dieses Rechtsgeschäfts eintreten und bestehen lassen.

Auf die Beachtung der Formvorschriften kann es für die Körperschaftsteuerpflicht nicht ankommen, da die Körperschaftsteuerpflicht der Gründergesellschaft entscheidend auf die Rechtsform der durch Eintragung entstandenen Kapitalgesellschaft anknüpft.

Beispiel:

Die Kaufleute Reich und Raff planen seit dem 2. 1. 01, wegen der gestiegenen Nachfrage nach Dämmstoffen eine Vertriebs-GmbH zu gründen.

Am 1. 4. 01 verpflichteten sie sich durch formgerechten Vorvertrag zum Abschluß eines Gesellschaftsvertrags. Ab diesem Zeitpunkt bereiteten sie auch die Eröffnung einer gemieteten Verkaufshalle vor.

Um bereits das Frühjahrsgeschäft in 01 auszunutzen, eröffneten sie den Verkauf bereits am 2. 5. 01.

Erst am 1. 11. 01 schlossen sie einen notariellen Gesellschaftsvertrag und meldeten die GmbH zur Eintragung in das Handelsregister an. Die Eintragung erfolgte am 2. 1. 02. Folgende (zutreffend ermittelten) Betriebsergebnisse wurden erzielt:

1. 4.01–30. 4.01 –   5 000 DM (vorbereitende Betriebsausgaben)
2. 5.01–31. 10.01 – 120 000 DM
1. 11.01–31. 12.01 + 24 000 DM.

a) Mit Abschluß des Vorvertrags am 1. 4. 01 haben Reich und Raff eine GbR bzw. OHG gegründet. Da diese gewerblich tätig wird, liegt Mitunternehmerschaft im Sinne von § 15 Abs. 1 Nr. 2 EStG vor. Der Gewinn ist einheitlich und gesondert festzustellen (§§ 179, 180 Abs. 1 Nr. 2a AO) für die Zeit vom 1. 4. 01 bis 31. 10. 01, nämlich bis zum Zeitpunkt der Entstehung der GmbH in Gründung, in Höhe von –5 000 DM, -120 000 DM, +115 000 DM = ./. 10 000 DM. Dieser Verlust ist auf Reich und Raff je zur Hälfte zu verteilen, falls keine abweichende Gewinnverteilung besteht.

b) Mit dem Tage des Abschlusses des notariellen Gesellschaftsvertrags 1. 11. 01 beginnt die Körperschaftsteuerpflicht der Vorgesellschaft in Einheit mit der erst am 2. 1. 02 zivilrechtlich entstandenen GmbH, da die Geschäftstätigkeit am 1. 11. 01 bereits aufgenommen war.

Der Körperschaftsteuer unterliegt in 01 bereits der Gewinn vom 1. 11. 01 bis 31. 12. 01 = 24 000 DM.

Ein Verlustausgleich zwischen Vorgesellschaft und Vorgründungsgesellschaft ist nicht möglich.

Übersicht

Zeitpunkt	Stadium	Steuerliche Behandlung

(1) Beschluß der Gründer zur Errichtung einer Gesellschaft (Vorvertrag)	Vorgründungsgesellschaft	– **Keine** Körperschaftsteuerpflicht
		– Behandlung als **GbR oder OHG**
		  – Einheitliche und gesonderte Gewinnfeststellung
		  – Gründer können Einkünfte aus § 15 Abs. 1 Nr. 2 EStG haben, falls bereits Gewerbebetrieb

(2) Abschluß des formgültigen **Gesellschaftsvertrags** (zum Beispiel bei GmbH gemäß § 2 Abs. 1 GmbHG)	Vorgesellschaft (zum Beispiel GmbH in Gründung)	– Körperschaftsteuerpflicht – Obwohl die Vorgesellschaft noch keine juristische Person ist, Behandlung in Einheit mit der durch Eintragung entstehenden Körperschaft als dasselbe Rechtssubjekt (aus Zweckmäßigkeitsgründen) – Beginn der Steuerpflicht aber erst bei Vorliegen folgender weiterer Voraussetzungen: = Vorhandensein von Vermögen = Keine ernsten Hindernisse für Eintragung in das Handelsregister = Alsbaldiges Nachfolgen der Eintragung (also nicht bei „verunglückter" Gründung) = **Aufnahme einer nach außen gerichteten** Geschäftstätigkeit (a. A. Abschn. 2 Abs. 3 KStR)
(3) **Eintragung** in das Register	juristische Person	regelmäßig Körperschaftsteuerpflicht Nach der zivilrechtlichen Entstehung ist Tätigkeit unerheblich.

6.1.2 Nichtrechtsfähige Körperschaften

158 Hier entsteht die persönliche Steuerpflicht mit dem Abschluß des Gesellschaftsvertrags bzw. der Feststellung einer Satzung. Soweit weder Gesellschaftsvertrag noch Satzung vorgesehen sind, kann auch der Geschäftsbeginn zum Beginn der Steuerpflicht führen.

Beispiel:
Ein nichtrechtsfähiger Verein ist mit der Feststellung der Satzung errichtet.

6.2 Ende der Steuerpflicht

6.2.1 Grundsatz

159 Juristische Personen behalten ihre **rechtliche Existenz** bis zu dem Zeitpunkt, in dem sie im jeweiligen Register gelöscht werden (bzw. eine staatliche Genehmigung oder Verleihung) zurückgenommen wird.

Für das **Ende der persönlichen Steuerpflicht** sind jedoch maßgebend:
- die tatsächliche Beendigung der geschäftlichen Betätigung **und**
- die Beendigung der Verteilung des gesamten vorhandenen Vermögens an die Gesellschafter und sonst berechtigten Personen **und**
- ggf. der Ablauf eines gesetzlich vorgeschriebenen Sperrjahres.

Erst wenn **alle drei** Voraussetzungen erfüllt sind, fällt die Steuerpflicht weg.

Unbeachtlich ist daher der Zeitpunkt der Löschung im jeweiligen Register (bzw. der Zurücknahme der staatlichen Genehmigung/Verleihung).

6.2.2 Verschmelzung (§ 2 UmwG), Spaltung (§ 123 UmwG) und Vermögensübertragung (§ 174 UmwG)

160 Bei diesen Vorgängen erlischt die alte Gesellschaft nach vollständiger Vermögensübertragung auf eine andere Gesellschaft im Wege der Gesamtrechtsnachfolge (= **Auflösung ohne Abwicklung**). Hierdurch endet also die Körperschaftsteuerpflicht. Nach § 2 Abs. 1 UmwStG wird eine Umwandlung steuerlich auf den Umwandlungsstichtag zurückbezogen.

Rechtlich fällt die umgewandelte Gesellschaft erst im Zeitpunkt der Eintragung der Umwandlung weg.

Steuerlich wird die Beendigung der Steuerpflicht bereits mit Wirkung vom Umwandlungsstichtag (§ 2 UmwStG) fingiert.

Zum Verlustabzug vgl. RZ 609, 2189, 2204.

6.2.3 Formwechselnde Umwandlung von Kapitalgesellschaften (§§ 226–250 UmwG)

161 Hierbei findet **keine** Vermögensübertragung statt, sondern lediglich eine Veränderung **desselben** Rechtssubjekts in seiner äußeren Rechtsform im Wege der **Satzungsänderung**. Die handelsrechtliche Personenidentität wird auch steuerlich anerkannt. Die persönliche Steuerpflicht fällt nicht weg, soweit ein Formwechsel auf eine andere Kapitalgesellschaft stattfindet. Der Verlustabzug bleibt in diesem Fall erhalten.

Vgl. hierzu im einzelnen RZ 609.

6.2.4 Verlegung von Sitz und/oder Geschäftsleitung in das Ausland

162 Die unbeschränkte Steuerpflicht fällt auch weg ab dem Zeitpunkt, ab dem Sitz **und** Geschäftsleitung (**beide** Merkmale) sich nicht mehr im Inland befinden.

Bezieht die Körperschaft in diesen Fällen **keine** inländischen Einkünfte im Sinne von § 49 EStG, fällt die persönliche Steuerpflicht überhaupt weg.

Bei Bezug inländischer Einkünfte im Sinne von § 49 EStG ist die Körperschaft noch beschränkt steuerpflichtig gemäß § 2 Nr. 1 KStG. Es liegt dann lediglich ein **Wechsel** in der **Art** der persönlichen Steuerpflicht vor; vgl. RZ 164 ff. 162

6.2.5 Wegfall des Bezugs inländischer Einkünfte

Bezieht eine nach § 2 Nr. 1 KStG beschränkt steuerpflichtige Körperschaft **keine** inländischen Einkünfte im Sinne des § 49 EStG mehr oder eine nach § 2 Nr. 2 KStG beschränkt steuerpflichtige inländische Körperschaft des öffentlichen Rechts keine inländischen steuerabzugspflichtigen Einkünfte mehr, fällt auch hier die persönliche Steuerpflicht gänzlich weg. 163

Bezieht eine nach § 5 Abs. 2 Nr. 1 KStG persönlich befreite Körperschaft keine inländischen steuerabzugspflichtigen Einkünfte mehr, fällt lediglich die partielle Steuerpflicht nach § 5 Abs. 2 Nr. 1 KStG weg. Die Körperschaft – obwohl steuerbefreit – gehört weiter zu den nach § 1 Abs. 1 KStG **unbeschränkt** steuerpflichtigen Subjekten.

Bei bisher unbeschränkter Steuerpflicht (§ 1 Abs. 1 KStG) oder nach § 2 Nr. 1 KStG beschränkter Steuerpflicht ist im Falle der Verlegung von Geschäftsleitung bzw. Betriebsstätte in das Ausland die Vorschrift § 12 KStG zu beachten (Aufdeckung stiller Reserven, vgl. RZ 693 ff).

6.3 Wechsel der Steuerpflicht

6.3.1 Wechsel zwischen unbeschränkter und beschränkter Steuerpflicht gemäß § 2 Nr. 1 KStG

Dieser Wechsel ist denkbar bei Verlegung von Sitz und/oder Geschäftsleitung in das Ausland, so daß **keines** der beiden Merkmale mehr im Inland gegeben ist. 164

Umgekehrt ist bei erstmaliger Begründung **eines** der beiden Merkmale im Inland ein Wechsel von der beschränkten zur unbeschränkten Steuerpflicht gegeben. Tritt dieser Wechsel im Laufe eines Kj. ein, so sind für das Kalenderjahr des Wechsels zwei Veranlagungen nebeneinander durchzuführen (R 227 EStR und H 227 EStH).

Dies ist erforderlich, da die Besteuerung von unbeschränkt Stpfl. und nach § 2 Nr. 1 KStG beschränkt Stpfl. erheblich voneinander abweichen, u. a. im Hinblick auf den unterschiedlichen Tarif.

Auch bei **mehrfachem** Wechsel innerhalb eines Kj. sind lediglich zwei Veranlagungen durchzuführen. Daher werden Zeiträume gleichartiger Steuerpflicht zusammengefaßt. Die Besteuerungsgrundlagen sind für jeden der beiden Zeiträume getrennt zu ermitteln. 165

Beispiel:

Eine Kapitalgesellschaft ausländischen Rechts mit Sitz im Ausland verlegt ihre (tatsächliche) Geschäftsleitung mit Ablauf des 30. 9. 01 in das Inland. Schon bisher hatte sie im Inland eine Betriebsstätte. Der Gewinn des Wirtschaftsjahres = Kalenderjahr 01 beträgt 120 000 DM.

Die Kapitalgesellschaft im vom

a) **1. 1. bis 30. 9. 01**

beschränkt steuerpflichtig gemäß § 2 Nr. 1 KStG mit den inländischen Einkünften im Sinne von § 49 Abs. 1 Nr. 2a EStG von 9/12 von 120 000 DM = 90 000 DM. Der Steuersatz beträgt ab VZ 1994 = **42 %** (§ 23 Abs. 3 KStG)

b) **1. 10. bis 31. 12. 01**

unbeschränkt steuerpflichtig gemäß § 1 Abs. 1 Nr. 1 KStG mit Einkünften aus Gewerbebetrieb von 3/12 von 120 000 DM = 30 000 DM.

Steuersatz: 45 % (§ 23 Abs. 1 KStG – Regel-Tarifbelastung ab VZ 1994). Dementsprechend sind zwei Veranlagungen durchzuführen.

6.3.2 Wechsel zwischen unbeschränkter (§ 1 Abs. 1 KStG) und partieller Steuerpflicht gemäß § 5 Abs. 2 Nr. 1 KStG

166 Weiterhin ist ein Wechsel zwischen unbeschränkter Steuerpflicht und „partieller" Steuerpflicht gemäß § 5 Abs. 2 Nr. 1 KStG (neben einer persönlichen Befreiung nach § 5 Abs. 1 KStG) denkbar.

Die partielle Steuerpflicht gemäß § 5 Abs. 2 Nr. 1 KStG setzt zunächst das Vorliegen einer persönlichen Befreiung nach § 5 Abs. 1 KStG voraus.

167 Der **Beginn** einer solchen Steuerbefreiung kann aber nur mit Beginn eines Kalenderjahres eintreten.

Zwar regelt § 5 KStG nicht, ob die Voraussetzungen für die Steuerbefreiung zu einem bestimmten Zeitpunkt oder während eines bestimmten Zeitraums gegeben sein müssen. Nach § 60 Abs. 1 und 2 AO müssen jedoch die satzungsmäßigen Voraussetzungen für die Steuerbefreiung einer Körperschaft bei der **Körperschaftsteuer während des ganzen VZ** gegeben sein.

Treten sie im Laufe eines VZ ein, wird die persönliche Befreiung erst mit Beginn des folgenden Kalenderjahres wirksam.

Ein solcher Wechsel im Schnitt zweier Kalenderjahre ist jedoch infolge der Abschnittsbesteuerung unproblematisch. (Es ist aber die Vorschrift des § 13 Abs. 1 KStG zu beachten.)

In den Fällen des § 5 Abs. 2 Nr. 1 KStG ist eine Veranlagung ohnehin generell ausgeschlossen, so daß sich das Problem einer Trennung der Besteuerungsgrundlagen auch aus diesem Grund nicht ergibt.

168 **Beispiel:**

Bei einem Golfsportverein mit Sitz im Inland werden Satzungszwecke und Art ihrer Verwirklichung den gesetzlichen Erfordernissen der Steuerbefreiung ab 1. 9. 02 angepaßt.

Der Verein ist an der inländischen Sportartikel-GmbH beteiligt und bezieht Gewinnanteile nach Abzug von KapSt.

VZ 02

Der Verein ist unbeschränkt steuerpflichtig, § 1 Abs. 1 Nr. 1 KStG. Die – vom Finanzamt durch Freistellungsbescheid auszusprechende – Befreiung nach § 5 Abs. 1 Nr. 9 KStG wird erst mit Wirkung vom Beginn des Kalenderjahres 03 wirksam (vgl. § 60 Abs. 2 AO).

Gewinnanteile und anrechenbare Körperschaftsteuer sind als Einkünfte aus § 20 EStG in die Veranlagung 02 einzubeziehen, die Kapitalertragsteuer und anrechenbare Körperschaftsteuer auf die tarifliche Körperschaftsteuer anzurechnen. (Außerdem sind die stillen Reserven des Vereinsvermögens zum 31. 12. 02 aufzulösen, § 13 Abs. 1 KStG.)

VZ 03

Mit Wirkung vom Beginn des Kalenderjahres 03 ist der Verein nach § 5 Abs. 1 Nr. 9 KStG persönlich von der Körperschaftsteuer zu befreien.

Er bleibt jedoch mit den kapitalertragsteuerpflichtigen Gewinnanteilen partiell (beschränkt) steuerpflichtig.

Eine Veranlagung findet insoweit aber infolge der Abgeltungswirkung nicht statt (§ 50 Abs. 1 Nr. 1 KStG).

Die Kapitalertragsteuer wird auf Antrag nach § 44c Abs. 1 EStG erstattet. Anrechnung und Vergütung der anrechenbaren Körperschaftsteuer sind im Regelfall ausgeschlossen (§ 51 KStG) – vorbehaltlich Ausnahmeregelung (§ 52 KStG).

7. Persönliche Steuerbefreiungen (§§ 5, 6 KStG)

7.1 Geltungsbereich

Die Befreiungen des § 5 Abs. 1 KStG gelten nur bei nach § 1 Abs. 1 KStG **unbeschränkt** steuerpflichtigen Körperschaften (Umkehrschluß aus § 5 Abs. 2 Nr. 3 KStG).

169

Die Befreiungen gelten also nicht für **beschränkt** Steuerpflichtige im Sinne von § 2 Nr. 1 KStG, das sind **„ausländische"** Körperschaften (ohne Geschäftsleitung und Sitz im Inland). Auf ausländische Körperschaften sind die Befreiungen des § 5 KStG daher nicht anwendbar. Ausnahmen können sich durch DBA ergeben. Danach können bestimmte ausländische gemeinnützige Organisationen auch in der Bundesrepublik als Vertragsstaat auf der Grundlage der Gegenseitigkeit steuerfrei sein, wenn sie die Steuerfreiheit bei Sitz oder Geschäftsleitung im Inland beanspruchen könnten.

Einer Befreiung nach § 5 KStG bedarf es andererseits nicht für **inländische** Körperschaften, die **nicht** nach § 1 Abs. 1 KStG unbeschränkt steuerpflichtig sind.

170

Dies ist der Fall bei den inländischen juristischen Personen des öffentlichen Rechts.

> **Beispiel:**
> Die Steuerberaterkammern (als öffentlich-rechtliche Berufsverbände) sind Körperschaften des öffentlichen Rechts und fallen daher nicht unter die unbeschränkte Steuerpflicht nach § 1 Abs. 1 KStG. Einer Befreiung nach § 5 Abs. 1 KStG bedarf es für die Kammern nicht, da bereits aufgrund fehlender persönlicher Steuerpflicht keine Körperschaftsteuer erhoben wird.

Die Befreiung der Berufsverbände in § 5 Abs. 1 Nr. 5 KStG erstreckt sich daher – folgerichtig – nur auf Berufsverbände **ohne** öffentlich-rechtlichen Status.

Die Steuerbefreiungen sind abschließend aufgezählt. Der Katalog in einer erweiternden Auslegung nicht zugänglich.

171

7.2 Allgemeiner Regelungsinhalt

Trotz der Überschrift „persönliche Befreiungen" ergibt sich eine uneingeschränkte persönliche (subjektive) Befreiung nur bei den in § 5 Abs. 1 Nr. 1, 2, 2a und 15 KStG aufgeführten Unternehmen.

172

Dagegen enthalten die übrigen Vorschriften des § 5 Abs. 1 KStG eingeschränkte sachliche Steuerbefreiungen.

Werden bestimmte Voraussetzungen erfüllt, tritt Steuerfreiheit bzw. insoweit Steuerfreiheit ein.

Systematisch gesehen liegt bei § 5 KStG **nicht** etwa eine weitere Art beschränkter Steuerpflicht neben § 2 KStG vor.

Es handelt sich vielmehr um subjektive und objektive Steuerbefreiungen, die nur auf unter § 1 Abs. 1 KStG fallende, an sich also unbeschränkt steuerpflichtige Gebilde anwendbar sind.

7.3 Maßgebender Zeitpunkt bzw. Zeitraum für die Voraussetzungen der Steuerfreiheit

a) Bei den in § 5 Abs. 1 Nr. 1 und 2 KStG aufgezählten Unternehmen ergibt sich die – vollständige – subjektive Befreiung bereits aus der gegebenen Existenz der betreffenden Gebilde.

173

b) Bei den **sachlichen** Befreiungen müssen die Voraussetzungen für die Steuerfreiheit während des gesamten VZ vorgelegen haben.

Dies muß aus der für gemeinnützige Gebilde geltenden Vorschrift des § 60 Abs. 2 AO geschlossen werden.

173 Danach muß die Satzung den vorgeschriebenen Erfordernissen bei der Körperschaftsteuer **während des ganzen VZ** entsprechen.

c) Darüber hinaus gilt im Bereich der gemeinnützigen Gebilde bei nachträglicher Änderung der sogenannten Vermögensbindung (im Sinne von § 55 Abs. 1 Nr. 4 AO) diese Voraussetzung für die Steuerfreiheit als **von Anfang an nicht erfüllt.**

Die Folge ist eine nachträgliche Steuererhebung für die letzten 10 Jahre vor der Änderung der Bestimmung über die Vermögensbindung (§ 61 Abs. 3 AO).

Mit anderen Worten, für die nach § 5 Abs. 1 Nr. 9 KStG befreiten Gebilde kann trotz objektivem Vorliegen der Voraussetzungen in einem bestimmten VZ die Steuerbefreiung **nachträglich** wegfallen.

d) Lediglich bei Kassen im Sinne von § 5 Abs. 1 Nr. 3 KStG ist aus der Entwicklungsgeschichte der Vorschrift zu schließen, daß es schon ausreicht, wenn die Voraussetzungen am Ende des VZ vorliegen.

7.4 Umfang der Steuerbefreiung

7.4.1 Vollständige subjektive Befreiung

174 Nur bei § 5 Abs. 1 Nrn. 1, 2, 2a und 15 KStG liegt eine völlige persönliche Steuerbefreiung vor.

Die aufgeführten Unternehmen sind auch mit **allen** Einrichtungen befreit, die von ihr in eigener Regie betrieben werden. Das gilt auch, wenn es sich um Betriebe gewerblicher Art einer Körperschaft des öffentlichen Rechts oder wirtschaftliche Geschäftsbetriebe handelt.

> **Beispiel:**
> Das Bundeseisenbahnvermögen ist mit der Verpachtung von Bundesbahnhotels nicht körperschaftsteuerpflichtig (§ 5 Abs. 1 Nr. 1 KStG).

7.4.2 Keine Wirkung einer Befreiung für von steuerbefreiten Körperschaften beherrschte Rechtsgebilde

175 Beherrscht z. B. eine nach § 5 Abs. 1 KStG steuerbefreite Körperschaft usw. ein anderes Rechtsgebilde, so wirkt die Befreiung nicht für das beherrschte Rechtsgebilde.
(Ausnahme: § 5 Abs. 1 Nr. 1 , 2, 2a und 15 KStG – dort völlige Steuerbefreiung.)

> **Beispiel:**
> Eine gemeinnützige Organisation (§ 5 Abs. 1 Nr. 9 KStG) hält 100% der Anteile an einer GmbH.
> Die GmbH ist nicht auch infolge der Beherrschung durch die steuerbefreite Körperschaft steuerfrei.
> Vielmehr müßten bei ihr unmittelbar als unbeschränkt steuerpflichtiger Kapitalgesellschaft die Voraussetzungen für eine Befreiung erfüllt sein.
> Diese Entscheidung wird im Veranlagungsverfahren der GmbH getroffen.

7.4.3 Ausschluß der Befreiung für wirtschaftliche Geschäftsbetriebe

7.4.3.1 Allgemeines

176 Bei den Befreiungstatbeständen § 5 Abs. 1 Nr. 5, 7, 9, 12 und 13 KStG ist die Befreiung ausgeschlossen, soweit ein **wirtschaftlicher Geschäftsbetrieb** besteht.

Der Begriff hat bei den einzelnen Befreiungstatbeständen zum Teil unterschiedlichen Inhalt.

Befreiungsvorschrift des KStG		Ausschluß der Befreiung
§ 5 Abs. 1 Nr. 5 – § 5 Abs. 1 Nr. 7 –	Berufsverbände Politische Parteien	Wirtschaftlicher Geschäftsbetrieb im Sinne von **§ 14 AO (Abschn. 8 Abs. 3–6 KStR)**
§ 5 Abs. 1 Nr. 9 –	Gemeinnützige Körperschaften usw.	Wirtschaftlicher Geschäftsbetrieb im Sinne von § 14 AO, **soweit kein (steuerlich unschädlicher)** Zweckbetrieb (§§ 64–68 AO).
§ 5 Abs. 1 Nr. 12 –	Bestimmte gemeinnützige Siedlungsunternehmen	**Einschränkungen** des wirtschaftlichen Geschäftsbetriebs auf die in den Befreiungsvorschriften **genannten Zwecke**

7.4.3.2 Wirtschaftlicher Geschäftsbetrieb (§ 14 AO)

Tatbestandsmerkmale des wirtschaftlichen Geschäftsbetriebs sind

(1) Selbständige nachhaltige Tätigkeit,

(2) Absicht der Erzielung von Einnahmen oder anderer wirtschaftlicher Vorteile,

(3) **Keine** bloße Vermögensverwaltung (§ 14 Satz 3 AO).

Gewinnerzielungsabsicht ist **nicht** erforderlich (§ 14 Satz 2 AO), wohl aber – da (anders als in § 1 Abs. 1 Nr. 6 KStG) nicht ausdrücklich ausgeschlossen – Beteiligung am allgemeinen wirtschaftlichen Verkehr.

Zu 1: Selbständigkeit

Eine Tätigkeit ist selbständig, wenn sie sich vom begünstigten Zweck abhebt und mit ihm keine Einheit bildet.

Dies ist der Fall bei einer von der Tätigkeit der Geschäftsstelle des Verbands (§ 5 Abs. 1 Nr. 5 KStG), der Partei (§ 5 Abs. 1 Nr. 7 KStG) oder der gemeinnützigen Körperschaft (§ 5 Abs. 1 Nr. 9 KStG) abgrenzbaren Tätigkeit.

Unter die **nicht** steuerpflichtigen Tätigkeiten der Geschäftsstelle fallen auch Hilfsgeschäfte, zum Beispiel der Verkauf von Altmaterial.

Wegen der Nachhaltigkeit vgl. Abschn. 12 GewStR und R 134a EStR.

Zu 2: Einnahmeerzielungsabsicht

Die Einnahmeerzielungsabsicht kann im Verhältnis zu den Mitgliedern und/oder Dritten bestehen.

Im Verhältnis zu Mitgliedern **fehlt** es an dieser Voraussetzung, wenn für die Tätigkeit ausschließliche Mitgliedsbeiträge erhoben werden. Hierzu gehören auch beitragsähnliche Umlagen, die von **allen** Mitgliedern gleicher Höhe oder nach einem bestimmten Maßstab erhoben werden.

Wirtschaftliche Geschäftsbetriebe sind aber zum Beispiel entgeltliche Mitgliederberatung und Steuerberatung (Buchführung und/oder Erstellung von Steuererklärungen).

Wegen der steuerlichen Behandlung des Anzeigengeschäfts in Vereinszeitschriften vgl. BFH-Urt. vom 8. 3. 1967, BStBl II S. 373.

> **Beispiel:**
> Ein nicht öffentlich-rechtlicher Berufsverband gibt eine Verbandszeitschrift heraus.
> Sie enthält
> a) einen redaktionellen Teil zur allgemeinen Information der Mitglieder
> b) einen Anzeigenteil.
> Der Bezugspreis ist im Mitgliedsbeitrag enthalten.

179 • Der **redaktionelle** Teil ist **kein** wirtschaftlicher Geschäftsbetrieb (Abschn. 8 Abs. 3 Satz 9 KStR). Die Mitgliederinformationen sind Verbandszweck, also keine selbständige Tätigkeit. Bei dem Bezugspreis handelt es sich auch nicht um ein Entgelt für die Gewährung besonderer Vorteile.

• Der **Anzeigenteil** dient der Erzielung besonderer Einnahmen. Inserentenwerbung – unter Mitgliedern wie Dritten – und Anzeigenaufnahme sind als selbständige nachhaltige Tätigkeit unter Beteiligung am allgemeinen wirtschaftlichen Verkehr anzusehen. Es liegt daher **insoweit** ein wirtschaftlicher Geschäftsbetrieb vor (§ 14 AO); vgl. Abschn. 8 Abs. 3 Satz 10 KStR.

Der Verkauf von Getränken und Eßwaren bei einer Sportveranstaltung eines gemeinnützigen Vereins ist ein wirtschaftlicher Geschäftsbetrieb (BFH-Urt. vom 21. 8. 1985, BStBl 1986 II S. 88). Dasselbe gilt bei einer Festveranstaltung (BFH-Urt. vom 21. 8. 1985, BStBl 1986 II S. 92).

Altkleidersammlungen zur Mittelbeschaffung sind ebenfalls stpfl. wirtschaftliche Geschäftsbetriebe (BFH-Urt. vom 26. 2. 1992, BStBl II S. 693).

Zu 3: Vermögensverwaltung (§ 14 Satz 3 AO)

180 Diese liegt in der Regel bei bloßer Vermögensnutzung vor, zum Beispiel bei
– verzinslicher Anlage von Kapitalvermögen oder
– Vermietung und Verpachtung unbeweglichen Vermögens.

Beispiel:

Eine politische Partei (§ 5 Abs. 1 Nr. 5 KStG) erzielte im VZ

Zinsen aus Guthaben bei Kreditinstituten	5 000 DM
Überschuß aus Vermietung eines Grundstücks	20 000 DM

Diese Einkünfte unterliegen nicht der Besteuerung, da sie im Wege der bloßen Vermögensverwaltung erzielt wurden. Außerdem ist **kein** Zinsabschlag einzubehalten (§ 44a Abs. 4 Nr. 1 EStG).

Keine Vermögensverwaltung, sondern ein wirtschaftlicher Geschäftsbetrieb liegt vor

181 a) **im Bereich der Kapitalnutzung**

Bei Beteiligung an einer Kapitalgesellschaft, wenn mit ihr tatsächlich ein entscheidender Einfluß auf die laufende Geschäftsführung der Kapitalgesellschaft ausgeübt wird, zum Beispiel durch Sperrminorität (mehr als 25% der Stimmrechte) oder Beherrschung (mehr als 50% der Stimmrechte), Abschn. 8 Abs. 4 Satz 4 KStR.

182 b) **im Rahmen der Vermietung und Verpachtung**

wenn nach allgemeinen einkommensteuerlichen Grundsätzen die Tätigkeit gewerblichen Charakter annimmt, vgl. z. B. Abschn. 8 Abs. 4 Satz 8 KStR.

Beispiel:

Kurzfristige Saalvermietung an wechselnde Benutzer = wirtschaftlicher Geschäftsbetrieb, da keine bloße private Vermögensnutzung mehr.

Entgeltliche **Bandenwerbung** in Sportstätten ist ein steuerschädlicher wirtschaftlicher Geschäftsbetrieb (BFH-Urt. vom 13. 3. 1991, BStBl 1992 II S. 101).

Die **Verpachtung** des **Rechts** zur Werbeflächen-Nutzung an ein unabhängiges Werbeunternehmen bleibt dagegen (steuerfreie) Vermögensverwaltung (AEAO I/9 zu § 67a AO).

Die entgeltliche Werbung auf der **Sportkleidung** ist stets als stpfl. wirtschaftlicher Geschäftsbetrieb zu behandeln.

Steuersubjekt bei wirtschaftlichen Geschäftsbetrieb

183 Steuerpflichtig ist vorbehaltlich des § 64 Abs. 3 AO nicht der einzelne wirtschaftliche Geschäftsbetrieb, sondern der Verband, die Partei oder gemeinnützige Organisation.

Die Ergebnisse **aller** wirtschaftlicher Geschäftsbetriebe werden zusammengefaßt (**eine** Veranlagung), vgl. § 64 Abs. 2 AO.

Der Freibetrag nach § 24 KStG ist vom gesamten zu versteuernden Einkommen der Körperschaft abzuziehen. Vgl. Abschn. 10 Abs. 2 KStR. 183

Zur Zuordnung/Aufteilung der Einnahmen und Ausgaben auf den steuerfreien und stpfl. Bereich vgl. BFH-Urt. vom 27. 3. 1991, BStBl 1992 II S. 103.

7.4.3.3 Zweckbetriebe

Ein wirtschaftlicher Geschäftsbetrieb kann – allerdings **nur bei nach § 5 Abs. 1 Nr. 9 KStG** 184 **steuerfreien** Körperschaften usw. **steuerlich unschädlich** sein, wenn er die Voraussetzungen eines **Zweckbetriebs** (§§ 65-68 AO) erfüllt (§ 64 AO).

§ 65 AO enthält die allgemeinen Tatbestandsmerkmale für die Annahme eines steuerunschädlichen Zweckbetriebs. Voraussetzungen sind:

(1) Zweck des wirtschaftlichen Geschäftsbetriebs muß die Verwirklichung der steuerbegünstigten Satzungszwecke sein.

(2) Die Satzungszwecke dürfen nur durch solche(n) Geschäftsbetrieb(e) erreicht werden können.

(3) Kein Auftreten des wirtschaftlichen Geschäftsbetriebs im Wettbewerb zu nicht begünstigten Betrieben derselben oder ähnlichen Art in größerem Umfang als unvermeidbar.

Gesetzlich geregelte Einzelfälle von Zweckbetrieben beinhalten die §§ 66–68 AO.

Nochmals sei betont, daß es steuerlich unschädliche Zweckbetriebe nur bei nach § 5 Abs. 1 185 Nr. 9 KStG befreiten Körperschaften usw. gibt, nicht dagegen bei § 5 Abs. 1 Nr. 5 und 7 KStG.

Beispiel:
Die Einnahmen (einschl. USt) aus dem jährlichen Sommerfest eines
a) Haus- und Grundbesitzervereins
b) als gemeinnützig anerkannten Sportvereins
betragen mehr als 60 000 DM, der Gewinn 9 000 DM.

Lösung:
a) Beim Haus- und Grundbesitzerverein (§ 5 Abs. 1 Nr. 5 KStG) stellt die gesellige Veranstaltung einen steuerpflichtigen wirtschaftlichen Geschäftsbetrieb dar, da sie sich vom eigentlichen Verbandszweck abhebt und der nachhaltigen Einnahmeerzielung dient. Der Verein ist mit den Überschüssen aus dem wirtschaftlichen Geschäftsbetrieb nach §§ 5 Abs. 1 Nr. 5 Satz 2 KStG, 14 AO steuerpflichtig.

Gewinn = Einkommen	9 000 DM
./. Freibetrag – § 24 KStG	7 500 DM
zu versteuerndes Einkommen	1 500 DM

b) Bei dem gemeinnützigen Verein im Sinne von § 5 Abs. 1 Nr. 9 KStG gilt dasselbe.

Vgl. auch RZ 207. Da die Abgrenzung zwischen einer geselligen und einer gewerblichen Veranstaltung schwierig war (vgl. BFH-Urt. vom 21. 8. 1985, BStBl 1986 II S. 88 und 92), sind gesellige Veranstaltungen **ab 1990** wirtschaftliche Geschäftsbetriebe.

Freigrenze

Zu beachten ist **§ 64 Abs. 3 AO: Übersteigen** die Einnahmen (einschließlich Umsatzsteuer) aus 186 (allen) wirtschaftlichen Geschäftsbetrieben, die keine Zweckbetriebe sind, **nicht 60 000 DM,** so unterliegen die Geschäftsbetriebe **weder der Körperschaftsteuer noch der Gewerbesteuer.**

7.4.3.4 Partielle Steuerpflicht steuerabzugspflichtiger Einkünfte (§ 5 Abs. 2 Nr. 1 KStG)

Die Befreiungen sind ausgeschlossen für inländische Einkünfte, die dem Steuerabzug unterlie- 187 gen (§ 5 Abs. 2 Nr. 1 KStG). Hierbei handelt es sich im wesentlichen um kapitalertragsteuerpflichtige Kapitalerträge (§ 43 EStG).

7.4.3.5 Herstellung der Ausschüttungsbelastung (§ 5 Abs. 2 Nr. 2 KStG)

188 Die Steuerbefreiung ist insoweit ausgeschlossen, als nach § 27 KStG die Ausschüttungsbelastung bei der steuerfreien Körperschaft usw. herzustellen ist.

Die Vorschrift dient der konsequenten Durchführung des Anrechnungsverfahrens.

Unter § 5 Abs. 1 KStG können auch in das Anrechnungsverfahren einbezogene Körperschaften fallen. Das sind unbeschränkt steuerpflichtige

– Kapitalgesellschaften (§ 27 KStG) sowie

– andere unbeschränkt steuerpflichtige Körperschaften, deren Leistungen bei den Empfängern zu den Einnahmen im Sinne von § 20 Abs. 1 Nr. 1 oder 2 EStG gehören (§ 43 KStG), vor allem Erwerbs- und Wirtschaftsgenossenschaften.

Auch Ausschüttungen von nach § 5 Abs. 1 KStG befreiten Körperschaften sind bei den Anteilseignern Einnahmen im Sinne von § 20 Abs. 1 Nr. 1 oder 2 EStG.

Folglich kann unter den Voraussetzungen des § 36 Abs. 2 Nr. 3 EStG die Ausschüttungsbelastung in Höhe von $^3/_7$ der Bruttogewinnanteile als anrechenbare Körperschaftsteuer auf die Einkommensteuer bzw. Körperschaftsteuer der Anteilseigner angerechnet werden.

Zum Ausgleich muß die an sich steuerbefreite Körperschaft Körperschaftsteuer in Höhe der Ausschüttungsbelastung an das Finanzamt abführen.

8. Einzelne Steuerbefreiungen

8.1 Berufsverbände ohne öffentlich-rechtlichen Charakter (§ 5 Abs. 1 Nr. 5 KStG)

Literaturhinweise:

Stehle, Steuerliche Probleme und Abgrenzungen bei Zuwendungen an Berufsverbände und politische Parteien, DB 1982 S. 1485; **Kohlmann/Felix,** Berufsverbände und Parteienfinanzierung – weitere steuerrechtliche Überlegungen zur sogenannten Parteispendenaffäre, DB 1983 S. 2328; **Felix/Streck,** Inhalte und Tragweite der Reform der ertragsteuerlichen Abzugsfähigkeit staatspolitischer und staatsdemokratischer Ausgaben aufgrund der Novelle 1983 des Parteiengesetzes, DStZ 1984 S. 79; **Scharpf/Strobel,** Der Abzug von Beitragszahlungen an Berufsverbände und sogenannte Durchlaufspenden..., DB 1985 S. 1042.

8.1.1 Abgrenzung zu den öffentlich-rechtlichen Berufsverbänden

189 Einer Befreiung bedarf es nicht für öffentlich-rechtliche Berufsverbände, da sie bereits nicht unter § 1 Abs. 1 KStG fallen. Berufsverbände, die Körperschaften des öffentlichen Rechts sind, fallen mithin nicht unter § 5 Abs. 1 Nr. 5 KStG.

> **Beispiel:**
> Ärzte-, Steuerberater-, Rechtsanwalts-, Notarkammern; Handwerkerinnungen fallen nicht unter das KStG (arg. ex § 1 Abs. 1 KStG).

Die öffentlich-rechtlichen Berufsverbände sind nur insoweit steuerpflichtig, als sie einen Betrieb gewerblicher Art im Sinne von § 1 Abs. 1 Nr. 6 KStG unterhalten.

8.1.2 Voraussetzungen der Befreiung

190 Voraussetzung ist die Wahrung der allgemeinen wirtschaftlichen Belange aller Angehörigen des Berufs (Abschn. 8 Abs. 1 KStR) – unabhängig von der Mitgliedschaft der Angehörigen des Berufsstands oder Wirtschaftszweigs zum Verband.

Hierunter fällt **auch** die **Einnahme wirtschaftspolitischer Grundeinstellungen,** die Erhalt und 190
Fortbestand der Mitgliedsunternehmen sicherstellen soll, z. B. Erhaltung der freien Marktwirtschaft (BFH-Urt. vom 16. 12. 1981, BStBl 1982 II S. 465 = sogenanntes **Industrie-Club-Urteil;** Urt. vom 18. 9. 1984, BStBl 1985 II S. 92).

Zu den Berufsverbänden im Sinne des § 5 Abs. 1 Nr. 5 KStG können Berufsverbände der Arbeitgeber und der Arbeitnehmer, zum Beispiel Arbeitgeberverbände und Gewerkschaften, Wirtschaftsverbände, Bauernvereine und Hauseigentümervereine gehören (Abschn. 8 Abs. 2 Satz 1 KStR).

> **Beispiel:**
>
> Bund Deutscher Steuerbeamten (BDSt), Industriegewerkschaft Metall (IG Metall) fallen unter § 5 Abs. 1 Nr. 5 KStG (als Arbeitnehmervertretungen).

Keine Berufsverbände sind zum Beispiel 191

- Mietervereine
- Lohnsteuerhilfevereine,

weil beide keine aus einer Erwerbstätigkeit abgeleiteten Interessen ihrer Mitglieder vertreten (vgl. BFH-Urt. vom 17. 5. 1966, BStBl III S. 525).

Der Verband muß die Voraussetzungen für die Befreiung nach **Satzung** und **tatsächlicher Geschäftsführung** erfüllen. Stimmen Satzung und tatsächliche Geschäftsführung **nicht** überein, ist letztere entscheidend (BFH-Urt. vom 22. 11. 1955, BStBl 1956 III S. 29).

Von einem (steuerbefreiten) Berufsverband ist ein grds. nicht steuerbefreiter **politischer Verein** 192
abzugrenzen. Vgl. hierzu BFH-Gutachten vom 17. 5. 1952, BStBl III S. 228. Siehe aber auch unten 8.2 (**ggf. nur unselbständige** Teilorganisation einer politischen **Partei**). Danach sind Fördervereine (Fördergesellschaften), die

- einen erheblichen Teil ihrer Einnahmen politischen Parteien zuführen oder
- die durch ihre Zuwendungen einen beherrschenden Einfluß auf eine Partei ausüben,

nicht als Berufsverband anzuerkennen.

Für den Charakter als steuerfreier Berufsverband ist eine Weiterleitung von Beiträgen an politischen Parteien mithin auch weiterhin nicht generell schädlich (nach der bisherigen Verwaltungspraxis sind bis zu 25% Weiterleitung der Beiträge unschädlich).

Nach § 25 Abs. 1 Nr. 4 und Abs. 3 ParteienG sind nur eigentliche Durchlaufspenden über Berufsverbände an politische Parteien untersagt, nicht jedoch Zuwendungen der Berufsverbände aus ihrem Beitragsaufkommen. Zur Kritik hieran vgl. z. B. FSt, Brief Nr. 223, S. 8/9 und S. 63.

Selbst wenn es sich im Falle der Nichtanerkennung als steuerbefreiter Berufsverband um einen **politischen Verein** handeln sollte, ist dieser als solcher **nicht** nach § 5 Abs. 1 Nr. 7 KStG steuerfrei. Auch eine Befreiung nach § 5 Abs. 1 Nr. 9 KStG wegen Gemeinnützigkeit kommt nicht in Betracht; vgl. hierzu RZ 194 ff.

Beitragszahlungen an einen nach § 5 Abs. 1 Nr. 5 KStG **steuerbefreiten** Berufsverband sind 193
als **Betriebsausgaben** abziehbar, wenn die Ziele der Vereinigung geeignet sind, den Betrieb des Beitragzahlenden zu erhalten und zu fördern (BFH-Urt. vom 18. 9. 1984, BStBl II 1985 S. 92). Zu mittelbaren Parteispenden vgl. auch BFH, Urteil vom 25. 11. 1987, BStBl 1988 II 220.

Solche verdeckten Zuwendungen an politische Parteien sind auch bei einer Körperschaft **keine unbegrenzt** abziehbaren Betriebsausgaben.

Die Berufsverbände sind steuerpflichtig mit einem wirtschaftlichen Geschäftsbetrieb (§ 5 Abs. 1 Nr. 5 Satz 2 KStG); vgl. RZ 176 ff.

8.2 Politische Parteien (§ 5 Abs. 1 Nr. 7 KStG)

Literaturhinweise: Vgl. 8.1; zusätzlich: **Meier/Reich,** Sind politische Parteien gemeinnützig?, FR 1983 S. 505; List, Fördergesellschaften und Parteienfinanzierung, BB 1984 S. 460; o. V., Das Parteienfinanzierungsgesetz, DB 1984 S. 535.

194   Unter diese Vorschrift fallen nur politische Parteien im Sinne des § 2 des Parteiengesetzes sowie ihre Gebietsverbände, z. B. Orts-, Kreis-, Bezirks- und Landesverbände.

Im Parteiengesetz ist ein Katalog unzulässiger Spendenvorgänge zur Verhinderung der „Umwegfinanzierung" enthalten (§ 25 ParteienG); hervorzuheben sind hier die (verbotenen) **Durchlaufspenden von Berufsverbänden** (vgl. RZ 189 ff). Parteispenden **von Körperschaften** sind **ab VZ 1994 nicht** mehr spendenabzugsfähig.

195   **Politische Vereine** sind dagegen **nicht** befreit.

Hierbei handelt es sich um Vereine, die eine unmittelbare Einflußnahme auf die staatliche Willensbildung anstreben, in dem sie z. B. erhebliche Teile ihrer Mittel politischen Parteien zuführen.

Während die Parteien selbst steuerbefreit sind und Spenden an sie abzugsfähig sind, sind politische Vereine steuerpflichtig, Spenden an sie aber nicht abzugsfähig. Politische Vereine fallen stattdessen auch **nicht** unter die Befreiung nach § 5 Abs. 1 Nr. 9 KStG.

Zwar ist nach § 52 Abs. 2 AO auch die allgemeine Förderung des demokratischen Staatswesens als gemeinnützig anerkannt. Bei politischen Vereinen handelt es sich jedoch um bestimmte Einzelinteressen.

196   Weiterhin fallen auch **nicht** unter § 5 Abs. 1 Nr. 7 KStG **Wählergemeinschaften** und sogenannte **Rathausparteien.** Vgl. § 52 Abs. 2 Nr. 3 AO (Ausschluß des kommunalpolitischen Bereichs).

Beispiele:
- CDU, CSU, SPD, FDP sind als Parteien i. S. § 2 ParteienG steuerbefreit.
- Mittelstandsvereinigung der CDU ist nach dem Erlaß FinMin NW vom 11. 4. 1990 § 2727 – 5 – V B 4 **kein** politischer Verein, sondern eine in die Organisationsstruktur der Partei (CDU) eingebundene Teilorganisation (vgl. BFH-Urt. vom 28. 1. 1988, DB 1989 S. 156), mithin Teil der Partei i. S. des § 2 des Parteiengesetzes und somit ebenfalls nach § 5 Abs. 1 Nr. 7 KStG befreit. Dies gilt für entsprechende Organisationen der anderen Parteien entsprechend. Zur Frage der selbständigen Körperschaftsteuerpflicht von regionalen Untergliederungen vgl. BMF-Schr. vom 18. 10. 1988, BStBl I S. 443.

197   Auch die politischen Parteien sind **steuerpflichtig** mit Einkünften aus einem **wirtschaftlichen Geschäftsbetrieb** im Sinne von § 14 AO (§ 5 Abs. 1 Nr. 7 Satz 2 KStG).

Hierbei gelten dieselben Grundsätze wie bei den Berufsverbänden. Vgl. RZ 176 ff und RZ 185 ff.

8.3 Gemeinnützige, mildtätige und kirchliche Körperschaften (§ 5 Abs. 1 Nr. 9 KStG)

Weiterführende Literaturhinweise: Geiger, Verpachtung von wirtschaftlichen Geschäftsbetrieben bei Vereinen als Betriebsaufgabe oder Betriebsaufspaltung? DB 1983 S. 2489; **Lorenz/Speer,** Die steuerliche Behandlung wirtschaftlicher Geschäftsbetriebe bei Verfolgung steuerbegünstigter Zwecke, DB 1983 S. 2657. **Neufang,** Was bringt das Vereinsförderungsgesetz, Inf. 1990 S. 19 ff (Teil I), S. 54 ff (Teil II).

198   Nach § 5 Abs. 1 Nr. 9 KStG sind steuerbefreit Körperschaften, die

(1) nach Satzung und
(2) nach tatsächlicher Geschäftsführung
(3) ausschließlich und
(4) unmittelbar

gemeinnützigen (§ 52 AO), mildtätigen (§ 53 AO) oder kirchlichen (§ 54 AO) Zwecken dienen.

Die Begriffsbestimmungen sind in der AO geregelt (§§ 51–68 AO). **198**

Die Befreiung kann bei Vorliegen der Voraussetzungen von **allen** unter § 1 Abs. 1 KStG fallenden Körperschaften usw. in Anspruch genommen werden, also auch z. B. von Kapitalgesellschaften und Genossenschaften.

8.3.1 Voraussetzungen (Überblick)

Anmerkung: Eine Darstellung des speziellen Gemeinnützigkeitsrechts würde den Rahmen dieses Lehrbuchs sprengen. Hinweis auf AO-Anwendungserlaß vom 24. 9. 1987, BStBl I S. 684.

8.3.1.1 Begünstigte Zwecke

Begünstigt sind **199**

a) **gemeinnützige Zwecke (§ 52 AO)**

Das erfordert Förderung der Allgemeinheit auf materiellem, geistigem oder sittlichem Gebiet (§ 52 Abs. 1 Satz 1 AO).

Beispiel:
Heil- und Pflegeanstalten;
Turn- und Sportvereine;
Theater, Museen u. v. m.

Keine Förderung der Allgemeinheit liegt vor, wenn der betroffene Personenkreis fest abgeschlossen ist oder wegen seiner Abgrenzung (z. B. nach beruflichen Merkmalen) nur sehr klein sein kann; vgl. im einzelnen BFH-Urt. vom 13. 12. 1978, BStBl 1979 II S. 482.

Keine Gemeinnützigkeit kann auch gegeben sein, wenn bei einem Verein der Allgemeinheit der Zugang durch eine Politik hoher Aufnahmegebühren und/oder Mitgliedsbeiträge **faktisch** versperrt wird. Für Sportvereine hat die FinVerw daher „Unschädlichkeitsgrenzen" festgelegt: Danach sind durchschnittliche Mitgliedsbeiträge und Umlagen von zusammen bis 1 000 DM je Mitglied und Jahr sowie Aufnahmegebühren bis durchschnittlich 1 500 DM unschädlich (BMF-Schr. vom 11. 12. 1980, BStBl I S. 786). Vgl. auch BFH-Urt. vom 20. 1. 1982, BStBl II S. 336.

§ 52 Abs. 2 AO enthält einen **beispielhaften Katalog** gemeinnütziger Zwecke.

Dieser Katalog enthält auch die **allgemeine Förderung des demokratischen Staatswesens**.

Hierbei handelt es sich um die **„staatspolitischen"** Zwecke, also um die Förderung der **politischen Parteien**, jedoch nicht der politischen Vereine sowie Wählergemeinschaften und „Rathausparteien".

Der Katalog der **gemeinnützigen** Zwecke wurde durch das Vereinsförderungsgesetz **ab 1990 nochmals erweitert** (vgl. § 52 Abs. 2 **Nr. 4** AO), z. B. um Tier- und Pflanzenzucht sowie Brauchtumspflege.

Wegen der Untergliederung der gemeinnützigen Zwecke im Hinblick auf ihre **Spendenabzugsfähigkeit** vgl. RZ 301 ff.

b) **mildtätige Zwecke (§ 53 AO)**

Das heißt Unterstützung von Personen, die infolge ihres körperlichen, geistigen oder seelischen Zustands auf Hilfe anderer angewiesen sind oder wirtschaftlich hilfsbedürftig sind. **200**

Beispiel:
Waisenhaus

c) **kirchliche Zwecke (§ 54 AO)**

Diese liegen vor bei Förderung der Religionsgemeinschaften, die Körperschaften des öffentlichen Rechts sind. **201**

201 **Beispiel:**

Priesterseminare

Zur Entgegennahme steuerlich abziehbarer Spenden bei gemeinnützigen, mildtätigen oder kirchlichen Körperschaften vgl. OFD Düsseldorf vom 16. 12. 1982, Wpg 1983 S. 92.

8.3.1.2 Gemeinsame Voraussetzungen (§§ 55–63 AO)

202 Weitere allgemeine Voraussetzungen enthalten die §§ 55 bis 63 AO. Vgl. hierzu im einzelnen AO-Anwendungserlaß.

8.3.1.2.1 Selbstlosigkeit (§ 55 AO)

Selbstlosigkeit liegt vor, wenn

– durch die Tätigkeit nicht in erster Linie eigenwirtschaftliche Zwecke verfolgt werden (vgl. hierzu BFH-Urt. vom 13. 12. 1978, BStBl 1979 II S. 482 und vom 26. 4. 1989, BStBl II S. 670) und
– die Mittel ausschließlich für satzungsmäßige Zwecke verwendet werden. Zu Begriff und Umfang der „Mittel" vgl. BFH-Urt. vom 23. 10. 1991, BStBl 1992 II S. 62.

Diese Voraussetzung verbietet auch

– überhöhte Vergütungen an Mitglieder, Gesellschafter, Angestellte
– Beteiligung der Mitglieder/Gesellschafter an etwaigen stillen Reserven bei Ausscheiden oder Auflösung.

Zum Begriff „Zuwendungen" i. S. § 55 Abs. 1 Nr. 1 AO vgl. BFH-Urt. vom 23. 10. 1991, a. a. O.

Zur gemeinnützigkeitsrechtlichen Behandlung der Zahlung von **Ablösesummen** bei Vereinswechsel von Sportlern vgl. FinMin Ba.-Wü. vom 7. 11. 1983, DStZ/E S. 354.

In § 55 Abs. 1 Nr. 1 AO ist ausdrücklich bestimmt, daß eine steuerbefreite Körperschaft weder unmittelbar noch mittelbar politische Parteien mit ihren Mitteln unterstützen oder fördern darf.

8.3.1.2.2 Ausschließlichkeit (§ 56 AO)

203 Diese Voraussetzung liegt vor, wenn die Körperschaft **ausschließlich** die steuerbegünstigten satzungsmäßigen Zwecke verfolgt. Vgl. hierzu BFH-Urt. vom 23. 11. 1988, BStBl 1989 II S. 391 (392 unter 4.).

Ein nichtbegünstigter Zweck schließt die Steuerbefreiung der Körperschaft daher insgesamt aus.

Dies gilt jedoch **nicht** bei

– wirtschaftlichen Geschäftsbetrieben (§§ 14 und 64 AO) (= partiell steuerpflichtig, soweit nicht Zweckbetrieb i. S. des § 65 AO)
– unschädlichen Nebentätigkeiten i. S. § 58 AO (= steuerfrei) und
– Vermögensverwaltung (§ 14 Satz 3 AO) (= steuerfrei); vgl. BFH-Urt. vom 23. 10. 1991, BStBl 1992 II S. 62.

8.3.1.2.3 Unmittelbarkeit (§ 57 AO)

204 Unmittelbarkeit bedeutet, daß die Körperschaft die steuerbegünstigten Zwecke selbst verwirklichen muß (auch durch Tätigwerden ihrer Mitglieder/Angestellten und sonstigen Hilfspersonen).

Ausnahmen von diesem Grundsatz sind in § 57 Abs. 2 und § 58 Nr. 1 AO geregelt. Nach § 58 Nr. 1 AO wird die Steuerfreiheit von Sammelvereinen ermöglicht, die selbst keine steuerbegünstigten Zwecke unmittelbar verwirklichen.

8.3.1.2.4 Steuerlich unschädliche Betätigungen (§ 58 AO)

In § 58 AO sind die verschiedenen Betätigungen aufgeführt, die nicht den Voraussetzungen „Ausschließlichkeit" und „Unmittelbarkeit" entgegenstehen.

205

§ 58 Nr. 7 AO erlaubt es gemeinnützigen Körperschaften u. a., in begrenztem Umfang Erträge für die Bildung freier Rücklagen zu verwenden (höchstens 25% des Überschusses der Einnahmen über die Unkosten aus Vermögensverwaltung).

8.3.1.2.5 Übereinstimmung von Satzung und tatsächlicher Geschäftsführung (§§ 59–63 AO)

Diese Vorschriften dienen der Sicherung der Verfolgung der steuerbegünstigten Zwecke.

206

Die steuerbegünstigten Zwecke und die Art und Weise ihrer Realisierung müssen in der Satzung so genau festgelegt sein, daß das Vorliegen der satzungsmäßigen Voraussetzungen für die Steuerbefreiung geprüft werden kann (§ 60 Abs. 1 AO). Vgl. auch BFH-Urt. vom 13. 12. 1978, BStBl 1979 II S. 482, vom 29. 8. 1984, BStBl 1985 II S. 108 und vom 19. 4. 1989, BStBl II S. 595 (= sogenannte formelle Satzungsmäßigkeit).

Weiterhin muß eine ausreichende **Vermögensbindung** gegeben sein (§ 61 AO).

Die **tatsächliche Geschäftsführung** der Körperschaft muß den satzungsmäßigen Bestimmungen über Art und Umfang der begünstigten Tätigkeit(en) entsprechen. Bei Nichtübereinstimmung geht die Steuerfreiheit verloren (§ 59 Satz 2 AO).

8.3.1.2.6 Umfang der Steuervergünstigung (§§ 64–68 AO)

Gemäß § 64 AO gilt die Steuerfreiheit nach § 5 Abs. 1 Nr. 9 KStG insoweit nicht, als ein **wirtschaftlicher Geschäftsbetrieb** (§ 14 AO) unterhalten wird.

207

Vgl. hierzu im einzelnen RZ 177 ff. Unschädlich ist jedoch ein sogenannter **Zweckbetrieb** (§ 65 AO); vgl. im einzelnen RZ 184 ff. Siehe auch AO-Anwendungserlaß zu § 65 AO.

Z. B. sind nach § 68 Nr. 7 AO kulturelle Einrichtungen und Veranstaltungen einer steuerbegünstigten Körperschaft als Zweckbetrieb zu behandeln.

Zur Sicherung der Gemeinnützigkeit von Amateur-Sportvereinen, die auch Veranstaltungen mit bezahlten Sportlern durchführen, dient § 67a AO.

Sportveranstaltungen sind grundsätzlich als – **nicht stpfl.** – **Zweckbetrieb** zu behandeln, wenn die **Einnahmen** (einschl. USt) **60 000 DM nicht übersteigen (Freigrenze** = § 67a Abs. 1 Satz 1 AO). Dies gilt **unabhängig** von der Teilnahme vereinseigener oder vereinsfremder „**bezahlter**" Sportler. Bei Überschreitung der Umsatzfreigrenze ist stets ein – **stpfl.** – wirtschaftlicher Geschäftsbetrieb gegeben (§ 58 Nr. 9 AO). Zur Vermeidung von Nachteilen besteht eine Optionsmöglichkeit nach § 67a Abs. 2 AO.

208

8.4 Verfahren

Ob die Voraussetzungen der Steuerbefreiung wegen Gemeinnützigkeit vorliegen bzw. ob partielle Steuerpflicht wegen wirtschaftlichen Geschäftsbetrieb gegeben ist, wird vom Finanzamt von Amts wegen – auch ohne Antrag – im **Veranlagungsverfahren** entschieden.

209

Sind die Voraussetzungen der Steuerbefreiung erfüllt, kann die Körperschaft **nicht** auf die Anwendung der Befreiungsvorschrift „verzichten" (keine „Options"-Möglichkeit).

Der durch die **Aberkennung** der Gemeinnützigkeit bedingte Verlust der Steuerbefreiung hat bei einem Verein nicht zwingend die Steuerbarkeit seiner gesamten Tätigkeit zur Folge (BFH, Urteil vom 15. 7. 1987, BStBl 1988 II S. 75).

8.4.1 Turnusmäßige Überprüfung

210 Ist eine Körperschaft in vollem Umfang steuerbefreit, entfällt aus Vereinfachungsgründen eine jährliche Veranlagung: Vielmehr wird anhand von Fragebogen lediglich eine turnusmäßige Überprüfung der Voraussetzungen im Abstand von einigen Jahren vorgenommen i. d. R. alle 3 Jahre. Vgl. AEAO zu § 59, Nr. 3 und 6.

8.4.2 Freistellungsbescheid und Bestätigungsverfahren bei Spenden

211 Falls die Voraussetzungen der Steuerbefreiung weiterhin erfüllt sind, wird im Bedarfsfalle ein Freistellungsbescheid erteilt. Diesen benötigt die Körperschaft usw. zur Entgegennahme von Spenden. Wegen einer vorläufigen Bescheinigung für den Spendenempfang vgl. AEAO zu § 59.

Zur Zulassung des sog. **Listenverfahrens** bei **Durchlaufspenden** vgl. BMF-Schr. vom 3. 1. 1986, DB 1986 S. 201; zum Verfahren bei **Sachspenden** als Durchlaufspenden vgl. Vfg. OFD Frankfurt v. 13. 2. 1984, StEK EStG § 10b, Nr. 139.

8.4.3 Veranlagung

212 Soweit ein oder mehrere steuerpflichtige Geschäftsbetriebe bestehen, wird aufgrund jährlicher Steuererklärungen die Körperschaftsteuer veranlagt.

Der Freibetrag nach § 24 KStG ist zu beachten.

Der Steuersatz beträgt in der Regel 42 %, § 23 Abs. 2 KStG (ab 1994).

Teil C
Einkommen

1. Grundlagen der Besteuerung

Der zweite Teil des KStG regelt in den §§ 7 bis 22, **was** der Körperschaftsteuer unterliegt (= **sachliche Steuerpflicht**). 213

Die Vorschriften über die Einkommensermittlung gliedern sich in
- **allgemeine Vorschriften (Grundsätze): §§ 7–13 KStG** und
- Sondervorschriften für
  - die Organschaft (§§ 14–19 KStG)
  - Versicherungsunternehmen (§§ 20, 21 KStG)
  - Bausparkassen (§ 21a KStG)
  - Genossenschaften (§ 22 KStG).

Die **Grundlagen der Besteuerung** sind in § 7 KStG geregelt. Die Vorschrift stellt die allgemeinen Grundsätze für die Besteuerung der zur Körperschaftsteuer zu veranlagenden Körperschaften auf.

1.1 Bemessungsgrundlage

Die Körperschaftsteuer bemißt sich – wie die Einkommensteuer – nach dem zu versteuernden Einkommen (§ 7 Abs. 1 KStG). Zu versteuerndes Einkommen ist nach § 7 Abs. 2 KStG das Einkommen i. S. d. § 8 Abs. 1 KStG, ggf. vermindert um die Freibeträge der §§ 24 und 25 KStG. 214

Der Begriff des zu versteuernden Einkommens ist der Einkommensteuer entlehnt (§ 2 Abs. 5 EStG). Der Begriff hat jedoch bei der Körperschaftsteuer einen modifizierten Inhalt:
- Insbesondere der Haushaltsfreibetrag (§ 32 Abs. 7 EStG) sowie der Kinderfreibetrag (§ 32 Abs. 6 EStG) scheiden für die Körperschaftsteuer aus, da sie ausschließlich auf natürliche Personen zugeschnitten sind.
- Stattdessen sind bei bestimmten Körperschaften die Freibeträge nach §§ 24, 25 KStG zu berücksichtigen.

> **Beispiel:**
> Das Einkommen der X-GmbH im Sinne des § 8 Abs. 1 KStG beträgt 50 319 DM. Es besteht keine „Organschaft", so daß keine sogenannte „Einkommenszurechnung" nach §§ 14, 17, 18 KStG zum Zuge kommt.
> Der Freibetrag nach §§ 24, 25 KStG (vgl. Wortlaut § 7 Abs. 2 KStG) gilt nicht für Kapitalgesellschaften.
> Daher beträgt das zu versteuernde Einkommen   50 319 DM.

Zur Einkommensermittlung vgl. RZ 238 ff und das Ermittlungsschema in Abschn. 26a Abs. 1 KStR.

1.2 Für die Besteuerung bedeutsame Zeiträume

1.2.1 Veranlagungszeitraum

Da die Körperschaftsteuer eine Jahressteuer ist, ist Veranlagungszeitraum das Kalenderjahr (§ 7 Abs. 3 Satz 1 KStG, § 49 Abs. 1 KStG, § 25 EStG). 215

Abweichend hiervon ist bei der Liquidationsbesteuerung Veranlagungszeitraum der handelsrechtliche Abwicklungszeitraum (§ 11 Abs. 1 Satz 1 KStG); vgl. RZ 653 ff.

1.2.2 Ermittlungszeitraum

216 Ermittlungszeitraum für das Einkommen ist bei **nicht** nach dem HGB zur Buchführung verpflichteten Körperschaften usw. das **Kalenderjahr** (§ 7 Abs. 3 Satz 2 KStG).

Das sind insbesondere die unter § 1 Abs. 1 Nr. 4 und 5 KStG fallenden Rechtsgebilde. Diese können auch andere Einkünfte als aus Gewerbebetrieb erzielen (ausgenommen § 19 und § 22 Nr. 4 EStG). Vgl. RZ 241.

> **Beispiele:**
> Nicht steuerbefreite Vereine mit Einkünften aus Kapitalvermögen und/oder Vermietung und Verpachtung;
> Wirtschaftliche Geschäftsbetriebe (§ 14 AO) steuerbefreiter Körperschaften usw. (soweit kein kaufmännischer Betrieb im Sinne des HGB vorliegt).

Alle Einkünfte der vorgenannten Körperschaften sind nach dem **Kalenderjahr** zu ermitteln.

217 Der Zeitraum **verkürzt** sich, falls die unbeschränkte oder beschränkte Steuerpflicht nicht jeweils während des ganzen Kalenderjahres bestanden hat (§ 7 Abs. 3 Satz 3 KStG), z. B. bei **Neugründung** einer Körperschaft. Veranlagungszeitraum bleibt jedoch das **Kalenderjahr**.

> **Beispiel:**
> Ein eingetragener Verein wurde mit Ablauf des 30. 9. 01 vollbeendigt.
> **Veranlagungszeitraum:** Kalenderjahr 01 (§ 7 Abs. 3 Satz 1 KStG)
> **Ermittlungszeitraum:** 1. 1. bis 30. 9. 01 (§ 7 Abs. 3 Satz 3 KStG).

218 Bei der **Liquidation** umfaßt dagegen der Besteuerungszeitraum (Ermittlungszeitraum und Veranlagungszeitraum) grds. den gesamten Abwicklungszeitraum; vgl. § 11 Abs. 1 Satz 3 KStG und RZ 640 ff.

1.2.3 Wirtschaftsjahr

219 Bei nach dem HGB zur Buchführung verpflichteten Körperschaften usw. ist Ermittlungszeitraum das **Wirtschaftsjahr,** § 7 Abs. 4 Satz 1 KStG.

1.2.3.1 Betroffener Personenkreis

a) Hierunter fallen nach § 238 Abs. 1 HGB insbesondere
  - Kaufleute kraft **Rechtsform** (§ 6 HGB):
    AG (§ 3 AktG)
    GmbH (§ 13 Abs. 3 GmbHG)
    KGaA (§ 278 Abs. 3 i. V. m. § 3 AktG)
    Genossenschaft (§ 17 Ab. 2 GenG)
    VVaG (§ 16 VAG).
    Die Buchführungspflicht besteht bei den **Form**kaufleuten unabhängig vom Betrieb eines Handelsgewerbes.
  - Kaufleute, die ein **Handelsgewerbe** betreiben (§ 1 HGB): Hierunter fallen zum Beispiel Sparkassen (§ 1 Abs. 1 Nr. 6 KStG) und wirtschaftliche Vereine im Sinne von § 22 BGB (§ 1 Abs. 1 Nr. 4 KStG).
  - Kaufleute **kraft Eintragung** im Handelsregister (§§ 2, 3, 5 HGB). Ist die Firma bzw. Gesellschaft im Zeitpunkt der Veranlagung noch nicht eingetragen, kann das Ergebnis eines abweichenden Wirtschaftsjahres der Veranlagung nur zugrundegelegt werden, wenn die Eintragung unverzüglich betrieben wird.
    Es ist unerheblich, ob die Körperschaft zu Recht oder zu Unrecht eingetragen ist. Das Finanzamt hat insoweit kein materielles Prüfungsrecht.

Nach der **Löschung** im Handelsregister kann ein abweichendes Wirtschaftsjahr nicht beibehalten werden. Die Frage nach der Kaufmannseigenschaft ist bedeutsam insbesondere für **Verbände, Vereine** und **Stiftungen,** die einen **wirtschaftlichen Geschäftsbetrieb** (§ 14 AO; vgl. B. 7.4.3) unterhalten. 219

Fehlt die Eintragung und somit die Buchführungspflicht, ist § 7 Abs. 4 Satz 1 KStG auf sie nicht anwendbar, auch wenn sie freiwillig Bücher führen. Hiervon werden aber im Verwaltungswege gewisse **Ausnahmen** gemacht:

Auf kleine Betriebe, Stiftungen, Verbände und Vereine, die einer juristischen Person des öffentlichen Rechts angeschlossen sind oder von ihr verwaltet werden, sowie auf technische Überwachungsvereine kann, soweit diese Betriebe gezwungen sind, ihre Abschlüsse abweichend vom Kalenderjahr aufzustellen, § 7 Abs. 4 KStG entsprechend angewendet werden, Abschn. 24 KStR.

b) Die Buchführungspflicht kann auch auf anderen Vorschriften (z. B. § 141 AO) beruhen.

1.2.3.2 Wahl des Abschlußzeitpunkts

Die Regelung des § 7 Abs. 4 KStG entspricht inhaltlich § 4a Abs. 1 Nr. 2 und Abs. 2 Nr. 2 EStG: 220

Nach § 7 Abs. 4 Satz 1 KStG ist daher auch ein vom Kalenderjahr **abweichendes Wirtschaftsjahr** möglich.

Bei der Gründung oder sonstigen Entstehung der buchführungspflichtigen Körperschaft kann diese den Abschlußzeitpunkt und damit den Verlauf des Wirtschaftsjahres frei wählen. Diese Wahl des Wirtschaftsjahres darf nicht mit einer Umstellung des Wirtschaftsjahres verwechselt werden. Eine Umstellung liegt nur vor, wenn sie im Rahmen eines bestehenden Betriebes erfolgt. Die Wahl ist **nicht** fristgebunden.

Beispiel:
Beginn der Steuerpflicht und Geschäftseröffnung bei einer GmbH am 1. 7. 01. Die GmbH wählt ein Wirtschaftsjahr vom 1. 7. bis 30. 6. – Die Wahl dieses vom Kalenderjahr abweichenden Wirtschaftsjahres ist zulässig, § 7 Abs. 4 Satz 1 KStG. Sie bedarf nicht des Einvernehmens mit dem Finanzamt.

Hat eine Körperschaft **mehrere Betriebe,** so ist jeder Betrieb im Hinblick auf § 7 Abs. 4 KStG **gesondert** zu behandeln, d. h. das Wirtschaftsjahr muß **nicht** parallel verlaufen. Vgl. R 25 Abs. 1 EStR.

1.2.3.3 Umstellung des Wirtschaftsjahres

1.2.3.3.1 Allgemeines

Nach § 7 Abs. 4 Satz 3 KStG ist bei den nach dem HGB zur Buchführung verpflichteten Körperschaften auch eine **Umstellung** des Wirtschaftsjahres zulässig. 221

Die Umstellung erfolgt durch handelsrechtlichen Beschluß der Verlegung des Abschlußzeitpunkts.

Dieser Beschluß muß vor oder spätestens **10 Tage nach** dem gewünschten neuen Abschlußtag liegen, da sonst die Buchführung mangels zeitnaher körperlicher Inventur nicht mehr ordnungsmäßig ist.

Beispiele:
a) Das bisherige Wirtschaftsjahr einer GmbH umfaßte den Zeitraum vom 1. 10. bis 30. 9. Am 31. 3. 05 wurde das Wirtschaftsjahr durch Beschluß der Gesellschafterversammlung auf den Zeitraum vom 1. 4. bis 31. 3. umgestellt.

Bei Vorliegen der weiteren Voraussetzung (Einvernehmen mit dem Finanzamt) ist die Umstellung zulässig.

b) Das bisherige Wirtschaftsjahr einer GmbH umfaßte den Zeitraum vom 1. 10. bis 30. 9. Am 15. 4. 05 faßten die Gesellschafter den Beschluß, das Wirtschaftsjahr auf den Zeitraum 1. 4. bis 31. 3. umzustellen.

221 Die Umstellung zum 31. 3. 05 ist noch nicht zulässig, da der erstrebte Abschlußtag mehr als 10 Tage vor dem Umstellungsbeschluß liegt. Die Umstellung ist erst denkbar zum 31. 3. 06.

1.2.3.3.2 Einvernehmen mit dem Finanzamt

222 Bei der Umstellung sind drei Fälle zu unterscheiden:

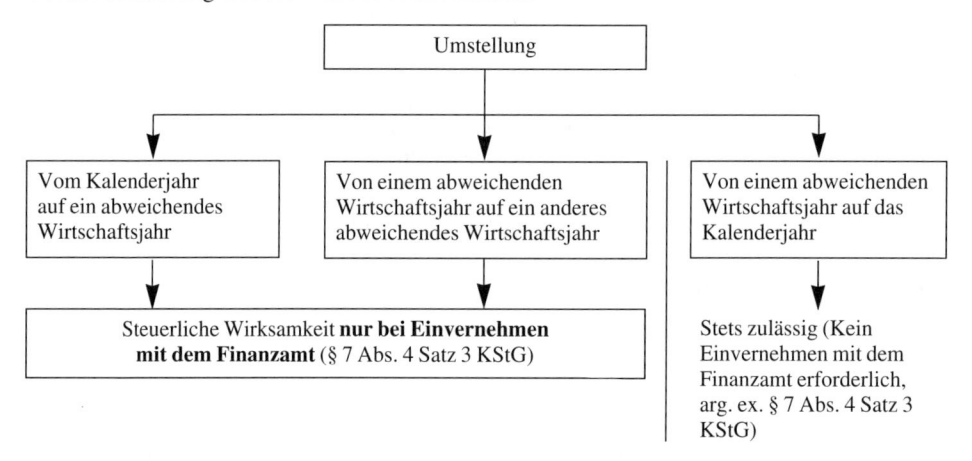

Umstellung		
Vom Kalenderjahr auf ein abweichendes Wirtschaftsjahr	Von einem abweichenden Wirtschaftsjahr auf ein anderes abweichendes Wirtschaftsjahr	Von einem abweichenden Wirtschaftsjahr auf das Kalenderjahr
Steuerliche Wirksamkeit **nur bei Einvernehmen mit dem Finanzamt** (§ 7 Abs. 4 Satz 3 KStG)		Stets zulässig (Kein Einvernehmen mit dem Finanzamt erforderlich, arg. ex. § 7 Abs. 4 Satz 3 KStG)

Die Umstellung des Abschlußzeitpunkts auf einen (bzw. einen anderen) vom Ende des Kalenderjahres abweichenden Abschlußzeitpunkt bedarf also stets des Einvernehmens mit dem Finanzamt.

Beispiele:

a) Das bisherige Wirtschaftsjahr der GmbH stimmte mit dem Kalenderjahr überein. Ab dem VZ 07 will sie den Abschlußzeitpunkt auf den 30. 9. verlegen, erstmals also auf den 30. 9. 07.

b) Die GmbH hatte bisher ein Wirtschaftsjahr vom 1. 4. bis 31. 3. Ab VZ 06 will sie das Wirtschaftsjahr auf den Zeitraum 1. 10. bis 30. 9. umstellen.

In beiden Fällen bedarf die Umstellung des Wirtschaftsjahres des Einvernehmens mit dem Finanzamt.

Das Einvernehmen ist nicht herbeizuführen in den Fällen des § 241 Abs. 3 HGB.

Die bis zu 3 Monate vorgezogene oder bis zu 2 Monate nach dem Bilanzstichtag liegende körperliche Bestandsaufnahme im Sinne von R 30 Abs. 3 EStR ist keine Umstellung des Wirtschaftsjahres.

1.2.3.3.3 Herbeiführung und Versagung des Einvernehmens

223 Herbeiführung bzw. Versagung des Einvernehmens können innerhalb und außerhalb des Veranlagungsverfahrens erfolgen.

Dabei sind die Begriffe Zustimmung, Einwilligung und Genehmigung im Sinne des § 108 BGB sinngemäß anzuwenden (BFH-Urt. vom 8. 10. 1969, BStBl 1970 II S. 85). Mögliche Formen sind danach:

a) **Förmliche Einwilligung bzw. Versagung**

Hier wird – vor dem gewünschten Abschlußtag – die vorherige Zustimmung bzw. die förmliche Ablehnung der Umstellung durch besonderen Bescheid ausgesprochen (R 25 Abs. 2 Satz 5 EStR).

Die Entscheidung ist im Beschwerdeverfahren (§§ 349, 350 AO) anfechtbar (R 25 Abs. 2 Satz 6 EStR) – ab VZ 1996 im Einspruchsverfahren.

b) **Formlose Genehmigung bzw. Versagung** 223

Die nachträgliche Zustimmung wird durch Übernahme der Besteuerungsgrundlagen aus dem den Steuererklärungen zugrundeliegenden abweichenden Wirtschaftsjahr erteilt (konkludentes Verhalten des Finanzamtes).

Bei Versagung der Umstellung ist das von der Körperschaft gewählte Wirtschaftsjahr unbeachtlich.

Das Finanzamt muß dann den Gewinn nach dem maßgeblichen Wirtschaftsjahr – ggf. im Schätzungswege, § 162 AO – ermitteln (FG Ba.-Wü., EFG 1984 S. 454).

1.2.3.3.4 Maßgebliche Umstellungsgründe

Die Zustimmung ist vom Finanzamt nur dann zu erteilen, wenn die Körperschaft 224

– gewichtige

– in der Organisation des Betriebs gelegene

Gründe für die Umstellung des Wirtschaftsjahres anführen kann. Betriebsnotwendig braucht die Umstellung aber nicht sein (R 25 Abs. 2 Satz 2 EStR).

Es müssen aber wirtschaftlich einleuchtende bzw. ernsthafte betriebliche, d. h. betriebswirtschaftlich relevante Gründe vorgebracht werden können, damit willkürliche Umstellungen aus rein steuerlichen Gründen vermieden werden.

Die erstrebte Umstellung des Wirtschaftsjahres muß eine für das Unternehmen auf Dauer nützliche Maßnahme sein und sich in ihrem Zweck nicht nur auf das Jahr der Umstellung selbst beschränken (BFH-Urt. vom 9. 1. 1974, BStBl II S. 238).

Gründe, die eine Umstellung rechtfertigen, sind danach zum Beispiel 225

– Wesentliche Änderung des Geschäftsgegenstands

– Inventurschwierigkeiten:
sind i. d. R. ein ausreichender Grund, auch soweit die behaupteten Schwierigkeiten durch „permanente Inventur" (vgl. § 241 Abs. 2 HGB, R 30 Abs. 3 EStR) beseitigt werden könnten. Vgl. BFH-Urt. vom 12. 3. 1965, BStBl II S. 287; **einschränkend** jedoch Urteil vom 9. 11. 1966, BStBl 1967 II S. 111, bei nicht ordnungsmäßiger Buchführung.

– Angleichung des Wirtschaftsjahres durch einen Pachtbetrieb an das für die Pachtabrechnung (Umsatz- oder Gewinnpacht) maßgebende Pachtjahr (vgl. H 25 EStH)

– Umstellung des Beginns des Wirtschaftsjahres einer Organgesellschaft auf den Zeitpunkt des Beginns der Organschaft

– Umstellung des Wirtschaftsjahres konzernzugehöriger Unternehmen auf den einheitlichen Konzernabschlußzeitpunkt.

1.2.3.3.5 Unmaßgebliche Gründe

Die Erlangung einer bloßen „Steuerpause" oder „anderer steuerlicher Vorteile" als jeweils einziges oder beherrschendes Umstellungsmotiv ist kein Zustimmungsgrund. In solchen Fällen muß das Finanzamt – ermessensfehlerfrei – die Zustimmung versagen (H 25 EStH „Steuerpause"; BFH-Urt. vom 24. 4. 1980, BStBl 1981 II S. 50; BStBl 1983 II S. 672). 226

> **Beispiel:**
> Eine GmbH hatte bisher ihren Gewinn nach dem Kalenderjahr ermittelt. Sie stellt im Kalenderjahr 04 ihr Wirtschaftsjahr um und schließt nunmehr am 31. 1., erstmalig am 31. 1. 04 ab. Der Abschluß auf den 31. 12. soll unstreitig ebenfalls branchenüblich sein. Auch sind die Bestände am 31. 1. jeweils **nicht** geringer. Die Umstellung bedarf des Einvernehmens mit dem Finanzamt (§ 7 Abs. 4 Satz 3 KStG).
> Da schon der bisherige Abschlußzeitpunkt branchenüblich war, ist der Umstellung die Zustimmung zu versagen.

226 Beherrschendes Umstellungsmotiv war offensichtlich die Erzielung einer Steuerpause, nämlich die angestrebte Versteuerung des Gewinns des Wirtschaftsjahres vom 1. 2. 04 bis 31. 1. 05 erst bei der Veranlagung für den VZ 05.

Der Gewinn ist weiterhin nach dem mit dem Kalenderjahr übereinstimmenden Wirtschaftsjahr zu ermitteln (FG Ba.-Wü., EFG 1984 S. 454).

Allerdings dürfte das Motiv einer Steuerpause bei der Körperschaftsteuer nicht überzubewerten sein, da nach § 49 Abs. 3 KStG die Vorauszahlungen auf die Körperschaftsteuer bereits während des Wirtschaftsjahrs zu entrichten sind, das im VZ endet.

Ein „anderer steuerlicher Vorteil" läge z. B. vor, wenn durch die Umstellung die Möglichkeit des Verlustrücktrags eröffnet wurde. Das Einvernehmen kann hier nach BFH – Urt. vom 15. 6. 1983, BStBl II S. 672 zu versagen sein.

1.2.3.3.6 Besonderheiten bei Umwandlung und Verschmelzung

227 **Keine** Umstellung liegt u. E. vor bei einmaliger Abschlußerstellung auf einen anderen als den bisherigen Zeitpunkt anläßlich der Umwandlung oder Verschmelzung einer Kapitalgesellschaft.

Beispiel:
Eine GmbH wird im Wege der formwechselnden Umwandlung in eine AG umgewandelt. Das Wirtschaftsjahr der GmbH entsprach dem Kalenderjahr. Umwandlungsstichtag: 30. 9. 02. Die AG will ein Wirtschaftsjahr vom 1. 10. bis 30. 9. haben. Der Abschluß auf den 30. 9. 02 ist als einmaliger Umwandlungsstichtag **keine** Umstellung des Wirtschaftsjahres. Der Übergang auf ein abweichendes Wirtschaftsjahr bei der AG ist jedoch eine einvernehmensbedürftige Umstellung.

228

	formwechselnde Umwandlung	Vermögensübertragung	Verschmelzung
	(§§ 226–250 UmwG)	(§ 174 UmwG)	(§ 2 UmwG)
Persönliche Steuerpflicht	**Kein** Ende der Steuerpflicht (Personenidentität) – vgl. B. 6.2.2 –	**Ende** der Steuerpflicht (Gesamtrechtsnachfolge) – vgl. B. 6.2.3 –	
Abschluß auf Umwandlungs-/Verschmelzungsstichtag	**Keine** Umstellung des Wj. (lediglich einmaliger zusätzlicher steuerlicher Abschluß)	**Keine** Umstellung des Wj. – Rumpfwirtschaftsjahr infolge Ende der Steuerpflicht – ggf. Rumpfwirtschaftsjahr infolge Beginn der Steuerpflicht (§ 8b Satz 2 Nr. 1 EStDV)	
Änderung des Abschlußzeitpunkt	Zustimmungsbedürftige Umstellung des Wj.	Freie Wahl des Abschlußzeitpunkts wegen Beginns der Steuerpflicht (Betriebseröffnung, § 8b Satz 2 Nr. 1 EStDV)	

1.2.3.3.7 Rumpfwirtschaftsjahr

229 Ein Wirtschaftsjahr umfaßt grundsätzlich einen Zeitraum von 12 Monaten (§ 8b Satz 1 EStDV). Es ist ausgeschlossen, daß es einen längeren Zeitraum umfaßt (§§ 240 Abs. 2 Satz 1 HGB, 8b EStDV).

Eine gesetzliche Ausnahme hiervon besteht lediglich im Falle der Liquidation; vgl. RZ 231 und 653 ff.

Das Wirtschaftsjahr kann einen kürzeren Zeitraum als ein Jahr umfassen bei **229**
1. Eröffnung (Erwerb) des Betriebs bzw. Beginn der Steuerpflicht (Neugründung der Körperschaft)
2. Aufgabe (Veräußerung) des Betriebs bzw. Ende der Steuerpflicht; bei Kapitalgesellschaften, Genossenschaften und VVaG ist jedoch die Liquidationsbesteuerung (§ 11 KStG) zu beachten; vgl. RZ 241 und 640 ff.
3. Umstellung des Wirtschaftsjahres (§ 8b Nr. 2 EStDV i. V. m. § 8 Abs. 1 KStG)
4. Wechsel zwischen unbeschränkter und beschränkter Steuerpflicht **(str.)**.

Beispiele:

a) Der Abschluß des Gesellschaftsvertrags zur Gründung der A-GmbH erfolgte am 1. 10. 01, die Geschäftseröffnung aber bereits zum 1. 9. 01. Wirtschaftsjahr soll das Kalenderjahr sein.

Im Wirtschaftsjahr 01 entsteht im Körperschaftsteuer-Bereich ein Rumpfwirtschaftsjahr vom 1. 10. 01–31. 12. 01. Im VZ 02 entspricht das Wirtschaftsjahr dem Kalenderjahr.

Eine „Eröffnung" liegt im Körperschaftsteuer-Bereich noch nicht vor bei tatsächlicher Geschäftseröffnung, da erst die Entstehung der GmbH i. Gr. zum Beginn der persönlichen Körperschaftsteuer-Pflicht führt und daher frühestens ab Abschluß des Gesellschaftsvertrags das Wirtschaftsjahr der GmbH (i. Gr.) beginnen konnte.

Vom 1. 9. 01 bis 30. 9. 01 entstand allerdings ein weiteres Rumpfwirtschaftsjahr für die als Personengesellschaft (GbR) zu behandelnde Vorgründungsgesellschaft im Sinne von § 15 Abs. 1 Nr. 2 EStG.

b) Eine GmbH hatte ein abweichendes Wirtschaftsjahr vom 1. 4. bis 31. 3. Im Kalenderjahr 03 stellt sie ihr Wirtschaftsjahr auf das Kalenderjahr um.

Es entstehen folgende Wirtschaftsjahre:

Wirtschaftsjahr 02/03: 1. 4. 02 bis 31. 3. 03
Rumpfwirtschaftsjahr 03: 1. 4. 03 bis 31. 12. 03
(§ 8b Satz 2 Nr. 2 EStDV).

Bei **Auflösung** einer Kapitalgesellschaft, Genossenschaft oder eines VVaG im Laufe des Wirtschaftsjahres kann ebenfalls ein Rumpfwirtschaftsjahr gebildet werden (Abschn. 46 Abs. 1 Satz 5 ff KStR), obwohl zum Auflösungszeitpunkt weder die persönliche Steuerpflicht endet noch der Gewerbebetrieb eingestellt wird. Das Rumpfwirtschaftsjahr reicht vom Schluß des vorangegangenen Wirtschaftsjahres bis zum Auflösungszeitpunkt und ist **nicht** in die Liquidationsbesteuerung nach § 11 KStG einzubeziehen. Vgl. RZ 653 ff. **230**

Beispiel:

Eine GmbH (Wirtschaftsjahr 1. 4. bis 31. 3.) wird durch Beschluß der Gesellschafterversammlung zum 30. 9. 10 aufgelöst und anschließend bis zum 30. 11. 11 abgewickelt (Liquidation).

Im Jahre 10 kann ein Rumpfwirtschaftsjahr vom 1. 4. 10 bis 30. 9. 10 gebildet werden. Das Ergebnis dieses Wirtschaftsjahres ist nicht in die Liquidationsbesteuerung einzubeziehen.

1.2.3.3.8 Liquidation

Eine gesetzliche Ausnahme von dem Grundsatz, daß ein Wirtschaftsjahr nicht mehr als 12 Monate umfassen darf, enthält die Vorschrift des § 11 Abs. 1 KStG. In diesem Fall ist Ermittlungszeitraum der gesamte Abwicklungszeitraum von der Auflösung bis zum Abschluß der Liquidation. Der Zeitraum soll jedoch 3 Jahre nicht übersteigen (§ 11 Abs. 1 Satz 2 KStG). Vgl. dazu im einzelnen RZ 640 ff. **231**

1.2.3.3.9 Zuordnung des Gewinns/Verlustes

Nach § 7 Abs. 4 Satz 2 KStG wird der Gewinn/Verlust aus einem abweichenden Wirtschaftsjahr dem **Kalenderjahr zugeordnet, in dem das Wirtschaftsjahr endet.** **232**

Bei einer Umstellung eines abweichenden Wirtschaftsjahres auf das Kalenderjahr als Wirtschaftsjahr werden regelmäßig die Ergebnisse zweier Wirtschaftsjahre bei der Veranlagung des Umstellungsjahr erfaßt.

232 Beispiel:

Die A-GmbH ermittelt den Gewinn zulässigerweise für das Wirtschaftsjahr vom 1. 4. bis 31. 3. Am 15. 3. 07 faßte die Gesellschafterversammlung den Beschluß, den Gewinn ab dem Jahre 07 nach dem Kalenderjahr zu ermitteln. Sie hat folgende Gewinne ermittelt:

1. 4. 06–31. 3. 07	40 000 DM
1. 4. 07–31. 12. 07	–5 000 DM

Die Umstellung bedurfte **nicht** des Einvernehmens mit dem Finanzamt (arg. ex § 7 Abs. 4 Satz 3 KStG).

Durch die Umstellung entstand zulässigerweise das Rumpfwirtschaftsjahr 1. 4. 07 bis 31. 12. 07 (§ 8b Satz 2 Nr. 2 EStDV).

Bei der Veranlagung für den VZ 07 sind anzusetzen (§ 7 Abs. 4 Satz 2 KStG)

Wirtschaftsjahr 06/07	40 000 DM
Rumpfwirtschaftsjahr 07	–5 000 DM
Einkünfte aus Gewerbebetrieb	35 000 DM

1.3 Zurechnung des Einkommens

1.3.1 Grundsatz

233 Das Einkommen (bzw. zu versteuernde Einkommen) ist von demjenigen Steuerpflichtigen zu versteuern, der es erzielt hat.

Obwohl in § 7 Abs. 1 KStG nicht vom (zu versteuernden) Einkommen **des Steuerpflichtigen** gesprochen wird, geht das KStG selbstverständlich von dem grundlegenden Gedanken des Einkommensteuer- und Körperschaftsteuer-Rechts aus, daß die körperschaftsteuerpflichtigen Rechtssubjekte selbständige Einkommensträger sind.

Die subjektive Zurechnung des Einkommens richtet sich im Normalfall nach der zivilrechtlichen Lage. Das bedeutet, daß das gesamte zu versteuernde Einkommen originär von der Körperschaft usw. selbst zu versteuern ist.

1.3.2 Zurechnung bei wirtschaftlichem Eigentum/Treuhandverhältnissen

234 Einer die Einkommenszurechnung verlagernden Begründung eines vom Zivilrecht abweichenden wirtschaftlichen Eigentums im Sinne von § 39 Abs. 2 Nr. 1 AO sind enge Grenzen gesetzt.

So kann zum Beispiel eine Kapitalgesellschaft ihr Gesellschaftsvermögen, soweit es zur Erhaltung des Nennkapitals erforderlich ist, nicht als Treuhänderin ihrer Gesellschafter (= Treugeber = wirtschaftliche Eigentümer im Sinne von § 39 Abs. 2 Nr. 1 AO) halten (BFH-Urt. vom 29. 1. 1975, BStBl II S. 553).

Das bedeutet, auch soweit die Kapitalgesellschaft lediglich als Treuhänderin bezeichnet wird, ist ihr das aus diesem Betriebsvermögen resultierende Einkommen selbst zuzurechnen und nicht unmittelbar ihren Gesellschaftern.

Das schließt jedoch nicht aus, daß die Kapitalgesellschaft **einzelne** nicht nennkapitalerhaltende Wirtschaftsgüter lediglich als Treuhänderin verwaltet. Soweit das Treuhandverhältnis steuerlich anzuerkennen ist, ist das daraus erzielte Einkommen unmittelbar dem Treugeber (Gesellschafter) zuzurechnen (§ 39 Abs. 2 Nr. 1 AO) – also außerhalb des Körperschaftsteuerbereichs.

1.3.3 Konkurs, Auflösung, Liquidation

235 Im **Konkursfall** bildet die Konkursmasse **kein** eigenes Steuersubjekt (insbesondere keine selbständige Vermögensmasse im Sinne von § 1 Abs. 1 Nr. 5 KStG).

Vielmehr bleibt das bisherige Rechtssubjekt auch im Konkurs Steuerpflichtiger (Einkommensträger); BFH-Urt. vom 7. 11. 1963, BStBl 1964 III S. 70. Auch nach dem Beschluß der **Auflö-**

sung einer Körperschaft bleibt das jeweilige Rechtssubjekt bestehen und kann noch eigenes Einkommen erzielen. Wegen des Endes der persönlichen Steuerpflicht vgl. RZ 159 ff. Wegen der Liquidationsbesteuerung vgl. RZ 231 und 640 ff.

1.3.4 Betriebe gewerblicher Art (§ 1 Abs. 1 Nr. 6 KStG) und wirtschaftliche Geschäftsbetriebe (§ 14 AO)

Bei Betrieben gewerblicher Art im Sinne von § 1 Abs. 1 Nr. 6 KStG ist Steuerpflichtiger die Körperschaft des öffentlichen Rechts selbst hinsichtlich jedes einzelnen Betriebs, Abschn. 5 Abs. 1 Satz 2 KStR. Die Körperschaft ist ggf. mehrfach nebeneinander mit dem jeweiligen Einkommen des einzelnen Betriebs zu veranlagen (**keine** Zusammenfassung – soweit die Betriebe selbst nicht zulässigerweise zusammengefaßt sind) vgl. RZ 71 ff.

Das hat den Vorteil, daß auch der Freibetrag gemäß § 24 KStG für jeden einzelnen Betrieb zu berücksichtigen ist.

Bei wirtschaftlichen Geschäftsbetrieben (§ 14 AO) von nach § 5 Abs. 1 KStG steuerbefreiten Körperschaften ist die jeweilige Körperschaft Steuerpflichtiger. Dabei ist – im Gegensatz zu den Betrieben gewerblicher Art im Sinne von § 1 Abs. 1 Nr. 6 KStG – das Einkommen **aller** Geschäftsbetriebe zusammenzufassen, also nur eine Veranlagung durchzuführen. Vgl. § 64 Abs. 2 AO und RZ 177 ff.

2. Einkommensermittlung

2.1 Ableitung des Einkommensbegriffs aus dem Einkommensteuergesetz

2.1.1 Grundregel

Das KStG enthält lediglich eine ganz allgemein gehaltene Definition. Nach § 8 Abs. 1 KStG ist das Einkommen nach dem **Einkommensteuergesetz** und nach dem Körperschaftsteuergesetz (§§ 8–22 KStG) zu ermitteln.

Die Vorschriften des EStG sind anzuwenden, soweit sie
– nicht ausschließlich auf natürliche Personen zugeschnitten sind
  oder
– durch Sondervorschriften des KStG ersetzt sind.

Nicht anwendbar sind daher zum Beispiel
– §§ 10 (außer Abs. 1 Nr. 6) bis 10 c sowie §§ 10e, 10h, 10f EStG (Sonderausgaben)
– §§ 33 bis 33 c EStG (außergewöhnliche Belastungen)
– § 32 EStG (tarifliche Freibeträge).

Die Regelung des § 10b EStG (Spendenabzug) ist bei der Körperschaftsteuer ersetzt durch § 9 Abs. 1 Nr. 2 KStG, § 34g EStG ist bei der Körperschaftsteuer **nicht** anwendbar.

Eine **Zusammenstellung** der **anwendbaren** Vorschriften enthält **Abschn. 26 KStR**.

Die Aufzählung hat keinen Gesetzesrang und bindet somit an sich nur die Verwaltung. Dies dient nicht gerade der Rechtssicherheit, da die Steuergerichte somit die Vorschrift des § 8 Abs. 1 KStG nach freier Überzeugung auslegen können.

So bestanden zum Beispiel Auslegungsdiskrepanzen im Rahmen des § 49 EStG bei der Körperschaftsteuer: Nach Ansicht des BFH können nach § 2 Nr. 1 KStG beschränkt steuerpflichtige Kapitalgesellschaften **keine** Einkünfte aus § 18 EStG erzielen (BFH-Urt. vom 20. 2. 1974, BStBl II S. 511, ebenso Urt. vom 1. 12. 1982, BStBl 1983 II S. 213 und vom 20. 6. 1984, BStBl II S. 828). Vgl. RZ 108 ff.

240 Grds. führt die Verknüpfung mit der Einkommensteuer aber zur Vereinheitlichung und trägt zur Wettbewerbsneutralität bei.

Bei der Körperschaftsteuer ist u. a. auch § 2 Abs. 1 bis 4 EStG anzuwenden.

Das bedeutet im einzelnen:

2.1.2 Einkunftsarten

241 Alle Einkunftsarten – bis auf § 19 EStG und § 22 Nr. 4 EStG – sind denkbar. Nur die Einkünfte aus diesen 6 Einkunftsarten des EStG können der Körperschaftsteuer unterliegen. Eine theoretische Ausnahme besteht bei Bezug von Einkünften aus § 19 EStG und § 22 Nr. 4 EStG durch eine Körperschaft usw. als **Erbin**. Auch Einkünfte aus **18 EStG** können von Körperschaften usw. erzielt werden (mit Ausnahme der Kapitalgesellschaften – BFH-Urt. vom 20. 6. 1984, BStBl II S. 828). Vgl. RZ 238 ff und RZ 108 ff.

Zu welcher Einkunftsart Einkünfte im Einzelfall gehören, bestimmt sich tatbestandsmäßig nach den §§ 13 bis 24 EStG.

Lassen sich Zuflüsse unter keine der Einkunftsarten einordnen, unterliegen sie auch nicht der Körperschaftsteuer (Rechtslage damit wie bei der Einkommensteuer). Vgl. RZ 245ff.

Wegen der Sonderregelung für nach dem HGB zur Buchführung verpflichtete Körperschaften vgl. § 8 Abs. 2 KStG und RZ 242 bis 244. Wegen der Einkünfte bei beschränkter Steuerpflicht vgl. RZ 108ff.

2.1.3 Einkünfte bei nach dem HGB zur Buchführung verpflichteten Körperschaften

Ausgewählte Literaturhinweise: Hagemann, Verluste bei Kapitalgesellschaften als „Liebhaberei", DB 1970 S. 1204; **Gonella,** Außerbetriebliche Sphäre bei Kapitalgesellschaften, DB 1967 S. 873; **Eggesiecker/Eisenach/Schürner,** Neuer Versuch der Festlegung des Liebhabereibegriffs, FR 1982 S. 276; **Herzig/Dötsch,** Gedanken zu einer erneuten Reform der Körperschaftsteuer, Festschrift 40 Jahre DB, 1988, S. 115, 144 ff.

242 Eine Sonderregelung besteht für nach dem HGB buchführungspflichtige Körperschaften: hier sind **alle Einkünfte im Sinne des EStG** (§ 2 Abs. 1 bis 3, 5 bis 7 EStG) als Einkünfte aus **Gewerbebetrieb** zu behandeln (§ 8 Abs. 2 KStG) – ohne Rücksicht auf die Art der Betätigung.

Wegen des Kreises der davon betroffenen Körperschaften – u. a. Kapitalgesellschaften – vgl. RZ 219.

Die Zuordnung zu den Einkünften aus Gewerbebetrieb erfolgt ohne Rücksicht auf die Art der Tätigkeit oder des Rechtsverhältnisses im Sinne von § 2 Abs. 1 EStG.

> **Beispiel:**
> Eine GmbH, die lediglich Grundbesitz vermietet/verpachtet, hat ungeachtet ihrer bloß vermögensverwaltenden Tätigkeit Einkünfte aus § 15 EStG.

Die Anwendung von § 8 Abs. 2 KStG auf andere Zuflüsse bzw. Aufwendungen als die unter § 2 Abs. 1 EStG fallenden Einkünfte ist ausgeschlossen. (BFH-Urt. vom 4. 3. 1970, BStBl II S. 470.)

> **Beispiel:**
> Eine GmbH betreibt – auf Veranlassung ihres beherrschenden Gesellschafters – ein Gestüt, das unstreitig nicht nach betriebswirtschaftlichen Grundsätzen geführt wird. Es entstehen ständig Verluste. Bei dem Gestüt handelt es sich wie bei einer einkommensteuerlichen Liebhaberei, die keiner der 7 Einkunftsarten des EStG zugeordnet werden kann, auch körperschaftsteuerlich um eine Tätigkeit, die nicht den Tatbestand einer Einkunftsart erfüllt. Einnahmen daraus sind keine Betriebseinnahmen, Aufwendungen, keine BA (BFH-Urt. vom 2. 11. 1965, BStBl 1966 III S. 255 und BFH in BStBl 1970 II S. 470).

243 Danach ist auch bei Kapitalgesellschaften insoweit eine Sphäre außerhalb der Einkunftsarten vorhanden. Ob es allerdings bei Kapitalgesellschaften eine **„außerbetriebliche"** Sphäre gibt,

hat der BFH ausdrücklich offengelassen (BFH, Beschluß GrS vom 26. 10. 1987, BStBl 1988 II 243
S. 348). Auch bei Unterhaltung solcher außerhalb der Einkunftsarten liegender „Liebhabereibetriebe" im Interesse ihrer Gesellschafter (auch bei beherrschenden Gesellschaftern) liegen in der Tragung der eigenen Verluste durch die Kapitalgesellschaft **keine** verdeckten Gewinnausschüttungen vor. Denn die Annahme einer verdeckten Gewinnausschüttung würde zunächst die uneingeschränkte Anwendung des § 8 Abs. 2 KStG auf sämtliche Zu- und Abflüsse ohne Ansehen ihrer Qualifikation als Einkünfte im Sinne des EStG implizieren.

In der Gliederung des verwendbaren Eigenkapitals sind Liebhabereiverluste u. E. vom EK 02 abzuziehen (glA Dötsch, in Dötsch/Eversberg/Jost/Witt, KStG, Anm. 28 zu § 30).

Weitere Beispiele:

a) Lieferant L einer in wirtschaftliche Schwierigkeiten geratenen GmbH erläßt dieser Lieferantenschulden 244
von 80 000 DM zur Hälfte, um auf diese Weise etwas gegen den eventuell drohenden Verlust dieses Großkunden zu tun. Sanierungsbedürftigkeit im Sinne von § 3 Nr. 66 EStG liegt allerdings nicht vor. L ist auch nicht an der GmbH beteiligt.

Der Schuldenerlaß von 40 000 DM ist steuerpflichtiger Unternehmensertrag der GmbH (§§ 15 EStG, 8 Abs. 2 KStG). Es handelt sich nicht um einen außerhalb der Einkunftsarten liegenden einmaligen Vermögensfall, der in keiner Beziehung zum Betrieb stünde. Vielmehr hängt der Ertrag kausal mit dem Betrieb zusammen.

b) **Abwandlung von a):**

Die GmbH war sanierungsbedürftig, das heißt unmittelbar vom Konkurs bedroht. L handelte in Sanierungsabsicht.

Auch hier ist der Schuldenerlaß betrieblicher Ertrag, aber sachlich steuerbefreit infolge § 3 Nr. 66 EStG (anwendbar auch bei der Körperschaftsteuer gemäß Abschn. 26 KStR). Vgl. RZ 255 ff.

c) **Weitere Abwandlung von a):**

L ist an der GmbH beteiligt, steht aber auch in ständiger Geschäftsbeziehung mit der GmbH. Es kommt ihm vor allem auf die Rettung des Großkunden (GmbH) an.

Auch hier liegt ein betrieblicher Ertrag der GmbH vor und nicht eine (einkommensneutrale) „verdeckte Einlage" im Sinne von Abschn. 36a KStR.

Wegen **nicht** zu erfassender Zu- und Abflüsse außerhalb der Einkunftsarten vgl. auch RZ 245 ff, 398 ff und 421 ff.

Bei **beschränkter** Steuerpflicht gilt § 8 Abs. 2 KStG aufgrund der isolierenden Betrachtungsweise (§ 49 Abs. 2 EStG) **nicht;** vgl. RZ 110.

2.1.4 Zu- und Abflüsse außerhalb der Einkunftsarten

Auch bei der Körperschaftsteuer sind nur solche Zuflüsse und Abflüsse zu erfassen, die sich un- 245
ter die Einkunftsarten § 2 Abs. 1 Nr. 1 bis 3, 5 bis 7 EStG einordnen lassen.

Einmalige Vermögensanfälle wie

- **Erbschaften**
- **Schenkungen**
- **Vermächtnisse**

lassen sich in der Regel nicht in einen kausalen Einkunftszusammenhang stellen.

Die **Veräußerung von Wirtschaftsgütern,** die **nicht** zum **Betriebsvermögen** gehören, fällt 246
ebenfalls nicht unter eine der Einkunftsarten.

Ausnahmen:

1. Spekulationsgeschäfte (§§ 22 Nr. 2, 23 EStG)
2. Veräußerung bei wesentlicher Beteiligung (§ 17 EStG)

246 3. Entgeltliche Abtretung von Ertragsforderungen (§§ 20 Abs. 2 Nr. 2 und 21 Abs. 1 Nr. 4 EStG).
4. Veräußerung einbringungsgeborener Anteile an Kapitalgesellschaften (§ 21 UmwStG 1977 bzw. 1995, § 16 EStG).

Beispiel:

Ein nicht steuerbefreiter Verein veräußerte durch notariellen Kaufvertrag vom 31. 12. 03 mit Wirkung vom 1. 1. 04 ein Grundstück (kein Betriebsvermögen) für 150 000 DM. Der Erlös wurde am 31. 12. 03 vereinnahmt. Das Grundstück war durch notariellen Kaufvertrag vom 30. 12. 01 für 100 000 DM angeschafft worden. Außerdem trat der Verein dem Erwerber eine – voll realisierbare – Mietforderung von 1000 DM gegen Zahlung des Nennbetrags ab.

Die Veräußerung des Grundstücks führt nicht zu einem Spekulationsgeschäft, da die Veräußerung nicht innerhalb von 2 Jahren seit der Anschaffung erfolgte (Fristablauf 30. 12. 02 24.00 Uhr). Der Vorgang führt daher nicht zu Einkünften.

Die entgeltliche Abtretung der Ertragsforderung führt bei dem Verein noch zu Einkünften aus Vermietung und Verpachtung (§ 21 Abs. 1 Nr. 4 EStG).

2.2 Verlustausgleich

247 Infolge der Geltung u. a. des § 2 Abs. 1 EStG ist auch bei der Körperschaftsteuer der Verlustausgleich möglich.

Wie bei der ESt ist zu unterscheiden zwischen

– **horizontalem** Verlustausgleich;
das heißt Berücksichtigung von Verlusten bei der Einkunftsermittlung (innerhalb derselben Einkunftsart) und

– **vertikalem** Verlustausgleich (§ 2 Abs. 1 EStG);
das heißt Berücksichtigung bei der Bildung der Summe der Einkünfte.

2.2.1 Ausgleichsberechtigter

248 Den Verlustausgleich kann grundsätzlich nur die Körperschaft usw. vornehmen, die ihn in ihrer Person erlitten hat (vgl. R 115 Abs. 4 Satz 1 EStR).

Eine Übertragung des Verlusts durch **Rechtsgeschäft** auf eine andere Körperschaft ist **nicht** möglich; ebenso grundsätzlich nicht im Wege der **Gesamtrechtsnachfolge** (anders als bei der Einkommensteuer).

Wegen der Ausnahmen bei bestimmten Umwandlungsfällen, bei denen der Gesetzgeber die Liquidation ausschließt und das Betriebsvermögen im Wege der Gesamtrechtsnachfolge sowie ggfs. einen vertragsfähigen Verlust auf das andere (neue) Unternehmen übergehen läßt, vgl. RZ 609, 2189, 2204.

Wegen des Verlustausgleichs und -abzugs beim **Mantelkauf** vgl. RZ 610 ff, bei **Organschaft** vgl. RZ 802 ff.

249 Kein Verlustausgleich ist möglich zwischen nicht zulässigerweise zusammengefaßten **Betrieben gewerblicher Art** einer juristischen Person des öffentlichen Rechts, da die Körperschaft Steuersubjekt hinsichtlich jedes einzelnen Betriebs ist. Eine Zusammenfassung ist nicht vorzunehmen (Abschn. 5 Abs. 1 KStR); vgl. RZ 71 ff.

Dagegen sind die Ergebnisse sämtlicher **steuerpflichtiger wirtschaftlicher Geschäftsbetriebe** einer im übrigen nach § 5 Abs. 1 KStG steuerbefreiten Körperschaft zusammenzufassen; vgl. RZ 177 ff und § 64 Abs. 2 AO.

2.2.2 Verlustausgleichsverbote

Die einkommensteuerlichen Verlustausgleichsverbote sind auch bei der Körperschaftsteuer zu beachten: **250**

- § 2a EStG
- § 15 Abs. 4 EStG
- § 15a EStG

- § 22 Nr. 3 EStG
- § 23 Abs. 4 EStG

- § 50 Abs. 2 Satz 1 EStG

– Bestimmte ausländische Verluste aus passiver Tätigkeit
– Verluste aus gewerblicher Tierzucht/Tierhaltung
– Verluste bei beschränkter Haftung
  (wenn eine Körperschaft Mitunternehmer ist)
– Verluste aus Leistungen (nur außerhalb eines Betriebs)
– Verluste aus Spekulationsgeschäften
  (nur außerhalb eines Betriebs)
– bei beschränkter Steuerpflicht nach § 2 Nr. 1 KStG

Verluste aus Liebhaberei (vgl. RZ 242 ff) unterliegen keinem eigentlichen „Verlustausgleichsverbot", sondern fallen bereits außerhalb der Einkunftsarten an.

Gliederungsmäßig sind Verluste vom EK 02 abzuziehen. Vgl. RZ 1511 ff und im einzelnen RZ 1518 ff.

Verluste bei Bestehen einer sachlichen Steuerbefreiung sind ebenfalls nicht ausgleichsfähig.

2.3 Einkunftsermittlung

Bei Überschußeinkünften (zum Beispiel bei Vereinen) ist der **Überschuß** der Einnahmen (§ 8 EStG) über die Werbungskosten (§ 9 Abs. 1 Satz 1, Nr. 1 bis 4 und 7, § 9a Nr. 2 und 3 EStG) anzusetzen. **251**

Ebenso ist bei den Einkünften aus Kapitalvermögen der Sparer-Freibetrag (§ 20 Abs. 4 EStG) von 6 000 DM abzuziehen (Abschn. 26 Abs. 2 Satz 2 KStR).

Bei den Gewinneinkünften ist der **Gewinn** anzusetzen (§ 2 Abs. 2 Nr. 1, § 4 Abs. 1, § 4 Abs. 3, § 5, ggf. § 13a EStG).

Bei den buchführungspflichtigen Körperschaften – also insbesondere **GmbH** und **AG** – ist stets der Bestandsvergleich gemäß § 5 EStG durchzuführen.

Zu den Besonderheiten der Gewinnermittlung vgl. RZ 288 ff.

Vergleichendes Beispiel zur Einkunftszuordnung und -ermittlung:

Ein nicht nach § 5 Abs. 1 Nr. 9 KStG steuerbefreiter Verein (e. V.) erzielte im Kalenderjahr 01: **252**

a) Sparzinsen für Kalenderjahr 01 auf inländischen Sparkonten 18 500 DM (gutgeschrieben 31. 12. 01). Der Verein weist Aufwendungen in wirtschaftlichem Zusammenhang mit den Sparkonten (Verwaltungskosten) von 90 DM nach.

b) Mieteinnahmen aus der Vermietung eines bebauten Grundstücks im Inland 6 000 DM. Die zulässige AfA beträgt 4 000 DM (bis zum Zeitpunkt der Veräußerung, s. unten), Hausaufwendungen sind für das Kalenderjahr 01 in Höhe von 8500 DM **entstanden.** Hiervon hat der Verein 4 000 DM verspätet erst im März 02 entrichtet.

c) Ende Dezember wurde das dem Verein gehörende Grundstück gegen eine sofortige Barzahlung von 100 000 DM veräußert. Der noch nicht im Wege der AfA abgesetzte Restwert des Gebäudes betrug im Zeitpunkt der Veräußerung 60 000 DM. Die Anschaffungskosten des Grund und Bodens betrugen 10 000 DM.

Der Einkommensbegriff ist aus dem Einkommensteuergesetz abzuleiten unter Berücksichtigung insbesondere der §§ 7, 8 KStG.

Der Verein kann Einkünfte aus **allen** Einkunftsarten erzielen (ausgenommen § 19 EStG).

252 1. **Einkünfte § 20 EStG**

Einnahmen § 20 Abs. 1 Nr. 7 EStG	18 500 DM
./. Werbungskosten-Pauschbetrag (§ 9a Nr. 2 EStG)	./. 100 DM
– abzuziehen, da höher als nachgewiesene **Aufwendungen** –	
./. Sparer-Freibetrag (§ 20 Abs. 4 EStG)	./. 6 000 DM
– vgl. Abschnitt 26 Abs. 2 Satz 2 KStR –	
Einkünfte aus Kapitalvermögen	**12 400 DM**

2. **Einkünfte aus § 21 EStG**

Einnahmen § 21 Abs. 1 Nr. 1 EStG	6 000 DM
./. Werbungskosten § 9 EStG	
• Abzug der Aufwendungen (§ 9 Abs. 1 EStG)	
nur, soweit abgeflossen (§ 11 Abs. 2 Satz 1 EStG)	./. 4 500 DM
• AfA (§ 9 Abs. 1 Nr. 7 EStG)	./. 4 000 DM
Einkünfte aus Vermietung und Verpachtung	**./. 2 500 DM**

3. **Verlust aus Grundstücksveräußerung**

Die Veräußerung des Grundstücks führt nicht zu Einkünften, da sie auf der Vermögensebene liegt.

Summe, Gesamtbetrag der Einkünfte und Einkommen	9 900 DM
./. Freibetrag § 24 KStG	./. 7 500 DM
zu versteuerndes Einkommen	**2 400 DM**

Abwandlung:

253 Wie oben, nur daß die – unveränderten – Angaben eine unbeschränkt steuerpflichtige GmbH betreffen sollen. (Der Buchwert des Grund und Bodens entspricht den Anschaffungskosten.)

Da die GmbH als Formkaufmann nach den Vorschriften des HGB zur Führung von Büchern verpflichtet ist, sind bei ihr **alle** das Betriebsvermögen betreffenden Vermögensmehrungen und -minderungen als Einkünfte aus Gewerbebetrieb (§ 15 Abs. 1 Nr. 1 EStG) zu behandeln, § 8 Abs. 2 KStG. Dazu gehört auch der Ertrag aus der Veräußerung des – zum Betriebsvermögen gehörenden – Grundstücks.

Die Gewinnermittlung muß nach §§ 4 Abs. 1, 5 EStG (Bestandsvergleich) erfolgen. Hierbei ist das Zu- und Abflußprinzip des § 11 EStG **ohne** Bedeutung.

Gewinnermittlung (als Gewinn- und Verlust-Rechnung)

Zinserträge	18 500 DM
Mieterträge	6 000 DM
Veräußerungserlös Grundstück	100 000 DM
Betriebseinnahmen	**124 500 DM**
Betriebsausgaben	
Verwaltungskosten (Sparkonten)	90 DM
Grundstücksaufwendungen (ohne Rücksicht auf Verausgabungszeitpunkt)	8 500 DM
AfA Gebäude (bis zur Veräußerung)	4 000 DM
Restbuchwert Gebäude	60 000 DM
Buchwert Grund und Boden (= Anschaffungskosten)	10 000 DM
	82 590 DM
Gewinn aus Gewerbebetrieb = **Gesamtbetrag der Einkünfte = Einkommen**	**41 910 DM**

254 Handelt es sich um Einkünfte einer Körperschaft mit Gewinnermittlung durch Bestandsvergleich aus der Beteiligung an einer **vermögensverwaltenden Personengesellschaft,** bei der die Einkünfte als Überschuß der Einnahmen über die Werbungskosten (§ 2 Abs. 2 Nr. 2 EStG) zu ermitteln sind (keine gewerblich geprägte Personengesellschaft i. S. des § 15 Abs. 3 Nr. 2 EStG), stellt sich das Problem der Umrechnung in einen nach Handels- und Steuerrecht zu ermittelnden Gewinnanteil. Vgl. hierzu im einzelnen BMF-Schreiben vom 29. 4. 1994, BStBl I S. 282.

Nach der BFH-Rechtsprechung (BFH-Beschlüsse vom 25. 6. 1984, BStBl II S. 751 und vom 19. **254**
8. 1986, BStBl 1987 II S. 212, sowie BFH-Urteil vom 20. 11. 1990, BStBl 1991 II S. 345) ist den betrieblich beteiligten Gesellschaftern ein Anteil an den Einkünften aus Vermietung und Verpachtung oder Kapitalvermögen zuzurechnen und anschließend auf der Ebene des Gesellschafters in betriebliche Einkünfte umzuqualifizieren (BMF-Schr., a. a. O., RZ 2).

Die GmbH hat grundsätzlich alle Wirtschaftsgüter der Personengesellschaft anteilig im Rahmen ihres eigenen Buchführungswerks zu erfassen und den Gewinnanteil, der sich für sie aus den einzelnen Geschäftsvorfällen der Personengesellschaft ergibt, nach den Grundsätzen der Gewinnermittlung zu berechnen und anzusetzen. Diese Verfahrensweise ist vor allem im Hinblick darauf geboten, daß der Anteil an der Personengesellschaft ergibt, nach den Grundsätzen der Gewinnermittlung zu berechnen und anzusetzen. Diese Verfahrensweise ist vor allem im Hinblick darauf geboten, daß der Anteil an der Personengesellschaft steuerlich kein selbständiges Wirtschaftsgut ist (vgl. BFH-Beschluß vom 25. Juni 1984, BStBl II S. 751 [763]). Vgl. BMF-Schr., a. a. O., RZ 5.

Ggf. ist aus Vereinfachungsgründen das das anteilige „Überschuß"-Ergebnis zu übernehmen (BMF-Schr., RZ 6).

Der gesondert und einheitlich festgestellte Anteil an den Überschußeinkunften der Personengesellschaft, die Entwicklung des Kontos „Beteiligung" sowie der Gewinn aus einer etwaigen Veräußerung des Anteils an der Personengesellschaft sind im Jahresabschluß der GmbH gesondert auszuweisen (BMF, RZ 10).

Beispiel (nach BMF, RZ 11)

An der vermögensverwaltenden X-KG ist die Y-GmbH seit dem 1. Januar 01 als Kommanditistin mit einer Einlage von 25 000 DM beteiligt. Der Anteil der Y-GmbH an den Verlusten der Jahre 01–03 beträgt –5 000, –4 000 und –3 000 DM. Im Jahr 02 veräußert die X-KG außerhalb der Spekulationsfrist ein unbebautes Grundstück. Der Erlös wird an die Gesellschafter ausgekehrt; auf die Y-GmbH entfallen 1 500 DM. Zum 31. Dezember 03 veräußert die Y-GmbH ihre Beteiligung für 40 000 DM.

Der Buchwert des „Beteiligungs"-Kontos im Zeitpunkt der Beteiligungsveräußerung ist wie folgt zu ermitteln:

	DM
Kapitaleinlage 01	25 000
Verlustanteil 01	–5 000
Verlustanteil 02	–4 000
Anteil an Auskehrung 02	–1 500
Verlustanteil 03	–3 000
Buchwert	11 500

Die Y-GmbH hat die Verlustanteile 01 und 02 in den entsprechenden Jahren jeweils mit positiven Einkünften aus ihrer übrigen Tätigkeit ausgeglichen.

Bei der Körperschaftsteuer-Veranlagung der Y-GmbH für das Jahr 03 sind anzusetzen:

	DM
Verlustanteil 03	–3 000
+ Veräußerungserlös	40 000
– Buchwert	–11 500
Einkünfte aus Gewerbebetrieb	25 500

2.4 Steuerfreie Einnahmen nach dem EStG und anderen Gesetzen

2.4.1 Allgemeines

Bei der Körperschaftsteuer sind eine ganze Reihe sachlicher Steuerbefreiungen außerhalb des **255**
KStG zu beachten.

255 Anwendbar sind
- § 3 EStG (**teilweise,** siehe Einzelaufzählung in Abschn. 26 Abs. 1 KStR)
- Freibeträge für Veräußerungsgewinne nach Maßgabe in Abschn. 26 Abs. 2 und 3 KStR; vgl. RZ 268 ff.

Beispiel für eine Befreiung nach anderen Gesetzen ist die **Investitionszulage** nach dem InvZulG.

Wegen weiterer Befreiungen außerhalb der Körperschaftsteuer vgl. **Abschn. 22a KStR.**

Mit steuerfreien Einnahmen im Zusammenhang stehende **Ausgaben** sind nach § 3c EStG auch bei der Körperschaftsteuer nicht abziehbar, vgl. RZ 273.

2.4.2 Sanierungsgewinne (§ 3 Nr. 66 EStG)

Literaturhinweise: Langel, Steuerliche Aspekte der Unternehmenssanierung, StbJb 77/78, 321; **Ströfer,** Unternehmenssanierung und Steuerrecht, StuW 1982 S. 231; **Jehner,** Steuerfreiheit, BB 1983 S. 1525, **Groß,** Sanierung durch Fortführungsges., Köln 1982; **Post,** DB 1984 S. 280.

2.4.2.1 Allgemeines

256 Nach § 3 Nr. 66 EStG unterliegen Sanierungsgewinne nicht der Einkommensteuer. Durch die Verweisung in § 8 Abs. 1 KStG auf das EStG gilt § 3 Nr. 66 EStG auch im Bereich der Körperschaftsteuer (vgl. Abschn. 26 Abs. 1 KStR).

Die Vorschrift trägt den Charakter einer Billigkeitsregelung, also eines gesetzlich normierten Erlasses von Einkommen- bzw. Körperschaftsteuer, durch den die Rettung notleidender Unternehmen bewirkt werden soll.

Eine Besteuerung von Sanierungsgewinnen würde die beabsichtigte Wirkung der Sanierungsmaßnahmen in Frage stellen bzw. vereiteln. Im Rahmen des körperschaftsteuerlichen Anrechnungsverfahrens bleibt der Sanierungsgewinn im wirtschaftlichen Ergebnis jedoch nicht ohne Steuerbelastung. Zwar bewirkt ein steuerfreier Sanierungsgewinn zunächst die Entstehung von – unbelastetem – EK 02; im Ausschüttungsfall muß jedoch die 30%ige Ausschüttungsbelastung nach § 27 KStG hergestellt werden, so daß die sachliche Befreiung im Ergebnis beseitigt wird.

Jedoch ergibt sich durch § 3 Nr. 66 EStG bei der Körperschaftsteuer **zumindest** ein **erheblicher Liquiditätsvorteil,** da zunächst eine tarifliche Körperschaftsteuer-Belastung von 0 eintritt und unbelastetes verwendbares Eigenkapital im Rahmen der Verwendungsfiktion (§ 28 Abs. 3 KStG) als zuletzt ausgeschüttet gilt, unter Umständen also erst bei einer Kapitalherabsetzung oder Liquidation.

Die Steuerbefreiung wird **von Amts wegen** – also ohne Antrag – angewendet. Ein Verzicht auf die Steuerbefreiung ist nicht möglich.

§ 3 Nr. 66 EStG gilt auch bei **übertragender** Sanierung, d. h. bei Übergang des notleidenden Unternehmens auf einen anderen Rechtsträger (BFH-Urt. vom 24. 4. 1986, BStBl II S. 672).

2.4.2.2 Voraussetzungen der Steuerbefreiung

257 Voraussetzungen für die Befreiung eines Sanierungsgewinns nach § 3 Nr. 66 EStG sind
(1) Gewinnermittlung durch Bestandsvergleich (= sachlicher Anwendungsbereich – vgl. RZ 258),
(2) Erlaß betrieblicher Schulden (vgl. RZ 259),
(3) Sanierungsbedürftigkeit des Unternehmens (vgl. RZ 260),
(4) Sanierungseignung des Unternehmens (vgl. RZ 261),
(5) Sanierungsabsicht der Gläubiger (vgl. RZ 262).

Es müssen **sämtliche** Voraussetzungen gleichzeitig gegeben sein. Fehlt nur **eine** Voraussetzung, ist die Steuerfreiheit zu verneinen (BFH-Urt. vom 14. 3. 1990, BStBl II S. 810). 257
Vgl. auch R 6 zu § 3 Nr. 66 EStR sowie H 6 § 3 Nr. 66 EStH.

2.4.2.2.1 Gewinnermittlung durch Bestandsvergleich

Nach dem Wortlaut der Vorschrift befreit § 3 Nr. 66 EStG eine durch Schulderlaß eingetretene 258
Erhöhung des Betriebsvermögens. Die Vorschrift ist daher nur
– bei den Gewinneinkünften (§§ 13, 15, 18 EStG),
– und zwar nur im Falle des Bestandsvergleichs,
anwendbar, **nicht** also bei
– Überschußeinkunftsarten
– Gewinnermittlung nach § 4 Abs. 3 EStG.

2.4.2.2.2 Erlaß betrieblicher Schulden

Nur die Erhöhung des Betriebsvermögens durch rechtsverbindlichen Erlaß – **bereits bestehen-** 259
der – betrieblicher Schulden ist steuerfreier Gewinn (BFH-Urt. vom 31. 1. 1985, BStBl II
S. 365). Ein Erlaß wird durch Vertrag zwischen Gläubiger und Schuldner bewirkt (§ 397 BGB).
Grds. muß der Schulderlaß von **sämtlichen** Gläubigern ausgesprochen werden (BFH-Urt. vom
25. 10. 1963, BStBl 1964 III S. 122). Vgl. aber R 6 Nr. 2 zu § 3 Nr. 66 EStR.
Gleichermaßen ist auch ein **Teil**erlaß steuerfrei.
Kein Schuldenerlaß im Sinne von § 3 Nr. 66 EStG liegt zum Beispiel vor bei
– Stundung
– Gewährung von Boni, Rabatten, Skonti
– Vergleich hinsichtlich einer **streitigen** Forderung
– Ermäßigung des Zinssatzes der Schulden für die Zukunft
– Zubilligung einer Preiserhöhung im Rahmen eines gegenseitigen Vertragsverhältnisses (BFH-Urt. vom 31. 1. 1985, BStBl II S. 365).

2.4.2.2.3 Sanierungsbedürftigkeit

Diese ist insbesondere gegeben, wenn das Unternehmen in seinem Fortbestand durch drohenden 260
Konkurs gefährdet ist (vgl. BFH-Urt. vom 26. 11. 1980, BStBl 1981 II S. 181).
Konkursgründe sind:
– allgemein: Zahlungsunfähigkeit
– für Kapitalgesellschaften und Genossenschaften außerdem (drohende) Überschuldung im Sinne der KO und des HGB.
  Überschuldung bedeutet Aufzehrung des Eigenkapitals durch Verluste oder die Aktivposten übersteigende Verbindlichkeiten.
  Die Sanierungsbedürftigkeit hängt u. a. auch vom Verhältnis der flüssigen Mittel zur Schuldenlast, der Fälligkeit der Verbindlichkeiten, der Ertragslage und der Eigenkapitalverzinsung ab (BFH-Urt. vom 22. 11. 1983, BStBl 1984 II S. 472 und vom 14. 3. 1990, BStBl II S. 955). Vgl. R 6 Nr. 3 zu § 3 Nr. 66 EStR.
Der Sanierungsbedürftigkeit stehen nicht entgegen
– gegenwärtige Gewinnerzielung (RFH-Urt. vom 23. 3. 1938, RStBl 1938 S. 566);
– ausreichendes Betriebsvermögen (bei Zahlungsunfähigkeit) (RFH-Urt. vom 14. 7. 1942, RStBl 1942 S. 956).

2.4.2.2.4 Sanierungseignung

261 Ein Unternehmen ist nicht sanierungsfähig, wenn es unter keinen Umständen weiter existieren kann. Das ist stets der Fall **nach Konkurseröffnung.**

Davor sind die Vermögens- und Liquiditätslage maßgebend (BGH, Urteil vom 9. 7. 1979, BGHZ 75, 96).

Es gibt eine
- **unternehmerbezogene** Sanierung und
- **unternehmensbezogene** Sanierung.

Bei der **unternehmerbezogenen** Sanierung soll dem bisherigen Unternehmer die Aufgabe ermöglicht werden, ohne von weiterbestehenden Schulden beeinträchtigt zu sein (BFH-Urt. vom 14. 3. 1990, BStBl II S. 810, und vom 18. 12. 1990, BStBl 1991 II S. 232 und 284).

Sanierungseignung liegt nur vor, wenn mit einer **Wiederherstellung der Ertragskraft** gerechnet werden kann (BFH-Urt. vom 22. 1. 1985, BStBl II 501; ebenso BFH-Urt. vom 7. 2. 1985, BStBl II S. 504).

Das Unternehmen ist darlegungspflichtig. Hierzu gehört regelmäßig die Vorlage eines Sanierungsplans. Vgl. auch R 6 Nr. 4 zu § 3 Nr. 66 EStR.

2.4.2.2.5 Sanierungsabsicht

262 Die Schulden müssen zum Zwecke der Sanierung erlassen werden. Zweck muß also die wirtschaftliche Gesundung des Unternehmens, die Wiederherstellung der Zahlungs- und Ertragsfähigkeit sein. „Eigennützige" Motive wie Rettung der Restforderung und/oder Erhaltung der Geschäftsbeziehung sind dieser Absicht immanent und unschädlich (BFH-Urt. vom 26. 11. 1980, BStBl 1981 II S. 180).

Schulderlaß im Rahmen eines außergerichtlichen oder gerichtlichen **Vergleichsverfahrens** erfolgt stets in Sanierungsabsicht und ist daher steuerfrei nach § 3 Nr. 66 EStG.

An den Nachweis der Sanierungsabsicht darf kein strenger Maßstab angelegt werden (BFH, a. a. O.).

Schulderlaß nur durch mehrere Großgläubiger (Hauptgläubiger) kann steuerfrei sein.

Bei Erlaß nur durch einen einzelnen Gläubiger spricht der Anscheinsbeweis gegen Sanierungsabsicht (widerlegbar); BFH-Urt. vom 25. 10. 1963, BStBl 1964 III S. 122.

Erfolgt der Forderungsverzicht aber in erster Linie, weil
- der Schuldner eine Gegenleistung gewährt oder
- der Gläubiger an der Übernahme des Schuldners interessiert ist,

spricht dies gegen die Sanierungsabsicht des Gläubigers (BFH-Urt. vom 28. 2. 1989, BStBl II S. 711. Vgl. R 6 Nr. 2 zu § 3 Nr. 66 EStR.

2.4.2.2.6 Abgrenzung zu verdeckten Einlagen

263 Es ist denkbar, daß (ein) **Gesellschafter** der Gesellschaft Schulden erläßt (erlassen). In diesem Falle sind Gläubiger und Gesellschafter sowie Schuldner und Gesellschaft jeweils identisch.

Der Schulderlaß kann in solchen Fällen
- **gesellschaftlich** (durch das Gesellschaftsverhältnis)
  oder
- **geschäftlich** (durch das Schuldverhältnis)

veranlaßt sein.

Gesellschaftliche Veranlassung schließt eine nach § 3 Nr. 66 EStG steuerfreie Sanierung aus.

Vielmehr liegt hier eine **verdeckte Einlage (Abschn. 36a KStR)** vor, die bei der Gesellschaft 263
allenfalls handelsrechtlich Gewinn darstellt, bei der Körperschaftsteuer aber bereits einkommensneutral ist, da sie auf den gesellschaftlichen Beziehungen beruht, so daß es einer sachlichen Steuerbefreiung nicht bedarf.

Das gilt auch bei Sanierungsbedürftigkeit (BFH-Urt. vom 30. 4. 1968, BStBl II S. 720).

Beispiel:

a) Gesellschafter A der X-GmbH steht mit seiner Einzelfirma in ständiger Geschäftsbeziehung zur GmbH. In Sanierungsabsicht erläßt er der GmbH – im Verein mit den anderen Hauptgläubigern – die Verbindlichkeiten zur Hälfte. Die GmbH ist überschuldet (Unterbilanz). –

Es handelt sich nicht um eine verdeckte Einlage. Vielmehr ist der entstehende Sanierungsgewinn steuerfrei nach § 3 Nr. 66 EStG.

b) Abwandlung von a):

Gesellschafter A erläßt der GmbH, ohne in ständiger Geschäftsbeziehung mit ihr zu stehen – die Rückzahlung eines Darlehens von 100 000 DM zur Hälfte. Sanierungsabsicht des A und Sanierungsbedürftigkeit der GmbH sind zu bejahen. –

Da kein betriebliches Interesse des Gesellschafters vorliegt, ist der Schuldenerlaß nur aus der Gesellschaftereigenschaft des A erklärbar. Somit liegt eine verdeckte Einlage im Sinne von Abschn. 36a KStR vor, die gewinneutral, also ohne Auswirkung auf das Einkommen ist.

Die Unterscheidung zwischen steuerfreiem Sanierungsgewinn und verdeckter Einlage ist auch von erheblicher Bedeutung für die Gliederung des verwendbaren Eigenkapitals, die Herstellung der Ausschüttungsbelastung und das Vorliegen von Kapitalerträgen im Sinne des § 20 Abs. 1 Nr. 1 EStG bei den Gesellschaftern.

Während Sanierungsgewinne dem EK 02 zuzuordnen sind, gehören verdeckte Einlagen zum EK 04.

2.4.2.3 Übersicht über die handelsrechtlichen und steuerlichen Auswirkungen verschiedener Sanierungsmaßnahmen

Die verschiedenen Sanierungsmaßnahmen können handels- und steuerrechtlich unterschiedlich 264
zu beurteilen sein.

	Maßnahme	Handelsrechtlich	Steuerlich
1	Gesellschaftsrechtliche Kapitalerhöhung aus Gesellschaftermitteln	erfolgsneutral	einkommensneutral; **kein** Fall des § 3 Nr. 66 EStG
2	– Schulderlaß durch Gesellschafter – Befriedigung von Gläubigern der Gesellschaft durch Gesellschafter aufgrund **gesellschaftlicher** Veranlassung („Unechte Sanierung")	Gewinn	**Verdeckte Einlagen;** einkommensneutral (lediglich gesellschaftliche Vermögensmehrung) – Abschn. 36a KStR –; **keine** Steuerbefreiung nach § 3 Nr. 66 EStG
3	**Schulderlaß durch Gesellschafter aufgrund geschäftlicher Motive** (Rettung einer Teilforderung bzw. eines Geschäftskunden)	Gewinn	Gewinn, aber **steuerfrei** nach § 3 Nr. 66 EStG (BFH, Urteil vom 30. 4. 1968, BStBl II 720)
4	**Forderungsverzicht durch Gläubiger**	Gewinn	Gewinn, aber **steuerfrei** unter den Voraussetzungen des **§ 3 Nr. 66** EStG
5	**Gesellschaftsinterne** Maßnahme a) Auflösung von Rücklagen (aus versteuerten Gewinnen)	Gewinn	einkommensneutral
	b) **Kapitalherabsetzung mit Gesellschafterverzicht**	Gewinn	einkommensneutral (RFH-Urt. vom 18. 12. 1928, RStBl 1929 S. 820); **keine** Steuerbefreiung nach § 3 Nr. 66 EStG
	c) **Einziehung eigener Anteile**	(Buch-)Gewinn	einkommensneutral (RFH-Urt. vom 19. 3. 1933, RStBl 1934 S. 436)
	d) Auflösung stiller Reserven	Gewinn	**steuerpflichtiger** Gewinn

§ 3 Nr. 66 EStG betrifft auch den **Übergang** des notleidenden Unternehmens auf einen anderen Unternehmensträger (= **übertragende** Sanierung); vgl. BFH-Urt. vom 24. 4. 1986, BStBl II S. 672 und oben 2.4.2.2.4.

2.4.2.4 Sanierungskosten

265 Sanierungskosten sind Aufwendungen, die durch die Erlangung des Schulderlasses veranlaßt sind, zum Beispiel für das Vergleichsverfahren.

Sanierungskosten fallen unter das Abzugsverbot des § 3c EStG, da sie mit dem steuerfreien Sanierungsgewinn in unmittelbarem wirtschaftlichen Zusammenhang stehen.

Die Kosten sind daher **nicht** als Betriebsausgaben abziehbar, sondern mindern den Sanierungsgewinn.

Das gilt auch bei der Gliederung des verwendbaren Eigenkapitals (daher Abzug vom EK 02).

2.4.2.5 Besserungszahlungen

266 Unter Umständen muß das Unternehmen sich zur Erlangung des Schulderlasses zu späteren „Besserungszahlungen" für den Fall der wirtschaftlichen Besserung (nämlich bei späterer Gewinnerzielung) verpflichten (z. T. in sogenannten „Besserungsscheinen").

Rechtlich handelt es sich um eine Zahlungsverpflichtung, die unter der aufschiebenden Bedingung einer späteren Gewinnerzielung durch das Unternehmen steht.

Besserungsverpflichtungen sind infolge ihrer aufschiebend bedingten Gewinnabhängigkeit erst für solche Wirtschaftsjahre zu passivieren, in denen tatsächlich ein Gewinn entsteht (RFH-Urt.

vom 10. 4. 1940, RStBl 1940 S. 609), nicht schon bei Zusage (Erlaß FinMin NW v. 4. 4. 1978, **266**
DB 1978 S. 915).

Besserungszahlungen sind **nachträgliche Sanierungskosten**. War der Sanierungsgewinn steuerfrei nach § 3 Nr. 66 EStG, sind die Besserungskosten nach § 3c EStG nicht abziehbar.

2.4.2.6 Steuerfreie Sanierungsgewinne und Verlustberücksichtigung

Steuerfreie Sanierungsgewinne sind bei der Einkommensermittlung **nicht** mit Verlusten der **267**
Körperschaft zu verrechnen, beseitigen sie also nicht (BFH-Urt. vom 27. 9. 1968, BStBl 1969 II
S. 102; R 115 Abs. 1 Satz 2 EStR). Somit bleibt der Verlustabzug (§ 10d EStG) der Körperschaft
erhalten.

Beispiel (§ 3 Nr. 66 EStG und Verlustabzug):

Die Z-AG hat durch Fehlinvestitionen Verluste erlitten, so daß Überschuldung vorlag („Unterbilanz").
Zur Abwendung des Konkurses wurde in 07 ein außergerichtliches Vergleichsverfahren durchgeführt,
in dem sich die Hauptgläubiger bereit erklärten, auf 50% ihrer Forderungen zu verzichten. Dafür mußte
die Z-AG aber in „Besserungsscheinen" versprechen, wiederum 50% der erlassenen Schulden zurückzuzahlen, sobald sie Gewinne erwirtschaften sollte, die bei vernünftiger kaufmännischer Entscheidung
ausschüttbar sind.

Verlust VZ 07 (vor Schulderlaß der Gläubiger)	./. 310 000 DM
Schulderlaß (handelsrechtlich als Ertrag verbucht)	370 000 DM
erklärter Gewinn laut Handelsbilanz	60 000 DM
Verlustvortrag 1. 1. 07	50 000 DM
(bei der Körperschaftsteuer noch nicht berücksichtigter Verlust aus VZ 05)	
Als Aufwand wurden verbucht	
Vermögensteuer (für 07)	5 000 DM
Aufsichtsratvergütungen (100%)	60 000 DM
Einkommensermittlung VZ 07	
Gewinn laut Handelsbilanz	60 000 DM
+ Nichtabziehbare Ausgaben	
• Vermögensteuer (§ 10 Nr. 2 KStG)	+ 5 000 DM
• 50% der Aufsichtsratvergütungen (§ 10 Nr. 4 KStG)	+ 30 000 DM
	95 000 DM
./. steuerfreier Sanierungsgewinn (= Schulderlaß)	./. 370 000 DM
körperschaftsteuerlicher Verlust (= Gesamtbetrag der Einkünfte)	./. 275 000 DM
Verlustabzug (§§ 10d Abs. 2 EStG, 8 Abs. 1 KStG) aus 05 in 07 daher	0 DM

Der Sanierungsgewinn ist steuerfrei, da

1. die Z-AG sanierungsbedürftig war,
2. der Schulderlaß einzig der Wiederherstellung der Zahlungs- und Ertragsfähigkeit der Z-AG diente (Sanierungsabsicht der Hauptgläubiger).

Der steuerfreie Gewinn von 370 000 DM darf weder mit dem Verlust aus dem laufenden VZ 07 ausgeglichen noch mit dem vortragsfähigen Verlust (aus dem VZ 05) verrechnet werden.

Mithin stehen für den VZ 08 noch für den Verlustabzug

aus VZ 05	50 000 DM
aus VZ 07	275 000 DM
insgesamt zur Verfügung	325 000 DM

Somit ist im VZ 07 lediglich der laufende Verlust von 310 000 DM um die nichtabzugsfähigen Ausgaben gemindert worden: 310 000 DM ./. 5 000 DM ./. 30 000 DM = 275 000 DM.

Fortführung des Beispiels

Für das Jahr 08 beträgt der Gewinn laut Handelsbilanz	100 000 DM
Hierbei sind Besserungszahlungen an die Inhaber von Besserungsscheinen in 08 von als Aufwand gebucht worden.	37 000 DM

267 **Einkommensermittlung VZ 08**

Gewinn laut Handelsbilanz		100 000 DM
+ **Nichtabziehbare Ausgaben nach § 3c EStG**		
Besserungszahlungen = nachträgliche Sanierungskosten		+ 37 000 DM
		137 000 DM
./. **Verlustvortrag (§ 10d EStG)**		
aus 05	50 000 DM	
aus 07	87 000 DM	./. 137 000 DM
		0 DM
Noch vortragsfähiger Verlust (aus 07): 275 000 DM ./. 87 000 DM =		188 000 DM

2.4.3 Freibeträge für Veräußerungsgewinne (Abschn. 26 Abs. 3 KStR)

268 Da es sich bei den Freibeträgen für Veräußerungsgewinne um **sachliche** Steuerbefreiungen handelt (Abschn. 26 Abs. 2 Satz 4 KStR), kommt eine Anwendung auch bei der Körperschaftsteuer mit den nachfolgenden Einschränkungen in Betracht.

Die Freibeträge gemäß §§ 14, 14a, 16 Abs. 4, 17 Abs. 3 und 18 Abs. 3 EStG sind bei denjenigen Körperschaftsteuerpflichtigen anwendbar, die entsprechende Einkünfte aus §§ 13, 15, 17, 18 EStG erzielen (können). Vgl. auch BFH-Urt. vom 8. 5. 1991, StRK EStG § 16 Abs. 4 R. 9 mit Anm. von Zenthöfer.

Hierbei ist zwischen nicht nach dem HGB buchführungspflichtigen Körperschaften (zum Beispiel nicht steuerbefreiten Vereinen) und nach dem HGB buchführungspflichtigen Körperschaften (zum Beispiel AG, GmbH, eG) zu unterscheiden, da letztere nur Einkünfte aus Gewerbebetrieb haben können (§ 8 Abs. 2 KStG); vgl. Abschn. 26 Abs. 3 Satz 3 KStR.

269 **Übersicht**

Veräußerungs-Freibetrag	Nach HGB buchführungspflichtige Körperschaften (Abschn. 26 Abs. 3 Nr. 2 KStR)	**Nicht** buchführungspflichtige Körperschaften (Abschn. 26 Abs. 3 **Nr. 1** KStR)
§ 14 EStG § 14a Abs. 1–3 und 5 EStG § 17 Abs. 3 EStG § 18 Abs. 3 EStG	Anwendung generell ausgeschlossen (§ 8 Abs. 2 KStG)	Anwendbar, soweit **nicht** auf **natürliche** Personen abgestellt; daher **insbesondere kein erhöhter** Freibetrag möglich (§§ 16 Abs. 4 Satz 2 i. V. m. 14, 18 Abs. 3; § 14a Abs. 1 Nr. 2 S. 2 EStG)
§ 16 Abs. 4 EStG	a) Anwendung bei Tatbeständen § 16 Abs. 1 Nr. 1 bis 3 EStG b) **Keine** Anwendung bei – Liquidation – Umwandlung – Verschmelzung	

270 **Beispiel:**

Eine GmbH hat zwei selbständige Betriebe. Bei der Veräußerung eines der Betriebe erzielt die GmbH einen Veräußerungsgewinn von 120 000 DM.

Es liegt eine Betriebsveräußerung im ganzen (§ 16 Abs. 1 Nr. 1 EStG i. V. m. § 8 Abs. 1 KStG) vor.

Veräußerungsgewinn		120 000 DM	**270**
./. Freibetrag § 16 Abs. 4 abzüglich Kürzung 120 000 ./. 100 000 =	30 000 DM ./. 20 000 DM		
verbleibender Freibetrag	10 000 DM	./. 10 000 DM → EK 02	
steuerpflichtiger Veräußerungsgewinn ./. KSt 45%		110 000 DM 49 500 DM	
		55 000 DM → EK 45	

§ 34 EStG ist bei der Körperschaftsteuer **nicht** anwendbar.   **271**

2.5 Nichtabziehbare Ausgaben nach dem Einkommensteuergesetz und anderen Gesetzen

Bei der Körperschaftsteuer sind auch zu beachten die Abzugsverbote   **272**

– § 3c EStG: Abzugsverbot für Betriebsausgaben und Werbungskosten bei wirtschaftlichem Zusammenhang mit steuerfreien Einnahmen (vgl. RZ 273)
– § 4 Abs. 5 und 7 EStG: nichtabziehbare Betriebsausgaben (zum Beispiel Geschenke an Nicht-Arbeitnehmer mit Anschaffungskosten über 75 DM [vgl. RZ 274 bis 275], Ausgleichszahlungen bei Organschaft)
– Geldbußen (§ 4 Abs. 5 Nr. 8 EStG und R 24 EStR); vgl. RZ 276 ff
– Hinterziehungszinsen zu Betriebssteuern (§ 4 Abs. 5 Nr. 8a EStG) vgl. RZ 287
– Parteispenden (§ 4 Abs. 6 EStG u. § 9 Abs. 5 EStG); vgl. RZ 308
– Geldstrafen und ähnliche Rechtsnachteile (§ 10 Nr. 3 KStG, Abschn. 44 KStR) (vgl. RZ 359 ff)
– für nichtabzugsfähige Zuwendungen an Pensions- und Unterstützungskassen (§§ 4c, 4d EStG)
– § 160 Satz 1 AO (Abzugsverbot für Betriebsausgaben und Werbungskosten bei Nichtbenennung des Empfängers).

Diese Ausgaben dürfen das Einkommen nicht mindern. Wegen der Auswirkung auf die Gliederung des verwendbaren Eigenkapitals vgl. RZ 1434 ff.

2.5.1 Abzugsverbot nach § 3c EStG

Auch bei der Körperschaftsteuer dürfen Ausgaben, soweit sie mit steuerfreien Einnahmen in un-   **273**
mittelbarem wirtschaftlichem Zusammenhang stehen, nicht als Betriebsausgaben oder Werbungskosten abgezogen werden (§§ 3c EStG, 8 Abs. 1 KStG, Abschn. 26 Abs. 1 KStR). Unter dieses Abzugsverbot fallen daher zum Beispiel:

– Aufwendungen in unmittelbarem wirtschaftlichen Zusammenhang mit Einkünften, für die das Besteuerungsrecht der Bundesrepublik durch ein DBA entzogen ist
– Sanierungskosten (vgl. RZ 265)
– Besserungszahlungen einer (sanierten) Körperschaft als nachträgliche Sanierungskosten (vgl. RZ 266).

> **Beispiel:**
> Die GmbH hat den Erwerb einer Auslandsbetriebsstätte mit Darlehen finanziert. Das Besteuerungsrecht soll dem Betriebsstättenstaat zustehen (DBA). In der Handelsbilanz ist der Betriebsstättengewinn von 10 000 DM enthalten. Handelsrechtlich zutreffend wurden als Aufwand behandelt 12 500 DM Schuldzinsen für ein Darlehen zur Finanzierung des Kaufpreises.

273 Zur Ermittlung des steuerlichen Gewinns(Einkommens) ist der Jahresüberschuß um

a) 10 000 DM zu vermindern (steuerfreie Einkünfte gemäß DBA) und

b) 12 500 DM zu erhöhen.

Die für den Kredit aufgewendeten Schuldzinsen sind zwar begrifflich Betriebsausgaben (§ 4 Abs. 4 EStG), aber nach § 3c EStG nicht abziehbar.

2.5.2 Nichtabziehbare Betriebsausgaben (§ 4 Abs. 5, 7 EStG)

274 Aus dem Katalog des § 4 Abs. 5 Satz 1 EStG sind naturgemäß bei der Körperschaftsteuer **nicht** anwendbar die Abzugsverbote für

1. Mehraufwand für Verpflegung des Steuerpflichtigen (§ 4 Abs. 5 Nr. 5 EStG) und

2. Aufwendungen für Fahrten des Steuerpflichtigen zwischen Wohnung und Betrieb (§ 4 Abs. 5 Nr. 6 EStG).

Anzuwenden sind aber nach Abschn. 26 Abs. 1 KStR § 4 Abs. 5 Satz 1 Nr. 1 bis 4, 7 bis 9, Abs. 7 EStG.

275 In Abschnitt 26 Abs. 1 KStR ist die Vorschrift des § 4 Abs. 5 **Satz 3** EStG nicht aufgeführt, weil § 12 EStG bei der Körperschaftsteuer nicht anwendbar ist, sondern durch eigene Vorschriften (vor allem § 10 Nr. 2 und 3 KStG) ersetzt ist.

Dessen ungeachtet gilt aber auch bei der Körperschaftsteuer der Grundsatz, daß Aufwendungen in unmittelbarem wirtschaftlichem Zusammenhang mit Tätigkeiten und Vorgängen **außerhalb** der Einkunftsarten des EStG (→ „Liebhaberei") keine Betriebsausgaben (bzw. Werbungskosten) sind.

Im Ergebnis ist daher bei der Körperschaftsteuer bei Aufwendungen nach Art des § 4 Abs. 5 Nr. 1 bis 4, 7 und 8 EStG **vor** dem Abzugsverbot nach dieser Vorschrift zu prüfen, ob die Aufwendungen nicht bereits deswegen nicht abgezogen werden können, weil sie mit keiner Einkunftsart in Zusammenhang stehen. Vgl. hierzu RZ 242 ff.

2.5.3 Geldbußen und ähnliche Rechtsnachteile

Literaturhinweise: Döllerer, Geldbußen als BA, BB 1984 S. 545; **Bordewin,** Gesetz zur Änderung des EStG und des KStG v. 25. 7. 1984, FR 1984 S. 405; **Dankmeyer,** Das sogenannte Geldbußengesetz, DB 1984 S. 2108; **Döllerer,** Geldbußen als Betriebsausgaben, DB 1984 S. 545.

2.5.3.1 Vorbemerkung

276 Geldstrafen und Geldbußen sind auch bei der Körperschaftsteuer nichtabziehbare Aufwendungen.

Das Abzugsverbot ergibt sich für

a) **Geldbußen** und ähnliche Rechtsnachteile aus der Anwendbarkeit des § 4 Abs. 5 Nr. 8 EStG i. V. m. R 24 EStR (§ 8 Abs. 1 KStG i. V. m. Abschn. 26 Abs. 1 KStR).

b) **Geldstrafen** und ähnliche Rechtsnachteile aus § 10 Nr. 3 KStG i. V. m. Abschn. 44 KStR.

Eine Parallelregelung zu § 10 Nr. 3 KStG enthält der § 12 Nr. 4 EStG. Ferner wird durch § 9 Abs. 5 EStG der Werbungskostenabzug von Geldbußen entsprechend ausgeschlossen.

Die gesetzliche Regelung war für erforderlich gehalten worden, nachdem der Große Senat des BFH – abweichend von der früheren Rechtsprechung (insbes. BFH-Urt. vom 18. 5. 1972, BStBl II S. 623) – wegen betrieblich veranlaßter Ordnungswidrigkeiten festgesetzte **Geldbußen** als abziehbare Betriebsausgaben anerkannt hatte (Beschlüsse vom 21. 11. 1983 GrS, BStBl 1984 II S. 160 und S. 166; mit Nichtanwendungserlassen der FinVerw, z. B. Erlaß Nds FinMin vom 8. 3. 1984, DB 1984 S. 694.

Denn BFH und Verwaltung hatten zuvor stets den Abzug abgelehnt (vgl. z. B. BFH, BStBl 1976 II S. 370. Vgl. Döllerer, BB 1984 S. 545ff. und Rettig BB 1984 S. 595.

Geldbußen u. ä. Sanktionen sind bei Körperschaften regelmäßig betrieblich veranlaßt (BFH-Beschlüsse vom 21. 11. 1983, a. a. O.). Jedoch greift das Abzugsverbot des § 4 Abs. 5 Nr. 8 EStG ein.

2.5.3.2 Ersatz von Geldbußen usw. an Arbeitnehmer und an Gesellschafter

Nicht unter das Abzugsverbot des § 4 Abs. 5 Nr. 8 EStG fällt uE der **Ersatz** von gegenüber **Arbeitnehmern** verhängten Geldbußen u. ä. durch eine Körperschaft (Arbeitgeber), da hierin **Arbeitslohn** (Lohnaufwand) zu erblicken ist. Beim Arbeitnehmer ist die Geldbuße selbst nicht abziehbar nach § 4 Abs. 5 Nr. 8 i. V. mit § 9 Abs. 5 EStG.

Folgerichtig stellt ein Ersatz durch die Körperschaft an einen **Gesellschafter,** soweit **kein** Zusammenhang mit einem Dienstverhältnis besteht, eine **verdeckte Gewinnausschüttung** dar (keine Einkommensminderung nach § 8 Abs. 3 Satz 2 KStG). Beim Gesellschafter besteht wiederum Abzugsverbot.

2.5.3.3 Fallgruppen des Abzugsverbots

a) Geldbußen, Abführung von Mehrerlösen (R 25 Abs. 2 und 3 EStR)

Zu den **Geldbußen** gehören alle Sanktionen, die gesetzlich als Geldbußen bezeichnet sind. In erster Linie sind dies die Geldbußen nach dem Ordnungswidrigkeitenrecht, die auch gegen juristische Personen und Personenvereinigungen möglich sind (§ 30 OWiG).

Beispiel:
- Vom Kartellamt verhängte Geldbußen wegen verbotener Baupreisabsprachen oder anderer Verstöße gegen Wettbewerbsbeschränkungen,
- Geldbußen wegen Verstößen gegen Umweltbestimmungen,
- Geldbußen wegen Verstößen gegen außenwirtschaftliche Bestimmungen (z. B. Verkauf von Wertpapieren ins Ausland ohne Genehmigung).

Das Abzugsverbot gilt **nicht** für Nebenfolgen vermögensrechtlicher Art wie Abführung des Mehrerlöses oder die Einziehung von Gegenständen nach § 22 OWiG (im Gegensatz zur Einziehung nach § 74 StGB). Das Abzugsverbot greift jedoch in **vollem** Umfang, wenn bei der Bemessung der Geldbuße der aus der Tat gezogene Vorteil (§ 17 Abs. 4 OWiG) oder der durch die Tat erlangte Mehrerlös berücksichtigt wird. Dies hält der BFH für verfassungswidrig (BFH, Vorlagebeschluß an BVerfG, BStBl 1987 II S. 212; s. auch BFH/NV 1987 S. 152 und S. 636).

b) Ordnungsgelder (R 25 Abs. 4 EStR)

Ordnungsgelder sind die so bezeichneten Unrechtsfolgen, die in den Verfahrensverordnungen ZPO, StPO, GVG oder in verfahrensrechtlichen Vorschriften anderer Gesetze vorgesehen sind. Bei diesen Ordnungsgeldern handelt es sich ihrer Funktion nach um den Geldbußen vergleichbare Rechtsnachteile.

Beispiel:
Ordnungsgelder nach § 890 ZPO.

c) Verwarnungsgelder (R 25 Abs. 5 EStR)

Verwarnungsgelder sind vor allem die in § 56 OWiG so bezeichneten geldlichen Einbußen, die dem Betroffenen aus Anlaß einer Ordnungswidrigkeit mit seinem Einverständnis auferlegt werden, um der Verwarnung Nachdruck zu verleihen.

Beispiel:
Gebührenpflichtige Verwarnungen.

d) Leistungen zur Erfüllung von Auflagen und Weisungen (R 24 Abs. 1 S. 2 EStR)

Von den Absetzbarkeit ausgeschlossen sind auch Leistungen zur Erfüllung von Auflagen oder Weisungen. Gegenüber juristischen Personen (also z. B. gegenüber GmbH und AG) sind sie jedoch nach deutschem Strafrecht nicht zulässig (vgl. Abschn. 44 Satz 3 KStR).

e) Sanktionen der EG

282 Geldbußen, die von **Organen der EG** verhängt werden, werden ebenfalls vom Abzugsverbot erfaßt. Denn ein Verstoß gegen EG-Recht soll steuerlich nicht günstiger als ein Verstoß gegen nationales Recht behandelt werden.

f) Ausländische Geldbußen

283 Entsprechend bisheriger Praxis schließt das Gesetz von einem **ausländischen Staat** verhängte ausländische **Geldstrafen, nicht** aber ausländische **Geldbußen** vom Abzug aus.

Im Ausland von einer Behörde oder einem Gericht festgesetzte Geldbußen, Ordnungsgelder und Verwarnungsgelder sind also als Betriebsausgaben abziehbar, wenn die zu ahndende Handlung im Zusammenhang mit einem Betrieb begangen worden ist.

2.5.3.4 Rückzahlung von Sanktionen

284 Die **Rückzahlung** von im Betrieb angefallenen Sanktionen darf nach § 4 Abs. 5 Nr. 8 letzter Satz EStG den Gewinn **nicht** erhöhen (im Unterschied zu den übrigen nichtabzugsfähigen BA des § 4 Abs. 5 EStG).

2.5.3.5 Kein Werbungskostenabzug

285 Aufgrund des § 9 Abs. 5 EStG gilt das für den Bereich der Betriebsausgaben vorgeschriebene Verbot des Abzugs von Geldbußen usw. entsprechend für den Bereich der Werbungskosten.

2.5.3.6 Verfahrenskosten

286 Verteidigungskosten und Gerichtskosten in Bußgeldverfahren sind weder „Geldbuße" noch bußgeldähnliche Rechtsfolge. Sie sind daher – wie bei Zusammenhang mit Strafverfahren – abzugsfähige BA oder WK, wenn das dem Verfahren zugrundeliegende Vergehen (Ordnungswidrigkeit) eindeutig dem Einkünftebereich zuzuordnen ist (BFH, BStBl 1982 II S. 467 und Abschn. 44 letzter Satz KStR). Es ist mithin unerheblich, daß die Sanktion selbst unter das Abzugsverbot des § 4 Abs. 5 Nr. 8 EStG fällt (oder gar unter § 10 Nr. 3 KStG).

Die Verfahrenskosten sind auch im Falle des **Unterliegens** der Körperschaft abzugsfähig.

Wegen des Abzugsverbots für **Geldstrafen** und ähnliche Rechtsnachteile vgl. auch § 10 Nr. 3 KStG, Abschn. 44 KStR und RZ 359ff.

2.5.4 Hinterziehungszinsen (§ 4 Abs. 5 Nr. 8a EStG)

287 Zu **Betriebsteuern** erhobene **Hinterziehungszinsen** sind nicht abzugsfähige Betriebsausgaben. Das Abzugsverbot für Hinterziehungszinsen zu **nicht** abzugsfähigen Steuern (z. B. KSt, VSt) ergibt sich bereits aus § 10 Nr. 2 KStG.

3. Besondere Vorschriften des KStG zur Einkommensermittlung

3.1 Allgemeines

288 Eine einheitliche systematische Einordnung der einzelnen Elemente des körperschaftsteuerrechtlichen Einkommens findet sich im KStG nicht.

Folgende Schwerpunkte sind aber erkennbar:
1. Nach Möglichkeit wird bei der Ermittlung des körperschaftsteuerlichen Einkommens auf einkommensteuerliche Vorschriften und Grundsätze zurückgegriffen. Vgl. dazu RZ 213 ff und RZ 238 ff.

2. Die sich aus der besonderen Natur der Körperschaften ergebenden Besonderheiten müssen 288
durch nur für die Körperschaftsteuer geltende Vorschriften berücksichtigt werden.

So waren Regelungen über die Abziehbarkeit oder Nichtabziehbarkeit von Ausgaben erforderlich, die Körperschaften eigentümlich und vorbehalten sind (§ 9 Abs. 1 Nr. 1, § 10 Nr. 1, 2 [teilweise], § 10 Nr. 4 KStG).

Ein weiterer Grundsatz ist das **Verbot der Einkommensminderung durch Gewinnverwendung** (Gewinnverteilung).

Daher dürfen **offene** wie **verdeckte Gewinnausschüttungen** das Einkommen nicht mindern (§ 8 Abs. 3 KStG). In ihrer Funktion ersetzt diese Vorschrift zum Teil den § 12 EStG (der bei der Körperschaftsteuer nicht gilt). Weiterhin ist ein tragender Grundsatz, daß Vorgänge auf gesellschaftsrechtlicher bzw. gesellschaftlicher Ebene den Gewinn bzw. das Einkommen nicht berühren dürfen.

Das gilt für gesellschaftsrechtliche Vermögensverminderungen, zum Beispiel

– Kapitalherabsetzung oder
– Gewinnausschüttungen

genauso wie bei gesellschaftlichen Vermögensmehrungen, zum Beispiel durch

– Einlagen der Gesellschafter oder
– verdeckte Einlagen.

3.2 Abziehbare Aufwendungen nach § 9 KStG

3.2.1 Überblick

Bei der Einkommensermittlung sind „auch" die nach § 9 KStG abziehbaren Aufwendungen (Beträge) abzuziehen. 289

Die einzelnen Abzüge weisen einen unterschiedlichen Charakter auf. Überdies läßt der Einleitungssatz die Frage offen, ob die Vorschrift eine Erweiterung oder auch eine Einengung gegenüber den einkommensteuerlichen Vorschriften beinhaltet.

1. **§ 9 Abs. 1 Nr. 1 KStG** trägt der **Doppelnatur** der KGaA Rechnung. Die auf den Komplementär (= Mitunternehmer im Sinne von § 15 Abs. 1 Nr. 3 EStG) entfallenden Gewinnanteile werden, soweit sie nicht auf das Kommanditkapital entfallen, aus dem Körperschaftsteuer-Bereich ausgesondert und der Einkommensteuer zugeordnet, weil insoweit der Komplementär einer KGaA als unmittelbarer Einkommensträger (Rechtsgedanke des § 3 Abs. 1 KStG; § 15 Abs. 1 Nr. 3 EStG) angesehen wird. 290

   Damit handelt es sich bei § 9 Abs. 1 Nr. 1 KStG nicht um eine Regelung abziehbarer Ausgaben, sondern um eine Vorschrift zur Abgrenzung der Körperschaftsteuer von der Einkommensteuer, die der Vermeidung einer Doppelbelastung desselben Gewinns mit Körperschaftsteuer und Einkommensteuer – außerhalb des Anrechnungsverfahrens – dient (und damit vergleichbar mit § 3 KStG ist).

2. **§ 9 Abs. 1 Nr. 2 KStG** regelt die Abziehbarkeit von Ausgaben für steuerbegünstigte Zwecke, ersetzt die Vorschrift des § 10b EStG für den Bereich der Körperschaftsteuer und könnte somit als „Sonderausgabenabzug" anzusehen sein. Trotzdem handelt es sich im Ergebnis um eine Gewinnermittlungsvorschrift (BFH-Urt. vom 21. 10. 1981, BStBl 1982 II S. 177). 291

   In **technischer** Hinsicht werden sämtliche Spenden, die den Gewinn bzw. die Einkünfte gemindert haben, zunächst hinzugerechnet. Anschließend werden die abziehbaren Spenden nach § 9 Abs. 1 Nr. 2 KStG abgezogen. Auch aus der amtlichen Begründung zu § 9 KStG geht hervor, daß nach Ansicht der Bundesregierung die in § 9 Abs. 1 Nr. 2 KStG aufgeführten Spenden bei Körperschaften einen den Betriebsausgaben (oder Werbungskosten) vergleich-

291 baren Charakter haben. Vgl. dazu im einzelnen nachstehend unter RZ 302 bis 304. Folgt man dieser Ansicht, ist § 9 Abs. 1 Nr. 2 KStG für den Bereich der Körperschaftsteuer als Einengung des Betriebsausgaben-/Werbungskostenabzugs zu verstehen. Diese Einstufung hat Bedeutung für den Verlustabzug (§ 10d EStG): Abziehbare Spenden erhöhen einen nach § 10d EStG abzugsfähigen Verlust (BFH, a. a. O.).

Zur Abziehbarkeit von Zuwendungen an politische Parteien vgl. RZ 308 ff.

3.2.2 Kosten der Ausgabe von Gesellschaftsanteilen

Ausgewählte Literaturhinweise: Sarrazin, Die Änderungen des KStG durch das StEntlG 1984 und das Parteienfinanzierungsgesetz, GmbHR 1983 S. 305; **Dötsch,** Die Änderungen des KStG durch das StEntlG 1984, DB 1984 S. 147; **Zenthöfer,** Vorgesehene Änderungen des KStG nach dem Entwurf eines StEntlG 1984, FR 1983 S. 365 (370).

292 Durch das StEntlG 1984 war die Vorschrift § 9 Nr. 1 KStG ersatzlos gestrichen worden. Dies bedeutet, daß die Emissionskosten seitdem in voller Höhe abziehbare Betriebsausgaben darstellen, auch soweit ein Ausgabeaufgeld erhoben wird.

293 **Ausgabekosten** sind insbesondere folgende Beträge:
 – Kosten für Herstellung der Anteilsurkunden (zum Beispiel Aktien),
 – Notar- und Gerichtskosten (für Gesellschaftsvertrag und Eintragung),
 – Provisionen an Banken (für Mitwirkung bei der Gründung),
 – Gründungsprüfergebühren,
 – Kosten der Veröffentlichung der Gründung oder Kapitalerhöhung im Bundesanzeiger,
 – Schätzungsgebühren bei Sacheinlagen.

294 Bei der **Gliederung des verwendbaren Eigenkapitals** ist zu beachten, daß die abziehbaren Ausgabekosten den Zugang zu den belasteten Teilbeträgen verringern.

295 **Nicht** zu den Ausgabekosten gehört die **Grunderwerbsteuer** im Zusammenhang mit der Einlage von Grundstücken. Die Grunderwerbsteuer im Zusammenhang mit der Einbringung von Grundstücken anläßlich der Einbringung eines Personenunternehmens in eine Kapitalgesellschaft ist generell **aktivierungspflichtig.** Vgl. Zenthöfer, FR 1983 S. 365 [370]; zustimmend Dötsch, DB 1984 S. 147.

296 Bei **Übernahme** der Gründungskosten durch die **GmbH** ist eine genaue Spezifizierung im Gesellschaftsvertrag erforderlich (OLG Hamm, Beschluß vom 27. 10. 1983, DB 1984 S. 238). Bei Nichtbeachtung droht Behandlung der Kostentragung als vGA.

S. auch BFH-Urt. vom 11. 10. 1989, BStBl 1990 II S. 89, und BMF-Schreiben vom 25. 6. 1991, BStBl I S. 661.

3.2.3 Gewinnanteile des Komplementärs einer KGaA (§ 9 Abs. 1 Nr. 1 KStG)

297 Wegen der Rechtsnatur der KGaA und der Wirkungen des § 9 Abs. 1 Nr. 1 KStG vgl. C. I. 3.2.1.

Zu den bei der KGaA als abzugsfähige Ausgaben zu behandelnden Gewinnanteilen des Komplementärs gehören:
 – Geschäftsführervergütungen (Gehalt und sonstige Vergütungen, zum Beispiel Tantiemen)
 – auf das Komplementärkapital entfallender Gewinn (einschließlich Vorwegverzinsung).

298 Da der Komplementär **in jeder Beziehung wie** ein Mitunternehmer behandelt wird (vgl. BFH, BStBl 1984 II S. 381, BStBl 1986 II S. 72, und Urt. vom 21. 6. 1989, BStBl II S. 881), sind die Gewinnanteile nicht erst mit Zufluß bei ihm zu versteuern. Vielmehr ist der Gewinnanteil durch **Betriebsvermögensvergleich** nach § 5 EStG zu ermitteln (BFH-Urt. vom 21. 6. 1989, a. a. O.). Ob eine einheitliche und gesonderte Feststellung nach § 180 Abs. 1 Nr. 2a AO stattfinden muß, hat der BFH in dem v. g. Urt. vom 21. 6. 1989 offengelassen.

Nicht abziehbar sind die Dividenden des Komplementärs auf von ihm gehaltenes Grundkapital (§ 8 Abs. 3 KStG). Insoweit liegen bei ihm als Anteilseigner der Kapitalgesellschaft Einnahmen im Sinne von § 20 Abs. 1 Nr. 1 EStG vor, die auch anrechenbare Körperschaftsteuer vermitteln (§§ 20 Abs. 1 Nr. 3, 36 Abs. 2 Nr. 3 EStG). 299

Beispiel: 300

X ist Komplementär der X-KGaA mit einem Komplementär-Kapital von 100 000 DM. Außerdem ist er – neben den Kommanditaktionären – gleichzeitig am Grundkapital von 400 000 DM mit 10% beteiligt. Sein Geschäftsführergehalt beträgt im VZ 02 120 000 DM (angemessen). Sein Komplementärkapital wurde in 02 mit 9% (angemessen) verzinst = 9 000 DM. Vom Restgewinn (nach Abzug des Gehalts und der Verzinsung) erhielt X auf sein Komplementärkapital eine 20%ige Gewinnbeteiligung = 50 000 DM. Die KGaA schüttete in 02 für 01 eine 8%ige Dividende auf das Grundkapital von 400 000 DM aus.

Die auf die Beteiligung des X als Komplementär entfallenden Einkommensteile der KGaA sind nicht von der KGaA, sondern unmittelbar von X als gewerbliche Einkünfte gemäß § 15 Abs. 1 Nr. 3 EStG zu versteuern, da dieser insoweit als Komplementär unmittelbarer Einkommensträger ist.

Nach § 9 Abs. 1 Nr. 1 KStG abzugsfähige Aufwendungen bei der KGaA sind:

Gehalt	120 000 DM
Verzinsung des Komplementärkapitals	9 000 DM
Gewinnanteil auf Komplementärkapital	50 000 DM
	179 000 DM

Soweit diese Beträge handelsrechtlich als Aufwand gebucht wurden, ist das Einkommen der KGaA nicht besonders nach § 9 Abs. 1 Nr. 1 KStG zu kürzen.

Die auf X entfallende Dividende von 8% von 40 000 DM = 3 200 DM ist dagegen nicht nach § 9 Abs. 1 Nr. 1 KStG abzugsfähig, da es sich um eine nach § 8 Abs. 3 KStG nichtabziehbare Einkommensverteilung handelt (für die gemäß § 27 KStG die Ausschüttungsbelastung herzustellen ist).

Bei X liegen Einnahmen aus
§ 20 Abs. 1 Nr. 1 EStG von   3 200 DM
§ 20 Abs. 1 Nr. 3 EStG von $^3/_7$ von 3 200 DM = 1 371 DM
vor.

3.2.4 Ausgaben für steuerbegünstigte Zwecke (§ 9 Abs. 1 Nr. 2 KStG)

3.2.4.1 Allgemeines

Im Bereich der Körperschaftsteuer ist der Spendenabzug durch § 9 Abs. 1 Nr. 2 KStG geregelt. Diese Vorschrift ersetzt hier den § 10b EStG. Die Regelung des § 9 Abs. 1 Nr. 2 KStG ist eine **besondere Einkunftsermittlungsvorschrift.** Anders als bei der Einkommensteuer ist der Spendenabzug bei Körperschaften **nicht** der Sphäre außerhalb der Einkunftsermittlung zuzuordnen. 301

In Abschn. 26a und 37 Abs. 1 KStR hat die FinVerw die Konsequenz aus dem BFH-Urt. vom 21. 10. 1981, BStBl 1982 II S. 177, gezogen. Danach ist der Spendenabzug bei der Körperschaftsteuer bereits bei der Ermittlung des Gesamtbetrags der Einkünfte vorzunehmen. Durch den Abzug auf der Rechenstufe zwischen der Summe und dem Gesamtbetrag der Einkünfte wird insbesondere die Berücksichtigung der Spenden im Rahmen des Verlustabzugs (§ 10d EStG i. V. m. § 8 Abs. 1 KStG) sichergestellt. Vgl. auch Abschn. 42 Abs. 2 Satz 1 KStR. 302

Vgl. im übrigen RZ 291.

Soweit die Regelung des § 9 Abs. 1 Nr. 2 KStG dem § 10b EStG entspricht, gelten gemäß § 8 Abs. 1 KStG; Abschn. 26 Abs. 1 Nr. 2 KStR die Vorschriften der §§ 48 und 50 EStDV sowie die Anweisungen in R 111 bis 113 EStR, H 111 bis 113 EStH und die Anlagen 4 bis 7 der EStR auch bei der Körperschaftsteuer (Abschn. 42 Abs. 1 KStR). Der Kreis der begünstigten Empfänger entspricht dem bei der Einkommensteuer. 303

Der Spendenabzug gilt auch bei **beschränkter** Steuerpflicht im Sinne von § 2 Nr. 1 KStG. Unterschiede zur ESt ergeben sich aber z. B. bei der **Bemessungsgrundlage** für den Höchstbetrag von 5%, vgl. nachfolgend RZ 305 bis 306. 304

3.2.4.2 Begünstige Zwecke

305 a) Nach § 9 Abs. 1 Nr. 2 **Satz 1** KStG sind (wie bei der ESt) begünstigt Ausgaben für
– gemeinnützige Zwecke im engeren Sinne (bei allgemein anerkannter besonderer Förderungswürdigkeit, vgl. Anlage 7 EStR zu R 111 Abs. 1 EStR),
– gemeinnützige Zwecke im weiteren Sinne; das sind die (in § 9 Abs. 1 Nr. 2 Satz 2 KStG aufgezählten) mildtätigen, kirchlichen, religiösen und wissenschaftlichen Zwecke.

b) Spenden an **politische Parteien** im Sinne des § 2 des Parteiengesetzes sowie an **unabhängige Wählergemeinschaften** sind ab **VZ 1994 nicht mehr** abzugsfähig.

3.2.4.3 Spendenhöchstbeträge i. S. des § 9 Abs. 1 Nr. 2 KStG

306 a) Es gelten hier wahlweise zwei alternative Grenzen:

1. Allgemeiner Höchstbetrag für gemeinnützige Zwecke: 5% des Einkommens
   + Zusatzhöchstbetrag: weitere 5% des Einkommens
   nur für wissenschaftliche, mildtätige und als besonders förderungswürdig anerkannte kulturelle Zwecke

oder alternativ:

2. 2 ‰ der Summe der gesamten Umsätze und der Löhne und Gehälter des Kj. Hierbei ist **keine** Erhöhung vorzunehmen.

307 b) **Bemessungsgrundlage für den Höchstbetrag**

Als Einkommen im Sinne dieser Vorschrift gilt das Einkommen **vor Abzug sämtlicher Spenden** (§ 9 Abs. 2 Satz 1 KStG).

3.2.4.4 Abzug von Spenden an politische Parteien als Betriebsausgaben oder Werbungskosten?

Literaturhinweise: Siehe vor RZ 189 und 194; zusätzlich: **Scharpf/Strobel,** DB 1985 S. 1042. Institut FSt, Grüner Brief Nr. 245, DB 1985 S. 1766; **Gérard,** FR 1984 S. 254; **Tipke,** StuW 1985 S. 185 und S. 280, 283.

308 Nach § 4 Abs. 6 EStG sind Aufwendungen zur Förderung staatspolitischer Zwecke, also Spenden an politische Parteien, auch **keine allgemeinen, d. h. vollabziehbare BA.** Vgl. auch Abschn. 42 Abs. 2 KStR. Ein entsprechendes Abzugsverbot für den Bereich der Werbungskosten enthält § 9 Abs. 5 EStG. Die Vorschriften gelten über § 8 Abs. 1 KStG auch für die Körperschaftsteuer.

309 Zu prüfen ist jedoch, ob die Aufwendungen **ohne** oder in Erwartung einer konkreten Gegenleistung gemacht werden (BFH-Urt. vom 18. 2. 1982, BStBl II S. 394). Bei einem Zusammenhang mit einer konkreten Gegenleistung läge begrifflich kein „Spende" (d. h. **keine** „Zuwendung" vor, weil ein Leistungsaustausch die Annahme einer Spende ausschließt (BFH-Urt. vom 1. 4. 1960, BStBl III 231).

In einem solchen Fall wären die Aufwendungen uneingeschränkt als BA gemäß § 4 Abs. 4 EStG i. V. m. § 8 Abs. 1 KStG abziehbar ohne Rücksicht auf das Abzugsverbot des § 4 Abs. 6 EStG. Vgl. auch Gérard, FR 1984 S. 254, und BFH-Urt. vom 4. 3. 1986, BStBl II S. 373.

310 Die Finanzverwaltung ist bereits bisher stets davon ausgegangen, daß Zuwendungen an politische Parteien keine „allgemeinen" (d. h. voll abziehbaren) BA sind, und zwar auch dann, wenn sie durch betriebliche Erwägungen mitveranlaßt werden (bei natürlichen Personen also Lebensführungskosten). Ebenso der BFH (Gutachten vom 17. 5. 1952, BStBl III S. 228). So auch weiterhin Abschn. 42 Abs. 2 KStR.

311 Zweifel waren durch das BFH-Urteil vom 18. 9. 1984, BStBl II 1985 S. 92, aufgekommen. Nach dieser Entscheidung sowie nach BFH, Urteil vom 7. 6. 1988, BStBl 1989 II S. 97, sind Beitragszahlungen an einen **Berufsverband** Betriebsausgaben, wenn die Ziele des Berufsverbands geeignet sind den Betrieb des Beitragszahlers zu erhalten und zu fördern. Die vom BFH gegebene

Begründung der Entscheidung hat auf die Beurteilung der Parteispenden-Problematik **nicht** aus- 311
gestrahlt im Sinne einer Erweiterung des BA-Begriffs (entgegen der Prognosen von z. B. List,
BB 1984 S. 460, Scharpf/Strobel, DB 1985 S. 1042). In diesem Sinne auch bereits z. B. von Wallis, DStZ 1983 S. 135; Fritz BB 1983 S. 1336.

Im Gegensatz zum FG Köln (Urteil vom 29. 4. 1985, DStZ/E 1985 S. 159) hat der BFH ent- 312
schieden, daß Spenden – im Urteilsfall einer Sparkasse – an staatspolitische Vereinigungen auch
dann **keine** voll abziehbaren BA seien, wenn sie an politische Parteien weitergeleitet werden
(Problematik der „Durchlaufspenden"; vgl. hierzu auch RZ 189 ff – BFH-Urt. vom 25. 11. 1987,
BStBl 1988 II S. 220).

Nach BFH-Urt. vom 4. 3. 1986, BStBl II S. 373 (zur **ESt** ergangen) sind Parteispenden „im allgemeinen" nicht als BA abziehbar. Während der BFH hier offen gelassen hatte, ob sogenannte
„gezielte" Parteispenden oder solche zur „Pflege des geschäftlichen Umfelds" als BA abziehbar
sein können, reicht nach BFH-Urt. vom 25. 11. 1987, BStBl 1988 II S. 220, die Förderung allgemeiner politischer und wirtschaftlicher Rahmenbedingungen für einen BA-Abzug **nicht** aus.

Zur Parteispendenproblematik sei abschließend hingewiesen auf „Grüner Brief" Nr. 245 des
Instituts FSt, DB 1985 S. 1766.

3.2.4.5 Ermittlung der nach § 9 Abs. 1 Nr. 2 KStG abziehbaren Spenden

3.2.4.5.1 Ermittlungszeitraum für Spenden

a) Maßgeblichkeit der Aufwendungen im Wirtschaftsjahr

Nach Abschn. 42 Abs. 3 KStR kommt es auf die **im** – ggf. vom Kalenderjahr abweichenden – 313
Wj. geleisteten Spenden an. Die Finanzverwaltung folgert dies aus der Tatsache, daß die bis
zum 31. 12. 1976 geltende Vorschrift des § 16a Nr. 1 KStDV, die ausdrücklich für den Spendenabzug auf das **Kalenderjahr** abstellte, nicht in das KStG 1977 übernommen worden ist. Auf
das Wj. abzustellen, wäre zumindest nicht zwingend gewesen. Die Anweisung erscheint unsystematisch, da es im Falle des Betriebsvermögensvergleichs **nicht** auf den Abfluß der Ausgaben
(§ 11 Abs. 2 EStG) ankommt.

> **Beispiel für Ermittlung der abzugsfähigen Spenden nach dem Wj:**
> Eine GmbH hat ein Wj. jeweils vom 1. 10. bis 30. 9.
> Spenden: 1. 10. 01 bis 31. 12. 01   500 DM.
> Spenden: 1. 1. 02 bis 30. 9. 02   1 200 DM
>   1. 10. 02 bis 31. 12. 02   2 700 DM.
> Bei der Körperschaftsteuerveranlagung für 02 sind (im Rahmen der Höchstbeträge) 500 DM+1 200 DM
> = 1 700 DM Spenden zu berücksichtigen.
> Entgegen dem Gesetzeswortlaut des § 9 Abs. 1 Nr. 2 KStG sind die abziehbaren Spenden nach der Anweisung des Abschn. 42 Abs. 3 KStR nach dem – hier **abweichenden** – **Wirtschaftsjahr** zu ermitteln,
> **nicht** nach dem Kalenderjahr.

b) Maßgeblichkeit des Einkommens des VZ oder der Summe der Umsätze sowie der Löhne und Gehälter des Kalenderjahr

Für die Berechnung des Höchstbetrags der abziehbaren Spenden ist auf 314
– das Einkommen des **VZ** bzw.
– die Summe der Umsätze, Löhne und Gehälter des Kalenderjahrs
abzustellen (im Unterschied zur Ermittlung der Ausgaben!); Abschn. 42 Abs. 4 KStR.

3.2.4.5.2 Maßgebliches Einkommen (§ 9 Abs. 2 Satz 1 KStG)

Als Einkommen im Sinne dieser Vorschrift gilt das Einkommen **vor Abzug sämtlicher Spen-** 315
den und **vor Abzug des Verlustabzugs (§ 10d EStG).**

3.2.4.5.3 Rechengang bei Spenden mit Zusatzhöchstbetrag

316 Bei Zusammentreffen von Spenden, für die der **zusätzliche** Höchstbetrag von 5% des vorläufigen Einkommen gilt (**wissenschaftliche,** als besonders förderungswürdig anerkannte **kulturelle** Zwecke sowie **mildtätige**), mit anderen Spenden ist nach folgendem **Schema** vorzugehen:

		DM	DM
(1a)	Spenden für wissenschaftliche, mildtätige und kulturelle Zwecke	....	
(1b)	5% des „vorläufigen Einkommens" (höchstens tatsächlicher Spenden)	− .... →	....
	Restbetrag	....	
	+ andere Spenden	....	

		DM	DM
(2a)	Summe	....	
(2b)	5% des „vorläufigen Einkommens" (höchstens Betrag [2a])	.... →	+ ....
	insgesamt abzugsfähig sind →	....	....
	(oder: Höchstbetrag 2‰ der Umsatz- und Lohnsumme)		

317 **Beispiel:**

a) Sachverhalt:

Spenden einer GmbH (Wj. = Kalenderjahr)	
− kirchliche Zwecke	6 000 DM
− politische Partei	2 500 DM
− besonders förderungswürdige kulturelle Zwecke	4 000 DM
Das Einkommen **nach** Abzug sämtlicher Spenden (als Aufwand behandelt) beträgt	87 500 DM
+ sämtliche Spenden (6 000 DM + 2 500 DM + 4 000 DM)	+ 12 500 DM
Einkommen **vor** Spendenabzug	100 000 DM

b) **Ermittlung des Höchstbetrags der abziehbaren Spenden**

Erhöhungsbetrag (für kulturelle Spenden) 5% von 100 000 DM = 5 000 DM, höchstens tatsächliche Aufwendungen	4 000 DM
Höchstbetrag (für sonstige Spenden, hier 6 000 DM; **ohne** Parteispenden) 5% von 100 000 DM =	5 000 DM
abziehbar	9 000 DM
Parteispenden sind ab **VZ 1994 nicht mehr** abziehbar.	
Einkommen **vor** Spendenabzug	100 000 DM
./. abziehbare Spenden	9 000 DM
Einkommen	91 000 DM

3.2.4.6 Sachspenden

318 Nach § 9 Abs. 2 Satz 3 KStG sind § 6 Abs. 1 Nr. 4 Sätze 1 und 2 EStG anzuwenden.

Das bedeutet für den Wert der Spenden:

1. Wird das Wirtschaftsgut aus dem Betriebsvermögen zur Förderung **wissenschaftlicher** Zwecke oder zur Förderung der Erziehung, Volks- und Berufsbildung zugewendet, **kann** es aus dem Betriebsvermögen zum Buchwert ausscheiden (ohne Aufdeckung stiller Reserven), § 6 Abs. 1 Nr. 4 **Satz 2** EStG. In diesem Fall ist eine Spende ebenfalls nur in Höhe des Buchwerts anzusetzen. Bei Ansatz des Teilwerts (mit der Folge der Aufdeckung der stillen Reserven) darf die Spende in Höhe des Teilwerts angesetzt werden.

2. Bei Sachspenden aus dem Betriebsvermögen an **andere Empfänger** darf das Wirtschaftsgut   **318**
das Betriebsvermögen nur zum Teilwert verlassen (§ 6 Abs. 1 Nr. 4 Satz 1 EStG). Hier entspricht der Wert der Spende **stets** dem **Teilwert.**
3. Bei Sachspenden, die **nicht** aus dem Betriebsvermögen zugewendet werden, zum Beispiel bei Vereinen, ist nach dem Wortlaut des § 9 Abs. 2 Satz 3 KStG ebenfalls der Teilwert maßgeblich. Dies erscheint jedoch systemwidrig, soweit eine Körperschaft kein Betriebsvermögen hat (gl. A. Herrmann/Heuer/Raupach, § 9 KStG, Anm. 85). Zutreffender wäre hier der gemeine Wert.

Beispiele:
1. Ein GmbH spendet einem wissenschaftlichen Institut einer Universität ein Kfz:

Buchwert	10 000 DM
Teilwert (entspricht Einkaufspreis im Zeitpunkt der Zuwendung)	12 000 DM
gemeiner Wert (einschl. Umsatzsteuer)	15 000 DM.

Die GmbH kann das Kfz zum Buchwert – also erfolgsneutral – als Spende zuwenden (§ 6 Abs. 1 Nr. 4 Satz 2 EStG). Als Wert der Spende sind 10 000 DM anzusetzen, zuzüglich 15 % USt von 12 000 DM = 1 800 DM, zusammen also 11 800 DM.

Bei erfolgswirksamer Aufdeckung der stillen Reserven von 12 000 DM ./. 10 000 DM = 2 000 DM darf die Spende mit 12 000 DM zuzüglich 1 800 DM USt angesetzt werden.

2. **Abwandlung**

Die GmbH spendet das Kfz dem DRK.

Die stillen Reserven müssen aufgedeckt werden durch zwingenden Ansatz des Teilwerts (§ 6 Abs. 1 Nr. 4 Satz 1 EStG). Spendenhöhe: 12 000 DM, zuzüglich 1 800 DM USt = 13 800 DM.

3. Ein Verein (ohne Betriebsvermögen) spendet den Pkw dem DRK.

Nach § 9 Abs. 2 Satz 3 KStG soll auch hier für die Spendenhöhe der Teilwert (12 000 DM) maßgebend sein, obwohl hier keine Kopplung an die Aufdeckung stiller Reserven des Betriebsvermögens vorliegt.

In diesem Fall soll die USt auf diesen Eigenverbrauch **nicht** zur Spende gehören.

Wenn Sachspenden aus einem Betriebsvermögen Umsatzsteuer auf den Eigenverbrauch auslösen (vgl. BFH, BStBl 1984 II S. 169) dann gehört diese Umsatzsteuer nach Auffassung der FinVerw zu den Spenden (obwohl insoweit keine Zuwendung an einen Empfänger vorliegt); so aber Abschn. 61 LStR. Das Abzugsverbot gemäß § 10 Nr. 2 KStG gilt danach nicht.   **319**

3.2.4.7 Verzicht mit Aufwendungsersatz

Nach § 9 Abs. 2 Satz 4 KStG sind **Aufwendungen zugunsten** einer spendenempfangsberechtigten Körperschaft nur abzugsfähig, wenn die zuwendende Körperschaft auf einen vertraglichen oder satzungsmäßigen **Erstattungsanspruch verzichtet.**   **320**

3.2.4.8 Einschränkung des Spendenabzugs

a) Durch den einschränkenden Zusatz in § 9 Abs. 1 Nr. 2 KStG: „**vorbehaltlich des § 8 Abs. 3 KStG**" soll verhindert werden, daß verdeckte Gewinnausschüttungen, die in „Spendenform" gekleidet sind, als Einkommensverteilung das Einkommen unzulässigerweise mindern. Die Vorschrift hat im wesentlichen Bedeutung für Betriebe gewerblicher Art von Körperschaften, die ihrer Trägerkörperschaft Zuwendungen machen. Solche Zuwendungen müssen als verdeckte Gewinnausschüttungen gewertet werden, **soweit** die Zuwendung nur auf die Tatsache zurückzuführen ist, daß die Körperschaft des öffentlichen Rechts Träger des Betriebs gewerblicher Art ist. Vgl. hierzu im einzelnen Abschn. 42 Abs. 6 KStR, BFH-Urt. vom 1. 2. 1989, BStBl II S. 471 sowie Urt. vom 9. 8. 1989, BStBl 1990 II S. 237.   **321**

b) Ein **steuerpflichtiger wirtschaftlicher Geschäftsbetrieb** einer Körperschaft, die im übrigen wegen Gemeinnützigkeit steuerbefreit ist (§ 5 Abs. 1 Nr. 9 KStG), ist kein selbständiges Steuersubjekt.   **322**

322 Daher sind Spenden, die ein solcher wirtschaftlicher Geschäftsbetrieb an diese Körperschaft zur Förderung deren gemeinnütziger Zwecke gibt, Gewinnverwendungen, die die Einkünfte aus dem wirtschaftlichen Geschäftsbetrieb nicht mindern dürfen (Abschn. 42 Abs. 7 KStR).

323 c) Spenden, die gemeinnützige (nach § 5 Abs. 1 Nr. 9 KStG steuerbefreite) Körperschaften aus ihrem steuerpflichtigen Einkommen aus wirtschaftlichen Geschäftsbetrieben Empfängern zuwenden, die selbst begünstigte Empfänger (§ 48 Abs. 3 EStDV) sind, sind auch dann abzugsfähig, wenn die Empfänger der Spenden die gleichen – gemeinnützigen – Zwecke wie die Spenderin verfolgen (Abschn. 42 Abs. 8 KStR).

d) Wegen der Besonderheiten bei Organschaft mit Gewinnabführungsvertrag vgl. Abschn. 42 Abs. 5 KStR.

3.2.4.9 Vertrauenstatbestand und Haftungsregelung

324 Der Spendenabzug setzt grds. voraus, daß die Ausgabe der Spender-Körperschaft zu steuerbegünstigten Zwecken verwendet wird (BFH-Urt. vom 5. 2. 1992, BStBl II S. 748).

In § 9 Abs. 3 Satz 1 KStG ist jedoch ein gesetzlicher Vertrauenstatbestand für die Spender-Körperschaft enthalten. Das Vertrauen auf die Richtigkeit der Spendenbestätigung gilt bei Erwirkung durch unlautere Mittel oder falsche Angaben oder bei Kenntnis der Unrichtigkeit der Bestätigung, oder Unkenntnis aus grober Fahrlässigkeit nicht. § 9 Abs. 2 Sätze 2 und 3 KStG enthalten darüber hinaus eine **Haftungsregelung** für den **Aussteller** der Bescheinigung bzw. für die Körperschaft.

3.2.4.10 Spendenvortrag für Großspenden

325 Nach § 9 Abs. 1 Nr. 2 Satz 3 KStG ist für bestimmte „Großspenden" ein „Spendenvortrag" möglich.

Überschreitet eine Einzelzuwendung von **mindestens 50 000 DM** zur Förderung wissenschaftlicher oder als besonders förderungswürdig anerkannter kultureller Zwecke die Höchstsätze i. S. des § 9 Abs. 1 Nr. 2 KStG, ist sie im Rahmen der Höchstsätze im Jahr der Zuwendung und in den **folgenden sieben** Veranlagungszeiträumen abzuziehen (entsprechend auch der Regelung in § 10d Abs. 2 EStG).

Hierzu müssen folgende Voraussetzungen erfüllt sein:

– Es muß sich um Einzelspenden von mindestens 50 000 DM handeln
– zur Förderung **wissenschaftlicher** oder als **besonders förderungswürdig** anerkannter kultureller Zwecke, die die Höchstsätze des § 9 Abs. 1 Nr. 2 KStG des Kalenderjahres der Spende überschreiten.

Die Höchstsätze müssen in jedem VZ ausgeschöpft werden.

Zusätzlich zur „Großspende" geleistete Spenden werden vorrangig berücksichtigt.

Die Vergünstigung ist auf **wissenschaftliche** und **kulturelle Zwecke** begrenzt; mildtätige Zwecke sind von der Vergünstigung ausgeschlossen.

Beispiel:

Die GmbH hat im Jahre 01 Ölgemälde im Werte von 100 000 DM (gemeiner Wert) dem Museum in X gegen Spendenbescheinigung übereignet. Das Einkommen 01 beträgt 120 000 DM. Weitere Spenden in 01 2 000 DM i. S. von § 9 Abs. 1 Nr. 2 KStG.

Einkommen 02	150 000 DM
Einkommen 03	180 000 DM
Weitere Spenden in 02 (§ 9 Nr. 3a KStG)	4 000 DM
Durchführung des Spendenabzugs:	100 000 DM
Spende 01	
Höchstbetrag 01	

Einkommen	120 000 DM		**325**
davon 10 v. H. =	12 000 DM		
abzüglich andere Spenden	2 000 DM		
Berücksichtigung 01 =	10 000 DM	./. 10 000 DM	
Vortrag nach 02		90 000 DM	
Einkommen 02	150 000 DM		
davon 10 v. H. =	15 000 DM	./. 15 000 DM	
Vortrag nach 03		75 000 DM	
Einkommen 03	180 000 DM		
davon 10 v. H. =	18 000 DM		
abzüglich übrige Spenden	4 000 DM		
Berücksichtigung 03	14 000 DM	14 000 DM	
Vortragsfähig nach 04 bis 08 =		61 000 DM	

Wegen der Auswirkungen auf die vEK-Gliederung vgl. RZ 1332.

3.3 Nichtabziehbare Aufwendungen

3.3.1 Allgemeines

Nach § 10 KStG besteht ein Abzugsverbot für **326**

a) Aufwendungen für die Erfüllung von Satzungszwecken der empfangenden Körperschaft (§ 10 Nr. 1 KStG; vgl. RZ 332 ff)

b) Nichtabziehbare Steuern (§ 10 Nr. 2 KStG; vgl. RZ 337 ff)

c) Geldstrafen und ähnliche Rechtsnachteile (§ 10 Nr. 3 KStG; vgl. RZ 359 ff)

d) die Hälfte der Vergütungen an die Mitglieder des Aufsichtsrats oder ähnliche mit der Überwachung der Geschäftsführung beauftragte Personen (§ 10 Nr. 4 KStG; vgl. RZ 365 ff).

3.3.2 Subjektiver Geltungsbereich

Die Vorschrift des § 10 KStG gilt für **alle** Körperschaftsteuerpflichtigen, nicht etwa nur für Kapitalgesellschaften. **327**

3.3.3 Objektiver Anwendungsbereich

Das Abzugsverbot gilt für alle in § 10 KStG bezeichneten Aufwendungen, ohne Rücksicht darauf, ob es sich handelsrechtlich um Betriebsausgaben bzw. vom Charakter her um Betriebsausgaben (oder Werbungskosten) handelt (BFH-Urt. vom 31. 5. 1967, BStBl II S. 540). **328**

Beispiele:

a) Aufsichtsratvergütungen sind handelsrechtlich Betriebsausgaben. Trotzdem sind diese Betriebsausgaben bei der Körperschaftsteuer nach § 10 Nr. 4 KStG nur in Höhe von 50% abziehbar, d. h. die Hälfte der Vergütungen ist als nichtabziehbare Betriebsausgabe dem handelsrechtlichen Gewinn hinzuzurechnen.

b) Die Körperschaftsteuer und Vermögensteuer sind Betriebsausgaben, da sie – anders als bei natürlichen Personen – durch den Betrieb veranlaßt sind (§ 4 Abs. 4 EStG), auch wenn sie letztlich auf der sachlichen Steuerpflicht (Vorhandensein einer Körperschaftsteuer- bzw. Vermögensteuer-Bemessungsgrundlage) beruhen; BFH, z. B. Urteil vom 21. 11. 1967, BStBl 1968 II S. 189, betr. Körperschaftsteuer und Vermögensteuer, u. E. zutreffend.

Gleichwohl sind die unter § 10 Nr. 2 KStG fallenden Steuern zur Einkommensermittlung hinzuzurechnen.

§ 10 KStG enthält keine erschöpfende Aufzählung nicht abziehbarer Aufwendungen. Dies wird durch das Wort „auch" im Einleitungssatz der Vorschrift klargestellt.

Es sind daneben – über § 8 Abs. 1 KStG – die Abzugsverbote nach dem EStG und anderen Gesetzen zu beachten (zum Beispiel § 4 Abs. 5 EStG). Vgl. RZ 272 ff.

328 Außerdem können Aufwendungen der Körperschaft bereits deshalb nichtabziehbar sein, weil sie außerhalb der Einkünfteerzielung anfallen (vgl. RZ 245 bis 246), ohne daß sie kraft ausdrücklicher Vorschrift abgezogen werden können (zum Beispiel nach § 9 KStG).

3.3.4 Verhältnis zu § 12 EStG

329 Die Vorschrift des § 12 EStG ist ausdrücklich **nicht** bei der Körperschaftsteuer anwendbar (vgl. Abschn. 26 Abs. 1 Nr. 1 KStR). Dahinter stehen folgende Gründe

- Aufwendungen im Sinne von § 12 Nr. 1 EStG (Lebensführungskosten) setzen eine natürliche Person voraus.
- § 12 Nr. 2 EStG ist – von der Funktion her – für die Körperschaftsteuer ersetzt durch § 8 Abs. 3 KStG (Unerheblichkeit der Einkommensverwendung)
- § 12 Nr. 3 EStG ist ersetzt durch § 10 Nr. 2 KStG.

Trotzdem gebietet es der Grundsatz der Einheitlichkeit der Rechtsordnung, den dem § 12 EStG innewohnenden Besteuerungsgrundsatz auch bei der Körperschaftsteuer anzuwenden. Hiervon geht auch die FinVerw aus.

3.3.5 Körperschaftsteuer-Belastung der nichtabziehbaren Aufwendungen

330 Die Vorschrift des § 10 KStG läßt nicht erkennen, wie hoch die nichtabziehbaren Aufwendungen mit Körperschaftsteuer belastet sind.

- Bei nicht unter das Anrechnungsverfahren fallenden Körperschaften (zum Beispiel Vereinen) ergibt sich die Belastung aus dem auf das zu versteuernde Einkommen anzuwendenden Steuersatz (gemäß § 23 Abs. 2 KStG ab 1994 42%). Diese Belastungshöhe kann sich infolge der Freibeträge gemäß §§ 24, 25 KStG verringern.

331 – Bei in das Anrechnungsverfahren einbezogenen Körperschaften bestimmt sich die Höhe der Körperschaftsteuer-Belastung nach den Gliederungsvorschriften §§ 31, 32 KStG. Nach § 31 KStG sind die sonstigen nichtabziehbaren Aufwendungen (also Personensteuern – § 10 Nr. 2 KStG, Geldstrafen u. ä. Rechtsnachteile – § 10 Nr. 3 KStG) sowie die Hälfte der Aufsichtsratvergütungen (§ 10 Nr. 4 KStG) zuerst vom ungemildert belasteten Teilbetrag des verwendbaren Eigenkapitals (EK 45) abzuziehen, erst nach Aufzehrung des tarifbelasteten EK vom ermäßigt belasteten Teilbetrag (EK 30), **nicht jedoch von unbelasteten Teilbeträgen**.

Soweit die nichtabziehbaren Aufwendungen das EK 45 gemindert haben, wird insoweit die 45%ige Tarifbelastung mit Körperschaftsteuer definitiv, d. h. endgültig. Vgl. hierzu RZ 1210. Insoweit werden die nichtabziehbaren Aufwendungen mit 45/55 = 81,82 % Körperschaftsteuer belastet.

Selbst bei durch Steuerermäßigungen niedrigerer Tarifbelastung als 45% (aber höherer als 30%) wird durch die Aufteilungsrechnung nach § 32 KStG künstlich EK 45 erzeugt, von dem auch hier die nichtabziehbaren Aufwendungen abzuziehen sind. Die **Belastung** der nichtabziehbaren Aufwendungen mit Körperschaftsteuer wird auf diese Weise über die Gliederungsrechnung **verändert** (häufig zum Nachteil der Körperschaft erhöht). Vgl. RZ 1442.

Bei Abzug vom EK 30 beträgt die Definitivbelastung $^{30}/_{70}$ = 42,857 %.

3.4 Aufwendungen zur Erfüllung von Satzungszwecken (§ 10 Nr. 1 KStG)

3.4.1 Grundgedanke der Vorschrift

332 § 10 Nr. 1 KStG bewirkt (oder stellt zumindest klar), daß Aufwendungen einer Körperschaft – vor allem von **Stiftungen** und **Vereinen** – zur Erfüllung der satzungsmäßigen Zwecke den Gewinn bzw. die Einkünfte und damit das Einkommen nicht mindern dürfen. Denn insoweit liegt

eine Einkommensverwendung vor, die den Aufwendungen natürlicher Personen zur privaten Lebenshaltung vergleichbar sind (BFH-Urt. vom 24. 3. 1993, BStBl II S. 637 [638]). Zugeschnitten ist die Vorschrift insbesondere auf Stiftungen und andere Zweckvermögen, die satzungsmäßig Aufwendungen – typischerweise in Form wiederkehrender Leistungen (zum Beispiel Renten, dauernde Lasten) – an ihre Destinatäre – das sind die durch Stiftungsgeschäft mit Zuwendungen aus der Stiftung Bedachten – zu erbringen haben. 332

Dürften solche Lasten das Einkommen mindern, verbliebe meist kein körperschaftsteuerpflichtiges Einkommen mehr. Zur Frage einer Doppelbelastung bei solchen Zuwendungen durch Stiftungen an ihre Destinatäre vgl. Herrmann/Heuer/Raupach, KStG 1977, § 6 S. 5 (grüne Seiten).

3.4.2 Persönlicher Geltungsbereich

Obwohl von der Entstehungsgeschichte auf Stiftungen u. a. Zweckvermögen zugeschnitten, gilt die Vorschrift § 10 Nr. 1 KStG nach ihrem Wortlaut für sämtliche Körperschaften usw., insbesondere für Vereine. 333

Aber für Kapitalgesellschaften und andere Gewerbetreibende hat die Vorschrift nahezu keine praktische Bedeutung.

– Zum einen ist der Gesellschaftszweck einer (nicht steuerbefreiten) GmbH (= Gegenstand des Unternehmens) kein satzungsmäßiger Zweck im Sinne von § 10 Nr. 1 KStG.

– Andererseits dürfen gerade bei Kapitalgesellschaften Gewinnverwendungen bereits nach § 8 Abs. 3 KStG das Einkommen nicht mindern, auch wenn sie als „satzungsmäßiger Gewinnverwendungszweck" festgelegt sein sollten.

Beispiel:

Eine (nicht steuerbefreite GmbH) muß ihren gesamten Gewinn satzungsgemäß an die sie zu 100% beherrschende steuerbefreite Stiftung abführen.

- Die Gewinnabführung ist eine – offene oder verdeckte – Gewinnausschüttung und darf das Einkommen der GmbH nicht mindern (§ 8 Abs. 3 Satz 1 und 2 KStG).

  Auch ein Spendenabzug scheidet daher aus (vgl. den Vorbehalt in § 9 Abs. 1 Nr. 2 KStG; s. RZ 336).

- Die Stiftung ist mit den bezogenen Ausschüttungen partiell körperschaftsteuerpflichtig (§§ 5 Abs. 1 Nr. 9 Satz 2, 5 Abs. 2 Nr. 1 KStG, 20 Abs. 1 Nr. 1 EStG). Die Körperschaftsteuer ist durch den Kapitalertragsteuer-Abzug abgegolten (§ 50 Abs. 1 Nr. 1 KStG). Die Kapitalertragsteuer wird auf Antrag erstattet (§ 44c Abs. 1 Nr. 1 EStG). Vgl. RZ 147 ff.

3.4.3 Satzungsmäßige Zwecke

Satzungsmäßige Zwecke sind Zwecke der Körperschaft, die durch Stiftungsgeschäft, Satzung oder sonstige Verfassung vorgeschrieben sind. Vgl. BFH-Urt. vom 24. 3. 1993, BStBl II 637. 334

Dienen dagegen Aufwendungen zur Erfüllung satzungsmäßiger Zwecke gleichzeitig der **Einkünfteerzielung,** ist § 10 Nr. 1 KStG **nicht** anwendbar. Vielmehr liegen abziehbare Betriebsausgaben oder Werbungskosten vor.

Beispiel:

Eine nicht steuerbefreite Stiftung ist an einer AG beteiligt und bezieht Dividenden, also Einkünfte aus Kapitalvermögen. Nach dem Stiftungsgeschäft muß der Überschuß, der nach Abzug der Verwaltungskosten verbleibt, an die Destinatäre in Form von wiederkehrenden Bezügen ausgezahlt werden.

- Die Verwaltungskosten in unmittelbarem Zusammenhang mit der Aktienbeteiligung sind abzugsfähige Werbungskosten (§§ 9 Abs. 1 Satz 1 EStG, 8 Abs. 1 KStG).

- Die Zuwendungen an die Destinatäre aufgrund Stiftungsgeschäfts dürfen das Einkommen dagegen nach § 10 Nr. 1 KStG nicht mindern.

§ 10 Nr. 1 KStG hat auch Bedeutung bei nach § 5 Abs. 1 Nr. 9 KStG persönlich befreiten Vereinen mit steuerpflichtigen wirtschaftlichen Geschäftsbetrieben (§ 14 AO, Abschn. 27 KStR).

335 Die Einkünfte aus einem wirtschaftlichen Geschäftsbetrieb dürfen nicht durch Ausgaben, die den steuerbegünstigten Vereinszwecken dienen, gemindert werden. Denn die Einnahmen zur Verfolgung der steuerbegünstigten Vereinszwecke in Form der echten Mitgliedsbeiträge sind sachlich steuerbefreit (§ 8 Abs. 7 KStG, Abschn. 38 KStR); vgl. RZ 633 ff.

Das Abzugsverbot ergibt sich hier bereits aus § 3c EStG (vgl. RZ 273), so daß § 10 Nr. 1 KStG insoweit nur klarstellende Funktion hat.

3.4.4 Vorbehalt des Spendenabzugs

336 Aufgrund des § 10 Nr. 1 Satz 2 KStG bleibt der Spendenabzug (§ 9 Abs. 1 Nr. 2 KStG) vom Abzugsverbot ausgenommen. Hierdurch soll klargestellt werden, daß der Spendenabzug nicht deshalb ausgeschlossen sein soll, weil die Körperschaft mit der Spende zugleich satzungsgemäß vorgeschriebene Zwecke verfolgt.

Beispiel:
Ein nach § 5 Abs. 1 Nr. 9 KStG steuerbefreiter Kirchbauverein unterhält einen Andenkenkiosk, der ein steuerpflichtiger wirtschaftlicher Geschäftsbetrieb (§§ 5 Abs. 1 Nr. 9 Satz 2 KStG, 14 AO) sein soll. Laut Vereinssatzung muß der Reingewinn aus dem Kiosk (nach Steuern)

a) an den Verein;

b) an die Kirchenbehörde

zur weiteren Kirchbaufinanzierung abgeführt werden.

Im Fall a) ist der Spendenabzug ausgeschlossen, da der wirtschaftliche Geschäftsbetrieb kein selbständiges Steuersubjekt ist (Abschn. 42 Abs. 6 KStR).

Im Fall b) ist der Spendenabzug nach §§ 10 Nr. 1 Satz 2, § 9 Nr. 3 KStG möglich (unter den allgemeinen Voraussetzungen).

Eine weitergehende Einkommensminderung bei dem wirtschaftlichen Geschäftsbetrieb ist in beiden Fällen (a) und (b) ausgeschlossen (§ 10 Nr. 1 Satz 1 KStG).

3.5 Nichtabziehbare Steuern (§ 10 Nr. 2 KStG)

Literaturhinweise: Horlemann, Rückstellungen für hinterzogene Betriebsteuern und darauf entfallende Hinterziehungszinsen?, BB 1989 S. 2005; **Streck/Mack,** Steuerzinsen: Gestaltungs- und Beratungsempfehlungen für die Praxis, DStR 1989 S. 119, **Korn,** Ertragsteuerliche Beurteilung von Steuerzinsen, Zuschlägen und Nebenleistungen nach der Steuerreform 1990, KÖSDI 4/1989 S. 7596.

3.5.1 Begriff

337 Nichtabziehbar sind bei Körperschaften

– Steuern vom Einkommen
– sonstige Personensteuern
– Umsatzsteuer auf den Eigenverbrauch (vgl. RZ 341 ff) sowie
– nach § 10 Nr. 2 KStG auch bestimmte mit nichtabziehbaren Steuern zusammenhängende Nebenleistungen (vgl. Abschn. 43 KStR).

Die Vorschrift ist mit der einkommensteuerlichen Regelung in § 12 Nr. 3 EStG vergleichbar.

338 **Steuern vom Einkommen** sind

– die Körperschaftsteuer sowie
– die einbehaltene Kapitalertragsteuer (für von der Körperschaft bezogene Kapitalerträge). Bei der zu Lasten einer Körperschaft als Anteilseigner usw. einbehaltenen Kapitalertragsteuer handelt es sich nur um eine besondere Erhebungsform der Körperschaftsteuer.
– die einbehaltene Abzugsteuer nach § 50a Abs. 4 bis 7 EStG bei beschränkt stpfl. Körperschaften.

Sonstige Personensteuern sind 339
- die Vermögensteuer
- der Solidaritätszuschlag (in den VZ 1991/1992 sowie ab VZ 1995)
- Erbschaftsteuer bei Familienstiftungen und -vereinen gemäß §§ 1 Abs. 1 Nr. 4, 9 Abs. 1 Nr. 4 ErbStG.

Nicht unter das Abzugsverbot fallen Kirchensteuern, soweit sie unmittelbar von Körperschaften 340 erhoben werden. Es handelt sich insoweit um abziehbare Betriebsausgaben oder Werbungskosten.

Die nichtabziehbaren Personensteuern gehören an sich zu den **Betriebsausgaben** (für die Körperschaftsteuer und Vermögensteuer bestätigt durch BFH, Urteil vom 15. 12. 1976, BStBl 1977 II S. 220). Sie sind lediglich aufgrund der Vorschrift § 10 Nr. 2 KStG nichtabziehbar.

3.5.2 Umsatzsteuer auf den Eigenverbrauch

Körperschaften sollen nach der Rechtsprechung des BFH **alle** Formen des Eigenverbrauchs verwirklichen können. 341

a) Eigenverbrauch i. S. des § 1 Abs. 1 Nr. 2c UStG

Völlig unzweifelhaft ist der Tatbestand des **§ 1 Abs. 1 Nr. 2c UStG,** das ist bei Körperschaften die Tätigung nichtabziehbarer Aufwendungen i. S. des § 4 Abs. 5 Nr. 1 bis 7 und Abs. 7 EStG (z. B. Geschenke an Geschäftsfreunde über 75 DM) – mit Ausnahmen (z. B. 20%iger nichtabziehbarer Bewirtungskostenanteil). Vgl. Abschn. 10 UStR.

b) Eigenverbrauch i. S. des § 1 Abs. 1 Nr. 2a und b UStG

Aber auch der Tatbestand des § 1 Abs. 1 Nr. 2a UStG (Entnahme von Gegenstände) und § 1 342 Abs. 1 Nr. 2b UStG (Nutzungsentnahme) kann danach von Körperschaften usw. verwirklicht werden. Der „Eigenverbrauch" ist durch die höchstrichterliche Rechtsprechung neu definiert worden. Eigenverbrauch besteht in einer „vom Willen des Unternehmers gesteuerten Wertabgabe des Unternehmens zu unternehmensfremden Zwecken". Er ist daher sowohl bei Einzelunternehmern als auch bei Personen- und **Kapitalgesellschaften** sowie anderen Körperschaften i. S. des KStG möglich (Abschn. 7 Abs. 1 UStR).

Da die unentgeltliche Wertabgabe von Erwerbsgesellschaften an ihre Anteilseigner bereits der Eigenverbrauchsbesteuerung unterliegen kann, bedarf es häufig nicht mehr der Vorschrift des § 1 Abs. 1 Nr. 3 UStG, das ist die Umsatzbesteuerung verdeckter Gewinnausschüttungen (BFH-Urt. vom 3. 11. 1983, BStBl 1984 II S. 169).

Die UStR differenzieren zwar zusätzlich danach, ob die Unentgeltlichkeit
- auch **unternehmensfremden** Gründen beruht (dann Eigenverbrauch, § 1 Abs. 1 Nr. 2 UStG) oder
- im **betrieblichen** Interesse der Körperschaft erfolgte (dann unentgeltliche Leistung i. S. des § 1 Abs. 1 Nr. 3 UStG).

Eine „unentgeltliche vGA aus betrieblichem Interesse" erscheint u. E. jedoch nach den Denkgesetzen sehr fraglich (gl. A. Dötsch, DB 1985 S. 2485, 2486).

Bei einer Konkurrenz der Vorschriften des § 1 Abs. 1 Nr. 3 und des § 1 Abs. 1 Nr. 2 UStG muß daher der Vorschrift des § 1 Abs. 1 Nr. 2 UStG entsprechend ihrer Stellung im Gesetz der Vorrang gegeben werden (FinMin NRW vom 15. 1. 1985, DB 1985 S. 576).

Bejaht man bei einer vGA den Eigenverbrauch i. S. des § 1 Abs. 1 Nr. 2 UStG, fällt die Umsatzsteuer hierauf – anders als bei einer Umsatzbesteuerung nach § 1 Abs. 1 Nr. 3 UStG – nach dem **Gesetzeswortlaut** unter das **Abzugsverbot des § 10 Nr. 2 UStG,** so daß sie dem Jahresüberschuß bei der Einkommensermittlung hinzuzurechnen ist.

Allerdings soll die vGA **wertmäßig** auch die **Umsatzsteuer** umfassen, da der gemeine Wert begrifflich die USt enthält.

343 Daher ordnet Abschn. 31 Abs. 10 Satz 2 KStR zur Vermeidung einer Doppelerfassung an, daß die USt – gemeint ist die durch die vGA ausgelöste Eigenverbrauchs-USt – in den Fällen des Eigenverbrauchs **nicht zusätzlich** nach § 10 Nr. 2 KStG hinzuzurechnen ist.

Hierzu ist folgendes kritisch anzumerken: Nach den KStR hat die **Einkommenserhöhung** gemäß § 8 Abs. 3 Satz 2 KStG durch die vGA in Höhe des **Bruttobetrags einschließlich** der auf die vGA entfallenden USt zu erfolgen. Die Frage nach der Hinzurechnung der USt gemäß § 10 Nr. 2 KStG stelle sich daher bei der **unentgeltlichen** vGA nicht (gl. A. Frotscher/Maas, Anhang zu § 8 KStG, Anm. 132-135; Vfg der OFD Koblenz vom 16. 9. 1985 mit einer Anmerkung von Dötsch in DB 1985 S. 2485). Dem kann u. E. nicht ohne weiteres gefolgt werden.

Der Ansatz der vGA mit einem **Bruttobetrag** hat u. E. nur Bedeutung für die **Ausschüttungsebene** (Herstellen der Ausschüttungsbelastung und Höhe der Einnahmen beim Anteilseigner).

Dagegen ist die Einkommenserhöhung i. S. des § 8 Abs. 3 Satz 2 KStG nur in Höhe der – im Vergleich zu einer Abwicklung als „Fremdgeschäft" – **eingetretenen Gewinnminderung** vorzunehmen. Dies ist stets der **Nettobetrag** ohne USt, da die USt bei einer Leistung an den Gesellschafter zum gemeinen Wert als Entgelt erfolgsneutral gewesen wäre. Siehe auch das Beispiel bei RZ 505 ff.

Die Ausschüttungsbelastung wiederum ist für einen Bruttobetrag – nämlich Nettobetrag zuzüglich der durch die VGA **(tatsächlich) ausgelösten** USt[1] – herzustellen. Für den Ansatz des Vorteils beim Anteilseigner wiederum muß der übliche Endpreis (§ 8 Abs. 2 EStG) einschließlich der bei einem Verkauf zum üblichen Preis anfallenden USt angesetzt werden. Zu diesen **Disgruenzen** vgl. Abschn. 80 Abs. 2 sowie Abschn. 31 Abs. 1 Satz 3 KStR.

344 Systematisch richtiger für die Einkommensebene wäre daher folgende Lösung, falls **Eigenverbrauch** zu bejahen ist:
– Erhöhung des Einkommens um den **Nettobetrag** der vGA (§ 8 Abs. 3 S. 2 KStG) und
– Hinzurechnung der als **Aufwand** gebuchten **USt** auf den Eigenverbrauch (§ 10 Nr. 2 UStG).

Für den Fall, daß man die USt auf vGA als USt auf den Eigenverbrauch ansehen muß, zustimmend Dötsch in Dötsch/Jost/Eversberg/Witt, KStG, Anm. 22 f zu § 10 Nr. 2 KStG; ablehnend Reiß, vGA und USt, DB 1990, 1936 f mit der Begründung, die durch die vGA ausgelöste USt sei durch das Gesellschaftsverhältnis veranlaßt, sei daher gar keine Betriebsausgabe, so daß die Hinzurechnungsvorschrift § 10 Nr. 2 KStG nicht eingreifen könne. Dem ist z. B. entgegenzuhalten, daß letztere Vorschrift hier nicht zwischen verschiedenen Eigenverbrauchsqualitäten unterscheidet. Daraus kann geschlossen werden, daß Eigenverbrauch-USt bei einer Kapitalgesellschaft begrifflich doch als abziehbare Betriebsausgabe betrachtet wird.

Die KStR haben den anderen Weg offenbar gewählt, um die oben dargestellte Disgruenz der verschiedenen vGA-Ebenen zu vermeiden **(Vereinfachung)**.

Darüber hinaus wirkt sich die Verwaltungsauffassung über die **Gliederungsrechnung zugunsten** der Körperschaft aus: Da die USt auf diesen Eigenverbrauch **nicht** als nichtabziehbare Aufwendung i. S. des § 10 Nr. 2 KStG behandelt wird, ist sie auch nicht als „sonstige nichtabziehbare Aufwendung" i. S. des § 31 Abs. 1 Nr. 4 KStG vom belasteten vEK abzuziehen. Hierdurch wird eine Definitivbelastung dieser USt mit Körperschaftsteuer vermieden. Dies erscheint inkonsequent. Vgl. hierzu das Beispiel in RZ 508.

Das Problem wäre u. E. beseitigt, wenn die unentgeltliche vGA nicht als Eigenverbrauch, sondern nach § 1 Abs. 1 Nr. 3 UStG erfaßt würde. Die USt wäre dann abziehbare BA. Reiß, a. a. O., dagegen verneint aber auch hier offenbar das Vorliegen von BA.

c) Verbilligte Leistungen an Gesellschafter

345 Bei verbilligten Leistungen an Gesellschafter liegen Lieferungen bzw. sonstige Leistungen i. S. des § 1 Abs. 1 Nr. 1 UStG vor mit Entgeltskorrektur über die Mindestbemessungsgrundlage (§ 10 Abs. 5 UStG, Abschn. 158 UStR). Die auf die vGA entfallende Umsatzsteuer ist eindeutig als Betriebsausgabe abziehbar, da **kein** „Eigenverbrauch" vorliegt (a. A. Reiß, a. a. O., es gehe auch hier letztlich um Endverbrauch).

---

[1] Nach Verwaltungsauffassung jedoch Nettobetrag zuzüglich – volle – rechnerische USt von 15 % (bzw. 7 %).

Die vGA soll trotzdem mit dem **Bruttobetrag** hinzuzurechnen sein, da es eine entsprechende 345
Gewinnminderung bei der Körperschaft zu neutralisieren gilt (gl. A. Dötsch in Dötsch/Eversberg/Jost/Witt, KStG, Anm. 22g zu § 10). Vgl. hierzu auch RZ 505.

3.5.3 Ausländische Steuern

Auch ausländische Steuern vom Einkommen einer Körperschaft sind nach § 10 Nr. 2 KStG 346
nichtabziehbar. Allerdings ist – wie bei der Einkommensteuer – auch bei der Körperschaftsteuer ein Abzug der ausländischen Steuern bei der **Ermittlung der Einkünfte** möglich (§§ 26 Abs. 6 KStG, 34c Abs. 2, 3 und 6 EStG, Abschn. 76 Abs. 27 KStR). Dieser Abzug bedeutet aber keine Ausnahmeregelung zum Abzugsverbot für Steuern vom Einkommen, sondern es handelt sich materiell um eine Beseitigung bzw. Milderung einer Doppelbesteuerung ausländischer Einkommensteile; vgl. hierzu RZ 925.

3.5.4 Mit Steuern zusammenhängende Leistungen

Mit Steuern zusammenhängende Leistungen teilen grds. das Schicksal der jeweiligen Steuer. 347
Daher sind nach **§ 10 Nr. 2 2. Halbs. KStG** folgende Leistungen ebenfalls nichtabziehbar, wenn sie nichtabziehbare Steuern betreffen – obwohl es sich nicht um „Nebenleistungen" zu Steuern im rechtlichen Sinne handelt:

- Säumniszuschläge (§ 240 AO)
- Verspätungszuschläge (§ 152 AO)
- Zwangsgelder (§ 329 AO).

Nach § 10 Nr. 2 KStG gehören zu den nichtabziehbaren Aufwendungen die auf die Steuern vom 348
Einkommen und sonstigen Personensteuern sowie die Umsatzsteuer für den Eigenverbrauch entfallenden Nebenleistungen, mit **Ausnahme** der **Zinsen** auf **Steuernachforderungen,** der **Stundungs-** und **Aussetzungszinsen** (§§ 233a, 234 und 237 AO).

Kraft der ausdrücklichen Regelung in § 10 Nr. 2 letzter Halbs. KStG können Stundungszinsen (§ 234 AO), Aussetzungszinsen (§ 237 AO) und Zinsen auf Steuernachforderungen (§ 233a AO) als Betriebsausgaben abgezogen werden, auch soweit sie mit nach § 10 Nr. 2 KStG nichtabziehbaren Steuern zusammenhängen.

Anders als bei natürlichen Personen verringern diese Zinsen bei der Körperschaftsteuer den Gewinn aus Gewerbebetrieb.

Bei der Ermittlung des Gewerbeertrages für Zwecke der Gewerbesteuer werden die als Betriebsausgaben abgezogenen Zinsen zur Gleichstellung mit Personenunternehmen jedoch wieder hinzugerechnet (§ 8 Nr. 11 GewStG).

Nicht als Betriebsausgaben abziehbar sind Zinsen auf **hinterzogene Betriebssteuern** (i. S. von § 235 AO; § 4 Abs. 5 Nr. 8a EStG).

Erstattungszinsen sind nach den allgemeinen Grundsätzen als Betriebseinnahmen zu besteu- 349
ern.

3.5.5 Durchführung des Abzugsverbots

Es spielt keine Rolle, ob es sich um Vorauszahlungen oder Bildung/Erhöhung von Rückstellun- 350
gen für solche Steuern und Nebenleistungen handelt.

Die Hinzurechnung ist aber **nicht schematisch,** sondern nur insoweit vorzunehmen, als die Steuern in der Handelsbilanz bzw. Steuerbilanz als Aufwand behandelt worden sind.

Rückstellungen für nichtabziehbare Steuern sind in die Steuerbilanz zu übernehmen, und zwar 351
trotz des Abzugsverbot nach § 10 Nr. 2 KStG. Denn im Rahmen der Gewinnermittlung/Bilanzierung handelt es sich ja um Betriebsausgaben; aufgrund des Maßgeblichkeitsgrundsatzes (§ 5 Abs. 1 Satz 1 EStG) besteht sogar eine Rückstellungspflicht; vgl. RZ 251.

351 Überdies hat unter der Herrschaft des Anrechnungsverfahrens die Übernahme der (vorläufigen) Körperschaftsteuer-Rückstellung (ohne Berücksichtigung der ausschüttungsbedingten Körperschaftsteuer-Änderung nach § 27 KStG) eine wichtige Funktion: Aus dem unter Berücksichtigung der Körperschaftsteuer in Höhe der Tarifbelastung (abzüglich Vorauszahlungen) ausgewiesenen Betriebsvermögen wird nach § 29 KStG das für Ausschüttungen verwendbare Eigenkapital abgeleitet (ausdrückliche Definition!). Vgl. RZ 1297 ff.

352 Zur Rückstellung für **latente** Körperschaftsteuer gemäß § 274 Abs. 1 HGB vgl. nachfolgend 3.5.6.

Aus demselben Grunde sind auch Vorauszahlungen nichtabzugsfähiger Steuern innerbilanziell als Aufwand zu behandeln. Die Hinzurechnung erfolgt erst zum Zwecke der Einkommensermittlung außerhalb der Bilanz.

Das Wahlrecht gemäß R 22 Abs. 3 EStR, Mehrsteuern aufgrund einer Außenprüfung entweder im Entstehungs- oder Nachzahlungsjahr zu berücksichtigen, gilt **nicht** für Körperschaft- und Vermögensteuer-Zahlungen, da es sich **nicht** um abziehbare Steuern handelt.

353 Bei von der Kapitalgesellschaft **bezogenen** Gewinnanteilen/Dividenden aus Beteiligungen an anderen Kapitalgesellschaften entsteht der Anspruch (das Gläubigerrecht) auf den Gewinnanteil grds. mit der Beschlußfassung über die Ausschüttung durch die ausschüttende Gesellschaft und ist daher in diesem Zeitpunkt zu aktivieren. Für die Verwirklichung der Steuergutschrift (= anrechenbaren Körperschaftsteuer) im Sinne von § 20 Abs. 1 Nr. 3, 20 Abs. 3 gemäß § 36 Abs. 2 Nr. 3 EStG, § 49 Abs. 1 KStG ist aber zusätzlich das Vorliegen der Bescheinigung im Sinne von §§ 44–46 KStG erforderlich. Eine Aktivierung der Steuergutschrift ist nur dann vorzunehmen, wenn spätestens im Zeitpunkt der Bilanzerstellung diese Bescheinigung vorliegt.

> **Beispiel:**
> Die A-GmbH (Wj. = Kalenderjahr) ist an der B-AG zu 10% beteiligt. Die Hauptversammlung der B-AG hat für das Wj. 08/09 vom 1. 10. 08 bis 30. 9. 09 am 30. 12. 09 eine Dividende von 70 000 DM (vor Abzug der Kapitalertragsteuer) beschlossen, die ab 2. 1. 10 zahlbar war. Der A-GmbH wurde dementsprechend am 5. 1. 10 eine Dividende von 52 500 DM (netto, nach Abzug der Kapitalertragsteuer) auf einem ihrer Konten gutgeschrieben. Die A-GmbH buchte zu diesem Zeitpunkt: „Bank **an** Beteiligungserträge 52 500 DM." Die Bescheinigung über die anrechenbare Körperschaftsteuer erhielt die A-GmbH im Januar 10; die Bilanz zum 31. 12. 09 wurde im März 10 erstellt.
>
> Der Gewinn der A-GmbH für das Jahr 09 ist **im Ergebnis zutreffend.** KapSt und anrechenbare KSt hätten als Beteiligungsertrag und gleichzeitig als Steueraufwand gebucht werden müssen. Das Einkommen ist jedoch gemäß § 10 Nr. 2 KStG zu erhöhen um
>
> – die Kapitalertragsteuer: $33^{1}/_{3}$% von 52 500 DM = +17 500 DM
> – die **anrechenbare** Körperschaftsteuer:
> $^{3}/_{7}$ von 70 000 DM (§ 36 Abs. 2 Nr. 3 EStG) +30 000 DM
>   insgesamt +47 500 DM

Vgl. zur buchmäßigen Behandlung im einzelnen RZ 1974 ff.

3.5.6 Rückstellung für latente Körperschaftsteuer

354 Bildung und Auflösung einer **Rückstellung für latente Steuern** (insbes. Körperschaftsteuer) nach § 274 Abs. 1 HGB sind **nur** in der **Handelsbilanz** vorzunehmen. Das Steuerbilanzergebnis ist insoweit **nicht** zu korrigieren. Entsprechenden gilt im umgekehrten Fall für den Handelsbilanzposten „latenter Steuerertrag" (§ 274 Abs. 2 HGB).

3.5.7 Erstattung nichtabziehbarer Steuern

355 Erstattungen von Personensteuern dürfen folgerichtig den steuerlichen Gewinn **nicht erhöhen.** Sind sie handelsrechtlich als Ertrag behandelt worden, ist der steuerliche Gewinn entsprechend zu **mindern** (RFH-Urt. vom 8. 2. 1938, RStBl 1938 S. 494).

Die Kürzung erfolgt **außerhalb** der Bilanz.

Beispiel:

Auszug aus der GuV der K-GmbH für Wj. 02

Gesamtleistung (Erträge)	400 000 DM
+ Vermögensteuer-Erstattung für 01	1 000 DM
	401 000 DM
./. betrieblicher Aufwand	278 000 DM
./. **Steuern von Einkommen, Ertrag und Vermögen:**	
Körperschaftsteuer-Vorauszahlung 02	36 000 DM
Körperschaftsteuer-Rückstellung 02	20 000 DM
Vermögensteuervorauszahlung 02	2 000 DM
Gewinn	65 000 DM
Gewinn lt. GuV (Handelsbilanz = Steuerbilanz)	65 000 DM
+ **Hinzurechnung § 10 Nr. 2 KStG**	
Körperschaftsteuer-Vorauszahlung	36 000 DM
Körperschaftsteuer-Rückstellung	20 000 DM
Vermögensteuer	2 000 DM + 58 000 DM
– Vermögensteuer-Erstattung für 01	– 1 000 DM
steuerlicher Gewinn (Einkommen)	122 000 DM

Auch Erstattungen nichtabziehbarer Steuern sind nicht schematisch bei der Einkommensermittlung abzuziehen, sondern nur insoweit, als sie den Gewinn erhöht haben.

Abwandlung des Beispiels (s. oben):

Der Anspruch auf die Erstattung der VSt für 01 ist bereits in der Bilanz zum 31. 12. 01 gewinnerhöhend aktiviert worden. Der in 02 erstattete VSt-Betrag ist bei der Einkommensermittlung für 02 **nicht** zu kürzen, da sich der Gewinn im Jahr 02 nicht um den Erstattungsbetrag erhöht hat (reiner Aktiv-Aktiv-Tausch).

Wie eine Erstattung zu behandeln ist die Auflösung von Rückstellungen für nichtabziehbare Steuern. Hier ist der Gewinn aus der Auflösung der Rückstellung bei der Einkommensermittlung abzusetzen. Wegen der Auflösung einer Rückstellung für latente Körperschaftsteuer (§ 274 Abs. 1 HGB) vgl. oben RZ 354.

Für den Abzug von Erstattungen nichtabziehbarer Steuern kommt es **nicht** darauf an, ob und in welcher Weise sich die Durchführung des Abzugsverbots ausgewirkt hat.

Von einer Erstattung nichtabziehbarer Steuern durch das Finanzamt zu unterscheiden ist die einer Körperschaft **als Schadensersatz erstattete nichtabziehbare Steuer** oder damit zusammenhängende Leistung. Solche Ersatzleistungen durch einen Vertragspartner (zum Beispiel steuerlichen Berater) bedeuten nicht eine Rückabwicklung dieses Steuerverhältnisses, sondern erfolgen auf privatrechtlicher Grundlage. Es handelt sich bei den Ersatzleistungen grds. um steuerpflichtige Betriebseinnahmen (BFH-Urt. vom 8. 12. 1971, BStBl 1972 II S. 292; vom 15. 12. 1976, BStBl 1977 II S. 220, und vom 4. 12. 1991, BStBl 1992 II 696).

Beispiel:

Eine GmbH hat für 01 unstreitig infolge Verschuldens ihres steuerlichen Beraters 10 000 DM zuviel Körperschaftsteuer entrichtet. Daraufhin zahlt die Berufshaftpflicht des Beraters den Betrag von 10 000 DM als Schadensersatz an die GmbH.

Die Schadensersatzleistung ist keine Erstattung einer nichtabziehbaren Steuer, sondern steuerpflichtige Betriebseinnahme (= Urteilsfall, s. o.).

U. E. müßte der zivilrechtliche Anspruch dann allein wegen der Belastung der Schadensersatzleistung mit Körperschaftsteuer um die Körperschaftsteuer-Belastung höher sein.

356 Bei einer 45%igen Tarifbelastung müßte die Ersatzleistung mithin

$$+ \,^{45}/_{55} \text{ von } 10000 \text{ DM} = \begin{array}{l} 10\,000 \text{ DM} \\ \underline{8\,182 \text{ DM}} \text{ Körperschaftsteuer-Belastung} \\ 18\,182 \text{ DM betragen.} \end{array}$$

Fraglich erscheint, ob dabei der Ausschüttungsfall unterstellt werden muß. Dies würde nämlich zu einer Körperschaftsteuer-Minderung von

$$15/55 \text{ von } 10\,000 \text{ DM} = 2\,727 \text{ DM}$$

führen, so daß die Ersatzleistung insoweit nur 18 182 DM – 2 727 DM = 15 455 DM betragen würde.

Außerdem wäre die Belastung mit Gewerbesteuer zu berücksichtigen, da der Schaden nur dann vollständig ausgeglichen ist, wenn der Körperschaft nach Abzug der gesamten Steuerbelastung netto 10 000 DM verbleiben.

357 Sind der Körperschaft dagegen durch Verschulden eines steuerlichen Beraters Einnahmen entgangen, die **nicht** zu **Einkünften** i. S. des EStG gehören (bzw. **steuerfreie** Betriebseinnahmen) sind, so soll nach BFH-Urt. vom 16. 8. 1978, a. a. O., auch eine Entschädigung hierfür **nicht** zu den (steuerpflichtigen) Einkünften gehören (u. E. fraglich).

Beispiel:

Durch Verschulden des Steuerberaters würde ein Antrag auf Investitionszulage nach dem InvZulG nicht rechtzeitig gestellt.

Da die Investitionszulage nach § 3 Abs. 2 InvZulG eine steuerfreie Einnahme ist, soll auch eine Ersatzleistung des Steuerberaters hierfür an die Körperschaft **nicht** zu erfassen sein (BFH, a. a. O.).

3.5.8 Erstattung von mit Steuern zusammenhängenden Leistungen

358 Einer Körperschaft zustehende bzw. zufließende Prozeßzinsen auf Erstattungsbeträge (§ 236 AO) sind steuerpflichtige Erträge (BFH-Urt. vom 18. 2. 1975, BStBl II S. 568).

Danach handelt es sich der Art nach um Zinsen aus sonstigen Kapitalforderungen im Sinne von § 20 Abs. 1 Nr. 7 EStG. Bei Kapitalgesellschaften kommt man über §§ 20 Abs. 3 EStG, 8 Abs. 2 KStG zu steuerpflichtigen Betriebseinnahmen. Die Steuerpflicht von Erstattungszinsen ist folgerichtig.

3.6 Geldstrafen und ähnliche Rechtsnachteile (§ 10 Nr. 3 KStG)

Literatur: Vgl. Hinweise zu Geldbußen (C. 2.5.3).

3.6.1 Grundsätze

359 Nichtabziehbar sind auch die von den Gerichten verhängten **Strafen** und **ähnliche Rechtsnachteile**, selbst wenn sie mit einer der Besteuerung unterliegenden Tätigkeit des Bestraften zusammenhängen (BFH, BStBl 1955 III S. 338 und BStBl 1969 II S. 74).

Sie gelten nach § 10 Nr. 3 KStG stets als **Aufwendungen außerhalb der Unternehmenssphäre.** Die Vorschrift ersetzt die im EStG parallel hierzu eingefügte Vorschrift des § 12 Nr. 4 EStG, die bei der Körperschaftsteuer nicht unmittelbar Geltung hat. Vgl. RZ 274 und 275.

Hinter der Wertung, daß eine mit Strafe bedrohte Handlung stets dem außerbetrieblichen Bereich zuzuordnen ist, steht der Grundsatz der Einheitlichkeit der Rechtsordnung.

3.6.2 Umfang des Abzugsverbots

360 Das Abzugsverbot umfaßt in einem Strafverfahren **festgesetzte** Geldstrafen, sonstige Rechtsfolgen vermögensrechtlicher Art, bei denen der Strafcharakter überwiegt, und Leistungen zur

Erfüllung von Auflagen oder Weisungen, soweit die Auflagen oder Weisungen nicht lediglich 360
der Wiedergutmachung des durch die Tat verursachten Schadens dienen, vgl. im einzelnen
R 120 EStR, H 120 EStH und Abschn. 44 KStR.

a) Geldstrafen

Geldstrafen sind alle so bezeichneten Rechtsnachteile, die von einem Gericht verhängt werden 361
(vgl. Art. 5 EGStGB).

Allerdings sind nach **inländischem** Strafrecht Geldstrafen, Auflagen oder Weisungen gegenüber juristischen Personen **nicht** zulässig. **Insoweit** ist § 10 Nr. 3 KStG mithin gegenstandslos. Bedeutung kann nach § 10 Nr. 3 KStG hinsichtlich der von einem ausländischen Gericht verhängten Geldstrafen erlangen. Die im Ausland festgesetzten Sanktionen können jedoch abziehbar sein, wenn diese Sanktionen wesentlichen Grundsätzen der deutschen Rechtsordnung widersprechen (ordre public), vgl. R 120 letzter Halbs. EStR.

b) Sonstige Vermögensnachteile

Gegen juristische Personen können jedoch sonstige Rechtsfolgen vermögensrechtlicher Art, bei 362
denen der Strafcharakter überwiegt, verhängt werden (§ 75 StGB). In Betracht kommt insbesondere die Einziehung von Gegenständen nach § 74 Abs. 2 Nr. 1 StGB. Vgl. H 120 EStH (Einziehung…).

c) Leistungen zur Erfüllung von Auflagen oder Weisungen in einem Strafverfahren

Diese sind bei juristischen Personen nach **deutschem Strafrecht** unzulässig. Insoweit läuft § 10 363
Nr. 3 KStG wiederum leer.

d) Verfahrenskosten

Verfahrenskosten (Strafverteidigungs- und Gerichtskosten) sind weder „Strafe" noch strafähn- 364
liche Rechtsfolge. Sie sind daher abziehbare Betriebsausgaben oder Werbungskosten, wenn die
dem Verfahren zugrundeliegende Tat eindeutig dem betrieblichen Einkünfte-Bereich zuzuordnen ist (BFH, BStBl 1982 II S. 467, und H 120 EStH (Kosten des Strafverfahrens)). Vgl.
Abschn. 44 letzter Satz KStR.

Ob **Verfahrenskosten** zu den Betriebsausgaben oder zu den nichtabziehbaren Kosten der außerbetrieblichen Sphäre gehören, ist **nicht** davon abhängig, ob eine angeklagte Körperschaft wegen
der ihr zu Last gelegten Tat **verurteilt** oder ob sie wegen erwiesener Unschuld oder mangels Beweises **freigesprochen** worden ist.

Die Verfahrenskosten können daher auch im Falle der **Verurteilung** abziehbare Betriebsausgaben oder Werbungskosten sein.

3.7 Aufsichtsratvergütungen (§ 10 Nr. 4 KStG)

3.7.1 Allgemeines

Kraft ausdrücklicher (wenn auch systematisch nicht begründbarer) Regelung stellt die **Hälfte** 365
von Aufsichtsratvergütungen nichtabziehbare Aufwendungen dar. Diese an die Überwachungsorgane von Körperschaften gezahlten Vergütungen stellen an sich nach § 4 Abs. 4 EStG Betriebsausgaben dar, die ohne die Vorschrift des § 10 Nr. 4 KStG in voller Höhe abzugsfähig
wären.

Das Abzugsverbot gilt für **alle** Körperschaftsteuer-Pflichtigen, nicht nur für Kapitalgesellschaften (auf die die Vorschrift natürlich zugeschnitten ist). § 10 Nr. 4 KStG gilt aber ebenso bei Genossenschaften und Betrieben gewerblicher Art von juristischen Personen des öffentlichen
Rechts (insbesondere bei Sparkassen).

Bei einer **GmbH & Co. KG** gilt das Abzugsverbot nicht, wenn der Aufsichtsrat bei der **KG** bestellt ist (Nds. FG, EFG 1973 S. 512, rkr). Vgl. auch Sudhoff, DB 1968, 196.

365 Die Vergütungen dürften auch voll abzugsfähig sein, wenn der Aufsichtsrat zwar bei der GmbH bestellt ist, die Tätigkeit der Komplementär-GmbH sich aber auf die Geschäftsführung für die KG beschränkt.

3.7.2 Personenkreis und Gremien im Sinne von § 10 Nr. 4 KStG

366 Die Aufzählung des Personenkreises und der Gremien im Gesetz ist beispielhaft.

Außer den aufgezählten Gremien Aufsichtsrat, Verwaltungsrat und Grubenvorstand können zum Beispiel auch Beiräte unter die Vorschrift fallen. Es ist auch denkbar, daß neben einem Aufsichtsrat ein Beirat bestellt wird.

Aufgrund des Gesellschaftsvertrags kann die umfassende Kontrollbefugnis der Gesellschafter auf ein anderes Gesellschaftsorgan, wie einem zu bildenden Beirat, übertragen werden. Vgl. FG Ba.-Wü., EFG 1977 S. 133. Das gilt auch dann, wenn ein Aufsichtsrat besteht. Im Falle des obligatorischen Aufsichtsrates (z. B. AG) können die Gesellschafter ihre Überwachungsrechte, soweit sie nicht dem Aufsichtsrat obliegen, ebenfalls auf ein besonderes Organ übertragen, das neben dem Aufsichtsrat die Geschäftsführung überwacht.

Für die Frage der Abzugsfähigkeit der Vergütungen der Mitglieder ist es entscheidend, ob der Beirat eine erweiterte Geschäftsführung oder aber Überwachungsfunktion wahrnimmt (BFH-Urt. vom 11. 3. 1981, BB 1981 S. 319).

Aufgrund der beispielhaften Aufzählung gilt die Vorschrift für alle Personen, die die Geschäftsführung überwachen; vgl. RZ 367 ff.

3.7.3 Überwachungsfunktion

367 Unter das hälftige Abzugsverbot fallen Vergütungen jeder Art, die an mit der Überwachung der Geschäftsführung beauftragte Personen gewährt werden. Der Begriff der Überwachung ist **weit** auszulegen (Abschn. 45 Abs. 3 Satz 1 KStR).

Das Abzugsverbot gilt für jede Tätigkeit eines Aufsichtsratsmitgliedes, die in dem möglichen Rahmen seiner Aufgaben liegt (Abschn. 45 Abs. 3 Satz 2 KStR).

> **Beispiel:**
> Das Honorar für Finanzierungsberatung einer GmbH durch eines ihrer Verwaltungsratmitglieder fällt noch in den Rahmen der Überwachungstätigkeit, und ist daher nur zu **Hälfte** abzugsfähig (Abschn. 45 Abs. 3 Satz 3 KStR).

Voraussetzung ist also, daß die beauftragte Person nicht ausschließlich beratende Funktion hat, sondern aufgrund der Überwachungsfunktion auch gesellschaftsrechtlich verantwortlich und ggf. schadenersatzpflichtig ist.

> **Beispiel:**
> Ein ausschließlich für die Z-AG selbständig tätiger Finanzierungsberater ist keine mit der Überwachung der Geschäftsführung beauftragte Person, da er nicht für Maßnahmen der Geschäftsführung verantwortlich gemacht werden kann, sondern lediglich im Rahmen des Dienstvertrags. Die Vergütungen sind in voller Höhe abzugsfähig.

368 Auch eine Vergütung, die eine Kapitalgesellschaft einem Mitglied ihres Aufsichtsrats für die Einschaltung in Aufgaben der Geschäftsführung gewährt, fällt unter das hälftige Abzugsverbot (Abschn. 45 Abs. 3 Satz 8 KStR).

Dagegen fallen Vergütungen, die eine Kapitalgesellschaft an den vom Aufsichtsrat zur Unterstützung seiner Kontrollfunktion beauftragten Sachverständigen zahlt, nicht unter § 10 Nr. 3 KStG (BFH-Urt. vom 30. 9. 1975, BStBl 1976 II S. 155; Abschn. 45 Abs. 4 KStR).

Das Abzugsverbot gilt auch bei „gemischter" Tätigkeit.

Der Begriff der Überwachung der Geschäftsführung ist von der Rechtsprechung weit ausgelegt worden. Auch wenn diesem Organ Geschäftsführungshandlungen zugewiesen werden, verliert es nicht seine Eigenschaft als Überwachungsorgan. **369**

Als Überwachungsorgane sind auch solche Einrichtungen anzusehen, die eine Zwischenstellung zwischen Geschäftsführung und Aufsichtsrat einnehmen, aber im wesentlichen oder überwiegend eine überwachende Tätigkeit ausüben.

Die Tätigkeit ist im wesentlichen eine Überwachungstätigkeit, wenn der Beirat wesentlich die Rechte einer Gesellschafterversammlung wahrnimmt. Das gilt auch dann, wenn nach dem Gesellschaftsvertrag bestimmte Geschäfte der Zustimmung des Beirates bedürfen. Die Zustimmung stellt keine Handlung der Geschäftsführung, sondern eine Überwachungsfunktion dar.

> **Beispiel:**
> Die A-GmbH ist eine Organgesellschaft der B-AG. Die A-GmbH hat neben einem Aufsichtsrat noch einen Beirat. Dem Beirat gehören leitende Angestellte der Obergesellschaft (B-AG) an. Der Beirat übt, soweit übertragbar, die Rechte der Gesellschafterversammlung aus und soll die Geschäftsführung beraten und unterstützen. Maßnahmen der Geschäftsführung von wesentlicher Bedeutung bedürfen der Zustimmung des Beirates.
>
> Bei dem Beirat der A-GmbH handelt es sich im wesentlichen um ein Organ mit Überwachungsfunktion. Die Vergütungen an die Mitglieder des Beirates sind daher zur Hälfte dem Einkommen der A-GmbH wieder hinzurechnen.

Denn bei einer GmbH unterliegen Prüfung und Überwachung der Geschäftsführung der Bestimmung durch die Gesellschafter. Das Prüfungs- und Überwachungsrecht der Gesellschafter einer GmbH ist umfassend. Sie können jedes einzelne Geschäft prüfen, sich darüber berichten lassen, die Unterlagen einsehen und die persönliche Berichterstattung anordnen. Sie können auch einen Katalog zustimmungsbedürftiger Geschäfte aufstellen. Schließlich können sie auch mit diesen Überwachungsmaßnahmen ein Gremium beauftragen. Das ist z. B. ein Beirat (BFH-Urt. vom 11. 3. 1981, BB 1981 S. 1319).

3.7.4 Begriff und Umfang der Vergütungen

Vergütungen im Sinne von § 10 Nr. 4 KStG sind **alle** Leistungen, die Entgelt für die Überwachung sind. Dazu gehören auch Tagegelder, Sitzungsgelder, Reisekostenersatz und sonstige Aufwandsentschädigungen. Eine Ausnahme besteht bei gesonderter Erstattung nachgewiesener Aufwendungen, die den tatsächlichen Aufwendungen entspricht. Diese Aufwendungen sind in voller Höhe abziehbar (Abschn. 45 Abs. 1 S. 3 KStR). **370**

> **Beispiel:**
> Außer der Aufsichtsratvergütung wird ohne Nachweis ein Tagegeld von 20 DM je Sitzungstag gewährt. Auch die Tagegelder unterliegen in diesem Falle dem hälftigen Abzugsverbot.

Die auf die Vergütungen entfallende Umsatzsteuer wirkt sich nach Abschn. 45 Abs. 2 KStR wie folgt aus: **371**

Unterliegt die Vergütung bei der Umsatzsteuer der Regelbesteuerung und nimmt die Körperschaft des Vorsteuerabzug (§ 15 UStG) in Anspruch, ist bei der Einkommensermittlung die Hälfte des **Netto**betrags der Vergütung (also **ohne** Umsatzsteuer) hinzurechnen.

Ist die Körperschaft nicht oder nur teilweise vorsteuerabzugsberechtigt, ist außerdem die Hälfte der gesamten oder der nichtabziehbaren Vorsteuer hinzurechnen.

> **Beispiel:**
> a) Die – zum vollen Vorsteuerabzug berechtigte – X-GmbH hat die zu zahlende Verwaltungsratvergütung für 01 wie folgt verbucht:
>
> Konto Vorsteuer 7 500 DM   an sonstige Verbindlichkeiten 57 500 DM
> Aufwandskonto Aufsichtsratvergütungen 50 000 DM

371 Der Handelsbilanz-Gewinn ist gemäß § 10 Nr. 4 KStG um 50% von 50 000 DM = 25 000 DM zu erhöhen.

b) **Abwandlung:** Die Vorsteuer ist nur zu 50% abzugsfähig.
Die Hinzurechnung ermittelt sich wie folgt:

Vergütung	50 000 DM
+nichtabziehbare Vorsteuer (50 %)	3 750 DM
	53 750 DM
Hinzurechnung (50%):	26 875 DM

Verdeckte Gewinnausschüttungen an Aufsichtsratsmitglieder fallen **nicht** unter § 10 Nr. 4 KStG, sondern **vorrangig** unter § 8 Abs. 3 Satz 2 KStG, sind also in **voller** Höhe bei der Einkommensermittlung hinzuzurechnen (BFH-Urt. vom 20. 1. 1993, BStBl II S. 377).

3.7.5 Durchführung des Abzugsverbots

372 Da Aufsichtsratvergütungen usw. sowohl handelsrechtlich als auch nach § 4 Abs. 4 EStG Betriebsausgaben sind, werden im Regelfall die gesamten (Netto-)Vergütungen von der Körperschaft gewinnmindernd behandelt worden sein. Daher ist zur Ermittlung des Einkommens die Hälfte der Vergütungen dem Gewinn hinzuzurechnen.

3.8 Ermittlung des zu versteuernden Einkommens

373 Bemessungsgrundlage für die tarifliche Körperschaftsteuer ist das zu versteuernde Einkommen.

In Abschn. 26a Abs. 1 bringen die KStR ein **Ermittlungsschema** (RZ 374), das die bei der Einkommensteuer zu beachtenden Rechenstufen auch für die Körperschaftsteuer nachvollzieht.

374 Zu beachten ist die Zuordnung des **Spendenabzugs** auf der Rechenstufe vor dem Gesamtbetrag der Einkünfte; vgl. BFH, BStBl 1982 II S. 177; Abschn. 37 Abs. 1 KStR und RZ 301 bis 304. In diesem Punkt weicht das körperschaftsteuerliche Einkommensermittlungsschema von dem einkommensteuerlichen ab. Bedingt ist dies dadurch, daß der BFH (a. a. O.) den Spendenabzug bei der Körperschaftsteuer dem Bereich der Einkunftsermittlung zuordnet (vgl. auch Abschn. 42 Abs. 2 Satz 1 KStR).

375 Ermittlungsschema:

1 Summe der Einkünfte[1] aus den einzelnen Einkunftsarten
2 – Verlustabzugsbetrag (§ 2a Abs. 3 Satz 1 EStG)
3 + Hinzurechnungsbetrag (§ 2 Abs. 1 Satz 3 AIG, § 2a Abs. 3 Satz 3 EStG)
4 = Summe der Einkünfte
5 – Freibetrag bei Einkünften aus Land- und Forstwirtschaft (§ 13 Abs. 3 EStG)
6[2]
7 – Spenden und Beiträge (§ 9 Abs. 1 Nr. 2 KStG)
8 + zuzurechnendes Einkommen von Organgesellschaften (§§ 14, 17, 18 KStG)
9 = Gesamtbetrag der Einkünfte
10 – ggf. Ausgaben im Sinne von § 10 Abs. 1 Nr. 6 EStG, soweit nicht als Betriebsausgaben oder Werbungskosten abziehbar
11 – Verlustabzug (§ 10d EStG, § 2 Abs. 1 Satz 2 AIG, § 2a Abs. 3 Satz 2 EStG)
12 = Einkommen
13 – Freibetrag für bestimmte Körperschaften (§ 24 KStG)
14 – Freibetrag für Erwerbs- und Wirtschaftsgenossenschaften sowie Vereine, die Land- und Forstwirtschaft betreiben (§ 25 KStG)
15 = Zu versteuerndes Einkommen

---

[1] ggf. nach Abzug ausländischer Steuern (§ 26 Abs. 6 KStG i. V. m. § 34c Abs. 2, 3 und 6 EStG)
[2] weggefallen ab VZ 1992; vgl. FN 1.

4. Einkommensermittlung bei nach dem HGB zur Führung von Büchern verpflichteten Körperschaften

4.1 Einkommensermittlung als Gewinnermittlung

Bei den nach dem HGB zur Führung von Büchern verpflichteten Körperschaften, insbesondere **GmbH** und **AG** (§§ 6 Abs. 2, 238 Abs. 1 HGB), ist Einkommensermittlung vorwiegend Gewinnermittlung, da 376

– diese Körperschaften nach dem Körperschaftsteuergesetz ausschließlich Einkünfte aus § 15 EStG haben (§ 8 Abs. 2 KStG) **und**
– handelsrechtlich alle Zu- und Abflüsse – wenn ein betrieblicher Zusammenhang besteht – Ertrag bzw. Aufwand darstellen (soweit sie sich nicht auf gesellschaftsrechtlicher Ebene bewegen, vgl. RZ 398 ff)

Daher haben **steuerfreie Einnahmen** den Handelsbilanzgewinn in der Regel **erhöht**.

Nichtabziehbare Aufwendungen nach dem Einkommensteuergesetz oder Körperschaftsteuergesetz werden dagegen **als Aufwand behandelt** worden sein.

Der Körperschaftsteuer unterliegt jedoch der körperschaftsteuerliche Gewinn (§ 4 Abs. 1, § 5 EStG, § 8 Abs. 1 KStG) unter Berücksichtigung einkommensteuerlicher, körperschaftsteuerlicher und sonstiger Abzugsverbote sowie sachlicher Steuerbefreiungen.

Der Gewinnbegriff des § 4 Abs. 1 EStG gilt auch für die Körperschaftsteuer. Bei Kapitalgesellschaften gibt es allerdings keine „Entnahmen" im Sinne des § 4 Abs. 1 EStG im eigentlichen Sinne, da diese eine Privatsphäre neben dem betrieblichen Bereich des Steuerpflichtigen voraussetzen. Zwar wird aufgrund der BFH-Rechtsprechung bei Kapitalgesellschaften eine Einnahme-Ausgabe-Sphäre außerhalb der Einkünfte bejaht (zum Beispiel einem einkommensteuerlichen „Liebhabereibetrieb" vergleichbare Betätigungen einer Kapitalgesellschaft; vgl. RZ 242 bis 244). 377

Die Überführung eines Wirtschaftsguts in diese „außerbetrieblichen" Sphäre aus dem Betriebsvermögen stellt aber keine „Entnahmen" im Sinne von § 4 Abs. 1 EStG dar.

Bei der Körperschaftsteuer ist allerdings ein modifizierter **Einlage**-Begriff zu beachen. Als Einlagen werden hier durch das Gesellschaftsverhältnis veranlaßte Kapitalzuführungen eines Gesellschafters an die Kapitalgesellschaft bezeichnet. Diese dürfen ebenfalls den Gewinn der Kapitalgesellschaft nicht erhöhen (vgl. im einzelnen RZ 398 ff). 378

Gleichwohl stellt der Unterschiedsbetrag zwischen dem Betriebsvermögen am Schluß des Wirtschaftsjahres und dem Betriebsvermögen am Schluß des vorangegangenen Wirtschaftsjahres noch nicht den körperschaftsteuerlichen Gewinn (§ 8 Abs. 1 und 2 KStG) dar. Vielmehr müssen – ausgehend vom Handelsbilanz- oder Steuerbilanz-Gewinn – Hinzurechnungen und Abrechnungen **außerhalb der Handelsbilanz/Steuerbilanz** vorgenommen werden.

> **Ergebnis:** 379
> Gewinn nach Betriebsvermögensvergleich (§§ 4 Abs. 1, 5 EStG)
> + nichtabziehbare Aufwendungen (z. B. § 3c, § 4 Abs. 5 EStG, § 10 KStG)
> ./. steuerfreie Betriebseinnahmen (z. B. § 3 EStG, Investitionszulage; steuerfreie Auslandseinkünfte)
> = (körperschaftsteuerlicher) Gewinn aus Gewerbebetrieb (= Zeile 1 des Schemas in Abschn. 26a Abs. 1 KStR)

Bei dem Einkommensermittlungsschema in Abschn. 26a KStR ist unterstellt, daß

– Zu- und Abflüsse auf gesellschaftsrechtlicher Ebene (zum Beispiel Einlagen, Gewinnausschüttungen) und
– die nach § 9 Abs. 1 Nr. 2 KStG abziehbaren Spenden

den Gewinn nicht beeinflußt haben.

379 Zwar stuft der BFH den **Spendenabzug** bei der KSt als Gewinnermittlungsvorschrift ein mit der Folge, daß abziehbare Spenden den körperschaftsteuerlichen Gewinn mindern bzw. einen Verlust erhöhen – und damit den Verlustabzug – (BFH-Urt. vom 21. 10. 1981, BStBl 1982 II S. 177).

Trotzdem berücksichtigt die FinVerw – anders als das FG Berlin, EFG 1984 S. 386, rkr – Spenden nicht bereits bei der Gewinnermittlung, aber immerhin – entgegen früherer Auffassung – **vor** (und nicht mehr **nach**) der Rechenstufe „Gesamtbetrag der Einkünfte".

380 Für die Körperschaften, die gemäß § 8 Abs. 2 KStG nur Einkünfte aus Gewerbebetrieb haben, **reduziert** sich das **Schema** der **Einkommensermittlung** i. S. des Abschn. 26a Abs. 1 KStR wie folgt:

1   Gewinn/Einkünfte aus Gewerbebetrieb (§ 8 Abs. 2 KStG[1)2)])
2   – Verlustabzugsbetrag (§ 2a Abs. 3 Satz 1 EStG)
3   + Hinzurechnungsbetrag (§ 2 Abs. 1 Satz 3 AIG, § 2a Abs. 3 Satz 3 EStG)
4   = Summe der Einkünfte
6   – abzugsfähige Spenden und Beiträge (§ 9 Abs. 1 Nr. 2 KStG)
7   + zuzurechnendes Einkommen von Organgesellschaften (§§ 14, 17, 18 KStG)
8   = Gesamtbetrag der Einkünfte
9   – Verlustabzug (§ 10d EStG, § 2 Abs. 1 Satz 2 AIG, § 2a Abs. 3 Satz 2 EStG)
10 = Einkommen/zu versteuerndes Einkommen

Dabei stellt Zeile 1 **nicht** den Handelsbilanz-/Steuerbilanz-Gewinn (Jahresüberschuß) dar, sondern das **körperschaftsteuerliche** Ergebnis

– **nach Abzug** sämtlicher **steuerfreier** Vermögensmehrungen
– **nach Hinzurechnung** sämtlicher **nichtabziehbarer** Aufwendungen.

4.2 Handelsbilanz- und Steuerbilanzgewinn

4.2.1 Jahresüberschuß/Jahresfehlbetrag

381 Das Jahresergebnis der Kapitalgesellschaft – Jahresüberschuß oder Jahresfehlbetrag – ist nach § 266 Abs. 3 A V HGB auf der Passivseite der Handelsbilanz grds. **gesondert** auszuweisen.

Ein Jahresfehlbetrag ist **nicht** auf der Aktivseite auszuweisen, sondern auf der **Passivseite** bei Pos. A V **offen abzusetzen**.

Eine Verrechnung von Gewinn und Verlust mit dem gezeichneten Kapital (Grund- bzw. Stammkapital) ist unzulässig. Die Bilanz ist also stets eine **Bruttobilanz.**

Beim handelsrechtlichen Jahresabschluß einer Kapitalgesellschaft ist daher das Gewinn- und Verlustkonto (= Jahresergebniskonto) grds. über das Bilanzkonto und nicht über ein Kapitalkonto abzuschließen.

382 Die Begriffe „Bilanzgewinn"/„Bilanzverlust" sind **nicht** identisch mit dem „Jahresüberschuß" bzw. „Jahresfehlbetrag" im Sinne des § 266 Abs. 3 A V HGB, insbesondere wegen der vor Feststellung des Jahresabschlusses möglichen Bildung und Auflösung von Rücklagen zu Lasten bzw. zugunsten des auszuweisenden Bilanzergebnisses. Vgl. RZ 392 ff.

Mit dem Jahresüberschuß bzw. Jahresfehlbetrag wird handelsrechtlich wie folgt verfahren:

383 Der Jahresüberschuß eines abgelaufenen Wirtschaftsjahres wird nach der Feststellung des Jahresabschlusses häufig auf ein besonderes Konto übertragen, das sogenannte **Ergebnisverwendungskonto** (Buchung: Bilanzkonto an Ergebnisverwendungskonto). Dort wird das Ergebnis solange gesondert ausgewiesen, bis die Gesellschafterversammlung bzw. Hauptversammlung

---
[1] ggf. gemindert um ausländische Steuern vom Einkommen (§ 26 Abs. 6 KStG i. V. m. § 34c Abs. 2, 3 und 6 EStG).
[2] **vor** Spendenabzug.

über seine Verwendung einen Beschluß gefaßt hat. Die aufgrund des Gewinnverwendungsbe- 383
schlusses zu treffenden Verfügungen sind Geschäftsvorfälle des **neuen** Wirtschaftsjahres. Sie
sind **erfolgsneutral.**

In dem Gewinnverwendungsbeschluß muß bestimmt werden, 384

- inwieweit der Jahresüberschuß verteilt wird.

  Dies kann durch Ausschüttungen an die Gesellschafter oder durch Zuweisungen an Dritte erfolgen (soweit satzungsmäßig bestimmt). Wegen der Berechnung der höchstmöglichen Ausschüttungen vgl. RZ 1232 ff. Soweit **Gewinn**ausschüttungen vorliegen, darf das Einkommen der Kapitalgesellschaft hierdurch nicht gemindert werden. Vgl. RZ 376 ff.

- inwieweit der Gewinn von der Verteilung ausgeschlossen wird:

  Zu diesem Zweck kann die Hauptversammlung bzw. die Gesellschafterversammlung aus dem festgestellten Jahresüberschuß Beträge

  – in „Gewinnrücklagen" (§ 266 Abs. 3 unter A III HGB) einstellen,

  – einem „Gewinnvortrag" (§ 266 Abs. 3 unter A IV HGB) zuführen, d. h. auf „neue Rechnung" vortragen.

  Auch hierdurch darf sich das körperschaftsteuerliche Einkommen nicht mindern. Vgl. RZ 392 ff.

Ein Jahresfehlbetrag wird als Verlustvortrag auf der Passivseite weitergeführt.

Auch ausgehend von einem **Jahresfehlbetrag** eines Wirtschaftsjahres ist körperschaftsteuerlich zunächst eine **reguläre Einkommensermittlung** – insbesondere mit Hinzurechnung nichtabziehbaren Aufwendungen – vorzunehmen.

Der negative Gesamtbetrag der Einkünfte (vgl. Abschn. 26a Abs. 1 KStR) steht als „nicht ausgeglichener Verlust" für den Verlustabzug zur Verfügung. Vgl. RZ 606 ff.

4.2.2 Bilanzgewinn/Bilanzverlust

Vom **Jahresergebnis** ist das **Bilanzergebnis** zu unterscheiden. Die Bilanz darf nämlich auch 385
unter Berücksichtigung der vollständigen oder teilweisen Verwendung des Jahresergebnisses aufgestellt werden (§ 268 Abs. 1 Satz 1 HGB). In diesem Falle tritt an die Stelle der Bilanzposten „Jahresüberschuß/Jahresfehlbetrag" und „Gewinnvortrag/Verlustvortrag" der Bilanzposten „Bilanzgewinn/Bilanzverlust". Ein vorhandener Ergebnisvortrag ist mithin in die Position Bilanzgewinn/Bilanzverlust einzubeziehen. Dies muß in der Bilanz oder im Anhang gesondert angegeben werden.

Der Bilanzgewinn bzw. Bilanzverlust ergibt sich **nach** Vornahme der Korrekturen, die in § 158 Abs. 1 AktG vorgesehen sind (= Verlängerung der GuV-Rechnung).

Somit sind Bilanzgewinn/Bilanzverlust wie folgt zu ermitteln: 386

```
    Jahresüberschuß/Jahresfehlbetrag
+/./. Gewinnvortrag/Verlustvortrag aus dem Vorjahr
+   Entnahmen aus der Kapitalrücklage (vgl. § 272 Abs. 2 HGB)
+   Entnahmen aus Gewinnrücklagen (vgl. auch § 270 Abs. 2 HGB)
./. Einstellungen in Gewinnrücklagen (vgl. auch § 270 Abs. 2 HGB)
=   Bilanzgewinn/Bilanzverlust
```

In den Fällen des § 268 Abs. 1 HGB erfolgt die Einbeziehung eines Ergebnisvortrags sowie die 387
Bildung bzw. Auflösung von Rücklagen im Rahmen der Aufstellung der Bilanz durch Vorstand (AG) bzw. Geschäftsführung (GmbH). Diese Vorgänge sind daher noch im Rahmen des Jahresabschlusses zu buchen, sind also noch Geschäftsvorfälle des **abgelaufenen** Wirtschaftsjahrs (im Gegensatz zur **späteren** Gewinnverwendung durch Beschlußfassung der Hauptversammlung bzw. Geschäftsführung, die Geschäftsvorfälle des **neuen** Wirtschaftsjahrs sind).

Anknüpfungspunkt für die Besteuerung bleibt in diesen Fällen trotzdem der **Jahresüberschuß** (oder es wird für die Einkommensermittlung eine Rückrechnung vorgenommen).

388 Wird – wie in § 268 Abs. 1 HGB vorgesehen – nicht das Jahresergebnis, sondern das Bilanzergebnis ausgewiesen – erlangt die Führung eines **Bilanzergebniskontos** erhöhte Bedeutung.

Auf ihm werden die Vorgänge erfaßt, die das Jahresergebnis noch verändern (s. o.). Sein Saldo ist der Bilanzgewinn (bzw. Bilanzverlust). Erst dann erfolgt der Abschluß auf dem (Schluß-) Bilanzkonto.

Beispiele:
(Buchung und Auswirkung von Gewinnverwendungen)

389 1. Die Handelsbilanz der A-GmbH zum 31. Dezember 02 weist einen **Verlust** von 100 000 DM auf. Am 2. April 03 beschließt die Gesellschafterversammlung, den Verlust in Höhe von 80 000 DM aus vorhandenen sonstigen Gewinnrücklagen zu „finanzieren" sowie den verbleibenden Verlust von 20 000 DM auf neue Rechnung vorzutragen.

Für das Wirtschaftsjahr 02 ergibt sich **keine** Buchung. Die „Gewinnverwendungen" stellen Geschäftsvorfälle des laufenden Wirtschaftsjahres 03 dar.

Buchungen im Wirtschaftsjahr 03 (bei Führung eines „Gewinnverwendungskontos"):

   a. **Eröffnungsbuchung:**
      Gewinnverwendungskonto 100 000 DM **an** Bilanzkonto 100 000 DM

   b. **Beseitigung (Finanzierung) des Verlusts gemäß Beschluß**
      sonstige Gewinnrücklage   80 000 DM
      Verlustvortrag   20 000 DM **an** Gewinnverwendungskonto 100 000 DM

Auswirkungen auf die Besteuerung:

   – Soweit der Verlust aus 02 in 03 durch Rücklagen-Auflösung finanziert wurde, hat sich weder der steuerliche Verlust des Jahres 02 gemindert noch sind Gewinn und Einkommen des Jahres 03 berührt worden: Keine Korrektur erforderlich.

   – Die Buchung auf „Verlustvortrag" hat den Handelsbilanz-Gewinn des Wirtschaftsjahres 03 ebenfalls nicht vermindert.

   Bei der Einkommensermittlung für 03 ist der Handelsbilanz/Steuerbilanz-Gewinn nicht zu erhöhen.

2. Bei der Vorbereitung des Jahresabschlusses 31. Dezember 02 der X-**AG** im März 03 wird der Jahresüberschuß von 480 000 DM nach Abzug der (zutreffend berücksichtigten) Körperschaftsteuer – zulässigerweise unter Beachtung des § 58 AktG – in Höhe von 100 000 DM vorweg einer „sonstigen Gewinnrücklage" zugeführt (§ 268 Abs. 1 HGB). Die Körperschaftsteuer-Änderung (§ 27 KStG) wurde für Zwecke der Körperschaftsteuer-Rückstellung – zutreffend – unter Annahme einer Ausschüttung des verbleibenden Gewinns von 380 000 DM bemessen.

   Es ist ein Handelsbilanzergebnis von 380 000 DM als **„Bilanzgewinn"** auszuweisen. Es handelt sich **nicht** um einen Geschäftsvorfall des Wirtschaftsjahres 03. Bei der Einkommensermittlung für 02 sind 100 000 DM außerhalb der Bilanz dem Bilanzgewinn von 380 000 DM hinzuzurechnen.

3. Abwandlung von Beispiel 2:
   Der gesamte Jahresüberschuß 02 wird im Jahresabschluß vom März 03 in Höhe von 480 000 DM gemäß § 266 Abs. 3 (unter A V) HGB gesondert ausgewiesen. Die Körperschaftsteuer-Änderung (§ 27 KStG) wurde unter Annahme der Vollausschüttung bemessen. Die Hauptversammlung beschließt im Mai 03 abweichend vom Gewinnverwendungsvorschlag des Vorstands – 100 000 DM der sonstigen Gewinnrücklage zuzuführen und nur den verbleibenden Gewinn von 380 000 DM auszuschütten. Es soll ausschließlich EK 45 als für die Ausschüttung verwendet gelten.

Buchungen 03

(unter Verwendung des Gewinnverwendungskontos)

Gewinnverwendungskonto	480 000 DM	Rücklagen	100 000 DM
		Dividendenverpflichtung (Nettobetrag)	285 000 DM (1)
		abzuführende Kapitalertragsteuer	95 000 DM (2)

(1).(2): Der Betrag von 380 000 DM entspricht der Ausschüttung für 02 vor Abzug der Kapitalertrag- **389**
steuer.

Bruttobetrag	380 000 DM
./. 25% Kapitalertragsteuer	95 000 DM
Nettobetrag	285 000 DM

Da die Ausschüttung den ausgewiesenen Jahresüberschuß unterschreitet, entsteht hier durch die Abnahme der ausschüttungsbedingten Körperschaftsteuer-Minderung ein zusätzlicher Körperschaftsteuer-Aufwand für 02 (nicht für 03!), § 27 KStG, 174 Abs. 2 AktG. Der zusätzliche Aufwand ist in dem Beschluß über die Verwendung des Bilanzgewinns anzugeben. Der Gewinnverteilungsbeschluß führt aber **nicht** zu einer Änderung des im März 03 festgestellten Jahresabschlusses 31. 12. 02 (§ 174 Abs. 3 AktG und § 278 letzter Satz HGB).

Da das Betriebsvermögen in der Handelsbilanz 31. 12. 02 um den zusätzlichen Körperschaftsteuer-Aufwand zu hoch ausgewiesen ist, ist es zum 31. 12. 03 **erfolgsneutral** um den Mehraufwand zu mindern, zum Beispiel durch die Buchung Rücklage an Körperschaftsteuer-Rückstellung.

Der zusätzliche Aufwand beträgt in diesem Beispiel – zur Berechnung vgl. RZ 1231 ff –:

Körperschaftsteuer-Minderung

– bei Vollausschüttung:	$^{15}/_{70}$ × 480 000 DM =	102 857 DM
– bei Dividende von 380 000 DM:	$^{15}/_{70}$ × 380 000 DM =	81 428 DM
		+ 21 429 DM

4.2.3 Abweichungen zwischen Handelsbilanz- und Steuerbilanz-Gewinn

Weitere Abweichungen zwischen Handelsbilanz-Gewinn und steuerlichem Gewinn können **390** durch steuerlich unzulässige Wertansätze in der Handelsbilanz entstehen.

Diese können u. a. beruhen auf

– Unterschieden bei den Bewertungsvorschriften §§ 6 ff EStG und §§ 252–256 HGB (insbesondere umfangreichere Aktivierungspflichten im Steuerrecht)
– höheren Abschreibungsmöglichkeiten im Handelsrecht (Hier ist z. T. eine Unterbewertung möglich).

Eine Verpflichtung zur Aufstellung einer Steuerbilanz besteht zwar nicht (Umkehrschluß aus **391** § 60 Abs. 2 Satz 2 EStDV i. V. m. Abschn. 26 KStR), auch nicht für die GmbH und AG. Jedoch ist außerhalb der Handelsbilanz ein Korrekturposten zur Anpassung an die steuerliche Gewinnermittlung zu bilden (§ 60 Abs. 2 Satz 1 EStDV); vgl. Vordruck KSt 1 A bzw. KSt 2 A.

Beispiel:

Die Y-GmbH hat für 02 nur eine Handelsbilanz, also keine Steuerbilanz aufgestellt. Der Handelsbilanz-Gewinn (Jahresüberschuß) beträgt 100 000 DM. Es wird festgestellt, daß in 02 zu Lasten des Handelsbilanz-Gewinns

a) um 5 000 DM zu hohe AfA vorgenommen und
b) eine steuerlich unzulässige Rückstellung von 11 000 DM gebildet wurde.

Handelsbilanz-Gewinn	100 000 DM
+ Korrekturposten nach § 60 Abs. 2 Satz 1 EStDV	
5 000 DM + 11 000 DM =	+ 16 000 DM
steuerlicher Gewinn (vor Korrektur der Körperschaftsteuer-Rückstellung)	116 000 DM

Solche Korrekturposten wirken sich natürlich auf die Höhe des verwendbaren Eigenkapitals im Sinne von § 29 KStG aus, da für dessen Ermittlung bzw. Abstimmung von dem Betriebsvermögen der Steuerbilanz auszugehen ist.

In dem obigen Beispiel erhöht die Hinzurechnung von 16 000 DM den steuerlichen Gewinn und damit auch den Zugang zum verwendbaren Eigenkapital (abzüglich darauf entfallende Tarifbelastung).

4.3 Gewinnrücklagen

392 Der zur Körperschaftsteuer heranzuziehende Gewinn ist **nicht** identisch mit dem Bilanzgewinn bzw. -verlust, wie er im handelsrechtlichen Jahresabschluß ausgewiesen wird (§ 266 Abs. 3 unter AV bzw. § 268 Abs. 1 HGB, § 152 AktG).

Die Abweichungen sind auf die unterschiedlichen Zwecke von handelsrechtlicher und steuerlicher Gewinnermittlung zurückzuführen. Ziel der steuerlichen Gewinnermittlung ist die Erfassung des tatsächlich erwirtschafteten Betriebsgewinns.

393 Das Ziel der **handelsrechtlichen** Gewinnermittlung besteht darin, unabhängig vom wirklichen Betriebsergebnis den Betrag als Gewinn auszuweisen, der zur Ausschüttung an die Gesellschafter in Betracht kommt. Soweit nämlich Ansprüche des Gesellschafters auf den Gewinn bestehen, sind sie – bei der **AG** nach § 58 Abs. 4 AktG und – bei der GmbH – nach § 29 GmbHG begrenzt auf das Bilanzergebnis (Jahresüberschuß/Jahresfehlbetrag, ggf. korrigiert um die in RZ 385 bis 389 beschriebenen Korrekturen).

Folge: Die Handelsbilanz hat bei der AG/GmbH die Funktion einer Gewinnverteilungs- bzw. -verwendungsbilanz.

In dem Gewinnverwendungsbeschluß nach Ablauf des Wirtschaftsjahres muß auch bestimmt werden, inwieweit der Bilanzgewinn von der Verteilung ausgeschlossen ist.

Durch die **Bildung** von Gewinnrücklagen sowie die **Zuführung** zu den Gewinnrücklagen hat sich der ausgewiesene Bilanzgewinn **gemindert**, durch die Auflösung von Gewinnrücklagen zugunsten des Handelsbilanz/Steuerbilanz-Gewinns **erhöht**. Ebenso: wenn im Bilanzgewinn ein **aufgelöster Gewinnvortrag** aus dem Vorjahr enthalten ist.

394 Körperschaftsteuerlich darf der Gewinn aber weder durch Zuführung zur gesetzlichen, noch durch Zuführungen zu sonstigen Gewinnrücklagen beeinträchtigt werden. Die **Auflösung** von Rücklagen darf den steuerpflichtigen Gewinn ebensowenig berühren. Eine **Auflösung** erfolgt handelsrechtlich entweder zur **Erhöhung** des Bilanzgewinns oder sie erfolgt zum **Ausgleich** eines Jahresfehlbetrages.

395 Die Bildung von Gewinnrücklagen in der Handelsbilanz ist bei der **GmbH** in das **Belieben** der Gesellschafterversammlung gestellt, während bei der **AG** zu unterscheiden ist zwischen

– der sogenannten **„gesetzlichen"** Rücklage, in die nach § 150 AktG bestimmte Beträge einzustellen sind, **und**
– der sonstigen Gewinnrücklage, die darüberhinaus freiwillig gebildet werden kann. Die Bildung freier Rücklagen ist bei der AG durch **§ 58 AktG** zum Schutz der Aktionäre eingeschränkt.

Ohne die Vorschrift könnte sonst ständig der gesamte Jahresüberschuß in die Rücklage eingestellt werden, so daß keine Ausschüttungen erfolgen könnten.

Der im festgestellten Jahresabschluß ausgewiesene Gewinn ändert sich nicht dadurch, daß er **nach** Ablauf des Wirtschaftsjahres zur Rücklagenbildung verwendet wird. Diese Rücklagenbildung bzw. -zuführung ist ein Geschäftsvorfall des **neuen (folgenden)** Wirtschaftsjahres.

396 Die **handelsrechtlichen Vorschriften verhindern** aber weder bei der **AG** noch bei der GmbH, daß **vor** der Feststellung des Jahresabschlusses, der als rechtsgeschäftlicher Akt in materieller Hinsicht die Höhe des Bilanzgewinns bindend feststellt, mit Zustimmung des Aufsichtsrats bzw. der Hauptversammlung (§§ 172, 173 AktG) bereits bei der Vorbereitung der Aufstellung des Jahresabschlusses Rücklagen zu Lasten des Betriebsergebnisses gebildet werden.

Hierdurch mindert sich bereits der Ausweis des Bilanzgewinns in der Handelsbilanz/Steuerbilanz für das abgelaufene Wirtschaftsjahr.

Dies muß bei der Einkommensermittlung wiederum durch eine Hinzurechnung außerhalb der Bilanz ausgeglichen werden.

Weiterhin ist es für den handelsrechtlichen Abschluß ohne Bedeutung, ob die Rücklagenbildung aus steuerpflichtigem Gewinn oder steuerfreien Vermögensmehrungen herrührt.

Körperschaftsteuerlich muß aber zwischen Rücklagenbildung aus versteuertem Gewinn bzw. **397**
aus steuerfreien Vermögensmehrungen unterschieden werden. Bei Zuführung zu Rücklagen aus
nicht der Körperschaftsteuer unterliegenden Vermögensmehrungen (z. B. Einlagen der Anteilseigner), die auch nicht zu Lasten des Handelsbilanz-Gewinns erfolgen, entfällt eine Korrektur
außerhalb der Bilanz, da der Bilanzgewinn insoweit zutreffend ausgewiesen ist.

Beispiel 1:

Die Handelsbilanz der Thesaurus-AG zum 31. 12. 02 zeigt folgendes Bild:

Aktiva		Passiva	
verschiedene Aktiva	600 000 DM	gezeichnetes Kapital	250 000 DM
		gesetzliche Rücklage	10 000 DM
		andere Gewinnrücklagen	100 000 DM 1)
		Körperschaftsteuer-Rückstellung	40 000 DM
		Bilanzgewinn	200 000 DM 2)
	600 000 DM		600 000 DM

1) Aus dem Ergebnis für 02 wurden 75 000 DM in sonstige Gewinnrücklagen umgewandelt.
2) Hierin sind 10 000 DM aus der Auflösung des Gewinnvortrags 01 enthalten.

Bilanzgewinn 02	200 000 DM
+ Zuführung zu Rücklagen 02	+ 75 000 DM
– Auflösung Gewinnvortrag 01	– 10 000 DM
Jahresüberschuß 02	265 000 DM

Diese Korrekturen erfolgen außerhalb der Bilanz.

Beispiel 2:

Abwandlung von Beispiel 1:

In Höhe von 20 000 DM wurde – handelsrechtlich zutreffend – im Wirtschaftsjahr 02 durch Zuführung eines Ausgabeaufgeldes von 20 000 DM aufgrund einer Kapitalerhöhung aus Gesellschaftsmitteln eine Kapitalrücklage (§ 272 Abs. 2 HGB) gebildet (Buchung: Bank an Kapitalrücklage). Die Kosten der Kapitalerhöhung von 9 000 DM (ohne Umsatzsteuer) sind in 02 als Aufwand behandelt worden.

Der Bilanzgewinn 02 hat sich durch diese Rücklagenbildung **nicht** gemindert. Da es andererseits sich um eine **nicht** der Körperschaftsteuer unterliegende Vermögensmehrung handelt, die den Bilanzgewinn auch nicht erhöht hat, bedarf der Bilanzgewinn auch insoweit keiner Korrektur. Die Kapitalerhöhungskosten sind voll abziehbare Betriebsausgaben.

Jahresüberschuß (laut Beispiel 1) **unverändert** 265 000 DM

Beispiel 3:

Die V-GmbH hat in 02 einen Jahresfehlbetrag von ./. 100 000 DM erwirtschaftet. Um handelsrechtlich dennoch eine Ausschüttung vornehmen zu können, hat die Gesellschafterversammlung durch Beschluß bereits vom 30. 12. 02 eine versteuerte Gewinnrücklage von 160 000 DM aus 01 zugunsten des Bilanzgewinns 02 aufgelöst (vgl. § 29 Abs. 1 Satz 3 GmbHG), der somit in Höhe von ./. 100 000 DM + 160 000 DM = 60 000 DM ausgewiesen wird.

Bilanzgewinn 02	60 000 DM
./. aufgelöste Gewinnrücklage aus 01	./. 160 000 DM
steuerlicher Verlust bleibt	./. 100 000 DM

der nach Vornahme sonstiger Korrekturen zum Verlustabzug zur Verfügung steht.

4.4 Gesellschaftliche Vermögensmehrungen und -minderungen

Ausgewählte Literaturhinweise: Döllerer, Verdeckte Gewinnausschüttungen und verdeckte Einlagen nach neuem Körperschaftsteuerrecht, BB 1979 S. 57; ders., Die verdeckte Gewinnausschüttung und ihre Rückabwicklung nach neuen Körperschaftsteuerrecht, DStR 1980 S. 395; ders., DB 1986 S. 97; **Wassermeyer,** Einige grundsätzliche Überlegungen zur verdeckten Gewinnausschüttung, DB 1987 S. 1113; **Groh,**

DB 1986 S. 514 (zum Beschluß des Großen Senats vom 26. 10. 1987); **Maas,** Die neue Rechtsprechung des BFH zur verdeckten Gewinnausschüttung, StVj 1990 S. 42; **Scholz,** Zur verdeckten Gewinnausschüttung – eine oder vier Definitionen?, FR 1990 S. 321.

Vgl. auch die Literaturhinweise vor RZ 1167.

398 Gesellschaftliche Vermögensmehrungen (das sind **Einlagen** der Gesellschafter) und gesellschaftliche Vermögensminderungen (**Gewinnausschüttungen** und **Rückzahlung von Kapital** an die Gesellschafter) dürfen das Einkommen – im Gegensatz zu **betrieblich** veranlaßten Vorgängen – nicht berühren.

4.4.1 Gesellschaftliche Einlagen

399 Es ist ein anerkannter körperschaftsteuerlicher Grundsatz, daß gesellschaftliche Einlagen nicht der Körperschaftsteuer unterliegende Vermögensmehrungen sind. Sie erhöhen also **nicht** den **steuerlichen Gewinn** und damit auch **nicht** das **Einkommen** der Kapitalgesellschaft.

Dies steht auch – soweit es sich um gesellschafts**rechtliche** Einlagen handelt – im Einklang mit der handelsrechtlichen Handhabung.

Daß gesellschaftliche Einlagen den Gewinn einer Kapitalgesellschaft nicht erhöhen dürfen, ergibt sich aus dem – gemäß § 8 Abs. 1 KStG auch für die Körperschaftsteuer geltenden – Rechtsgedanken des § 4 Abs. 1 EStG (BFH-Urt. vom 3. 2. 1971, BStBl II S. 408, und **Beschluß** des **Großen Senats** vom 26. 10. 1987, BStBl 1988 II S. 348). Zwar sind gesellschaftliche Einlagen – also Einlagen eines Gesellschafters in eine Kapitalgesellschaft – **rechtlich nicht identisch** mit Einlagen einer natürlichen Person in ihr Personenunternehmen (Einzelunternehmen oder Personengesellschaft). Im Bereich der Kapitalgesellschaften ist unter **Einlagen** die – **offene** oder **verdeckte** Zuführung von Wirtschaftsgütern durch den Gesellschafter in die Gesellschaft zu verstehen. Doch vom wirtschaftlichen Grundgehalt her besteht zwischen beiden Einlageformen wesentliche Übereinstimmung. Daher sind auch beim körperschaftlichen Betriebsvermögensvergleich gesellschaftliche Einlagen abzuziehen (soweit sie das Betriebsvermögen und damit den Gewinn erhöht haben).

Gesellschaftliche Einlagen – als Oberbegriff – sind alle durch das Gesellschaftsverhältnis veranlaßten Kapitalzuführungen eines Gesellschafters in die Kapitalgesellschaft (BFH-Urt. vom 9. 3. 1983, BStBl II S. 744, vom 11. 4. 1984, BStBl II S. 535 und vom 14. 11. 1984, BStBl 1985 II S. 227).

4.4.1.1 Gesellschaftsrechtliche Einlagen

400 Vermögensmehrungen auf **gesellschaftsrechtlicher** Ebene liegen vor allem vor bei der Leistung von **Einlagen** durch die Gesellschafter bei **Gründung** der Körperschaft oder **Kapitalerhöhung.** Es handelt sich um den gesellschaftsrechtlichen Vorschriften entsprechende Einlagen (BFH-Urt. vom 19. 2. 1970, BStBl II S. 442) = **handelsrechtliche Einlagen.**
Hierunter fallen Pflichteinlagen und **freiwillige Einlagen.**

Gesellschaftsrechtliche Einlagen sind
- bei einer AG insbesondere:
  – Leistung des Nennbetrags der Aktien
  – Ausgabeaufgeld (bei Überpari-Emission), § 272 Abs. 2 Nr. 1 HGB
  – Zuzahlung zur Einräumung von Vorzugsaktien (§ 272 Abs. 2 Nr. 3 HGB);
- bei einer GmbH insbesondere:
  – Leistungen auf die Stammeinlage(n)
  – Aufgeld auf die Stammeinlage
  – Nachschüsse (§ 26 GmbHG).

401 Entspricht die Erhebung eines Aufgeldes nicht gesellschaftsrechtlichen Vorschriften, liegt eine verdeckte Einlage vor.

Aufgelder sind nur dann nicht der Körperschaftsteuer unterliegende Vermögensmehrungen, 401
wenn es sich um die **Erstausgabe** (aus der Sicht des Gesellschafters also um **Erwerb**) von Anteilen handelt.

Beispiel:

Eine AG hat zu Beginn des VZ 02 eigene Anteile zum Kurs von 150% erworben. Gegen Ende des VZ 02 veräußert sie einen Teil davon zum Börsenkurs von inzwischen 155% unmittelbar an einen ihrer Aktionäre (der auch die Nebenkosten trug). Der hierbei von der AG erzielte Gewinn unterliegt der Körperschaftsteuer.

Gesellschaftsrechtliche Einlagen können zu **Nennkapital** führen (= Leistungen auf den Nenn- 402
betrag von Aktien bzw. Stammeinlagen) oder die **Rücklagen** erhöhen (z. B. Ausgabeaufgeld).
Bei der AG muß z. B. das Ausgabeaufgeld sogar kraft gesetzlicher Vorschrift (§ 150 Abs. 1
und 2 AktG i. V. m. § 272 Abs. 2 Nr. 1 HGB) in die Kapitalrücklage (§ 266 Abs. 3 A II HGB)
eingestellt werden. Gesellschaftsrechtliche Einlagen haben meist handelsrechtlich den Gewinn nicht erhöht. Insoweit bedarf es keiner Korrektur des Gewinns für die Einkommensermittlung.

Beispiel:

Bei der Gründung der Y-GmbH zum 2. 1. 01 mit einem Stammkapital von 50 000 DM zahlte der Gründungsgesellschafter A 50% der ausbedungenen Stammeinlage von 20 000 DM, also 10 000 DM in bar ein.

Außerdem entrichtete er das Ausgabeaufgeld von 1% der übernommenen Stammeinlage = 200 DM.

Die GmbH weist in der Handelsbilanz zum 31. 12. 01 die Stammeinlage von A auf der Passivseite in Höhe von 20 000 DM aus (enthalten in der Position „gezeichnetes Kapital 50 000 DM"); den Anspruch auf die Resteinzahlung von 10 000 DM hat sie erfolgsneutral aktiviert und das erhaltene Ausgabeaufgeld als Ertrag gebucht.

Weder die Leistung der Einlage von 10 000 DM, noch das Ausgabeaufgeld von 200 DM, noch der Anspruch auf die Resteinzahlung der Stammeinlage führen bei der GmbH zu steuerlichem Gewinn. Der Handelsbilanz-Gewinn ist indes nur um das Ausgabeaufgeld von 200 DM zu mindern, da der Anspruch auf die ausstehende Stammeinlage den Gewinn 01 nicht beeinflußt hat.

Zur **Kapitalerhöhung** vgl. im einzelnen RZ 1820.

4.4.1.2 Verdeckte Einlagen (Abschn. 36a KStR)

Literaturhinweise: Groh, DB 1988, 514 ff und 571 ff.

Verdeckte Einlagen führen zwar zu einer Erhöhung des ausschüttbaren Vermögens der Kapital- 403
gesellschaft, da sie anders als gesellschaftsrechtliche Einlagen nicht Nennkapital werden, sondern **handelsrechtlich** i. d. R. als **Ertrag** zu behandeln sind. Gleichwohl dürfen sie aber ebenfalls nicht den steuerlichen Gewinn und das Einkommen erhöhen (BFH, BStBl 1970 II S. 442).

4.4.1.2.1 Begriff

Verdeckte Einlagen sind weder im **HGB** noch im **KStG** ausdrücklich gesetzlich geregelt. 404
Lediglich § 30 Abs. 2 Nr. 4 KStG verwendet den Begriff **„Einlagen** der Anteilseigner".

Eine verdeckte Einlage liegt nach der BFH-Rechtsprechung vor, wenn

– ein Gesellschafter oder eine ihm nahestehende Person der Kapitalgesellschaft
– einen einlagefähigen Vermögensvorteil
– ohne Gegenleistung zuwendet
– und diese Zuwendung ihre Ursache im Gesellschaftsverhältnis hat (Abschn. 36a Abs. 1 Satz 1 KStR und die dort zitierten BFH-Urteile, insbesondere Urt. vom 14. 11. 1984, BStBl 1985 II S. 227).

404 Es müssen also drei Merkmale erfüllt sein:
(1) Unmittelbare oder mittelbare Zuwendung,
(2) Einlagefähiger Vermögensvorteil,
(3) Ursächlichkeit des Gesellschaftsverhältnisses.

zu (1) Unmittelbare oder mittelbare Zuwendung

405 Die Zuführung des Vermögensvorteils in die Gesellschaft kann

unmittelbar – durch den Gesellschafter selbst zu Lasten seines Vermögens – oder

mittelbar – durch eine dem Gesellschafter nahestehende Person zu Lasten deren Vermögens im Interesse des Gesellschafters – erfolgen (BFH-Urt. vom 30. 4. 1968, BStBl II S. 720, sowie vom 6. 4. 1977, BStBl II S. 574).

Beispiele:

a) Der Gesellschafter der GmbH verzichtet formgültig auf Rückzahlung eines – privat gegebenen – fälligen Darlehens von 100 000 DM, da die GmbH in Liquiditätsschwierigkeiten ist. Geschäftliche Erwägungen des Gesellschafters sind auszuschließen.

Der Vorgang wurde von der GmbH wie folgt verbucht:

aa) Darlehensschuld an sonstige betriebliche Erträge

bb) Darlehensschuld an Rücklagen.

Der Schulderlaß stellt eine verdeckte Einlage dar (unmittelbare, einlagefähige Vorteilszuwendung durch den Gesellschafter selbst). Vgl. BFH-Urt. vom 29. 5. 1968, BStBl III S. 722.

Im Fall aa) ist das Einkommen außerhalb der Bilanz um 100 000 DM zu vermindern.

Im Fall bb) hat die verdeckte Einlage den Gewinn nicht erhöht (bloßer Passiv-Passiv-Tausch), so daß eine außerbilanzielle Verminderung des Einkommens unterbleibt.

b) Abwandlung von Beispiel a):

Die Ehefrau des Gesellschafters verzichtet auf ihre Darlehensforderung gegenüber der GmbH. Auch hier liegt eine verdeckte Einlage vor, da der Gesellschafter der GmbH **mittelbar** eine Zuwendung gemacht hat.

406 zu (2): Einlagefähiger Vermögensvorteil

Einlagefähig sind nur Vermögensvorteile – also Wirtschaftsgüter – die bei der empfangenden Kapitalgesellschaft **bilanzierungsfähig** sind. Dies folgt aus § 4 Abs. 1 Satz 1 EStG, der eine Neutralisierung, das heißt den Abzug von Einlagen i. S. von § 4 Abs. 1 Satz 5 EStG von der Betriebsvermögensveränderung vorschreibt. § 4 Abs. 1 Satz 5 EStG ist über § 8 Abs. 1 KStG entsprechend anwendbar. Nichtbilanzierbare Werte können nicht von der Betriebsvermögensveränderung abziehbar sein. Die Beurteilung erfolgt nach Bilanzrecht (BFH-Urt. vom 22. 11. 1983, BB 1984 S. 513, und Beschluß GrS vom 26. 10. 1987, BStBl 1988 II S. 348).

Ohne Bedeutung ist jedoch das Aktivierungsverbot für unentgeltlich erworbene immaterielle Wirtschaftsgüter nach § 248 Abs. 2 HGB, § 5 Abs. 2 EStG (BFH-Urt. vom 20. 8. 1986, BStBl 1987 II S. 455, und Beschluß GrS vom 26. 10. 1987, a. a. O., S. 353).

Das **Vermögen** der Kapitalgesellschaft muß sich somit **erhöhen,** und zwar durch

– den **Ansatz** (die **Erhöhung**) eines **Aktivpostens** oder
– den **Wegfall** (die **Verminderung**) eines **Passivpostens.**

Der Vermögensvorteil muß aus dem Vermögen des Anteilseigners (oder der nahestehenden Person) in das Vermögen der Kapitalgesellschaft gelangen.

Der Vermögensvorteil muß im Zeitpunkt der Zuwendung bereits **konkretisiert** sein.

Eine Pensionsanwartschaft stellt – auch unter den Voraussetzungen des § 6a EStG – keinen „gegenwärtigen" Vermögenswert dar. Vgl. BFH-Urt. vom 28. 1. 1981, BStBl II S. 612, sowie vom 19. 5. 1993, BStBl 1993 II S. 804. Ein Verzicht auf die Pensionsanwartschaft durch den Gesellschafter-Geschäftsführer stellt daher einen **stpfl. betrieblichen Ertrag (Einkommen)** der Kapitalgesellschaft dar.

Beispiel: 406

a) Wegen einer dem beherrschenden Gesellschafter B erteilten Pensionszusage hat die GmbH eine – steuerlich anerkannte – Pensionsrückstellung zum 31. 12. 05 mit 100 000 DM passiviert.

Anfang 06 verzichtet B rechtswirksam auf die Pensionsanwartschaft. Die GmbH buchte: „Pensionsrückstellung an sonstige Erträge 100 000 DM."

Es liegt **keine** verdeckte Einlage vor. Der Verzicht auf die bloße Pensions**anwartschaft** führte nicht zum Zufluß von Pensionszahlungen.

b) Die unentgeltliche Übertragung eines vorhandenen Geschäftswerts auf eine Kapitalgesellschaft im Rahmen einer Teilbetriebsübertragung führt zu einer (verdeckten) Einlage (entsprechend BFH-Urt. vom 20. 8. 1986, BStBl 1987 II S. 455, zur Übertragung zwischen Schwester-Kapitalgesellschaften, vom 24. 3. 1987, BStBl II S. 705, sowie vom 18. 12. 1990, BStBl 1991 II 512, betr. verdeckte Einlage eines Einzelunternehmens in die GmbH durch einen Gesellschafter ohne Vergütung für einen vorhandenen Firmenwert). Der Geschäftswert ist entgegen § 248 Abs. 2 HGB, § 5 Abs. 2 EStG zu aktivieren und in der StBil mit 1/15 p. a. abzuschreiben (§ 7 Abs. 1 Satz 3 EStG). Solange die HBil nicht an die StBil angepaßt wird, ist in der Steuerbilanz in Höhe des jeweiligen Buchwerts ein steuerlicher Ausgleichsposten zum Eigenkapital auszuweisen.

Eine Buchwertfortführung nach § 7 Abs. 1 EStDV – also ohne Aufdeckung der stillen Reserven und eines vorhandenen Firmenwerts – ist **nicht** möglich, da der verdeckten Einlage zwangsläufig eine Entnahme vorausgeht (s. a. BFH in BFH/NV 1990, 20). Bei dem eingebrachten Unternehmen liegt folglich eine Betriebsaufgabe vor.

Damit sind BFH-Urt. vom 19. 5. 1982, BStBl II S. 631, und vom 22. 11. 1983, a. a. O., wonach auch bei Kapitalgesellschaften das Aktivierungsverbot des § 5 Abs. 2 EStG zu beachten sein soll (Ansatz nur bei entgeltlichem Erwerb) überholt. Das BMF-Schreiben vom 4. 8. 1976, BStBl I S. 418, das auch beim originären Firmenwert eine Einlage bejahte, ist somit wieder zutreffend!

§ 20 Abs. 1 UmwStG 1977 bzw. 1995 kommt **nicht** zum Zuge, weil der Betrieb auf die GmbH übertragen wird, ohne daß der Stpfl. hierfür neue Anteile erhält. Vgl. RZ 2212 ff.

Eine entsprechende Anwendung des § 20 UmwStG 1977 bzw. 1995 auf die unentgeltliche Übertragung eines Betriebes durch den Gesellschafter in eine zuvor bar gegründete GmbH ist nicht möglich (anderer Ansicht Urteil des FG Düsseldorf vom 19. 12. 1985, EFG 1986 S. 375). Die Vorschrift setzt eine gesellschaftsrechtliche Einlage zwingend voraus (vgl. BFH-Urteil vom 20. 8. 1986, BStBl 1987 II S. 455).

Auch unter dem Gesichtspunkt einer sog. verschleierten Sachgründung kommt § 20 Abs. 1 UmwStG 1977 bzw. 1995 nicht zur Anwendung.

Die Voraussetzungen für eine verschleierte Sachgründung liegen nicht vor. Die Bareinlage ist in die GmbH eingebracht worden und bei ihr verblieben.

Es kann sich bei der Einlage **auch** um **Privatvermögen** des Gesellschafters handeln (BFH-Urt. vom 24. 3. 1993, BStBl II S. 799).

Nutzungs- und Gebrauchsüberlassung

Die Überlassung des Gebrauchs oder der Nutzung eines Wirtschaftsguts kann **nicht** Gegenstand einer Einlage sein (Bestätigung von Abschn. 36a Abs. 2 Satz 1 KStR durch Beschluß GrS vom 26. 10. 1987, BStBl 1988 II S. 348). 407

Das gilt für **unentgeltliche Dienstleistungen** eines Gesellschafters an seine Kapitalgesellschaft entsprechend (BFH-Urt. vom 14. 3. 1989, BStBl II S. 633).

Beispiel:

Der Gesellschafter-Geschäftsführer einer GmbH erbringt seine Tätigkeit in der Anlaufphase ohne Gegenleistung (keine Gehaltsvereinbarung), obwohl ein fremder Geschäftsführer ein Monatsgehalt von 10 000 DM erhalten würde. Hierdurch erspart die GmbH im Wj. 120 000 DM Lohnaufwand.

Es liegt **keine** verdeckte Einlage vor.

407 Demnach stellt z. B. der Vorteil der **zinslosen** oder **zinsverbilligten Darlehnsgewährung** an eine Kapitalgesellschaft durch ihren Gesellschafter **keine** Einlage dar (Abschn. 36a Abs. 2 Satz 3 KStR). Das gilt auch, wenn der Gesellschafter ein verzinsliches Darlehn aufnimmt, um die eigene Darlehnsgewährung an die Kapitalgesellschaft zu refinanzieren. Zur Behandlung der Zinsaufwendungen bei dem Gesellschafter vgl. RZ 414. Der **Gewinn** der Kapitalgesellschaft **erhöht** sich infolge des Fehlens eigenen Zinsaufwands entsprechend. Hieran nehmen die Gesellschafter anschließend in Form von Gewinnausschüttungen teil.

Beispiel:

Der Gesellschafter gibt „seiner" GmbH ein Fälligkeitsdarlehn von 100 000 DM

a) zinslos;

b) zu 6% Zinsen.

Der Marktzins betrüge 10%.

Die Zinsersparnis der GmbH (im Fall a) 10% = 100 00 DM p. a., bei b) 4% = 4 000 DM p. a.) ist kein einlagefähiger Vermögensvorteil, da es sich um die Nutzung eines Wirtschaftsgutes (Kapitalnutzung) handelt.

Handelt es sich dagegen nicht um einen bloßen Verzicht des Gesellschafters auf Einnahmen aus der Nutzung eines Wirtschaftsguts, sondern um den Verzicht auf die Erstattung gewinnmindernder Zinsaufwendungen, ist eine verdeckte Einlage denkbar, wenn die Zinsaufwendungen in unmittelbarem wirtschaftlichen Zusammenhang mit der Darlehnshergabe stehen und die Kapitalgesellschaft diese Zinsen vor dem Verzicht durch den Gesellschafter als Verbindlichkeit ausweisen mußte (BFH-Urt. vom 24. 5. 1984, BStBl II S. 747).

Beispiel:

Aus gesellschaftsrechtlichen Gründen verzichtet der Gesellschafter einer GmbH auf die vereinbarten Zinsen für das Jahr **01** am 2. 1. **02**.

Es liegt eine verdeckte Einlage in 02 vor. Gleichzeitig ist ein Zufluß der Zinsen beim Gesellschafter anzunehmen. Die zugeflossenen Zinsen verwendet er, um sie verdeckt in die Gesellschaft einzulegen.

Dagegen hätte ein Verzicht vor der Entstehung der Vergütungen **keinerlei** ertragsteuerliche Folgen.

Entsprechendes gilt bei einer unentgeltlichen oder verbilligten Überlassung von Wirtschaftsgütern sowie anderen Leistungen.

408 Bei einer **Betriebsaufspaltung** ist zu beachten:

Der Pachtvertrag zwischen dem Besitzunternehmen und der Betriebskapitalgesellschaft ist auch dann steuerlich anzuerkennen, wenn aus gesellschaft(srecht)lichen Gründen eine niedrigere Pacht vereinbart wird, als sie von Fremden gefordert werden könnte. Führt die zu niedrige Pachtvereinbarung beim Besitzunternehmen ständig zu Verlusten, so liegt **in Höhe der Verluste keine** verdeckte Einlage vor.

Nachdem bereits der BFH im Urteil vom 22. 11. 1983 (BB 1984 S. 513) das Vorliegen einer verdeckten Einlage bezweifelt hatte, muß die Annahme einer verdeckten Einlage aufgrund des Beschlusses BFH, GrS, BStBl 1988 II S. 348, verneint werden (Nutzungsvorteile sind **keine** verdeckten Einlagen).

Auch bei Dauerverlusten ist **nicht** die Annahme von „Liebhaberei" zu prüfen. Vielmehr ist die erforderliche **Gewinnerzielungsabsicht** des Besitzunternehmens in diesen Fällen **auch** dann gegeben, **wenn dieses wegen der fehlenden oder niedrigen Pacht Verluste** erwirtschaftet. Die **Gewinnerzielungsabsicht liegt hier in dem Streben begründet, mittels der im Betriebsvermögen gehaltenen Anteile an der Betriebskapitalgesellschaft gewerbliche** Beteiligungserträge zu erzielen (BFH-Urt. vom 24. 4. 1991, BStBl II S. 713).

409 **zu (3): Ursächlichkeit des Gesellschaftsverhältnisses**

Die Ursächlichkeit des Gesellschaftsverhältnisses ist gegeben, wenn ein Nichtgesellschafter bei Anwendung der Sorgfalt eines ordentlichen Kaufmanns (§ 347 BGB) den Vermögensvorteil der Gesellschaft nicht eingeräumt hätte (Abschn. 36a Abs. 1 Satz 2 KStR und die dort zitierten BFH-Urteile).

Diese Umschreibung der verdeckten Einlage bedeutet quasi – **insoweit** – eine Umkehrung des **409** Begriffs der verdeckten Gewinnausschüttung (vgl. Abschn. 31 Abs. 3 Satz 3 KStR). Es besteht jedoch **keine** Deckungsgleichheit, da unentgeltliche Nutzungen und Leistungen zwar Gegenstand einer vGA, nicht jedoch einer verdeckten Einlage sein können.

Damit entsprechen die Phänotypen gesellschaftlich veranlaßter Vorteilszuwendungen teilweise – bis auf die vorgenannte Ausnahme – denen der verdeckten Gewinnausschüttung, nur mit „umgekehrtem Vorzeichen".

Das Kriterium „Sorgfalt eines ordentlichen Kaufmanns" (vgl. § 347 HGB) ist handelsrechtlich ebenso hinreichend konkretisierbar wie die „Sorgfalt eines ordentlichen und gewissenhaften Geschäftsleiters" nach GmbHG/AktG im Sinne der verdeckten Gewinnausschüttung.

Damit ist – wie bei der verdeckten Gewinnausschüttung – u. E. auch die sogenannte Fiktionstheorie anzuwenden, die gedanklich zunächst eine Abwicklung des Vorgangs zu Bedingungen wie unter Fremden mit anschließender Vorteilsgewährung (Rückgewähr eines Teilentgelts) fingiert. Vgl. RZ 478. Die Anwendung der Fiktionstheorie hat bei verdeckten Einlagen jedoch ihre Grenzen: Insbesondere ist sie nicht anwendbar bei Gebrauchs- und Nutzungsüberlassung eines Wirtschaftsguts (vgl. oben zu (2).).

Es bedarf keiner Einigkeit der Kapitalgesellschaft und des Anteilseigners, daß die Zuwendung mit Rücksicht auf das Gesellschaftsverhältnis erfolgt (BFH, BStBl 1975 II S. 123) – wie bei einer vGA (vgl. RZ 443).

4.4.1.2.2 Abgrenzung zwischen gesellschaftsrechtlichen und verdeckten Einlagen

Sowohl gesellschaftsrechtliche (= **handelsrechtliche**) wie verdeckte Einlagen sind **gesell-** **410** **schaftlich** veranlaßt. Sie unterscheiden sich aber nach ihrem Zustandekommen wie folgt:

– Gesellschaftsrechtliche Einlagen beruhen – gleichgültig, ob es Pflichteinlagen oder freiwillige Einlagen sind – auf gesellschaftsrechtlichen Vorschriften (also insbesondere auf dem GmbHG und AktG). Durch sie kann (muß aber nicht) ein Gesellschaftsverhältnis begründet werden.
– verdeckte Einlagen entspringen dagegen bloß einer gesellschaftlichen Interessenlage. Die Begründung eines Gesellschaftsverhältnisses durch sie ist ausgeschlossen.

In der körperschaftsteuerlich einkommensneutralen Behandlung unterscheiden sich beide Formen aber nicht.

> **Beispiel:**
> Rückzahlung von verdeckten Gewinnausschüttungen:
> Jedenfalls bei beherrschenden Gesellschaftern einer Kapitalgesellschaft stellt die Rückzahlung einer verdeckten Gewinnausschüttung – soweit die verdeckte Gewinnausschüttung nicht ausnahmsweise mit Wirkung für die Vergangenheit beseitigt werden kann – eine (gesellschaftliche) Einlage dar; BMF-Schreiben vom 6. 8. 1981, BStBl I S. 599. Vgl. hierzu näher RZ 1192 und RZ 581 ff.
> – Erfolgt die Rückzahlung der verdeckten Gewinnausschüttung aufgrund der §§ 62 AktG, 31 GmbHG als Erstattung verbotener, weil nennkapitalverzehrender Rückzahlungen an die Gesellschafter, so liegt eine gesellschafts**rechtliche** Einlage vor.
> – Erfolgt die Rückzahlung aufgrund einer vom Gesellschafter freiwillig eingegangenen Vereinbarung mit der Kapitalgesellschaft oder freiwillig, so liegt eine **verdeckte** Einlage vor.

4.4.1.2.3 Sonderfälle

4.4.1.2.3.1 Sanierung durch Gesellschafterverzicht

Durch eine **Kapitalherabsetzung** als Sanierungsmaßnahme bei einer Kapitalgesellschaft ohne **411** entsprechende Rückzahlung des freiwerdenden Kapitalbetrags an die Gesellschafter entsteht ein entsprechend hoher buchmäßiger Gewinn. Typische Gestaltungen sind hierbei:

411 – Kapitalherabsetzung einer AG, verbunden mit Vernichtung eigener Aktien, die der AG unentgeltlich von ihren Aktionären übertragen wurden
– Kapitalherabsetzung einer GmbH, verbunden mit Verzicht der Gesellschafter auf ihren Rückzahlungsanspruch.

Da es sich um gesellschaftlich veranlaßte Vorgänge handelt, liegen nicht der Körperschaftsteuer unterliegende **verdeckte Einlagen** vor. Soweit sich der Handelsbilanz-Gewinn erhöht hat, ist er außerhalb der Bilanz zu vermindern. Die sachliche Steuerbefreiung des § 3 Nr. 66 EStG ist **nicht** anwendbar.

Beispiel:

A	Handelsbilanz X-GmbH	31.12.09		P
Verschied. Aktiva	360 000 DM	gezeichnetes Kapital		150 000 DM
		Verbindlichkeiten		310 000 DM
		./. Verlustvortrag		100 000 DM
	360 000 DM			360 000 DM

Am 5.1.10 beschließen die Gesellschafter infolge der Überschuldung der GmbH formgültig die Herabsetzung des – voll eingezahlten – gezeichneten Kapitals um 100 000 DM auf 50 000 DM (= Mindeststammkapital). Eintragung in das Handelsregister erfolgte am 10.1.10. Buchung bei der GmbH: „gezeichnetes Kapital an Rückzahlungsverpflichtung 100 000 DM."

Am 11.1.10 verzichteten die Gesellschafter formgültig auf die ihnen zustehende Kapitalrückzahlung von 100 000 DM.

Buchung bei der GmbH: „Rückzahlungsverpflichtung an Verlustvortragskonto 100 000 DM."

Da der Ertrag aus dem Gesellschafterverzicht erfolgsneutral zur Beseitigung des Verlustvortrags verwendet wurde, ist der Betrag der verdeckten Einlage nicht besonders vom Handelsbilanz-Gewinn abzuziehen.

Zur Abgrenzung von **steuerfreien Steuerungsgewinnen** vgl. RZ 263 (mit Beispiel) sowie RZ 264.

4.4.1.2.3.2 Eigenkapitalersetzende Gesellschafterdarlehn (§§ 30, 31 sowie 32a, 32b GmbHG)

412 Bei Gesellschafterdarlehn an eine überschuldete Kapitalgesellschaft handelt es sich grundsätzlich **nicht** um eine verdeckte Einlage **(kein** verdecktes Stammkapital); BFH, Urteil vom 10.12.1975, BStBl II 1976, S. 226, Urteil vom 16.7.1986, BFH/NV S. 326, sowie Urteil vom 5.2.1992, BStBl II S. 533.

Danach hat das BMF-Schreiben vom 16.3.1987, BStBl I S. 373, **keine** Rechtsgrundlage. Nach Auffassung des BFH ist der Gesellschafter einer Kapitalgesellschaft zivilrechtlich frei, seine Gesellschaft entweder mit Eigen- oder mit Fremdkapital zu finanzieren. Die Finanzierungsfreiheit des Gesellschafters ist zivilrechtlich nur insoweit beschränkt, als er ggf. den Haftungsfolgen aus den §§ 30, 31 bzw. aus den §§ 32a, 32b GmbHG unterliegt.

Eigenkapitalersetzende Darlehen sind daher in der Handelsbilanz grundsätzlich als Fremdkapital zu passivieren.

Sie sind geeignet, eine Zinsverbindlichkeit gegenüber dem Gesellschafter entstehen zu lassen, die ebenfalls in der Handelsbilanz zu Lasten des Gewinns zu passivieren ist.

Diese handelsrechtliche Behandlung schlägt nach Auffassung des BFH auf die steuerrechtliche Beurteilung durch. Das KStG enthält keine Bestimmung, wonach eine Kapitalgesellschaft über das gezeichnete Kapital hinaus mit einer bestimmten Eigenkapitalquote ausgestattet sein muß.

Für den Ansatz eigenkapitalersetzender Darlehen und der dadurch ausgelösten Zinsverbindlichkeit in der Steuerbilanz gilt somit der Maßgeblichkeitsgrundsatz (§ 5 Abs. 1 Satz 1 EStG).

Die Feststellung eines „Gestaltungsmißbrauchs" i. S. des § 42 AO kann allein aufgrund des ungewöhnlich hohen Fremdfinanzierungsanteils nicht getroffen werden.

Das entgegenstehende BMF-Schr. vom 16. 3. 1987 (a. a. O. – Verwaltungsanweisung zur **412** Gesellschafter-Fremdfinanzierung; vgl. RZ 588 ff) ist durch BMF-Schreiben vom 17. 9. 1992, BStBl I S. 653, **ersatzlos** aufgehoben worden.

Danach ist das Urteil vom 5. 2. 1992 (a. a. O.) bei allen noch nicht bestandskräftigen Fällen zu beachten.

Die allgemeinen Grundsätze der verdeckten Gewinnausschüttung sind im Falle der Gesellschafter-Fremdfinanzierung weiter anzuwenden (vgl. Abschn. 31 KStR sowie z. B. zur verzinslichen Darlehensgewährung in Höhe der noch nicht erfüllten Einlageverpflichtung das BFH-Urteil vom 5. 2. 1992, a. a. O.,; zur mangelnden Erstausstattung einer Kapitalgesellschaft das BFH-Urteil vom 23. 5. 1984, BStBl 1984 II S. 673). In den Fällen einer Einschaltung einer durch den Gesellschafter fremdfinanzierten Gesellschaft, die außer dem Halten von Beteiligungen keine weitere wirtschaftliche Aktivität entfaltet, ist weiterhin nach den Grundsätzen der Rechtsprechung des BFH zu den Basisgesellschaften zu prüfen, ob diese Gesellschaft steuerlich anzuerkennen ist (vgl. BFH-Beschluß vom 25. 2. 1991, BStBl II 1991 S. 691). Auch die Einräumung besonderer Rückzahlungsbedingungen rechtfertigt es grundsätzlich nicht, die Gewährung eines Darlehns rechtlich oder wirtschaftlich einer Erhöhung des Stammkapitals gleichzusetzen.

Liegt **kein** Verzicht des (der) Gesellschafter(s) auf die Geltendmachung der Darlehnsforderung vor, so ist das Darlehn als Fremdkapital (mit schuldrechtlichem Charakter) einzustufen, weil ihm nicht in jeder Weise uneingeschränkt die Funktion von Stammkapital zukommt. Auch die u. U. bei einer GmbH für die Dauer einer Überschuldung erfolgende – also zeitlich begrenzte – handelsrechtliche Umqualifizierung in „haftendes" Stammkapital aus Gründen des Gläubigerschutzes ändert daran körperschaftsteuerlich nichts. Dieses handelsrechtliche Instrument beruhte früher auf der BGH-Rechtsprechung (zum Beispiel BGHZ 31, 258) und nunmehr auf den §§ 30, 31 bzw. 32a, 32b GmbHG.

Da eigenkapitalersetzende Darlehn laut BFH-Rechtsprechung körperschaftsteuerlich weiterhin Fremdkapital sind, so sind darauf von der GmbH zu leistende Zinsen Betriebsausgaben der GmbH. Vgl. aber eine evtl. Umqualifizierung von Vergütungen nach § 8a KStG RZ 588 ff.

4.4.1.2.4 Auswirkungen verdeckter Einlagen auf der Ebene der Kapitalgesellschaft

a) **Bewertung**

Verdeckte Einlagen sind bei der Kapitalgesellschaft **grds.** mit dem **Teilwert** anzusetzen (§ 6 **413** Abs. 1 Nr. 5 Satz 1 **1. Halbs.** EStG); vgl. BFH-Urt. vom 4. 10. 1966, BStBl III S. 690.

Die Begrenzung nach § 6 Abs. 1 Nr. 5 Buchst. a) EStG gilt **nicht** (so auch OFD Düsseldorf, DB 1979 S. 2108, sowie KSt-Kartei NW § 8 KStG Karte 8).

Eine Ausnahme vom Teilwertansatz ergibt sich z. B. bei einer Einbringung eines ganzen Betriebes i. S. von § 20 UmwStG 1977 bzw. 1995 **(Wahlrecht)**.

Die verdeckte Einlage einer im Privatvermögen gehaltenen wesentlichen Beteiligung im Sinn des § 17 EStG stellt für den Gesellschafter ein fiktives Veräußerungsgeschäft und für die Kapitalgesellschaft demgemäß ein Anschaffungsgeschäft dar (vgl. dagegen BFH-Urt. vom 17. 7. 1988, BStBl 1989 II S. 271). Die wesentliche Beteiligung ist in diesen Fällen bei der Kapitalgesellschaft mit dem **gemeinen Wert** anzusetzen (§ 17 Abs. 2 Satz 2 EStG).

b) **Keine Erhöhung des Einkommens**

Hat die verdeckte Einlage den **Jahresüberschuß (den Bilanzgewinn)** der Kapitalgesellschaft erhöht, ist das Einkommen um die verdeckte Einlage zu **mindern**.

c) **Passiver Ausgleichsposten beim Eigenkapital**

Ist eine verdeckte Einlage in der **Handelsbilanz** (bisher) nicht berücksichtigt worden und wird die Handelsbilanz nicht formell geändert, ist in der **Steuerbilanz** ein sog. **passiver Ausgleichsposten** beim **Eigenkapital** darzustellen.

413 Dahinter steht i. d. R. ein handelsrechtlicher **Mehrgewinn (betrieblicher Ertrag),** der bei der Einkommensermittlung der Kapitalgesellschaft im Jahr der Entstehung (des Zugangs) jedoch wieder abzuziehen ist.

> **Beispiel:**
> Im Rahmen einer Außenprüfung bei einer GmbH wird festgestellt: Der Anteilseigner verzichtete auf eine Kaufpreisforderung gegen die GmbH von 100 000 DM. In der Handelsbilanz erfolgte **keine** Ausbuchung.
>
> Da die Handelsbilanz nur durch formellen Beschluß der Gesellschafterversammlung geändert werden kann, wird eine von der Handelsbilanz abweichende Steuerbilanz (Prüferbilanz) aufgestellt. In dieser entfällt der Ausweis der Kaufpreisschuld. Der entstehende **sonstige betriebliche Ertrag** wird als **passiver Ausgleichsposten** ausgewiesen.
>
> Das Einkommen bleibt **im Ergebnis unverändert.**

HB GmbH	PB GmbH
Kaufpreisschuld 100 000 DM	Kaufpreisschuld steuerlicher AP 100 000 DM

d) **Verwendbares Eigenkapital**

In der **Gliederungsrechnung** ergibt sich in Höhe der verdeckten Einlage ein Zugang beim **EK 04** (§ 30 Abs. 2 Nr. 4 KStG).

Für **Ausschüttungen** aus dem EK 04 ist **keine** Ausschüttungsbelastung herzustellen (**§ 40 Satz 1 Nr. 2 KStG**).

4.4.1.2.5 Auswirkungen verdeckter Einlagen beim Anteilseigner

a) **Bewertung**

414 Bei Sacheinlagen ist grds. der **gemeine Wert** maßgebend (BFH-Urt. vom 12. 2. 1980, BStBl II S. 494).

b) **Anschaffungskosten der Beteiligung**

Sofern es sich um die Einlage von Wirtschaftsgütern handelt, **erhöhen** sich die **Anschaffungskosten** der Beteiligung um den Betrag der verdeckten Einlage (vgl. hierzu auch BMF-Schr. vom 6. 8. 1981, BStBl I S. 599, betr. Rückzahlung von vGA und BFH-Urt. vom 2. 10. 1984, BStBl 1985 II S. 320). Dies gilt sowohl bei Zugehörigkeit der Beteiligung zum **Privatvermögen** als auch zum Betriebsvermögen.

Die verdeckte Einlage in Form überhöhter Zahlungen usw. an die Gesellschaft darf mithin beim **Anteilseigner nicht** zu einer sofortigen **Minderung des Gewinns, der Einkünfte bzw. des Einkommens** führen. Insoweit liegen **keine** Betriebsausgaben oder Werbungskosten vor (BFH, BStBl 1980 II S. 494).

Auswirkungen ergeben sich aber insbesondere bei einer späteren **Veräußerung** bei **wesentlicher Beteiligung** (§ 17 Abs. 1 EStG) sowie entsprechend bei **Liquidation** für wesentlich beteiligte Anteilseigner (§ 17 Abs. 4 EStG).

c) Aus einer **unentgeltlichen** bzw. **verbilligten Nutzungsüberlassung** sowie **Dienstleistung** an die Kapitalgesellschaft erzielen die Gesellschafter **keine Einkünfte.**

Sie können die ihnen entstandenen **Aufwendungen** als **Werbungskosten** bzw. **Betriebsausgaben** auf die Beteiligung abziehen.

Nachträgliche Anschaffungskosten auf ihre Beteiligung liegen hier **nicht** vor (BFH-Beschluß GrS vom 26. 10. 1987, a. a. O., S. 355, und Urteil vom 14. 3. 1989, BStBl II S. 633).

d) **Einlagebedingter Zufluß von Einkünften**

Der **Verzicht** des Anteilseigners auf **Forderungen** kann nach h. M. zunächst zum **Zufluß** von **Einnahmen** im Rahmen einer Einkunftsart führen (gl. A. Tillmann, GmbHR 1987 S. 336, m. w. N., GmbH Report R 69, GmbHR 9/1988); z. B. bei Verzicht auf

- Gehalts-, Tantiemenforderungen = § 19 EStG
- Mietforderungen = z. B. § 21 EStG
- Zinsforderungen = z. B. § 20 Abs. 1 Nr. 7 EStG.

414

Beispiel:
Die GmbH hat das Dezembergehalt 01 des Anteilseigners A von 10 000 DM infolge Liquiditätsschwierigkeiten bisher nicht ausgezahlt und zum 31. 12. 01 passiviert. Am 20. 3. 02 **verzichtet** A auf das Dezembergehalt 01. Die GmbH hat den Vorgang nicht gebucht.

aa) **GmbH**
1. Steuerlicher AP + 10 000 DM
2. Zu versteuerndes Einkommen –,– (keine Korrektur)
3. vEK: Zugang EK 04 + 10 000 DM (§ 30 Abs. 2 Nr. 4 KStG)

bb) **Anteilseigner**
1. **Einkünfte aus § 19 EStG 01** + 10 000 DM (§ 38a Abs. 1 EStG)
Dieser Arbeitslohn ist zwar erst im VZ 02 tatsächlich zugeflossen, jedoch als „laufender Arbeitslohn" im Jahre 01 anzusetzen (Ende des Lohnzahlungszeitraums = 31. 12. 01).
2. **Anschaffungskosten der Beteiligung**
Erhöhung (u. E. in **02**) + 10 000 DM.

4.4.1.2.6 Kapitalgesellschaft als Erbe ihres Gesellschafters

Ist eine Kapitalgesellschaft Erbe ihres Gesellschafters, so ist das Nachlaßvermögen bei der Kapitalgesellschaft nach **Einlagegrundsätzen** anzusetzen und zu bewerten. Der Erwerb ist unentgeltlich, da er nicht auf der unternehmerischen Tätigkeit der Kapitalgesellschaft beruht.

415

Nachlaßschulden sowie die durch den Erbanfall entstehenden Verbindlichkeiten mindern die Höhe des Wertes der Einlage. Sie sind deshalb erfolgsneutral zu Lasten der Einlage in der Steuerbilanz anzusetzen (BFH-Urt. vom 24. 3. 1993, BStBl II S. 799).

4.4.2 Vermögensminderungen

4.4.2.1 Einkommensverteilung (§ 8 Abs. 3 KStG)

Auch unter der Herrschaft des Anrechnungsverfahrens ist eine von der Einkommensverteilung unabhängige Einkommensermittlung erforderlich. Denn das körperschaftsteuerliche Einkommen muß ungeschmälert der tariflichen Körperschaftsteuer unterworfen werden (§§ 8 Abs. 1 und 3, 23 KStG).

416

Vermögensminderungen auf gesellschaftlicher bzw. gesellschaftsrechtlicher Ebene im Sinne einer Einkommensverwendung liegen vor allem vor bei den **Gewinnausschüttungen** (offene und verdeckte).

§ 8 Abs. 3 KStG verbietet eine Einkommensminderung durch Gewinnausschüttungen, da eine Gewinn(Einkommens-)verwendung vorliegt. Auf die körperschaftsteuerliche Einkommensermittlung muß es nach § 8 Abs. 3 Satz 1 KStG ohne Einfluß bleiben, ob der Gewinn verteilt wird oder nicht.

Beispiel:
Die Profit-GmbH nimmt bereits während des laufenden Wirtschaftsjahres 01 eine Vorabausschüttung von je 100 000 DM an ihre Gesellschafter vor.
Hierdurch darf das Einkommen 01 nicht gemindert werden.

Zum Begriff der Ausschüttungen einer AG oder GmbH:
Handelsrechtlich versteht man unter Ausschüttungen **jede Gewinnverteilung** einer Kapitalgesellschaft. Es spielt dabei keine Rolle, in welchem Verhältnis der Empfänger zu der Kapitalgesellschaft steht.

416 Beispiel:

Die Gesellschafterversammlung beschließt, dem Geschäftsführer wegen des guten Ergebnisses eine Tantieme zu gewähren.

Handelsrechtlich = Ausschüttung (und Betriebsausgabe)

Körperschaftsteuerlich = abzugsfähige Betriebsausgabe (§ 4 Abs. 4 EStG – Sofern es sich nicht um eine **verdeckte** Gewinnausschüttung handelt, § 8 Abs. 3 Satz 2 KStG!)

417 Demgegenüber versteht man **steuerlich unter Gewinnausschüttungen** alle Zuwendungen einer Körperschaft, durch die **Gesellschafter** oder ihnen **nahestehende andere Personen aufgrund ihrer gesellschaftsrechtlichen Beziehungen in der Körperschaft** begünstigt werden. Für den **steuerlichen Begriff** der Ausschüttung ist also entscheidend, daß den Zuwendungen eine gesellschaftsrechtliche Beziehung zugrundeliegt und es sich nicht um eine bloße Kapitalrückzahlung handelt.

Hierunter fallen insbesonders:

- offene, den gesellschaftsrechtlichen Vorschriften
  - entsprechende oder
  - nicht entsprechende

  Gewinnausschüttungen

- Vorabausschüttungen (nur bei der **GmbH**)

- verdeckte Gewinnausschüttungen (§ 8 Abs. 3 Satz 2 KStG); vgl. hierzu im einzelnen RZ 421 ff.

- Ausschüttungen jeder Art auf Genußrechte, mit denen das Recht auf Beteiligung am Gewinn und am Liquidationserlös der Kapitalgesellschaft verbunden ist (§ 8 Abs. 3 Satz 2 KStG)

- Auskehrung des Gesellschaftsvermögens bei Liquidation (§ 11 KStG); vgl. hierzu RZ 640 ff.

- Ausgleichzahlungen im Sinne von § 304 AktG (§ 16 KStG) und Zahlungen aufgrund einer Dividendengarantie an außenstehende Anteilseigner (§ 17 i. V. m. § 16 KStG). Vgl. hierzu das ausdrückliche Abzugsverbot in § 4 Abs. 5 Nr. 9 EStG i. V. m. § 8 Abs. 1 KStG.

418 Für die **Einkommensermittlung** der Kapitalgesellschaft ist es dabei – isoliert gesehen – unerheblich, ob die Zuwendungen aus erwirtschaftetem und versteuertem Gewinn des laufenden Jahres stammen und damit **Gewinnausschüttungen** sind oder aus Vermögensmehrungen auf gesellschaftlicher Grundlage, insbesondere aus dem satzungsmäßigen Gesellschaftskapital herrühren und damit (im Normalfall) **Kapitalrückzahlungen** darstellen.

Kapitalrückzahlungen kommen vor bei **Kapitalherabsetzungen** und nach der **Auflösung** der Gesellschaft, indem das satzungsmäßige Gesellschaftskapital durch Liquidation verteilt wird, soweit es sich nicht um eine Auskehrung „verwendbaren Eigenkapitals" i. S. von § 29 KStG handelt.

Die Unterscheidung zwischen Ausschüttungen und Kapitalrückzahlung hat jedoch erhebliche Bedeutung im Anrechnungsverfahren (für die Herstellung der Ausschüttungsbelastung bei der Körperschaft sowie auf die Einkünfte und Körperschaftsteuer-Anrechnung bei den Anteilseignern). Vgl. RZ 1838 ff.

419 Für das Abzugsverbot für Ausschüttungen nach § 8 Abs. 3 KStG ist es unerheblich, ob die Gewinnausschüttungen

- aus dem Jahresüberschuß des abgelaufenen Wirtschaftsjahres der Gesellschaft stammen oder aus dem Jahresüberschuß früherer Jahre,

- aus steuerpflichtigem Gewinn des laufenden Jahres der Gesellschaft stammen oder aus steuerfreien Einnahmen (ausgeschütteter Handelsbilanz-Gewinn),

- in Geld- oder Sachwerten erfolgen,

- **offen** erfolgen (Dividenden, Gewinnanteile) oder **verdeckt** erfolgen (verdeckte Gewinnausschüttungen).

4.4.2.2 Kapitalherabsetzung

Wegen der Auswirkung auf das Einkommen der Kapitalgesellschaft vgl. im einzelnen **420**
RZ 1838 ff.

4.5 Verdeckte Gewinnausschüttungen

Ausgewählte Literaturhinweise: Döllerer, Verdeckte Gewinnausschüttungen und verdeckte Einlagen nach neuem Körperschaftsteuerrecht, BB 1979 S. 57; ders., Die verdeckte Gewinnausschüttung und ihre Rückabwicklung nach neuem Körperschaftsteuerrecht, DStR 1980 S. 395; **Lange,** Verdeckte Gewinnausschüttungen, Herne/Berlin; **Schuhmann,** ABC der verdeckten Gewinnausschüttung, Forkel (Wiesbaden 1982); **Briese,** Verdeckte Gewinnausschüttung bei Erwerb von Gegenständen des Anlagevermögens, DB 1983 S. 840 (846); **Wassermeyer,** 20 Jahre BFH-Rechtsprechung zu Grundsatzfragen der verdeckten Gewinnausschüttung, FR 1989 S. 218 bis 223; ders., Zur neuen Definition der verdeckten Gewinnausschüttung GmbHR 1989 S. 298; **Gail/Rupp,** Beispiele zur verdeckten Gewinnausschüttung GmbHR 1989 S. 481; **Eppler,** Zur verdeckten Gewinnausschüttung durch überhöhte Anschaffungskosten für ein aktivierungspflichtiges Wirtschaftsgut, DStR 1990 S. 136 und 137; **Wassermeyer,** Verdeckte Gewinnausschüttungen und verdeckte Einlagen, DStR 1990 S. 158 bis 164; **Borst,** Ertragsteuerliche Folgen von Vereinbarungen zwischen einer Kapitalgesellschaft und deren Gesellschafter, BB 1989 S. 38; **Groh,** Nutzungseinlage, Nutzungsentnahme und Nutzungsausschüttung, DB 1988 S. 514ff. und 571ff.; **Koenen,** Nutzungsüberlassungen zwischen Schwestergesellschaften, BB 1989 S. 1455; **Winter,** Verdeckte Gewinnausschüttungen, GmbHR 1992 S. 32; **Meyer-Arndt,** Die Ungerechtigkeit der Besteuerung verdeckter Gewinnausschüttungen, FR 1992 S. 121; ders.: Für eine Reform der ungerechten Vorschriften über verdeckte Gewinnausschüttungen, GmbHR 1993 S. 269.

Vgl. auch die Literaturhinweise vor RZ 1167.

4.5.1 Wesen und Zielsetzung der verdeckten Gewinnausschüttung

Die Nichtabziehbarkeit der verdeckten Gewinnausschüttung bei der Einkommensermittlung ist **421**
erforderlich, da eine zulässige Einkommensminderung (also Nichterfassung im Einkommen) auf ein Dividendenabzugsverfahren hinausgelaufen wäre.

Außerdem würde die Nichterfassung der verdeckten Gewinnausschüttung im Einkommen der ausschüttenden Körperschaft u. a.

- nichtanrechnungsberechtigte ausländische Anteilseigner begünstigen, da die verdeckte Gewinnausschüttung in diesen Fällen allenfalls mit Kapitalertragsteuer (aufgrund von DBA meist auf 15% begrenzt) belastet wäre und
- ohne Schaffung einer Hinzurechnungsvorschrift für verdeckte Gewinnausschüttung bei der GewSt zu einer nicht gewollten Minderung des aus dem körperschaftsteuerlichen Gewinn abgeleiteten Gewerbeertrags führen würde (BFH-Beschl. vom 24. 3. 1987, BStBl II S. 508).

Die Nichtabziehbarkeit von verdeckten Gewinnausschüttungen bedeutet vor allem auch eine konsequente Durchführung des Grundsatzes der Unabhängigkeit der Einkommensverteilung von der Einkommensermittlung (§ 8 Abs. 3 Satz 1 KStG); vgl. RZ 416 ff.

Auch eine Sicherung der kaufmännischen Eigeninteressen der Gesellschaft wird als Argument ins Feld geführt (= **handelsrechtliches Verbot** von vGA). Ziel der Besteuerung von verdeckter Gewinnausschüttung ist es danach auch, die im Gesellschaftsrecht (GmbHG und AktG) durchgeführte konsequente Trennung zwischen dem selbständigen Rechtssubjekt Gesellschaft und ihren Anteilseignern auch im Steuerrecht zu gewährleisten. Es soll sichergestellt werden, daß auch steuerlich die Kapitalgesellschaft im Verhältnis zu den Beteiligten ihre eigenen kaufmännischen Interessen verfolgen kann. Ist der Gewinn der Gesellschaft dadurch geschmälert worden, daß sie ihren Eigeninteressen als selbständiger Kaufmann widersprechende Interessen der Gesellschafter verfolgen mußte, wird diese Gewinnschmälerung im Bereich des Steuerrechts durch das Institut der verdeckten Gewinnausschüttung wieder korrigiert. Allerdings hat die Einbeziehung der verdeckten Gewinnausschüttung in das Anrechnungsverfahren eine gewisse Ei-

421 gendynamik entwickelt, die die Problematik der verdeckten Gewinnausschüttung erheblich verschärft hat. Verdeckte Gewinnausschüttungen sind nämlich mit allen Konsequenzen den offenen Gewinnausschüttungen gleichgestellt. Das bedeutet vor allem:

Auch für verdeckte Gewinnausschüttungen muß auf der Ebene der Körperschaft die Ausschüttungsbelastung hergestellt werden. Um dieses zu gewährleisten, muß ggf. das um die verdeckte Gewinnausschüttung verminderte Einkommen der Körperschaft erhöht und zunächst der tariflichen Körperschaftsteuer unterworfen werden (ab VZ 1994 **45 %** gemäß § 23 Abs. 1 KStG). Aufgrund der verdeckten Gewinnausschüttung mindert oder erhöht sich aber außerdem die Körperschaftsteuer nach § 27 KStG je nachdem, welche Teile des verwendbaren Eigenkapitals als für die verdeckte Gewinnausschüttung verwendet gelten. Dies führt im Gründungsstadium sowie anderen Fällen fehlenden oder nicht ausreichenden verwendbaren Eigenkapitals (§ 35 KStG) bei den Kapitalgesellschaften zu Mehrbelastungen mit Körperschaftsteuer, auch wenn es sich längerfristig gesehen „nur" um Liquiditätseinbußen handelt. Vgl. hierzu im einzelnen: RZ 1183 ff.

Für die Anteilseigner dagegen hatte die (Aufdeckung einer) verdeckten Gewinnausschüttung ohnehin schon seit dem VZ 1977 ihre „Schrecken" verloren. Denn ihre Besteuerung führt zwar zu einer Mehreinnahme bei ihm in Höhe der verdeckten Gewinnausschüttung (§ 20 Abs. 1 Nr. 1 EStG) zuzüglich der darauf entfallenden anrechenbaren Körperschaftsteuer (= $^9/_{16}$ bzw. ab 1993 $^3/_7$ der verdeckten Gewinnausschüttung, §§ 36 Abs. 2 Nr. 3, § 20 Abs. 1 Nr. 3 EStG) oder – wenn der Vorteil bereits in anderen Einkünften des Anteilseigners enthalten war – nur zu einer Mehreinnahme in Höhe der anrechenbaren Körperschaftsteuer.

Gleichzeitig kann er aber die Steuergutschrift von $^3/_7$ = 42,85 % der verdeckten Gewinnausschüttung auf seine Einkommensteuer anrechnen, so daß sich häufig eine Einkommensteuer-Erstattung ergeben wird.

Die **Beweislast,** daß **keine** vGA vorliegt, liegt bei der **Kapitalgesellschaft,** weil die vGA Aufwendungen betrifft, deren Abzugsfähigkeit die Kapitalgesellschaft geltend macht (vgl. z. B. BFH-Urt. vom 29. 7. 1992, BStBl 1993 II S. 139).

4.5.2 Begriff

4.5.2.1 Keine gesetzliche Definition

422 Das KStG verwendet zwar den Begriff der verdeckten Gewinnausschüttung in § 8 Abs. 3 Satz 2 KStG und setzt die Existenz der verdeckten Gewinnausschüttung in den §§ 27 Abs. 3 Satz 2 und 28 Abs. 2 Satz 2 KStG voraus. Eine gesetzliche Definition enthalten aber weder das KStG noch das EStG. Das ist verständlich, da bei der Vielzahl unterschiedlicher Sachverhalte, die zu einer verdeckten Gewinnausschüttung führen können, eine Definition so allgemein gehalten sein müßte, daß sie in der praktischen Anwendung auch nicht mehr Rechtssicherheit bewirken könnte.

4.5.2.2 Entwicklung der Merkmale durch Rechtsprechung und Verwaltung

423 Fallgruppe I

Eine verdeckte Gewinnausschüttung im Sinne des § 8 Abs. 3 Satz 2 KStG ist eine **Vermögensminderung** oder **verhinderte Vermögensmehrung,** die durch das **Gesellschaftsverhältnis veranlaßt** ist, sich auf die **Höhe des Einkommens auswirkt** und nicht im Zusammenhang mit einer offenen Gewinnausschüttung steht. Vgl. BFH-Urt. vom 22. 2. 1989, BStBl II S. 475 und S. 631, und vom 11. 10. 1989, BStBl 1990 II S. 88.

Dabei erweist sich die Zuwendung eines solchen **Sondervorteils** als durch das Gesellschaftsverhältnis verursacht, wenn ein ordentlicher und gewissenhafter Geschäftsleiter (§ 93 Abs. 1 Satz 1 AktG, § 43 Abs. 1 GmbHG) den Vermögensvorteil einer Person, die nicht Gesellschafter ist, unter sonst gleichen Umständen nicht gewährt hätte. Vgl. Abschn. 31 Abs. 3 Satz 1 KStR und die dort zitierte BFH-Rechtsprechung.

Eine verdeckte Gewinnausschüttung liegt mithin **nicht** vor, wenn die Vorteilszuwendung ihre Ursache **nicht** im Gesellschaftsverhältnis hat, sondern **betriebliche** Gründe für sie ausschlaggebend waren (BFH-Urt, vom 1. 4. 1971, BStBl II S. 538). Dabei ist zu beachten, daß einem Geschäftsleiter ein gewisser Spielraum kaufmännischen Ermessens einzuräumen ist (BFH-Urt. vom 27. 11. 1974, BStBl 1975 II S. 306). 423

Verdeckte Gewinnausschüttungen können auch durch Leistungen der Kapitalgesellschaft an eine dem Gesellschafter **nahestehende Person** vorgenommen werden. Voraussetzung ist, daß die Leistung an den Dritten einen Vermögensvorteil für den Gesellschafter bedeutet; zum Beispiel die Ersparnis von Unterhaltsaufwendungen an Angehörige des Gesellschafters. Vgl. RZ 436 ff. und Abschn. 31 Abs. 8 KStR. 424

> Die Merkmale einer verdeckten Gewinnausschüttung sind also 425
> (1) **Vermögensminderung** oder **verhinderte Vermögensmehrung** bei der Kapitalgesellschaft
> (2) durch Zuwendung eines (Sonder-)Vorteils durch die Kapitalgesellschaft an
>   a) einen Gesellschafter (unmittelbare Vorteilsgewährung) oder
>   b) eine ihm nahestehende Person.
> (3) außerhalb der gesellschaftsrechtlichen Gewinnverteilung
> (4) Ursächlichkeit des Gesellschaftsverhältnisses.

Fallgruppe II

Weiterhin liegen verdeckte Gewinnausschüttungen vor bei Leistungen (z. B.: Entgelten für Mitarbeit, Nutzungsüberlassung usw.) **ohne klare, im vorhinein getroffene wirksame Vereinbarung** an Gesellschafter mit **beherrschendem** Einfluß (Abschn. 31 Abs. 6 KStR); Vgl. RZ 447 ff. Siehe auch die Beispiele in Abschn. 31 Abs. 3 KStR. 426

Fallgruppe III

Außerdem kann eine vGA vorliegen, wenn **nicht** entsprechend einer **klaren** und **eindeutigen Vereinbarung verfahren** wird (**Nichtdurchführung einer Vereinbarung**). Dies gilt jedoch nur, wenn die fehlende tatsächliche Durchführung darauf schließen läßt, daß die Vereinbarung lediglich die Unentgeltlichkeit der Leistung des Gesellschafters verdecken soll (BFH-Urt. vom 28. 10. 1987, BStBl 1988 II S. 301 und vom 29. 6. 1994, BStBl 1994 II S. 952). 427

- **Wirkungsbereiche (Stufen) der vGA**

Der Begriff der verdeckten Gewinnausschüttung ist grundsätzlich **einheitlich** für die Gesellschaft **und** für den Gesellschafter zu beurteilen (BFH-Urt. vom 21. 12. 1972, BStBl 1973 II S. 449). 428

Andererseits ist bei dem Gesellschafter **unabhängig** von einer vorzunehmenden Erhöhung des Einkommens der Gesellschaft um die verdeckte Gewinnausschüttung zu prüfen, ob bei ihm eine „andere Gewinnausschüttung" vorliegt, die zu Einnahmen aus § 20 Abs. 1 Nr. 1 EStG bzw. Betriebseinnahmen (§ 20 Abs. 3 EStG) führt. Denn eine „andere Gewinnausschüttung" muß nicht unbedingt zu einer Einkommensminderung bei der Gesellschaft geführt haben; vgl. Abschn. 31 Abs. 1 KStR (Beispiel: verdeckte Gewinnausschüttung aus einer Gewinnrücklage.)

Ebenso sind Ausnahmefälle in der Richtung möglich, daß eine verdeckte Gewinnausschüttung zur **Einkommenshinzurechnung** nach § 8 Abs. 3 KStG führt, daß **aber** die **Ausschüttungsbelastung nicht herzustellen ist,** weil der Abfluß bei der Kapitalgesellschaft nicht verwirklicht wird (Beispiel: verdeckte Gewinnausschüttung in der Form einer überhöhten Pensionszusage). Vgl. Abschn. 80 Abs. 2 KStR und die dort zitierte Rechtsprechung.

Im Regelfall ist aber, wenn ein Vorgang auf der Ebene der Gesellschaft als verdeckte Gewinnausschüttung zugunsten eines Gesellschafters qualifiziert worden ist, beim **Gesellschafter** ebenfalls eine verdeckte Gewinnausschüttung anzunehmen, die bei ihm zu Kapitalerträgen bzw. Betriebseseinnahmen führt.

429 **Unterschiede** können sich jedoch hinsichtlich des Ansatzes der verdeckten Gewinnausschüttung bei dem Gesellschafter und beim Anteilseigner ergeben,
- wenn es beim Anteilseigner in Höhe der verdeckten Gewinnausschüttung zu einer bloßen Umschichtung innerhalb der Einkunftsarten kommt (vgl. RZ 489 bis 491) und
- wenn die verdeckte Gewinnausschüttung zwar zu zusätzlichen Einnahmen führt, aufgrund der „Fiktionstheorie" sich aber die fiktive Verwendung dieser Einnahmen auf andere Einkunftsarten bis zur Höhe der verdeckten Gewinnausschüttung wieder als Aufwendungen einkünfte- bzw. einkommensmindernd auswirkt (vgl. RZ 480 ff).

Dem entspricht auch die Auffassung der Finanzverwaltung. Nach Abschn. 80 Abs. 2 KStR ist – unabhängig von einer Einkommenserhöhung durch die verdeckte Gewinnausschüttung bei der Gesellschaft – die Ausschüttungsbelastung nur herzustellen, wenn durch die Vorteilszuwendung ein Abfluß bei der Kapitalgesellschaft verwirklicht wird. Im einzelnen vgl. RZ 1151 und 1167 ff.

Beispiel:
Bei einer überhöhten Pensionszusage zugunsten eines Gesellschafters liegt (noch) kein Abfluß vor, so daß die Ausschüttungsbelastung **nicht** herzustellen ist. Ein Abfluß liegt erst bei der Zahlung der überhöhten Pension vor.

430 Eine **formelle** Bindungswirkung im Sinne von § 182 AO kann darin allerdings weder in der einen noch in der anderen Richtung gesehen werden. Weder der Körperschaftsteuer-Bescheid noch die gesonderte Feststellung des verwendbaren Eigenkapitals sind insoweit Grundlagenbescheide für die Erfassung einer verdeckten Gewinnausschüttung beim Gesellschafter bei seiner Einkommensteuer-Veranlagung (und umgekehrt).

Sollte es (theoretisch) einmal an einer Berichtigungsnorm zur Erfassung einer verdeckten Gewinnausschüttung bei der Einkommensteuer des Gesellschafters mangeln, so hätte die verdeckte Gewinnausschüttung ausnahmsweise nur Folgen auf der Ebene der Körperschaft gehabt. Die Kapitalertragsteuer könnte allerdings nacherhoben werden. Vgl. RZ 491 ff.

431 Die **Modifizierung** der **vGA-Merkmale** für die **einzelnen Wirkungsbereiche** ist wie folgt vorzunehmen:

Übersicht

a) **Ebene der Gesellschaft** vGA-Stufe	**erforderliches Merkmal**
aa) Hinzurechnung zum Einkommen der Gesellschaft	Einkommensminderung (§ 8 Abs. 3 S. 2 KStG) = Gewinnminderung durch – Aufwandsbuchung oder – Gewinnverzicht
bb) Herstellung der Ausschüttungsbelastung:	Abfluß der Mittel i. S. d. § 27 Abs. 3 S. 2 KStG (Abfluß bei **verhinderter Vermögensmehrung** im Zeitpunkt der – fingierten – angemessenen Gewinnrealisierung, BFH-Urt. vom 23. 6. 1993, BStBl II S. 801) (vgl. Abschn. 77 Abs. 6 und 7 KStR)
cc) Entstehung der Kapitalertragsteuer: (soweit zu erheben) vgl. BFH, BStBl 1969 II S. 4	Zufluß i. S. des § 44 Abs. 2 EStG
b) **Ebene des Anteilseigners** Ansatz von Einnahmen	Zufluß § 11 Abs. 1 EStG

Die drei Wirkungsbereiche (Stufen) können, müssen aber nicht sämtlich eintreten.

Beispiel 1: 431

Der Gesellschafter-Geschäftsführer einer GmbH erhält eine **Pensionszusage** von 500 000 DM. Angemessen sind nur 200 000 DM.

Auswirkungen:

Stufe 1: ja, § 8 Abs. 3 Satz 2 KStG + 300 000 DM
Stufe 2: –, (nein, weil kein Abfluß)
Stufe 3: –, (nein, weil kein Zufluß beim Gesellschafter)

Beispiel 2:

Der Gesellschafter-Geschäftsführer einer GmbH erhält ein **Gehalt** von 360 000 DM. Angemessen ist nur ein Betrag von 240 000 DM.

Auswirkungen der verdeckten Gewinnausschüttung:

Stufe 1: ja, § 8 Abs. 3 Satz 2 KStG + 120 000 DM
Stufe 2: ja, § 27 Abs. 3 Satz 2 KStG für 120 000 DM
Stufe 3: ja, § 20 Abs. 1 Nr. 1 EStG, § 11 Abs. 1 EStG 120 000 DM + $^3/_7$ anrechenbare KSt

Beispiel 3:

Eine GmbH kauft von ihrem Gesellschafter ein Kraftfahrzeug mit einer Nutzungsdauer von 5 Jahren für 100 000 DM. Der wirkliche Wert des Kraftfahrzeugs im Verkaufszeitpunkt beträgt 70 000 DM.

Auswirkung der verdeckten Gewinnausschüttung:

Stufe 1: ja, aber nur 20 % p. a. von 30 000 DM = 6 000 DM (Mehr-AfA)
Stufe 2: ja, weil Abfluß 30 000 DM (§ 27 Abs. 3 S. 2 KStG)
Stufe 3: ja, weil Zufluß 30 000 DM

4.5.2.3 Zuwendung an einen Gesellschafter

Eine verdeckte Gewinnausschüttung setzt ein **Gesellschafts-** oder **Mitgliedschaftsverhältnis** 432
voraus, da es sonst nicht zur Ursächlichkeit des Gesellschaftsverhältnisses für die Vorteilsgewährung kommen könnte.

Verdeckte Gewinnausschüttungen sind **nicht** auf Kapitalgesellschaften beschränkt. Sie sind 433
auch denkbar bei

– Genossenschaften an ihre Genossen (BFH-Urt. vom 9. 2. 1972, BStBl II S. 361, und vom 11. 10. 1989, BStBl 1990 II S. 88)

– Versicherungsvereinen a. G. an ihre Mitglieder (= Versicherten – BFH-Urt. vom 14. 7. 1976, BStBl II S. 731)

– Vereinen an ihre Mitglieder (BFH-Urt. vom 23. 9. 1970, BStBl 1971 II S. 47)
  Bei Vereinen ist zwar das Vereinsvermögen den Mitgliedern entzogen, so daß eine kapitalmäßige Beteiligung des Mitglieds fehlt. Nach BFH-Urt. vom 23. 9. 1970 (a. a. O.) und Abschn. 31 Abs. 2 KStR reicht jedoch ein gesellschaftsrechtliches Mitgliedschaftsverhältnis für die Annahme einer vGA. Daher ist das Einkommen beim Verein gemäß § 8 Abs. 3 Satz 2 KStG um die vGA zu erhöhen; beim Mitglied liegen Einkünfte i. S. des § 22 Nr. 3 EStG vor (Rader, BB 1977 S. 1441, m. w. N.). Die Anwendung des § 8 Abs. 3 Satz 2 KStG setzt **nicht** voraus, daß die verdeckte Gewinnausschüttung von **Nichtkapitalgesellschaften** zu **Einnahmen** aus **Kapitalvermögen** bei anderen Personen führt. Es ist jedoch darauf abzustellen, daß die eintretende Vermögensminderung bzw. verhinderte Vermögensmehrung letztlich zu einem Vorteil bei dem führt, der über Mitgliedschaftsrechte bzw. mitgliedschaftsähnliche Rechte den Einfluß auf das der Körperschaftsteuer unterliegende Gebilde hat (vgl. BFH-Urt. vom 9. 8. 1989, BStBl 1990 II S. 237).

  Damit ist das BFH-Urt. vom 11. 2. 1987, BStBl II S. 643, wonach eine kapitalmäßige Beteiligung i. S. des § 20 Abs. 1 Nr. 1 EStG Voraussetzung sein soll, überholt und der **Nichtanwendungserlaß** BMF-Schreiben vom 14. 8. 1987, BStBl I S. 631, gegenstandslos.

433 – Betrieben gewerblicher Art an die juristische Person des öffentlichen Rechts als Träger (BFH-Urt. vom 14. 3. 1984, BStBl II S. 496 und Urt. vom 9. 8. 1989, BStBl 1990 II S. 237). Dies bedeutet Aufgabe der im Urt. vom 11. 2. 1987 (BStBl II S. 643) vertretenen Auffassung. So auch Abschn. 31 Abs. 2 KStR.

Die Wirkungen des **Anrechnungsverfahrens** treten aber **nur** bei **Kapitalgesellschaften** und **Genossenschaften** ein (§§ 27, 43 KStG).

434 Auf die **Höhe der Beteiligung** kommt es normalerweise nicht an. Ausnahmen sind zu beachten
– beim sogenannten **Rückwirkungsverbot bei beherrschender Beteiligung** (Abschn. 31 Abs. 5 KStR 1985); vgl. RZ 447,
– bei verdeckter Gewinnausschüttung im Zusammenhang mit Dienstverhältnissen; vgl. RZ 513 ff,
– beim **Alleingesellschafter** das Verbot des Selbstkontrahierens (§§ 35 Abs. 4 GmbHG, 181 BGB).

Das Gesellschaftsverhältnis besteht auch noch während einer **Liquidation** im Abwicklungszeitraum. Verdeckte Gewinnausschüttungen sind auch in diesem Stadium denkbar, und zwar zu Lasten des Liquidationsgewinns.

Im Zeitpunkt der Vorteilsgewährung braucht das Gesellschaftsverhältnis nicht unbedingt schon oder **noch** zu bestehen. Auch **nachträgliche** Vorteilsgewährungen sind denkbar, die noch ursächlich auf die frühere Beteiligung zurückzuführen sind (vgl. § 24 Nr. 2 EStG!).

435 Eine verdeckte Gewinnausschüttung ist möglich, wenn die Leistung der Gesellschaft zwar **vor Begründung** des Gesellschaftsverhältnisses erbracht wird, ihren Grund aber in diesem Gesellschaftsverhältnis hat. Das gilt jedenfalls dann, wenn die Leistung in engem zeitlichen Zusammenhang mit der Begründung des Gesellschaftsverhältnisses steht und der Empfänger dann auch tatsächlich Gesellschafter wird (BFH-Urt. vom 24. 1. 1989, BStBl II S. 419).

4.5.2.4 Zuwendungen an dem Gesellschafter nahestehende Personen

436 Für eine verdeckte Gewinnausschüttung ist begrifflich Voraussetzung, daß ein Vorteil dem Gesellschafter selbst zugutekommt.

Der Vorteil kann allerdings darin bestehen, daß die Gesellschaft einer dem Gesellschafter nahestehenden Person eine Zuwendung macht, durch die der Gesellschafter – bei wirtschaftlicher Betrachtung – **mittelbar** einen gesellschaftlich veranlaßten Vorteil erhält (BFH-Urt. vom 22. 2. 1989, BStBl II S. 631). Vgl. Abschn. 31 Abs. 8 KStR.

Die verdeckte Gewinnausschüttung ist aber auch in diesen Fällen dem Gesellschafter zuzurechnen und **nicht** der nahestehenden Person, da diese die Zuwendung nur über den ihr nahestehenden Gesellschafter erlangt (BFH-Urt. vom 25. 10. 1963, BStBl 1964 III S. 17). Es gilt weiter der **Prima-facie-Beweis,** daß der Vorteil mittelbar auch dem Gesellschafter zugutekommt (BFH, BStBl 1975 II S. 306). Diese Beweisregel ist trotz des BVerfG-Beschlusses vom 10. 3. 1985, BStBl II S. 475 (= Wegfall der Vermutungsregel bei Ehegatten bei der Feststellung einer Betriebsaufspaltung) **nicht** obsolet. Ebenso FG Saar vom 10. 12. 1986, EFG 1987 S. 137, **rkr.**

> **Beispiel:**
> Die Gesellschaft leistet – unter dem Deckmantel von Gehaltszahlungen – laufend Beträge an den Vater des Gesellschafters, obwohl der Vater nicht für die Gesellschaft tätig wird.
>
> Wirtschaftlich betrachtet hat die Gesellschaft dem Gesellschafter Unterhaltszahlungen erspart (im Rahmen dessen gesetzlicher Unterhaltspflicht gemäß §§ 1589, 1601, 1602 BGB). Es liegt daher in Höhe der Unterhaltsleistungen eine dem Gesellschafter zuzurechnende verdeckte Gewinnausschüttung vor.

437 Je nach Art der Leistung kann die „Verwendung" der verdeckten Gewinnausschüttung durch den Gesellschafter bei ihm einkommensteuerlich berücksichtigt werden. Bei der Übernahme von Unterhaltsaufwendungen für den Gesellschafter kommt für diesen eine Steuerermäßigung

nach §§ 33, 33a EStG bzw. bei geschiedenen oder dauernd getrennt lebenden Ehegatten der Sonderausgabenabzug nach § 10 Abs. 1 Nr. 1 EStG in Betracht.

Der **Begriff „nahestehende Person"** ist nicht gesetzlich definiert. Es kann sich dabei insbesondere um eine **natürliche** Person, Personenhandelsgesellschaft (BFH-Urt. vom 1. 10. 1986, BStBl 1987 II S. 459) oder Kapitalgesellschaft handeln. Vgl. auch BFH, Urteil vom 6. 8. 1985, BStBl 1986 II S. 17, und vom 23. 10. 1985, BStBl 1986 II S. 195. Die Eigenschaft kann durch **persönliche** wie durch **sachliche** Beziehungen zu dem **Gesellschafter** begründet werden. **438**

- **Persönliche** Beziehungen liegen zum Beispiel vor bei
  – Ehegatten (vgl. BFH-Urt. vom 11. 2. 1987, BStBl II S. 461)
  – Verwandten und Verschwägerten
  – sonstigen Angehörigen (insbesondere im Sinne von § 15 AO, aber nicht Voraussetzung).
  – **gesellschaftsrechtliche** Beziehungen

  So stellt z. B. die Vorteilsgewährung zwischen Schwestergesellschaften eine Gewinnausschüttung zugunsten der Muttergesellschaft dar.

- **Sachliche** Beziehungen kommen zustande durch schuldrechtliche Verhältnisse, zum Beispiel ein Kunden- oder Lieferantenverhältnis zum Gesellschafter **(nicht zur Gesellschaft!)**

Nicht ausreichend für die Annahme einer verdeckten Gewinnausschüttung ist es aber, wenn die andere Person nicht dem Gesellschafter, sondern **nur** der **Gesellschaft** nahesteht (BFH-Urt. vom 25. 10. 1963, BStBl 1964 III S. 17).

Gewährt die Gesellschaft einer Person, die einem ihrer Gesellschafter nahesteht, einen Vorteil, so spricht der Prima-facie-Beweis (Beweis des ersten Anscheins) dafür, daß der Vorteil **mittelbar** dem Gesellschafter zugewandt wird. Dies kann normalerweise nur dadurch widerlegt werden, daß die Zuwendung des Vorteils ihre Ursache ausschließlich in den Beziehungen der Kapitalgesellschaft zu der dem Gesellschafter nahestehenden Person hat. Dies muß die Kapitalgesellschaft darlegen (BFH-Urt. vom 27. 11. 1974, BStBl 1975 II S. 306). **439**

Auch bei dem beherrschenden Gesellschafter nahestehenden Personen bedarf eine Vereinbarung über die Höhe eines Entgelts für eine Leistung der **vorherigen** und **eindeutigen** Regelung (= **Rückwirkungsverbot**) vgl. BFH-Urt. vom 29. 4. 1987, BStBl II S. 797, vom 2. 3. 1988 BStBl II S. 786, und vom 22. 2. 1989, BStBl II S. 631.

Zur Frage der verdeckten Gewinnausschüttung (und verdeckten Einlagen) bei **„Schwestergesellschaften"** vgl. BFH-Urt. vom 23. 10. 1985, BStBl 1986 II S. 178 (Änderung der Rechtsprechung), und Beschluß des Großen Senats des BFH vom 26. 10. 1987, BStBl 1988 II S. 348). **440**

Beispiel 1:

a) **Sachverhalt**

Eine Muttergesellschaft (M-GmbH) ist an zwei Tochtergesellschaften (T1-GmbH und T2-GmbH) als Alleingesellschafterin beteiligt.

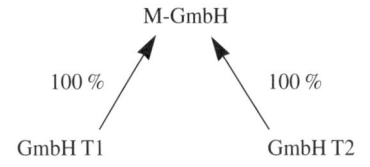

```
              M-GmbH
         ↗            ↖
    100 %              100 %
    ↗                      ↖
GmbH T1              GmbH T2
```

T 1 verkauft an T2 Wirtschaftsgüter (Anlagevermögen) für 100 000 DM. Deren erzielbarer Preis beträgt 170 000 DM.

b) **Lösung (ohne USt, z. B. Grundstück)**

Es liegt eine verdeckte Gewinnausschüttung von T1 an M in Höhe von 70 000 DM vor. Es wird fingiert, als seien die Wirtschaftsgüter zum erzielbaren Preis von 170 000 DM verkauft worden. Hierbei wird un-

440 terstellt, daß die T2 außer der tatsächlichen Zahlung von 100 000 DM eine weitere fiktive Zahlung von 70 000 DM an T1 geleistet hat.

Die T1 hat 70 000 DM fiktiv als verdeckte Gewinnausschüttung an M weitergeleitet, die ihrerseits 70 000 DM als verdeckte Einlage der T2 wieder zugeführt hat.

Es ergeben sich folgende Auswirkungen:

aa) bei T1

1. Erhöhung des zu versteuernden Einkommens um die verdeckte Gewinnausschüttung von 70 000 DM (§ 8 Abs. 3 Satz 2 KStG).
2. Herstellung der Ausschüttungsbelastung für 70 000 DM (§ 27 Abs. 3 Satz 2 KStG): Eine Buchung ist **nicht** vorzunehmen.

bb) bei M

Erhöhung des Einkommens um die verdeckte Gewinnausschüttung von 70 000 DM zuzüglich der anrechenbaren Körperschaftsteuer von $^3/_7$ von 70 000 DM) 30 000 DM. Außerdem ist der Buchwert der Beteiligung an der T2-GmbH um 70 000 DM zu erhöhen.

Buchung

Beteiligung T2-GmbH	70 000 DM
anrechenbare KSt (Steueraufwand)	30 000 DM
an Beteiligungserträge	100 000 DM

cc) bei T2

Erhöhung des Buchwertes der Wirtschaftsgüter. Durch die zusätzliche AfA wird die verdeckte Gewinnausschüttung „neutralisiert".

Buchung

Maschinen	70 000 DM
an Kapitalrücklagen	70 000 DM

Vgl. BFH-Urt. vom 18. 7. 1985, BStBl 1985 II S. 635.

Beispiel 2:

a) Sachverhalt

Wie Beispiel 1 mit dem Unterschied, daß Wirtschaftsgüter von der T1-GmbH an die T2-GmbH für 100 000 DM vermietet werden, obwohl die erzielbare Vergütung 170 000 DM beträgt.

b) Lösung:

Es liegt eine verdeckte Gewinnausschüttung von T1 an M vor. Allerdings liegt in diesem Fall **keine** verdeckte Einlage von M an T2 vor, da nach dem Beschluß des Großen Senats vom 26. 10. 1987, BStBl 1988 II S. 348 eine unentgeltliche Nutzungsüberlassung **nicht** Gegenstand einer Einlage sein kann.

Hinsichtlich der verdeckten Gewinnausschüttung von 70 000 DM stehen sich bei M Ertrag und Aufwand fiktiv in gleicher Höhe gegenüber. Nur die anzurechnende Körperschaftsteuer von 30 000 DM erhöht bei M das Einkommen und ist auf die KSt anzurechnen.

Es ergeben sich folgende Auswirkungen:

aa) bei T1

Wie bei Sachverhalt 1 Erhöhung des zu versteuernden Einkommens um 70 000 DM und Herstellung der Ausschüttungsbelastung.

bb) bei M

Erhöhung des Einkommens **nur** um die anrechenbare KSt von 30 000 DM und Anrechnung von 30 000 DM KSt auf die KSt der M-GmbH.

cc) bei T2

Es ergibt sich **keine** Auswirkung.

4.5.2.5 Ursächlichkeit des Gesellschaftsverhältnisses

441 Die Ursächlichkeit ist immer dann gegeben, wenn die Gesellschaft bei Anwendung derjenigen Sorgfalt, die § 93 Abs. 1 Satz 1 AktG und § 43 Abs. 1 GmbHG einem ordentlichen und gewissenhaften Geschäftsleiter abverlangt, diesen Vorteil einer Person, die nicht Gesellschafter ist, **441** nicht gewährt hätte. Diese Kriterien sind handelsrechtlich hinreichend objektivierbar. Gleichwohl besteht ein gewisser Beurteilungsspielraum.

Dagegen sind handelsrechtlich unzulässige Leistungen einer Kapitalgesellschaft an ihre Gesellschafter stets verdeckte Gewinnausschüttungen; vgl. BFH-Urt. vom 17. 10. 1984 (BStBl 1985 II S. 69). Auf die Figur des ordentlichen und gewissenhaften Geschäftsleiters kann nicht abgestellt werden, wenn eine AG unter Verstoß gegen das aktienrechtliche Verbot der Einlagenrückgewähr Leistungen erbringt und damit dem Gesellschafter einen Vermögensvorteil zuwendet. Hier besteht – wie bei der sogenannten Erstausstattung, vgl. RZ 446 – **keine Vergleichsmöglichkeit** mit Geschäften, die der Geschäftsleiter mit Dritten hätte abschließen können (BFH, a. a. O.).

Im Innenverhältnis zur Gesellschaft ist der **Geschäftsführer** einer GmbH für die **gesamte lau-** **442** **fende Geschäftsführung** zuständig. Dazu gehören sowohl tatsächliche als auch **rechtsgeschäftliche Handlungen,** die der gewöhnliche Betrieb des Handelsgewerbes der GmbH mit sich bringt. Es ist daher **keine** Differenzierung zwischen „klassischen Geschäftsführeraufgaben" und sonstigen Aufgaben zu machen. Daher stellen Vergütungen für „sonstige" betriebliche Arbeiten ebenfalls Arbeitslohn und **nicht** etwa vGA dar (BFH-Urt. vom 29. 7. 1992, BStBl 1993 II S. 247).

4.5.2.6 Unmaßgebliche Merkmale

Voraussetzung für die Annahme einer verdeckten Gewinnausschüttung ist **nicht**, daß die Vor- **443** teilszuwendung mit Wissen und Wollen der Gesellschaft erfolgt (vgl. BFH-Urt. vom 14. 10. 1992, BStBl 1993 II S. 356).

Auch bedarf es bei einer Vertragsabwicklung mit der Kapitalgesellschaft keiner Einigung der Parteien darüber, daß die Zuwendung mit Rücksicht auf das Gesellschaftsverhältnis erfolgen sollte (BFH-Urt. vom 3. 12. 1969, BStBl 1970 II S. 229).

Eine verdeckte Gewinnausschüttung setzt auch nicht voraus, daß die Vermögensminderung bzw. verhinderte Vermögensmehrung auf einer **Rechtshandlung der Organe** der Kapitalgesellschaft beruht (z. B. des GmbH-Geschäftsführers). Auch rein tatsächliche Handlungen können den Tatbestand der verdeckten Gewinnausschüttung erfüllen **(Änderung der Rechtsprechung).**

Für die Entscheidung, ob eine Vermögensminderung auf einer Handlung beruht, die steuerrechtlich der Kapitalgesellschaft zuzurechnen ist, kommt es **nicht auf Handlungen der Organe** der Kapitalgesellschaft an, wenn diese – durch Tun oder Unterlassen – einem Gesellschafter oder einer ihm nahestehenden Person die Möglichkeit verschafft haben, über Gesellschaftsvermögen zu disponieren (BFH-Urt. vom 14. 10. 1992, a. a. O.).

Beherrscht z. B. ein Treugeber-Gesellschafter eine GmbH, weil er deren Mehrheitsgesellschafter auswechseln und die Geschäftsführer abberufen kann, und ist er dadurch in der Lage, ohne Mitwirken der Organe der Gesellschaft zu seinen Gunsten über Gesellschaftsvermögen zu verfügen, dann sind seine eigennützigen Handlungen zu Lasten der GmbH dieser wie Handlungen ihrer Organe zuzurechnen.

Beispiel 1:

a) Der Gesellschafter G der X-GmbH hat im Jahre 01 30 000 DM bei der GmbH **unterschlagen** (z. B. private Einlösung von Kundenschecks). Dies stellt sich anläßlich einer Außenprüfung durch das Finanzamt heraus.

Es liegt eine verdeckte Gewinnausschüttung vor.

G ist durch die Unterschlagung aufgrund seiner Gesellschafterstellung objektiv **bereichert,** auch wenn dies nicht mit Wissen und Wollen der GmbH erfolgte.

Das Einkommen der GmbH ist um die vGA zu erhöhen.

443 b) Da sich der Gesellschafter anläßlich der Aufdeckung der Unterschlagung zur Rückzahlung verpflichtet, aktiviert der Betriebsprüfer die Schadensersatzforderung in der Prüferbilanz zum 31. 12. 01 in Höhe von 30 000 DM.

Es liegt **keine Gewinnerhöhung** bei der **GmbH** um den aktivierten Betrag vor (**kein** betrieblicher Ertrag, sondern verdeckte Einlage!)

c) Im Jahre 04 **verzichtet** die GmbH aus nicht näher aufzuklärenden Umständen auf einen Teil der Schadensersatzforderung von 20 000 DM. Die GmbH hat diesen Betrag erfolgswirksam zum 31. 12. 04 ausgebucht (Buchung „Aufwand an Forderung").

Der Verzicht auf 20 000 DM Schadensersatz ist eine verdeckte Gewinnausschüttung, da die Beteiligten sogar **wußten,** daß dem G ein Vorteil zugewendet wurde. Das Einkommen der GmbH ist um 20 000 DM zu erhöhen (§ 8 Abs. 3 Satz 2 KStG).

Beispiel 2:

An einer Familien-GmbH sind Vater V, Mutter M und Kind K beteiligt.

K hat eigenmächtig ohne Kenntnis und Einverständnis größere Beträge für private Zwecke entnommen.

Unberechtigte „Entnahmen" eines Gesellschafters einer GmbH sind **verdeckte Gewinnausschüttungen.**

Es kommt **nicht** darauf an, daß der Vermögensverlust der GmbH dem Geschäftsführer nicht bekannt ist bzw. nach Bekanntwerden nicht auf eine Rückzahlung verzichtet wurde. Zur Rückzahlung vgl. RZ 581 ff.

444 Erteilt der geschäftsführende Gesellschafter einer GmbH seinem Ehepartner (Minderheitsgesellschafter) eine Vollmacht zur Ausübung aller Rechte eines Geschäftsführers, so muß sich die GmbH Handlungen des Bevollmächtigten als verdeckte Gewinnausschüttungen zurechnen lassen, mit denen er die GmbH in Ausübung der Vollmacht zu seinen Gunsten schädigt (BFH-Urt. vom 14. 10. 1992, BStBl 1993 II S. 351).

4.5.2.7 Vorteilsausgleich

445 Eine verdeckte Gewinnausschüttung liegt **nicht** vor, wenn der gewährte Vorteil durch Gegenleistungen der begünstigten Gesellschaften aufgezogen wird. Wegen der Voraussetzungen vgl. BFH-Urt. vom 1. 8. 1984, BStBl 1985 II S. 18. Wegen der **zeitlichen** Grenzen der **Festlegung** und **Durchführung** des Verlustausgleichs nach den „Verwaltungsgrundsätzen zur Einkunftsabgrenzung international verbundener Unternehmen" (BStBl 1983 I S. 218ff.) vgl. die Tz 2.3.3 der gen. Verwaltungsvorschrift. Bei einem **beherrschenden** Gesellschafter bedarf es einer **klaren** und **im voraus** getroffenen Vereinbarung über den Vorteilsausgleich (BFH-Urt. vom 7. 12. 1988, BStBl 1989 II S. 248).

4.5.2.8 Erstausstattung der Kapitalgesellschaft

446 Das Verhalten eines ordentlichen und gewissenhaften Geschäftsleiters kann nicht Maßstab sein, wenn ein Rechtsgeschäft zu beurteilen ist, das nur mit Gesellschaftern abgeschlossen werden kann. Bei Rechtsverhältnissen, die im Rahmen der Erstausstattung einer Kapitalgesellschaft zustandegekommen sind, liegt eine verdeckte Gewinnausschüttung schon dann vor, wenn die Gestaltung darauf abstellt, den Gewinn der Kapitalgesellschaft nicht über eine angemessene Verzinsung des eingezahlten Nennkapitals und eine Vergütung für das Risiko des nicht eingezahlten Nennkapitals hinaus zu steigern. Vgl. BFH-Urt. vom 23. 5. 1984 (BStBl II S. 673) und Abschn. 31 Abs. 4 KStR.

Beispiel:

Im Rahmen der Gründung der GmbH schließen die Gründungsgesellschafter X und Y (zu je 50 v. H. beteiligt) mit der GmbH i. Gr. Anstellungsverträge ab, wonach die Geschäftsführervergütungen so bemessen werden, daß der GmbH ca. 1% des Gesamtgewinns vor Abzug dieser Vergütungen verbleiben. Dieser „Restgewinn" deckt gerade eine angemessene Verzinsung des (voll) eingezahlten gezeichneten

Kapitals. Aus der Sicht eines „ordentlichen und gewissenhaften Geschäftsführers" wären die Gesamtbeträge noch angemessen. **446**

Es liegen verdeckte Gewinnausschüttungen an die Geschäftsführer vor.

Die Figur des ordentlichen und gewissenhaften Geschäftsleiters **versagt hier,** da hier ein Rechtsgeschäft zu beurteilen ist, das **nur** zwischen Anteilseigner und Kapitalgesellschaft abgeschlossen werden kann.

Da der GmbH lediglich eine angemessene Verzinsung des Kapitals verbleibt, sind die Anstellungsverträge auf „Gewinnabsaugung" gerichtet. Dies ist nicht anzuerkennen.

4.5.2.9 Rückwirkungsverbot bei beherrschender Beteiligung

Unabhängig von der Frage der Angemessenheit kommt eine verdeckte Gewinnausschüttung auch dann in Betracht, wenn z. B. im Falle der **Mitarbeit** eines Gesellschafters oder der **Nutzungsüberlassung** (Miete, Pacht oder Darlehen) durch einen Gesellschafter **447**

– nicht von vornherein klar und eindeutig bestimmt ist, ob und in welcher Höhe ein Entgelt gezahlt werden soll oder

– wenn nicht einer klaren Vereinbarung gemäß verfahren wird (Abschn. 31 Abs. 6 und die in Satz 2 zitierten BFH-Urteile).

Dieses **Rückwirkungsverbot** (oder **Nachzahlungsverbot**) gilt nur bei beherrschender Beteiligung (bzw. beherrschendem Einfluß), Abschn. 31 Abs. 6 und 7 KStR. Vgl. RZ 447.

Es gilt **auch,** wenn Leistungsempfänger eine dem beherrschenden Gesellschafter **nahestehende Person** ist (BFH-Urt. vom 1. 10. 1986, BStBl 1987 II S. 459).

Bei einer Beteiligung des Gesellschafters von mehr als **25%** bis **50%** werden rückwirkende vertragliche Vereinbarungen nur beim Hinzutreten besonderer Umstände nicht anerkannt, und zwar bei sogenannter Interessengleichrichtung. Bei einer Beteiligungshöhe **unter 25%** sind rückwirkende Vertragsvereinbarungen u. E. grds. zulässig. Aber auch hier kann ausnahmsweise Interessengleichrichtung vorliegen.

4.5.2.9.1 Inhalt des Rückwirkungsverbots

Der beherrschende Gesellschafter hat regelmäßig die Wahl, ob er für eine Leistung an seine Gesellschaft einen **schuldrechtlichen** oder **gesellschaftsrechtlichen** Ausgleich sucht. **448**

Durch das von der BFH-Rechtsprechung entwickelte **Ordnungsprinzip** des Rückwirkungsverbots sollen insbesondere nachträgliche Gewinnmanipulationen in Form rückwirkender Vereinbarungen vermieden werden.

Denn ein Gesellschafter mit beherrschendem Einfluß ist in der Lage, die Gesellschaft nach seinen Wünschen so zu beeinflussen, daß eine rückwirkende Gestaltung der Beziehungen zum Vorteil des Gesellschafters ausfällt (BFH-Urt. vom 22. 3. 1972, BStBl II S. 501).

Daher müssen Vergütungen für

– Dienstleistungen oder

– Nutzungsüberlassung usw.

im voraus eindeutig und **klar bestimmt** sein. Allgemein müssen bei schuldrechtlichen Verhältnissen zwischen Gesellschaft und beherrschenden Gesellschaftern von vornherein klare Verhältnisse geschaffen werden. Dies gilt selbst dann, wenn bereits ein **gesetzlicher Vergütungsanspruch** des Gesellschafters besteht (z. B. bei **Arbeitsleistungen,** gewerblichen Leistungen, Vereinbarungsdarlehn (gesetzlicher Zinsanspruch gemäß §§ 354 Abs. 2, 352 HGB); vgl. BFH-Urt. vom 2. 3. 1988, BStBl II S. 590.

Die Bemessung von Sondervergütungen für den beherrschenden Gesellschafter-Geschäftsführer muß **im voraus** so geregelt sein, daß allein durch Rechenvorgänge die Höhe der Vergütung ermittelt werden kann. Es muß ausgeschlossen sein, daß bei der Berechnung der Vergütung ein Spielraum verbleibt (BFH-Urt. vom 30. 1. 1985, BStBl II S. 345). **449**

449 Schädlich wäre z. B. die Festlegung der Gewinnausschüttung als Bemessungsgrundlage für eine Tantieme.

Das **Fehlen** einer **Detailvereinbarung** über eine **vertragliche Nebenpflicht** können **nicht** ohne weiteres die **gesamten** Vergütungen als vGA behandelt werden (BFH-Urt. vom 28. 10. 1987, BStBl 1988 II S. 301).

450 Bei **Zurückbeziehung** der steuerrechtlichen Folgen einer **Umwandlung** einer OHG auf eine GmbH auf einen **zurückliegenden** Umwandlungsstichtag gemäß § 20 Abs. 7 UmwStG 1977 bzw. § 20 Abs. 8 UmwStG 1995 gilt für nach dem Umwandlungsstichtag gezahlte **Gesellschafter-Geschäftsführerbezüge** das Rückwirkungsverbot. Eine Weiterzahlung eines **Gewinnvoraus** aufgrund des Gesellschaftsvertrags der OHG reicht als Vereinbarung nicht aus (BFH-Urt. vom 23. 4. 1986, BStBl 1987 II S. 880).

451 Nachzahlungen jeder Art sind hier grds. verdeckte Gewinnausschüttungen.

Zu Inhalt und **Grenzen** des Rückwirkungsverbots vgl. aber BFH-Urt. vom 21. 7. 1982, BStBl II S. 761 und – el -, DB 1982 S. 2599.

Danach können im Einzelfall auch **nachträgliche** Vereinbarungen anzuerkennen sein,

- wenn eine vorherige Vereinbarung nur infolge zwingender Umstände bzw. höherer Gewalt unterblieben war (z. B. Krankheit eines Verhandlungs- bzw. Vertragspartners) und
- wenn die rückständigen Vereinbarungen noch vor Beendigung des Wirtschaftsjahres nachgeholt werden.

452 Ohne Bedeutung ist bei Verstößen gegen das Rückwirkungsverbot:

a) daß durch Nachzahlungen die **Angemessenheitsgrenze nicht überschritten wurde**

b) daß die **Leistungen bisher unentgeltlich erbracht wurden** (BFH-Urt. vom 10. 11. 1965, BStBl 1966 III S. 73)

c) daß es sich um **Nachzahlungen** für das **laufende Jahr** handelt (BFH-Urt. vom 18. 5. 1972, BStBl II S. 721); einschränkend jedoch BFH-Urt. vom 21. 7. 1982 (a. a. O.); vgl. RZ 451.

453 Alleine die Tatsache, daß bei einer ansonsten klaren und eindeutigen Mietregelung zwischen einer GmbH und ihrem beherrschenden Gesellschafter-Geschäftsführer die **Zahlung** der **Miete vereinbarungsgemäß jährlich im Zuge der Bilanzerstellung** erfolgt, bedingt **nicht** die Annahme einer verdeckten Gewinnausschüttung (FG Saarland, Urt. vom 20. 8. 1986, EFG 1987 S. 90, rkr).

> **Beispiel:**
> Die GmbH hat mit ihrem beherrschenden Gesellschafter-Geschäftsführer einen schriftlichen Mietvertrag über ein Betriebsgrundstück geschlossen. Die Miete soll grundsätzlich jährlich, und zwar spätestens bei der Erstellung des Jahresabschlusses, dem Verrechnungskonto des Vermieters gutgeschrieben werden. Entsprechend dieser Regelung wurde verfahren.
>
> Das FG Saarland (Urteil vom 20. 8. 1986, a. a. O.) sah keinen Ansatz, die Möglichkeit von Gewinnmanipulationen anzunehmen. Die nicht unbedingt übliche Fälligkeit erschien dem FG unerheblich.

454 Kein Verstoß gegen das Rückwirkungsverbot liegt auch vor bei Nachzahlung von eindeutig im voraus festgelegten Vergütungen, die bei Fälligkeit **wegen Liquiditätsschwierigkeiten** nicht oder nicht in voller Höhe ausgezahlt werden konnten (BFH-Urt. vom 12. 12. 1973, BStBl 1974 II S. 179).

Das Rückwirkungsverbot hat **Vorrang** vor der Prüfung der Angemessenheit. Seine Anwendung ist daher **unabhängig** davon, ob die Gesamtvergütungen – auch unter Berücksichtigung der Nachzahlung – noch im Rahmen der Angemessenheitsgrenze liegen (BFH, Urteil vom 15. 10. 1962, StRK KStG § 6 Abs. 1 Satz 2, R 69).

Begrifflich liegt eine (unzulässige) rückwirkende Vereinbarung insoweit vor, als im Zeitpunkt der Vereinbarung die Leistung des Gesellschafters bereits erbracht ist.

Der Zeitpunkt der Leistung des Gesellschafters bildet mithin die zeitliche Grenze für das Rückwirkungsverbot (Herrmann/Heuer/Raupach KStG, § 6 a. F., Anm. 93).

Soweit rückwirkende Vereinbarungen auch für die Zukunft eine angemessene Entgeltsänderung   454
beinhalten, sind sie anzuerkennen.

> **Beispiel:**
> Auf Veranlassung des beherrschenden Gesellschafters wird sein Gehalt durch Vereinbarung mit der GmbH vom 30. 11. 02 rückwirkend mit Wirkung vom 1. 1. 02 von 10 000 DM um monatlich 4 000 DM erhöht. Die Auszahlung erfolgt am 1. 12. 02 (zusammen mit dem erhöhten Dezembergehalt von 14 000 DM. Auch nach der Gehaltserhöhung ist das Gehalt im Rahmen der Gesamtausstattung noch als angemessen anzusehen.
> - Verdeckte Gewinnausschüttung wegen Verstoßes gegen das Rückwirkungsverbot 11 x 4 000 DM = 44 000 DM.
> - **Keine** verdeckte Gewinnausschüttung bei Gehaltserhöhung für Dezember, da keine Nachzahlung.

455

Stimmt das zwischen einer GmbH und ihrem beherrschenden Gesellschafter **schriftlich Vereinbarte** mit dem **tatsächlich Gewollten nicht** überein, so kann das tatsächlich Gewollte nur dann der Besteuerung zugrunde gelegt werden, wenn das FG die Überzeugung gewinnt, daß von Anfang an zwischen den Vertragschließenden Übereinstimmung über das tatsächlich Gewollte bestand. Bestehende Zweifel gehen zu Lasten dessen, der sich auf das nur mündlich Vereinbarte beruft.

Aus einer jahrelangen Übung kann eine **klare** Vereinbarung **frühestens** ab dem Zeitpunkt abgeleitet werden, ab dem sie objektiv erkennbar nach außen in Erscheinung tritt.

Eine ursprünglich objektiv bestehende Unklarheit kann später beseitigt werden. Dies wirkt steuerlich nur ex-nunc (BFH-Urt. vom 4. 12. 1991, BStBl 1992 II S. 362).

4.5.2.9.2 Betroffener Personenkreis

Das steuerliche Rückwirkungsverbot (Nachzahlungsverbot) gilt bei einer **beherrschenden Be-**   456
teiligung (vornehmlich an einer **GmbH**) – übrigens ohne Rücksicht darauf, ob es sich um einen Geschäftsführer handelt oder nicht (BFH-Urt. vom 3. 4. 1974, BStBl II S. 497).

a) Beherrschung durch Stimmenmehrheit eines Gesellschafters

Ein Gesellschafter beherrscht eine Kapitalgesellschaft, wenn er den Abschluß des zu beurteilenden Rechtsgeschäfts erzwingen kann. Dabei kommt der Vorschrift des § 47 Abs. 4 GmbHG über einen Stimmrechtsausschluß des Gesellschafters bei Rechtsgeschäften zwischen ihm und der Gesellschaft keine Bedeutung zu (vgl. BFH-Urt. vom 26. 1. 1989, BStBl II S. 455). Vgl. Abschn. 31 Abs. 7 KStR.

Das Erfordernis der Beherrschung ist im Falle der Stimmenmehrheit gegeben. Dies ist wiederum zum einen bei kapitalmäßiger Mehrheitsbeteiligung (mit entsprechenden Stimmrechten) gegeben (BFH-Urt. vom 8. 1. 1969, BStBl II S. 347).

Aber auch bei Beteiligung von nicht mehr als 50% kann Beherrschung vorliegen, zum Beispiel wenn der betreffende Gesellschafter durch Mehrstimmrechtsanteile eine Stimmenmehrheit hat (BFH-Urt. vom 29. 11. 1974, BStBl 1975 II S. 366) oder wenn andere Gesellschafter zum Teil stimmrechtslose Anteile haben.

Umgekehrt kann es trotz einer Mehrheitsbeteiligung an dieser Beherrschung fehlen, weil hierin stimmrechtslose Anteile enthalten sind.

> **Beispiel:**
> A ist am Grundkapital der X-AG von 200 000 DM zu 50% – entsprechend 100 000 DM – beteiligt. Hiervon sind aber 10 000 DM mit **dreifachem** Stimmrecht ausgestattet.
> A besitzt mithin 100 000 DM + 2 x 10 000 DM = 120 000 DM Stimmrechte, das sind 54,545 v. H. der gesamten Stimmrechte von 220 000 DM, ist mithin – obwohl nicht Mehrheitsaktionär – als beherrschender Gesellschafter anzusehen.

456 Auch durch (zusätzliche) **mittelbare** Beteiligung(en) kann sich Beherrschung ergeben (BFH-Urt. vom 15. 1. 1964, BStBl III S. 163).

Eigene Anteile der Gesellschaft bleiben bei den Stimmrechtsverhältnissen außer Betracht, da faktisch stimmrechtslos (Ruhen der Stimmrechte).

b) Gesellschafter mit gleichgerichteten Interessen

457 Außerdem kann sich Beherrschung durch das Zusammenwirken von **Gesellschaftern mit übereinstimmenden Interessen** ergeben, wenn sie zusammen die Mehrheit der Anteile (bzw. Stimmrechte) haben (BFH-Urt. vom 26. 7. 1978, BStBl II S. 522, vom 23. 1. 1980, BStBl 1980 II S. 304; vom 23. 10. 1985, BStBl 1986 II S. 195; und vom 11. 12. 1985, BStBl 1987 II S. 469).

Interessengleichrichtung dokumentiert sich vor allem unwiderlegbar bei zeitlich zusammenfallenden Beschlüssen, die diejenige Gesellschaftergruppe, die zusammen die Mehrheit hat, in gleichem Maße und in gleicher Weise begünstigt (zum Beispiel übereinstimmende Gehaltserhöhungen oder Pensionszusagen).

Bei der Beteiligung naher Angehöriger, z. B. des nicht dauernd getrennt lebenden Ehegatten sowie abhängiger (d. h. minderjähriger, vgl. § 2 BGB) Kinder des Gesellschafters ist nur bei Interessengleichrichtung eine Zusammenrechnung vorzunehmen (BFH-Urt. vom 14. 6. 1985, BStBl 1986 II S. 62). Die „Vermutungsregel" bei der Zusammenrechnung ist entfallen; vgl. den zur Betriebsaufspaltung ergangenen Beschluß des BVerfG vom 12. 3. 1985 (BStBl II S. 475). Die Anteile (Stimmrechte) von Ehegatten können bei der Beurteilung einer beherrschenden Stellung nur dann zusammengerechnet werden, wenn konkrete Anhaltspunkte für gleichgerichtete Interessen der Eheleute bestehen (BFH-Urt. vom 23. 10. 1985, BFH/NV 1986 S. 490, und vom 1. 2. 1989, BStBl II S. 522). Interessengleichrichtung kann z. B. durch Übertragung der Ausübung der Stimmrechte zum Ausdruck kommen (BFH-Urt. vom 11. 12. 1985, BStBl 1986 II S. 469, 471).

458 **Maßgebender Zeitpunkt** für die Frage der Beherrschung ist der Zeitpunkt der zu beurteilenden Vereinbarung (Gehaltserhöhung usw.) oder des Vollzugs der Vermögensminderung oder verhinderten Vermögenswirkung. Vgl. Abschn. 31 Abs. 7 Satz 9 KStR.

Beispiel:

Am 1. 11. 02 wurde zwischen dem zu 60% beteiligten Gesellschafter-Geschäftsführer und der GmbH eine Gehaltserhöhung, rückwirkend vom 1. 1. 02 vereinbart.

Bei der GmbH wurde die Nachzahlungsverpflichtung zum 31. 12. 02 gewinnmindernd passiviert. Seit dem 15. 12. 02 ist A – unstreitig – nicht mehr beherrschender Gesellschafter. – Obwohl im Zeitpunkt der gewinnmindernden Passivierung A nicht mehr beherrschend beteiligt ist, liegt eine verdeckte Gewinnausschüttung vor, weil es auf den Zeitpunkt der **Vereinbarung** der Gehaltsnachzahlung ankommt.

459 Auf die **AG** können die Grundsätze des Rückwirkungsverbots i. d. R. nicht übertragen werden. Bei **Mehrheitsaktionär-Vorstandsmitgliedern** ist wegen der einschränkenden aktienrechtlichen Vorschriften (§§ 86, 87, 112 AktG) zumeist die Möglichkeit von den Interessen der AG zuwiederlaufenden Gehaltsmanipulationen ausgeschlossen, es sei denn aufgrund ganz besonderer Umstände, zum Beispiel Einflußnahme auf den Aufsichtsrat (vgl. BFH, Urteil vom 15. 12. 1971, BStBl II 1972, 438). Die unterschiedliche Behandlung von Publikumsgesellschaften und mehr „personenbezogenen" Kapitalgesellschaften (GmbH!) ist verfassungskonform (BVerfG-Beschluß 1 BvR 495/63; 325/66 vom 11. 7. 1967).

c) Beherrschender Einfluß

Zu beherrschenden Einfluß aufgrund sonstiger Vereinbarungen vgl. BFH-Urt. vom 23. 10. 1985, BStBl 1986 II S. 195.

4.5.2.10 Wettbewerbsverbot

a) **Verwaltungsanweisungen:** Abschnitt 31 Abs. 8 KStR, BMF-Schreiben vom 4. 2. 1992, BStBl 1992 S. 137; vom 15. 12. 1992, BStBl 1993 S. 24; vom 29. 6. 1993, BStBl 1993 S. 556.

b) **Literaturhinweise: Schneider,** „Wettbewerbsverbot" – ein Reizwort für Steuerberater u./o. Geschäfts- **459**
führer einer Steuerberatungsgesellschaft mbH, Der Steuerberater 1990 S. 263; ders., Wettbewerbsverbot
und verdeckte Gewinnausschüttung – Ein Lösungsversuch, DB 1993 S. 1992; **Timm,** Wettbewerbsverbot
und „Geschäftschancen" – Lehre im Recht der GmbH GmbHR 1981 S. 177; **von der Osten,** Das Wettbewerbsverbot von Gesellschaftern und Gesellschafter/Geschäftsführern, GmbHR 1989, S. 450; **Borst,** BB
1990 S. 2230; **Pelka/Wüst,** DStR 1991 S. 578; dies., Verletzung des Wettbewerbsverbots und vGA, DStR
1992 S. 597; **GmbH-Report,** R. 53 in: GmbHR 7/1990; **Schneider,** BB 1991 S. 1685; ders. Wettbewerbsverbot: Abgrenzungsvereinbarung und vGA, DStR 1992 S. 607; **Meyer,** StBp 1990 S. 198; **Wassermeyer,**
DStR 1990 S. 158; ders., Überlegungen zur BFH-Rechtsprechung zum Wettbewerbsverbot, DB 1992
S. 2410; **Tillmann,** Wettbewerbsverbot des Gesellschafter-Geschäftsführers einer GmbH, GmbHR 1991,
S. 26; **Brandmüller,** Der GmbH-Geschäftsführer im Gesellschafts-, Steuer- und Sozialversicherungsrecht
(Tz. 36 und 129), Bonn 1990; **Eppler,** Der Geschäftsführer und der beherrschende Gesellschafter als Konkurrenten der GmbH, DStR 1990 S. 198; **Lange,** Nebentätigkeit von Gesellschafter- Geschäftsführern von
Kapitalgesellschaften im Unternehmensbereich der Kapitalgesellschaft, NWB F. 4 S. 3647; **Neufang,**
Wettbewerbsverbot – Wie kann eine vGA vermieden werden, Inf 1990 S. 400; **Niehues,** Das Wettbewerbsverbot als Steuerproblem, DB 1992 S. 496; **Felix,** Das Wettbewerbsverbot als „Übermaß-Quelle"
verdeckter Gewinnausschüttungen, KÖSDI 1992, S. 8817 ff; **Meyer-Arndt,** Wettbewerbsverbot und vGA,
BB 1992 S. 534; **Schwedhelm,** GmbH 1992 S. 338; **Thiel,** vGA bei Verletzung des Wettbewerbsverbots,
GmbHR 1992 S. 338; **Hoffmann,** Die Satzungsänderung wg. Wettbewerbsklausel als (meist) unsinnige
Beratungsempfehlung, DStR 1993 S. 87; **Knobbe-Keuk,** Der Tatbestand der verdeckten Gewinnausschüttung und branchengleiche Tätigkeit des Gesellschafter-Geschäftsführers, GmbHR 1992 S. 333.

4.5.2.10.1 Grundsätze

Eine verdeckte Gewinnausschüttung kommt auch in Betracht, wenn sich die Gesellschaft und **460**
der beherrschende Gesellschafter gewerblich oder beruflich gleichartig betätigen, **ohne** daß vertragliche Vereinbarungen über eine klare und eindeutige **Aufgabenabgrenzung** beider Unternehmen bestehen (BFH-Urt. vom 11. 2. 1987, BStBl II S. 467).

Denn ein beherrschender Gesellschafter-Geschäftsführer ist seiner Kapitalgesellschaft gegenüber sowohl als Gesellschafter als auch als Geschäftsführer einem Wettbewerbsverbot unterworfen, es sei denn, er ist von der Einhaltung zivilrechtlich wirksam befreit worden (BFH-Urt. vom
26. 4. 1989, BStBl II S. 673). Er hat somit grundsätzlich seine gesamte Arbeitskraft in den Dienst
der Gesellschaft zu stellen. Wird er gleichwohl im Geschäftsbereich der Gesellschaft tätig, hat er
alle bezogenen Vergütungen an sie herauszugeben oder ihr Schadensersatz zu leisten.

Falls dies nicht geschieht, liegt in dem **Verzicht** eine VGA in Höhe der bezogenen Vergütungen
vor.

Ein „Wettbewerb" kann nach Auffassung des BFH darin bestehen, daß der Gesellschafter – ein
eigenes Unternehmen betreibt oder die **Geschäftsführung** in einem Konkurrenzunternehmen
ausübt.

Die Vermeidung einer verdeckten Gewinnausschüttung ist nur möglich durch eine förmliche, **zivilrechtlich wirksame** Vereinbarung einer **Befreiung** vom Wettbewerbsverbot (BFH-Urt. vom
11. 2. 1981, BStBl II S. 448, vom 9. 2. 1983, BStBl II S. 487 und vom 11. 2. 1987, BStBl II
S. 461).

Die Vereinbarung von Sondervergütungen für nicht näher abgegrenzte „weitere Tätigkeiten" ist
hierfür nicht ausreichend (BFH-Urt. vom 12. 4. 1989, BStBl II S. 636).

Für die Befreiung vom Wettbewerbsverbot steht der Gesellschaft eine **angemessene Gegenlei-** **461**
stung zu.

Verzichtet die Gesellschaft auf die ihr zustehende Gegenleistung, liegt darin eine vGA.

Das gleiche gilt für die Konkurrenztätigkeit des Geschäftsführers einer Gesellschaft, der **im**
Verhältnis zum beherrschenden Gesellschaft nachstehende Person ist (BFH-Urt. vom 11. 2.
1987, BStBl II S. 461).

Die Tätigkeitsbereiche der Gesellschaft und des Gesellschafters müssen im voraus klar und eindeutig abgegrenzt sein (Formerfordernisse: wie bei Dispens).

461 Abgrenzungsmöglichkeiten ergeben sich z. B.
- nach Kundennamen
- regional
- nach Geschäftsbereich(en).

Die tatsächliche Durchführung ist erforderlich.

4.5.2.10.2 Problembereiche und Einzelfragen

462 **1. Nicht beherrschende Gesellschafter**

Die FinVerw (BMF-Schreiben vom 5. 2. 1992, a. a. O.) sieht das Problem nicht nur bei beherrschenden, sondern auch bei **nicht** beherrschenden Gesellschafter/Geschäftsführern. Beide unterliegen nämlich bei einer GmbH einem Wettbewerbsverbot, das allerdings nicht ausdrücklich gesetzlich geregelt ist. Vgl. zu Geschäftsführern z. B. Fischer/Lutter/Hommelhoff, GmbHG, 12. Aufl., Anh. § 6 Anm. 19; Scholz/Schneider, GmbHG, § 43 Anm. 126, m. w. N. Die zitierte Rspr. des BFH ist allerdings nur in Fällen beherrschender Gesellschafter/Geschäftsführer ergangen.

Bei Fehlen einer im voraus getroffenen Abgrenzung der Geschäftsbereiche liegt eine vGA vor.

- Bei Verzicht der GmbH im Falle fehlender Befreiung vom Wettbewerbsverbot auf Anspruch auf Vorteilsherausgabe bzw. auf Schadensersatz liegt die Zuwendung eines Vermögensvorteils an den nicht beherrschenden Gesellschafter/Geschäftsführer vor. Die Qualifizierung dieser Vorteilszuwendung ist nicht eindeutig.
- **Bei Veranlassung durch das Gesellschaftsverhältnis liegt eine vGA vor. So die Auffassung der FinVerw.**
- Bei Veranlassung durch Dienstverhältnis läge Arbeitslohn vor. Aber dann läge ein Verbrauch des Arbeitslohns für betriebliche Zwecke vor, also wäre ein Abzug als BA möglich (analog zum „Verbrauch" einer vGA – Mindermeinung, **gegen** BMF).

Bei nicht beherrschenden Gesellschafter/Geschäftsführern ist daher zur Vermeidung von vGA infolge der Verwaltungsauffassung **ebenfalls** eine wirksame Befreiung vom Wettbewerbsverbot sowie einer angemessenen Gegenleistung für die Befreiung notwendig.

463 **2. Form der Vereinbarung**

Die **KStR 1990** treffen **keine** Aussage darüber, welche Form die erforderliche Vereinbarung über die Befreiung vom Wettbewerbsverbot haben muß. Für **beherrschende Gesellschafter** fordert die herrschende Meinung entweder:

- eine Regelung in der Satzung der GmbH oder
- einen satzungsändernden Beschluß nach § 58 Abs. 2 GmbHG oder
- einen satzungsdurchbrechenden einzelfallbezogenen Beschluß (in allen Fällen Dreiviertelmehrheit, notarielle Beurkundung und Eintragung ins Handelsregister erforderlich). So auch BMF (a. a. O.)

Die Aufnahme in den Anstellungsvertrag ist **nicht** erforderlich (BMF, a. a. O.). Ob diese Form auch für Dispenserteilung an **nichtbeherrschenden Gesellschafter/Geschäftsführer** erforderlich ist, ist strittig. Die Zulässigkeit der Befreiung durch Gesellschafterbeschluß ist umstritten.

Nach Auffassung des **BMF** kann mit dem **Geschäftsführer** das Wettbewerbsverbot im Anstellungsvertrag, dem die Mehrheit der Gesellschafter (nach Stimmrechten) zugestimmt haben muß, wirksam abbedungen werden.

Bei **beherrschenden** Gesellschafter-Geschäftsführern ist Regelung in der **Satzung** erforderlich.

Es ist zweifelhaft, ob dem Geschäftsführer durch einen Gesellschafterbeschluß die Schaffung eines ständigen Konkurrenzbetriebs erlaubt werden darf. Das BMF-Schr. enthält aber insoweit keine Einschränkung.

Mißverständlich ist allerdings die Aussage des BFH in BStBl II 1989 S. 673: „Weder der Gesellschaftsvertrag noch der Geschäftsführervertrag sahen eine Befreiung vom Wettbewerbsverbot vor".

Nach dem BMF-Schreiben muß zwischen
- beherrschenden Gesellschaftern (nicht geschäftsführend),
- beherrschenden Gesellschafter/Geschäftsführern und
- nicht beherrschenden Gesellschafter/Geschäftsführern differenziert werden.

Bei einer **Einmann-GmbH** wird im Schrifttum teilweise die Auffassung vertreten, daß hier die Befreiung   463
des Gesellschafter/Geschäftsführers durch einen Gesellschafterbeschluß gänzlich abzulehnen sei (so Neufang/Horn, Inf 1988, S. 289). Aber in dem zu einer Einmann-GmbH ergangenen Urteilen (BStBl 1989 II S. 633 und 636) sah der BFH eine Befreiung durch Gesellschafterbeschluß statt Satzung für ausreichend an. Nach BMF ist Satzungsregelung erforderlich.

Nicht rechtswirksam möglich ist die Befreiung vom Wettbewerbsverbot
– durch eine bloße Regelung im Anstellungsvertrag oder
– durch einen Mitgeschäftsführer (Scholz, GmbHG, 7. Aufl., § 43 Anm. 137). So auch BMF-Schreiben, a. a. O.

3. Beurteilung nach dem tatsächlichen oder satzungsmäßigen Geschäftsgegenstand   464

Die Formulierung in den KStR stellt u. E. **nicht** auf den **satzungsmäßigen** Gegenstand der Gesellschaft ab, sondern darauf, ob sich Gesellschaft und Gesellschafter **tatsächlich** gleichartig betätigen. A. A. teilweise die Literatur (z. B. Posdziech, Der GmbH-Geschäftsführer, RZ 32–34).

Das BMF-Schreiben vom 4. 2. 1992 stellt u. E. auf den tatsächlichen Geschäftszweig ab. Im Zusammenhang mit der Entgeltsfrage heißt es:

„Ein angemessenes Entgelt muß insbesondere vereinbart werden, wenn die konkurrierende Tätigkeit des beherrschenden Gesellschafters oder des Geschäftsführers auf einem Teilbereich des Unternehmensgegenstandes erlaubt wird, auf dem die Gesellschaft bereits ihre Tätigkeit entfaltet hat, die sich der beherrschende Gesellschafter oder der Geschäftsführer zunutze machen kann."

Mit anderen Worten:
– Der Dispens muß sich nicht auf den satzungsmäßigen Gegenstand beziehen, solange der Gesellschafter-Geschäftsführer sich nicht tatsächlich gleichartig betätigt.
– Eine vorsorgliche umfassende Dispenserteilung, die sich auf den satzungsmäßigen Geschäftsgegenstand erstreckt, ist fraglich.
– Dagegen ist eine satzungsmäßige **Ermächtigung** der Gesellschafterversammlung zur Dispenserteilung möglich.
– Die vGA liegt erst dann vor, und soweit es zur tatsächlichen Überschneidung der Tätigkeit kommt.

4. Konkurrenztätigkeit bereits vor Geschäftsführertätigkeit bzw. bei Neugründung   465

Die Beurteilung ist fraglich. Nach dem BMF-Schr. ist jedenfalls bei Neugründung kein Entgelt erforderlich. Eine wirksame Dispenserteilung fordert die FinVerw damit aber unausgesprochen.

Evtl. liegt eine „konkludente Befreiung" vor (so Thiel, GmbHR 1992, 343), vgl. auch Grundgedanke § 112 Abs. 2 HGB zur OHG. Ebenso FG Köln, EFG 1992, 39, rkr.

5. Eigengeschäfte in einer anderen Branche   466

Das Wettbewerbsverbot greift hierbei **nicht** ein. Zur Vermeidung verdeckter Gewinnausschüttungen ist allerdings auch bei einer weiteren Tätigkeit in einem anderen Unternehmen ggf. eine Herabsetzung des bisherigen Geschäftsführergehalts erforderlich (sonst ggf. vGA wegen unangemessen hoher Bezüge).

6. Anspruch der GmbH auf Vorteilsherausgabe   467

Ohne Dispens vom Wettbewerbsverbot führt der Verstoß dagegen zu einem Anspruch der GmbH auf Schadensersatz bzw. auf Vorteilsherausgabe (BFH, BStBl 1987 II S. 461).

Im Ergebnis erstreckt sich der Vorteilsherausgabeanspruch der GmbH auf den Gewinn des Geschäftsführers aus dem Eigengeschäft. Denn es wird fingiert, daß der GmbH-Geschäftsführer das Geschäft für Rechnung der Gesellschaft getätigt hat.

7. Anspruchsverzicht der GmbH bei Verletzung des Wettbewerbsverbotes   468

Wenn die GmbH bei einer fehlenden Befreiung des Geschäftsführers vom Wettbewerbsverbot auf die Geltendmachung ihres Anspruches auf Schadensersatz oder Vorteilsherausgabe verzichtet, liegt in dem Verzicht eine vGA an den Ges.-Gf. (BFH-Urt. vom 26. 4. 1983, BStBl 1989 II S. 673).

Bei Vorteilsherausgabeanspruch liegt eine vGA regelmäßig in Höhe des vom Gesellschafter/Geschäftsführers erzielten Gewinns aus dem „verbotenen" Eigengeschäft vor.

a) GmbH-Geschäftsführer:
1. Die vGA sowie die nach § 36 Abs. 2 Nr. 3 EStG anrechenbare Körperschaftsteuer gehören zu den stpfl. Kapitalerträgen.

468 2. Andererseits kommt es beim Gesellschafter/Geschäftsführer in Höhe der verdeckten Gewinnausschüttung im Rahmen der Eigengeschäfte zu einem „Verbrauch" (= Betriebsausgabe).

Beispiel: Gewinn des Ges.-Gf. aus Konkurrenztätigkeit = 100,–

Beurteilung

1. Gewinn (z. B. § 15 EStG)	100,–
./. Verbrauch = BA	./. 100,–
	0,–

Die Besteuerung des Gewinns beim Ges. entfällt insoweit.

2. vGA = Kapitalertrag	
z. B. § 20 (1) Nr. 1 EStG	+ 100,–
+ $^3/_7$ KSt (§ 20 (1) Nr. 3 EStG)	+ 42,85
3. Erhöhung der Einkünfte	+ 42,85
Mehr-ESt (z. B. 50 %)	+ 21,425
./. Anrechnung auf die ESt	./. 42,85
= Erstattung an Gesellschafter	./. 21,425
b) GmbH: Mehr-Belastung KSt	+ 42,85
d. h. effektive Mehrbelastung	+ 21,425

Wenn der Gesellschafter/Geschäftsführer mit dem Gewinn aus seinen Eigengeschäften der Einkommensbesteuerung z. B. als Einzelunternehmer unterliegt, stellt der Verbrauch der als Kapitalertrag erfaßten vGA für betriebliche Zwecke beim Einzelunternehmen also eine **Betriebsausgabe** dar, da soweit eine Aktivierung ausscheidet (vgl. hierzu BFH-Urt. vom 26. 10. 1987, BStBl 1988 II S. 348). Damit entfällt im Ergebnis eine Besteuerung des Gewinns aus den Eigengeschäften beim Gesellschafter selbst.

Das gleiche steuerliche Ergebnis ergibt sich, wenn man die Einnahmen und Ausgaben aus dem unzulässigen Eigengeschäft der GmbH zurechnet (so BFH, BFH/NV 1987 S. 242).

469 **8. vGA bei fehlender angemessener Gegenleistung für die Befreiung**

Nach dem BMF-Schreiben vom 4. 2. 1992 (a. a. O.) muß eine angemessene Gegenleistung vereinbart werden, wenn ein ordentlicher und gewissenhafter Geschäftsführer die Befreiung vom Wettbewerbsverbot im Interesse der Gesellschaft nicht unentgeltlich erteilen würde.

Diese Formulierung ist deutungsfähig. Sie erlaubt m. E. eine Argumentation, aufgrund derer die Unentgeltlichkeit vertretbar erscheinen kann (z. B. Vorteilhaftigkeit der Tätigkeit für beide Seiten, d. h. für Gesellschafter und Gesellschaft).

Ein angemessenes Entgelt muß insbesondere vereinbart werden, wenn die konkurrierende Tätigkeit des beherrschenden Gesellschafters oder des Geschäftsführers auf einem Teilbereich des Unternehmensgegenstandes ausgeübt wird, auf dem die Gesellschaft bereits ihre Tätigkeit entfaltet hat, die sich der beherrschende Gesellschafter oder der Geschäftsführer zunutze machen kann (BMF, a. a. O.).

Zweifelhaft ist, ob eine Gegenleistung erforderlich ist, wenn die Dispenserteilung bereits von vornherein bei GmbH-Gründung satzungsmäßig festgelegt worden ist. Nach Neufang/Horn, Inf. 1988 S. 289 ist eine Gegenleistung nur bei einer erst nach Aufnahme der Geschäftsführertätigkeit erteilten Befreiung erforderlich.

Nach dem BMF-Schr. v. 4. 2. 1992 kann bei der **Neugründung** einer Gesellschaft eine unentgeltliche Befreiung vom Wettbewerbsverbot erfolgen.

Beispiele:

a) Bei Neugründung einer GmbH zum 1. 1. 1995 und gleichzeitig erstmaliger Aufnahme einer gleichartigen Tätigkeit durch den Gesellschafter-Geschäftsführer ist ein Entgelt **nicht** erforderlich.

b) Neugründung einer GmbH (Bargründung – keine verschleierte Sachgründung) zum 1. 1. 1995. Der Gesellschafter-Geschäftsführer hat vorher bereits ein branchengleiches Einzelunternehmen, das er weiter betreibt. Ein Entgelt ist nicht erforderlich.

c) Umwandlung der bisherigen Einzelfirma auf eine GmbH gemäß § 20 UmwStG. Der Gesellschafter-Geschäftsführer betreibt weiter gleichartige Geschäfte. Ein Entgelt ist nicht erforderlich.

d) Wie c), aber es liegt eine Bargründung vor, die als verschleierte Sachgründung zu werten ist (da Stammeinlagen als Verkaufserlös für Einzelfirma wieder aus der GmbH herausgezogen werden). Ein Entgelt ist nicht erforderlich.

e) Bei späterer Aufnahme der Konkurrenztätigkeit ist ein Entgelt erforderlich. Außerdem ist eine Herabsetzung der Geschäftsführer-Vergütung wegen Einschränkung der Tätigkeit für die GmbH geboten. **469**

Verzichtet die GmbH auf eine angemessene Gegenleistung, so wendet sie ihrem Geschäftsführer einen Vermögensvorteil zu. Ist der Geschäftsführer zugleich beherrschender Gesellschafter oder eine diesem nahestehende Person, so liegt in der Vorteilszuwendung regelmäßig eine verdeckte Gewinnausschüttung (BFH-Urt. vom 11. 2. 1987, BStBl 1987 II S. 461). Die vGA besteht nur in Höhe der angemessenen Gegenleistung für die Dispenserteilung.

Die **Vereinbarung** des **Entgelts** ist **formlos** möglich.

9. Art und Höhe der Gegenleistung für Dispenserteilung   **470**

a) Art

Es kann sich um eine **einmalige** oder laufende Gegenleistung (keine Vorgaben durch den BFH). Ausreichend ist ein (angemessener) geldwerter Vorteil. Dieser kann **auch** in der Vereinbarung entsprechend **niedrigerer Tätigkeitsvergütungen** im Anstellungsvertrag bestehen.

b) Höhe

Aus der Zivil- und Steuerrechtsprechung ergeben sich hierzu keine konkreten Anhaltspunkte. Es gibt hierzu auch noch keine Verwaltungsauffassung.

Als Anhaltspunkte können herangezogen werden:
- betriebsinterne und/oder -externe Erfahrungswerte.
- Anlehnung an die Regelung in § 89b Abs. 2 HGB (durchschnittliche Jahresvergütung, die aus der durch die Befreiung vom Wettbewerbsverbot ermöglichten Tätigkeit erzielt wird).
- Anlehnung an BFH-Urteil vom 27. 9. 1988 (BB 1989 S. 984) zu einer Mandantenschutzklausel bei einem Steuerberater. „Hat ein angestellter Steuerberater im Arbeitsvertrag die Verpflichtung übernommen, nach Beendigung des Arbeitsverhältnisses bei ehemaligen Mandanten seines ArbG nur mit dessen Zustimmung tätig zu werden und hat sich der ArbG gleichzeitig auf Zahlung einer Karenzentschädigung in Höhe der Hälfte der zuletzt vom Arbeitnehmer verdienten Bezüge verpflichtet, so ist eine derartige Mandantenschutzklausel wirksam."
- branchenübliche Vergütungen (z. B. Handelsvertretungs-GmbH ermöglicht dem Gesellschafter/Geschäftsführer die gleichzeitige Tätigkeit als „freier" Handelsvertreter; Gegenleistung = bestimmte Provision aus den durch die Befreiung vom Wettbewerbsverbot möglichen Geschäften).

Die BMF-Schreiben (a. a. O.) schweigen zur Art und Höhe der Gegenleistung.

10. Auswirkungen einer Gegenleistung für Dispenserteilung   **471**

a) Gesellschafter/Geschäftsführer

Die Gegenleistung führt zu einer **Gewinnminderung** aus dem Eigengeschäft (Gegenleistung = **BA,** § 4 Abs. 4 EStG). bzw. zu **Werbungskosten** aus einer – nichtselbständigen – Konkurrenztätigkeit. Es ist **keine** Aktivierung als immaterielles Wirtschaftsgut vorzunehmen.

Besteht die Gegenleistung in einem Einmalbetrag, ist der Aufwand bei Gewinnermittlung für die Eigengeschäfte nach § 4 Abs. 1, § 5 EStG als aktiver Rechnungsabgrenzungsposten nach § 5 Abs. 5 Nr. 1 EStG auf die Laufzeit der Befreiung vom Wettbewerbsverbot zu verteilen, sofern die Laufzeit zeitlich bestimmt ist. Bei einer zeitlich **unbestimmten** Dispenserteilung ist **keine** Rechnungsabgrenzung vorzunehmen.

b) GmbH

Der Anspruch auf die Gegenleistung ist ein betrieblicher Ertrag (ggf. passive RAP, § 5 Abs. 5 Nr. 2 EStG, s. oben a).

11. Anwendung auf Altfälle? – Anwendbarkeit des § 176 (1) Nr. 3 AO?   **472**

Strittig ist die Frage, ob die oben bezeichneten Urteile eine Verschärfung oder lediglich eine Präzisierung der bisherigen Rechtsprechung gebracht haben. Hiervon hängt die Anwendbarkeit der Vertrauensschutzregelung des § 176 Abs. 1 Nr. 3 AO ab. Der BFH hat schon bisher bei einer gleichartigen Tätigkeit der Gesellschaft und des Gesellschafters eine vGA angenommen, wenn vertragliche Vereinbarungen über eine klare und eindeutige Aufgabenabgrenzung fehlten (vgl. BFH-Urt. vom 11. 2. 1981, BStBl II S. 448). diese Rechtsprechung führt er mit den o. a. Urteilen fort, stützt sie jedoch auf einen neuen rechtlichen Gesichtspunkt, und zwar auf die Verletzung des Wettbewerbsverbots.

Damit ist die Anwendbarkeit des § 176 Abs. 1 Nr. 3 AO zumindest zweifelhaft.

473 12. Übergangsregelungen im BMF-Schreiben vom 4. 2. 1992

Das BMF-Schreiben gilt nur bei offenen bzw. änderbaren Veranlagungen. Es enthält **keine** Billigkeitsregelung für bestandskräftige Fälle.

Es gilt auch **nicht** bei **vertraglichen** Wettbewerbsverboten (Posdziech, a. a. O., Rz 26, 27). Nicht geregelt ist die Beurteilung bei einem **nicht** geschäftsführenden Minderheitsgesellschafter. Die Übergangsregelung in diesem BMF-Schreiben war verlängert worden bis 31. 12. 1993 (BMF-Schr. v. 15. 12. 1992, a. a. O.).

Das BMF-Schreiben vom 4. 2. 1992 differenziert zwischen folgenden Fällen:

a) Beherrschende Gesellschafter und beherrschende Gesellschafter/Geschäftsführer
    1. Zivilrechtlich unwirksame Vereinbarung
    2. Fehlende Vereinbarung oder Vereinbarung ohne klare und eindeutige Aufgabenabgrenzung

b) Nicht beherrschende Gesellschafter/Geschäftsführer

c) Sonderregelung für Steuerberatungsgesellschaften

zu a) 1:

1. Vereinbarungen, die die genannten zivilrechtlichen Voraussetzungen nicht erfüllen, wurden wegen dieses Formmangels für die Zeiträume bis zum 31. 12. 1993 nicht beanstandet. Eine Anpassung der Vereinbarung – z. B. wirksame Satzungsänderung – war bis 31. 12. 1993 möglich.

Wurden die fehlenden Formerfordernisse behoben, waren die Beteiligten – wenn die Voraussetzungen im übrigen dafür vorliegen – gehalten, für die Befreiung vom Wettbewerbsverbot ein angemessenes Entgelt zu vereinbaren. Geschah dies nicht, war in dem Veranlagungszeitraum, in dem die Vereinbarung wirksam wurde, eine verdeckte Gewinnausschüttung anzunehmen."

Ein Entgelt ist erst für die Zeit ab Wirksamwerden der Vereinbarung erforderlich (gl. A., Posdziech, a. a. O., RZ 23).

Bei wirksamer Vereinbarung im Jahre 1993 mit Gültigkeit ab 1. 1. 1994 ist ein Entgelt erst ab VZ 1994 erforderlich (ders., RZ 24).

zu a) 2:

„Fehlen Vereinbarungen oder enthalten Vereinbarungen keine klare und eindeutige Aufgabenabgrenzung, sind für jeden Veranlagungszeitraum der Vergangenheit, für den die zivilrechtlichen Ansprüche auf Schadenersatz oder auf Herausgabe des erlangten Vorteils nicht geltend gemacht worden sind, verdeckte Gewinnausschüttungen anzunehmen" (BMF, a. a. O.).

Mit anderen Worten: Bei beherrschenden Gesellschaftern und beherrschenden Gesellschaften/Geschäftsführern will die FinVerw auch rückwirkend vGA wegen

– fehlender Vereinbarung oder

– Vereinbarung ohne klare und eindeutige Aufgabenabgrenzung annehmen.

zu b):

– Nicht beherrschende Gesellschafter/Geschäftsführer

„Im Verhältnis zwischen Gesellschaft und nicht beherrschendem Gesellschafter/Geschäftsführer werden auch fehlende Vereinbarungen über die Befreiung vom Wettbewerbsverbot für Zeiträume bis zum 31. Dezember 1993 nicht beanstandet" (BMF, a. a. O.)

D. h. bei nicht beherrschenden Ges.-Gf. wurden für die Vergangenheit und bis 31. 12. 1993 nicht beanstandet

– sowohl fehlende Vereinbarungen als auch

– zivilrechtlich unwirksame Vereinbarungen.

Anders kann die Formulierung „werden auch fehlende Vereinbarungen bis zum 31. 12. 1993 nicht beanstandet" nicht interpretiert werden. Mithin waren hier **sowohl** die Nachholung einer Vereinbarung als **auch** die Beseitigung von **Formmängeln** möglich.

„Eine verdeckte Gewinnausschüttung wird jedoch auch hier angenommen, wenn die Befreiung in 1993 nachgeholt, ein angemessenes Entgelt hierfür jedoch nicht vereinbart wird" (BMF, a. a. O.). Bei Nichtnachholung, Nichtanpassung oder bei fehlendem Entgelt liegt jedoch auch eine vGA vor, und zwar bei:

– Nichtnachholung oder Nichtanpassung rückwirkend in allen VZ

– bei fehlendem Entgelt im Jahr des Wirksamwerdens der Vereinbarung.

zu 3: Sonderregelung für Steuerberatungsgesellschaften 473

„Im Verhältnis zwischen Steuerberater und Steuerberatungsgesellschaften besteht das Wettbewerbsverbot ebenfalls, so daß grundsätzlich auch für diesen Bereich die vorstehenden Regelungen gelten. Eine Vereinbarung, die dem beherrschenden Gesellschafter oder dem Geschäftsführer eine Konkurrenztätigkeit erlaubt und dabei hinsichtlich der Aufgabenabgrenzung (vgl. oben unter a) allein auf die Wahl des Mandanten abstellt, reicht zur Vermeidung einer verdeckten Gewinnausschüttung jedoch nicht aus. Mit Rücksicht auf die über das Verhältnis von Steuerberater und Steuerberatungsgesellschaft bisher bestehende Rechtsunsicherheit, inwieweit das Berufsrecht das Zivilrecht überlagert, wird den Steuerberatungsgesellschaften und ihren beherrschenden Gesellschaftern oder den Geschäftsführern Gelegenheit gegeben, ihre Rechtsbeziehungen bis zum 31. Dezember 1993 neu zu ordnen. Bis zu diesem Zeitpunkt werden wegen fehlender Vereinbarungen oder wegen mangelhafter Vereinbarungen verdeckte Gewinnausschüttungen nicht angenommen. Es ist nicht zu beanstanden, wenn die Befreiung des beherrschenden Gesellschafters oder des Geschäftsführers vom Wettbewerbsverbot im Rahmen der Neuordnung der Rechtsbeziehungen unentgeltlich geschieht. Für Wirtschaftsprüfer und Wirtschaftsprüfungsgesellschaften sowie für Buchprüfer und Buchprüfungsgesellschaften gelten die vorstehenden Regelungen für Steuerberater und Steuerberatungsgesellschaften entsprechend" (BMF, a. a. O.). Dies schließt eine erfolgsneutrale Übertragung von Mandaten in beiden Richtungen ein (so Posdziech, a. a. O., Rz 28).

Mit anderen Worten: Für Steuerberatungsgesellschaften usw. enthält das BMF-Schr. umfassende Nichtanwendung der verschärften Grundsätze für die Vergangenheit und bis zum 31. 12. 1993. Ein Entgelt braucht in keinem Fall vereinbart zu werden.

13. Schwestergesellschaften 474

Die Problematik ist von der Rechtsprechung bisher nicht abschließend geklärt.

Das BMF-Schr. vom 4. 2. 1992 spricht Problemkreis nicht in den Auswirkungen an.

Die Literaturmeinungen zu Konkurrenztätigkeit des Gesellschafter-Geschäftsführers gehen auseinander.

Wegen fehlender Befreiung vom Wettbewerbsverbot und Nichtgeltendmachung von (wechselseitigen) Herausgabeansprüchen soll eine mehrfache vGA vorliegen (so Borst, BB 1990, 2236, 2239) – u. E. abzulehnen.

Plausibler wäre es, wenn eine vGA bei der Kapitalgesellschaft angenommen wird, bei der der Gesellschafter zuerst seine Geschäftsführer-Tätigkeit begonnen hat (So Pelka/Wüst, DStR 1991, 578 [584]).

4.5.2.10.3 Weitere Entwicklung

In mehreren Urteilen von Finanzgerichten wurde inzwischen herausgearbeitet, daß **nicht jegliche** Tätigkeit eines Gesellschafters in der gleichen oder ähnlichen Branche der Kapitalgesellschaft schlechthin zu einer vGA führt. 475

Vgl. Nds. FG Urt. vom 7. 6. 1990, GmbHR 1991 S. 343; vom 11. 10. 1990, GmbHR 1991, S. 548.

Problematisch ist die Annahme einer vGA auch dann, wenn zivilrechtliche Schadensersatz-Ausgleichsansprüche nicht oder nicht zweifelsfrei bestehen, wie etwa bei einer Einpersonen-GmbH (vgl. Schneider, Wettbewerbsverbot und verdeckte Gewinnausschüttung, BB 1991, 1685) sowie BGH-Urt. vom 29. 9. 1992, GmbHR 1993 S. 38, und vom 10. 5. 1993, BB 1993 S. 1314.

4.5.2.11 Zivilrechtliche Wirksamkeit von Vereinbarungen zwischen Gesellschaft und dem Gesellschafter

a) **Form der Vereinbarung** 476

Damit Leistungsbeziehungen zwischen Gesellschaft und Gesellschafter auch steuerlich anerkannt werden, bedürfen diese der zivilrechtlichen Wirksamkeit des zugrundeliegenden Vertragsverhältnisses. Wegen der allgemeinen Vertragsfreiheit steht es den Vertragsparteien grundsätzlich frei, Form und Inhalt eines Vertrages zu bestimmen. Eine Ausnahme gilt nur für diejenigen Geschäfte, für die durch das Gesetz eine bestimmte Form zwingend vorgeschrieben ist, wie z. B. der Verkauf und die Übereignung eines Grundstücks (vgl. § 313 BGB).

Wegen der besonderen Beziehung zwischen Gesellschaft und Gesellschafter können die allgemeinen Grundsätze zur Vertragsfreiheit noch ohne weiteres übertragen werden. Die **Schriftform** entsprechender Vereinbarungen hat die Rechtsprechung **nicht** für zwingend erforderlich gehalten.

477 **b) Fehlende Vereinbarung bei beherrschenden Gesellschaftern**

Abschn. 31 Abs. 5 Satz 6 KStR verweist zur Form von Vereinbarungen zwischen einer KapGes. und beherrschenden Gesellschaftern auf BFH, BStBl 1990 II S. 645. Das Urteil hat erhebliche praktische Tragweite. Danach gilt:

– Eine zwischen einer Kapitalgesellschaft und ihrem beherrschenden Gesellschafter mündlich abgeschlossene Vereinbarung kann trotz vereinbarter Schriftform zivilrechtlich wirksam sein, wenn davon auszugehen ist, daß die Vertragsparteien die Bindung an die Schriftformklausel aufheben wollten.

– Eine zwischen einer Kapitalgesellschaft und ihrem beherrschenden Gesellschafter mündlich abgeschlossene Vereinbarung ist im Sinne der höchstrichterlichen Rechtsprechung klar, wenn ein außenstehender Dritter zweifelsfrei erkennen kann, daß die Leistung der Gesellschaft auf Grund einer entgeltlichen Vereinbarung mit dem Gesellschafter erbracht wurde.

– Eine mündlich abgeschlossene Vereinbarung über monatlich wiederkehrende Leistungen kann auf Grund ihrer tatsächlichen Durchführung als klar angesehen werden.

Mithin schreibt der BFH für derartige Vereinbarungen nicht zwingend die Schriftform vor. Die Gesellschaft bzw. der Gesellschafter hat jedoch den Nachweis zu erbringen, daß nach einer klaren und eindeutigen Vereinbarung verfahren worden ist.

Im allgemeinen wird der Nachweis für das Bestehen einer mündlich getroffenen Vereinbarung dem Stpfl. obliegen (FG Hbg. v. 8. 11. 1990, EFG 1991, 564).

Dies gilt besonders dann, wenn in einem bestehenden Vertragsverhältnis, wie z. B. einem Geschäftsführer- und Anstellungsvertrag, für Vertragsänderungen die Schriftform vorgesehen ist (FG Nds. v. 29. 3. 1990, GmbHR 1991, 223).

Lediglich bei Dauerschuldverhältnissen, deren Durchführung – wie z. B. die von Dienst- oder Mietverträgen – einen regelmäßigen Leistungsaustausch zwischen den Vertragsparteien voraussetzt, kann im allgemeinen aufgrund der Regelmäßigkeit der Leistungen und des engen zeitlichen Zusammenhangs von Leistung und Gegenleistung bereits aus dem tatsächlichen Leistungsaustausch der Schluß gezogen werden, daß ihm eine mündlich abgeschlossene unentgeltliche Vereinbarung zugrunde liegt (BFH-Urt. vom 29. 7. 1992, BStBl 1993 II S. 139).

Enthält der Geschäftsführervertrag zwischen einer GmbH und ihrem beherrschenden Gesellschafter jedoch die Klausel, daß Vertragsänderungen der Schriftform bedürfen und eine nur mündlich vereinbarte Aufhebung des Schriftformzwanges unwirksam sein soll, so ist eine nur mündlich vereinbarte Gehaltserhöhung mit der Folge zivilrechtlich **unwirksam,** daß der erhöhte Betrag steuerlich als verdeckte Gewinnausschüttung zu behandeln ist (BFH-Beschluß vom 31. 7. 1991, BStBl 1991 II S. 933).

- **Zuständigkeit der Gesellschafterversammlung für Änderung und Aufhebung des Geschäftsführer-Dienstvertrags**

Die Gesellschafterversammlung einer GmbH ist auch für die Änderungen des Dienstvertrags eines Geschäftsführers, die nicht mit der Begründung und Beendigung der Organstellung zusammenhängen, sowie für dessen vertragliche Aufhebung zuständig, so weit nach Gesetz oder Satzung keine anderweitige Zuständigkeit bestimmt ist. An seiner früheren Rechtsprechung, nach der dies in den Aufgabenbereich des Mitgeschäftsführers fällt, soweit ein solcher vorhanden und alleinvertretungsberechtigt ist, hält der Senat nicht mehr fest (BGH, Urteil vom 25. 3. 1991 – II ZR 169/90).

Ist eine derartige Vereinbarung mit dem Gesellschafter-Geschäftsführer nach den Grundsätzen des BGH-Urteils zivilrechtlich nicht wirksam zustande gekommen, sind vereinbarte Gehaltserhöhungen steuerlich als verdeckte Gewinnausschüttungen anzusehen.

Für vor dem 1. Januar 1996 gezahlte Bezüge werden nicht bereits deshalb die steuerlichen Folgen einer verdeckten Gewinnausschüttung gezogen, weil die zugrundeliegende Vereinbarung nicht den verschärften Anforderungen des BGH-Urteils entspricht (BMF-Schr. vom 16. 5. 1994, BStBl I S. 868).

4.5.2.12 Selbstkontrahierungsverbot

Bei Alleingesellschaftern ist das Verbot des Selbstkontrahierens (§§ 181 BGB, 35 Abs. 4 GmbHG) zu beachten. Ohne satzungsmäßige Befreiung gemäß § 181 BGB ist der Vertrag infolge zivilrechtlicher (schwebender) Unwirksamkeit auch steuerlich nicht anzuerkennen. **478**

Vergütungen der Gesellschaft an den Gesellschafter auf der Grundlage dieser Vereinbarung gelten damit in vollem Umfang als verdeckte Gewinnausschüttung, unabhängig davon, ob sie der Höhe nach möglicherweise angemessen sind (BFH-Urt. vom 11. 4. 1990, BFH/NV 1991 S. 704).

Einschränkend hat dagegen das FG Hbg (Urt. v. 12. 12. 1988 11-336/86) entschieden, daß **keine** verdeckten Gewinnausschüttungen bei **zivilrechtlichen Unklarheiten** über die Wirksamkeit der Befreiung vom Selbstkontrahierungsverbot vorliegen. **479**

Dies wurde bestätigt durch BFH-Urt. 7. 11. 1990 I R 49/89, n. v.; sind Tantiemezusagen an den Alleingesellschafter und einzigen Geschäftsführer einer GmbH rechtsunwirksam, weil die GmbH diesen nicht wirksam vom Verbot des Selbstkontrahierens nach § 181 BGB befreit hat, so liegen gleichwohl insoweit keine verdeckten Gewinnausschüttungen vor, wenn die Unwirksamkeit der Zusage sich nicht in eindeutiger und unstreitiger Weise aus den gesetzlichen Vorschriften ableiten läßt.

Ähnlich BFH-Urt. vom 17. 9. 1992, BStBl 1993 II S. 141: War der Alleingesellschafter-Geschäftsführer einer GmbH vor Inkrafttreten des § 35 Abs. 4 GmbHG rechtswirksam von den Beschränkungen des § 181 BGB befreit, so sind Leistungen der Gesellschaft aufgrund später abgeschlossener In-sich-Geschäfte nicht allein deshalb vGA, weil die Befreiung erst nach Abschluß dieser Geschäfte in der Satzung geregelt und im Handelsregister eingetragen wurde.

Das steuerrechtliche Erfordernis einer zivilrechtlich wirksamen Befreiung vom Selbstkontrahierungsverbot gilt deshalb für Alleingesellschafter jedenfalls dann nicht, wenn

– eine zunächst zivilrechtlich wirksame Befreiung lediglich wegen eines Formmangels ab 1981 zivilrechtlich unwirksam wird,

– die Auswirkungen der Änderung des GmbHG auf die Wirksamkeit früher wirksam gewährter Befreiungen nicht eindeutig sind **und**

– kein Anlaß besteht, an der Ernsthaftigkeit der Befreiung auch nach der Gesetzensänderung ab VZ 1981 zu zweifeln.

Zivilrechtlich ist nicht mehr umstritten, ob die bestehende Befreiung eines Gesellschafters vom Selbstkontrahierungsverbot auch dann noch wirksam ist, wenn aus einer **zweigliedrigen** GmbH ein Gesellschafter ausscheidet, also eine **Einmann-GmbH entsteht.** Die zivilrechtlich offene Frage wurde durch einen Beschluß des BGH vom 8. 4. 1991 geklärt (GmbHR 1991 S. 261):

Die dem Geschäftsführer einer mehrgliedrigen GmbH durch die Satzung erteilte und in das Handelsregister eingetragene Befreiung von den Beschränkungen des § 181 BGB erlischt danach nicht dadurch, daß aus der mehrgliedrigen Gesellschaft eine Einmann-Gesellschaft wird.

Diese zivilrechtliche Einschätzung stimmt überein mit dem BFH-Urt. vom 13. 3. 1991 (BStBl 1991 II S. 597). Vgl. auch OFD Köln, Vfg. vom 26. 7. 1991, GmbHR 1991 S. 491.

4.5.2.13 Fiktionstheorie

Die sogenannte **Fiktionstheorie** (oder Fiktionslehre) ist uE eine gebotene und praktikable Beurteilungsmethode für die Frage der Feststellung und der Auswirkungen einer verdeckten Gewinnausschüttung (gl. A. Herrmann/Heuer/Raupach, KStG, Anm. 73 zu § 6 KStG a. F., m. w. N.). **480**

Kritisch gegenüber dieser Theorie aber zum Beispiel Döllerer, verdeckte Gewinnausschüttung und verdeckte Einlagen bei Kapitalgesellschaften, 1975, 78 ff und das u. E. abzulehnende BFH-Urt. vom 19. 3. 1975, BStBl II S. 722, sowie Lange in Gail-Goutier-Grützner, KStG, Anm. 121/3 zu § 8).

Die Notwendigkeit der Verwendung von Fiktionen ergibt sich u. E. aus dem Begriff der verdeckten Gewinnausschüttung: Zur Feststellung einer verdeckten Gewinnausschüttung ist ein

480 Vergleich mit der fiktiven (angemessenen) Vergütung usw., die ein ordentlicher und gewissenhafter Geschäftsleiter einem fremden Dritten gezahlt bzw. die er von einem fremden Dritten für eine Leistung der Gesellschaft gefordert hätte, durchzuführen. Vgl. auch Achenbach in Dötsch u. a., KStG, Anm. 21 ff vor § 8 KStG.

Zumindest für die Fallgestaltung der verdeckten Gewinnausschüttung durch ein **zu niedriges Entgelt des Gesellschafters** erscheint uns diese Lehre geboten (zumindest als Denkhilfe). Auch Wassermeyer befürwortet die Fiktionstheorie im Zusammenhang mit der vGA durch Verstoß gegen das Rückwirkungsverbot und in Form von Gewinnverzicht der Kapitalgesellschaft (DB 1987 S. 1113 und S. 1119). Auch der BFH wendet die Grundsätze **im Ergebnis** weiter an, obwohl er dabei den Begriff „Fiktion" vermeidet.

481 Die Fiktionstheorie erweist sich als **mehrfache** Fiktion bzw. **eine** Fiktion mit **zwei** bzw. u. U. **drei Komponenten**

1. Es wird eine Abwicklung eines Rechtsgeschäfts zu Bedingungen wie unter Fremden unterstellt. Der fiktive Mehr- oder Minderbetrag einer Vergütung usw. stellt die verdeckte Gewinnausschüttung dar.
2. Sodann wird eine Rückgewähr eines Teilentgelts an den Gesellschafter in Höhe des Unterschiedsbetrags unterstellt (= fingierte Ausschüttung).
3. Infolge der Unterstellung 1 (Abwicklung wie unter Fremden) – zum Beispiel der Unterstellung der Zahlung marktüblicher Zinsen für ein Darlehen der Gesellschaft an den Gesellschafter – muß beim Gesellschafter untersucht werden, wie sich die fingierten (Mehr-) Aufwendungen einkommensteuerlich auswirken. So werden zum Beispiel in Höhe einer Zinsersparnis des Gesellschafters, die diesem als verdeckte Gewinnausschüttung zugerechnet wurde, Zinszahlungen fingiert, die je nach wirtschaftlichem Zusammenhang Betriebsausgaben, Werbungskosten, Sonderausgaben gemäß § 10 Abs. 1 Nr. 7 EStG, außergewöhnliche Belastungen (§ 33 EStG) oder nichtabziehbare Kosten der Lebensführung (§ 12 EStG) sein können (BFH-Urt. vom 25. 9. 1970, BStBl 1971 II S. 53). Ebenso können sich die Anschaffungskosten eines Wirtschaftsguts **erhöhen** (man kann auch sagen: sie dürfen sich durch die verdeckte Gewinnausschüttung **nicht mindern**).

Beispiel:

Gesellschafter A hat von der GmbH ein zinsloses Darlehen von 100 000 DM erhalten. Die Zinsersparnis beträgt im Jahr 01 unstreitig 10% = 10 000 DM.

A hat das Darlehen wie folgt verwendet:

a) für eine betriebliche Investition in seinem Betrieb oder
b) zur Finanzierung eines selbstgenutzten Einfamilienhauses oder
c) zur Bezahlung von Krankheitskosten.

Nach dem BFH-Urteil vom 25. 9. 1970, a. a. O., muß der Zinsverzicht in zwei Vorgänge zerlegt werden:

(1) Zahlung des Marktzinses durch A an die Gesellschaft 10 000 DM
(2) Rückgewähr der Zinszahlung durch die Gesellschaft an A (= verdeckte Gewinnausschüttung).

Die Abzugsfähigkeit der unterstellten Zinszahlung richtet sich nach der Verwendung des Darlehns:

Fall a): Betriebsausgaben (§ 4 Abs. 4 EStG)
Fall b): grds. nichtabziehbare Lebenshaltungskosten (§ 12 Nr. 1 EStG), Abzug aber ggf. als Sonderausgaben nach § 10 e Abs. 6 EStG, soweit sogenannte „Vorkosten" vorliegen.
Fall c): Außergewöhnliche Belastungen gemäß § 33 EStG (Abzug der die zumutbare Belastung übersteigenden Überbelastung).

482 **Anders** der I. Senat des BFH im Urteil vom 19. 3. 1975 (a. a. O.). Danach soll die verdeckte Gewinnausschüttung das „sonstige Einkommen" des Gesellschafters nur erhöhen, falls die ersparten Aufwendungen nicht abziehbar sind. U. E. ist das Urteil **nicht** verallgemeinerungsfähig, da sich die Auswirkungen der verdeckten Gewinnausschüttung ausschließlich im betrieblichen Bereich des Gesellschafters abspielten. Die Beurteilung paßt auch nicht in das System des Anrechnungsverfahrens: dem Gesellschafter zugeflossene Vorteile sind (mit Körperschaftsteuer-Anrechnung) zu erfassen. Sonst hinge die hergestellte Ausschüttungsbelastung „in der Luft". Eine Saldierung hat daher zu unterbleiben (gl. A. Ebert, BB 1984 S. 1221, 1224).

482

4.5.3 Erhöhung des Einkommens (§ 8 Abs. 3 Satz 2 KStG)

4.5.3.1 Hinzurechnung der verdeckten Gewinnausschüttung nur bei Einkommensminderung

Meist haben verdeckte Gewinnausschüttungen das Einkommen der Gesellschaft **gemindert**, zum Beispiel durch überhöhte (unangemessene) Vergütungen (Gehälter, Zinsen, Mieten). In diesen Fällen ist das Einkommen um die verdeckte Gewinnausschüttung zu erhöhen (§ 8 Abs. 3 Satz 2 KStG).

483

Es sind aber auch Fälle denkbar, in denen eine verdeckte Gewinnausschüttung das Einkommen nicht gemindert hat. Zwar ist – falls dem Gesellschafter ein Vorteil zugeflossen ist (Abschn. 80 Abs. 2 KStR) – auch hier die Ausschüttungsbelastung herzustellen. Eine Erhöhung des Einkommens der Gesellschaft entfällt jedoch; vgl. RZ 1167 ff.

> **Beispiel:**
> Der Gesellschafter veräußert ein unbebautes Grundstück zu einem – unstreitig – um 64 000 DM überhöhten Kaufpreis von 264 000 DM. Die GmbH buchte:
> „Grundstück **an** Bank 264 000 DM."
> Da sich das Einkommen der GmbH durch diese Buchung nicht gemindert hat, ist **im Ergebnis** die verdeckte Gewinnausschüttung auch nicht dem Einkommen der GmbH hinzuzurechnen.

Näheres vgl. RZ 572 – Fall 2.

4.5.3.2 Hinzurechnung nur der verdeckten Gewinnausschüttung

Nach § 8 Abs. 3 Satz 2 KStG dürfen verdeckte Gewinnausschüttungen das Einkommen der Gesellschaft nicht mindern. Hat sich durch eine verdeckte Gewinnausschüttung das Einkommen gemindert, muß der verdeckt ausgeschüttete Betrag wieder hinzugerechnet werden. Die Höhe des hinzurechnenden Betrags hängt ausschließlich davon ab, in welcher Höhe das Einkommen durch die verdeckte Gewinnausschüttung gemindert wurde.

484

Folglich ist das Einkommen der Gesellschaft nur um die bei ihr eingetretene Gewinnminderung bzw. verhinderte Gewinnerhöhung zu erhöhen. Auf die Höhe eines Zuflußbetrags beim Gesellschafter kommt es in diesem Zusammenhang nicht an. Vgl. BFH-Urt. vom 29. 4. 1987, BStBl II S. 733, vom 22. 2. 1989, BStBl II S. 475, und vom 14. 3. 1989, BStBl II S. 633.

Die auf eine verdeckte Gewinnausschüttung entfallende **Ausschüttungsbelastung** (§ 27 Abs. 1 KStG) **fällt nicht unter die Hinzurechnungsvorschrift des § 8 Abs. 3 Satz 2 KStG** (Abschn. 31 Abs. 2 Satz 6 KStR). Denn in Höhe der bei der Gesellschaft herzustellenden Ausschüttungsbelastung bleibt das Einkommen der Gesellschaft unbeeinflußt, weil die Körperschaftsteuer nach § 10 Nr. 2 KStG zu den nichtabziehbaren Aufwendungen gehört und daher bereits nach dieser Vorschrift das Einkommen nicht mindern durfte.

485

Außerdem gehört die anrechenbare Körperschaftsteuer begrifflich nicht zur „Gewinnausschüttung" der Gesellschaft. Gewinnanteil im Sinne von § 20 Abs. 1 Nr. 1 EStG ist der beim Gesellschafter zugeflossene Betrag **ohne** die anrechenbare Körperschaftsteuer. Diese stellt vielmehr einen zusätzlichen Kapitalertrag dar (§ 20 Abs. 1 Nr. 3 EStG).

> **Beispiel:**
> Eine GmbH zahlt ihrem Gesellschafter-Geschäftsführer ein um jährlich 70 000 DM überhöhtes Gehalt. Die Gehälter wurden voll als Aufwand verbucht.

485 Das Einkommen der Gesellschaft erhöht sich nur um den tatsächlich verdeckt ausgeschütteten Betrag von 70 000 DM, nicht etwa um 70 000 DM verdeckte Gewinnausschüttung + 30 000 DM Ausschüttungsbelastung = 100 000 DM.

Wegen der Auswirkungen der verdecken Gewinnausschüttung auf die Körperschaftsteuer-Schuld und die Gliederung des verwendbaren Eigenkapitals vgl. RZ 1167 ff und Abschn. 80 KStR.

4.5.3.3 Hinzurechnung außerhalb der Bilanz

486 Die Erhöhung des Einkommens nach § 8 Abs. 3 Satz 2 KStG erfolgt nach h. M. grds. außerbilanziell. Dieser Auffassung hat der BFH nunmehr mit Urteil vom 29. 6. 1994 IR 137/93 (DB 1994 S. 2526) zugestimmt. Wegen der Behandlung bei Pensionsrückstellungen an Gesellschafter-Geschäftsführer vgl. RZ 535.

4.5.4 Auswirkungen verdeckter Gewinnausschüttungen beim Anteilseigner

4.5.4.1 Einnahmen gemäß § 20 Abs. 1 Nr. 1 und 3 EStG

487 a) Verdeckte Gewinnausschüttungen führen grds. zu Kapitalerträgen. Dies setzt aber tatsächlichen **Zufluß** voraus. Bei Zugehörigkeit der Beteiligung zum Privatvermögen liegen Einnahmen im Sinne von § 20 Abs. 1 Nr. 1 EStG vor („sonstige Bezüge" aus GmbH-Anteilen bzw. Aktien; vgl. § 20 Abs. 1 Nr. 1 Satz 2 EStG). Sie sind bei Zufluß zu besteuern (§ 11 Abs. 1 Satz 1 EStG). Eventuell einbehaltene 25%ige Kapitalertragsteuer darf die Einnahmen nicht mindern (§ 12 Nr. 3 EStG); vgl. RZ 491 ff.

Bei Zugehörigkeit der Beteiligung zum **Betriebsvermögen** sind verdeckte Gewinnausschüttungen als Betriebseinnahmen zu erfassen (§ 20 Abs. 3 EStG), und zwar sowohl bei Überschußrechnung (§ 4 Abs. 3 EStG) als auch Betriebsvermögensvergleich (§ 4 Abs. 1, § 5 EStG) im Jahr der Vorteilsgewährung.

488 b) Weiterhin gehört nach § 20 Abs. 1 Nr. 3 EStG die anrechenbare Körperschaftsteuer (§ 36 Abs. 2 Nr. 3 EStG) in Höhe von $3/7$ (ab 1993; bis 1992: $9/16$) der verdeckten Gewinnausschüttung ebenfalls zu den Einnahmen aus Kapitalvermögen bzw. Betriebseinnahmen. Daher sind zusätzlich zum Betrag der verdeckten Gewinnausschüttung $3/7$ (bzw. $9/16$) dieser Einnahme anzusetzen. Die anrechenbare Körperschaftsteuer ist in demselben VZ und bei derselben Einkunftsart anzusetzen, bei der die verdeckte Gewinnausschüttung zu erfassen ist (§ 20 Abs. 1 Nr. 3 Satz 2 EStG). Dies gilt auch bei Zugehörigkeit der Beteiligung zum Betriebsvermögen (BFH, BStBl 1991 II S. 877). Die Anrechnung der Körperschaftsteuer erfolgt unabhängig vom Zuflußzeitpunkt der Gewinnausschüttung (BFH-Urt. vom 3. 12. 1980, BStBl 1981 II S. 184). Es reicht aus, daß die Körperschaftsteuer-Bescheinigung bis zum Zeitpunkt der Durchführung der Veranlagung vorliegt (R 213g Abs. 2 S. 2 EStR).

Eine Anrechnung kommt auch in Betracht und damit auch ein gewinnerhöhender Ansatz des KSt-Guthabens, wenn der Dividendenanspruch (hier: „Anspruch auf vGA") beim steuerlichen Betriebsvermögensvergleich anzusetzen ist (BFH-Urt. vom 3. 12. 1980, BStBl 1981 II S. 184; vgl. H 213g EStH); offengelassen in BFH, BStBl 1991 II S. 877, für vGA, s. a. Schmidt, EStG, Anm. 31 zu § 5 KSt-Anrechnungsanspruch).

Bei **Personengesellschaften** ist
– der Ertrag aus dem Ausschüttungsanspruch im Gesamthandsbereich, jedoch
– die KSt-Anrechnung (anteilig) im Sonderbereich der Mitunternehmer (notwendiges Sonder-BV) dazustellen. Vgl. Schmidt, EStG, Anm. 77h zu § 15, und Abschn. 97 Abs. 4 KStR (zur Steuerbescheinigung).

4.5.4.2 Umqualifizierung von Einkünften durch verdeckte Gewinnausschüttungen

489 Die Aufdeckung einer verdeckten Gewinnausschüttung führt beim Gesellschafter nur dann zu einer Erhöhung der Einkünfte/des Einkommens um den Betrag der anrechenbaren Körperschaftsteuer, wenn eine Einnahme in Höhe der verdeckten Gewinnausschüttung bereits bei einer anderen Einkunftsart erfaßt war. Die Aufdeckung der verdeckten Gewinnausschüttung führt dann lediglich zu einer Umqualifizierung der Einnahme (Betriebseinnahme). **489**

Beispiel:

Aufgrund einer Außenprüfung wird festgestellt, daß ein (lediger) Gesellschafter mit 195 000 DM ein um 35 000 DM überhöhtes Gehalt bezogen hat.

Folge: In Höhe von 35 000 DM **vermindern** sich die Einnahmen/Einkünfte aus § 19 EStG und gleichzeitig erhöhen sich die Einnahmen aus § 20 Abs. 1 Nr. 1 EStG. Zusätzlich liegen aber – bei Vorliegen der Anrechnungsvoraussetzungen – Einnahmen aus § 20 Abs. 1 Nr. 3 EStG vor.

Einkünfte

vor Aufdeckung der verdeckten Gewinnausschüttung		**nach** Aufdeckung der verdeckten Gewinnausschüttung	
§ 19 EStG	195 000 DM	§ 19	160 000 DM
./. Arbeitnehmer-Pauschbetrag	2 000 DM	./. Arbeitnehmer-Pauschbetrag	2 000 DM
	193 000 DM		158 000 DM
§ 20 Abs. 1 Nr. 1 EStG	–	§ 20 Abs. 1 Nr. 1 EStG	35 000 DM
		§ 20 Abs. 1 Nr. 3 EStG	
		$^{3}/_{7}$ von 35 000 DM	15 000 DM
			50 000 DM
		./. §§ 9a Nr. 2, 20 Abs. 4 EStG	./. 6 100 DM
			43 900 DM
Summe der Einkünfte	193 000 DM	Summe der Einkünfte	201 900 DM

Die Erhöhung von 8 900 DM setzt sich zusammen aus
+15 000 DM anrechenbare Körperschaftsteuer
./. 6 100 DM §§ 9a Nr. 2, 20 Abs. 4 EStG.

Die anrechenbare Körperschaftsteuer von 15 000 DM ist auf die Einkommensteuer anzurechnen (§ 36 Abs. 2 Nr. 3 EStG).

Auch bei solchen quasi „bereits versteuerten" vGA ist jedoch das Anrechnungsverfahren ingangzusetzen.

Nach dem BFH-Beschluß vom 24. 3. 1987, BStBl II S. 508 (Aussetzungssache), bestehen keine ernstlichen Zweifel, auch bei nachträglich aufgedeckten Gewinnausschüttungen, die vom Empfänger bereits bei anderen Einkünften versteuert sind, die Rechtsfolgen für verdeckte Gewinnausschüttungen **uneingeschränkt** anzuwenden: **490**
– Erhöhung des zu versteuernden Einkommens der GmbH um die verdeckte Gewinnausschüttung (§ 8 Abs. 3 Satz 2 KStG). Die tarifliche Körperschaftsteuer entsteht laut BFH unabhängig von der Ausschüttung des Gewinns.
– Herstellung der Ausschüttungsbelastung für die verdeckte Gewinnausschüttung nach den Regeln der Vorschriften § 27 Abs. 3 Satz 2, § 28 Abs. 2 Satz 2 KStG.

Die Unterlassung der Einbeziehung der verdeckten Gewinnausschüttung in die Einkommensbesteuerung der GmbH und das Anrechnungsverfahren verstieße laut BFH gegen das Gesetz und würde zu weitreichenden Abweichungen im Besteuerungsverfahren über die veränderte Gliederungsrechnung führen. Damit ist der BFH **nicht** den Bedenken des FG Düsseldorf gefolgt (vgl. Aussetzungsbeschluß EFG 1986 S. 578). Nochmals bestätigt im Beschluß BFH, BStBl 1987 II S. 733. Die abweichende Meinung in einem Teil des Fachschrifttums (Pezzer, Die verdeckte Gewinnausschüttung im KSt-Recht I, Köln 1986, S. 14 ff und Friauf, StbJb 1979/80 S. 545 ff) lehnt der BFH ab.

Hinsichtlich der **Gewerbesteuer** hatte bereits das FG Düsseldorf (a. a. O.) keine Zweifel, daß die verdeckte Gewinnausschüttung nachträglich der Gewerbesteuer unterworfen werden muß (§ 8 Abs. 1 und 2 KStG, § 15 EStG, § 7 GewStG).

4.5.4.3 Auswirkungen der Fiktionstheorie

490 Infolge der Fiktionstheorie kann sich die „Verwendung" der verdeckten Gewinnausschüttung einkommenswirksam (d. h. einkunfts- bzw. einkommensmindernd) auswirken; vgl. RZ 480 ff.

4.5.4.4 Verdeckte Gewinnausschüttungen und Kapitalertragsteuer

Ausgewählte Literaturhinweise: Söffing, Kapitalertragsteuer und verdeckte Gewinnausschüttungen, DStZA 1967 S. 317.

491 Verdeckte Gewinnausschüttungen unterliegen als Einnahmen im Sinne von § 20 Abs. 1 Nr. 1 EStG bzw. Betriebseinnahmen grds. der 25%igen Kapitalertragsteuer (§§ 43 Abs. 1 Nr. 1, 43a Abs. 1 Nr. 1, 43 Abs. 4 EStG).

Die Pflicht zur Einbehaltung von Kapitalertragsteuer entsteht erst im Zeitpunkt des **tatsächlichen Zuflusses** der verdeckten Gewinnausschüttung beim Gesellschafter, § 44 Abs. 1 Satz 2 EStG und BFH-Urt. vom 28. 1. 1981, BStBl II S. 612, und vom 19. 5. 1982, BStBl II S. 631.

Der Kapitalertragsteuerabzug wird aber regelmäßig nicht vorgenommen worden sein, weil sich die Beteiligten der Vorteilsgewährung (der verdeckten Gewinnausschüttung) nicht bewußt waren oder sein wollten.

Von einer Nacherhebung der Kapitalertragsteuer muß trotzdem in den Fällen abgesehen werden, in denen die Erfassung der verdeckten Gewinnausschüttung bei der Einkommensteuer-Veranlagung des Gesellschafters sichergestellt ist. Insoweit gebührt der Veranlagung des Gesellschafters Vorrang vor dem Steuerabzugsverfahren. Dies gilt selbst bei Zustimmung der Beteiligten zum (nachträglichen) Steuerabzug (BFH-Urt. vom 28. 11. 1961, BStBl 1962 III S. 107; Urt. vom 3. 7. 1968, BStBl 1969 II S. 4).

Besondere Gründe für eine Nacherhebung der Kapitalertragsteuer können aber sein:
- Einbehaltung, aber keine Abführung der Kapitalertragsteuer
- Keine unbeschränkte Steuerpflicht des Gesellschafters
- Große Zahl betroffener Gesellschafter.

In dem – seltenen – Fall der Nacherhebung der Kapitalertragsteuer bei der Gesellschaft taucht die Frage auf, ob die Vorteilsgewährung als Bruttobetrag im Sinne von § 20 Abs. 1 Nr. 1 EStG oder als Nettobetrag (nach Abzug der nachzuerhebenden Kapitalertragssteuer) anzusehen ist.

Dies richtet sich danach, ob die Gesellschaft

a) die Kapitalertragsteuer **übernimmt,** d. h. **nicht** vom Gesellschafter **nachfordert** oder
b) die Kapitalertragsteuer **nicht übernimmt,** d. h. vom Gesellschafter tatsächlich **nachfordert.**

Es kann vom Finanzamt nicht ohne weiteres unterstellt werden, daß die Gesellschaft die Kapitalertragsteuer übernimmt. Vielmehr entscheidet sich diese Frage ausschließlich nach den Vereinbarungen zwischen Gesellschaft und Gesellschafter bzw. nach der tatsächlichen Handhabung. Eine behauptete Erstattung der Kapitalertragsteuer durch den Gesellschafter an die Gesellschaft muß überwacht bzw. nachgewiesen werden.

Hat der Gesellschafter die Kapitalertragsteuer tatsächlich nicht zu erstatten, ist die gewährte verdeckte Gewinnausschüttung als **Nettobetrag** anzusehen.

Die Kapitalertragsteuer beträgt dann $33^{1}/_{3}$ % des Nettobetrags = der verdeckten Gewinnausschüttung und erhöht die Einnahme aus § 20 Abs. 1 Nr. 1 EStG.

Vgl. BFH-Urt. vom 25. 9. 1970, BStBl 1971 II S. 53.

> **Beispiel:**
>
> Bei einer Außenprüfung wird eine verdeckte Gewinnausschüttung zugunsten des Gesellschafters A von 21 000 DM aufgedeckt.
>
> a) Da die Einkommensteuer-Veranlagung des A nicht mehr berichtigt werden kann, wird die Kapitalertragsteuer durch das Finanzamt von der Gesellschaft nacherhoben. Die Gesellschaft will den Steuerabzug nicht übernehmen, sondern ihn sich vom Gesellschafter A erstatten lassen (Nachweis!).

b) Wie a), aber die Gesellschaft übernimmt den Steuerabzug, verzichtet also auf eine Erstattung der Kapitalertragsteuer durch A. **491**

c) **Keine** Nacherhebung der Kapitalertragsteuer, da die verdeckte Gewinnausschüttung bei A im Rahmen einer Berichtigungsveranlagung zur ESt erfaßt wird.

	a)	b)	c)
Einnahmen § 20 Abs. 1 Nr. 1 EStG	21 000 DM	21 000 DM	21 000 DM
+ 33 $^1/_3$% KapSt	–	7 000 DM	–
§ 20 Abs. 1 Nr. 3 EStG ($^3/_7$)	9 000 DM	12 000 DM	9 000 DM
	30 000 DM	40 000 DM	30 000 DM
Anrechnung auf die ESt:			
KapSt (§ 36 Abs. 2 Nr. 2 EStG)	5 250 DM	7 000 DM	– DM
anrechenbare Körperschaftsteuer (§ 36 Abs. 2 Nr. 3 EStG)	9 000 DM	12 000 DM	9 000 DM
	14 250 DM	19 000 DM	9 000 DM

Verzichtet im Falle a) die Gesellschaft auf eine Erstattung der Kapitalertragsteuer von 5 250 DM, so ist wie im Fall b) zu verfahren. Mithin wäre zusätzlich Kapitalertragsteuer in Höhe von 7 000 DM ./. 5 250 DM = 1 750 DM von der Gesellschaft nachzufordern.

4.5.4.5 Zufluß der verdeckten Gewinnausschüttung

Im Regelfall führt die verdeckte Gewinnausschüttung auch zu einem beim Gesellschafter zu besteuernden **Zufluß** eines Vorteils. **492**

Es können aber **sachliche Divergenzen** zwischen den Rechtsfolgen bei der Gesellschaft und beim Gesellschafter auftreten.

Zum einen können das Hinzurechnungsjahr gemäß § 8 Abs. 3 Satz 2 KStG und das Zuflußjahr **zeitlich** auseinanderfallen, insbesondere in zwei verschiedene VZ fallen.

Beispiel 1:

Ein überhöhtes Gehalt hat bei der Gesellschaft in 01 den Gewinn durch Ausweis einer sonstigen Verbindlichkeit gemindert. Dem Gesellschafter ist das Gehalt erst in 02 zugeflossen. Einkommenserhöhung und Änderung der Körperschaftsteuer treten bei der Gesellschaft für **01** ein. Der Gesellschafter hat die verdeckte Gewinnausschüttung erst im Zuflußjahr **02** zu versteuern.

Beispiel 2:

Die Kapitalgesellschaft bildet eine steuerlich unzulässige oder unangemessen hohe Pensionsrückstellung zugunsten des beherrschenden Gesellschafter-Geschäftsführers.

Bei der Gesellschaft ist die durch die unzulässige oder zu hohe Rückstellungsbildung eingetretene Gewinnminderung durch eine Hinzurechnung nach § 8 Abs. 3 Satz 2 KStG auszugleichen. Diese ist hier innerhalb der Steuerbilanz vorzunehmen. Vgl. RZ 535. Dem Gesellschafter fließt eine verdeckte Gewinnausschüttung erst in Form späterer Pensionszahlungen zu. Vgl. RZ 535 a. E.

4.5.5 Grundformen der verdeckten Gewinnausschüttungen

Vertragliche Vereinbarungen, die eine Kapitalgesellschaft mit ihren Gesellschaftern schließt, können zivilrechtlich rechtsgültige Verträge sein. Sie werden grundsätzlich auch steuerlich anerkannt. Dies gilt aber – auch bei Anerkennung dem Grunde nach – nur insoweit, als nicht willkürliche Gewinnmanipulationen vorgenommen werden. Von der Entstehung her können insbesondere folgende Fallgruppen unterschieden werden: **493**

1. Der Vertrag ist dem **Grunde** nach nicht anzuerkennen, weil es an einer ernsthaften Vereinbarung bzw. der tatsächlichen Durchführung mangelt.

493 **Beispiel:**

Bei einer als Darlehensvertrag bezeichneten Vereinbarung fehlt es an einer Rückzahlungsvereinbarung. Es ist nicht damit zu rechnen, daß der Gesellschafter das erhaltene Kapital jemals zurückzahlt. – Hier ist der gesamte an den Gesellschafter geleistete Betrag eine verdeckte Gewinnausschüttung.

2. Der Vertrag ist dem Grunde nach, aber nicht der **Höhe** nach anzuerkennen, weil die vertragliche Gegenleistung der Gesellschaft für eine Leistung des Gesellschafters (Veräußerung eines Wirtschaftsguts, Nutzungsüberlassung, Kapitalüberlassung usw.) **unangemessen hoch** ist.

Hier stellt der Unterschiedsbetrag zwischen dem tatsächlichen und dem angemessenen Entgelt eine verdeckte Gewinnausschüttung dar.

Beispiel:

Verkauf eines Wirtschaftsguts durch den Gesellschafter an die Gesellschaft zu einem überhöhten Preis. – Der Preisunterschied zum angemessenen Preis stellt eine verdeckte Gewinnausschüttung dar.

3. Der Vertrag ist dem Grunde nach anzuerkennen, die vertragliche Gegenleistung des Gesellschafters für eine Leistung der Gesellschaft ist aber unangemessen niedrig.

Beispiel:

Vermietung eines Wirtschaftsguts durch die Gesellschaft an den Gesellschafter unter der sonst von Fremden erzielbaren Miete. – Die Mietersparnis des Gesellschafters ist eine verdeckte Gewinnausschüttung.

Verdeckte Gewinnausschüttungen sind bei allen Vertragsformen möglich.

Typische Verträge sind dabei	Dienstverträge	vgl. RZ 513 ff;
	Darlehensverträge	vgl. RZ 548 ff;
	Miet- und Pachtverträge	vgl. RZ 561 ff;
	Kaufverträge	vgl. RZ 569 ff.

Vgl. auch Abschn. 31 Abs. 3 KStR.

4.5.6 Bewertung der verdeckten Gewinnausschüttung

4.5.6.1 Vorteilszuwendung

a) **Grundsätze**

494 Der zu einer verdeckten Gewinnausschüttung führende Sondervorteil kann in **Geld** oder **Geldeswert** bestehen (vgl. § 8 Abs. 2 EStG). Es kann sich um **materielle** wie auch um **immaterielle** Werte (zum Beispiel Geschäfts-/Firmenwerte) handeln (vgl. BFH-Urt. vom 31. 3. 1971, BStBl 1971 II S. 536 und vom 23. 10. 1985, BStBl 1986 II S. 178). Der Vorteil muß aber meßbar, d. h. in Geld ausdrückbar sein (BFH-Urt. vom 3. 7. 1968, BStBl 1969 II S. 15). Ideelle Vorteile haben keinen Geldwert (zum Beispiel die luxuriöse Einrichtung eines Arbeitszimmers in den Betriebsräumen der GmbH für ihren Gesellschafter-Geschäftsführer). Als Vorteile kommen insbesondere in Betracht

– **Preisvorteile** für den Gesellschafter bei Verträgen im Rahmen eines Leistungsaustausches zwischen Gesellschaft und Gesellschafter

– **Zuwendungen** an den Gesellschafter (**ohne** jede **Gegenleistung** des Gesellschafters bzw. ohne Rechtsgrund für die Gesellschaft). Der Vorteil muß dem Gesellschafter unmittelbar oder mittelbar (= durch Zuwendung an eine ihm nahestehende Person) zugutekommen.

495 **Aufwendungen,** die **durch** die **Zuführung** der verdeckten Gewinnausschüttung an den Gesellschafter ausgelöst werden, mindern den Betrag der verdeckten Gewinnausschüttung **nicht.**

Sie sind auch **keine** Betriebsausgaben der Kapitalgesellschaft (BFH-Urt. vom 22. 2. 1989, BStBl II S. 475).

b) Einzelfälle

aa) Umbuchung von Rücklagen auf ausstehende Einlagen

Die **Umbuchung von Rücklagen auf ausstehende Einlagen** ist **keine verdeckte Gewinnausschüttung,** weil die Gesellschafter nicht wirksam von einer Einlageschuld befreit werden. Eine einseitige Aufrechnung oder ein Aufrechnungsvertrag sind nicht möglich (BFH-Urt. vom 27. 3. 1984, BStBl II S. 717). **496**

Ein Erlöschen der Einlageverpflichtung tritt, abgesehen vom Falle der Zahlung, nur ein, wenn eine wirksame Herabsetzung des gezeichneten Kapitals oder eine wirksame Aufrechnung vorliegt (§ 19 Abs. 2, 3 GmbHG).

Eine Aufrechnung durch den Gesellschafter gegen den Anspruch der Gesellschaft ist ausgeschlossen (§ 19 Nr. 2 S. 2 GmbHG).

Aber auch durch Aufrechnungsvertrag können eine GmbH und ihr Gesellschafter die Verpflichtungen zur Leistung der Einlage nicht zum Erlöschen bringen. Denn im Gegensatz zum allgemeinen Zivilrecht, das es den Parteien gestattet, sich über eine noch nicht bestehende Fälligkeit hinwegzusetzen (Palandt, BGB, 43. Auflage, § 387 Anm. 2), setzt im GmbH-Recht eine vertragliche Aufrechnung wie auch eine einseitige Aufrechnung durch die GmbH mit ihrer Einlageforderung zwingend voraus, daß die Gegenforderung des Gesellschafters rechtlich entstanden, fällig, liquide und vollwertig ist. **497**

Der Anspruch der Gesellschafter auf Zahlung von Gewinnanteilen entsteht erst, wenn die Bilanz festgestellt und der Beschluß über die Verwendung des Bilanzgewinns gefaßt ist (§§ 29, 46 Nr. 1 GmbHG; BFH-Urt. vom 25. 3. 1983, BStBl 1983 II S. 444).

Da die Umbuchung rechtlich unwirksam ist und daher die Einlageverpflichtung der Gesellschafter weiter besteht, hat der Gesellschafter keinen Vorteil erlangt.

bb) Kostenerstattung anläßlich einer Hauptversammlung

Die **Erstattung von Fahrtkosten** durch eine Kapitalgesellschaft, Genossenschaft oder einen VVaG für die Fahrt zur Teilnahme an der Hautpversammlung oder Generalversammlung an Gesellschafter, Genossen oder Mitglieder ist eine **verdeckte Gewinnausschüttung.** Dagegen liegen abziehbare BA vor, wenn eine Genossenschaft oder ein VVaG den Mitgliedern der Vertreterversammlung die Fahrtauslagen ersetzt. **498**

Anläßlich einer Hauptversammlung oder Generalversammlung entstandene Ausgaben zur Bewirtung von Gesellschaftern, Genossen oder Mitgliedern sind bis zur Höhe von 25 DM je Gesellschafter usw. als BA abziehbar. Darüber hinausgehende Ausgaben sind verdeckte Gewinnausschüttungen. Sitzungsgelder, Verpflegungsgelder und Übernachtungspauschalen in angemessener Höhe für Mitglieder der Vertreterversammlung einer Genossenschaft oder eines VVaG sind abziehbare BA.

Vgl. BMF-Schreiben vom 26. 11. 1984, BStBl I S. 591 unter Berücksichtigung des BFH-Urt. vom 24. 8. 1983, BStBl 1984 II S. 273.

cc) Schmiergeldzahlungen

Schmiergeldzahlungen von **Warenlieferanten** an Gesellschafter-Geschäftsführer einer GmbH sind verdeckte Gewinnausschüttungen, wenn die GmbH ihren Herausgabeanspruch gegenüber dem Gesellschafter nicht alsbald geltend macht (BFH-Urt. vom 29. 4. 1987, BStBl II S. 733). **499**

dd) Unentgeltliche Übertragung eines Geschäftswerts zwischen Schwester-Kapitalgesellschaften

Überträgt eine Kapitalgesellschaft einen bisher von ihr geführten Teilbetrieb auf ihre Schwester-Kapitalgesellschaft ohne Entgelt für einen vorhandenen Geschäftswert, so liegt eine verdeckte Gewinnausschüttung an die Mutter-Kapitalgesellschaft und gleichzeitig eine verdeckte Einlage **500**

500 der Mutter-Kapitalgesellschaft in die empfangene Schwester-Kapitalgesellschaft vor. Hierbei gilt das Aktivierungsverbot des § 5 Abs. 2 EStG nicht (BFH-Urt. vom 20. 8. 1986, BStBl 1987 II S. 455). Die verdeckte Einlage des Firmenwerts ist mit dem **Teilwert** anzusetzen (vgl. RZ 413).

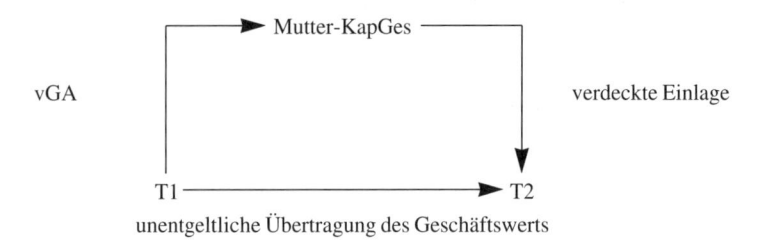

```
                    ──► Mutter-KapGes ──┐
                   │                     │
      vGA          │                     │    verdeckte Einlage
                   │                     ▼
          T1 ─────────────────────────► T2
          unentgeltliche Übertragung des Geschäftswerts
```

ee) Verzicht der GmbH auf Einforderung der Mindesteinlage

501 Der Verzicht einer GmbH auf Einforderung der Mindesteinlage (§ 7 Abs. 2 GmbHG) und der dadurch für die Gesellschafter entstandene Vorteil ist bei Nichtverzinsung **grds.** eine verdeckte Gewinnausschüttung in Höhe der **Zinsersparnis** des Anteilseigners..

Dies gilt jedoch nicht (also **keine** vGA), wenn die GmbH im Falle des Einforderns der Mindesteinlage ernstlich mit dem Geltendmachen von Gegenansprüchen in mindestens der gleichen Höhe rechnen muß (BFH-Urt. vom 14. 8. 1985, BStBl 1986 II S. 86).

ff) Übernahme von Gründungskosten durch Kapitalgesellschaft

502 Wenn eine Kapitalgesellschaft die **eigenen** Gründungskosten begleicht, die eigentlich von den Gesellschaftern zu tragen sind, liegt eine verdeckte Gewinnausschüttung vor (BFH-Urt. vom 11. 10. 1989, BStBl 1990 II S. 89). Denn nach § 26 Abs. 2 AktG hat eine **AG** und in entsprechender Anwendung der Vorschrift hat eine **GmbH** Gründungsaufwand nur zu tragen, wenn dies satzungsmäßig festgelegt ist. Siehe auch BMF-Schreiben vom 25. 6. 1991, BStBl I S. 661.

In der Satzung ist offenzulegen, wie weit das gezeichnete Kapital durch Gründungsaufwand vorbelastet ist. Zur Kennzeichnung des Gesamtaufwands reicht es nicht aus, daß die Kosten, aus denen er sich zusammensetzt, ihrer Art nach im einzelnen namentlich genannt werden. Vielmehr sind die einzelnen Kosten zusammengefaßt als Gesamtbetrag in der Satzung auszuweisen, Beträge, die noch nicht genau beziffert werden können, müssen geschätzt werden. Fehlt die bezifferte Benennung des Gründungsaufwands in der Satzung, ist die Klausel zivilrechtlich unwirksam. Soweit die Offenlegung unterbleibt oder den vorstehenden Grundsätzen nicht entspricht, entfällt auch die Vorbelastung. In diesen Fällen ist der Gründungsaufwand im Innenverhältnis von den Gesellschaftern als den Gründern zu tragen.

4.5.6.2 Wertansatz bei Körperschaft und Anteilseigner

503 Besteht die verdeckte Gewinnausschüttung nicht in einer Geldzuwendung, ist sie zu **bewerten,** und zwar bei der Gesellschaft und dem Gesellschafter.

a) Bei der **Gesellschaft** hat die Bewertung der verdeckten Gewinnausschüttung zum Ziel, die unzulässige Einkommensminderung durch eine Hinzurechnung auszugleichen.

Im KStG fehlt allerdings eine ausdrückliche Bewertungsvorschrift für verdeckte Gewinnausschüttungen. Daher ist nach §§ 1, 9 Abs. 1 BewG der gemeine Wert maßgebend (BFH-Urt. vom 18. 10. 1967, BStBl 1968 II S. 105). So auch Abschn. 31 Abs. 10 KStR. Der Begriff des gemeinen Werts (§ 9 Abs. 2 BewG) kann jedoch nicht uneingeschränkt gelten. Die Einschränkungen ergeben sich aus dem Begriff der verdeckten Gewinnausschüttung. Danach kommt es auf den durch einen ordentlichen und gewissenhaften Geschäftsleiter erzielbaren Erlös an. Folglich wird der Wert der verdeckten Gewinnausschüttung durch den erzielbaren

Erlös bzw. die erzielbare Vergütung bestimmt. Das stimmt mit der Definition in § 9 Abs. 2 **503**
Sätze 1 und 2 BewG überein. Nicht anwendbar ist jedoch § 9 Abs. 2 Satz 3 BewG. Auch ungewöhnliche und persönliche Verhältnisse sind aus der Sicht des besagten Geschäftsleiters zu berücksichtigen. § 9 BewG gilt mithin bei der Bewertung von verdeckten Gewinnausschüttungen nur eingeschränkt (BFH-Urt. vom 27. 11. 1974, BStBl 1975 II S. 306).

Bewertungszeitpunkt

Werden die Leistungen aufgrund eines Vertrages bewirkt, sind die Voraussetzungen auf den Zeitpunkt des Vertragsabschlusses, nicht auf den Zeitpunkt der später liegenden Leistungen zu prüfen (BFH-Urt. vom 22. 4. 1971, BStBl II S. 600 und vom 9. 4. 1975, BStBl II S. 617).

b) Beim Gesellschafter bestimmt sich der Vorteil u. E. nach § 8 Abs. 2 EStG, also aus der Sicht des geldwerten Vorteils für den Gesellschafter.

Obwohl eine rechtliche Bindung zwischen beiden Werten (bei Gesellschaft und Gesellschafter) nicht besteht, dürften sie i. d. R. übereinstimmen. Vgl. aber RZ 428 bis 430.

Zur Umsatzsteuer bei verdeckten Gewinnausschüttungen vgl. nachfolgend RZ 505 ff.

4.5.7 Auswirkungen auf andere Steuern. Sonstige Gewinnauswirkungen

4.5.7.1 Gewerbesteuer

Ist bei der Körperschaftsteuer das Einkommen um die verdeckte Gewinnausschüttung zu erhöhen, so erhöht sich auch der Gewerbeertrag (§ 7 GewStG), da vom körperschaftsteuerlichen Gewinn auszugehen ist (Abschn. 39 Abs. 1 GewStR). **504**

Da die Gewerbesteuer als Betriebsausgabe abzugsfähig ist, ist die hieraus resultierende Erhöhung der Gewerbesteuer durch gewinn- und damit einkommensmindernde Bildung bzw. Erhöhung der Gewerbesteuer-Rückstellung in der Bilanz zwingend zu berücksichtigen (R 22 Abs. 2 Satz 1 EStR; BFH-Urt. vom 3. 12. 1969, BStBl 1970 II S. 229, und vom 19. 3. 1975, BStBl II S. 614). Dies geschieht für nach dem 31. 12. 1993 beginnende Wj. zum Beispiel nach der sogenannten „Fünfsechstelmethode" (R 22 Abs. 2 Satz 2 EStR).

Wegen des **Wahlrechts** für die Mehrsteuern (Gewerbesteuer) bei **Berichtigung** der Körperschaftsteuer-Veranlagung vgl. R 22 Abs. 3 EStR.

Für Körperschaftsteuer-Nachzahlungen gilt dieses Wahlrecht – systembedingt – nicht.

4.5.7.2 Umsatzsteuer

4.5.7.2.1 Verbilligte Leistungen an den Gesellschafter (oder ihm nahestehende Personen)

Bei **verbilligten** Leistungen einer Kapitalgesellschaft an ihre Gesellschafter bzw. nahestehende **505**
Personen liegt

– weder Eigenverbrauch i. S. des § 1 Abs. 1 Nr. 2a bzw. b UStG
– noch der Tatbestand des § 1 Abs. 1 Nr. 3 UStG vor,
 sondern es handelt sich um Leistungen i. S. des § 1 Abs. 1 Nr. 1 UStG. Vgl. RZ 341 ff und nachfolgend RZ 507 ff. Hierbei wird aber u. U. nicht das tatsächliche Entgelt der Umsatzsteuer unterworfen. Nach **§ 10 Abs. 5 UStG** bemißt sich die Umsatzsteuer – aus Gründen der Gleichmäßigkeit der Besteuerung und um einen teilweise unbesteuerten Verbrauch auszuschließen – nach einer **Mindestbemessungsgrundlage,** wenn das tatsächliche Entgelt darunter liegt. Die Mindestbemessungsgrundlage stellt sicher, daß bei verbilligten Leistungen mindestens die Werte als Bemessungsgrundlage anzusetzen sind, die nach § 10 Abs. 4 UStG auch für den Eigenverbrauch oder für unentgeltliche Leistungen anzusetzen sind. Vgl. Abschn. 158 UStR. Infolge des § 10 Abs. 4 Nr. 1 UStG wird § 10 Abs. 5 UStG bei teilentgeltlichen vGA künftig ins Leere gehen.

Eine evtl. **Mehr-USt** kann in einer Rechnung gesondert ausgewiesen werden (§ 14 Abs. 1 S. 3 UStG und Abschn. 187a UStR).

505 Beispiel:

Eine GmbH liefert an ihren Gesellschafter ein Wirtschaftsgut, das sie für 1000 DM (zuzüglich 15 % Umsatzsteuer) angeschafft hat, gegen Zahlung von 1 000 DM zuzüglich 15 % USt = 1 150 DM. Üblicherweise verkauft sie solche Wirtschaftsgüter für 1 725 DM (einschließlich Umsatzsteuer). Die Wiederbeschaffungskosten im Zeitpunkt der Lieferung an den Gesellschafter entsprechen dem Einkaufspreis.

a) Bei der **Einkommensermittlung** der GmbH ist bei der Erfassung als verdeckte Gewinnausschüttung vom gemeinen Wert des Wirtschaftsguts auszugehen; vgl. RZ 503 und Abschn. 31 Abs. 10 Satz 1 KStR.

b) Nach § 10 Abs. 4 Nr. 1 UStG wäre eine unentgeltliche Abgabe des Wirtschaftsguts der GmbH an den Gesellschafter dagegen mit dem Einkaufspreis von 1 000 DM zu bemessen.

Das vom Gesellschafter tatsächlich gezahlte Entgelt ist nicht niedriger als die Bemessungsgrundlage nach § 10 Abs. 4 Nr. 1 UStG. Gemäß § 10 Abs. 1 UStG ist deshalb die Lieferung der GmbH auch nur mit 1 000 DM zu versteuern. Die Mindestbemessungsgrundlage § 10 Abs. 5 Nr. 1 UStG kommt **nicht** zur Anwendung.

c) Der körperschaftsteuerliche Ansatz der vGA ist **streitig**. **Auffassung I** (Nettobetrag): Die verdeckte Gewinnausschüttung ist anzusetzen mit **500 DM**.

Eine Hinzurechnung nach § 8 Abs. 3 Satz 2 KStG kommt u. E. hier nur in Höhe des Nettobetrags von 500 DM in Betracht. Denn die GmbH hat das Wirtschaftsgut unter **Gewinnverzicht** von netto 500 DM (fehlender Rohgewinn) veräußert (= **verhinderte** Vermögensmehrung). Die vGA hat keine Umsatzsteuer ausgelöst.

Auffassung II (Verwaltungsauffassung = Bruttomethode): Eine vGA liegt vor in Höhe der Differenz der Bruttobeträge 1 725 DM ./. 1 150 DM = **575 DM**.

506 Abwandlung

Die GmbH verkauft das Wirtschaftsgut an den Gesellschafter für 900 DM + 135 DM USt = 1 035 DM.

a) Die **verhinderte Vermögensmehrung** infolge Gewinnverzicht beträgt 1500 ./. 900 DM = 600 DM (= Gewinnverzicht der GmbH).

b) **USt**

Es liegt ein Fall der Mindestbemessungsgrundlage (§ 10 Abs. 5 UStG) vor:

Mindestbemessungsgrundlage = Einkaufspreis	1 000 DM
./. tatsächlicher Preis (netto)	900 DM
Mehr-USt	15 % von 100 DM = 15 DM.

Diese USt stellt bei der GmbH eine **abzugsfähige BA** dar. Da es **keine** „für die vGA zu entrichtende USt auf den **Eigenverbrauch**" ist, entfällt u. E. bereits nach dem Wortlaut des Abschn. 31 Abs. 10 Satz 2 KStR auch eine Hinzurechnung gemäß § 8 Abs. 3 Satz 2 KStG.

Dies ist für die Anwendung des § 8 Abs. 3 Satz 2 KStG **auch** schlüssig, da hier die verhinderte Vermögensmehrung lediglich der Nettobetrag von 600 DM ist.

Nach **Verwaltungsauffassung** beträgt die vGA 1725 DM ./. 1035 DM = 690 DM (Bruttobetrag).

4.5.7.2.2 Unentgeltliche Leistungen der Gesellschaft an ihre Gesellschafter

a) Umsatzsteuerliche Behandlung

507 Auch **unentgeltliche** Leistungen von Kapitalgesellschaften an ihre Gesellschafter werden der Umsatzsteuer unterworfen, und zwar aufgrund geänderter Rechtsprechung und Verwaltungsauffassung nicht nach § 1 Abs. 1 Nr. 3 UStG, sondern **vorrangig** als Eigenverbrauch i. S. von § 1 Abs. 1 **Nr. 2** UStG. Vgl. hierzu im einzelnen RZ 341ff.

Somit ist bei unentgeltlichen verdeckten Gewinnausschüttungen an Gesellschafter umsatzsteuerliche Bemessungsgrundlage – bei Hingabe von Gegenständen – der **Einkaufspreis** zuzüglich der **Nebenkosten** für den Gegenstand zum Zeitpunkt des Eigenverbrauchs (§ 10 Abs. 4 Nr. 1 UStG).

Bei unentgeltlicher **Nutzungsüberlassung** an Gesellschafter bilden die bei der Leistung entstandenen **Kosten** die Bemessungsgrundlage.

Beispiel: 507

Die unentgeltliche Pkw-Nutzung durch einen Gesellschafter ist mit den anteiligen Kosten (laufende und feste, einschließlich AfA) anzusetzen.

Die Umsatzsteuer gehört **nicht** zur Bemessungsgrundlage. Sie ist daher herauszurechnen.

b) Körperschaftsteuerliche Behandlung

Nach Abschn. 31 Abs. 10 Satz 2 KStR soll der **gemeine Wert** des hingegebenen Wirtschaftsguts 508
bzw. die **erzielbare Vergütung** im Falle der Nutzungsüberlassung auch die **Umsatzsteuer umfassen**, falls die vGA USt auslöst. Streitig ist hierbei, ob damit

a) die rechnerisch im gemeinen Wert enthaltenen USt (= Verwaltungsauffassung) oder

b) nur die tatsächlich auf den Eigenverbrauch zu entrichtende USt gemeint ist.

Im einzelnen hierzu und zur Kritik an dieser Auffassung vgl. bereits RZ 341ff.

Beispiel:

Eine GmbH wendet ihrem Gesellschafter einen Warenposten, den sie für 100 DM + 15 DM USt erworben hatte, unentgeltlich zu. Der übliche Verkaufspreis beträgt 345 DM (einschließlich 15 % USt).

	Gewinnauswirkung
a) **Steuerbilanz**	
aa) Buchung bei Wareneinkauf	
Wareneinkauf 100 DM an Kasse 115 DM	
Vorsteuer 15 DM (Geschäftsvorfall =)	0 DM
bb) Unentgeltliche Hingabe (keine Buchung):	
Minderung des Warenbestands	–100 DM
cc) Korrektur des StBil-Gewinns nach Aufdeckung der vGA durch die Außenprüfung	
Steueraufwand 15 DM an USt-Schuld 15 DM	– 15 DM
Die durch die vGA ausgelöste USt ist bei der Kapitalgesellschaft Betriebsausgabe (vgl. auch BFH-Urt. vom 28. 11. 1991, GmbHR 1992 S. 312).	
Gesamte Minderung des StBil-Gewinns	–115 DM
Jahresergebnis vor Außenprüfung	–100 DM
Gewinnkorrektur innerhalb der StBil durch Außenprüfung	./. 15 DM

b) **Einkommenskorrektur außerhalb der StBil**

I. Verwaltungsauffassung (= Abschn. 31 Abs. 10 Satz 2 KStR).	
StBil-Verlust (vor Körperschaftsteuer)	./. 115 DM
aa) vGA (§ 8 Abs. 3 Satz 2 KStG)	+345 DM
Die Hinzurechnung des Werts umfaßt auch die rechnerische USt auf die vGA	
bb) Eine nochmalige Hinzurechnung der USt von 15 DM nach § 10 Nr. 2 KStG entfällt (= folgerichtig)	0 DM
Einkommen	230 DM

Kritik: Hierbei produziert die USt auf die vGA „künstlich" Einkommen, das beim Fremdgeschäft nicht entstehen würde.

II. Eigene Auffassung (vgl. RZ 341ff.)	
StBil-Verlust (w. o.)	./. 115 DM
aa) vGA (ohne USt) = fehlender Erlös Handelsware, § 8 Abs. 3 Satz 2 KStG	+300 DM
Dies ist ein Nettobetrag, da die USt bei Veräußerung zum üblichen Verkaufspreis erfolgsneutral gewesen wäre.	
bb) Hinzurechnung der USt auf den Eigenverbrauch, da hier als Aufwand verbucht, § 10 Nr. 2 KStG	+ 15 DM
Einkommen	200 DM

508 Einleuchtend ist, daß die USt nicht **doppelt** hinzugerechnet werden kann

1. nach § 8 Abs. 3 Satz 2 KStG und
2. nach § 10 Nr. 2 KStG.

Man könnte die USt auf den Eigenverbrauch evtl. auch als „durch die Zuführung der verdeckten Gewinnausschüttung an den Gesellschafter ausgelöste Aufwendungen" betrachten. Solche Aufwendungen sind **keine** BA der Kapitalgesellschaft (BFH-Urt. vom 22. 2. 1989, BStBl II S. 475), aber u. E. auch **kein** Bestandteil der vGA. A. A. Reiß, VGA und USt, DB 1990, S. 1936ff.

Die **Verwaltungsauffassung** wirkt sich über die Gliederungsrechnung zugunsten der Körperschaft aus, da eine **Definitivbelastung** der Umsatzsteuer mit Körperschaftsteuer vermieden wird.

Auf die Gliederungsrechnung ergeben sich im obigen Beispielsfall folgende Auswirkungen:

	I Verwaltungsauffassung EK 45		II Eigene Auffassung EK 45	
Einkommen	200 DM		200 DM	
./. KSt 45 %	./. 90 DM	+ 110 DM	./. 90 DM	+ 110 DM
Abzug der USt auf Eigenverbrauch		– DM		./. 15 DM
verbleibender Zugang zum vEK		+110 DM		+ 95 DM

Bei Verrechnung der vGA im Folgejahr ergibt sich bei Auffassung II eine u. E. vom Gesetz eindeutig gewollte Definitivbelastung mit KSt von $^{45}/_{55}$ x 15 DM = 12,27 DM – natürlich nur bei Bejahung der Prämisse, daß diese USt unter § 10 Abs. 2 KStG fällt.

Dagegen könnte allerdings die **nochmalige** Belastung mit ESt beim Anteilseigner sprechen.

Beim **Anteilseigner** sind im vorliegenden Fall 345 DM als Einnahme aus § 20 Abs. 1 Nr. 1 EStG zu versteuern. Es ist § 8 Abs. 2 EStG anzuwenden. Das führt zum Ansatz der im üblichen Endpreis von 345 DM tatsächlich enthaltenen USt von 45 DM und nicht nur der durch den Eigenverbrauch bei der Gesellschaft ausgelösten USt von 15 DM (vgl. A. Reiß, a. a. O., S. 1939). Es ist fraglich, ob der Ausschüttungsbetrag 315 DM oder – wie beim Anteilseigner – 345 DM beträgt.

Befürwortet man wie Reiß (a. a. O., S. 1939) 315 DM, ist die Ausschüttungsbelastung mit $^3/_7$ von 315 DM herzustellen. Dann muß das Anrechnungsguthaben aber ebenfalls beim Anteilseigner $^3/_7$ von 315 DM betragen (zwingende Übereinstimmung von Ausschüttungsbelastung und Anrechnungsguthaben). Somit betrifft das Anrechnungsguthaben nunmehr nicht $^3/_7$ der Einnahme aus § 20 Abs. 1 Nr. 1 EStG, wenn diese 345 DM beträgt. So ist aber in § 36 Abs. 2 Nr. 3 EStG das Anrechnungsguthaben definiert. U. E. folgt daraus, daß der Ausschüttungsbetrag auf beiden Ebenen gleich hoch sein muß (entweder einheitlich 345 DM oder 315 DM).

Übungsfälle:

Fall 1:

Eine GmbH liefert Ware an einen Gesellschafter ohne Berechnung.

Gemeiner Wert der Ware (einschl. 15 % USt)	23 000 DM
Einkaufspreis der Ware im Zeitpunkt des Umsatzes (netto)	10 000 DM

Lösung:
a) **USt:**
BMG nach § 10 Abs. 4 Nr. 1 UStG 10 000 DM
Steuer = 15 % von 10 000 DM =	1 500 DM
Gewinnminderung innerhalb der Bilanz =	./. 1 500 DM

b) **KSt:**
vGA in Höhe des gemeinen Wertes von	+ 23 000 DM
= Hinzurechnung zum Einkommen (§ 8 Abs. 3 S. 2 KStG)	
Einkommenswirkung der vGA also effektiv =	21 500 DM
(fraglich hinsichtlich des USt-Anteils von 1 500 DM)	

Fall 2: 508
Eine GmbH liefert Ware an einen Gesellschafter und berechnet einschl. 2 250 DM USt   17 250 DM
Gemeiner Wert der Ware (einschl. USt)   23 000 DM
Einkaufspreis der Ware im Zeitpunkt des Umsatzes (netto)   10 000 DM

Lösung:
a) **USt:**
zutreffend behandelt (2 250 DM) – Kein Fall der Mindest-BMG

b) **KSt:**
vGA in Höhe der Differenz zwischen dem gem. Wert von 23 000 DM und dem berechneten Betrag in Höhe von 17 250 DM = Hinzurechnung zum Einkommen =   5 750 DM
Einkommenswirkung der vGA also   + 5 750 DM
(**fraglich** hinsichtlich des USt-Anteils von 750 DM).

Fall 3:
Eine GmbH liefert Ware an einen Gesellschafter und berechnet einschl. 750 DM USt   5 750 DM
Gemeiner Wert der Ware   23 000 DM
Einkaufspreis der Ware im Zeitpunkt des Umsatzes netto   10 000 DM

Lösung:
a) **USt:**
BMG nach § 10 Abs. 1 UStG   5 000 DM
Mindest-BMG nach § 10 Abs. 5 Nr. 1 i. V. m. Abs. 4 Nr. 1 UStG   10 000 DM
USt daher   1 500 DM
USt bisher   750 DM
USt-Mehr = Gewinnminderung innerhalb der Bilanz   ./. 750 DM

b) **KSt:**
vGA in Höhe der Differenz zwischen dem gemeinen Wert (23 000 DM) und dem berechneten Betrag (5 750 DM), also Hinzurechnung zum Einkommen   17 250 DM
Einkommenswirkung der vGA also effektiv   16 500 DM

Fall 4:
Wie Fall 2, jedoch erfolgte die Warenlieferung in **01** an das Einzelunternehmen des Gesellschafters. Die GmbH-Beteiligung ist Betriebsvermögen des Einzelunternehmens. Die Ware ist zum 31. 12. 01
a) bereits verkauft
b) noch nicht verkauft.
Die vGA beträgt – wie im Fall 2 –   17 250 DM.
Beim Gesellschafter ergeben sich folgende Auswirkungen:
a) **Ware bereits verkauft**
1. **Beteiligungserträge:** vGA (§ 20 Abs. 1 Nr. 1 S. 2, § 21 Abs. 3 EStG)   + 17 250 DM
   + anrechenbare KSt $^3/_7$ x 17 250 DM =   + 7 393 DM
2. **Erhöhung** des **Warensatzes 01** (zusätzliche) Anschaffungskosten des Wareneinkaufs) um die vGA
   ./. zusätzliche Vorsteuer (falls Rechnungsberichtigung erfolgt
   17 250 DM – 750 DM = 16 500 DM = Gewinn   ./. 16 500 DM
3. **Warenbestand 31. 12. 01**
   – Keine Korrektur   –,–
   Gewinn 01 17 250 DM + 7 393 DM ./. 16 500 DM =   + 8 143 DM
   Gewinn 02   –,–

Korrekturen Einzelunternehmen 01			
Warenbestand	–,–	Gewinn	+ 8 143 DM
Vorsteuer	+ 750 DM		
Entnahmen (oder sonst. Ford.)	+ 7 393 DM[1])		
	+ 8 143 DM		

Korrekturen Einzelunternehmen 02			
Vorsteuer	+ 750 DM	Kapitalvortrag	750 DM

[1]) anrechenbare KSt

508 b) Ware noch nicht verkauft **Gewinn**

    1. Beteiligungserträge 01 (wie a)   + 17 250 DM
        + 7 393 DM
    2. Wareneinsatz 01 + 16 500 DM   ./. 16 500 DM
    3. Warenbestand 31. 12. 01 + 16 500 DM (ggf. Teilwertabschreibung)   + 16 500 DM
Gewinn 01   + 24 643 DM
Gewinn 02 (Wechselwirkung Warenbestand)   – 16 500 DM

	Korrekturen Einzelunternehmen 01		
Warenbestand	+16 500 DM	Gewinn	+ 24 643 DM
Vorsteuer	+ 750 DM		
Entnahmen (KSt)	+ 7 393 DM		
	24 643 DM		

	Korrekturen Einzelunternehmen 02		
Vorsteuer	+ 750 DM	Kapitalvortrag	17 250 DM
		Gewinn 02	– 16 500 DM
			750 DM

4.5.7.2.3 Überhöhtes Entgelt

509 Bei umsatzsteuerbaren Leistungen des Gesellschafters an die Kapitalgesellschaft gehört auch ein **überhöhter Entgeltsteil** wegen der inneren Verknüpfung mit der Leistung trotz der gesellschaftsrechtlichen Beziehungen zur **umsatzsteuerlichen Bemessungsgrundlage** (BFH-Urt. vom 25. 11. 1987, BStBl 1988 II S. 210). Die Kapitalgesellschaft kann die **Vorsteuer** in der ausgewiesenen Höhe abziehen. Die (höhere) USt gehört hier daher **nicht** zur Ausschüttung.

4.5.7.3 Grunderwerbsteuer

510 Die Grunderwerbsteuer ist vom Wert der – **tatsächlichen** – **Gegenleistung** zu berechnen (§ 9 GrEStG).

In Höhe der verdeckten Gewinnausschüttung kann **keine** Gegenleistung des Gesellschafters angenommen werden (BFH-Urt. vom 26. 10. 1977, BStBl 1978 II S. 201), u. E. zweifelhaft.

4.5.7.4 Strafrechtliche und gesellschaftsrechtliche Gefahren der verdeckten Gewinnausschüttung

Literaturhinweise: Bilsdorfer, Steuerhinterziehung durch vGA, StBp 1989 S. 221; **Jonas,** Schadensersatzanspruch einer GmbH gegen den steuerlichen Berater wegen Nichtvermeidung einer vGA, GmbHR 1987 S. 233; **Reiß,** vGA und verdeckte Entnahmen als strafbare Untreue des Geschäftsführers?, Wistra 1989 S. 81.

4.5.7.4.1 Untreue (§ 266 StGB) bei vGA

511 Die Anwendung des § 266 StGB hängt u. a. davon ab, ob die vGA ohne oder mit Zustimmung aller Gesellschafter erfolgt.

a) **vGA ohne Zustimmung aller Gesellschafter**

Ein Gesellschafter-Geschäftsführer handelt eigennützig, wenn er sich Vermögen der Gesellschaft (= Fremdvermögen) seines Vorteils willen ohne Zustimmung der anderen Gesellschafter aneignet. Daraus folgt, daß verdeckte Gewinnausschüttungen **ohne Zustimmung aller Gesellschafter stets** Untreuehandlungen i. S. d. § 266 StGB darstellen.

b) vGA mit Zustimmung aller Gesellschafter 511

Bei einer GmbH dürfen handelsrechtlich vGA vorgenommen werden, soweit das Stammkapital nicht angegriffen wird, wenn ein einstimmiger Gesellschafterbeschluß oder die Zustimmung aller Gesellschafter vorliegt. Es besteht insoweit bei der GmbH eine andere Rechtslage als bei der AG (oder KGaA), wo in § 58 Abs. 5 AktG ausdrücklich bestimmt ist, daß an die Aktionäre vor Auflösung der Gesellschaft „nur der Bilanzgewinn verteilt werden darf". Von dieser Bestimmung darf auch bei Einstimmigkeit der Aktionäre nicht abgewichen werden.

Einer GmbH **wird dagegen** nicht ohne weiteres ein rechtswidriger Nachteil i. S. d. § 266 Abs. 1 StGB zugefügt, wenn der geschäftsführende Gesellschafter ihrem Vermögen mit Zustimmung aller Mitgesellschafter bereits erzielte Gewinne entnimmt, deren Entstehung er durch Falschbuchungen zum Zweck der Steuerhinterziehung verschleiert (Urt. vom 29. 5. 1987, BB 1987 S. 1855, und BFH, Urt. vom 24. 8. 1988, BB 1988 S. 2268).

Allgemeine Regel somit ist: Bei einer GmbH sind einverständliche Entnahmen und vGA sowie (zulässige) Vorabausschüttungen aus bereits erzielten Gewinnen „an sich erlaubt, also i. d. R. kein rechtswidriger Nachteil für die GmbH".

Ausnahmen bestehen bei Eintritt „schädlicher Folgen", z. B.

– Stammkapitalverzehrende Auszahlungen (§ 30 GmbHG).

– Gefährdung der Liquidität

– Entzug von Produktionsgrundlagen.

Das Einverständnis der Gesellschafter in Untreuehandlungen eines Geschäftsführers ist unbeachtlich, soweit durch die Entnahmen nicht nur das Stammkapital aufgezehrt, sondern darüber hinaus die GmbH überschuldet oder eine schon bestehende Überschuldung vertieft wird (BGH-Beschluß vom 11. 8. 1989, GmbHR 1989 S. 465).

4.5.7.4.2 Steuerhinterziehung bei vGA

Die Annahme einer Steuerhinterziehung setzt anders als bei der Frage des Vorliegens einer vGA 512
– neben dem objektiven Tatbestand der niedrigeren Steuerfestsetzung (bei vGA infolge einer Vermögensminderung/verhinderten Vermögensmehrung grundsätzlich gegeben) auch ein subjektives Merkmal voraus.

Steuerhinterziehung bei der vGA erfordert daher, daß der Gesellschafter den Vermögensvorteil für sich oder einen Dritten durch sein Tun willentlich herbeiführt, z. B. Verbuchung von erheblichen Kosten, die eindeutig der privaten Lebensführung eines Gesellschafters/Geschäftsführers zuzuordnen sind, als Betriebsausgabe bei der GmbH.

4.5.8 Verdeckte Gewinnausschüttungen bei typischen Vertragsarten

4.5.8.1 Verdeckte Gewinnausschüttungen bei Dienstverträgen

4.5.8.1.1 Steuerliche Anerkennung eines Dienstverhältnisses dem Grunde nach

a) Erfordernis eines Dienstverhältnisses

Vergütungen an Gesellschafter einer Kapitalgesellschaft können nur dann Arbeitslohn und damit bei ihr Betriebsausgaben (§ 4 Abs. 4 EStG) sein, wenn ein Dienstverhältnis (vgl. § 1 Abs. 1 LStDV) vorliegt. 513

Bei Gesellschafter-Geschäftsführern einer GmbH ergibt sich das Problem der Abzugsfähigkeit von Tätigkeitsvergütungen aus ihrer (möglichen) Doppelfunktion als Gesellschafter und daneben ggf. als Angestellte. Die Vergütungen sind nur dann keine verdeckte Gewinnausschüttungen, wenn sie nicht durch das Gesellschaftsverhältnis, sondern durch ein Dienstverhältnis veranlaßt sind (z. B. BFH-Urt. vom 27. 3. 1963, StRK KStG § 6 Abs. 1 Satz 2, R 75).

513 Liegt kein Dienstverhältnis vor, sind alle Vergütungen an den Gesellschafter verdeckte Gewinnausschüttungen (sofern auch nicht ein anderes Rechtsverhältnis ursächlich ist, z. B. ein Beratervertrag). Es liegen dann keine Einkünfte aus § 19 EStG beim Gesellschafter und keine Betriebsausgaben bei der Gesellschaft vor.

b) Erfordernis von Dienstleistungen

514 Die steuerliche Anerkennung setzt weiterhin voraus, daß der Gesellschafter tatsächlich eine entlohnenswerte (vergütungsfähige) Tätigkeit erbringt. Er muß also Dienste leisten, für die die Gesellschaft sonst fremde Personen entlohnen müßte. Andernfalls sind die Zahlungen nicht schuldrechtlich begründbar und daher gesellschaftlich veranlaßt, also verdeckte Gewinnausschüttungen (vgl. z. B. BFH-Urt. vom 27. 3. 1963, a. a. O.).

Ein formaler Dienstvertrag allein genügt mithin nicht; er ist zwar Voraussetzung, aber nicht Beweis für ein tatsächlich durchgeführtes Dienstverhältnis.

Zwar ist ein Gesellschafter nicht gezwungen, seine Tätigkeit für die Gesellschaft entgeltlich auszuüben.

Man wird jedoch i. d. R. von der Vermutung ausgehen können, daß generell eine qualifizierte Tätigkeit wie **Geschäftsführung** i. d. R. **nicht** unentgeltlich ausgeübt wird.

Außerdem muß eine Kapitalgesellschaft kraft Gesetzes einen Vertreter haben, die GmbH den Geschäftsführer (§ 35 GmbHG), die AG den Vorstand (§ 78 AktG). Geschäftsführer bzw. Vorstandsmitglieder üben die Geschäftsführung aus und tragen damit rechtliche Verantwortung. Da kein Außenstehender eine solche Stellung unentgeltlich auf sich nehmen würde, wird auch beim Gesellschafter-Geschäftsführer im Prinzip eine Vermutung für Entgeltlichkeit sprechen (BFH-Urt. vom 10. 5. 1967, BStBl II S. 498).

Dies muß aber unter der Einschränkung stehen, daß auch nachweisbare Vereinbarungen vorliegen (siehe c) „Dienstvertrag"). Bei **beherrschenden** Gesellschaftern besteht überdies das sogenannte **Rückwirkungs- oder Nachzahlungsverbot** (vgl. RZ 447ff.). Bei beherrschenden Gesellschaftern lehnt der BFH die Vermutung entgeltlicher Gesellschafter-Tätigkeit ab. Vgl. Abschn. 31 Abs. 6 KStR.

c) Erfordernis eines Dienstvertrags

515 Es muß eine nach außen erkennbare Vereinbarung (Vertrag) zwischen dem Gesellschafter und der Kapitalgesellschaft vorliegen (BFH-Urt. vom 18. 5. 1972, BStBl II S. 721). Es genügt daher nicht, daß der Gesellschafter als Tätigkeitsvergütung/Arbeitslohn bezeichnete Beträge bloß einseitig „entnimmt" (BFH-Urt. vom 9. 2. 1972, BStBl II S. 361). Bei **Allein**gesellschaftern einer GmbH ist überdies zu beachten, daß zivilrechtliche und damit steuerliche Wirksamkeit nur vorliegt, wenn eine satzungsmäßige Befreiung des Gesellschafter-Geschäftsführers vom Verbot des Selbstkontrahierens (§ 181 HGB) vorliegt (§ 35 Abs. 4 GmbHG; gl. A. Streck, GmbHR 1982 S. 31).

Im Dienstvertrag müssen Rechte und Pflichten beider Parteien eindeutig und klar geregelt sein.

Allerdings bedürfen Vorteile, die üblicherweise Gesellschafter-Geschäftsführern ohne besondere Vereinbarung im Rahmen des Dienstverhältnisses gewährt werden, **keiner** ausdrücklichen Regelung im Dienstvertrag. Üblich ist zum Beispiel die Nutzung gesellschaftseigener Pkw für Fahrten zwischen Wohnung und Arbeitsstätte (einschließlich Mittagsheimfahrten) sowie Dienstreisen (Dienstgängen) und stellt daher keine verdeckte Gewinnausschüttung vor, auch wenn eine ausdrückliche Regelung im Dienstvertrag fehlt.

Für einen Dienstvertrag ist Schriftform zwar nicht Voraussetzung (zum Beispiel BFH-Urt. vom 18. 5. 1972, BStBl II S. 721), aber aus Beweisgründen dringend zu empfehlen. Außerdem ist die Vorlage des Vertrags beim FA sofort nach Vertragsabschluß anzuraten, um das Argument eines – steuerlich unbeachtlichen, d. h. nicht anzuerkennenden – rückwirkenden Vertragsabschlusses auszuräumen; vgl. RZ 447ff.

Dasselbe gilt für Änderungen bestehender Verträge (insbesondere Gehaltserhöhungen, zusätz- 516
liche Vergütungen wie Tantiemen, Provisionen).

Trotz steuerlicher Anerkennung dem Grunde nach kann es bei Dienstverträgen in zwei Fallgruppen zu verdeckten Gewinnausschüttungen kommen:

(1) Bei Verstoß gegen das **Rückwirkungsverbot (Nachzahlungsverbot) bei beherrschender GmbH-Beteiligung;** vgl. RZ 447 ff. Wegen des Verbots des Selbstkontrahierens (§§ 181 HGB, 35 Abs. 4 GmbHG) vgl. RZ 478.

(2) Soweit Vergütungen die **Angemessenheitsgrenze** übersteigen; vgl. nachfolgend RZ 517 ff.

Wegen weiterer u. U. verdeckter Gewinnausschüttungen auslösender Vorschriften im GmbHG vgl. Streck, GmbHR 1982 S. 30f.

4.5.8.1.2 Übersteigen der Angemessenheitsgrenze

Ausgewählte Literaturhinweise: Spitaler-Niemann, Angemessenheit der Bezüge von geschäftsführen- 517
den Gesellschaftern einer GmbH, Köln.

Die **Gesamtvergütung** des Gesellschafters muß sich in dem Rahmen bewegen, der auch bei einem fremden Angestellten in Betracht käme, der nicht Gesellschafter ist.

In die Beurteilung einzubeziehen sind **alle** Vergütungen und Vorteile im Rahmen des Dienstverhältnisses (BFH-Urt. vom 11. 9. 1968, BStBl II S. 809): Gehälter, Provisionen, Tantiemen, Sachbezüge, Pkw-Nutzung, Wohnungsüberlassung, ggf. Pensionszusagen; vgl. RZ 547 ff. **Nicht** einzubeziehen ist aber der Ersatz nachgewiesener Reisekosten (BFH-Urt. vom 19. 10. 1965, BStBl 1966 III S. 72). Für die Annahme einer verdeckten Gewinnausschüttung muß ein krasses Mißverhältnis feststellbar sein. Hierbei besteht aber ein nicht unerheblicher Beurteilungsspielraum. Die Beurteilung der Angemessenheit kann im Einzelfall außerordentlich schwierig sein. Es gibt keine festen Regeln (BFH-Urt. vom 5. 10. 1977, BStBl 1978 II S. 234, und vom 11. 12. 1991, BStBl 1992 II S. 690).

Die Überprüfung orientiert sich insbesondere an zwei Maßstäben:

1. an der vorgesehenen Arbeitsleistung des Gesellschafters

2. an der Leistungsfähigkeit der Gesellschaft.

Eine Bewertung der Arbeitsleistung muß unter Berücksichtigung der maßgebenden betrieblichen Faktoren wie Branche, Wirtschaftsstufe, Zahl der Beschäftigten, Umsatz usw. erfolgen. Auch ein Fremdvergleich mit Geschäftsführervergütungen gleichartiger Betrieb für entsprechende Leistungen kommt in Betracht (BFH-Urt. vom 5. 10. 1977, BStBl 1978 II S. 234, und Urteil vom 28. 6. 1989, BStBl II S. 854, 855).

Trotz verschiedener Versuche zur Aufstellung von Formeln können diese allenfalls einen ersten Anhalt für die Beurteilung der Angemessenheit geben (BFH-Urt. vom 6. 12. 1955, BStBl 1956 III S. 30). Eine rechnerische Ermittlung nach bestimmten Formeln ist **nicht** möglich (BFH-Urt. vom 25. 2. 1958, BStBl III S. 229, vom 5. 10. 1977, a. a. O., vom 28. 6. 1989, a. a. O. sowie vom 11. 12. 1991, BStBl 1992 II S. 690, StRK, KStG 1977 § 8 Abs. 3 R. 84, mit Anmerkung von Zenthöfer).

Damit hat der BFH gleichzeitig der bislang insbesondere von der Finanzverwaltung des Saarlands vertretenen sog. „Drittelrechnung" eine klare Absage erteilt (vgl. FG Saar, Urt. vom 5. 10. 1990, EFG 1991, 146).

Diese ging dabei so vor, daß der erklärte GmbH-Gewinn zunächst rechnerisch um die Geschäftsführer-Bezüge erhöht wurde und der so ermittelte „Gesamtgewinn"

– zu $^1/_3$ auf die GmbH und

– zu $^2/_3$ auf die Gesellschafter

„verteilt" wurde.

517 **Beispiel:**

Erklärter Gewinn der GmbH		60 000 DM
+ Geschäftsführer-Bezüge		240 000 DM
rechnerischer „Gesamtgewinn"		300 000 DM
Verteilung auf:	Geschäftsführer	(GmbH)
	$2/3$	$1/3$
angemessene Bezüge =	200 000 DM	
tatsächliche Bezüge	240 000 DM	
Es ergäbe sich eine vGA in Höhe von	40 000 DM	

Diese ist nach dem BFH-Urteil vom 11. 12. 1991 ohne Grundlage.

Der BFH bestätigt in dem Urteil, daß Maßstab für die Angemessenheit die (gefestigte) Rechtsfigur des „ordentlichen und gewissenhaften Geschäftsleiters" ist.

Vorrangig ist der sog. Fremdvergleich.

Dies kann ein interner oder externer Vergleich sein.

– Hat die GmbH „fremde" Geschäftsführer, kann eine Orientierung an deren Vergütungen erfolgen.
– Sind in der GmbH vergleichbare Fremd-Geschäftsführer nicht vorhanden, ist der externe Vergleich geboten. Hierzu können auch statistische Vergleichszahlen herangezogen werden.

Beurteilungshilfen – wenn auch keinen Nachweis – bieten Vergleichsstudien, z. B.

– der Kienbaum-Vergütungsberatung, Gummersbach oder
– des BBE-Verlags, Köln.

a) Der BFH weist auf die Branchenunterschiede bei den Personalkosten hin (im Streitfall: Steuerberatung = Dienstleistungsbranche = hohe Personalkosten, soll lt. BFH heißen: hohe Gehälter).

b) Eine hohe Anzahl von Geschäftsführern spricht lt. BFH für Miterledigen von Arbeiten, die in anderen Betrieben von Nicht-Geschäftsführern erledigt würden. Dies rechtfertigt ebenfalls tendenziell höhere Gehälter.

c) Bereits die Wahrnehmung von Geschäftsführeraufgaben rechtfertigt lt. BFH eine deutliche Gehaltsabstufung gegenüber anderen Angestellten. Der BFH erkennt somit einen deutlichen Erhöhungsfaktor an.

518 Weiterhin müssen die Verhältnisse der Gesellschaft berücksichtigt werden. Die Gehaltszahlung an – insbesondere: beherrschende – Gesellschafter darf nicht zu einer nachhaltigen „Gewinnabsaugung" bei der Gesellschaft führen.

Vielmehr ist eine Berücksichtigung der Ertragsaussichten und der Eigenkapitalverzinsung der Gesellschaft bei der Gehaltsbemessung erforderlich. Die Gefahr der Gewinnabsaugung besteht zum Beispiel bei gewinn- oder umsatzabhängigen Bezügen, durch die auf Dauer noch nicht einmal eine angemessene Rendite der Gesellschaft verbleibt (BFH-Urt. vom 25. 2. 1958, a. a. O.). Darüber hinaus verträgt sich eine Vereinbarung mit der GmbH, die ihr lediglich eine angemessene Verzinsung des Stammkapitals beläßt und somit die Möglichkeit der Gewinnsteigerung nimmt, nicht mit der Aufgabe der GmbH als Erwerbsunternehmen, Gewinne zu erzielen und nach Möglichkeit zu steigern (BFH-Urt. vom 28. 6. 1989, BStBl II S. 854, 857). **Gewinnabhängige** Vergütungen sind grds. zulässig; **umsatzabhängige** Bezüge sind nur in besonders begründeten Fällen zulässig.

Die Berücksichtigung der **Ertragslage** bedeutet aber keineswegs, daß in Verlustjahren oder -perioden (zum Beispiel infolge der Konjunkturlage) nur ein gekürztes Gehalt als angemessen anerkannt werden dürfte.

Beispiel:

Der beherrschende Gesellschafter-Geschäftsführer einer GmbH erhält ab dem VZ 02 weiter ein Gehalt von 240 000 DM p. a., obwohl am Ende des VZ 01 einer der beiden gleichwertigen Teilbetriebe des Unternehmens der GmbH veräußert wurde.

Eine solche Unternehmensverkleinerung (auf die Hälfte) deutet hier – sicher unwiderlegbar – auf ein Übersteigen der Angemessenheitsgrenze hin. Der angemessene Betrag muß geschätzt werden (§ 162 AO). **518**

Erst recht sind Gewinnlosigkeitsvereinbarungen zwischen der Gesellschaft und ihrem Gesellschafter steuerlich unbeachtlich, insbesondere bei Tätigkeit der Kapitalgesellschaft für ihre Gesellschafter (BFH-Urt. vom 19. 3. 1975, BStBl II S. 124). Der Gesellschaft muß auf jeden Fall eine angemessene Eigenkapitalverzinsung als Mindestgewinn verbleiben (Anhaltspunkt 10%).

Das Angemessenheitsangebot gilt ohne Rücksicht auf die Höhe der Beteiligung (BFH-Urteil vom 18. 7. 1985, DB 1985 S. 2081). Es werden aber um so strengere Maßstäbe anzulegen sein, je höher die Beteiligung ist. **519**

Die Schätzung ist abzustellen auf den Zeitpunkt **520**
– des Vertragsabschlusses
– einer Änderung des Leistungs- bzw. Verantwortungsumfangs
– jeder Gehaltserhöhung.

Die **kostenlose Pkw-Überlassung für Fahrten zwischen Wohnung und Arbeitsstätte/ 521 Dienstreisen** ist aber als **üblich** anzusehen, bedarf also **keiner** ausdrücklich vorherigen Vereinbarung im Dienstvertrag, BFH-Urt. vom 21. 8. 1962, StRK KStG § 6 Abs. 1 S. 2 R 70.

> **Beispiel:**
>
> Der Gesellschafter nutzt – ohne vertragliche Vereinbarung – einen Pkw der GmbH zu Fahrten zwischen Wohnung und Arbeitsstätte bzw. Dienstreisen (anteilige Kosten 3 600 DM) und Privatfahrten (anteilige Kosten 4 200 DM).
>
> Eine verdeckte Gewinnausschüttung liegt nur hinsichtlich der Kosten der Privatfahrten vor. Die Nutzung zu beruflicher Fahrten stellt dagegen bei der Gesellschaft abzugsfähige Betriebsausgaben und beim Gesellschafter Arbeitslohn dar (wegen der Ermittlung des Vorteils vgl. Abschn. 31 Abs. 7 LStR).

4.5.8.1.3 Tantiemen

a) Umsatztantiemen

Umsatztantiemen sind im Regelfall vGA, da nur in Sonderfällen bzw. in besonderen Branchen **522** von einer gleichbleibenden Relation zwischen Umsatz und Gewinn ausgegangen werden kann.

Erforderlich ist auch **Branchenüblichkeit.** Vgl. BFH-Urt. vom 5. 10. 1977, BStBl 1978 II S. 234, und vom 28. 6. 1989, BStBl II S. 854; FG Hbg v. 24. 2. 1983, EFG 1984, S. 517.

b) Gewinntantiemen

Gewinntantiemen können – insbesondere bei Angemessenheit der Gesamtausstattung – anzuerkennen sein. **523**

Es ist kein bestimmtes Verhältnis zu den Festbezügen erforderlich (BFH, BStBl 1992 II S. 690).

c) Klare und eindeutige Berechnungsgrundlagen

Tantiemen sind **stets** als vGA zu behandeln, wenn deren Berechnungsgrundlage nicht im voraus klar und eindeutig, sondern in nicht nachvollziehbarer Weise willkürlich festgelegt wird.

> **Beispiele (aus der Rechtsprechung):**
>
> – Die vertragliche Bemessung der Tantieme eines beherrschenden Gesellschafter-Geschäftsführers nach dem „Gewinn gemäß GoB unter Berücksichtigung aller steuerlich zulässigen Maßnahmen" oder nach dem „Ergebnis der Steuerbilanz" enthält keine klaren Rechtsgrundlagen für die Bemessung nach dem körperschaftsteuerlichen Einkommen zuzüglich dem Aufwand für Gewerbesteuer (BFH-Urt. vom 1. 7. 1992, BStBl 1992 II S. 75).
>
> – Steht eine im übrigen klare Tantiemevereinbarung mit einem beherrschenden Gesellschafter unter dem vertraglichen Vorbehalt, daß die Gesellschafterversammlung die Tantieme höher oder niedriger festsetzen kann, dann besteht Unsicherheit und deshalb auch Unklarheit, ob der Tantiemeanspruch des Gesellschafter-Geschäftsführers letztlich Bestand haben wird. Deshalb ist steuerrechtlich in Höhe des Betrages der Rückstellung für die Tantieme eine verdeckte Gewinnausschüttung anzunehmen (BFH-Urt. vom 29. 4. 1992, BStBl 1992 II S. 851).

523 – Einkommensminderungen aufgrund einer Vereinbarung, nach der sich der Tantiemeanspruch erhöht, soweit der Anspruchsberechtigte Empfänger einer verdeckten Gewinnausschüttung ist, sind verdeckte Gewinnausschüttungen (BFH-Urt. vom 26. 2. 1992, BStBl 1992 II S. 691).

– Zur Anpassung einer Tantieme bei „explosionsartiger Steigerung der Unternehmensgewinne" vgl. FG Rh-Pf. vom 6. 5. 1991, GmbHR 1993 S. 484.

– Vereinbart eine GmbH mit ihren beherrschenden Gesellschafter-Geschäftsführern als Entgelt für die Geschäftsführertätigkeit **ausschließlich** eine Gewinntantieme, so kann diese unter Würdigung aller Umstände im Einzelfall eine verdeckte Gewinnausschüttung sein (BFH-Urt. vom 2. 12. 1992, BStBl 1993 II S. 311).

4.5.8.1.4 Pensionszusagen an Gesellschafter-Geschäftsführer

Ausgewählte Literaturhinweise: Baer, Pensionsrückstellungen für beherrschende Gesellschafter-Geschäftsführer von Kapitalgesellschaften, BB 1982 S. 2045; **Ahrend/Förster/Rößler,** Rückstellungen für Pensionszusagen..., DB 1982 S. 2413.

Pensionszusagen sind grds. steuerlich zulässig. Vgl. BFH-Urt. vom 13. 10. 1983, BStBl 1984 II S. 65.

4.5.8.1.4.1 Gesellschafter ohne beherrschenden Einfluß

524 Hier gelten die allgemeinen Grundsätze des § 6a EStG und Abschn. 41 EStR: Bildung von Pensionsrückstellung und Zuführung zu Pensionsrückstellungen dürfen im Rahmen des § 6a EStG den Gewinn der Gesellschaft mindern.

Beim Arbeitnehmer liegt erst mit dem tatsächlichen Zufluß von Pensionszahlungen ein Vorteil, also eine Einnahme vor (§§ 8, 11 Abs. 1 EStG).

Weder die Pensionszusage noch die Bildung bzw. die Zuführung zur Rückstellung wirken sich beim Gesellschafter als Einnahme aus.

4.5.8.1.4.2 Beherrschende Gesellschafter-Geschäftsführer

525 Bei beherrschenden Gesellschaftern sind die Bildung von Pensionsrückstellungen sowie die Zuführung zu Pensionsrückstellungen (und auch der Abzug späterer Pensionszahlungen) nur eingeschränkt möglich.

Die Einschränkungen beruhen auf der Rechtsprechung des BFH (vgl. Abschn. 36 KStR und R 41 Abs. 10 EStR).

Zum Begriff der **Beherrschung** der Gesellschaft vgl. RZ 447ff. und Abschn. 31 Abs. 7 KStR.

Die steuerliche Anerkennung von Pensionsrückstellungen für beherrschende Gesellschafter setzt dem **Grunde** nach voraus

1. Vorliegen der Voraussetzungen des § 6a EStG, insbesondere das Vorliegen einer **rechtsverbindlichen** (unwiderruflichen) Zusage
2. Betriebliche Veranlassung
   Eine betriebliche Veranlassung ist nur bei **Ernsthaftigkeit, Erdienbarkeit** und **Angemessenheit** der Zusage gegeben.

526 **a) Rechtsverbindliche Zusage**

Die Erfordernisse des § 6a Abs. 1 Nr. 1 bis 3 EStG sind im einzelnen in R 41 Abs. 1–6 EStR erläutert. Voraussetzung ist u. a. Schriftform.

Das Selbstkontrahierungsverbot gilt auch für Pensionszusagen an Alleingesellschafter einer GmbH, nicht aber bei sonstigen beherrschenden Gesellschaftern.

Fehlt es an der **Rechtsverbindlichkeit** der Zusage, ist die gewinnmindernde **Rückstellungsbildung** bereits **aufgrund des § 6a EStG unzulässig,** so daß begrifflich **keine verdeckte Gewinnausschüttung** vorliegt (gl. A. Herrmann/Heuer/Raupach, KStG, § 6 a. F., Anm. 142).

b) Ernsthaftigkeit der Zusage

Eine Rückstellung kann nur dann und in dem Umfang steuerlich anerkannt werden, in dem mit einer Belastung der Gesellschaft ernsthaft zu rechnen ist. 527

Die Zusage darf nicht willkürlich, keine leere Form ohne wirtschaftlichen Gehalt sein, die nur der Gewinnverlagerung dient.

Nach der Rechtsprechung des BFH (Urt. vom 28. 4. 1982, BStBl II S. 612) braucht die Ernsthaftigkeit nicht besonders nachgewiesen werden, wenn bei der Bildung der Rückstellung von einem **Pensionierungsalter** von **65 Jahren** für den Fall der (völligen) Erwerbsunfähigkeit (Invalidität) ausgegangen wird.

Aber auch die Zusage einer reinen **Altersrente** ist steuerlich rückstellungsfähig, wenn von einem Endalter von 65 Jahren ausgegangen wird. Dies beruht auf der aufgestellten Vermutung, daß nach der Lebenserfahrung ein beherrschender Gesellschafter-Geschäftsführer bis zur Vollendung des 65. Lebensjahres aktiv tätig sein wird.

Die Pensionszusage braucht nicht zwingend auf das für die Berechnung der Pensionsrückstellung zugrunde zu legende Endalter von 65 Jahren erteilt werden, sondern kann durchaus von einem früheren Alter ausgehen, zum Beispiel 60 Jahren (keine starre Grenze).

Wird ein **vor** dem Endalter von 65 Jahren liegendes Pensionierungsalter vereinbart, so ist zu unterscheiden: 528

aa) Wurde die Rückstellung ausgehend von einem Endalter von 65 Jahren berechnet, so ist die Ernsthaftigkeit ohne besonderen Nachweis anzuerkennen (Abschn. 36 Abs. 1 Sätze 4 und 5 KStR).

bb) Wurde die Rückstellung ausgehend vom tatsächlich vereinbarten **früheren** Pensionierungsalter berechnet, muß das Vorliegen besonderer Umstände nachgewiesen werden, die ein niedrigeres Pensionsalter rechtfertigen (Abschn. 36 Abs. 1 Sätze 6 und 7 KStR). An den Nachweis sind strenge Anforderungen zu stellen. Vgl. BFH, Urt. vom 23. 1. 1991, BStBl 1991 II S. 379.

Zusagen von **Hinterbliebenenbezügen (Witwen- und Waisenrenten) sind stets als ernsthaft anzuerkennen,** auch bei beherrschenden Gesellschaftern. Hier gelten die obigen Einschränkungen **nicht.** 529

Erteilt die GmbH der als Geschäftsführerin angestellten **Ehefrau** des beherrschenden Gesellschafters unmittelbar nach der Anstellung vom ersten Tag des Dienstverhältnisses an eine unverfallbare Pensionszusage, liegt i. d. R. eine vGA vor (BFH-Urt. v. 16. 12. 1992, DStR 1993 S. 985). Der BFH hat in diesem Urteil offengelassen, ob bei einer Nur-Pensionszusage das bei Ehegatten-Arbeitsverhältnissen geltende Verbot der sog. „Überversorgung" gilt (vgl. hierzu BFH/NV 1989 S. 628) – wenn Pension 30 v. H. des letzten stpfl. Jahresarbeitslohns übersteigt).

c) Rückwirkungsverbot / Erdienbarkeit

Auch bei Pensionszusagen gilt das Rückwirkungsverbot. Das gilt auch für eine nachträgliche Erhöhung der Pensionszusage (bzw. laufender Pensionszahlungen). Nachträgliche Zusagen liegen vor, wenn bei der Bemessung der Bezüge ein früheres Anfangsalter des Gesellschafter-Geschäftsführers zugrundegelegt wird als im Zeitpunkt der tatsächlichen Zusage, m. a. W. wenn bereits geleistete Dienste berücksichtigt werden (BFH-Urt. vom 6. 12. 1955, BStBl 1956 III S. 30). 530

Für die Frage der Erdienbarkeit sind vor der Pensionszusage ausgeübte Tätigkeiten in der Kapitalgesellschaft (z. B. als Geschäftsführer oder Angestellter oder als (Mit-)Unternehmer eines von der Kapitalgesellschaft „übernommenen" Unternehmens (z. B. umgewandelte Personengesellschaft) **nicht** zu berücksichtigen (BFH/NV 1989 S. 389, m. w. N.).

Eine andere Beurteilung kann (nur) in Betracht kommen, wenn die Kapitalgesellschaft aufgrund gesetzlicher Vorschriften (z. B. § 613 a BGB) in die Pflichten eines früheren Dienstverhältnisses eingetreten ist (z. B. Übergang eines Betriebes oder Betriebsteils durch Rechtsgeschäft, Über-

530 gang eines Betriebes durch Verpachtung oder Fälle der Betriebsaufspaltung, vgl. auch Urteil des BAG vom 19. 1. 1988, DB 1988 S. 1166, m. w. N.) und der betreffende Gesellschafter/Geschäftsführer beim Betriebsübergang zu dem durch § 613a BGB begünstigten Personenkreis gehörte.

Zur Frage der steuerlichen Behandlung von Pensionsverpflichtungen bei Einbringung einer Personengesellschaft in eine Kapitalgesellschaft nach § 20 UmwStG 1977 (bzw. § 20 UmwStG 1995) vgl. Tzn. 35 ff des BMF-Schreibens vom 16. 6. 1978, BStBl 1978 I S. 235.

Die Erhöhung einer Pensionszusage (oder laufender Pensionszahlungen) kann aber mit Wirkung für die Zukunft anzuerkennen sein, zum Beispiel wenn sie der Anpassung an die gestiegenen Lebenshaltungskosten dient (BFH-Urt. vom 6. 4. 1979, BStBl II S. 687) und auch die anderen Arbeitnehmer der GmbH aufgrund einer Gleitklausel (vgl. hierzu § 16 BetrAVG) eine solche Erhöhung erhalten (BFH-Urt. vom 22. 3. 1972, BStBl II S. 501 sowie BFH, BStBl 1989 II S. 57).

531 Bei Erhöhungen aufgrund von **Spannungsklauseln** liegt kein Verstoß gegen das Rückwirkungsverbot vor.

Könnte die Kapitalgesellschaft bei einer Erhöhung nach den Grundsätzen des Wegfalls der Geschäftsgrundlage eine Herabsetzung der Pension verlangen, unterläßt sie dies aber, liegt dagegen eine verdeckte Gewinnausschüttung vor (BFH-Urt. vom 13. 10. 1983, BStBl 1984 II S. 65).

Auch Zusagen in vorgerücktem Alter können anzuerkennen sein, wenn sie noch bis zum gedachten Endalter von 65 Jahren „**erdienbar**" sind. Bei einer erst im Zeitpunkt der Pensionierung gegebenen Pensionszusage wird regelmäßig ein Verstoß gegen das Rückwirkungsverbot vorliegen, so daß weder eine gewinnmindernde Pensionsrückstellung gebildet werden kann, noch die Pensionszahlungen als Betriebsausgaben abgezogen werden können, also verdeckte Gewinnausschüttungen vorliegen (z. B. BFH-Urt. vom 10. 4. 1962, BStBl III S. 318).

Das Einkommen der GmbH ist dann zu erhöhen um

– die zu Lasten des Gewinns gebildete Rückstellung und
– die als Betriebsausgaben abgezogenen Pensionszahlungen.

Beim Gesellschafter ist aber nur der Vorteil in Form der erhaltenen Pensionszahlungen als verdeckte Gewinnausschüttung anzusetzen.

Rechtsprechung und Literatur haben allerdings die für die Bejahung der **Erdienbarkeit** zu fordernde Zeitdauer bisher nicht näher bestimmt. Nach dem BFH-Urteil vom 25. 5. 1988 (BFH/NV 1989 S. 195) reicht jedenfalls bei einem beherrschenden Gesellschafter/Geschäftsführer eine (restliche) aktive Dienstzeit von 6 Jahren nicht aus. Die Finanzverwaltung ist bisher teilweise von einer „Mindestdienstzeit" von 7 Jahren ausgegangen (vgl. Borst, BB 1989 S. 38/44).

532 **d) Angemessenheit**

Der Wert der Pensionszusage unterliegt keiner **gesonderten** Angemessenheitsprüfung. Vielmehr ist die **Gesamtausstattung** der Vergütung des Gesellschafter-Geschäftsführers darauf zu untersuchen, ob und inwieweit die Gesamtvergütung (einschließlich des Werts der Pensionszusage) die Angemessenheitsgrenze überschreitet (BFH-Urt. vom 11. 9. 1968, BStBl II S. 809).

Als Wert der Pensionszusage ist dabei für den jeweiligen VZ die **fiktive jährliche Nettoprämie** abzüglich etwaiger Abschluß- und Verwaltungskosten anzurechnen, die für eine der gegebenen Pensionszusage entsprechende Versicherung gezahlt werden müßte (BFH-Urt. vom 4. 8. 1959, BStBl III S. 374). Vgl. Abschn. 36 Abs. 3 KStR. Die Tatsache, daß dem Gesellschafter-Geschäftsführer weder durch die Bildung der Rückstellung noch durch Zuführungen zur Rückstellung und auch nicht in Höhe der fiktiven Nettoprämie Einnahmen (in Form von Arbeitslohn) zufließen, sondern erst mit den späteren Pensionszahlungen, ist hierfür unbeachtlich. Bei der Berechnung ist als Anfangsalter dasjenige bei Erteilung der Pensionszusage und als Endalter 65 Jahre zugrunde zu legen.

533 **Übersteigt** die Gesamtvergütung die Angemessenheitsgrenze, ist es fraglich, ob vorrangig die tatsächlich zugeflossene Vergütungen (ausgezahlter Arbeitslohn) oder umgekehrt zuerst die

Pensionsrückstellung oder beide Positionen verhältnismäßig oder die jeweils zuletzt getroffene Vereinbarung gekürzt werden sollen. Die Frage wird im Schrifttum nicht einhellig beantwortet. Nach Auffassung der Verwaltung kommt es auf die Umstände im Einzelfall an.

Dem ist zuzustimmen. Das Urteil des RFH vom 15. 3. 1932 (RStBl S. 519) stellt darauf ab, ob und inwieweit die Gesellschaft anderen Angestellten, die nicht Gesellschafter sind, den Wert der Pensionszusage auf das Gehalt anrechnen würde.

> **Beispiel:**
>
> Der beherrschende Gesellschafter-Geschäftsführer erhielt im VZ 02 lt. Arbeitsvertrag: Gehalt 180 000 DM und Weihnachtsgeld 6 000 DM. Außerdem machte ihm die GmbH im VZ 02 eine rechtsverbindliche und ernsthafte Pensionszusage. Danach erhält er beim Ausscheiden aus der Geschäftsführung mit Vollendung des 65. Lebensjahres eine mtl. Pension von 2 000 DM. Die GmbH bildete im VZ 02 zu Lasten des Gewinns eine Pensionsrückstellung gemäß § 6a EStG von 175 000 DM als Zusatzversorgung (zutreffend berechnet, insbesondere ausgehend vom Endalter 65 Jahre). Bei einer Versicherungsgesellschaft wäre für eine entsprechende Pensionszusage eine jährliche Prämie von 14 000 DM zu zahlen.
>
> Das Finanzamt stellt fest, daß als Gesamtvergütung allenfalls 130 000 DM angemessen wären.
>
> Der Gesamtvergütung beträgt:
>
> | | |
> |---|---:|
> | Barbezüge | 186 000 DM |
> | jährlicher Wert der Pensionszusage (= fiktive Jahresprämie) | 14 000 DM |
> | | 200 000 DM |
> | ./. angemessene Gesamtvergütung | 130 000 DM |
> | überhöhter Teil der Gesamtvergütung = verdeckte Gewinnausschüttung | 70 000 DM. |
>
> Da die vorgesehene Pension nur einen geringen Bruchteil der Aktivbezüge ausmacht, kann sie wirklich nur als Zusatzversorgung betrachtet werden, die eine Gesellschaft einem nichtbeteiligten Angestellten nicht auf die Gehaltsbezüge anrechnen würde.
>
> Daher ist hier u. E. davon auszugehen, daß das Aktivgehalt den unangemessenen Teil der Gesamtvergütung enthält. Der Gewinn der GmbH für 02 ist um die verdeckte Gewinnausschüttung von 70 000 DM zu erhöhen. Es handelt sich um eine vGA mit **Abfluß** bei der Kapitalgesellschaft und **Zufluß** beim Gesellschafter.
>
> Der Gesellschafter hat zu versteuern
>
> - als Arbeitslohn 186 000 DM ./. 70 000 DM = 116 000 DM
>
> Der Wert der Pensionszusage (fiktive Jahresprämie) von 14 000 DM stellt auch **keine** Einnahme aus § 19 EStG dar, ebenso nicht der Rückstellungsbetrag von 175 000 DM, da es insoweit am Zufluß eines Vorteils fehlt.
>
> - als Kapitalerträge § 20 Abs. 1 Nr. 1 EStG 70 000 DM
>   § 20 Abs. 1 Nr. 3 EStG ($^3/_7$) 30 000 DM
>   100 000 DM
>
> Die spätere Pensionszahlung von 2 000 DM stellt Versorgungsbezüge (§ 19 Abs. 1 Nr. 2 EStG) dar.

Es ist aber nicht zu verkennen, daß die Kürzung der Gehaltsbezüge zu einer Benachteiligung führen kann.

Kommt es nämlich nicht zum Eintritt des Versorgungsfalles, wäre aus rückblickender Sicht eine zu geringe Barvergütung anerkannt worden (vgl. Henninger, GmbHR 1972 S. 163).

Es ist auch denkbar, daß anstelle von Gehaltsbezügen nur eine Pensionszusage erteilt wird. Dies kann unter den allgemeinen Voraussetzungen auch steuerlich anzuerkennen sein (BFH-Urt. vom 21. 2. 1974, BStBl II S. 363, BFH/NV 1989, 131, Felix, GmbHR 1990, 8; offengelassen im BFH-Urt. vom 16. 12. 1992, DB 1993 S. 411). In diesem Fall ist die Angemessenheit gewahrt, soweit die fiktive Jahresprämie ein statt der Pensionszusage laufend gezahltes angemessenes Gehalt nicht übersteigt.

534 Eine **Pensionserhöhung,** die die Kapitalgesellschaft einer dem beherrschenden Gesellschafter nahestehenden Person (z. B. der Witwe) wegen gestiegener Lebenshaltungskosten **ohne** eine vor dem Eintritt in den Ruhestand vereinbarte **Wertsicherungsklausel** verspricht, ist nur dann **keine** verdeckte Gewinnausschüttung, wenn auch die Pensionen der Arbeiter und Angestellten des Unternehmens an die gestiegenen Lebenshaltungskosten angepaßt werden (BFH-Urt. vom 27. 7. 1988, BStBl 1989 II S. 57). Außerdem muß der Lebenshaltungskosten-Index seit der letzten Anpassung so erheblich gestiegen sein, daß die Pension **ohne** Erhöhung nicht mehr als vertragsgemäße Leistung angesehen werden könnte (vgl. BGH-Urt. vom 28. 5. 1973, BGHZ 61, 31).

e) Korrektur außerhalb der Steuerbilanz

535 Der **Umfang** der Korrektur im Falle einer unangemessen hohen Pensionszusage bestimmt sich nach dem Verhältnis der **angemessenen zur gesamten „fiktiven Jahresnettoprämie",** die der Zusage entspräche.

Der **Betrag** der verdeckten Gewinnausschüttung für die Hinzurechnung nach § 8 Abs. 3 Satz 2 KStG bestimmt sich dagegen nach der **eingetretenen Gewinnminderung.**

Bisher ist überwiegend die Auffassung vertreten worden, daß die **Durchführung der Korrektur** hier **innerhalb** der Steuerbilanz zu erfolgen hat, d. h. durch steuerliche Nichtanerkennung des unangemessenen Teils der handelsrechtlichen Zuführung, da diese verdeckte Gewinnausschüttung den Betriebsvermögens-Ausweis **nicht** unberührt läßt, sondern mangels Abfluß durch anteilige „Streichung" der Zuführung das Betriebsvermögen erhöht (gl. A. **Winter,** DStZ 1987 S. 269 (270), ebenso Wassermeyer, DStZ 1987 S. 1113 (1117) und Achenbach in Dötsch/Eversberg/Jost/Witt, KStG, Anm. 83 zu § 8 KStG). A. A. war Döllerer (JbFfSt 1978/79 S. 365 [378]), der für **vollen** Ausweis der Rückstellung als Fremdkapital plädierte.

Inzwischen ist die Frage durch den BFH geklärt (vgl. BFH-Urt. vom 29. 6. 1994 I R 137/93, DB 1994 S. 2526).

Für die **Steuerbilanz** besteht grundsätzlich Maßgeblichkeit der Handelsbilanz (§ 5 Abs. 1 Satz 1 EStG). Jedoch ist eine Minderung der Rückstellung vorzunehmen, soweit das Steuerrecht zwingend entgegensteht (= „Bewertungsvorbehalt" § 5 Abs. 6 EStG).

Einen solchen Bewertungsvorbehalt enthält § 6a EStG. Eine Pensionsrückstellung, die unter Verstoß gegen die Bewertungsvorschrift des § 6a EStG gebildet worden ist, ist innerhalb der Steuerbilanz mit dem Wert, der sich nach § 6a EStG ergibt, anzusetzen. Stellt die Bildung der Pensionsrückstellung jedoch eine vGA dar, weil sie z. B. unangemessen hoch ist oder weil sie nicht von vorne herein klar und eindeutig vereinbart worden ist, so hat eine Korrektur außerhalb der Steuerbilanz durch Hinzurechnung der vGA zum Steuerbilanzgewinn zu erfolgen. Handelsrechtlich besteht weiterhin eine „Verbindlichkeit" in Höhe der in handelsrechtlich zulässiger Höhe gebildeten Pensionsrückstellung.

In der **Handelsbilanz** besteht ein Passivierungswahlrecht, wenn eine „Altzusage" vorliegt (Art. 28 Abs. 1 Satz 1 EGHGB), bei Neuzusagen ab 1. 1. 1987 jedoch Passivierungspflicht.

Wird die Bildung einer Pensionsrückstellung ganz oder teilweise als vGA beurteilt, knüpft die Herstellung der Ausschüttungsbelastung nach BFH, BStBl 1987 II S. 75, an den Abfluß bei der Kapitalgesellschaft an. Vgl. RZ 1151 ff. Es liegt ein Fall der „zeitlichen und betragsmäßigen Rechtsfolgen-Disgruenz" zwischen Einkommens- und Ausschüttungsebene im Sinne von Abschn. 80 Abs. 2 KStR vor.

4.5.8.1.4.3 Verlust und Erlangung der beherrschenden Beteiligung (Stellung)

a) Verlust

Verliert ein Gesellschafter-Geschäftsführer seine beherrschende Stellung und bleibt ihm der Pensionsanspruch erhalten, so ist eine bisher nicht als ernsthaft anerkannte Pensionszusage auch von dem Zeitpunkt an, in dem er die beherrschende Stellung verloren hat, weiterhin **nicht** anzuerkennen. Die für die Zeitspanne der Beherrschung maßgebliche steuerliche Beurteilung wirkt mithin auch für die Folgezeit nach.

536

b) Erlangung

Erlangt ein bisher **nicht** beherrschend beteiligter Gesellschafter-Geschäftsführer **nach** Erteilung der Pensionszusage eine beherrschende Stellung, so bleibt ebenfalls die bisherige Beurteilung maßgeblich. Die Erlangung der beherrschenden Stellung ist mithin bei der Ermittlung des Teilwerts nicht zu berücksichtigen. Vgl. Abschn. 31 Abs. 6 Satz 9 KStR.

537

4.5.8.1.5 Nebenleistungen zum Gehalt

Liegt ein (schriftlicher) Arbeitsvertrag mit dem beherrschenden Gesellschafter-Geschäftsführer vor und sind entsprechende Nebenleistungen **nicht** vereinbart, sind grundsätzlich **vGA** anzunehmen (BFH-Urt. vom 15. 12. 1965, BStBl 1966 III S. 202). Bei rechtzeitiger vorheriger Vereinbarung und tatsächlicher Auszahlung liegt (lohnsteuerpflichtiger) Arbeitslohn vor.

538

Fehlt bei **monatlich wiederkehrenden** (nicht einmaligen oder gelegentlichen) Nebenleistungen eine vorherige Vereinbarung, liegt nach den Grundsätzen des BFH-Urt. vom 24. 1. 1990, BStBl II S. 645) **kein** Verstoß gegen das Nachzahlungsverbot und damit **keine** vGA vor, wenn alle Konsequenzen (z. B. laufende Auszahlung, Abführung von Lohnsteuer und Sozialversicherungsbeiträgen) zeitnah gezogen werden (vgl. Abschn. 31 Abs. 5 Satz 6 KStR).

1. Private Pkw-Nutzung

539

Variante I

Ausdrückliche Regelung der Nutzung im Geschäftsführer-Anstellungsvertrag oder in einer besonderen Vereinbarung: Es liegt ein lohnsteuerpflichtiger Sachbezug vor.

Auch bei Nichtansatz oder zu niedrigem Ansatz durch die GmbH für LSt-Zwecke liegt **keine** vGA vor, sondern es erfolgt LSt-Nacherhebung bzw. Erfassung bei ESt-Veranlagung des Geschäftsführers.

Variante II

Keine im voraus getroffene klare und eindeutige Vereinbarung
- Unterwirft die Kapitalgesellschaft den Nutzungswert in **angemessener Höhe** als (zusätzlichen) Arbeitslohn der **Lohnsteuer,** dann liegt **keine verdeckte Gewinnausschüttung** vor. Dies gilt aber **nur** dann, wenn der Nutzungswert spätestens in der letzten Lohnsteueranmeldung für das betreffende Wirtschaftsjahr dem Lohnsteuerabzug unterworfen wird (**Anwendung der Grundsätze des BFH-Urt. vom 24. 1. 1990, BStBl II S. 645**).
- Unterwirft die Kapitalgesellschaft die private Kfz-Nutzung nicht oder z. B. **erst im Rahmen der Bilanzerstellung der Lohnsteuer,** dann **liegt eine verdeckte Gewinnausschüttung** wegen Verletzung des Nachzahlungsverbots vor.

539 **Variante III**

Belastung des Verrechnungskontos des Gesellschafter-Geschäftsführers.

Es liegt keine vGA vor.

Aufgrund der angemessenen Belastung des Verrechnungskontos ist die private Nutzung nicht mehr unentgeltlich, sondern erfolgt entgeltlich **außerhalb des Arbeitsverhältnisses** (deshalb kein Lohnsteuerabzug). Voraussetzung ist aber auch hier ähnlich wie bei Fallgruppe II, daß die Belastung des Verrechnungskontos rechtzeitig, d. h. spätestens am Ende des Wirtschaftsjahres der Kapitalgesellschaft erfolgt. **Eine Buchung im Rahmen der Erstellung des Jahresabschlusses reicht daher nicht aus.** In diesem Fall wäre die private Kfz-Nutzung als verdeckte Gewinnausschüttung zu behandeln.

540 **2. Weihnachtsgeld**

Es liegt eine vGA vor, wenn erst im **Dezember des betreffenden Jahres** entschieden wird, ob und in welcher Höhe dem beherrschenden Gesellschafter-Geschäftsführer ein Weihnachtsgeld gezahlt wird; dies gilt unabhängig davon, ob das Weihnachtsgeld arbeitsrechtlich als Bestandteil des Jahreslohns oder als den Monat Dezember betreffende Sonderzahlung zu qualifizieren ist.

Vereinbarungen mit dem beherrschenden Gesellschafter-Geschäftsführer über Vergütungen sind **vor Erbringen** der damit abzugeltenden **Leistung** und nicht erst vor Zahlung der Vergütung abzuschließen. An den beherrschenden Gesellschafter-Geschäftsführer gezahlte Urlaubs- und Weihnachtsgelder sind als Vergütungen für seine Dienste im laufenden Geschäftsjahr zu beurteilen (BFH-Urt. vom 11. 12. 1991, BStBl 1992 II S. 434).

Nach ständiger BFH-Rechtsprechung kommt es auch nicht darauf an, ob „vergleichbare" Arbeitnehmer im Betrieb ebenfalls eine Weihnachtsgratifikation erhalten haben (vgl. z. B. BFH-Urt. vom 15. 12. 1965, BStBl 1966 III S. 202).

541 **3. Urlaubsabgeltung**

Die **Abgeltung** eines nicht in Anspruch genommenen **Jahresurlaubs** durch eine entsprechende **Zahlung** ist selbst dann **keine vGA**, wenn diese Abgeltung arbeitsrechtlich unzulässig und nicht im voraus vereinbart war (BFH vom 8. 1. 1969, BStBl II S. 327, und vom 10. 1. 1973, BStBl 1973 II S. 322). Der BFH begründet dies damit, daß in den Urteilsfällen der Urlaubsanspruch im Anstellungsvertrag vereinbart gewesen sei und aus dieser Vereinbarung unmittelbar der Anspruch auf Abgeltung des Urlaubs in Geld fließe.

542 **4. Auslagenersatz**

Beispiele für Auslagenersatz sind Reisespesen, Ersatz von Telefonkosten, Taxi- oder Parkgebühren, Ersatz von Repräsentationsaufwendungen, sonstiger Aufwendungsersatz.

Ein Ersatz dieser „Bagatellaufwendungen" ist allgemein üblich und deshalb auch beim beherrschenden Gesellschafter-Geschäftsführer auch ohne klare und rechtzeitige Vereinbarung keine vGA. Nach dem BFH-Urt. vom 5. 10. 1977, BStBl 1978 II S. 234, kommt es allerdings für die Beurteilung, ob eine vGA vorliegt, nicht darauf an, „daß es sich um einen verhältnismäßig geringfügigen Wert handelt".

543 **5. Überstundenzuschläge, Zuschläge für Sonntags- und Nachtarbeit**

Erforderlich ist, daß im Anstellungsvertrag die „normale" Arbeitszeit, der hierfür zu zahlende Grundlohn und die Höhe und Berechnung der Überstundenvergütung genau festgelegt sind. Außerdem müssen genaue Aufzeichnungen über die geleistete Mehrarbeit geführt werden. Unter bestimmten Voraussetzungen kann dann auch die Steuerfreiheit von Zuschlägen für Sonntags-, Feiertags- und Nachtarbeit (§ 3b EStG) in Anspruch genommen werden (vgl. Richter, GmbHR 1988 S. 447, und Richter/Winter, GmbHR 1989 S. 471/472). Die Auszahlung der Überstundenzuschläge erst am Jahresende wird – i. d. R. – von der Finanzverwaltung nicht beanstandet.

6. Lohnsteuernachforderung 544

Wenn eine Kapitalgesellschaft Lohnsteuer ihres beherrschenden Gesellschafter-Geschäftsführers, z. B. für einen Sachbezug, übernimmt und der Anstellungsvertrag dem Gesellschafter-Geschäftsführer zwar das Recht zur privaten Nutzung des Pkw ein, die KapGes aber nicht zur Übernahme der hierauf entfallenden LSt und KiSt verpflichtet, stellt der **Verzicht** der KapGes. auf die Rückforderung der abgeführten LSt und KiSt für den Sachbezug eine **vGA** dar. Die übernommene LoSt und KiSt ist aber als vGA kein zusätzlicher Arbeitslohn. Eine „Hochrechnung" ist also unzulässig.

Beispiel:

Mehrarbeitslohn aus privater Pkw-Nutzung (brutto)	3 000 DM
hierauf entfallende LSt (von Kap.Ges. getragen)	1 500 DM
KiSt	135 DM
vGA	1 635 DM

Anmerkung

Eine Anwendung des BFH-Urt. BStBl 1990 II S. 645 (vgl. RZ 538) ist **nicht** möglich.

7. Arbeitgeberanteil zur Sozialversicherung 545

Die von der GmbH aufgewendeten Arbeitgeberanteile zur Sozialversicherung des Gesellschafter-Geschäftsführers, der unter steuerrechtlichen Gesichtspunkten einen beherrschenden Einfluß auf die Gesellschaft hat (mehr als 50 v. H. Stimmrechte), sind vGA, wenn sie nicht im voraus klar und eindeutig vereinbart sind (BFH, BStBl 1987 II S. 461, 463).

Die Steuerfreiheit nach § 3 Nr. 62 EStG setzt gesetzliche Sozialversicherungspflicht voraus. Diese entfällt bei einem Gesellschafter-Geschäftsführer, der unter sozialversicherungsrechtlichen Gesichtspunkten einen beherrschenden Einfluß auf die GmbH hat (mindestens 50 v. H. Beteiligung) oder aufgrund sonstiger Umstände ausüben kann.

8. Geburtstagsempfang für Gesellschafter-Geschäftsführer 546

Gibt eine GmbH aus Anlaß des 65. Geburtstages ihres Gesellschafter-Geschäftsführers einen Empfang, so sind die Aufwendungen auch dann verdeckte Gewinnausschüttungen i. S. des § 8 Abs. 3 Satz 2 KStG, wenn an dem Empfang nahezu ausschließlich Geschäftsfreunde teilnehmen (BFH-Urt. vom 24. 9. 1980, BStBl 1981 II S. 108, sowie vom 28. 11. 1991, BStBl 1992 II S. 359).

4.5.8.1.6 Vorteile an nahestehende Personen

Ebenfalls zu verdeckten Gewinnausschüttungen führen Zuwendungen der Gesellschaft an dem Gesellschafter nahestehende Personen 547

- unter dem Deckmantel von Gehaltszahlungen (= dem **Grunde** nach nicht anzuerkennender Dienstvertrag)
- bei Verstoß gegen
  - das Nachzahlungsverbot (RZ 447 ff) sowie
  - die Angemessenheitsgrenze (RZ 517 ff)

Voraussetzung ist, daß damit ein Vorteil für den Gesellschafter selbst verbunden ist (BFH-Urt. vom 22. 2. 1989, BStBl II S. 631).

Beispiel:

Die GmbH zahlt dem **Vater** des Gesellschafters mtl. 700 DM aufgrund einer als „Dienstvertrag" bezeichneten Vereinbarung. Arbeitszeit sowie Art und Umfang der Tätigkeit sind jedoch nicht festgelegt. Nach den Feststellungen des Finanzamtes erbringt der Vater tatsächlich keine entlohnenswerten Dienste gegenüber der Gesellschaft. – Ein Dienstverhältnis zwischen der GmbH und dem Vater des Gesellschafters ist dem Grunde nach **nicht** anzuerkennen. Die gezahlten Vergütungen stellen eine dem Ge-

547 sellschafter – nicht seinem Vater – zuzurechnende verdeckte Gewinnausschüttung dar. Der Vorteil liegt in der Ersparnis von Unterhaltsaufwendungen für den Gesellschafter gegenüber seinem Vater als gesetzlich unterhaltsberechtigter Person.

Einnahmen (Gesellschafter)

§ 20 Abs. 1 Nr. 1 EStG	8 400 DM
+§ 20 Abs. 1 Nr. 3 EStG ($^3/_7$ von 8 400 DM =)	3 600 DM
	12 000 DM

Die Unterhaltsaufwendungen sind beim Gesellschafter zwar nicht als Sonderausgabe gemäß § 10 Abs. 1 Nr. 1a EStG abzugsfähig (wegen des Abzugsverbots § 12 Nr. 2 EStG). Eventuell ist aber eine Berücksichtigung gemäß § 33a Abs. 1 EStG möglich (Höchstbetrag 7 200 DM).

Der Vater bezieht keine steuerpflichtigen Einkünfte, weder aus der Sicht der Vorteilsgewährung noch aus den Unterhaltsleistungen (§ 22 Nr. 1 Satz 2 EStG).

4.5.8.2 Darlehnsverträge

548 Es ist zu unterscheiden zwischen Darlehn der Gesellschaft an den Gesellschafter und umgekehrt.

4.5.8.2.1 Gesellschaft als Darlehnsgeberin

Hier können folgende Vorgänge zu verdeckten Gewinnausschüttungen führen:

a) Bereits die Hingabe des als Darlehn bezeichneten Betrags ist bei dem **Grunde** nach steuerlich nicht anzuerkennenden Darlehnsverträgen eine verdeckte Gewinnausschüttung.

b) Die Gesellschaft verzichtet später auf die Rückzahlung des Darlehns.

c) Die Rückzahlung wird später unmöglich (Forderungsausfall).

d) Die Gesellschaft überläßt das Darlehn zu einer unangemessen niedrigen Verzinsung.

4.5.8.2.1.1 Darlehnshingabe als verdeckte Gewinnausschüttung

549 Das Darlehn kann steuerlich bereits dem Grunde nach nicht anzuerkennen sein. Dann ist der gesamte als Darlehn bezeichnete Betrag eine verdeckte Gewinnausschüttung im Zeitpunkt der Hingabe. Dies ist der Fall, wenn bei wirtschaftlicher Betrachtung

– keine Rückzahlungsverpflichtung oder

– bereits bei der Hingabe keine Rückzahlungsmöglichkeit besteht (vgl. Abschn. 31 Abs. 3 KStR Beispiel 4) oder

– wenn sonst aus den Umständen geschlossen werden muß, daß weder der Gesellschafter noch die Gesellschaft eine Rückzahlung anstreben (von Anfang an).

Fehlt eine Rückzahlungsverpflichtung, so ist bereits zivilrechtlich kein Darlehnsvertrag zustandegekommen. Das Fehlen von Vereinbarungen über Tilgung bzw. Rückzahlung spricht gegen die steuerliche Anerkennung eines Darlehns (BFH-Urt. vom 16. 9. 1958, BStBl III S. 451).

Zahlungen einer Kapitalgesellschaft für private Zwecke des Gesellschafters sind eine anzuerkennende Kredit(= Darlehns-)gewährung, wenn sie von vornherein auf einem bei der Gesellschaft geführten Verrechnungskonto gebucht werden und von Anfang an eine Rückzahlung gewollt ist (BFH-Urt. vom 8. 10. 1985, BStBl 1986 II S. 481).

550 Aber auch bei zivilrechtlich wirksamen Darlehnsverträgen kann die steuerliche Anerkennung zu versagen sein.

Indizien gegen die steuerliche Anerkennung sind zum Beispiel:

• eine ungewöhnlich lange Laufzeit (BFH-Urt. vom 6. 12. 1955, BStBl 1956 III S. 80), sofern keine betrieblichen Gründe hierfür maßgebend sind (BFH-Urt. vom 18. 11. 1958, BStBl 1959 III S. 4).

Beispiele: 550

a) Darlehn mit 100jähriger Laufzeit (!) ohne ersichtlichen betrieblichen Grund für solch eine lange Laufzeit. – Die Darlehnshingabe ist bereits eine verdeckte Gewinnausschüttung.

b) Darlehn mit 50jähriger Laufzeit; der Gesellschafter muß hiermit Wohnungen für Arbeitnehmer der Gesellschaft errichten und sie mietgünstig an diese vermieten. – Die lange Laufzeit ist der niedrigen Rendite des zu schaffenden Wohnungsbestandes angemessen. Dieser betriebliche Grund führt zur Anerkennung des Darlehns dem Grunde nach.

- fehlende (ggf. dingliche) Sicherung des Darlehns (BFH-Urt. vom 16. 9. 1958, a. a. O.), insbesondere bei ständigem Ansteigen der „Darlehn" oder wenn bereits früher Darlehnsbeträge von der Gesellschaft abgeschrieben werden mußten (BFH-Urt. vom 14. 3. 1990, BStBl II S. 795).

Die bei Angehörigen-Darlehen geltenden Grundsätze sind grds. entsprechend anzuwenden (vgl. hierzu BMF-Schreiben vom 9. 5. 1994, DB 1994 S. 1058).

- allgemein gehaltene Vereinbarung, daß das Darlehn zurückzuzahlen sei, „sobald dies dem Gesellschafter möglich" sei.

Dagegen kann das **Fehlen** einer Zinsvereinbarung allein **nicht** dazu führen, daß das Darlehns- 551 verhältnis dem Grunde nach nicht anerkannt wird (BFH-Urt. vom 16. 9. 1958, a. a. O.).

Negative Salden, die sich auf Gehaltskonten bzw. **Verrechnungskonten** von Gesellschaftern bei der Kapitalgesellschaft ergeben, sind Darlehnsgewährungen der Gesellschaft auch ohne schriftlichen Darlehnsvertrag (BFH-Urt. vom 23. 6. 1981, BStBl 1982 II S. 245).

Ist ein Darlehn der Gesellschaft an den Gesellschafter **bereits dem Grunde nach nicht anzuer-** 552 **kennen,** so ist zwar der gesamte „Darlehns"betrag eine verdeckte Gewinnausschüttung. Das Einkommen der Gesellschaft ist aber nicht zu erhöhen, da die Darlehnshingabe den Gewinn der Gesellschaft nicht gemindert hat.

Darüber hinaus ist aber nicht etwa eine Zinsersparnis des Gesellschafters als weiterer Vorteil anzusetzen (diese würde ein anzuerkennendes Darlehn voraussetzen).

Wegen der Auswirkung des Selbstkontrahierungsverbots (§ 181 BGB) vgl. RZ 492.

4.5.8.2.1.2 Späterer Darlehnsverzicht der Gesellschaft

Verzichtet die Gesellschaft im Verlauf auf die Rückzahlung – **erläßt** also die Darlehnsschuld –, so 553 ist eine verdeckte Gewinnausschüttung gegeben, wenn kein betrieblicher Grund für die Gesellschaft vorliegt.

Die verdeckte Gewinnausschüttung ist verwirklicht im Zeitpunkt des Schulderlasses.

Beispiel:

Die Gesellschaft hatte dem Gesellschafter in 01 ein Darlehn zur Verwendung in dessen Betrieb gegeben. Wegen drohenden Konkurses im Jahr 05 dieses Betriebs erläßt die Gesellschaft in 05 das Darlehn in Sanierungsabsicht (im Verein mit anderen Gläubigern des Gesellschafters).

Der Darlehnsverzicht ist betrieblich und nicht gesellschaftlich veranlaßt. Die Gesellschaft darf das Darlehn gewinnmindernd abschreiben.

4.5.8.2.1.3 Späterer Ausfall der Darlehnsforderung

Ein späterer Ausfall der Darlehnsforderung führt nicht zwingend zu einer verdeckten Gewinn- 554 ausschüttung. War mit dem Forderungsausfall bei der Hingabe nicht ernstlich zu rechnen, kann eine Wertberichtigung (Abschreibung) anzuerkennen sein.

Bei mangelnder Sorgfalt der Gesellschaft aber (zum Beispiel wenn sie keine rechtzeitigen Maßnahmen zur Rettung ihrer Forderung ergriffen hat), kann eine verdeckte Gewinnausschüttung vorliegen (BFH-Urt. vom 14. 3. 1990, BStBl II S. 795).

4.5.8.2.1.4 Unangemessen niedrige Verzinsung

555 Auch Zinsvorteile für den Gesellschafter können eine verdeckte Gewinnausschüttung sein. Ein Zinsvorteil ergibt sich bei **zinsloser** oder **unangemessen** niedrig verzinslicher Darlehnsgewährung. Vgl. Abschn. 31 Abs. 3 KStR Beispiel 3.

Keine verdeckte Gewinnausschüttung ist aber anzunehmen, wenn die Zinslosigkeit oder Zinsverbilligung ausnahmsweise bei der Gesellschaft betrieblich veranlaßt ist, zum Beispiel weil der Gesellschafter mit den Darlehnsmitteln Wohnungen für Arbeitnehmer der Gesellschaft mit niedriger Rendite bauen soll (vgl. Beispiel b) in RZ 574).

Keine verdeckte Gewinnausschüttung liegt auch vor, wenn bereits die Darlehnshingabe eine verdeckte Gewinnausschüttung war (vgl. RZ 573).

556 Verdeckte Gewinnausschüttung ist der **Unterschiedsbetrag** im VZ zwischen der **angemessenen, marktüblichen Verzinsung** und den **tatsächlich gezahlten** Zinsen.

Die angemessene Verzinsung ist nach den Verhältnissen auf dem Kapitalmarkt für Darlehen der gleichen Art zu beurteilen.

Maßgebend ist der Zeitpunkt der Darlehnshingabe (Vertragsabschluß). Bei längerfristigen Darlehn ist aber die Angemessenheit nach den im Laufe der Zeit geänderten Kapitalmarktverhältnissen zu beurteilen.

Liegt keine Zinsgleitklausel (variable Zinsen) vor, sondern wurde eine Zinsfestschreibung für eine bestimmte Laufzeit vereinbart, und waren diese Konditionen bei Vertragsabschluß angemessen und üblich, so führt u. E. auch ein Steigen der Kapitalmarktzinsen nicht zu verdeckten Gewinnausschüttungen. Anders, wenn bereits im Zeitpunkt der Darlehnshingabe wegen sich abzeichnender Zinstendenz nach oben nur variable Zinsvereinbarungen üblich waren.

> **Beispiel:**
> Die GmbH gibt dem Gesellschafter im VZ 01 ein Fälligkeitsdarlehn von 100 000 DM mit 5jähriger Laufzeit und Zinsfestschreibung zu 7% Zins und 95% Auszahlung. Unstreitig waren im VZ 01 derartige Konditionen **nicht** auf dem Kapitalmarkt erhältlich, sondern bei sonst gleichen Anfangskonditionen nur mit variablem Zinssatz. Aufgrund der Zinsgleitklausel hätte sich der Zinssatz marktüblich in den VZ 02 und 03 auf 8% und in den VZ 04 und 05 auf 9% erhöht. – Im VZ 01 liegt **keine** verdeckte Gewinnausschüttung, u. E. aber in den VZ 02 und 03 in Höhe von je 1% von 100 000 DM = 1 000 DM und in den VZ 04 und 05 in Höhe von 2% = 2 000 DM vor.

557 Bei vom Gesellschafter nicht verzinsten negativen Verrechnungskonten bei der Kapitalgesellschaft stellen die nicht erhobenen Zinsen eine verdeckte Gewinnausschüttung dar (BFH-Urt. vom 23. 6. 1981, a. a. O.).

Zur Ermittlung der Zinsersparnisse sind nicht nur die laufenden Zinsen, sondern auch die üblichen **Nebenkosten zu berücksichtigen,** zum Beispiel Provisionen und Damnum.

Infolge der **Fiktionstheorie** liegen beim Gesellschafter in Höhe der ihm als verdeckte Gewinnausschüttung zugerechneten Zinsvorteile entsprechende **fiktive Zinsaufwendungen** vor, die je nach Veranlassung der Darlehnsaufnahme einkommensteuerlich zu berücksichtigen sind. Vgl. hierzu RZ 481 (mit Beispiel).

Bei der Gesellschaft ist der als verdeckte Gewinnausschüttung behandelte Betrag der Zinsersparnis außerhalb der Bilanz dem Gewinn hinzuzurechnen (Gewinnverzicht der Gesellschaft).

4.5.8.2.2 Gesellschaft als Darlehensnehmerin

558 Ist die Gesellschaft Darlehnsnehmerin, so kann es – abgesehen vom steuerlichen Rückwirkungsverbot (Fehlen einer vorherigen Zinsvereinbarung) – zu einer verdeckten Gewinnausschüttung kommen, wenn

a) das Darlehn dem Grunde nach nicht anzuerkennen ist (theoretisch) und

b) die Zinsen für ein – anzuerkennendes – Darlehn unangemessen hoch sind.

4.5.8.2.2.1 Nicht anzuerkennender Darlehensvertrag

Ein **nicht** anzuerkennender Darlehnsvertrag läge – theoretisch – vor, wenn bei Würdigung aller **559** Umstände aus der Sicht der Gesellschaft der vom Gesellschafter gegebene Betrag nicht als Fremdkapital, sondern als Eigenkapital („verdecktes Stammkapital") anzusehen wäre.

Eine solche Umqualifizierung von Gesellschafterdarlehn in verdecktes Stammkapital ist aufgrund der BFH-Rechtsprechung praktisch ausgeschlossen. Denn grundsätzlich steht es den Beteiligten frei, welche Rechtsform sie im Hinblick auf die Besteuerung wählen wollen (BFH-Urt. vom 28. 10. 1964, BStBl 1965 III S. 119). Auch **eigenkapitalersetzende Darlehn** sieht der BFH nicht als verdecktes Stammkapital an (BFH-Urt. vom 10. 12. 1975, BStBl 1976 II S. 226, sowie BFH-Urt. vom 5. 2. 1992, BStBl II S. 533).

Vgl. RZ 412 sowie BMF-Schreiben vom 17. 9. 1992, BStBl II 653.

Mithin sind die von der Gesellschaft gezahlten Zinsen – soweit sie angemessen sind – als **Betriebsausgaben** abzugsfähig, da Fremdkapital anzuerkennen ist. Es liegen **keine** verdeckten Gewinnausschüttungen vor.

Ist die Verzinsung unangemessen niedrig, liegt andererseits auch **keine** verdeckte Einlage hinsichtlich der Zinsersparnis für die Gesellschaft vor. Vgl. Abschn. 36a Abs. 2 Satz 3 KStR, BFH, Beschluß GrS vom 26. 10. 1987, BStBl 1988 II S. 348; RZ 407 (mit Beispiel).

4.5.8.2.2.2 Unangemessen hohe Verzinsung

Bei steuerlich anerkanntem Darlehnsvertrag führt der die angemessene Verzinsung **übersteigende** **560** Teil der Zinsen zu einer verdeckten Gewinnausschüttung. Vgl. Abschn. 31 Abs. 3 KStR Beispiel 5.

Der Unterschiedsbetrag ist dem Gewinn der Gesellschaft hinzuzurechnen.

Beim Gesellschafter findet in Höhe der verdeckten Gewinnausschüttung eine Umschichtung von Einnahmen aus § 20 Abs. 1 Nr. 7 EStG nach § 20 Abs. 1 Nr. 1 EStG statt.

> **Beispiel:**
>
> Darlehnsgewährung des Gesellschafters 160 000 DM an die Gesellschaft zu einem überhöhten Zins von 15%. Der Marktzins beträgt 10%. – Verdeckte Gewinnausschüttung 15% ./. 10% = 5% von 160 000 DM = 8 000 DM.
>
> Einnahmen des Gesellschafters:
>
> a) **vor Aufdeckung der verdeckten Gewinnausschüttung**
>   Zinsen (§ 20 Abs. 1 Nr. 7 EStG)   = 24 000 DM
>
> b) **nach Aufdeckung der verdeckten Gewinnausschüttung**
>   Einnahmen – § 20 Abs. 1 Nr. 1 EStG:
>   5% von 160 000 DM   = 8 000 DM
>   – § 20 Abs. 1 Nr. 3 EStG:
> $3/7$ von 8 000 DM   = 3 429 DM
>   11 429 DM
>   Zinsen   – § 20 Abs. 1 Nr. 7 EStG:
>   10% von 160 000 DM   = 16 000 DM
>   27 429 DM

Eine Erhöhung der Einnahmen liegt lediglich um die auf die Einkommensteuer anzurechnende Körperschaftsteuer von 3 429 DM vor; im übrigen kommt es lediglich zu einer **Umschichtung** der Einnahmen.

4.5.8.3 Miet- und Pachtverträge; Leihe

4.5.8.3.1 Allgemeines

561 Es ist zwischen einer Vermietung (§ 535 BGB) bzw. Verpachtung (§ 581 BGB) der Gesellschaft an den Gesellschafter und umgekehrt zu unterscheiden. Zu verdeckten Gewinnausschüttungen kommt es bei diesen Vertragstypen in folgenden Grundfällen:

1. durch **Verstoß** gegen das **Rückwirkungsverbot** bei beherrschender Beteiligung; vgl. RZ 447 ff.

Dies ist der Fall bei Vermietung und Verpachtung ohne vorherige klare Miet- oder Pachtvereinbarung.

2. durch Übersteigen der **Angemessenheitsgrenze:**
   bei Vermietung/Verpachtung von Wirtschaftsgütern durch die Gesellschaft an den Gesellschafter zu einem **unangemessen niedrigen** Nutzungsentgelt oder
   bei Vermietung/Verpachtung durch den Gesellschafter an die Gesellschaft zu einem **unangemessen hohen** Nutzungsentgelt.

4.5.8.3.2 Angemessenheitsprüfung

562 Angemessen ist diejenige Miete/Pacht, die die Gesellschaft bzw. der Gesellschafter von einem fremden Dritten erzielen könnte. Hierbei sind alle wertbeeinflussenden Merkmale wie Art, Größe und Lage zu berücksichtigen. Verdeckte Gewinnausschüttungen sind – **mit Einschränkungen** – mit dem **gemeinen Wert** zu bewerten; vgl. RZ 489. Maßgebend ist hier daher die erzielbare **Marktmiete** (BFH-Urt. vom 27. 11. 1974, BStBl 1975 II S. 306, und vom 6. 4. 1977, BStBl II S. 569), wenn sie aus vergleichbaren, regelmäßig vermieteten/verpachteten Objekten abgeleitet werden kann.

Die **Kostenmiete** entspricht nicht dem gemeinen Wert, sondern dient allenfalls der Orientierung (als obere Grenze für die Wertermittlung).

Bei Pachtverträgen (zum Beispiel Verpachtung eines Betriebs) ist u. U. zu prüfen, welche durchschnittliche jährliche Pacht sich aufgrund des für die gesamte Pachtdauer zu entrichtenden Nutzungsentgelts ergibt.

Bei der Schätzung des angemessenen Nutzungsentgelts ist eine angemessene Verzinsung zugrundezulegen (vgl. hierzu BFH-Urt. vom 31. 3. 1971, BStBl II S. 536).

4.5.8.3.3 Vermietung an den Gesellschafter

563 Bei der Vermietung an den Gesellschafter liegt eine verdeckte Gewinnausschüttung vor, soweit das tatsächliche Nutzungsentgelt die **angemessene Vergütung unterschreitet.** Je nach Art der Nutzung des Miet-/Pachtobjekts kann beim Gesellschafter aber aufgrund der Fiktionstheorie der ihm als verdeckte Gewinnausschüttung zugerechnete teilweise Miet-/Pachtverzicht als fiktive Miet-/Pachtzahlung berücksichtigt werden; vgl. RZ 480 ff.

> **Beispiel:**
> Die Gesellschaft vermietet dem Gesellschafter umsatzsteuerfrei ein Grundstück als betrieblichen Lagerplatz für monatlich 500 DM. Von einem fremden Dritten könnte sie 850 DM verlangen.
> Nach Aufdeckung der verdeckten Gewinnausschüttung ergeben sich beim Gesellschafter
> Einnahmen gemäß § 20 Abs. 1 Nr. 1 EStG (oder Betriebseinnahmen,
> § 20 Abs. 3 EStG) von   4 200 DM
> + anrechenbare Körperschaftsteuer (§ 20 Abs. 1 Nr. 3 EStG) 3/7   1 800 DM
>   6 000 DM
>
> Er kann – neben der tatsächlichen Miete von 6 000 DM – die fiktive Mietzahlung von 4 200 DM als **Betriebsausgabe** abziehen.

Unterläßt es eine Kapitalgesellschaft trotz geänderten Mietpreisniveaus, durch Änderungskün- **563** digung einen höheren Mietzins gegenüber dem beherrschenden Gesellschafter durchzusetzen, so liegt hierin der Verzicht auf eine vermögenswerte Rechtsposition. Dies ist eine verdeckte Gewinnausschüttung an den Gesellschafter (BFH-Urt. vom 7. 12. 1988, BStBl 1989 II S. 248).

Eine **unentgeltliche** Nutzungsüberlassung der Gesellschaft an den Gesellschafter (**Leihe,** § 598 **564** BGB) führt ohne weiteres zu einer verdeckten Gewinnausschüttung in Höhe des angemessenen Mietwerts, da sich Fremde in der Regel nichts zu schenken pflegen.

> **Beispiel:**
> Unentgeltliche Überlassung eines Einfamilienhauses durch die Gesellschaft an einen Gesellschafter, der das Haus mit seiner Familie bewohnt. Die Hausaufwendungen (einschließlich AfA) in Höhe von monatlich 1100 DM hat die GmbH als Betriebsausgaben behandelt. Bei einer Vermietung könnte die Gesellschaft eine monatliche Miete von 900 DM erzielen.
>
> Es liegt eine verdeckte Gewinnausschüttung in Höhe von 10 800 DM vor. **Nicht** die entstandenen Kosten, sondern die fiktive Marktmiete als erzielbare Vergütung ist maßgebend. Umsatzsteuerlich liegt nach § 4 Nr. 12a UStG steuerfreier Eigenverbrauch vor.

4.5.8.3.4 Vermietung an die Gesellschaft

Bei Vermietung an die Gesellschaft liegt eine verdeckte Gewinnausschüttung vor bei Verstoß **565** gegen das Rückwirkungs(Nachzahlungs)verbot bei beherrschender Beteiligung.

Ist die Festlegung der Miet- oder Pachthöhe besonders schwierig, so liegt nach der BFH-Rechtsprechung kein Verstoß gegen das Rückwirkungsverbot vor, wenn wenigstens die Berechnungsgrundlagen für die Miethöhe im voraus festgelegt worden sind. Eine Vereinbarung, wonach „das Nutzungsentgelt an der Obergrenze des Angemessenen liegen" soll, ist aber nicht hinreichend bestimmt und nicht anzuerkennen.

Steuerlich zu beachten ist aber eine Vereinbarung, wonach „die endgültige Miete/Pacht zu Beginn von einem Sachverständigen festgestellt werden" soll und „bis dahin Vorauszahlungen auf die Pacht geleistet werden, die abzurechnen sind" (BFH-Urt. vom 10. 3. 1971, BStBl II S. 566).

> **Beispiel:**
> Die Gesellschaft hat für die Nutzung eines dem zu 60% beteiligten Gesellschafter gehörenden Grundstücks eine monatliche Pacht von 1 000 DM im voraus zu zahlen.
> Am 20. 12. 05 wurde die Pacht rückwirkend vom 1. 1. 05 an durch schriftliche Vertragsänderung erhöht. Auch die erhöhte Pacht von monatlich 1 500 DM soll noch angemessen sein. Die Gesellschaft hat in 05 18 000 DM als Betriebsausgaben gebucht. Die Nachzahlung von 6 000 DM wurde dem Gesellschafter am 15. 12. 06 auf seinem Verrechnungskonto gutgeschrieben. Am 2. 1. 07 ließ er sich den Betrag auszahlen.
>
> Infolge Verstoßes gegen das Nachzahlungsverbot bei beherrschender Beteiligung liegt in **05** bei der Gesellschaft und dem Gesellschafter eine verdeckte Gewinnausschüttung vor.
>
> Das Einkommen des Jahres 05 der Gesellschaft ist um die Nachzahlung von 6 000 DM zu erhöhen. Dem Gesellschafter ist der Vorteil (§ 20 Abs. 1 Nr. 1 EStG) nicht erst mit Gutschrift auf seinem Verrechnungskonto in 05 zugeflossen, sondern bereits im Zeitpunkt der Vereinbarung (20. 12. **05**; – entsprechend H 154 „Zuflußzeitpunkt..." EStH). Falls eine Betriebsaufspaltung vorliegt, stellt die verdeckte Gewinnausschüttung einen Beteiligungsertrag des Besitzunternehmens dar (§ 20 Abs. 3 EStG); s. unten.
>
> Die Ausschüttungsbelastung ist für das Jahr **06** herzustellen (vgl. Abschn. 77 Abs. 6 S. 6 KStR).

Weiterhin liegt eine verdeckte Gewinnausschüttung vor im Falle einer **überhöhten** Miete oder **566** Pacht, die über der Angemessenheitsgrenze liegt.

Hier kommt es beim Gesellschafter u. U. nach Aufdeckung der verdeckten Gewinnausschüttung lediglich zu einer Umschichtung (Umqualifizierung) von Einkünften. In Höhe der verdeckten Gewinnausschüttung wären beim Gesellschafter vor Aufdeckung bereits Mieteinnahmen anzusetzen.

4.5.8.3.5 Besonderheiten bei Betriebsaufspaltung

567 ● **Umqualifizierung bei überhöhter Pacht**

Hier kommt es bei überhöhter Pacht zu einer in RZ 565 beschriebenen Umschichtung (Umqualifizierung) der überhöhten Pacht.

> **Beispiel:**
>
> Das Finanzamt stellt fest, daß das Besitzunternehmen von der Betriebskapitalgesellschaft eine um 35 000 DM zu hohe Pacht erhält. – Beim Besitzunternehmen gehören im Falle der Betriebsaufspaltung sowohl die Beteiligung an der Betriebskapitalgesellschaft als auch das verpachtete Anlagevermögen zum (notwendigen) Betriebsvermögen.
>
> 1. Im Ergebnis erhöht sich der Gewinn des Besitzunternehmens nur um die anrechenbare Körperschaftsteuer von $^3/_7$ von 35 000 DM = 15 000 DM. Der Gewinn ist – im Ergebnis – **nicht** um den Betrag der verdeckten Gewinnausschüttung zu erhöhen, da in derselben Höhe bereits vor der Aufdeckung Pachterträge als Betriebseinnahmen erfaßt wurden. Es tritt lediglich eine Umqualifizierung dieser Betriebseinnahme ein.
> 2. Die Ausschüttungsbelastung ist für 35 000 DM herzustellen.
>
> | | Besitzunternehmen | | |
> |---|---|---|---|
> | Entnahmen (oder sonst. Forderung) | + 15 000 DM | Beteiligungserträge
Pachterträge | + 50 000 DM
./. 35 000 DM |
> | | | | 15 000 DM |

568 ● **Angemessene Pachthöhe**

Die Höhe der Pacht bestimmt sich nach

- dem Wertverzehr der verpachteten abnutzbaren Wirtschaftsgüter
- den Nebenkosten und
- der Kapitalverzinsung der verpachteten Wirtschaftsgüter.

a) AfA

I. d. R. ist die lineare AfA anzusetzen, nicht ohne weiteres die degressive AfA, keinesfalls eine Sonder-AfA.

Ist eine Erneuerungspflicht des Pächters (Substanzerhaltungspflicht) vereinbart, darf bei der Ermittlung einer angemessenen Pacht **kein** Wertverzehr berücksichtigt werden (vgl. Felix/Streck, KStG, § 8 Anm. 150, Stichwort „Betriebs-, Teilbetriebsverpachtung").

b) Kapitalverzinsung

Die Kapitalverzinsung bezieht sich auf die Summe der Teilwerte der materiellen und immateriellen Einzelwirtschaftsgüter und eines etwaigen mitverpachteten Geschäftswerts. Hier gibt es von der Finanzverwaltung im allgemeinen anerkannte Erfahrungssätze.

> **Beispiele:**
>
> 5 % bis 8 % für Immobilien (Felix/Streck, KStG, § 8 Anm. 150, a. a. O.).

c) Firmenwert

Es findet kein „automatischer" Übergang des Firmenwerts auf die Betriebs-GmbH bei Betriebsaufspaltung statt (anders als bei Betriebsübertragung und Betriebseinbringung).

Vielmehr kommt es zumindest zu einer „stillschweigenden" Nutzungsüberlassung; vgl. BFH, BStBl 1971 II S. 536.

Die Vereinbarung eines Pachtanteils für den Firmenwert in Höhe von 0,5 % bis 1 % des Umsatzes wird i. d. R. anerkannt. **568**

d) Laufende Instandhaltung

Bei vertraglicher Übernahme durch die Betriebs-GmbH (= Pächter) ist eine Einkalkulation in die Pacht steuerlich **nicht** zulässig.

4.5.8.4 Kaufverträge, Lieferungs- und Leistungsverhältnisse

Zu verdeckten Gewinnausschüttungen kann es bei Lieferungen und Leistungen zwischen der **569** Gesellschaft und dem Gesellschafter kommen bei

– Verstoß gegen das **Rückwirkungsverbot** bei **beherrschender** Beteiligung und
– **unangemessener** Preisgestaltung, nämlich

a) bei Leistungen des Gesellschafters an die Gesellschaft, wenn der Gesellschafter einen **unangemessen hohen** Preis erhält
b) im umgekehrten Fall, wenn die Gesellschaft einen **unangemessenen niedrigen** Preis erhält.

Es kann sich um Einzelverkäufe **oder** Lieferungen im Rahmen des ordentlichen Geschäftsverkehrs der Gesellschaft oder des Gesellschafters handeln. Bei Verkäufen durch den Gesellschafter an die Gesellschafter kann es sich um zum Privatvermögen oder Betriebsvermögen gehörende Wirtschaftsgüter handeln.

4.5.8.4.1 Rückwirkungsverbot

Das Rückwirkungsverbot gilt nur bei **beherrschender** Beteiligung; vgl. RZ 447 ff. Es ist bei **570** Kauf- bzw. Lieferverträgen vor allem in zwei Fällen zu beachten:

1. Bei Lieferungen des Gesellschafters an die Gesellschaft:
   Freiwillige **nachträgliche** Erhöhungen des Kaufpreises (Lieferentgelts) durch die Gesellschaft sind verdeckte Gewinnausschüttungen (BFH, Urteil vom 18. 2. 1970, BStBl II S. 26). Denn **freiwillige Nachzahlungen auf einen zu niedrigen Preis sind im Geschäftsleben nicht üblich.**
2. Bei Lieferungen der Gesellschaft an den Gesellschafter:
   Nachträgliche Verbilligungen des Kaufpreises jeder Art durch die Gesellschaft. Hierunter fallen auch Rückvergütungen (Boni, Rabatte usw.), wenn sie nicht im voraus klar und eindeutig festgelegt waren. Dabei spielt es keine Rolle, ob das verbleibende Entgelt noch angemessen ist.

4.5.8.4.2 Angemessenheit

Angemessen ist bei Verkäufen/Lieferungen durch die Gesellschaft an den Gesellschafter der **571** Preis, den sie von Nichtgesellschaftern fordert und erhält. Preisverbilligungen und Nachlässe jeder Art sind ohne Rücksicht auf die Bezeichnung verdeckte Gewinnausschüttungen, soweit sie Nichtgesellschaftern nicht eingeräumt werden.

Auch bei den sogenannten echten Ein- und Verkaufsgesellschaften, die alle Geschäfte unmittelbar und ausschließlich für Rechte ihrer Gesellschafter tätigen, darf es nicht zu Gewinnschmälerungen zu Lasten der Gesellschaft kommen (BFH-Urt. vom 18. 9. 1974, BStBl 1975 II S. 14).

Daher sind sogenannte Gewinnlosigkeitsvereinbarungen steuerlich unbeachtlich.

Einen Ausweg bietet aber die Organschaft (Einkommenszurechnung auf den Organträger).

Umgekehrt liegt bei Verkäufen/Lieferungen durch den Gesellschafter an die Gesellschaft eine verdeckte Gewinnausschüttung vor, soweit die Gesellschaft einen zu hohen Einkaufspreis zahlt, den sie unter sonst gleichen Umständen einem Dritten nicht zahlen würde.

Zur Überprüfung der Angemessenheit von Verrechnungspreisen wendet die Finanzverwaltung mehrere Methoden an (z. B. Einzelpreis- oder Rohgewinnvergleich mit vergleichbaren Unternehmen).

571 Zu verdeckten Gewinnausschüttungen beim Erwerb von Gegenständen des **Anlagevermögens** vgl. Briese, DB 1983 S. 846.

4.5.8.4.3 Einzelfälle

572 Die unterschiedlichen Auswirkungen, je nachdem, ob beim Gesellschafter die Beteiligung und/oder das veräußerte bzw. angeschaffte Wirtschaftsgut zum Betriebsvermögen oder Privatvermögen gehört, werden in den folgenden Beispielen verdeutlicht.

Fall 1: Verkauf eines unbebauten Grundstücks (umsatzsteuerfrei) durch die Gesellschaft an den Gesellschafter zu einem zu niedrigen Verkaufspreis.

Es betragen der Buchwert des Grundstücks bei der GmbH 70 000 DM, der vereinbarte und gezahlte Kaufpreis 90 000 DM, der Verkehrswert (= gemeiner Wert) 106 000 DM.

a) **Auswirkung bei der Gesellschaft**

Die Gesellschaft hat lediglich einen s. b. Ertrag von 20 000 DM verbucht (Verkaufspreis 90 000 DM ./. Buchwert 70 000 DM). In Höhe des Unterschieds zwischen gemeinem Wert 106 000 DM und Verkaufspreis 90 000 DM liegt eine verdeckte Gewinnausschüttung von 16 000 DM vor.

Es ist eine Hinzurechnung außerhalb der Bilanz zum Gewinn der GmbH von 16 000 DM vorzunehmen, da der s. b. Ertrag der Gesellschaft 36 000 DM und nicht 20 000 DM hätte betragen müssen (Gewinnverzicht der Gesellschaft).

Bilanzposten	
Steuerlicher Ausgleichsposten	
Zu versteuerndes Einkommen (§ 8 Abs. 3 S. 2 KStG)	+ 16 000 DM
Ausschüttung (§ 27 Abs. 3 S. 2 KStG)	+ 16 000 DM
Gewerbeertrag (ggf. Erhöhung der GewSt-Rückstellung)	+ 16 000 DM

Falls die Gesellschaft in der HBil und StBil eine Rücklage nach § 247 Abs. 3, § 273 HGB, § 6b EStG (bisher 20 000 DM) gebildet hat, ist sie evtl. berechtigt, den Sonderposten gewinnmindernd aufzustocken (gl. A. Herrmann/Heuer/Raupach, EStG, § 6b, Anm. 205). Dann entfällt eine Einkommenserhöhung.

b) **Auswirkungen beim Gesellschafter**

aa) **Bei Zugehörigkeit der Beteiligung zum Privatvermögen:**

Einnahmen: § 20 Abs. 1 Nr. 1 EStG	16 000 DM
+ anrechenbare Körperschaftsteuer (§ 20 Abs. 1 Nr. 3 EStG)	
$^3/_7$ v. 16 000 DM =	6 857 DM
	22 857 DM

bb) **Bei Zugehörigkeit der Beteiligung zum Betriebsvermögen:**

Betriebseinnahmen (§§ 15, 20 Abs. 3 EStG)	16 000 DM
+anrechenbare Körperschaftsteuer	6 857 DM
Gewinnerhöhung beim Gesellschafter	22 857 DM

Auswirkung des Anschaffungsvorgangs:

Sowohl bei Zugehörigkeit des Grundstücks zum Privatvermögen wie auch zum Betriebsvermögen betragen die Anschaffungskosten 106 000 DM.

Die verdeckte Gewinnausschüttung von 16 000 DM (**nicht** aber die anrechenbare Körperschaftsteuer) gehört aufgrund der **Fiktionstheorie** zu den Anschaffungskosten. Vgl. RZ 480 ff.

Es wird fingiert, daß der Gesellschafter zunächst 106 000 DM gezahlt hat und die Gesellschaft anschließend 16 000 DM an den Gesellschafter zurückgezahlt hat. Dies darf die Anschaffungskosten aber nicht mindern.

573 **Fall 2: Verkauf eines Grundstücks durch den Gesellschafter an die Gesellschaft zu einem unangemessen hohen Preis**

Gezahlter Kaufpreis 135 000 DM, Verkehrswert 100 000 DM. Die Gesellschaft hat das Grundstück mit 135 000 DM aktiviert. Die Anschaffungskosten des Gesellschafters betrugen 80 000 DM.

a) **Auswirkungen bei der Gesellschaft**

Die verdeckte Gewinnausschüttung hat das Einkommen im Ergebnis nicht unzulässig gemindert. Das Einkommen ist daher **nicht** zu erhöhen. Vgl. auch Ebert, BB 1984 S. 1221 (1223).

aa) **Aktivierung des Grundstücks bei der GmbH**

Auffassung I:

Es ist eine Berichtigung des Bilanzansatzes auf 100 000 DM (= eigentliche Anschaffungskosten) vorzunehmen, dafür Ansatz eines „aktiven Ausgleichspostens" + 35 000 DM.

Betriebsvermögens- und Gewinnausweis bleiben **unberührt.**

Auffassung II:

Es ist eine Aktivierung des überhöhten Kaufpreises vorzunehmen (= 135 000 DM). Eine Einkommenskorrektur erfolgt erst im Jahre einer (in Höhe von 35 000 DM unzulässigen) Teilwert-Abschreibung. Betriebsvermögens-Ausweis und Gewinn bleiben unberührt.

Auffassung III („Abstockung" mit negativem steuerlichen Ausgleichsposten)

U. E. ist der Bilanzansatz auf 100 000 DM zu berichtigen. Die damit eintretende Betriebsvermögens- und somit Gewinnminderung von 35 000 DM **innerhalb** der StBil muß dann durch eine Hinzurechnung der verdeckten Gewinnausschüttung von 35 000 DM **außerhalb** der StBil wieder ausgeglichen werden. Im Ergebnis hat sich das Einkommen der Gesellschaft aber nicht erhöht (so auch BFH-Urt. vom 13. 3. 1985, BFH/NV 1986 S. 116).

Würde der Bilanzansatz nicht berichtigt, könnte später eine unzulässige Gewinnminderung infolge des um 35 000 DM zu hohen Buchwerts eintreten (bei Veräußerung, Entnahme oder Teilwertabschreibung).

Ergebnis:

Grundstück	./. 35 000 DM
Steuerlicher Ausgleichsposten (negativ)	./. 35 000 DM
Zu versteuerndes Einkommen (im Ergebnis)	–,– DM

bb) **Herstellen der Ausschüttungsbelastung**

Die Ausschüttungsbelastung ist für 35 000 DM herzustellen, da ein **Vermögensabfluß** bei der GmbH stattgefunden hat (wenn auch bilanzmäßig nicht ausgewiesen!). Bei Gewinnausschüttungen ist für die Frage der Herstellung der Ausschüttungsbelastung auf den Abfluß abzustellen (BFH-Urt. vom 26. 8. 1987, BStBl 1988 II S. 143, und vom 9. 12. 1987, BStBl 1988 II S. 460).

b) **Auswirkungen beim Gesellschafter**

aa) **Grundstück = Privatvermögen**

Die Veräußerung ist ein Vorgang auf der Vermögensebene und führt nicht zu Einkünften.

Bei Veräußerung innerhalb der Spekulationsfrist liegen Einkünfte aus §§ 22 Nr. 2, 23 EStG vor:

Spekulationserlös	
(aufgrund der Fiktionstheorie nur:)	100 000 DM
./. Anschaffungskosten	./. 80 000 DM
Einkünfte § 23 EStG	20 000 DM

Die verdeckte Gewinnausschüttung gehört nicht zum Spekulationsgewinn, sondern ist Kapitalertrag.

- Zugehörigkeit der Beteiligung zum Privatvermögen:

§ 20 Abs. 1 Nr. 1 EStG	35 000 DM
+ § 20 Abs. 1 Nr. 3 EStG ($^3/_7$)	15 000 DM
	50 000 DM

- Zugehörigkeit der Beteiligung zum Betriebsvermögen:

Betriebseinnahmen (§§ 15, 20 Abs. 3 EStG)	50 000 DM

bb) **Grundstück = Betriebsvermögen**

Im Gewinn ist bereits ein a. o. Ertrag (Verkaufsgewinn) von 135 000 DM ./. 80 000 DM = 55 000 DM erfaßt.

- Bei Zugehörigkeit der Beteiligung zum **Betriebsvermögen** ergibt sich im Ergebnis nur eine Gewinnerhöhung in Höhe der anrechenbaren Körperschaftsteuer von 15 000 DM.

573 Hinsichtlich der als Betriebseinnahme zu erfassenden verdeckten Gewinnausschüttung ist keine Gewinnerhöhung vorzunehmen, da der Betrag schon als Verkaufsgewinn (a. o. Ertrag) im Gewinn enthalten ist (bloße Umqualifizierung in Ausschüttungs(Beteiligungs)ertrag).

	01		
Bilanzposten	–,– DM	Gewinn	+ 15 000 DM
		Entnahmen (+)	./. 15 000 DM
			0 DM

oder

	01		
sonstige Forderung	+ 15 000 DM	Gewinn	+ 15 000 DM

- Bei Zugehörigkeit der Beteiligung zum **Privatvermögen** wird Gewinn in Höhe von 32000 DM umqualifiziert in eine Einlage, daher Gewinnminderung bei § 15 EStG   – 32 000 DM

	01		
Bilanzposten	–,– DM	Gewinn	./. 35 000 DM
		Einlagen	+ 35 000 DM
			0 DM

Statt dessen sind Einnahmen aus Kapitalvermögen gemäß § 20 Abs. 1 Nr. 1 und 3 EStG von (35 000 DM + 15 000 DM =) anzusetzen (wie bei aa).   50 000 DM

574 Handelt es sich um ein **abnutzbares** Wirtschaftsgut des Anlagevermögens, ist eine Einkommenskorrektur im Ergebnis lediglich in Höhe der **überhöhten** AfA vorzunehmen (vgl. dazu Briese, DB 1983 S. 840).

Beispiel:
Die GmbH hat Anfang 01 von dem Gesellschafter ein bebautes Grundstück zum **überhöhten** Preis von 364 000 DM erworben. Hiervon entfallen 20% auf den Grund und Boden. Der AfA-Satz beträgt 4% (Wirtschaftsgebäude i. S. § 7 Abs. 4 Satz 1 Nr. 1 EStG). Die GmbH hat Anfang 01 gebucht: „Grund und Boden 72 800 DM, Gebäude 291 200 DM **an** Geldkonto 364 000 DM", und hat AfA in Höhe von 4% von 291 200 DM = 11 648 DM als Aufwand gebucht. –

Eine Vermögensminderung i. S. des § 8 Abs. 3 Satz 2 KStG ist **nur** in Höhe der Differenz zwischen der überhöhten und der zulässigen AfA eingetreten:

überhöhte AfA	11 648 DM
zulässige AfA: 4% von 80% von 300 000 DM =	9 600 DM
Erhöhung des Gewinns/Einkommens	+ 2 048 DM

Wegen der Darstellungsmöglichkeiten vgl. RZ 573 (Fall 2). Denkbar ist eine Korrektur **innerhalb** oder **außerhalb** der Bilanz der GmbH.

Dagegen ist eine „andere Ausschüttung" i. S. des § 27 Abs. 3 Satz 2 KStG in Höhe von 364 000 DM ./. 300 000 DM = 64 000 DM gegeben.

4.5.8.4.4 Unentgeltliche Übertragung von Wirtschaftsgütern durch die Gesellschaft auf den Gesellschafter

575 Bei einer unentgeltlichen Übertragung von Wirtschaftsgütern auf den Gesellschafter ohne rechtlichem Grund – (d. h. ohne entsprechende Gegenleistung) liegt zivilrechtlich eine Schenkung vor. Steuerlich führt dies zu einer verdeckten Gewinnausschüttung in Höhe des gemeinen Werts im Zeitpunkt der Übertragung des Wirtschaftsguts.

a) Bei der Gesellschaft ist das Einkommen in Höhe des vollen gemeinen Werts zu erhöhen, falls sich der Jahresüberschuß bzw. Bilanzgewinn auch in Höhe des Buchwerts des übertragenen Wirtschaftsguts gemindert hat. Dagegen ist eine Hinzurechnung zum Einkommen gemäß § 8

Abs. 3 Satz 2 KStG nur in Höhe des Unterschiedsbetrags zwischen gemeinem Wert und 575
Buchwert, also in Höhe des Gewinnverzichts der Gesellschaft, vorzunehmen, falls in Höhe des Buchwerts eine Ausschüttung aus Rücklagen (Gewinn- oder Kapitalrücklagen) vorliegt. Dies ist der Fall bei der Buchung: Rücklagen an Wirtschaftsgut (in Höhe des Buchwerts).

b) Beim Gesellschafter ist der gemeine Wert ungekürzt als verdeckte Gewinnausschüttung an- 576
zusetzen. Aufgrund der Fiktionstheorie ist hier eine entgeltliche Anschaffung des Wirtschaftsguts zum gemeinen Wert (Verkehrswert) zu unterstellen.

Beispiel:

Die GmbH übereignet dem Gesellschafter ohne Rechtsgrund unentgeltlich ein Einfamilienhausgrundstück (Verkehrswert 300 000 DM, davon Gebäudewert 180 000 DM). Die Buchwerte betragen: Gebäude 100 000 DM, Grund und Boden 40 000 DM. Die Nebenkosten (der Übertragung) – Notar- und Gerichtskosten – von 5 000 DM hat der Gesellschafter selbst getragen. Die GmbH hat wie folgt gebucht: Gewinnrücklagen 140 000 DM an Grund und Boden 40 000 DM und Gebäude 100 000 DM. Die verdeckte Gewinnausschüttung beträgt 300 000 DM.

a) **Gesellschaft**

1. Das Einkommen ist nur um 300 000 ./. 140 000 DM = 160 000 DM zu erhöhen, § 8 Abs. 3 Satz 2 KStG.
2. Die Körperschaftsteuer-Änderung (§ 27 KStG) ist aber ausgehend von der verdeckten Gewinnausschüttung von 300 000 DM zu ermitteln.
3. Falls die Rücklagen **nicht** mit Billigung der Gesellschafter verwendet wurden, ergeben sich noch **weitere** Korrekturen:

Rücklagen	+140 000 DM
steuerlicher Ausgleichsposten	./. 140 000 DM

b) **Gesellschafter**

Verdeckte Gewinnausschüttung = Einnahmen	
§ 20 Abs. 1 Nr. 1 EStG	300 000 DM
+ § 20 Abs. 1 Nr. 3 EStG ($^3/_7$)	128 572 DM
	428 572 DM

Das Einfamilienhaus gilt als **entgeltlich** angeschafft.

Fiktiver Kaufpreis Gebäude	180 000 DM
+**tatsächlich** aufgewendete Nebenkosten 60% von 5 000 DM =	3 000 DM
Anschaffungskosten Gebäude	183 000 DM

U. E. fällt auch Grunderwerbsteuer an, die wegen fehlender Gegenleistung nach § 8 Abs. 2 GrEStG nach dem Einheitswert zu bemessen ist (vgl. § 10 Abs. 1 GrEStG).

Bejaht man dagegen eine Schenkung (u. E. wegen der Fiktionstheorie abzulehnen), bestünde zwar GrESt-Befreiung (§ 3 Nr. 1 GrEStG), aber Schenkungsteuerpflicht.

Bei Vorliegen der weiteren Voraussetzungen ist ein Abzugsbetrag § 10e EStG zulässig: 6 % von (183 000 DM + 1/2 x 122 000 DM =) 244 000 DM = 12 200 DM (ggf. begrenzt auf 9 000 DM/7 500 DM).

Ggf. ist das Baukindergeld (§ 34f EStG) zu gewähren.

4.5.8.4.5 Verdeckte Gewinnausschüttungen bei GmbH & Co. KG

Typische Anlässe für vGA bei einer GmbH & Co. KG sind 577

- ein unangemessen niedriger Gewinnanteil der GmbH
- eine überhöhte Vergütung an den Gesellschafter-Geschäftsführer der Komplementär-GmbH.

a) **Grundsätze der Gewinnverteilung**

aa) Die GmbH ist **nicht** mit einer Kapitaleinlage an der **KG beteiligt:** Es reicht aus, wenn die 578
GmbH

578 – eine Auslagenerstattung (z. B. Geschäftsführergehälter) und
– ein Entgelt für ihr Haftungsrisiko in Anlehnung an eine Avalprovision erhält; (z. B. 6 % des Stammkapitals; vgl. BFH-Urt. vom 3. 2. 1977, BStBl 1977 II S. 346; FG Münster, EFG 1975, 471). Wirtschaftsübliche Avalprovisionen sind zwar 2 % bis 5 % des haftenden Kapitals, aber eine Haftungsvergütung von nur 2 % für GmbH ist nicht ohne weiteres angemessen (BFH-Urt. v. 3. 2. 1977, Anmerkung Nr. 1 in HFR 1977 S. 276).

Die Haftungsprämie einer Geschäftsführungs-GmbH, die – gewinnunabhängig – 2 v. H. des Stammkapitals der GmbH und zusätzlich – gewinnabhängig – 10 v. H. des Gewinns der KG, höchstens jedoch 10 v. H. des Stammkapitals der GmbH, beträgt, ist steuerlich nicht zu beanstanden, sofern nicht bei Vertragsschluß erkennbar ist, daß die KG auf absehbare Zeit keine Gewinne erwirtschaften wird (FG Saarland Urt. vom 8. 3. 1990 – rkr., EFG 1990 S. 586).

bb) Die GmbH ist mit einer **Kapitaleinlage an der KG** beteiligt: Es ist **zusätzlich** eine entsprechende Beteiligung am Ergebnis der KG erforderlich (BFH-Urt. vom 15. 11. 1967, BStBl 1968 II S. 152).

Eine nicht angemessene Gewinnverteilung führt zu einer vGA, da der Verzicht der GmbH zugunsten der Kommanditisten in ihrer Eigenschaft als Gesellschafter der GmbH wirkt.

cc) **Beispiel:**
Fall: A + B sind je zu 50 % sowohl Gesellschafter der Komplementär-GmbH als auch Kommanditisten der KG.

	Gewinnanteile lt. Gesellschaftsvertrag	angemessene Gewinnverteilung (Korrektur)	vGA + $3/7$	gesondert festzustellender Gewinn
GmbH	0,0	+ 7,0		7,0
A	50,0	./. 3,5	+ 3,5	
			+ 1,5	51,5
B	50,0	./. 3,5	+ 3,5	
			+ 1,5	51,5
	100,0	0	10,0	110,0

Über die vGA ist im Feststellungsverfahren der KG nach §§ 180, 181 AO zu entscheiden (BFH-Urt. vom 12. 3. 1980, BStBl 1980 II S. 531).

Neben der vGA von 2 x 3,5 sind noch $3/7$ als anzurechnende KSt (§§ 20 Abs. 3, 20 Abs. 1 Nr. 3 EStG) zu erfassen = 1,50 x 2 = 3,00.

Eine **rückwirkend** zu Lasten der GmbH und zugunsten der Kommanditisten geänderte Gewinnverteilung wird steuerlich **nicht** anerkannt. Eine hierdurch bewirkte vGA ist erst in dem Wj. der Änderungsvereinbarung als Sonderbetriebseinnahme zu berücksichtigen (BFH-Urt. vom 12. 6. 1980, BStBl 1980 II S. 723).

b) vGA bei Geschäftsführer-Bezügen

579 Wenn der Gesellschafter-Geschäftsführer der GmbH als Kommanditist an der KG beteiligt ist, gehören vGA der Komplementär-GmbH zu den gewerblichen Einkünften des Kommanditisten, die ihm aus seiner Beteiligung an der GmbH & Co KG zufließen. Eine solche vGA ist im Rahmen der einheitlichen Gewinnfeststellung der KG zu berücksichtigen, auch wenn hierbei über eine körperschaftsteuerliche Frage entschieden wird. Die vGA ist wie folgt zu berücksichtigen: Der Gewinnanteil der Komplementär-GmbH wird um die vGA erhöht.

Der Gewinnanteil des Kommanditisten bleibt (bis auf eine Erhöhung um die anrechenbare KSt) im Ergebnis unverändert. Er setzt sich allerdings anders zusammen:

– aus dem eigentlichen Gewinnanteil an der KG,
– der von der KG gezahlten (angemessenen) Geschäftsführervergütung sowie
– der vGA einschließlich der anrechenbaren KSt.

Beispiel:

Am Gewinn der GmbH & Co. KG sind die Komplementär-GmbH zu 5 v. H. und die beiden Kommanditisten A und B zu je 47,5 v. H. beteiligt. Geschäftsführer der GmbH ist der Kommanditist A, dem auch die Geschäftsführung der KG obliegt. Die GmbH hat ihrem Gesellschafter-Geschäftsführer A Bezüge von 200 000 DM bezahlt. Die KG hat der GmbH die Kosten für den Geschäftsführer nur in der angemessenen Höhe von 130 000 DM erstattet. Der Handelsbilanzgewinn der KG beträgt 500 000 DM.

In Höhe des unangemessenen Teils der Bezüge von 70 000 DM liegt eine vGA vor.

Die gesonderte und einheitliche Gewinnfeststellung ist daher wie folgt durchzuführen:

	gesamt DM	GmbH DM	A DM	B DM
HB-Gewinn	500 000	25 000	237 500	237 500
+ Ersatz-Geschäftsführervergütung an GmbH	+ 130 000	+ 130 000	–	–
./. Sonderbetriebsausgabe GmbH	– 200 000	– 200 000	–	–
+ Hinzurechnung vGA bei GmbH (§ 8 Abs. 3 S. 2 KStG)	+ 70 000	+ 70 000	–	–
+ angemessene Geschäftsführervergütung A (§ 15 Abs. 1 Nr. 2 EStG)	+ 130 000	–	+ 130 000	–
+ vGA (Sondervergütung A)	+ 70 000	–	+ 70 000	–
+ anrechenbare KSt $^{3}/_{7}$ von 70 000 DM	+ 30 000	–	+ 30 000	–
	730 000	25 000	467 500	237 500

4.5.8.4.6 Verdeckte Gewinnausschüttungen bei GmbH & Still

Die Beteiligung der Gesellschafter-Geschäftsführer einer GmbH an dem Handelsgeschäft der Kapitalgesellschaft als stille Gesellschafter ist gesellschaftsrechtlich wirksam möglich und auch steuerrechtlich anzuerkennen (BFH-Urt. vom 6. 2. 1980, BStBl II S. 477). Vgl. auch BFH/NV 1990, 63.

a) Typische stille Beteiligung

Verdeckte Gewinnausschüttungen bei stillen Gesellschaftern, die zugleich Gesellschafter der Kapitalgesellschaft sind, können sich ergeben, soweit die **Gewinnanteile unangemessen hoch** sind.

Die Angemessenheit hängt u. a. ab von dem erbrachten **Kapitaleinsatz** und dessen **Verzinsung**, den eingegangenen **Risiken**, dem **Arbeitseinsatz** und den **Ertragsaussichten** des Unternehmens.

Maßgebend sind die Verhältnisse im Zeitpunkt der Vereinbarung der stillen Beteiligung.

Entscheidend ist der Vergleich der **Kapitaleinsätze** der Kapitalgesellschaft (GmbH) und des typischen stillen Gesellschafters.

Die Einlage des stillen Gesellschafters ist im Regelfall mit dem **Nennwert** anzusetzen.

Als Kapitaleinsatz der GmbH ist der **Gesamtwert** des **Unternehmens** unter Einbeziehung aller stillen Reserven anzusetzen. Hierzu gehört auch ein etwaiger **Firmenwert**.

Der Vergleich des Gesamtwertes des Unternehmens mit dem Nennwert der stillen Beteiligung ergibt den für die **Verteilung** des **Restgewinns** maßgeblichen **Gewinnverteilungsschlüssel**.

Beispiel:

Restgewinn der GmbH (nach Abzug evtl. Vergütungen für Einlageverzinsung und Haftungsrisiko)		500 000 DM
Einlage des stillen Gesellschafters		100 000 DM
gezeichnetes Kapital der GmbH	50 000 DM	
+Rücklagen	350 000 DM	
+ stille Reserven (einschl. Firmenwert)	300 000 DM	700 000 DM

Der Restgewinn ist im Verhältnis 100 000 DM : 700 000 DM zu verteilen.

Stiller: $^{1}/_{8}$ von 500 000 DM = 62 500 DM
GmbH: $^{7}/_{8}$ von 500 000 DM = 437 500 DM.

580 b) Atypische stille Beteiligung

Für die Gewinnbeteiligung sind die bei der GmbH & typisch Still geltenden Grundsätze (vgl. a) entsprechend anzuwenden. Die Grundsätze der GmbH & Co. KG gelten hier **nicht**.

4.5.9 Satzungsklauseln, Steuerklauseln Rückzahlung verdeckter Gewinnausschüttungen

Ausgewählte Literaturhinweise: **Döllerer**, BB 1979 S. 61, JbFfSt 1978/79 S. 381, DStR 1980 S. 395, **Meyer-Arndt**, JbFfSt 1979/80 S. 297; **L. Schmidt**, JbFfSt 1979/80 S. 327; **Raupach**, in: Pro GmbH 1980 S. 218ff.; **Lagemann**, Die Steuerklausel – ihre Wirkungsweise und praktische Anwendbarkeit, Diss. Gießen 1979; **Theisen**, GmbHR 1980 S. 132, 182; **Dötsch**, NSt, KSt, vGA, Darst. 2 (1. 11. 1979); **Friauf**, StBJB. 1979/80 S. 560ff; **Frotscher** in: Frotscher, KStG, Anh. zu § 8 Anm. 215ff.; **Geil/Goutier/Grützner**, KStG, § 8 Anm. 171ff.; **Tillmann**, in: Handbuch der GmbH III S. 439; **Krebs**, StbKongrRep. 1981 S. 362; **Herzig**, StbKongrRep. 1981 S. 390; **Streck**, GmbHR 1982 S. 24; **Barandt**, Rückwirkung von Verträgen im Steuerrecht, BB 1983 S. 1293 (1297f.); **Brezing**, Ein Urteil des BFH zu Satzungsklauseln, DB 1984 S. 2059; ders., Überlegungen zum Zufluß, Abfluß und Rückfluß verdeckter Gewinnausschüttungen, StbJb 1983/84 S. 215ff. (215-243); ders., Was ist eine Vorteilsgewährung? – Zum BFH-Urteil vom 4. 7. 1984 I R 195/81, FR 1985 S. 126; **Flick**, Steuerklauseln, StKongrRep 1974 S. 429ff.; **Jonas**, steuerliche Anerkennung von Satzungsklauseln: Roma locuta – causa finita?, FR 1985 S. 285; Institut „Finanzen und Steuern", Steuerklauseln nach dem Inkrafttreten der AO 1977, Grüner Brief Nr. 209 (Niemann); **Knobbe-Keuk**, Bilanz- und Unternehmenssteuerrecht, 5. Aufl., Köln 1985 S. 471ff.; **Zenthöfer**, Steuer- und Satzungsklauseln – eine Zwischenbilanz in: Festschrift zum 10jährigen Bestehen der FHF Nordkirchen, 1986, S. 317 ff und DStZ 1987 S. 185 ff, S. 217 ff und S. 273 ff; **Wichmann**, Probleme bei Rückforderung von vGA, GmbHR 1993, 337; **Buyer**, Die Rückgewähr (von) vGA – Die unendliche Geschichte, DB 1994, 602.

Vgl. auch die Literaturhinweise vor RZ 1192.

4.5.9.1 Allgemeines, Rückzahlung verdeckter Gewinnausschüttungen

581 Rechtsgestaltungen zwischen der Gesellschaft und ihren Gesellschaftern, die zu verdeckten Gewinnausschüttungen führen, können grundsätzlich **nicht mit rückwirkender Kraft beseitigt** werden. Dies gilt normalerweise auch, wenn den Beteiligten die steuerlichen Folgen nicht bekannt waren.

Die Aufhebung von Rechtsfolgen, die zu verdeckten Gewinnausschüttungen geführt haben, sind daher im Normalfall steuerlich nicht mit rückwirkender Kraft möglich. Es ist gleichgültig, ob ein Rückforderungsanspruch auf einer **Steuer- und Satzungsklausel** (vgl. RZ 584) oder auf einer **gesetzlichen Vorschrift** (z. B. Verbot stammkapitalverzehrender Auszahlungen, § 30ff. GmbHG) ersetzt. Vgl. dazu BFH-Urt. vom 23. 5. 1984, BStBl II S. 723, vom 30. 1. 1985, BStBl II S. 345; vom 29. 4. 1987, BStBl II 733, vom 22. 2. 1989, BStBl III S. 475, und vom 14. 3. 1989, BStBl II S. 641; BMF-Schr. v. 23. 4. 1985 (DB 1985 S. 1437); Abschn. 31 Abs. 8 Satz 1 KStR.

> **Beispiel:**
>
> Nachdem das Finanzamt bei einem Veräußerungsgeschäft einen um 50 000 DM überhöhten Kaufpreis zugunsten eines Gesellschafters festgestellt hat, will die Gesellschaft vom Gesellschafter den im Jahre 01 gezahlten überhöhten Teil des Kaufpreises im Jahre 03 zurückfordern.
>
> Die verdeckte Gewinnausschüttung ist im Jahr 01 verwirklicht und kann nicht mit rückwirkender Kraft beseitigt werden.

582 Nur in **besonders gelagerten Ausnahmefällen** kann eine verdeckte Gewinnausschüttung **bis zur Aufstellung der Schlußbilanz mit Wirkung für die Vergangenheit beseitigt** werden (so Abschn. 31 Abs. 9 Satz 6 KStR).

Nach dem BFH-Urt. vom 10. 4. 1962, BStBl III S. 255, ist eine rückwirkende Beseitigung der verdeckten Gewinnausschüttung zugelassen, wenn die **steuerlichen Folgen** bei der Kapitalgesellschaft und ihrem Gesellschafter **so hart** sind, daß die Beteiligten bei Kenntnis der Auswirkungen diese Rechtsgestaltung zweifellos unterlassen hätten. Die Anwendung des o. a. BFH-Urteils wird in der Praxis u. E. **nur** auf **Ausnahmefälle** beschränkt bleiben. Bereits die Urteilsbegründung lehnt die Anwendung für den Normalfall ab. **582**

Ist ein solcher Ausnahmefall einmal zu bejahen, gilt die verdeckte Gewinnausschüttung durch Rückgewähr (vom Tage der Bilanzerstellung an als von Anfang an) als beseitigt.

Das Einkommen der Gesellschaft ist insoweit nicht zu erhöhen oder zu vermindern.

Eine verwirklichte vGA (z. B. überhöhtes Urlaubsgeld) kann – jedenfalls nicht ohne **vorherige** Vereinbarung eines sog. „Vorteilsausgleichs" – durch eine Verringerung (z. B.) einer Gewinntantieme am Jahresende **nicht** beseitigt werden (BFH-Urt. vom 10. 3. 1993, DStR 1993 S. 984).

Kann eine verdeckte Gewinnausschüttung dagegen **nicht** mit rückwirkender Kraft beseitigt werden (= **Normalfall**), stellt die Rückzahlung beim Gesellschafter entweder eine **negative Einnahme oder** eine **Erhöhung** der **Anschaffungs**kosten dar. **583**

Bei **nicht** beherrschenden Gesellschaftern könnte man u. E. eine negative Einnahme aus Kapitalvermögen anerkennen bei rechtlicher Verpflichtung zur Rückgewähr; vgl. RZ 1197. Die Verwaltung lehnt dies aber ab.

Bei **beherrschenden** Gesellschaftern scheidet eine negative Einnahme aus. Hier erhöhen sich die Anschaffungskosten der Anteile der Gesellschafter. Bei der Gesellschaft liegen gesellschaftliche **Einlagen** vor, die ihr Einkommen nicht berühren. Vgl. BMF-Schreiben vom 6. 8. 1981, BStBl I S. 599, und RZ 1192 ff. Zu den steuerlichen Nachteilen gehört, daß eine verdeckte Gewinnausschüttung nach wie vor mehr Eigenkapital verbraucht als durch sie gebildet wird; vgl. hierzu RZ 1183 ff.

A. A. das FG München in einem rechtskräftigen Beschluß in einer Aussetzungssache (Beschluß vom 26. 10. 1993 16 K 2833/92): Danach liegt bei einer rechtlichen Verpflichtung zur Rückgewähr der vGA **keine** Einlage, sondern eine **negative Einnahme** vor – eine klare Absage an die „Einlagelösung" der FinVerw.

Handelt es sich allerdings um eine (noch) **nicht abgeflossene** verdeckte Gewinnausschüttung, können **Abfluß** und **Herstellung der Ausschüttungsbelastung** durch wirksame **Aufhebung** einer entsprechenden Zahlungsverpflichtung der Körperschaft auch mit steuerlicher Wirkung **vermieden** werden. Vgl. BFH-Urt. vom 9. 12. 1987, BStBl 1988 II S. 460. Die Vermögensminderung wird jedoch i. d. R. durch Hinzurechnung der vGA nach § 8 Abs. 3 Satz 2 KStG zu neutralisieren sein.

Beispiel:

Im Jahre 01 wurde zugunsten des beherrschenden Gesellschafter-Geschäftsführers eine überhöhte Pensionsrückstellung zu Lasten des Jahresüberschusses gebildet. Der unangemessene Teilbetrag beträgt 50 000 DM. Im Jahre 03 wird die Pensionszusage auf den angemessenen Betrag **herabgesetzt**.

Das Einkommen 01 ist um die vGA von 50 000 DM zu erhöhen (§ 8 Abs. 3 Satz 2 KStG). Zur Frage, ob dies innerhalb oder außerhalb der Bilanz geschieht, vgl. RZ 535.

Die Herabsetzung hat weiterhin zur Folge, daß es nicht zum Zufluß einer überhöhten Pension und damit einer sonstigen Ausschüttung i. S. § 27 Abs. 3 Satz 2 KStG kommen wird.

4.5.9.2 Satzungsklauseln (Steuerklauseln)

Zur Verhinderung einer späteren Behandlung als verdeckte Gewinnausschüttung haben Gesellschafter im Vertrag nicht selten vorsorglich bestimmt, daß ihre Organe (Vorstand, Geschäftsführer) nicht berechtigt seien, einem Gesellschafter (oder einem Gesellschafter nahestehenden Personen) Vorteile irgendwelcher Art zu gewähren, für die es keinen klaren rechtlichen Grund gäbe, und daß im Falle der Zuwiderhandlung der zugewendete Vorteil zu erstatten (zu ersetzen) sei (= **zivilrechtlich rückwirkender** Rückforderungsanspruch). **584**

Solche und ähnliche Klauseln können eine verwirklichte Gewinnausschüttung nach Auffassung der Verwaltung ebenfalls **nicht** rückwirkend beseitigen.

584 Die Finanzverwaltung wird insbesondere aufgrund des BMF-Schreibens vom 6. 8. 1981, a. a. O., betr. Rückzahlung von verdeckten Gewinnausschüttungen Satzungsklauseln kaum anerkennen (vgl. Jonas, FR 1985 S. 285 ff). Danach ist der Rückforderungsanspruch aufgrund einer sogenannten Satzungsklausel steuerrechtlich eine Einlageforderung. Dies hat sich bestätigt durch das BMF-Schreiben vom 23. 4. 1985 (DB 1985 S. 1437). In der Literatur ist die Haltung der Finanzverwaltung jedoch heftig umstritten (vgl. z. B. Kottke, Inf 1982 S. 224; Döllerer, DStR 1980 S. 395). Weitere Nachweise siehe Literaturhinweise.

585 Mit Wirkung für die **Zukunft** können allerdings verdeckte Gewinnausschüttungen vermieden werden, indem durch Vereinbarung überhöhte Entgelte, aus denen bisher verdeckte Gewinnausschüttungen resultieren, auf eine angemessene Höhe herabgesetzt werden.

> **Beispiel:**
> Nachdem das Finanzamt das Gehalt eines Gesellschafter-Geschäftsführers ab dem 1. 1. 05 für unangemessen hoch erklärt hat, wird das Gehalt durch Vereinbarung vom 1. 7. 08 rückwirkend ab 1. 1. 05 um den überhöhten Betrag herabgesetzt.
>
> Eine Beseitigung der verdeckten Gewinnausschüttung für die Zeit vom 1. 1. 05 bis 1. 7. 08 ist nicht möglich. Lediglich für die Zukunft liegen – ab 1. 7. 08 – keine verdeckten Gewinnausschüttungen mehr vor.

4.5.9.3 Zusammenfassender Fall

586 Rückforderung einer verdeckten Gewinnausschüttung von beherrschendem Gesellschafter

Der beherrschende Gesellschafter A hat von der GmbH im Jahre 01 eine verdeckte Gewinnausschüttung von 70 000 DM erhalten, die bisher bei den Einkünften aus § 19 EStG der ESt unterlag.

Im Jahre 03 fordert und erhält die GmbH den Vorteil in Höhe von 70 000 DM aufgrund einer Steuerklausel zurück. Das vEK der GmbH zum 31. 12. 00 beträgt 0 DM (alle Teilbeträge), das Einkommen der GmbH 01 = 0 DM (vor Hinzurechnung der vGA). Es ist keine Vermögensteuer bei der GmbH angefallen. Der persönliche ESt-Satz des A beträgt 50% (angenommen keine KiSt).

Lösung nach BMF-Schreiben vom 6. 8. 1981 (a. a. O.) und den §§ 27-29 KStG:

a) GmbH

1. Jahr 01 = Jahr der Leistung der vGA

1. 1. 01	DM	EK 45 DM	EK 02 DM	EK 04 DM	KSt DM
+verdeckte Gewinnausschüttung 01	70 000	0	0	0	
./. KSt 45 %	31 500				+31 500
Zugang EK 45	38 500	+38 500			
31. 12. 01		38 500	0	0	
./. verdeckte Gewinnausschüttung 01 (§ 28 Abs. 2 Satz 2 KStG)	70 000				
aus EK 45	−38 500	−38 500			
KSt-Minderung $^{15}/_{55}$ x 38 500 DM	−10 500				−10 500
Rest = fehlendes vEK § 35 KStG	21 000		−21 000		
KSt-Erhöhung $^3/_7$ x 21 000 DM			−9 000		+9 000
Stand **nach** Verrechnung der verdeckten Gewinnausschüttung als Abgang Körperschaftsteuer-Belastung der verdeckten Gewinnausschüttung **01**		0	−30 000	0	30 000

Das sind $^3/_7$ (oder 42,85 %) der verdeckten Gewinnausschüttung.

2. Jahr 03 – Jahr der Rückzahlung der verdeckten Gewinnausschüttung

Die Rückzahlung führt bei der GmbH nicht zur Erhöhung des Einkommens, sondern ist eine gesellschaftliche Einlage.

In der Gliederung des vEK zum 31. 12. 03 ist ein **Zugang** zum **EK 04** von 70 000 DM auszuweisen. Dies löst keine Körperschaftsteuer aus.

Es tritt keine Änderung der KSt-Belastung ein: Die Rückzahlung ist **kein Einkommen 03** und führt auch **nicht** zum **Wegfall der Ausschüttungsbelastung für 01**

Der Rückforderungsanspruch kann, obwohl bereits im Ausschüttungsjahr entstanden, erst in 03 aktiviert werden (BFH-Urt. vom 14. 8. 1975, BStBl 1976 II S. 88 [92]; Urteil vom 23. 5. 1984, a. a. O.; Urteil vom 30. 1. 1985, a. a. O.).

b) Gesellschafter

1. Jahr 01

Kapitalerträge: verdeckte Gewinnausschüttung	70 000 DM
+anrechenbare KSt $3/7$ x 70 000 DM	30 000 DM
zu versteuern	100 000 DM
./. Minderung der Einkünfte aus § 19 EStG	./. 70 000 DM
Mehreinkünfte	30 000 DM
Einkommensteuer 50%	15 000 DM
./. Körperschaftsteuer-Anrechnung	30 000 DM
Minderbelastung des Gesellschafters	./. 15 000 DM

2. Jahr 03:

Die Rückzahlung der verdeckten Gewinnausschüttung stellt **keine negative Einnahme** dar, sondern ist als **Einlage** zu behandeln.

Hierdurch erhöhen sich die Anschaffungskosten der Beteiligung um 70 000 DM.

Die Steuerminderung durch die Rückzahlung ist mithin **aufgeschoben** bis zu einer Kapitalherabsetzung oder bis zur Liquidation (vgl. § 17 Abs. 4 EStG).

Die spätere Auskehrung des EK 04 führt **nicht** zu steuerpflichtigen Einnahmen des Gesellschafters.

4.5.9.4 Vorschläge zur Gesetzesänderung

Eine **andere** steuerliche Behandlung der Rückzahlung von vGA ist **nur** durch eine **Gesetzesänderung** zu erreichen. Es gab Vorschläge zu entsprechenden Gesetzesänderungen. In „Satzungsklauseln im Steuerrecht – Vorschlag für eine gesetzliche Lösung" (Schriftenreihe des DIHT Nr. 217) wurden Änderungen vorgeschlagen, aufgrund derer die steuerlichen Wirkungen einer vGA nicht **im Rückzahlungsjahr mit umgekehrtem** Vorzeichen „zurückgedreht" worden wären. Vielmehr sah der Vorschlag folgenden Lösungsweg vor: Die steuerlichen Folgen einer verdeckten Gewinnausschüttung sollten bei der Körperschaft ex **tunc** und bei dem Anteilseigner ex **nunc** beseitigt werden, und zwar wie folgt:

- Bei der Gesellschaft sollte
a) die vGA im Jahr der Vorteilsgewährung vom **EK 02** abgezogen werden,
b) die Ausschüttungsbelastung **nicht** hergestellt werden,
c) insoweit **keine** Steuerbescheinigung i. S. des § 44 KStG erteilt werden,
d) die Rückgewähr der vGA durch Wiederhinzurechnung zum **EK 02** berücksichtigt werden.

- Beim Gesellschafter sollte
e) die vGA im Zuflußjahr als steuerpflichtiger Kapitalertrag besteuert werden – jedoch **ohne** KSt-Anrechnung – und
f) – im Jahr der **Rückzahlung** der vGA eine **negative Einnahme** angesetzt werden.

Voraussetzung für diese Behandlung sollte sein, daß die Gesellschaft einen als Betriebsvermögen anzusetzenden Anspruch auf Rückgewähr der Zuwendung hat, der bereits im Zeitpunkt der Zuwendung entstanden ist.

587 Eine solche Gesetzesänderung würde im Lichte des BFH-Urteils vom 23. 5. 1984 (a. a. O.) nur weiterhelfen, wenn im Einzelfall der Rückgewähranspruch bereits für das Zuwendungsjahr als Betriebsvermögen anzusetzen ist. Gerade diesen Weg hat der BFH jedoch „verbaut".

Der BMF hat sich mit Schreiben vom 23. 4. 1985 (a. a. O.) nochmals – unter Hinweis auf das BFH-Urteil vom 23. 5. 1984 – ablehnend geäußert. Vgl. auch RZ 1198 und Abschn. 31 Abs. 9 KStR.

4.6 Verdeckte Gewinnauschüttungen bei Fremdfinanzierung (§ 8a KStG)

Literaturhinweise: Knobbe-Keuk, Wieder einmal ein Entwurf zu § 8a KStG – Wiederauflage einer Regelung zur Gesellschafterfremdfinanzierung im Standortsicherungsgesetz, DB 1993 S. 60; **Herzig,** Gesellschafter-Fremdfinanzierung von Kapitalgesellschaften, StuW 1993 S. 237 bis 248; **Bellstedt,** Das Einführungsschreiben zu § 8a KStG, DB 1995 S. 8.

4.6.1 Die Problematik

588 Seit Jahren hatte sich die Bundesregierung um eine gesetzliche **Ausdehnung des Rechtsinstituts** der **verdeckten Gewinnausschüttung** auf die **Fremdfinanzierung von Kapitalgesellschaften durch ihre nicht zur Anrechnung von Körperschaftsteuer berechtigten Anteilseigner** bemüht. Um die **Einmalbesteuerung** der Gewinne von Kapitalgesellschaften **sicherzustellen** und der **übermäßigen Fremdfinanzierung** durch **nichtanrechnungsberechtigte** Gesellschafter **entgegenzuwirken,** sollen **Vergütungen,** die die Kapitalgesellschaft ihren nichtanrechnungsberechtigten Anteilseignern für **übermäßig** zur Verfügung gestelltes **Fremdkapital** gewährt, als **verdeckte Gewinnausschüttungen** behandelt und damit auf der Ebene der Kapitalgesellschaft der Besteuerung unterworfen werden.

Die Reform der Körperschaftsteuer hatte durch die Einführung des Anrechnungsverfahrens die Mehrfachbelastung ausgeschütteter Gewinne von Kapitalgesellschaften beseitigt. Es war jedoch nicht beabsichtigt, die ausgeschütteten Gewinne damit von jeglicher Belastung mit Steuern vom Einkommen auszunehmen oder die Dividenden im Ergebnis nur mit Kapitalertragsteuer zu belasten. Vielmehr ist an die Stelle der Mehrfachbelastung nunmehr der **Grundsatz der Einmalbelastung** getreten. Dieser Grundsatz besagt, daß ausgeschüttete Gewinne von Kapitalgesellschaften in jedem Falle einmal endgültig der deutschen Einkommensbesteuerung unterliegen müssen.

Der Grundsatz der Einmalbelastung gewährleistet die Gleichmäßigkeit der Besteuerung. Es ist für den Wettbewerb zwischen Kapitalgesellschaften danach ohne Belang, ob ihre Anteilseigner unbeschränkt oder beschränkt steuerpflichtig bzw. ob sie persönlich steuerbefreit sind. Ihre ausgeschütteten Gewinne werden in jedem Fall im Inland zur Einkommensbesteuerung herangezogen. Die Einmalbelastung ausgeschütteter Gewinne entspricht auch internationalen Maßstäben über die Aufteilung der Steuerquellen.

Durch eine Gesellschafter-Fremdfinanzierung konnte bisher der Grundsatz der Einmalbelastung **verletzt** werden. Anteilseigner, die **nicht** zur Anrechnung von Körperschaftsteuer berechtigt sind (nicht unbeschränkt Steuerpflichtige, öffentliche Hand, steuerbefreite Körperschaften wie gemeinnützige Körperschaften, Berufsverbände und Pensionskassen), konnten die vom Gesetz gewollte Einmalbelastung der an sie ausgeschütteten Gewinne bei der ausschüttenden Kapitalgesellschaft **umgehen** und auf diese Weise den **Anrechnungsvorteil mittelbar erlangen.** Dies geschah dadurch, daß sie die Kapitalgesellschaft anstatt durch Einlagen wie fremde Dritte **durch die Überlassung von Fremdkapital finanzierten,** z. B. durch **stille Beteiligungen** oder **Darlehen.** Die an die Anteilseigner gewährten **Vergütungen,** d. h. die Gewinnanteile des stillen Gesellschafters oder die Zinsen, **minderten** als **Betriebsausgaben** den **Gewinn** der Kapitalgesellschaft und waren deshalb bei ihr bisher steuerlich nicht zu erfassen. Da die Vergütungen bei nicht anrechnungsberechtigten Anteilseignern außerdem nicht der deutschen Einkommensteuer oder Körperschaftsteuer oder nur dem Steuerabzug unterlagen, blieben sie auf der Ebene der **588** Kapitalgesellschaft und des Anteilseigners bis auf eine etwaige Kapitalertragsteuer (25% oder sogar nur 15%) unbesteuert. Hätte der Kapitalgesellschaft dagegen an den nichtanrechnungsberechtigten Anteilseigner Gewinne ausgeschüttet, so hätte sie die Ausschüttungsbelastung herstellen müssen. Die auf die Gewinnausschüttung entfallende Körperschaftsteuer hätte bei dem Anteilseigner nicht angerechnet werden können. Diese Steuerbelastung wurde bislang durch eine extensive Fremdfinanzierung vermieden.

Wenn an der Kapitalgesellschaft ausschließlich **unbeschränkt stpfl. Anteilseigner** beteiligt sind, entsteht noch eine **Steuerersparnis** von **50 v. H.** der auf den Bruttogewinn bzw. auf die entsprechende Zinszahlung entfallenden **Gewerbeertragsteuer.**

Nach der ständigen Rechtsprechung des Bundesfinanzhofs (vgl. Urt. vom 10. 12. 1975, BStBl **589** 1976 II S. 226, bestätigt durch Urteil vom 16. 7. 1986, BFH/NV 1986 S. 326, unter ausdrücklichem Bezug auf das v. g. Urteil sowie BFH-Urt. vom 5. 2. 1992, BStBl 1992 II S. 532) können die Anteilseigner einer Kapitalgesellschaft die Finanzierungsform grundsätzlich frei wählen. Die Behandlung von Gesellschafter-Fremdkapital als verdecktes Nennkapital kommt danach selbst dann **nicht** in Betracht, wenn handelsrechtlich **Eigenkapitalersatz** angenommen wird, weil ein Dritter der Kapitalgesellschaft kein entsprechendes Fremdkapital zur Verfügung gestellt hätte. Vgl. RZ 412.

Die Bedeutung des Problems der Steuervermeidung durch Gesellschafter-Fremdfinanzierung **590** für das Steueraufkommen folgt daraus, daß ein erheblicher Teil des Kapitals inländischer Kapitalgesellschaften von nichtanrechnungsberechtigten Anteilseignern gehalten wird. Es ist davon auszugehen, daß sich rd. 25 v. H. des Kapitals in den Händen ausländischer Anteilseigner befindet. Etwa 15 v. H. des Kapitals besitzt die öffentliche Hand. Darüber hinaus gehört ein nicht näher bekannter Teil des Kapitals sonstigen öffentlich-rechtlichen Körperschaften sowie persönlich steuerbefreiten Anteilseignern. Somit werden insgesamt über 40 v. H. des Kapitals aller deutschen Kapitalgesellschaften von nichtanrechnungsberechtigten Anteilseignern gehalten.

Einen Teilerfolg von kurzer Dauer, den die Finanzverwaltung bei ihren Bemühungen um die **591** Einschränkung der steuerlichen Anerkennung der Gesellschafter-Fremdfinanzierung erzielt hatte, war das BMF-Schreiben vom 16. 3. 1987 (BStBl I S. 373). Dieses Schreiben ist jedoch durch BMF-Schreiben vom 17. 9. 1992, BStBl I S. 653, ersatzlos und rückwirkend aufgehoben worden, da ihm der BFH im Urt. vom 5. 2. 1992, BStBl 1992 II S. 532, jede Grundlage abgesprochen hatte. Der BFH hatte im Urt. vom 5. 2. 1992 entschieden:

Eigenkapitalersetzende Darlehen sind in der Handelsbilanz grundsätzlich als Fremdkapital zu passivieren. Sie sind geeignet, eine Zinsverbindlichkeit gegenüber dem Gesellschafter entstehen zu lassen, die ebenfalls in der Handelsbilanz zu Lasten des Gewinns zu passivieren ist.

Für den Ansatz eigenkapitalersetzender Darlehen und der dadurch ausgelösten Zinsverbindlichkeit in der Steuerbilanz gilt der Maßgeblichkeitsgrundsatz.

Eine steuerliche Gleichbehandlung von eigenkapitalersetzenden Darlehen mit Eigenkapital kann ohne gesetzliche Regelung nicht erreicht werden, auch nicht mit Hilfe des § 42 AO. Soweit das BMF-Schreiben vom 16. 3. 1987, BStBl 1987 I S. 373, von einer anderen Rechtsauffassung ausgeht, fehlt ihm die Rechtsgrundlage.

Der BFH wollte bereits aus Gründen der Rechtssicherheit ausschließen, daß die rechtliche Beurteilung einer Kapitalzuführung und der darauf entfallenden Zinsen von der Dauer und dem jeweiligen Grad der Überschuldung der betroffenen Kapitalgesellschaft abhängig gemacht wird und dann evtl. einem ständigen Wechsel unterworfen ist.

Im Anschluß hieran ist im Standortsicherungsgesetz eine gesetzliche Regelung in Gestalt des § 8a KStG erfolgt. Vgl. nachfolgend 4.6.2.

4.6.2 Gesetzliche Regelung § 8a KStG
4.6.2.1 Grundsätze

592 Der Gesetzgeber hat § 8a KStG trotz aller in der Literatur geäußerten Bedenken (vgl. insbesondere Knobbe-Keuk, Wieder einmal ein Entwurf zu § 8a KStG – Wiederauflage einer Regelung zur Gesellschafterfremdfinanzierung im Standortsicherungsgesetz, DB 1993 S. 60 bis 66) in Kraft gesetzt.

§ 8a KStG stellt es dem Gesellschafter einer Kapitalgesellschaft auch weiterhin grundsätzlich frei, seine Gesellschaft entweder mit Eigen- oder mit Fremdkapital zu finanzieren. In Fällen überzogener Fremdfinanzierung wird jedoch die steuerliche Anerkennung versagt, um eine Gleichbehandlung unter den Gesellschaftern von Kapitalgesellschaften sowie die Einmalbesteuerung der Gewinne inländischer Kapitalgesellschaften sicherzustellen. Danach sind Vergütungen einer Kapitalgesellschaft an ihren wesentlich beteiligten Anteilseigner oder an eine ihm nahestehende Person für die Überlassung von Fremdkapital als verdeckte Gewinnausschüttung zu behandeln, wenn der Empfänger der Vergütungen nicht zur deutschen Einkommen- oder Körperschaftsteuer heranzuziehen oder die Steuer durch den Steuerabzug abgegolten ist. Durch die Behandlung der Vergütungen an den Gesellschafter als verdeckte Gewinnausschüttung treten die gleichen steuerlichen Belastungswirkungen ein, wie wenn an den Gesellschafter Gewinn ausgeschüttet worden wäre.

593 Die gesetzliche Regelung des § 8a KStG wird auf die **Vergütungsseite** beschränkt, d. h. die Vergütungen auf das Gesellschafter-Fremdkapital gelten als verdeckte Gewinnausschüttungen. Das zur Verfügung gestellte Kapital bleibt dagegen Verbindlichkeit und zwar auch mit Wirkung für die Gliederung des für Ausschüttungen verwendbaren Eigenkapitals. Auf eine einheitliche Behandlung von Kapital und Vergütung für das Kapital ist verzichtet worden, weil es bei der gesetzlichen Regelung in erster Linie um die Aufrechterhaltung der Einmalbelastung mit deutscher Einkommensteuer oder Körperschaftsteuer geht. Eine Umqualifizierung von Fremdkapital in Eigenkapital hätte darüber hinaus erhebliche Verwaltungserschwernisse zur Folge. **Auswirkungen** auf die **Vermögensteuer** und die **Gewerbekapitalsteuer** ergeben sich durch § 8a KStG somit **nicht.** Vgl. im einzelnen BMF-Schr. vom 17. 11. 1994, BStBl 1995 I 25.

4.6.3 Persönlicher Anwendungsbereich

594 Die Regelung des § 8a KStG gilt **nur** für **Kapitalgesellschaften.** Eine Einbeziehung anderer Körperschaften – dazu gehören vor allem Genossenschaften – ist weder aus systematischen noch aus praktischen Gründen geboten, da die Gesellschafter-Fremdfinanzierung in diesen Fällen keine vergleichbare Bedeutung hat.

595 § 8a KStG erfaßt nur die Fremdfinanzierung durch **nicht anrechnungsberechtigte** Anteilseigner. Die Einbeziehung anrechnungsberechtigter Anteilseigner ist entbehrlich, weil die Besteuerung der Vergütungen für die Überlassung von Fremdkapital bei dieser Gesellschaftergruppe zu demselben wirtschaftlichen Ergebnis führt, das aufgrund des Anrechnungsverfahrens bei einer Besteuerung auch dieser Vergütungen als verdeckte Gewinnausschüttung erreicht würde. Die durch die Anwendung des § 8a KStG auf Gesellschaften möglicherweise eintretenden Liquiditätsnachteile gegenüber Gesellschaften mit anrechnungsberechtigten Anteilseignern werden im Interesse einer einfachen und praktikablen Regelung hingenommen.

4.6.4 Sachlicher Anwendungsbereich

a) Gewinn- bzw. umsatzabhängige Vergütungen (§ 8a Abs. 1 Nr. 1 KStG)

596 Die Vergütungen für Gesellschafter-Fremdkapital sind zum einen dann als verdeckte Gewinnausschüttungen zu behandeln, wenn eine **nicht in einem Bruchteil des Kapitals bemessene Vergütung** (insbesondere **gewinn-/umsatzabhängige** Vergütung) vereinbart ist, **soweit** das

von einem Anteilseigner gewährte Fremdkapital den seiner Beteiligung entsprechenden Teil des **596**
Eigenkapitals der Gesellschaft **im Verhältnis 1 : 0,5 (EK : FK) übersteigt (sog. „safe haven")**.

> **Beispiel:**
>
> Eine GmbH hat zum 1. 1. 1995 von einem nicht anrechnungsberechtigten Alleingesellschafter ein **partiarisches Darlehen** in Höhe von 400 000 DM erhalten. Hierfür erhält er eine Vergütung von 30 % des Gewinns (1995 = 300 000 DM = angemessen).
>
> Das Eigenkapital des Anteilseigners im Sinne des § 8a Abs. 2 KStG beträgt zum 31. 12. 1994 400 000 DM.
>
> **Lösung:**
>
> Die Vergütung für das partiarische Darlehen für 1995 beträgt 30 % von 300 000 DM = 90 000 DM. Da das partiarische Darlehen mit 200 000 DM die **Hälfte** des anteiligen Eigenkapitals gem. § 8a Abs. 1 Nr. 1 KStG übersteigt, liegt in Höhe von 45 000 DM eine vGA vor.
>
> Das Einkommen der GmbH ist um 45 000 DM zu erhöhen, die Ausschüttungsbelastung für 45 000 DM herzustellen.

b) Gewinn- bzw. umsatzunabhängige Vergütungen (§ 8a Abs. 1 Nr. 2 KStG)

In der Regelung des § 8a KStG ist – entsprechend der Forderung des Deutschen Bundestages **597**
(vgl. BT-Drucksache 11/2529, S. 10) – **auch** die Fremdfinanzierung gegen **gewinn-/umsatzunabhängige Vergütung,** also insbesondere gegen normale **Darlehenszinsen,** einbezogen worden. Diese Form der Fremdqualifizierung kann jedoch, auch wenn sie von einem zu mehr als 25 v. H. beteiligten Anteilseigner vorgenommen wird, nicht in jedem Fall als Ersatz für die Zuführung von Eigenmitteln angesehen werden, weil insbesondere das Darlehen gegen gewinn-/umsatz-unabhängige Zinsen das übliche Fremdfinanzierungsmittel darstellt. Nach § 8a Abs. 1 Nr. 2 KStG werden daher gewinn-/umsatz-unabhängige Vergütungen für Gesellschafter-Fremdkapital als verdeckte Gewinnausschüttung nur angesehen, **soweit** das von einem Anteilseigner gewährte Fremdkapital den seiner Beteiligung entsprechenden Teil des Eigenkapitals der Gesellschaft **im Verhältnis 1 : 3 (EK : FK)** übersteigt (sog. **„safe haven").** Dabei ist einerseits das Eigenkapital der Gesellschaft zum Schluß des vorangegangenen Wirtschaftsjahrs, andererseits der Anteil des Anteilseigners am Grund- oder Stammkapital im Zeitpunkt der Darlehensgewährung maßgebend.

> **Beispiel:**
>
> Eine GmbH hat zum 1. 1. 1995 von einem nicht anrechnungsberechtigten Alleingesellschafter ein Darlehen von 2 000 000 DM erhalten, das mit jährlich 7 % (angemessen) zu verzinsen ist.
>
> Das Eigenkapital der GmbH im Sinne des § 8a Abs. 2 KStG beträgt zum 31. 12. 1994 400 000 DM.
>
> Mit dem Darlehen werden **keine** banküblichen Geschäfte finanziert. Die GmbH kann auch nicht den Nachweis erbringen, daß sie dieses Darlehen auch von einem fremden Dritten hätte erhalten können.
>
> **Lösung:**
>
> Da das Darlehen das Dreifache des anteiligen Eigenkapitals des Anteilseigners im Sinne des § 8a Abs. 1 Nr. 2 Satz 1 KStG (= 3 x 400 000 = 1 200 000 DM) übersteigt, handelt es sich in Höhe der Zinsen auf das Darlehen, soweit sie auf den über 1 200 000 DM hinausgehenden Teilbetrag des Darlehens entfallen, um eine vGA.
>
> Die vGA beträgt 7 % von 800 000 DM = 56 000 DM.
>
> Das Einkommen der GmbH ist um 56 000 DM zu erhöhen, die Ausschüttungsbelastung ist für 56 000 DM herzustellen.

Die Rechtsfolge nach § 8a Abs. 1 Nr. 2 KStG tritt jedoch dann **nicht** ein, wenn ein fremder Dritter dieses Darlehen zu gleichen Bedingungen auch gegeben hätte. Dies könnte z. B. ein Kreditinstitut bestätigen.

Auseinandersetzungen zwischen Steuerpflichtigen und der Finanzverwaltung hinsichtlich der Frage, „ob die Kapitalgesellschaft dieses Fremdkapital unter sonst gleichen Umständen auch von einem fremden Dritten hätte erhalten können", sind vorprogrammiert.

c) Zusammentreffen von Vergütungen i. S. von § 8a Abs. 1 Nr. 1 und 2 KStG

598 Werden von Gesellschaftern Darlehen mit gewinn- oder umsatzabhängiger Vergütung **und** Darlehen mit gewinn- oder umsatzunabhängiger Vergütung nebeneinander gewährt, so können die beiden „safe haven" des § 8a Abs. 1 Nr. 1 und 2 KStG **nicht** kumuliert in Anspruch genommen werden. Vielmehr ist **vorrangig** zu prüfen, in welcher Höhe der „safe haven" des § 8a Abs. 1 **Nr. 1** KStG ausgeschöpft ist. Ein evtl. **nicht ausgeschöpfter** Differenzbetrag kann noch nach § 8a Abs. 1 **Nr. 2** KStG berücksichtigt werden. Dabei verbleibt entsprechend der „**Wertigkeit**" von § 8a Abs. 1 Nr. 1 zu § 8a Abs. 1 Nr. 2 KStG ein „safe haven" für gewinn- oder umsatzunabhängige Darlehen ein Verhältnis 1 : 6.

Beispiel:

Eine GmbH hat Anfang 1995 von einem nicht zur Anrechnung von Körperschaftsteuer berechtigten, zu 100 % beteiligten Anteilseigner ein **partiarisches** Darlehen in Höhe von 75 000 DM erhalten. Hierfür erhält er eine (angemessene) Vergütung von 10 % vom Gewinn (1995 = 225 000 DM).

Außerdem hat der Anteilseigner der Gesellschaft Anfang 1995 ein Darlehen von 750 000 DM gegeben, das mit jährlich 8 % angemessen zu verzinsen ist.

Das **Eigenkapital** der Kapitalgesellschaft und damit des Anteilseigners im Sinne des § 8a Abs. 2 KStG beträgt zum 31. 12. 1994 300 000 DM.

Lösung:

Der Anteilseigner erhält sowohl **gewinnabhängige** als auch **gewinnunabhängige** Vergütungen. Die beiden „safe haven" des § 8a Abs. 1 Nr. 1 und 2 KStG können **nicht** „kumuliert" in Anspruch genommen werden. Vorrangig ist zu prüfen, ob die Grenze des § 8a Abs. 1 Nr. 1 ausgeschöpft ist. In diesem Fall beträgt das Gesellschafter-Fremdkapital, das gewinnabhängig zu vergüten ist, nur 25 % (75 000 zu 300 000).

Die verbleibende Differenz bis zur Hälfte des Eigenkapitals, also weitere 25 % = 75 000 DM, kann für die Ermittlung des „safe haven" nach § 8a Abs. 1 Nr. 2 KStG berücksichtigt werden. Dieser beträgt dann das **Sechsfache,** also 450 000 DM (entsprechend der Wertigkeit).

In Höhe der Zinsen, die den **über** 450 000 DM **hinausgehenden** Betrag betreffen, liegt daher eine verdeckte Gewinnausschüttung vor. Sie beträgt 8 % von 300 000 DM = 24 000 DM. Das Einkommen der GmbH ist um 24 000 DM zu erhöhen (§ 8a i. V. m. § 8 Abs. 3 S. 2 KStG), und insoweit ist die Ausschüttungsbelastung herzustellen (§ 27 KStG).

4.6.5 Begriff des Eigenkapitals

599 § 8a Abs. 2 KStG bestimmt, daß anteiliges Eigenkapital des Anteilseigners der Teil des Eigenkapitals der Kapitalgesellschaft zum Schluß des vorangegangenen Wirtschaftsjahrs ist, der dem Anteil des Anteilseigners am gezeichneten Kapital entspricht. Eigenkapital ist das **gezeichnete Kapital abzüglich der ausstehenden Einlagen, zuzüglich** der **Kapitalrücklage,** der **Gewinnrücklagen,** eines **Gewinnvortrags** und abzüglich eines **Jahresfehlbetrags** (§ 266 Abs. 3 A, § 272 HGB) in der Handelsbilanz zum Schluß des vorangegangenen Wirtschaftsjahrs; Sonderposten mit Rücklageanteil (§ 273 HGB) sind zur **Hälfte** hinzuzurechnen.

4.6.6 Begriff der wesentlichen Beteiligung

600 § 8a Abs. 3 KStG definiert den Begriff der „wesentlichen Beteiligung" im Sinne von § 8a KStG. Eine wesentliche Beteiligung liegt danach vor, wenn der Anteilseigner am Grund- oder Stammkapital der Kapitalgesellschaft zu **mehr** als einem **Viertel** unmittelbar oder mittelbar beteiligt ist.

4.6.7 Sonderregelungen

601 Sonderregelungen bestehen nach
- § 8a Abs. 4 KStG für inländische Holdings (erweiterter safe haven 1:9) und
- § 8a Abs. 5 KStG zur Verhinderung von Umgehungsmöglichkeiten durch Zwischenschaltung von Betriebstätten und Personengesellschaften.

4.6.7.1 Holdinggesellschaften (§ 8a Abs. 4 KStG)

Bei **Holding-Gesellschaften,** die vornehmlich Beteiligungen halten und Beteiligungsgesellschaften finanzieren oder deren Vermögen weit überwiegend aus Beteiligungen besteht, gilt für **gewinn-/umsatzunabhängige** Vergütungen ein **erweiterter safe haven** (Verhältnis anteiliges Eigenkapital des Anteilseigners zum anteiligen Gesellschafter-Fremdkapital 1 : 9). Auf diese Weise kann eine inländische Obergesellschaft in größerem Umfang mit Gesellschafter-Fremdkapital ausgestattet werden, um eine flexible Finanzausstattung nachgeordneter Beteiligungsgesellschaften zu ermöglichen.

602

Durch das Hintereinanderschalten von Gesellschaften ist es möglich, den Fremdfinanzierungsrahmen für den nicht anrechnungsberechtigten Anteilseigner zu vervielfältigen, ohne daß dem eine entsprechende Eigenkapitalausstattung gegenübersteht **(Kaskadeneffekt).** Im nachgeordneten Bereich der Holding-Gesellschaft wird dem durch einen Verzicht auf einen safe haven entgegengewirkt.

Bei einer Beteiligungskette ohne eine Holding-Gesellschaft an der Spitze wird der Kaskadeneffekt vermieden, indem das Eigenkapital der Obergesellschaft um den Buchwert der Beteiligung an der Untergesellschaft gekürzt wird.

4.6.7.2 Zwischenschaltung von inländischen Betriebsstätten und Personengesellschaften (§ 8a Abs. 5 KStG)

a) Die Vorschrift § 8a Abs. 5 **Nr. 1** KStG erfaßt insbesondere den Fall, in dem eine ausländische Muttergesellschaft, die über eine inländische gewerblich tätige Personengesellschaft an einer inländischen Kapitalgesellschaft beteiligt ist, dieser Kapitalgesellschaft unmittelbar ein Darlehen gewährt.

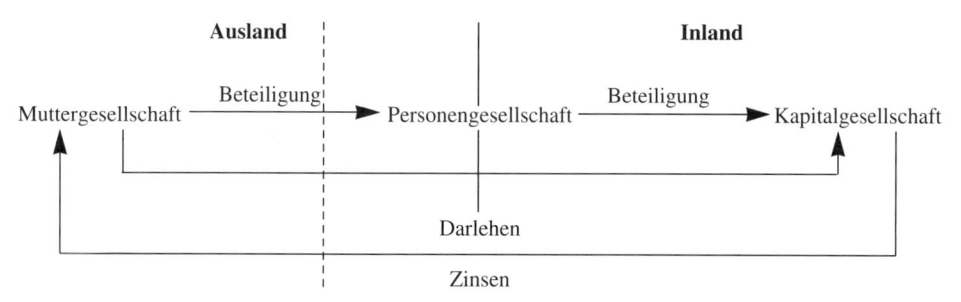

603

```
         Ausland              |              Inland
                              |
                 Beteiligung  |         Beteiligung
Muttergesellschaft ─────────► Personengesellschaft ─────────► Kapitalgesellschaft
      ▲                       |                                      ▲
      │                       |                                      │
      │                       |        Darlehen                      │
      └───────────────────────┼──────────────────────────────────────┘
                              |
                              |          Zinsen
```

b) Die ausländische Muttergesellschaft unterliegt mit den von der inländischen Kapitalgesellschaft an sie gezahlten Zinsen **nicht** der inländischen beschränkten Steuerpflicht (§ 49 Abs. 1 Nr. 5a Buchst. cc) EStG). Ohne die Regelung in § 8a Abs. 5 Nr. 1 KStG wäre § 8a KStG nicht anwendbar, da die von der Kapitalgesellschaft ausgeschütteten Dividenden als Einkünfte des inländischen gewerblichen Betriebs der Personengesellschaft anfallen und die ausländische Muttergesellschaft insoweit anrechnungsberechtigt ist (§ 50 Abs. 1 Nr. 2 KStG).

Dem § 8a Abs. 5 **Nr. 2** KStG liegt eine Gestaltung zugrunde, bei der eine ausländische Muttergesellschaft, die über eine inländische Personengesellschaft an einer inländischen Kapitalgesellschaft beteiligt ist, der Personengesellschaft und diese ihrerseits der Kapitalgesellschaft ein Darlehen gewährt.

603

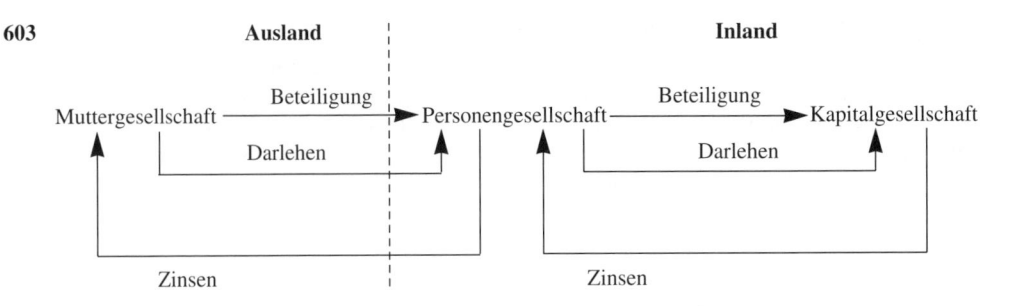

```
          Ausland                    │           Inland
                  Beteiligung        │                  Beteiligung
Muttergesellschaft ──────────▶ Personengesellschaft ──────────▶ Kapitalgesellschaft
       ▲          Darlehen   ▲       │       ▲          Darlehen  ▲
       └─────────────────────┘       │       └────────────────────┘
              Zinsen                 │               Zinsen
```

4.6.8 Steuervorteile durch Gesellschafter-Fremdfinanzierung

604 Der Einsatz des Instruments der Fremdfinanzierung führt bei der **inländischen** Besteuerung **stets** zu einer **niedrigeren** Steuerbelastung.

- Wenn an der Kapitalgesellschaft ausschließlich unbeschränkt steuerpflichtige (nicht steuerbefreite) Anteilseigner beteiligt sind, besteht die Steuerersparnis in 50 % der Gewerbeertragsteuer.
- Bei nichtanrechnungsberechtigten Anteilseignern kann es außerdem zu einer völligen Freistellung der in Zinszahlungen „gekleideten" Gewinnanteile von der deutschen ESt/KSt kommen.

Die Steuervorteile der Gesellschafter-Fremdfinanzierung werden **verstärkt** von **nichtanrechnungsberechtigten Anteilseignern** in Anspruch genommen. Bei diesem Gesellschafterkreis muß jedoch auch die ausländischen Steuerbelastung in die Vergleichsrechnung einbezogen werden.

Beispiel 1:

Sachverhalt

Anrechnungsberechtigter Anteilseigner – **§ 8a KStG nicht anwendbar** –

Steuerbelastung von 100 DM Gewinnverwendung für

a) eine offene Gewinnausschüttung = 70 v. H. von 100 = 70 DM
b) Zinszahlung an Anteilseigner für nicht dinglich gesichertes Gesellschafterdarlehen (bei der GewSt = Dauerschuld i. S. § 8 Nr. 1 GewStG).

Prämissen: Beteiligung ist Privatvermögen der Anteilseigner, ESt-Grenzsteuersatz 50 v. H. (angenommen; § 32c EStG ist **nicht** anwendbar); GewSt-Hebesatz 400 v. H.

Lösung:

a) Gewinnausschüttung	DM	DM
KSt 45 v. H. von 100 DM =	45,00
– KSt-Minderung $^{15}/_{70}$ × 70 DM	15,00
	30,00	30,00
GewSt $\frac{100 \times 5 \text{ v. H.} \times 4}{1{,}2} =$		16,66
ESt 50 v. H. × 100 DM =	50.00
(§ 20 Abs. 1 Nr. 1, 3 EStG)	
– anrechenbare KSt	30,00
	20,00	20,00
KapSt:	
Die einbehaltene KapSt von 17,50 DM wird angerechnet		–
gesamte Steuerbelastung		66,66

b) Zinszahlung **604**

Zinszahlung = Aufwand, da keine Umqualifizierung in vGA erfolgt.
1. KSt   0,00
2. GewSt auf hälftige Hinzurechnung von 50 DM gem. § 8 Nr. 1 GewStG: 8,33
3. ESt 50 v. H. x 100 DM =   50,00
4. KapSt (entfällt)   –
                                                                        _____
                                                                         58,33

Steuervorteil der Fremdfinanzierung =   8,33
Dies entspricht 50 v. H. der GewSt

Beispiel 2:

Sachverhalt

Wie Beispiel 1. Anteilseigner ist jedoch **nicht** anrechnungsberechtigt.

§ 8a KStG ist grds. anwendbar; jedoch soll der safe haven nicht überschritten sein.

Lösung:

a) Gewinnausschüttung   DM
1. KSt wie Beispiel 1   30,00
   (wird definitiv, da weder Anrechnung noch Vergütung beim Anteilseigner)
2. GewSt: Wie Beispiel 1   16,66
   ESt: Abgeltung durch Steuerabzug (§ 50 Abs. 5 Satz 1 EStG)   –
3. KapSt: Bei ausländischen Anteilseignern unterschiedlich je nach DBA (bei steuerbefreiten
   inländischen Anteilseignern ggf. Erstattung nach Maßgabe des § 44c EStG)
   – Regelsatz (abgesenkt durch DBA) 15 v. H. von 70 DM =   10,50
                                                                        _____
                                                                        57,16

b) Zinszahlung
1. KSt: Wie Fall 1 b)   –
2. GewSt: Wie Fall 1 b)   8,33
3. ESt: Keine inländischen Einkünfte (§ 49 Abs. 1 Nr. 5c EStG):   –
4. KapSt: entfällt   –
                                                                         _____
                                                                          8,33
Steuervorteil der Fremdfinanzierung   48,83
Es ist aber noch jeweils die ausländische Steuerbelastung zu berücksichtigen.

4.6.9 Zeitlicher Anwendungsbereich

§ 8a KStG ist gem. § 54 Abs. 8a Satz 1 KStG erstmals für Wirtschaftsjahre anzuwenden, die nach **605** dem 31. 12. 1993 beginnen. Für Fremdkapital, das eine Kapitalgesellschaft vor dem 9. 12. 1992 erhalten hat, besteht gem. § 54 Abs. 8a Satz 2 KStG bis zum VZ 1997 eine **Übergangsregelung** in der Weise, daß verdeckte Gewinnausschüttungen nur anzunehmen sind, soweit bei gewinn- oder umsatzabhängiger Vergütung ein Verhältnis von 1 : 1 (EK : FK) überschritten wird (safe haven).

4.7 Verlust und Verlustabzug bei Körperschaften (§ 10d EStG, § 8 Abs. 5 KStG)

Ausgewählte Literaturhinweise: Orth, Verluste im körperschaftsteuerlichen Anrechnungsverfahren, JbFStR 1984/85 S. 335; **Mittermüller,** Möglichkeiten der Nutzung von Verlustvorträgen im Konzernverbund, DB 1986 S. 197; **Dötsch,** Standortsicherungsgesetz: Wahlweiser Verzicht auf den Verlustrücktrag bei der Einkommen- und Körperschaftsteuer, DB 1993 S. 1639.
S. im übrigen die Literaturhinweise vor RZ 1511.

4.7.1 Ermittlung des steuerlichen Verlusts

606 Maßgebend für die Ermittlung eines steuerlichen Verlusts einer Körperschaft, Personenvereinigung oder Vermögensmasse sind die einkommensteuerrechtlichen Vorschriften, die durch körperschaftsteuerrechtliche Sondervorschriften ergänzt werden (insbes. §§ 9, 10 KStG).

Einkünfte, die **sachlich steuerbefreit** sind, sind weder mit einem ohne sie im Verlustjahr entstandenen Verlust noch mit abziehbaren Verlusten aus anderen Jahren zu verrechnen (Abschn. 37 Abs. 3 KStR). **Nicht** mit Verlusten verrechnet werden dürfen daher insbesondere

– steuerfreie Sanierungsgewinne, § 3 Nr. 66 EStG (vgl. hierzu RZ. 256 ff)
– Veräußerungsfreibeträge (§ 16 Abs. 4 EStG)
– aufgrund von DBA steuerfreie Einkünfte
– Investitionszulagen gemäß InvZulG

Beispiel:

Bilanzverlust GmbH	./. 5 000 DM
+Vermögensteuer (als Aufwand behandelt)	+ 2 000 DM
./. Investitionszulage (als Ertrag gebucht)	./. 20 000 DM
nicht ausgeglichener Verlust abziehbar nach § 10d EStG	./. 23 000 DM

607 Nach Abschn. 37 Abs. 1 KStR gelten für die Ermittlung eines steuerlichen Verlust die gleichen Grundsätze wie für die Ermittlung eines positiven Einkommens, d. h.

– nichtabziehbare Ausgaben i. S. des § 10 KStG vermindern den steuerlichen Verlust,
– die nach § 9 KStG abziehbaren Beträge, insbesondere die abziehbaren Spenden, erhöhen den steuerlichen Verlust (vgl. BFH-Urt. vom 21. 10. 1981, BStBl 1982 II S. 177).

Bei dieser Auslegung des § 10d EStG im Bereich der Körperschaftsteuer werden allerdings Kapitalgesellschaften bessergestellt als natürliche Personen. Bei der Einkommensteuer erhöhen Spenden nicht einen abzugsfähigen Verlustabzug, sondern gehen im Verlustjahr verloren.

Beispiel:

Bilanzverlust einer GmbH	./. 89 000 DM
Als Aufwand wurden verbucht Vermögensteuer 1000 DM,	
Zuwendungen an eine unabhängige Wählervereinigung 4000 DM.	
Ermittlung des abzugsfähigen Verlusts:	
	./. 89 000 DM
+Vermögensteuer, § 10 Nr. 2 KStG	+ 1 000 DM
+Spenden	+ 4 000 DM
	./. 84 000 DM
./. abziehbare Spenden (§ 9 Abs. 1 Nr. 2 KStG)	./. 0 DM
nach § 10d EStG abzugsfähig	./. 84 000 DM

4.7.2 Persönliche Berechtigung zum Verlustausgleich und Verlustabzug

608 Die Voraussetzungen des Verlustabzugs richten sich nach § 10d EStG (vgl. § 8 Abs. 1 KStG). Der Verlustabzug nach § 10d EStG ist daher grds. nur bei der Körperschaft möglich, bei der auch der Verlust eingetreten ist (Erfordernis der Personengleichheit). Vgl. R 115 Abs. 4 Satz 1 EStR.

4.7.2.1 Verlustabzug bei Umwandlung, Verschmelzung oder Auflösung der Körperschaft

609 a) Bei der **formwechselnden Umwandlung** auf eine **andere Kapitalgesellschaft** nach dem **UmwG** ist die handelsrechtliche Personengleichheit auch steuerlich anzuerkennen und deshalb der Verlustabzug nach § 10d EStG zulässig (BFH-Urt. vom 19. 8. 1958, BStBl III S. 468).

b) Bei der **ab VZ 1995 möglichen formwechselnden** Umwandlung einer Körperschaft auf eine **609**
Personengesellschaft oder **natürliche Person** (§ 4 Abs. 2 Satz 2 und § 9 Abs. 2 UmwStG 1995) ist dagegen **kein** Verlustvortrag möglich (§ 4 Abs. 2 Satz 2 i. V. m. § 14 Satz 1 UmwStG 1995).

c) Im Fall der **Verschmelzung** und der **übertragenden Umwandlung** ging der Verlustabzug trotz des Vermögensübergangs im Wege der Gesamtrechtsnachfolge bisher **generell** unter (BFH-Urt. vom 5. 11. 1969, BStBl 1970 II S. 149 und vom 8. 4. 1964, BStBl III S. 306).

Ab **VZ 1995** tritt jedoch bei **Verschmelzung** oder **(Voll-) Übertragung** auf eine **andere Körperschaft** (§ 11 ff UmwStG 1995) die übernehmende Körperschaft auch bezüglich eines verbleibenden Verlustabzugs i. S. des § 10d Abs. 3 Satz 2 EStG in die Rechtsstellung der übertragenden Körperschaft ein. **Voraussetzung** ist nach § 12 Abs. 3 Satz 2 UmwStG 1995, daß die übertragende Körperschaft ihren Geschäftsbetrieb im Zeitpunkt der Eintragung des Vermögensübergangs im Handelsregister noch nicht eingestellt hatte.

Dies gilt **nicht**
– bei Vermögensübergang auf eine Körperschaft, deren Leistungen nicht zu Kapitalerträgen i. S. des § 20 Abs. 1 Nr. 1 EStG führen (§ 12 Abs. 5 letzter Satz UmwStG 1995),
– wie bisher – auf eine Personengesellschaft oder auf eine natürliche Person (§ 4 Abs. 2 Satz 2 und § 9 Abs. 2 UmwStG 1995) sowie
– auf eine Personengesellschaft ohne Betriebsvermögen (§ 8 Abs. 2 UmwStG 1995).

4.7.2.2 Verlustabzug bei Mantelkauf (§ 8 Abs. 4 KStG)

4.7.2.2.1 Allgemeines

Literaturhinweise: Buyer, Mantelkauf: Das neue Steuersparmodell? DB 1987 S. 1959; ders., Nochmals: Mantelkauf – Ein Argument für das verdeckte Nennkapital, DB 1988 S. 468; **Handzik,** Verlustabzug und Mantelkauf, FR 1987 S. 374; **Schulze zur Wiesche,** Mantelkauf . . ., GmbHR 1987 S. 238; – **sl,** Stichwort Mantelkauf, DStR 1987 S. 643; **Autenrieth,** Verlustvortrag beim Mantelkauf, DStZ 1987 S. 203; – **wfr.** –, Verlustabzug und Mantelkauf, DB 1987 S. 2387; ders., DB 1988 S. 84; **Becker,** NWB F. 4 S. 3537; **Streck/Schwedhelm,** Verlustabzug und Mantelkauf nach der Steuerreform, FR 1989 S. 153.

Werden bei einer Kapitalgesellschaft **sämtliche Anteile** auf neue Gesellschafter übertragen, so **610** ändert sich **rechtlich** die Identität der juristischen Person **nicht.** Dies gilt auch dann, wenn alle Geschäftsgrundlagen fortgefallen sind und die Kapitalgesellschaft nach der Übertragung der Geschäftsanteile auf neuer Geschäftsgrundlage tätig wird. Um zu verhindern, daß Verlustvorträge entgegen der Zielsetzung des § 10d EStG durch Veräußerung der Geschäftsanteile im wirtschaftlichen Ergebnis verkauft werden (sogenannter **Mantelkauf),** haben **Rechtsprechung** und **Verwaltung** den Verlustvortrag bei Kapitalgesellschaften bisher vom Vorliegen einer **nicht nur rechtlichen, sondern auch wirtschaftlichen Identität** abhängig gemacht. Der Verkauf von GmbH-Mänteln mit Verlusten führte deshalb in der Vergangenheit vielfach **nicht** zum steuerlichen Verlustabzug.

4.7.2.2.2 Neuere Rechtsprechung

Nach **früherer** Rechtsprechung war beim sogenannten GmbH-**Mantelkauf** der Verlustabzug **611** ausgeschlossen, wenn die Personenidentität **wirtschaftlich nicht mehr gegeben ist,** weil die Anteile an einer **vermögenslosen,** d. h. **abwicklungs- und löschungsreifen** Kapitalgesellschaft auf neue Gesellschafter übertragen werden und die Kapitalgesellschaft dann „wiederbelebt" am Wirtschaftsleben teilnimmt (BFH-Urt. vom 15. 2. 1966, BStBl III S. 289, und vom 17. 5. 1966, BStBl III S. 513; Beschluß vom 26. 3. 1969, BStBl III S. 331). Entscheidend für die Versagung des Verlustabzugs ist nach dieser Rechtsprechung der „Wegfall sämtlicher sachlicher und persönlicher Grundlagen" (BFH vom 17. 5. 1966, a. a. O.).

In den Urt. vom 29. 10. 1986 (BStBl 1987 II S. 308 und S. 310) hatte der BFH seine bisherige Rechtsprechung aufgegeben. Er hatte nunmehr entschieden, daß bei einer Kapitalgesellschaft Verlustabzüge aus der Zeit vor einem grundlegenden Gesellschafterwechsel auch dann nicht

611 versagt werden können, wenn die Kapitalgesellschaft ihre bisherigen Vermögenswerte **im wesentlichen** verloren hat und durch Zuführung von Mitteln der neuen Gesellschafter wirtschaftlich wiederbelebt wird. Ein **Verlustvortrag wäre** nach dieser Auffassung erst dann entfallen, wenn eine Kapitalgesellschaft **im Handelsregister gelöscht** ist **oder** ihre **Nichtigkeit rechtskräftig festgestellt** worden wäre.

Die geänderte BFH-Rechtsprechung hätte im Ergebnis dazu geführt, daß die Verlustvorträge von Körperschaften – insbesondere von Kapitalgesellschaften – „veräußerbar" sind. Vgl. aber RZ 613 (§ 8 Abs. 4 KStG).

Damit kommt es entgegen der früheren Rechtsprechung **nicht** mehr darauf an, ob die Gesellschaft den Gesellschaftszweck und ihre **alte Firma** behält, ob die Geschäftsleitung und der Sitz **verlegt** wurde oder nicht.

§ 10d EStG fordert seinem **Wortlaut** nach **nur** die Identität zwischen dem **Steuerpflichtigen,** der einen bestimmten Verlust erzielt hat bzw. der bei Ermittlung des Gesamtbetrages der Einkünfte Verluste nicht ausgleichen konnte, und demjenigen, der den Verlustabzug gemäß § 8 Abs. 1 KStG 1977, § 10d EStG geltend macht.

612 Die Personenidentität einer Kapitalgesellschaft ist so lange zu bejahen, als ihre **Zivilrechtsfähigkeit nicht erlischt.**

In der zivilrechtlichen Rechtsprechung und im Schrifttum werden einerseits die **bloße Vermögenslosigkeit** und andererseits die **Löschung** im Handelsregister gemäß § 2 des Löschungsgesetzes (LöschG) nach eingetretener Vermögenslosigkeit einer Kapitalgesellschaft als Erlöschensgrund angesehen (vgl. OLG Stuttgart, GmbHR 1986 S. 269; Baumbach/Hueck, GmbH-Gesetz, 14. Aufl., § 60 Anm. 6 und 13; Der BFH hat **offengelassen, welches** der beiden Merkmale nach seiner Auffassung entscheidend ist.

Er hat aber klargestellt, daß jedenfalls die Vermögenslosigkeit begrifflich **nicht identisch** mit **Überschuldung, Unterbilanz** oder **Unterkapitalisierung** ist. Vielmehr setzt sie das **Fehlen bilanzierungs- und bewertungsfähiger Vermögensgegenstände** voraus (vgl. Baumbauch/Hueck, a. a. O., Anhang 2 zu § 60 Anm. 2, m. w. N.).

Besitzt die Kapitalgesellschaft auch **nur einen** bilanzierungs- und bewertungsfähigen Vermögensgegenstand, schließt dies die Annahme ihrer Vermögenslosigkeit selbst dann aus, wenn die Schulden den Wert des Gegenstandes übersteigen.

> **Beispiel:**
> Eine GmbH ist trotz Überschuldung während des gesamten Verlustzeitraums Eigentümerin eines **Grundstücks** gewesen.
> Vermögenslosigkeit ist **nicht** gegeben.
> Jedenfalls reicht nach Ansicht des BFH noch vorhandenes Aktivvermögen trotz Überschuldung aus, um die erforderliche Identität zu wahren.

Es ist festzuhalten: Ein Verlustabzug nach Mantelkauf ist auch nach Ansicht des BFH weiterhin dann **nicht** möglich, wenn die Kapitalgesellschaft im Zeitpunkt der Anteilsübertragung **gänzlich vermögenslos** war, also **nur noch** der **Rechtsmantel** vorhanden war.

Zur **Vermögenslosigkeit** vgl. im einzelnen Autenrieth, DStZ 1987 S. 203 (204), m. w. N.

Dem Verlustabzug nach Mantelkauf steht nach Ansicht des BFH auch **nicht** § **42 AO** entgegen.

Somit wäre der Mantelkauf **an sich steuerlich interessant** geworden.

Durch die Vorschrift § **8 Abs. 4 KStG** ist jedoch ein nach der neuen Rechtsprechung an sich ermöglichter Verlustabzug für bestimmte Fälle beseitigt worden; vgl. nachfolgend RZ 613 bis 620.

4.7.2.2.3 Gesetzliche Regelung § 8 Abs. 4 KStG

4.7.2.2.3.1 Überblick

Der Verlustabzug ist in bestimmten Fällen gesetzlich ausgeschlossen worden. Dies gilt bereits für **Erwerbsvorgänge nach dem 23. 6. 1988** (§ 54 Abs. 6 KStG). Damit hat der Gesetzgeber die Rechtsprechungsänderung unterlaufen.

613

Ist der **Mantelkauf** dagegen **vor** dem **23. 6. 1988** erfolgt, kann der **Verlustabzug** unter den Voraussetzungen der neuen Rechtsprechung von der „wiederbelebten" Kapitalgesellschaft geltend gemacht werden – aber auch nur bis zum **VZ 1989** einschließlich (so auch BMF-Schr. vom 11. 7. 1990, BStBl I S. 252).

§ 8 Abs. 4 Satz 3 KStG stellt klar, daß auch der Verlust der Körperschaft vom Beginn des Wirtschaftsjahres bis zum Zeitpunkt der Anteilsübertragung das Schicksal der in den vergangenen Jahren nicht ausgeglichenen Verluste teilt.

Dies bedeutet, daß **auch** ein **Verlustausgleich** nach Mantelkauf ausgeschlossen ist.

> **Beispiel:**
> A erwirbt einen GmbH-Mantel am 1. 9. 1988. Die GmbH hat – außer einem Verlustvortrag aus den Jahren 1986 und 1987 – noch einen Verlust von 100 000 DM aus der Zeit vom 1. 1. bis 31. 8. 1988. Nach § 8 Abs. 4 Satz 3 KStG ist auch der Verlustausgleich im VZ 1988 ausgeschlossen. Außerdem entfällt auch ein Verlustabzug hierfür ab VZ 1989.

Die Regelung geht bei Kapitalgesellschaften davon aus, daß die wirtschaftliche Identität dann nicht mehr vorliegt, wenn

614

1. **mehr als drei Viertel** der Anteile an einer Kapitalgesellschaft auf neue Gesellschafter übergehen,
2. der bisherige Geschäftsbetrieb eingestellt war und
3. die Gesellschaft danach ihren Geschäftsbetrieb mit überwiegend neuem Betriebsvermögen wieder aufnimmt.

Voraussetzung ist also **nicht** eine Übertragung **sämtlicher** Anteile an einer Kapitalgesellschaft.

Dagegen sind **Sanierungsfälle,** in denen der bisherige laufende Geschäftsbetrieb von neuen Gesellschaftern und mit neuem Kapital fortgeführt wird, im Regelfall nicht von der gesetzlichen Einschränkung betroffen, insbes. auch nicht bei Übertragung von mehr als 75 v. H. der Anteile.

§ 8 Abs. 4 Satz 2 KStG nennt als Hauptanwendungsfall den Verlustabzug bei **Kapitalgesellschaften.**

Nach der Grundaussage in § 8 Abs. 4 Satz 1 KStG ist die Vorschrift darüber hinaus jedoch bei **allen** Körperschaften anwendbar, die unter das KStG fallen (vgl. § 1 KStG).

Dies kann jedoch nur bei Körperschaften der Fall sein, deren **Anteile übertragbar** sind.

4.7.2.2.3.2 Hauptanwendungsfall – Voraussetzungen

Für den Verlustabzug nach § 10d EStG ist bei einer Körperschaft Voraussetzung, daß sie nicht nur rechtlich, sondern auch wirtschaftlich mit der Körperschaft identisch ist, die den Verlust erlitten hat. Der Verlustabzug ist daher bei einer Kapitalgesellschaft insbesondere zu versagen, wenn folgende Tatbestandsmerkmale erfüllt sind:

615

a) Die Kapitalgesellschaft hat ihren Geschäftsbetrieb eingestellt,

b) es sind mehr als $^3/_4$ ihrer Anteile übertragen worden,

c) es ist überwiegend neues Betriebsvermögen zugeführt worden und

d) die Kapitalgesellschaft hat ihren Geschäftsbetrieb wieder aufgenommen.

4.7.2.2.3.3 Einstellung des Geschäftsbetriebs

616 Die Kapitalgesellschaft hat ihren Geschäftsbetrieb eingestellt, wenn sie im wirtschaftlichen Ergebnis aufgehört hat, werbend tätig zu sein. Die bloße Abwicklung noch ausstehender Forderungen und Verbindlichkeiten, etwa im Falle der Liquidation des Betriebes, steht in der Regel nicht der Annahme einer Einstellung des Geschäftsbetriebs entgegen. Nicht erforderlich ist, daß über den Betrieb ein Konkurs- oder Vergleichsverfahren eröffnet worden oder eine Liquidation erfolgt ist. Der Geschäftsbetrieb ist dagegen nicht eingestellt, wenn die Gesellschaft lediglich auf einem anderen Gebiet tätig wird oder ihren Geschäftsbetrieb im ganzen verpachtet.

4.7.2.2.3.4 Übertragung von mehr als 75 v. H. der Anteile

617 Für das Merkmal der Anteilsübertragung ist es unerheblich, ob die Übertragung entgeltlich oder unentgeltlich vorgenommen worden ist; der Anteilsübergang im Wege der Erbfolge ist demgegenüber von § 8 Abs. 4 KStG nicht erfaßt.

Die Grenze von mehr als 75 v. H. der Anteile bezieht sich bei Kapitalgesellschaften auf das Nennkapital.

Erwerber der Anteile können sowohl neue als auch bereits beteiligte Gesellschafter sein. Dabei ist es unerheblich, auf wie viele Erwerber sich die übertragenen Anteile verteilen. Entscheidend ist, daß insgesamt mehr als 75 v. H. der Anteile hinzuerworben werden.

Einem Gesellschafterwechsel durch Übertragung von mehr als 75 v. H. der Anteile sind z. B. gleichzusetzen:
– Die Kapitalerhöhung, bei der die neu eintretenden Gesellschafter die Einlage ganz oder teilweise leisten und nach der Kapitalerhöhung zu mehr als 75 v. H. beteiligt sind.
– Die Verschmelzung auf die Verlustgesellschaft, wenn nach der Verschmelzung die an der Verlustgesellschaft bisher nicht beteiligten Gesellschafter zu mehr als 75 v. H. beteiligt sind.
– Die Einbringung eines Betriebs, Teilbetriebs oder Mitunternehmeranteils in die Verlustkapitalgesellschaft, wenn nach der Einbringung neu hinzugekommene Gesellschafter zu mehr als 75 v. H. beteiligt sind.

4.7.2.2.3.5 Zuführung von überwiegend neuem Betriebsvermögen

618 Zuführung von neuem Betriebsvermögen bedeutet nicht, daß die Gesellschaft vermögenslos oder überschuldet gewesen sein muß. Ein Verlust der wirtschaftlichen Identität kann auch gegeben sein, wenn die Gesellschaft im Zeitpunkt des Gesellschafterwechsels noch Vermögen hatte.

Die Zuführung von neuem Betriebsvermögen führt nur dann zum Verlust der wirtschaftlichen Identität, wenn das neu zugeführte Betriebsvermögen das noch vorhandene Vermögen übersteigt. Betriebsvermögen in diesem Sinne ist das Aktivvermögen. Maßgebend sind die Teilwerte des vorhandenen und des zugeführten Vermögens; etwaige immaterielle Wirtschaftsgüter bleiben außer Betracht, wenn sie bei der steuerlichen Gewinnermittlung nicht angesetzt werden dürfen.

4.7.2.2.3.6 Wiederaufnahme des Geschäftsbetriebs

619 Wiederaufnahme des Geschäftsbetriebs bedeutet, daß die Gesellschaft ihren Geschäftsbetrieb eingestellt hatte und nach dem Gesellschafterwechsel und der Zuführung neuen Vermögens wieder aufgenommen hat. Das gilt unabhängig davon, ob die Gesellschaft nach dem Gesellschafterwechsel und der Zuführung neuen Vermögens ihren bisherigen Geschäftsbetrieb wieder aufnimmt oder auf einem anderen oder ähnlichen Gebiet tätig wird.

4.7.2.2.3.7 Auswirkungen auf die Gliederungsrechnung

620 Ist die wirtschaftliche Identität zu verneinen, führt dies zum Verbot des Verlustvortrags (§ 8 Abs. 4 Sätze 1 und 2 KStG) bzw. des Verlustausgleichs (§ 8 Abs. 4 Satz 3 KStG), nicht aber zu einem

Wechsel des Steuersubjekts. Die Körperschaft hat daher die Teilbeträge des verwendbaren Ei- 620
genkapitals fortzuführen. Der nach § 8 Abs. 4 Satz 3 KStG nicht ausgleichsfähige Verlust verringert das EK 02. Vgl. im übrigen BMF-Schr. vom 11. 7. 1990, BStBl I S. 252.

4.7.3 Verlustabzug bei der Körperschaftsteuer (§ 8 Abs. 1 KStG i. V. m. § 10d EStG)

Nach § 8 Abs. 1 KStG sind bei der Körperschaftsteuer die einkommensteuerrechtlichen Vor- 621
schriften zur Einkommensermittlung, dazu gehört auch der Verlustabzug nach § 10d EStG, entsprechend anzuwenden.

Nach § 10d EStG kann ein steuerlicher Verlust **bis zu höchstens 10 Mio. DM pro Verlustjahr** auf das Einkommen der beiden zurückliegenden Jahre zurückgetragen bzw. (ohne Begrenzung) auf das Einkommen der dem Verlustjahr folgenden Veranlagungszeiträumen vorgetragen werden.

Die Grenze gilt auch bei verschachtelten Kapitalgesellschaften (Konzernen usw.) für **jede** Gesellschaft, im Fall der Organschaft aber für den gesamten Organkreis.

Steuerliche Verluste sind zwingend in folgender Weise und **Reihenfolge** zu berücksichtigen: 622

1. Verlustausgleich

   a) Bei der **Einkunftsermittlung ("horizontaler"** [unechter] Verlustausgleich)

   Beispiel:

   Eine GmbH hat zwei Betriebe:

Gewinn Betrieb	1 210 000 DM
Verlust Betrieb 2	./. 100 000 DM
Gewinn (§ 15 EStG)	110 000 DM

   b) **Vertikaler Verlustausgleich,** d. h.

   Ausgleich zwischen **verschiedenen** Einkunftsarten. Dies kommt bei buchführungspflichtigen Körperschaften praktisch nicht vor, da sie nur Einkünfte aus Gewerbebetrieb erzielen können (§ 8 Abs. 2 KStG).

   Zum Verlustausgleich und Ausgleichsverboten vgl. noch RZ 247 bis 250, bei **zwei** im Kalenderjahr endenden Wirtschaftsjahren vgl. RZ 1625.

2. **Verlustabzug (§ 10d EStG)**

   Hierbei gilt wiederum die Reihenfolge – bei Verlusten bis VZ 1993 –

   1. Verlustrücktrag in das **zweite** Jahr vor dem Verlustjahr
   2. Verlustrücktrag in das **erste** Jahr vor dem Verlustjahr
   3. Verlustvortrag auf die Folgejahre nach dem Verlustjahr (bei Verlusten ab dem Wj. 1985 **zeitlich unbegrenzt**).

Soweit ein steuerlicher Verlust aus einem Wj. **vor 1985** auch im **fünften** dem Verlustjahr folgenden Veranlagungszeitraum nicht abgezogen werden kann, **verfällt** er.

Bei Verlusten, die ab dem Wj. 1985 entstanden sind, ist der **Verlustvortrag zeitlich unbegrenzt** möglich (§ 10d Abs. 2 i. V. m. § 52 Abs. 13 EStG).

Bei Verlusten **bis VZ 1993** bestand ein **Zwang** zum Verlustrücktrag. Bei Verlusten **ab VZ 1994** besteht ein **Wahlrecht** zum Verlustrücktrag (§ 10d Abs. 1 Satz 4 EStG i. V. m. § 8 Abs. 1 KStG).

Beim **Verlustvortrag** (§ 10d Abs. 2 EStG) besteht weiterhin **kein** Wahlrecht; vgl. RZ 624 f und 623
RZ 1511 ff.

4.7.4 Durchführung des Verlustabzugs, Verfahrensfragen

Der Verlustabzug ist von Amts wegen vorzunehmen. Der **Verlustvortrag** ist – wie bisher – stets 624
bis zu einem **Einkommen** von **0 DM** vorzunehmen.

624 Dies gilt beim Verlustrücktrag nur bis zum „Verlustjahrgang" 1993 einschließlich. Bei Verlusten ab Wj. 1994 besteht das **Wahlrecht** des § 8 Abs. 1 KStG i. V. m. § 10d Abs. 1 Satz 4 EStG. Nach § 10d Abs. 1 Sätze 2 und 3 EStG, einer eigenständigen Berichtigungsvorschrift, sind die Steuerfestsetzungen der Abzugsjahre insoweit zu ändern, als der Verlustabzug aufgrund des **Rücktrags** zu gewähren oder zu berichtigen ist. Nach dem Wortlaut des § 10d EStG kann auch ein einmal gewährter Verlustabzug jederzeit geändert werden, es sei denn, es ist für das Verlustjahr bereits die Festsetzungsverjährung eingetreten (BFH-Urt. vom 14. 11. 1989, DB 1990 S. 1542, 1543).

625 Auch bei der Körperschaftsteuer ist eine **gesonderte Feststellung** des verbleibenden Verlustabzugs durchzuführen (§ 10d Abs. 3 EStG, §§ 8 Abs. 1, 49 Abs. 1 KStG).

4.7.5 Bisherige Einschränkung des Verlustrücktrags bei Körperschaften, die zur Gliederung des verwendbaren Eigenkapitals verpflichtet sind (§ 8 Abs. 5 KStG a. F.)

626 Die Regelung des § 10d EStG gilt bei Körperschaftsteuerpflichtigen für den **Verlustvortrag** uneingeschränkt. Hinsichtlich des **Verlustrücktrags** gilt sie ohne Einschränkung nur für Körperschaften, Personenvereinigungen und Vermögensmassen, die **nicht** ins körperschaftsteuerliche Anrechnungsverfahren einbezogen sind.

Für Körperschaften, die ihr Eigenkapital gliedern müssen, schränkte § 8 Abs. 5 KStG **a. F. bisher** den Verlustrücktrag ein.

Die Vorschriften des § 8 Abs. 5 KStG **a. F.** und das neue **Wahlrecht** beim Verlustrücktrag nach § 10d Abs. 1 S. 4 EStG werden wegen des engen sachlichen Zusammenhangs bei § 33 Abs. 3 KStG mitbesprochen. Vgl. dazu RZ 1531 ff.

Die Beschränkung des Verlustrücktrags auf das nicht ausgeschüttete Einkommen gem. § 8 Abs. 5 KStG a. F. gilt **nicht** für den Verlustausgleich oder den Verlustvortrag (BFH-Urt. vom 18. 5. 1994, BStBl II S. 713).

5. Gewinne aus Anteilen an nicht steuerbefreiten Betrieben gewerblicher Art (§ 8 Abs. 5 KStG)

5.1 Allgemeines

627 Nach § 8 Abs. 5 KStG sind bei der Einkommensermittlung Gewinne aus Anteilen an einem nicht steuerbefreiten Betrieb gewerblicher Art einer juristischen Person des öffentlichen Rechts außer Ansatz zu lassen. Es handelt sich hierbei um eine **sachliche Steuerbefreiung.**

Die Vorschrift dient der **Verhinderung der Mehrfachbesteuerung** von Gewinnen nicht steuerbefreiter Betriebe gewerblicher Art einer juristischen Person des öffentlichen Rechts.

Die Anwendung der Vorschrift kommt vor allem in Betracht, wenn ein Betrieb gewerblicher Art selbst eine Körperschaft des öffentlichen Rechts ist (z. B. Sparkassen) und an einem anderen Betrieb gewerblicher Art einer juristischen Person des öffentlichen Rechts beteiligt ist.

> **Beispiel:**
> Eine Stadt- oder Kreissparkasse ist zu 10% an der Landes-Girozentrale vermögensmäßig beteiligt. Hierfür muß die Girozentrale einen entsprechenden Anteil ihres Gewinns an die Sparkasse abführen.
>
> Die „Gewinnausschüttung" an die Sparkasse muß von der Girozentrale versteuert werden, da die Verteilung des Einkommens nach § 8 Abs. 3 KStG das Einkommen nicht mindern darf. **Ohne** die Vorschrift § 8 Abs. 5 KStG müßte aber die Sparkasse als Anteilseignerin die empfangene „Ausschüttung" nochmals versteuern. So aber bleibt sie bei der Sparkasse steuerfrei.

Die Regelung war erforderlich, weil „Gewinnausschüttungen" von Betrieben gewerblicher Art 627
von juristischen Personen des öffentlichen Rechts **nicht in das – die Mehrfachbelastung beseitigende – Anrechnungsverfahren einbezogen** sind.
Auf die Höhe der Beteiligung und die Rechtsform des Empfängers kommt es nicht an.

5.2 Voraussetzungen der Steuerfreiheit

5.2.1 Gewinnausschüttungen

Es muß sich um **Gewinnausschüttungen** eines steuerpflichtigen Betriebs gewerblicher Art einer juristischen Person des öffentlichen Rechts handeln. Hierunter fallen **offene** und **verdeckte** Gewinnausschüttungen aus **steuerpflichtigen,** aber auch **steuerfreien** Gewinnen des steuerpflichtigen Betriebs gewerblicher Art, auch wenn es sich um Ausschüttungen von **vor** dem Systemwechsel (1. 1. 1977) entstandenen Gewinnen handelt. 628

5.2.2 Beteiligung an einem Betrieb gewerblicher Art

Hierbei ist zu beachten: 629

a) Es muß sich um einen **Betrieb gewerblicher Art** im Sinne von **§ 4 KStG** handeln; vgl. hierzu RZ 71 ff.
   Der Betrieb darf **nicht nach § 5 KStG persönlich befreit** sein.

b) Es muß sich um eine **vermögensmäßige (gesellschaftliche)** Beteiligung am Vermögen des Betriebs gewerblicher Art handeln. Auf die Höhe der Beteiligung kommt es **nicht** an.

Schuldrechtliche Vergütungen, also Vergütungen für die Überlassung von Fremdkapital oder anderen Wirtschaftsgütern, fallen **nicht** hierunter, z. B. **Zinsen** für Darlehn und partiarische Darlehn, **Gewinnanteile** aus typischen **stillen Beteiligungen,** Mieten und Pachten.

Sind solche Vergütungen aber **unangemessen** hoch, liegt in Höhe des übersteigenden Betrags eine verdeckte Gewinnausschüttung vor, die als Gewinnanteil im Sinne von § 8 Abs. 5 KStG beim Empfänger steuerfrei ist. Dafür erhöht sich aber das Einkommen des Betriebs gewerblicher Art um die verdeckte Gewinnausschüttung gemäß § 8 Abs. 3 S. 2 KStG. Vgl. hierzu im einzelnen die Regelungen in Abschn. 27a Abs. 3 KStR. 630

Ab VZ 1994 können Vergütungen für Fremdfinanzierung unter den Voraussetzungen des § 8a KStG als verdeckte Gewinnausschüttungen gelten (vgl. RZ 588 ff). Diese Vorschrift gilt jedoch nur für Kapitalgesellschaften.

5.2.3 Rechtsfolgen

Die unter § 8 Abs. 5 KStG fallenden Gewinnanteile **mindern** das **Einkommen des Empfängers (Anteilseigners).** 631

Die Einmalbesteuerung der „Ausschüttungen" erfolgt – anders als beim Anrechnungsverfahren – beim Betrieb gewerblicher Art; vgl. § 8 Abs. 3 KStG.

Beim Empfänger dürfen die Gewinnanteile **nicht** einen Verlustabzug mindern; vgl. RZ 606 ff.

Mit den steuerfreien Gewinnausschüttungen in wirtschaftlichen Zusammenhang stehende **Aufwendungen** stellen **nicht**abziehbare Betriebsausgaben dar (**§ 3c EStG i. V. m. § 8 Abs. 1 KStG**).

> **Beispiel:**
> Schuldzinsen des Anteilseigners für Fremdfinanzierung der Beteiligung am Betrieb gewerblicher Art, von dem die Gewinnanteile stammen, sind nichtabziehbar.

632 Erhebt eine Genossenschaft Mitgliedsbeiträge von ihren Mitgliedern, so rechtfertigt dieser Umstand es aber **nicht,** die **allgemeinen Betriebsausgaben** der Genossenschaft gemäß § 8 Abs. 1 KStG i. V. m. § 3c EStG zu kürzen (BFH, Urteil vom 11. 10. 1989, BStBl II 1990 S. 88).

6. Steuerfreie Mitgliederbeiträge (§ 8 Abs. 6 KStG)

Ausgewählte Literaturhinweise: Märkle, Der Verein im Zivil- und Steuerrecht, Stuttgart; **Troll,** Besteuerung von Verein, Stiftung und Körperschaft des öffentlichen Rechts, Berlin.

6.1 Allgemeines

633 Nach § 8 Abs. 6 KStG bleiben bei der Ermittlung des Einkommens einer Personenvereinigung sogenannte **echte Mitgliederbeiträge** außer Ansatz. Es handelt sich dabei um eine **sachliche Steuerbefreiung.**

Sie steht im Prinzip allen unter das KStG fallenden Gebilden zu, und zwar rechtsfähigen wie nichtrechtsfähigen, gleichgültig, ob sie unbeschränkt steuerpflichtig sind oder nicht. Auch ausländischen Personenvereinigungen wird die Ausdehnung auf die Bundesrepublik Deutschland somit steuerlich erleichtert.

Zugeschnitten ist die Vorschrift aber auf rechtsfähige und nichtrechtsfähige **Vereine** mit **ideellen** Zwecken **(Idealvereine,** § 21 BGB); vgl. RZ 61 bis 63.

634 Dagegen werden echte Mitgliederbeiträge bei Kapitalgesellschaften, Genossenschaften und wirtschaftlichen Vereinen (§ 22 BGB; vgl. RZ 61 bis 63) kaum vorkommen. Insbesondere Kapitalgesellschaften und Genossenschaften erhalten das erforderliche Betriebskapital nicht durch Beiträge, sondern durch gesellschaftliche **Einlagen.** Diese Vermögensmehrungen unterliegen allerdings ohnehin **nicht** der Körperschaftsteuer, ohne daß es einer Befreiungsvorschrift bedürfte (vgl. RZ 399 ff). Wegen der Versicherungsunternehmen siehe unten RZ 637 ff.

6.2 Voraussetzungen für die Steuerbefreiung

635 Echte – steuerfreie – Mitgliedsbeiträge erfordern folgende Voraussetzungen:

6.2.1 Mitgliedsbeiträge (Abschn. 38 Abs. 1 KStR)

Es muß sich um Leistungen handeln, die eine Personenvereinigung **nur** von ihren **Mitgliedern** erhält.

Leistungen von Nichtmitgliedern können nicht nach § 8 Abs. 6 KStG befreit sein, weil es sich um Gegenleistungen für individuelle Leistungen der Personenvereinigung den Nichtmitgliedern gegenüber handelt.

6.2.2 Erhebung aufgrund der Satzung (Abschn. 38 Abs. 2 KStR)

636 Die Mitgliederbeiträge müssen aufgrund der **Satzung** erhoben werden. **Freiwillige** Leistungen können **nicht** nach § 8 Abs. 6 KStG steuerfrei sein.

Diese Voraussetzung ist in folgenden Fällen erfüllt:

a) Die Satzung legt Art und Höhe der Mitgliederbeiträge fest.

Beispiel: 636

In einer Vereinssatzung ist der für alle Mitglieder einheitliche Mitgliedsbeitrag betragsmäßig festgelegt (z. B. „Monatsbeitrag 10 DM"). Oder:
Der Betrag ist nach sozialen Gesichtspunkten gestaffelt (z. B. zwischen 20 und 50 DM).

b) Die Satzung legt zwar die Mitgliederbeiträge nicht ziffernmäßig fest, bestimmt aber einen **feststehenden Berechnungsmaßstab.**

Beispiel:

Die „Privatärztliche Verrechnungsstelle e. V." übernimmt für ihre Mitgliedsärzte den Einzug der an sie zu diesem Zweck abgetretenen Honorarforderungen. Als Vereinsbeitrag werden von den Ärzten 3% der abgetretenen Forderungen erhoben. – Es handelt sich um einen hinreichend bestimmten Berechnungsmaßstab. Vgl. aber RZ 637.

c) Die Satzung **bezeichnet** das **Organ,** das die Beiträge der Höhe nach erkennbar festsetzt.

Beispiele:

1. Laut Vereinssatzung wird der Jahresbeitrag von Jahr zu Jahr durch die Mitgliederversammlung im voraus festgelegt.
2. Wie 1., nur daß zusätzlich im Jahr 05 wegen der Durchführung erforderlicher Eigenleistungen an den Vereinseinrichtungen für den Fall fehlender Eigenleistungen ein einmaliges Strafgeld festgelegt wird. – In beiden Fällen liegen steuerfreie Mitgliederbeiträge vor.

6.2.3 Keine Beitragsbemessung nach einer bestimmten Leistung der Personenvereinigung oder nach dem wirtschaftlichen Vorteil für das einzelne Mitglied (Abschn. 38 Abs. 3 KStR)

Dient eine Personenvereinigung **nur** oder **auch** der wirtschaftlichen Förderung ihrer Einzelmitglieder, so sind die Beiträge keine bzw. insoweit keine steuerfreien Mitgliederbeiträge, wenn oder soweit es sich um **Gegenleistungen** (auch **pauschalierte**) für die Förderung durch die Personenvereinigung handelt. 637

Daß die Personenvereinigung einen wirtschaftlichen Geschäftsbetrieb (§ 14 AO) unterhält, ist nicht erforderlich.

Bei **gemischten** Beiträgen ist ggf. im Wege der Schätzung (§ 162 AO) in steuerfreie (echte) und steuerpflichtige (unechte) Beiträge **aufzuteilen.** Vgl. BFH-Urt. vom 29. 8. 1973, BStBl 1974 II S. 60.

Für mehrere Arten von Personenvereinigungen hat die Verwaltung Grundsätze zur pauschalierten Aufteilung der gemischten Mitgliederbeiträge geschaffen (vgl. Abschn. 35 bis 40 KStR).

Diese machen zeitraubende Einzelermittlungen überflüssig und dienen somit der Vereinfachung und Gleichmäßigkeit der Besteuerung.

Dient eine Personenvereinigung **ausschließlich** der **wirtschaftlichen Förderung** ihrer Mitglieder, so sind auch satzungsmäßig festgelegte (auch gleichmäßige) Beiträge **keine** steuerfreien Mitgliederbeiträge, sondern in **voller Höhe pauschalierte Gegenleistungen** für die wirtschaftliche Förderung ihrer Mitglieder. 638

Beispiele:

1. Versicherungsbeiträge (einschließlich Nebengebühren) der versicherten Mitglieder an ihre Versicherung sind in **voller** Höhe **steuerpflichtig** (Abschn. 38 Abs. 4 S. 1 KStR). (Wegen Ausnahmen beim VVaG vgl. Abschn. 38 Abs. 4 S. 2 KStR.)
2. Beiträge an Lohnsteuerhilfe- und Steuerberatungsvereine sind in **voller** Höhe **steuerpflichtig** (Abschn. 40 Abs. 6 KStR). In beiden Fällen liegt in vollem Umfang ein Leistungsaustausch vor.

6.3 Rechtsfolgen

639 Soweit die Steuerfreiheit von Mitgliederbeiträgen zu bejahen ist, bleiben sie bei der Einkommensermittlung der Personenvereinigung außer Ansatz.

Dies hat zur Folge, daß Aufwendungen der Personenvereinigung in unmittelbarem oder mittelbarem Zusammenhang mit den steuerfreien Beiträgen **nichtabziehbar** sind (§ 3c EStG).

> **Beispiel:**
> Bei Genossenschaften kann das von eintretenden Genossen entrichtete einmalige Eintrittsgeld in vollem Umfang nach § 8 Abs. 6 KStG steuerfrei sein. Der mit dem Eintritt in wirtschaftlichem Zusammenhang stehende Aufwand (z. B. die Kosten der Eintragung in das Genossenschaftsregister) ist dann aber bis zur Höhe des Eintrittsgelds nichtabziehbar (Abschn. 38 Abs. 5 KStR).

7. Auflösung und Abwicklung (Liquidation)

Ausgewählte Literaturhinweise: siehe vor RZ 1796.

7.1 Allgemeines – Bedeutung der Vorschrift

640 Für den Fall der Abwicklung einer unbeschränkt steuerpflichtigen Kapitalgesellschaft, Erwerbs- und Wirtschaftsgenossenschaft oder eines VVaG sieht § 11 KStG eine besondere Art der Gewinnermittlung vor, die die Erfassung des sogenannten **Liquidationsgewinns** zum Zweck hat.

Die Vorschrift § 11 KStG stellt sicher, daß

– während des Bestehens der Körperschaft noch nicht verwirklichte bzw. noch nicht versteuerte Gewinne und

– während des Liquidationsstadiums erzielte Gewinne aus der beschränkten Weiterführung des Unternehmens

der Körperschaftsteuer unterworfen werden.

641 Die Regelung des § 11 KStG wird für den Fall der Verlegung der Geschäftsleitung in das Ausland ergänzt durch § 12 KStG. Siehe RZ 693ff. In diesem Fall sind die Grundsätze des § 11 KStG auch ohne Auflösung und Abwicklung entsprechend anzuwenden (Gedanke der „Entstrickung").

Die Abwicklung einer Kapitalgesellschaft (einer Genossenschaft, eines VVaG) kann den Tatbestand einer Betriebsaufgabe (§ 16 Abs. 3 EStG) oder -veräußerung im ganzen (§ 16 Abs. 1 Nr. 1 EStG) erfüllen. Ein Liquidationsgewinn ist einem Aufgabegewinn i. S. des § 16 Abs. 3 EStG gleichzusetzen.

§ 16 Abs. 4 EStG ist auf Liquidationsgewinne einer Kapitalgesellschaft sowohl bei der Ermittlung des körperschaftsteuerpflichtigen Einkommens als auch bei der Ermittlung des Gewerbeertrages (§ 7 GewStG) anzuwenden (BFH-Urt. vom 8. 5. 1991, BStBl 1992 II S. 437 = StRK EStG § 16 Abs. 4, R 9, mit Anm. von Zenthöfer).

Dies ist – u. E. nur – der Fall, wenn die entsprechenden Tatbestandsmerkmale des § 16 Abs. 1 Nr. 1, 2, 3 bzw. § 16 Abs. 3 EStG erfüllt sind. Der Leitsatz des BFH-Urteils erscheint unscharf, da er nach seinem Wortlaut einen Liquidationsgewinn (generell) einem Aufgabegewinn nach § 16 Abs. 3 EStG gleichzustellen scheint. Wie den Entscheidungsgründen unter Ziffer 3 jedoch zu entnehmen ist, nimmt der BFH sehr wohl eine Differenzierung vor.

Nur wenn die Tatbestandsmerkmale des § 16 EStG erfüllt sind, liegt danach eine Deckungsgleichheit von § 16 EStG mit § 11 KStG vor.

Der BFH läßt (bewußt) offen, unter welchen Voraussetzungen eine allmähliche Abwicklung **641** nicht mehr als Vorgang i. S. des § 16 Abs. 3 EStG anzusehen ist.

Dies ist aber m. E. bereits ausreichend von der Rechtsprechung geklärt, vgl. die in den Entscheidungsgründen unter Ziff. 3 bb) zitierte Rspr. sowie R 139 Abs. 2 EStR.

Ist ein Tatbetand des § 16 EStG im KSt-Bereich erfüllt, ist auch – automatisch – der Freibetrag nach § 16 Abs. 4 EStG hierauf anwendbar. Dann verhindert § 11 KStG nicht die Anwendung des Veräußerungsfreibetrags. Der BFH folgt hier der überwiegenden Meinung im Schrifttum.

Damit schränkt der BFH die Anwendung des § 11 KStG auf die Fälle der Liquidation ein, die nicht unter § 16 EStG fallen, also auf die „allmähliche" Liquidation. Dies erscheint auch plausibel. Denn wenn ein Betrieb veräußert ist, hat bereits eine Versilberung stattgefunden. Man hätte sich aber auch eine „Einbettung" des § 16 und § 16 Abs. 4 EStG in die Liquidationsbesteuerung vorstellen können.

Zu fragen wäre noch, wie denn eigentlich die handelsrechtliche Rechtslage ist, wenn die GmbH ihren Betrieb veräußert hat. Kommt es zur formellen Abwicklung nach dem GmbHG mit Liquidationsraten (wohl nicht mangels Auflösungsbeschluß)? Ist die Betriebsveräußerung „faktischer Auflösungsbeginn" (vgl. hierzu Felix/Streck, KStG, Anm. 4 zu § 11 KStG)? Wenn ja, ist hier lt. BFH trotzdem keine Einbeziehung in den § 11 KStG vorzunehmen (s. oben), muß zur Auskehrung des Veräußerungsgewinns (lediglich noch) eine reguläre offene Gewinnausschüttung beschlossen werden? Dies ist möglich. Damit ist die GmbH aber noch nicht voll beendigt, denn das Stammkapital wäre noch nicht zurückgezahlt. Hierzu müßten sich noch Auflösung und Abwicklung anschließen, die sich auf Rückzahlung des Stammkapitals reduzieren würden.

Das Urteil enthält – obwohl für den VZ 1987 ergangen – zum weiteren körperschaftsteuerlichen Ablauf keine Hinweise.

Dies kann u. E. nur so sein, daß bei der Auskehrung des Veräußerungsgewinns die Ausschüttungsbelastung herzustellen ist (§ 27 KStG). In Höhe des Freibetrags nach § 16 Abs. 4 EStG muß u. E. zunächst noch EK 02 gebildet werden. Ausschüttbar sind hiervon nur 70 v. H., da es zu einer KSt-Erhöhung kommt.

D. h., die Steuerbefreiung auf der Gesellschaftsebene kann dem Anteilseigner nicht weitervermittelt werden, sondern es liegen steuerpflichtige Kapitalerträge vor.

Der eigentliche Steuerspareffekt liegt in der – automatischen – GewSt-Befreiung in Höhe des Freibetrags. Die Anwendung des § 16 EStG ist bereits nach der Verwaltungsauffassung (= Abschn. 41 Abs. 1 GewStR) bei buchführungspflichtigen Körperschaften nicht ausgeschlossen.

Die zahlenmäßigen Auswirkungen des Freibetrags sind:

Bei Steuerfreiheit (KSt/GewSt) in Höhe des Freibetrags von 30 000 DM		Bei Steuerpflicht (KSt/GewSt) – z. B. allmähliche Liquidation	
	DM		DM
	30 000		30 000
– GewSt.	0	z. B. 20 v. H.	6 000
	30 000		24 000
– KSt-Tarifbelastung	0	KSt 45 v. H.	10 800
EK 02	30 000	EK 45	13 200
– KSt-Erhöhung 30/100	9 000	+ KSt-Minderung $^{15}/_{55}$	3 600
Ausschüttung	21 000		16 800
$^3/_7$ KSt	9 000	$^3/_7$ KSt	7 200
Stpfl. Ausschüttung	30 000		24 000
pers. ESt des Gesellschafters z. B. 50 v. H.	15 000		12 000
Nettovermögenszufluß beim Gesellschafter	15 000		12 000

Vorteil durch ESt/GewSt = 3 000 DM. Der Vorteil liegt bei 50 v. H. der nicht zu erhebenden GewSt.

641 Da im Urteilsfall nach Abzug des Freibetrags § 16 Abs. 4 EStG kein steuerpflichtiger Veräußerungsgewinn mehr verblieb, war nicht über die Anwendbarkeit des § 34 Abs. 1 EStG zu befinden. Nach Verwaltungsauffassung (Abschn. 26 Abs. 1 Nr. 1 KStR) und wohl vorherrschender Meinung im Schrifttum ist § 34 EStG bei der KSt nicht anwendbar. Hieran hat sich u. E. auch für die Fälle des § 11 KStG nichts geändert.

Hinweis: Als Argument pro § 34 EStG darf nicht das BFH-Urt. vom 15. 9. 1988, BStBl II 1991 S. 624 herangezogen werden. Danach gilt zwar die Liquidation einer Kapitalgesellschaft als begünstigter Aufgabegewinn i. S. der §§ 16, 34 EStG, wenn die Anteile zu 100 v. H. zum Betriebsvermögen des Anteilseigners gehören. Dies betrifft aber **ausschließlich** die **Gesellschafterebene**.

642 Die Eigenart des § 11 KStG besteht darin, daß das im Rahmen der Abwicklung verteilte Vermögen ebenfalls als Einkommen der Gesellschaft behandelt wird. Darüber hinaus ist der Verteilungsvorgang in der Eigenkapital-Gliederung (Verteilung des Abwicklungsendvermögens einschließlich des Abwicklungsgewinns) wie eine Vollausschüttung zu behandeln, denn eine Thesaurierung scheidet begrifflich aus.

Diese Verteilung stellt sonstige Leistungen der Gesellschaft gemäß § 41 Abs. 1 KStG dar, auf die die Grundsätze des Anrechnungsverfahrens entsprechend anzuwenden sind, soweit bei den Empfängern der Art nach Einnahmen i. S. des § 20 Abs. 1 Nr. 1 oder 2 bzw. § 20 Abs. 3 EStG vorliegen.

7.2 Anwendungsvoraussetzungen

643 Die **unmittelbare** Anwendung des § 11 KStG erfordert als

1. **subjektive Voraussetzungen:**
   – in § 11 KStG aufgeführte Körperschaft
   – unbeschränkte Körperschaftsteuerpflicht
2. **objektive Voraussetzungen:**
   – Auflösung und
   – Abwicklung

7.2.1 Subjektive Voraussetzungen

644 Die Regelung des § 11 KStG gilt nur für die im Gesetz aufgeführten Körperschaften, nämlich

- **Kapitalgesellschaften** (vgl. RZ 43 ff)
  also insbesondere für **GmbH** und **AG**
- **Erwerbs- und Wirtschaftsgenossenschaften**
  (vgl. RZ 58) und
- den **VVaG** (vgl. RZ 59).

Eine entsprechende Anwendung auf andere körperschaftsteuerpflichtige Gebilde ist nicht möglich und auch nicht erforderlich.

645 **Weiterhin setzt die unmittelbare** Anwendung des § 11 KStG unbeschränkte Steuerpflicht voraus. Bei Veränderungen bei einer inländischen Betriebstätte, mit der eine ausländische Körperschaft **beschränkt** steuerpflichtig ist (§ 2 Nr. 1 KStG) – also bei Auflösung, Verlegung in das Ausland oder Übertragung im ganzen auf einen anderen – gilt § 11 KStG über § 12 Abs. 1 KStG allerdings **grds.** entsprechend (ausgenommen in den Fällen des § 20 Abs. 8 UmwStG 1977 bzw. § 23 UmwStG 1995).

Die Liquidation der **nicht** unter § 11 KStG fallenden Körperschaften usw. richtet sich dagegen nach den allgemeinen einkommensteuerlichen Vorschriften (z. B. § 16 EStG).

7.2.2 Objektive Voraussetzungen

Objektive Voraussetzungen sind **Auflösung und Abwicklung**. Entscheidend ist dabei der **Ab-** 646
wicklungsvorgang. Ohne Abwicklung gelten auch bei **aufgelösten** Gesellschaften noch weiterhin die allgemeinen Vorschriften.

Die Anwendung des § 11 KStG setzt daher normalerweise auch die Abwicklung voraus. Eine Ausnahme besteht lediglich im Konkursfall: Unterbleibt die Abwicklung nach der Auflösung infolge Konkurseröffnung, greift trotzdem die Liquidationsbesteuerung ein (§ 11 Abs. 7 KStG).

7.2.2.1 Auflösung

Die Auflösung einer unter § 11 KStG fallenden Körperschaft kann auf **Beschluß** oder **anderen** 647
Gründen beruhen.

Eine Auflösung durch Beschluß setzt eine eindeutige Bekundung des Auflösungswillens voraus, bedarf aber keiner besonderen Form, insbesondere keiner Eintragung in das Handelsregister (RG-Urt. vom 10. 12. 1920, RGZ 101, 78). Im Regelfall beginnt der steuerliche Liquidationszeitraum mit dem Tage des Auflösungsbeschlusses (BFH-Urt. vom 9. 3. 1983, BStBl II S. 433). Vgl. aber RZ 653 ff. Die Auflösung ist dem Amtsgericht mitzuteilen. Dieses bestellt einen Liquidator (Abwickler), häufig die ehemalige Geschäftsführung. Die Gesellschaft führt dann den Zusatz i. L. (= in Liquidation) oder i. A. (= in Auflösung).

Keine Auflösungsgründe sind 648
– Vereinigung aller Aktien, Geschäftsanteile usw. in einer Hand
– Einziehung eines Teils der Aktien (§§ 237-239 AktG), Geschäftsanteile (§ 34 GmbHG) usw.

Übersicht über die wichtigsten Auflösungsgründe 649
AG: § 262 AktG
GmbH: § 60 GmbHG
KGaA: § 289 AktG i. V. m. §§ 161-177a HGB (Auflösungsgründe der KG)
Genossenschaft: §§ 78–78b GenG

- Ablauf der durch Gesellschaftsvertrag oder Satzung bestimmten Zeit
  AG: § 262 Abs. 1 Nr. 1 AktG
  GmbH: § 60 Abs. 1 Nr. 2 GmbHG
  Genossenschaft: § 79 GenG
  VVaG: § 42 Nr. 1 VAG
- Auflösung durch Beschluß des Registergerichts
  AG: § 262 Abs. 1 Nr. 5 AktG (Satzungsmangel)
  GmbH: § 60 Abs. 1 Nr. 5 GmbHG
  Genossenschaft: § 80 GenG (Absinken der Genossenzahl unter 7)
- Nichtigkeit
  AG: § 275 AktG
  GmbH: §§ 75–77 GmbHG
  Genossenschaft: §§ 94 ff GenG

Außerdem können Auflösungsgründe sein 650

– Eröffnung des Konkursverfahrens (vgl. hierzu § 11 Abs. 7 KStG) – z. B. bei der AG § 262 Abs. 1 Nr. 3 AktG -
– Gerichtsentscheid (z. B. §§ 396ff. AktG)
– Löschung wegen (u. U. vermuteter) Vermögenslosigkeit durch das Registergericht (§ 2 Löschungsgesetz)
– Unmöglichkeit des Gesellschaftszwecks oder aus anderen wichtigen Gründen (vgl. z. B. § 62 GmbHG)
– Sitzverlegung in das Ausland.

7.2.2.2 Abwicklung

651 § 11 KStG ist nur anwendbar, wenn die Auflösung der Gesellschaft mit einer **Liquidation (Abwicklung)** – d. h. mit einer **Flüssigmachung (Versilberung)** der Vermögenswerte – und ihrer **Verteilung** an die (Gläubiger und) **Gesellschafter** verbunden ist.

Eine gesetzliche Ausnahme, bei der es an einer Liquidation im Rechtssinne fehlt, bildet die Auflösung infolge **Konkurseröffnung** (§ 11 Abs. 7 KStG).

Die Abwicklung muß tatsächlich ernsthaft durchgeführt werden.

Die Sondervorschriften des § 11 KStG gelten nur für echte Liquidationen, **nicht** für **Scheinliquidationen.** Wenn sich die Gesellschaft nach dem Auflösungsbeschluß oder sogar nach dem Eintritt in die Liquidation wieder oder weiterhin unverändert am Wirtschaftsleben beteiligt, ohne daß ein Ende abzusehen ist, ist sie nicht nach § 11 KStG, sondern nach den allgemeinen Vorschriften zu besteuern (vgl. RFH-Urt. vom 2. 8. 1928, RStBl 1929 S. 512).

652 Durch eine **Scheinliquidation** könnte die Gesellschaft ungerechtfertigte Vorteile erlangen (verzögerte Erhebung der Körperschaftsteuer infolge des bis zu dreijährigen Liquidationsbesteuerungszeitraums).

7.3 Liquidationsbesteuerung

7.3.1 Besteuerungszeitraum

653 Ermittlungszeitraum für das Einkommen ist normalerweise das Kalenderjahr (§ 7 Abs. 3 KStG), für den Gewinn aus Gewerbebetrieb das Wirtschaftsjahr (§ 7 Abs. 4 KStG).

Bei der Liquidationsbesteuerung tritt an die Stelle dieser Ermittlungszeiträume (Kalenderjahr bzw. Wirtschaftsjahr) der **Abwicklungszeitraum (Liquidationszeitraum** – § 11 Abs. 1 S. 1 KStG).

Der Abwicklungszeitraum **beginnt** im **Zeitpunkt der Auflösung** und **endet** mit dem **Abschluß** der **Schlußverteilung** des Gesellschaftsvermögens.

Der Abwicklungszeitraum wird regelmäßig **nicht** mit dem Kj. übereinstimmen – weder vom Verlauf noch von der Dauer. Er kann kürzer, wird aber häufig länger als ein Kalenderjahr sein. Der Besteuerungszeitraum **soll** grundsätzlich **drei Jahre nicht übersteigen** (§ 11 Abs. 1 S. 2 KStG).

654 Erfolgt die Auflösung im Laufe eines Wirtschaftsjahres, so **kann** (in sinngemäßer Anwendung des § 8b Nr. 1 EStDV) ein **Rumpfwirtschaftsjahr** vom Schluß des vorangegangenen Wirtschaftsjahres bis zum Auflösungszeitpunkt gebildet werden, obwohl begrifflich eine Aufgabe im Sinne dieser Vorschrift nicht gegeben ist (Abschn. 46 Abs. 1 Satz 5 KStR; BFH-Urt. vom 17. 7. 1974, BStBl II S. 692). Die Verwaltung gewährt mithin ein **Wahlrecht,** während das v. g. BFH-Urteil von einem **Zwang** zur Bildung eines Rumpfwirtschaftsjahres ausgeht.

U. E. ergibt sich aus der Pflicht der Liquidatoren, auf den Beginn der Liquidation eine Eröffnungsbilanz zu erstellen (vgl. § 71 Abs. 1 GmbHG), auch **zwingend** die Bildung eines Rumpfwirtschaftsjahres.

Dieses Rumpfwirtschaftsjahr reicht vom Schluß des vorangegangenen Wirtschaftsjahres bis zum Zeitpunkt der Auflösung. Es ist nicht in den Abwicklungszeitraum einzubeziehen (Abschn. 46 Abs. 1 Sätze 6 und 7 KStR).

Beispiele:

a) Am 31. 12. 08 beschließt die Gesellschafterversammlung der A-GmbH die Auflösung mit Beginn des 1. 1. 09. Die GmbH hatte ein mit dem Kalenderjahr übereinstimmendes Wirtschaftsjahr.

Es entsteht kein Rumpfwirtschaftsjahr. Bei der regulären Körperschaftsteuerveranlagung für das Kalenderjahr 08 ist der Gewinn des letzten Wirtschaftsjahres (= Wirtschaftsjahr 1. 1.-31. 12. 08) zugrunde zu legen (§ 7 Abs. 4 KStG). Der Abwicklungszeitraum beginnt am 1. 1. 09. Der Gewinn des Wirtschaftsjahres 08 ist **nicht** in die Liquidationsbesteuerung einzubeziehen.

b) Wie vor, aber die GmbH hatte ein Wirtschaftsjahr vom 1. 10. bis 30. 9. Sie hat Bilanzen auf den 30. 9. 08 **654**
und 31. 12. 08 erstellt.

Die Bilanzerstellung zum 31. 12. 08 führt zur Bildung eines Rumpfwirtschaftsjahres vom 1. 10. 08 bis zum 31. 12. 08.

Der Körperschaftsteuer-Veranlagung für den Veranlagungszeitraum 08 sind zugrunde zu legen die Ergebnisse der Wirtschaftsjahre 07/08 (1. 10. 07-30. 9. 08) **und** des Rumpfwirtschaftsjahres 08 (1. 10. 08–31. 12. 08), § 7 Abs. 4 KStG. Auch in diesem Fall beginnt der Zeitraum der Liquidationsbesteuerung am 1. 1. 09.

c) Wie vor, aber die GmbH hat zum 31. 12. 08 keine Bilanz erstellt.

Nach Auffassung der Finanzverwaltung bestehen keine Bedenken, wenn kein Rumpfwirtschaftsjahr für den Zeitraum vom Schluß des vorangegangenen Wirtschaftsjahrs bis zum Zeitpunkt der Auflösung gebildet wird. Wird kein Rumpfwirtschaftsjahr gebildet, ist dieser Zeitraum in den Abwicklungszeitraum einzubeziehen. Der Liquidationszeitraum beginnt daher am 1. 10. 08.

Die Einbeziehung des Zeitraums vom Schluß des vorangegangenen Wirtschaftsjahrs bis zum **655**
Zeitpunkt der Auflösung in die Liquidationsbesteuerung kann zu Liquiditätsvorteilen für die Gesellschaft i. L. führen, weil hierdurch eine sogenannte **Steuerpause** entstehen kann (spätere Besteuerung des Gewinns dieses vorgeschalteten Zeitraums).

Der vorgeschaltete Zeitraum ist aber u. E. bei der Bemessung der Dreijahresfrist (vgl. § 11 Abs. 1 Satz 2 KStG, siehe hierzu auch weiter unten) **nicht** anzurechnen, da diese Frist auf den **tatsächlichen** Auflösungszeitpunkt abstellt.

In dem obigen Beispiel läuft u. E. die Dreijahresfrist erst am 31. 12. 11 ab.

Der Liquidationszeitraum **soll** drei Jahre nicht übersteigen (§ 11 Abs. 1 S. 2 KStG). Es handelt **656**
sich um eine **Soll**vorschrift, deren Anwendung in das pflichtgemäße Ermessen des FA (§ 5 AO) gestellt ist. Wenn sich am Ende der Dreijahresfrist abzeichnet, daß die Abwicklung noch längere Zeit beanspruchen wird, ist die Vornahme der Liquidationsbesteuerung zunächst für den Dreijahreszeitraum sicher ermessensfehlerfrei. Die Liquidationsbesteuerung setzt andererseits begrifflich die **Voll**beendigung der Gesellschaft voraus (**Abschluß** der Vermögensverteilung).

Verschiedentlich wird die Veranlagung für den Dreijahreszeitraum als bloße „Zwischenveranlagung" angesehen, die später durch eine Veranlagung für den gesamten Abwicklungszeitraum zu ersetzen ist. Dies hätte zur Folge, daß die erste Veranlagung gemäß § 175 Abs. 1 Nr. 2 AO aufzuheben ist; gl. A. Greif/Schuhmann, KStG, § 11, RZ. 32 und 33 (vgl. hierzu Thiel, AG 1960 S. 270, der statt dessen Körperschaftsteuervorauszahlungen während des Abwicklungszeitraums vorschlägt).

Nach Märkle/Gottstein/Seibold/Stegmüller, Das Anrechnungsverfahren nach dem KStRG **657**
1977, Stuttgart 1978, sollen **mehrere** aufeinanderfolgende Liquidationsbesteuerungszeiträume möglich sein. Das ist u. E. **nicht** zutreffend. Bei längerer Liquidation wären mithin mehrere Dreijahreszeiträume zu bilden. Hiervon geht auch Abschn. 95a Abs. 3 Sätze 3 und 4 KStR aus. Dies kann aber sinnvoll nur als Zwischenveranlagung verstanden werden. Verschiedentlich gehen die Finanzämter nach dem ersten Dienstjahreszeitraum zur jährlichen Veranlagung zurück (befürwortend z. B. Hübl in Herrmann/Heuer/Raupach, KStG, Anm. 25 zu § 11).

Wird die Dreijahresfrist voraussichtlich oder tatsächlich nur geringfügig überschritten bis zum **658**
Abschluß der Schlußverteilung, ist für die Begrenzung des Besteuerungszeitraums auf 3 Jahre kein hinreichender Grund gegeben. Besteuerungszeitraum ist dann der gesamte Abwicklungszeitraum.

Ist die Liquidation nicht innerhalb der ersten 3 Jahre abgeschlossen, kommt ein **kürzerer** Be- **659**
steuerungszeitraum als 3 Jahre **nicht** in Betracht. Er beträgt dann mindestens 3 Jahre.

Jährliche handelsrechtliche sogenannte Liquidationsbilanzen sind steuerlich unbeachtlich.

Dies gilt auch für die Gliederung des verwendbaren Eigenkapitals (vgl. Abschn. 95a Abs. 1 Satz 2 KStR).

Der Dreijahreszeitraum bemißt sich nach **Zeitjahren,** nicht nach Wirtschaftsjahren.

660 Liegt lediglich eine **Scheinabwicklung** vor, ist also ein endgültiges Ausscheiden der Gesellschaft aus dem Wirtschaftsleben nicht ernsthaft gewollt, ist die Vorschrift § 11 KStG nicht anwendbar. In einem solchen Fall sind weiterhin reguläre jährliche mit dem Kalenderjahr übereinstimmende Veranlagungen durchzuführen. Dabei sind die Ergebnisse jeweils eines höchstens 12 Monate umfassenden Wirtschaftsjahres (§ 8b EStDV) zugrunde zu legen. Dadurch wird verhindert, daß die Gesellschaft eine ungerechtfertigte Steuerpause durch Liquidationsbesteuerung erlangt.

7.3.2 Abwicklungsgewinn

661 Abwicklungsgewinn ist gemäß § 11 Abs. 2 KStG der Unterschiedsbetrag zwischen dem
- Abwicklungs-**End**vermögen (§ 11 Abs. 3 KStG)
und
- Abwicklungs-**Anfangs**vermögen (§ 11 Abs. 4 KStG).

Beide Elemente dieser besonderen Art einer Gewinnermittlung durch Bestandsvergleich sind **vor** ihrer Gegenüberstellung nach § 11 Abs. 3 bzw. Abs. 4 KStG jeweils noch zu **berichtigen**; vgl. RZ 662 bis 673. Daher ist das berichtigte Endvermögen dem berichtigten Anfangsvermögen gegenüberzustellen. Außerdem sind nach § 11 Abs. 6 KStG die allgemeinen Gewinnermittlungsvorschriften anzuwenden. Vgl. hierzu im einzelnen RZ 671 bis 673.

Im Ergebnis umfaßt der Abwicklungsgewinn aufgelöste stille Reserven im Anfangsvermögen sowie im Abwicklungszeitraum erzielte Erträge unter Beachtung der körperschaftsteuerlichen Gewinn- und Einkommensermittlung.

7.3.2.1 Abwicklungs-Anfangsvermögen

662 Abwicklungs-Anfangsvermögen ist das Betriebsvermögen, das am Schluß des letzten dem Abwicklungszeitraum vorangegangenen Wirtschaftsjahrs vorhanden war und der Körperschaftsteuerveranlagung zugrunde gelegt worden ist (§ 11 Abs. 4 Satz 1 KStG) oder – falls – theoretisch – eine Körperschaftsteuerveranlagung für den letzten „regulären" Veranlagungszeitraum vor der Abwicklung nicht durchzuführen ist – das Betriebsvermögen, das bei der Gewinnermittlung anzusetzen gewesen wäre (§ 11 Abs. 4 Satz 2 KStG).

Es ist mithin unerheblich, ob für den letzten regulären Veranlagungszeitraum **vor** der Auflösung **tatsächlich** eine Körperschaftsteuer-Veranlagung durchzuführen ist. Es ist nicht etwa der gemeine Wert des Betriebsvermögens anzusetzen, sondern aufgrund des § 11 Abs. 4 KStG sind die **Buchwerte** der letzten Steuerbilanz maßgebend. Dies ist erforderlich zur Aufdeckung stiller Reserven. Dabei ist der Bilanzzusammenhang (§ 4 Abs. 1 EStG) unbedingt zu wahren.

663 Zum Anfangsvermögen gehört auch der **Wert eigener Anteile,** die durch die Abwicklung schließlich untergehen.

Da sie untergehen, sind sie im zur Verteilung gelangenden Endvermögen nicht mehr enthalten. Durch die Gegenüberstellung der Endvermögens und Anfangsvermögens ergibt sich insoweit ein Buchverlust.

Da dieser Vorgang aber gesellschaftsrechtlich bedingt ist, muß nach den allgemeinen Grundsätzen der Gewinnermittlung der Abwicklungsgewinn entsprechend erhöht werden. Dies kann durch Hinzurechnung des Werts, mit dem die Anteile im Anfangsvermögen enthalten sind, geschehen.

664 Das Anfangsvermögen ist um **Gewinnausschüttungen,** die **im** Abwicklungszeitraum für ein Wirtschaftsjahr **vor** der Auflösung vorgenommen worden sind, zu kürzen (§ 11 Abs. 4 Satz 3 KStG). Zur Zulässigkeit solcher Gewinnausschüttungen vgl. BFH-Urt. vom 12. 9. 1973, BStBl 1974 II S. 14, und vom 17. 7. 1974, BStBl II S. 692.

Durch diese Kürzungsvorschrift wird in technischer Hinsicht sichergestellt, daß Vermögensminderungen durch Ausschüttungen im Abwicklungszeitraum den Liquidationsgewinn **nicht** schmälern.

Es kann sich auch um Gewinnausschüttungen für weiter zurückliegende Wirtschaftsjahre handeln. Die Vorschrift hat letztlich nur klarstellende Bedeutung. Sie verwirklicht in technischer Hinsicht das Abzugsverbot für Gewinnausschüttungen als Einkommensverteilung im Sinne von § 8 Abs. 3 KStG.

664

Wenn eine Kapitalgesellschaft erst nach dem Ende des der Auflösung vorangegangenen Veranlagungszeitraums – also im Jahr der Auflösung – errichtet und vor Ablauf ihres ersten Wirtschaftsjahres wieder aufgelöst wird, greift die Vorschrift § 11 Abs. 4 KStG ins Leere, wenn die Gesellschaft kein Rumpfwirtschaftsjahr bildet. Denn dann fehlt es an einem „Betriebsvermögen am Schluß des dem Auflösungsjahr vorangegangenen Veranlagungszeitraums". Für diesen Fall bestimmt § 11 Abs. 5 KStG als Surrogat (Hilfswert) die **Summe der später geleisteten Einlagen** (insbesondere die bei der Gründung geleisteten Einlagen). Hierbei kann es sich um gesellschaftsrechtliche Einlagen auf das Nennkapital oder ein Aufgeld oder um verdeckte Einlagen handeln. Zum Begriff der Einlagen vgl. RZ 399ff.

665

Hat die Gesellschaft dagegen ein Rumpfwirtschaftsjahr mit Ende auf den Auflösungszeitpunkt gebildet, ist wiederum § 11 Abs. 4 KStG anwendbar, so daß es der Hilfsregelung des § 11 Abs. 5 KStG nicht bedarf.

Die Regelung des § 11 Abs. 5 KStG führt im Vergleich zu den Auswirkungen bei Aufstellung einer Schlußbilanz für das Rumpfwirtschaftsjahr zu **demselben** Ergebnis.

666

Beispiel:

Die X-GmbH wurde zum 1. 4. 02 errichtet. Wirtschaftsjahr sollte das Kalenderjahr sein.

A	Eröffnungsbilanz 1. 4. 02		P
Bank	55000 DM	Gezeichnetes Kapital	100000 DM
Forderung auf Resteinlagen	50000 DM	Kapitalrücklagen	5000 DM
	105000 DM		105000 DM

Die Rücklage wurde aus dem geleisteten Aufgeld gebildet (Überpari-Gründung).
Bereits zum 1. 10. 02 wurde die Auflösung der GmbH beschlossen.
Es wurden keine nichtabziehbaren Aufwendungen geleistet bzw. als Aufwand verbucht.

a) Die GmbH hat ein Rumpfwirtschaftsjahr in 02 gebildet und folgende Schlußbilanz erstellt:

A	30. 9. 02		P
		Gezeichnetes Kapital	100000 DM
		Kapitalrücklagen	5000 DM
		Jahresfehlbetrag	./. 105000 DM
	0 DM		0 DM

Abwicklungs-Anfangsvermögen:

Maßgebend ist das Betriebsvermögen, das der regulären Körperschaftsteuer-Veranlagung für den Veranlagungszeitraum 02 zugrunde zu legen ist, § 11 Abs. 4 Satz 1 KStG.

Da die GmbH ein Rumpfwirtschaftsjahr gebildet hat, ist das Betriebsvermögen zum 30. 9. 02 maßgebend.

Es beträgt 0 DM.

§ 11 Abs. 5 KStG kommt nicht zur Anwendung. Außerdem ist ein Verlustvortrag (§ 10d EStG) von 105 000 DM auf den Liquidationsbesteuerungszeitraum möglich (Abschn. 46 Abs. 2 und 37 KStR). Vgl. hierzu 7.3.2.3.

b) Die GmbH hat **kein** Rumpfwirtschaftsjahr gebildet.

In diesem Fall ist nach § 11 Abs. 5 KStG die Summe der später (d. h. von der Gründung bis zur Auflösung) geleisteten Einlagen maßgebend sein:

Einzahlungen auf Stammkapital	100 000 DM
Aufgeld (Überpari-Gründung)	5 000 DM
	105 000 DM

666 Die Betriebsvermögensminderung vom 1. 4. 02 bis 30. 9. 02 von 105 000 DM würde sich im Ergebnis wie der Verlust im Fall a) auswirken.

Vom Abwicklungs-Endvermögen wären ebenfalls 105 000 DM abzuziehen.

Dies Ergebnis ist im Vergleich zur Fallgestaltung a) stimmig.

Letztlich ist § 11 Abs. 5 KStG aber eine **Leervorschrift,** da **Einlagen** ohnehin bei der Gewinnermittlung **abzuziehen** sind.

7.3.2.2 Abwicklungs-Endvermögen

667 Die Gegenüberstellung des Abwicklungs-Endvermögens mit dem Abwicklungs-Anfangsvermögen dient – der Vorschrift des § 16 EStG vergleichbar – der Aufdeckung sämtlicher stiller Reserven. Das Abwicklungs-Endvermögen ist **nicht** nach § 6 EStG zu bewerten. Vielmehr ist der **gemeine Wert (§ 9 BewG)** maßgebend (BFH-Urt. vom 14. 12. 1965, BStBl 1966 III S. 152). Maßgebender Bewertungszeitpunkt ist der Tag der Übertragung an die Gesellschafter (BFH-Urt. vom 14. 12. 1965, a. a. O.).

668 Nach § 11 Abs. 3 KStG ist Abwicklungs-Endvermögen das zur Verteilung kommende Vermögen. Hierzu gehören nicht nur das im Rahmen der Schlußverteilung verteilte Vermögen (Abschlußzahlung, Schlußverteilung), sondern auch **Vorschüsse** auf das Abwicklungsergebnis.

Vorschüsse sind
– Liquidationsraten
– verdeckte Zuwendungen.

Mit verdeckten Zuwendungen ist die Gewährung von Vorteilen gemeint, die verdeckte Gewinnausschüttungen wären, wenn sich die Gesellschaft nicht in Liquidation befände. Sie können z. B. in der Gewährung von Preisvorteilen für Gesellschafter bei der Veräußerung von Wirtschaftsgütern an diesen oder in verdeckten Vermögenszuwendungen (unentgeltliche Übereignung von Wirtschaftsgütern) bestehen.

Solche Vermögensminderungen sind durch Hinzurechnungen zum Endvermögen auszugleichen.

669 **Abwicklungs-Endvermögen ist das insgesamt zur Verteilung kommende Vermögen abzüglich der steuerfreien Vermögensmehrungen im Abwicklungszeitraum.**

Der Abzug steuerfreier Vermögensmehrungen ist rechtlich bereits aufgrund der allgemeinen Vorschriften gesichert. Insoweit hat § 11 Abs. 3 KStG nur klarstellende Funktion. Lediglich in technischer Hinsicht wird bestimmt, daß nicht der Liquidationsgewinn, sondern das Endvermögen entsprechend zu mindern ist.

Steuerfreie Vermögensmehrungen sind
– sachlich steuerbefreite Einkünfte z. B. nach § 3 EStG oder anderen Gesetzen, z. B. InvZulG und
– gesellschaftliche Vermögensmehrungen (die keinen Gewinn darstellen), also Einlagen und verdeckte Einlagen.

670 **Sanierungsgewinne** sind im Rahmen einer Liquidation **nicht** steuerfrei nach § 3 Nr. 66 EStG, sondern steuerpflichtiger Gewinn, weil es am Tatbestandsmerkmal der Sanierungsabsicht objektiv fehlt, wenn einem bereits in Liquidation befindlichen Unternehmen Schulden erlassen werden.

> **Beispiel:**
>
> Ein Gesellschafter verzichtet im Liquidationszeitraum auf eine Darlehnsforderung gegenüber der Gesellschaft.
>
> Es handelt sich nicht um einen Sanierungsgewinn (der nicht steuerfrei sein könnte), sondern um eine gesellschaftliche Einlage, die keinen Gewinn der Gesellschaft darstellt und vom Endvermögen abzuziehen ist.

7.3.2.3 Allgemeine Gewinnermittlungsvorschriften

Das Ergebnis des besonderen Vermögensvergleichs nach § 11 Abs. 2 bis 4 KStG ist noch nicht der der Körperschaftsteuer zu unterwerfende Liquidationsgewinn. Vielmehr sind die allgemeinen Gewinnermittlungsvorschriften anzuwenden. Die sachlichen Steuerbefreiungen und nicht der Körperschaftsteuer unterliegenden gesellschaftlichen Einlagen sind bereits nach § 11 Abs. 3 KStG aus dem Endvermögen auszuscheiden; vgl. vorstehend RZ 667 ff. Zu den allgemeinen Gewinn- bzw. Einkommensermittlungsvorschriften, die noch zu berücksichtigen sind, gehören insbesondere die Vorschriften über **abziehbare** und **nichtabziehbare** Aufwendungen (**§§ 9 und 10 KStG**); vgl. hierzu auch BFH-Urt. vom 21. 10. 1981, BStBl 1982 II S. 177. Zu den §§ 9, 10 KStG vgl. RZ 289 ff und RZ 326 ff. 671

Auch der **Verlustabzug** (§ 10d EStG) ist zu berücksichtigen (Abschn. 46 Abs. 2 i. V. m. 37 KStR). Hierbei ist zu beachten, daß der Liquidations-Besteuerungszeitraum **ein** verlängerter Veranlagungszeitraum ist. Es sind daher Verluste aus den vorangegangenen regulären Veranlagungszeiträumen zu berücksichtigen. 672

Beispiel:
Die Y-GmbH hatte als Wirtschaftsjahr das Kalenderjahr. Ihre Auflösung wurde zum 1. 10. 05 beschlossen. Die Liquidation war am 15. 9. 08 beendet. In den Wirtschaftsjahren (= jeweils Kalenderjahr) 01 bis 04 sowie in dem vom 1. 1.–30. 9. 05 gebildeten Rumpfwirtschaftsjahr wurden jeweils Verluste erzielt.

Der Verlustabzug im Liquidations-Veranlagungszeitraum (1. 10. 05–15. 9. 08) ist für die Verluste der Wirtschaftsjahre 01 bis 05 einschließlich möglich.

Der Verlustvortrag ist nach § 10d Abs. 2 EStG zeitlich unbegrenzt möglich. 673

Umgekehrt kann ein Liquidations**verlust** auf die beiden letzten VZ **vor** der Liquidationsbesteuerung zurückgetragen werden (§ 10d Abs. 1 EStG).

Buchverluste aus dem **Wegfall eigener Anteile** der Gesellschaft dürfen als gesellschaftlicher Vorgang **nicht** den Gewinn mindern; vgl. hierzu RZ 662 bis 666.

7.3.2.4 Zusammenfassung

1. Abwicklungs-Endvermögen 674

   ./. nicht der Körperschaftsteuer unterliegende Vermögensmehrungen
   - sachlich steuerbefreite Einnahmen
   - gesellschaftliche Einlagen
   ./. abziehbare Aufwendungen (§ 9 KStG)
   + verdeckte Vermögensverteilung
   + nichtabziehbare Aufwendungen (§ 10 KStG)

   = steuerliches Abwicklungs-Endvermögen (§ 11 Abs. 3 KStG) (Gemeiner Wert)

2. Abwicklungs-Anfangsvermögen

   ./. Gewinnausschüttungen für Wirtschaftsjahre vor der Auflösung
   = steuerliches Abwicklungs-Anfangsvermögen (§ 11 Abs. 2 KStG) (Buchwert)

3. Steuerliches Abwicklungs-Endvermögen
   ./. steuerliches Abwicklungs-Anfangsvermögen
   = steuerlicher Abwicklungsgewinn

Ein Liquidationsgewinn ist (grds.) einem Aufgabegewinn i. S. des § 16 Abs. 3 EStG gleichzusetzen.

674 Der Freibetrag nach § 16 Abs. 4 EStG ist daher anwendbar (BFH-Urt. vom 8. 5. 1991, BStBl 1992 II S. 437).

Hierfür ist die Tarifbelastung (§ 23 KStG) zu ermitteln.

Diese ist aber bei den ins Anrechnungsverfahren einbezogenen Körperschaften lediglich als vorläufig anzusehen, da stets eine Vollausschüttung erfolgt. Vgl. nachstehend unter RZ 677 ff.

7.3.3 Auflösung einer Organgesellschaft

675 Die Auflösung einer Organgesellschaft führt zum Wegfall ihres bisherigen **Erwerbs**zwecks. Als Unternehmenszweck verbleibt lediglich die Durchführung der Abwicklung. Der Ergebnisabführungsvertrag im Sinne des § 291 AktG bezieht sich aber nur auf laufende Betriebsgewinne, nicht auf nach der Auflösung erzielte Gewinne. Daraus folgt, daß der nach der Auflösung der Organgesellschaft von ihr erzielte Gewinn nicht mehr dem Organträger zuzurechnen, sondern von der Organgesellschaft selbst zu versteuern ist (Abschn. 56 Abs. 1 KStR, BFH-Urt. vom 18. 10. 1967, BStBl 1968 II S. 105). Erfolgt die Auflösung der Organgesellschaft im Laufe ihres Wirtschaftsjahres und bildet sie **kein** Rumpfwirtschaftjahr bis zum Auflösungszeitpunkt, ist auch der Gewinn vom Beginn des letzten Wirtschaftsjahres der Organgesellschaft bis zum Auflösungszeitpunkt nicht mehr dem Organträger zuzurechnen (vgl. BMF-Schr. vom 30. 12. 1971, Tz. 26 und 27, BStBl 1972 I S. 2).

676 Stellt eine Organgesellschaft **ohne** förmlichen Auflösungsbeschluß ihre gewerbliche Tätigkeit nicht nur vorübergehend ein und veräußert sie ihr Vermögen, so fällt der während der tatsächlichen Abwicklung erzielte Gewinn nicht mehr unter die Ergebnisabführungsverpflichtung, ist also von der Organgesellschaft selbst zu versteuern (Abschn. 56 Abs. 2 KStR). Kritisch äußert sich hierzu Herrmann/Heuer/Raupach, KStG, § 7 a. F., Anm. 38–56 Stichwort Auflösung.

7.3.4 Liquidation und Anrechnungsverfahren

7.3.4.1 Allgemeines

677 Zielsetzung des Anrechnungsverfahrens ist die **Beseitigung der Doppelbelastung** ausgeschütteter Gewinne (mit Körperschaftsteuer und Einkommensteuer) in einem **geschlossenen** System, d. h. „ohne Lücken". Es soll verhindert werden, daß auf verwendbarem Eigenkapital lastende Körperschaftsteuer definitiv wird.

Spätestens bei der Liquidation der Gesellschaft (Kapitalgesellschaft bzw. Genossenschaft, **nicht** jedoch bei VVaG) soll bei der Gesellschaft die Ausschüttungsbelastung für ausgekehrtes verwendbares Eigenkapital hergestellt und die Anrechnung in Höhe der Ausschüttungsbelastung beim Anteilseigner vorgenommen werden.

Dies wird verwirklicht durch Behandlung der Vermögensverteilung im Rahmen der Liquidation als „**sonstige Leistungen**" gemäß § 41 Abs. 1 KStG.

Für sonstige Leistungen gelten die Vorschriften des Anrechnungsverfahrens (§§ 27–40 KStG) sinngemäß, insbesondere ist nach § 41 Abs. 1 KStG die Ausschüttungsbelastung (§ 27 KStG) herzustellen.

Zur Durchführung des Anrechnungsverfahrens auf der Ebene der Anteilseigner müssen diese sonstigen Leistungen folgerichtig als Einnahmen aus Kapitalvermögen erfaßt werden. Dies geschieht durch § 20 Abs. 1 Nr. 2 EStG.

678 Für die Rückzahlung von Nennkapital ist dagegen grundsätzlich **keine** Ausschüttungsbelastung herzustellen (Ausnahme: § 29 Abs. 3 KStG). Dementsprechend liegen beim Anteilseigner auch keine Kapitalerträge aus § 20 EStG vor, so daß keine Anrechnung von Körperschaftsteuer erfolgt.

Schema 679

Auskehrung des Abwicklungs-Endvermögens

	verwendbares Eigenkapital			Nennkapital
	EK 50/EK 45	EK 02 und 03	EK 04	(das **nicht** nach § 29 Abs. 3 KStG zum verwendbaren Eigenkapital gehört)
Gesellschaft	Herstellung der **Ausschüttungsbelastung** (EK 30 Vollauskehrung 100 %)	**Keine** Herstellung der Ausschüttungsbelastung	**Keine** Herstellung der Ausschüttungsbelastung	
	Körperschaftsteuer-Minderung	Körperschaftsteuer-Erhöhung	Bloße Kapitalrückzahlung	
Anteilseigner	Einnahmen § 20 Abs. 1 Nr. 2 EStG + Einnahmen § 20 Abs. 1 Nr. 3 EStG ($^3/_7$)		**Keine** Einnahmen § 20 Abs. 1 Nr. 2/3 EStG	
	Anrechnung der Körperschaftsteuer-Ausschüttungsbelastung		**Keine** Anrechnung von Körperschaftsteuer	

Bei der Auskehrung von EK **01** ist **(ab VZ 1994)** zu unterscheiden:
- Ist der Anteilseigner eine **natürliche** Person, liegen **(stpfl.) Einnahmen** aus § 20 Abs. 1 Nr. 1 EStG vor.
- Ist der Anteilseigner eine unbeschränkt stpfl. **Körperschaft,** sind die Bezüge **steuerfrei** (§ 8b Abs. 1 Satz 1 KStG).

Die Ausschüttungsbelastung ist in **keinem** Fall herzustellen (§ 40 Satz 1 Nr. 1 KStG).

Die **entsprechende** Anwendung der Vorschriften des Anrechnungsverfahrens bedeutet insbesondere: 680

1. Minderung/Erhöhung der Körperschaftsteuer (§ 27 Abs. 1 KStG)

Auch bei der **Bewirkung sonstiger Leistungen** ist die Ausschüttungsbelastung herzustellen (ausgenommen Verwendung von EK 01, EK 04 und Nennkapital, das nicht zum verwendbaren Eigenkapital gehört).

Bei offenen Gewinnausschüttungen für Wirtschaftsjahre **vor** der Auflösung tritt die Körperschaftsteuer-Änderung nach § 27 Abs. 3 **Satz 1** KStG für das Kalenderjahr (= Veranlagungszeitraum) ein, in dem das letzte Wirtschaftsjahr **vor** der Auflösung endet; vgl. hierzu auch BFH-Urt. vom 17. 7. 1974, BStBl II S. 692.

2. Maßgebender Veranlagungszeitraum für die Körperschaftsteuer-Änderung 681 (§ 27 Abs. 3 KStG) und verwendetes vEK (§ 28 Abs. 2 KStG)

Die Schlußverteilung ist als Vollausschüttung zu behandeln, da eine Thesaurierung ausscheidet. Die Körperschaftsteuer-Änderung (§ 27 Abs. 1 KStG) aufgrund der Verteilung des Abwicklungs-Endvermögens ist für den Liquidations-Besteuerungszeitraum (§ 11 Abs. 1 Satz 1 KStG) als Veranlagungszeitraum durchzuführen. Dabei führen § 27 Abs. 3 **Satz 1** und **Satz 2** KStG zu dem gleichen Ergebnis, falls nur von **einem** Besteuerungszeitraum auszugehen ist; vgl. aber Abschn. 95a Abs. 3 Sätze 3 und 4 KStR.

Beispiel:

Im Liquidationszeitraum 1. 10. 04 bis 30. 6. 06 wurden bewirkt bzw. sind den Gesellschaftern zugeflossen:

681
- Liquidationsraten: Bewirkung Rate 1 am 30. 12. 04, Rate 2 am 1. 7. 05
- offene Gewinnausschüttung für Rumpfwirtschaftsjahr 1. 1. 04-30. 9. 04, beschlossen 1. 4. 05, zugeflossen 2. 6. 05
- Schlußverteilung 30. 6. 06.

Lösung:

a) **Körperschaftsteuer-Änderung**

aa) **Veranlagungszeitraum = Kalenderjahr 04**
Aufgrund der offenen Gewinnausschüttung tritt die Änderung für das Jahr 04 ein (§ 27 Abs. 3 **Satz 1** KStG).

bb) **Liquidations-Besteuerungszeitraum (§ 11 Abs. 1 KStG):**
1. 10. 04-30. 6. 06
Die Körperschaftsteuer-Änderung für die Raten und Schlußverteilung ist in einer Summe zu ermitteln.

b) **Zeitliche Verrechnung mit dem VEK**
- offene Gewinnausschüttung: Verrechnung mit dem vEK 30. 9. 04, § 28 Abs. 2 **Satz 1** KStG
- Liquidationsraten und Schlußverteilung: Verrechnung mit dem vEK zum 30. 6. 06 in **einer** Summe (§ 28 Abs. 2 Satz 2 KStG).

682 3. Ausnahmen von der Körperschaftsteuererhöhung (§ 40 KStG)

Gilt für eine sonstige Leistung im Rahmen der Liquidation **EK 01, EK 04** als verwendet, ist § 40 KStG anwendbar. Das bedeutet, daß in solchen Fällen die Ausschüttungsbelastung nicht herzustellen ist. In den Fällen des **EK 04** liegen bei den Anteilseignern außerdem keine Einnahmen vor (§ 20 Abs. 1 Nr. 2 Satz 2 EStG).

683 4. Ausstellen von Steuerbescheinigungen (§§ 44, 45 KStG)

Auch für sonstige Leistungen in Form von steuerpflichtigen Liquidationserlösen sind Steuerbescheinigungen auszustellen (§§ 44 Abs. 1 Satz 1, 45 Abs. 1 Satz 1 KStG). Nur so kann die Anrechnung der Ausschüttungsbelastung beim Anteilseigner verwirklicht werden.

5. Wegen der **Gliederung des verwendbaren Eigenkapitals** bei der Liquidation vgl. RZ 1796 ff und Abschn. 95a KStR.

7.3.4.2 Einkünfte der Anteilseigner

684 Beim Anteilseigner muß der **Liquidationserlös** in **steuerpflichtige Kapitalerträge** (§ 20 Abs. 1 **Nr. 2 Satz 1** EStG) und in nicht als Kapitalerträge zu behandelnde **Kapitalrückzahlungen** (§ 20 Abs. 1 **Nr. 2 Satz 2** i. V. m. § 20 Abs. 1 **Nr. 1 Satz 2** EStG) zerlegt werden.

Bloße Kapitalrückzahlungen liegen vor, soweit

1. nicht zum verwendbaren Eigenkapital gehörendes Nennkapital (übriges Eigenkapital) und

2. EK 04 (§ 30 Abs. 2 Nr. 4 KStG)

als zurückgezahlt gilt. Anders ausgedrückt: Soweit der Liquidationserlös aus dem **übrigen Eigenkapital** oder dem **EK 04** stammt, wird er wie ein Veräußerungserlös für den Wegfall der Anteile behandelt. Hierbei handelt es sich grundsätzlich um einen Vorgang auf der privaten Vermögensebene.

685 Zu Einkünften führt die Kapitalrückzahlung aber, wenn die Anteile

1. zu einem **Betriebsvermögen** gehören oder

2. eine zum Privatvermögen gehörende **wesentliche Beteiligung** im Sinne des **§ 17 EStG** darstellen.

zu 1: Bei Zugehörigkeit der Anteile zum Betriebsvermögen liegt ein **laufender** Gewinn oder Verlust in Höhe des Unterschieds zwischen der Kapitalrückzahlung und dem Buchwert der An-

teile vor. Zur Frage, ob dies auch zutrifft, soweit EK 04 als verwendet gilt, vgl. Herzig, StuW **685**
1980 S. 21 (FN 16).

Bei der Zugehörigkeit der Anteile zu einem Betriebsvermögen des Anteilseigners sind die Kapitalerträge im Sinne des § 20 Abs. 1 Nr. 2 EStG als Betriebseinnahmen (§ 20 Abs. 3 EStG) zu erfassen.

Handelt es sich um eine zum **Betriebsvermögen** gehörende **100%ige Beteiligung,** ist ein Fall **686**
des § 16 Abs. 1 Nr. 1 2. Halbs. EStG verwirklicht **(Fiktion** einer **Teilbetriebsaufgabe). ** Damit sind § 16 Abs. 4 EStG (anteiliger Veräußerungsfreibetrag) und § 34 Abs. 1 und 2 EStG (ermäßigter Steuersatz) anwendbar (BFH-Urt. vom 15. 9. 1988, BStBl 1991 II S. 624) – bei voller Anrechnung der Körperschaftsteuer (gl. A. Herzig, StuW 1980 S. 21, m. w. N. – vom BFH, a. a. O. jedoch offengelassen).

zu 2: Bei einer privaten wesentlichen Beteiligung ist der Liquidationsfall mit einer Veräußerung **687**
gleichgestellt (§ 17 Abs. 4 Satz 1 EStG). Die Einkünfte ergeben sich durch Abzug der Anschaffungskosten der Beteiligung von der Kapitalrückzahlung. Auf einen entstehenden Veräußerungsgewinn sind die Vergünstigungen § 17 Abs. 3 EStG (Veräußerungsfreibetrag) und § 34 Abs. 1, 2 EStG (ermäßigter Steuersatz) anzuwenden. Ein **Verlust** ist ausgleichs- und nach § 10d EStG abzugsfähig.

Dabei ist – wie gesagt – zu beachten, daß Einkünfte aus § 17 EStG nur insoweit vorliegen, als nicht steuerpflichtige Einnahmen aus § 20 Abs. 1 Nr. 2 Satz 1 EStG vorliegen (§ 17 Abs. 4 Satz 2 EStG). Dadurch wird häufig ein **Verlust** aus § 17 EStG entstehen.

Wegen steuervermeidender Gestaltungsmöglichkeiten in absehbaren Liquidationsfällen vgl. **688**
Herzig, StuW 1980 S. 19ff.

Liegen zwischen der Anschaffung der Anteile und dem Liquidationsbeginn nicht mehr als 6 Monate, liegt – bei Zugehörigkeit der Anteil zum Privatvermögen – ein **Spekulationsgeschäft** (§ 23 Abs. 1 Nr. 1b i. V. m. Abs. 3 Satz 2 EStG) vor. Für diesen Fall besteht eine Regelungslücke. In der Literatur wird überwiegend die Auffassung vertreten, daß § 17 Abs. 4 Satz 2 EStG (Kürzung des „Veräußerungserlöses" um die steuerpflichtigen Kapitalerträge) entsprechend anzuwenden ist. Dem ist u. E. zuzustimmen.

Für den Anteilseigner bedeutet es vielfach einen erheblichen steuerlichen Nachteil, daß die im **689**
Zuge der Liquidation ausgekehrten **Altrücklagen** als steuerpflichtige Kapitaleinnahmen und nicht als Erlös für den Wegfall der Anteilsrechte behandelt werden. Bei wesentlichen Beteiligungen im Sinne von § 17 EStG würde bei einer Erfassung der Altrücklagen als Veräußerungsgewinn der Freibetrag gemäß § 17 Abs. 3 EStG und der ermäßigte Steuersatz gemäß § 34 EStG gewährt werden. Private Anteilseigner mit einer nicht wesentlichen Beteiligung sind mit einem aufgrund der Liquidation erzielten Veräußerungsgewinn überhaupt nicht steuerpflichtig. Für den Teil des Liquidationserlöses, der nicht zu den Kapitalerträgen gehört, wird auch kein Kapitalertragsteuerabzug vorgenommen (§ 43 EStG).

Wegen Gestaltungshinweisen zur Vermeidung dieser nachteiligen Behandlung der Altrücklagen vgl. Märkle/Gottstein/Seibold/Stegmüller. Das Anrechnungsverfahren nach dem KStRG 1977, Stuttgart 1978, S. 70, und Herzig, BB 1976 S. 926 (FN 15).

Die Regelung, wonach bei **nicht anrechnungsberechtigten Anteilseignern** der Körper- **690**
schaftsteuer-**Erhöhungsbetrag** aus der Verwendung von EK 03 auf Antrag vom Bundesamt für Finanzen **vergütet** wird (§ 52 KStG, § 36e EStG), ist auch auf Liquidationserlöse anzuwenden.

7.3.4.3 Beispiel zur Liquidationsbesteuerung

Sachverhalt: **691**

Die im Jahre 01 mit einem gezeichneten Kapital von 50 000 DM gegründete Quick-Profit-GmbH (Wirtschaftsjahr = Kalenderjahr) ist durch Beschluß des Alleingesellschafters A (unbeschränkt steuerpflichtig) gemäß § 60 Abs. 1 Nr. 2 GmbHG zum 1. 10. 07 aufgelöst worden. Die

691 Anschaffungskosten der Anteile haben 54 000 DM betragen (Nennbetrag 50 000 DM + 4 000 DM Aufgeld). Die Anteile gehören bei A zum Privatvermögen.

Vom 1. 1. 07 bis 30. 9. 07 wurde zulässigerweise ein Rumpfwirtschaftsjahr gebildet. Der Gewinn von 100 000 DM vor Körperschaftsteuer wurde nicht gesondert ausgeschüttet. Laut Liquidations-Eröffnungsbilanz zum 1. 10. 07 ergibt sich ein Betriebsvermögen von 354 000 DM (Buchwerte). Nach der gesonderten Feststellung des verwendbaren Eigenkapitals zum 30. 9. 07 waren bei Auflösung folgende Teilbeträge vorhanden:

EK 50	240 000 DM
EK 03	60 000 DM
EK 04	4 000 DM.

Die Liquidation war zum 30. 6. 10 beendet. Bis zu diesem Zeitpunkt wurden die Geschäfte durch einen Liquidator abgewickelt, die Gläubiger befriedigt und die Vermögenswerte veräußert. Im Liquidationszeitraum wurde keine Ausschüttung für Wirtschaftsjahre vor der Auflösung vorgenommen. Das Abwicklungs-Endvermögen zum 30. 6. 10 beträgt 400 000 DM (vor Abzug der liquidationsbedingten Körperschaftsteuer). Hierin ist die Nachzahlung einer – steuerfreien – Investitionszulage zu 16 000 DM enthalten. Als Aufwand wurden im Abwicklungszeitraum gebucht: Vermögensteuer 10 000 DM sowie Körperschaftsteuervorauszahlungen auf den Liquidationsgewinn/die Schlußverteilung 50 000 DM. Die Schlußrate wurde im Juli des Jahres 11 ausgezahlt (nach Ablauf des Sperrjahres).

1. Liquidationsgewinn (§ 11 Abs. 2 KStG)

a) steuerliches Abwicklungs-Endvermögen (30. 6. 10):

Abwicklungs-Endvermögen		400 000 DM
./. steuerfreie Einnahmen (InvZulage)		– 16 000 DM
+ nichtabziehbare Aufwendungen (§ 10 Nr. 2 KStG)		
Körperschaftsteuer	50 000 DM	
Vermögensteuer	10 000 DM	
	60 000 DM	+ 60 000 DM
steuerliches Abwicklungs-Endvermögen		444 000 DM

b) steuerliches Abwicklungs-Anfangsvermögen (1. 10. 07):

	354 000 DM

c) Abwicklungsgewinn. Tarifbelastung

steuerliches Abwicklungs-Endvermögen	444 000 DM
./. steuerliches Abwicklungs-Anfangsvermögen	354 000 DM
Abwicklungsgewinn	90 000 DM
Tarifbelastung 45 %	40 500 DM

2. Gliederung des verwendbaren Eigenkapitals 30. 6. 10

		Gesamt	EK 45	EK 02	EK 03	EK 04
1. 10. 07		304 000	240 000	–	60 000	4 000
Abwicklungsgewinn	90 000					
– Körperschaftsteuer 45 %	40 500	+49 500	+49 500	–	–	–
+ steuerfreie Einnahmen		+16 000	–	+16 000	–	–
– Vermögensteuer		– 10 000	– 10 000	–	–	–
30. 6. 10		359 500	279 500	16 000	60 000	4 000

3. Körperschaftsteuer-Änderung

Die Verteilung des gesamten Abwicklungs-Endvermögens kommt einer Vollausschüttung gleich.

C. Einkommen

KörperschaftsteuerÄnderung (§ 27 KStG) 691

a) **EK 45** 279 500 DM
Körperschaftsteuer-Minderung $^{15}/_{55}$ des EK 45 = ./. 76 227 DM

b) **EK 02** 16 000 DM
Körperschaftsteuer-Erhöhung $^{3}/_{10}$ des EK 02 = + 4 800 DM

c) **EK 03** 60 000 DM
Körperschaftsteuer-Erhöhung $^{3}/_{10}$ des EK 03 = + 18 000 DM

– 49 640 DM

d) **EK 04: Keine** Körperschaftsteuer-Erhöhung (§ 40 Nr. 1 KStG)

e) Rückzahlung des Stammkapitals = Kapitalrückzahlung

Der **nachrichtliche Teil** der Schlußgliederung sieht daher wie folgt aus:

Nachrichtlich:

	Gesamt	EK 45	EK 02	EK03	EK 04
Verringerung des verwendbaren Eigenkapitals durch Schlußrate	– 359 500	– 279 500	– 16 000	– 60 000	– 4 000
Bestand nach Schlußrate	0	0	0	0	0
Körperschaftsteuer-Minderung	– 76 227	76 227	–	–	–
Körperschaftsteuer-Erhöhung	+ 22 800	–	4 800	18 000	–
	– 53 427				

4. Körperschaftsteuer-Veranlagung für den Liquidationszeitraum

Körperschaftsteuer-Tarifbelastung	40 500 DM
– Körperschaftsteuer-Minderung	– 76 227 DM
+ Körperschaftsteuer-Erhöhung	+ 22 800 DM
Festzusetzende Körperschaftsteuer	– 12 927 DM
– Vorauszahlungen	– 50 000 DM
Erstattungsanspruch	62 927 DM

5. Berechnung der Schlußrate (Gesamtverteilung)

a) Abwicklungs-Endvermögen 400 000 DM
 + Körperschaftsteuer-Erstattungsanspruch 62 927 DM
 zu verteilendes Vermögen 462 927 DM

b) Das zu verteilende Vermögen setzt sich wie folgt zusammen:
 – aus EK 45: $^{70}/_{55}$ x 279 500 DM = 355 727 DM
 – aus EK 02: $^{7}/_{10}$ x 16 000 DM = 11 200 DM
 – aus EK 03: $^{7}/_{10}$ x 60 000 DM = 42 000 DM
 – aus EK 04: voller Betrag (§ 40 Nr. 1 KStG) 4 000 DM
 Auskehrung des verwendbaren Eigenkapitals 412 927 DM
 + Rückzahlung des Stammkapitals 50 000 DM
 462 927 DM

6. Einkünfte des Anteilseigners (Alleingesellschafter)

a) Einnahmen § 20 Abs. 1 Nr. 2 Satz 1 EStG
 355 727 DM + 11 200 DM + 42 000 DM = 408 927 DM
 (Hiervon sind bei der Verteilung 25% Kapitalertragsteuer
 [§ 43 Abs. 1 Nr. 1 EStG] einzubehalten.)
 + anrechenbare Körperschaftsteuer, § 20 Abs. 1 Nr. 3 EStG:
 $^{3}/_{7}$ von 408 927 DM = 175 255 DM
 Kapitalerträge 584 182 DM

691 **Keine** Einnahmen aus § 20 Abs. 1 Nr. 2 EStG sind
- die Rückzahlung des Stammkapitals und
- die Rückzahlung des EK 04 (§ 20 Abs. 1 Nr. 2 Satz 2 EStG).

Auf die Einkommensteuer des Gesellschafters sind anzurechnen:

Kapitalertragsteuer: 25% von 408 927 DM =	102 231 DM
anrechenbare Körperschaftsteuer (s. o.)	+ 175 255 DM
	277 486 DM

b) Da eine wesentliche Beteiligung vorliegt, führt der Wegfall der Anteile zu Einkünften aus § 17 EStG (§ 17 Abs. 4 Satz 1 EStG).

„Erlös" 4 000 DM + 50 000 DM =	54 000 DM
(Vermögensverteilung, soweit sie **nicht** in der Auskehrung von verwendbarem Eigenkapital besteht)	
./. Anschaffungskosten der Anteile	54 000 DM
Veräußerungsgewinn	0 DM

692 **c) Abwandlung des Sachverhalts**

Der Gesellschafter ist beschränkt steuerpflichtig (§ 1 Abs. 4 EStG); sonst wie vor.

Die Kapitalerträge i. S. von § 20 Abs. 1 Nr. 2 EStG stellen zwar inländische Einkünfte dar (§ 49 Abs. 1 Nr. 5a EStG). Die Einkommensteuer hierfür ist aber durch den Kapitalertragsteuer-Abzug abgegolten (§ 50 Abs. 5 Satz 1 EStG). Eine Veranlagung des Gesellschafters findet insoweit nicht statt.

Die Kapitalertragsteuer in Höhe von 25% von 408 927 DM = 102 231 DM wird definitiv (keine Anrechnung).

Die Körperschaftsteuer-Ausschüttungsbelastung ($3/7$ von 408 927 DM = 175 255 DM) ist zwar nicht anrechenbar (§ 50 Abs. 5 Satz 2 EStG).

Jedoch wird auf Antrag der **Körperschaftsteuer-Erhöhungsbetrag** aus der Verteilung des **EK 03** vom Bundesamt für Finanzen unter Einbehaltung von 25% Kapitalertragsteuer (§ 43 Abs. 1 Nr. 6 EStG) **vergütet** (§ 52 Abs. 1 KStG):

Körperschaftsteuer-Erhöhung aus EK 03	18 000 DM
– 25% Kapitalertragsteuer	4 500 DM
Auszahlung an Gesellschafter	13 500 DM

8. Verlegung der Geschäftsleitung in das Ausland (§ 12 KStG)

Literaturhinweis: Diebold, Steuerverstrickung und Steuerentstrickung im Normengefüge von ESt- und KSt-Recht, Bd. I und II, 1984; **Thimmel/Fuchs,** Gewinnrealisierung bei Einbringung einer deutschen Betriebstätte in eine ausländische Kapitalgesellschaft, DB 1979 S. 431; **Oppermann,** Steuerliche Folgen der Verlegung des Sitzes und des Ortes der Geschäftsführung von ausländischen Kapitalgesellschaften in das Inland, DB 1988 S. 1469; **Debatin,** Subjektfähigkeit ausländischer Wirtschaftsgebilde im deutschen Steuerrecht, DB 1988 S. 1155; **Baranowski,** Besteuerung der Sitzverlegung einer ausländischen Kapitalgesellschaft ins Inland, IWB F. 3 Gr. 4 S. 331ff.; **Dötsch,** Die körperschaftsteuerliche Behandlung der Verlegung des Sitzes bzw. der Geschäftsleitung einer Kapitalgesellschft über die Grenze, DB 1989 S. 2296; **Buyer,** Die Repatriierung ausländischer beschränkt steuerpflichtiger Kapitalgesellschaften durch Sitzverlegung ins Inland, DB 1990 S. 1682; **Herzig/Förster,** StÄndG 1992; Die Umsetzung der Fusionsrichtlinie in deutsches Steuerrecht, DB 1992, S. 911.

8.1 Allgemeines

Wenn eine bisher unbeschränkt steuerpflichtige Körperschaft oder Vermögensmasse ihre **Ge-** **schäftsleitung** und ihren **Sitz** oder eines der beiden Merkmale **ins Ausland verlegt** und dadurch die **unbeschränkte Steuerpflicht wegfällt**, ist grds. die Liquidationsbesteuerung nach § 11 KStG entsprechend anzuwenden (§ 12 Abs. 1 S. 1 KStG). Bei der Verlegung der Geschäftsleitung einer bisher unbeschränkt steuerpflichtigen Personenvereinigung gilt entsprechendes (§ 12 Abs. 1 S. 3 KStG). 693

Entsprechendes gilt, wenn die **inländische Betriebsstätte** einer beschränkt steuerpflichtigen Körperschaft usw. **aufgelöst** oder **ins Ausland verlegt** oder ihr Vermögen als Ganzes an einen anderen übertragen wird. **Ausgenommen** sind die Fälle des § 20 Abs. 8 UmwStG 1977 bzw. § 23 UmwStG 1995 (§ 12 Abs. 2 letzter Halbs. KStG). Vgl. hierzu unten 8.2.3.

Sind der Vorschrift ist es, beim Ausscheiden unbeschränkt Körperschaftsteuerpflichtiger aus der unbeschränkten Steuerpflicht die im inländischen Betriebsvermögen vorhandenen stillen Reserven aufzudecken und zu besteuern (BFH-Urt. vom 30. 10. 1973, BStBl 1974 II S. 255). Dies ist mit der Liquidationsbesteuerung nach § 11 KStG vergleichbar.

8.2 Voraussetzungen der Schlußbesteuerung

8.2.1 Subjektive Voraussetzungen

Unter die Schlußbesteuerung nach § 12 Abs. 1 KStG fallen **alle** unbeschränkt steuerpflichtigen Körperschaften usw. (im Gegensatz zu dem eingeschränkten Personenkreis des § 11 KStG). 694

Unter § 12 Abs. 2 KStG fallen alle nach § 2 Nr. 1 KStG beschränkt steuerpflichtigen Körperschaften usw. Die Körperschaft muß **inländisches Betriebsvermögen** haben. Da die Vorschrift § 12 KStG eine Schlußbesteuerung **inländischer** stiller Reserven des Betriebsvermögens sicherstellen will, ist sie nicht anzuwenden auf Körperschaften usw., die **kein** inländisches Betriebsvermögen haben.

8.2.2 Objektive Voraussetzungen

Objektive Voraussetzungen sind 695

1. Wegfall der unbeschränkten Steuerpflicht durch Verlegung von Sitz bzw. Geschäftsleitung **und**
2. Verlagerung des Betriebsvermögens in das Ausland.

Durch die Verlegung von Sitz bzw. Geschäftsleitung muß zum einen die **unbeschränkte Steuerpflicht wegfallen.**

Unbeschränkte Steuerpflicht liegt vor, wenn sich Sitz oder Geschäftsleitung oder beide Merkmale im Inland befinden. Die unbeschränkte Steuerpflicht fällt mithin weg, sobald sich keines der beiden Merkmale mehr im Inland befindet.

Verlegt daher eine Körperschaft usw. mit Sitz und Geschäftsleitung nur jeweils eines der beiden Merkmale, kann es nicht zur Schlußbesteuerung nach § 12 Abs. 1 KStG kommen, weil die unbeschränkte Steuerpflicht nicht wegfällt. Auch ein Liquidationsfall wird nicht gegeben sein.

Verlegt eine Körperschaft oder Vermögensmasse mit Sitz im Inland (und Geschäftsleitung im Ausland) ihren Sitz ins Ausland, greift unmittelbar die Liquidationsbesteuerung (§ 11 KStG) ein (gl. A. Felix/Streck, KStG, Anm. 3 (unter Berufung auf Herrmann/Heuer/Raupach, KStG, § 16 a. F., Anm. 3; Greif/Schuhmann, KStG, § 12 Rz 11) – sofern es sich um eine unter § 11 KStG fallende Körperschaft handelt. § 12 KStG kommt nicht zum Zuge. Falls die Voraussetzungen des § 11 KStG nicht gegeben sind, ist § 12 Abs. 1 KStG anzuwenden. 696

696 Verlegt eine nichtrechtsfähige Personenvereinigung ihre Geschäftsleitung in das Ausland, kommt es nach § 12 Abs. 1 Satz 3 KStG bereits dadurch zur Schlußbesteuerung, da diese Personenvereinigungen **keinen Sitz** haben.

Gl. A. Herrmann/Heuer/Raupach, KStG 1977, § 12 Anm. zu Abs. 1 (grüne Seiten).

697 Nachfolgend eine Übersicht über die denkbaren Fälle:

Verlegung ins Ausland von:	Körperschaften mit …		
	Sitz **und** Geschäftsleitung im Inland	**Sitz** im Inland	**Geschäftsleitung** im Inland
Sitz **und** Geschäftsleitung	Schlußbesteuerung § 12 Abs. 1 KStG[1)2)]		
nur Geschäftsleitung	**weder** Schlußbesteuerung nach § 12 Abs. 1 KStG (kein Wegfall der unbeschränkten Steuerpflicht) **noch** Liquidationsbesteuerung § 11 KStG		Schlußbesteuerung § 12 Abs. 1 KStG[1)2)]
nur Sitz		Liquidationsbesteuerung § 11 KStG[3)]	

[1)] Sofern unmittelbare Anwendung des § 11 KStG nicht möglich, weil
  – keine Abwicklung erfolgt und/oder
  – es sich nicht um eine unter § 11 KStG fallende Körperschaft handelt
[2)] Sofern keine steuerneutrale Einbringung i. S. des § 20 Abs. 8 UmwStG 1977 bzw. § 23 UmwStG 1995 vorliegt.
[3)] Sofern unter § 11 KStG fallende Körperschaft; sonst Schlußbesteuerung § 12 Abs. 1 KStG.

Weiterhin ist u. E. Voraussetzung für die Schlußbesteuerung, daß das **Betriebsvermögen in das Ausland verlagert** wird. Verbleibt das Betriebsvermögen (in Gestalt der Betriebsstätte [n]) im Inland, ist – **entgegen** dem **Wortlaut** der Vorschrift – keine Schlußbesteuerung durchzuführen, da die stillen Reserven nicht durch „Abwanderung" ins Ausland der deutschen Besteuerung entzogen werden (streitig, s. o.).

Die Körperschaft – jetzt mit Sitz **und** Geschäftsleitung im Ausland – bleibt nämlich mit der inländischen Betriebsstätte beschränkt steuerpflichtig (§ 2 Nr. 1 KStG). Die Besteuerung der stillen Reserven ist im Rahmen der gewerblichen Einkünfte (§§ 15, 49 Abs. 1 Nr. 2 EStG), spätestens im Rahmen des § 12 **Abs. 2** KStG (bei Auflösung usw. der inländischen Betriebsstätte) gesichert.

Die FinVerw führt hier aber eine Schlußbesteuerung durch.

8.2.3 Ausnahmen von der Schlußbesteuerung (§ 12 Abs. 2 KStG)

698 Nach § 12 Abs. 2 KStG ist eine Schlußbesteuerung unter Aufdeckung der stillen Reserven u. a. dann vorzunehmen, wenn die inländische Betriebstätte einer beschränkt steuerpflichtigen (z. B. ausländischen) Körperschaft als Ganzes an einen anderen übertragen wird.

In den Fällen des § 20 Abs. 8 UmwStG 1977 bzw. § 23 UmwStG 1995 findet jedoch eine Schlußbesteuerung **nicht** statt; § 20 Abs. 8 UmwStG 1977 bzw. § 23 UmwStG 1995 regelt einen **Teilbereich** der in nationales Recht umgesetzten EG-Fusionsrichtlinie. Nach dieser Vorschrift ist **innerhalb** der **EU die grenzüberschreitende Einbringung eines** Betriebs oder Teilbetriebs in eine Kapitalgesellschaft gegen Gewährung von Gesellschaftsrechten zu **Buchwerten**, also **ohne** Gewinnrealisierung möglich (ab VZ 1992). Es fragt sich, ob die Ausnahmeregelung weit genug reicht.

Es kommt nämlich trotz der Regelung des § 12 KStG dann zur **Schlußbesteuerung** nach dieser Vorschrift, wenn eine in einem **anderen** EU-Staat ansässige gesellschaft mit deutscher Be-

triebssätte mit einer Gesellschaft in einem dritten EU-Staat fusioniert (vgl. IDW-Fachnachrich- **698**
ten 1991 S. 408). Vgl. auch RZ 676.

8.3 Gewinnermittlung

Der Vorschrift liegt der gleiche Rechtsgedanke zugrunde wie dem § 11 KStG und der bei der **699**
Einkommensteuer entwickelten sogenannten **Entstrickungstheorie** (vgl. BFH-Urt. vom 16. 7.
1969, BStBl 1970 II S. 175).
Nach § 12 Abs. 1 S. 1 KStG ist **§ 11 KStG „entsprechend" anzuwenden.** Eine entsprechende
Anwendung ist aber nicht unproblematisch, da die Vorschriften voneinander abweichen.

8.3.1 Gewinnermittlungszeitraum

Bei der Liquidationsbesteuerung ist ein Besteuerungszeitraum festgelegt, nämlich der Abwick- **700**
lungszeitraum. Dieser ist Ermittlungs- und Veranlagungszeitraum. Er reicht von der Auflösung
bis zur Beendigung der Abwicklung. § 12 Abs. 1 KStG knüpft dagegen für die Schlußbesteuerung an die Beendigung der unbeschränkten Steuerpflicht an. Diese tritt aber zu einem bestimmten **Zeitpunkt** ein. Es fehlt also an einem sich an das letzte Wirtschaftsjahr bzw. Rumpfwirtschaftsjahr anschließenden Besteuerungszeitraum.

Jedenfalls für den Wegfall der unbeschränkten Steuerpflicht infolge der Verlegung der Ge- **701**
schäftsleitung ist u. E. auch das BFH-Urt. vom 17. 7. 1974, BStBl II S. 692 **nicht** anwendbar, da
für diesen Fall nach handelsrechtlichen Grundsätzen kein Rumpfwirtschaftsjahr zur von der
Schlußbesteuerung getrennten Gewinnermittlung zu bilden ist (gl. A. Felix/Streck, KStG, § 12,
Anm. 5; Lademann, KStG, § 12 Anm. 11; Greif/Schuhmann, KStG, § 12 Rz 18 und 19). Die entsprechende Anwendung des § 11 Abs. 2 KStG bedeutet daher:

Gewinnermittlungszeitraum für die Schlußbesteuerung infolge Verlegung ist das letzte Wirtschaftsjahr bzw. Rumpfwirtschaftsjahr bis zum Zeitpunkt des Ausscheidens aus der unbeschränkten Steuerpflicht (gl. A. Lademann, KStG, § 12 Anm. 11; Greif/Schuhmann, KStG, § 12
RZ 19).

Etwas anderes kann nur für den Fall des Ausscheidens aus der unbeschränkten Steuerpflicht in- **702**
folge Sitzverlegung ins Ausland gelten. In diesem Fall ist aber, wenn es sich um eine unter § 11
KStG fallende Körperschaft handelt, die Liquidationsbesteuerung anzuwenden. Andernfalls
wäre ausnahmsweise ein von der Schlußbesteuerung zu trennendes Rumpfwirtschaftsjahr zu bilden.
Die Schlußbesteuerung wäre dann eine reine Stichtags-Besteuerung der stillen Reserven.

8.3.2 Gewinnermittlung

Für die Gewinnermittlung bedeutet die entsprechende Anwendung des § 11 KStG aufgrund des **703**
vorstehend unter 8.3.1 Ausgeführten im einzelnen:

● Anfangsvermögen

ist das Betriebsvermögen zu Buchwerten, das der letzten Körperschaftsteuer-Bilanz zugrundegelegt worden ist bzw. das zugrundezulegen wäre (entsprechend § 11 Abs. 4 Satz 1 KStG). Das
Anfangsvermögen ist um Gewinnausschüttungen für frühere Wirtschaftsjahre zu kürzen (entsprechend § 11 Abs. 4 Satz 2 KStG).

Erfolgt das Ausscheiden aus der unbeschränkten Steuerpflicht noch vor Ablauf des ersten Wirtschaftsjahres seit Gründung, ist auch § 11 Abs. 5 KStG entsprechend anzuwenden. Anfangsvermögen ist dann die Summe der geleisteten Einlagen vgl. RZ 665 bis 666).

704 ● **Endvermögen**

ist das vorhandene Vermögen, bewertet auf den Zeitpunkt des Ausscheidens aus der unbeschränkten Steuerpflicht. Es handelt sich dabei um das **gesamte** Vermögen. Zu erfassen sind also auch die bereits im Ausland befindlichen Wirtschaftsgüter, soweit sie im Schluß-Wirtschaftsjahr ins Ausland verbracht worden sind. **Nicht** zu erfassen sind in früheren Wirtschaftsjahren gewinnrealisierend ins Ausland überführte Wirtschaftsgüter.

Das Endvermögen ist mit dem **gemeinen Wert** (§ 9 BewG) zu bewerten (§ 12 Abs. 1 Satz 2 KStG). Nach Auffassung in Greif/Schuhmann, KStG, § 12 Rz 21 ist dies der bei einer Veräußerung des Betriebs an einen Ausländer zu erzielende Preis.

Dies ist u. E. unzutreffend, da nach § 9 BewG anders als beim Teilwertbegriff – auf eine Einzelveräußerung der Wirtschaftsgüter abzustellen ist. Außerdem sind die gewachsenen stillen Reserven unabhängig von einem gedachten Erwerber.

705 Ein **Firmen-** oder **Geschäftswert** ist ebenfalls anzusetzen, falls hierfür seinerzeit ein Entgelt gezahlt worden ist, nicht dagegen ein **originärer** Firmenwert (BFH-Urt. vom 14. 2. 1978, BStBl 1979 II S. 99). Vgl. auch die geänderte Verwaltungsauffassung im BMF-Schr. vom 15. 8. 1984, BStBl I S. 461 zur Betriebsaufgabe (sinngemäß anzuwenden); **a. A.** Dötsch/Eversberg/Jost/Witt, KStG, Anm. 15 zu § 12 KStG.

706 Entsprechend § 11 Abs. 3 KStG ist das Endvermögen um die steuerfreien Vermögensmehrungen des Schluß-Wirtschaftsjahres zu kürzen.

U. E. müssen dabei – anders als im Liquidationsfalle – auch Sanierungsgewinne steuerfrei bleiben (§ 3 Nr. 66 EStG), sofern Betriebsverlegung bzw. Ausscheiden aus der unbeschränkten Steuerpflicht eindeutig nicht im Ergebnis einer Liquidation dienen.

Gegen eine Anwendung der Befreiungsvorschrift könnte sprechen, daß **nach** – und abgesehen von – der Schlußbesteuerung nach § 12 KStG keine inländischen Gewinne mehr der deutschen Besteuerung unterliegen werden.

707 ● Anwendung der allgemeinen Gewinnermittlungsvorschriften

Entsprechend § 11 Abs. 6 KStG sind die allgemeinen Gewinnermittlungsvorschriften anzuwenden. Das bedeutet im wesentlichen Anwendung der Vorschriften über die abziehbaren und nichtabziehbaren Aufwendungen; vgl. RZ 671 bis 673.

Da die Schlußbesteuerung durch eine Betriebsverlegung ins Ausland veranlaßt ist, müssen die Aufwendungen für die Betriebsverlegung als Betriebsausgaben abziehbar sein (gl. A. Greif/Schuhmann, a. a. O., RZ 17).

Der bei der Schlußbesteuerung zu erfassende Gewinn („Verlegungsgewinn") setzt sich mithin zusammen aus den im Zeitpunkt des Ausscheidens aus der unbeschränkten Steuerpflicht zwangsrealisierten stillen Reserven zuzüglich des Einkommens im Schluß(Rumpf-)wirtschaftsjahr bis zum Ende der unbeschränkten Steuerpflicht.

708 **Zusammenfassung:**

a) **Verlegungs-Endvermögen** → im Zeitpunkt des Ausscheidens aus der unbeschränkten Steuerpflicht

im Schlußwirtschaftsjahr
{
./. **nicht der Körperschaftsteuer unterliegende Vermögensmehrungen**
./. **abziehbare Aufwendungen (§ 9 KStG)**
+ ins Ausland zu überführende Vermögensteile im Schlußwirtschaftsjahr
+ **nichtabziehbare Aufwendungen (§ 10 KStG)**
}

= **steuerliches Verlegungs-Endvermögen**

b) **Verlegungs-Anfangsvermögen** → Buchwerte der letzten Körperschaftsteuerbilanz   708
vor dem Schluß-Wirtschaftsjahr
./. Gewinnausschüttungen für frühere Wirtschaftsjahre
= steuerliches Verlegungs-Anfangsvermögen

c) Steuerliches Verlegungs-Endvermögen
./. steuerliches Verlegungs-Anfangsvermögen
= der Schlußbesteuerung nach § 12 Abs. 1 KStG zu unterwerfender Gewinn

Dieser umfaßt somit das Ergebnis des letzten Wirtschafts- bzw. Rumpfwirtschaftsjahres und den Verlegungsgewinn.

8.3.3 Schlußbesteuerung und Anrechnungsverfahren

Die Schlußbesteuerung nach § 12 KStG führt auch bei unter das Anrechnungsverfahren fallen- 709
den Körperschaften (vgl. § 11 KStG: Kapitalgesellschaften, Erwerbs- und Wirtschaftsgenossenschaften sowie VVaG) zu einer **Tarifbelastung** (§ 23 KStG), die im Gegensatz zur Liquidationsbesteuerung **definitiv** wird (gl. A. Greif/Schuhmann, a. a. O., RZ 32). Denn durch das Ausscheiden aus der unbeschränkten Steuerpflicht werden von der Körperschaft keine sonstigen Leistungen im Sinne des § 41 Abs. 1 KStG wie bei der Vermögensverteilung im Rahmen einer Liquidation bewirkt.

Die Bewirkung sonstiger Leistungen kann u. E. auch nicht – durch erweiternde Auslegung des 710
§ 41 Abs. 1 KStG – unterstellt werden, da nach dem eindeutigen Wortlaut des § 12 Abs. 1 KStG lediglich § 11 KStG entsprechend anzuwenden ist.

Auch § 41 Abs. 1 KStG enthält keinen entsprechenden Hinweis.

Dieses Ergebnis ist u. E. auch systemgerecht. Lediglich für im Inland tatsächlich erfolgte Gewinnausschüttungen und sonstige Leistungen einer unbeschränkt steuerpflichtigen Körperschaft im Sinne der §§ 27, 43 KStG ist die Ausschüttungsbelastung herzustellen.

Die definitive Tarifbelastung ist nach § 23 KStG zu ermitteln. Die Steuerermäßigung nach § 34   711
EStG ist bereits tatbestandsmäßig nicht erfüllt. Die Verlegungs-Besteuerung richtet sich ausschließlich nach § 12 KStG.

Die Ausschüttungsbelastung ist u. E. aber herzustellen, soweit in oder für das der Schlußbesteuerung nach § 12 Abs. 1 KStG unterliegende Wirtschaftsjahr tatsächlich Gewinnausschüttungen vorgenommen werden, und zwar auch insoweit, als die aufgedeckten stillen Reserven ausgeschüttet werden. Dies muß u. E. auch gelten, wenn diese Gewinnausschüttungen für dieses letzte Wirtschaftsjahr erst **nach** dem Ausscheiden der Körperschaft aus der unbeschränkten Steuerpflicht vorgenommen werden. Der Wortlaut des § 27 Abs. 1 KStG steht dieser Auffassung nur scheinbar entgegen, denn nach § 27 KStG ist die Ausschüttungsbelastung **rückwirkend** für einen Zeitraum unbeschränkter Steuerpflicht herzustellen.

8.3.4 Beispiel zur Schlußbesteuerung

Die X-GmbH (Wirtschaftsjahr = Kalenderjahr) mit Sitz in Lüttich (Belgien) verlegt zum 1. 10. 04 auch   712
ihre Geschäftsleitung nach Lüttich. Der Betrieb befindet sich weiterhin in Aachen. Das Betriebsvermögen lt. Körperschaftsteuer-Bilanz 31. 12. 03 beträgt 250 000 DM (Buchwerte). Der gemeine Wert des Betriebsvermögens zum 30. 9. 04 beträgt 380 000 DM (darin enthalten laufender Gewinn 1. 1. 04 bis 30. 9. 04 55 000 DM). Hierin enthalten ist eine als Ertrag gebuchte Investitionszulage von 10 000 DM. Zu Lasten des Gewinns 1. 1.–30. 9. 04 wurden verbucht Vermögensteuer 5 000 DM, Körperschaftsteuer-Vorauszahlungen 35 000 DM. Eine Körperschaftsteuer-Rückstellung ist noch nicht berücksichtigt. Der steuerlich zutreffende Gewinn (§§ 8–10 KStG) vom 1. 10. 04 bis 31. 12. 04 beträgt 50 000 DM. Gewinnausschüttungen wurden weder **in** noch **für** das Jahr 04 vorgenommen.

712 **Auffassung I** (= Verwaltungsmeinung)
Es ist eine Schlußbesteuerung nach § 12 Abs. 1 KStG vorzunehmen:

Gemeiner Wert des vorhandenen Vermögens beim Ausscheiden aus der unbeschränkten Steuerpflicht (30. 9. 04)	380 000 DM
./. steuerfreie Vermögensmehrungen (Investitionszulage)	./. 10 000 DM
+ nichtabziehbare Aufwendungen (§ 10 Nr. 2 KStG) 5 000 DM + 35 000 DM =	+ 40 000 DM
steuerliches Verlegungs-Endvermögen	410 000 DM
./. Anfangsvermögen (31. 12. 03)	250 000 DM
Einkommen für Schlußbesteuerung	160 000 DM
Körperschaftsteuer: Tarifbelastung (§ 23 Abs. 1 KStG) 45 %	72 000 DM

Diese Tarifbelastung wird **definitiv,** da keine Ausschüttungsbelastung (§ 27 KStG) herzustellen ist.

Auffassung II (= eigene Auffassung)
Die Verlegung lediglich der Geschäftsleitung ohne Betriebsverlegung führt weder zur Liquidationsbesteuerung (§ 11 KStG) noch zu einer Schlußbesteuerung nach § 12 Abs. 1 KStG. Infolge des Wechsels von der unbeschränkten Steuerpflicht (§ 2 Nr. 1 KStG) sind allerdings **zwei** Veranlagungen für den Veranlagungszeitraum 04 durchzuführen.

a) Unbeschränkte Steuerpflicht (1. 1. bis 30. 9. 04):

Gewinn (nur laufender Gewinn)		55 000 DM
./. Investitionszulage		./. 10 000 DM
+ Nichtabziehbare Aufwendungen (§ 10 Nr. 2 KStG)		
Vermögensteuer	5 000 DM	
Körperschaftsteuer	35 000 DM	+40 000 DM
Einkommen		85 000 DM
Körperschaftsteuer: 45 % (§ 23 Abs. 1 KStG)		38 250 DM

b) Die stillen Reserven zum 30. 9. 04 sind **nicht** aufzudecken.
Der Gewinn ab 1. 10. 04 ist im Rahmen der **beschränkten** Steuerpflicht zu erfassen. Steuersatz: 42% (§ 23 Abs. 3 KStG) – ab VZ 1994.

Abwandlung des Sachverhalts
Der Betrieb wurde gleichzeitig nach Lüttich verlegt.
Hier kommt es unstreitig zur Schlußbesteuerung.

8.4 Veränderungen bei inländischen Betriebsstätten

713 Nach § 12 Abs. 2 KStG ist ebenfalls eine Schlußbesteuerung unter entsprechender Anwendung des § 12 Abs. 1 KStG durchzuführen bei einer der folgenden Veränderungen einer inländischen Betriebsstätte einer beschränkten steuerpflichtigen Körperschaft:

1. Auflösung
2. Verlegung ins Ausland
3. Übertragung als Ganzes auf einen anderen.

8.4.1 Auflösung der Betriebsstätte

714 Bei der Auflösung einer inländischen Betriebsstätte einer beschränkt steuerpflichtigen Körperschaft kann § 11 KStG im Falle der Abwicklung mangels unbeschränkter Steuerpflicht nicht angewendet werden. Insoweit verhindert § 12 Abs. 2 KStG eine Besteuerungslücke.

8.4.2 Verlegung der Betriebsstätte ins Ausland

Es muß sich um eine Verlegung der Betriebsstätte im ganzen handeln, d. h., es müssen zumindest die wesentlichen Wirtschaftsgüter betroffen sein, die zur Annahme einer Betriebsstätte führen. 715

Bei der Überführung nur einzelner Wirtschaftsgüter ins Ausland ist § 12 Abs. 2 KStG nicht anwendbar. Hier gelten die allgemeinen Grundsätze. Danach ist von einer mit dem Teilwert zu bewertenden Entnahme auszugehen, wenn die Besteuerungsmöglichkeit der stillen Reserven durch die Überführung des Wirtschaftsguts in das Ausland der Bundesrepublik entzogen würde, weil die ausländische Betriebsstätte aufgrund eines Doppelbesteuerungsabkommens nicht der deutschen Besteuerung unterliegt (BFH-Urt. vom 16. 7. 1969, BStBl 1970 II S. 175, und vom 30. 5. 1972, BStBl II S. 760).

Ohne Rücksicht darauf, ob mit dem betreffenden ausländischen Staat ein DBA besteht, ist der allgemeine Betriebsstättenbegriff des § 12 AO maßgebend. Im Falle des Bestehens eines DBA gilt also nicht die – engere – Betriebsstättendefinition des jeweiligen DBA.

Einer Verlegung der Betriebsstätte kommt es gleich, wenn die Voraussetzungen für das Vorliegen einer Betriebsstätte nicht mehr vorliegen. In diesem Fall ist die Schlußbesteuerung auf den Zeitpunkt des Wegfalls der Voraussetzungen für die Annahme einer Betriebsstätte vorzunehmen.

8.4.3 Übertragung der Betriebsstätte als Ganzes auf einen anderen

Auch in den Fällen, in denen das Betriebsvermögen einer inländischen Betriebsstätte einer beschränkt steuerpflichtigen Körperschaft usw. als Ganzes auf einen anderen übertragen wird, sind die in dem übertragenen Vermögen enthaltenen stillen Reserven **grds.** aufzulösen. 716

Die Vorschriften des UmwStG, nach denen die Besteuerung hinausgeschoben werden kann, sind jedoch **im** Rahmen des **§ 20 Abs. 8 UmwStG 1977** bzw. **§ 23 UmwStG 1995** anwendbar. Vgl. auch RZ 658.

Die Vorschriften der **Fusionsrichtlinie (FRL)** zur Einbringung von Unternehmensteilen werden durch § 20 Abs. 8 UmwStG 1977 bzw. § 23 UmwStG 1995 in deutsches Recht umgesetzt. Die Vorschrift behandelt die Einbringung unter Beteiligung von in der EU ansässigen ausländischen Kapitalgesellschaften. § 20 Abs. 8 UmwStG 1977 bzw. § 23 UmwStG 1995 tritt **neben** die unverändert fortgeltenden Vorschriften der § 20 Abs. 1–4, 7 UmwStG 1977 bzw. § 20 UmwStG 1995.

a) **Begünstiger Personenkreis**

aa) § 20 Abs. 8 UmwStG 1977 bzw. § 23 UmwStG 1995 regelt drei Fälle:
Einbringung **durch** eine **unbeschränkt** körperschaftsteuerpflichtige Kapitalgesellschaft **in** eine **beschränkt** körperschaftsteuerpflichtige Kapitalgesellschaft, die die Voraussetzungen des Art. 3 FRL erfüllt (§ 20 Abs. 8 **Sätze 1 und 4 UmwStG 1977** bzw. § 23 **Abs. 1 und 3 UmwStG 1995**).
Hinsichtlich der unbeschränkt steuerpflichtigen Gesellschaft enthält § 20 Abs. 8 Satz 2 UmwStG 1977 bzw. § 23 Abs. 1 Satz 2 UmwStG 1995 dabei die wichtige Klarstellung, daß eine erfolgsneutrale Einbringung auch dann möglich ist, wenn es sich um eine persönlich steuerbefreite Gesellschaft handelt, die Einbringung aber aus einem wirtschaftlichen Geschäftsbetrieb erfolgt. Diese Erweiterung geht über die Vorschriften der Fusionsrichtlinie hinaus (vgl. Abs. 3 Buchst. c) FRL).

bb) Einbringung **durch** eine **beschränkt** körperschaftsteuerpflichtige Kapitalgesellschaft, die die Voraussetzungen des Art. 3 FRL erfüllt, **in** eine **unbeschränkt** körperschaftsteuerpflichtige Kapitalgesellschaft, die ebenfalls die Voraussetzungen des Art. 3 der FRL erfüllt (§ 20 Abs. 8 Satz 3 UmwStG 1977 bzw. § 23 Abs. 2 UmwStG 1995).

cc) Einbringung durch eine **beschränkt körperschaftsteuerpflichtige** Kapitalgesellschaft, die die Voraussetzungen des Art. 3 FRL erfüllt, in eine **andere beschränkt körperschaftsteuerpflichtige** Kapitalgesellschaft i. S. des Art. 3 FRL (§ 20 Abs. 8 Satz 3 UmwStG 1977 bzw. § 23 Abs. 2 UmwStG 1995). Dabei wird **nicht vorausgesetzt,** daß die **beteiligten Gesellschaften aus unterschiedlichen Mitgliedstaaten der EG stammen.**

716 Eine **erfolgsneutrale** Einbringung kommt hiernach im **Grundsatz nur** dann in Betracht, **wenn an** dem Vorgang ausschließlich **Kapitalgesellschaften aus Mitgliedstaaten** der **EU beteiligt sind.** Die Einbringung **durch natürliche Personen** oder Personengesellschaften und durch § 20 Abs. 8 UmwStG 1977 bzw. § 23 UmwStG 1995 **nicht** erfaßt.

Darüber hinaus müssen die beteiligten Kapitalgesellschaften die Voraussetzungen des Art. 3 FRL erfüllen.

Dies setzt im wesentlichen voraus, daß es sich bei den Kapitalgesellschaften um Gesellschaftsformen handelt, die der deutschen GmbH oder AG entsprechen, diese Gesellschaften nach dem Recht eines Mitgliedstaats als in dem Staat ansässig gelten, nicht aufgrund eines DBA mit einem dritten Staat als außerhalb der EU ansässig anzusehen sind und die – ohne persönlich steuerbefreit zu sein – der Ertragsbesteuerung unterliegen.

Nach § 20 Abs. 8 Satz 3 UmwStG 1977 bzw. § 23 Abs. 2 UmwStG 1995 sind auch die Einbringungsfälle begünstigt, in denen lediglich Kapitalgesellschaften aus einem **einzigen** Mitgliedstaat der EU beteiligt sind, wie z. B. die Einbringung eines deutschen Betriebs durch eine belgische Kapitalgesellschaft in einer andere belgische Kapitalgesellschaft.

b) **Begünstigtes Betriebsvermögen**

In Anlehnung an die Bestimmung des Art. 2 Buchst. c) FRL sieht auch § 20 Abs. 8 UmwStG 1977 bzw. § 23 UmwStG 1995 nur die Möglichkeit einer steuerneutralen Einbringung von **Betrieben** und **Teilbetrieben** vor.

c) **Erforderliche Gegenleistung**

§ 20 Abs. 8 UmwStG 1977 bzw. § 23 UmwStG 1995 verlangt als Gegenleistung für die Einbringung eines Betriebs oder Teilbetriebs die Gewährung neuer Anteile durch die übernehmende Gesellschaft und lehnt sich damit an die nationale Regelung in § 20 Abs. 1 UmwStG an.

Es ist fraglich, ob das durch § 20 Abs. 8 UmwStG 1977 bzw. § 23 UmwStG 1995 übernommene Erfordernis der Gewährung neuer Anteile die Anforderungen der Fusionsrichtlinie korrekt umsetzt. In der Legaldefinition der „Einbringung von Unternehmensteilen" in Art. 2 **Buchst. c) FRL ist keine Rede von der Notwendigkeit der Gewährung neuer Anteile.**

d) **Betriebsstättenbedingung**

Die **Betriebsstättenbedingung** ist in Art. 4 Abs. 1 Satz 2 FRL festgeschrieben. Die Steuerneutralität der Einbringung kommt danach nur insoweit in Betracht, als das eingebrachte Vermögen einer Betriebsstätte der übernehmenden Gesellschaft im selben Staat wie bisher tatsächlich zuzurechnen ist. **Damit** wird eindeutig die **grenzüberschreitende Verbringung von Wirtschaftsgütern vom Anwendungsbereich der FRL ausgeschlossen.**

e) **Entschärfung des § 12 Abs. 2 KStG**

Nunmehr ist im Rahmen einer Betriebs- oder Teilbetriebseinbringung

– die **Begründung deutscher Betriebsstätten** durch Übertragung von einer EU-Kapitalgesellschaft auf eine ausländische EU-Kapitalgesellschaft,

– die **Übertragung deutscher Betriebsstätten** durch Einbringung von einer EU-Kapitalgesellschaft in eine andere EU-Kapitalgesellschaft und

– die **Auflösung deutscher Betriebsstätten** durch **Einbringung von** einer ausländischen EU-Kapitalgesellschaft in eine deutsche Kapitalgesellschaft

steuerneutral möglich.

Damit ist u. a. eine **wesentliche Entschärfung der Vorschrift des § 12 Abs. 2 KStG eingetreten,** die bisher in allen Fällen der Übertragung deutscher **Betriebsstätten eine zwingende Aufdeckung und Versteuerung stiller Reserven vorsah.**

Darüber hinaus ist in Deutschland die „Umwandlung" einer deutschen Betriebsstätte in eine Tochtergesellschaft jetzt ebenfalls steuerneutral möglich, wenn an dem notwendigen Ein-

bringungsvorgang eine EU-Kapitalgesellschaft als Einbringende beteiligt ist. Dabei kommt 716
es insbesondere **nicht darauf an, daß die neu gewährten Anteile an der Tochtergesellschaft der deutschen Steuerverhaftung unterliegen.**

f) **Übersicht**
- **Einbringungen mit Wertansatzwahlrecht nach § 20 Abs. 8 UmwStG 1977 bzw. § 23 UmwStG 1995:**

	Einbringender	erwerbende Gesellschaft	eingebrachter Gegenstand	Möglichkeit der Buchwertverknüpfung nach
1	inländische Kapitalgesellschaft	ausländische EU-Kapitalgesellschaft	inländische Betrieb/ Teilbetrieb	§ 20 Abs. 8 Satz 1 UmwStG 1977 bzw. § 23 Abs. 1 UmwStG 1995
2	inländische Kapitalgesellschaft	ausländische EU-Kapitalgesellschaft	ausländische EU-Betrieb/ EU-Teilbetrieb	§ 20 Abs. 8 Satz 4 UmwStG 1977 bzw. § 23 Abs. 3 UmwStG 1995
3	ausländische EU-Kapitalgesellschaft	ausländische Kapitalgesellschaft	inländische Betrieb/ Teilbetrieb	§ 20 Abs. 8 Satz 3 UmwStG 1977 bzw. § 23 Abs. 2 UmwStG 1995
4	ausländische EU-Kapitalgesellschaft	ausländische EU-Kapitalgesellschaft	inländische Betrieb/ Teilbetrieb	§ 20 Abs. 8 Satz 3 UmwStG 1977 bzw. § 23 Abs. 2 UmwStG 1995

(Nach Herzig/Förster, StÄndG 1992; Die Umsetzung der Fusionsrichtlinie in deutsches Steuerrecht, DB 1992, S. 911 ff).

Bei der Umwandlung einer unselbständigen inländischen Zweigniederlassung einer ausländischen Kapitalgesellschaft in eine – rechtlich selbständige unbeschränkt steuerpflichtige Tochter-Kapitalgesellschaft ist § 20 UmwStG 1977 bzw. 1995 anwendbar, so daß keine Schlußbesteuerung nach § 12 Abs. 2 KStG vorzunehmen ist (a. A. noch BFH-Urt. vom 30. 10. 1973, BStBl 1974 II S. 255).

8.4.4 Gewinnermittlung, Anrechnungsverfahren

Die Schlußbesteuerung der Betriebsstätte ist nach den Grundsätzen des § 12 Abs. 1 KStG durchzuführen. Vgl. hierzu vorstehend 8.3. 717

Auch hier ist – im Gegensatz zur Liquidationsbesteuerung – **kein** der Schlußbesteuerung vorgeschaltetes Rumpfwirtschaftsjahr zu bilden. Das Urteil des BFH vom 17. 7. 1974 (BStBl II S. 692) ist hier mithin auch nicht anwendbar.

Der Gewinnermittlungszeitraum beginnt hier also mit Beginn des Wirtschaftsjahres, in dem mit der Auflösung usw. der Betriebsstätte begonnen wurde, und endet im Zeitpunkt des Wegfalls der Voraussetzungen für das Vorliegen einer Betriebsstätte im Sinne des jeweiligen Doppelbesteuerungsabkommens.

Das Anrechnungsverfahren kann bei der Betriebsstätten-Schlußbesteuerung schon deswegen nicht anwendbar sein, weil es nur für unbeschränkt steuerpflichtige Körperschaften gilt.

9. Beginn und Erlöschen einer Steuerbefreiung (§ 13 KStG)

9.1 Allgemeines

718 § 13 KStG regelt die Besonderheiten der **Einkommensermittlung** bei **Beginn** oder **Erlöschen** einer persönlichen Steuerbefreiung im Sinne des § 5 Abs. 1 KStG. Dabei kann es sich auch um eine **partielle** Steuerbefreiung handeln (§ 13 Abs. 4 KStG).

- Im Falle des **Beginns** einer Steuerbefreiung werden die stillen Reserven, die während der Dauer der Steuerpflicht gebildet wurden, einer Schlußbesteuerung zugeführt (§ 13 **Abs. 1** KStG).

  Dem liegt wie bei § 12 KStG die sogenannte Entstrickungstheorie zugrunde.

- Im umgekehrten Falle, beim **Erlöschen** einer Steuerbefreiung, wird durch § 13 **Abs. 2** KStG sichergestellt, daß die während der steuerfreien Periode angesammelten stillen Reserven durch bzw. nach dem Wegfall der Steuerbefreiung nicht steuerpflichtig werden. Die Regelung ist insbesondere notwendig, weil sich aufgrund von Gesetzesänderungen der Kreis der steuerbefreiten Körperschaften ändern kann (z. B. Einschränkungen der Steuerbefreiung z. B. durch StRefG ab VZ 1990). Außer aufgrund von Gesetzesänderungen kann aber ein Wechsel zwischen Steuerbefreiung und Steuerpflicht auch durch andere Umstände eintreten, z. B. Änderung des Geschäftszwecks und/oder der Tätigkeit.

719 § 13 KStG hat praktische Bedeutung für rechtsfähige Kassen im Sinne des § 5 Abs. 1 Nr. 3 KStG, für Erwerbs- und Wirtschaftsgenossenschaften im Sinne des § 5 Abs. 1 Nr. 14 KStG, sowie für gemeinnützige Wohnungsunternehmen (vgl. § 5 Abs. 1 Nr. 10, 11, 13 und 17 KStG a. F.), deren Steuerbefreiung aufgrund des StRefG 1990 spätestens mit Ablauf des VZ 1990 entfallen ist. **Keine** Besteuerung der stillen Reserven findet bei nach § 5 Abs. 1 Nr. 9 KStG befreiten Körperschaften statt, die ausschließlich und unmittelbar der Förderung wissenschaftlicher Zwecke oder der Erziehung, Volks- und Berufsausbildung dienen (§ 13 Abs. 4 KStG) - ab VZ 1994 ausgedehnt auf **alle** steuerbegünstigten Zwecke i. S. des § 9 Abs. 1 Nr. 2 KStG.

9.2 Beginn einer Steuerbefreiung

9.2.1 Aufstellung einer Schlußbilanz

720 Wird eine steuerpflichtige Körperschaft usw. von der Körperschaftsteuer befreit, hat sie die während des Bestehens der Steuerpflicht gebildeten stillen Reserven des Betriebsvermögens aufzudecken und der Besteuerung zuzuführen, bevor sie aus der Steuerpflicht ausscheidet (Abschn. 47 Abs. 1 Satz 1 KStR). Zu diesem Zweck hat sie auf den Zeitpunkt des Beginns der Steuerbefreiung eine Schlußbilanz aufzustellen (§ 13 Abs. 1 KStG). In dieser Schlußbilanz sind die Wirtschaftsgüter mit den **Teilwerten** anzusetzen (§ 13 Abs. 3 Satz 1 KStG).

721 Die Aufstellung einer Schlußbilanz entfällt bei Körperschaften, die keine Gewinneinkünfte erzielen (da kein Betriebsvermögen vorhanden ist) und bei nach § 2 Nr. 2 KStG beschränkt Steuerpflichtigen.

Mithin kommt die Vorschrift nur bei Beginn einer Steuerbefreiung nach § 5 Abs. 1 KStG in Betracht.

Wurde der Gewinn bisher nach § 4 Abs. 3 EStG ermittelt, ist R 17 Abs. 1 EStR entsprechend anzuwenden (Abschn. 47 Abs. 1 Satz 3 KStR), d. h. es ist ein Übergang zum Betriebsvermögensvergleich (hier: auf den Zeitpunkt des Beginns der Steuerbefreiung) zu fingieren. Der Beginn der Steuerbefreiung kann u. U. im Verlauf eines Wirtschaftsjahres eintreten. Dadurch kann sich der letzte Veranlagungszeitraum verkürzen.

9.2.2 Ansatz der Teilwerte

Durch den Ansatz der Teilwerte wird erreicht, daß die stillen Reserven unmittelbar vor Eintritt in die steuerfreie Periode besteuert werden. Es gilt der allgemeine bilanzsteuerliche Teilwertbegriff. **722**

9.2.3 Besteuerung der stillen Reserven

Der Körperschaftsteuer unterliegt der steuerpflichtige Gewinn des letzten (Rumpf-)Wirtschaftsjahres einschließlich der nach § 13 Abs. 1 KStG aufgedeckten stillen Reserven. Der Gewinn aus der Auflösung der stillen Reserven ist **kein** Veräußerungsgewinn im Sinne des § 16 EStG. Der § 16 Abs. 4 EStG ist daher nicht anzuwenden (vgl. Abschn. 47 Abs. 1 Satz 4 KStR). Es fragt sich, ob die Rechtsprechung zu § 11 KStG (= BFH-Urt. vom 8. 5. 1991, BStBl 1992 II S. 437, vgl. RZ 635) entsprechend anwendbar ist (u. E. nicht). Der Gewinn ist mithin voll tariflich zu versteuern. Billigkeitsmaßnahmen aus sachlichen Gründen sind nicht möglich. Lediglich Zahlungserleichterungen aus persönlichen Gründen sind im Einzelfall denkbar. **723**

Bei Genossenschaften gehört allerdings ein Gewinn im Sinne des § 13 KStG zu dem im „Mitgliedergeschäft" erwirtschafteten Überschuß und kann im Rahmen des § 22 KStG als „genossenschaftliche Rückvergütung" abziehbare Betriebsausgabe sein.

9.3 Erlöschen einer Steuerbefreiung

9.3.1 Ansatz der Teilwerte

Gegenstück zu § 13 Abs. 1 KStG ist die Regelung in § 13 Abs. 2 KStG für den Fall des **Erlöschens** einer Steuerbefreiung. Durch § 13 Abs. 2 KStG wird sichergestellt, daß die während der Dauer der Steuerbefreiung angesammelten stillen Reserven nicht steuerpflichtig werden. Dies wird bewirkt durch erfolgsneutrale Aufdeckung der stillen Reserven, und zwar durch Ansatz der **Teilwerte** in einer **Anfangsbilanz** gemäß § 13 Abs. 3 Satz 1 KStG (vorbehaltlich der Sonderregelung § 13 Abs. 4 KStG). Zur Verpflichtung zu einer Anfangsbilanz bei durch das StRefG 1990 ganz oder teilweise steuerpflichtig gewordenen gemeinnützigen Wohnungsbauunternehmen vgl. BMF-Schreiben vom 24. 7. 1989, BStBl I S. 271. Die Wertansätze können von der Handelsbilanz abweichen. Somit kann sich die weitere Wertentwicklung nach Erlöschen der Steuerbefreiung auswirken, z. B. in Form von AfA und/oder Teilwert-Abschreibungen. Infolge der Aufdeckung der stillen Reserven ist die AfA-Bemessungsgrundlage entsprechend höher. Die Anfangsbilanz ist eine Steuerbilanz. **724**

Die Regelung gilt für alle Körperschaften usw., bei denen eine persönliche Befreiung wegfällt. Die Körperschaft muß aber Gewinneinkünfte erzielen und ihren Gewinn durch Betriebsvermögensvergleich ermitteln.

Zur Vereinfachung bei der Bewertung von Grund und Boden sowie Gebäuden bei der Ermittlung der Teilwerte für den Grundbesitz gemeinnütziger Wohnungsunternehmen, deren Steuerbefreiung durch das StRefG 1990 entfallen ist, in der Anfangsbilanz nach § 13 Abs. 2, 3 und 5 KStG vgl. BMF-Schreiben vom 30. 3. 1990, BStBl I S. 149, sowie Erlaß FinMin NW vom 20. 1. 1994, DB 1994 S. 555.

Bei Gewinnermittlung nach § 4 Abs. 3 EStG (nur möglich bei nicht nach dem HGB o. ä. zur Buchführung Verpflichteten) ist keine Anfangsbilanz nach § 13 Abs. 2 KStG aufzustellen. **725**

Auch bei mehrfachem Wechsel zwischen Steuerfreiheit und Steuerpflicht (insbesondere bei Erwerbs- und Wirtschaftsgenossenschaften im Sinne von § 5 Abs. 1 Nr. 10 und 14 KStG) kann nicht von der jeweiligen Aufdeckung der stillen Reserven bei Wegfall sowie bei Beginn der Steuerbefreiung abgesehen werden.

9.3.2 Beschränkung der Verlustverrechnung bei ehemals gemeinnützigen Wohnungsunternehmen (§ 13 Abs. 3 S. 2 ff KStG)

726 Durch das Steuerreformgesetz 1990 ist die bisherige Steuerbefreiung für gemeinnützige Wohnungsunternehmen und Organe der staatlichen Wohnungspolitik grundsätzlich ab dem Veranlagungszeitraum 1990 bzw. 1991 aufgehoben worden. Mit dem Eintritt in die Steuerpflicht haben die Unternehmen eine steuerliche Anfangsbilanz zu erstellen, in der die Wirtschaftsgüter – insbesondere die Gebäude – mit dem Teilwert anzusetzen sind (§ 13 Abs. 2 und 3 KStG). Der Teilwert stellt fortan die Bemessungsgrundlage für die AfA nach § 7 EStG dar.

Durch eine Ergänzung des § 13 Abs. 3 KStG werden **Verluste,** die aus den Abschreibungen aufgrund der Teilwertaufstockung entstehen, zukünftig nur noch beschränkt zum Abzug mit steuerlicher Wirkung zugelassen. Zu diesem Zweck läßt die Ergänzung des § 13 Abs. 3 KStG im Verlustfall bei ehemals gemeinnützigen Wohnungsunternehmen und Organen der staatlichen Wohnungspolitik **AfA** für Gebäude oder Gebäudeteile im Rahmen der Gewinnermittlung nur von den ursprünglichen Anschaffungs- oder Herstellungskosten und **nicht von dem Teilwert** zu. Der **nicht berücksichtigte Verlust** aus der Wohnungsvermietung kann **nur** zur Verrechnung mit zukünftigen Gewinnen aus der Wohnungsvermietung **vorgetragen** werden. Die AfA für Altbauten nach den Anschaffungs- oder Herstellungskosten, die auf die Zeit nach dem Eintritt in die Steuerpflicht entfallen, sowie die AfA für Neubauten, die nach dem Eintritt in die Steuerpflicht erworben oder errichtet worden sind, unterliegen **nicht** den neuen Einschränkungen. Das gilt auch für Modernisierungsaufwendungen, die unverändert grundsätzlich als Erhaltungsaufwendungen abgezogen werden dürfen.

Im einzelnen stellt die Ergänzung des § 13 Abs. 3 KStG sicher, daß hohe Verluste aus der AfA vom Teilwert im Rahmen einer Organschaft von dem Wohnungsunternehmen als Organgesellschaft nicht an die Muttergesellschaft (Organträger) weitergereicht werden können. Die Vorschrift schließt weitere Umgehungsmöglichkeiten der Verlustbeschränkung aus, wie z. B. die Verlustbeteiligung über eine mitunternehmerische Beteiligung ohne Verlustbeschränkung, die Geltendmachung von Verlusten in den Fällen der unentgeltlichen oder teilentgeltlichen Rechtsnachfolge und in den vergleichbaren Fällen der Vermögensübertragungen nach dem Umwandlungssteuergesetz sowie die Übertragung solcher Verluste auf andere Konzernunternehmen durch eine steuerfreie Veräußerung der betroffenen Objekte.

Die eingeschränkte Verlustregelung kommt **nicht** zur Anwendung, soweit Investitionen in zum Anlagevermögen der Wohnungsunternehmen rechnende abnutzbare unbewegliche Wirtschaftsgüter getätigt werden. Der zunächst nicht ausgleichsfähige Abschreibungsverlust vermindert sich um das Doppelte des begünstigten Investitionsvolumens, d. h. der im Wirtschaftsjahr anfallenden aktivierungspflichtigen Aufwendungen. Im Rahmen dieser **Investitionsklausel** ist es den Wohnungsunternehmen weiterhin ermöglicht worden, nicht ausgeschöpfte Investitionen der Wirtschaftsjahre in das Vorjahr zurück- und zeitlich unbegrenzt vorzutragen.

Die Ergänzung in § 13 Abs. 3 Satz 2 bis 9 KStG ist erstmals für Wirtschaftsjahre anzuwenden, die nach dem 27. 5. 1993 enden; für Wohnungsunternehmen nach § 13 Abs. 3 Satz 2 KStG und Organträger nach § 13 Abs. 3 Satz 9 Nr. 1 KStG ist die Ergänzung in § 13 Abs. 3 Satz 2 bis 9 KStG erstmals für Wirtschaftsjahre anzuwenden, die nach dem 27. 5. 1993, spätestens am 1. 5. 1994, beginnen. Die Mißbrauchsregelung für steuerfreie Veräußerungen im Konzern nach § 13 Abs. 3 Satz 10 KStG ist erstmals auf Übertragungen anzuwenden, die nach dem 27. 5. 1993 erfolgen. Vgl. zu **Einzelfragen BMF-Schreiben** vom 20. 12. 1994, BStBl I S. 917.

9.4 Sonderregelung § 13 Abs. 4 KStG
9.4.1 Allgemeines

727 Die Vorschrift beinhaltet eine Parallele zu § 6 Abs. 1 Nr. 4 Satz 2 EStG, wonach bei Spenden von Wirtschaftsgütern aus dem Betriebsvermögen zur Förderung wissenschaftlicher Zwecke oder der Erziehung, Volks- und Berufsausbildung eine Entnahme zum Buchwert (also ohne Aufdeckung der

stillen Reserven) möglich ist. Parallel hierzu soll auch bei Körperschaften usw., die ausschließlich 727
und unmittelbar der Förderung der obengenannten Zwecke dienen, bei Beginn der Steuerbefreiung
eine Besteuerung der bis dahin gewachsenen bzw. gelegten stillen Reserven unterbleiben.

Ab Veranlagungszeitraum 1994 wird die Regelung auf alle Körperschaften ausgedehnt, die ausschließlich und unmittelbar steuerbegünstigten Zwecken nach § 9 Abs. 1 Nr. 2 KStG dienen.

9.4.2 Beginn einer Steuerbefreiung

Voraussetzung ist, daß die eintretende Steuerbefreiung auf § 5 Abs. 1 **Nr. 9** KStG beruht und die 728
Körperschaft usw. den obengenannten Zwecken ausschließlich und unmittelbar dient. Es wird
also nur der obengenannte **Teilbereich** gemeinnütziger Zwecke von der Begünstigung erfaßt.

Abweichend vom Grundsatz des § 13 Abs. 3 KStG, wonach der Teilwert maßgebend wäre, ist in
den Fällen des § 13 Abs. 4 KStG bei Beginn der Steuerbefreiung der Ansatz der Wirtschaftsgüter in der **Schlußbilanz** mit den **Buchwerten** vorzunehmen. Buchwert ist der sich nach den Gewinnermittlungsvorschriften ergebende Wert. Bei der Aufstellung der Schlußbilanz handelt es
sich um eine Mußvorschrift. Auf die Besteuerung der stillen Reserven wird durch § 13 Abs. 4
KStG nicht endgültig verzichtet. Die Besteuerung wird vielmehr zeitlich bis zu einer evtl. Veräußerung oder der Liquidation hinausgeschoben.

9.4.3 Erlöschen einer Steuerbefreiung

Bei Erlöschen der Steuerbefreiung im Sinne des § 5 Abs. 1 Nr. 9 KStG einer in § 13 Abs. 4 KStG 729
aufgeführten Körperschaft usw. sind die Wirtschaftsgüter in der nach § 13 Abs. 2 KStG aufzustellenden Anfangsbilanz nicht mit dem Teilwert, sondern ebenfalls mit den **(fortgeführten)
Buchwerten** anzusetzen. Dies ist der Wert, der sich bei ununterbrochener Steuerpflicht nach den
Gewinnermittlungsvorschriften ergeben hätte. Anzusetzen sind daher in der Regel die Anschaffungs- oder Herstellungskosten, ggf. vermindert um die AfA.

Auf diese Weise wird erreicht, daß bei einer Veräußerung **nach** Erlöschen der Steuerbefreiung
(auch) die stillen Reserven versteuert werden müssen, die während der steuerfreien Periode gebildet worden sind. Dies kann aber nur gelten, sofern das jeweilige Wirtschaftsgut **vor dem Beginn
der Steuerbefreiung angeschafft oder hergestellt worden ist. Denn die Vorschrift geht davon
aus, daß bei Beginn der Steuerbefreiung die Voraussetzungen des § 13 Abs. 4 Satz 1 KStG erfüllt waren und später die Steuerbefreiung verlorengegangen ist. Sind die Wirtschaftsgüter
aber erst nach** dem Beginn der Steuerbefreiung angeschafft oder hergestellt worden, ist § 13
Abs. 4 Satz 2 KStG **nicht** anwendbar. Solche Wirtschaftsgüter sind nach dem Grundsatz des § 13
Abs. 3 KStG mit den **Teilwerten** anzusetzen (gl. A. Greif/Schuhmann, KStG, § 13, RZ 52).

9.5 Bei partieller Steuerbefreiung (§ 13 Abs. 5 KStG)

Wenn eine Steuerbefreiung nur teilweise beginnt oder endet, sind nach § 13 Abs. 5 KStG die 730
Vorschriften § 13 Abs. 1 bis 4 KStG auf den entsprechenden Teil des Betriebsvermögens anzuwenden. Praktische Bedeutung hat die Vorschrift im wesentlichen bei

- **partieller Steuerpflicht** sogenannter „überdotierter" Pensionskassen usw. nach **§ 6 KStG** und
- **der Begründung** oder **Aufgabe** eines **steuerpflichtigen wirtschaftlichen Geschäftsbetriebs** durch eine ansonsten steuerbefreite Körperschaft usw.

9.5.1 Überdotierte Kassen

Die überdotierten Kassen sind steuerpflichtig, soweit ihr Einkommen anteilig auf das nach 731
Abschn. 23 Abs. 1 KStR zu berechnende „übersteigende Vermögen" entfällt. Dies hat zur Folge, daß bei diesen Steuerpflichtigen in der Anfangs- bzw. Schlußbilanz das **gesamte** Betriebsvermögen auszuweisen ist und nicht nur – wie man nach dem Wortlaut des § 13 Abs. 5 KStG
meinen könnte – nur der steuerpflichtige Teil (gl. A. Greif/Schuhmann, KStG, § 13 RZ 55). Die

731 Aufteilung hat hier erst anschließend beim Einkommen nach dem Aufteilungsschlüssel des Abschn. 23 Abs. 1 KStR (vgl. das dortige Beispiel) zu erfolgen.

Nach dem Wortlaut des § 5 Abs. 1 Nr. 3b KStG ist bei der Prüfung der Überdotierung das nach **handelsrechtlichen** Grundsätzen auszuweisende Betriebsvermögen zugrundezulegen. Die Bindung an die handelsrechtlichen Grundsätze gilt aber nicht uneingeschränkt (Abschn. 23 Abs. 3 Satz 2 KStR).

Die **Prüfung** der partiellen Steuerpflicht wegen „Überdotierung" erfolgt nach Abschn. 23 Abs. 3 KStR regelmäßig in einem Dreijahresturnus, bei Unterstützungskassen jährlich (Abschn. 23 Abs. 5 KStR).

9.5.2 Wirtschaftlicher Geschäftsbetrieb

732 Wirtschaftliche Geschäftsbetriebe kommen insbesondere vor bei Berufsverbänden (§ 5 Abs. 1 Nr. 5 KStG), politischen Parteien (§ 5 Abs. 1 Nr. 7 KStG) sowie gemeinnützigen Gebilden (§ 5 Abs. 1 Nr. 9 KStG). Wegen des Begriffs vgl. § 14 AO und B. 7.4.3.

Begründet eine im übrigen steuerbefreite Körperschaft einen steuerpflichtigen wirtschaftlichen Geschäftsbetrieb mit Gewinnermittlung durch Betriebsvermögensvergleich, ist nach § 13 Abs. 5 i. V. m. Abs. 2 KStG hierfür eine Anfangsbilanz mit Teilwertausweis nach § 13 Abs. 3 KStG aufzustellen.

Ebenso ist nach § 13 Abs. 4 KStG zu verfahren, wenn die Steuerpflicht eines wirtschaftlichen Geschäftsbetriebs entfällt; vgl. RZ 727 bis 729.

Entsprechendes gilt bei einem Wandel von einem (steuerfreien) Zweckbetrieb im Sinne von § 65 AO (vgl. RZ 184 bis 186) zu einem (steuerpflichtigen) wirtschaftlichen Geschäftsbetrieb und umgekehrt.

9.6 Wesentliche Beteiligung an einer Kapitalgesellschaft außerhalb des Betriebsvermögens

733 § 13 Abs. 6 KStG ordnet für nicht zu einem Betriebsvermögen gehörende Anteile an einer Kapitalgesellschaft bei Körperschaften usw., die von der Körperschaftsteuer befreit werden, eine Besteuerung des Wertzuwachses auch ohne Veräußerung an, wenn die übrigen Voraussetzungen des § 17 EStG in dem der Steuerbefreiung unmittelbar vorausgehenden Zeitpunkt erfüllt sind. Eine wesentliche Beteiligung **außerhalb** des Betriebsvermögens ist nur bei Körperschaften i. S. des § 1 Abs. 1 Nr. **4** und nichtrechtsfähigen Gebilden i. S. des § 1 Abs. 1 Nr. 5 KStG denkbar.

Die Vorschrift ist dem § 6 AStG nachempfunden. Als – **fiktiver** – Veräußerungspreis ist der gemeine Wert der Anteile anzusetzen (§ 13 Abs. 6 Satz 2 KStG). Der Veräußerungsgewinn ergibt sich durch Abzug der Anschaffungskosten.

Der **Freibetrag** nach **§ 17 Abs. 3 EStG** ist nach Abschn. 26 Abs. 3 Nr. 1 KStR **anwendbar,** da die Vorschrift § 13 Abs. 6 KStG gerade auf **nicht** zum Betriebsvermögen gehörende Anteile abgestellt ist. Dagegen ist **§ 34 EStG** bei der **KSt generell nicht** anwendbar.

734 Bei **Erlöschen** der Steuerbefreiung ordnet § 13 Abs. 6 Satz 3 KStG an, daß der gemeine Wert der Anteile als Anschaffungskosten gilt. Dies gilt bei Anteilen, die in der steuerfreien **und** steuerpflichtigen Periode angeschafft wurden, gleichermaßen. Erfolgte die Anschaffung in der steuerfreien Periode, unterbleibt infolge des Ansatzes des gemeinen Werts insoweit eine Versteuerung der stillen Reserven, wenn es später zu einer unter § 17 EStG fallenden Veräußerung käme.

Lag die Anschaffung bereits davor – in der steuerpflichtigen Periode -, ist der Ansatz des gemeinen Werts ebenfalls gerechtfertigt, da bereits eine Versteuerung des Wertzuwachses nach § 13 Abs. 6 Sätze 1 und 2 KStG stattgefunden hat.

Nach § 13 Abs. 6 Satz 4 KStG brauchen die in § 13 Abs. 4 Satz 1 KStG aufgeführten Körperschaften usw. den Wertzuwachs bei wesentlichen Beteiligungen **nicht** zu versteuern. § 13 Abs. 6 Sätze 1 und 2 KStG sind daher nicht anwendbar. Dagegen ist § 13 Abs. 6 Satz 3 KStG anzuwenden. Folglich ist bei Beginn der Steuerpflicht in solchen Fällen der gemeine Wert anzusetzen.

735
bis
749 frei

10. Die Organschaft

Ausgewählte Literaturhinweise: Dötsch, Körperschaftsteuer bei organschaftlich verbundenen Unternehmen, NSt, Schlagwort, Körperschaftsteuer, Organschaft Darstellung 1; **Herrmann/Heuer/Raupach,** Anm. zu §§ 14ff. KStG; **Dötsch/Eversberg/Jost/Witt,** Kommentar zum KStG u. EStG, Anm. zu §§ 14 ff KStG; **Jurkat,** Die körperschaftsteuerliche Organschaft nach dem Körperschaftsteuergesetz 1977, JbFfSt 1977/1978 S. 344; **Schmidt,** Die Organschaft im Körperschaftsteuerrecht nach dem Körperschaftsteuerreformgesetz, GmbHR 1977 S. 7; **Veigel,** Die Organschaft im Steuerrecht, Inf 1986 S. 435; **Karsten,** Die körperschaftsteuerliche Organschaft, DStR 1991 S. 893; **Dötsch,** Steueränderungsgesetz 1992: Die Änderungen des KStG, DB 1992 S. 650; **Schmidt/Müller/Stöcker,** Die Organschaft im Körperschaftsteuer-, Gewerbesteuer- und Umsatzsteuerrecht, 4. Auflage 1993, Verlag NWB, Herne/Berlin.

10.1 Grundlagen

10.1.1 Begriff und Bedeutung

Als Organverhältnis oder Organschaft bezeichnet man die wirtschaftliche Abhängigkeit einer rechtlich selbständigen juristischen Person (Organ, Organgesellschaft) von einem anderen beherrschenden Unternehmen (Organträger). Diese wirtschaftliche Abhängigkeit gründet sich darauf, daß das Organ in das Unternehmen des Organträgers **finanziell, wirtschaftlich und organisatorisch** eingegliedert ist und somit innerhalb des Organkreises die Funktion einer unselbständigen Betriebsabteilung hat. Mit der finanziellen Eingliederung, die in der beteiligungsmäßigen Beherrschung der Organgesellschaft besteht, hat der Organträger die Möglichkeit, in den gesetzlichen Willensbildungsorganen des Organs, also z. B. in der Gesellschafterversammlung der GmbH, den entscheidenden Einfluß auszuüben. Die dadurch bestehende rechtliche Beherrschungsmöglichkeit wird ergänzt durch die organisatorische Eingliederung, mit der die tatsächliche Einflußnahme auf die laufende Geschäftsführung gesichert wird. Die wirtschaftliche Eingliederung ist Grundlage dafür, daß das Organ das Unternehmen des Organträgers nach Art einer unselbständigen Betriebsabteilung wirtschaftlich fördert und ergänzt.

Die steuerlichen Auswirkungen eines Organverhältnisses erstrecken sich nicht nur auf die Körperschaftsteuer, sondern auch auf die Gewerbesteuer (§ 2 Abs. 2 Satz 2, 3 GewStG) und die Umsatzsteuer (§ 2 Abs. 2 Nr. 2 UStG), wobei die Voraussetzungen der Organschaft nicht deckungsgleich sind. Ein wesentlicher Unterschied besteht darin, daß aus dem Vorliegen eines Organverhältnisses bei der Körperschaftsteuer nur dann rechtlich Folgerungen gezogen werden, wenn – zusätzlich zu den Eingliederungsvoraussetzungen – zwischen der Organgesellschaft und dem Organträger ein steuerlich anerkannter **Gewinnabführungsvertrag** besteht, aufgrund dessen das (positive oder negative) Einkommen des Organs dem Organträger zugerechnet wird. Die rechtliche Selbständigkeit des Organs wird hierdurch zwar nicht berührt; das Einkommen des Organs wird jedoch beim Organträger steuerlich erfaßt, wobei die für den Organträger geltenden steuerlichen Vorschriften maßgeblich sind.

Die Bedeutung der Organschaft hat sich mit der Einführung des Anrechnungsverfahrens gewandelt. Während im Geltungsbereich des alten Rechts die Beseitigung der ertragsteuerlichen Doppelbelastung innerhalb des Organkreises im Vordergrund stand, wird dieses Ziel nunmehr durch das System des Anrechnungsverfahrens erreicht. Trotzdem bestand ein Bedürfnis, das Rechtsinstitut der Organschaft beizubehalten. Es eröffnet nämlich die Möglichkeit, **Gewinne und Verluste** im Organkreis **auszugleichen.** Ohne Organschaft mit Gewinnabführung könnte z. B. ein Mutterunternehmen Verluste seiner Tochtergesellschaft bei sich steuerlich nicht in Abzug bringen. Es hätte seinen Gewinn in vollem Umfang zu versteuern; die Tochtergesellschaft könnte ihren Verlust nur im Rahmen des § 10d EStG ausgleichen. Ein weiterer Vorteil der Organschaft besteht darin, daß auch steuerfreie und ermäßigt besteuerte Vermögensmehrungen, die beim Organ anfallen, an den Organträger vermittelt werden können.

10.1.2 Rechtsgrundlagen

753 Die körperschaftsteuerliche Organschaft ist in den §§ 14-19 KStG geregelt. Dabei ist zu beachten, daß die den Gewinnabführungsvertrag betreffenden Regelungen an die aktienrechtlichen Bestimmungen betr. die verbundenen Unternehmen (§§ 291ff. AktG) anknüpfen.

Das Organverhältnis hat naturgemäß auch Auswirkungen auf die Gliederung des verwendbaren Eigenkapitals des Organs und des Organträgers, sofern dieser in das Anrechnungsverfahren einbezogen ist. Die einschlägigen Vorschriften enthalten die §§ 36, 37 KStG.

Zur Auslegung der genannten Bestimmungen hat die Finanzverwaltung umfangreiche Verwaltungsvorschriften erlassen, die in den Abschnitten 48 bis 65 und 91, 92 der Körperschaftsteuer-Richtlinien zusammengefaßt sind.

10.2 Voraussetzungen der Organschaft

10.2.1 Organgesellschaft

754 Als Organgesellschaft im Körperschaftsteuerrecht kommen nur **Kapitalgesellschaften** (Aktiengesellschaften, Kommanditgesellschaften auf Aktien, Gesellschaften mit beschränkter Haftung und bergrechtliche Gewerkschaften) in Betracht (§§ 14, 17 KStG). Andere Körperschaften (z. B. Genossenschaften) können nicht Organgesellschaft sein.

Die Organgesellschaft muß Sitz **und** Geschäftsleitung im Inland haben. Unbeschränkte Steuerpflicht, für die Sitz oder Geschäftsleitung im Inland ausreicht, genügt daher nicht. Diese strengen Voraussetzungen sollen die inländische Besteuerung sicherstellen.

Die Organgesellschaft ist zwar als Kapitalgesellschaft kraft Rechtsform ein Gewerbebetrieb (vgl. § 2 Abs. 2 GewStG); es ist jedoch nicht erforderlich, daß sie gewerblich tätig ist (BFH-Urt. vom 21. 1. 1970, BStBl II S. 348). Ihre Tätigkeit kann sich auf das Halten von Vermögen oder Beteiligungen beschränken.

10.2.2 Organträger

755 Anders als bei der Organgesellschaft bestehen beim Organträger hinsichtlich der Rechtsform keine Beschränkungen. Danach kommt grundsätzlich jede natürliche Person, Personengesellschaft oder Körperschaft in Betracht, wenn sie Inhaber eines **inländischen gewerblichen Unternehmens** ist.

10.2.2.1 Gewerbliches Unternehmen

756 Ein gewerbliches Unternehmen i. S. des § 14 Satz 1 KStG liegt vor, wenn die Voraussetzungen des § 2 GewStG erfüllt sind. Hiernach können z. B. Kapitalgesellschaften oder gewerblich geprägte Personengesellschaften i. S. des § 15 Abs. 3 EStG, die kraft Rechtsform gewerbesteuerpflichtig sind, auch dann Organträger sein, wenn sie keine eigentliche gewerbliche Tätigkeit (§ 2 GewStG i. V. mit § 1 GewStDV) entfalten (z. B. Steuerberatungsgesellschaften in der Rechtsform der GmbH); allerdings kann in diesen Fällen die wirtschaftliche Eingliederung fehlen (vgl. BFH-Urt. vom 18. 4. 1973, BStBl II S. 740; ferner BFH-Urt. vom 13. 9. 1989, BStBl 1990 II S. 740).

Nicht als Organträger anerkannt werden können natürliche Personen oder Personengesellschaften, die lediglich Einkünfte aus Land- und Forstwirtschaft, aus freier Berufstätigkeit, aus Kapitalvermögen oder Vermietung und Verpachtung beziehen.

Betriebe gewerblicher Art von juristischen Personen des öffentlichen Rechts können Organträger sein, wenn sie mit Gewinnerzielungsabsicht tätig sind und sich am allgemeinen wirtschaftlichen Verkehr beteiligen (§ 2 GewStDV), da sie nur in diesem Fall der Gewerbesteuer unterliegen.

Bei **Holding-Gesellschaften** ist die vermögensverwaltende Holding und die geschäftsleitende 757 Holding zu unterscheiden. Beherrscht ein Unternehmen ohne sonstige unternehmerische Betätigung nur eine Untergesellschaft, liegt kein gewerbliches Unternehmen vor. Ist die Obergesellschaft eine Kapitalgesellschaft, so bildet sie zwar kraft Rechtsform einen Gewerbebetrieb; eine Organschaft ist jedoch nicht möglich, da es am Merkmal der wirtschaftlichen Eingliederung fehlt. Übt ein herrschendes Unternehmen indes die einheitliche Leitung über mehrere abhängige Kapitalgesellschaften in einer durch äußere Merkmale erkennbaren Form aus (geschäftsleitende Holding), ist ein gewerbliches Unternehmen zu bejahen (BFH-Urt. vom 17. 12. 1969, BStBl 1970 II S. 257). Zur wirtschaftlichen Eingliederung vgl. unten RZ 767 ff.

Eine Besonderheit gilt für das Organschaftsverhältnis zu mehreren herrschenden Unternehmen 758 (sogenannte **Mehrmütterorganschaft**). Hierbei schließen sich mehrere gewerbliche Unternehmen, deren Träger unbeschränkt steuerpflichtige natürliche Personen oder Körperschaften, Personenvereinigungen und Vermögensmassen mit Sitz und Geschäftsleitung im Inland sind, lediglich zum Zwecke der einheitlichen Willensbildung gegenüber einer Kapitalgesellschaft zu einer Gesellschaft des bürgerlichen Rechts zusammen. Die GbR als solche übt kein gewerbliches Unternehmen aus, da sie eine reine Innengesellschaft ist. Dennoch wird sie gewohnheitsrechtlich als Organträgerin anerkannt. Sie hat ihre Rechtsgrundlage in einer nach Sinn und Zweck der Mehrmütterorganschaft teleologisch reduzierten Auslegung des § 14 Nrn. 1 und 2 KStG (BFH-Urt. vom 14. 4. 1993, BStBl 1994 II S. 124). Die GbR muß folgende Voraussetzungen erfüllen (vgl. Abschn. 52 Abs. 6 KStR):

a) Jeder Gesellschafter der GbR muß an der Organgesellschaft i. S. des § 14 Nr. 1 KStG beteiligt sein und die Beteiligung aller Gesellschafter muß die Mehrheit der Stimmrechte an der Organgesellschaft gewähren. Vgl. hierzu RZ 762 und RZ 765.

b) Jeder Gesellschafter der GbR muß ein gewerbliches Unternehmen unterhalten, das von der Organgesellschaft wirtschaftlich gefördert oder ergänzt wird.

c) Die GbR muß gewährleisten, daß der koordinierte Wille ihrer Gesellschafter in der Geschäftsführung der Organgesellschaft tatsächlich durchgeführt wird.

Hiernach bleiben die Anteile an der Organgesellschaft im Betriebsvermögen der einzelnen beherrschenden Unternehmen; auch die wirtschaftliche Eingliederung besteht nicht gegenüber der GbR, sondern gegenüber den Gesellschaftern. Wesentlich ist jedoch, daß der Gewinnabführungsvertrag mit der GbR abgeschlossen wird. Folgerichtig dürfte demnach das steuerpflichtige Einkommen der GbR zuzurechnen und für sie eine einheitliche und gesonderte Gewinnfeststellung durchzuführen sein. Die auf die einzelnen Gesellschafter entfallenden Einkommensteile werden sodann bei diesen besteuert.

10.2.2.2 Steuerpflicht

Die Begründung des Organverhältnisses darf den steuerlichen Zugriff auf das dem Organträger 759 zuzurechnende Einkommen der Organgesellschaft nicht beeinträchtigen. Daraus ergibt sich, daß grundsätzlich nur **unbeschränkt steuerpflichtige Unternehmen** Organträger sein können. Darüber hinaus verlangt das Gesetz bei Körperschaften, Personenvereinigungen und Vermögensmassen i. S. des § 1 KStG und bei Personengesellschaften, daß sie Sitz **und** Geschäftsleitung im Inland haben. Mit diesem Erfordernis soll die uneingeschränkte Überprüfung der Organschaftsvoraussetzungen im Inland ermöglicht werden. Körperschaften, Personenvereinigungen und Vermögensmassen, die steuerbefreit sind, kommen als Organträger nicht in Betracht, da sonst das Organeinkommen im Ergebnis unbesteuert bliebe. Unterhalten steuerbefreite Körperschaften jedoch einen wirtschaftlichen Geschäftsbetrieb (§ 14 AO), mit dem sie der partiellen Steuerpflicht unterliegen (z. B. ein nach § 5 Abs. 1 Nr. 5 KStG steuerbefreiter Berufsverband, der einen Fachverlag betreibt), kann insoweit ein Organverhältnis begründet werden.

Eine Ausnahme von den dargestellten Grundsätzen gilt nach § 18 KStG für **ausländische** 760 Rechtsträger, die im Inland eine im Handelsregister eingetragene Zweigniederlassung unterhalten. Sind die in § 18 KStG im einzelnen aufgeführten Voraussetzungen erfüllt, wird das Organ-

760 einkommen den beschränkt steuerpflichtigen Einkünften aus der inländischen Zweigniederlassung zugerechnet.

Nicht ausdrücklich im Gesetz geregelt sind die Fälle, in denen eine Kapitalgesellschaft zwar unbeschränkt steuerpflichtig ist, da sie Sitz oder Geschäftsleitung im Inland hat, aber die Voraussetzungen des § 14 Nr. 3 KStG (Sitz und Geschäftsleitung im Inland) nicht erfüllt. Da weder die Tatbestandsmerkmale des § 14 KStG noch des § 18 KStG erfüllt sind, ist eine Organschaft ausgeschlossen. Eine erweiternde Auslegung des § 18 KStG ist im Hinblick auf den Ausnahmecharakter dieser Bestimmung nicht möglich sein (BFH-Beschluß vom 13. 11. 1991, BStBl 1992 II S. 263).

10.2.2.3 Die Personengesellschaft als Organträger

761 Für die Anerkennung einer Personengesellschaft als Organträger ist zunächst Voraussetzung, daß alle Gesellschafter mit dem auf sie entfallenden Teil des zuzurechnenden Organeinkommens der **inländischen** (unbeschränkten oder beschränkten) **Steuerpflicht** unterliegen. Darüber hinaus sind **zwei Fallgruppen** zu unterscheiden.

Sind an der Personengesellschaft ein oder mehrere beschränkt steuerpflichtige Gesellschafter beteiligt oder Körperschaften, Personenvereinigungen oder Vermögensmassen, die Sitz oder Geschäftsleitung nicht im Inland haben, müssen die sachlichen Voraussetzungen der Organschaft (finanzielle, wirtschaftliche und organisatorische Eingliederung) im Verhältnis zur Personengesellschaft selbst erfüllt sein. Dies bedeutet insbesondere, daß sich die Anteile an der Organgesellschaft im Gesellschaftsvermögen oder im wirtschaftlichen Eigentum der Personengesellschaft befinden müssen (§ 14 Nr. 3 Sätze 3 und 4 KStG; BFH-Urt. vom 28. 4. 1983, BStBl II S. 690). Innengesellschaften ohne Gesamthandsvermögen scheiden bei dieser Fallgestaltung als Organträger aus.

Bei Personengesellschaften, bei denen alle Gesellschafter unbeschränkt steuerpflichtige natürliche Personen, Körperschaften, Personenvereinigungen oder Vermögensmassen mit Sitz und Geschäftsleitung im Inland oder Zweigniederlassungen i. S. des § 18 KStG sind, ist die Voraussetzung der finanziellen Eingliederung auch dann erfüllt, wenn die die Mehrheit der Stimmrechte vermittelnden Anteile an der Organgesellschaft nicht zum Gesamthandsvermögen der Personengesellschaft, sondern zum Vermögen einzelner – nicht notwendig aller – Gesellschafter der Personengesellschaft gehören. Die Anteile müssen jedoch notwendiges Sonderbetriebsvermögen der Gesellschafter der Personengesellschaft sein.

762 Bei der sogenannten **Mehrmütterorganschaft** (vgl. RZ 758), dem Zusammenschluß mehrerer gewerblicher Unternehmen zu einer Innengesellschaft mit dem Zweck einer einheitlichen Willensbildung gegenüber einer Kapitalgesellschaft, müssen nach Auffassung der Finanzverwaltung **alle** Gesellschafter an der Organgesellschaft beteiligt sein (Abschn. 52 Abs. 6 Satz 1a KStR; a. A. z. B. Döllerer, BB 1985 S. 1073). Beschränkt einkommensteuerpflichtige natürliche Personen sowie Körperschaften, Personenvereinigungen und Vermögensmassen, die ihren Sitz oder ihre Geschäftsleitung nicht im Inland haben, scheiden als Träger einer Mehrmutterorganschaft aus (Ausnahme § 18 KStG), da die Innengesellschaft als solche (gesamthänderisch) nicht Organträger sein kann (vgl. BFH-Urt. vom 28. 4. 1983, BStBl II S. 690).

Zu den Eingliederungsvoraussetzungen im einzelnen vgl. unten RZ 763 ff.

10.2.3 Sachliche Voraussetzungen der Organschaft

763 Die wirtschaftliche Abhängigkeit der Organgesellschaft vom Organträger beruht auf der **finanziellen, organisatorischen und wirtschaftlichen** Eingliederung; sie muß vom Beginn des Wirtschaftsjahres der Organgesellschaft an ununterbrochen vorliegen (§ 14 Nr. 1 und 2 KStG). Für die wirtschaftliche und die organisatorische Eingliederung ist auf das **Gesamtbild der tatsächlichen Verhältnisse** abzustellen. Das bedeutet, daß die notwendige Eingliederung für den einen Bereich weniger ausgeprägt sein kann, wenn sie dafür in dem anderen Bereich umso

eindeutiger erfüllt ist. Die Eingliederungsvoraussetzungen bedürfen grundsätzlich keiner vertraglichen Festlegung. Die in der Praxis übliche Feststellung innerhalb des Gewinnabführungsvertrages hat daher regelmäßig nur klarstellenden Charakter.

763

10.2.3.1 Finanzielle Eingliederung

Nach § 14 Nr. 1 KStG muß der Organträger an der Organgesellschaft in einem solchen Maße beteiligt sein, daß ihm die **Mehrheit der Stimmrechte** aus den Anteilen an der Organgesellschaft zusteht. Maßgebend ist folgerichtig nicht die kapitalmäßige Beteiligung, sondern die auf eigenem Recht beruhenden Stimmrechte. Die Ausübung einer Stimmrechtsvollmacht für fremde Anteile genügt nicht. Für die Frage, wem die Anteile – einschließlich der Stimmrechte daraus – zuzurechnen sind, ist nicht das bürgerlich-rechtliche Eigentum, sondern das wirtschaftliche Eigentum (§ 39 AO) maßgebend (vgl. Abschn. 49 KStR):

764

Beispiele:
a) Die M-GmbH ist an der T-GmbH kapitalmäßig zu 50 v. H. beteiligt. Die T-GmbH hält 10 v. H. eigene Anteile. Die Stimmrechte entsprechen der Beteiligungsquote.

Die T-GmbH ist in die M-GmbH finanziell eingegliedert, da sie die Mehrheit der Stimmrechte hat. Der T-GmbH stehen aus den eigenen Anteilen keine Rechte zu.

b) Die M-AG hält 60 v. H. der Anteile an der T-AG. 20 v. H. der Anteile sind stimmrechtslose Vorzugsaktien (§ 12 AktG).

Die finanzielle Eingliederung liegt nicht vor, da die M-AG zwar die Mehrheit der Anteile, aber nicht die erforderliche Mehrheit der Stimmrechte hat.

Die finanzielle Eingliederung kann sowohl auf einer **unmittelbaren** als auch auf einer **mittelbaren** Beteiligung beruhen. Eine Zusammenrechnung mehrerer mittelbarer Beteiligungen oder einer unmittelbaren und einer mittelbaren Beteiligung ist ausgeschlossen (§ 14 Nr. 1 Satz 2 KStG).

765

Beispiele:
c) Die M-GmbH ist an der T-GmbH zu 100 v. H. beteiligt. Die T-GmbH hält 100 v. H. der Anteile an der E-GmbH.

Die E-GmbH ist in die M-GmbH (mittelbar) finanziell eingegliedert, so daß bei Vorliegen der übrigen Voraussetzungen ein Organverhältnis zwischen der E-GmbH und der M-GmbH begründet werden kann.

d) Die M-GmbH ist an der T 1-GmbH und an der T 2-GmbH mit jeweils 100 v. H. beteiligt. Die T 1-GmbH und die T 2-GmbH halten jeweils 50 v. H. der Anteile an der E-GmbH.

Die finanzielle Eingliederung liegt nicht vor, weil keine der mittelbaren Beteiligungen der M-GmbH an der E-GmbH die Mehrheit der Stimmrechte gewährt. Eine Zusammenrechnung der mittelbaren Beteiligungen kommt nicht in Betracht.

e) Die M-GmbH ist an der E-GmbH unmittelbar zu 50 v. H. und mittelbar – über die T-GmbH – zu 50 v. H. beteiligt.

Die E-GmbH ist in die M-GmbH nicht finanziell eingegliedert, weil weder die unmittelbare noch die mittelbare Beteiligung für sich allein die Voraussetzungen der finanziellen Eingliederung erfüllt. Eine Zusammenrechnung beider Beteiligungen ist nicht zulässig.

Eine Muttergesellschaft ist – als eine Voraussetzung der finanziellen Eingliederung – an der Enkelgesellschaft auch dann mittelbar beteiligt, wenn die Tochtergesellschaft eine Personengesellschaft ist (BFH-Urt. vom 2. 11. 1977, BStBl 1978 II S. 74). Aus dem Urteil folgert die Finanzverwaltung (vgl. Abschn. 49 Sätze 3 und 4 KStR), daß eine mittelbare Beteiligung auch über eine Gesellschaft begründet werden kann, die selbst nicht als Organgesellschaft in Betracht kommt. Die frühere Verwaltungsauffassung (vgl. Erlaß der FinMin Nordrhein-Westfalen vom 26. 6. 1978, DB 1978 S. 1312), wonach eine mittelbare Beteiligung nur dann als Voraussetzung der finanziellen Eingliederung anzuerkennen ist, wenn die die Beteiligung vermittelnde Gesellschaft auch Zwischenglied einer Organschaftskette sein kann, ist überholt.

765 Bei der **Mehrmütterorganschaft** läßt der BFH (Urt. vom 14. 4. 1993, BStBl 1994 II S. 124) – über die bisherige Verwaltungsauffassung hinaus (vgl. Abschn. 52 Abs. 6 S. 1a KStR) – die Zusammenrechnung sowohl unmittelbarer Beteiligungen der in einer GbR zusammengeschlossenen Gesellschafter an einer zwischengeschalteten Kapitalgesellschaft als auch mittelbarer Beteiligungen an der nachgeschalteten Organgesellschaft zu, wenn und soweit sichergestellt ist, daß die Mehrheit der Stimmrechte an der Organgesellschaft mittelbar der GbR zusteht. Er begründet diese Auffassung mit einer nach Sinn und Zweck der Mehrmütterorganschaft teleologisch reduzierten Auslegung des § 14 Nrn. 1 und 2 KStG.

Beispiel:

f) Der gewerbliche Einzelunternehmer A ist an der X-GmbH zu 100 v. H. beteiligt; die Kapitalgesellschaft B hält sämtliche Anteile an der Y-GmbH. Die X-GmbH und die Y-GmbH sind zu je 50 v. H. an der T-GmbH beteiligt. A und B schließen sich zu einer GbR mit dem Ziel einer einheitlichen Willensbildung gegenüber der T-GmbH zusammen und vereinbaren, die einheitliche Ausübung der Stimmrechte innerhalb der T-GmbH sicherzustellen. Die (mittelbare) finanzielle Eingliederung der T-GmbH im Verhältnis zur GbR ist zu bejahen.

766 Von der mittelbaren finanziellen Eingliederung zu unterscheiden ist die **Organschaftskette,** bei der mehrere Organverhältnisse hintereinander geschaltet werden. So kann bei der Fallgestaltung, wie sie in Beispiel c) vorliegt, ein Organverhältnis mit Gewinnabführungsvertrag zwischen der M-GmbH und der T-GmbH einerseits sowie der T-GmbH und der E-GmbH andererseits begründet werden. In diesem Fall ist das Einkommen der E-GmbH der T-GmbH und deren – um das Einkommen der E-GmbH erhöhtes – Einkommen der M-GmbH zur Versteuerung zuzurechnen. Eine Organschaftskette über eine ausländische Tochtergesellschaft ist nach § 14 Satz 1 KStG ausgeschlossen.

10.2.3.2 Wirtschaftliche Eingliederung

767 Die wirtschaftliche Eingliederung bildet neben der finanziellen und organisatorischen Eingliederung eine **selbständige Voraussetzung** für die Anerkennung eines Organverhältnisses. Sie liegt vor, wenn die beherrschte Gesellschaft im Unternehmensaufbau des herrschenden Unternehmens nach Art einer unselbständigen Betriebsabteilung eingeordnet ist und in dieser Funktion die eigene gewerbliche Betätigung des herrschenden Unternehmens wirtschaftlich fördert und ergänzt. Es muß eine wirtschaftliche Zweckabhängigkeit des beherrschten von dem herrschenden Unternehmen bestehen (BFH-Urt. vom 13. 9. 1989, BStBl 1990 II S. 24). An einer solchen wirtschaftlichen Zweckabhängigkeit fehlt es, wenn das herrschende Unternehmen nur Gewerbebetrieb kraft Rechtsform oder wenn es nur eine Tätigkeit i. S. des § 2 Abs. 1 GewStG i. V. mit § 1 GewStDV ausübt, die ausschließlich den Zwecken des beherrschten Unternehmens dient (BFH-Urt. vom 26. 4. 1989, BStBl II S. 668). Andererseits kann die Organgesellschaft in das Unternehmen des Organträgers auch dann wirtschaftlich eingegliedert sein, wenn sie Vermögen verwaltet und Beteiligungen hält (BFH-Urt. vom 21. 1. 1970, BStBl II S. 348). Es ist nicht erforderlich, daß die Beteiligungen an Unternehmen der gleichen Branche bestehen. Die wirtschaftliche Eingliederung kann auch vorliegen, wenn die Organgesellschaft lediglich Betriebsanlagen an den Organträger verpachtet (BFH-Urt. vom 12. 1. 1977, BStBl II S. 357). Überhaupt setzt die wirtschaftliche Eingliederung nicht voraus, daß das Organ gewerblich tätig ist. Ferner müssen Organträger und Organ nicht derselben Branche angehören. Nach dem BFH-Urt. vom 21. 1. 1976 (BStBl II S. 389) kann es ausreichen, wenn der betriebliche Zusammenhang durch den Zweck des Risikoausgleichs und der Gewinnmaximierung hergestellt wird. Allerdings muß das herrschende Unternehmen einheitliche Leitungsmacht über die eigene gewerbliche Tätigkeit und über die gewerbliche Tätigkeit des abhängigen Unternehmens ausüben.

Aus der zitierten Rechtsprechung ergibt sich, daß das Merkmal der wirtschaftlichen Eingliederung nicht als „Leerformel" interpretiert werden darf. Seine praktische Bedeutung zeigt sich vor allem in den Fällen der **Betriebsaufspaltung** und der **Holdinggesellschaften.**

Der BFH geht in ständiger Rechtsprechung davon aus, daß ein Organverhältnis zwischen einem **768** reinen Besitzunternehmen und einer Betriebsgesellschaft nicht möglich ist, da das Besitzunternehmen keine eigene gewerbliche Tätigkeit entfaltet, der die Betriebsgesellschaft nach Art einer Geschäftsabteilung dienen könnte. Dies gilt sowohl für die echte als auch die unechte Betriebsaufspaltung. Übt das Besitzunternehmen jedoch neben der Verpachtungstätigkeit eine eigene gewerbliche Tätigkeit aus, kann die wirtschaftliche Eingliederung vorliegen (vgl. BFH-Urt. vom 18. 4. 1973, BStBl II S. 740; ferner Urteile vom 26. 4. 1989, BStBl II S. 668, und vom 13. 9. 1989, BStBl 1990 II S. 24). Die gewerbliche Tätigkeit kann auch in der Funktion einer geschäftsleitenden Holding bestehen.

Wie bereits ausgeführt (vgl. RZ 757), ist eine gewerbliche Tätigkeit einer Holdinggesellschaft **769** dann gegeben, wenn die einheitliche Leitung über mehrere abhängige Kapitalgesellschaften in einer durch äußere Merkmale erkennbaren Form ausgeübt wird. In diesem Fall können die beherrschten Kapitalgesellschaften in das herrschende Unternehmen wirtschaftlich eingegliedert sein. Die einheitliche Leitung des herrschenden Unternehmens wird regelmäßig darin bestehen, daß es Richtlinien über die Geschäftspolitik der abhängigen Unternehmen aufstellt oder schriftliche Weisungen erteilt. Auch Empfehlungen des herrschenden Unternehmens, gemeinsame Besprechungen und Beratungen können genügen, wenn sie schriftlich festgehalten werden. Personalunion in der Geschäftsführung reicht nicht aus, da hier die einheitliche Leitung nicht nach außen erkennbar ist (BFH-Urt. vom 31. 1. 1973, BStBl II S. 420).

Die Beherrschung nur einer Untergesellschaft ohne eigene gewerbliche Tätigkeit des herrschenden Unternehmens kann keine wirtschaftliche Eingliederung begründen (BFH-Urt. vom 13. 9. 1989, BStBl 1990 II S. 24).

Bei Auflösung des Organträgers kann mit Eintritt in das Liquidationsstadium die wirtschaftliche **770** Eingliederung entfallen (vgl. hierzu auch BGH-Urt. vom 14. 12. 1987, DB 1988 S. 596, und BFH-Urt. vom 27. 6. 1990, BStBl 1990 II S. 992).

10.2.3.3 Organisatorische Eingliederung

Ebenso wie die wirtschaftliche Eingliederung ist auch die organisatorische Eingliederung im Gesetz nicht näher definiert. Sinn der organisatorischen Eingliederung ist es sicherzustellen, daß die **Beherrschungsmöglichkeit,** die sich aus der finanziellen Eingliederung ergibt, **in der laufenden Geschäftsführung** des beherrschten Unternehmens ihren Niederschlag findet. Der Wille des Organträgers muß in der Geschäftsführung der Organgesellschaft laufend realisiert werden. **771**

Die organisatorische Eingliederung wird durch das Gesetz (§ 14 Nr. 2 Satz 2 KStG) unterstellt, **772** wenn die Organgesellschaft eine Aktiengesellschaft ist und durch einen Beherrschungsvertrag i. S. des § 291 Aktiengesetz die Leitung ihres Unternehmens dem Unternehmen des Organträgers unterstellt. Das gleiche gilt, wenn die Organgesellschaft eine nach den Vorschriften der §§ 319 ff des Aktiengesetzes eingegliederte Gesellschaft ist. Es genügt, wenn der Unternehmensvertrag zu Beginn des Wirtschaftsjahrs der Organgesellschaft abgeschlossen (und auch tatsächlich durchgeführt) wird, sofern der Vertrag im folgenden Wirtschaftsjahr zivilrechtlich wirksam, d. h. im Handelsregister eingetragen wird (§ 14 Nr. 2 Satz 3 KStG).

Die Organgesellschaft kann jedoch auch in anderer Weise in das Unternehmen des Organträgers organisatorisch eingegliedert sein. Dies betrifft insbesondere Organgesellschaften in der Rechtsform der GmbH, da für sie die Vorschriften des Aktiengesetzes nicht anwendbar sind. Eine besonders eindeutige Form der organisatorischen Eingliederung ist die Personalunion in der Geschäftsführung des Organträgers und der Organgesellschaft. Eine weitere Möglichkeit besteht darin, daß sich die Organgesellschaft durch besonderen Vertrag oder durch entsprechende Bestimmungen in der Satzung verpflichtet, die Weisungen des Organträgers zu befolgen. (vgl. FG Baden-Württemberg, Urteil vom 30. 4. 1992, EFG 1992 S. 548). Diese Verpflichtung kann auch in den Anstellungsvertrag des Geschäftsführers der Organgesellschaft aufgenommen werden. Für den Regelfall dürfte es – abgesehen von dem Fall der Personalunion – erforderlich sein, daß die Weisungsrechte des Organträgers gegenüber der Organgesellschaft rechtlich

772 durchsetzbar sind. Die Weisungen des Organträgers müssen sich auf wesentliche unternehmerische Entscheidungen beziehen (z. B. größere Investitionen, wesentliche Personalentscheidungen, Rechtsangelegenheiten u. ä.). Einzelweisungen rein technischer Art, wie z. B. Anordnungen bezüglich der Buchführung, reichen nicht aus. Hat die Organgesellschaft die Rechtsform einer AG, so kann die Mitwirkung des Organträgers im Aufsichtsrat nicht die organisatorische Eingliederung begründen, da der Aufsichtsrat gegenüber dem Vorstand keine Weisungsbefugnis in Geschäftsführungsfragen hat.

773 In den Fällen mittelbarer Beteiligung muß zumindest mittelbar gewährleistet sein, daß in der Geschäftsführung der Enkelgesellschaft als Organgesellschaft der Wille des Organträgers tatsächlich durchgeführt wird.

774 Ein Organverhältnis zwischen einer **GmbH und Co KG** und der (reinen) Komplementär-GmbH kommt grundsätzlich nicht in Betracht, da die Komplementär-GmbH als Geschäftsführerin der KG nicht in einem Unterordnungsverhältnis zur KG steht; ferner fehlt die wirtschaftliche Eingliederung.

10.2.4 Die zeitlichen Voraussetzungen der Organschaft

775 Nach § 14 Nr. 1 und 2 KStG muß die Organgesellschaft vom Beginn ihres Wirtschaftsjahres an ununterbrochen finanziell, wirtschaftlich und organisatorisch in das Unternehmen des Organträgers eingegliedert sein. Dies bedeutet, daß die **Eingliederungsvoraussetzungen vom Beginn bis zum Ende des Wirtschaftsjahres der Organgesellschaft ohne Unterbrechung** vorliegen müssen.

> **Beispiel:**
> Der Einzelunternehmer A erwirbt zum 1. 7. 01 eine Mehrheitsbeteiligung an der GmbH T (Wirtschaftsjahr = Kalenderjahr).
> Die finanzielle Eingliederung ist im Wirtschaftsjahr 01 nicht erfüllt.
> Stellt die GmbH T jedoch – mit Zustimmung des Finanzamts – ihr Wirtschaftsjahr auf den 1. 7. um, so kann bei Vorliegen der übrigen Voraussetzungen ab diesem Zeitpunkt ein Organverhältnis begründet werden. Die Begründung eines Organverhältnisses ist in der Regel als ausreichender Grund für die Umstellung des Wirtschaftsjahrs der Organgesellschaft anzusehen (vgl. Abschn. 53 Abs. 3 KStR).

776 Das Wirtschaftsjahr kann auch ein Rumpfwirtschaftsjahr sein. Im Jahr der Begründung der Organschaft kann es ausnahmsweise zur Bildung von zwei Rumpfwirtschaftsjahren in einem Veranlagungszeitraum kommen, wenn die Organgesellschaft ihr Wirtschaftsjahr zunächst auf den Beginn des Organschaftsverhältnisses und danach auf den im Organkreis üblichen Anschlußtag umstellt. Die Änderung des Geschäftsjahrs bedarf der nach § 53 GmbHG vorgeschriebenen Form (vgl. BFH-Urt. vom 13. 9. 1989, BFH/NV 1990 S. 326).

Veräußert der Organträger seine Beteiligung an der Organgesellschaft zum Ende des Wirtschaftsjahrs der Organgesellschaft an ein anderes gewerbliches Unternehmen, so ist davon auszugehen, daß der Organträger das Eigentum an den Anteilen an der Organgesellschaft bis zum letzten Tag, 24 Uhr, des Wirtschaftsjahrs der Organgesellschaft behält, und das andere Unternehmen dieses Eigentum am ersten Tag, 0 Uhr, des anschließenden Wirtschaftsjahrs der Organgesellschaft erwirbt. In diesen Fällen ist deshalb die Voraussetzung der finanziellen Eingliederung der Organgesellschaft beim Veräußerer der Anteile bis zum Ende des Wirtschaftsjahrs der Organgesellschaft und beim Erwerber der Anteile vom Beginn des anschließenden Wirtschaftsjahrs der Organgesellschaft an erfüllt.

777 Ist Organträgerin eine **Personengesellschaft** und verändert sich ihr Gesellschafterbestand während des Wirtschaftsjahrs der Organgesellschaft, so ist zu unterscheiden. Befinden sich die Anteile an der Organgesellschaft im **Gesamthandsvermögen** der Personengesellschaft, ergeben sich keine Auswirkungen auf das bestehende Organverhältnis, da der Personengesellschaft insoweit eine rechtliche Eigenständigkeit eingeräumt wird. Die wirtschaftliche Identität und die rechtliche Gebundenheit des Gesellschaftsvermögens bleiben auch beim Wechsel der Beteilig-

ten gewahrt. Dies gilt auch dann, wenn – bei Fortbestehen der Personengesellschaft als solcher – alle Gesellschafter wechseln. Befinden sich die Anteile an der Organgesellschaft dagegen im **Sonderbetriebsvermögen** der Gesellschafter der Personengesellschaft und verfügen die nach Ausscheiden eines Gesellschafters während des Wirtschaftsjahrs der Organgesellschaft verbleibenden Gesellschaften nicht mehr über die Mehrheit der Stimmrechte, so entfällt vom Zeitpunkt der Veräußerung an die finanzielle Eingliederung. Die Voraussetzungen des § 14 KStG sind somit für dieses Wirtschaftsjahr nicht erfüllt. Das gleiche gilt, wenn ein Gesellschafter der Personengesellschaft seine Beteiligung an der Organgesellschaft während des Wirtschaftsjahrs veräußert und die anderen Gesellschafter der Personengesellschaft nicht mehr über die Mehrheit der Stimmrechte verfügen. 777

Zu den Auswirkungen bei Umwandlung oder Verschmelzung des Organträgers sowie bei Erbrechtsnachfolge vgl. Abschn. 54 KStR.

10.3 Der Gewinnabführungsvertrag

Das Körperschaftsteuerrecht zieht aus dem Vorliegen eines Organverhältnisses – abweichend von der Gewerbesteuer und Umsatzsteuer – nur dann steuerliche Folgerungen, wenn der Abschluß und die tatsächliche Durchführung eines wirksamen **Gewinnabführungsvertrages** hinzukommen. Der wesentliche Inhalt dieses Vertrages besteht in der Verpflichtung der Organgesellschaft, ihren Gewinn an den Organträger abzuführen, sowie in der Verpflichtung des Organträgers, Verluste der Organgesellschaft zu übernehmen. Mit dem Erfordernis des Gewinnabführungsvertrages wird gewährleistet, daß die **Tätigkeit der Organgesellschaft** im Ergebnis **auf Rechnung** des Organträgers ausgeübt wird. 778

Das KStG unterscheidet in den §§ 14 und 17 KStG den aktienrechtlichen Gewinnabführungsvertrag (§ 291 Abs. 1 AktG), der mit einer AG oder Kommanditgesellschaft auf Aktien abgeschlossen wird, und den von einer anderen Kapitalgesellschaft abgeschlossenen Gewinnabführungsvertrag, für den die allgemeinen handelsrechtlichen Vorschriften gelten. Unabhängig von der Rechtsform der Organgesellschaft ist erforderlich, daß der Gewinnabführungsvertrag zivilrechtlich wirksam ist. Nichtige oder schwebend unwirksame Verträge vermögen keine steuerliche Wirkung zu entfalten. Dies gilt auch, wenn der Gewinnabführungsvertrag – trotz Nichtigkeit – zivilrechtlich nach den Grundsätzen der fehlerhaften Gesellschaft als wirksam behandelt wird (vgl. BFH-Urt. vom 14. 12. 1987, BB 1988 S. 361; BMF-Schreiben vom 31. 10. 1989, BStBl I S. 430). Es ist jedoch möglich, den Gewinnabführungsvertrag unter einer aufschiebenden Bedingung abzuschließen, so daß er mit Eintritt der Bedingung wirksam wird. Vgl. hierzu auch RZ 803. 779

Schließt eine Vorgründungsgesellschaft einen Gewinnabführungsvertrag ab, so gehen die Rechte und Pflichten aus diesen Vertrag nicht automatisch auf die später gegründete und eingetragene Kapitalgesellschaft über. Sie müssen vielmehr einzeln übertragen bzw. übernommen werden (BFH-Urt. vom 8. 11. 1989, BStBl 1990 II S. 91). Zum Begriff der Vorgründungsgesellschaft vgl. RZ 152 f. 780

10.3.1 Der Gewinnabführungsvertrag der AG und der KGaA

Bei Organgesellschaften in der Rechtsform der AG oder der KGaA muß ein Gewinnabführungsvertrag vorliegen, der den Bestimmungen des § 291 Abs. 1 AktG entspricht. Die AG (KGaA) muß sich verpflichten, ihren **ganzen Gewinn** an ein anderes Unternehmen abzuführen. Als Gewinnabführungsvertrag gilt auch ein sogenannter Unternehmensführungsvertrag (§ 291 Abs. 1 Satz 2 AktG). Ein **Teilgewinnabführungsvertrag** nach § 292 Abs. 1 Nr. 2 AktG reicht für die Anwendung des § 14 KStG **nicht** aus. Der aktienrechtliche Gewinnabführungsvertrag enthält keinen ausdrücklichen Hinweis auf die Verpflichtung des herrschenden Unternehmens, einen etwaigen Jahresfehlbetrag des beherrschten Unternehmens auszugleichen. Dies ist des- 781

781 halb nicht erforderlich, weil **§ 302 AktG** zwingend die Verpflichtung des Organträgers enthält, **Verluste der Organgesellschaft** zu decken.

10.3.1.1 Handelsrechtliche Erfordernisse

782 Die zivilrechtliche Wirksamkeit des Gewinnabführungsvertrages bestimmt sich nach §§ 293, 294 AktG. Der Vertrag bedarf der Schriftform (§ 293 Abs. 3 AktG). Ferner muß die Hauptversammlung der Gesellschaft, die sich zur Gewinnabführung verpflichtet, dem Vertrag mit der qualifizierten Mehrheit von mindestens 75 v. H. des vertretenen Grundkapitals zustimmen. Ist der andere Vertragspartner ebenfalls eine AG (KGaA), muß auch dessen Hauptversammlung mit qualifizierter Mehrheit zustimmen. Der Gewinnabführungsvertrag ist zur Eintragung in das Handelsregister des Sitzes der Gesellschaft, die sich zur Gewinnabführung verpflichtet, anzumelden. Er wird (zivilrechtlich) erst wirksam, wenn er im **Handelsregister** eingetragen ist (§ 294 AktG; BFH-Urt. vom 26. 8. 1987, BStBl 1988 II S. 76). Es genügt nicht, wenn ein Antrag auf Eintragung im Handelsregister vorliegt und der Eintragung keine Hinderungsgründe entgegenstehen (str., vom BFH offengelassen).

783 Grundlage für den Gewinnabführungsvertrag ist stets die Handelsbilanz, wobei das Aktiengesetz (§ 301) eine Höchstgrenze für die Gewinnabführung bestimmt. Hiernach darf höchstens der – ohne die Gewinnabführung entstehende – Jahresüberschuß (§ 266 Abs. 3 A HGB) abgeführt werden, vermindert um den Verlustvortrag und den Betrag, der gemäß § 300 Nr. 1 AktG in die gesetzliche Rücklage einzustellen ist. Dementsprechend ist es aktienrechtlich nicht zulässig, Gewinnrücklagen oder Gewinnvorträge, die vor Inkrafttreten des Gewinnabführungsvertrages vorhanden sind, abzuführen. Mit dieser Regelung sollen etwaige Minderheitsgesellschafter in ihren Rechten geschützt werden. Die Bestimmung des § 301 AktG schließt es ferner aus, Beträge, die sich aus der Auflösung einer vorvertraglichen Kapitalrücklage (§ 272 Abs.2 Nr. 4 HGB) ergeben, an den Organträger abzuführen (vgl. BMF-Schr. vom 11. 10. 1990, DB 1990 S. 2142).

Gewinnrücklagen (§ 272 Abs. 3 HGB), die **während** der Geltungsdauer des Gewinnabführungsvertrages gebildet worden sind, können dagegen wieder aufgelöst und an den Organträger abgeführt werden. Dies ergibt sich unmittelbar auf der Bestimmung des § 301 Satz 2 AktG. Für die (vertraglichen) Kapitalrücklagen fehlt eine ausdrückliche handelsrechtliche Regelung; die Finanzverwaltung geht davon aus, daß auch insoweit die Auflösung und Abführung an den Organträger handelsrechtlich zulässig ist (vgl. BMF-Schreiben vom 11. 10. 1990, a. a. O.). Gewinne aus der Auflösung vorvertraglicher stiller Reserven gehören zum Jahresüberschuß; sie können demnach ohne Einschränkung an den Organträger abgeführt werden.

784 Ein Verstoß gegen die §§ 301, 302 AktG liegt nicht vor, wenn die Organgesellschaft vorvertragliche Gewinnrücklagen auflöst und den entsprechenden Bilanzgewinn außerhalb des Gewinnabführungsvertrags an ihre Anteilseigner ausschüttet (Abschn. 55 Abs. 4 KStR). Vgl. hierzu RZ 789 ff. Ebenso ist die Auflösung und Ausschüttung von vorvertraglichen Kapitalrücklagen zulässig.

785 Die bei Aktiengesellschaften und Kommanditgesellschaften auf Aktien bestehende gesetzliche Verpflichtung, bei Vorliegen eines Gewinnabführungsvertrages den Jahresfehlbetrag der Organgesellschaft auszugleichen (§ 302 AktG), kann vertraglich nicht abbedungen werden.

786 Bei den Aktiengesellschaften, die nach §§ 319 ff AktG **eingegliedert** sind, sind die §§ 293–296, 298–303 AktG **nicht** anzuwenden (§ 324 AktG). Dies bedeutet insbesondere:

a) Der Gewinnabführungsvertrag bei der eingegliederten Aktiengesellschaft bedarf zu seiner Wirksamkeit lediglich der Schriftform (§ 324 Abs. 2 AktG).

b) Vorvertragliche Gewinnrücklagen und Kapitalrücklagen unterliegen nicht dem Abführungsverbot; sie können daher zugunsten des an den Organträger abzuführenden Gewinns aufgelöst werden.

10.3.1.2 Steuerrechtliche Erfordernisse

Nach der neu gefaßten Bestimmung des § 14 Nr. 4 S. 1 und 2 KStG muß der Gewinnabführungsvertrag bis zum Ablauf des Wirtschaftsjahrs, für das er erstmals gelten soll, abgeschlossen und bis zum Ende des folgenden Wirtschaftsjahres wirksam werden, d. h. im Handelsregister eingetragen sein (vgl. BMF-Schreiben vom 7. 2. 1994, DB 1994 S. 506). Es ist hiernach steuerlich nicht erforderlich, daß die zivilrechtlichen Formerfordernisse bereits zum Ende des Wirtschaftsjahres der erstmaligen organschaftlichen Zurechnung erfüllt sind.

787

> **Beispiel:**
> Die T-AG ist seit dem 1. 1. 01 in das Unternehmen der M-AG finanziell, wirtschaftlich und organisatorisch eingegliedert. Am Ende des Jahres wird zwischen der T-AG und der M-AG ein Gewinnabführungsvertrag i. S. des § 291 Abs. 1 AktG abgeschlossen und im März 02 ins Handelsregister eingetragen. Die Voraussetzungen der Organschaft sind für 01 erfüllt.

Der Gewinnabführungsvertrag muß jedoch u. E. (zivilrechtlich) wirksam werden, bevor der Jahresabschluß des Geschäftsjahres festgestellt ist, auf das sich die Gewinnabführung erstmals erstrecken soll; denn mit der Feststellung des Jahresabschlusses haben die Gesellschafter einen Anspruch auf den Bilanzgewinn, der ihnen durch eine Rückbeziehung der Gewinnabführung nicht mehr genommen werden kann (vgl. Koppensteiner in Kölner Kommentar zum Aktiengesetz, 2. Auflage 1987, Rn. 22 zu § 294 AktG).

Der Gewinnabführungsvertrag muß auf **mindestens fünf Jahre** (Zeitjahre) abgeschlossen und während seiner gesamten Geltungsdauer durchgeführt werden. Der Zeitraum beginnt mit dem Anfang des Wirtschaftsjahrs, für das die Wirksamkeit des Gewinnabführungsvertrags erstmals eintritt (Abschnitt 55 Abs. 2 Satz 2 KStR). Nach Ablauf der Frist von fünf Jahren kann das Vertragsverhältnis fortgesetzt werden, ohne daß eine erneute Bindung von fünf Jahren eingegangen wird. Wurde der Vertrag aber einmal beendet, ist die Mindestlaufzeit von fünf Jahren neu zu beachten. Zur tatsächlichen Durchführung der Gewinnabführungsvertrages vgl. RZ. 789 ff. Zu den Rechtsfolgen bei vorzeitiger Beendigung des Gewinnabführungsvertrages siehe RZ 795 und RZ 833 ff.

10.3.2 Der Gewinnabführungsvertrag anderer Kapitalgesellschaften

Für Kapitalgesellschaften, die nicht Aktiengesellschaften oder Kommanditgesellschaften auf Aktien sind, fehlen besondere handelsrechtliche Bestimmungen über den Gewinnabführungsvertrag. So enthält insbesondere das GmbHG keine den §§ 291 ff AktG vergleichbaren Vorschriften. Nach § 17 KStG muß der Gewinnabführungsvertrag in diesen Fällen folgende Voraussetzungen erfüllen:

788

a) Der Vertrag muß die Abführung des ganzen Gewinns zum Gegenstand haben; Teilgewinnabführungsverträge reichen nicht aus (§ 17 Satz 1 KStG).

b) Der Gewinnabführungsvertrag muß zivilrechtlich wirksam sein. Es reicht nicht aus, wenn er fehlerhaft oder nichtig ist, aber zivilrechtlich nach den Regeln über die fehlerhafte Gesellschaft als wirksam behandelt wird.

Nach der Rechtsprechung des BGH (Beschluß vom 24. 10. 1988, DB 1988 S. 2623) wird ein zwischen zwei Gesellschaften mit beschränkter Haftung abgeschlossener Gewinnabführungsvertrag nur wirksam, wenn die Gesellschafterversammlungen der beherrschten und der herrschenden Gesellschaft dem Vertrag zustimmen und sein Bestehen in das Handelsregister der beherrschten Gesellschaft eingetragen wird. Der Zustimmungsbeschluß der Gesellschafterversammlung der beherrschten Gesellschaft bedarf der notariellen Beurkundung; welche (qualifizierte) Mehrheit erforderlich ist, ist zivilrechtlich nicht abschließend geklärt (u. E. $^3/_4$ Mehrheit entspr. § 293 Abs. 1 Aktiengesetz). Für den Zustimmungsbeschluß der herrschenden Gesellschaft fordert der BGH in dem entschiedenen Fall (GmbH als herrschende Gesellschaft) eine Mehrheit von mindestens $^3/_4$ der bei der Beschlußfassung abgegebenen

788 Stimmen. Dies dürfte auch dann gelten, wenn das herrschende Unternehmen eine Personengesellschaft ist. Die Eintragung in das Handelsregister der herrschenden Gesellschaft ist nicht erforderlich (a. A. LG Bonn, Beschluß vom 27. 4. 1993, GmbHR 1993 S. 443).

Die vom BGH geforderten Voraussetzungen sind auch steuerrechtlich zu beachten (§ 17 Satz 1 KStG). Gewinnabführungsverträge, die die vom BGH aufgestellten zivilrechtlichen Grundsätze nicht erfüllen, müssen entsprechend angepaßt werden. Im Hinblick darauf, daß die Finanzverwaltung früher die Schriftform genügen ließ (vgl. Abschn. 64 KStR 1985), wurde eine Übergangsregelung getroffen, die eine Frist zur Anpassung der Gewinnabführungsverträge an die – strengeren – zivilrechtlichen Anforderungen bis zum 31. 12. 1992 einräumt. Vgl. im einzelnen BMF-Schr. vom 31. 10. 1989, BStBl I S. 430. Die Übergangsregelung gilt auch für Sachverhalte, in denen der Organträger eine Genossenschaft oder eine KG ist (BMF-Schr. vom 8. 3. 1990, DB 1990 S. 662). Die Finanzverwaltung erkennt eine „durchgängige" Organschaft im Hinblick auf § 14 Nr. 4 KStG an, wenn der Antrag auf Eintragung des geänderten Gewinnabführungsvertrags bis zum Schluß des in 1992 endenden Wirtschaftsjahres beim Amtsgericht vorgelegen hat, im übrigen aber die Voraussetzungen des § 14 Nr. 4 KStG vorliegen (BMF-Schreiben vom 29. 6. 1993, StE 1993 S. 385).

Wurde der Gewinnabführungsvertrag im Hinblick auf die nunmehr strengeren zivilrechtlichen Voraussetzungen zum 31. 12. 1992 (oder auf einen früheren Zeitpunkt) beendet, bleibt die steuerliche Anerkennung für die bis dahin abgelaufenen Wirtschaftsjahre unberührt, auch wenn die fünfjährige Bindungsfrist noch nicht erfüllt war (BMF-Schr. vom 20. 7. 1990, DB 1990 S. 1592).

Für die **erstmalige** (steuerrechtliche) **Geltung** des Gewinnabführungsvertrags bei anderen Kapitalgesellschaften gelten nach § 17 KStG i. V. mit § 14 Nr. 4 KStG dieselben Grundsätze wie bei Aktiengesellschaften (vgl. RZ 787). Sie ermöglichen im Ergebnis das Organschaftsverhältnis bereits ab dem der zivilrechtlichen Wirksamkeit vorangehenden Jahr, in dem die Organschaftsvoraussetzungen faktisch erfüllt sind.

c) Die vertraglich vorgesehene Gewinnabführung darf den in § 301 AktG genannten Betrag nicht überschreiten (§ 17 Satz 2 Nr. 1 KStG). Damit wird insbesondere die Abführung von Erträgen aus der Auflösung vorvertraglicher Gewinnrücklagen (§ 272 Abs. 3 HGB) und vorvertraglicher Kapitalrücklagen (§ 272 Abs. 2 Nr. 4 HGB) ausgeschlossen. Entgegen der früheren Gesetzesfassung muß die Begrenzung der Gewinnabführung nicht ausdrücklich vereinbart sein; sie ist lediglich beim Vollzug des Gewinnabführungsvertrags zu beachten (BMF-Schr. vom 24. 3. 1994, DB 1994 S. 708).

d) Es muß eine **Verlustübernahme entsprechend den Vorschriften des § 302 AktG** vereinbart werden (§ 17 Satz 2 Nr. 2 KStG). Dies kann in Form einer Verweisung auf § 302 AktG oder durch inhaltliche Wiedergabe im Vertrag geschehen. Die Vereinbarung muß auch die Bestimmung des § 302 Abs. 3 AktG umfassen (BFH-Urt. vom 17. 12. 1980, BStBl 1981 II S. 383).

e) Der Gewinnabführungsvertrag muß **mindestens auf einen Zeitraum von fünf Jahren** abgeschlossen werden.

Aus dieser Übersicht ergibt sich, daß der Gewinnabführungsvertrag dieser Kapitalgesellschaften, also insbesondere der GmbH, an der für Aktiengesellschaften geltenden Regelung ausgerichtet ist. Dies gilt auch für den Umfang der Gewinnabführung. Abzuführen ist danach grundsätzlich der erzielte Jahresüberschuß gemindert um etwa vorhandene bilanzmäßige Verlustvorträge aus der Zeit vor Abschluß des Gewinnabführungsvertrages. Ein Abzug von Zuweisungen an gesetzliche Rücklagen kommt nicht in Betracht, da es im Bereich der GmbH keine gesetzliche Rücklage gibt. Rücklagen, zu deren Bildung die GmbH durch den Gesellschaftsvertrag verpflichtet ist, können einer gesetzlichen Rücklage nicht gleichgestellt werden.

10.3.3 Der Vollzug des Gewinnabführungsvertrages

789 Wesentliche Voraussetzung für die Anerkennung einer Organschaft ist nicht nur der Abschluß des Gewinnabführungsvertrages, sondern auch seine **tatsächliche Durchführung** (§ 14 Nr. 4

KStG). Wird der Vertrag während seiner mindestens fünfjährigen Geltungsdauer nicht einwandfrei vollzogen, treten die Rechtsfolgen der Organschaft nicht ein. Der Gewinnabführungsvertrag ist insbesondere in folgenden Fällen als nicht durchgeführt anzusehen: **789**

a) Der Gewinn der Organgesellschaft wird nicht (oder nicht in vollem Umfang) an den Organträger abgeführt.

Das gleiche gilt, wenn der Verlust der Organgesellschaft vom Organträger nicht übernommen wird. Tatsächliche Geldbewegungen sind jedoch nicht erforderlich. Es genügt, wenn entsprechende Forderungen und Schulden ausgewiesen und in angemessener Frist getilgt werden.

Zum **Umfang der Gewinnabführung** sind neben den handelsrechtlichen Anforderungen die steuerrechtlichen Vorschriften zu beachten. Während das Handelsrecht lediglich Höchstgrenzen für die Gewinnabführung bestimmt (§§ 301, 302 AktG), muß steuerrechtlich grundsätzlich der **ganze Gewinn** (d. h. der handelsrechtlich zulässige Höchstbetrag) abgeführt werden. Eine geringere Abführung ist nur im Rahmen des § 14 Nr. 5 KStG zulässig (vgl. RZ 792). Vgl. auch BMF-Schr. vom 25. 7. 1994, DB 1994 S. 1546.

b) Die Organgesellschaft führt vorvertragliche Rücklagen an den Organträger ab. **790**

Der Gewinnabführungsvertrag ist nicht durchgeführt, wenn eine (nicht eingegliederte) Gesellschaft vorvertragliche Rücklagen entgegen §§ 301, 302 AktG und § 17 Nr. 1 KStG auflöst und an den Organträger abführt.

Schädlich ist auch die Abführung von vor dem Inkrafttreten des Gewinnabführungsvertrages vorhandenen Gewinnvorträgen. Sie gehören nicht zum Jahresüberschuß i. S. des § 301 AktG (§ 266 Abs. 3 A HGB). Eine Verrechnung von Aufwand der Organgesellschaft über vorvertragliche Rücklagen ist ebenso unzulässig. Zulässig ist dagegen die Abführung vorvertraglicher stiller Reserven, die während der Geltung des Gewinnabführungsvertrages realisiert werden und in den Jahresüberschuß eingehen.

Bei einer **eingegliederten Aktiengesellschaft** (§ 319 AktG) ist die **Auflösung und Abführung vorvertraglicher versteuerter Rücklagen** handelsrechtlich zulässig (§ 324 Abs. 2 AktG) und daher auch steuerlich unschädlich. Handelsrechtlich erhöht sich der Betrag der Gewinnabführung; das steuerliche Einkommen der Organgesellschaft, das dem Organträger zuzurechnen ist (§ 14 KStG), wird jedoch durch die Auflösung dieser Rücklagen nicht erhöht. Insoweit gelten die allgemeine Vorschriften des Anrechnungsverfahrens (§§ 27 ff KStG; vgl. Abschn. 57 Abs. 5 KStR. Da die Gewinnabführung von der Rechtsprechung des BFH (Urt. vom 30. 1. 1974, BStBl II S. 323) nicht als den gesellschaftsrechtlichen Vorschriften entsprechende Gewinnverteilung behandelt wird, dürften die Bestimmungen der §§ 27 Abs. 3 Satz 2, 28 Abs. 2 Satz 2 KStG anwendbar sein. Vgl. auch RZ 833 ff.

Unabhängig hiervon stellt sich die Frage, ob es handels- und steuerrechtlich zulässig ist, wenn eine **nicht eingegliederte Aktiengesellschaft oder eine GmbH** als Organgesellschaft **vorvertragliche Gewinnrücklagen** zugunsten des Bilanzgewinns auflöst und – außerhalb der Gewinnabführung – an die Anteilseigner **ausschüttet**. Die Finanzverwaltung geht von der handelsrechtlichen Zulässigkeit derartiger Ausschüttungen aus (Abschn. 55 Abs. 4 KStR); dies muß auch gelten für die Ausschüttung von Beträgen, die sich aus der Auflösung von Kapitalrücklagen (§ 272 Abs. 2 Nr. 4 HGB) ergeben. Steuerlich stehen die Ausschüttungen der Anerkennung der Organschaft nicht entgegen. Die Bestimmung des § 14 KStG ist jedoch insoweit nicht einschlägig; es gelten die allgemeinen Vorschriften für Ausschüttungen (§§ 27 Abs. 3 Satz 1, 28 Abs. 2 Satz 1 KStG). Die Änderung der Körperschaftsteuer nach § 27 Abs. 1 KStG ist der Ausschüttung zuzurechnen und somit bei der Gewinnabführung nicht zu berücksichtigen (BMF-Schr. vom 20. 9. 1994, BStBl I S. 754). **791**

c) Die Organgesellschaft bildet **unzulässige Gewinnrücklagen.** **792**

Die Organgesellschaft ist gemäß §§ 14, 17 KStG grundsätzlich verpflichtet, ihren **ganzen** Gewinn an den Organträger abzuführen. Sie kann jedoch nach **§ 14 Nr. 5 KStG** Beträge aus dem

792 Jahresüberschuß insoweit in **Rücklagen** einstellen, als dies bei vernünftiger kaufmännischer Beurteilung **wirtschaftlich begründet** ist. Die Organgesellschaft muß demnach einen konkreten wirtschaftlichen Anlaß für die Bildung vertraglicher Rücklagen dartun. Solche Gründe sind z. B. eine geplante Betriebsverlegung, Werkserneuerung oder Kapazitätsausweisung. Auch die Verbesserung der Kapitalstruktur kann bei Vorliegen besonderer Risiken im Einzelfall die Bildung einer Rücklage rechtfertigen (BFH-Urt. vom 29. 10. 1980, BStBl 1981 II S. 336).

793 Die Regelung des § 14 Nr. 5 KStG umfaßt nur die Gewinnrücklagen nach § 272 Abs. 3 HGB, weil nur diese aus dem Jahresüberschuß gebildet werden. Sie ist nicht anwendbar auf stille Rücklagen, die durch Abschreibungen im Hinblick auf steuerrechtlich zulässige Sonderabschreibungen entstehen. Sie betrifft ferner nicht die Zuführung zum Sonderposten mit Rücklageanteil i. S. der §§ 247 Abs. 3 und 273 HGB, wie z. B. Rücklagen für Ersatzbeschaffung, Rücklagen nach § 6b EStG.

Zuführungen zur gesetzlichen Rücklage i. S. des § 300 AktG, die die gesetzlich vorgeschriebenen Beträge nicht übersteigen, sind in jedem Falle zulässig. Für satzungsmäßige Rücklagen (§ 266 Abs. 3 A III Nr. 3 HGB) gilt § 14 Nr. 5 KStG uneingeschränkt; diese Rücklagen können der gesetzlichen Rücklage nach § 300 AktG nicht gleichgestellt werden. Ist eine Rücklage für eigene Anteile nach Maßgabe des § 272 Abs. 4 HGB zu bilden und muß hierzu der Jahresüberschuß der Organgesellschaft gemindert werden, steht dies der Durchführung des Gewinnabführungsvertrags nicht entgegen, soweit für die Bildung dieser Rücklage nicht frei verfügbare Gewinnrücklagen verwendet werden können.

794 Wird der Gewinnabführungsvertrag nach den dargestellten Grundsätzen in einem Jahr nicht durchgeführt, so ist hinsichtlich der Rechtsfolgen zu unterscheiden. Ist der Vertrag noch keine fünf Jahre durchgeführt worden, ist er von Anfang an, also auch für die vorangegangenen Wirtschaftsjahre als steuerrechtlich unwirksam zu behandeln. Ist dagegen der Gewinnabführungsvertrag bereits fünf aufeinanderfolgende Jahre tatsächlich ordnungsmäßig vollzogen worden, ist er nur für das Jahr unwirksam, in dem er nicht durchgeführt worden ist.

Wegen der eintretenden Rechtsfolgen vgl. RZ 833 ff.

10.3.4 Die Beendigung des Gewinnabführungsvertrages

795 Die **vorzeitige Beendigung** des Gewinnabführungsvertrages vor Ablauf der fünfjährigen Bindungsfrist ist grundsätzlich **schädlich.** Sie führt dazu, daß der Gewinnabführungsvertrag von Anfang an als steuerrechtlich unwirksam anzusehen ist. Eine Ausnahme gilt jedoch dann, wenn die Kündigung oder anderweitige **Aufhebung durch einen wichtigen Grund** gerechtfertigt ist. Ist dies der Fall, bleibt der Gewinnabführungsvertrag für die Jahre, in denen er durchgeführt worden ist, wirksam. Als wichtiger Grund kommt z. B. die Veräußerung oder Einbringung der Organbeteiligung durch den Organträger, die Umwandlung, die Verschmelzung oder die Liquidation des Organträgers oder der Organgesellschaft in Betracht. Wird die Kündigung oder Aufhebung des Gewinnabführungsvertrags auf einen Zeitpunkt während des Wirtschaftsjahrs der Organgesellschaft vorgenommen, wirkt sie auf den Beginn dieses Wirtschaftsjahres zurück (§ 14 Nr. 4 Satz 4 KStG). Soll (z. B. im Falle der Veräußerung der Organbeteiligung) eine „durchgängige" Organschaft erreicht werden, muß das Wirtschaftsjahr der Organgesellschaft ggf. auf den Zeitpunkt der Veräußerung der Organbeteiligung umgestellt werden.

10.3.5 Der Gewinnabführungsvertrag bei Auflösung der Organgesellschaft

796 Wird die Organgesellschaft aufgelöst, so hat dies zur Folge, daß sie eine auf Erwerb ausgerichtete Tätigkeit nicht mehr ausüben kann. Ein Gewinn, der aufgrund des Gewinnabführungsvertrages an den Organträger abzuführen wäre, kann daher nicht mehr erzielt werden. Demnach unterliegt der im Zeitraum der Abwicklung erzielte Gewinn nicht der vertraglichen Gewinnabführungsverpflichtung (BFH-Urt. vom 18. 10. 1967, BStBl 1968 II S. 105). Der Abwicklungsgewinn ist somit von der Organgesellschaft zu versteuern. Das gleiche gilt bei einer Abwicklung ohne förmlichen Auflösungsbeschluß (BFH-Urt. vom 17. 2. 1971, BStBl II S. 411).

Beginnt die Liquidation während des Wirtschaftsjahres der Organgesellschaft, so führt dies nach dem BFH-Urt. vom 17. 7. 1974 (BStBl II S. 692) zur Bildung eines Rumpfwirtschaftsjahres, das mit Beginn der Liquidation endigt. Der Gewinn dieses Rumpfwirtschaftsjahres unterliegt der Gewinnabführung an den Organträger. Die Finanzverwaltung räumt der Gesellschaft hinsichtlich der Bildung eines Rumpfwirtschaftsjahres ein Wahlrecht ein (Abschn. 46 Abs. 1 KStR). 796

Zur Auflösung des Organträgers vgl. RZ 770.

10.4 Die Rechtsfolgen der Organschaft mit Gewinnabführung

10.4.1 Grundsätze

Die Rechtsfolgen der Organschaft mit Gewinnabführungsvertrag werden in § 14 Abs. 1 KStG dahingehend umschrieben, daß das **Einkommen** der Organgesellschaft grundsätzlich in vollem Umfang dem **Organträger zuzurechnen** ist. Eine **Ausnahme** gilt lediglich **für Ausgleichszahlungen,** die an außenstehende Gesellschafter der Organgesellschaft zu leisten sind (§ 16 KStG). 797

Gegenstand der Zurechnung ist danach nicht der Betrag der handelsrechtlichen Gewinnabführung, sondern das nach den allgemeinen steuerrechtlichen Bestimmungen ermittelte Einkommen der Organgesellschaft (sogenannte Zurechnungstheorie). Stellt die Organgesellschaft aus dem Jahresüberschuß Beträge in die Gewinnrücklagen (§ 272 Abs. 3 HGB) ein oder bildet sie steuerlich nicht anzuerkennende stille Rücklagen, so werden die Rücklagen im Rahmen der Zurechnung des Einkommens beim Organträger versteuert. Dementsprechend sind z. B. auch die bei der Organgesellschaft entstandenen nichtabziehbaren Aufwendungen beim Organträger zu versteuern. Die Beseitigung der Doppelbelastung im Organkreis geschieht also nicht dadurch, daß eine von der Organgesellschaft zu zahlende Körperschaftsteuer auf die Einkommensteuer- oder Körperschaftsteuerschuld angerechnet wird. Es wird vielmehr bei der Organgesellschaft auf eine Besteuerung des dem Organträger zuzurechnenden Einkommens ganz verzichtet.

Die Zurechnung des Einkommens der Organgesellschaft beim Organträger ermöglicht insbesondere den **Verlustausgleich im Organkreis.** Verluste des Organträgers könnten zwar auch durch Gewinnausschüttungen der Organgesellschaft ausgeglichen werden. Diese Möglichkeit beschränkt sich indessen auf die Ausschüttung des handelsrechtlichen Gewinns, während die Organschaft auch zu einer Verrechnung mit den zum Einkommen der Organgesellschaft gehörenden nichtabziehbaren Aufwendungen führt. Hat die Organgesellschaft Verluste erlitten, so läßt sich ein steuerwirksamer Verlustausgleich zwischen Organträger und Organgesellschaft ohne Begründung eines Organschaftsverhältnisses überhaupt nicht herstellen. Zur Frage der Abschreibung der Organbeteiligung wegen Dauerverlusten der Organgesellschaft vgl. RZ 812. 798

Die Rechtsfolgen der Organschaft ändern nichts daran, daß Organträger und Organgesellschaft **zivilrechtlich und steuerrechtlich selbständige Rechtssubjekte** bleiben. Dies gilt auch dann, wenn die Organgesellschaft – wie im Regelfall – kein eigenes Einkommen zu versteuern hat.

10.4.2 Die Ermittlung des Einkommens der Organgesellschaft

Die **Ermittlung des Einkommens der Organgesellschaft** erfolgt **getrennt vom Einkommen des Organträgers.** Es gelten die Vorschriften der §§ 8ff. KStG in Verbindung mit den einkommensteuerrechtlichen Vorschriften. Grundlage ist danach der Bilanzgewinn, auf den die nach dem Gesetz vorgeschriebenen Zurechnungen (z. B. die nichtabziehbaren Steuern) und Abrechnungen (z. B. abziehbare Spenden) vorzunehmen sind. Wenn ein Gewinnabführungsvertrag besteht, weist die Bilanz der Organgesellschaft allerdings in der Regel weder einen Gewinn noch einen Verlust aus, da die Verpflichtung aus dem Gewinnabführungsvertrag zu passivieren ist. Ist ein vom Organträger auszugleichender Verlust entstanden, aktiviert die Organgesellschaft eine Forderung aus Gewinnabführungsvertrag gegen den Organträger. Da Gewinnabführung und Verlustübernahme jedoch dem Grunde nach gesellschaftsrechtliche Vorgänge sind, ist als dem 799

799 Organträger zuzurechnendes Einkommen der Organgesellschaft das Einkommen vor Gewinnabführung bzw. Verlustübernahme zu verstehen. Das Einkommen wird im Ergebnis so ermittelt, als ob eine Gewinnabführung oder Verlustübernahme nicht stattgefunden hätte (BFH-Urt. vom 26. 1. 1977, BStBl II S. 441).

800 Bei der Ermittlung des Einkommens der Organgesellschaft ist deren **steuerrechtliche Selbständigkeit** zu beachten (vgl. BFH-Urt. vom 1. 8. 1984, BStBl 1985 II S. 18). Dies bedeutet, daß Rechtsgeschäfte zwischen Organgesellschaft und Organträger wie unter Fremden abgewickelt und steuerlich beurteilt werden müssen. Auch im Organkreis sind daher verdeckte Gewinnausschüttungen und verdeckte Einlagen möglich. Hat die Organgesellschaft eine **verdeckte Gewinnausschüttung** an den Organträger bewirkt (z. B. ein Wirtschaftsgut unter dem Verkehrswert an den Organträger verkauft), so ist das dem Organträger zuzurechnende Einkommen der Organgesellschaft entsprechend zu erhöhen. Die tatsächliche Durchführung des Gewinnabführungsvertrags wird durch verdeckte Gewinnausschüttungen nicht berührt; sie werden im allgemeinen als **vorweggenommene Gewinnabführungen** an den Organträger behandelt. Wegen der Vermeidung einer Doppelerfassung verdeckter Gewinnausschüttungen im Organkreis vgl. RZ 814 ff. Zur verdeckten Gewinnausschüttung an außenstehende Gesellschafter vgl. RZ 820.

Die Organgesellschaft kann die Vergünstigungen nach § 6b EStG unter den dort genannten Voraussetzungen auch für die Veräußerung von Wirtschaftsgütern an den Organträger (oder andere Organgesellschaften) in Anspruch nehmen; sie muß jedoch alle Teilbestandsmerkmale (z. B. die Besitzzeit nach § 6b Abs. 4 Nr. 2 EStG) in ihrer Person selbst erfüllen.

801 Der Spendenhöchstbetrag nach § 9 Nr. 3 KStG ist für die Organgesellschaft völlig getrennt von den Verhältnissen des Organträgers zu ermitteln. Daher können z. B. Spenden der Organgesellschaft, die den Höchstbetrag übersteigen, beim Organträger nicht abgezogen werden, auch wenn dieser seinen Höchstbetrag nicht ausgeschöpft haben sollte.

Zur steuerlichen Erfassung des Einkommens der Organgesellschaft beim Organträger vgl. im einzelnen RZ 809 ff.

10.4.2.1 Die Beschränkung des Verlustabzugs

802 Eine wesentliche Abweichung von den sonst geltenden steuerrechtlichen Vorschriften für die Ermittlung des Einkommens der Organgesellschaft ergibt sich aus der Bestimmung des § 15 Nr. 1 KStG. Diese Regelung schließt den Verlustabzug i. S. des § 10d EStG aus, so daß das Einkommen der Organgesellschaft ohne § 10d EStG zu ermitteln ist. Dadurch wird verhindert, daß Verluste der Organgesellschaft, die vor Inkrafttreten des Gewinnabführungsvertrages entstanden sind, beim Organträger steuerlich wirksam werden. Der **Verlustabzug für vorvertragliche Verluste** der Organgesellschaft ist somit während des Bestehens der Organschaft **ausgeschlossen;** er kann erst nach Beendigung der Organschaft (bei der Organgesellschaft) wieder wirksam werden. Nach der gesetzlichen Regelung ist es ferner nicht möglich, einen Verlust der Organgesellschaft während des Bestehens der Organschaft auf vorangegangene (vorvertragliche) Veranlagungszeiträume zurückzutragen. Dies ergibt sich daraus, daß die steuerliche Erfassung des (positiven oder negativen) Einkommens der Organgesellschaft beim Organträger erfolgt. Auch soweit die Organgesellschaft wegen zu leistender Ausgleichszahlungen ein eigenes Einkommen zu versteuern hat (vgl. unten RZ 815 ff), ist die Anwendung des § 10d EStG ausgeschlossen. Für den Organträger gelten die allgemeinen Vorschriften; so können vertragliche Verluste der Organgesellschaft mit vorvertraglichen Gewinnen des Organträgers durch Verlustrücktrag ausgeglichen werden.

803 Wegen der weitreichenden Folgen des § 15 Nr. 1 KStG empfiehlt es sich im allgemeinen, bei erheblichen vorvertraglichen Verlusten der Organgesellschaft den Abschluß des Gewinnabführungsvertrages hinauszuschieben. Es ist auch möglich, in einem Gewinnabführungsvertrag zu vereinbaren, daß der Vertrag erst wirksam werden soll, wenn ein vorhandener Verlustabzug der Organgesellschaft steuerrechtlich in vollem Umfang berücksichtigt ist.

Übernimmt der Organträger, was handelsrechtlich möglich ist, die Verpflichtung, einen vorvertraglichen Verlust der Organgesellschaft auszugleichen, so steht dies der Durchführung des Gewinnabführungsvertrages nicht entgegen. Der Verlustausgleich stellt insoweit steuerrechtlich eine Einlage des Organträgers in die Organgesellschaft dar (vgl. Abschn. 61 KStR), die zu nachträglichen Anschaffungskosten für die Anteile an der Organgesellschaft führt. 803

Sind bei Inkrafttreten des Gewinnabführungsvertrags bei der Organgesellschaft handelsrechtliche Verlustvorträge vorhanden, ist eine Gewinnabführung nur in Höhe des den Verlustvortrag übersteigenden Gewinns möglich (§§ 301 AktG, 29 Abs. 1 GmbHG). Da bei der Ermittlung des steuerlichen Einkommens der Organgesellschaft ein Verlustabzug für vorvertragliche Verluste ausgeschlossen ist, ist dem Organträger das entsprechend höhere Einkommen zuzurechnen. Der steuerliche Wertansatz der Beteiligung des Organträgers an der Organgesellschaft bleibt unverändert, obwohl sich durch den handelsrechtlichen Verlustausgleich im Ergebnis das Vermögen der Organgesellschaft und damit der Wert der Beteiligung des Organträgers erhöht. Um eine doppelte steuerliche Erfassung im Fall einer späteren Veräußerung der Anteile zu vermeiden, ist in der Steuerbilanz des Organträgers ein aktiver Ausgleichsposten einkommensneutral zu bilden (vgl. Abschn. 59 Abs. 2 KStR). Im Fall der Veräußerung der Beteiligung ist dieser Posten einkommenswirksam aufzulösen; er mindert ggf. den Veräußerungsgewinn (vgl. RZ 821). 804

10.4.2.2 Internationales Schachtelprivileg

Bei der Ermittlung des Einkommens der Organgesellschaft ist ferner die Regelung des § 15 Nr. 2 KStG zu beachten. Sie betrifft den Fall, daß der Organgesellschaft Gewinnanteile aus der Beteiligung an einer ausländischen Kapitalgesellschaft zustehen, die aufgrund von Doppelbesteuerungsabkommen bei ihr außer Ansatz bleiben (sogenanntes internationales Schachtelprivileg). Nach den geltenden Doppelbesteuerungsabkommen sind in der Regel derartige Gewinnanteile, die eine inländische Kapitalgesellschaft von einer ausländischen Kapitalgesellschaft bezieht, unter der Voraussetzung steuerfrei, daß die Beteiligung mindestens 10 v. H. (ab 1984) beträgt. Die Vorschrift des § 15 Nr. 2 KStG bestimmt, daß die Anwendung des internationalen Schachtelprivilegs davon abhängt, ob der Organträger zu den nach den Abkommen begünstigten Personen gehört. Ist Organträger eine natürliche Person, die nicht begünstigt ist, so kann das nach den Doppelbesteuerungsabkommen bestehende Schachtelprivileg nicht gewährt werden. Die Bedeutung des internationalen Schachtelprivilegs beschränkt sich darauf, eine Mehrfachbelastung mit ausländischer und inländischer Körperschaftsteuer auszuschließen. Sie soll jedoch nach dem Zweck des § 15 Nr. 2 KStG nicht dazu führen, daß Gewinnanteile, die eine inländische Kapitalgesellschaft von einer ausländischen Kapitalgesellschaft empfängt, durch die Zurechnung des Organeinkommens bei einer natürlichen Person als Organträger überhaupt nicht der inländischen Besteuerung unterliegen. Ist der Organträger eine Personengesellschaft, so ist das internationale Schachtelprivileg insoweit anzuwenden, als das zuzurechnende Einkommen auf einen Gesellschafter entfällt, der zu den begünstigten Steuerpflichtigen gehört. 805

Für die Gewährung der Steuerbefreiung ist nicht erforderlich, daß der nach den Doppelbesteuerungsabkommen zu den begünstigten Personen gehörende Organträger selbst (mittelbar) in Höhe von mindestens 10 v. H. an der ausländischen Gesellschaft beteiligt ist. Es ist ausreichend, wenn die Organgesellschaft die erforderliche Mindesthöhe der Beteiligung erreicht. Bei einer Organschaftskette müssen die Voraussetzungen des § 15 Nr. 2 KStG bei der Organspitze geprüft werden.

Die Bestimmung des § 15 Nr. 2 KStG beschränkt nicht die steuerfreie Weitergabe von Einkünften an den Organträger, die die Organgesellschaft aus einer ausländischen, nach DBA steuerbefreiten Betriebsstätte bezieht. Diese Einkünfte können beim Organträger auch nicht zur Anwendung des Progressionsvorbehalts führen (vgl. Vfg. OFD Hannover vom 22. 7. 1994, DB 1994 S. 1699).

10.4.2.3 Erweiterung der Schachtelbegünstigung (§ 8b KStG)

Nach § 40 Satz 1 Nr. 1 KStG i. d. F. des Standortsicherungsgesetzes wird für Ausschüttungen, für die der Teilbetrag EK 01 (§ 30 Abs. 2 Nr. 1 KStG) als verwendet gilt, auf die Herstellung der 806

806 Ausschüttungsbelastung (Körperschaftsteuererhöhung) verzichtet. Ist Empfängerin der Ausschüttung aus dem EK 01 eine unbeschränkt steuerpflichtige Körperschaft i. S. des § 1 Abs. 1 Nrn. 1, 2, 3 und 6 KStG, bleiben die Ausschüttungen bei der Ermittlung ihres Einkommens außer Betracht (§ 8b Abs. 1 KStG); bei anderen Empfängern (z. B. natürlichen Personen) sind die Dividenden steuerpflichtig. Die Begünstigung, die auch für „Einmalausschüttungen" i. S. des § 8b Abs. 2 KStG gilt, ist somit auf Weiterausschüttungen zwischen bestimmten inländischen Gesellschaften beschränkt. Vgl. im einzelnen hierzu RZ 951 ff.

Die durch das Mißbrauchsbekämpfungs- und Steuerbereinigungsgesetz neu eingefügte Bestimmung des § 15 Nr. 3 KStG verhindert, daß über die Zurechnung des Einkommens der Organgesellschaft beim Organträger andere als die in § 8b Abs. 1 und 2 KStG genannten Anteilseigner in den Genuß der Steuerbegünstigung kommen. Die Steuerbefreiung wird hiernach nur gewährt, wenn Organträger eine Körperschaft i. S. des § 1 Abs. 1 Nrn. 1, 2, 3 und 6 KStG ist. Ist Organträger eine Personengesellschaft, so ist die Befreiung nur insoweit anzuwenden, als das zuzurechnende Einkommen auf einen Gesellschafter entfällt, der zu den begünstigten Steuerpflichtigen gehört.

10.4.2.4 Die zeitliche Zuordnung des Einkommens

807 Das Einkommen der Organgesellschaft ist dem Organträger für das Kalenderjahr (Veranlagungszeitraum) zuzurechnen, in dem die Organgesellschaft das Einkommen bezogen hat. Dieser Grundsatz ist auch dann zu beachten, wenn die **Wirtschaftsjahre** des Organträgers und der Organgesellschaft voneinander **abweichen** (BFH-Urt. vom 29. 10. 1974, BStBl 1975 II S. 126).

> **Beispiel:**
>
> Der Organträger hat ein abweichendes Wirtschaftsjahr, das vom 1. 7. bis 30. 6. läuft. Das Wirtschaftsjahr der Organgesellschaft entspricht dem Kalenderjahr.
>
> Für den Organträger und die Organgesellschaft ist das Einkommen des Jahres 02 jeweils getrennt zu ermitteln. Bei der Organgesellschaft ist das – dem Organträger zuzurechnende – Einkommen des Jahres 02 auf der Grundlage des Wirtschaftsjahres 1. 1. 02 bis 31. 12. 02 maßgebend. Beim Organträger gilt gemäß § 7 Abs. 4 KStG der Gewinn des Wirtschaftsjahres 1. 7. 01 bis 30. 6. 02 als im Kalenderjahr 02 bezogen. Für die Ermittlung des eigenen Einkommens des Organträgers ist der Gewinn der Organgesellschaft aus dem Wirtschaftsjahr 01, der aufgrund der Gewinnabführung im Gewinn des Organträgers im Wirtschaftsjahr 01/02 enthalten ist, auszuscheiden.

808 Die dargestellte Rechtslage hat auch Auswirkungen auf die Entrichtung der **Körperschaftsteuer-Vorauszahlungen,** wenn der Organträger der Körperschaftsteuer unterliegt. Da nach § 49 Abs. 3 KStG bei einem vom Kalenderjahr abweichenden Wirtschaftsjahr die Vorauszahlungen für den Veranlagungszeitraum bereits während des Wirtschaftsjahres zu leisten sind, das im Veranlagungszeitraum endet, hat dies zur Folge, daß der Organträger für das ihm zuzurechnende Einkommen der Organgesellschaft früher Vorauszahlungen zu leisten hat, als dies bei der Organgesellschaft ohne Organschaft der Fall wäre.

> Im obigen Beispiel hat der Organträger bis zum 30. 6. 02 für sein eigenes Einkommen aus dem Wirtschaftsjahr 1. 7. 01 bis 30. 6. 02 und für das ihm zuzurechnende Einkommen der Organgesellschaft aus dem Wirtschaftsjahr 1. 1. 02 bis 31. 12. 02 Körperschaftsteuer-Vorauszahlungen zu entrichten.

10.4.3 Die steuerliche Erfassung des Einkommens der Organgesellschaft beim Organträger

809 Nach § 14 KStG ist das Einkommen der Organgesellschaft, soweit sich aus § 16 KStG nichts anderes ergibt, dem Organträger zuzurechnen. Das bedeutet im Grundsatz, daß das Einkommen der Organgesellschaft und das Einkommen des Organträgers steuerlich auf der Ebene des Organträgers zusammengefaßt werden. Die Zusammenfassung ermöglicht einen Verlustausgleich zwischen dem Einkommen der Organgesellschaft und dem Einkommen des Organträgers. Durch die Zurechnung des Einkommens der Organgesellschaft beim Organträger kann sich auch

die Steuerart ändern, der das Organeinkommen unterliegt. Ist Organträger z. B. eine natürliche **809**
Person oder eine Personengesellschaft, an der natürliche Personen beteiligt sind, unterliegt das
Einkommen der Organgesellschaft der Einkommensteuer. Zu den verfahrensrechtlichen Fragen
bei einer Personengesellschaft als Organträger vgl. Ländererlaß vom 23. 3. 1976, DB 1976 S.
653. Hiernach ist das einer Mitunternehmerschaft als Organträger zuzurechnende Einkommen
der Organgesellschaft als eigenständige Besteuerungsgrundlage neben dem Gewinn der Mitunternehmerschaft auszuweisen und als solche gesondert und einheitlich festzustellen (vgl. BFH-Urt. vom 14. 4. 1992, BStBl II S. 817).

Für die Ermittlung des **Einkommens des Organträgers** gelten – ebenso wie für das ihm zuzu- **810**
rechnende Einkommen der Organgesellschaft – die allgemeinen Vorschriften, wobei auch hier
die rechtliche Selbständigkeit von Organträger und Organgesellschaft zu beachten ist.

Der der Berechnung des Einkommens zugrunde liegende Bilanzgewinn des Organträgers wird
durch den bestehenden Gewinnabführungsvertrag mit der Organgesellschaft beeinflußt. Hat die
Organgesellschaft ein positives Ergebnis erzielt, aktiviert der Organträger den Anspruch auf Gewinnabführung und erhöht damit seinen Bilanzgewinn. Im Falle eines Verlustes der Organgesellschaft weist der Organträger eine seinen Bilanzgewinn mindernde Verbindlichkeit aus Verlustübernahme aus. Gegenstand der steuerlichen Erfassung beim Organträger ist jedoch nicht
die handelsrechtliche Ergebnisabführung, sondern das steuerliche **Einkommen** der Organgesellschaft. Um eine doppelte steuerliche Berücksichtigung zu vermeiden, muß bei der Ermittlung des eigenen Einkommens des Organträgers die handelsrechtliche Ergebnisabführung ausgeschieden werden.

10.4.3.1 Einzelfragen

Der Organträger darf steuerrechtlich **keine Rückstellung für drohende Verluste aus der** **811**
Übernahme des Verlustes der Organgesellschaft bilden (BFH-Urt. vom 26. 1. 1977, BStBl II
S. 441).

> **Beispiel:**
>
> Das Wirtschaftsjahr des Organträgers entspricht dem Kalenderjahr. Das Wirtschaftsjahr der Organgesellschaft läuft vom 1. 7. bis 30. 6. des jeweiligen Kalenderjahres. Der Organträger bildet in seiner Handelsbilanz zum 31. 12. 01 eine Rückstellung für drohende Verlustübernahme, da sich in dem laufenden
> Wirtschaftsjahr 01/02 der Organgesellschaft Verluste abzeichnen.
>
> Die Rückstellung kann steuerlich nicht anerkannt werden, da die Verlustübernahme gesellschaftsrechtlich veranlaßt ist. Der Verlust der Organgesellschaft kann sich steuerlich erst im Einkommen des Veranlagungszeitraums 02 niederschlagen.

Die **Abschreibung der Beteiligung** des Organträgers an der Organgesellschaft auf den niedri- **812**
geren Teilwert ist bei Vorliegen der hierfür erforderlichen Voraussetzungen grundsätzlich möglich (vgl. hierzu Dötsch/Buyer in DB 1991 S. 10).

Sie ist jedoch nicht schon deshalb gerechtfertigt, weil die Organgesellschaft ständig mit Verlusten abschließt (BHF-Urt. vom 17. 9. 1969, BStBl 1970 II S. 48 und vom 12. 10. 1972, BStBl
1973 II S. 76). Grundlage für diese Einschränkung ist die Erwägung, daß durch die Verlustübernahme, zu der der Organträger verpflichtet ist, die Substanz der Organgesellschaft und damit der
Wert der Beteiligung erhalten bleibt. Der Wert der Beteiligung kann sich jedoch dadurch vermindern, daß die Organgesellschaft vorvertragliche stille Reserven auflöst und im Rahmen des
bestehenden Gewinnabführungsvertrages an den Organträger abführt. Zu den hierbei eintretenden steuerlichen Folgen vgl. unten RZ 826.

Für die Berechnung des **Spendenhöchstbetrages** nach § 9 Nr. 3 KStG bei der Ermittlung des ei- **813**
genen Einkommens des Organträgers bleibt das ihm zuzurechnende Einkommen der Organgesellschaft außer Betracht. Ebenso sind nur die eigenen Umsätze des Organträgers zu berücksichtigen.

814 Wie bereits ausgeführt ist auch bei Lieferungen und Leistungen zwischen Organgesellschaft und Organträger von der zivilrechtlichen und steuerrechtlichen Selbständigkeit beider Unternehmen auszugehen (BFH-Urt. vom 1. 8. 1984, BStBl 1985 II S. 18). Es sind daher **verdeckte Gewinnausschüttungen im Organkreis** möglich. Hat die Organgesellschaft eine verdeckte Gewinnausschüttung an den Organträger bewirkt, schlägt sich diese in dem dem Organträger zuzurechnenden Einkommen nieder (vgl. oben RZ 800), das der Organträger zu versteuern hat. Eine doppelte steuerliche Erfassung muß jedoch nach dem Sinn und Zweck der Organschaft vermieden werden. Dies kann im Einzelfall eine Korrektur des Einkommens erforderlich machen (vgl. BFH-Urt. vom 20. 8. 1986, BStBl 1987 II S. 455).

> **Beispiel:**
>
> Die Organgesellschaft verkauft an den Organträger Waren für 50 000 DM, für die einem fremden Dritten 100 000 DM berechnet worden wären. Der Organträger veräußert die Waren noch in demselben Jahr für 120 000 DM.
>
> Die Organgesellschaft hat eine verdeckte Gewinnausschüttung bewirkt in Höhe von 50 000 DM, die bei der Ermittlung ihres Einkommens außerhalb der Bilanz hinzuzurechnen ist. Das so erhöhte Einkommen ist dem Organträger zur Versteuerung zuzurechnen. Der Organträger hat durch Verkauf der Waren einen Gewinn von 70 000 DM realisiert; von diesem Gewinn beruhen 50 000 DM auf dem unangemessen niedrigen Einkaufspreis. Um insoweit eine doppelte steuerliche Erfassung zu vermeiden, ist die verdeckte Gewinnausschüttung (50 000 DM) aus dem eigenen Einkommen des Organträgers auszuscheiden (anders BFH a. a. O., der die verdeckte Gewinnausschüttung aus dem hinzuzurechnenden Einkommen der Organgesellschaft ausscheiden will).
>
> Werden die Waren nicht in demselben Jahr, sondern erst in späteren Jahren veräußert, muß der (Steuer-) Bilanzansatz der Waren einkommensneutral auf 100 000 DM erhöht werden.

Die dargestellten Rechtsfolgen gelten auch, wenn die verdeckte Gewinnausschüttung an den Organträger durch die „unentgeltliche" Übertragung immaterieller Wirtschaftsgüter bewirkt wird. Der Organträger hat in diesem Fall das auf ihn übertragene Wirtschaftsgut in der Steuerbilanz mit dem gemeinen Wert zu aktivieren; die gebotene Trennung zwischen gesellschaftlichen und betrieblichen Bereich hat Vorrang vor dem Aktivierungsverbot des § 5 Abs. 2 EStG. Um die ertragsteuerliche Doppelbelastung im Organkreis zu vermeiden, muß auch hier eine Korrektur des Einkommens erfolgen (BFH-Urt. vom 20. 8. 1987, BStBl II S. 455).

10.4.4 Die steuerliche Behandlung von Ausgleichszahlungen

815 Die Rechtsfolgen der Organschaft mit Gewinnabführung werden von dem Grundsatz bestimmt, daß das gesamte Einkommen der Organgesellschaft dem Organträger zur Versteuerung zuzurechnen ist. Dieser Grundsatz erleidet dann eine Ausnahme, wenn an der Organgesellschaft **außenstehende Gesellschafter** (Minderheitsgesellschafter) beteiligt sind, die zum Ausgleich für den Abschluß des Gewinnabführungsvertrages sogenannte Ausgleichszahlungen erhalten. Sofern die Organgesellschaft eine Aktiengesellschaft oder Kommanditgesellschaft auf Aktien ist, ergibt sich die Verpflichtung zur Leistung von Ausgleichszahlungen aus § 304 AktG. Bei anderen Kapitalgesellschaften bedürfen sie der ausdrücklichen Vereinbarung.

Die Ausgleichszahlungen werden in § 304 Abs. 1 AktG als auf die Nennbeträge der Anteile bezogene (wiederkehrende) Geldleistungen definiert. Hinsichtlich der Bemessung der Ausgleichszahlungen sieht § 304 Abs. 2 AktG zum einen einen festen Ausgleich vor, der sich an der bisherigen Ertragslage und den künftigen Ertragsaussichten der Organgesellschaft orientiert. Es kann jedoch auch ein variabler Ausgleich gewährt werden, der auf dem Gewinn der herrschenden Gesellschaft beruht. Variable Zahlungen, die ausschließlich nach dem Ergebnis der Organgesellschaft bemessen werden, sind unzulässig. Diese aktienrechtliche Beurteilung ist auch steuerrechtlich maßgebend. Ist die Organgesellschaft eine GmbH, gelten für die Bemessung vereinbarter Ausgleichszahlungen die gleichen Grundsätze, da sonst das steuerliche Erfordernis, daß der ganze Gewinn an den Organträger abzuführen ist, nicht erfüllt wäre. Vgl. hierzu BFH-Urt. vom 31. 3. 1976, BStBl II S. 510, sowie BMF-Schreiben vom 16. 4. 1991 und 13. 9. 1991, DB 1991 S. 1049 und 2110.

Die Entrichtung von Ausgleichszahlungen ist begrifflich Einkommensverwendung; sie darf daher bei der Ermittlung des Einkommens nicht abgezogen werden (§ 4 Abs. 5 Nr. 9 EStG). Dies gilt unabhängig davon, ob der Organträger oder die Organgesellschaft die Ausgleichszahlungen erbringen. Aus der Sicht der Minderheitsgesellschafter sind die Ausgleichszahlungen Gewinnanteile i. S. des § 20 Abs. 1 Nr. 1 EStG, die in der Regel zur Anrechnung von Körperschaftsteuer in Höhe von $^{30}/_{70}$ der Ausgleichszahlungen berechtigen (§ 36 Abs. 2 Nr. 3 EStG). Voraussetzung für die Anrechnung ist indes, daß die Erhebung der entsprechenden Körperschaftsteuer auf der Ebene des Schuldners der Ausgleichszahlungen gesichert ist, d. h. das den Ausgleichszahlungen zugrunde liegende Einkommen auch tatsächlich der Körperschaftsteuer unterliegt. Im Hinblick darauf, daß Organträger auch ein der Einkommensteuer unterliegender Steuerpflichtiger sein kann, ist es aus der Systematik des Anrechnungsverfahrens heraus geboten, die **auf die Ausgleichszahlungen entfallende Körperschaftsteuer** einheitlich **bei der Organgesellschaft,** die ja in jedem Fall eine Kapitalgesellschaft ist, zu erheben. Die Bestimmung des **§ 16 KStG** trägt diesem Erfordernis dadurch Rechnung, daß sie die steuerliche Erfassung des Einkommens in Höhe der geleisteten Ausgleichszahlungen einschließlich der darauf entfallenden Ausschüttungsbelastung der Organgesellschaft zuordnet und zwar auch dann, wenn der Organträger die Ausgleichszahlungen erbringt. **816**

Leistet die Organgesellschaft die Ausgleichszahlungen, schlägt sich dies in einer Verminderung des dem Organträger zuzurechnenden Einkommens nieder. Hat die Organgesellschaft Verluste erlitten, so erhöht sich durch die Leistung der Ausgleichszahlungen der dem Organträger zuzurechnende steuerliche Verlust. Erbringt der Organträger die Ausgleichszahlungen, so ist der Teil seines Einkommens in Höhe der Ausgleichszahlungen der Organgesellschaft zuzurechnen; bei steuerlichen Verlusten des Organträgers erhöhen die von ihm geleisteten Ausgleichszahlungen diesen Verlust. **817**

Fallen bei der Organgesellschaft steuerfreie und steuerpflichtige Einkommensteile an, so sind für die Leistung der Ausgleichszahlungen durch die Organgesellschaft hierfür die steuerpflichtigen Einkommensteile zu verwenden. Erzielt die Organgesellschaft nur steuerfreie Einkünfte und hat sie Ausgleichszahlungen zu leisten, so ist bei ihr ein steuerpflichtiges Einkommen in Höhe der Ausgleichszahlungen zuzüglich der Ausschüttungsbelastung zu erfassen. Dem Organträger sind ein negatives zu versteuerndes Einkommen in Höhe der Ausgleichszahlungen zuzüglich der Ausschüttungsbelastung und die steuerfreien Einkommensteile zuzurechnen.

Die Frage, ob die Organgesellschaft oder der Organträger die Ausgleichszahlungen entrichtet, hat auf die Höhe des steuerlichen Einkommens, das im Organkreis zu erfassen ist, keinen Einfluß. Leistet die Organgesellschaft die Ausgleichszahlungen, verringert sich das dem Organträger zuzurechnende Einkommen um die Ausgleichszahlungen zuzüglich der Ausschüttungsbelastung. Werden die Ausgleichszahlungen dagegen vom Organträger erbracht, verringert sich zwar das bei ihm zu erfassende eigene steuerliche Einkommen um den Betrag der Ausgleichszahlungen; gleichzeitig erhöht sich jedoch das dem Organträger zuzurechnende Einkommen der Organgesellschaft um diesen Betrag (vgl. Abschn. 63 Abs. 2 KStR). **818**

Beispiel:
(ohne sonstige nichtabziehbare Ausgaben)
a) Die Ausgleichszahlungen werden von der Organgesellschaft geleistet. Sie betragen 7 000 DM.

Organgesellschaft

Bilanzgewinn	0 DM
+ als Betriebsausgabe abgezogene Verpflichtung aus Gewinnabführung	100 000 DM
+ als Betriebsausgabe abgezogene Verpflichtung zur Leistung von Ausgleichszahlungen (§ 4 Abs. 5 Nr. 9 EStG)	7 000 DM
+ Körperschaftsteuer für Ausgleichszahlungen	3 000 DM
Einkommen der Organgesellschaft	110 000 DM
Von der Organgesellschaft zu versteuern (§ 16 Satz 1 KStG)	

818	Ausgleichszahlungen	7 000 DM	
	+ Ausschüttungsbelastung ($^{30}/_{70}$ aus 7000 DM)	3 000 DM	10 000 DM
	Dem Organträger zuzurechnendes Einkommen		100 000 DM
	Organträger		
	Bilanzgewinn		165 000 DM
	+ Körperschaftsteuer		135 000 DM
	– im Bilanzgewinn enthaltene Gewinnabführung der Organgesellschaft		100 000 DM
	+ zuzurechnendes Einkommen der Organgesellschaft		100 000 DM
	Zu versteuerndes Einkommen des Organträgers		300 000 DM

b) Der Organträger erbringt die Ausgleichszahlungen; sie betragen ebenfalls 7000 DM.

	Organgesellschaft		
	Bilanzgewinn		0 DM
	+ als Betriebsausgabe abgezogene Verpflichtung aus Gewinnabführung		107 000 DM
	+ Körperschaftsteuer für Ausgleichszahlungen		3 000 DM
	Erwirtschaftetes Einkommen der Organgesellschaft		110 000 DM
	Von der Organgesellschaft zu versteuern:		
	Ausgleichszahlungen (vom Organträger entrichtet)	7 000 DM	
	+ Körperschaftsteuer für Ausgleichszahlungen	3 000 DM	3 000 DM
		10 000 DM	
	Dem Organträger zuzurechnendes Einkommen		107 000 DM
	Organträger		
	Bilanzgewinn		165 000 DM
	+ Körperschaftsteuer		135 000 DM
	+ Ausgleichszahlungen (§ 4 Abs. 5 Nr. 9 EStG)		7 000 DM
	– im Bilanzgewinn enthaltene Gewinnabführung der Organgesellschaft		107 000 DM
	+ zuzurechnendes Einkommen der Organgesellschaft		107 000 DM
			307 000 DM
	– bei der Organgesellschaft zu erfassendes Einkommen (§ 16 Satz 2 KStG)		7 000 DM
	Zu versteuerndes Einkommen des Organträgers		300 000 DM

819 Wie bereits ausgeführt, ist bei der Ermittlung des Einkommens der Organgesellschaft ein Verlustabzug i. S. des § 10d EStG ausgeschlossen (vgl. oben RZ 802 ff). Dies gilt auch insoweit, als die Organgesellschaft ein den Ausgleichszahlungen entsprechendes eigenes Einkommen zu versteuern hat. Es ist demnach insbesondere nicht möglich, das von der Organgesellschaft zu versteuernde Einkommen um einen vorvertraglichen Verlustabzug zu kürzen. Die Regelung entspricht dem gesetzgeberischen Ziel, die Belastung der Ausgleichszahlungen mit Körperschaftsteuer zu sichern.

820 Verdeckte Gewinnausschüttungen an außenstehende Gesellschafter sind wie Ausgleichszahlungen i. S. des § 16 KStG zu behandeln; sie sind daher als eigenes Einkommen der Organgesellschaft zu versteuern.

10.4.5 Die Bildung und Auflösung besonderer Ausgleichsposten beim Organträger
10.4.5.1 Mehr- und Minderabführungen

821 Nach § 14 KStG ist dem Organträger das Einkommen der Organgesellschaft unabhängig von der tatsächlichen Gewinnabführung zuzurechnen. Die aus dem zuzurechnenden Einkommen ermittelte Vermögensmehrung und der Betrag der handelsrechtlichen Gewinnabführung stimmen bei dem Organträger jedoch nicht immer überein. Der sich aus der Gewinnabführung ergebende Be-

trag ist z. B. niedriger, wenn die Organgesellschaft Teile aus ihrem Jahresüberschuß in eine nach **821**
§ 14 Abs. 1 Nr. 5 KStG zulässige Gewinnrücklage einstellt oder durch höhere Abschreibungen in der Handelsbilanz als in der Steuerbilanz nachvertragliche stille Rücklagen bildet. Eine Abweichung ergibt sich ferner in den Fällen, in denen handelsrechtlich ein vororganschaftlicher Verlust der Organgesellschaft ausgeglichen werden muß, steuerlich jedoch das ungeminderte Einkommen der Organgesellschaft dem Organträger zuzurechnen ist (vgl. hierzu RZ 802 ff.). Hat die Organgesellschaft in der Steuerbilanz, nicht jedoch in der Handelsbilanz eine Preissteigerungsrücklage (vgl. § 51 Abs. 1 Nr. 2b EStG i. V. mit § 74 EStDV) gebildet, so war die tatsächliche Gewinnabführung höher als die sich aus der Einkommenszurechnung ergebende Vermögensmehrung. Bei Auflösung der Rücklage (§ 74 Abs. 5 EStDV) erhöht sich der Steuerbilanzgewinn; die handelsrechtliche Gewinnabführung bleibt unverändert. Eine Mehrabführung kann sich auch ergeben, wenn die Organgesellschaft in ihrer Handelsbilanz als Bilanzierungshilfe Ingangsetzungskosten (§ 269 HGB) aktiviert, die in der Steuerbilanz nicht aktivierungsfähig sind. Gewinnabweichungen zwischen Handels- und Steuerbilanz treten auch dann ein, wenn eine Betriebsprüfung bei der Organgesellschaft (z. B. durch Verlagerung von Abschreibungen) zu Gewinnabweichungen führt, die in der Handelsbilanz nicht übernommen werden. Diese Unterschiedsbeträge machen nach Auffassung der Finanzverwaltung eine Korrektur der Steuerbilanz durch die Bildung besonderer **Ausgleichsposten** erforderlich, da sonst die zutreffende steuerliche Erfassung nicht gesichert wäre (vgl. Abschn. 59 KStR). Eine ausdrückliche gesetzliche Regelung für diese Ausgleichsposten besteht nicht. Zur Rechtsnatur der Ausgleichsposten vgl. Witt in Dötsch/Eversberg/Jost/Witt, Tz. 85ff. zu § 14 KStG, sowie Dötsch in DB 1993 S. 752.

Beispiel (Minderabführung):

a) Die Organgesellschaft bildet während der Geltungsdauer des Gewinnabführungsvertrages in ihrer Bilanz 01 zulässigerweise eine Gewinnrücklage; sie mindert insoweit den an den Organträger abgeführten Gewinn.

Beim Organträger wird die Rücklage mit dem zuzurechnenden Einkommen steuerlich erfaßt. Durch die Rücklage erhöht sich der Wert des Gesellschaftsvermögens der Organgesellschaft und damit der Wert der Beteiligung des Organträgers an der Organgesellschaft; der steuerrechtliche Wertansatz der Beteiligung bleibt jedoch unberührt. Im Falle der Veräußerung würde daher die gebildete Rücklage im Ergebnis nochmals steuerlich erfaßt. Um dies zu verhindern, ist in der Steuerbilanz des Organträgers ein besonderer aktiver Ausgleichsposten entsprechend der Beteiligung am Nennkapital der Organgesellschaft **einkommensneutral** zu bilden. Dies geschieht durch die Buchung: Ausgleichsposten (Beteiligung) an Ertrag. Die dadurch eintretende Gewinnerhöhung wird bei der Ermittlung des Einkommens außerbilanzmäßig wieder rückgängig gemacht. Der Ausgleichsposten ist ein Anhang zum Wertansatz Beteiligung. Bei der Veräußerung der Beteiligung wirkt er sich wie nachträgliche Anschaffungskosten auf die Beteiligung aus; er mindert somit den Veräußerungsgewinn.

b) Die Organgesellschaft löst die im Jahr 01 gebildete Rücklage im Jahr 03 auf und führt den hierbei entstehenden Gewinn an den Organträger ab.

Das nach § 14 KStG dem Organträger zuzurechnende Einkommen ist niedriger als der Betrag der tatsächlichen Gewinnabführung. Der abgeführte Mehrgewinn ist in der Steuerbilanz des Organträgers gegen den Ausgleichsposten zu verrechnen; es vollzieht sich insoweit ein Aktivtausch.

Zur Gliederung des verwendbaren Eigenkapitals vgl. RZ 1717 f.

Führt die Organgesellschaft aus anderen Gründen als infolge der Auflösung einer Rücklage i. S. **822**
des Abschn. 59 Abs. 1 KStR mehr als den Steuerbilanzgewinn an den Organträger ab (z. B. bei Bildung einer Preissteigerungsrücklage in der Steuerbilanz), so hat der Organträger in seiner Steuerbilanz in Höhe der Mehrabführung einen passiven Ausgleichsposten zu bilden. Übersteigt in den Folgejahren der Steuerbilanzgewinn der Organgesellschaft ihren nach der Handelsbilanz abzuführenden Gewinn (z. B. bei erfolgswirksamer Auflösung der Preissteigerungsrücklage), ist der passive Ausgleichsposten aufzulösen. Bei dem Organträger erhöht sich dadurch das Betriebsvermögen in der Steuerbilanz.

822 **Beispiel (Mehrabführung):**
a) Die Organgesellschaft weist während der Geltungsdauer des Gewinnabführungsvertrags im Jahr 01 Kosten für die Erweiterung ihres Geschäftsbetriebs als Aktivposten aus (§ 269 HGB). Der an den Organträger abgeführte Gewinn übersteigt insoweit den Steuerbilanzgewinn, da die Erweiterungskosten sich steuerlich gewinnmindernd auswirken.

Durch die Mehrabführung ergibt sich eine Verringerung des verwendbaren Eigenkapitals der Organgesellschaft. Die Finanzverwaltung geht davon aus, daß die Bestimmung des § 37 Abs. 2 Satz 2 KStG auf diese Fälle nicht anwendbar ist, da sie nach ihren Sinnzusammenhang nur Sachverhalte betrifft, in denen sich das Eigenkapital der Organgesellschaft zuerst erhöht und später verringert. Der Abzug ist demnach beim EK 04 und nicht in der Reihenfolge des § 28 Abs. 3 KStG vorzunehmen. Beim Organträger bestimmt sich die in der Gliederung des verwendbaren Eigenkapitals zuzurechnende Vermögensmehrung nach dem (um die Erweiterungskosten geminderten) Einkommen der Organgesellschaft. In Höhe der handelsrechtlichen Mehrabführung ist in der Steuerbilanz entsprechend der Beteiligung am Nennkapital der Organgesellschaft ein passiver Ausgleichsposten zu bilden; das Betriebsvermögen bleibt insoweit unverändert.

b) Die Organgesellschaft tilgt den Aktivposten (Erweiterungskosten) nach Maßgabe des § 282 HGB durch Abschreibungen in den Jahren 02–05 zu je einem Viertel.

Durch die Abschreibungen mindert sich der handelsrechtliche Gewinn und damit die Gewinnabführung. Der Steuerbilanzgewinn bleibt insoweit unberührt. In der Gliederung des verwendbaren Eigenkapitals der Organgesellschaft wird die Minderabführung als Zuschreibung beim EK 04 erfaßt. Beim Organträger ist der in der Steuerbilanz gebildete Ausgleichsposten entsprechend den Abschreibungen aufzulösen.

823 Nach Abschn. 59 KStR sind die genannten Ausgleichsposten infolge der Mehr- bzw. Minderabführungen nur in Höhe des Teils zu bilden, der dem Verhältnis der Beteiligung des Organträgers am Nennkapital der Organgesellschaft entspricht (a. A. FG München, Urt. vom 8. 2. 1993, EFG 1993 S. 545).

Beispiel:
Der Organträger ist an der Organgesellschaft zu 90 v. H. beteiligt. Die Organgesellschaft bildet zulässigerweise eine freie Rücklage in Höhe von 50 000 DM.

Der in der Steuerbilanz des Organträgers zu bildende aktive Ausgleichsposten beträgt 45 000 DM. Die übrigen 5 000 DM der Rücklage stehen rechtlich den Minderheitsgesellschaftern zu.

824 Mehr- oder Minderabführungen können sich auch als Folgewirkungen von Geschäftsvorfällen aus **vorvertraglicher Zeit** ergeben. Dies ist z. B. der Fall, wenn eine steuerliche Betriebsprüfung in vorvertraglichen Jahren bei einem Wirtschaftsgut des Anlagevermögens die Nutzungsdauer anders ansetzt als die spätere Organgesellschaft und damit die (steuerlich wirksame) Abschreibung teilweise in die vertragliche Zeit verlagert. Da die Handelsbilanz und somit die Gewinnabführung hierdurch unberührt bleiben, ergibt sich in der organschaftlichen Zeit eine Mehrabführung. Würde die Mehrabführung auf einem Geschäftsvorfall in vertraglicher Zeit beruhen, wäre in der Steuerbilanz des Organträgers im Jahr des Mehrgewinns laut Steuerbilanz ein aktiver Ausgleichsposten gebildet und im Jahr des Mindergewinns laut Steuerbilanz wieder aufgelöst worden. Bei Mehrgewinnen in vorvertraglicher Zeit entfällt nach Abschn. 59 Abs. 3 KStR 1990 diese Bildung und Auflösung besonderer Ausgleichsposten. Da die in vorvertraglicher Zeit entstandenen steuerlichen Mehrgewinne von der Organgesellschaft bereits versteuert sind, muß sichergestellt werden, daß beim Organträger nicht eine nochmalige steuerliche Erfassung erfolgt. Daher ist der Unterschiedsbetrag zwischen der vereinnahmten Gewinnabführung und der sich aus dem zuzurechnenden Einkommen ergebende Zugang zum Eigenkapital als steuerfreie Vermögensmehrung beim EK 02 zu erfassen. Bei der Organgesellschaft ist in Höhe der Mehrabführung nach Auffassung der Finanzverwaltung ein Abzug beim EK 02 vorzunehmen, auch wenn dieser Teilbetrag negativ wird. Ab dem Veranlagungszeitraum 1995 werden solche Mehrabführungen steuerlich als Gewinnausschüttung behandelt; die Ausschüttungsbelastung ist herzustellen (vgl. Abschn. 53 Abs. 3 Satz 3 ff. KStR 1995). Vgl. hierzu sowie zur Anwendung für frühere Veranlagungszeiträume auch das BMF-Schreiben vom 24. 6. 1996 IV B7-S2770-30/95 (GmbHR 1996 S. 638).

825 Wegen weiterer Einzelheiten zur Behandlung von Mehr- und Minderabführungen bei organschaftlich verbundenen Unternehmen vgl. das BMF-Schreiben vom 10. 1. 1981 (BStBl I 1981 S. 44 ff). Vgl. auch die **Gesamtbeispiele unter RZ 1719 ff.**

10.4.5.2 Auflösung vorvertraglicher stiller Rücklagen der Organgesellschaft

Gewinne der Organgesellschaft, die aus der Auflösung vorvertraglicher unversteuerter stiller Rücklagen entstehen, erhöhen den an den Organträger abzuführenden Gewinn. Sie erhöhen gleichzeitig das dem Organträger gemäß § 14 KStG zuzurechnende Einkommen. Waren diese Rücklagen bereits zum Zeitpunkt des Erwerbs der Organbeteiligung vorhanden, so ist davon auszugehen, daß sie sich in den Anschaffungskosten der Beteiligung niedergeschlagen haben. Die Auflösung und Abführung der Rücklagen führt demgegenüber zu einer Minderung des Vermögens der Organgesellschaft und damit zugleich zu einer Minderung des Werts der Organbeteiligung. Dies kann – bei Vorliegen der allgemeinen Voraussetzungen – zu einer (ausschüttungsbedingten) **Teilwertabschreibung** führen (vgl. oben RZ 812).

826

Die Finanzverwaltung hat bis zum Veranlagungszeitraum 1979 die Auffassung vertreten, daß in diesem Fall ein passiver Ausgleichsposten einkommensneutral zu bilden ist, der bei der Geltendmachung einer Teilwertabschreibung auf die Organbeteiligung gewinnerhöhend aufgelöst werden sollte. Diese Regelung ist mit Inkrafttreten des § 50c EStG fallengelassen worden. Eine Teilwertabschreibung ist nunmehr nach Abschn. 60 Abs. 2 KStR i. V. mit R. 227d Abs. 2 EStR nur noch im Rahmen des § 50c EStG ausgeschlossen (vgl. dazu nachstehend RZ 2020 ff, 2029). Die Gewinnminderung infolge der Verringerung des Teilwerts ist danach steuerlich nicht zu berücksichtigen, wenn der Organträger die Anteile an der Organgesellschaft von einem nicht anrechnungsberechtigten Veräußerer erworben hat und die Teilwertabschreibung nur darauf zurückgeführt werden kann, daß die Organgesellschaft die beim Erwerb mitbezahlten Rücklagen nach Abschluß des Gewinnabführungsvertrages an den Organträger abgeführt hat.

10.4.6 Die Anwendung besonderer Tarifvorschriften

Aus dem Grundsatz der Zurechnung des Einkommens der Organgesellschaft beim Organträger ist abzuleiten, daß das Einkommen des Organs der Steuerart (Körperschaftsteuer oder Einkommensteuer) und den **Tarifvorschriften** unterliegt, die **für den Organträger** gelten. Hiernach ist u. E. auch die Tarifbegrenzung nach § 32c EStG zu gewähren, die Organträger in der Rechtsform von Personenunternehmen begünstigt. Eine Einschränkung der Tarifkappung auf das eigenen Einkommen des Organträgers bedürfte einer gesetzlichen Regelung.

827

Es kann jedoch der Sachverhalt vorliegen, daß bei der Organgesellschaft die Voraussetzungen für die Anwendung besonderer Tarifvorschriften erfüllt sind, die einen Abzug von der Körperschaftsteuer vorsehen. Solche Vorschriften sind z. B. § 21 BerlinFG, § 26 Abs. 1 KStG und § 26 Abs. 2–5 KStG. Die Frage, inwieweit der Abzug von der Steuer im Organkreis in Anspruch genommen werden kann, ist in **§ 19 KStG** geregelt. Die gesetzliche Regelung geht von dem Grundsatz aus, daß der **Steuerabzug** nur **beim Organträger** vorzunehmen ist.

Sinn dieser Vorschrift ist es, Tarifermäßigungen nicht dadurch verlorengehen zu lassen, daß das Einkommen der Organgesellschaft dem Organträger zugerechnet wird. Ein Steuerabzug bei der Organgesellschaft wäre sinnwidrig, da diese als eigenes Einkommen nur etwaige Ausgleichszahlungen zu versteuern hat, für die nach § 16 KStG die Ausschüttungsbelastung herzustellen ist. Die besonderen Tarifvorschriften würden sich daher im Ergebnis nicht auswirken.

Die Anwendung des § 19 KStG erfordert, daß bei der Organgesellschaft die Voraussetzungen für die Anwendung besonderer Tarifvorschriften dem Grunde nach erfüllt sind, d. h. die Organgesellschaft müßte die Tarifermäßigung selbst in Anspruch nehmen können, wenn das Organschaftsverhältnis nicht vorliegen würde. Ferner muß der Organträger selbst zu den Steuersubjekten gehören, für die die besonderen Tarifvorschriften in Betracht kommen. Unterliegt der Organträger der Einkommensteuer, kann eine Tarifermäßigung für das Organeinkommen nur gewährt werden, wenn für die Einkommensteuer gleichartige Tarifvorschriften wie für die Körperschaftsteuer gelten. So kann z. B. die indirekte Anrechnung ausländischer Steuer nach § 26 Abs. 2-5 KStG nur bei einem Organträger erfolgen, der der Körperschaftsteuer unterliegt.

828

Entsteht beim Organträger keine Steuerschuld, z. B. weil ein positives Einkommen der Organgesellschaft mit einem negativen eigenen Einkommen des Organträgers ausgeglichen wird, geht

829

829 eine mögliche Tarifermäßigung verloren. Dies gilt auch dann, wenn die Organgesellschaft wegen Ausgleichszahlungen ein eigenes Einkommen zu versteuern hat. Umgekehrt führt § 19 KStG zu einem Steuerabzug beim Organträger, wenn die Organgesellschaft ein negatives Einkommen erzielt hat und bei ihr also eine Tarifermäßigung ohne Organschaft überhaupt nicht wirksam werden könnte.

830 Neben den gemäß § 19 KStG für die Organgesellschaft beim Organträger zu berücksichtigenden Tarifermäßigungen sind die besonderen Tarifvorschriften zu beachten, die die Besteuerung des Organträgers betreffen. Sie bleiben durch § 19 KStG unberührt.

831 Ist in dem zugerechneten Einkommen der Organgesellschaft ein Veräußerungsgewinn i. S. des § 16 EStG enthalten, so kann der Organträger, auch wenn er eine natürliche Person ist, dafür die Steuervergünstigung des § 34 EStG nicht erhalten (BFH-Urt. vom 14. 4. 1992, BStBl. II S. 817). Der Freibetrag nach § 16 Abs. 4 EStG, der bei der Ermittlung des Einkommens der Organgesellschaft bereits berücksichtigt ist, kann vom Organträger jedoch in Anspruch genommen werden (vgl. Abschn. 57 Abs. 2 KStR).

832 Die Bestimmung des **§ 19 Abs. 5 KStG** regelt die Anrechnung von **Steuerabzugsbeträgen,** die auf Betriebseinnahmen der Organgesellschaft einbehalten wurden. Derartige Abzugsbeträge sind stets auf die Einkommensteuer oder die Körperschaftsteuer des Organträgers anzurechnen. Dies muß sinngemäß auch für die Anrechnung von Körperschaftsteuer nach § 36 Abs. 2 Nr. 3 EStG gelten. Ist Organträger eine Personengesellschaft, erfolgt die Anrechnung anteilig auf die Steuerschuld der Gesellschafter. Soweit Steuerabzugsbeträge die Steuerschuld abgelten (z. B. § 43 Abs. 1 Nr. 5 EStG i. V. mit § 50 Abs. 1 Nr. 3 KStG), wirkt dies auch zugunsten des Organträgers.

Nicht ausdrücklich geregelt ist die Frage, wie **steuerfreie Einnahmen der Organgesellschaft** zu behandeln sind. Aus dem Wesen der Organschaft ergibt sich jedoch eindeutig, daß die Steuerfreiheit der Einnahmen der Organgesellschaft durch das Organschaftsverhältnis nicht berührt wird. Anders als bei Gewinnausschüttungen, bei denen die Steuerfreiheit durch die Herstellung der Ausschüttungsbelastung verlorengeht, besteht hier also die Möglichkeit, steuerfreie Einnahmen an den Organträger weiterzugeben.

10.5 Gesamtbeispiele zur Organschaft

Vgl. RZ 1719 ff.

10.6 Die Rechtsfolgen bei verunglückter Organschaft

833 Als **verunglückte Organschaft** bezeichnet man die Fälle, in denen wegen Fehlens einzelner Voraussetzungen der §§ 14, 17 KStG ein Organverhältnis nicht anerkannt werden kann. Dies kann z. B. der Fall sein, wenn nicht alle Eingliederungsvoraussetzungen erfüllt sind, wenn der Gewinnabführungsvertrag nicht einwandfrei geschlossen und durchgeführt worden ist oder wenn der Gewinnabführungsvertrag ohne wichtigen Grund vor Ablauf der fünfjährigen Mindestlaufzeit beendigt worden ist.

834 Bei Verstößen hinsichtlich des Gewinnabführungsvertrages ist, wie bereits ausgeführt, zu unterscheiden, ob der Fünfjahreszeitraum des § 14 Nr. 4 KStG bereits abgelaufen ist oder nicht. Bei einem Verstoß während der Mindestlaufzeit entfallen die Rechtsfolgen der Organschaft von Anfang an. Etwaige bestandskräftige Veranlagungen der Organgesellschaft und des Organträgers sind gemäß § 175 Satz 1 Nr. 2 AO zu berichtigen. Nach Ablauf der Mindestlaufzeit ergeben sich steuerliche Auswirkungen nur für das betreffende Jahr.

835 Bei einer **verunglückten Organschaft haben Organgesellschaft und Organträger ihr Einkommen nach den allgemeinen Vorschriften zu versteuern.** Dabei ist zu berücksichtigen, daß die tatsächlich vollzogene Gewinnabführung bzw. Verlustübernahme nicht mit steuerlicher Wirkung rückgängig gemacht werden kann.

Die Organgesellschaft hat ihr Einkommen selbst der Besteuerung zu unterwerfen. Die Gewinn- **835** abführung ist ein Vorgang, der seine Ursache im Gesellschaftsverhältnis hat. Sie ist eine Form der Gewinnverteilung, die in keinem Zusammenhang mit einer offenen Ausschüttung steht (vgl. BFH-Urt. vom 30. 1. 1974, BStBl II S. 323). Da sich diese Gewinnabführung wegen der Nichtanwendung der §§ 14 Satz 1, 17 Satz 1 KStG auf die Höhe des Einkommens der Organgesellschaft auswirkt, treten die Rechtsfolgen der **verdeckten Gewinnausschüttung** ein (BFH-Urt. vom 13. 9. 1989, BStBl 1990 II S. 24). Die Gewinnabführung ist dem Einkommen der Organgesellschaft hinzuzurechnen und der Tarifbelastung zu unterwerfen. Die Herstellung der Ausschüttungsbelastung erfolgt nach den Bestimmungen für andere Ausschüttungen i. S. des §§ 27 Abs. 3 Satz 2, 28 Abs. 2 Satz 2 KStG (vgl. hierzu allgemein RZ 1164 ff).

Das (etwaige) Bestehen eines Rückgewähranspruchs gegen den Organträger steht den dargestellten Rechtsfolgen nicht entgegen; er führt bei seiner Aktivierung in der Steuerbilanz der Organgesellschaft in der Gliederung des verwendbaren Eigenkapitals zu einem Zugang beim EK 04 (BFH-Urt. vom 29. 4. 1987, BStBl II S. 733 und vom 13. 9. 1989, BStBl II S. 1029).

Zur verunglückten Organschaft bei mittelbarer Beteiligung vgl. Witt in Dötsch/Eversberg/Jost/Witt, Tz. 115 zu § 14 KStG.

Hat die Organträgergesellschaft einen Anspruch auf Verlustübernahme gegen den Organträger, **836** so hat sich hierdurch handelsrechtlich der Ertrag der Organgesellschaft erhöht. Bei der Ermittlung des steuerpflichtigen Einkommens der Organgesellschaft ist die Verlustübernahme als verdeckte Einlage des Organträgers zu behandeln, die das positive Einkommen der Organgesellschaft nicht erhöhen bzw. das negative Einkommen nicht mindern darf.

Auf der Ebene des Organträgers sind die Gewinnabführungen der Organgesellschaft wie andere **837** Gewinnausschüttungen als Beteiligungsertrag zu erfassen. Sie sind Einnahmen i. S. des § 20 Abs. 1 Nr. 1, Abs. 3 EStG; hinzu kommt die Körperschaftsteuer-Gutschrift (§ 20 Abs. 1 Nr. 3 EStG). Die Körperschaftsteuer ist auf die Steuerschuld des Organträgers anzurechnen. Die vom Organträger übernommenen Verluste stellen bei ihm nachträgliche Anschaffungskosten der Beteiligung an der Organgesellschaft dar, die zu aktivieren sind (BFH-Urt. vom 16. 5. 1990 BStBl II S. 797).

838 bis

frei **839**

11. Sondervorschriften für Versicherungsunternehmen und Bausparkassen

11.1 Bedeutung der besonderen Regelung für Versicherungsunternehmen

Das KStG enthält in den §§ 20 und 21 grundsätzliche Regelungen über die bilanzmäßige **Be-** **840** **handlung von versicherungstechnischen Rückstellungen.** Hierzu enthielt die bisherige Regelung in § 20 Abs. 1 KStG allgemeine Grundsätze. Die Bestimmung wurde durch das Versicherungsbilanzrichtlinien-Gesetz vom 24. 6. 1994 (BGBl. I S. 1377; BStBl I S. 466)) aufgehoben (zur zeitlichen Anwendung im wesentlichen ab 1995 vgl. § 54 Abs. 8c KStG). Die einschlägigen Regelungen finden sich nunmehr als handelsrechtliche Bilanzierungsregelungen in §§ 341e ff HGB; sie gelten nach dem Grundsatz der Maßgeblichkeit der Handelsbilanz auch für die steuerrechtliche Beurteilung, soweit nicht das Steuerrecht in § 20 Abs. 2 KStG und § 21 KStG besondere Bestimmungen vorsieht. Eine wesentliche sachliche Änderung ist hiernach nicht eingetreten. Die bisher ergangenen Verwaltungsregelungen und die Rechtsprechung können daher weiter herangezogen werden.

Die §§ 20 und 21 KStG ersetzen nicht etwa für Versicherungsunternehmen die Gewinnermitt- **841** lungsvorschriften des EStG, sie enthalten lediglich Klarstellungen und gewisse Ergänzungen, die dem Gesetzgeber für die Versicherungswirtschaft erforderlich erschienen. Dies kam im früheren § 20 Abs. 1 KStG a. F. zum Ausdruck, wonach versicherungstechnische Rückstellungen gebildet werden konnten „soweit sie nicht bereits nach den Vorschriften des EStG anzuset-

841 zen sind". Die besonderen Regelungen in § 20 Abs. 2 KStG (Schwankungsrückstellungen) und § 21 KStG (Rückstellungen für Beitragsrückerstattung) gehen dabei der Generalklausel §§ 341e ff HGB vor. Die Vorschriften berücksichtigen somit **Besonderheiten des Versicherungsgeschäfts,** das Risiken und somit auch bilanzmäßige Passivposten kennt, die bei anderen Gewerbetreibenden nicht vorkommen und deshalb in den allgemeinen Gewinnermittlungsvorschriften auch nicht genügend berücksichtigt worden sind. Eine steuerliche Bevorzugung von Versicherungsunternehmen tritt durch die Sondervorschriften nicht ein. Es wird lediglich die Eigenart des Versicherungsgeschäfts berücksichtigt, ansonsten erfährt die Versicherungswirtschaft die gleiche Besteuerung wie die sonstige gewerbliche Wirtschaft. Die Sondervorschriften der §§ 2341e ff HGB sowie §§ 20, 21 KStG gelten allerdings nur für Versicherungsunternehmen und nicht etwa für sonstige Gewerbebetriebe, die Risiken ihres eigenen Betriebes selbst „versichern".

11.2 Versicherungstechnische Rückstellungen

842 Der Begriff der versicherungstechnischen Rückstellungen, der bisher in § 20 Abs. 1 KStG a. F. nicht definiert war, ergibt sich nunmehr aus §§ 341e ff HGB. Mit diesen Regelungen wird den Besonderheiten des Versicherungsgeschäfts Rechnung getragen, bei dem eine größere Zahl gefährdeter Personen (die Versicherten) sich durch Einzelverträge mit einem Unternehmer (dem Versicherer) zu einer Gefahrengemeinschaft zusammenschließen. Der Versicherer trägt innerhalb dieses Leistungsaustausches die Gefahr des Eintritts des Versicherungsfalles. Er bewirkt also eine Dauerleistung, indem er sich vertraglich verpflichtet, im Versicherungsfall die Versicherungsleistung zu erbringen oder einen Vermögensschaden des Versicherten zu ersetzen. Der Versicherte erbringt dafür seine Prämie. Die Prämie kann sich voll nach der Höhe der vom Versicherer in einem Zeitraum erbrachten Versicherungsleistungen richten (echtes Umlageverfahren), wobei sich keine versicherungstechnischen Rückstellungen ergeben. Im Regelfall ist jedoch die vom Versicherten zu zahlende Prämie fest, während der Gesamtbetrag der vom Versicherer zu leistenden Zahlungen ungewiß ist. Im letzteren Fall ergibt sich die Notwendigkeit versicherungstechnischer Rückstellungen. Versicherungstechnische Rückstellungen sind somit Beträge, die vom Versicherer nach dem Gesetz der Wahrscheinlichkeit zurückgelegt werden, um bei Eintritt von Versicherungsfällen für den Versicherten verwendet zu werden oder an diesen wegen des Risikoverlaufs zurückfließen (vgl. Prölss-v. d. Thüsen-Ziegler, Die versicherungstechnischen Rückstellungen im Steuerrecht, 3. Auflage, S. 14ff.).

Zu beachten ist, daß sich der **Begriff der versicherungstechnischen Rückstellungen nicht nur auf Rückstellungen im eigentlichen Sinne erstreckt.** Bei versicherungstechnischen Rückstellungen können deshalb außer Rückstellungen auch echte Verbindlichkeiten, passive Rechnungsabgrenzungsposten und sonstige Sachverhalte vorliegen, die „wirtschaftlich wie Schulden oder echte Rechnungsabgrenzungsposten wirken" (vgl. BFH, Urteil vom 19. 1. 1972, BStBl II S. 392). Der Grundsatz der Maßgeblichkeit der Handelsbilanz für die Steuerbilanz gebietet, daß die in der Handelsbilanz ausgewiesenen Werte in der Steuerbilanz nicht überschritten werden dürfen.

843 Nach den versicherungsrechtlichen Regelungen in § 56 Abs. 3 VAG und § 55 Abs. 2a VAG (Ermächtigungsvorschrift für durch Rechtsverordnungen geregelten Rechnungslegungsvorschriften der Versicherungsunternehmen, vgl. BGBl 1973 I S. 1209 geändert BGBl 1976 I S. 2388; BGBl 1974 I S. 2453 geändert BGBl 1979 I S. 577; BGBl 1974 I S. 2909, geändert BGBl 1975 S. 847) sind unter den versicherungstechnischen Rückstellungen insbesondere folgende aus den Besonderheiten des Versicherungsgeschäfts herrührende Passiva auszuweisen:

Beitragsüberträge

Versicherungsbeiträge sind für vertraglich vereinbarte Zeiträume im Voraus zu entrichten. Der Versicherer verpflichtet sich für diese Zeit Versicherungsschutz zu gewähren. Werden die Prämien für einen über den Bilanzstichtag hinausreichenden Zeitabschnitt geschuldet, muß der Versicherer die auf das neue Jahr entfallenden Risiken im Wege der Rechnungsabgrenzung zeitanteilig passiv abgrenzen. Es handelt sich daher in Wirklichkeit um Rechnungsabgrenzungsposten für im Laufe des Wirtschaftsjahres eingegangene Beiträge die insoweit nicht den in diesem Wirtschaftsjahr zu gewährenden Versicherungsschutz betreffen. Hierzu ist ein BMF-Schr. vom 30. 4. 1974 ergangen (vgl. DB 1974 S. 1504 und DB 1974 S. 1140). 844

Deckungsrückstellungen

Die Deckungsrückstellungen werden stets nach versicherungsmathematischen Grundsätzen berechnet. Sie sind nur im Lebens- und Krankenversicherungsgeschäft als gesonderte Bilanzposition auszuweisen. 845

Die Berechnung erfolgt durch Anwendung der in den Geschäftsplänen für die einzelnen Versicherungsarten festgelegten Rechnungsgrundlagen. Für das Krankenversicherungsgeschäft ist Voraussetzung für die Bildung, daß eine Erhöhung der Beiträge oder eine Minderung der Leistung wegen des durch das Alter des Versicherten steigenden Wagnisses ausgeschlossen ist. (OFH, Urteil vom 1. 9. 1948, StuW 1949 R 51.)

Rückstellungen für noch nicht abgewickelte Versicherungsfälle

Innerhalb dieser Bilanzposition werden ausgewiesen: **Rückstellungen für** bis zum Bilanzstichtag **entstandene und gemeldete Schäden; Spätschadenrückstellungen** für eingetretene aber noch nicht bekannte Schäden und in der Schaden- und Unfallversicherung die nach versicherungsmathematischen Grundsätzen errentete Deckungsrückstellung für verrentete Schäden. 846

Letztlich werden hier die Rückstellungen für **Schadenregulierungskosten** erfaßt, die unter gewissen Voraussetzungen zurückgestellt werden können. Unter gewissen Voraussetzungen können Schadensermittlungskosten zurückgestellt werden, dagegen ist die Rückstellung von Schadensbearbeitungskosten nicht zulässig (vgl. BFH-Urt. vom 19. 1. 1972, BStBl II S. 392).

Rückstellungen für Großrisiken

Wegen der steuerlichen Behandlung der Großrisiken-Rückstellung für die Produkthaftpflicht-Versicherung von Pharma-Risiken wird auf das Schreiben des Bundesministers der Finanzen vom 20. 11. 1979 (BStBl 1979 I S. 685) und wegen der Großrisiken-Rückstellung für die Versicherung von Atomanlagen und von Großraumflugzeugen auf das BdF-Schreiben vom 10. 12. 1980 (DB 1981 S. 40) verwiesen. 847

Schwankungsrückstellungen

Vgl. nachstehende Ausführungen zu § 20 Abs. 2 KStR.

Rückstellungen für Beitragsrückerstattungen

Vgl. nachstehende Ausführungen zu § 21 KStG.

Da durch § 20 KStG keine Änderung gegenüber dem früher geltenden Recht eingetreten ist, bleibt die zu der Vorgängervorschrift § 11 Nr. 2 KStG a. F. ergangene Rechtsprechung weiter von Bedeutung. Die zu den versicherungstechnischen Rückstellungen vorliegende Rechtsprechung des RFH und BFH ist sehr umfangreich. Eine Zusammenfassung aller bis zum 7. 3. 1973 ergangenen wesentlichen Urteile enthält Prölss-v. d. Thüsen-Ziegler, a. a. O. Die Rechtsprechung hat sich schon mit Rückstellungen bei Krankenversicherungsunternehmen (vgl. BFH-Urt. vom 19. 1. 1972, BStBl 1972 II S. 392), in der Unfallversicherung (vgl. BFH-Urt. vom 9. 10. 1968, 1969 II S. 26) und der Transportversicherung (vgl. BFH-Urt. vom 30. 9. 1970, BStBl 1971 II S. 66) beschäftigt. 848

11.3 Schwankungsrückstellungen (§ 20 Abs. 2 KStG)

In § 20 Abs. 2 KStG sind die Voraussetzungen für die Bildung von **Rückstellungen zum Ausgleich des schwankenden Jahresbedarfs** bei Versicherungen (sogenannte Schwankungsrückstellungen) enthalten. Schwankungsrückstellungen sind versicherungstechnische Rückstellungen, die bilanzrechtlich Rückstellungen für ungewisse Verbindlichkeiten nach § 152 Abs. 7 849

849 AktG darstellen. Da die Versicherungsbeiträge im Regelfall nach Abschluß des Versicherungsvertrages feststehen, muß das Versicherungsunternehmen durch Ansammlung entsprechender Schwankungsrückstellungen dafür sorgen, daß **in den zu erwartenden Jahren mit ungünstigem Schadensverlauf Mittel für die Erfüllung seiner Versicherungsverpflichtungen vorhanden sind** (vgl. RFH-Urt. vom 13. 3. 1930, RStBl 1930 S. 396 und BFH-Urt. vom 12. 6. 1968, BStBl II S. 715). Ein schwankender Jahresbedarf besteht auch bei Versicherungen mit hohem Bestand, weil der Schadensverlauf in verschiedenen Wirtschaftsjahren unterschiedlich sein kann. So wirkt sich z. B. ein strenger Winter in der Schadenshäufigkeit bei der Kraftfahrtversicherung oder Leitungswasserversicherung besonders stark aus.

850 Nach § 20 Abs. 2 KStG sind für die Bildung einer Schwankungsrückstellung verschiedene Voraussetzungen zu erfüllen. So muß nach den Erfahrungen in dem betreffenden Versicherungszweig mit erheblichen Schwankungen des Jahresbedarfs zu rechnen sein. Dies entspricht dem bilanzrechtlichen Erfordernis jeder Rückstellung, daß **mit einer Inanspruchnahme ernsthaft zu rechnen sein muß.** Weitere Voraussetzungen für die Bildung von Schwankungsrückstellungen ist, daß die Schwankungen des Jahresbedarfs nicht durch Prämien ausgeglichen werden dürfen. Soweit eintretende Schäden durch Nacherhebung von Beiträgen gedeckt werden können, ist die Bildung einer Schwankungsrückstellung damit ausgeschlossen. Die Schwankungen des Jahresbedarfs müssen aus den am Bilanzstichtag bestehenden Versicherungsverträgen herrühren und dürfen nicht durch Rückversicherungen gedeckt sein. Da es im Versicherungsgeschäft üblich ist, einen Teil des Versicherungswagnisses gegen Bezahlung eines Entgelts auf eine andere Versicherungsgesellschaft (Rückversicherer) abzuwälzen, kommt der letzteren Voraussetzung besondere Bedeutung zu. Die Übernahme von Schäden durch Rückversicherer ist bei der Bildung von Schwankungsrückstellung zu berücksichtigen.

851 Das Bundesaufsichtsamt für das Versicherungswesen hat am 21. September 1978 eine Anordnung über die Schwankungsrückstellung der Schaden- und Unfallversicherungsunternehmen erlassen. Die Anordnung gilt für Wirtschaftsjahre, die nach dem 31. Dezember 1977 beginnen. **Die nach der Anordnung des Bundesaufsichtsamts gebildeten Schwankungsrückstellungen** erfüllen nach dem Schreiben des Bundesministers der Finanzen vom 2. 1. 1979 (BStBl I S. 57) die Voraussetzungen des § 20 Abs. 2 KStG und **sind bei der Einkommensermittlung der Versicherungsunternehmen anzuerkennen.** Das BdF-Schreiben und die Anordnung des Bundesaufsichtsamts enthalten auch Regelungen über die Schwankungsrückstellung bei Vorliegen von Doppelbesteuerungsabkommen und bei Versicherungsunternehmen von geringerer wirtschaftlicher Bedeutung. Das Bundesaufsichtsamt hat am 31. 10. 1991 eine Neufassung der Anordnung über die Schwankungsrückstellung erlassen, zu der aber eine Äußerung der Finanzverwaltung bislang nicht vorliegt. Nach der o. a. Anordnung sind Schwankungsrückstellungen im Lebens- und Krankenversicherungsgeschäft nicht zulässig.

11.4 Rückstellungen für Beitragsrückerstattungen (§ 21 KStG)

852 Bei der Kalkulation von Versicherungsbeiträgen sind die Versicherungsunternehmen gezwungen, die Beiträge mit Sicherheitszuschlägen zu versehen, so daß die Versicherungsleistungen auch bei ungünstigem Schadensverlauf erbracht werden können. Bringt der tatsächliche Schadensfall ein günstigeres Ergebnis, so werden die zuviel erhobenen Beitragsteile wieder an den Versicherungsnehmer zurückgezahlt (Beitragsrückerstattung). Die Formen der Beitragsrückerstattung sind in den einzelnen Versicherungszweigen unterschiedlich; am gebräuchlichsten sind Barauszahlung, Verrechnung mit späteren Beiträgen, verzinsliche Ansammlung und die beitragsfreie Erhöhung der Versicherungsleistungen.

853 § 21 KStG beschränkt die Rückstellungen für Beitragsrückerstattung auf Beitragsrückerstattungen, die für „das selbst abgeschlossene Geschäft" gewährt werden. § 21 KStG bezieht sich nur auf Beitragsrückerstattungen, die **bei Lebens- und Krankenversicherungen aufgrund des Jahresergebnisses oder bei der Schaden- und Unfallversicherung wegen eines versiche-**

rungstechnischen Überschusses gewährt werden. Werden verschiedene Versicherungssparten 853
betrieben, so muß die Beitragsrückerstattung für jede Sparte gesondert ermittelt werden (BFH-
Urt. vom 12. 1. 1977, BStBl II S. 439). Das Vorliegen eines Jahresergebnisses oder eines versicherungstechnischen Überschusses ist Voraussetzung für die Anwendbarkeit des § 21 KStG.
Beitragsrückerstattungen, auf die in der Lebens- und Krankenversicherung ohne Rücksicht auf
das Jahresergebnis und in der Schaden- und Unfallversicherung ohne Rücksicht auf einen versicherungstechnischen Überschuß ein Rechtsanspruch besteht, fallen nicht unter § 21 KStG. Gleiches gilt für die auf Grund der Verordnung über die Tarife in der Kraftverkehrsversicherung in
der Sparte Kraftverkehrshaftpflicht geschuldeten Beträge. Derartige Beitragsrückerstattungen
sind ohne Einschränkungen als Betriebsausgaben abzugsfähig (RFH-Urt. vom 21. 5. 1940,
RStBl 1940 S. 747), es sei denn, es würde sich um verdeckte Gewinnausschüttungen handeln.

Übersteigen die tatsächlich gewährten Beitragsrückerstattungen jedoch die Verpflichtungen, so
ist auf den Mehrbetrag § 21 KStG anzuwenden. Im aktiven Rückversicherungsgeschäft können
Beitragsrückerstattungen nur entstehen, wenn sich der Rückversicherer hierzu vertraglich verpflichtet. Auch für diese gilt § 21 KStG, da sie dann immer vertraglich geschuldet werden.

Einzelheiten zur Berechnung der Rückstellung für Beitragsrückerstattungen in der Lebens- 854
und Krankenversicherung (§ 21 Abs. 1 Nr. 1 KStG) und in der Schaden- und Unfallversicherung
(§ 21 Abs. 1 Nr. 2 KStG) **regelt das BMF-Schreiben vom 7. 3. 1978** (BStBl 1978 I S. 160).

Besonderheiten der Kraftfahrtversicherung werden durch das BMF-Schreiben vom 14. 12. 1984 855
(BStBl 1985 I S. 12) geregelt. Nach § 21 Abs. 2 KStG sind Zuführungen zu einer Rückstellung
für Beitragsrückerstattungen nur insoweit abziehbar, als die ausschließliche Verwendung der
Rückstellung für diesen Zweck durch die Satzung oder durch geschäftsplanmäßige Erklärung
gesichert ist. Die Finanzverwaltung nimmt eine verbindliche Festlegung dem Grunde nach beispielsweise dann an, wenn sie durch geschäftsplanmäßige Erklärung oder in der Weise erfolgt,
daß die zuständigen Organe des Unternehmens einen entsprechenden Entschluß fassen und z. B.
im Geschäftsbericht oder im Bundesanzeiger bekanntgeben. Eine Festlegung der Höhe nach ist
gegeben, wenn ein der Höhe, der Zahlungsfrist oder dem Zahlungszeitpunkt und dem Personenkreis nach bestimmbarer Betrag zu erstatten ist. Eine Rückstellung für Beitragsrückerstattung ist
aufzulösen, soweit sie höher ist als die Summe der in § 21 Abs. 2 Nr. 1 bis 4 KStG für die einzelnen Versicherungszweige bezeichneten Beträge. Eine Auflösung braucht nach dieser Vorschrift
allerdings nicht zu erfolgen, soweit an die Versicherten Kleinbeträge auszuzahlen wären und die
Auszahlung dieser Beträge mit einem unverhältnismäßig hohen Verwaltungsaufwand verbunden wäre.

Nach § 21 Abs. 2 Satz 4 KStG gilt auch für die Rückstellung für Beitragsrückerstattungen der 856
Grundsatz, daß der in der Handelsbilanz ausgewiesene Wertansatz in der Steuerbilanz nicht
überschritten werden darf. Der Maßgeblichkeitsgrundsatz gilt auch in den Fällen, in denen sich
die Bilanzansätze aufgrund einer Außenprüfung ändern.

11.5 Zuteilungsrücklage bei Bausparkassen

Nach § 6 Abs. 1 des Gesetzes über Bausparkassen müssen bestimmte Erträge (i. d. R. ab 1. 1. 857
1991) aus der Zwischenanlage von Bausparmitteln in einen „Fonds zur bauspartechnischen Ab-
sicherung" eingestellt werden. Entsprechend § 21a KStG kann dieser Fonds als steuerfreie „Zu-
teilungsrücklage bei Bausparkassen" gebildet werden. Wegen des Begriffs der Bausparkassen
vgl. § 1 des Gesetzes über Bausparkassen.   858–
                                                                                        frei 859

12. Genossenschaftliche Rückvergütung

Ausgewählte Literaturhinweise: Zülow/Henze/Schuber/Rosiny, Die Besteuerung der Genossenschaften, 6. Aufl. Verlag Franz Vahlen, München; **Lange,** Körperschaftsteuer der Erwerbs- und Wirtschaftsgenossenschaften, NWB Fach 4 S. 3227 ff; **Herzig,** Verdeckte Gewinnausschüttungen bei Mitgliederge-
schäften von Genossenschaften, BB 1990 S. 603.

860 In § 22 KStG ist die steuerliche Behandlung der **genossenschaftlichen Rückvergütungen (früher Warenrückvergütungen genannt)** geregelt. Die Vorschrift hat für alle Genossenschaften Bedeutung, die nicht von der Körperschaftsteuer befreit sind. Nach dem Wegfall des ermäßigten Steuersatzes für Kreditgenossenschaften gilt § 22 KStG ab 1981 auch für Kreditgenossenschaften. Der Anwendungsbereich des § 22 KStG hat sich somit ab 1981 dadurch erweitert, daß alle Genossenschaften dem Regelsteuersatz von ab 1994: 45 v. H. (bis 1989: 56 v. H., 1990–1993: 50 v. H.) unterliegen.

Genossenschaftliche Rückvergütungen sind **vom Umsatz abhängige Vergütungen an Mitgliedern,** die an diese **nach Ablauf eines Wirtschaftsjahres gewährt werden.** Die Rückvergütungen entsprechen dem Zweck der Genossenschaften, ihre Mitglieder wirtschaftlich zu fördern. Diese Förderung erfolgt bei Warengenossenschaften oft in der Form, daß den Mitgliedern nach Abschluß des Wirtschaftsjahres nach dem Umsatz bemessene Rückvergütungen gewährt werden. Absatzgenossenschaften gewähren ihren Mitgliedern häufig Nachzahlungen für die Lieferungen oder Leistungen. Benutzungsgenossenschaften gewähren nach Ablauf eines Wirtschaftsjahres häufig Rückzahlungen, wenn die Unkostenbeiträge der Mitglieder zu hoch bemessen waren. Auch in diesen Fällen handelt es sich nach § 22 Abs. 2 letzter Satz KStG um genossenschaftliche Rückvergütungen. Genossenschaftliche Rückvergütungen an Mitglieder sind **nur unter den Voraussetzungen des § 22 KStG als Betriebsausgaben abziehbar.** Vom Vorliegen einer Genossenschaft wird von der Eintragung bis zur Löschung im Genossenschaftsregister ausgegangen (Abschn. 66 Abs. 1 KStR). Sind die Voraussetzungen des § 22 KStG nicht erfüllt, so sind genossenschaftliche Rückvergütungen an die Mitglieder als verdeckte Gewinnausschüttungen zu behandeln (Abschn. 66 Abs. 16 KStR). Nach der Rechtsprechung kommt aber für die Annahme verdeckter Gewinnausschüttungen noch das Erfordernis der Unangemessenheit hinzu (BFH-Urt. vom 9. 3. 1988, BStBl II S. 592). Rückvergütungen von Genossenschaften an Nichtmitglieder sind Betriebsausgaben.

861 Von den genossenschaftlichen Rückvergütungen sind die üblichen Preisnachlässe (Rabatte, Skonti, Boni usw.) zu unterscheiden. Bei diesen geschäftsüblichen Preisnachlässen handelt es sich immer um abziehbare Betriebsausgaben. Der Unterschied zwischen einem Preisnachlaß und genossenschaftlichen Rückvergütungen besteht darin, daß ein Preisnachlaß bereits **vor** oder **bei** Abschluß des Rechtsgeschäfts vereinbart wird, während **genossenschaftliche Rückvergütungen erst nach Ablauf eines Wirtschaftsjahres beschlossen werden** (Abschn. 66 Abs. 2 KStR).

Nach der Praxis der Finanzverwaltung werden die handelsüblichen Barzahlungs- und Mengenrabatte, die eine Einkaufsgenossenschaft im Laufe des Geschäftsjahres Mitgliedern und Nichtmitgliedern gewährt, grundsätzlich als steuerlich abziehbare Betriebsausgaben behandelt. Die Abziehbarkeit dieser Preisnachlässe geht nicht etwa dadurch verloren, daß die Genossenschaft – außer den allen Kunden nach gleichen Grundsätzen gewährten Rabatten – nach Abschluß des Wirtschaftsjahres noch eine genossenschaftliche Rückvergütung an die Mitglieder gewährt. Die sogenannten Milchgeld-Nachzahlungen bei Molkereigenossenschaften sind in der Regel genossenschaftliche Rückvergütungen, es kann sich jedoch auch um verdeckte Gewinnausschüttungen handeln (vgl. BFH-Urt. vom 18. 12. 1963, BStBl 1964 III S. 211).

Umsatzprämien, Boni und dgl. sind im Eigengeschäft nachträglich gewährte Preisnachlässe, die eine Genossenschaft ihren Abnehmern (Kunden) am Schluß einer bestimmten Abrechnungsperiode gewährt. Die Finanzverwaltung behandelt diese Preisnachlässe als echte Betriebsausgaben, wenn derartige Preisnachlässe dem Grunde und der Höhe nach handelsüblich sind, im voraus zugesagt sind und Mitgliedern und Nichtmitgliedern nach gleichen Grundsätzen ohne Rücksicht auf das Jahresergebnis gewährt werden und mindestens jährlich abgerechnet wird. Die Preisnachlässe dürfen nicht zur Ausschüttung von im Nichtmitgliedergeschäft erwirtschafteten Überschüsse dienen.

862 Genossenschaftliche Rückvergütungen sind nur insoweit als Betriebsausgaben abziehbar, als die dafür verwendeten Beträge **im Mitgliedergeschäft erwirtschaftet** worden sind (§ 22 Abs. 1 KStG). Mitgliedergeschäfte sind die Zweckgeschäfte der Genossenschaft (vgl. zu den genos-

senschaftlichen Geschäftsarten im einzelnen Abschn. 16 Abs. 4 KStR) mit ihren Mitgliedern. **862**
Der im Mitgliedergeschäft erwirtschaftete Gewinn wird nach § 22 Abs. 1 KStG dadurch festgestellt, daß der Überschuß aus der Tätigkeit der Genossenschaft bei Absatz- und Produktionsgenossenschaften im Verhältnis des Wareneinkaufs bei Mitgliedern zum gesamten Wareneinkauf und bei den übrigen Erwerbs- und Wirtschaftsgenossenschaften im Verhältnis des Mitgliederumsatzes zum Gesamtumsatz aufgeteilt wird. Umsätze aus Hilfsgeschäften und Nebengeschäften bleiben dabei außer Ansatz. Wegen der Einzelheiten wird auf Abschn. 66 Absätze 9–12 KStR verwiesen. In Abschn. 66 Abs. 10 KStR wird die Berechnung durch das nachstehende Beispiel erläutert:

Beispiel:

Umsatz aus Zweckgeschäften mit Mitgliedern	600 000 DM
Umsatz aus Zweckgeschäften mit Nichtmitgliedern	400 000 DM
Umsatz aus Nebengeschäften und aus Hilfsgeschäften	50 000 DM
Summe	1 050 000 DM
Der Gesamtumsatz i. S. des § 22 Abs. 1 Nr. 2 KStG beträgt	1 000 000 DM

Die Rückvergütungen an Mitglieder sind in diesem Fall bis zur Höhe von 60 v. H. des Überschusses abzuziehen.

Überschuß i. S. des vorstehenden Beispiels ist das um den Gewinn aus Nebengeschäften geminderte körperschaftsteuerliche Einkommen vor Abzug der genossenschaftlichen Rückvergütungen und des Verlustabzugs (§ 22 Abs. 1 letzter Satz KStG). In Abschn. 66 Abs. 7 KStR findet sich dazu folgendes Beispiel:

Beispiel:

Einkommen vor Abzug aller genossenschaftlichen Rückvergütungen an Mitglieder und Nichtmitglieder und vor Berücksichtigung des Verlustabzugs sowie des zuzurechnenden Einkommens der Organgesellschaften	55 000 DM
Davon ab: Gewinn aus Nebengeschäften	– 7 000 DM
Überschuß im Sinne des § 22 Abs. 1 KStG	48 000 DM

Nach der Berechnung im vorstehenden Beispiel könnte die Genossenschaft als gewinnmindernde Rückvergütung bis zu 60 v. H. aus 48 000 DM = 29 800 DM behandeln. Die Einkommensermittlung bei Überschreitung des Höchstbetrags wird in Abschn. 66 Abs. 11 KStR erläutert.

Nach Abschn. 66 Abs. 14 KStR braucht bei der Ermittlung der Höchstgrenze der steuerlich ab- **863** ziehbaren genossenschaftlichen Rückvergütungen der Gewinn aus Nebengeschäften nicht abgesetzt zu werden, wenn der Umsatz aus Nebengeschäften weder 2 v. H. des Gesamtumsatzes der Genossenschaft noch 10 000 DM im Wirtschaftsjahr übersteigt. Bei Genossenschaftsmitgliedern, die erst im Laufe des Wirtschaftsjahres eingetreten sind, kann aus Vereinfachungsgründen eine genossenschaftliche Rückvergütung für das ganze Wirtschaftsjahr gewährt werden (Abschn. 66 Abs. 13 KStR). Die genossenschaftlichen Rückvergütungen müssen nach § 22 Abs. 2 KStG entweder auf einem **durch die Satzung eingeräumten Anspruch des Mitglieds beruhen,** oder durch einen **Beschluß der Verwaltungsorgane der Genossenschaft festgelegt und darüber hinaus der Beschluß den Mitgliedern bekanntgegeben worden sein** oder in der Generalversammlung beschlossen worden sein, die den Gewinn verteilt.

Weitere Voraussetzungen für die steuerliche Abziehbarkeit von **genossenschaftlichen Rück-** **864** **vergütungen** ist, daß sie **bezahlt** sind (§ 22 Abs. 2 KStG). Der von der Genossenschaft geschuldete Betrag muß bei ihr abgeflossen und in den Herrschaftsbereich des Empfängers gelangt sein (BFH, Urteil vom 1. 2. 1966, BStBl III S. 321). Bei Gutschriften ist dies nur dann der Fall, wenn das Mitglied über den gutgeschriebenen Betrag jederzeit nach eigenem Ermessen verfügen kann. Bei Gutschriften auf nicht voll eingezahlte Geschäftsanteile liegt eine Bezahlung nur dann vor, wenn das Mitglied dadurch von einer sonst bestehenden Verpflichtung zur Einzahlung auf seine Geschäftsanteile befreit wird (BFH-Urt. vom 21. 7. 1976, BStBl 1977 II S. 46). Belassen die Mitglieder die genossenschaftliche Rückvergütung der Genossenschaft als Darlehen, so sind

864 die Rückvergütungen als bezahlt anzusehen, wenn für die Rückvergütung eines Jahres ein besonderer über eine bestimmte Summe lautender Darlehensvertrag abgeschlossen wird. Jedes Mitglied muß frei entscheiden können, ob es den Darlehensvertrag abschließen will oder nicht (BFH-Urt. vom 28. 2. 1968, BStBl II S. 458).

Die genossenschaftlichen Rückvergütungen müssen **spätestens in der Mitgliederversammlung für das Wirtschaftsjahr beschlossen** werden, **für das die Rückvergütungen bezahlt werden sollen.** Sie können dann in der Bilanz für das abgelaufene Wirtschaftsjahr durch eine Rückstellung berücksichtigt werden. Die Rückvergütungen müssen jedoch, ohne daß es dabei auf den Zeitpunkt der Bilanzaufstellung ankommt, spätestens bis zum Ablauf von 12 Monaten nach dem Ende des Wirtschaftsjahres gezahlt oder gutgeschrieben worden sein (Abschn. 66 Abs. 4 KStR). Werden die genossenschaftlichen Rückvergütungen nicht innerhalb dieser Frist gezahlt oder gutgeschrieben, so können sie auch im Wirtschaftsjahr der Zahlung nicht mehr abgezogen werden.

865 Wird der Gewinn einer Genossenschaft nachträglich aufgrund einer Außenprüfung erhöht, so kann die **nachträgliche Ausschüttung des Mehrgewinns** im Rahmen des § 22 KStG als genossenschaftliche Rückvergütung behandelt werden, wenn der Mehrgewinn in einer geänderten Handelsbilanz ausgewiesen ist und ein entsprechender Gewinnverteilungsbeschluß der Generalversammlung vorliegt. Für die Gewinnteile, die bereits in die Reserven (Rücklagen) eingestellt worden waren, ist eine nachträgliche Ausschüttung mit steuerlicher Wirkung jedoch nicht mehr möglich (Abschn. 66 Abs. 6 KStR). Eine Ausnahme gilt nur für bisher steuerfreie Genossenschaften, die später von der Finanzverwaltung als steuerpflichtig behandelt werden.

866 Die Rückvergütungen dürfen den Gewinn nur dann mindern, wenn sie **nach der Höhe des Umsatzes (Warenbezugs) bemessen** und **allen Mitgliedern in gleichen Vomhundertsätzen des Umsatzes gewährt werden.** Eine Abstufung nach der Art der umgesetzten Waren (Warengruppen) oder nach der Höhe des Umsatzes mit den einzelnen Mitgliedern ist ebenso wie eine Bemessung der Rückvergütung nach zeitlichen Gesichtspunkten nicht zulässig. Ist eine Genossenschaft in verschiedenen organisatorisch verselbständigten Gesichtspunkten tätig (z. B. Bezugsgeschäft, Absatzgeschäft, Kreditgeschäft, Produktion-, Leistungsgeschäft), so dürfen die Rückvergütungen insoweit nach unterschiedlichen Vomhundertsätzen bemessen werden. Wegen der Berechnung wird auf Abschn. 66 Abs. 5 KStR verwiesen.

867 Der § 22 KStG stellt eine erhebliche Steuervergünstigung für die Genossenschaften dar. Durch diese Vorschrift können die nicht steuerbefreiten Genossenschaften ihre Gewinne weitgehend zulässigerweise auf ihre Mitglieder übertragen und dadurch Körperschaftsteuerzahlungen vermeiden. Für viele Genossenschaften ist die Verneinung der persönlichen Steuerbefreiung nach § 5 Abs. 1 Nr. 14 KStG deshalb nicht von existentieller Bedeutung, weil die Gewinne in Form der genossenschaftlichen Rückvergütungen weitgehend körperschaftsteuerfrei auf die Mitglieder verlagert werden können. Zu beachten ist jedoch, daß Vergütungen einer Genossenschaft an die Mitglieder, die die Voraussetzungen des § 22 KStG nicht erfüllen, nach § 8 Abs. 3 KStG von der Genossenschaft zu versteuern sind. Das gilt z. B. für Zahlungen, die an die Mitglieder nicht nach der Höhe des Umsatzes, sondern nach der Höhe der Geschäftsguthaben oder nach ähnlichen Maßstäben berechnet werden. Auch bei einer Genossenschaft liegen in einer Vermögensminderung (verhinderten Vermögensmehrung), die durch das Genossenschaftsverhältnis veranlaßt sind, und in keinem Zusammenhang mit einer offenen Gewinnausschüttung stehen, im Regelfall verdeckte Gewinnausschüttungen (BFH-Urt, vom 11. 10. 1989, BStBl 1990 II S. 88). Erfolgt eine Vorteilszuwendung an ein Aufsichtsratsmitglied der Genossenschaft, so handelt es sich um eine verdeckte Gewinnausschüttung, weil die Aufsichtsratstätigkeit in der Genossenschaft durch die Mitgliedschaft veranlaßt ist (BFH-Urteil vom 20. 1. 1993, BStBl 1993 II S. 376). Die Rechtssprechung hat z. B. verdeckte Gewinnausschüttungen angenommen, wenn eine Genossenschaft ihren Mitgliedern die Aufwendungen ersetzt, die diesen durch Teilnahme an der Generalversammlung entstehen, wie z. B. Fahrtkosten usw. (BFH-Urt. vom 16. 12. 1955, BStBl 1956 III S. 43). Der Fahrtkostenersatz an Mitglieder der Vertreterversammlung ist dagegen regelmäßig abziehbare Betriebsausgabe (BFH-Urt. vom 24. 5. 1983, BStBl 1984 II S. 273).

868 und 869 frei
Die Finanzverwaltung läßt Ausgaben zur Bewirtung von Mitgliedern bei einer Generalversammlung bis zu 25,- DM je Mitglied zum Abzug zu (BMF-Schr. vom 26. 11. 1984, BStBl I S. 591).

Teil D

Tarif

1. Steuersatz

Ausgewählte Literaturhinweise: Lademann, Kommentar zum KStG, Richard Boorberg Verlag (Anm. zu §§ 23 ff KStG); **Singbartl/Dötsch/Hundt,** Die Änderungen der KStG durch das Steuerreformgesetz 1990, DB 1988 S, 1767, 1819, 1871. **Dötsch,** Standortsicherungsgesetz: Auswirkungen auf das körperschaftsteuerliche und auf das einkommensteuerliche Anrechnungsverfahren, DB 1993 S. 1790 ff; **Dötsch/Eversberg/Jost/Witt,** Kommentar zum KStG und EStG, Schäffer-Poeschel Verlag.

1.1 Berechnung der Körperschaftsteuer

Die KSt ergibt sich seit dem Veranlagungszeitraum 1988 durch **Anwendung des KSt-Satzes nach § 23 KStG auf das nicht abgerundete zu versteuernde Einkommen.** Zur Berechnung der KSt wurde ein positives zu versteuerndes Einkommen bis zum Veranlagungszeitraum 1987 auf volle 10 DM nach unten abgerundet (§ 23 Abs. 4 a. F. KStG). Da die Abrundung zur Steuerberechnung erfolgt ist, wurde bei einem negativen Einkommen (Verlust) nicht abgerundet. Durch das Steuerreformgesetz 1990 (BStBl 1988 I S. 224) ist die Abrundungsvorschrift ab 1988 ersatzlos weggefallen. Das BFH-Urteil vom 22. 7. 1987 (BStBl 1988 S. 203) das den Abrundungsbetrag dem EK 56 zurechnete, hatte daher lediglich bis 1987 Bedeutung. Unterliegt das zu versteuernde Einkommen unterschiedlichen Steuersätzen, so sind Verluste, Spenden usw. in der in Abschn. 67 Abs. 2 KStR genannten Reihenfolge vorrangig von den am höchsten besteuerten Einkommensbeträgen abzuziehen. 870

Bei den unter das KSt-Anrechnungsverfahren fallenden Körperschaften (insbesondere inländische Kapitalgesellschaften und Genossenschaften) ergibt sich die zu zahlende KSt nicht in jedem Fall allein aus der Anwendung der Steuersätze auf das zu versteuernde Einkommen. Die sich aus dem Einkommen unter Berücksichtigung von Steuerermäßigungen ergebende KSt (KSt-Tarifbelastung) wird vielmehr noch korrigiert, wenn für ein im Veranlagungszeitraum endendes Wirtschaftsjahr Gewinne ausgeschüttet worden sind und deshalb die Ausschüttungsbelastung nach § 27 Abs. 1 KStG herzustellen ist. In § 23 Abs. 5 KStG wird deshalb bestimmt, daß sich die KSt nach den Vorschriften des IV. Teils des KStG mindert oder erhöht. Auch wenn die KSt-Tarifbelastung 0 DM beträgt, kann sich daher durch Ausschüttungen (z. B. aus aufgelösten Rücklagen) und sich daraus ergebende KSt-Minderungs- oder Erhöhungsbeträge eine zu erstattende oder zu zahlende Steuerschuld ergeben. 871

Die Berechnung der KSt ab 1994 ergibt sich aus dem nachfolgenden Schema: 872

	Einkommensteile DM	Körperschaftsteuer DM

Vom zu versteuernden Einkommen (vgl. Abschn. 26a KStG) unterliegen einer KSt in Höhe von:

45 v. H.   – VZ 1990–1993: 50 v. H. –
           (allgemeiner Steuersatz gem. § 23 Abs. 1 KStG)..........................

42 v. H.   – VZ 1990–1993: 46 v. H. –
           ermäßigter Steuersatz (§ 23 Abs. 2 und 3 KStG)..........................

872

	Einkommensteile	Körperschaftsteuer
	DM	DM

22,5 v. H. – VZ 1990–1993: 25 v. H. –
(ausländische Einkünfte aus dem
Betrieb von Handelsschiffen im internationalen
Verkehr; § 26 Abs. 6 Satz 4
KStG, § 34c Abs. 4 EStG) ....

25 v. H. (Pauschalierung der auf ausländische
Einkünfte entfallenden inländischen
KSt; § 26 Abs. 6 Satz 1 KStG, § 34c
Abs. 5 EStG) ....

	Körperschaftsteuer
	DM

Übertrag
Tarifermäßigungen:
Anzurechnende ausländische Steuern i. S. von § 26 Abs. 1 bis 5
KStG, § 12 AStG (vgl. auch Abschn. 86 Abs. 4 KStR).....................
Steuergutschrift aufgrund DBA-Frankreich (BdF-Schreiben, BStBl I
1970 S. 1000)..
Ermäßigungen für Einkünfte aus Berlin (West) (§ 21 Abs. 2 oder 3
Berlin FG – bis 1994)...

Körperschaftsteuer-Tarifbelastung
Änderung der Körperschaftsteuer nach den §§ 27 bis 43 KStG:
Minderung der Körperschaftsteuer ....
Erhöhung der Körperschaftsteuer ....

Festzusetzende Körperschaftsteuer (Abschn. 77 Abs. 5 KStR)
Erstattung oder Nachforderung von Körperschaftsteuer nach
§ 11 Abs. 2 und 3 AStG..

Anzurechnende Kapitalertragsteuer
(einschließlich Zinsabschlag) ....
Anrechnung von Körperschaftsteuer nach § 49
Abs. 1 KStG i. V. mit § 36 Abs. 2 Nr. 3 EStG ....

Verbleibende Körperschaftsteuer

873 Außer den in dem vorstehenden Schema genannten Tarifermäßigungen nach dem BerlinFG und der möglichen Beeinflussung der zu zahlenden KSt nach dem AStG (AStG vom 8. 9. 1972, BStBl 1972 I S. 450 i. d. F. vom 21. 12. 1993, BStBl 1994 I S. 50 ff.) ergeben sich weitere tarifliche Vergünstigungen bei der KSt.

Wasserkraftwerke genießen unter den Voraussetzungen der Verordnung über die steuerliche Begünstigung für Wasserkraftwerke vom 26. 10. 1944 (RGBl 1944 S. 278) i. d. F. des Steuerbereinigungsgesetzes 1985 vom 14. 12. 1984 (BStBl 1984 I S. 659), steuerliche Begünstigungen. Die steuerliche Begünstigung besteht bei der KSt hauptsächlich darin, daß sich die Steuer aus dem Gewinn aus Wasserkraftanlagen, mit deren Bau bis zum 31. 12. 1990 begonnen wurde, für zwanzig Jahre auf die Hälfte der gesetzlichen Beträge ermäßigt (vgl. BStBl 1977 I S. 450). Eine tarifliche Begünstigung besteht auch für **Familienstiftungen.** Bei ihnen kann die KSt, soweit sie

auf Einkünfte aus außerordentlichen Holznutzungen entfällt, auf zwei Drittel und soweit sie auf 873
Kalamitätsnutzungen i. S. des § 34 Abs. 1 Nr. 2 EStG entfällt, auf ein Drittel ermäßigt werden,
wenn die volle Besteuerung zu Härten führen würde (Abschn. 3 Abs. 2 KStR). Die Steuerermäßigungen für außerordentliche Holznutzungen sollen künftig auf alle Körperschaften ausgedehnt werden (Abschn. 105 KStR). Wegen der Weitergeltung der Steuervergünstigung von Familienstiftungen (vgl. Abschn. 3 Abs. 1 i. V. mit Anlage 1 zu den KStR).

Tarifliche **KSt-Ermäßigungen mindern die KSt-Tarifbelastung** (vgl. obiges Schema). Eine 874
Tarifermäßigung kann daher nach der Systematik des KSt-Anrechnungsverfahrens niemals von
einem KSt-Erhöhungsbetrag abgezogen werden (vgl. BFH, Urteil vom 28. 5. 1986, BStBl 1986
II S. 762). Die **spätere Ausschüttung** der ermäßigt mit KSt belasteten Eigenkapitalteile (bis
1993: unter 36 v. H., ab 1994: unter 30 v. H.) oder der steuerfrei gebliebenen Eigenkapitalteile
führt vielmehr durch Herstellung der Ausschüttungsbelastung nach § 27 KStG zu einer
nachträglichen Rückgängigmachung der Steuerermäßigung oder Steuerbefreiung. Vgl.
dazu im einzelnen RZ 1024 ff.

In **Liquidationsfällen,** bei denen der Besteuerungszeitraum nach § 11 KStG mehrere Jahre um- 875
fassen kann, ist der Steuersatz des Jahres anzuwenden, in dem der Besteuerungszeitraum endet
(RFH, Urteil vom 17. 1. 1939, RStBl 1939 S. 598).

1.2 Steuersätze

Der KSt-Tarif ist nach Einführung des KSt-Anrechnungsverfahrens 1977 durch das Steueränderungs- 876
gesetz 1980 (BGBl. 1980 I S. 1537), das Subventionsabbaugesetz (BGBl. 1981 I S. 537)
insbesondere für Kreditinstitute sowie ab 1990 durch das Steuerreformgesetz 1990 vom 25. 7.
1988 (BGBl. 1988 I S. 1093) gesenkt worden. Danach betrug für 1990–1993 der KSt-Regelsteuersatz für thesaurierte Gewinne statt früher 56 v. H. nur noch 50 v. H. (die Ausschüttungsbelastung blieb für diese Jahre unverändert bis 36 v. H.) und der für bestimmte Körperschaften geltende ermäßigte Steuersatz statt früher 50 v. H. nur noch 46 v. H.

Durch das Standortsicherungsgesetz vom 13. 9. 1993 (BGBl 1993 I S. 1569) wurde der KSt-Regelsteuersatz ab 1994 auf 45 v. H. und der ermäßigte Steuersatz auf 42 v. H. gesenkt. Erstmals
seit Einführung des KSt-Anrechnungsverfahrens 1977 wurde auch die Ausschüttungsbelastung
für ab 1994 erfolgende Ausschüttungen (vgl. aber Wahlrecht nach § 54 Abs. 10a S. 2 KStG) von
36 v. H. auf 30 v. H. gesenkt.

Die Senkung des KSt-Regelsteuersatzes (also des für thesaurierte Gewinne geltenden Steuersatzes) 877
war erforderlich geworden, weil Deutschland gegenüber den wichtigsten Wettbewerbsländern den höchsten KSt-Satz hatte und dadurch die deutschen Investitionen im Ausland erheblich
höher geworden waren als die Investitionen ausländischer Unternehmen im Inland. Um den Unterschied zwischen dem für Personenunternehmen (Einzelfirmen, Personengesellschaften) geltenden ESt-Satz nicht zu groß werden zu lassen, wurde der ESt-Höchstsatz für gewerbliche Einkünfte auf 47 v. H. begrenzt. Der ESt-Spitzensteuersatz für gewerbliche Unternehmen weicht
daher ab 1994 nur um 2 v. H. von dem für unter das KSt-Anrechnungsverfahren fallende Körperschaften geltenden KSt-Regelsteuergesetz ab. Das Auseinanderlaufen der Steuersätze bei der
KSt und der ESt seit 1990 ist bereits damals kritisiert worden (u. a. die Spitzenverbände der Wirtschaft, vgl. Handelsblatt vom 26. 2. 1987), außerdem wurden verfassungsrechtliche Bedenken
erhoben (Mössner, Handelsblatt vom 4. 2. 1987). Trotzdem hat sich der Gesetzgeber für den geringfügigen Belastungsunterschied zugunsten der Körperschaften entschieden. Hierfür war
maßgebend, daß wegen des Grundfreibetrags und der Tarifgestaltung bei der ESt (untere Proportionalzone und Progressionszone) die ESt-Belastung immer unter dem Spitzensteuersatz
liegt. Außerdem werden die bei der Einkommensermittlung nicht abziehbaren Ausgaben (z. B.
VSt) bei Körperschaften wegen der Behandlung in der EK-Gliederung im Ergebnis stets mit
dem vollen KSt-Satz belastet, auch wenn das Einkommen durch Tarifermäßigungen ermäßigt
besteuert wird. Bei natürlichen Personen werden dagegen auch die nicht abziehbaren Aufwendungen nur mit dem persönlichen Steuersatz belastet. Neben der Begrenzung des ESt-Satzes für

877 gewerbliche Einkünfte mit 47 v. H. ist der sonst geltende ESt-Spitzensteuersatz mit 53 v. H. beibehalten worden.

878 Die Absenkung der Ausschüttungsbelastung auf 30 v. H. soll den Standort Deutschland für internationale Kapitalanlagen attraktiver machen. Verbesserungen bringt diese Tarifabsenkung insbesondere für die nichtanrechnungsberechtigten ausländischen Muttergesellschaften und sonstige ausländische Anteilseigner sowie die ebenfalls nichtanrechnungsberechtigten inländischen steuerfreien Körperschaften und Körperschaften des öffentlichen Rechts, die Beteiligungen an Kapitalgesellschaften halten.

Aus konjunkturpolitischen Gründen hat die Bundesregierung nach § 23 Abs. 4 KStG i. V. m. § 51 Abs. 3 EStG die Möglichkeit, die KSt zusammen mit der ESt um höchstens 10 v. H. für die Dauer eines Jahres herabzusetzen oder zu erhöhen. Eine konjunkturpolitische Herauf- oder Herabsetzung nach dieser Vorschrift ist bisher noch nicht erfolgt.

1.2.1 Regelsteuersatz

879 Der **allgemeine KSt-Satz (Regelsteuersatz)** beträgt nach § 23 Abs. 1 KStG ab 1994: 45 v. H. des zu versteuernden Einkommens. Der Steuersatz von 45 v. H. gilt bei den **Körperschaften, die unter das Anrechnungsverfahren fallen.** Er ist deshalb bei unbeschränkt körperschaftsteuerpflichtigen Kapitalgesellschaften und Genossenschaften anzuwenden. Außerdem gilt er für diejenigen Realgemeinden und wirtschaftlichen Vereine, die kapitalmäßige Mitgliedschaftsrechte gewähren (vgl. BFH-Urt. vom 23. 9. 1970, BStBl 1971 II S. 47). Der Regelsteuersatz ist auch für steuerbefreite Wohnungsbaugenossenschaften und -vereine (§ 5 Abs. 1 Nr. 10 KStG 1990) sowie Siedlungsunternehmen (§ 5 Abs. 1 Nr. 12 KStG 1990) anzuwenden, die wegen schädlicher Nebengeschäfte partiell steuerpflichtig sind. Seit dem Wegfall des KSt-Satzes von 46 v. H. für Kreditinstitute durch das Subventionsabbaugesetz gilt ab 1981 der Regelsteuersatz auch für alle privatrechtlich organisierten Kreditinstitute.

880 Bei den unter das Anrechnungsverfahren fallenden Körperschaften verbleibt es für die nicht ausgeschütteten Gewinne (thesaurierten Gewinne) und die nichtabziehbaren Ausgaben bei einer KSt-Belastung von 45 v. H. Für offene und verdeckte Gewinnausschüttungen wird dagegen die Ausschüttungsbelastung von 30 v. H. (ab 1994 möglich) hergestellt (§ 27 Abs. 1 KStG). Die Ausschüttungsbelastung von 30 v. H. stellt keinen ermäßigten KSt-Satz dar, sie bewirkt lediglich eine Korrektur der eingetretenen KSt-Tarifbelastung für Gewinnausschüttungen (vgl. im einzelnen RZ 1009 ff). Die Ausschüttungen werden deshalb im Ergebnis nur mit 30 v. H. KSt belastet. Die ausgeschütteten Gewinne unterliegen beim Gesellschafter zwar der ESt, bei anrechnungsberechtigten inländischen Anteilseignern wird auf die ESt-Schuld aber die auf der Dividende lastende KSt von 30 v. H. (bezogen auf die Dividende sind das $^3/_7$) angerechnet. Wegen der Anrechnung der auf der Dividende lastenden KSt unterliegt diese im Endergebnis nur der individuellen ESt-Belastung des Anteilseigners.

881 Liegt die ESt-Belastung der Gesellschafter einer Kapitalgesellschaft deutlich unter 45 v. H., so liegt es deshalb nahe, einen möglichst großen Teil des Gewinns auszuschütten und anschließend durch die Gesellschafter wieder an die Kapitalgesellschaft zurückzuführen (sogenanntes **„Schütt-aus-hol-zurück-Verfahren"** oder „Ausschüttungsrückholverfahren"). Die Rückführung des ausgeschütteten Gewinns an die Kapitalgesellschaft kann durch Kapitalerhöhung, durch eine verdeckte gesellschaftsrechtliche Einlage, durch eine stille Beteiligung des Gesellschafters am Geschäftsbetrieb der Kapitalgesellschaft oder durch Darlehenshingabe erfolgen. Diese Methode, durch die die Steuerbelastung des ausgeschütteten Gewinns auf die persönliche ESt-Belastung der Gesellschafter herabgeschleust wird, ist von der Finanzverwaltung in Abschn. 77 Abs. 6 und 7 KStR ausdrücklich zugelassen. Vgl. auch RZ 1214 ff.

882 Neben den genannten Körperschaften unterliegen auch die **Stiftungen privaten Rechts** dem Steuersatz von 45 v. H. Obwohl derartige Stiftungen nicht in das Anrechnungsverfahren einbezogen sind, da sie keine Gewinne ausschütten, hat der Gesetzgeber aus Wettbewerbsgründen die Anwendung des ermäßigten Steuersatzes abgelehnt. Eine Ausnahme gilt nur für steuerpflichtige

wirtschaftliche Geschäftsbetriebe von an sich steuerfreien Stiftungen, bei denen der ermäßigte 882
Steuersatz zur Anwendung kommt (§ 23 Abs. 2b Satz 2 KStG). Eine Doppelbelastung der Stiftung und ihrer Destinatäre ist seit 1986 durch die Neufassung des § 22 EStG nicht mehr möglich.

1.2.2 Ermäßigter KSt-Satz

Der ermäßigte Steuersatz von 42 v. H. ab 1994 gilt nach § 23 Abs. 2 KStG für die Körperschaf- 883
ten, Personenvereinigungen und Vermögensmassen i. S. des § 1 Abs. 1 Nr. 3-6 KStG. Dies sind die

- **Versicherungsvereine auf Gegenseitigkeit**
- **sonstigen juristischen Personen des privaten Rechts** (z. B. rechtsfähige Vereine).

  Darunter fallen nicht die rechtsfähigen und nicht rechtsfähigen privaten Stiftungen, weil diese dem Regelsteuersatz von 45 v. H. unterliegen. Einkünfte aus einem steuerpflichtigen wirtschaftlichen Geschäftsbetrieb einer steuerbefreiten Stiftung unterliegen dagegen dem ermäßigten Steuersatz von 42 v. H. (§ 23 Abs. 2b KStG). Mit nur 42 v. H. besteuert wird damit auch das Einkommen von steuerpflichtigen wirtschaftlichen Geschäftsbetrieben, mit denen nach § 5 Abs. 1 Nr. 9 KStG steuerbefreite Vereine oder Stiftungen der partiellen Steuerpflicht unterliegen. Dasselbe gilt für Berufsverbände und politische Parteien.

- Nicht **rechtsfähige Vereine, Anstalten** und andere **Zweckvermögen des privaten Rechts** (wegen der Stiftungen vgl. die vorstehende Ausführungen).
- **Betriebe gewerblicher Art von juristischen Personen des öffentlichen Rechts.**

Der Steuersatz von 42 v. H. gilt auch für **beschränkt Steuerpflichtige** i. S. des § 2 Nr. 1 KStG (§ 23 Abs. 3 KStG). In der Literatur wird teilweise kritisiert, inländische Betriebstätten ausländischer Unternehmer seien gegenüber ausländischen Muttergesellschaften schlechter gestellt (vgl. DB 1993, 451 ff). Die früher geltende Einschränkung, wonach der ermäßigte Steuersatz nur anzuwenden war, wenn die Einkünfte in einem inländischen Betrieb angefallen sind, ist seit 1980 beseitigt. Bei nach § 2 Nr. 2 KStG beschränkt Steuerpflichtigen ist ein besonderer Steuersatz nicht erforderlich, weil die KSt durch die einbehaltenen Steuerabzugsbeträge (KapSt) abgegolten ist (vgl. § 50 Abs. 1 KStG).

1.2.3 Zweites Deutsches Fernsehen

Die KSt beträgt beim Zweiten Deutschen Fernsehen ab 1994: 6,7 v. H. der Entgelte von Werbe- 884
sendungen (§ 23 Abs. 6 KStG). Bis 1993 betrug dieser Steuersatz 7,4 v. H.

1.3 Von 1977 bis 1993 geltende Steuersätze

Der KSt-Regelsteuersatz belief sich 1990–1993 auf 50 v. H., die Ausschüttungsbelastung war 885
seit 1977 unverändert 36 v. H. Von 1990–1993 betrug der ermäßigte KSt-Satz 46 v. H.

Vom Veranlagungszeitraum 1977 bis zum Veranlagungszeitraum 1989 war der Regelsteuersatz 56 v. H., der ermäßigte KSt-Satz belief sich in dieser Zeit auf 50 v. H. Für bestimmte **Kreditinstitute und Banken** betrug nach § 23 Abs. 4 KStG 1977 bis 1980 die KSt nur 46 v. H. des Einkommens. Zum Teil war die Steuerermäßigung auf bestimmte Einkommensteile dieser Kreditinstute beschränkt. Für Kreditgenossenschaften (§ 23 Abs. 4 Nr. 8 KStG 1977) und Zentralkassen (§ 23 Abs. 4 Nr. 9 KStG 1977) war Voraussetzung für die Steuerermäßigung, daß sich ihre Tätigkeit auf das Bankgeschäft oder die eigentlichen genossenschaftlichen Aufgaben beschränkte. Wegen der Einzelheiten dieser Regelung wird auf die Abschn. 69 bis 73 der KStR 1977 (in die späteren KStR nicht übernommen) verwiesen. Die früher geltende Voraussetzung für den ermäßigten Steuersatz bei Kreditgenossenschaften, wonach sich das Kreditgeschäft auf die Mitglieder beschränken mußte, war bereits ab dem Veranlagungszeitraum 1976 weggefallen (Haushaltsstrukturgesetz vom 18. 12. 1975, BStBl 1976 I S. 29).

885 Bei den öffentlichen oder unter Staatsaufsicht stehenden Sparkassen betrug die KSt bis 1980 44 v. H. (§ 23 Abs. 5 KStG 1977).

2. Solidaritätszuschlag auf die Körperschaftsteuer (Hinweis auf Teil I)

2.1 Solidaritätszuschlag 1991/1992

886 Nach dem Solidaritätszuschlagsgesetz vom 24. 6. 1991 (BGBl. 1991 I S. 1318) wurde für 1991 und 1992 eine Ergänzungsabgabe zur Körperschaftsteuer als Solidaritätszuschlag erhoben. Bei der Jahresveranlagung betrug der Solidaritätszuschlag 3,75 v. H. der für die Veranlagungszeiträume 1991 und 1992 festgesetzten positiven Körperschaftsteuer (vgl. RZ 2070 ff).

Beispiel:

Bei einer kleinen GmbH ergeben sich für den VZ 1992 die folgenden Zahlen:

KSt-Tarifbelastung 1992		20 000 DM
KSt-Minderungsbeträge		./. 5 000 DM
KSt-Erhöhungsbeträge		+ 2 000 DM
Festzusetzende KSt 1992 (vgl. § 23 Abs. 5 KStG, Abschn. 77 Abs. 5 KStR)		17 000 DM
Für von der GmbH bezogene Dividenden		
anrechenbare KapSt (§ 36 Abs. 2 Nr. 2 EStG)	1 600 DM	
anrechenbare KSt (§ 26 Abs. 2 Nr. 3 EStG)	3 600 DM	./. 5 200 DM
Verbleibende KSt 1992		11 800 DM
Solidaritätszuschlag 1992		
3,75 v. H. aus 17 000 DM		637,50 DM

2.2 Solidaritätszuschlag ab 1995

887 Ab 1995 wird wiederum ein Solidaritätszuschlag als Ergänzungsabgabe zur Körperschaftsteuer erhoben und zwar auf unbestimmte Zeit (Art. 31 des Gesetzes zur Umsetzung des Föderalten Konsolidierungsprogramms vom 23. 6. 1993, BGBl 1993 I S. 944). Der Solidaritätszuschlag von 7,5 v. H. bemißt sich nach der für Veranlagungszeiträume ab 1995 festgesetzten Körperschaftsteuer, vermindert um die anzurechnende oder vergütete Körperschaftsteuer, wenn ein positiver Betrag verbleibt (vgl. RZ 2105 ff).

Beispiel:

Bei einer GmbH ergeben sich für den VZ 1995 die nachstehenden Zahlen:

KSt-Tarifbelastung 1995		35 000 DM
KSt-Minderungsbeträge		./. 6 000 DM
KSt-Erhöhungsbeträge		+ 1 000 DM
Festzusetzende KSt 1995 (vgl. § 23 Abs. 5 KStG, Abschn. 77 Abs. 5 KStR)		30 000 DM
Für von der GmbH bezogene Dividenden		
anrechenbare KapSt (§ 36 Abs. 2 Nr. 2 EStG)	1 750 DM	
anrechenbare KSt (§ 26 Abs. 2 Nr. 3 EStG)	3 000 DM	./. 4 750 DM
Verbleibende KSt 1995		25 250 DM
Solidaritätszuschlag 1995		
7,5 v. H. aus 27 000 DM (30 000 DM ./. 3 000 DM)		2 025 DM

Als Vorauszahlungen auf den Solidaritätszuschlag sind 7,5 v. H. der KSt-Vorauszahlungen zu entrichten. Wie die KSt-Vorauszahlungen sind die Vorauszahlungen auf den Solidaritätszuschlag im Wirtschaftsjahr zu leisten (§ 49 Abs. 1 und 2 KStG). Die Vorauszahlungen auf den Solidaritätszuschlag sind ohne Aufforderung des Finanzamts zu entrichten (§ 51a Abs. 4 EStG).

3. Freibeträge

3.1 Freibetrag für kleinere Körperschaften

3.1.1 Freibetrag für kleinere Körperschaften seit 1990

Vom Einkommen unbeschränkt steuerpflichtiger Körperschaften, Personenvereinigungen und Vermögensmassen ist seit 1990 zur Berechnung der KSt ein **Freibetrag von 7 500 DM** abzuziehen (§ 24 KStG i. d. F. des Vereinsförderungsgesetzes vom 18. 12. 1989 S. BGBl. I 1989, S. 2212). Der Freibetrag darf höchstens bis zur Höhe des Einkommens abgezogen werden, er führt also niemals zu einem negativen Einkommen. Er ist **nach** einem etwaigen Verlustabzug abzusetzen (Abschn. 37 Abs. 4 KStR). 888

Der Freibetrag wird auch bei höheren Einkommen ohne Kürzung gewährt. Er hängt im übrigen auch nicht von einer Umsatz- oder Vermögensgrenze ab. Deshalb wird der Freibetrag auch dann voll gewährt, wenn (z. B. bei teilweiser Steuerpflicht gemeinnütziger Vereine oder überdotierter Pensions- oder Unterstützungskassenvereine oder –Stiftungen) nur Teile des erzielten Einkommens steuerpflichtig sind (vgl. Aufzählung in Abschn. 74 Abs. 1 KStR). Der Freibetrag nach § 24 KStG wird bei Einkünften aus Kapitalvermögen auch zusätzlich zum Werbungskostenpauschbetrag und Sparerfreibetrag gewährt. Er steht steuerfreien Körperschaften mit wirtschaftlichen Geschäftsbetrieben aber nur einmal zu.

> **Beispiel:**
> Ein gemeinnütziger Sportverein (steuerbefreit nach § 5 Abs. 1 Nr. 9 KStG) erzielt 1994 aus einer selbstbewirtschafteten Vereinsgaststätte einen Umsatz von 50 000 DM und aus geselligen Veranstaltungen (ab 1990 niemals Zweckbetrieb, vgl. § 68 Nr. 7 AO n. F.). von 35 000 DM. Die Einnahmen übersteigen somit auch die Besteuerungsgrenze des § 64 Abs. 3 AO n. F. Die Gewinne belaufen sich auf 30000 DM aus der Vereinsgaststätte und 25 000 DM aus den geselligen Veranstaltungen. Weitere steuerpflichtige Einkünfte liegen nicht vor. Das körperschaftssteuerpflichtige Einkommen ist wie folgt zu ermitteln:
>
> | | |
> |---|---:|
> | Vereinsgaststätte | 30 000 DM |
> | Gesellige Veranstaltungen | 25 000 DM |
> | | 55 000 DM |
> | Freibetrag | 7 500 DM |
> | zu versteuern | 47 500 DM |

Der **Freibetrag** nach § 24 ist **nicht anzuwenden für die Körperschaften, die unter das KSt-Anrechnungsverfahren fallen** (§ 24 Satz 3 Nr. 1 KStG), also für Kapitalgesellschaften, Genossenschaften und wirtschaftliche Vereine mit kapitalmäßigen Mitgliedschaftsrechten. Die Freibetragsregelung nach § 24 KStG gilt bei diesen Körperschaften auch dann nicht, wenn sie auf Dauer keine Ausschüttungen vornehmen (vgl. BFH-Urt. vom 5. 6. 1985, BStBl 1985 II S. 634) oder aufgrund ihrer Satzung oder gesetzliche Regelungen nicht vornehmen dürfen (BFH-Urt. vom 24. 1. 1990, BStBl 1990 II S. 470 und Abschn. 74 Abs. 2 KStR). Der Freibetrag ist nach diesem Urteil nicht etwa deshalb zu gewähren, weil bei den Empfängern der Einnahmen nach § 20 Abs. 1 Nr. 1 oder 2 EStG entsprechend § 20 Abs. 3 EStG zu den Einkünften aus Gewerbebetrieb rechnen. Der Freibetrag von 7500 DM nach § 24 KStG ist auch für land- und forstwirtschaftliche Vereine ausgeschlossen, die den Freibetrag nach § 25 KStG beanspruchen können. 889

Der **Freibetrag** nach § 24 KStG hat insbesondere **Bedeutung für kleinere Vereine, Stiftungen und Betriebe gewerblicher Art von Körperschaften des öffentlichen Rechts.** Dabei ist zu beachten, daß eine juristische Person des öffentlichen Rechts KSt-Subjekt für jeden einzelnen Betrieb gewerblicher Art ist (Abschn. 5 Abs. 1 KStR). Danach ist für jeden Betrieb gewerblicher Art gesondert zu prüfen, ob der Freibetrag nach § 24 KStG abgezogen werden kann. Wegen weiterer Einzelheiten wird auf Abschn. 74 KStR verwiesen. Ergibt sich durch die Anwendung des Freibetrag ein zu versteuerndes Einkommen von 0 DM, so bleibt eine KSt-Vergütung nach § 36b

889 EStG ausgeschlossen. Die KSt-Anrechnung für bezogene Dividenden nach § 36 Abs. 2 Nr. 3 EStG kann aber dazu führen, daß sich eine KSt-Erstattung ergibt (Abschn. 74 Abs. 3 KStR).

3.1.2 Freibetrag für kleinere Körperschaften bis 1989

890 Bis 1989 betrug der Freibetrag nach § 24 KStG 5 000 DM. Wenn das Einkommen der Körperschaft 10 000 DM überstieg, wurde der Freibetrag um die Hälfte der 10 000 DM übersteigenden Einkommensbetrags gekürzt.

Beispiel:

Ein gemeinnütziger Verein erzielte 1989 aus einer Vereinsgaststätte einen Gewinn von 12 000 DM. Andere Einkünfte, die der KSt unterliegen, hat der Verein nicht erwirtschaftet. Das der KSt zu unterwerfende Einkommen wird wie folgt ermittelt:

Einkommen		12 000 DM
Freibetrag	5 000 DM	
./. (12 000 DM ./. 10 000 DM = 2 000 DM : 2)	1 000 DM	./. 4 000 DM
zu versteuern		8 000 DM

Der Freibetrag lief somit gleitend aus, wenn das Einkommen 10 000 DM überstieg. Ab 20 000 DM Einkommen war damit kein Freibetrag mehr abzuziehen.

3.2 Freibetrag für land- und forstwirtschaftliche Genossenschaften und Vereine

891 Nach § 25 KStG wird vom Einkommen unbeschränkt steuerpflichtiger **Genossenschaften und Vereine, deren Tätigkeit sich auf den Betrieb der Land- und Forstwirtschaft beschränkt, ein Freibetrag in Höhe von 30 000 DM** abgezogen. Der Freibetrag wird nur in den ersten zehn Veranlagungszeiträumen gewährt und darf höchstens in Höhe des jeweiligen Einkommens abgezogen werden. Der Verlustabzug geht dem Abzug des Freibetrags vor (Abschn. 37 Abs. 4 KStR). Bewirkt eine unter § 25 KStG fallende Genossenschaft jedoch Gewinnausschüttungen, so wird der Freibetrag nachträglich durch Herstellung der Ausschüttungsbelastung rückgängig gemacht.

Die Frage, ob sich die Tätigkeit einer Genossenschaft oder eines Vereins auf den Betrieb der Land- und Forstwirtschaft beschränkt, kann nach den sonst geltenden steuerlichen Abgrenzungsmerkmalen zwischen Land- und Forstwirtschaft und Gewerbebetrieb beurteilt werden (vgl. R 135 EStR, Abschn. 16 Abs. 2 KStR). Neben dem Betrieb der Land- und Forstwirtschaft darf dem Grunde nach **keine andere Tätigkeit** betrieben werden. Ob geringfügige steuerschädliche Einnahmen den Abzug des Freibetrags verhindern, ist zumindest zweifelhaft (vgl. Felix-Streck, KStG-Kommentar, Anmerkung 3 zu § 25). U. E. ist eine andere Tätigkeit bis 5 v. H. immer unwesentlich und hindert nicht am Abzug des Freibetrags, bei anderen Tätigkeiten bis zu 25 v. H. wird man nach dem Einzelfall entscheiden müssen.

Die Mitglieder müssen der Genossenschaft oder dem Verein **Flächen zur Nutzung überlassen oder für die Bewirtschaftung der Flächen erforderliche Gebäude zur Verfügung stellen.** Die Nutzungsüberlassung kann entgeltlich und unentgeltlich sein (z. B. durch Pachtverträge oder Nießbrauchsverträge). Die Beteiligung des Mitglieds an der Genossenschaft oder dem Verein muß im wesentlichen dem anteiligen Wert der überlassenen Fläche oder Gebäude entsprechen (§ 25 Abs. 1 Nr. 2 KStG). Dadurch sollen bloße kapitalmäßige Beteiligungen an einer Genossenschaft oder einem Verein verhindert werden.

892 Der Freibetrag wird auch an Genossenschaften und Vereine gewährt, die eine **gemeinschaftliche Tierhaltung** i. S. des § 51a BewG betreiben. Nach herrschender Meinung kommt es in diesen Fällen nicht darauf an, daß die Mitglieder Flächen oder Gebäude überlassen. Auch die Wertverhältnisse der Beteiligungen der Mitglieder durften nach dem Gesetzeswortlaut ohne
893– Bedeutung sein (§ 25 Abs. 2 KStG).
899 frei

Teil E

Besteuerung ausländischer Einkünfte

1. Besteuerung ausländischer Einkünfte
(§ 26 KStG, §§ 34c und 34d EStG, Abkommen zur Vermeidung der Doppelbesteuerung, § 2a Abs. 3 bis 6 EStG, Außensteuergesetz)

Ausgewählte Literaturhinweise: Runge, Steuerermäßigung bei ausländischen Einkünften, IWB Fach 3 Gr. 3 S. 619; **Dötsch,** Behandlung ausländischer Einkünfte bei der Gliederung des verwendbaren Eigenkapitals, DB 1979 S. 1428 und 1477; **Maas,** Besteuerung ausländischer Einkünfte und ihre Auswirkung auf das verwendbare Eigenkapital bei Kapitalgesellschaften nach dem KStG 1977, BB 1976 S. 1506; **Müller-Dott,** Anrechnung ausländischer Steuern nach § 26 Abs. 1 KStG und Aufteilung des verwendbaren Eigenkapitals, BB 1978 S. 1105; **Müller-Dott,** Avoir fiscal und Tarifbelastung nach § 27 Abs. 2 KStG 1977, RIW/AWD 1978 S. 309; **Müller-Dott,** Gliederung des verwendbaren Eigenkapitals bei Vergünstigungen nach dem AIG, IWB Fach 3 Deutschland, Gr. I S. 601; **Pott,** Die Berechnung der körperschaftsteuerlichen Tarifbelastung im Falle angerechneter, dem deutschen Fiskus rückerstatteter ausländischer Steuern, BB 1978 S. 807; **Telkamp,** Auswirkungen der Körperschaftsteuerreform auf die Besteuerung international tätiger Unternehmungen, FR 1977 S. 285 und S. 314; **Baranowski,** Besteuerung von Auslandsbeziehungen nach den KStR 1977, IWB F. 3 Gr. 4 S. 209; **Ebling,** Die unilateralen Maßnahmen zur Ausschaltung der internationalen Doppelbesteuerung, DStR 1976 S. 231; **Pöllath,** Behandlung ausländischer Einkünfte im körperschaftsteuerlichen Anrechnungsverfahren, RIW/AWD 1979 S. 757; **Hundt,** Änderungen des Außensteuerrechts durch das Gesetz zur Änderung des EStG, des KStG und anderer Gesetze und Behebung der Doppelbesteuerung in anderen Industriestaaten, Beilage 17/80 zu Heft 38 DB 1980; **Reuter,** Auswirkungen der Körperschaftsteuerreform auf die Rendite steuerbefreiter ausländischer Schachtelbeteiligungen deutscher Kapitalgesellschaften, DStR 1978 S. 66; **Reuter,** Auswirkungen der Körperschaftsteuerreform auf die Rendite ausländischer Beteiligungen deutscher Kapitalgesellschaften ohne Schachtelprivileg, DStR 1978 S. 239; **Reuter,** Körperschaftsteuerreform und Außensteuerrecht, IWB F. 3 Deutschland Gr 4 S. 191, 197; **Brezing,** Die Behandlung steuerfreier Einnahmen (Einkünfte) einer Kapitalgesellschaft nach der Körperschaftsteuerreform – Die gegenwärtige Regelung ist verfassungswidrig, AG 1979 S. 244; **Brezing,** Die Behandlung ausländischer Einkünfte nach der Körperschaftsteuerreform, GmbHR 1976 S. 271; **Wohlschlegel,** Körperschaftsteuerreform mit Hindernissen – Herstellung der Ausschüttungsbelastung und Steuerbefreiung nach Abkommensrecht, FR 1976 S. 243; **Herzig,** Vorteilhaftigkeit der Pauschalierungsmethode unter der Herrschaft des körperschaftsteuerlichen Anrechnungsverfahrens, RIW/AWD 1978 S. 169; **Krebs,** Die Wirkungen der Zugriffsbesteuerung nach dem AStG auf die Gliederung des verwendbaren Eigenkapitals nach dem KStG 1977, BB 1977 S. 640; **Piltz,** Pauschalierte Steuer für ausländische Einkünfte im KStG 1977, DB 1977 S. 327; **Raupach,** Außensteuerliche Wirkungen der Steuerreformgesetze, JbFStR 1977/78 S. 424; Ko-Referat: **Manke,** a. a. O., S. 444; **Rohse,** Ausländische Verluste in Staaten, mit denen ein DBA besteht – Auslegung und Anwendung des § 2 Abs. 1 Sätze 1 bis 3 AIG, BB 1981 S. 1829; **Zenthöfer,** Wahlrecht zwischen Anrechnungsverfahren und Abzugsverfahren nach § 34c Abs. 1 und 2 EStG, IWB Fach 3 Deutschland Gr. 3 S. 635; **Krabbe,** Berücksichtigung ausländischer Steuer vom Einkommen bei der deutschen Besteuerung, BB 1980 S. 1146; **Krabbe,** Steuerliche Behandlung ausländischer Verluste nach § 2a EStG, RIW 1983 S. 42; **Dankmeyer/Klöckner,** Die steuerlichen Änderungen durch das Haushaltsbegleitgesetz 1983, DB 1983 S. 301; **Bordewin,** Das Haushaltsbegleitgesetz 1983, BB 1983 S. 115; **Vogel,** Verbot des Verlustausgleichs für bestimmte ausländische Verluste, BB 1983 S. 180; **Wetzel,** Beschränkungen beim Ausgleich ausländischer Verluste gemäß § 2a EStG, IWB F. 3 Gr. 3 S. 649; **Hohn,** Quintett-Lösung für die Beteiligung einer ausländischen Muttergesellschaft an einer deutschen Tochtergesellschaft, NSt, Internationales Steuerrecht, Schachtelvergünstigungen, Darstellung 1; **Müller-Dott,** Anrechnung statt Steuerbefreiung, IWB F. 3 Deutschland Gr. 1 S. 747; Stephan, Die ertragsteuerliche Behandlung negativer ausländischer Einkünfte nach § 2a EStG, IWB F. 3 Deutschland Gr. 3 S. 661; **Plückebaum,** Anm. zum BFH-Urteil vom 28. 4. 1983 IV R 122/79, FR 1983 S. 438; **Bilsdorfer,** Die sogenannte isolierende Betrachtungsweise, RIW 1983 S. 850; Baranowski, Einschränkung der Verlustkompensation bei ausländischen Einkünften und Progressionsvorbehalt, DB 1983 S. 2484; **Laule,** Negative ausländische Einkünfte – § 2a EStG aus der Sicht des Beraters –, IWB F. 3 Deutschland Gr. 3 S. 719; **Jakob,** Gedanken zu § 2 AIG – insbesondere zur Hinzurechnungsverpflichtung im Fall der Umwandlung einer ausländischen Betriebsstätte in eine Kapitalgesellschaft, DB 1983 S. 2713; **Hundt,** Änderungen des Außensteuerrechts durch das StEntlG 1984, DB 1984 S. 209; **Altehoefer, Krebs, Nolte und Roland,** StEntlG 1984, DStZ 1984 S. 4;

Beckermann/Jarosch, Die Bedeutung des § 2a EStG für den negativen Progressionsvorbehalt und die Anrechnung ausländischer Steuer (§ 34c EStG), FR 1984 S. 108; **Jarosch/Ramisch,** Anrechnung oder Abzug ausländischer Steuern nach § 34c EStG, SteuerStud 1984 S. 101; **Manke,** Angeklagt: § 2a EStG, DStZ 1984 S. 235; **Haas,** Gedanken zur Beschränkung des Verlustausgleichs bei DBA, BB 1984 S. 907; **Krabbe,** Zuordnung von Betriebsausgaben zu Schachteldividenden, FR 1984 S. 473; **Hellwig,** Die Anrechnung ausländischer Steuern und die Grenzen des Ausgleichs ausländischer Verluste, DB 1984 S. 2264; **Horlemann,** § 10d EStG und Verlustabzugsbeschränkungen nach §§ 2a, 15a EStG, §§ 2, 5 AIG; **Wingert,** Änderungen beim DBA-Schachtelprivileg, RIW 1984 S. 880; **Stenten/Rosner,** Die Änderung der Einkommen-Ermittlungs-Systematik durch den § 2a EStG; **Weber,** Grundzüge der deutschen DBA auf dem Gebiet der Steuern vom Einkommen und vom Vermögen, IWB F. 3 Deutschland Gr. 2 S. 461; **Schieber,** Die Anrechnung ausländischer Steuern in Deutschland und Japan, DStR 1984 S. 488; **Pauka,** Anmerkungen zur Pauschalierung der ESt und KSt für ausländische Einkünfte, RIW 1984 S. 410; **Mittelmüller,** Zum neuen Pauschalierungserlaß für ausländische Einkünfte vom 10. 4. 1984, FR 1984 S. 415; **Krabbe,** Der neue Pauschalierungserlaß, RIW 1985 S. 51; **Kaligin,** Steuervorteile durch die ausschüttungsbedingte Teilwertabschreibung i. V. mit der Ausnutzung von Schachtelprivilegien, RIW 1984 S. 380; **Sieker,** Erwiderung und Ergänzung zu Kaligin (a. a. O.), RIW 1985 S. 718; **Krabbe,** Ungerechtfertigte Steuervorteile durch die ausschüttungsbedingte Teilwertabschreibung i. V. mit der Ausnutzung von Schachtelprivilegien, RIW 1985 S. 718; **Krabbe,** Steuerliche Behandlung internationaler Schachteldividenden, IWB F. 3 Gr. 4 S. 279; Scheffler, Zur Ausübung des Wahlrechts nach § 34c EStG, RIW 1985 S. 641; **Christoffel,** Anrechnung ausländischer Steuern – Problem der Höchstbetragsberechnung, DB 1987 S. 1657; **Schulze zur Wiesche,** Teilwertabschreibungen auf Auslandsbeteiligungen, FR 1987 S. 385 und S. 609; **Müller-Dott,** Teilwertabschreibung auf Auslandsbeteiligungen, FR 1987 S. 489; **Schulze zur Wiesche,** Nochmals Teilwertabschreibung auf Auslandsbeteiligungen, FR 1987 S. 609 u. StbJb 1988/89 S. 163; **Wilke,** Die Besteuerung ausländischer Einkünfte im deutschen Körperschaftsteuerrecht, IWB F. 3 Gr. 4 S. 289 u. S 325; **Wassermeyer,** 15 Jahre Außensteuergesetz, DStR 1987 S. 635; **Wingert,** Internationale Aspekte der deutschen Steuerreform 1990, IWB F. 2 Gr. 3 S. 383; Herzig/Hötzel, Ausschüttungsbedingte Teilwertabschreibungen, DB 1988 S. 2265; **Herzig/Dötsch,** Gedanken zu einer erneuten Reform der Körperschaftsteuer, Festschrift „40 Jahre DB" (1988) S. 115, 127; **Debatin,** Das Betriebstättenprinzip der deutschen DBA, DB 1989 S. 1692 u. S. 1739; **Heinicke,** Die Besteuerung von Auslandseinkünften, LSW Gr. 5 S. 1167; **Sauren/Schultze,** Der Konflikt zwischen § 2a EStG und den DBA, RIW 1989 S. 553; **Hellwig,** Die wundersame Verlustvermehrung im internationalen Steuerrecht-Gedanken anläßlich der Umbettung des § 2 AIG, DB 1989 S. 1364; **Manke,** Steuerreform und DBA, Wpg 1989 S. 70; ders., Teilwertabschreibungen auf Beteiligungen an ausländischen Kapitalgesellschaften – BFH-Urteil vom 14. 3. 1989, DStZ 1990 S. 4; **Stahl,** Abzugsverbot ausschüttungsbedingter Teilwertabschreibungen auf Beteiligungen nach der Steuerreform 1990, KÖSDi 11/89 S. 7853; **Kaufmann,** Ausschüttungsbedingte Teilwertabschreibungen auf Auslandsbeteiligungen, RIW 1989 S. 806; **Müller-Dott,** Die ausschüttungsbedingte Teilwertabschreibung nach § 26 Abs. 8 KStG, GmbHR 1990 S. 269; **Dötsch,** Steueränderungsgesetz 1992 – Die Änderungen des KStG, DB 1992 S. 650; **DB,** Aktive Bruttoerträge von Basisgesellschaften, IStR 1993 S. 16; **Da,** Ausschüttungsbedingte Teilwertabschreibungen im Zusammenhang mit Gewinnverlagerungen in ein Niedrigsteuerland, IStR 1993 S. 116, ders., Keine Berücksichtigung von Gewinnminderungen im Zusammenhang mit DBA-Schachtelbeteiligungen? – Zum Begriff der ausländischen Einkünfte und zur Bedeutung des § 3c EStG, IStR 1993 S. 465; **Runge,** Teilwertabschreibungen bei ausländischen Vertriebsgesellschaften, JbFfSt 1992/1993 S. 152, ders., Ausschüttungsbedingte Teilwertabschreibung nach Gewinnkorrektur, JbFfSt 1992/1993 S. 158; **Wilke,** Ausschüttungen spanischer Tochtergesellschaften, BB 1993 S. 834; **Breuninger,** Einbringung in eine Auslands- oder Landesholding – Fusion srichtlinie – Mutter-Tochter-Richtlinie – Schachtelprivileg – Schuldzinsenabzug – ausschüttungsbedingte Teilwertabschreibung, JbFfSt 1992/1993 S. 335; **Baranowski,** Die deutsche körperschaftsteuerliche Behandlung der „avoir fiscal", IWB 1993/3 Forum 1993 S. 97; **Cattelaens,** Änderungen des Körperschaftsteuergesetzes durch das Gesetz zur Umsetzung des Föderalen Konsolidierungsprogramms und das Standortsicherungsgesetz; Wpg 1993 S. 557; **Hundt,** Standortsicherungsgesetz – Außensteuerliche Änderungen – Einfügung von § 8b KStG sowie Änderungen des § 26 KStG, des UmwStG und des AStG, DB 1993 S. 2048 und S. 2098; **Zeitler,** Die Besteuerung ausländsicher Einkünfte einer Kapitalgesellschaft bei Weiterausschüttung – Festschriftenbeitrag für Ludwig Schmidt zum 65. Geburtstag, 1993, S. 639; **Krabbe,** Betriebsausgaben im Zusammenhang mit ausländischen Schachtelbeteiligungen, DB 1994, S. 242; **Cattelaens,** Änderungen des Körperschaftsteuerrechts, insbesondere durch das Mißbrauchsbekämpfungs- und Steuerbereinigungsgesetz, Wpg 1994 S. 41.

Vgl. im übrigen die Literaturhinweise vor RZ 1640.

1.1 Übersicht über die Methoden zur Vermeidung bzw. Milderung der Doppelbesteuerung ausländischer Einkünfte

Einkünfte, die eine deutsche Körperschaft aus dem Ausland bezieht, würden ohne eine Sonderregelung sowohl im betreffenden ausländischen Staat als auch in der Bundesrepublik, also **doppelt**, einer Steuer vom Einkommen unterliegen, da sich die unbeschränkte Körperschaftsteuerpflicht gemäß § 1 Abs. 2 KStG auf alle in- und ausländischen Einkünfte erstreckt. 900

Im Regelfall greifen aber steuerliche Vorschriften ein, die eine solche doppelte Besteuerung vermeiden oder mildern. Je nachdem, ob mit dem Herkunftsland der Einkünfte ein Abkommen zur Vermeidung der Doppelbesteuerung besteht oder nicht, beruhen diese Vorschriften auf **bilateralen** (zweiseitigen, internationalen) **Verträgen** oder auf **unilateralen** (einseitigen, nationalen) **Regelungen** des deutschen Steuerrechts. Doppelbesteuerungsabkommen als internationales Recht stehen qualitativ über den nationalen Regelungen und haben daher Vorrang vor diesen.

Die wichtigsten **Entlastungsmethoden** sind

– die **Freistellungsmethode**, die nur in den Doppelbesteuerungsabkommen vorkommt. Sie stellt die ausländischen Einkünfte total von der deutschen Besteuerung frei;

– die **Anrechnungsmethode**, die sowohl im nationalen Recht als auch in den Doppelbesteuerungsabkommen vorkommt. Sie beseitigt nicht die Doppelbesteuerung, sondern mildert sie nur, indem die im Ausland gezahlte Steuer auf die deutsche Körperschaftsteuer angerechnet wird.

Zwischen diesen beiden Methoden gibt es eine Fülle von Varianten der Besteuerung ausländischer Einkünfte, wie die nachstehende Übersicht zeigt: 901

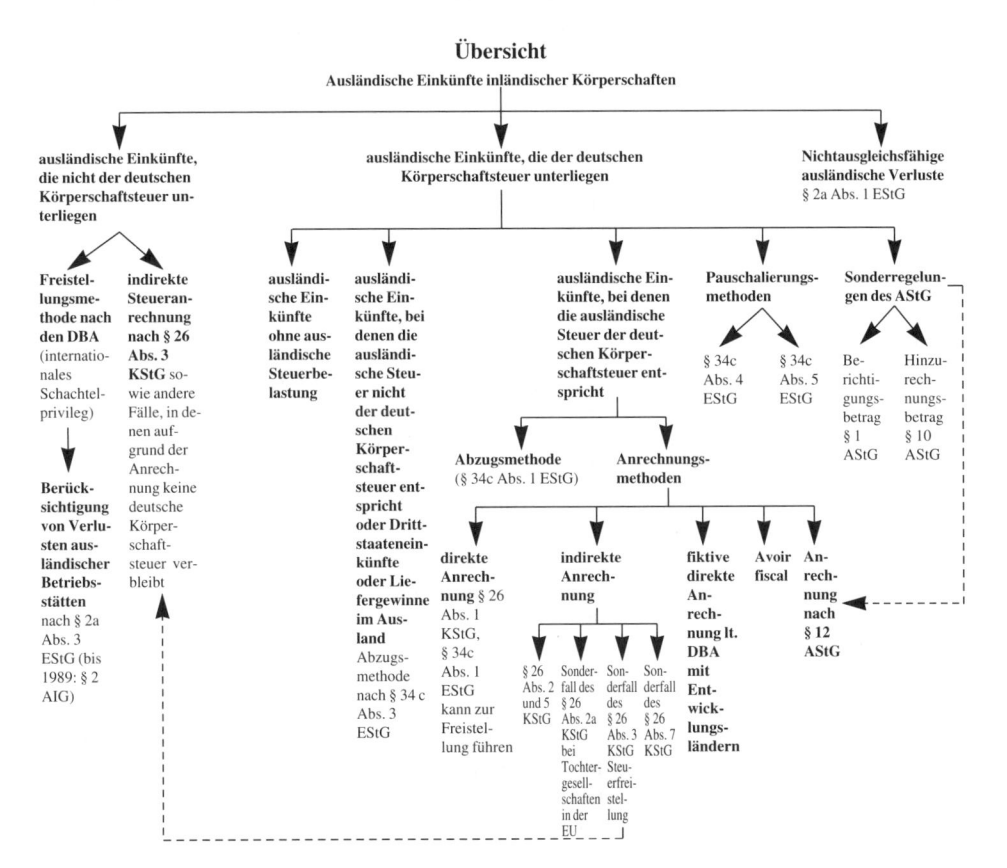

Übersicht

Ausländische Einkünfte inländischer Körperschaften

- **ausländische Einkünfte, die nicht der deutschen Körperschaftsteuer unterliegen**
  - Freistellungsmethode nach den DBA (internationales Schachtelprivileg)
    - Berücksichtigung von Verlusten ausländischer Betriebsstätten nach § 2a Abs. 3 EStG (bis 1989: § 2 AIG)
  - indirekte Steueranrechnung nach § 26 Abs. 3 KStG sowie andere Fälle, in denen aufgrund der Anrechnung keine deutsche Körperschaftsteuer verbleibt

- **ausländische Einkünfte, die der deutschen Körperschaftsteuer unterliegen**
  - ausländische Einkünfte ohne ausländische Steuerbelastung
  - ausländische Einkünfte, bei denen die ausländische Steuer nicht der deutschen Körperschaftsteuer entspricht oder Drittstaateneinkünfte oder Liefergewinne im Ausland
    - Abzugsmethode nach § 34c Abs. 3 EStG
  - ausländische Einkünfte, bei denen die ausländische Steuer der deutschen Körperschaftsteuer entspricht
    - Abzugsmethode (§ 34c Abs. 1 EStG)
      - direkte Anrechnung § 26 Abs. 1 KStG, § 34c Abs. 1 EStG
        - § 26 Abs. 2 und 5 KStG
        - Sonderfall des § 26 Abs. 2a KStG kann zur Freistellung führen bei Tochtergesellschaften in der EU
    - Anrechnungsmethoden
      - indirekte Anrechnung
        - Sonderfall des § 26 Abs. 3 KStG
        - Sonderfall des § 26 Abs. 7 KStG Steuerfreistellung
      - fiktive direkte Anrechnung lt. DBA mit Entwicklungsländern
      - Avoir fiscal
      - Anrechnung nach § 12 AStG

- **Pauschalierungsmethoden**
  - § 34c Abs. 4 EStG
  - § 34c Abs. 5 EStG

- **Nichtausgleichsfähige ausländische Verluste** § 2a Abs. 1 EStG

- **Sonderregelungen des AStG**
  - Berichtigungsbetrag § 1 AStG
  - Hinzurechnungsbetrag § 10 AStG

901 Wegen der **gliederungsmäßigen Behandlung** der Vermögensmehrungen bzw. –minderungen aus ausländischen Einkünften siehe nachstehend RZ 1640 ff.

1.2 Freistellungsmethode (internationales Schachtelprivileg)

1.2.1 Ausländische DBA-Gewinne

902 Die Freistellungsmethode wird in den Doppelbesteuerungsabkommen sowohl für Betriebstätteneinkünfte als auch für Erträge aus Schachtelbeteiligungen vereinbart. Dividenden, die eine deutsche Muttergesellschaft von ihrer ausländischen Tochtergesellschaft erhält, sind nach den Doppelbesteuerungsabkommen – in Verbindung mit § 8b Abs. 5 KStG (bis zur Änderung durch das StandOG § 26 Abs. 7 KStG) – regelmäßig von der deutschen Körperschaftsteuer freigestellt, wenn eine Beteiligung von mindestens 10 v.H. besteht (= **wesentliche Beteiligung**).

Die Freistellung nach Doppelbesteuerungsrecht bedeutet, daß die ausländischen Einkünfte nicht in die inländische Steuerbemessungsgrundlage einbezogen werden und sie damit keine inländische Körperschaftsteuer auslösen. Sie sind nur mit der jeweiligen ausländischen Steuer belastet.

1.2.2 Ausländische DBA-Verluste

903 Unterhält eine unbeschränkt steuerpflichtige Kapitalgesellschaft in einem Staat, mit dem ein Doppelbesteuerungsabkommen besteht, eine Betriebsstätte, sind die Einkünfte aus dieser ausländischen Betriebsstätte nicht der deutschen Körperschaftsteuer zu unterwerfen, wenn das Doppelbesteuerungsabkommen das Besteuerungsrecht diesem Staat zuteilt. Dementsprechend würde ein Verlust, der in einer solchen ausländischen Betriebsstätte entsteht, bei der Ermittlung des in der Bundesrepublik zu versteuernden Einkommens ebenfalls nicht berücksichtigungsfähig sein.

Das hätte zur Folge, daß ein inländisches Unternehmen mit Betriebsstätten in einem DBA-Staat hinsichtlich der Berücksichtigung von Verlusten schlechtergestellt wäre als ein Unternehmen mit Betriebsstätten in einem Nicht-DBA-Staat. Im letzteren Fall sind nämlich alle, also auch die negativen Einkünfte, die dieses Unternehmen aus der ausländischen Betriebsstätte erzielt, im Rahmen der Besteuerung des Welteinkommens in die deutsche Besteuerung einzubeziehen. Der in der ausländischen Betriebsstätte entstandene Verlust ist im Rahmen der Ermittlung des zu versteuernden Einkommens mit positiven inländischen Einkünften auszugleichen und führt im Inland zu einer niedrigeren Steuerbelastung. Dem Unternehmen mit einer Betriebsstätte in einem DBA-Staat wäre diese Möglichkeit verwehrt.

Diesen Nachteil beseitigt bis zum Jahre 1989 der § 2 des Gesetzes über steuerliche Maßnahmen bei Auslandsinvestitionen der deutschen Wirtschaft (Auslandsinvestitionsgesetz, AIG) und ab 1990 die Nachfolgeregelung in § 2a Abs. 3 EStG (die übrigen Regelungen des AIG sind in 1989 ausgelaufen). Kritisch zu diesen Regelungen äußert sich Hellwig (DB 1989 S. 1364).

Nach § 2a Abs. 3 Satz 1 EStG kann die unbeschränkt steuerpflichtige Kapitalgesellschaft **beantragen**, daß ein Verlust, der in einer ihrer Betriebsstätten in einem DBA-Staat entstanden ist, bei der Ermittlung ihres im Inland zu versteuernden Einkommens wie ein inländischer Verlust berücksichtigt wird. Unterhält sie **mehrere Betriebsstätten** in diesem ausländischen Staat, muß sie die positiven Einkünfte aus den anderen Betriebsstätten dieses Staates mit dem Verlust der einen Betriebsstätte saldieren, so daß sie in diesem Fall den Antrag nur für den nach der Saldierung verbleibenden Restbetrag des Verlustes stellen kann.

Soweit ein Verlustausgleich im Verlustentstehungsjahr nicht möglich ist, weil der **Verlust die positiven Einkommensteile übersteigt** und somit in diesem Veranlagungszeitraum **insgesamt** ein steuerlicher Verlust entsteht, ist dieser **rück- oder vorzutragen** (§ 2a Abs. 3 EStG, § 10d EStG). Ab dem Veranlagungszeitraum 1994 kann auf den Verlustrücktrag ganz oder teilweise verzichtet werden (vgl. § 10d Abs. 1 Satz 4 EStG).

Sinn des § 2a Abs. 3 EStG ist es, ein inländisches Unternehmen mit Betriebsstätten in einem **903**
DBA-Staat für den Fall des Betriebsstätten-Verlustes einem inländischen Unternehmen gleichzustellen, das Betriebsstätten in einem ausländischen Staat unterhält, mit dem kein Doppelbesteuerungsabkommen besteht.

Die Anwendung des § 2a Abs. 3 EStG soll allerdings nicht zu einer Besserstellung eines solchen **904**
Unternehmens führen. Deshalb schreibt § 2a Abs. 3 Satz 3 EStG vor, daß der im Wege des Verlustausgleichs bzw. Verlustabzugs bei der Ermittlung des inländischen Einkommens berücksichtigte ausländische Verlust **in den Folgejahren wieder** dem zu versteuernden Einkommen **hinzuzurechnen** ist, **soweit** sich in einem der folgenden Veranlagungszeiträume bei den Einkünften der in diesem ausländischen Staat belegenen Betriebsstätten insgesamt **ein positiver Betrag** ergibt und das Steuerrecht dieses ausländischen Staates allgemein den Abzug von Verlusten in einem anderen als dem Verlustentstehungsjahr – also den Verlustvortrag bzw. auch den Verlustrücktrag – ermöglicht.

Durch diese Hinzurechnung soll die Besteuerung nachgeholt werden, die bei Eintritt des Verlustes in der ausländischen Betriebsstätte auf Antrag der Kapitalgesellschaft aufgeschoben wurde, um ihr in der Verlustsituation eine Erleichterung zu verschaffen. Es gibt für diese Hinzurechnung **keine zeitliche Begrenzung**, weil die Regelungen lediglich ein **Aufschieben der Besteuerung** bewirken sollen. Die in den Gewinnjahren gezahlte **ausländische Steuer** darf **nicht** nach § 34c EStG auf die deutsche Körperschaftsteuer **angerechnet** werden.

Beispiel:

Jahr 1:

Verlust aus der ausländischen Betriebsstätte in einem DBA-Staat (nach deutschem Steuerrecht zu ermitteln)	–50 000 DM
Inländischer Gewinn	70 000 DM
Zu versteuerndes Einkommen	20 000 DM
Körperschaftsteuer 45 v.H.	9 000 DM

Jahr 2:

Inländischer Gewinn	150 000 DM
Gewinn aus der ausländischen Betriebsstätte (einschl. – nicht anzurechnender ausländischer Steuer von 20 000 DM) = 80 000 DM	
Davon sind gem. § 2a Abs. 3 EStG dem stpfl. Einkommen hinzuzurechnen	50 000 DM
Zu versteuern	200 000 DM
Körperschaftsteuer 45 v. H	90 000 DM
Bleiben somit steuerfrei nach dem DBA	30 000 DM

Wird der Antrag nach § 2a Abs. 3 EStG auf Berücksichtigung von Verlusten ausländischer **905**
Betriebsstätten in einem DBA-Staat **nicht gestellt**, verbleibt es bei der DBA-Regelung, nach der diese Einkünfte – auch wenn sie negativ sind – nicht in die deutsche Besteuerung einbezogen werden.

1.2.3 Überführung von Wirtschaftsgütern in eine ausländische Betriebsstätte in einem DBA-Staat und ihre Rückführung ins Inland

Mit Schreiben vom 12.02.1990 (BStBl I S. 72) hat das BMF zu Fragen der Einkunftsabgrenzung bei **906**
der Überführung von Wirtschaftsgütern aus dem (der Besteuerung unterliegenden) inländischen Betriebsvermögen in eine (nach DBA steuerfreie) ausländische Betriebsstätte und bei der Rücküberführung der Wirtschaftsgüter Stellung genommen. Danach ist jeweils der Fremdvergleichspreis im Zeitpunkt des Grenzübertritts festzuhalten. Das o. a. BMF-Schreiben billigt den Steuerpflichtigen ein Wahlrecht zu, den Unterschiedsbetrag zwischen dem Buchwert und dem Fremdvergleichswert

906 – sofort d. h. im Jahr des Grenzübertritts zu versteuern, oder
– erst dann zu besteuern, wenn das Wirtschaftsgut z. B. durch Veräußerung oder Entnahme (aus der ausländischen Betriebsstätte) tatsächlich das Betriebsvermögen verläßt. Zur Sicherstellung der späteren Besteuerung der ins Ausland verlagerten stillen Reserven ist in der inländischen Bilanz ein passiver bzw. ein aktiver Ausgleichsposten zu bilden.

Die Begründung für das Wahlrecht ist, daß die DBA zwar die Einkunftsabgrenzung verlangen, sich aber nicht zu dem Zeitpunkt äußern, zu dem ein Gewinn oder Verlust verwirklicht ist. Aus der Überführung von einem inländischen in ein ausländisches Betriebsvermögen jedenfalls ergibt sich keine Pflicht zur Gewinnrealisierung, weil das Wirtschaftsgut den betrieblichen Bereich nicht verlassen hat.

Wegen der Einzelheiten der Einkunftsabgrenzung vgl. die o. a. Verwaltungsregelung.

1.3 Steuerpflichtige ausländische Einkünfte, bei denen die im Ausland erhobene Steuer der deutschen Körperschaftsteuer entspricht und auf diese anzurechnen ist (Anrechnung lt. DBA, § 26 Abs. 1 bis 5 KStG, § 34c Abs. 1 EStG)

1.3.1 Grundsätzliches

907 Die Anrechnungsmethode hat in den Fällen Bedeutung, in denen die ausländischen Einkünfte nicht nach einem DBA von der deutschen Besteuerung freigestellt sind. Sie kommt in der **direkten Form** sowohl in den DBA als auch im nationalen Recht vor (§ 26 Abs. 1 KStG, § 34c Abs. 1 EStG). Daneben kennt das nationale Recht noch die **indirekte Anrechnung** (§ 26 Abs. 2 und 2a KStG) und im Verhältnis zu Beteiligungen an bestimmten Tochtergesellschaften in Entwicklungsländern die **fiktive indirekte Anrechnung** (§ 26 Abs. 3 KStG).

Die Durchführung der Anrechnungsmethode bedeutet, daß die – nach inländischem Recht ermittelten – ausländischen Einkünfte in die Bemessungsgrundlage der Körperschaftsteuer einbezogen werden, daß aber andererseits die ausländische Steuer auf die Körperschaftsteuer angerechnet wird.

908 Die **Anrechnung der ausländischen Steuer** ist sowohl bei der direkten als auch bei der indirekten Anrechnung **der Höhe nach begrenzt**. Sie ist gemäß § 34c Abs. 1 EStG höchstens bis zu dem Betrag zulässig, der der deutschen Körperschaftsteuer auf die betreffenden ausländischen Einkünfte entspricht. Die auf die ausländischen Einkünfte entfallende deutsche Körperschaftsteuer ist gemäß § 34c Abs. 1 Satz 2 EStG in der Weise zu ermitteln, daß die auf das zu versteuernde Einkommen (einschließlich der ausländischen Einkünfte) entfallende deutsche Körperschaftsteuer im **Verhältnis dieser ausländischen Einkünfte zum Gesamtbetrag der Einkünfte** aufgeteilt wird. Die Rechengröße „**Gesamtbetrag der Einkünfte**" ist in Abschnitt 26a in Verbindung mit Abschnitt 76 Abs. 1 Satz 5 KStR für die Körperschaftsteuer definiert. Es ist der Betrag, der sich ergibt, wenn man von der Summe der Einkünfte den Ausbildungsplatz-Abzugsbetrag nach § 24b EStG (in 1990 ausgelaufen), den Freibetrag bei Einkünften aus Land- und Forstwirtschaft (§ 13 Abs. 3 EStG), die nach § 34c Abs. 2 und 3 EStG abzuziehenden ausländischen Steuern sowie die Spenden und Beiträge nach § 9 Abs. 1 Nr. 2 KStG abzieht. Zu beachten ist, daß der Gesamtbetrag der Einkünfte im Sinne des § 34c Abs. 1 EStG nicht mit dem Gesamtbetrag der Einkünfte im Sinne des Abschnitt 26a KStR identisch ist. Nach Abschnitt 76 Abs. 1 Satz 5 KStR sind von der zuletzt genannten Rechengröße zusätzlich die ausländischen Einkünfte abzuziehen, die gemäß § 26 Abs. 6 KStG in Verbindung mit § 34c Abs. 5 EStG pauschal mit 25 v.H. der deutschen Körperschaftsteuer unterliegen; ebenso scheidet die Pauschalsteuer aus der Höchstbetragsberechnung nach § 34c Abs. 1 EStG aus.

909 Ausländische Steuern sind nach § 34c Abs. 1 letzter Satz EStG nur insoweit anzurechnen, als sie auf die im Veranlagungszeitraum bezogenen Einkünfte entfallen. Die Höchstbetragsberechnung nach § 34c Abs. 1 EStG ist **pro Land gesondert** durchzuführen.

§ 26 Abs. 6 Satz 2 KStG bestimmt, daß bei der Ermittlung der auf die ausländischen Einkünfte entfallenden inländischen Körperschaftsteuer die Körperschaftsteuer zugrunde zu legen ist, die sich vor Anwendung der Vorschriften über das körperschaftsteuerliche Anrechnungsverfahren ergibt, d.h. der Höchstbetrag der Anrechnung beträgt in der Regel 45 v.H. (bis 1989: 56 v.H.; von 1990 bis 1993: 50 v.H.) der zu versteuernden ausländischen Einkünfte. Bei der **direkten** Steueranrechnung kommen Anrechnungsausfälle so gut wie nicht vor. **910**

Ausländische Einkünfte im Sinne des § 34c EStG sind gemäß § 34d EStG insbesondere: **911**

1. Einkünfte aus einer im Ausland betriebenen Land- und Forstwirtschaft,
2. Einkünfte aus Gewerbebetrieb, die in einer ausländischen Betriebstätte oder durch einen ständigen ausländischen Vertreter erzielt werden,
3. Einkünfte aus selbständiger Arbeit, die im Ausland ausgeübt oder verwertet wird,
4. Einkünfte aus der Veräußerung von im Ausland gelegenen Wirtschaftsgütern und von ausländischen Beteiligungen,
5. Einkünfte aus Kapitalvermögen, aus Vermietung und Verpachtung und sonstige Einkünfte unter den Voraussetzungen des § 34d Nr. 6 bis 8 EStG.

1.3.2 Direkte Anrechnung ausländischer Steuern (§ 26 Abs. 1 KStG, § 34c Abs. 1 EStG)

Bei der direkten Steueranrechnung handelt es sich um die Anrechnung ausländischer Steuern auf die deutsche Körperschaftsteuer, zu denen die **deutsche Körperschaft** im Ausland herangezogen wurde oder die für ihre Rechnung einbehalten worden sind. Die Anrechnung setzt voraus, daß die ausländischen Steuern der deutschen Einkommen- oder Körperschaftsteuer entsprechen. Der häufigste Fall ist die **Anrechnung der ausländischen Kapitalertragsteuer**. **912**

Beispiel:

Steuerpflichtige ausländische Einkünfte		100 000 DM
Darin enthaltene anrechenbare ausländische Steuer		15 000 DM
Körperschaftsteuer 45 v.H.	45 000 DM	
– anzurechnende ausländische Steuern	–15 000 DM	
Festzusetzende Körperschaftsteuer	30 000 DM	

1.3.3 Indirekte Anrechnung ausländischer Steuern

1.3.3.1 Indirekte Anrechnung ausländischer Steuern (§ 26 Abs. 2 und 5 KStG)

Indirekte Anrechnung bedeutet, daß **neben** der ausländischen Kapitalertragsteuer, die nach § 26 Abs. 1 KStG direkt angerechnet wird, **zusätzlich die ausländische Körperschaftsteuer** der ausländischen Tochtergesellschaft indirekt auf die deutsche Körperschaftsteuer der Muttergesellschaft anzurechnen ist. **913**

Voraussetzung für die Anwendung des § 26 Abs. 2 und 5 KStG ist, daß die Muttergesellschaft eine Beteiligung von **mindestens 10 v.H.** an der ausländischen Tochtergesellschaft hält und daß die ausländische Tochtergesellschaft **Einkünfte aus aktiver** Tätigkeit erzielt.

Der Mindestbeteiligungssatz von 10 v.H. stimmt mit der Beteiligungsgrenze für die Anwendung des internationalen Schachtelprivilegs in den DBA überein, weshalb § 26 Abs. 2 und 5 KStG nur bei Staaten von praktischer Bedeutung ist, mit denen ein DBA nicht besteht oder das betreffende DBA die international übliche Freistellungsmethode noch nicht enthält. Innerhalb der Industriestaaten hat § 26 Abs. 2 und 5 KStG noch bei Österreich (bis einschließlich 1991; ab 1992 gilt auch hier die Freistellungsmethode) und der UdSSR bzw. den Nachfolgestaaten Russische Föderation sowie Weißrußland (Belarus) (vgl. BMF-Schreiben vom 30.12.1993, BStBl 1993 I S. 97; für die übrigen Nachfolgestaaten der UdSSR kommt die indirekte Anrechnung nicht in Betracht, statt der indirekten Steueranrechnung kann bis zum Inkrafttreten neuer DBA mit Wirkung ab dem Veranlagungszeitraum 1994 bei Ausschüttungen von Gewinnanteilen aus wesent-

913 lichen Beteiligungen auf Antrag die deutsche Steuer nach dem BMF-Schreiben vom 10.04.1984, BStBl 1984 I S. 252, pauschal festgesetzt werden – vgl. RZ 926 f; für einige Nachfolgestaaten gilt das Quasi-Schachtelprivileg nach § 26 Abs. 3 KStG – vgl. RZ 918 ff) Bedeutung, weil die betreffenden DBA das internationale Schachtelprivileg noch nicht enthalten.

914 **Die indirekte Steueranrechnung nach § 26 Abs. 2 und 5 KStG erfolgt ab 1994 nach folgendem Rechenschema:**

Zeile			DM
1	**a) Anzurechnende ausländische Steuer** Ausländischer Handelsbilanzgewinn		
2	+/– Bildung oder Auflösung von Rücklagen, soweit nur in der Handelsbilanz ausgewiesen		+/–
3	Berichtigter (= ausschüttbarer) Handelsbilanzgewinn		
4	Ausschüttung der ausländischen Tochtergesellschaft		
5	Von der Ausschüttung lt. Zeile 4 entfallen auf die deutsche Muttergesellschaft		
6	Zeile 5 in v. H. der Zeile 4		v. H.
7	Ausländische Körperschaftsteuer der ausländischen Tochtergesellschaft		
8	Anrechenbarer Teil der ausländischen Steuer: Betrag lt. Zeile 7 x $\dfrac{\text{Betrag lt. Z. 5}}{\text{Betrag lt. Z. 3}}$		
9	Betrag lt. Zeile 7 x v.-H.-Satz des Anteils am Nennkapital der ausländischen Tochtergesellschaft	Beteiligung in v. H.	
10	Niedrigerer Betrag lt. Zeilen 8 und 9		
11	**b) Höchstbetrag der Anrechnung** Betrag lt. Zeile 5 (nach Abzug etwaiger Betriebsausgaben im Sinne des Abschn. 76 Abs. 15 KStR)		DM
	Indirekt anzurechnende ausländische Steuer (Aufstockungsbetrag)		
12	Körperschaftsteuer 45 v. H. von Betrag lt. Zeile 11		
13	– ausländische Quellensteuer		–
14	Bei Organschaft – ausländische Quellensteuer der Organgesellschaft(en)		–
15	Verbleiben		
16	Betrag lt. Zeile 15 x ($^{100}/_{55}$)		
17	Zurechnung des niedrigeren Betrags aus Zeilen 16 oder 10 (= Aufstockungsbetrag)		+
18	Steuerpflichtige ausländische Einkünfte		
19	Körperschaftsteuer 45 v. H. des Betrags lt. Zeile 18	DM	
20	Direkte Anrechnung (Beträge lt. Zeilen 13 u. 14)		
21	Indirekte Anrechnung (Betrag lt. Zeile 17)	+	
22	Summe der anzurechnenden ausländischen Steuern	↓	–
23	Verbleibende deutsche Körperschaftsteuer		

Beispiel: 915

Sachverhalt:

Gewinn einer in Österreich ansässigen Tochtergesellschaft in 1990

(vor österreichischer Körperschaftsteuer)	2 000 000 DM
– österreichische Körperschaftsteuer	– 1 000 000 DM
Ausschüttung an die deutsche Muttergesellschaft in 1991	
(= ausschüttbarer Handelsbilanzgewinn)	1 000 000 DM
– ausländische Kapitalertragsteuer	– 240 000 DM
Netto-Ausschüttung	760 000 DM
Ausländischer Gewinnanteil	1 000 000 DM
+ Aufstockungsbetrag	+ 520 000 DM

(100/50 von 260.000 DM, das ist die ausländische Steuer, die ohne den sogenannten Aufstockungsbetrag nach der Höchstbetragsberechnung des § 34c Abs. 1 EStG neben der ausländischen Kapitalertragsteuer von 240.000 DM indirekt auf die deutsche Körperschaftsteuer von 500.000 DM angerechnet werden könnte).

Steuerpflichtige ausländische Einkünfte in 1991		1 520 000 DM
Körperschaftsteuer 50 v.H.	760 000 DM	
– direkte Anrechnung der ausländischen Kapitalertragsteuer	– 240 000 DM	
	520 000 DM	
– indirekte Anrechnung der ausländischen Körperschaftsteuer		
(Höchstbetrag gem. § 26 Abs. 2 KStG, § 34c Abs. 1 EStG)	– 520 000 DM	
Verbleibende deutsche Körperschaftsteuer	0 DM	

Der Aufstockungsbetrag kann aus der deutschen Körperschaftsteuer – bezogen auf die ausländi- 916
schen Einkünfte – nach Abzug der direkt anzurechnenden Quellensteuer errechnet werden, und zwar z.B. mit:

– 227,27 v.H. (= 100/44) der deutschen Körperschaftsteuer bei einem Steuersatz von 56 v.H.,
– 200,00 v.H. (= 100/50) der deutschen Körperschaftsteuer bei einem Steuersatz von 50 v.H.,
– 181,82 v.H. (= 100/55) der deutschen Körperschaftsteuer bei einem Steuersatz von 45 v.H.,

1.3.3.2 Indirekte Anrechnung ausländischer Steuern (§ 26 Abs. 2a KStG) – Umsetzung der Mutter-Tochter-Richtlinie

Der neue § 26 Abs. 2a KStG setzt Artikel 4 der Mutter-Tochter-Richtlinie der EG in innerstaat- 917
liches Recht um und regelt einen weiteren Fall der indirekten Anrechnung ausländischer Steuern. Die Neuregelung ist erstmals auf nach dem 31. Dezember 1991 vorgenommene Gewinnausschüttungen anzuwenden.

Nach der Mutter-Tochter-Richtlinie der EG sind Gewinnausschüttungen der in der Anlage 7 zum EStG genannten, in anderen EU-Staaten ansässigen Tochtergesellschaften an eine deutsche Muttergesellschaft entweder von der Körperschaftsteuer freigestellt oder die ausländische Steuer ist auf die deutsche Körperschaftsteuer anzurechnen. Nach den von der Bundesrepublik Deutschland abgeschlossenen Doppelbesteuerungsabkommen ist die Steuerfreistellung der Regelfall. Nur soweit eine Freistellung nicht geregelt ist, kommt die indirekte Steueranrechnung in Betracht. § 26 Abs. 2a KStG ist deshalb z.Zt. kaum von praktischer Bedeutung, sondern ist als Auffangregelung für den Fall künftiger Änderungen von Doppelbesteuerungsabkommen mit EU-Staaten zu verstehen. Die korrekte Umsetzung der Mutter-Tochter-Richtlinie der EG macht es erforderlich, in § 26 Abs. 2a KStG auf die in § 26 Abs. 2 KStG genannten einengenden Aktivitätsvoraussetzungen zu verzichten.

Im übrigen gelten die in RZ 913 bis 916 gemachten Ausführungen entsprechend.

1.3.4 Fiktive indirekte Anrechnung bei wesentlichen Beteiligungen in Entwicklungsländern (Quasi-Schachtelprivileg, § 26 Abs. 3 KStG)

918 Für Dividenden aus **wesentlichen Beteiligungen in Entwicklungsländern**, die den Anforderungen des § 26 Abs. 3 KStG entsprechen, wird kraft dieser Vorschrift fingiert, daß die anrechenbare ausländische Steuer dem Betrag an deutscher Körperschaftsteuer entspricht, der auf die Dividende entfällt (unabhängig davon, ob und in welcher Höhe tatsächlich ausländische Steuern angefallen sind).

Im Ergebnis führt § 26 Abs. 3 KStG zu einer **Freistellung** der Dividenden von der deutschen Körperschaftsteuer. Es handelt sich damit praktisch um ein Schachtelprivileg für diese Einkünfte, wenn der Gesetzgeber auch gesetzestechnisch die Freistellung in die Form der indirekten Steueranrechnung gekleidet hat. § 26 Abs. 3 KStG hat im Regelfall nur bei Einkünften aus Staaten Bedeutung, mit denen **kein DBA** besteht. Auf Grund der Beteiligungs-Mindestquote von 10 v.H. sind Einkünfte aus Entwicklungsländern, mit denen die Bundesrepublik ein DBA abgeschlossen hat, nämlich bereits nach dem internationalen Schachtelprivileg steuerfrei gestellt, so daß es dort der Regelung des § 26 Abs. 3 KStG nicht bedarf.

Die indirekte Anrechnung nach § 26 Abs. 3 KStG gilt sowohl die ausländische Körperschaftsteuer der Tochtergesellschaft als auch eine ausländische Kapitalertragsteuer zu Lasten der Muttergesellschaft ab.

919 In der Vergangenheit war der Begriff „Entwicklungsland" im EntwLStG definiert. Obwohl die Vergünstigungen des EntwLStG wegen seines Auslaufens nur noch in Ausnahmefällen in Anspruch genommen werden konnten (vgl. dazu Art. 34 Nr. 2 des Zweiten Haushaltsstrukturgesetzes vom 22. 12. 1981, BStBl 1982 I S. 235), galt § 26 Abs. 3 KStG dennoch vorerst allgemein weiter (vgl. Abschnitt 76 Abs. 17 Satz 7 KStR).

920 Im Standortsicherungsgesetz war dann mit der neuen Regelung in § 53 Abs. 1 Nr. 3 KStG eine Rechtsgrundlage zum Erlaß einer Rechtsverordnung mit Zustimmung des Bundesrates zur Festlegung des in § 26 Abs. 3 KStG verwandten Begriffs des Entwicklungslands geschaffen worden. In dem neuen § 5 KStDV, der durch die Verordnung zur Änderung der Körperschaftsteuer-Durchführungsverordnung vom 14.12.1993, BGBl I S. 2041, eingefügt worden ist, wird nunmehr der Kreis der Entwicklungsländer, auf die die sog. Quasi-Schachtelvergünstigung des § 26 Abs. 3 KStG anzuwenden ist, bestimmt. Die Aufstellung knüpft an die vom Entwicklungshilfeausschuß (Developement Assistance Committee –DAC) der Organisation für Wirtschaftliche Zusammenarbeit und Entwicklung (OECD) erstellte Liste der Entwicklungsländer zum Stand 1.1.1993 an. Abweichend hiervon wurden nur unabhängige Gebiete aufgenommen. Staaten, mit denen die Bundesrepublik Deutschland Abkommen zur Vermeidung der Doppelbesteuerung mit freistellender Schachtelvergünstigung hat, wurden ebenfalls nicht aufgenommen. Die Neuregelung gilt ab dem Veranlagungszeitraum 1994 (vgl. § 6 Abs. 2 KStDV). Damit ist klargestellt, daß die Vergünstigungen des § 26 Abs. 3 KStG unbeschränkt weitergelten.

1.3.5 Fiktive direkte Anrechnung auf Grund von Doppelbesteuerungsabkommen mit Entwicklungsländern (bei nicht wesentlichen Beteiligungen)

921 Wie bereits erwähnt, sehen nahezu alle DBA – in Verbindung mit § 8b Abs. 5 KStG (bis 1993: § 26 Abs. 7 KStG) – ab einer Beteiligung von 10 v.H. die Freistellung der aus dem Ausland bezogenen Dividenden vor. Bei einer **Beteiligung von unter 10 v.H.** werden die ausländischen Einkünfte in die deutsche Besteuerung einbezogen und die ausländische Steuer auf die Körperschaftsteuer angerechnet. Einige DBA mit Entwicklungsländern sehen bei einer niedrigeren Beteiligungsquote am Nennkapital der ausländischen Gesellschaft die Anrechnung einer **höheren** als der tatsächlich gezahlten ausländischen **Quellensteuer** auf die deutsche Körperschaftsteuer vor. Bei Lizenzgebühren gelten andere Beteiligungsgrenzen.

1.3.6 Avoir fiscal

Eine Besonderheit im Rahmen der ermäßigt besteuerten ausländischen Einkünfte stellen **Dividenden** dar, die eine – nicht wesentlich beteiligte – inländische Kapitalgesellschaft **von einer in Frankreich ansässigen Kapitalgesellschaft** bezieht. Nach Art. 20 DBA Frankreich ist nämlich eine **Steuergutschrift** (avoir fiscal) von 50 v.H. der Dividende vor Kapitalertragsteuer, die der französische Staat seinen Steuerbürgern gewährt, auch von den deutschen Steuerbehörden zu gewähren, wenn eine in der Bundesrepublik unbeschränkt steuerpflichtige Person Dividenden von einer in Frankreich ansässigen Kapitalgesellschaft bezieht. Das wird dadurch verwirklicht, daß die **Besteuerungsgrundlage zunächst um 50 v.H. erhöht** wird, auf die sich hiernach ergebende Körperschaftsteuer aber ein Betrag von 50 v.H. der Dividende **angerechnet** wird (**Bruttobesteuerung**). 922

In Betracht kommt die Anrechnung der avoir fiscal für deutsche Kapitalgesellschaften, so weit es sich dabei **nicht** um **schachtelbeteiligte Gesellschaften** handelt (ab 10 v.H. Beteiligung). Für schachtelbeteiligte Gesellschaften gilt nach Artikel 20 Abs. 1 Buchst. a) und b) aa) DBA Frankreich die Steuerfreistellung.

Dafür, daß der deutsche Fiskus über die Grenze in der Form der indirekten Anrechnung den avoir fiscal gewährt, erstattet der französische Fiskus dem deutschen einen Betrag in Höhe von 27,5 v.H. der Dividende; d. h. im Gegensatz zur Steueranrechnung bei anderen Staaten hat der deutsche Fiskus keinen Verlust des Körperschaftsteuer-Aufkommens in Höhe der Gesamtanrechnung. Vgl. zur Abwicklung des zwischenstaatlichen Finanzausgleichs das BMF-Schreiben vom 25. 3. 1988 (BStBl I S. 136).

Beispiel:

Dividenden aus Frankreich		100 000 DM
+ avoir fisal 50 v.H.		50 000 DM
Zu versteuerndes Einkommen bei Bruttobesteuerung		150 000 DM
Körperschaftsteuer 45 v.H.	67 500 DM	
– Anrechnung des avoir fiscal	– 50 000 DM	
	17 500 DM	

Vom **materiellen Gehalt** her handelt es sich bei der Anrechnung des avoir fiscal um die Anrechnung ausländischer Steuern. Wegen einer Besonderheit – der avoir fiscal kann auch über die deutsche Körperschaftsteuer hinaus angerechnet werden und dadurch zu einem **Erstattungsbetrag** führen – wurde er aber gemäß BMF-Schreiben vom 22. 10. 1970 (BStBl I S. 1000) **bis 1984 verfahrensrechtlich** dem **Steueranrechnungsverfahren** zugeordnet und technisch genauso wie eine anzurechnende inländische Kapitalertragsteuer behandelt. **Ab 1985** behandeln die amtlichen Bescheidvordrucke zur Körperschaftsteuer den avoir fiscal konsequent wie eine **anzurechnende ausländische Steuer**. Vgl. dazu auch Abschnitt 103a Abs. 1 Satz 7 KStR. 923

Statt der Bruttobesteuerung kann der deutsche Anteilseigner auch die **Nettobesteuerung** wählen, d. h. auf die Zusatz-Anrechnung des avoir fiscal verzichten und nur die Dividende ohne den Erhöhungsbetrag versteuern. 924

1.4 Abzug ausländischer Steuern von der Bemessungsgrundlage für die deutsche Körperschaftsteuer (§ 26 Abs. 6 KStG, § 34c Abs. 2 und 3 EStG)

Bei **ausländischen Steuern, die der deutschen Einkommen- oder Körperschaftsteuer entsprechen,** kann die Körperschaft **wählen**, ob sie diese nach § 26 Abs. 1 KStG i. V. mit § 34c Abs. 1 EStG auf die deutsche Steuer anrechnen oder nach § 26 Abs. 6 KStG i. V. mit § 34c Abs. 2 EStG von der Bemessungsgrundlage abziehen will. Die Abzugsmethode ist in Gewinnjahren i.d.R. ungünstiger als die Anrechnung. Im Verlustfall wird sie günstiger, weil die Anrechnungsmethode ins Leere geht, bei der Abzugsmethode aber der rück- oder vortragsfähige Verlust 925

925 erhöht wird. Wie jede andere Vergünstigung geht bei den ins Anrechnungsverfahren einbezogenen Körperschaften auch diese verloren, wenn die Körperschaft die Vollausschüttung praktiziert. Vgl. dazu nachstehend unter RZ 1024 und 1025.

Nach § 26 Abs. 6 KStG i.V. mit § 34c Abs. 3 EStG sind ebenfalls von der Bemessungsgrundlage für die deutsche Körperschaftsteuer abzuziehen:

a) eine ausländische Steuer vom Einkommen, die nicht angerechnet werden kann, weil sie **nicht** der deutschen Einkommen- oder Körperschaftsteuer entspricht,

b) eine ausländische Steuer vom Einkommen, welche nicht in dem Staat erhoben wird, aus dem die Einkünfte stammen (**Drittstaatensteuer**),

c) eine ausländische Steuer vom Einkommen auf Einkünfte, die nicht als ausländische Einkünfte anzusehen sind (namentlich ausländische Steuern auf **Liefergewinne**).

Beispiel:

Steuerpflichtige ausländische Einkünfte	100 000 DM
– darin enthaltene, nicht der deutschen Körperschaftsteuer entsprechende **ausländische Steuern** (Abzug gemäß § 34c Abs. 3 EStG)	– 20 000 DM
Zu versteuern	80 000 DM
Körperschaftsteuer 45 v.H.	36 000 DM

1.5 Pauschalierung der Körperschaftsteuer auf ausländische Einkünfte (§ 26 Abs. 6 Satz 1 KStG, § 34c Abs. 5 EStG, Pauschalierungserlaß in BStBl 1984 I S. 252)

926 Gemäß § 26 Abs. 6 Satz 1 KStG, § 34c Abs. 5 EStG i.V.m. dem sogenannten Pauschalierungserlaß kann die auf ausländische Einkünfte zu erhebende Körperschaftsteuer **aus volkswirtschaftlichen Gründen** auf Antrag mit einem **Pauschalsatz** von 25 v.H. festgesetzt werden.

Bei diesem Verfahren sind die ausländischen Einkünfte im Rahmen der unbeschränkten Steuerpflicht in die inländische Bemessungsgrundlage einzubeziehen, unterliegen dann allerdings nur einer Belastung mit inländischer Körperschaftsteuer von 25 v.H. der Bemessungsgrundlage, und zwar unabhängig von der Höhe der ausländischen Steuer. Eine Anrechnung der ausländischen Steuer entfällt.

927 Für die Nachfolgestaaten der ehemaligen UdSSR kann statt der indirekten Anrechnung bis zum Inkrafttreten neuer DBA ab dem Veranlagungszeitraum 1994 bei Ausschüttung von Gewinnanteilen aus wesentlichen Beteiligungen auf Antrag die deutsche Steuer nach dem Pauschalierungserlaß pauschal festgesetzt werden. Dabei ist es unerheblich, daß das DBA mit der UdSSR ggfs. für einige Nachfolgestatten weiter anzuwenden ist. Vgl. das BMF-Schreiben vom 30.12.1993, BStBl 1994 I S. 97, sowie RZ 913.

1.6 Ausländische Einkünfte aus dem Betrieb von Handelsschiffen im internationalen Verkehr (§ 26 Abs. 6 Satz 3 KStG, § 34c Abs. 4 EStG)

928 Wenn ein Gewerbebetrieb ausschließlich den Betrieb von Handelsschiffen im internationalen Verkehr zum Gegenstand hat, gelten 80 v.H. des Gewinns als ausländische Einkünfte i. S. des § 34c Abs. 4 EStG. Der ermäßigte Steuersatz für diese ausländischen Einkünfte beträgt gem. § 26 Abs. 6 KStG 22,5 v.H. (bis 1989: 28 v.H., von 1990 bis 1993: 25 v.H.). Die restlichen 20 v.H. des Gewinns unterliegen als inländische Einkünfte mit 45 v.H. (bis 1989: mit 56 v.H., von 1990 bis 1993: 50 v.H.) der Körperschaftsteuer.

1.7 Eingeschränkte Berücksichtigung ausländischer Verluste i. S. des § 2a Abs. 1 EStG

§ 2a Abs. 1 und 2 EStG schränkt den Verlustausgleich und den Verlustabzug für Auslandsverluste ein. Es handelt sich dabei um Verluste aus ausländischen Staaten, mit denen ein DBA nicht abgeschlossen ist oder mit denen zwar ein DBA besteht, dieses jedoch für die unter § 2a Abs. 1 EStG fallenden Einkünfte nicht die Freistellungs-, sondern die Anrechnungsmethode vorsieht. § 2a Abs. 1 EStG umschreibt in sieben Fallgruppen (bis 1991: vier Fallgruppen) die negativen ausländischen Einkünfte aus Quellen und Tätigkeiten, die nach Auffassung des Gesetzgebers in besonderem Maße „unerwünschte" Verlustzuweisungen mit sich bringen.

929

Ganz unberücksichtigt bleiben diese ausländischen Verluste jedoch nicht, weil § 2a Abs. 1 EStG einen gesonderten, auf diese Einkünfte beschränkten Verlustabzug vorsieht. Die negativen ausländischen Einkünfte dürfen danach mit ausländischen Einkünften der jeweils selben Art aus demselben Staat ausgeglichen werden. Soweit ein Ausgleich nicht möglich ist, mindern die negativen ausländischen Einkünfte die positiven ausländischen Einkünfte der jeweils selben Art, die der Steuerpflichtige in den folgenden Veranlagungszeiträumen aus demselben Staat erzielt. § 10d Abs. 3 EStG gilt sinngemäß. Bis einschließlich 1991 war der Verlustvortrag auf sieben Jahre begrenzt.

Durch eine Erweiterung der Aktivitätsklausel in § 2a Abs. 2 EStG für das Beteiligungshalten wird ab 1992 die Holdingtätigkeit nicht nur bei sogenannten Landes- und Funktionsholdings begünstigt, vorausgesetzt, die Beteiligungen bestehen an aktiv tätigen Gesellschaften. Die hiermit im Zusammenhang stehende Finanzierungstätigkeit wird ebenfalls begünstigt.

1.8 Sonderregelungen des Außensteuergesetzes

1.8.1 Berichtigung von Einkünften bei internationalen Verflechtungen (§ 1 AStG)

Internationale Konzerne gestalten ihre internen Geschäftsbeziehungen vielfach in der Weise, daß in hochbesteuernden Ländern möglichst kein oder nur ein niedriger Gewinn, in niedrigbesteuernden Ländern jedoch ein möglichst großer Teil des Gesamtkonzerngewinns entsteht. Derartige **Gewinnverlagerungen** sind zwar auch bei einem Unternehmen mit nur einer ausländischen Tochtergesellschaft möglich; die Gefahr von Verlagerungen besteht aber in erhöhtem Maße bei multinationalen Unternehmen, da deren Verhältnisse wegen der Vielzahl der beteiligten Staaten oft nur unzureichend aufgedeckt werden können.

930

Ziel des § 1 AStG ist es, solche Gewinnverlagerungen nicht anzuerkennen. Nach § 1 AStG ist der Geschäftsverkehr zwischen verbundenen Unternehmen im In- und Ausland so zu gestalten wie zwischen fremden Dritten. § 1 AStG schreibt eine **Gewinnberichtigung** bei der inländischen Gesellschaft vor, wenn z.B. durch besondere Preisgestaltungen bei Geschäftsbeziehungen mit einer „nahestehenden Person" im Ausland Bedingungen vereinbart werden, die von denen abweichen, die voneinander unabhängige Dritte unter gleichen oder ähnlichen Verhältnissen vereinbart hätten.

1.8.2 Zugriffsbesteuerung nach den §§ 7 bis 14 AStG
1.8.2.1 Hinzurechnungsbetrag

Wenn sich ein unbeschränkt Steuerpflichtiger an einer Kapitalgesellschaft beteiligt, deren Sitz und Geschäftsleitung in einem Staat liegen, mit dem die Bundesrepublik ein DBA abgeschlossen hat, steht das Recht zur Besteuerung der Kapitalgesellschaft dem ausländischen Staat zu. Der unbeschränkt steuerpflichtige Anteilseigner unterliegt im Inland nur dem von der Gesellschaft ausgeschütteten Gewinn der Einkommensbesteuerung. Diese Wirkungen haben häufig dazu geführt, daß **Kapitalgesellschaften in** sogenannten **Niedrigsteuerländern** gegründet worden sind. Damit wurde der Zweck verfolgt, im Ausland erzielte Gewinne in der ausländischen Gesellschaft zu speichern und somit der deutschen Besteuerung zu entziehen. Die §§ 7 bis 14 AStG

931

931 sollen diesen Steuerfluchtbestrebungen entgegenwirken. Danach werden **die in der ausländischen Gesellschaft erzielten Gewinne dem unbeschränkt steuerpflichtigen Anteilseigner** unter folgenden **Voraussetzungen wie eigene Einkünfte steuerlich zugerechnet:**

- Ein unbeschränkt Steuerpflichtiger
- beteiligt sich zu mehr als 50 v.H.
- an einer ausländischen Kapitalgesellschaft
- mit Sitz und Geschäftsleitung in einem Niedrigsteuerland (Steuersatz 30 v.H. oder weniger).
- Die ausländische Gesellschaft muß Einkünfte aus sogenannten passivem Erwerb haben.
- Deren Gewinn wird im Ausland thesauriert.

Die **im Ausland ansässige Kapitalgesellschaft** genießt weiterhin den Schutz des DBA. Der hinter der ausländischen Gesellschaft stehende **inländische Anteilseigner**, der formal nicht durch das DBA geschützt ist, wird jedoch so besteuert, als habe die ausländische Gesellschaft ihre Gewinne voll ausgeschüttet.

932 Die Zugriffsbesteuerung ist nicht auf Einkünfte aus Staaten beschränkt, mit denen ein **DBA** besteht. Besteht ein solches Abkommen, sind auf den Hinzurechnungsbetrag die DBA-Regelungen sinngemäß anwendbar, die anzuwenden wären, wenn der hinzugerechnete Betrag an die inländischen Anteilseigner ausgeschüttet worden wäre (§ 10 Abs. 5 AStG). Sieht das DBA für Gewinnausschüttungen die Freistellung auf Grund des internationalen Schachtelprivilegs vor, bleibt auch der Hinzurechnungsbetrag steuerfrei.

933 Der **Hinzurechnungsbetrag** ergibt sich aus den Einkünften der ausländischen Gesellschaft aus passivem Erwerb, gemindert um die ausländischen Steuern, die zu Lasten der ausländischen Gesellschaft von diesen Einkünften sowie dem diesen Einkünften zugrunde liegenden Vermögen erhoben worden sind (§ 10 Abs. 1 AStG).

Die **Einkünfte** der ausländischen Gesellschaft, die dem Hinzurechnungsbetrag zugrunde liegen, sind in entsprechender Anwendung der Vorschriften des **deutschen Steuerrechts** zu ermitteln. Für die Berechnung des Hinzurechnungsbetrages ist es unerheblich, ob die ausländische Gesellschaft in dem betreffenden Wirtschaftsjahr Gewinnanteile ausgeschüttet hat oder nicht.

934 Der **Hinzurechnungsbetrag** (eines späteren Jahres) ist, um eine zweimalige Besteuerung der von der ausländischen Gesellschaft erzielten Gewinne zu vermeiden (einmal über die Zugriffsbesteuerung und ein zweites Mal über die Besteuerung der Gewinnausschüttung), um die Gewinnanteile **zu kürzen**, die der unbeschränkt steuerpflichtige Anteilseigner in dem Wirtschaftsjahr, in dem der Hinzurechnungsbetrag anzusetzen ist, von der ausländischen Gesellschaft bezogen hat (§ 11 Abs. 1 AStG). Vgl. das Beispiel unter RZ 1662. Soweit die Gewinnausschüttung den Hinzurechnungsbetrag des späteren Jahres übersteigt, ist die Körperschaftsteuer nach § 11 Abs. 2 AStG zu erstatten.

1.8.2.2 Erstattung von Körperschaftsteuer gemäß § 11 Abs. 2 AStG

935 Soweit von der ausländischen Zwischengesellschaft die über den Hinzurechnungsbetrag bereits versteuerten Gewinne an den beherrschenden inländischen Gesellschafter **ausgeschüttet** werden, sind diese beim Empfänger zu versteuern. Während § 11 Abs. 1 AStG vorrangig eine Kürzung des Hinzurechnungsbetrags des (späteren) Ausschüttungsjahres vorschreibt, enthält § 11 Abs. 2 AStG eine Erstattungsregelung für den Fall, daß die Ausschüttung für ein Vorjahr höher ist als der Hinrechnungsbetrag für das spätere Jahr. Ohne die Bestimmung des § 11 Abs. 2 AStG würde insoweit eine Doppelbesteuerung eintreten, nämlich einmal über die Zugriffsbesteuerung nach § 10 AStG und zum anderen über die Besteuerung der ausgeschütteten Gewinne. § 11 Abs. 2 AStG soll die ursprüngliche Zugriffsbesteuerung in ihrer betragsmäßigen Auswirkung aufheben.

1.8.2.3 Besondere Anrechnung der zu Lasten der ausländischen Gesellschaft erhobenen Steuern auf die Körperschaftsteuer der deutschen Muttergesellschaft (§ 12 AStG)

Handelt es sich bei ausländischen Einkünften um der Hinzurechnungsbesteuerung unterliegende Einkünfte, kann die inländische Kapitalgesellschaft **auf Antrag** die auf den Hinzurechnungsbetrag gem. § 10 Abs. 1 AStG **entfallende ausländische Steuer der Zwischengesellschaft** nach den Regeln der direkten Anrechnung (§ 26 Abs. 1 KStG) auf ihre Körperschaftsteuer **anrechnen**. Voraussetzung für die Anrechnung ist jedoch, daß der Hinzurechnungsbetrag zuvor um die anzurechnende inländische Steuer erhöht wird (Aufstockung des Hinzurechnungsbetrages, sogenanntes **grossing-up-Verfahren**). 936

Beispiel:

Sachverhalt:

Die inländische Muttergesellschaft hat einen Steuerbilanzgewinn von 108 750 DM erzielt, der um 425 250 DM Körperschaftsteuer und um 66 000 DM Vermögensteuer gemindert worden ist.

Die ausländische Tochtergesellschaft hat im maßgebenden Wirtschaftsjahr Einkünfte aus passivem Erwerb in Höhe von 345 000 DM. Darauf entfallen zu Lasten der ausländischen Gesellschaft erhobene ausländische Steuern von 45 000 DM. Die ausländische Gesellschaft hat in dem Jahr, in dem der Hinzurechnungsbetrag bei der Muttergesellschaft anzusetzen ist, keinen Gewinn ausgeschüttet.

Einkommensermittlung und Steuerberechnung:

Steuerbilanzgewinn		108 750 DM
+ Körperschaftsteuer		+ 425 250 DM
+ Vermögensteuer		+ 66 000 DM
= Einkünfte aus eigener Tätigkeit		600 000 DM
+ Hinzurechnungsbetrag (345 000 DM ./. 45 000 DM ausländische Steuer der ausländischen Gesellschaft)		+ 300 000 DM
+ Erhöhung um die anzurechnende ausländische Steuer		+ 45 000 DM
Zu versteuern		945 000 DM
Körperschaftsteuer 45 v.H.	425 250 DM	
– Anrechnung nach § 12 AStG	– 45 000 DM	
Verbleibende Körperschaftsteuer der Muttergesellschaft	380 250 DM	

1.9 Verbot der steuerlichen Berücksichtigung ausschüttungsbedingter Teilwertabschreibungen bei Anteilen an ausländischen Gesellschaften (§ 8b Abs. 6 KStG)

Durch Art. 2 des StRefG 1990 wurde der Absatz 8 des § 26 neu in das KStG eingefügt. Es handelt sich dabei um eine dem § 50c EStG (vgl. nachstehenden Teil RZ 2020 ff nachgebildete Gesetzesvorschrift, die in Verbindung mit der parallelen Neuregelung in § 8 Nr. 10 GewStG gesehen werden muß. Im Rahmen des Standortsicherungsgesetzes ist die Vorschrift aus systematischen Gründen ab 1994 in den neuen § 8b KStG als Absatz 6 übernommen worden. Vgl. RZ 962–965. 937

Die Regelung des § 26 Abs. 8 KStG war gem. § 54 Abs. 10 KStG erstmals anzuwenden, soweit die Gewinnminderungen auf Gewinnausschüttungen nach dem 23. 6. 1988 zurückzuführen sind.

1.10 Indirekte Anrechnung ausländischer Steuern bei inländischen Betriebsstätten beschränkt steuerpflichtiger Körperschaften (§ 26 Abs. 7 KStG)

Der neue § 26 Abs. 7 KStG sieht eine indirekte Anrechnung ausländischer Körperschaftsteuern entsprechend den Regelungen in § 26 Abs. 2 oder 3 KStG für den Fall vor, daß eine inländische gewerbliche Betriebsstätte einer beschränkt steuerpflichtigen Körperschaft für an sie ausge- 938

938 schüttete Gewinnanteile einer ausländischen Tochtergesellschaft keine Steuerfreistellung nach § 8b Abs. 4 S. 1 KStG in Anspruch nehmen kann. Vgl. hierzu RZ 959.

939–
950 frei

2. Beteiligung an ausländischen Gesellschaften (§ 8b KStG)

Ausgewählte Literaturhinweise: **Saß**, Zu den außensteuerlichen Aspekten des Entwurfs für ein „Standortsicherungsgesetz", IWB 1993/3 Vorschau und Standpunkte 1993, 107; **Cattelaens**, Änderungen des Körperschaftsteuergesetzes durch das Gesetz zur Umsetzung des Föderalen Konsolidierungsprogramms und das Standortsicherungsgesetz, Wpg 1993 S. 557; **Hundt**, Standortsicherungsgesetz – Außensteuerliche Änderungen – Einfügung von § 8b KStG sowie Änderungen des § 26 KStG, des UmwStG und des AStG, DB 1993 S. 2048 und S. 2098; **Zeitler**, Die Besteuerung ausländsicher Einkünfte einer Kapitalgesellschaft bei Weiterausschüttung – Festschriftenbeitrag für Ludwig Schmidt zum 65. Geburtstag, 1993, S. 639; **Cattelaens**, Änderungen des Körperschaftsteuerrechts, insbesondere durch das Mißbrauchsbekämpfungs- und Steuerbereinigungsgesetz, Wpg 1994 S. 41; **Dörner**, Die Neuregelungen zur Besteuerung und Ausschüttung ausländischer Einkünfte einer inländischen Kapitalgesellschaft, StW 1994 S. 69; **Förster**, Steuerfreie Veräußerung von Auslandsbeteiligungen nach § 8b KStG, DB 1994 S. 385.

2.1 Allgemeines

951 Im System des körperschaftsteuerlichen Anrechnungsverfahrens bleiben Steuerbefreiungen und Steuerermäßigungen, die die Körperschaft genießt, grundsätzlich immer nur so lange wirksam, als sie die betreffenden Erträge nicht weiter ausschüttet. Bei der Weiterausschüttung tritt die Besteuerung beim Anteilseigner an die Stelle der Körperschaftsteuer der Gesellschaft; für die Höhe der Steuerbelastung ist dann ausschließlich auf die steuerlichen Verhältnisse des Anteilseigners abzustellen. Vgl. auch RZ 1024.

Als typisches Beispiel war hier in der Vergangenheit die Weiterausschüttung von steuerbefreiten Schachtelerträgen zu nennen, die eine deutsche Muttergesellschaft aus dem Ausland bezogen hat. Schüttet die ausländische Tochtergesellschaft die Dividenden an die deutsche Muttergesellschaft aus, ist bei dieser der steuerfreie Vermögenszufluß in das EK 01 einzustellen. Schüttet die deutsche Muttergesellschaft dieses EK 01 weiter an ihre Anteilseigner aus, mußte sie in der Vergangenheit die Ausschüttungsbelastung herstellen, d.h. eine Körperschaftsteuer-Erhöhung zahlen. Das Herstellen der Ausschüttungsbelastung verstieß nicht gegen die Steuerfreistellung in den Doppelbesteuerungsabkommen.

952 Der durch das Standortsicherungsgesetz eingefügte § 8b KStG regelt die Besteuerung der Beteiligung an ausländischen Gesellschaften, insbesondere die steuerliche Behandlung von Gewinnausschüttungen ausländischer Einkünfte durch inländische Tochtergesellschaften (§ 8b Abs. 1 KStG – vgl. RZ 953 ff) und von Gewinnen aus der Veräußerung einer Beteiligung an einer ausländischen Gesellschaft (§ 8b Abs. 2 und 3 KStG – vgl. RZ 957 ff) neu. Vgl. auch Abschn. 41 KStR 1995.

2.2 Gewinnausschüttungen ausländischer Einkünfte durch eine inländische Tochtergesellschaft (§ 8b Abs. 1 KStG)

953 § 8b Abs. 1 KStG gewährt **unbeschränkt steuerpflichtigen Körperschaften im Sinne des § 1 Abs. 1 Nr. 1, 2, 3 oder 6 KStG** für **Gewinnausschüttungen**, die diese von einer Tochtergesellschaft erhalten, eine **Steuerbefreiung**, soweit dabei **steuerfreie ausländische Vermögensmehrungen im Sinne des § 30 Abs. 2 Nr. 1 KStG (EK 01) ausgeschüttet** werden. Diese Vor-

schrift **verhindert** im Zusammenwirken mit der Regelung des neuen § 40 Nr. 1 KStG (vgl. RZ 1218 ff), nach der für Ausschüttungen aus dem Teilbetrag im Sinne des § 30 Abs. 2 Nr. 1 KStG (EK 01) keine Ausschüttungsbelastung mehr herzustellen ist, d.h. keine Körperschaftsteuer-Erhöhung, und der neuen Regelung in § 30 Abs. 2 Nr. 1 KStG (vgl. RZ 1367), nach der steuerfreie Einkünfte im Sinne des § 8b Abs. 1 KStG dem EK 01 zugeordnet werden, daß **bei der Weiterausschüttung steuerfreier ausländischer Einkünfte** insbesondere an eine andere zur Gliederung des verwendbaren Eigenkapitals verpflichtete Körperschaft eine „**Nachbesteuerung" durchgeführt** wird. Steuerfreie ausländische Einkünfte können zukünftig auf diese Weise ohne zusätzliche Steuerbelastung durch einen Konzern im Wege der Ausschüttung weitergereicht werden. 953

Wegen der Steuerbefreiung sind **Gewinnminderungen**, die 954

1. durch den **Ansatz des niedrigeren Teilwerts** des Anteils an der in § 8b Abs. 1 Satz 1 KStG genannten ausschüttenden Kapitalgesellschaft oder sonstigen Körperschaft oder

2. durch **Veräußerung des Anteils** oder **bei Auflösung** oder **Herabsetzung des Nennkapitals** dieser Kapitalgesellschaft oder sonstigen Körperschaft

entstehen, **bei der Gewinnermittlung nicht zu berücksichtigen**, soweit der Ansatz des niedrigeren Teilwerts oder die sonstige Gewinnminderung auf die Gewinnausschüttungen zurückzuführen ist.

§ 8b Abs. 1 S. 4 KStG sieht eine **Ausnahme** von der Steuerbefreiung für den Fall vor, daß eine nach § 5 Abs. 1 Nr. 9 KStG steuerbefreite Körperschaft, z.B. eine gemeinnützige GmbH, in ihrem wirtschaftlichen Geschäftsbetrieb Gewinnausschüttungen vereinnahmt, für die Eigenkapital im Sinne des § 30 Abs. 2 Nr. 1 KStG als verwendet gilt. 955

Die nachfolgende Übersicht veranschaulicht das Zusammenwirken der Neuregelungen: 956

956 Übersicht über die steuerliche Behandlung
von Gewinnausschüttungen ausländischer Einkünfte

	Gesetzesbestimmung
Ausschüttende Körperschaft	
– keine Körperschaftsteuererhöhung, und zwar unabhängig davon, wer Anteilseigner ist	§ 40 Nr. 1 KStG
– Kapitalertragsteuer ist einzubehalten	§ 43 Abs. 1 Nr. 1 EStG
– Bestätigung der EK 01-Verwendung in der Steuerbescheinigung	§ 44 Abs. 1 Nr. 6 KStG
Anteilseigner	
a) soweit Körperschaft i.S.v. § 1 Abs. 1 Nr. 1, 2, 3 oder 6 KStG:	
– Steuerfreistellung des Einkommens, soweit es aus EK 01-Ausschüttung stammt	§ 8b Abs. 1 KStG
– Verbot der steuerlichen Berücksichtigung ausschüttungsbedingter Gewinnminderungen	§ 8b Abs. 1 S. 3 KStG
– keine Körperschaftsteuer-Anrechnung	§ 36 Abs. 2 Nr. 3 KStG
– Kapitalertragsteuer-Anrechnung	§ 36 Abs. 2 Nr. 2 KStG
soweit zur Eigenkapitalgliederung verpflichtet:	
– Einstellung des steuerfrei gestellten Einkommens wiederum in das EK 01	§ 30 Abs. 2 Nr. 1 KStG
b) soweit unbeschränkt steuerpflichtige natürliche Person oder Körperschaft i.S.v. § 1 Abs. 1 Nr. 4 oder 5 KStG:	
– die EK 01-Ausschüttung ist steuerpflichtiger Kapitalertrag (jedoch ohne Erhöhung um ein Körperschaftsteuer-Guthaben nach § 20 Abs. 1 Nr. 3 EStG)	§ 20 Abs. 1 Nr. 1 EStG
– keine Körperschaftsteuer-Anrechnung	§ 36 Abs. 2 Nr. 3 KStG
– Kapitalertragsteuer-Anrechnung	§ 36 Abs. 2 Nr. 2 KStG
c) bei nichtanrechnungsberechtigten Anteilseignern:	
– Wegfall der Vergütung des Körperschaftsteuer-Erhöhungsbetrags für das EK 01	§ 52 KStG

2.3 Gewinn aus der Veräußerung einer Beteiligung an einer ausländischen Gesellschaft (§ 8b Abs. 2 und 3 KStG)

Desweiteren werden **Gewinne aus der Veräußerung einer Beteiligung an einer ausländischen Gesellschaft** oder bei deren **Auflösung** oder der **Herabsetzung von deren Nennkapital bei einer unbeschränkt steuerpflichtigen Körperschaft im Sinne des § 1 Abs. 1 Nr. 1, 2, 3 oder 6 KStG von der Körperschaftsteuer befreit** (§ 8b Abs. 2 KStG). Die Befreiungsvorschrift knüpft an die Schachtelvergünstigung nach den Doppelbesteuerungsabkommen und dem Körperschaftsteuergesetz an. Das gilt namentlich für die Beteiligungshöhe (mindestens 10 vom Hundert) und die Beteiligungsdauer. Eine **Ausnahme** von der Steuerbefreiung ist insoweit vorgesehen, als von dem Gewinn aus der Veräußerung der Beteiligung an der ausländischen Gesellschaft ein Betrag zu versteuern ist, der der **in den früheren Jahren steuerlich anerkannten Gewinnminderung aus Teilwertabschreibungen** auf diese Anteile abzüglich einer im Zeitpunkt der Veräußerung wieder vorgenommenen Erhöhung des Buchwerts entspricht (§ 8b Abs. 2 S. 1 KStG). Nach § 8b Abs. 2 S. 2 KStG bleibt ein Veräußerungsverlust in dem Umfang, den das geltende Recht zuläßt, abziehbar. Hängen Schachtelvergünstigungen von einer aktiven Tätigkeit der ausländischen Gesellschaft ab, gilt dies nach § 8b Abs. 2 S. 3 KStG auch für die Befreiung der Veräußerungsgewinne von der Körperschaftsteuer. Die Gesellschaft, die die Vergünstigung nach § 8b Abs. 2 KStG in Anspruch nehmen will, muß nachweisen, daß die ausländische Gesellschaft während eines Zeitraums von fünf Jahren eine aktive Tätigkeit ausgeübt hat.

957

Die nach § 8b Abs. 2 KStG steuerfreien Veräußerungsgewinne werden dem Teilbetrag im Sinne des § 30 Abs. 2 Nr. 1 KStG (EK 01) zugeordnet (vgl. RZ 1367). Sie können deshalb – wie steuerfreie ausländische Einkünfte – ohne weitere Steuerbelastung im Konzern durchgeschüttet werden (vgl. hierzu RZ 1218 ff).

Um Mißbräuche der Steuerbefreiung nach § 8b Abs. 2 KStG zu verhindern, sind in § 8b Abs. 3 KStG besondere Regelungen geschaffen worden. Eine **steuerfreie Veräußerung** einer Beteiligung an einer ausländischen Gesellschaft nach § 8b Abs. 2 KStG ist für Anteile an einer ausländischen Gesellschaft **ausgeschlossen**, die ein Einbringender nach § 20 Abs. 6 Satz 2 des Gesetzes über steuerliche Maßnahmen bei Änderung der Unternehmensform (UmStG 1977; bis 1994) bzw. § 23 Abs. 4 des Umwandlungssteuergesetzes 1995 (UmStG 1995; ab 1995) als Gegenleistung für die Einbringung von Anteilen an einer unbeschränkt steuerpflichtigen Kapitalgesellschaft oder nach § 20 Abs. 8 Satz 1, 2 oder 4 UmStG 1977 (bis 1994) bzw. § 23 Abs. 1 oder 3 UmStG 1995 (ab 1995) oder eine unbeschränkt steuerpflichtige Kapitalgesellschaft nach § 20 Abs. 6 Satz 1 oder 2 UmStG 1977 (bis 1994) bzw. § 20 Abs. 1 Satz 2 oder § 23 Abs. 4 UmStG 1995 (ab 1995) von einem Einbringenden, der mit Gewinnen aus der Veräußerung der Anteile an der ausländischen Gesellschaft oder bei deren Auflösung oder Herabsetzung von deren Nennkapital im Inland steuerpflichtig ist und nicht zu den nach Absatz 2 begünstigten Körperschaften gehört, zu einem unter dem Teilwert anzusetzenden Wert erworben hat, wenn die Veräußerung, Auflösung oder Kapitalherabsetzung innerhalb eines Zeitraums von sieben Jahren nach dem Zeitpunkt der Einbringung stattfindet. Die Mißbrauchsklausel des § 8b Abs. 3 KStG soll über die Sperrfrist von sieben Jahren eine unberechtigte Steuerersparnis als Beweggrund für bestimmte Gestaltungen ausschließen. In den Fällen, in denen eine solche Steuerersparnis nicht eintreten kann, weil vor der Einbringung z.B. kein deutsches Besteuerungsrecht hinsichtlich der Veräußerung der eingebrachten Anteile bestand, ist die Sperrfrist nicht anzuwenden (vgl. § 8b Abs. 3 Nr. 2 KStG).

958

2.4 Dividenden aus einer wesentlichen Beteiligung an einer ausländischen Gesellschaft, die zum Betriebsvermögen einer inländischen Betriebsstätte einer beschränkt steuerpflichtigen Körperschaft gehört

Nach § 8b Abs. 4 S. 1 KStG sind **Dividenden aus wesentlichen Beteiligungen an einer ausländischer Gesellschaft**, die einer **inländischen gewerblichen Betriebsstätte einer beschränkt steuerpflichtigen Körperschaft** zuzurechnen sind, von der Körperschaftsteuer be-

959

959 freit. Die Befreiung wird in dem Umfang gewährt, als dies nach den Doppelbesteuerungsabkommen in Verbindung mit § 8b Abs. 5 KStG (Beteiligungshöhe mindestens 10 v.H. – vgl. RZ 961) der Fall wäre, wenn die Dividenden an eine unbeschränkt steuerpflichtige Körperschaft ausgeschüttet worden wären. Die Steuerbefreiung greift nur ein, soweit die Voraussetzungen für Schachtelvergünstigungen nach dem Doppelbesteuerungsabkommen oder dem Körperschaftsteuergesetz vorliegen. Kann die beschränkt steuerpflichtige Körperschaft für ihre inländische Betriebsstätte die Befreiung nicht in Anspruch nehmen, wird die ausländische Körperschaftsteuer nach dem neuen § 26 Abs. 7 KStG (vgl. RZ 938) angerechnet.

960 Gewinne und Verluste einer inländischen Betriebsstätte einer ausländischen Körperschaft aus der Veräußerung eines Anteils an einer ausländischen Gesellschaft oder bei deren Auflösung oder der Herabsetzung von deren Nennkapital sind entsprechend den Regeln nach § 8b Abs. 2 und 3 KStG, die für inländische Körperschaften gelten (vgl. § 8b Abs. 4 S. 2 KStG), steuerfrei. Die Voraussetzungen des § 8b Abs. 4 S. 1 KStG müssen in diesem Fall ebenfalls erfüllt sein.

Nach § 8b Abs. 4 S. 3 KStG muß die Beteiligung der beschränkt steuerpflichtigen Betriebsstätte an der ausländischen Gesellschaft während des in § 8b Abs. 2 oder Abs. 3 S. 1 KStG vorgesehenen Zeitraums zum Vermögen der inländischen Betriebsstätte gehört haben.

2.5 Schachtelvergünstigungen bei Mindestbeteiligung von 10 vom Hundert (§ 8b Abs. 5 KStG)

961 Die Vergünstigungen nach § 8b Abs. 2 KStG, die Freistellung nach DBA sowie die indirekte Anrechnung nach § 26 Abs. 2 und 5 KStG sowie das Quasi-Schachtelprivileg nach § 26 Abs. 3 KStG setzt eine sogenannte „**Schachtelbeteiligung**" voraus, die über § 8b Abs. 5 KStG eine **Mindestbeteiligung von 10 v. H.** voraussetzt. Die Vorschrift entspricht der bis zum StandOG in § 26 Abs. 7 KStG enthaltenen Bestimmung. Vgl. RZ 902, 913, 918 sowie 921.

2.6 Verbot der steuerlichen Berücksichtigung ausschüttungsbedingter Teilwertabschreibungen bei Anteilen an ausländischen Gesellschaften (§ 8b Abs. 6 KStG)

962 Aus systematischen Gründen wurden die bisher in § 26 Abs. 8 KStG enthaltenen Bestimmungen in den neuen § 8b KStG als Absätze 6 übernommen.

963 Bei der Regelung des § 8b Abs. 6 KStG (bis 1993: § 26 Abs. 8 KStG) geht es um folgendes (vgl. auch Abschnitt 76 Abs. 33 bis 35 KStR 1990):

Hält eine inländische Kapitalgesellschaft eine wesentliche Beteiligung an einer ausländischen Kapitalgesellschaft, sind nach den meisten DBA in Verbindung mit § 8b Abs. 5 KStG (bis 1993: § 26 Abs. 7 KStG) ab einer Beteiligung von 10 v.H. die Gewinnausschüttungen der ausländischen Tochtergesellschaft an die inländische Muttergesellschaft von der deutschen Körperschaftsteuer befreit. Wird durch ein DBA eine Schachtelvergünstigung nicht gewährt oder besteht kein derartiges Abkommen, kann die inländische Muttergesellschaft für Einkünfte aus wesentlichen Beteiligungen die Vergünstigungen nach § 26 Abs. 2 oder 3 KStG in Anspruch nehmen.

Werden für Gewinnausschüttungen offene oder stille Reserven verwendet, die im Anschaffungspreis der Anteile mitbezahlt wurden, sinkt der Wert der in der Bilanz der deutschen Muttergesellschaft ausgewiesenen Beteiligung. Der Wertverlust kann, wenn dadurch der Teilwert unter den Buchwert sinkt, nach geltendem Recht im Wege einer Teilwertabschreibung auf die Beteiligung an der ausländischen Gesellschaft steuermindernd berücksichtigt werden. Ähnliche Steuerminderungen können sich bei Veräußerung der Beteiligung und bei Auflösung sowie Herabsetzung des Kapitals der ausländischen Gesellschaft ergeben.

Durch § 8b Abs. 6 KStG (bis 1993: § 26 Abs. 8 KStG) sollen diese Möglichkeiten einer Steuerminderung ausgeschlossen werden, damit nicht eine steuerbefreite oder begünstigte Dividendenausschüttung zusätzlich (mittelbar) die Steuer für die übrigen Einkünfte der Muttergesellschaft mindert. 963

Die neue Vorschrift ist bereits vor ihrer Gesetzwerdung und erst recht nachher auf **starke Kritik** gestoßen. Vgl. dazu stellvertretend Aktuelle Steuerrundschau des BDI 1988, S. 13 ff, Herzig/ Hötzel (DB 1988 S. 2265), Stahl (KÖSDI 11/89 S. 7853), Kaufmann (RIW 1989 S. 806) und Müller-Dott (StbJb 1988/89 S. 163 ff sowie in GmbHR 1990 S. 269). Einwendungen werden insbesondere aus **steuersystematischer** Sicht vorgebracht. Es wird vorgebracht, daß der BFH in ständiger Rechtsprechung (BFH-Urteil vom 25. 10. 1966, BStBl 1967 III S. 92, 94, vom 21. 4. 1971, BStBl II S. 694, Urteil vom 5. 12. 1984, BStBl 1985 II S. 311) entschieden habe, daß sich die aus § 26 KStG in Verbindung mit den DBA ergebende Steuerfreiheit nicht auf die Schachtelbeteiligung selbst, sondern nur auf die aus ihr fließenden Gewinnanteile beziehe. Da der Gewinn aus der Veräußerung bzw. der Liquidation einer ausländischen Schachtelbeteiligung in aller Regel auch bei Bestehen eines DBA im Inland steuerpflichtig sei, bestehe keinerlei Grund, einer ausschüttungsbedingten Teilwertabschreibung oder einem ausschüttungsbedingten Veräußerungsverlust auf die Schachtelbeteiligung die steuerliche Anerkennung zu versagen. 964

Gegen die Regelung wird weiter vorgebracht, sie lasse sich in dieser Form **nicht praktizieren**. Zum einen sei hier der Nachweis, daß eine Ausschüttung bezahlter Rücklagen der Auslöser für die Teilwertverringerung gewesen sei, noch weniger als bei § 50c EStG führen, weil § 8b Abs. 6 KStG (bis 1993: § 26 Abs. 8 KStG) nicht die 10-Jahres-Grenze aus § 50c EStG übernommen hat. Bei Abwicklung des Rücklagenkaufs und der Gewinnausschüttung in fremder Währung sei beim Hinzutreten von Kursschwankungen der vom Gesetz geforderte Nachweis der Ursächlichkeit der Ausschüttung für die Teilwertverringerung überhaupt nicht mehr zu erbringen. 965

2.7 Anwendungsvorschrift (§ 54 Abs. 1 und 6c KStG)

Die Vorschriften des § 8b KStG gelten grundsätzlich **ab 1994** (§ 54 Abs. 1 KStG). 966

§ 8b Abs. 1 KStG gilt erstmals 967

– für **Bezüge aus Ausschüttungen**, die auf einen den gesellschaftsrechtlichen Vorschriften entsprechenden Gewinnverteilungsbeschluß für ein abgelaufenes Wirtschaftsjahr beruhen und die in dem ersten **nach dem 31. Dezember 1993 endenden Wirtschaftsjahr** der ausschüttenden Körperschaft erfolgen,

– für **Bezüge aus anderen Ausschüttungen und sonstigen Leistungen**, die **in dem letzten vor dem 1. Januar 1994 endenden Wirtschaftsjahr** der ausschüttenden Körperschaft erfolgen.

Für die Veranlagungszeiträume 1993 und 1994 ist **weitere Voraussetzung** für die Anwendung des von § 8 b Abs. 1 KStG, daß sich die Höhe der Leistung, für die der Teilbetrag im Sinne des § 30 Abs. 2 Nr. 1 KStG (=EK 01) als verwendet gilt, aus der Steuerbescheinigung der ausschüttenden Körperschaft oder des Kreditinstituts ergibt. 968

Die Vorschrift steht im Zusammenhang mit der spiegelbildlich gefaßten Vorschrift in § 54 Abs. 10a KStG. Vgl. RZ 1124 ff. 969

3. Ausblick

970 Im Rahmen des Standortsicherungsgesetzes war u.a. die **Anrechnung ausländischer Körperschaftsteuer**, d.h. ihre vollständige bzw. teilweise Anrechnung auf die deutsche Tarifbelastung vorgesehen (vgl. hierzu Zeitler/Krebs, „Europataugliches" Anrechnungsverfahren im Standortsicherungsgesetz – Anrechnung „ausländischer Körperschaftsteuer" bei der Weiterausschüttung von Auslandserträgen, DB 1993 S. 1051 sowie Cattelaens, Standortsicherung durch Anrechnung ausländischer Körperschaftsteuer, StuW 1993 S. 249). Diese Regelungen sind im Rahmen des Vermittlungverfahrens zum Standortsicherungsgesetz gestrichen worden. Sie sollen aber in einem späteren Gesetzgebungsverfahren wieder aufgegriffen werden. Dabei soll die Anrechnung ausländischer Steuern in modifizierter Form mit dem Ziel weiterverfolgt werden, Mißbrauchsfälle zu verhindern.

971–999 frei

Teil F

Das körperschaftsteuerliche Anrechnungsverfahren

1. Wesen und Wirkungsweise

Ausgewählte Literaturhinweise: Wrede, Die Reform der Körperschaftsteuer, NSt, Schlagwort „Körperschaftsteuer, Darstellung 2"; ders., Grundüberlegungen zur Reform der Körperschaftsteuer, DStZ A 1976 S. 411; ders., Die Reform der Körperschaftsteuer, DStR 1976 S. 327; **Jünger,** Grundzüge des körperschaftsteuerlichen Anrechnungsverfahrens, DB 1974 S. 303; ders., Überblick über das Körperschaftsteuerreformgesetz in der vom Bundestag verabschiedeten Fassung, DB 1976 S. 1122; ders., Besteuerung der GmbH nach der Körperschaftsteuerreform, GmbHR 1976 S. 173; **Krebs,** Die Reform der Körperschaftsteuer, Beilage 3/1976 zu Heft 27/76 des BB; ders., Ausgewählte Problemfälle des körperschaftsteuerlichen Anrechnungsverfahrens, DB 1979 S. 1523 und 1574; **Dötsch,** Das körperschaftsteuerliche Anrechnungsverfahren, DB 1978 S. 265, 314, 361, 413, 459, 509 und 555; ders., Zur Abgabe der Körperschaftsteuer-Erklärung und der Erklärung zur gesonderten Feststellung nach § 47 KStG für 1978, DB 1979 S. 761; ders., Neue Verwaltungsanweisungen zur Eigenkapitalgliederung, DB 1980 S. 269; **Kläschen,** Das Körperschaftsteuergesetz und die Körperschaftsteuer-Richtlinien 1977 – Eine Gesamtdarstellung, DStZ A 1978 S. 459, 1979 S. 83, 179, 267 und 379; **Herzig,** Funktionsweise des körperschaftsteuerlichen Anrechnungsverfahrens auf der Gesellschaftsebene, Überblick und Analyse, FR 1976 S. 441; **Thiel,** Wegweiser durch den Irrgarten der körperschaftsteuerlichen Anrechnungsvorschriften, DB 1976 S. 1495; **Jurkat,** Das Körperschaftsteuerreformgesetz (KStG 1977), Wpg 1976 S. 513, 545; **Raupach,** Problematik des verwendbaren Eigenkapitals, Regelungsinhalte und Regelungslücken der Eigenkapitalvorschriften des KStG, StbJb 1979/80 S. 423; **Swart,** Problembereiche der Körperschaftsteuer, DB 1980 S. 1284; **Döllerer,** Die Kapitalgesellschaft und ihre Gesellschafter in der neueren Rechtsprechung des Bundesfinanzhofs, JbFStR 1980/81 S. 239; **Singbartl/Hundt/Dötsch,** Die Körperschaftsteuer – Änderungsrichtlinien 1981, DB 1982 S. 14, 65, 145; **Flockermann/Krebs/Sarrazin,** Körperschaftsteuer – Änderungsrichtlinien 1981, DStR 1982 S. 156, 187; **Dötsch,** Die Änderungen des KStG durch das StEntlG 1984, DB 1984 S. 147; ders., NSt, KSt, Darstellung 5; **Lempenau,** Verwendungsfiktion bei vGA und Vorabausschüttungen durch StEntlG 1984 rückwirkend geändert, BB 1984 S. 263; **Schad/Eversberg,** Die Körperschaftsteuer-Richtlinien 1985, Wpg 1986 S. 66 u. S 92; **Singbartl/Dötsch,** Die Körperschaftsteuer-Änderungsrichtlinien 1985, DB 1986 S. 768 u. S 828; **Herzig/Dötsch,** Gedanken zu einer erneuten Reform der KSt, Festschrift „40 Jahre DB" (1988) S. 115; **Manke,** Steuerreform und DBA, Wpg 1989 S. 70; **Jacob,** Schwerpunkte des neuen deutsch-amerikanischen DBA, IWB F. 8 Gr. 2 S. 571; **Bauer,** Steuergestaltung tut not – Ausgewählte unternehmerische Folgerungen aus dem StRefG 1990 (u. a. Wahl der Rechtsform der GmbH), StbJb 1988/89 S. 95; **Hettlage,** Die AG als Aktionär, AG 1981 S. 92; **Hennekens/May,** Als GmbH und KG an der Börse, DB 1989 S. 1709; **Dötsch/Singbartl,** Die KStÄR 1990, DB 1991 S. 355 und S. 406.

1.1 Allgemeines

Im **früheren, bis** zum Veranlagungszeitraum **1976** geltenden **Körperschaftsteuerrecht** wurden ausgeschüttete Körperschaftsgewinne sowohl auf der Ebene der ausschüttenden Gesellschaft als auch auf der Ebene des Anteilseigners – also doppelt – zu einer Steuer vom Einkommen herangezogen. Infolge eines ermäßigten Ausschüttungssteuersatzes trat lediglich eine **Milderung dieser doppelten Belastung** ein. **1000**

In dem **seit** 1.1.**1977** geltenden **Körperschaftsteuerrecht** ist diese **Doppelbelastung** bezogen auf inländische Steuern vom Einkommen **vollständig beseitigt**. Das wurde durch das **körperschaftsteuerliche Anrechnungsverfahren** erreicht. Charakteristisch am Anrechnungsverfahren ist, daß die von der Kapitalgesellschaft gezahlte Körperschaftsteuer, die auf ausgeschüttete Gewinne entfällt, auf die persönliche Einkommen- bzw. Körperschaftsteuer des Anteilseigners angerechnet wird. Das Anrechnungsverfahren beruht auf folgenden **Grundentscheidungen**: **1001**

1001
- Der Körperschaftsteuer-Satz beträgt regelmäßig 45 v.H. (bis 1989: 56 v.H., von 1990 bis 1993: 50 v.H.)
- Schüttet die Körperschaft Gewinn aus, reduziert sich die darauf lastende Körperschaftsteuer auf 30 v.H. (bis 1993: 36 v.H.; Körperschaftsteuer-Minderung = 15 v.H.; bis 1989: 20 v.H., von 1990 bis 1993: 14 v.H.)
- Diese 30 v.H. (bis 1993: 36 v.H.) werden als Steuerguthaben auf die Einkommensteuer- bzw. Körperschaftsteuerschuld des Anteilseigners angerechnet.
- Die ausschüttende Körperschaft muß eine Kapitalertragsteuer in Höhe von 25 v.H. der Gewinnausschüttung einbehalten.

1002 Wie bereits die vorstehenden Ausführungen zeigen, erfolgt die **Entlastung** des ausgeschütteten Gewinns **auf zwei Ebenen**, nämlich durch die Minderung der Körperschaftsteuer um 15 v.H. (bis 1989: 20 v.H.; von 1990 bis 1993: 14 v.H.) bei der ausschüttenden Körperschaft und daran anknüpfend durch die Anrechnung der verbleibenden Ausschüttungsbelastung (36 v.H.) auf die persönliche Einkommen- oder Körperschaftsteuerschuld beim Anteilseigner. Das Verbindungsglied zwischen diesen beiden Entlastungsebenen stellt die von der ausschüttenden Körperschaft oder von einem Kreditinstitut ausgestellte **Steuerbescheinigung** dar, ohne deren Vorlage der Anteilseigner keine Anrechnung erhält.

1003 Die Doppelbelastung wird in einem **geschlossenen System** beseitigt. Das bedeutet, daß es für das Herstellen der Ausschüttungsbelastung nicht darauf ankommt, ob die Gesellschaft laufenden oder zunächst in Rücklagen eingestellten Gewinn ausschüttet oder ob der Anteilseigner den Gewinn erst anläßlich der Liquidation erhält. Selbst wenn die Gesellschaft ihre Rücklagen zunächst in Nennkapital umwandelt und dieses später unter Auszahlung an die Anteilseigner wieder herabsetzt, ist unter den Voraussetzungen des § 29 Abs. 3 KStG und des § 41 Abs. 2 KStG die Ausschüttungsbelastung herzustellen und beim Anteilseigner die Körperschaftsteuer anzurechnen. Die Ausschüttungsbelastung ist nur dann nicht herzustellen und die Anrechnung beim Anteilseigner entfällt nur dann, wenn die Gesellschaft „echtes" Nennkapital oder das sogenannte EK 04 auskehrt (vgl. dazu nachstehend unter RZ 1228 f bzw. ab 1994 das sogenannte EK 01 ausschüttet (vgl. dazu RZ 1218 ff).

1.2 Wirkungsweise der Gliederungsrechnung

1004 Der Vierte Teil des KStG enthält die Vorschriften zum körperschaftsteuerlichen Anrechnungsverfahren. Danach wird bei der ausschüttenden Körperschaft zunächst festgestellt, wie hoch die Körperschaftsteuerbelastung des für die Ausschüttung verwendeten Eigenkapitals ist (Tarifbelastung). Daran anschließend wird die Körperschaftsteuerbelastung auf 30 v.H. (bis 1993: 36 v.H.) des ausgeschütteten Gewinns vor Abzug der Steuer (sogenannte **Ausschüttungsbelastung**) vereinheitlicht. Durch diese Vereinheitlichung der Körperschaftsteuerbelastung jeder Ausschüttung werden die Voraussetzungen dafür geschaffen, daß der Anteilseigner bei jeder Gewinnausschüttung einen festen Bruchteil der Dividende auf seine persönliche Einkommensteuer- oder Körperschaftsteuerschuld anrechnen kann. Dieser Bruchteil der anrechenbaren Körperschaftsteuer beträgt 30/70 (= 3/7; bis 1993: 36/64 = 9/16) der Dividende und entspricht der bei der Körperschaft herzustellenden Ausschüttungsbelastung. Für thesaurierte (nicht ausgeschüttete) Gewinne bleibt die Körperschaftsteuer mit 45 v.H. (bis 1989: mit 56 v.H., von 1990 bis 1993: mit 50 v.H.) – ohne Herstellung der Ausschüttungsbelastung – bestehen.

Die exakte Beseitigung der steuerlichen Doppelbelastung erforderte, daß die **Besteuerung der Körperschaft und die Besteuerung des Anteilseigners spiegelbildlich miteinander verbunden** wurden. Ohne diese Verbindung, die nur möglich war auf der Grundlage einer zusätzlichen Berechnung neben der Körperschaftsteuer-Veranlagung, nämlich der **Gliederung des** für Ausschüttungen **verwendbaren Eigenkapitals**, könnte die auf dem ausgeschütteten Gewinn lastende Körperschaftsteuer dem Anteilseigner nicht mittels der Steuerbescheinigung gutgebracht werden.

1005

Die Eigenkapitalgliederung stellt eine von der Gewinnermittlung zu unterscheidende **Sonderrechnung** dar, deren **einziges Ziel** darin besteht, die **Grundlagen für die** bei Gewinnausschüttungen erforderliche **Minderung oder Erhöhung der Körperschaftsteuer festzustellen**. In der Gliederungsrechnung wird festgestellt, wie hoch das verwendbare Eigenkapital, das für eine Ausschüttung als verwendet gilt, mit Körperschaftsteuer belastet ist. Da sich das verwendbare Eigenkapital aus unterschiedlich besteuerten Einkommensteilen sowie aus anderen Zu- und Abgängen ergibt, sind seine **Bestandteile unterschiedlich hoch** mit Körperschaftsteuer **belastet**.

1006

Die **Eigenkapitalgliederung**, deren jährliche Zu- und Abgänge zu den Teilbeträgen grundsätzlich aus der Körperschaftsteuer-Veranlagung abgeleitet werden, wird zum Schluß eines jeden Wirtschaftsjahrs **mit der Steuerbilanz verprobt**. Die steuerlichen Gewinnermittlungsvorschriften werden durch die Gliederungsrechnung nicht berührt.

Um die **Wirkungsweise der Gliederungsrechnung**, die verarbeiten muß, daß sich das verwendbare Eigenkapital jährlich um unterschiedlich mit Körperschaftsteuer belastete Zugänge aus dem Einkommen erhöht und insbesondere durch Gewinnausschüttungen verringert, verständlich zu machen, sei ein **bildlicher Vergleich** erlaubt: Der Gesetzgeber hat mit der Eigenkapitalgliederung einen Schrank gezimmert, der – verteilt in Schubladen – das gesamte für Ausschüttungen verwendbare Eigenkapital der Gesellschaft enthält. Dieser Schrank hat, wenn man von der Vereinfachung des § 32 KStG (siehe dazu nachstehend unter RZ 1471 ff absieht, so viele Schubladen, wie die Gesellschaft unterschiedlich mit Körperschaftsteuer belastete Eigenkapitalbestandteile (das sind die sogenannten Teilbeträge des verwendbaren Eigenkapitals) besitzt. Jeder neue **Eigenkapitalzugang** aus dem Einkommen wird entsprechend seiner Tarifbelastung in diese Schubladen eingeordnet. So wird z. B. ein mit 45 v.H. Körperschaftsteuer belasteter Eigenkapitalzugang dem sogenannten EK 45 zugeordnet und ein mit 30 v.H. belasteter Zugang dem EK 30.

1007

Genauso, wie die Eigenkapitalzugänge diesen Schubladen zugeordnet werden, müssen die Schubladen im Falle der **Eigenkapitalverringerung** infolge einer Ausschüttung wieder geleert werden. Hier stellt sich aber die Frage, in welcher Reihenfolge die Schubladen zu leeren sind. Diese Reihenfolge nennt § 28 Abs. 3 KStG: Zunächst ist die Schublade mit der höchsten Tarifbelastung (EK 45) zu leeren, dann die nächsthöhere (EK 30) und anschließend die Schubladen ohne Tarifbelastung in der Reihenfolge EK 01 bis EK 04. Diese Reihenfolge ist für die ausschüttende Körperschaft in aller Regel die günstigste, weil die am höchsten belasteten Teilbeträge, die das höchste Körperschaftsteuer-Guthaben tragen, am frühesten für eine Ausschüttung als verwendet gelten. Für eine **Übergangszeit**, in der neben dem EK 45 noch das vor 1990 erwirtschaftete **EK 56** (bis 1994 – vgl. § 54 Abs. 11 KStG), das von 1990 bis 1993 erwirtschaftete **EK 50** (bis 1998 – vgl. § 54 Abs. 11a KStG) und das bis 1993 erwirtschaftete **EK 36** (bis 1994 – vgl. § 54 Abs. 11b KStG) fortzuführen ist, lautet die Verwendungsreihenfolge: EK 56, EK 50, EK 45, EK 36, EK 30 und anschließend EK 01 bis EK 04.

Durch diese gesetzgeberischen Entscheidungen

– Zuordnung jedes Eigenkapitalzugangs in eine Schublade und

– Festlegung einer Reihenfolge für die Leerung dieser Schubladen,

läßt sich genau bestimmen, wie hoch jeder von der Körperschaft ausgeschüttete Betrag mit Körperschaftsteuer belastet ist (Tarifbelastung).

Zum besseren Verständnis sei noch darauf hingewiesen, daß die Aussage, wonach die Tarifbelastung exakt feststellbar und im Ausschüttungsfall auf 30 v.H. (bis 1993: auf 36 v.H.) Ausschüttungsbelastung vereinheitlicht wird, so nur für das verwendbare Eigenkapital in seiner **Gesamtheit** zutrifft. Für die einzelne Ausschüttung kann selbstverständlich nicht bestimmt werden, welcher vorangegangenen Eigenkapitalerhöhung sie entspricht und welche Tarifbela-

1008

1008 stung sie tatsächlich trägt. Hier arbeitet das KStG in § 28 mit einer **Fiktion** und weist der einzelnen Ausschüttung über die **Verwendungsreihenfolge** einen Teilbetrag des Eigenkapitals und die diesem Teilbetrag entsprechende Tarifbelastung zu.

1.3 Herstellen der Ausschüttungsbelastung

1009 Ist die Körperschaftsteuer-Belastung des ausgeschütteten Gewinns (Tarifbelastung) erst einmal bekannt, kann sie **vereinheitlicht** werden (**Herstellen der Ausschüttungsbelastung**). Sie kann dabei theoretisch auf jede gewünschte Höhe gebracht werden. Der Gesetzgeber hat sich für eine Ausschüttungsbelastung in Höhe von 30 v.H. (bis 1993: 36 v.H.) des Gewinns vor Körperschaftsteuer entschieden (§ 27 KStG). Die Ausschüttungsbelastung ist durch entsprechende Korrektur (Minderung bzw. Erhöhung) der Körperschaftsteuer herzustellen (§ 23 Abs. 5 KStG).

1010 Der Grund dafür, daß die Ausschüttungsbelastung zunächst ausgerechnet 36 v.H. betrug, lag bei der Körperschaftsteuerreform 1976 in der Beibehaltung der Kapitalertragsteuer und einer Spezialregelung in zahlreichen Doppelbesteuerungsabkommen. Danach darf die Bundesrepublik auf Gewinnausschüttungen inländischer Tochtergesellschaften an ihre ausländischen Muttergesellschaften eine Kapitalertragsteuer von mehr als 15 v.H. nur dann erheben, wenn der deutsche Körperschaftsteuersatz für ausgeschüttete Gewinne um mindestens 20 Prozentpunkte unter dem Steuersatz für einbehaltene Gewinne liegt.

Inzwischen hat diese Begründung allerdings ihre Bedeutung verloren. Schon das StRefG 1990 hatte nämlich mit Wirkung ab 1990 den Thesaurierungssteuersatz von bisher 56 v.H. auf 50 v.H. abgesenkt. Hinzu kam, daß die neueren DBA (USA, Schweiz) mit Wirkung ab 1990 eine Senkung der Kapitalertragsteuer für Ausschüttungen an ausländische Muttergesellschaften auf 10 v.H. und mit Wirkung ab 1992 eine Senkung auf 5 v.H. vorsehen. Ab Mitte 1996 fällt die Kapitalertragsteuer für Ausschüttungen an ausländische Muttergesellschaften im Bereich der Europäischen Union ganz weg. Gleichwohl hatte der Gesetzgeber die 36%ige Körperschaftsteuer-Ausschüttungsbelastung zunächst beibehalten, damit bei Gewinnausschüttungen an nichtanrechnungsberechtigte Anteilseigner eine angemessene Belastung mit deutscher Steuer verbleibt. Erst im Rahmen des Standortsicherungsgesetzes ist die Ausschüttungsbelastung – im Regelfall ab 1994 – auf 30 v.H. gesenkt worden.

1011 **Beträgt die Tarifbelastung** des ausgeschütteten Eigenkapitalteils **mehr als 30 v.H.** (bis 1993: 36 v.H.), ist die **Körperschaftsteuer** auf 30 v.H. (bis 1993: 36 v. H.) zu **mindern**. So ergibt sich bei Verwendung des mit 45 v.H. Körperschaftsteuer belasteten Teilbetrags – EK 45 – für die Ausschüttung eine **Körperschaftsteuer-Minderung** von 15 Prozentpunkten.

1012 Ist das für die Ausschüttung als verwendet geltende Eigenkapital **nicht mit Körperschaftsteuer belastet** (= EK 02 oder EK 03 ab 1994; bis 1993 EK 01, EK 02 oder EK 03), ist die Belastung durch eine entsprechende **Körperschaftsteuer-Erhöhung auf 30 v.H.** (bis 1993: 36 v.H.) hochzuschleusen.

Die **Körperschaftsteuer-Erhöhung** ist ein gesetzestechnischer Umweg. Ohne diesen Umweg könnte der Anteilseigner, wenn nichtbelastetes Eigenkapital ausgeschüttet wird, keine Steuer anrechnen, weil die Körperschaft hierauf keine Körperschaftsteuer gezahlt hätte. Der Anteilseigner müßte also bei jeder Ausschüttung nachprüfen, ob und inwieweit die Gesellschaft dafür eine Körperschaftsteuer zu zahlen hatte. Eine solche Differenzierung hinsichtlich der Anrechnung und des entsprechenden Ausweises in der Steuerbescheinigung erschien dem Gesetzgeber zu kompliziert. Der Anteilseigner soll ohne Nachprüfung für jede Ausschüttung 3/7 (bis 1993: 9/16) dieser Ausschüttung als Steuerguthaben anrechnen können. Diese Vereinfachung auf der Seite des Anteilseigners machte eine entsprechende Komplizierung bei der ausschüttenden Körperschaft erforderlich. Bei ihr muß die Körperschaftsteuer, die der Anteilseigner anrechnen darf, im Wege der Körperschaftsteuer-Erhöhung nacherhoben werden. Eine Ausnahme von dieser Regel macht ab 1994 die Ausschüttung aus dem sogenannten EK 01 (vgl. hierzu RZ 1218 ff).

> Im Regelfall, in dem für eine Ausschüttung ungemildert mit Körperschaftsteuer belastetes verwendbares Eigenkapital (**EK 45**) als verwendet gilt, ist die Ausschüttungsbelastung bei der ausschüttenden Körperschaft nach folgendem **Rechenschema** herzustellen:
>
> | | |
> |---|---:|
> | Gewinn vor Abzug der Körperschaftsteuer | 100 000 DM |
> | ./. Körperschaftsteuer 45 v.H. | − 45 000 DM |
> | Verwendbares Eigenkapital | 55 000 DM |
> | Minderung der Körperschaftsteuer bei Vollausschüttung | + 15 000 DM |
> | Ausschüttbarer Gewinn (Dividende) | 70 000 DM |
>
> Die Ausschüttung von 70 000 DM setzt sich zusammen aus
> – dem Teil, der im Fall der Thesaurierung der Tarifbelastung unterliegt (55 000 DM),
> – der durch die Ausschüttung entstandenen Körperschaftsteuer-Minderung (15 000 DM).

Dieses einfache Beispiel zeigt bereits die **Belastungsfaktoren** und die **Im-Hundert-Sätze**, die bei der Herstellung der Ausschüttungsbelastung eine so große Rolle spielen und die nachstehend bei RZ 1115 ff nochmals eingehender erläutert werden. So beträgt, bezogen auf das verwendbare Eigenkapital, die Körperschaftsteuer-Tarifbelastung 45/55 und die Körperschaftsteuer-Minderung 15/55 (= 3/11). Im Falle der Ausschüttung werden von der gesamten Körperschaftsteuer-Tarifbelastung auf der Ebene der Körperschaft bereits 15/55 = 3/11 des für die Ausschüttung verwendeten Eigenkapitals aufgehoben; die verbleibende Körperschaftsteuer-Tarifbelastung wird durch die Anrechnung beim Anteilseigner aufgehoben.

Die Verringerung der Körperschaftsteuer bei der Ausschüttung von EK 45 beruht **nicht** auf einem **ermäßigten Steuersatz**. Vielmehr stellt die Körperschaftsteuer-Änderung nach § 27 KStG verfahrensrechtlich einen **Abzug** bzw. eine **Hinzurechnung zur tariflichen Körperschaftsteuerschuld** dar. Der Gesetzgeber ist, um die im früheren (bis 1976 geltenden) Recht beim ermäßigten Steuersatz bestehenden Nachteile zu vermeiden, bei der Herstellung der Ausschüttungsbelastung den Weg gegangen, daß er bei der Minderung und Erhöhung der Körperschaftsteuer nicht nur an die **handelsrechtliche Ausschüttung** anknüpft, sondern **auch daran, wie der ausgeschüttete Gewinn mit Körperschaftsteuer belastet ist**. Die im alten Recht bestehende sogenannte **Schattenwirkung** (d. h. Erhebung einer Körperschaftsteuer auch von der Körperschaftsteuer selbst) ist dadurch beseitigt worden, daß das neue Recht an den Gewinn vor Abzug der Körperschaftsteuer anknüpft.

Für die Ausgestaltung des Gesetzes war insbesondere maßgebend, daß bereits im Zeitpunkt der Ausschüttung die Höhe der beim Anteilseigner anrechenbaren Körperschaftsteuer feststehen soll, und zwar ohne Rücksicht darauf, ob die ausschüttende Körperschaft die Belastung zutreffend ermittelt hat. Wenn sich bei der ausschüttenden Körperschaft – etwa auf Grund einer Außenprüfung durch das Finanzamt – der Gewinn und damit auch die als verwendet geltenden Teilbeträge des verwendbaren Eigenkapitals ändern, kann sich zwar eine veränderte Minderung oder Erhöhung der Körperschaftsteuer ergeben. Dies wirkt sich jedoch nur auf die Körperschaftsteuer-Schuld der ausschüttenden Körperschaft aus; auf die Höhe der anrechenbaren Körperschaftsteuer beim Anteilseigner hat es keinen Einfluß.

Das Körperschaftsteuergesetz sieht die Vereinheitlichung der Körperschaftsteuer-Belastung sowohl für den Gewinn des letzten vor der Ausschüttung abgelaufenen Wirtschaftsjahres als auch für den zunächst in Rücklagen eingestellten Gewinn vor. Beim laufenden Gewinn arbeitet der Gesetzgeber mit der Hypothese, daß dieser Gewinn – bei der Thesaurierung – zunächst dem in Betracht kommenden Steuersatz (i. d. R. 45 v.H.) unterliegt und daß die Körperschaftsteuer erst anschließend gemindert (bzw. bei unter 30 v.H. liegender Belastung erhöht) wird. Unabhängig von dieser Hypothese entsteht die Körperschaftsteuer bereits in der geminderten Höhe (§ 48 Buchstabe c KStG).

Das nachstehende Schaubild zeigt, wie das KStG die handelsrechtliche Gewinnausschüttung mit der Steuerbemessungsgrundlage bei der Kapitalgesellschaft und beim Anteilseigner verknüpft.

1017 Schaubild:

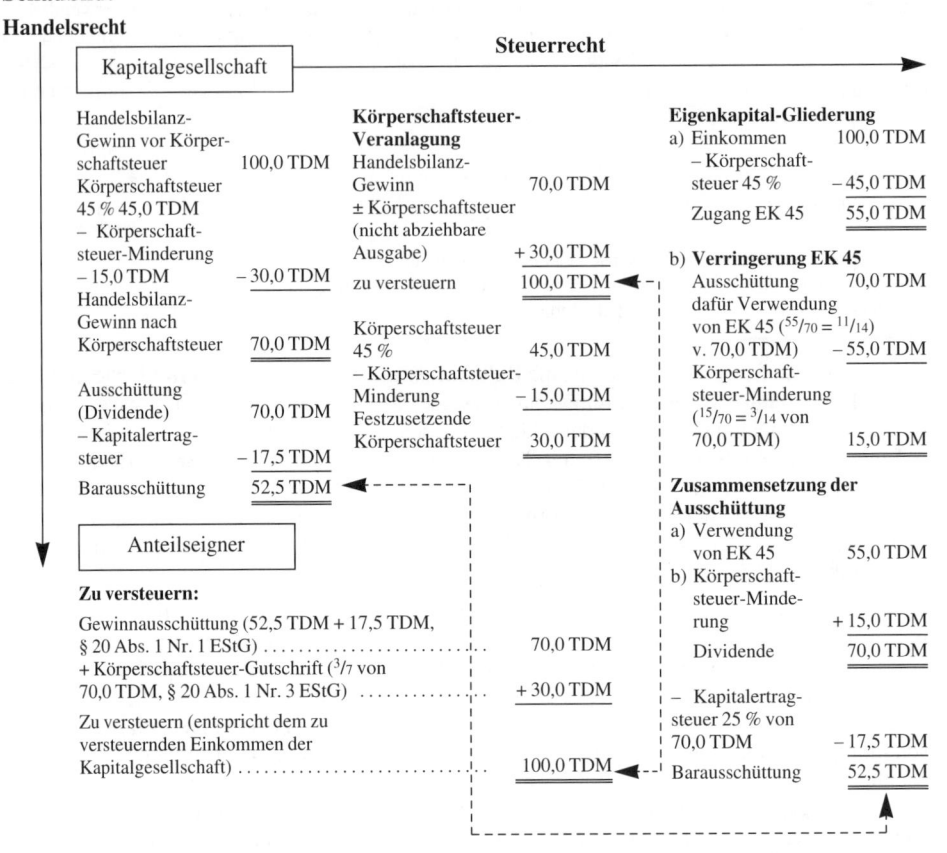

Handelsrecht	Steuerrecht	
Kapitalgesellschaft		

Handelsrecht — Kapitalgesellschaft:

Handelsbilanz-Gewinn vor Körperschaftsteuer		100,0 TDM
Körperschaftsteuer 45 %	45,0 TDM	
– Körperschaftsteuer-Minderung	– 15,0 TDM	– 30,0 TDM
Handelsbilanz-Gewinn nach Körperschaftsteuer		70,0 TDM
Ausschüttung (Dividende)		70,0 TDM
– Kapitalertragsteuer		– 17,5 TDM
Barausschüttung		52,5 TDM

Steuerrecht — Körperschaftsteuer-Veranlagung:

Handelsbilanz-Gewinn		70,0 TDM
± Körperschaftsteuer (nicht abziehbare Ausgabe)		+ 30,0 TDM
zu versteuern		100,0 TDM
Körperschaftsteuer 45 %		45,0 TDM
– Körperschaftsteuer-Minderung		– 15,0 TDM
Festzusetzende Körperschaftsteuer		30,0 TDM

Steuerrecht — Eigenkapital-Gliederung:

a) Einkommen		100,0 TDM
– Körperschaftsteuer 45 %		– 45,0 TDM
Zugang EK 45		55,0 TDM
b) **Verringerung EK 45**		
Ausschüttung		70,0 TDM
dafür Verwendung von EK 45 ($^{55}/_{70} = {}^{11}/_{14}$ v. 70,0 TDM)		– 55,0 TDM
Körperschaftsteuer-Minderung ($^{15}/_{70} = {}^3/_{14}$ von 70,0 TDM)		15,0 TDM
Zusammensetzung der Ausschüttung		
a) Verwendung von EK 45		55,0 TDM
b) Körperschaftsteuer-Minderung		+ 15,0 TDM
Dividende		70,0 TDM
– Kapitalertragsteuer 25 % von 70,0 TDM		– 17,5 TDM
Barausschüttung		52,5 TDM

Anteilseigner — Zu versteuern:

Gewinnausschüttung (52,5 TDM + 17,5 TDM, § 20 Abs. 1 Nr. 1 EStG)	70,0 TDM
+ Körperschaftsteuer-Gutschrift ($^3/_7$ von 70,0 TDM, § 20 Abs. 1 Nr. 3 EStG)	+ 30,0 TDM
Zu versteuern (entspricht dem zu versteuernden Einkommen der Kapitalgesellschaft)	100,0 TDM

1018 Nicht zur handelsrechtlichen **Dividende** gehört die beim Anteilseigner anzurechnende oder zu vergütende Körperschaftsteuer (BGH-Urteil vom 28. 6. 1982, BB 1982 S. 1878).

Wegen der Auswirkungen des Anrechnungsverfahrens auf die Bemessung der **Körperschaftsteuer-Rückstellung** vgl. nachstehend unter RZ 1232 ff.

Die auf der Grundlage der Gliederungsrechnung sich ergebende Minderung oder Erhöhung der Körperschaftsteuer wird in die Körperschaftsteuer-Veranlagung übernommen und bei der Steuerberechnung **nach** der Ermittlung der tariflichen Körperschaftsteuer-Schuld, d. h. nach Anwendung der Steuersätze auf das zu versteuernde Einkommen und nach den sonstigen Abzügen von der Steuerschuld berücksichtigt.

1.4 Anrechnung oder Vergütung beim Anteilseigner

1019 Die nach Herstellung der Ausschüttungsbelastung bei der ausschüttenden Körperschaft verbleibende Körperschaftsteuer-Belastung in Höhe von 30 v.H. (bis 1993: 36 v.H.) wird bei Vorliegen der Voraussetzungen des § 36 Abs. 2 Nr. 3 EStG auf die persönliche Einkommen- bzw. Körperschaftsteuerschuld des Anteilseigners angerechnet oder nach den §§ 36b bis 36d EStG vergütet. Die Körperschaftsteuer-Belastung auf den ausgeschütteten Gewinn wird also in vollem Umfang durch die individuelle Einkommensteuer bzw. Körperschaftsteuer des Anteilseigners ersetzt. Bezogen auf die Dividende (70), macht die Körperschaftsteuer-Anrechnung ab 1994 immer 30/70 (3/7) aus.

1019

Die **Anrechnung** der Körperschaftsteuer und der von der ausschüttenden Körperschaft einzubehaltenden Kapitalertragsteuer erfolgt beim Anteilseigner nach folgendem **Rechenschema**:

Zu versteuernde Einnahmen aus Kapitalvermögen (einschließlich der anzurechnenden Körperschaftsteuer und Kapitalertragsteuer)	100,0 TDM
Hierauf vom Anteilseigner zu zahlende Einkommensteuer (unterstellte Belastung = 40 v.H.)	40,0 TDM
– anzurechnende Körperschaftsteuer	– 30,0 TDM
– anzurechnende Kapitalertragsteuer	– 17,5 TDM
Verbleibende Einkommensteuerschuld (=Erstattungsanspruch)	– 7,5 TDM

Zur steuerlichen Behandlung des Anteilseigners siehe nachstehende RZ 1937 ff.

1.5 Steuerliche Behandlung nichtanrechnungsberechtigter Anteilseigner

1020 Nach amtlichen Schätzungen werden etwa 23 v. H. aller Anteile an deutschen Kapitalgesellschaften von ausländischen Anteilseignern gehalten. Nimmt man die Beteiligungen der inländischen, von der Körperschaft befreiten, Anteilseigner (insbesondere die Gebietskörperschaften und die steuerbefreiten inländischen Körperschaften) hinzu (ca. 26 v. H.), entfällt auf die Gruppe der nicht körperschaftsteuerpflichtigen Anteilseigner nahezu die Hälfte des deutschen Anteilsbesitzes.

Nichtanrechnungsberechtigt sind:

– ausländische Anteilseigner
– inländische juristische Personen des öffentlichen Rechts,
– inländische steuerbefreite Körperschaften. Dazu gehören insbesondere steuerbefreite juristische Personen des Privatrechts, z. B. gemeinnützige Körperschaften, Personenvereinigungen, Vermögensmassen und Stiftungen.

Wenn eine unbeschränkt steuerpflichtige Kapitalgesellschaft Gewinn ausschüttet, braucht sie bei der Herstellung der Ausschüttungsbelastung nicht danach zu unterscheiden, ob der Empfänger der Ausschüttung einkommen- bzw. körperschaftsteuerpflichtig ist oder nicht; sie hat in jedem Fall eine Körperschaftsteuer-Belastung von 30 v. H. (bis 1993: 36 v. H.) des Gewinns vor Körperschaftsteuer herbeizuführen (Ausnahme: § 40 KStG vgl. RZ 1217 ff). Eine andere Regelung wäre ohnehin nicht praktizierbar, da insbesondere Publikumsgesellschaften häufig nicht wissen, wie sich ihr Anteilseignerkreis zusammensetzt.

1021 Um zu vermeiden, daß der ausgeschüttete Gewinn im Ergebnis nur mit Kapitalertragsteuer belastet ist, enthalten das EStG (§ 50 Abs. 5 Satz 2) und das KStG (§ 51) für den genannten Personenkreis ein **Verbot der Anrechnung von Körperschaftsteuer**, d. h. die Körperschaftsteuer-Ausschüttungsbelastung von 30 v. H. bzw. (bis 1993) 36 v. H. wird definitiv. Eine Ausnahme von dem Grundsatz, daß die Körperschaftsteuer-Ausschüttungsbelastung definitiv ist, enthält nur § 52 KStG i. V. mit § 36e EStG. Danach ist, soweit für eine Ausschüttung an nichtanrechnungsberechtigte Anteilseigner die Teilbeträge des EK 03 (Altkapital) bzw. bis 1993 des EK 01 (Eigenkapitalteile aus steuerfreien ausländischen Einkünften) als verwendet gelten, der **Körperschaftsteuer-Erhöhungsbetrag** wieder an diese Anteilseigner zu **vergüten** (vgl. dazu RZ 1992 ff. Diese Vergütung soll hinsichtlich des EK 03 eine Doppelbelastung mit alter und neuer Körperschaftsteuer vermeiden. Hinsichtlich des EK 01 wurde vermieden, daß steuerfreier ausländischer Gewinn, der wieder in den steuerfreien Bereich zurückfließt, mit deutscher Körperschaftsteuer belastet wurde.

1022 Nach § 50 Abs. 1 KStG bzw. § 50 Abs. 5 EStG ist bei nichtanrechnungsberechtigten Anteilseignern die **Körperschaftsteuer bzw. Einkommensteuer mit dem Kapitalertragsteuer-Abzug abgegolten**. Damit ergibt sich für diese Ausschüttungen ab 1994 eine Definitivbelastung von maximal 47,5 v.H. (30 v.H. Körperschaftsteuer und 25 v.H. Kapitalertragsteuer auf die Aus-

1022 schüttung von 70 v.H.; bis 1993 betrug die Definitivbelastung maximal 52,0 v.H. (36 v.H. Körperschaftsteuer und 25 v.H. Kapitalertragsteuer auf die Ausschüttung von 64 v.H.)). Diese Definitivbelastung wird in vielen Fällen dadurch gemildert, daß die Kapitalertragsteuer durch Regelungen im EStG sowie in den Doppelbesteuerungsabkommen wieder ganz oder teilweise erstattet wird. Durch die Erstattung der Kapitalertragsteuer in unterschiedlicher Höhe, ergeben sich auch unterschiedliche Gesamtbelastungen mit deutscher Steuer, die aus der nachstehenden Übersicht zu ersehen sind (angenommener Sachverhalt: Gewinn vor Körperschaftsteuer 100 DM; Dividende bis 1993 64 DM bzw. ab 1994 70 DM):

Übersicht:

Rechtslage		Nichtanrechnungsberechtigte inländische Anteilseigner			Nichtanrechnungsberechtigte ausländische Anteilseigner					
		Juristische Personen des öffentlichen Rechts (insbes. Gebietskörperschaften ohne Kirchen) § 44c Abs. 2 EStG	Steuerbefreite juristische Personen des privaten Rechts (z. B. Gewerkschaften, Pensionskassen) § 44 Abs. 2 EStG	Gemeinnützige Körperschaften und Kirchen § 44c Abs. 1 EStG	Muttergesellschaften					Streubesitzer
					bei KapSt-Satz von 25 v. H.	bei KapSt-Satz von 15 v. H. (insbes. USA bis 1989)	bei KapSt-Satz von 10 v. H. (z. B. USA, Schweiz ab 1990)	bei KapSt-Satz von 5 v. H. (z. B. USA, Schweiz, Staaten der EU ab 1992)	bei KpSt-Satz von 0 v. H. (z. B. Staaten der EU ab Mitte 1996)	
		DM	DM	DM	DM	DM	DM	DM	DM	DM
bis 1993	Körperschaftsteuer der inländischen Kapitalgesellschaft	36	36	36	36	36	36	36		36
	Kapitalertragsteuer	8 (½ von 25 v. H. von 64 DM)	8 (½ von 25 v. H. von 64 DM)	0	16 (25 v. H. von 64 DM)	9,6 (15 v. H. von 64 DM)	6,4 (10 v. H. von 64 DM)	3,2 (5 v. H. von 64 DM)		9,6/16 (i. d. R. Begrenzung auf 15 v. H. durch DBA = 9,6; sonst 25 v. H. = 16)
	Gesamtbelastung mit deutscher Steuer	44	44	36	52	45,6	42,4	39,2		45,6/52
ab 1994	Körperschaftsteuer der inländischen Kapitalgesellschaft	30	30	30	30	30	30	30	30	30
	Kapitalertragsteuer	8,25 (½ von 25 v. H. von 70 DM)	8,25 (½ von 25 v. H. von 70 DM)	0	17,5 (25 v. H. von 70 DM)	10,5 (15 v. H. von 70 DM)	7 (10 v. H. von 70 DM)	3,5 (5 v. H. von 70 DM)	0	10,5/17,5 (i. d. R. Begrenzung auf 15 v. H. durch DBA = 10,5; sonst 25 v. H. = 17,5)
	Gesamtbelastung mit deutscher Steuer	38,25	38,25	30	47,5	40,5	37	33,5	30	40,5/47,5

Seit Inkrafttreten des KStG 1977 verstummen nicht die Proteste insbesondere der ausländischen **1023**
Anteilseigner, aber auch der steuerbefreiten inländischen Stiftungen, die ebenfalls in den Genuß
der Körperschaftsteuer-Anrechnung bzw. –Vergütung gelangen möchten. Vgl. dazu z. B. Ritter
(BB 1983 S. 325), der vorbringt, die Körperschaftsteuer-Reform habe insofern ihre Zielsetzungen nicht erreicht, als die Doppelbelastung mit inländischer und ausländischer Steuer nicht beseitigt worden sei. Dem ist entgegenzuhalten, daß die Körperschaftsteuer-Reform lediglich die Doppelbelastung im Verhältnis der Körperschaft zum Anteilseigner beseitigen wollte, nicht aber eine eventuelle Doppelbelastung im Verhältnis Inland zum Ausland.

Letzten Endes ist die von den Ausländern angeprangerte steuerliche Belastung nicht eine Folge des deutschen Steuerrechts, sondern eine Folge davon, daß die Steuersysteme ihres Wohnsitzstaates und des Betriebsstättenstaates nicht aufeinander abgestimmt sind. Hinzu kommt, daß ein Belastungsvergleich zwischen auslandsbeherrschten und inlandsbeherrschten Unternehmen häufig bereits deshalb „hinkt", weil auslandsbeherrschte Unternehmen im Regelfall die Vollausschüttung praktizieren, inlandsbeherrschte Unternehmen dagegen im Regelfall aus kapitalmarktpolitischen Gründen eine starke Thesaurierungstendenz haben (so auch Brezing, StbJb 1981/82 S. 393, 406).

Im Rahmen des Standortsicherungsgesetzes ist diese Kritik erstmals vom Gesetzgeber aufgegriffen worden. Durch eine **Anrechnung ausländischer Körperschaftsteuer** sollte die Doppelbelastung mit inländischer und ausländischer Körperschaftsteuer ganz oder teilweise vermieden werden. Die Regelungen sind im Vermittlungsverfahren zum Standortsicherungsgesetz gestrichen worden. Vgl. hierzu auch RZ 970.

1.6 Keine Durchleitung von Steuerfreiheit und Steuerermäßigungen an den Anteilseigner

Die gesetzgeberische Entscheidung, wonach die Kapitalgesellschaft und ihre Anteilseigner als **1024**
voneinander unabhängige Steuersubjekte anzusehen sind, also ein steuerlicher „**Durchgriff**" **durch die** zivilrechtlich vorgeschaltete **juristische Person unzulässig** ist, schließt es aus, daß Tatsachen, durch welche bei der Kapitalgesellschaft die Höhe der Körperschaftsteuer gemindert wird, auch bei der Besteuerung des Anteilseigners so zu berücksichtigen sind, als gäbe es die Kapitalgesellschaft nicht. Das bedeutet, daß die Gewinnausschüttung beim Anteilseigner unabhängig davon der Einkommensteuer oder Körperschaftsteuer nach den für ihn maßgeblichen tariflichen Bestimmungen unterliegt, ob der ausgeschüttete Einkommensteil bei der Kapitalgesellschaft steuerfrei war oder aufgrund einer Steuerermäßigung bei ihr nicht der vollen Tarifbelastung unterlegen hat. M. a. W.: **Jede Steuerfreiheit und jede Steuerermäßigung ist bei der Kapitalgesellschaft nur solange von Bedeutung, als sie den betreffenden Einkommensteil thesauriert.** Diese Wirkung ist systemgerecht. Vgl. dazu im einzelnen Dötsch (in Festschrift „40 Jahre DB" – 1988 – S. 115, 127).

Hat die Kapitalgesellschaft z. B. **steuerfreie** Inlandsgewinne erzielt, waren diese beim Zufluß in den Teilbetrag EK 02 einzustellen. Wird dieses EK 02 später an die Anteilseigner der Kapitalgesellschaft weiterausgeschüttet, geht die auf der Ebene der Kapitalgesellschaft vorhandene Steuerfreiheit verloren. Die Kapitalgesellschaft hat die Ausschüttungsbelastung (hier Körperschaftsteuer-Erhöhung) herzustellen; die Anteilseigner haben die Ausschüttung als Kapitalertrag zu versteuern.

Werden Einkommensteile weiterausgeschüttet, die bei der Kapitalgesellschaft einer **Steuerermäßigung** unterlegen haben, wird wegen der einheitlichen Ausschüttungsbelastung von 30 v.H. (bis 1993: 36 v.H.) bei der Kapitalgesellschaft und der ungemilderten Besteuerung beim Anteilseigner auch dieser Vorteil im wirtschaftlichen Ergebnis rückgängig gemacht.

In dem hier besprochenen Punkt hat der Gesetzgeber bewußt für die Körperschaften eine andere Behandlung als für die Personengesellschaften vorgesehen. Bei den Personengesellschaften

1024 bleibt, weil eine Besteuerung der erzielten Einkünfte erst bei den Mitunternehmern eintritt, jede Steuerfreiheit und Steuerermäßigung für den Mitunternehmer voll erhalten.

1025 Das Körperschaftsteuerrecht kannte **zunächst nur zwei Ausnahmen** von dem Grundsatz, daß im Ausschüttungsfall jede Steuerfreiheit und jede Steuerermäßigung verloren geht. Das ist – bis einschließlich 1994 – insbesondere die **Berlinpräferenz** nach § 21 Abs. 2 Satz 1 bzw. Abs. 3 Satz 1 BerlinFG. Diese Steuerermäßigung wird wegen ihrer besonderen gliederungsmäßigen Behandlung (§ 27 BerlinFG) ungemindert an den Anteilseigner weitergegeben. Vgl. hierzu im einzelnen unter RZ 1479 ff und unter RZ 1500 ff. Als zweite Ausnahme läßt sich die **Regelung in den §§ 38 ff KAGG** anführen (Herstellen der Ausschüttungsbelastung bei Kapitalanlagegesellschaften).

1026 **Seit 1994** wird auch bei der **Ausschüttung steuerfreier Auslandsgewinne von** diesem **Grundsatz abgewichen.** Vgl hierzu im einzelnen RZ 951 ff.

2. Nebeneinander von Körperschaftsteuer-Veranlagung und Eigenkapitalgliederung; Verfahrensfragen

Ausgewählte Literaturhinweise: Rader, Zur Beschwerde bei außergerichtlichen Rechtsbehelfen gegen körperschaftsteuerliche Nullbescheide nach Inkrafttreten des KStG 1977, BB 1977 S. 1141; **Kläschen,** Das Körperschaftsteuergesetz und die Körperschaftsteuer-Richtlinien 1977 – Eine Gesamtdarstellung, DStZA 1979 S. 379, 384; **Dötsch,** Verfahrensfragen im Zusammenhang mit dem neuen Körperschaftsteuerrecht, DB 1980 S. 1186; **Ruppel,** Die verfahrensrechtliche Realisierung der ausschüttungsbedingten KSt-Änderung, FR 1982 S. 559; **Schlarb,** Die verfahrensrechtliche Einordnung der ausschüttungsbedingten KSt-Minderung oder –Erhöhung, DB 1983 S. 2000; **Ahmann,** Beschränkung des Verlustvor- und –rücktrags seit dem 1. 1. 1977?, DStR 1986 S. 815; **Ludicke,** Gesonderte Feststellung des „Einkommens i.S. des § 47 Abs. 2 KStG" – Ist die Anordnung im Abschn. 103a Abs. 1 Satz 4 KStR rechtswidrig? FR 1988 S. 41; **Herzig/Dötsch,** Gedanken zu einer erneuten Reform der KSt, Festschrift 40 Jahre DB (1988) S. 115, 132; **Dötsch,** Der Körperschaftsteuerbescheid als Grundlagenbescheid – Die Situation nach dem BFH-Urteilen vom 9. 12. 1987, DB 1988 S. 1516; **Klein,** Die gesonderte Feststellung von Besteuerungsgrundlagen gem. § 47 KStG, NWB Fach 4 S. 3573; **Schirmer,** Ist ein zusätzlicher Feststellungsbescheid im KStG erforderlich? Anmerkung zu einer möglichen Verfahrenslücke, StW 1988 S. 209; **Meyer,** Die gesonderte Feststellung vortragsfähiger verluste gem. § 10d Abs. 3 EStG i.d.F. des StRefG 1990, DStR 1989, S. 191 und S. 238; **Widmann,** KSt-Anrechnung und Verfahresnrecht, FR 1989 S. 224; **Wassermeyer,** Aktuelle Rechtsprechung des BFH zum KSt-Recht, Teil III-VEK-Gliederung, StbJb 1988/89 S. 232, 241; **Singbartl/Dötsch/Hundt,** Die Änderungen des KStG durch das StRefG 1990, DB 1988 S. 1767; **Bahlau,** Der Verlustabzug nach dem StRefG 1990, FR 1988 S. 565; **wfr,** Der Einkommensbegriff des § 47 Abs. 2 Satz 1 KStG, DB 1991 S. 1907; **Dötsch,** Die Änderungen des KStG durch das StÄndG 1992, DB 1992 S. 650.

2.1 Grundsätzliches

1027 Es wurde bereits erwähnt, daß bei den ins Anrechnungsverfahren einbezogenen Körperschaften zusätzlich zur Körperschaftsteuer-Veranlagung die gesonderte Feststellung von Teilbeträgen des verwendbaren Eigenkapitals (Gliederungsrechnung) durchzuführen ist. Demgemäß haben diese Körperschaften neben der Körperschaftsteuer-Erklärung zusätzlich eine Erklärung zur gesonderten Feststellung von Besteuerungsgrundlagen gemäß § 47 KStG beim Finanzamt einzureichen.

1028 Das **Schaubild** in RZ 1030, das dem Aufbau der amtlichen Erklärungsvordrucke entspricht, zeigt, welche **Besteuerungsgrundlagen** in welchem der beiden Verfahren eine Rolle spielen und wie die Körperschaftsteuer-Veranlagung und die Gliederung des verwendbaren Eigenkapitals miteinander verbunden sind. Weiter ist aus diesem Schaubild die **zeitliche Verschiebung** ersichtlich, die zwischen Körperschaftsteuer-Veranlagung und Gliederungsrechnung hinsichtlich der Minderung und Erhöhung der Körperschaftsteuer besteht.

Einer der Gründe, warum der Vierte Teil des KStG, der die Vorschriften über das körperschaftsteuerliche Anrechnungsverfahren enthält, so schwer zu verstehen ist, ist der, daß dieser Teil des KStG – ohne daß dies dem Leser bereits auf den ersten Blick klar wird – **Vorschriften zu zwei abgabenrechtlich getrennten Verfahren** enthält, nämlich zur Körperschaftsteuer-Veranlagung einerseits und zur Gliederung des verwendbaren Eigenkapitals andererseits. Wie aus dem nachstehenden Schaubild zu ersehen ist, ist die Minderung oder Erhöhung der Körperschaftsteuer Teil des Veranlagungsverfahrens. Dementsprechend sind die Vorschriften der §§ 27, 40 und 42 KStG dem Veranlagungsverfahren, die Vorschriften der §§ 29 bis 38 KStG hingegen dem Gliederungsverfahren zuzuordnen. Die Regelungen der §§ 28, 41 und 43 KStG betreffen beide Verfahren. Die Gliederungsrechnung hat nur die Aufgabe, die Grundlagen festzustellen, die für das Errechnen der Minderung oder Erhöhung der Körperschaftsteuer notwendig sind.

1029

1030 **Schaubild**

(unterstellt: Wirtschaftsjahr = Kalenderjahr)

Veranlagung zur Körperschaftsteuer

Gesonderte Feststellung nach § 47 KStG
Unterscheidung zwischen

ungemildert belastetem Teilbetrag – EK 45 – (bis 1994: zusätzlich EK 56; bis 1998: zusätzlich EK 50	ermäßigt mit 30 v. H. belastetem Teilbetrag – EK 30 –	nicht mit KSt belasteten Teilbeträgen – EK 01 bis EK 04 –

Veranlagung zur Körperschaftsteuer für den Veranlagungszeitraum 01

Gliederungsrechnung 01
1. **Gliederung des vEK** zum 31. 12. 01

2. **Nur nachrichtlich**
Verringerung des vEK im folgenden Wj. 02 auf Grund der in 02 vorgenommenen **oGA** für das Wj. 01 sowie der in 01 vorgenommenen **sonstigen** Ausschüttungen (insbes. vGA)

Minderung oder Erhöhung der Körperschaftsteuer daraus

Veranlagung zur Körperschaftsteuer für den Veranlagungszeitraum 02

1. Ermittlung des zu versteuernden Einkommens
2. a) Zu versteuerndes Einkommen
   b) x Steuersätze nach § 23 KStG
   c) = Körperschaftsteuer
3. Ermäßigung der Körperschaftsteuer durch Abzug von der Steuerschuld, z. B.
   – Anrechnung ausländischer Steuern,
   – Ermäßigungen nach den §§ 16, 17, 21 BerlinFG
4. = Tarifliche Körperschaftsteuer-Schuld
5. ± **Änderung der KSt durch**
   a) Minderung gem. § 27 KStG
   b) Erhöhung gem. § 27 KStG
6. Festzusetzende Körperschaftsteuer
7. = Anzurechnende Körperschaftsteuer/Kapitalsteuer/Zinsabschlagsteuer
8. = Verbleibende Körperschaftsteuer-Schuld

Gliederungsrechnung 02
1. **Gliederung des vEK** zum 31. 12. 02

a) Anfangsbestände des vEK

b) Verringerung des vEK auf Grund von im lfd. Wj. 02 vorgenommenen **oGA** für das vorangegangene Wj. 01 sowie der in 01 vorgenommenen **sonstigen** Ausschüttungen (insbes. vGA) (Übernahme der EK-Verringerung aus dem nachrichtlichen Teil der Vorjahresgliederung)

c) + Zugänge aus dem Einkommen, aus steuerfreien Vermögensmehrungen usw. (nach Abzug der bei der Einkommensermittlung nabzb. Ausgaben, u. a. der Körperschaftsteuer und VSt)
Zuordnung der Zugänge zu den Teilbeträgen des vEK entsprechend ihrer Tarifbelastung

d) ± sonstige Zu- und Abgänge zum vEK

e) ± sonstige Zu- und Abgänge zum vEK

2. **Nur nachrichtlich:**
Verringerung des vEK im folgenden Wj. 03 auf Grund der dann vorgenommenen oGA für das Wj. 02 sowie der in 02 vorgenommenen **sonstigen** Ausschüttungen (insbes. vGA)

Minderung oder Erhöhung der Körperschaftsteuer daraus

An dieser Stelle müssen wir einen vergleichenden Blick auf die **amtlichen Erklärungsvor-** 1031
drucke werfen. Es fällt auf, daß der Körperschaftsteuer-Erklärungsvordruck, in den nach dem
vorstehend Gesagten die Körperschaft-Änderung hineingehörte, lediglich die Endbeträge der
Minderung und Erhöhung der Körperschaftsteuer abfragt, die eigentliche Berechnung der Körperschaftsteuer-Änderung jedoch in den Gliederungsvordrucken erfolgt (vgl. insbesondere den
„Nachrichtlichen Teil" der Gliederungsvordrucke). Diese Anordnung in den Formularen steht
der verfahrensrechtlichen Einordnung der Körperschaftsteuer-Änderung jedoch nicht entgegen,
denn die Minderung und Erhöhung der Körperschaftsteuer wird nicht Teil der formellen Feststellung der Teilbeträge. Sie ergibt sich vielmehr in der Gliederungsrechnung quasi als „Abfallprodukt" und ist in den Vordrucken über die Gliederung, die die für die Ermittlung der Körperschaftsteuer-Minderung und –Erhöhung notwendigen Rechengänge ohnehin enthalten müssen,
mit viel weniger Aufwand darzustellen, als wenn die dazu erforderlichen Rechengänge
nochmals in den Körperschaftsteuer-Erklärungsvordruck übernommen würden.

2.2 Gesonderte Feststellung von Besteuerungsgrundlagen (§ 47 KStG)

Ausgewählte Literaturhinweise: Rader, Zur Beschwerde bei außergerichtlichen Rechtsbehelfen gegen
kstliche Nullbescheide nach Inkrafttreten des KStG 1977, BB 1977 S. 1141; **Kröller,** Beschwer bei außergerichtlichen Rechtsbehelfen gegen kstliche Nullbescheide nach Inkrafttreten des KStG 1977, BB 1980
S. 934; **Dötsch,** Verfahrensfragen im Zusammenhang mit dem neuen KSt-Recht, DB 1980 S. 1186; **Ruppel,**
Die verfahrensrechtliche Realisierung der ausschüttungsbedingten KSt-Änderung, FR 1982 S. 559;
Schlarb, Die verfahrensrechtliche Einordnung der ausschüttungsbedingten KSt-Minderung oder -Erhöhung, DB 1983 S. 2000; **Ahmann,** Beschränkung der Verlustvor- und –rücktags bei Kapitalgesellschaften seit dem 1.1.1977?, DStR 1986 S. 815; **Lüdicke,** Gesonderte Feststellung des „Einkommens i. S. des
§ 47 Abs. 2 KStG" – Ist die Anordnung in Abschnitt 103a Abs. 1 Satz 4 KStR rechtswidrig?, FR 1988 S. 41;
Herzig/Dötsch, Gedanken zu einer erneuten Reform der KSt, Festschrift „40 Jahre DB" (1988) S. 115;
Orth, Steuerbescheide für Verlustentstehungs- und Verlustabzugsjahre von Körperschaftsteuer-Bindungswirkungen, Änderung und Anfechtbarkeit, FR 1988 S. 317; **Dötsch,** Der KSt-Bescheid als Grundlagenbescheid – Die Situation nach den BFH-Urteil vom 9.12.1987 – I R 1/85 und I R 35/86, DB 1988 S. 1516;
Klein, Die gesonderte Feststellung von Besteuerungsgrundlagen gem. § 47 KStG, NWB Fach 4 S. 3573;
Schirmer, Ist ein zusätzlicher Feststellungsbescheid im KStG erforderlich? Anmerkungen zu einer möglichen Verfahrenslücke, StW 1988 S. 209; **Mayer,** Die gesonderte Feststellung vortragsfähiger Verluste
gem. § 10d Abs. 3 EStG i.d.F. des StRefG 1990, DStR 1989 S. 191 und S. 238; **Widmann,** KSt-Anrechnung
und Verfahrensrecht, FR 1989 S. 224; **Wassermeyer,** Aktuelle Rsprechung des BFH zum KSt-Recht,
Teil III-VEK-Gliederung, StbJb 1988/89 S. 232, 241; **Singbartl/Dötsch/Hundt,** Die Änderung des KStG
durch das StRefG 1990, DB 1988 S. 1767; **Bahlau,** Der Verlustabzug nach dem StRefG 1990, FR 1988
S. 565; **wfr,** Der Einkommensbegriff des § 47 Abs. 2 Satz 1 KStG, DB 1991 S. 1907; **Dötsch,** Die Änderungen des KStG durch das StÄndG 1992, DB 1992 S. 650.

2.2.1 Allgemeines

Wenn Körperschaften, die zur Gliederung ihres verwendbaren Eigenkapitals verpflichtet sind, 1032
Gewinne ausschütten, hat dies Einfluß auf die festzusetzende Körperschaftsteuer, denn jede Gewinnausschüttung (soweit dafür nicht EK 30 (bis 1993: EK 36), EK 01 (ab 1994) oder EK 04 als
verwendet gilt) führt zur Minderung oder Erhöhung der Körperschaftsteuer nach § 27 KStG. Die
in der Veranlagung zu berücksichtigende Körperschaftsteuer-Minderung oder –Erhöhung kann
nur auf der Grundlage der Gliederungsrechnung ermittelt werden (§ 23 Abs. 5 KStG).

Der Gesetzgeber hat die Gliederung des verwendbaren Eigenkapitals in die Form der **gesonder-** 1033
ten Feststellung gekleidet. Letztere ist in § 47 KStG geregelt. § 47 KStG ist eine **Verfahrensvorschrift**, die außerhalb der AO angesiedelt wurde. Soweit § 47 KStG als lex specialis keine
Regelung enthält, gelten die allgemeinen Verfahrensregeln der AO. § 47 KStG enthält für die zur
Eigenkapitalgliederung verpflichteten Körperschaften (vgl. RZ 1098, 1099) im wesentlichen
zwei Aussagen:

1033 a) Die **Schlußbestände** der jährlichen Eigenkapitalgliederung sind **gesondert festzustellen**, und zwar

– die nach § 30 KStG ermittelten Teilbeträge des verwendbaren Eigenkapitals und
– der für Ausschüttungen verwendbare Teil des Nennkapitals i.S.d. § 29 Abs. 3 KStG.

Diese Feststellungen dienen der **Rechtssicherheit**. In ihrem wirtschaftlichen Gehalt kommen sie einer gesonderten Feststellung der Tarifbelastung gleich, die im Fall der Auskehrung an den Anteilseigner bekannt sein muß, um die Ausschüttungsbelastung herstellen zu können. Ohne eine gesonderte Feststellung der Teilbeträge könnte die Höhe und Zusammensetzung des verwendbaren Eigenkapitals erst dann angefochten werden, wenn die Körperschaft durch eine Erhöhung oder eine zu niedrige Minderung der Körperschaftsteuer beschwert wäre. Die Gliederungsrechnung wirkt sich auf die Höhe der Körperschaftsteuer-Schuld nur dann aus, wenn die Körperschaft Gewinn auskehrt und sie die Ausschüttungsbelastung herstellen muß. Erst in diesem Zeitpunkt könnte z.B. ein zu niedrig ermitteltes EK 45 zu einer höheren Körperschaftsteuer-Belastung führen, weil die Körperschaft eine Gewinnausschüttung aus einem niedrigeren oder nicht belasteten Teilbetrag finanzieren müßte. Diese Situation würde möglicherweise erst Jahre nach der unzutreffenden Eigenkapitalgliederung eintreten, so daß die Entwicklung des verwendbaren Eigenkapitals häufig über eine lange Zeit hinweg rückverfolgt werden müßte.

b) **§ 47 KStG regelt, wie** das Verfahren der **Körperschaftsteuer-Veranlagung**, das **Verfahren der gesonderten Feststellung (Eigenkapitalgliederung)** und die **Feststellung des verbleibenden Verlustabzugs nach § 10d Abs. 3 EStG zusammenhängen**, wo sich **Bindungswirkungen zwischen den Verfahren** ergeben und in welchem Verfahren welche Entscheidungen getroffen werden.

1034 Ebenso wie die Körperschaftsteuer-Veranlagung nicht ohne die Gliederungsrechnung vorgenommen werden kann, setzt letztere die Körperschaftsteuer-Veranlagung voraus. Nahezu alle Eigenkapitalveränderungen ergeben sich aus Besteuerungsgrundlagen der Veranlagung. Diese enge Verzahnung ist der Grund dafür, daß jeder der in diesen beiden Verfahren ergehenden Bescheide in Teilbereichen für den anderen Bescheid Grundlagenbescheid ist. Sie durchbrechen gemäß § 175 Nr. 1 AO wechselseitig die Bestandskraft des anderen Bescheids und führen gemäß § 171 Abs. 10 AO zu wechselseitigen Ablaufhemmungen.

1035 Die nachfolgenden Schaubilder geben einen Überblick über das nunmehr gesetzlich geregelte Verhältnis von Grundlagen- und Folgebescheid:

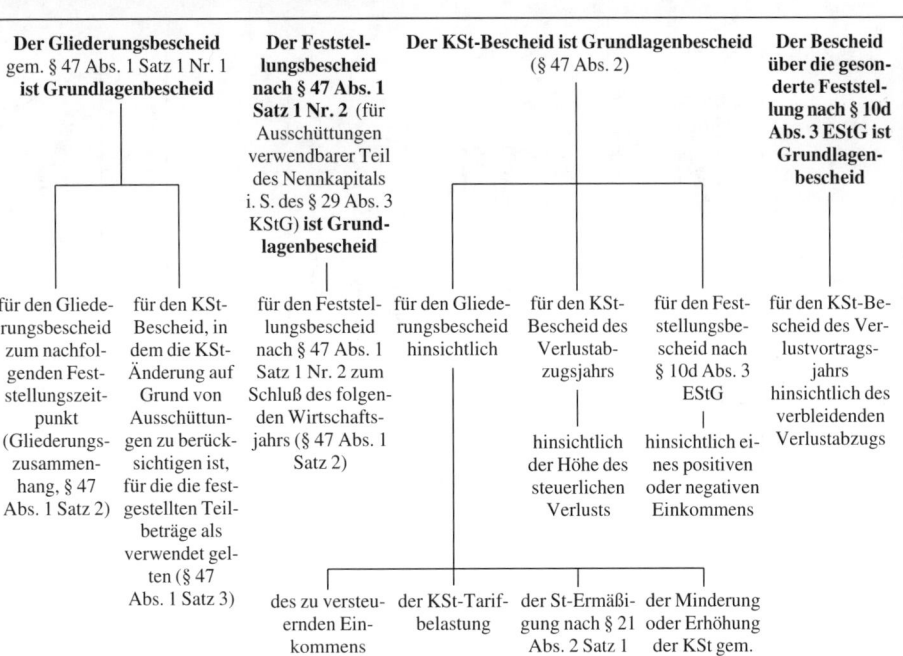

Schaubild 1 (Grundlagenfunktionen) 1036

Der Gliederungsbescheid gem. § 47 Abs. 1 Satz 1 Nr. 1 ist Grundlagenbescheid

- für den Gliederungsbescheid zum nachfolgenden Feststellungszeitpunkt (Gliederungszusammenhang, § 47 Abs. 1 Satz 2)
- für den KSt-Bescheid, in dem die KSt-Änderung auf Grund von Ausschüttungen zu berücksichtigen ist, für die die festgestellten Teilbeträge als verwendet gelten (§ 47 Abs. 1 Satz 3)

Der Feststellungsbescheid nach § 47 Abs. 1 Satz 1 Nr. 2 (für Ausschüttungen verwendbarer Teil des Nennkapitals i. S. des § 29 Abs. 3 KStG) **ist Grundlagenbescheid**

- für den Feststellungsbescheid nach § 47 Abs. 1 Satz 1 Nr. 2 zum Schluß des folgenden Wirtschaftsjahrs (§ 47 Abs. 1 Satz 2)

Der KSt-Bescheid ist Grundlagenbescheid (§ 47 Abs. 2)

- für den Gliederungsbescheid hinsichtlich
- für den KSt-Bescheid des Verlustabzugsjahrs
- für den Feststellungsbescheid nach § 10d Abs. 3 EStG

  - hinsichtlich der Höhe des steuerlichen Verlusts
  - hinsichtlich eines positiven oder negativen Einkommens

  - des zu versteuernden Einkommens (auch Verlust)
  - der KSt-Tarifbelastung
  - der St-Ermäßigung nach § 21 Abs. 2 Satz 1 oder Abs. 3 Satz 1 BerlinFG
  - der Minderung oder Erhöhung der KSt gem. § 27 KStG

Der Bescheid über die gesonderte Feststellung nach § 10d Abs. 3 EStG ist Grundlagenbescheid

- für den KSt-Bescheid des Verlustvortragsjahrs hinsichtlich des verbleibenden Verlustabzugs

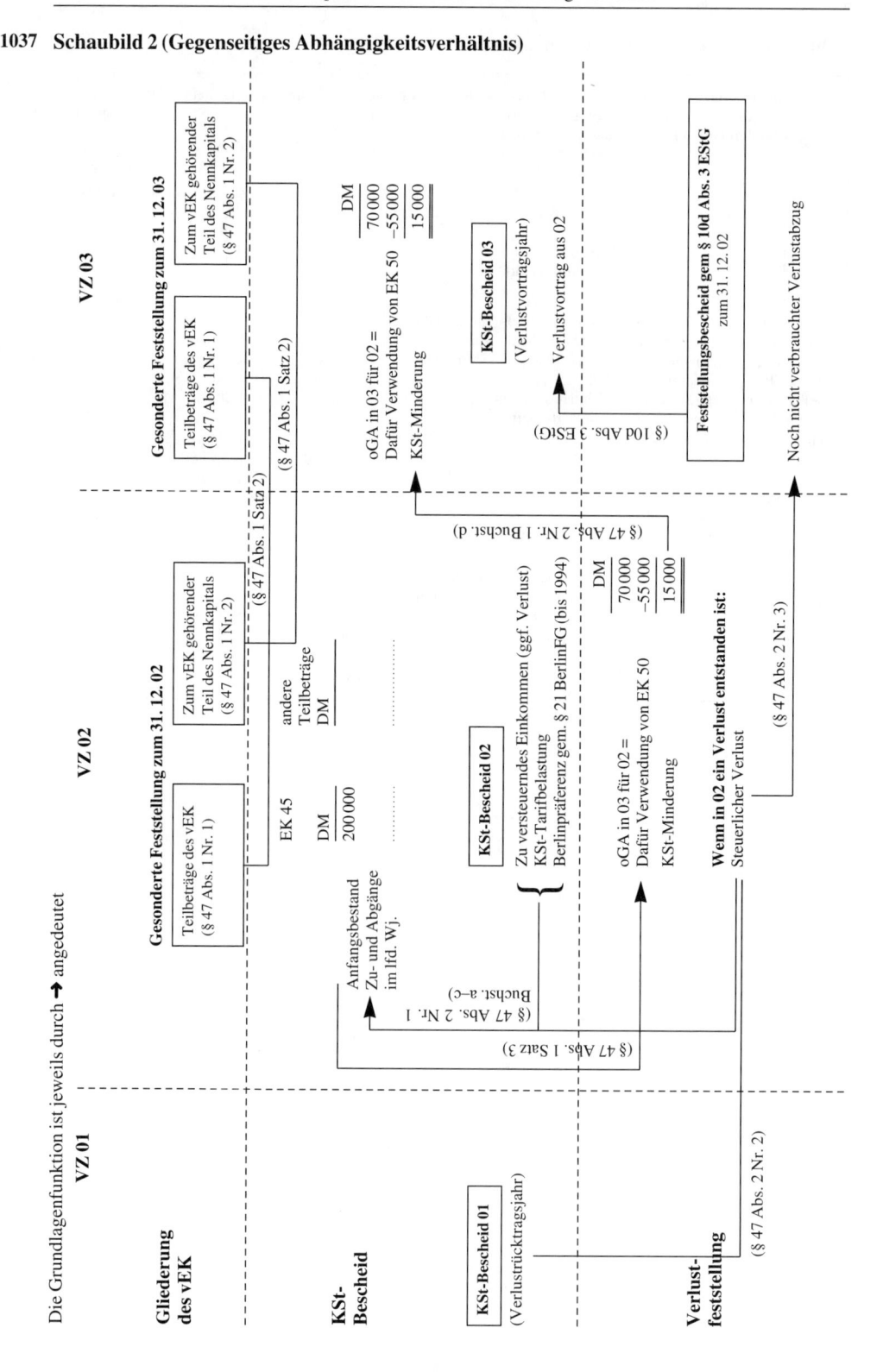

1037 Schaubild 2 (Gegenseitiges Abhängigkeitsverhältnis)

2.2.2 Zeitpunkt der gesonderten Feststellung

Nach § 47 Abs. 1 S. 1 KStG ist das verwendbare Eigenkapital zum Schluß eines jeden Wirtschaftsjahres entsprechend seiner Tarifbelastung zu gliedern. Enden in einem Veranlagungszeitraum zwei Wirtschaftsjahre (**Rumpfwirtschaftsjahr**), sind zwei gesonderte Feststellungen vorzunehmen. Die Zugänge aus dem Einkommen, das für den Veranlagungszeitraum (Kalenderjahr) auf der Grundlage der zusammengefaßten Ergebnisse der beiden Wirtschaftsjahre ermittelt wird, müssen für Gliederungszwecke wieder auf die beiden Wirtschaftsjahre **aufgeteilt** werden (vgl. den amtlichen Vordruck KSt 1 G/E). 1038

2.2.3 Inhalt der gesonderten Feststellung

2.2.3.1 Grundsätzliches

Nach § 47 Abs. 1 S. 1 KStG sind gesondert festzustellen: 1039

a) die nach § 30 KStG ermittelten **Teilbeträge des verwendbaren Eigenkapitals**,

b) der **für Ausschüttungen verwendbare Teil des Nennkapitals** i.S. des § 29 Abs. 3 KStG.

Dies sind verfahrensrechtlich zwei getrennte Feststellungen, die in einem Bescheid verbunden sind. Beide Feststellungen sind selbständig anfechtbar.

Ist in einem Feststellungsbescheid eine notwendige Feststellung (z.B. die gesonderte Feststellung des zum verwendbaren Eigenkapital gehörenden Teils des Nennkapitals, § 47 Abs. 1 Nr. 2 KStG) unterblieben, kann das Finanzamt insoweit einen **Ergänzungsbescheid** gem. § 179 Abs. 3 AO erteilen.

2.2.3.2 Feststellung der Teilbeträge des verwendbaren Eigenkapitals
(§ 47 Abs. 1 Satz 1 Nr. 1 KStG)

Nach § 47 Abs. 1 S. 1 Nr. 1 KStG gesondert festzustellen ist nicht das verwendbare Eigenkapital in seiner Gesamtheit, sondern die Höhe seiner **einzelnen**, zum Schluß eines Wirtschaftsjahres vorhandenen **Teilbeträge**. Die Teilbeträge sind jeweils aus der Eigenkapitalgliederung für das vorangegangene Wirtschaftsjahr abzuleiten. Sie können selbstverständlich auch negativ sein. Formal nicht Gegenstand der gesonderten Feststellung sind die **Veränderungen** des verwendbaren Eigenkapitals durch seine Zu- und Abgänge und z.B. die Reihenfolge der Zu- und Abgänge. Da sich jedoch aus diesen Eigenkapitalveränderungen der anfechtbare Schlußbestand der Teilbeträge ergibt, sind diese Eigenkapitalveränderungen faktisch in die Anfechtbarkeit einbezogen. 1040

Bei zwei Teilbeträgen, nämlich beim EK 45 (§ 31 Abs. 2 S. 3 KStG – ab 1994; bis 1990: beim EK 56; von 1991 bis 1994: beim EK 50) und beim EK 04 (§ 38 Abs. 1 S. 3 KStG) ist es möglich, daß der zum Ende des Wirtschaftsjahrs festgestellte Negativbetrag nur **vorläufigen** Charakter hat, weil er mit neuen Vermögensmehrungen im folgenden Wirtschaftsjahr zu verrechnen ist (vgl. RZ 1451 und 1744). U.E. ist der betreffende Teilbetrag gleichwohl als Negativbetrag endgültig festzustellen; sein „Wiederaufleben" im nächsten Wirtschaftsjahrs ist ein Vorgang des folgenden Wirtschaftsjahrs. 1041

2.2.3.3 Feststellung des für Ausschüttungen verwendbaren Teils des Nennkapitals
(§ 47 Abs. 1 Satz 1 Nr. 2 KStG)

Die zweite in § 47 Abs. 1 S. 1 KStG genannte gesonderte Feststellung betrifft denjenigen Teil des Nennkapitals, der gemäß § 29 Abs. 3 KStG zum verwendbaren Eigenkapital rechnet. Der Fall des § 47 Abs. 1 S. 1 Nr. 2 KStG ist die Erhöhung des Nennkapitals aus Gesellschaftsmitteln, d.h. durch **Umwandlung sogenannter neuer Rücklagen**. Nach § 29 Abs. 3 KStG bleiben die in 1042

1042 Nennkapital umgewandelten neuen Rücklagen (EK 45 – EK 02, bis 1994: auch EK 56 sowie bis 1998: auch EK 50) auch nach ihrer Umwandlung weiterhin ununterscheidbar im verwendbaren Eigenkapital enthalten; sie werden also **doppelt** – sowohl im gegliederten verwendbaren Eigenkapital als auch im nicht gegliederten Nennkapital – **ausgewiesen** (wegen Sinn und Technik dieses Doppelausweises siehe RZ 1338 ff und RZ 1830 ff).

1043 **Nicht festgestellt** wird, **in welchen Teilbeträgen des verwendbaren Eigenkapitals** das Nennkapital i. S. des § 29 Abs. 3 KStG enthalten ist; nur seine absolute Höhe ist steuerlich von Interesse. Dadurch kann sich das umgewandelte verwendbare Eigenkapital innerhalb der Teilbeträge austauschen (vgl. RZ 1834).

1044 Steuerliche Bedeutung erlangt der Sonderausweis gemäß § 47 Abs. 1 S. 1 Nr. 2 KStG erst bei einer späteren Auskehrung des Nennkapitals im Wege der Kapitalherabsetzung oder Liquidation. Nach § 41 Abs. 2 KStG gilt der zum verwendbaren Eigenkapital rechnende Teil des Nennkapitals vorrangig als ausgekehrt. Die Körperschaft muß – wie bei der Ausschüttung anderer neuer Rücklagen – die Ausschüttungsbelastung herstellen; der Anteilseigner hat steuerpflichtige Kapitalerträge gemäß § 20 Abs. 1 Nr. 2 EStG und darf die Körperschaftsteuer auf eine Einkommensteuerschuld anrechnen (vgl. im einzelnen RZ 1833).

1045 Bei der Auskehrung des zum verwendbaren Eigenkapitals rechnenden Teils des Nennkapitals verringern sich das verwendbare Eigenkapital und der Sonderausweis gemäß § 47 Abs. 1 S. 1 Nr. 2 KStG i.d.R. in unterschiedlicher Höhe (vgl. dazu RZ 1843 ff).

1046 Erhöht die Körperschaft ihr Nennkapital durch Umwandlung von EK 03 oder EK 04, scheiden die betreffenden Beträge aus dem verwendbaren Eigenkapital aus. Ein Sonderausweis gemäß § 47 Abs. 1 S. 1 Nr. 2 KStG ergibt sich insoweit nicht (vgl. RZ 1830).

2.2.3.4 Der Feststellungsbescheid nach § 47 Abs. 1 Satz 1 KStG als Grundlagenbescheid für den nachfolgenden Feststellungsbescheid (§ 47 Abs. 1 Satz 2 KStG)

1047 Nach § 47 Abs. 1 S. 2 KStG ist der Feststellungsbescheid i.S.v. § 47 Abs. 1 S. 1 KStG Grundlagenbescheid für den Feststellungsbescheid zum nächstfolgenden Feststellungszeitpunkt.

Diese mit Wirkung ab dem Veranlagungszeitraum 1991 geregelte Grundlagenfunktion haben für beide in § 47 Abs. 1 S. 1 KStG bezeichneten Arten von Feststellungsbescheiden Bedeutung, und zwar:

a) für den Bescheid über die Feststellung der Teilbeträge des verwendbaren Eigenkpitals (§ 47 Abs. 1 S. 1 Nr. 1 KStG) und

b) für den Bescheid über die Feststellung des gem. § 29 Abs. 3 KStG zum verwendbaren Eigenkapital rechnenden Teils des Nennkapitals (§ 47 Abs. 1 S. 1 Nr. 1 KStG).

1048 Auch bereits vor 1991 haben die Finanzverwaltung (vgl. Abschnitt 103a Abs. 4 KStR 1990) und die Rechtsprechung (vgl. BFH-Urteil vom 09.10.1985, BStBl 1986 II S. 93, 95) den sogenannten Gliederungszusammenhang angenommen, stützten ihn aber auf § 182 Abs. 1 i.V.m. § 175 Abs. 1 Nr. 1 AO.

2.2.3.5 Der Feststellungsbescheid nach § 47 Abs. 1 Satz 1 Nr. 1 KStG als Grundlagenbescheid für den Körperschaftsteuerbescheid (§ 47 Abs. 1 Satz 3 KStG)

1049 Nach § 47 Abs. 1 S. 3 KStG ist der Feststellungbescheid nach § 47 Abs. 1 S.1 Nr. 1 KStG ab dem Veranlagungszeitraum 1991 auch Grundlagenbescheid für den Körperschaftsteuerbescheid, in dem nach § 27 Abs. 3 KStG die Änderung der Körperschaftsteuer auf Grund von Gewinnausschüttungen und sonstigen Leistungen zu berücksichtigen ist. § 47 Abs. 1 S. 3 KStG steht im Zusammenhang mit dem gleichzeitig durch das Steueränderungsgesetz 1992 eingefügten § 47 Abs. 2 Nr. 1 KStG, wonach der Körperschaftsteuerbescheid hinsichtlich der Minderung und Erhöhung der Körperschaftsteuer Grundlagenbescheid für den Feststellungsbescheid gemäß § 47 Abs. 1 S. 1 Nr. 1 KStG (zum Schluß des Folgejahres) ist. Vgl. RZ 1069 ff.

F. Das körperschaftsteuerliche Anrechnungsverfahren

Beispiel: 1050

oGA i. H. von 70000 DM in 02 für 01 lt. Beschluß vom Mai 02. Für die Gewinnausschüttung gilt nach § 28 Abs. 2 Satz 1 KStG das EK zum 31. 12. 01 als verwendet (Verwendung von EK 45, Bestand 100 000 DM). Die KSt-Änderung ist nach § 27 Abs. 3 Satz 1 KStG bei der KSt-Festsetzung für 01 zu berücksichtigen. Das vEK verringert sich infolge der Ausschüttung erst in der Gliederung zum 31. 12. 02.

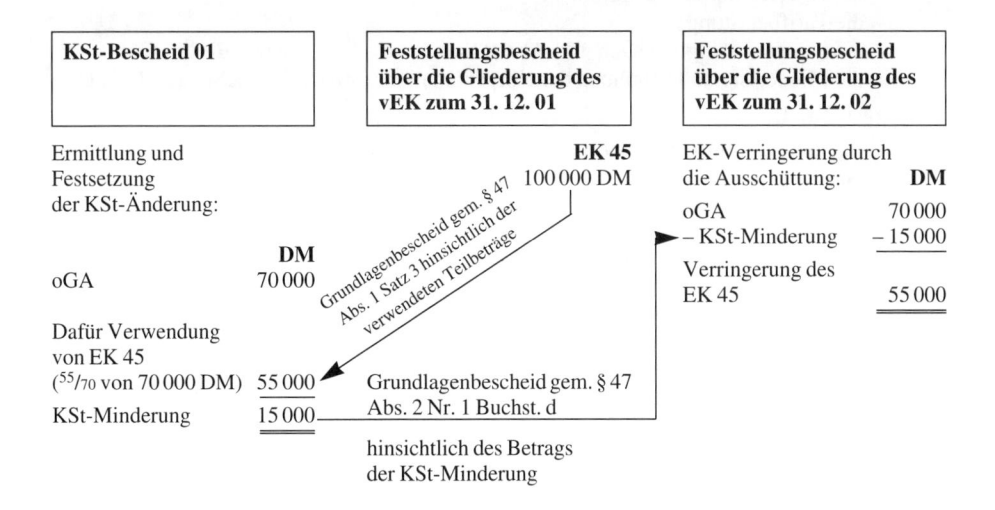

KSt-Bescheid 01	Feststellungsbescheid über die Gliederung des vEK zum 31. 12. 01	Feststellungsbescheid über die Gliederung des vEK zum 31. 12. 02
Ermittlung und Festsetzung der KSt-Änderung:	EK 45 100 000 DM	EK-Verringerung durch die Ausschüttung: DM oGA 70 000 – KSt-Minderung – 15 000 Verringerung des EK 45 55 000
oGA DM 70 000		
Dafür Verwendung von EK 45 ($^{55}/_{70}$ von 70 000 DM) 55 000	Grundlagenbescheid gem. § 47 Abs. 2 Nr. 1 Buchst. d hinsichtlich des Betrags der KSt-Minderung	
KSt-Minderung 15 000		

Grundlagenbescheid gem. § 47 Abs. 1 Satz 3 hinsichtlich der verwendeten Teilbeträge

Nach § 47 Abs. 1 Satz 3 KStG ist der Feststellungsbescheid zum 31. 12. 01 Grundlagenbescheid für den KSt-Bescheid 01. Er liefert mit den für die Ausschüttung als verwendet geltenden Teilbeträgen die Rechengrößen für die gem. § 47 Abs. 2 Nr. 1 Buchst. d KStG im KSt-Bescheid zu treffende Entscheidung über die Höhe der KSt-Minderung und -Erhöhung. Hinsichtlich dieser KSt-Änderung ist der KSt-Bescheid 01 umgekehrt Grundlagenbescheid für den Feststellungsbescheid, und zwar für den Feststellungsbescheid zum 31. 12. 02.

2.2.4 Der Körperschaftsteuerbescheid als Grundlagenbescheid (§ 47 Abs. 2 KStG)

2.2.4.1 Grundsätzliches

§ 47 Abs. 2 KStG ist durch das Steueränderungsgesetz 1992 grundlegend neugefaßt worden. Er 1051 regelt seither die Grundlagenfunktion des Körperschaftsteuerbescheids, und zwar:

a) für den Feststellungsbescheid i.S.d. § 47 Abs. 1 S. 1 Nr. 1 KStG (§ 47 Abs. 2 Nr. 1 KStG). Danach werden gesondert festgestellt:
   – das zu versteuernde Einkommen,
   – die Körperschaftsteuer-Tarifbelastung,
   – die Steuerermäßigung nach § 21 Abs. 2 S. 1 oder Abs. 3 S. 1 BerlinFG,
   – die Minderung und Erhöhung der Körperschaftsteuer nach § 27 KStG,

b) für den Körperschaftsteuerbescheid des Verlustrücktragsjahres hinsichtlich eines Verlustes, der sich bei der Ermittlung des Einkommens ergeben hat (§ 47 Abs. 2 Nr. 2 KStG) und

c) für den Bescheid über die gesonderte Feststellung nach § 10d EStG hinsichtlich des Einkommens.

Nach Abschnitt 103a Abs. 1 S. 3 und Abs. 2 S. 4 KStR sowie den amtlichen Bescheidvordrucken 1052 vereinigt der Körperschaftsteuerbescheid in sich **mehrere Bescheide,** die nur äußerlich zu einem Vordruck verbunden sind. Er ist:

1052   1. ein **Steuerbescheid,** bei dem nur die festzusetzende Körperschaftsteuer in Bestandskraft erwächst und mit dem Einspruch angefochten werden kann,

2. ein **Feststellungsbescheid gem. § 47 Abs. 2 KStG,** in dem festgestellt werden:

   a) **nach Nr. 1**
   – das zu versteuernde Einkommen,
   – die Tarifbelastung,
   – die Steuerermäßigung nach § 21 Abs. 2 Satz 1 oder Abs. 3 Satz 1 BerlinFG,
   – die Minderung und Erhöhung der Körperschaftsteuer nach § 27 KStG (ab 1991);

   b) **nach Nr. 2:**
   der steuerliche Verlust (ab 1991);

   c) **nach Nr. 3:**
   das Einkommen (ab 1991);

3. ein **Feststellungsbescheid gem. § 10d Abs. 3 EStG** über den verbleibenden Verlustabzug;

4. ein **Feststellungsbescheid gem. § 2a Abs. 1 Satz 5 EStG** über den verbleibenden Verlustabzug aus den in § 2a Abs. 1 EStG genannten Einkünften (ab 1992).

1053   **Jede** der genannten Feststellungen ist ein abgabenrechtlich **eigenständiger Verwaltungsakt** i.S. des § 118 AO. Die verschiedenen Feststellungen sind nur äußerlich in einem Bescheid verbunden (vgl. BFH-Urteil vom 14.03.1989, BStBl II S. 741, 742).

1054   Die vorstehenden Erläuterungen zur Ausgestaltung des Körperschaftsteuerbescheids, wonach dieser neben dem eigentlichen Steuerbescheid zusätzliche Feststellungsbescheide enthält, führt bei konsequenter Anwendung des Verfahrensrechts dazu, daß auch für diese zusätzlichen Feststellungsbescheide die Vorschriften der AO jeweils eigenständig zu beachten sind:

– Gegen jeder dieser Bescheide ist eine eigene Rechtsbehelfsmöglichkeit gegeben.

– Für diese Bescheide ist im Rechtsbehelfsfall ein eigener Streitwert zu ermitteln.

– Für diese Bescheide sind die Änderungsvorschriften der AO zu beachten. Es sind Fälle denkbar, in denen innerhalb eines Körperschaftsteuerbescheides nur die Steuerfestsetzung, nicht jedoch die gesonderten Feststellungen und umgekehrt zu ändern sind.

1055   Während die Feststellungsbescheide nach § 47 Abs. 1 und Abs. 2 Nr. 1 KStG nur die zur Gliederung ihres verwendbaren Eigenkapitals verpflichteten Körperschaften betreffen, sind von der Grundlagenfunktion des Körperschaftsteuerbescheides nach § 47 Abs. 2 Nr. 2 und 3 KStG alle Körperschaften, auch die nicht zur Gliederung ihres verwendbaren Eigenkapitals verpflichteten Körperschaften betroffen.

2.2.4.2 Der Körperschaftsteuerbescheid als Grundlagenbescheid für den Feststellungsbescheid nach § 47 Abs. 1 Satz 1 Nr. 1 KStG (§ 47 Abs. 2 Nr. 1 KStG)

2.2.4.2.1 Der Umfang der Grundlagenfunktion

1056   § 47 Abs. 2 Nr. 1 KStG regelt umgekehrt die Grundlagenfunktion des Körperschaftsteuerbescheids für den Feststellungsbescheid i.S.d. § 47 Abs. 1 S. 1 Nr. 1 KStG. Danach werden gesondert festgestellt:

– das zu versteuernde Einkommen
– die Körperschaftsteuer-Tarifbelastung
– die Steuerermäßigung nach § 21 Abs. 2 S. 1 oder Abs. 3 S. 1 BerlinFG
– die Minderung und Erhöhung der Körperschaftsteuer nach § 27 KStG.

Schaubild zur gegenseitigen Bindungswirkung von Körperschaftsteuerbescheid und Feststellungsbescheid nach § 47 Abs. 1 S. 1 Nr. 1 und Abs. 2 Nr. 1 KStG: 1057

	KSt-Veranlagung 01		EK-Gliederung 31.12.01		EK-Gliederung 31.12.02	
	Einkommen DM	KSt DM	EK 45 DM	EK 03 DM	EK 45 DM	EK 02 DM
Bestände zum 31.12.00 Anfangsbestände 1.1.01			11 000	40 000		
Einkommen des Jahres 01 (KSt 45 v. H.)	20 000	9 000	11 000			
Bestände zum 31.12.01	Bindungswirkung des KSt-Bescheids hinsichtlich Einkommen und Tarifbelastung (§ 47 Abs. 1 Satz 1 Nr. 1)		22 000	40 000	22 000	40 000
					Übernahme als Anfangsbestände der nächstjährigen Gliederung (§ 47 Abs. 1 Satz 2)	
Nachrichtlicher Teil (gehört verfahrensrechtl. zur KSt-Veranlagung 01) oGA für DM 01 lt. Beschluß vom 8.4.02 35 000 Dafür gelten gem. § 28 KStG als verwendet:	Bindungswirkung des F-Bescheids 31.12.01 für den KSt-Bescheid 01 (§ 47 Abs. 1 Satz 3)					
a) EK 45 aa) $^{55}/_{70}$ von 35 000 DM = 27 500 DM, höchstens aber Bestand von − 22 000			−22 000			
bb) KSt-Minderung daraus $^{15}/_{55}$ von 22 000 DM − 6 000 Verbleiben 7 000		−6 000		−	Bindungswirkung des KSt-Bescheids 01 für den F-Bescheid 31.12.02 hinsichtlich er KSt-Änderung (§ 47 Abs. 2 Nr. 1 Buchst. d))	
b) EK 03 aa) für Restbetrag −7 000				−7 000		
bb) KSt-Erhöhung daraus $^{3}/_{7}$ von 7 000 − _____ 0		+3 000		−3 000		
Festzusetzende KSt 01		6 000				
Verringerung des VEK infolge der oGA im Jahre 02 für das Jahr 01					−22 000 −	−7 000 −3 000

2.2.4.2.2 Grundlagenfunktion hinsichtlich des zu versteuernden Einkommens (§ 47 Abs. 2 Nr. 1 Buchst. a KStG)

1058 Nach § 47 Abs. 2 Nr. 1 Buchst. a KStG in der ab dem Veranlagungszeitraum 1991 geltenden Fassung bindet der Körperschaftsteuerbescheid den Feststellungsbescheid i.S. des § 47 Abs. 1 Satz 1 Nr. 1 KStG hinsichtlich des zu versteuernden Einkommens. Aus dem Zusammenspiel der in § 47 Abs. 2 Nr. 1 Buchst. a – c KStG genannten Grundlagenfunktionen ergibt sich, welchem Teilbetrag des verwendbaren Eigenkapitals die Zugänge aus dem zu versteuernden Einkommen zuzuordnen sind. Wenn die Neufassung des § 47 KStG auf das „**zu versteuernde** Einkommen" statt wie bisher auf das „Einkommen" abstellt (dazwischen wird der Freibetrag nach § 25 KStG abgezogen), dann dient dies der Klarstellung (vgl. wfr. DB 1991 S. 1907). Bereits in der Vergangenheit wurde trotz der Nennung des „Einkommens" in § 47 Abs. 2 KStG a.F. so verfahren.

1059 Die Grundlagenfunktion des Körperschaftsteuerbescheids nach § 47 Abs. 2 Nr. 1 Buchst. a KStG betrifft nicht nur ein positives, sondern auch ein **negatives** zu versteuerndes Einkommen.

1060 § 47 Abs. 2 Nr. 1 Buchst. a KStG schreibt die Grundlagenfunktion des Körperschaftsteuerbescheids nur hinsichtlich des zu versteuernden Einkommens vor. Insoweit erscheint eine Grundlagenfunktion unverzichtbar, denn sie stellt i.V.m. § 47 Abs. 2 Nr. 1 Buchst. b und c KStG sicher, daß die von der Körperschaft gezahlte und die bei der Ausschüttung als Anrechnungsguthaben bereitgestellte Körperschaftsteuer übereinstimmen. Die **steuerfreien Vermögensmehrungen** werden in der Körperschaftsteuer-Veranlagung ausgeschieden; aus diesem Ausscheiden eine Grundlagenfunktion des Körperschaftsteuerbescheids für die Gliederungsrechnung herzuleiten, ginge zu weit. Schließlich ist die Festsetzung einer Körperschaftsteuer auf der Grundlage des zu versteuernden Einkommens Gegenstand des Körperschaftsteuerbescheids und nicht die Feststellung der steuerfreien Vermögensmehrungen. Entsprechendes gilt, wenn das Einkommen eines Jahres aufgrund eines Verlustrück- oder –vortrags steuerfrei gestellt wird. Die **nichtabziehbaren Ausgaben** hingegen beeinflussen in aller Regel die Höhe des zu versteuernden Einkommens, aber auch sie werden damit über das Einkommen nur mittelbar Gegenstand des Feststellungsteils im Körperschaftsteuerbescheid. M.a.W.: Hinsichtlich der steuerfreien Vermögensmehrungen und der nichtabziehbaren Ausgaben gibt es keinen Grundlagenbescheid für die Gliederung des verwendbaren Eigenkapitals. Ihre Höhe und ihre gliederungsmäßige Zuordnung sind nur mit einem Einspruch gegen den Feststellungsbescheid nach § 47 Abs. 1 Satz 1 Nr. 1 KStG anfechtbar.

1061 **Beispiel:**

Zu versteuerndes Einkommen 01 lt. Bescheid 300 000 DM (darin sind 30 000 DM Vermögensteuer als nichtabziehbare Ausgabe zum Steuerbilanzgewinn von 270 000 DM zugerechnet worden).

Eine spätere Außenprüfung führt zu einer 20 000 DM höheren Vermögensteuer-Rückstellung für das Jahr 01 und damit zu einem entsprechend niedrigeren Steuerbilanzgewinn (= 250 000 DM).

Das zu versteuernde Einkommen und die Körperschaftsteuer bleiben wegen der Hinzurechnung der Vermögensteuer unverändert. Auswirkungen ergeben sich jedoch in der Gliederungsrechnung, weil die erhöhten nichtabziehbaren Ausgaben zu einem höheren Abzug beim EK 45 führen (§ 31 Abs. 1 Nr. 4 KStG). U.E. ist eine selbständige Änderung der gesonderten Feststellung gemäß § 181 Abs. 1 i.V.m. § 173 Abs. 1 Nr. 1 AO möglich (so auch Kläschen, DStZA 1979 S. 379, 384).

1062 Daß der Körperschaftsteuerbescheid den Feststellungsbescheid nach § 47 Abs. 1 Satz 1 Nr. 1 KStG nur hinsichtlich des Einkommens und nicht hinsichtlich seiner Bestandteile bindet, ergibt sich auch aus dem BFH-Urteil vom 26.08.1987 (BStBl 1988 11 S. 143), in dem der **BFH** eine Grundlagenfunktion des Körperschaftsteuerbescheids hinsichtlich der Höhe einer verdeckten Gewinnausschüttung **verneint**.

1063 Eine Bindungswirkung des Körperschaftsteuerbescheids für den Feststellungsbescheid gem. § 47 Abs. 2 Nr. 1 Buchst. a KStG besteht u.E. **nicht** hinsichtlich der **nichtausgleichsfähigen Verluste i.S. des § 2 a Abs. 1 und des § 15 Abs. 4 EStG.** Bei den nichtausgleichsfähigen Verlusten i.S. des **§ 2 a Abs. 1 EStG ab 1992** ist der Feststellungsbescheid nach § 2 a Abs. 1 Satz 5

EStG der Grundlagenbescheid für die Gliederung des verwendbaren Eigenkapitals (§ 182 **1063** Abs. 1 AO). Bei den nichtausgleichsfähigen Verlusten i.S. des **§ 15a EStG** ist der Feststellungsbescheid nach § 15a Abs. 4 EStG der Grundlagenbescheid für die Gliederung des verwendbaren Eigenkapitals (§ 182 Abs. 1 AO). Einwände können im Rahmen eines Rechtsbehalfsverfahrens insoweit nicht gegen den Körperschaftsteuerbescheid erhoben werden.

Eine selbständige Anfechtbarkeit des Feststellungsbescheids besteht darüber hinaus für alle **1064** Veränderungen des verwendbaren Eigenkapitals, die sich aus den Sondervorschriften der §§ 27–43 KStG ergeben (z.B. falsche Aufteilungsrechnung nach § 32 KStG, fehlerhafte Eigenkapitalgliederung bei Organschaft).

Bis einschließlich Veranlagungszeitraum 1990 regelte § 47 Abs. 2 KStG i.d.F. vor dem Steu- **1065** eränderungsgesetz 1992 eine Grundlagenfunktion des Körperschaftsteuerbescheids für den Feststellungsbescheid hinsichtlich des „Einkommens" statt des „zu versteuernden Einkommens". Hinzu kam, daß Abschnitt 103a Abs. 1 Satz 4 **KStR 1985** (letztlich zugunsten der Steuerpflichtigen) als **Einkommen i.S.d. § 47 Abs. 2 KStG – abweichend** vom allgemeinen Einkommensbegriff in § 8 Abs. 1 KStG i.V.m. § 2 Abs. 4 EStG – den **vor** einem Verlustabzug sich ergebenden Betrag bezeichnete. In den Urteilen vom 31.07.1991 (BFH/NV 1992 S. 200) und vom 05.02.1992 (BStBl II S. 532) **lehnte der BFH** diese Verwaltungsauffassung zum eigenständigen Einkommensbegriff in § 47 Abs. 2 KStG **ab**. In den **KStR 1990** ist die abweichende Einkommensdefinition bereits nicht mehr enthalten.

2.2.4.2.3 Grundlagenfunktion hinsichtlich der Tarifbelastung (§ 47 Abs. 2 Nr. 1 Buchst. b KStG)

Ebensowenig wie den Begriff des zu versteuernden Einkommens definiert § 47 Abs. 2 KStG **1066** auch die zweite Größe, für die der Körperschaftsteuebescheid nach dem Gesetzeswortlaut Grundlagenfunktion für den Bescheid über die gesonderte Feststellung nach § 47 Abs. 1 Nr. 1 KStG hat, nämlich den Begriff der Tarifbelastung. Auch dieser Begriff wird an verschiedenen Stellen des KStG mit unterschiedlichem Inhalt verwendet:

– In § 27 Abs. 1 KStG ist die Tarifbelastung gemeint, die auf dem für die Gewinnausschüttung als verwendet geltenden Teilbetrag des verwendbaren Eigenbegriffs lastet, d. h. diese Definition bezieht sich auf den für eine Gewinnausschüttung verwendeten Teilbetrag (bei Verwendung von EK 45 für die Gewinnausschüttung beträgt die Tarifbelastung 45 v.H. bei Verwendung von EK 30 = 30 v.H. und bei Verwendung von EK 01 – 04 = 0 v.H.

– In § 32 Abs. 2 KStG ist die Tarifbelastung gemeint, die sich für den aufzuteilenden Einkommensteil ergibt, d.h. für Aufteilungszwecke ist die Gesamt-Tarifbelastung laut Veranlagung ggfs. auf mehrere Einkommensteile zu zerlegen.

– Als Tarifbelastung i.S. des § 47 Abs. 2 KStG schließlich bezeichnet Abschnitt 103a Abs. 1 Satz 7 KStR die tarifliche Körperschaftsteuer vor der Minderung oder Erhöhung gem. § 27 KStG und nach Verringerung um die nach dem DBA Frankreich anzurechnende französische Steuergutschrift. Die Tarifbelastung i.S. des § 47 Abs. 2 KStG entspricht damit der in der Körperschaftsteuer-Veranlagung als Vorstufe der festgesetzten Körperschaftsteuer sich ergebenden Rechengröße.

Alle drei genannten Vorschriften verstehen den Begriff „Tarifbelastung" sicherlich mit materiell gleichem Inhalt; jede der Vorschriften sieht diesen Begriff jedoch aus einer unterschiedlichen Blickrichtung.

2.2.4.2.4 Grundlagenfunktion hinsichtlich der Steuerermäßigung nach § 21 Abs. 2 Satz 1 oder Abs. 3 Satz 1 BerlinFG (§ 47 Abs. 2 Nr. 1 Buchst. c KStG)

Nach dem BFH-Urteil vom 09.10.1985 (BStBl 1986 II S. 93) hatte der Körperschaftsteuerbe- **1067** scheid, obwohl sich das dem Wortlaut des § 47 Abs. 2 KStG nicht ausdrücklich entnehmen ließ,

1067 noch in einem dritten Punkt eine Grundlagenfunktion für den Feststellungsbescheid i. S. des § 47 Abs. 1 Nr. 1 KStG. Es handelte sich um die Steuerermäßigung nach § 21 Abs. 2 Satz 1 oder Abs. 3 Satz 1 BerlinFG (**Berlinpräferenz**).

Diese Erweiterung des Umfangs der Grundlagenwirkung des Körperschaftsteuer-Bescheids war sachlich gerechtfertigt und erschien auch vom Gesetzeswortlaut abgedeckt. § 47 Abs. 2 Satz 1 KStG regelte die Grundlagenfunktion des Körperschaftsteuer-Bescheids hinsichtlich der Körperschaftsteuer-Tarifbelastung. In den Fällen der Steuerermäßigung nach § 21 Abs. 2 Satz 1 und Abs. 3 Satz 1 Berlin FG gilt die Körperschaftsteuer-Tarifbelastung gem. § 27 Satz 2 BerlinFG als um den Ermäßigungsbetrag erhöht. So gesehen korrigiert die dritte im Körperschaftsteuer-Bescheid enthaltene Feststellung die Feststellung der (tatsächlichen niedrigeren) Tarifbelastung auf den für die Eigenkapitalgliederung maßgeblichen Wert.

1068 Im Rahmen des Steueränderungsgesetzes 1992 ist diese Grundlagenfunktion ausdrücklich gesetzlich geregelt worden.

2.2.4.2.5 Grundlagenfunktion hinsichtlich der Minderung und Erhöhung der Körperschaftsteuer nach § 27 KStG (§ 47 Abs. 2 Nr. 1 Buchst. d KStG)

1069 Nach § 47 Abs. 2 Nr. 1 Buchst. d KStG ist der Körperschaftsteuerbescheid **Grundlagenbescheid** für den Feststellungsbescheid i.S. des § 47 Abs. 1 Satz 1 Nr. 1 KStG **hinsichtlich der Minderung und Erhöhung** der Körperschaftsteuer nach § 27 KStG.

1070 Diese Grundlagenfunktion, die der BFH in der früheren Fassung des § 47 KStG nicht geregelt sah (vgl. BFH-Urteil vom 14.03.1989, BStBl II S. 741) ist **ab 1991** durch das Steueränderungsgesetz 1991 **neu eingefügt** worden. Der neue Buchst. d hängt mit Abs. 1 Satz 3 zusammen, in dem die umgekehrte Grundlagenfunktion des (allerdings eines anderen) Feststellungsbescheids für den Körperschaftsteuerbescheid geregelt ist. Der in Abs. 1 Satz 3 genannte Feststellungsbescheid liefert mit den Teilbeträgen des verwendbaren Eigekapitals, die gem. § 28 Abs. 2 Satz 1 KStG für die Gewinnausschüttung als verwendet gelten, die Ausgangsgrößen für die Minderung und/oder Erhöhung der Körperschaftsteuer, über die im Körperschaftsteuerbescheid entschieden wird. Einwendungen gegen Höhe der Körperschaftsteuer-Änderung, die eine unrichtige Verrechnung der Ausschüttung oder Rechenfehler beim Ermitteln der Minderung bzw. Erhöhung zum Inhalt haben, muß die Körperschaft deshalb in einem Einspruch gegen den Körperschaftsteuerbescheid vorbringen. Einwendungen gegen die Höhe der zugrunde liegenden Teilbeträge sind gegen den Feststellungsbescheid i.S. von § 47 Abs. 1 Satz 3 KStG vorzubringen.

1071 Der Körperschaftsteuerbescheid i.S. von § 47 Abs. 2 Nr. 1 Buchst. d KStG ist Grundlagenbescheid für den (zeitlich nachfolgenden) Feststellungsbescheid zum Schluß des Wirtschaftsjahres, in dem die Ausschüttung, welche die Minderung bzw. Erhöhung der Körperschaftsteuer auslöst, das verwendbare Eigenkapital verringert.

Beispiel 1072

oGA von 70 000 DM in 02 für 01

Feststellung der Teilbeträge des vEK zum 31.12.01		KSt-Bescheid 01		Feststellung der Teilbeträge des vEK zum 31.12.02	
	EK 45 DM	Zu versteuerndes Einkommen	DM 200 000		EK 45 DM
Bestand 31.12.00	300 000	x StSatz (45 v. H.)	x 45 v. H.	Bestand 31.12.01	410 000
+ Zugang aus dem Einkommen 01 (200 000 DM − KSt 45 v. H.)	+110 000	= Tarifliche KSt **Änderung der KSt nach § 27 KStG;*)**	90 000	**− Verringerung des vEK infolge der oGA in 02 für 01:**	
Bestand 31.12.01	410 000	oGA in 02 für 01 70 000 DM Dafür Verwendung von EK 45 ($^{55}/_{70}$ v. 70 000 DM− 55 000 DM KSt-Minderung 15 000 DM	−15 000	oGA 70 000 DM Verringerung des EK45 −55 000 DM KSt-Minderung 15 000 DM + Zugang aus dem Einkommen 02 (unterstellt)	−55 000 175 000
		Festzusetzende KSt	75 000	Bestand 31.12.02	530 000

(Grundlagenfunktion gem. Abs. 1 Satz 3 → Grundlagenfunktion gem. Abs. 2 Nr. 1 Buchst. d)

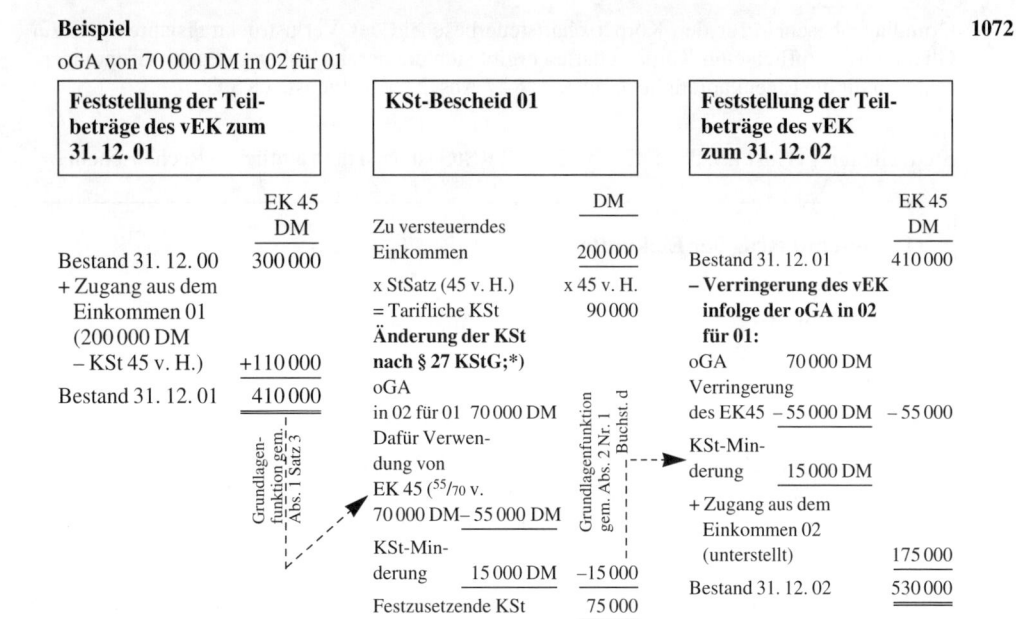

*) Wird vordrucktechnisch im sogenannten „Nachrichtlichen Teil" des Feststellungsbescheids zum 31.12.01 errechnet, gehört aber verfahrensrechtlich in den KSt-Bescheid 01.

Die in § 47 Abs. 2 Nr. 1 Buchst. d KStG geregelte Grundlagenfunktion ist auf den **Betrag der Minderung bzw. Erhöhung der Körperschaftsteuer** gerichtet, denn nur dieser spielt i.R. der Körperschaftsteuer-Festsetzung für 01 eine Rolle. Genau genommen ist dies aber **nicht** der Wert, der in dem Folgebescheid (im o.a.Beispiel: Feststellung des verwendbaren Eigenkapitals zum 31.12.02) **unmittelbar** von Bedeutung ist. Der Körperschaftsteuerbescheid 01 kann für den Feststellungsbescheid zum 31.12.02 aus der Natur der Sache heraus nur einen Wert liefern, der für die Gliederung des verwendbaren Eigenkapitals **mittelbare** Bedeutung hat. Aus dem Betrag der Minderung bzw. Erhöhung der Körperschaftsteuer ergibt sich aber i. d. R. zwingend der für die Gliederungsrechnung benötigte Betrag, d.h. der Betrag, um den sich ein bestimmter Teilbetrag des verwendbaren Eigenkapitals infolge der Gewinnausschüttung verringert. Auf das vorstehende Beispiel bezogen bedeutet dies, daß der Körperschaftsteuerbescheid hinsichtlich der Körperschaftsteuer-Minderung von 15 000 DM Grundlagenbescheid für den Feststellungsbescheid zum 31.12.02 ist, daß der dort benötigte Wert (Verringerung des EK 45 um 55 000 DM, also um 55/15 der Körperschaftsteuer-Minderung) aber trotzdem eigenständig in der Gliederung des verwendbaren Eigenkapitals zu ermitteln ist. 1073

Daher erscheint fraglich, ob die in § 47 Abs. 2 Nr. 1 Buchst. d KStG geregelte Grundlagenfunktion hinsichtlich der Verwendung von **EK 01** (ab 1994) und **EK 04,** bei der es gem. § 40 Nr. 1 bzw. Nr. 2 KStG nicht zum Herstellen der Körperschaftsteuer-Ausschüttungsbelastung kommt, überhaupt greift. 1074

2.2.4.3 Grundlagenbescheid für den Körperschaftsteuerbescheid des Verlustrücktragsjahres (§ 47 Abs. 2 Nr. 2 KStG)

Der neue § 47 Abs. 2 Nr. 2 KStG regelt ab 1991 eine Grundlagenfunktion, die die Rechtsprechung bisher als ungeregelt ansah (vgl. z.B. BFH-Urteile vom 09.12.1987, BStBl 1988 II S. 460, vom 09.12.1987, BStBl 1988 II S. 463, und vom 09.12.1987, BStBl 1988 II S. 466). Nunmehr ist der Körperschaftsteuerbescheid des Verlustjahres hinsichtlich des steuerlichen Verlustes 1075

Grundlagenbescheid für den Körperschaftsteuerbescheid des Verlustrücktragsjahres. Bei zur Gliederung verpflichteten Körperschaften ergibt sich die bereits bisher geregelte Grundlagenfunktion für die Eigenkapitalgliederung aus § 47 Abs. 2 Nr. 1 Buchst. a KStG.

1076 **Steuerlicher Verlust** i.S. des § 47 Abs. 2 Nr. 2 KStG ist nach dem amtlichen Rechenschema:

---

(1) **Gesamtbetrag der Einkünfte**
(2) Verlustabzug
(3) **Einkommen**
(4) Freibetrag nach § 24 oder § 25 KStG
(5) **Zu versteuerndes Einkommen**

Da in Verlustjahren die Abzüge nach Ziffern (2) und (4) nicht möglich sind, ist der steuerliche Verlust i.S.d. § 47 Abs. 2 Nr. 2 KStG mit einem negativen Gesamtbetrag der Einkünfte ebenso identisch wie mit einem negativen Einkommen und mit einem negativen zu versteuernden Einkommen.

1077 Der Körperschaftsteuerbescheid des Verlustentstehungsjahres entfaltet **Bindungswirkungen in drei Richtungen.** Er bindet

den Feststellungsbescheid zum Schluß des Verlustentstehungsjahres	den KSt-Bescheid des Verlustrücktragsjahres	den Feststellungsbescheid nach § 10d Abs. 3 EStG
Diese Grundlagenfunktion ist in Abs. 2 Nr. 1 Buchst. a geregelt. Sie wurde vom BFH bereits für die Zeit **vor** der Neufassung des § 47 bejaht.	Diese Grundlagenfunktion, die Abs. 2 Nr. 2 regelt, ist neu ab dem VZ 1991.	Auch diese Grundlagenfunktion, die Abs. 2 Nr. 3 regelt, ist neu ab dem VZ 1991. Der Feststellungsbescheid nach § 10d Abs. 3 EStG ist wiederum Grundlagenbescheid für den KSt-Bescheid eines **Verlustvortrags**jahres.

1078 Der neue § 47 Abs. 2 **Nr.** 2 KStG regelt mit erstmaliger Wirkung ab dem Veranlagungszeitraum 1991 eine neue Grundlagenfunktion, die der **Körperschaftsteuerbescheid** des Verlustentstehungsjahrs für den **Körperschaftsteuerbescheid** des Verlustrücktragsjahrs hat. Mit dieser Ergänzungsregelung zu § 47 Abs. 2 Nr. 1 Buchst. a KStG ist sichergestellt, daß eine Körperschaft Einwendungen gegen die Höhe eines steuerlichen Verlusts in jedem Fall gegen den Körperschaftsteuerbescheid des Verlustentstehungsjahrs vorbringen muß. In diesem Punkt hat sich die Körperschaftsteuer von der Einkommensteuer gelöst, bei der die Höhe eines steuerlichen Verlusts nur mit einem Einspruch gegen den Steuerbescheid für das betreffende Rücktragsjahr angefochten werden kann.

1079 § 47 Abs. 2 Nr. 2 KStG regelt eine Grundlagenfunktion nur für den Körperschaftsteuerbescheid des Verlustrücktragsjahrs, **nicht** jedoch für den Körperschaftsteuerbescheid eines Verlustvortragsjahrs. Eine Regelung für den Verlustvortrag war nicht erforderlich, weil der Körperschaftsteuerbescheid des Verlustentstehungsjahrs nach § 47 Abs. 2 Nr. 3 KStG zusätzlich Grundlagenfunktion für den Feststellungsbescheid i.S.d. § 10d Abs. 3 EStG über den verbleibenden Verlustabzug hat und dieser Feststellungsbescheid seinerseits Grundlagenbescheid für den Körperschaftsteuerbescheid des Verlustvortragsjahrs ist. D.h., beim **Verlustvortrag** ist in die Grundlagenfunktionskette zwischen den Körperschaftsteuerbescheiden des Verlustentstehungs- und des Verlustabzugsjahrs ein weiterer Bescheid zwischengeschaltet („**indirekte Grundlagenfunktion**" zwischen den beiden Körperschaftsteuerbescheiden). Beim **Verlustrücktrag** hingegen gibt es diese Zwischenschaltung nicht. Soweit der in einem Veranlagungszeitraum entstandene steuerliche Verlust im Wege des Rücktrags in einem früheren Veranlagungszeitraum abgezogen werden kann, kommt es in dem Feststellungsbescheid gem. § 10d Abs. 3 EStG auf den Schluß des Verlustentstehungsjahrs gar nicht erst zu einem Ausweis. Deshalb regelt § 47 Abs. 2 Nr. 2 KStG hier eine **direkte Grundlagenfunktion** zwischen den beiden Körperschaftsteuerbescheiden. 1079

Anders als § 47 Abs. 2 Nr. 1 Buchst. a KStG hat § 47 Abs. 2 Nr. 2 KStG über die zur Gliederung ihres verwendbaren Eigenkapitals verpflichteten Körperschaften hinaus **bei allen Körperschaftsteuerpflichtigen** Bedeutung. 1080

2.2.4.4 Grundlagenbescheid für den Feststellungsbescheid nach § 10d Abs. 3 EStG (§ 47 Abs. 2 Nr. 3 KStG)

Nach § 47 Abs. 2 Nr. 3 KStG ist der Körperschaftsteuerbescheid ab dem Veranlagungszeitraum 1991 auch Grundlagenbescheid für den Bescheid über die gesonderte Feststellung des verbleibenden Verlustes nach § 10d Abs. 3 EStG, der nach § 49 Abs. 1 S. 1 KStG ebenso an Körperschaften zu erteilen ist. Auch diese Grundlagenfunktion betrifft alle Körperschaften, auch diejenigen, die nicht zur Gliederung ihres verwendbaren Eigenkapitals verpflichtet sind. 1081

Eine Grundlagenfunktion besteht sowohl hinsichtlich eines negativen Einkommens (Verlustes) als auch hinsichtlich eines positiven Einkommens. Ersteres erhöht den noch nicht verbrauchten Verlustabzug, letzteres verringert ihn. 1082

Die Feststellung nach § 47 Abs. 2 Nr. 3 KStG betrifft **nicht** die nach § 2a Abs. 1, § 15 Abs. 4 und § 15a EStG **nichtabziehbaren Verluste** (vgl. RZ 1063). 1083

Keine Grundlagenfunktion für den Feststellungsbescheid nach § 10d Abs. 3 EStG hat der Körperschaftsteuerbescheid für ein Verlustrücktragsjahr, in dem der steuerliche Verlust eines späteren Jahres (bzw. ein Teil davon) abgezogen wird, also von vornherein nicht als Rechengröße in die gesonderte Feststellung nach § 10d Abs. 3 EStG hineingelangt. 1084

Das nachstehende Beispiel zeigt das **verfahrensrechtliche Nebeneinander** von Körperschaftsteuerbescheid und Feststellungsbescheid i.S.d. § 10d Abs. 3 EStG: 1085

1085

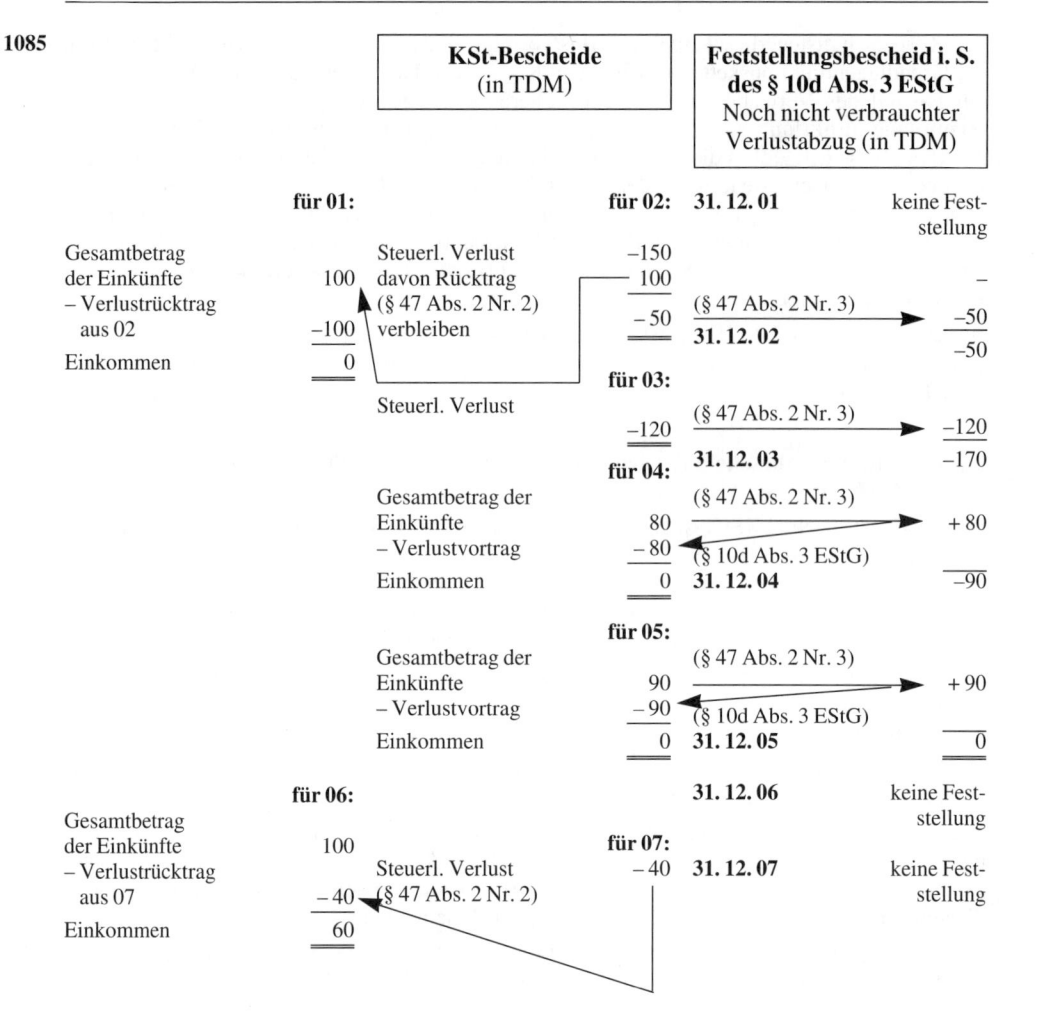

	KSt-Bescheide (in TDM)		Feststellungsbescheid i. S. des § 10d Abs. 3 EStG Noch nicht verbrauchter Verlustabzug (in TDM)

für 01:   **für 02:**   31. 12. 01   keine Feststellung

Gesamtbetrag   Steuerl. Verlust   –150
der Einkünfte   100   davon Rücktrag   100
– Verlustrücktrag   (§ 47 Abs. 2 Nr. 2)   (§ 47 Abs. 2 Nr. 3)   –
  aus 02   –100   verbleiben   – 50   –50
Einkommen   0   31. 12. 02   –50

                                               für 03:
                            Steuerl. Verlust   (§ 47 Abs. 2 Nr. 3)
                                                –120   –120
                                               für 04:   31. 12. 03   –170

                            Gesamtbetrag der   (§ 47 Abs. 2 Nr. 3)
                            Einkünfte   80   + 80
                            – Verlustvortrag   – 80   (§ 10d Abs. 3 EStG)
                            Einkommen   0   31. 12. 04   –90

                                               für 05:
                            Gesamtbetrag der   (§ 47 Abs. 2 Nr. 3)
                            Einkünfte   90   + 90
                            – Verlustvortrag   – 90   (§ 10d Abs. 3 EStG)
                            Einkommen   0   31. 12. 05   0

                            für 06:   31. 12. 06   keine Feststellung
Gesamtbetrag
der Einkünfte   100   **für 07:**
– Verlustrücktrag   Steuerl. Verlust   – 40
  aus 07   – 40   (§ 47 Abs. 2 Nr. 2)   31. 12. 07   keine Feststellung
Einkommen   60

1086 Das vorstehende Beispiel zeigt, daß der Gesetzgeber in Abs. 2 Nr. 3 für den Fall eines positiven Einkommens **besser** auf den **Gesamtbetrag der Einkünfte** (Betrag **vor** Verlustabzug) statt auf das Einkommen (Betrag **nach** Verlustabzug) abgestellt hätte. Im Beispiel hat die Körperschaft im Jahr 04 einen Gesamtbetrag der Einkünfte von 80 TDM, aber ein Einkommen von 0 TDM. Wenn das Gesetz in § 47 Abs. 2 Nr. 3 eine Grundlagenfunktion des KSt-Bescheids für den Feststellungsbescheid i. S. des § 10d Abs. 3 EStG auch für das positive „Einkommen" vorschreibt, dann kann das nur den Sinn haben, daß der verbleibende Verlustabzug i. S. des § 10d Abs. 3 EStG i. H. des Betrags verringert wird, in der dieser verbleibende Verlustabzug im jeweiligen Jahr abziehbar ist (in o. a. Beispiel: 80 TDM).

1087 M.a.W.: Obwohl § 47 Abs. 2 Nr. 3 KStG eine Bindung an das „Einkommen" vorschreibt, kann bei **positiven** Werten vom Sinn und Zweck der Vorschrift her nur der „Gesamtbetrag der Einkünfte" gemeint sein. Ansonsten ergäbe sich in o.a. Beispiel im Jahr 04 eine Verringerung des verbleibenden Verlustabzugs um 0 TDM, obwohl 80 TDM „Einkommen vor Verlustabzug" erwirtschaftet wurden. Bei **negativen** Beträgen (steuerlicher Verlust) hingegen ist es, wie das o.a. Beispiel im Jahr 02 zeigt zutreffend, eine Bindungswirkung für den Betrag nach Verlustrücktrag zu regeln.

Daß § 47 Abs. 2 **Nr. 3** KStG eine Grundlagenfunktion des Körperschaftsteuerbescheids hin- **1088** sichtlich des „**Einkommens**" und § 47 Abs. 2 **Nr. 1 Buchst. a** KStG für das „**zu versteuernde Einkommen**" regelt, ist begründet. Zwischen diesen beiden Rechengrößen ist der Freibetrag nach § 24 oder § 25 KStG angesiedelt.

- § 47 Abs. 2 **Nr. 1 Buchst. a** KStG regelt die Grundlagenfunktion des Körperschaftsteuerbescheids für den Feststellungsbescheid i.S.d. 47 Abs. 1 Nr. 1 KStG. Da die Zugänge zum verwendbaren Eigenkapital aus dem zu versteuernden Einkommen ermittelt werden, ist dieses im Körperschaftsteuerbescheid festzustellen (vgl. RZ 1058 ff).

- § 47 Abs. 2 **Nr. 3** KStG dient der Fortschreibung des verbleibenden Verlustabzugs. Der Verlustabzug, wegen dessen der Feststellungsbescheid nach § 10d Abs. 3 EStG Grundlagenbescheid für den Körperschaftsteuerbescheid des Verlustvortragsjahrs ist, erfolgt auf der Rechenstufe zwischen dem Gesamtbetrag der Einkünfte und dem Einkommen. D.h. der Verlustabzug verringert die Rechengröße vor Abzug der Freibeträge gem. §§ 24, 25 KStG. Für die umgekehrte Grundlagenfunktion (Körperschaftsteuerbescheid für den Feststellungsbescheid nach § 10d Abs. 3 EStG) war daher auf die entsprechende Rechengröße im Körperschaftsteuerbescheid, das Einkommen, abzustellen.

§ 47 Abs. 2 Nr. 3 KStG regelt nur eine Grundlagenfunktion des Körperschaftsteuerbescheids für **1089** den Feststellungsbescheid nach § 10d Abs. 3 EStG. Es gibt aber auch eine **umgekehrte Grundlagenfunktion** des Feststellungsbescheids nach § 10d Abs. 3 EStG, und zwar **für den Körperschaftsteuerbescheid** des **Verlustabzugsjahrs**. Wie in RZ 1081 f erläutert, kann diese Grundlagenfunktion **nur** beim **Verlustvortrag** in Betracht kommen. Beim Verlustrücktrag ist kein Feststellungsbescheid „zwischengeschaltet" (vgl. RZ 1084).

Bei **positivem** Einkommen, verbunden mit einem noch nicht verbrauchten Verlustabzug aus **1090** dem Vorjahr, treffen, wie das Beispiel in RZ 1085 zeigt, **beide** Grundlagenfunktionen zusammen. Zum einen ist der Feststellungsbescheid nach § 10d Abs. 3 EStG Grundlagenbescheid hinsichtlich des Verlustabzugs. Umgekehrt ist der Körperschaftsteuerbescheid hinsichtlich des positiven Gesamtbetrags der Einkünfte (vgl. RZ 1058 f), der durch den Verlustabzug steuerfreigestellt wird, Grundlagenbescheid für den Feststellungsbescheid.

Die Grundlagenfunktion nach § 47 Abs. 2 Nr. 3 KStG gilt für alle Körperschaften, nicht nur für **1091** die zur Gliederung ihres verwendbaren Eigenkapitals verpflichteten.

1092
frei **–1097**

3. Kreis der zur Gliederung des verwendbaren Eigenkapitals verpflichteten Körperschaften

§ 30 KStG schreibt die Gliederungsrechnung für alle unbeschränkt steuerpflichtigen **Kapital-** **1098** **gesellschaften** vor, und zwar auch für solche Kapitalgesellschaften, die nach § 5 KStG persönlich von der Körperschaftsteuer befreit sind. Nach § 5 Abs. 2 Nr. 2 KStG ist die Steuerbefreiung insoweit ausgeschlossen, als nach § 27 KStG die Ausschüttungsbelastung herzustellen ist.

Darüber hinaus sind zur Gliederung alle unbeschränkt steuerpflichtigen Körperschaften verpflichtet, deren Ausschüttungen in das Anrechnungsverfahren einbezogen sind. In erster Linie sind dies die unbeschränkt steuerpflichtigen **Erwerbs- und Wirtschaftsgenossenschaften.** Unbeschränkt steuerpflichtige **Realgemeinden** und **wirtschaftliche Vereine** gehören ebenfalls zu diesen Körperschaften, wenn sie Mitgliedschaftsrechte gewähren, die einer kapitalmäßigen Beteiligung nachstehen (§ 43 KStG; BFH-Urteil vom 23.09.1970, BStBl 1971 II S. 47).

1099 Nicht einbezogen in das körperschaftsteuerliche Anrechnungsverfahren sind insbesondere:

- die **Betriebe gewerblicher Art** von juristischen Personen des öffentlichen Rechts (§ 1 Abs. 1 Nr. 6, § 4 KStG),
- **inländische Betriebsstätten** beschränkt steuerpflichtiger Körperschaften (§ 2 Nr. 1 KStG) und
- unbeschränkt steuerpflichtige **Körperschaften, Personenvereinigungen und Vermögensmassen i.S. des § 1 Abs. 1 Nr. 3 bis 5 KStG** (Versicherungsvereine auf Gegenseitigkeit, sonstige juristische Personen des Privatrechts, nichtrechtsfähige Vereine, Anstalten, Stiftungen und andere Zweckvermögen des Privatrechts).

4. Minderung oder Erhöhung der Körperschaftsteuer bei Ausschüttung des Gewinns (§§ 27, 40, 43 KStG; Abschnitt 77 KStR)

Ausgewählte Literaturhinweise: Siehe nachstehend bei den Einzelthemen.

4.1 Vorbemerkung

1100 Die §§ 27, 40 und 43 KStG enthalten ergänzend zu den Tarifvorschriften des KStG (§§ 23–26) Regelungen dazu, wie die Körperschaftsteuer zu berechnen ist. Nach diesen Vorschriften erhöht oder mindert sich die tarifliche Körperschaftsteuer, wenn die Kapitalgesellschaft Gewinn ausschüttet (Körperschaftsteuer-Änderung).

Verfahrensmäßig ist § 27 KStG der Körperschaftsteuerveranlagung zuzuordnen; die Gliederung des verwendbaren Eigenkapitals nach den §§ 29 bis 38 und 41 KStG liefert die Berechnungsgrundlagen für die Änderung der Körperschaftsteuer, nämlich das für die Ausschüttung als verwendet geltende Eigenkapital (§ 28 KStG). Ohne Kenntnis der Gliederungsvorschriften ist § 27 KStG aus sich heraus nicht verständlich. Das gilt auch für den Begriff der Tarifbelastung, dessen Legaldefinition § 27 KStG enthält. Die Tarifbelastung kann nur im Zusammenhang mit ihrer Bezugsgröße, nämlich dem verwendbaren Eigenkapital, gesehen und verstanden werden.

1101 Das nachstehende **Schaubild**, das die Arbeitsschritte bei der Körperschaftsteuer-Veranlagung und der Gliederungsrechnung zum Gegenstand hat, will das Zusammenspiel der beiden Verfahren nochmals verdeutlichen.

Schaubild

Veranlagung zur Körperschaftsteuer

1. Schritt

Ermittlung der tariflichen Körperschaftsteuer

Zunächst wird in der Veranlagung die Körperschaftsteuer gemäß § 23 KStG so errechnet, als hätte die Körperschaft keine Ausschüttung vorgenommen, d. h. die Körperschaftsteuer wird im Regelfall mit 45 v. H. festgesetzt, wobei auch Steuerermäßigungen zu berücksichtigen sind. Daraus ergibt sich die **tarifliche Körperschaftsteuer**

4. Schritt

Tarifliche Körperschaftsteuer

± **Körperschaftsteuer-Änderung**

= Festzusetzende Körperschaftsteuer

Gliederung des verwertbaren Eigenkapitals

2. Schritt

Feststellung, in welcher Höhe im laufenden Wirtschaftsjahr **verdeckte Gewinnausschüttungen** oder **Vorabausschüttungen** geleistet worden sind und in welcher Höhe in späteren Wirtschaftsjahren für das laufende Wirtschaftsjahr **offene Gewinnausschüttungen** vorgenommen werden.

3. Schritt

Feststellung, welche Teile des verwendbaren Eigenkapitals für diese Ausschüttungen als verwendet gelten und welche Tarifbelastung diese Teilbeträge tragen.

In der Gliederungsrechnung, die die Grundlagen für die Änderung der Körperschaftsteuer liefert, sind nicht nur die Ausschüttungen von Bedeutung. Diese sind dort nur einer von vielen Geschäftsvorfällen, die das Reinvermögen lt. Steuerbilanz und damit das verwendbare Eigenkapital berühren. In der Gliederung sind – parallel zur Steuerbilanz – alle Veränderungen des verwendbaren Eigenkapitals (Zu- und Abgänge) zu berücksichtigen. Sie sind entsprechend ihrer Tarifbelastung einem der Teilbeträge des verwendbaren Eigenkapitals zuzuordnen. Aus dieser **fortlaufenden Belastungsrechnung** läßt sich dann im Zeitpunkt der Ausschüttung errechnen, auf welchen Teilbetrag des verwendbaren Eigenkapitals für die Ausschüttung zurückgegriffen werden muß.

Für die Minderung bzw. Erhöhung der Körperschaftsteuer ist nur interessant, in welcher Höhe Ausschüttungen vorgenommen worden sind (bzw. werden) und wie hoch das dafür als verwendet geltende Eigenkapital mit Körperschaftsteuer belastet ist.

Gelten auf Grund der Gliederung Eigenkapitalteile als verwendet, deren

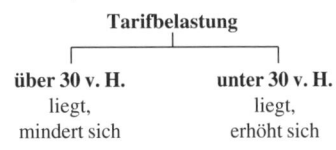

Tarifbelastung

über 30 v. H.	unter 30 v. H.
liegt,	liegt,
mindert sich	erhöht sich

in der Veranlagung die tarifliche Körperschaftsteuer um den Differenzbetrag, um den die lt. Gliederung als verwendet geltenden Eigenkapitalteile höher bzw. niedriger als 30 v. H. (Ausschüttungsbelastung) belastet sind. Die **Grundlagen** für die Errechnung der Körperschaftsteuer-Änderung ergeben sich also aus der Gliederung des verwendbaren Eigenkapitals, während die Minderung oder Erhöhung der Körperschaftsteuer in der Veranlagung erfolgt (vgl. 4. Schritt).

4.2 Sachlicher und persönlicher Geltungsbereich des § 27 KStG

1102 § 27 KStG spricht nur **Gewinnausschüttungen unbeschränkt steuerpflichtiger Kapitalgesellschaften** an. Sein **Geltungsbereich** wird aber **ausgedehnt**, und zwar:

a) **in sachlicher Hinsicht** durch § 41 Abs. 1 KStG.

Danach ändert sich die Körperschaftssteuer nicht nur bei Gewinnausschüttungen, sondern bei allen Leistungen, die beim Anteilseigner Einnahmen im Sinne des § 20 Abs. 1 Nr. 1 oder 2 EStG sind. Das sind neben Gewinnanteilen insbesondere:

aa) **Ausbeuten und sonstige Bezüge** aus

- Aktien,
- Genußrechten, die eine Beteiligung am Gewinn und Liquidationserlös der Kapitalgesellschaft gewähren,
- GmbH-Anteilen,
- Anteilen an Erwerbs- und Wirtschaftsgenossenschaften;

bb) **Bezüge**, die **auf Grund einer Kapitalherabsetzung oder nach Auflösung** der Gesellschaft gezahlt werden, soweit für diese Leistungen verwendbares Eigenkapital im Sinne des § 29 KStG (vgl. dazu RZ 1332 ff und 1843 ff) als verwendet gilt;

vorausgesetzt, daß für diese Auskehrungen nicht der Teilbetrag EK 04 als verwendet gilt. Die Ausschüttungsbelastung ist dagegen **nicht** herzustellen für die Auskehrung von „echtem", d. h. nicht nach § 29 Abs. 3 KStG zum verwendbaren Eigenkapital rechnendem Grund- bzw. Stammkapital im Wege der Kapitalherabsetzung oder im Wege der Liquidation, ebenso nicht für die Rückzahlung von Nachschußkapital (vgl. Abschnitt 95 Abs. 4 KStR).

F. Das körperschaftsteuerliche Anrechnungsverfahren

Schaubild 1103

```
                    ┌──────────────────────┐
                    │   Auskehrungen der   │
                    │  Kapitalgesellschaft │
                    └──────────────────────┘
                       │               │
                       ▼               ▼
   ┌─────────────────────────┐   ┌─────────────────────────┐
   │ Keine steuerpflichtige  │   │ Steuerpflichtige Kapital-│
   │ Kapitalerträge des      │   │ erträge des Anteilseigners│
   │ Anteilseigners          │   │ (Einkommensebene)       │
   │ (Vermögensebene)        │   │                         │
   └─────────────────────────┘   └─────────────────────────┘
              │                                │
   (kein Herstellen der              (Herstellen der Ausschüttungs-
   Ausschüttungsbelastung)           belastung – Ausnahme ab 1994: EK 01)
              │                      │                    │
              ▼                      ▼                    ▼
   ┌──────────────────┐   ┌──────────────────┐   ┌──────────────────┐
   │ Rückzahlung von  │   │ Gewinnausschüt-  │   │ Sonstige         │
   │ Nennkapital      │   │ tungen           │   │ Leistungen       │
   │ oder EK 04       │   │ (§ 27 KStG)      │   │ (§ 41 Abs. 1 KStG)│
   │ (§ 41 Abs. 2 KStG)│  │                  │   │                  │
   └──────────────────┘   └──────────────────┘   └──────────────────┘
```

Rückzahlung von
a) „echtem" Nennkapital
b) Nennkapital, das durch Umwandlung von vor dem Systemwechsel erzielten Gewinnen (EK 03) entstanden ist
c) nach dem Systemwechsel geleisteten Einlagen der Anteilseigner (EK 04)

a) offene Gewinnausschüttung
b) verdeckte Gewinnausschüttung

a) Rückzahlung von Nennkapital i. S. des § 29 Abs. 3 KStG (entstanden durch Umwandlung von nach dem Systemwechsel erzielten Gewinnen = EK 56, EK 50 bzw. EK 45 bis EK 02)
b) Auskehrung von Vermögen i. R. der Liquidation, soweit dafür verwendbares Eigenkapital (ausgenommen EK 04) als verwendet gilt

```
                    ┌──────────────────────┐
                    │ Steuerliche Behandlung│
                    │ beim Anteilseigner   │
                    └──────────────────────┘
```

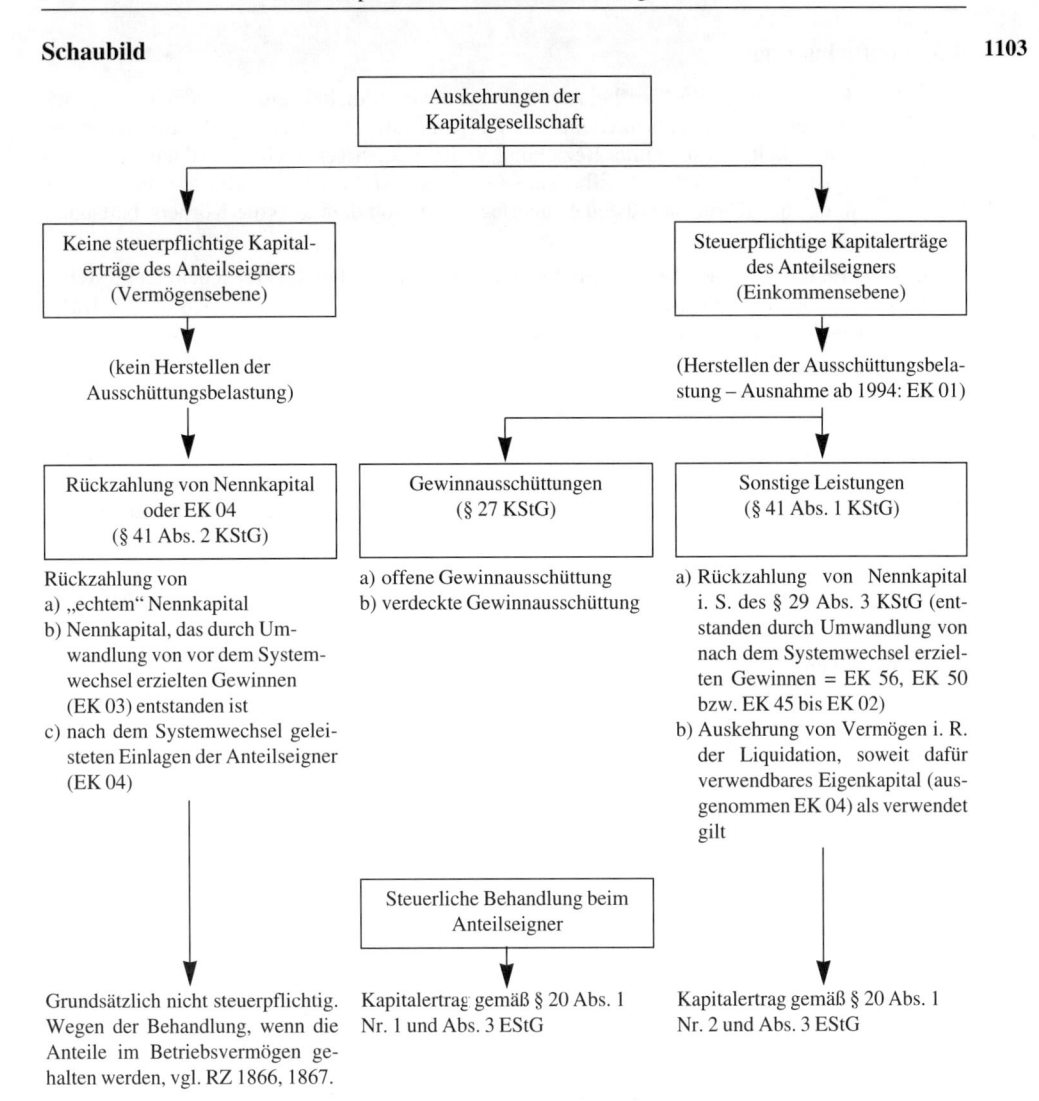

Grundsätzlich nicht steuerpflichtig. Wegen der Behandlung, wenn die Anteile im Betriebsvermögen gehalten werden, vgl. RZ 1866, 1867.

Kapitalertrag gemäß § 20 Abs. 1 Nr. 1 und Abs. 3 EStG

Kapitalertrag gemäß § 20 Abs. 1 Nr. 2 und Abs. 3 EStG

b) **in persönlicher Hinsicht** durch § 43 KStG. 1104

Danach haben auch diejenigen Körperschaften ihr Eigenkapital zu gliedern und die Ausschüttungsbelastung herzustellen, die nicht Kapitalgesellschaften sind. Voraussetzung für die Einbeziehung ins körperschaftsteuerliche Anrechnungsverfahren ist aber, daß die Körperschaft

– unbeschränkt steuerpflichtig ist und
– ihre Leistungen bei den Empfängern zu den Einnahmen im Sinne des § 20 Abs. 1 Nr. 1 oder 2 EStG gehören.

Vgl. dazu RZ 1098, 1099.

Eingeschränkt wird die Regelung des § 27 KStG **durch § 40 KStG**, wonach unter den dort genannten Voraussetzungen eine Körperschaftsteuer-Erhöhung unterbleibt (vgl. dazu RZ 1216 ff). Eine **Sonderregelung** zum Herstellen der Ausschüttungsbelastung **im Falle der Umwandlung oder Verschmelzung** enthält § 42 KStG (vgl. dazu RZ 1870 ff). 1105

4.3 Tarifbelastung

1106 § 27 Abs. 1 KStG definiert die Tarifbelastung als die bei ihr (d.h. bei der Gesellschaft) eingetretene Belastung des Eigenkapitals mit deutscher Körperschaftsteuer. Der Begriff „Belastung" ist aus seinem Sinngehalt und aus seiner Beziehung zu der rechnerischen Größe „Eigenkapital", in die er gestellt ist, abzuleiten. Die Tarifbelastung i.S. des § 27 Abs. 1 KStG bezieht sich auf das Eigenkapital, das der Körperschaftsteuer unterlegen hat, von dem also die Körperschaftsteuer bereits abgezogen ist.

Maßgebend für die Höhe der Tarifbelastung ist die im Körperschaftsteuerbescheid **festgestellte** Tarifbelastung, denn der Körperschaftsteuerbescheid ist nach § 47 Abs. 2 Nr. 1 Buchst. b KStG insoweit Grundlagenbescheid für die gesonderte Feststellung der Teilbeträge des verwendbaren Eigenkapitals (vgl. dazu vorstehend RZ 1066). In der Praxis muß die Kapitalgesellschaft in ihrer Erklärung jedoch zunächst, da ein entsprechender Bescheid des Finanzamts noch nicht vorliegen kann, selbst die Belastung ihres verwendbaren Eigenkapitals errechnen.

Die Tarifbelastung beträgt **nicht immer 45 v. H.**, denn die Körperschaftsteuer wird häufig durch einen besonderen Steuersatz oder auf andere Weise **ermäßigt**, z. B. durch Anrechnung ausländischer Steuern. Theoretisch ist jede Tarifbelastung zwischen 0 v.H. und 45 v. H. möglich.

1107 Zwischen der festgestellten Tarifbelastung im Sinne des § 47 Abs. 2 Nr. 1 Buchst. b KStG und der Tarifbelastung im Sinne des § 27 besteht keine unmittelbare Verbindung. Wegen des **unterschiedlichen Inhalts**, den die §§ 27 Abs. 1, 32 Abs. 2 und 47 Abs. 2 KStG dem Begriff der Tarifbelastung geben, siehe vorstehend RZ 1066.

1108 Die im Gesetz enthaltene Einschränkung, daß die Tarifbelastung „bei ihr", nämlich bei der ausschüttenden Kapitalgesellschaft, eingetreten sein muß, hat in erster Linie Bedeutung für persönlich von der Körperschaftsteuer befreite Kapitalgesellschaften. Vereinnahmen steuerbefreite Kapitalgesellschaften mit anrechenbarer Körperschaftsteuer belastete Dividendenerträge und schütten sie diese Erträge weiter aus, müssen sie die Ausschüttungsbelastung erneut herstellen. Die Vorbelastung mit Körperschaftsteuer ist nämlich nicht bei der steuerbefreiten Kapitalgesellschaft entstanden. Bei jeder Ausschüttung gehen darüber hinaus i.d.R. alle vorherigen Steuerbefreiungen und –vergünstigungen verloren (vgl. RZ 1024, 1025).

Das gleiche Problem tritt auf, wenn in eine Ausschüttungskette eine nichtanrechnungsberechtigte Körperschaft zwischengeschaltet ist.

> **Beispiel:**
> Die deutsche GmbH A schüttet Gewinn an die ausländische GmbH B aus; diese wiederum an die inländische GmbH C. Obwohl auf den durchgeschütteten Gewinn (bei der GmbH A) bereits einmal deutsche Körperschaftsteuer entstanden ist, rechnet diese, weil die nicht der deutschen Besteuerung unterliegende GmbH B zwischengeschaltet ist, bei der inländischen GmbH C nicht zu ihrer Tarifbelastung. Immer dann, wenn in die Ausschüttungskette eine nichtanrechnungsberechtigte Gesellschaft zwischengeschaltet ist, wird – entgegen den Zielsetzungen des Anrechnungsverfahrens – Körperschaftsteuer definitiv. Dieses Problem hat der Gesetzgeber als nicht lösbar hingenommen (vgl. BT-Drucksache 7/1470 S. 365).

1109 Anders ist es in den Fällen, in denen eine **unbeschränkt steuerpflichtige** Kapitalgesellschaft mit anrechenbarer Körperschaftsteuer belastete Dividenden vereinnahmt. Diese unterliegen „bei ihr" der Körperschaftsteuer, denn Schuldner der Kapitalertragsteuer ist gemäß § 44 Abs. 1 EStG der Gläubiger der Kapitalerträge, d. h. der Anteilseigner. Die Anrechnung der Körperschaftsteuer auf die Steuerschuld der Gesellschaft ändert daran nichts, weil die Anrechnung gemäß § 36 Abs. 2 EStG die **Tilgung** der Steuerschuld betrifft.

> **Beispiel:**
> Die A-GmbH ist zu 100 v. H. an der B-GmbH beteiligt. Ihr fließt aus dieser Beteiligung eine Barausschüttung in Höhe von 52 500 DM zu.
>
> Buchung:
> Kasse   52 500 DM
> und Forderung Finanzamt (Körperschaftsteuer-
> und Kapitalertragsteuer-Anrechnung)   47 500 DM   an Beteiligungsertrag 100 000 DM

Die GmbH A muß den Beteiligungsertrag mit insgesamt 100 000 DM versteuern und kann die Körper- **1109**
schaftsteuer und die Kapitalertragsteuer auf ihre eigene Körperschaftsteuer-Schuld anrechnen. Die Tarifbelastung daraus beträgt 45 v.H. von 100 000 DM = 45 000 DM. Körperschaftsteuer-Erstattungsanspruch: 45 000 DM − 47 500 DM = − 2 500 DM.

Buchung:
Körperschaftsteuer-Aufwand   45 000 DM
und Körperschaftsteuer-Erstattungsanspruch   2 500 DM   an Forderung Finanzamt 47 500 DM

Nicht zur Tarifbelastung i.S. des § 27 Abs. 1 KStG gehört die **Körperschaftsteuer, die auf die** **1110**
nichtabziehbaren Ausgaben entfällt, denn nur die Belastung des für die Ausschüttung als verwendet geltenden Eigenkapitals soll nach § 27 Abs. 1 KStG korrigiert werden.

Beispiel:

Steuerbilanzgewinn	60 000 DM
+ Körperschaftsteuer (45 000 DM − Körperschaftsteuer-Minderung 15 000 DM)[*]	+ 30 000 DM
+ Vermögensteuer	+ 10 000 DM
Zu versteuerndes Einkommen	100 000 DM
Körperschaftsteuer 45 v.H. (= Tarifbelastung)	45 000 DM

Von der Tarifbelastung von 45.000 DM entfallen

auf den Eigenkapitalzugang von 45 000 DM	auf die Vermögensteuer von 10 000 DM
(100 000 DM − 45 000 DM − 10 000 DM)	
($^{45}/_{55}$ von 45 000 DM)	($^{45}/_{55}$ von 10 000 DM)
36 818 DM	8 182 DM

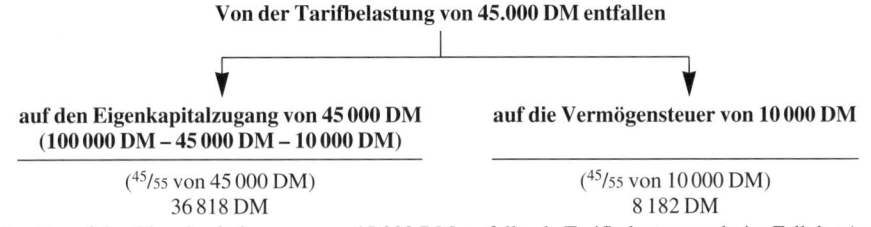

Nur die auf den Eigenkapitalzugang von 45.000 DM entfallende Tarifbelastung steht im Fall der Ausschüttung für eine Entlastung zur Verfügung. Die auf die Vermögensteuer entfallende Tarifbelastung wird definitiv.

Das zeigt sich, wenn man im vorstehenden Beispiel die höchstmögliche Ausschüttung errechnet. Diese würde betragen

Betrag des EK 45	45 000 DM	
+ Körperschaftsteuer-Minderung ($^{15}/_{55}$ von 45 000 DM)	+ 12 273 DM	
Gewinnausschüttung	57 273 DM	
+ $^{30}/_{70}$ ($^3/_7$) Körperschaftsteuer-Anrechnung beim Anteilseigner (§ 20 Abs. 1 Nr. 3 EStG)	+ 24 545 DM	36 818 DM (nur insoweit erfolgt eine Entlastung)
Zu versteuerndes Einkommen des Anteilseigners	81 818 DM	
Festzusetzende Körperschaftsteuer:		
Tarifbelastung	45 000 DM	
− Körperschaftsteuer-Minderung	− 12 273 DM[**]	
Verbleiben	32 727 DM	
Diese Körperschaftsteuer setzt sich zusammen aus 45 v. H. von 18 182 DM (10 000 DM Vermögensteuer + 8 182 DM darauf entfallende Körperschaftsteuer)	8 182 DM	
+ 30 v. H. vom restlichen Einkommensteil (100 000 DM − 18 182 DM = 81 818 DM)	= 24 545 DM	
	32 727 DM	

---

[*]) Dieses Beispiel unterstellt, daß der Teilbetrag EK 45 einen ausreichenden Bestand aus Vorjahren zur Finanzierung der Gewinnausschüttung ausweist.

[**])Die Körperschaftsteuer-Minderung ist an dieser Stelle bewußt nur auf den Teil des EK 45 bezogen, der aus dem laufenden Einkommen entstanden ist.

1110 Der Differenzbetrag zwischen dem steuerpflichtigen Einkommen der Körperschaft (100 000 DM) und dem des Anteilseigners (81 818 DM) entspricht der Summe aus 10 000 DM Vermögensteuer darauf entfallende Körperschaftsteuer (8 182 DM).

1111 In § 27 Abs. 2 KStG wird die Körperschaftsteuer, die zur Tarifbelastung gehört, in zweifacher Hinsicht abgegrenzt:

- Es muß sich um **inländische Körperschaftsteuer** handeln. Ausländische Körperschaftsteuer gehört auch dann nicht zur Tarifbelastung, wenn sie der inländischen Körperschaftsteuer gleichgestellt und auf die Körperschaftsteuer-Schuld anzurechnen ist.

- Es muß sich um **Körperschaftsteuer** handeln, **die nach dem 31.12.1976 entstanden ist**. Vor dem 1.1.1977 entstandene, alte Körperschaftsteuer gehört nicht zur Tarifbelastung. Dies bedeutet, daß Körperschaftsteuer nachzuerheben ist, wenn Gewinn als ausgeschüttet gilt, der vor dem Systemwechsel entstanden ist und nach früherem Recht zu versteuern war. Insoweit hat der Gesetzgeber die frühere Doppelbelastung aufrecht erhalten. Wegen der Möglichkeiten, diese Nacherhebung zu vermeiden, s. nachstehende RZ 1846 ff.

- Es muß sich um eine **Körperschaftsteuer der Bundesrepublik Deutschland** handeln. Eine vor dem 1.1.1991 entstandene Körperschaftsteuer der ehemaligen DDR rechnet nicht zur Tarifbelastung i.S. des § 27 Abs. 2 KStG.

1112–1114 frei

4.4 Herstellen der Ausschüttungsbelastung

4.4.1 Grundsätzliches

1115 Mit „Ausschüttungsbelastung" bezeichnet das KStG das einheitliche Belastungsniveau für ausgeschüttete Gewinne, das die Grundlage für die Anrechnung der Körperschaftsteuer beim Anteilseigner bildet. Bei anrechnungsberechtigten Anteilseignern entspricht der Betrag der anzurechnenden Körperschaftsteuer der bei der Körperschaft herzustellenden Ausschüttungsbelastung; bei nichtanrechnungsberechtigten Anteilseignern wird die Ausschüttungsbelastung definitiv. Ebenso wie die Tarifbelastung ist auch die Ausschüttungsbelastung nur eine **rechnerische Größe**.

1116 Herstellen der Ausschüttungsbelastung bedeutet, daß die Körperschaftsteuerbelastung des Eigenkapitals, aus dem die Ausschüttung finanziert wird, von ihrer tariflichen Höhe (über oder unter 30 v.H. (bis 1993: 36 v.H.)) auf 30 v.H. (bis 1993: 36 v.H.) des ausgeschütteten Betrags vereinheitlicht wird. Dies geschieht durch Änderung der Körperschaftsteuer.

Nach § 27 KStG ändert sich die Körperschaftsteuer der Gesellschaft anläßlich einer Ausschüttung in Höhe des jeweiligen **Belastungsunterschieds**. Die Änderung kann zu einer Minderung oder zu einer Erhöhung der tariflichen Körperschaftsteuer führen. Der Belastungsunterschied wird in einem Vom-Hundert-Satz ausgedrückt. Bezugsgröße für den Vom-Hundert-Satz ist der Gewinn vor Abzug der Körperschaftsteuer. Mit Körperschaftsteuer ist die Körperschaftsteuer in Höhe der Tarifbelastung gemeint.

1117 Damit für die ausgeschütteten Gewinne eine einheitliche Ausschüttungsbelastung hergestellt werden kann, muß

a) bekannt sein, wie hoch das für die Ausschüttung benötigte Eigenkapital mit Körperschaftsteuer **vorbelastet** ist (Tarifbelastung). Diese Vorbelastung wird durch die Gliederungsrechnung ermittelt, in der alle Eigenkapitalveränderungen jeweils bei dem Teilbetrag zu- oder abgerechnet werden, der ihrer Tarifbelastung entspricht (§ 30 KStG);

b) eine Regelung bestehen, die besagt, in welcher **Reihenfolge** die unterschiedlich belasteten Teilbeträge des verwendbaren Eigenkapitals für eine Gewinnausschüttung als verwendet gelten. Diese Regelung enthält **§ 28 Abs. 3 KStG**. Danach gilt ohne Rücksicht auf das Jahr der Entstehung des Einkommens zunächst der am höchsten belastete Teilbetrag des Eigenkapitals für eine Gewinnausschüttung als verwendet.

Für die gesetzliche Festlegung einer **einheitlichen** Ausschüttungsbelastung war maßgebend, **1118** daß bereits im Zeitpunkt der Ausschüttung die Höhe der beim Anteilseigner anrechenbaren Körperschaftsteuer unabhängig davon feststehen soll, ob die Körperschaft ihre Tarifbelastung zutreffend ermittelt hat. **Spätere Belastungsänderungen** bei der Körperschaft, z.B. aufgrund einer Betriebsprüfung durch das Finanzamt, sollen nur zur Änderung der Körperschaftsteuerveranlagung und Eigenkapitalgliederung bei der Körperschaft führen, die anrechenbare Körperschaftsteuer beim Anteilseigner jedoch unberührt lassen.

Nur in den in § 40 KStG genannten Ausnahmefällen **verzichtet** das Gesetz auf das Herstellen der **1119** Ausschüttungsbelastung (vgl. dazu RZ 1227 ff).

Das Herstellen der einheitlichen Ausschüttungsbelastung erfolgt zwar bei der Kapitalgesell- **1120** schaft, ist jedoch bereits auf die Besteuerung der Dividende bei den Anteilseignern ausgerichtet. Am deutlichsten wird dies in den Fällen, in denen ein Anteilseigner beschränkt steuerpflichtig oder persönlich steuerbefreit ist und deshalb die Anrechnung nicht erhält. In diesen Fällen führt nämlich – anders als bei einem anrechnungsberechtigten Anteilseigner – das Herstellen der Ausschüttungsbelastung durch die Minderung der Körperschaftsteuer zu einer Erhöhung der Rendite. Gelten steuerfreie Vermögensmehrungen als ausgeschüttet, wird die Rendite um die nachzuerhebende Körperschaftsteuer geschmälert.

Steuerermäßigungen, z.B. die Ermäßigung nach § 4 der Wasserkraftwerksverordnung, sind **1121** bei der Ermittlung der tariflichen Körperschaftsteuer zu berücksichtigen; sie können im günstigsten Fall zu einer Tarifbelastung von null DM führen. Die nach § 27 KStG herzustellende Ausschüttungsbelastung von 30 v. H. (ab 1994; bis 1993: 36 v. H.) des Gewinns vor Körperschaftsteuer darf nicht durch Steuerermäßigungen verringert werden (vgl. Urteil des FG Bremen vom 13.03.1981, EFG 1981 S. 415, des FG Berlin vom 23.09.1982, EFG 1983 S. 424, des FG Köln vom 20.01.1983, EFG 1983 S. 423, weiter Abschnitt 77 Abs. 1 Satz 2 KStR).

4.4.2 Erstmaliges Herstellen der Ausschüttungsbelastung

Bei **Gewinnausschüttungen, die auf einem den gesellschaftsrechtlichen Vorschriften ent-** **1122** **sprechenden Beschluß für ein abgelaufenes Wirtschaftsjahr beruhen** (offene Gewinnausschüttungen), ist die Ausschüttungsbelastung in Höhe von 36 v.H. (bis 1993) gemäß § 54 Abs. 1, § 27 Abs. 1 und Abs. 3 Satz 1 KStG 1977 bis 1991 bzw. in Höhe von 30 v.H. (ab 1994) gemäß § 54 Abs. 10a, § 27 Abs. 1 und Abs. 3 Satz 1 KStG i.d.F.d. StMBG erstmals herzustellen, wenn die Ausschüttungen für Wirtschaftsjahre vorgenommen werden, die im Veranlagungszeitraum 1977 enden.

Schüttet eine Kapitalgesellschaft nach dem 31.12.1976 Gewinn für Wirtschaftsjahre aus, die vor dem 01.01.1977 abgelaufen sind, kommt dementsprechend eine Minderung oder Erhöhung der Körperschaftsteuer nicht in Betracht. Für berücksichtigungsfähige Ausschüttungen ist noch der ermäßigte Steuersatz nach § 19 KStG 1975 zu gewähren (vgl. Abschnitt 106 Abs. 9 KStR 1977 und 1981).

Bei **Ausschüttungen, die nicht auf einem den gesellschaftsrechtlichen Vorschriften ent-** **1123** **sprechenden Beschluß für ein abgelaufenes Wirtschaftsjahr beruhen, insbesondere bei verdeckten Gewinnausschüttungen**, ist die Ausschüttungsbelastung erstmals bei nach dem 31.12.1976 geleisteten Gewinnausschüttungen herzustellen (§ 54 Abs. 1, § 27 Abs. 3 Satz 2 KStG 1977 bis 1991 bzw. § 54 Abs. 10a, § 27 Abs. 1 und Abs. 3 Satz 1 KStG i.d.F.d. StMBG). Sind solche Ausschüttungen vor dem 01.01.1977 in einem vom Kalenderjahr abweichenden Wirtschaftsjahr vorgenommen worden, das nach dem 31.12.1976 endet, ist hierfür die Ausschüttungsbelastung nicht herzustellen. Für diese Ausschüttungen darf eine Steuerbescheinigung i.S. der §§ 44 und 45 KStG nicht ausgestellt werden, so daß insoweit die Anrechnung der Körperschaftsteuer auf der Ebene der Anteilseigner ausgeschlossen ist (§ 54 Abs. 2 KStG 1977 und 1981, § 36 Abs. 2 Nr. 3 EStG, Abschnitt 106 Abs. 5 KStR 1977 und 1981).

Ist nach dem 31.12.1976 auf Grund eines Gewinnverteilungsbeschlusses eine Ausschüttung für ein vor dem 01.01.1977 abgelaufenes Wirtschaftsjahr geleistet worden und wird nachträglich

1123 festgestellt, daß der Beschluß nicht den gesellschaftsrechtlichen Vorschriften entspricht, ist gemäß Abschnitt 106 Abs. 6 KStR 1977 und 1981 die Ausschüttungsbelastung ebenfalls nicht herzustellen (vgl. § 54 Abs. 3 KStG 1977 und 1981).

4.4.3 Ausschüttungsbelastung 36 v.H. oder 30 v.H.

1124 Für Ausschüttungen nach dem 31.12.1976 galt zunächst eine Ausschüttungsbelastung von 36 v.H.. Dieser Satz ist durch das Standortsicherungsgesetz auf 30 v.H. gesenkt worden. Im Zusammenhang mit der Absenkung der Ausschüttungsbelastung wurde gleichzeitig die beim Anteilseigner anrechnende Körperschaftsteuer von 9/16 auf 3/7 gesenkt (vgl. hierzu RZ 1937 ff).

1125 Das neue Recht hinsichtlich der abgesenkten Körperschaftsteuer-Ausschüttungsbelastung und der auf 3/7 abgesenkten Körperschaftsteuer-Anrechnung sowie auf der Seite der ausschüttenden Körperschaft der Verzicht auf die Herstellung der Körperschaftsteuer-Erhöhung bei Ausschüttung von EK 01 (vgl. RZ 1218 ff) gilt erstmals

– für Ausschüttungen, die auf einem den gesellschaftsrechtlichen Vorschriften entsprechenden Gewinnverteilungsbeschluß für ein abgelaufenes Wirtschaftsjahr beruhen und in dem ersten nach dem 31. Dezember 1993 endenden Wirtschaftsjahr erfolgen,

– für andere Ausschüttungen und sonstige Leistungen, die in dem letzten vor dem 1. Januar 1994 endenden Wirtschaftsjahr erfolgen,

d.h. für alle Ausschüttungen und sonstigen Leistungen, die mit dem verwendbaren Eigenkapital zum Schluß des letzten vor dem 01.01.1994 endenden Wirtschaftsjahres zu verrechnen sind.

1126 Auf Antrag der ausschüttenden Körperschaft kann für ein Jahr anstelle des neuen Rechts noch das alte Recht angewandt werden, d.h. für alle Ausschüttungen und sonstigen Leistungen i.S.v. § 54 Abs. 10a Satz 1 Buchst. a KStG, die in dem ersten nach dem 31. Dezember 1993 endenden Wirtschaftsjahr erfolgen, sowie i.S.v. § 54 Abs. 10a Satz 1 Buchst. b KStG, die in dem letzten vor dem 1. Januar 1994 endenden Wirtschaftsjahr erfolgen, sind die Vorschriften des Vierten Teils in der Fassung der Bekanntmachung vom 11. März 1991 (BGBl I S. 638), zuletzt geändert duch Artikel 8 des Gesetzes vom 25. Februar 1992 (BGBl I S. 297), anzuwenden. Das gilt insbesondere auch für das Ausstellen der Steuerbescheinigung nach §§ 44 – 46 KStG. Die ausschüttende Körperschaft kann für dieses Übergangsjahr also wählen

– ob für alle Ausschüttungen die Ausschüttungsbelastung mit 30 v.H. hergestellt wird und bei der Ausschüttung von EK 01 auf die Körperschaftsteuer-Erhöhung verzichtet wird

oder

– ob – wie bisher – die Ausschüttungsbelastung mit 36 v.H. hergestellt wird, und zwar auch für Ausschüttungen aus EK 01.

1127 Die Ausübung des Wahlrechts ist nur einheitlich für alle Ausschüttungen und sonstigen Leistungen, die mit dem verwendbaren Eigenkapital zum Schluß des letzten vor dem 01.01.1994 endenden Wirtschaftsjahres zu verrechnen sind, möglich. Sie gilt damit auch für ggfs. erst später – z.B. im Rahmen einer Außenprüfung – festgestellte verdeckte Gewinnausschüttungen, die mit dem verwendbaren Eigenkapital zum Schluß des letzten vor dem 01.01.1994 endenden Wirtschaftsjahres zu verrechnen sind. Die Ausübung des Wahlrechts ist in der Körperschaftsteuererklärung für 1993 zu erklären. Wird ein entsprechender Antrag nicht gestellt, gilt das neue Recht.

1128 Nur die ausschüttende Körperschaft kann das Wahlrecht ausüben. Dem Anteilseigner, der die Ausschüttung empfängt, steht ein eigenes Wahlrecht nicht zund Für den Anteilseigner ergeben sich aber, je nachdem, ob das Wahlrecht ausgeübt wird, unterschiedliche Konsequenzen:

– Übt die ausschüttende Kapitalgesellschaft das Wahlrecht nicht aus, d.h. verfährt sie nach neuem Recht:

= Wendet die ausschüttende Körperschaft die abgesenkte Körperschaftsteuer-Ausschüttungsbelastung von 30 v.H. an, hat der Anteilseigner nur ein Köperschaftsteuer-Anrechnungsguthaben von 3/7 der Dividende.

= Führt die ausschüttende Körperschaft bei der Ausschüttung von EK 01 keine Körperschaftsteuer-Erhöhung durch, steht dem Anteilseigner ein Körperschaftsteuer-Anrechnungsguthaben nicht zu und bei nach § 8b Abs. 1 KStG begünstigten Anteilseignern ist die Dividende nach § 8b Abs. 1 KStG begünstigt (vgl. RZ 953 ff sowie RZ 966 ff) **1128**
- Übt die ausschüttende Kapitalgesellschaft das Wahlrecht aus, d. h. verfährt sie nach altem Recht:
  = Wendet die ausschüttende Körperschaft die abgesenkte Körperschaftsteuer-Ausschüttungsbelastung von 36 v. H. an, hat der Anteilseigner nur ein Köperschaftsteuer-Anrechnungsguthaben von 9/16 der Dividende.
  = Führt die ausschüttende Körperschaft bei der Ausschüttung von EK 01 eine Körperschaftsteuer-Erhöhung auf 36 v. H. durch, steht dem Anteilseigner ein Körperschaftsteuer-Anrechnungsguthaben von 9/16 der Dividende zu und bei nach § 8b Abs. 1 KStG begünstigten Anteilseignern ist die Dividende – mangels entsprechender Steuerbescheinigung – nicht nach § 8b Abs. 1 KStG begünstigt.

Der Anteilseigner kann die von der ausschüttenden Körperschaft ausgeübte Wahl an seiner Steuerbescheinigung erkennen. **1129**

Nimmt eine Körperschaft eine Ausschüttung, die mit dem verwendbaren Eigenkapital zum Schluß des letzten vor dem 1. 1. 1994 endenden Wirtschaftsjahres zu verrechnen ist, auf der Grundlage einer Ausschüttungsbelastung von 36 v. H. vor und stellt eine entsprechende Steuerbescheinigung (nach altem Recht) aus, übt aber später das Wahlrecht nach § 54 Abs. 10a Satz 2 KStG nicht aus, trifft sie als Aussteller die Haftung nach den Grundsätzen des § 44 Abs. 5 KStG. **1130**

4.4.4 Änderung der Körperschaftsteuer
Schrifttum betr. Belastungsformeln nach neuem Körperschaftsteuer-Recht
- für die Ausschüttungsbelastung von 36 v. H.:
  Bacher, BB 1977 S. 1093; **Becker**, BB 1976 S. 873 und S. 1015; **Popp**, NWB Fach 4 S. 3112; **Weich**, NSt, KSt, Darst. 4; **Weindl**, DB 1977 S. 368;
- für die Ausschüttungsbelastung von 30 v.H.:
  Cattelaens, Wpg 1993 S. 557 (566 f); **Dötsch**, DB 1993 S. 1790 (1796).

Schüttet eine unbeschränkt steuerpflichtige Körperschaft Gewinn aus, mindert oder erhöht sich bei ihr die Körperschaftsteuer um den Unterschiedsbetrag zwischen Tarifbelastung und Ausschüttungsbelastung (§ 27 Abs. 1 KStG). **1131**

Der nach der Minderung oder Erhöhung verbleibende Steuerbetrag stellt die **festzusetzende Körperschaftsteuer** für den Veranlagungszeitraum dar.

Tarifbelastung lt. Körperschaftsteuerveranlagung (nach tariflichen Ermäßigungen)
– Minderung der Körperschaftsteuer
+ Erhöhung der Körperschaftsteuer
= Festzusetzende Körperschaftsteuer

Übersteigt der Betrag, um den sich die Körperschaftsteuer nach § 27 KStG insgesamt verringert, die nach den Tarifvorschriften berechnete Körperschaftsteuer, ist der übersteigende Betrag als **Erstattung** festzusetzen.

Die **Ausschüttungsbelastung** i. S. des § 27 Abs. 1 KStG beträgt stets 30 v. H. (bis 1993: 36 v. H.) des Gewinns, der sich vor Abzug der Körperschaftsteuer ergibt. Sie ist gemäß Abschnitt 77 Abs. 1 KStR **wie folgt herzustellen:** **1132**

1132 – **Ist die Tarifbelastung** des verwendbaren Eigenkapitals, das als für die Ausschüttung verwendet gilt, **höher** als die Ausschüttungsbelastung, **mindert** sich die Körperschaftsteuer um den die Ausschüttungsbelastung übersteigenden Betrag.

– **Ist die Tarifbelastung** des verwendbaren Eigenkapitals, das als für die Ausschüttung verwendet gilt, **geringer** als die Ausschüttungsbelastung, **erhöht** sich die Körperschaftsteuer um den an der Ausschüttungsbelastung fehlenden Betrag.

1133 Schaubild zum Herstellen der Ausschüttungsbelastung

	Teilbeträge des verwendbaren Eigenkapitals		
	EK 45	EK 30	EK 0
	Tarifbelastung 45 %	Tarifbelastung 30 %	Tarifbelastung 0 %

1. Stufe: Zuordnung der Zu- und Abgänge zum verwendbaren Eigenkapital
(Zuordnung insbesondere des steuerlichen Einkommens entsprechend seiner jeweiligen Tarifbelastung, hier unterschiedliche Zugänge für jedes Wirtschaftsjahr unterstellt)
Jahr 1 ⟶
Jahr 2 ⟶
Jahr 3 ⟶
= Bestände vor der Gewinnausschüttung

2. Stufe: Gewinnausschüttung. Herstellen der Ausschüttungsbelastung
(Abzug vorrangig von dem am höchsten belasteten Teilbetrag ohne Rücksicht auf das Jahr der Einkommensentstehung)

	Herstellen der Ausschüttungsbelastung bei Verwendung unterschiedlicher Teilbeträge		
	EK 45	EK 30	EK 0
Tarifbelastung (Ist)	45 %	30 %	0 %
Ausschüttungsbelastung (Soll)	30 %	30 %	30 %
Differenzbetrag (Körperschaftsteuer-Änderung gemäß § 27 Abs. 1 KStG)	Körperschaftsteuer-Minderung 15 %	±0 %	Körperschaftsteuer-Erhöhung 30 %
3. Stufe: Anrechnung beim Anteilseigner	30 %	30 %	30 %

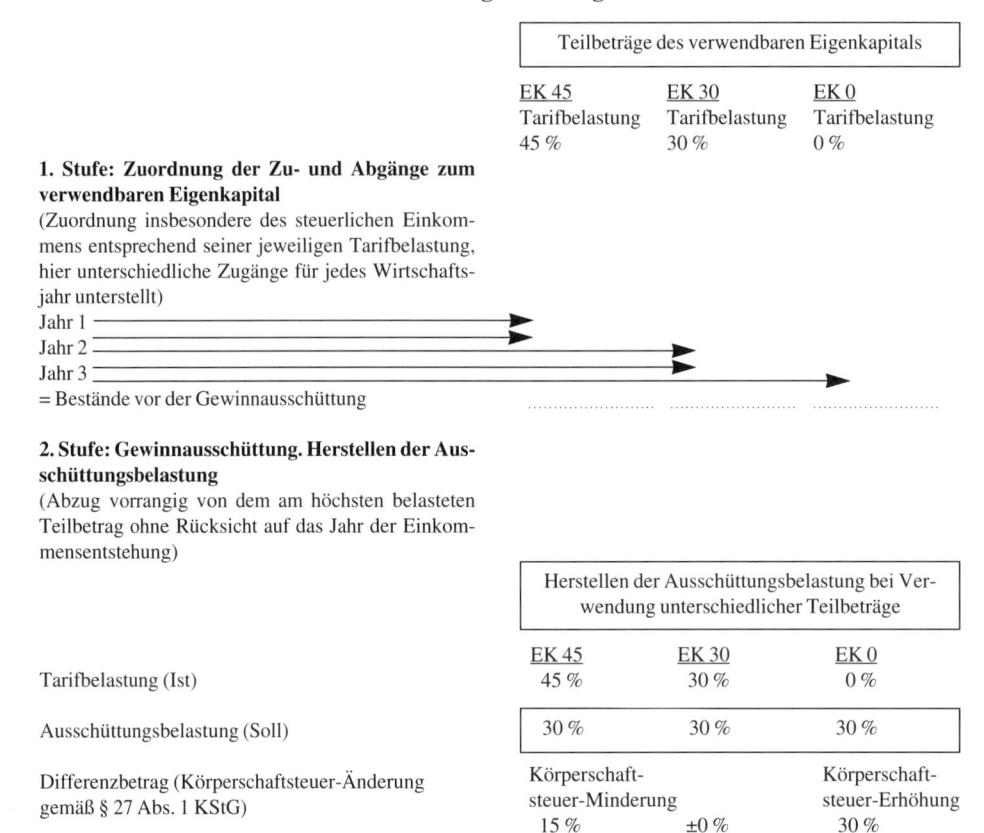

Die Ausschüttungsbelastung kann rechnerisch aus der Tarifbelastung des ausgeschütteten Gewinns abgeleitet werden. Die nachstehende Übersicht zeigt, welche **Im-Hundert-Sätze** (umgesetzt in eine **Vom-Hundert-Rechnung**) für das Herstellen der Ausschüttungsbelastung bei den verschiedenen Teilbeträgen des verwendeten Eigenkapitals gelten.

1134 Aus der nachstehenden Übersicht ergibt sich, daß die Vereinheitlichung der Körperschaftsteuer-Belastung auf 30 v. H. (bis 1993: 36 v. H.) Ausschüttungsbelastung dazu führt, daß sich **der ausschüttbare Gewinn gegenüber dem als verwendet geltenden Eigenkapital ändert.** Damit eine exakte Ableitung des ausgeschütteten Betrags aus dem als verwendet geltenden Eigenkapital möglich ist, gilt die **Körperschaftsteuer-Minderung** gemäß § 28 Abs. 6 KStG zusammen mit dem entsprechenden Teilbetrag als für die Ausschüttung verwendet. Im Fall der **Körperschaftsteuer-Erhöhung** muß die Körperschaft beachten, daß sie für den Erhöhungsbetrag verwendbares Eigenkapital zurückbehält (§ 28 Abs. 6 Satz 2 KStG). Vgl. dazu im einzelnen RZ 1245 ff.

Übersicht – Ausschüttungsbelastung 36 v.H. (Rechtslage bis 1993): **1135**

Höhe der Tarif-belastung	Körperschaftsteuer-Änderung	Zur Verfügung stehender Betrag	Die Minderung bzw. Erhöhung der Körperschaftsteuer beträgt	
			bezogen auf die Ausschüttung	bezogen auf das als für die Ausschüttung als verwendet geltende, mit dem jeweiligen Steuersatz belastete Eigenkapital bzw., bezogen auf den jeweiligen Teilbetrag, der insgesamt für die Körperschaftsteuer-Erhöhung erforderlich ist
56 v.H.[1]	**Minderung** von 56 v.H. auf 36 v.H. **um 20 v.H.**	44 v.H. + 20 v.H. = 64 v.H.	20/64 = 5/16	20/44 = 5/11
50 v.H.[2]	**Minderung** von 50 v.H. auf 36 v.H. **um 14 v.H.**	50 v.H. + 14 v.H. = 64 v.H.	14/64 = 7/32	14/50 = 7/25
46 v.H. (nur bis zum Jahr 1980 bzw. 1984)[3]	**Minderung** von 46 v.H. auf 36 v.H. **um 10 v.H.**	54 v.H. + 10 v.H. = 64 v.H.	10/64 = 5/32	10/54 = 5/27
36 v.H.[4]	**weder Minderung** noch Erhöhung.			
30 v.H. (nur bis zum Jahr 1984)[3]	**Erhöhung** von 30 v.H. auf 36 v.H. um 6 v.H.	70 v.H. – 6 v.H. = 64 v.H.	6/64 = 3/32	6/70 = 3/35
28 v.H. (nur bis zum Jahr 1984)[3]	**Erhöhung** von 28 v.H. auf 36 v.H. um 8 v.H.	72 v.H. – 8 v.H. = 64 v.H.	8/64 = 1/8	8/72 = 1/9
25 v.H. (nur bis zum Jahr 1984)[3]	**Erhöhung** von 25 v.H. auf 36 v.H. um 11 v.H.	75 v.H. – 11 v.H. = 64 v.H.	11/64	11/75
0 v.H.	**Erhöhung** von 0 v.H. auf 36 v.H. um 30 v.H.	100 v.H. – 36 v.H. = 64 v.H.	36/64 = 9/16	36/100 = 9/25

---

[1] Nur noch bis zum Veranlagungszeitraum 1989 und in einer Übergangszeit bis 1994 von Bedeutung.
[2] Nur noch bis zum Veranlagungszeitraum 1993 und in einer Übergangszeit bis 1998 von Bedeutung.
[3] Die Teilbeträge EK 46, EK 30, EK 28 und EK 25 sind aufgrund des StEntlG 1994 mit Wirkung ab 1984 entfallen.
[4] Nur noch bis 1994 von Bedeutung.

1136 **Übersicht – Ausschüttungsbelastung 30 v. H.** (Rechtslage ab 1994):

Höhe der Tarifbelastung	Körperschaftsteuer-Änderung	Zur Verfügung stehender Betrag	Die Minderung bzw. Erhöhung der Körperschaftsteuer beträgt	
			bezogen auf die Ausschüttung	bezogen auf das als für die Ausschüttung als verwendet geltende, mit dem jeweiligen Steuersatz belastete Eigenkapital bzw., bezogen auf den jeweiligen Teilbetrag, der insgesamt für die Körperschaftsteuer-Erhöhung erforderlich ist
56 v.H.[1]	Minderung von 56 v.H. auf 36 v.H. **um 26 v.H.**	44 v.H. + 26 v.H. = 70 v.H.	26/70 = 13/35	26/44 = 13/22
50 v.H.[2]	Minderung von 50 v.H. auf 30 v.H. **um 20 v.H.**	50 v.H. + 20 v.H. = 70 v.H.	20/70 = 2/7	20/50 = 2/5
45 v.H.[3]	Minderung von 45 v.H. auf 30 v.H. **um 15 v.H.**	55 v.H. + 15 v.H. = 70 v.H.	15/70 = 3/14	15/55 = 3/11
36 v.H.[4]	Minderung von 36 v.H. auf 30 v.H. **um 6 v.H.**	64 v.H. + 6 v.H. = 70 v.H.	6/70 = 3/35	6/64 = 3/32
30 v.H.[3]	weder Minderung noch Erhöhung	–	–	–
0 v.H.	**Erhöhung** von 0 v.H. auf 30. v.H. um 30 v.H.	100 v.H. – 30 v.H. = 70 v.H.	30/70 = 3/7	30/100 = 3/10

4.4.5 Sachliche und zeitliche Kongruenz zwischen dem Herstellen der Ausschüttungsbelastung bei der Kapitalgesellschaft und der Besteuerung und Anrechnung beim Anteilseigner

1137 Das Anrechnungsverfahren setzt nach seiner Gesamtkonzeption voraus, daß die Bemessungsgrundlage für das Herstellen der Ausschüttungsbelastung bei der Kapitalgesellschaft mit der Bemessungsgrundlage für die Besteuerung der Gewinnausschüttung und der Körperschaftsteueranrechnung beim Anteilseigner übereinstimmt (sogenannte **sachliche Kongruenz**). So setzen die Körperschaftsteuer-Änderung gemäß § 27 Abs. 1 (ggf. i.V.m. § 41 Abs. 1) KStG und die Körperschaftsteuer-Anrechnung gemäß § 36 Abs. 2 Nr. 3 EStG voraus, daß die Leistungen der Kapitalgesellschaft beim Anteilseigner Einnahmen i.S. des § 20 Abs. 1 Nr. 1 oder 2 EStG sind. Vgl. dazu auch das BFH-Urteil vom 09.12.1987 (BStBl 1988 II S. 460).

1138 Aus der zwingenden sachlichen Kongruenz folgt u.E.

– daß bei einer Vorteilszuwendung an den Gesellschafter die Ausschüttungsbelastung nur herzustellen ist, wenn beim Anteilseigner Einnahmen i.S. des § 20 Abs. 1 Nr. 1 oder 2 EStG vorliegen,

– daß der Betrag, mit dem eine Gewinnausschüttung steuerlich anzusetzen ist, bei der Kapitalgesellschaft (für das Herstellen der Ausschüttungsbelastung) und beim Anteilseigner identisch sein muß.

---

[1] Nur noch bis zum Veranlagungszeitraum 1989 und in einer Übergangszeit bis 1994 von Bedeutung.
[2] Nur noch bis zum Veranlagungszeitraum 1993 und in einer Übergangszeit bis 1998 von Bedeutung.
[3] Ab dem Veranlagungszeitraum 1994.
[4] Nur noch bis 1994 von Bedeutung.

Nicht erforderlich ist die sogenannte **zeitliche Kongruenz**, d.h. der Zeitpunkt, zu dem die Kapitalgesellschaft die Ausschüttungsbelastung herzustellen hat, braucht nicht identisch zu sein mit dem Besteuerungs- und Anrechnungszeitpunkt beim Anteilseigner. Die Ausschüttungsbelastung bei der Kapitalgesellschaft ist in dem Zeitpunkt herzustellen, in dem die Ausschüttung bei der Körperschaft abfließt (BFH-Urteil vom 9. 12. 1987, BStBl 1988 II S. 460; vgl. auch Abschnitt 77 Abs. 6 KStR 1990). 1138

Als Besteuerungs- und Anrechnungszeitpunkt beim Anteilseigner können unterschiedliche Zeitpunkte in Betracht kommen: Hält der Anteilseigner die Gesellschaftsanteile im **Privatvermögen**, hat er die Gewinnanteile gemäß § 11 EStG beim Zufließen zu versteuern. Einem Alleingesellschafter bzw. einem beherrschenden Gesellschafter gelten die Dividenden bereits in dem Zeitpunkt des Gewinnverwendungsbeschlusses als zugeflossen (BFH-Urteil vom 30.04.1974, BStBl II S. 541). Hält der Anteilseigner die Anteile im **Betriebsvermögen**, ist der Dividendenanspruch bei seiner Entstehung, d.h. im Zeitpunkt des Gewinnverwendungsbeschlusses, zu aktivieren (§§ 4, 5 EStG). 1139

4.5 Auswirkungen von Gewinnausschüttungen auf die Änderung der Körperschaftsteuer und auf das verwendbare Eigenkapital

4.5.1 Grundsätzliches

Die §§ 27 und 29 KStG **unterscheiden** hinsichtlich der steuerlichen Wirkung zwischen 1140

– Gewinnausschüttungen, die auf einem den gesellschaftsrechtlichen Vorschriften entsprechenden Beschluß für ein abgelaufenes Wirtschaftsjahr beruhen (im folgenden vereinfachend als „**offene** Gewinnausschüttung" bezeichnet) und

– den **übrigen** Ausschüttungen. Darunter fallen insbesondere die **verdeckten** Gewinnausschüttungen und offene Gewinnausschüttungen, die auf einem nicht ordnungsgemäßen (nichtigen) Gewinnverteilungsbeschluß beruhen.

Vorabausschüttungen, die eine GmbH ihren Anteilseignern auf den zu erwartenden Gewinn des Geschäftsjahrs zahlt, beruhen nach der Rechtsprechung des BFH (Urteil vom 27. 1. 1977, BStBl II S. 491) auf einem ordnungsgemäßen Gewinnverteilungsbeschluß. § 27 Abs. 3 Satz 1 KStG verlangt jedoch, daß der Beschluß für ein abgelaufenes Wirtschaftsjahr gefaßt sein muß. Wegen dieser zusätzlichen Voraussetzung behandelt das KStG im Ergebnis 1141

– **vor** Ablauf des Wirtschaftsjahrs **beschlossene** Vorabausschüttungen wie verdeckte Gewinnausschüttungen, und zwar auch dann, wenn die Ausschüttung erst nach Ablauf des Wirtschaftsjahres erfolgt (vgl. BFH-Urteil vom 17. 10. 1990, BStBl 1991 II S. 734).

– **nach** Ablauf des Wirtschaftsjahrs **beschlossene** Vorabausschüttungen wie offene Gewinnausschüttungen.

Es war eines der Ziele der Körperschaftsteuerreform, offene und übrige Gewinnausschüttungen bezüglich des **Umfangs** ihrer steuerlichen Entlastung gleichzubehandeln. Unterschiede bestehen lediglich hinsichtlich des **Zeitpunkts** des Eintritts der steuerlichen Auswirkungen. 1142

Hinsichtlich der gliederungsmäßigen Behandlung von Gewinnausschüttungen ist zwischen folgenden Fragen zu unterscheiden: 1143

a) Für welchen Veranlagungszeitraum ändert sich aufgrund der Ausschüttung die Körperschaftsteuer? Diese Frage beantwortet § 27 Abs. 3 KStG.

b) Welches Eigenkapital gilt für die Ausschüttung als verwendet? Diese Frage beantwortet § 28 Abs. 2 KStG.

c) In welchem Wirtschaftsjahr wird das verwendbare Eigenkapital infolge der Ausschüttung verringert – oder: Worin besteht die Ausschüttung? Diese Frage beantwortet § 29 Abs. 1 KStG.

4.5.2 Gewinnausschüttungen für ein abgelaufenes Wirtschaftsjahr, denen ein ordnungsgemäßer Gewinnverteilungsbeschluß zugrunde liegt

Ausgewählte Literaturhinweise: Knorr, Maximalausschüttung im neuen Körperschaftsteuersystem, DB 1976 S. 1977; **Stockmeyer,** Aktuelle Probleme der Gewinnausschüttung aus körperschaftsteuerlicher und handelsrechtlicher Sicht, GmbHR 1980 S. 59; **Mack,** Steuerliche Anerkennung der Änderung des Gewinnverteilungsbeschlusses, FR 1983 S. 607; ders., Dividendenauswirkungen auf die Körperschaftsteuer der ausschüttenden Kapitalgesellschaft, GmbHR 1985 S. 124; **Milaz/Quasowski,** Der ordnungsgemäße Gewinnerteilungsbeschluß im Fall einer „verunglückten" offenen Gewinnausschüttung, DB 1987 S. 1810; **Sagasser,** Die Frist für die Beschlußfassung über die Ergebnisverwendung im § 42a Abs. 2 GmbHG, DB 1986 S. 2251; **Steuerfachausschuß des IdW,** Körperschaftsteuerliche Auswirkungen des § 42a GmbHG n. F., Wpg 1986 S. 625; **Vögele,** Körperschaftsteuerliche Folgen des Bilanzrichtliniengesetzes bei verspäteten Gewinnverteilungsbeschlüssen, BB 1986 S. 1960; **Dötsch,** Gewinnausschüttungen von Kapitalgesellschaften, DB 1986 S. 2041; **Centrale-Gutachtendienst,** Nichtigkeit des Jahresabschlusses, GmbH-Report R 90 in GmbHR 12/90; **Lange,** Zeitpunkt der Herstellung der Ausschüttungsbelastung – Auswirkungen auf den Verlustrücktrag, NWB F. 4 S. 3579.

4.5.2.1 Zeitliche Zuordnung der Körperschaftsteueränderung

1144 Beruht die Gewinnausschüttung auf einem den gesellschaftsrechtlichen Vorschriften entsprechenden Beschluß, tritt die Minderung oder Erhöhung der Körperschaftsteuer gemäß § 27 Abs. 3 Satz 1 KStG für den Veranlagungszeitraum ein, in dem das **Wirtschaftsjahr** endet, **für das** die Ausschüttung erfolgt. Eine Ausschüttung **beruht** auf einem den gesellschaftsrechtlichen Vorschriften entsprechenden Beschluß, wenn der Beschluß, aufgrund dessen sie vorgenommen wird, im Zeitpunkt seines Vollzugs (noch) wirksam besteht (vgl. BFH-Urteil vom 14. 3. 1989, BStBl II S. 741). Der Beschluß muß vor der Ausschüttung gefaßt sein. Für welches Wirtschaftsjahr die Ausschüttung erfolgt, muß in einem ordnungsgemäßen Beschluß bestimmt sein.

1145 Es spielt für das Herstellen der Ausschüttungsbelastung keine Rolle, ob der Gewinn des **laufenden** Wirtschaftsjahrs oder der zunächst in Rücklagen eingestellte Gewinn eines **früheren** Wirtschaftsjahrs ausgeschüttet wird. Eine „Gewinn"ausschüttung i. S. des § 27 Abs. 1 KStG ist auch in Verlustjahren möglich, nämlich aus Vorjahreskapital.

1146 Da die Körperschaftsteuer-Änderung auf das **Wirtschaftsjahr, für das** ausgeschüttet wird, rückbezogen wird, muß die Körperschaftsteuer-Schuld auch bereits in ihrer geänderten Höhe bei der Bildung der in der **Steuerbilanz** auszuweisenden **Körperschaftsteuer-Rückstellung** berücksichtigt werden (vgl. dazu RZ 1231 ff).

1147 Nach Auffassung der Finanzverwaltung (vgl. das Beispiel in Abschnitt 77 Abs. 6 KStR) kann die Körperschaftsteuer-Minderung in der Veranlagung der Körperschaft erst dann berücksichtigt werden, wenn die Ausschüttung tatsächlich vollzogen ist (so auch Raupach, FR 1978 S. 570, 573, und Winter, FR 1977 S. 273). Wenn die **Ausschüttung im Zeitpunkt der Veranlagung zwar beschlossen, aber noch nicht durchgeführt** ist, führen die Finanzämter die Körperschaftsteuer-Veranlagung vorläufig bzw. unter dem Vorbehalt der Nachprüfung durch, ohne die ausschüttungsbedingte Körperschaftsteuer-Minderung zu berücksichtigen. Erst im Anschluß an den späteren Vollzug der Ausschüttung ändern die Finanzämter die Körperschaftsteuer-Veranlagung des Jahres, für das ausgeschüttet worden ist und gewähren dabei die Körperschaftsteuer-Minderung.

Diese Auffassung ist durch das FG Berlin (Beschluß vom 20.04.1983 – IV 589/82 und Urteil vom 9. 3. 1987 – VIII 469/85) bestätigt worden. Das FG Berlin führt aus, daß das Finanzamt auch nicht befugt ist, in analoger Anwendung der Anweisung in Abschnitt 77 Abs. 4 KStR (vgl. dazu RZ 1163) die Körperschaftsteuer-Änderung im Vorgriff zu **schätzen.** Die Schätzungsanweisung in Abschnitt 77 Abs. 3 KStR beruht auf § 162 Abs. 3 AO und setzt, so das FG Berlin, voraus, daß die noch ausstehende Feststellung des verwendbaren Eigenkapitals zum Schluß des Ausschüttungsjahres „an sich bereits getroffen werden könnte".

4.5.2.2 Als verwendet geltendes Eigenkapital

Für eine offene Gewinnausschüttung gilt nach § 28 Abs. 2 Satz 1 KStG das Eigenkapital als verwendet, das sich zum Schluß des letzten vor dem Gewinnverteilungsbeschluß abgelaufenen Wirtschaftsjahrs ergibt. Das gilt auch bei verspätet beschlossenen Gewinnausschüttungen. 1148

Beispiel 1:
Der Gewinn des Jahres 01 (Wirtschaftsjahr = Kalenderjahr) wird lt. Gewinnverwendungsbeschluß vom 25. Mai 02 im Juni 02 an die Anteilseigner ausgeschüttet. Die offene Gewinnausschüttung im Jahre 02 ist mit dem verwendbaren Eigenkapital zum 31.12.01 zu verrechnen.

Beispiel 2:
Wie Beispiel 1 mit der Abweichung, daß die Gewinnausschüttung verspätet im Jahre 03 beschlossen wird. Die offene Gewinnausschüttung ist mit dem verwendbaren Eigenkapital zum 31.12.02 zu verrechnen. Die Körperschaftsteuer-Änderung ist – wie im Beispiel 1 – bei der Körperschaftsteuerveranlagung 01 zu berücksichtigen.

Die in § 28 Abs. 2 Satz 1 KStG vorgeschriebene Verrechnung der offenen Gewinnausschüttungen wirft in der Praxis insbesondere bei verspätet beschlossenen Gewinnausschüttungen Probleme auf. Es sei beispielhaft nur auf die Ausführungen in den vorstehenden RZ 1144 ff hingewiesen. Danach muß die Körperschaftsteuer-Änderung vorläufig geschätzt werden, wenn im Zeitpunkt der Veranlagung für das Jahr, für das der Gewinn verspätet ausgeschüttet wurde, das für die Verrechnung der Ausschüttung maßgebliche verwendbare Eigenkapital noch nicht feststeht (vgl. auch RZ 1163). 1149

Sind nach § 28 Abs. 2 KStG **mehrere** Gewinnausschüttungen für verschiedene Jahre mit dem verwendbaren Eigenkapital zum selben Stichtag zu verrechnen, erfolgt diese **Verrechnung in einer Summe.** Die daraus sich ergebende Änderung der Körperschaftsteuer ist entsprechend dem Verhältnis der Ausschüttungen auf die nach § 27 Abs. 3 KStG in Betracht kommenden Veranlagungszeiträume **aufzuteilen** (vgl. Abschnitt 78 Abs. 2 KStR, das dort zitierte BFH-Urteil vom 14. 3. 1990, BStBl II S. 651, sowie das Beispiel 2 in nachstehender RZ 1316). 1150

Diese Aufteilung der Körperschaftsteueränderung ist gemäß Abschnitt 97 Abs. 7 KStR auch bei der Ausstellung der **Steuerbescheinigungen** zugrunde zu legen.

4.5.2.3 Der Zeitpunkt der Ausschüttung

Es ist **zu unterscheiden** zwischen dem Vollzug der Ausschüttung 1151

a) als Auslöser für das Herstellen der Ausschüttungsbelastung. Gemeint ist hiermit der Zeitpunkt, ab dem die Voraussetzungen für die Minderung der Körperschaftsteuer nach § 27 Abs. 3 KStG bei der Körperschaft vorliegen,

b) als Auslöser für die Eigenkapitalverringerung im Rahmen der Gliederungsrechnung.

Zu der Frage, **wann** eine Gewinnausschüttung vorliegt, werden in der Fachliteratur unterschiedliche Auffassungen diskutiert (Bilanztheorie, Abflußtheorie, Zuflußtheorie). Vgl. wegen der Darstellung der verschiedenen Auffassungen Dötsch in Dötsch/Eversberg/Jost/Witt, Kommentar zum KStG und EStG, Tz. 63 ff zu § 27 KStG.

Der BFH hat inzwischen (Urteil vom 26.08.1987, BStBl 1988 II S. 143, und vom 9. 12. 1987, BStBl 1988 II S. 460) diesen Meinungsstreit dadurch beendet, daß er als Ausschüttungszeitpunkt i. S. der §§ 27 bis 29 KStG den Zeitpunkt bezeichnet, zu dem die Gewinnanteile (Dividenden) bei der Körperschaft **abfließen.** Dazu reicht es nicht aus, wenn offene oder verdeckte Gewinnausschüttungen bei der Kapitalgesellschaft lediglich als Verpflichtung gegenüber dem Anteilseigner passiviert werden. Auch auf den Zufluß beim Anteilseigner im Sinne des § 11 EStG bzw. § 44 EStG kommt es nicht an. Vgl. BFH-Urteile vom 26. 8. 1987 (BStBl 1988 II S. 143) und vom 9. 12. 1987 (BStBl 1988 II S. 460), weiter Abschnitt 77 Abs. 6 KStR 1990.

1152 Nach Abschnitt 77 Abs. 6 KStR 1990 ist eine Gewinnausschüttung, die zum Herstellen der Ausschüttungsbelastung führt, grundsätzlich auch anzunehmen, wenn die Gewinnanteile der Gesellschafter **auf Verrechnungskonten** der Gesellschaft **gutgeschrieben** worden sind, über die die Gesellschafter vereinbarungsgemäß verfügen können. Bei einer an der Börse zugelassenen Kapitalgesellschaft ist nach Abschnitt 77 Abs. 6 Satz 7 KStR die Ausschüttungsbelastung bereits herzustellen, wenn die Dividende den Anteilseignern abrufbereit zur Verfügung steht. Vgl. auch RZ 1409.

Abschnitt 77 Abs. 7 KStR 1990 stellt klar, daß ein zum Herstellen der Ausschüttungsbelastung führender Abfluß auch in den verschiedenen Fallgestaltungen des **Schütt-aus-Hol-zurück-Verfahrens** anzunehmen ist.

1153 Der BFH hat ursprünglich den Zeitpunkt der Ausschüttung für die Auslegung des § 27 und des § 29 KStG unterschiedlich gesehen.

Als Zeitpunkt der Ausschüttung i.S. des **§ 27 Abs. 3 KStG** bezeichnete er bereits im Urteil vom 26.08.1987 (BStBl 1988 II S. 143) und jetzt noch deutlicher im Urteil vom 09.12.1987 (BStBl 1988 II S. 460) das **Abfließen** der Ausschüttung **bei der Körperschaft**.

Anders hat der BFH zunächst (Urteil vom 09.10.1985, BStBl 1986 II S. 93, 94 li. Sp. letzter Satz) den Ausschüttungszeitpunkt i.S. des **§ 29 Abs. 1 KStG** gesehen. Als Eigenkapitalverringerung sah er bereits eine Auszahlungs**verpflichtung** an (Bilanztheorie). Diese Aussage hat der BFH jedoch in seinem Urteil vom 09.12.1987 (a.a.O.) wieder revidiert. Er stellt jetzt auch für die Auslegung des § 29 Abs. 1 KStG auf den **Abfluß** der Ausschüttung ab. Bis zum Abflußzeitpunkt wird die Ausschüttungsverpflichtung noch als Bestandteil des verwendbaren Eigenkapitals behandelt.

1154 Wir halten es zwar nicht für zwingend, die §§ 27 bis 29 KStG hinsichtlich des Ausschüttungszeitpunkts gleich auszulegen. U.E. ist die neue BFH-Rechtsprechung aber trotzdem zu begrüßen. Sie wird jedenfalls eher als die in Abschnitt 77 Abs. 5 KStR 1985 enthaltene Regelung der Tatsache gerecht, daß die Ausschüttung ein Vorgang ist, der sich bei der Körperschaft abspielt. Die noch in den KStR 1985 vorgesehene Zuflußlösung war in manchen Fällen überhaupt **nicht zu praktizieren.** Danach hätte die Körperschaft die Ausschüttungsbelastung jeweils in dem Zeitpunkt herstellen müssen, in dem der Anteilseigner die Dividende zu versteuern hat. Bei unterschiedlichen Besteuerungszeitpunkten im Kreis der Anteilseigner wäre die Ausschüttungsbelastung ebenfalls stufenweise für den jeweiligen Teil der Ausschüttung herzustellen. Publikumsgesellschaften jedoch, die ihre Anteilseigner nicht kennen, wären meist nicht in der Lage, die Richtlinienanweisung zu erfüllen, da ihnen auch der Besteuerungszeitpunkt bei ihren Anteilseignern unbekannt ist.

1155 Wie das nachstehende Beispiel zeigt, können sich praktische Probleme ergeben, wenn zwischen dem nach § 28 Abs. 2 Satz 1 KStG als verwendet geltenden Eigenkapital und der Verringerung des Eigenkapitals wegen Abfließens der Gewinnausschüttung ein oder mehrere weitere Jahresabschlüsse liegen und die Körperschaft nicht über ausreichendes EK 45 verfügt.

Beispiel:
a) Sachverhalt

Bestände zum 1. 1. 03: EK 45: 55 000 DM, EK 30: 50 000 DM, EK 02: 300 000 DM

Steuerlicher Verlust 03 – 10 000 DM (ein Verlustrücktrag soll nicht möglich sein)

Vermögensteuer 03 15 000 DM

Am 20. 5. 03 wird eine Gewinnausschüttung für 01 i. H. von 70 000 DM beschlossen. Wegen momentaner Liquiditätsschwierigkeiten der Körperschaft soll die Auszahlung erst im Jahr 04 erfolgen.

b) Eigenkapitalgliederung   1155

	EK 45 DM	EK 30 DM	EK 02 DM
Anfangsbestände 1.1.03		55 000	50 000	300 000
Steuerlicher Verlust 03				– 10 000
Vermögensteuer 03*			*– 15 000	
Bestände 31.12.03		55 000	35 000	290 000
Offene Gewinnausschüttung in 04 für 01	70 000			
Dafür gilt gem. § 28 Abs. 2 Satz 1 KStG das verwendbare Eigenkapital **in seiner Zusammensetzung zum** 31.12.02 verwendet, d. h. die offene Gewinnausschüttung kann insgesamt aus dem EK 45 finanziert werden	– 55 000	– 55 000		
Körperschaftsteuer-Minderung ($^{15}/_{55} = {}^{3}/_{11}$ von 55 000 DM)	15 000	–		
Bestände nach Verrechnung der Gewinnausschüttung	0	35 000	290 000

* Bei Verringerungen des EK 45 in dem Zwischenzeitraum (zwischen dem maßgeblichen Verrechnungszeitpunkt für die offene Gewinnausschüttung nach § 28 Abs. 2 Satz 1 KStG und der tatsächlichen Eigenkapital-Verringerung infolge des Abfließens der offenen Gewinnausschüttung) ist zu beachten, daß ein Teil des Bestands beim EK 45 für die offene Gewinnausschüttung „reserviert" ist und daher nicht für andere Eigenkapital-Verringerungen zur Verfügung steht. Ggfs. muß dieser „reservierte" Bestand in einer Nebenrechnung festgehalten werden.

4.5.2.4 Ordnungsgemäßer Gewinnverteilungsbeschluß; spätere Änderungen der Gewinnverteilung

Was unter einem **den gesellschaftsrechtlichen Vorschriften entsprechenden Gewinnvertei-** 1156
lungsbeschluß zu verstehen ist, richtet sich allein nach dem Handelsrecht. Für die **AG** ist dies der in § 174 AktG genannte Beschluß über die Verwendung des Bilanzgewinns, für die **GmbH** der Beschluß über die Verteilung des Bilanzgewinns i. S. des § 46 Nr. 1 GmbHG. Ein Gewinnverteilungsbeschluß entspricht den gesellschaftsrechtlichen Vorschriften, wenn er **wirksam zustande gekommen** ist (BFH-Urteile vom 18. 11. 1970, BStBl 1971 II S. 73, vom 27. 1. 1977, BStBl II S. 491, und vom 10.11.1982, BStBl 1983 II S. 280). Ist der Gewinnverteilungsbeschluß z. B. gemäß § 173 Abs. 3, § 217 Abs. 2 oder gemäß §§ 241, 253 oder 256 AktG **nichtig**, liegt keine ordnungsgemäße Gewinnausschüttung im Sinne des § 27 Abs. 3 Satz 1 KStG, sondern eine übrige Ausschüttung nach § 27 Abs. 3 Satz 2 KStG vor. Voraussetzung für einen ordnungsgemäßen Gewinnverteilungsbeschluß ist u. a., daß handelsrechtlich überhaupt ein ausschüttbarer Gewinn bzw. eine entsprechende Rücklage vorhanden ist. Dies ist bei einer **Unterbilanz** nicht der Fall, d. h. bei einer GmbH ist ein Gewinnverteilungsbeschluß, durch den das Stammkapital angegriffen wird, nicht ordnungsgemäß (vgl. die zu § 19 KStG 1975 ergangenen BFH-Urteile vom 4. 7. 1973, BStBl II S. 742, und vom 10. 11. 1982, BStBl 1983 II S. 280).

Zur **Frage, in welchem Zeitabstand nach dem Bilanzstichtag der Gewinnverteilungsbe-** 1157
schluß vorliegen muß, ist die Rechtsprechung recht großzügig. In den Urteilen vom 1. 7. 1964 (BStBl III S. 533) und vom 16. 7. 1969 (BStBl II S. 634) heißt es, daß der Gewinnverteilungsbeschluß, soll er ordnungsgemäß sein, nicht unbegrenzt lange Zeit nach Ablauf des Wirtschaftsjahrs gefaßt werden darf.

Das Nichteinhalten der im AktG (§ 175 Abs. 1) und im GmbHG (§ 42a Abs. 2) genannten 8-Monats-Frist führt jedenfalls nicht dazu, daß ein verspätet gefaßter Gewinnverteilungsbeschluß nichtig ist. Im Urteil vom 31. 10. 1984 (BStBl 1985 II S. 255) sah der BFH einen 16 Monate nach

Ablauf des Wirtschaftsjahres gefaßten Gewinnverteilungsbeschluß noch als ordnungsgemäß an. Im Urteil vom 5. 6. 1985 (BStBl 1986 II S. 81), bestätigte er die Ordnungsmäßigkeit sogar bei einem drei Jahre nach Ablauf des Wirtschaftsjahrs gefaßten Beschluß. Das FG Rheinland-Pfalz (Urteil vom 15. 12. 1980, EFG 1981, 365) erkannte selbst einen erst nach fünf Jahren gefaßten Beschluß noch an. Wo genau hier die zeitliche Grenze liegt, darüber läßt sich zur Zeit nur spekulieren. Im Beschluß des BFH vom 17. 11. 1989 (BFH/NV 1990 S. 454) heißt es: „Dies spricht im summarischen Verfahren dafür, daß eine zeitliche Obergrenze nicht besteht". Im zugrunde liegenden Sachverhalt wurde der Ausschüttungsbeschluß 12 Jahre nach Ablauf des Wirtschaftsjahres gefaßt. Ähnlich inzwischen BFH-Urteil vom 11. 4. 1990 (DB 1990 S. 2304).

1158 Gewinnverteilungsbeschlüsse dürfen unter den gleichen Voraussetzungen **nachgeholt** (erstmals gefaßt) werden, unter denen sie auch geändert werden können (vgl. dazu nachstehende RZ 1159). D. h. ein erstmaliger Gewinnverteilungsbeschluß ist, so das o. a. BFH-Urteil vom 5. 6. 1985, auch in solchen Fällen nachträglich möglich, in denen der Gewinn eines Jahres zunächst in Rücklagen oder in den Gewinnvortrag eingestellt worden ist.

Der Gesellschaft steht es frei, ob sie in einem späteren Jahr

– erstmals eine Gewinnausschüttung für das Ursprungsjahr beschließt. Ist die Bilanz des Folgejahres bereits aufgestellt, wird sie unrichtig, so daß eine Bilanzberichtigung geboten ist (vgl. das o.a. BFH-Urteil vom 5. 6. 1985),

– den Gewinn des Ursprungsjahrs, der über den Gewinnvortrag in das Bilanzergebnis des Folgejahres einmündet, für dieses spätere Jahr mitausschüttet.

1159 Ab dem Zeitpunkt der Veröffentlichung von Jahresabschluß und Gewinnverwendung kommt nur noch eine **Änderung** des Gewinnverteilungsbeschlusses unter den allgemeinen handelsrechtlichen Voraussetzungen in Betracht. Grundsätzlich können gefaßte Beschlüsse in der gleichen Weise geändert werden, wie sie gefaßt worden sind. Eine Änderung des Gewinnverteilungsbeschlusses setzt darüber hinaus das **Vorliegen besonderer (gewichtiger) Gründe** voraus, d.h. die Änderung darf nicht willkürlich sein (BFH-Urteil vom 22. 12. 1972, BStBl 1973 II S. 195, und vom 30. 3. 1983, BStBl II S. 512).

Von der Rechtsprechung anerkannt ist z.B. die Änderung des Gewinnverteilungsbeschlusses mit dem Ziel,

– Mehrgewinne aus einer steuerlichen Betriebsprüfung nachträglich auszuschütten (BFH-Urteil vom 16. 7. 1969, BStBl II S. 634),

– Gewinne für Wirtschaftsjahre vor Inkrafttreten der Körperschaftsteuerreform nachträglich auszuschütten (BFH-Urteil vom 5. 6. 1985, BStBl 1986 II S. 84).

1160 Selbst dann, wenn der Gewinnverteilungsbeschluß in zulässiger Weise geändert worden ist, ist damit **nicht** automatisch mitentschieden, daß die Änderung der Ausschüttung auch **steuerlich anzuerkennen** ist. Bei Nachausschüttungen tritt, wenn sie nicht willkürlich sind, im allgemeinen kein Problem auf. Voraussetzung für die steuerliche Anerkennung ist aber hier, daß zuvor **die Handelsbilanz entsprechend geändert** worden ist. Diese Änderung der Handelsbilanz ist zwingende und logische Voraussetzung für die Mehrausschüttung, denn erst durch sie wird handelsrechtlich das ausschüttbare Mehrvermögen geschaffen. Andererseits erkennt die Finanzverwaltung die **Rückgängigmachung von Ausschüttungen** in aller Regel **nicht** an (vgl. nachstehend unter RZ 1192).

4.5.2.5 Verspätet beschlossene Gewinnausschüttungen

1161 Ebenso wie im Normalfall der offenen Gewinnausschüttung tritt gemäß § 27 Abs. 3 Satz 1 KStG auch bei Ausschüttungen, bei denen die Gewinnverteilung erst in einem späteren als dem folgenden Wirtschaftsjahr **beschlossen** wird (z.B. Nachtragsausschüttungen von Mehrgewinnen lt. steuerlicher Betriebsprüfung), die Änderung der Körperschaftsteuer für den Veranlagungszeitraum ein, in dem das Wirtschaftsjahr endet, für das die Ausschüttung erfolgt. Das gilt auch für offene Gewinnausschüttungen, bei denen die **Zahlung** in einem späteren Jahr als dem Jahr des Gewinnverteilungsbeschlusses erfolgt.

Nach § 28 Abs. 2 Satz 1 KStG ist auch die verspätet beschlossene Gewinnausschüttung mit dem verwendbaren Eigenkapital zum Schluß des letzten vor dem Gewinnverwendungsbeschluß abgelaufenen Wirtschaftsjahrs zu verrechnen. 1162

> **Beispiel:**
>
> Eine steuerliche Betriebsprüfung im Jahre 04 führt zu einem steuerlichen Mehrgewinn für das Wirtschaftsjahr 01. Die Gesellschaft beschließt in 04 in handelsrechtlich und steuerrechtlich anzuerkennender Weise diesen Mehrgewinn auszuschütten.
>
> Obwohl die Nachtragsausschüttung für das Jahr 01 erst im Jahre 04 erfolgt, wirkt sich diese Ausschüttung gemäß § 27 Abs. 3 Satz 1 KStG auf die Höhe der Körperschaftsteuer des Jahres 01 aus. Die Gewinnausschüttung ist gemäß § 28 Abs. 2 Satz 1 KStG mit dem verwendbaren Eigenkapital zum 31. 12. 03 zu verrechnen.

Wegen eventueller Verrechnungsprobleme bei verspätet ausgezahlten Gewinnausschüttungen siehe vorstehend unter RZ 1155.

Ist bei einer Gewinnausschüttung, die auf einem den gesellschaftsrechtlichen Vorschriften entsprechenden Beschluß beruht, im Zeitpunkt der Veranlagung zur Körperschaftsteuer das Eigenkapital, das für diese Ausschüttung als verwendet gilt, noch nicht festgestellt, ist die Minderung oder Erhöhung der Körperschaftsteuer nach dem voraussichtlich als verwendet geltenden Eigenkapital **zu schätzen** (Abschnitt 77 Abs. 4 KStR). Im Hinblick darauf, daß der BFH bezüglich der Änderung der Körperschaftsteuer eine Bindungswirkung des Feststellungsbescheids für den Körperschaftsteuerbescheid verneint hat (vgl. das BFH-Urteil vom 14. 3. 1989, BStBl II S. 633), ist die Körperschaftsteuerveranlagung für das Jahr, für das die Ausschüttung erfolgt, vorläufig durchzuführen. 1163

> **Beispiel:**
>
> Der den gesellschaftsrechtlichen Vorschriften entsprechende Gewinnverteilungsbeschluß für das Jahr 01 wird im März 03 gefaßt. Für die Gewinnausschüttung gilt nach § 28 Abs. 2 Satz 1 KStG das Eigenkapital zum 31.12.02 als verwendet. Die Änderung der Körperschaftsteuer infolge der Gewinnausschüttung ist nach § 27 Abs. 3 Satz 1 KStG bei der Körperschaftsteuer-Veranlagung für 01 zu berücksichtigen. Ist im Zeitpunkt der Körperschaftsteuer-Veranlagung für 01 das verwendbare Eigenkapital zum 31.12.02 noch nicht festgestellt, ist die Änderung der Körperschaftsteuer nach den voraussichtlich für die Ausschüttung als verwendet geltenden Teilbeträgen zu schätzen (§ 162 Abs. 3 AO). Die Körperschaftsteuer-Veranlagung für 01 erfolgt vorläufig. Ergibt sich aus der späteren Feststellung zum 31.12.02, daß sich das verwendbare Eigenkapital anders als ursprünglich angenommen zusammensetzt und ergibt sich daraus eine abweichende Verrechnung der Gewinnausschüttung, ist die Körperschaftsteuerveranlagung nach § 175 Abs. 1 Satz 1 Nr. 1 AO zu ändern. Die Minderung bzw. Erhöhung der Körperschaftsteuer ist neu zu berechnen.

4.5.2.6 Gewinnabführung und Ausgleichszahlungen bei Organschaft

Obwohl auch die **Gewinnabführung einer Organgesellschaft an ihren Organträger** dem Charakter nach eine Gewinnausschüttung i.S. des § 27 Abs. 1 KStG ist, unterbleibt das Herstellen der Ausschüttungsbelastung, weil dem Organträger gemäß § 16 KStG das Organeinkommen steuerlich zuzurechnen ist und er keine Kapitalerträge i.S. des § 20 Abs. 1 Nr. 1 EStG aus dessen Abführung erzielt. Aber auch zwischen Organgesellschaft und Organträger sind (hinsichtlich der vorvertraglichen offenen Rücklagen) **Gewinnausschüttungen möglich,** für die die Organgesellschaft die Ausschüttungsbelastung herstellen muß (vgl. Abschnitt 55 Abs. 4 S. 5 und 6 sowie Abschnitt 57 Abs. 5 KStR). 1164

Keine ordnungsgemäße **Gewinnausschüttung** ist die **verunglückte Gewinnabführung** durch eine Organgesellschaft; sie ist wie eine verdeckte Gewinnausschüttung zu behandeln (BFH-Urteil vom 30.01.1974, BStBl II S.323). 1165

1166 Steuerlich gleichbehandelt mit der offenen Gewinnausschüttung werden Ausgleichszahlungen an außenstehende Anteilseigner einer Organgesellschaft (Hinweis auf § 304 AktG, § 16 KStG, das BFH-Urteil vom 25.07.1961, BStBl III S. 483 und Abschnitt 92 Abs. 3 KStR). Das gilt u.E. bei Ausgleichszahlungen nach § 304 AktG auch dann, wenn ein körperschaftsteuerlich anzuerkennendes Organschaftsverhältnis nicht besteht.

4.5.3 Andere Ausschüttungen im Sinne des § 27 Abs. 3 Satz 2 KStG (insbesondere verdeckte Gewinnausschüttungen)

Ausgewählte Literaturhinweise (in alphabetischer Reihenfolge):
Altehöfer/Krebs/Nolte/Roland, StEntlG 1984, DStZ 1984 S. 4, 21; **Baranowski,** Die Behandlung des Berichtigungsbetrags bei grenzüberschreitenden Beziehungen – Zur Gewinnabgrenzung bei international verbundenen Unternehmen, DStR 1982 S. 406; **Barth,** Steuerliche Diskriminierung der Familien-Kap.Ges. in der BFH-Rechtsprechung durch die Annahme von vGA, DB 1977 S. 2348; **Bellstedt,** Die vGA – Neue Definition, neue Tendenzen, internationale Auswirkungen, FR 1990 S. 65; **Brezing,** vGA nach dem KStG 1977, DB 1976 S. 2079; ders., Gefährdung der Rechtssicherheit und der einheitlichen Rechtsanwendung bei vGA, FR 1977 S. 261; ders., Überlegungen zu Zufluß, Abfluß und Rückfluß von vGA, StbJb 1983/84 S. 215; **Briese,** vGA beim Erwerb von Gegenständen des Anlagevermögens, DB 1983 S. 846; **Brink,** vGA bei der GmbH & Co KG, StWa 1981 S. 129; **Bullinger,** vGA an ausl. AE bei fehlendem vEK, „Strafbesteuerung" der vGA? RIW/AWD 1980 S. 173; ders., Konfiskatorische Besteuerung von vGA an ausl. AE? BB 1980 S. 1415; **Cirkel,** Nutzungen als vGA und verdeckte Einlagen zwischen Schwestergesellschaften, StStud 1985 S. 40; **Deppe,** Bemerkungen zum Inhalt des Instituts der vGA im KStG 1977 und EStG 1977, DB 1977 S. 1155; **Döllerer,** Die Besteuerung der Kap.Ges. im Lichte der neuen Rechtssprechung des BFH und des KStG 1977, JbFStR 1978/79 S. 365/Koreferat dazu: **Widmann,** a.a.O., S. 387; **Döllerer,** Die vGA und verdeckte Einlagen nach neuem KSt-Recht, BB 1979 S. 57; ders., Die vGA und ihre Rückabwicklung nach neuem KSt-Recht, DStR 1980 S. 395; **Dötsch,** Auswirkungen der vGA nach der KSt-Reform, NSt, KSt, vGA. Darst. 2; ders., vGA und Vorabausschüttungen – die erwartete Neuregelung ist (noch) nicht Gesetz geworden, DB 1983 S. 63; ders., Die Änderungen des KStG durch das StEntlG 1984, DB 1984 S. 147 und NSt, KSt, Darst. 5; ders., Die Auswirkungen des StEntlG 184 auf das KStG, das GewStG und das AStG, StWa 1984 S. 53 und S. 61; **Ebert,** Die Besteuerung von vGA bei der Gesellschaft und beim AE – eine Bestandsaufnahme, BB 1984 S. 1221; **Eppler,** zur vGA durch überhöhte AK für ein aktivierungspflichtiges WG, DStR 1990 S. 136; **Fassold,** die vGA im neuen KStG 1977, DB 1976 S. 1886; **Flockermann,** vGA und Vorabausschüttungen nach dem Referentenentwurf eines KStÄndG 1982; DStR 1982 S. 303; ders., Neuer § 8a und Änderung der §§ 27 bis 29 KStG, JbFStR 1982/83 S. 285; **Fiedler,** Nutzungsvorteil zwischen inl. Schwestergesellschaften einer ausl. Muttergesellschaft, DB 1983 S. 240; **Förster,** Antrag auf rückwirkende Anwendung der geänderten §§ 27 – 29 KStG und Festsetzungsverjährung, DB 1986 S. 1696; ders., Neues zur vGA-Diskussionsaspekte des DB-Praxis-Seminars „Problembereich der KSt", DB 1986 S. 2628; **Fuchs/Lempenau,** Nutzungsvorteil als vGA ohne Zufluß – Eine Gefahr der mehrfachen Ertragsbesteuerung, BB 1982 S. 484; **Graffe,** Neue Definition verdeckter Gewinnausschüttungen – Anm. zum BFH-Urteil vom 22.02.1989, DStZ 1989 S. 531; **Gutschick,** Zur Problematik der Behandlung von vGA nach der KSt-Reform, Heft 117 der Schriftreihe des Instituts FSt, Bonn; **Hellwig,** vGA und verdeckte Einlage – Doppeltes Lottchen oder Kain und Abel?, in Handelsrecht und Steuerrecht, Festschrift f. Döllerer (IDW-Verlag, Düsseldorf, 1988); **Herzig,** VEK und vGA nach dem KStG 1977, StuW 1976 S. 325; ders., Kann die KSt-Belastung von vGA 255, 11 v.H. betragen?, FR 1977 S. 183; ders., Die Steuer-Belastung von vGA auf der Gesellschaftsebene, FR 1977, S. 237; ders., vGA über die Grenze, IWB 3 Deutschland Gr 4 S. 227; ders., Verdrängungseffekt bei vGA, FR 1981 S. 261; ders., Vorschlag zur Änderung der KSt-Verrechnung von Vorabausschüttungen und vGA, DB 1981 S. 783; ders., Divergenzeffekt bei vGA und Ausschüttungsverhalten, FR 1985 S. 353; **Hoffmann,** Die StBelastungswirkung der vGA gem. KStG 1977, DB 1977 S. 239; ders., Die Belastung der vGA mit KSt und ESt bei maximaler Gewinnausschüttung, BB 1984 S. 909; **Jahn,** Bemerkungen zum Rechtsinstitut der vGA, zfbf 1984 S. 432; **Knobbe-Keuk,** Die Behandlung von vGA, Gewinnverlagerungen zwischen Konzerngesellschaften und „verunglückten" Gewinnabführungen nach dem neuen KSt-Recht, StuW 1977 S. 157; dies., Gewinnausschüttungen auf Genußrechte, BB 1987 S. 34; **Köhler,** vGA und Vorabausschüttungen bei ausl. Zwischengesellschaften (Erwid. auf Maas in BB 1989 S. 269), RIW 1989 S. 466; **Korn,** Neues zur KSt (Abschnitt III: Zur vGA) KÖSDI 1986 S. 6378, 6384; ders., Beratungserkenntnisse aus der Rspr. zur verdeckten Einlage und zur vGA, KÖSDI 2/89 S. 7528; ders., Zeitpunkt der Herstellung der Ausschüttungsbelastung bei vGA, KÖSDI 1989 S. 7537; **Krebs,** Geplante Änderungen des KStG – vGA, Vorabausschüttungen, Fremdfinanzierung durch nichtanrechnungsberechtigte

Gesellschafter, BB 1982 S. 1909; ders., Die Änderungen des KStG durch das PartFG und durch das StEntlG 1984, BB 1984 S. 1153; **Lang,** Besteuerung von vGA bei verbundenen Unternehmen, JbFStR 1984/85 S. 515, FR 1984 S. 629; **Lempenau,** vGA, Sorgenkind der KSt-Reform, DB 1977 S. 1204; ders., Verwendungsfiktion bei vGA und Vorabausschüttungen durch StEntlG 1984 rückwirkend geändert, BB 1984 S. 263; **Loos,** Zur Verwendungsfiktion bei vGA und der Vorabdividende im KStG 1977, BB 1976 S. 1211; **Maas,** vGA im Anrechnungsverfahren, FR 1976 S. 580; ders., Steuerliche Auswirkung von vGA nach der vorgesehenen Änderung des KStG, BB 1982 S. 2100; ders., Vorabausschüttungen und vGA in Fällen der Hinzurechnungsbesteuerung nach dem AStG, BB 1989 S. 269; ders., Die neue Rechtsprechung des BFH zur vGA, StVj. 1990 S. 42; **Muscat,** Nochmals: vGA nach dem KStG 1977, DB 1977 S. 516; **Nickel,** vGA nach dem StEntlG 1984, NSt, KSt, vGA, Darst. 3; **Ott,** vGA und KSt-Reform, DB 1978 S. 24; **o.V.,** Belastungsvergleich offene und verdeckte Gewinnausschüttungen, Beil. zu FN des DIHT 1-2/90; **Pezzer,** Die vGA im KSt-Recht (Köln 1986); **Pinggéra,** Nochmals: vGA nach dem KStG 1977, DB 1977 S. 518; **Pochhammer,** vGA nach dem KStG 1977, BB 1976 S. 1045; **Rabald,** Die Änderung der §§ 27–29 KStG durch das sog. StEntlG 1984, WPG 1984 S. 290; **Sarrazin,** Neue Entwicklungen bei der steuerlichen Behandlung von vGA und verdeckten Einlagen, WPG 1985 S. 625; **Schirmer,** Ksteuerliche Folgen der Nichtanerkennung von Verrechnungspreisen für Lieferungen und Leistungen im inl. Konzern, GmbHR 1986 S. 52; **Scholtz,** zur vGA – eine oder vier Definitionen, FR 1990 S. 321; ders., Der Tigerfall – ein Beitrag zu vGA, FR 1990 S. 350; **Schulz,** Die neue Definition der vGA im KSt-Recht – kein Beitrag zur Vereinfachung des KSt-Rechts, FR 1990 S. 386; **Schulze zur Wiesche,** vGA und KSt-Reform, GmbHR 1976 S. 287; **Schulze,** Zur KapSt bei vGA in Form von Nutzungsüberlassungen und Dienstleistungen, BB 1983 S. 1846; ders., Zur Frage des Zuflusses von vGA, BB 1985 S. 1324; **Streck,** Neues zur KSt, KÖSDI 6/82 S. 4642; ders., Die StÄndG 1984 – Teil II, KÖSDI 3/84 S. 5402; **Thiel,** Die Besteuerung der vGA – ein Denkfehler im KStG 1977, DB 1976 S. 1542; ders., Nochmals: Die Besteuerung der vGA – ein Denkfehler im KStG 1977, DB 1976 S. 1542; ders., Nochmals: Die Besteuerung der vGA unter der Herrschaft des KStG 1977, DB 1977 S. 692; **Uhrmann,** vGA nach dem KStG 1977, DB 1977 S. 2113; **Wassermeyer,** Einige grundsätzliche Überlegungen zur vGA, DB 1987 S. 1113; ders., Das ÄndG zum KStG – Ein neues BFH-Rspr.-Korrekturgesetz, DB 1988 S. 2531; ders. Aktuelle Rspr. zum KSt-Recht, StJb 1988/89 S. 231; ders., Rund um die Anrechnung der KSt, GmbHR 1989 S. 423; ders., vGA auch durch Nicht-Kap.Ges.? FR 1990 S. 1; ders., vGA und verdeckte Einlagen, DStR 1990 S. 158; **wd,** Fehlerhafte Gesellschafterbeschlüsse, GmbH-Report R 34 in GmbHR 5/1988; **wfr,** Zum Zeitpunkt der Herstellung der Ausschüttungsbelastung bei vGA, DB 1989 S. 855; **Wittstock,** oGA und vGA in einem mehrperiodischen StBelastungsbereich unter Berücksichtigung der neuen steuertechnischen Arbeitsvorgänge nach dem KStG 1977, DStR 1977 S. 694.

4.5.3.1 Regelungen zur verdeckten Gewinnausschüttung in verschiedenen gesetzlichen Bestimmungen

Das **KStG** spricht die verdeckte Gewinnausschüttung auf der Ebene der Körperschaft in verschiedenen Vorschriften und mit unterschiedlichen Bezeichnungen an:

– **§ 8 Abs. 3 Satz 2** regelt, daß verdeckte Gewinnausschüttungen das Einkommen nicht verringern dürfen,

– **§ 27 Abs. 3 Satz 2** bestimmt, für welchen Veranlagungszeitraum sich die Körperschaftsteuer bei anderen Ausschüttungen mindert oder erhöht,

– **§ 28 Abs. 2 Satz 2** regelt, mit welchem Bestand des verwendbaren Eigenkapitals eine andere Ausschüttung zu verrechnen ist.

Schließlich ergibt sich aus den Grundsätzen des **§ 29 Abs. 1 KStG,** zu welchem Stichtag eine andere Ausschüttung das verwendbare Eigenkapital verringert.

Die steuerliche Behandlung der verdeckten Gewinnausschüttung auf der **Ebene der Anteilseigner** ist in **§ 20 Abs. 1 Nr. 1 Satz 2 EStG** geregelt. Danach gehören zu den als Kapitalertrag anzusehenden sonstigen Bezügen auch verdeckte Gewinnausschüttungen.

Wenn auch die Terminologie der §§ 27 – 29 KStG eine andere als die des § 8 Abs. 3 KStG und die des § 20 Abs. 1 Nr. 1 EStG ist, so darf das nicht darüber hinwegtäuschen, daß der nahezu ausschließliche Anwendungsfall der „anderen Ausschüttung" i.S. der §§ 27 – 29 KStG die verdeckte Gewinnausschüttung ist. Wegen der inhaltlichen Unterschiede der beiden Begriffe siehe nachstehende RZ 1177.

4.5.3.2 Unterschiedliche steuerliche Wirkungen der verdeckten Gewinnausschüttung

1168 Eine vom Finanzamt aufgedeckte verdeckte Gewinnausschüttung hat auf der Ebene der Kapitalgesellschaft im Regelfall **drei verschiedene Auswirkungen:**

– **ihre Hinzurechnung zum Einkommen.** Diese setzt voraus, daß das Einkommen der Kapitalgesellschaft durch die verdeckte Gewinnausschüttung verringert worden ist (§ 8 Abs. 3 Satz 2 KStG);

– **die Erhöhung des verwendbaren Eigenkapitals infolge der Einkommenserhöhung.** Wenn die verdeckte Gewinnausschüttung das Einkommen erhöht, ergibt sich daraus ein erhöhter Zugang zum verwendbaren Eigenkapital. Der Eigenkapital-Zugang ist in der Gliederung zum Schluß des Wirtschaftsjahrs auszuweisen, in dem die verdeckte Gewinnausschüttung dem Einkommen hinzugerechnet worden ist;

– **die Verringerung des verwendbaren Eigenkapitals durch die verdeckte Gewinnausschüttung.** Für die verdeckte Gewinnausschüttung (Abfluß der Mittel) gilt das verwendbare Eigenkapital als verwendet, das sich zum Schluß des Wirtschaftsjahrs ergibt, in dem die verdeckte Gewinnausschüttung erfolgt (vgl. RZ 1180).

Auf der **Ebene der Anteilseigner** führt die verdeckte Gewinnausschüttung zu einem **steuerpflichtigen Kapitalertrag** und zur **Anrechnung der Körperschaftsteuer.**

4.5.3.3 Unterschiedliche Definitionen des vGA-Begriffs oder Einheitsdefinition?

1169 Weder die §§ 8, 27–29 KStG noch der § 20 EStG **definieren** die dort verwendeten Begriffe der verdeckten Gewinnausschüttung bzw. der anderen Ausschüttung. Sie setzen vielmehr diese Begriffe voraus.

Den **Begriff der „verdeckten Gewinnausschüttung"** verwendeten bereits die KStG i. d. F. vor dem KStRefG 1976. Den Begriff der **„anderen Ausschüttung"** in den §§ 27 und 28 gibt es erst seit der Einführung des Anrechnungsverfahrens.

Zum einen ist der in den §§ 27 und 28 verwendete Begriff der „anderen Ausschüttung" weiter als der der verdeckten Gewinnausschüttung in § 8 Abs. 3 Satz 2 KStG. Als **„andere Ausschüttung"** kommen in Betracht:

– verdeckte Gewinnausschüttungen,

– nicht ordnungsgemäße (verunglückte) offene Ausschüttungen,

– vor Ablauf des Wirtschaftsjahrs beschlossene Vorabausschüttungen.

Im übrigen weisen die Begriffe der „verdeckten Gewinnausschüttung" und der „anderen Ausschüttung" sowohl Gemeinsamkeiten als auch inhaltliche Unterschiede auf (vgl. RZ 1177). So setzt § 8 Abs. 3 Satz 2 KStG eine Einkommensminderung, § 27 Abs. 3 Satz 2 hingegen den Abfluß der Ausschüttung voraus.

1170 In der jüngeren Fachdiskussion wird die Frage gestellt, ob es einen einheitlichen Begriff der verdeckten Gewinnausschüttung gibt oder ob unterschiedliche Definitionen für die verschiedenen gesetzlichen Regelungen zu beachten sind (vgl. Scholtz, FR 1990 S. 321). Danach ging der BFH in seiner Rechtssprechung bis vor kurzem noch von einem **einheitlichen Begriff der verdeckten Gewinnausschüttung** aus, der im Kern für die Körperschaft und ihre Anteilseigner gleichermaßen verbindlich war.

Auch der VIII. Senat des BFH geht noch im Urteil vom 24. 1. 1989 (BStBl II S. 419) von einem einheitlichen Begriff der verdeckten Gewinnausschüttung für die Besteuerung der Gesellschaft und der Gesellschafter aus (vgl. dazu Scholtz ‚a. a. O.).

Nach der neueren Rechtsprechung des I. Senats des BFH (vgl. Urteil vom 1. 2. 1989, BStBl II S. 522, und vom 22. 2. 1989, BStBl II S. 631) definiert der BFH die verdeckte Gewinnausschüttung i. S. des § 8 Abs. 3 Satz 2 KStG als

> „eine Vermögensminderung oder eine verhinderte Vermögensvermehrung, die durch das 1170
> Gesellschaftsverhältnis veranlaßt ist, sich auf die Höhe des Einkommens auswirkt und in keinem Zusammenhang mit einer offenen Ausschüttung steht."

Ähnlich der I. Senat des BFH in seinem Urteil vom 09.08.1989 (BStBl 1990 II S. 237) und im Urteil vom 11.10.1989 (BStBl 1990 II S. 88 zur verdeckten Gewinnausschüttung bei Genossenschaften).

In den Urteilen vom 14.03.1989 (BStBl II S. 633), vom 12.04.1989 (BStBl II S. 635) und vom 28.06.1989 (BStBl II S. 854) wird auf die **unterschiedlichen Auswirkungen einer verdeckten Gewinnausschüttung** im Rahmen des § 8 Abs. 3 Satz 2 und des § 27 Abs. 3 Satz 2 KStG hingewiesen. In der Begründung des Urteils vom 28.06.1989 heißt es:

> „Bei der Anwendung des § 27 Abs. 3 KStG ist zwischen einer verdeckten Gewinnausschüttung i.S. des § 8 Abs. 3 Satz 2 KStG einerseits und einer anderen Ausschüttung i. S. des § 27 Abs. 3 Satz 2 KStG andererseits zu unterscheiden (vgl. Urteile vom 20. 8. 1986, BStBl 1987 II S. 75; vom 11. 2. 1987, BStBl II S. 461; vom 29. 4. 1987, BFH/NV 1988 S. 122; vom 26. 8. 1987, BFH/NV 1988 S. 395; vom 26. 8. 1987, BStBl 1988 II S. 143; vom 9. 12. 1987, BStBl 1988 II S. 460; vom 14. 3. 1989, BStBl II S. 633). Beiden ist gemeinsam, daß sie eine bei der Kapitalgesellschaft eintretende Vermögensminderung voraussetzen, die durch das Gesellschaftsverhältnis veranlaßt ist und in keinem Zusammenhang mit einer offenen Ausschüttung steht. Die verdeckte Gewinnausschüttung i. S. des § 8 Abs. 3 Satz 2 KStG setzt zusätzlich voraus, daß die Vermögensminderung auch das Einkommen verändert. Umgekehrt verlangt sie nicht, daß die der Vermögensminderung entsprechenden Mittel bei der Kapitalgesellschaft abfließen. Die andere Ausschüttung des § 27 Abs. 3 Satz 2 KStG stellt dagegen auf die Einkommensminderung nicht ab. Entscheidend kommt es insoweit nur darauf an, daß die der Vermögensminderung bei der Kapitalgesellschaft entsprechenden Mittel auch tatsächlich abfließen (vgl. BFH in BStBl 1988 II S. 460)."

Und schließlich noch ein Zitat aus der Begründung des BFH-Urteils vom 11.10.1989 (BStBl 1990 II S. 89), wonach in der **Übernahme von Gründungskosten,** die zivilrechtlich von den Gesellschaftern der Kapitalgesellschaft zu tragen sind, eine andere Ausschüttung i.S. des § 27 Abs. 3 zu sehen ist:

> „Eine andere Ausschüttung i.S. des § 27 Abs. 3 Satz 2 ist bei einer Kapitalgesellschaft eine Vermögensminderung, die durch das Gesellschafterverhältnis veranlaßt ist, nicht im Zusammenhang mit einer offenen Gewinnausschüttung i.S. des § 27 Abs. 3 Satz 1 steht und sich in der Form des Mittelabflusses konkretisiert hat."

Scholtz (FR 1990 S. 321) sieht die Situation nach der o.a. Rechtsprechung des I. Senats so, daß 1171
der BFH auf der Ebene der Körperschaft von **unterschiedlichen Definitionen** für die Anwendung des § 8 Abs. 3 Satz 2 KStG einerseits und der §§ 27 – 29 KStG andererseits ausgeht, während der für die Kapitalerträge, d.h. für die Anteilseigner-Seite zuständige VIII. Senat weiterhin von einem einheitlichen Begriff der verdeckten Gewinnausschüttung für die Körperschaft und ihre Anteilseiger ausgeht.

4.5.3.4 Verhältnis des § 8 Abs. 3 KStG, der §§ 27 bis 29 KStG und des § 20 Abs. 1 Nr. 1 EStG zueinander

U.E. ist der vom Gesetzgeber in § 8 Abs. 3 Satz 2 KStG und in § 20 Abs. 1 Nr. 1 Satz 2 EStG verwendete **Begriff** der verdeckten Gewinnausschüttung ein einheitlicher. Was nach der Natur der Sache jedoch **unterschiedlich** ist, das sind die **steuerlichen Folgerungen,** die die verschiedenen gesetzlichen Vorschriften aus einer verdeckten Gewinnausschüttung ziehen. 1172

In aller Regel treten die **Rechtsfolgen** des § 8 Abs. 3, der §§ 27 – 29 KStG und des § 20 Abs. 1 1173
Nr. 1 EStG **nebeneinander** ein.

Ob es jedoch verdeckte Gewinnausschüttungen gibt, **die zwar die Rechtsfolgen des § 8 Abs. 3 und der §§ 27 – 29 KStG auslösen, nicht aber die des § 20 Abs. 1 Nr. 1 EStG,** erscheint nicht

1173 ganz klar. Dazu ein Beispiel, das erstmals Wassermeyer (DStR 1990 S. 158, 161) vorstellte, und mit dem sich dann ausgiebig Scholtz (FR 1990 S. 350) auseinandersetzt:

> **Beispiel:**
> Eine GmbH schenkt ihrem Gesellschafter-Geschäftsführer zum Geburtstag ein wertvolles Tier. Das Tier verendet auf dem Weg zum Gesellschafter-Geschäftsführer.
>
> Wassermeyer (a.a.O.) löst den Fall wie folgt: Auf der Ebene der GmbH ist die durch das Geschenk eingetretene Verringerung des Bilanzgewinns nach § 8 Abs. 3 Satz 2 KStG zu korrigieren. Ebenfalls ist, da der Vorteil bei der GmbH abgeflossen ist, nach § 27 Abs. 3 Satz 2 KStG die Ausschüttungsbelastung herzustellen. Beim Gesellschafter-Geschäftsführer kommt es jedoch mangels Zuflußes des Vorteils **nicht** zu einem Kapitalertrag nach § 20 Abs. 1 Nr. 1 Satz 2 EStG.
>
> **A.A.** (u.E. zutreffend) Scholtz, der in den angefallenen Kosten nur Vorbereitungskosten für eine nicht zustande gekommene vGA sieht. Diese Kosten sind als Betriebsausgabe abziehbar und lösen nicht die Rechtsfolgen des § 8 Abs. 3 und der §§ 27ff KStG aus. Der Anteilseigner hat keinen Kapitalertrag.

1174 Es gibt **verdeckte Gewinnausschüttungen, die nur die Rechtsfolgen des § 8 Abs. 3 KStG, nicht aber die der §§ 27, 28 KStG und des § 20 Abs. 1 Nr. 1 EStG auslösen.**

> **Beispiel:**
> Eine GmbH gibt ihrem Gesellschafter-Geschäftsführer eine z.T. als verdeckte Gewinnausschüttung zu wertende **überhöhte Pensionszusage.** Der Gesellschafter-Geschäftsführer verstirbt vor dem Eintritt des Pensionsfalls. In dem Jahr der Bildung der Pensionsrückstellung ist das Einkommen nach § 8 Abs. 3 Satz 2 KStG um den überhöhten und somit als verdeckte Gewinnausschüttung zu wertenden Teil der Zuführung zu korrigieren. Da das Herstellen der Körperschaftsteuer-Ausschüttungsbelastung an den Abfluß der Mittel bei der Körperschaft knüpft und es dazu wegen des vorzeitigen Todes des Anteilseigners nicht kommt, ist die Ausschüttungsbelastung nicht herzustellen.

1175 Auch umgekehrt sind verdeckte Gewinnausschüttungen denkbar, **die zwar die Rechtsfolgen der §§ 27, 28 KStG und des § 20 Abs. 1 Nr. 1 Satz 2 EStG auslösen, nicht aber die des § 8 Abs. 3 Satz 2 KStG.**

> **Beispiele:**
> a) Auflösung und Ausschüttung einer versteuerten Rücklage ohne Gewinnverteilungsbeschluß. Da der Bilanzgewinn der Körperschaft nicht verringert ist, kommt es nicht zur Hinzurechnung nach § 8 Abs. 3 KStG. Wohl aber muß die Körperschaft wegen des Vorteilsabflusses die Körperschaftsteuer-Ausschüttungsbelastung nach § 27 Abs. 3 Satz 2 KStG herstellen. Der Anteilseigner hat einen nach § 20 Abs. 1 Nr. 1 EStG steuerpflichtigen Kapitalertrag.
>
> b) Die Kapitalgesellschaft läßt eine ihr zustehende steuerfreie Investitionszulage unmittelbar auf das Konto ihres Gesellschafters überweisen.

1176 Zum Teil wird in der Literatur die Auffassung vertreten, daß die **steuerliche Erfassung** einer verdeckten Gewinnausschüttung bei der Körperschaft und bei ihren Anteilseignern auch **hinsichtlich des Betrags differieren kann.** Wir stimmen dem für den Regelfall – zumindest was das Verhältnis § 27 Abs. 3 KStG zu § 20 Abs. 1 Nr. 1 EStG betrifft – **nicht** zu. U.E. ergibt sich aus dem vom BFH bestätigten Grundsatz der **sachlichen Kongruenz** (vgl. dazu, auch wegen der Literaturhinweise, Dötsch/Eversberg/Jost/Witt: Kommentar zum KStG und EStG, Tz. 45 und 78 zu § 27 KStG), daß der Betrag, für den die Körperschaft die Ausschüttungsbelastung herzustellen hat, und den der Anteilseigner als Kapitalertrag gem. § 20 Abs. 1 Nr. 1 EStG zu versteuern hat, identisch sein muß. Dieser Betrag ist gem. § 44 Abs. 1 Nr. 2 KStG auch in der Steuerbescheinigung anzugeben, die die Ebenen der Körperschaft und des Anteilseigners miteinander verbindet. Was **nicht synchron** sein muß, ist die **zeitliche Erfassung** der verdeckten Gewinnausschüttung bei der Körperschaft und ihren Anteilseignern.

Tabellarische Übersicht zu den Gemeinsamkeiten und den Unterschieden der Begriffe 1177
„versteckte Gewinnausschüttung" und „andere Ausschüttung" in § 8 Abs. 3, den §§ 27 – 29 KStG und in § 20 Abs. 1 Nr. 1 EStG

Erforderliches Tatbestandsmerkmal	verdeckte Gewinnausschüttung i. S. des § 8 Abs. 3 KStG	Andere Ausschüttung i. S. der §§ 27–29 KStG	verdeckte Gewinnausschüttung i. S. des § 20 Abs. 1 Nr. 1 EStG
1. Gewährung eines Vermögensvorteils außerhalb eines gesellschaftsrechtlich wirksamen Gewinnverteilungsbeschlusses, dessen Ursache bzw. Veranlassung im Gesellschaftsverhältnis liegt. Vermögensminderung bei der Körperschaft	ja	ja	ja
2. Abfluß des Vermögens bei der Körperschaft	nein	ja	nein
3. Einkommensminderung bei der Körperschaft	ja	nein	nein
4. Zufluß bzw. bilanzmäßige Erfassung des Vorteils beim Anteilseigner	nein	nein	ja
5. Verpflichtung der vorteilsgewährenden Körperschaft, Personenvereinigung oder Vermögensmasse zur Eigenkapitalgliederung	nein	ja	ja

Vor Ablauf des Wirtschaftsjahrs beschlossene Vorabschüttungen und nicht ordnungsgemäße (verunglückte) offene Gewinnausschüttungen lösen nicht die Rechtsfolgen des § 8 Abs. 3 KStG, wohl aber die der §§ 27–29 KStG und die des § 20 Abs. 1 Nr. 1 EStG aus.

4.5.3.5 Kein Verzicht auf die Rechtsfolgen der vGA, wenn der Vorteil beim Empfänger bereits versteuert ist

Die Rechtsfolgen der verdeckten Gewinnausschüttung (u. a. das Herstellen der Körperschaftsteuer-Ausschüttungsbelastung) treten auch bei **nachträglich festgestellten verdeckten Gewinnausschüttungen ein, die vom Empfänger bereits versteuert sind** (BFH-Beschluß vom 24. 3. 1987, BStBl II S. 508, und Döllerer, GmbHR 1987 S. 133, 134, gegen Beschluß des FG Düsseldorf vom 4. 8. 1986, EFG 1987 S. 373; aufgehoben durch den o. a. BFH-Beschluß vom 24. 3. 1987; Pezzer, Die verdeckte Gewinnausschüttung im Körperschaftsteuer-Recht, 1986 S. 16 ff, und Friauf, StbJb 1979/80 S. 545 ff). 1178

4.5.3.6 Zeitliche Zuordnung der Körperschaftsteueränderung

Beruht die Gewinnausschüttung nicht auf einem den gesellschaftsrechtlichen Vorschriften entsprechenden Gewinnverteilungsbeschluß, ändert sich die Körperschaftsteuer gemäß § 27 Abs. 3 Satz 2 KStG für den Veranlagungszeitraum, in dem das **Wirtschaftsjahr** endet, **in das** die Ausschüttung fällt. Abgesehen von den Fällen des vom Kalenderjahr abweichenden Wirtschaftsjahres ist das der Veranlagungszeitraum, in dem die Ausschüttung erfolgt. Vgl. auch BFH-Urteil vom 24.05.1989 (BStBl II S. 800). 1179

> **Beispiel:**
> Eine GmbH schüttet im Jahre 01 verdeckt Gewinn an ihren Gesellschafter-Geschäftsführer aus. Die Körperschaftsteuer-Änderung daraus ist bei der Körperschaftsteuer-Veranlagung 01 zu erfassen.

Der Grund für diese von den offenen Gewinnausschüttungen abweichende zeitliche Zuordnung der übrigen Ausschüttungen ist, daß insbesondere die verdeckten Gewinnausschüttungen **handelsrechtlich nicht für ein bestimmtes Wirtschaftsjahr** erfolgen, d.h. nicht einem bestimmten Wirtschaftsjahr zugeordnet werden können. Es erschien dem Gesetzgeber nicht tragbar, daß eine Kapitalgesellschaft in diesen Fällen gegenüber dem Finanzamt bestimmen könnte, für welches Wirtschaftsjahr eine verdeckte Gewinnausschüttung erfolgt sein soll.

4.5.3.7 Als verwendet geltendes Eigenkapital

1180 Durch das **StEntlG 1984** vom 22. 12. 1983 (BGBl I 1583) ist die gliederungsmäßige Behandlung der verdeckten Gewinnausschüttungen geändert worden. **Bis zum Veranlagungszeitraum 1983** waren diese Ausschüttungen gemäß § 29 Abs. 2 Satz 3 KStG 1981 mit dem **Anfangs**kapital des Ausschüttungsjahres zu verrechnen. **Ab 1984** (auf Antrag auch rückwirkend ab 1977, vgl. § 54 Abs. 6 KStG i. d. F. des StEntlG 1984 und BMF-Schreiben vom 7. 6. 1984, BStBl I 369, Tz. 2.3) sind die verdeckten Gewinnausschüttungen gemäß § 28 Abs. 2 Satz 2 KStG mit dem verwendbaren Eigenkapital zu verrechnen, das sich zum **Schluß** des Wirtschaftsjahrs ergibt, in dem die Ausschüttung erfolgt. Technisch hat der Gesetzgeber diese Verrechnung in der Weise gelöst, daß er die Eigenkapitalverringerung durch die verdeckte Gewinnausschüttung durch Fiktion in das folgende Wirtschaftsjahr verlagert hat. Vgl. dazu RZ 1182.

4.5.3.8 Eigenkapitalverringerung

1181 Zur Frage, ob eine verdeckte Gewinnausschüttung bei Entstehen der handelsrechtlichen Verpflichtung oder erst im Zeitpunkt des Zufließens beim Anteilseigner **vollzogen** ist, gilt das zur offenen Gewinnausschüttung Gesagte sinngemäß, d.h. erst der Abfluß der Ausschüttung verringert das verwendbare Eigenkapital.

> **Beispiel:**
> Eine im Jahr 1 gegebene Pensionszusage an den beherrschenden Gesellschafter-Geschäftsführer einer GmbH ist als verdeckte Gewinnausschüttung zu werten. Die Pensionszahlungen beginnen ab dem Jahr 10.
>
> Erst die Zahlung der überhöhten Pension im Jahre 10 führt zum Abfluß der verdeckten Gewinnausschüttung. Hat die Körperschaft bereits im Jahr 1 in ihrer Steuerbilanz die überhöhte Pensionsverpflichtung passiviert, ist bereits das Einkommen des Jahres 1 nach § 8 Abs. 3 Satz 2 KStG zu korrigieren. Die gliederungsmäßigen Folgen der verdeckten Gewinnausschüttung, auch das Herstellen der Ausschüttungsbelastung, knüpfen jedoch an den Abfluß im Jahre 10 an.

1182 Eine weitere Frage ist, **in welcher Gliederungsrechnung die Eigenkapitalverringerung** infolge einer verdeckten Gewinnausschüttung **zu erfassen** ist. Diese Frage beantworten § 28 Abs. 2 Satz 2 i. V. m. § 29 Abs. 1 KStG dahin, daß die verdeckte Gewinnausschüttung das verwendbare Eigenkapital erst in dem auf das Ausschüttungsjahr **folgenden** Jahr verringert.

Durch diese Regelung hat der Gesetzgeber, um eine zusammengefaßte Verrechnung von offenen und verdeckten Gewinnausschüttungen zu ermöglichen, eine künstliche **Abweichung zwischen** dem Eigenkapital lt. Steuerbilanz und lt. Gliederungsrechnung geschaffen. In der **Steuerbilanz** zum Schluß des Ausschüttungsjahrs ist die Eigenkapitalverringerung infolge der verdeckten Gewinnausschüttung bereits berücksichtigt. In der **Gliederung des verwendbaren Eigenkapitals** wird gesetzlich fingiert, daß die für die Ausschüttung verbrauchten Eigenkapitalbestandteile zum Schluß des Ausschüttungsjahrs noch bei der Körperschaft vorhanden sind; die Eigenkapitalverringerung wird durch einen gesetzlichen Kunstgriff ins Folgejahr verlagert. Wegen der sich daraus ergebenden **Verprobungsfragen** und wegen eines Zahlenbeispiels siehe RZ 1316, Beispiel 2.

4.5.3.9 Unterschiedliche Belastung der offenen und der verdeckten Gewinnausschüttungen

1183 Die §§ 27 bis 29 KStG sollen nach dem Willen des Gesetzgebers verdeckte und offene Gewinnausschüttungen hinsichtlich der Belastungswirkung gleichbehandeln. Diese gleichhohe Belastung mit Körperschaftsteuer ist bei einer **Gesamtbetrachtung**, wenn man also die Zeit vom 1. 1. 1977 (Inkrafttreten des KStG 1977) bis zur Beendigung der Körperschaft zusammengefaßt sieht, unstreitig gegeben. Jede offene und verdeckte Gewinnausschüttung löst nämlich **im Endergebnis** eine **Ausschüttungsbelastung in Höhe von 42,86 DM (bis 1993: 56,25 DM) pro 100 DM (30 v. H. von 142,86 DM bzw. bis 1993: 36 v. H. von 156,25 DM)** aus.

Andere Ergebnisse können sich jedoch bei **periodischer Betrachtung** ergeben. Auch hier ist bei gleichhoher verdeckter und offener Gewinnausschüttung deren Körperschaftsteuerbelastung solange gleich, als beide Ausschüttungen aus dem gleichen Teilbetrag des verwendbaren Eigenkapitals finanziert werden können. Das Problem ist aber, daß diese Verrechnung mit dem gleichen Teilbetrag nicht in jedem Fall sichergestellt ist. Verdeckte Gewinnausschüttungen müssen aus den nachstehend genannten Gründen meist häufiger als offene Gewinnausschüttungen aus den nichtbelasteten Teilbeträgen finanziert werden und führen dann zur Körperschaftsteuer-Erhöhung. Es entsteht – periodisch gesehen – eine höhere Körperschaftsteuerbelastung der verdeckten im Vergleich zur offenen Gewinnausschüttung. Dieser Liquiditätsnachteil hebt sich im Regelfall erst bei der Auflösung und Abwicklung der Körperschaft wieder auf; in Sonderfällen kann die Mehrbelastung definitiv werden. **1184**

– Eine **offene Gewinnausschüttung** bemißt sich nach dem lt. Handelsbilanz verfügbaren Ausschüttungspotential (Ausschüttung des im betreffenden Wirtschaftsjahr erwirtschafteten Gewinns, gegebenenfalls Mitausschüttung von in die Rücklage eingestellten Vorjahresgewinnen). Die Körperschaft wird ihre offene Ausschüttung im Regelfall so bemessen, daß sie diese aus dem Teilbetrag EK 45 finanzieren kann. Daraus folgt, daß bei der offenen Gewinnausschüttung im Regelfall die **Eigenkapitalverringerung** durch die Ausschüttung **nicht größer** ist **als der Eigenkapitalzugang** aus dem erwirtschafteten und für die Ausschüttung verwendeten Einkommen. **1185**

Beispiel:

	DM	EK45 DM
Handels(Steuer-)bilanzgewinn 01	70 000	
+ KSt-Rückstellung	+ 30 000	
Einkommen	100 000	
– KSt 45 v. H.	– 45 000	
Zugang zum EK 45	55 000	55 000
Bestand 31. 12. 01		55 000
Offene Gewinnausschüttung in 02 für 01	70 000	
Dafür Verwendung von EK 45 ($^{55}/_{70}$ von 70 000 DM)	– 55 000	– 55 000
KSt-Minderung ($^{15}/_{70}$ von 70 000 DM)	15 000	–
Bestand nach der Gewinnausschüttung		0

– Ganz anders ist die Situation bei der **verdeckten Gewinnausschüttung**. Da eine verdeckte Gewinnausschüttung nach § 8 Abs. 3 KStG immer nur mit dem Nominalbetrag (Wert des Vorteils, keine Erhöhung um das Körperschaftsteuer-Guthaben von 3/7 bzw. bis 1993: 9/16) hinzugerechnet wird, ist der **Eigenkapitalzugang** aus der Einkommenserhöhung in jedem Fall **geringer als die Eigenkapitalverringerung** aus der Ausschüttung. Dadurch tritt die Situation ein, daß für eine verdeckte Gewinnausschüttung weit eher auch die nichtbelasteten Teilbeträge des verwendbaren Eigenkapitals (mit der Folge der Körperschaftsteuer-Erhöhung!) in Anspruch genommen werden müssen als bei der offenen Gewinnausschüttung. Verstärkt wird diese Tendenz noch dadurch, daß eine verdeckte Gewinnausschüttung – anders als die offene – in aller Regel nicht danach ausgerichtet werden kann, ob die Gliederungsrechnung noch ausreichendes EK 45 ausweist. Die verdeckte Gewinnausschüttung wird meist im Rahmen einer steuerlichen Betriebsprüfung festgestellt und wird der Körperschaft damit von außen vorgegeben. **1186**

Beispiel:

	DM	EK 45 DM	EK 03 DM
Bestände 1. 1. 01		0	300 000
Einkommenszugang aus der Hinzurechnung einer verdeckten Gewinnausschüttung		100 000	
– KSt 45 v. H.		– 45 000	+ 55 000
Bestände 31. 12. 01 (Übertrag)		55 000	300 000
Nachrichtlich:			
Verdeckte Gewinnausschüttung		100 000	
Dafür Verwendung des gesamten EK 45		– 55 000	– 55 000
KSt-Minderung ($^{15}/_{55}$ von 55 000 DM)		– 15 000	–
Für den Restbetrag Verwendung von EK 03		30 000	– 30 000
KSt-Erhöhung ($^{3}/_{7}$ von 30 000 DM)			– 12 857
Bestände nach der Gewinnausschüttung		0	257 143

Die **Belastung der verdeckten Gewinnausschüttung** im vorstehenden Beispiel setzt sich wie folgt zusammen:

Tarifbelastung (45 v. H. des Einkommens von 100 000 DM)	45 000 DM
– KSt-Minderung	– 15 000 DM
+ KSt-Erhöhung	+ 12 857 DM
	42 857 DM

Bei gleicher Gewinnsituation hätte die Körperschaft nur eine offene Gewinnausschüttung von 70 000 DM gezahlt. Daraus hätte sich als Körperschaftsteuerbelastung ergeben:

Tarifbelastung (45 v. H. des Einkommens von 100 000 DM)	45 000 DM
– KSt-Minderung ($^{15}/_{70}$ von 70 000 DM)	– 15 000 DM
	30 000 DM

1187 Das nachstehende Beispiel zeigt die unterschiedlichen Belastungen auf, die sich – je nach dem für die verdeckte Gewinnausschüttung als verwendet geltenden Teilbetrag – ergeben.

F. Das körperschaftsteuerliche Anrechnungsverfahren

Beispiel: 1187

Die steuerliche Außenprüfung stellt fest, daß eine als Betriebsausgabe erklärte Ausgabe in Höhe von 100 000 DM als verdeckte Gewinnausschüttung zu werten ist.

	DM	Fall A EK 45 DM	Fall B EK 45 DM	Fall B EK 30 DM	Fall C EK 45 DM	Fall C EK 02 DM
1. **Einkommenserhöhung** KSt 45 v. H. =	100 000 45 000					
2. **Gliederungsrechnung** a) Anfangsbestand (unterstellt) b) Zugang zum verwendbaren Eigenkapital infolge der verdeckten Gewinnausschüttung 100 000 DM – KSt 45 v. H.		100 000 + 55 000	0 + 55 000	100 000	0 + 55 000	100 000
c) Endbestand des Ausschüttungsjahres		155 000	55 000	100 000	55 000	100 000
d) Nachrichtlich: Verringerung des verwendbaren Eigenkapitals durch die verdeckte Gewinnausschüttung aa) **Fall A** Verdeckte Gewinnausschüttung Dafür gilt EK 45 als verwendet in Höhe von $^{55}/_{70}$ von 100 000 DM KSt-Minderung	 100 000 – 78 571 21 429	 – 78 571 –				
bb) **Fall B** Verdeckte Gewinnausschüttung Dafür Verwendung von EK 45 KSt-Minderung ($^{15}/_{55}$ von 55 000 DM) Für den Restbetrag Verwendung von EK 30	100 000 – 55 000 – 15 000 30 000		– 55 000 – 	 – 30 000		
cc) **Fall C** Verdeckte Gewinnausschüttung Dafür Verwendung von EK 45 KSt-Minderung ($^{15}/_{55}$ von 55 000 DM) Für den Restbetrag Verwendung von EK 02 KSt-Erhöhung ($^{3}/_{7}$ von 30 000 DM)	100 000 – 55 000 – 15 000 30 000				– 55 000 –	 – 30 000 – 12 857
e) **Verringerung des verwendbaren Eigenkapitals** (Zugang lt. Nr. 2b ./. Abgang lt. Nr. 2d durch die verdeckte Gewinnausschüttung)		– 23 571	– 30 000		– 42 857	
3. **Körperschaftsteuer-Belastung** a) Körperschaftsteuer aus der Einkommenserhöhung b) Körperschaftsteuer-Änderung gem. § 27 KStG c) Gesamt-Körperschaftsteuer-Belastung im Jahre der Aufdeckung der verdeckten Gewinnausschüttung		 45 000 – 21 429 23 571	 45 000 – 15 000 30 000		 45 000 ./. 2 143 42 857	

Die vorstehenden Berechnungen zeigen, daß eine mit dem EK 45 verrechnete vGA zu einer Körperschaftsteuer-Belastung von 23,57 v.H. führt. Im Fall C (anteilige Verrechnung mit dem EK 45 und dem EK 02 beträgt die Belastung 42,86 v.H.

In der **Übergangszeit von 1990 bis 1994,** in der die Teilbeträge EK 56 und EK 50 nebeneinander vorkommen können, können sich andere Belastungen ergeben. In aller Regel dürfte bei einer aus dem ungemildert belasteten Teilbetrag finanzierten vGA die Körperschaftsteuer-Belastung niedriger liegen (niedrigere tarifliche Körperschaftsteuer von 50 v.H. statt 56 v.H., unverändert 20 v.H. Körperschaftsteuer-Minderung bei Vorhandensein von EK 56). 1188

1189 In der **Übergangszeit von 1995 bis 1998,** in der die Teilbeträge EK 50 und EK 45 nebeneinander vorkommen können, können sich ebenfalls andere Belastungen ergeben. In aller Regel dürfte bei einer aus dem ungemildert belasteten Teilbetrag finanzierten vGA die Körperschaftsteuer-Belastung niedriger liegen (niedrigere tarifliche Körperschaftsteuer von 45 v.H. statt 50 v.H., 20 v.H. Körperschaftsteuer-Minderung bei Vorhandensein von EK 50).

1190 4. **Fortsetzung des Beispiels (Steuerliche Belastung der vGA auf der Ebene des Anteilseigners).**
Unterstellter Steuersatz beim Anteilseigner: 50 v. H.

Betrag der verdeckten Gewinnausschüttung (§ 20 Abs. 1 Nr. EStG	100 000 DM
+ Erhöhung um anzurechnende Körperschaftsteuer ($3/7$ von 100 000 DM, § 20 Abs. 1 Nr. 3 EStG)	+ 42 857 DM
Zu versteuern	142 857 DM
Einkommensteuer 50 v. H.	71 428 DM
– anzurechnende Körperschaftsteuer ($3/7$ von 100 000 DM, § 36 Abs. 2 Nr. 3 EStG)	– 42 857 DM
Noch zusätzlich zu zahlende Einkommensteuer	28 571 DM

5. **Gesamtbelastung**

	Fall A	Fall B	Fall C
bei der Kapitalgesellschaft	23 571 DM	30 000 DM	42 857 DM
beim Anteilseigner	28 571 DM	28 571 DM	28 571 DM
Zusammen	52 142 DM	58 571 DM	71 428 DM
in v. H. der verdeckten Gewinnausschüttung	52,1	58,6	71,4

1191 Vor der Änderung der §§ 27 bis 29 KStG durch das **StEntlG 1984** war die mögliche periodische Höherbelastung der verdeckten Gewinnausschüttung weitaus krasser als heute; danach konnte die Körperschaftsteuer-Belastung der verdeckten Gewinnausschüttung auf der Ebene der Körperschaft bis zu 112,25 v.H. betragen. Eine ähnlich hohe Belastung war in Extremfällen auch in der Zeit von 1990 bis 1993 noch möglich. Wenn der Anfangsbestand beim EK 50 im vorstehenden Fall C statt 0 DM wegen übersteigender nichtabziehbarer Ausgaben z.B. –100 000 DM betragen hätte, ergäbe sich eine periodische Belastung der verdeckten Gewinnausschüttung von 106,25 v.H. (50 000 DM Tarifbelastung + 56 250 DM Körperschaftsteuer-Erhöhung). Ab 1994 ergäbe sich in der vorstehend beschriebenen Extremfällen eine periodische Belastung der verdeckten Gewinnausschüttung von 87,86 v.H. (45 000 DM Tarifbelastung + 42 857 DM Körperschaftsteuer-Erhöhung).

4.5.3.10 Rückzahlung verdeckter Gewinnausschüttungen

Ausgewählte Literaturhinweise:

Thiel, Die Neutralisierung der dem Empfänger der verdeckten Gewinnausschüttung zu Lasten der Kapitalgesellschaft erwachsenden Bereicherung, FR 1977 S. 267; **Döllerer,** Die verdeckte Gewinnausschüttung und ihre Rückabwicklung nach neuem Körperschaftsteuerrecht, DStR 1980 S. 395; **Dötsch,** Auswirkungen der verdeckten Gewinnausschüttung nach der Körperschaftsteuerreform, NSt, KSt, Verdeckte Gewinnausschüttung, Darstellung 2; **Theisen,** Steuerklauseln im Gesellschaftsvertrag der GmbH, GmbHR 1980 S. 132, 182; **Wischet,** Zur Beseitigung der durch eine verdeckte Gewinnausschüttung bewirkten Vermögensverteilung bei den Gesellschaften, DB 1979 S. 22; **Wellnhofer,** Zivil- und steuerrechtliche Aspekte der Bereicherung des Empfängers einer verdeckten Gewinnausschüttung und die Steuergutschrift (KStG 1977), FR 1978 S. 257; **de,** Negative Einnahmen bei Rückzahlung ausgeschütteter Gewinne der Kapitalgesellschaft, FR 1980 S. 264; **Niemann,** Institut FSt, Grüner Brief Nr. 209, Steuerklauseln nach dem Inkrafttreten der AO 1977 und des KStG 1977 (mit weiteren Schrifttumhinweisen). **Hübner,** Probleme des KStG 1977 aus der Sicht der Finanzverwaltung, StbJb 1981/82 S. 369, 387; **Sarrazin,** Die Rückgewähr von Gewinnausschüttungen, GmbHR 1982 S. 277; **Barandt,** Rückwirkung von Verträgen im Steuerrecht, BB 1983 S. 1293; **Classen,** Minderung der Einkünfte durch Rückzahlung verdeckter Gewinnausschüttung?, BB 1984 S. 327; **Brezing,** Überlegungen zu Zufluß, Abfluß und Rückfluß von verdeckter Gewinnausschüttung, StbJb. 1983/84 S. 215; **DIHT-Schriftenreihe Nr. 217,** Satzungsklauseln im Steuerrecht; **Jo-**

nas, Steuerliche Anerkennung von Satzungsklauseln – Roma locuta-causa finita? FR 1985 S. 285; **Brezing,** Ein Urteil des BFH zu Satzungsklauseln – I R 266/81, DB 1984 S. 2059; **Knolle,** Ein Urteil des BFH zur Rückgängigmachung von verdeckten Gewinnausschüttungen – Anmerkung zum BFH-Urteil vom 23.05.1984 – I R 266/81 und Erwiderung auf Brezing in DB 1984 S. 2059, DB 1985 S. 1265 (mit einer Replik von Brezing); **Döllerer,** Der ordentliche Kaufmann bei der Aufstellung der Bilanz, BB 1986 S. 97; **Schnädter,** Zur Abgrenzung des Rückgängigmachens einer verdeckten Gewinnausschüttung von einer Berichtigungsbuchung, GmbHR R60/1986; **Zenthöfer,** Steuerklauseln und Satzungsklauseln – eine Zwischenbilanz, Festschrift Fachhochschule Nordkirchen (1986) S. 313ff., DStZ 1987 S. 185, 217 und 273; **Döllerer,** Der ordentliche Kaufmann bei Aufstellung der Bilanz, BB 1986 S. 97; **Buyer,** Gewinn und Kapital – Die Rückgewähr von verdeckten und sonst fehlerhaften Gewinnausschüttungen im Handels- und Steuerrecht (Schriftenreihe DB, Schäffer-Verlag, 1989); ders., Das Ende der Einlagefiktion in den Fällen der Rückgewähr verdeckter Gewinnausschüttungen, DB 1989 S. 1697; **Meyer-Scharenberg,** Zur Rückgängigmachung von vGA, Münchener StFachtagung 1989, DStR 1989 S. 382; **Barth,** Rückgängigmachung von Entnahmen bei unwirksamen Rechtsgeschäften, BB 1989 S. 746; **Lange,** Rückgängigmachung und Rückabwicklung verdeckter Gewinnausschüttungen, NWB F. 4 S. 3567; **Buyer,** Ist die Minderung des Gesellschaftsvermögens Tatbestandsmerkmal der vGA?, BB 1990 S. 1809; **Döllerer,** Rezension zu Buyer „Gewinn und Kapital, StVj 1991 S. 69; **Lempenau,** Begründet die Verpflichtung zur Rückzahlung einer vGA eine Einlage, BB 1991 S. 1095; **Niemann,** Grüner Brief Nr. 304, Schriftreihe „Finanzen und Steuern", Bonn 1991; **Seeger,** Zur Rückgängigmachung von vGA, StVj 1992 S. 249.

Nach **Abschnitt 31 Abs. 9 KStR** in Verbindung mit dem **BMF-Schreiben vom 06.08.1981** **1192** (BStBl I S. 599; bestätigt durch Schreiben vom 23.04.1985, DB 1985 S. 1437) vertritt die **Finanzverwaltung** zur steuerlichen Behandlung der Rückzahlung verdeckter Gewinnausschüttungen durch **beherrschende Gesellschafter** folgende Auffassung (vgl. dazu auch vorstehende RZ 581 ff):

1. Die Rückzahlung einer verdeckten Gewinnausschüttung durch den Gesellschafter, an den verdeckt ausgeschüttet worden war, stellt steuerrechtlich eine **Einlage** in die Kapitalgesellschaft dar. Entscheidend hierfür ist, daß die Rückzahlung der verdeckten Gewinnausschüttung wie diese selbst ihre Ursache in dem Gesellschaftsverhältnis hat. Die steuerlichen Rechtsfolgen hängen demgemäß nicht davon ab, ob die Rückzahlung auf einer gesetzlichen Verpflichtung (§ 62 AktG; § 31 GmbHG) oder auf einer Vereinbarung zwischen der Kapitalgesellschaft und dem Gesellschafter beruht oder ob sie freiwillig erfolgt.

2. Als Einlage wirkt sich die Rückzahlung nicht auf die Höhe des Einkommens der **Kapitalgesellschaft** aus (§ 8 Abs. 1 KStG; § 4 EStG). In der Gliederung des verwendbaren Eigenkapitals ist der zurückgezahlte Betrag bei dem Teilbetrag im Sinne des § 30 Abs. 2 Nr. 4 KStG (EK 04) auszuweisen.

3. Für den **Gesellschafter** entstehen in Höhe des zurückgezahlten Betrags zusätzliche Anschaffungskosten der Anteile; ein Abzug als negative Einnahme ist ausgeschlossen (vgl. BFH-Urteil vom 18.02.1966, BStBl 1966 III S. 250).

4. Die vorstehende Beurteilung schließt nicht aus, daß in besonders gelagerten **Ausnahmefällen** im Rahmen der von der Rechtsprechung entwickelten Grundsätze (vgl. BFH-Urteil vom 10.04.1962, BStBl 1962 III S. 255) die verdeckte Gewinnausschüttung **bis zur Aufstellung der Schlußbilanz** mit Wirkung für die Vergangenheit **beseitigt** werden kann. Das genannte BFH-Urteil läßt die rückwirkende Beseitigung der verdeckten Gewinnausschüttung nur dann zu, wenn die steuerlichen Folgen bei der Kapitalgesellschaft und ihrem Gesellschafter so hart sind, daß die Beteiligten bei Kenntnis der Auswirkungen die Rechtsgestaltung zweifellos unterlassen hätten.

Der **BFH** hat diese Verwaltungsauffassung in inzwischen ständiger Rechtssprechung bestätigt, **1193** und zwar

– für den Bereich der **verdeckten Gewinnausschüttung** in den Urteilen vom 23. 5. 1984 (BStBl II S. 723), vom 30. 1. 1985 (BStBl II S. 345), vom 29. 4. 1987 (BStBl II S. 733), vom 22. 2. 1989 (BStBl II S. 475) und vom 13. 9. 1989 (BStBl II S. 1029),

– für den Bereich der **offenen Gewinnausschüttung** in dem Urteil vom 9. 12. 1987 (BStBl 1988 II S. 460, 462). In diesem Urteil hat der BFH es jedoch zugelassen, daß eine beschlossene

Gewinnausschüttung **vor** ihrem **Abfluß** rückgängig gemacht werden kann. Aus der Sicht der §§ 27 und 28 KStG, ist das nämlich kein Rückgängigmachen, da der steuerlich relevante Tatbestand der „erfolgten" Ausschüttung noch nicht vorgelegen hat.

1194 Wegen der Rückgängigmachung von **Vorabausschüttungen** siehe nachstehende RZ 1203.

1195 Im steuerlichen **Fachschrifttum** werden die Auffassung der Finanzverwaltung und des BFH **heftig kritisiert.** Wegen eines Überblicks über die verschiedenen Gegenmeinungen in der Fachliteratur siehe Buyer in Dötsch/Eversberg/Jost/Witt, Kommentar zum KStG und EStG, Tz. 53 im Anhang zu Tz. 53 ff im Anhang zu § 27 KStG.

So vertreten insbesondere Döllerer (DStR 1980 S. 395) und Lempenau (BB 1977 S. 1209) die Auffassung, bei gesetzlicher Rückgewährverpflichtung und bei vertraglicher Rückgewährverpflichtung, die mit Wirkung **ex tunc** (von Anfang an) bestehe, müsse die Kapitalgesellschaft **rückwirkend** in der Bilanz des Ausschüttungsjahrs den **Rückgewähranspruch aktivieren.** Dadurch komme es erst gar nicht zum Tatbestand der verdeckten Gewinnausschüttung. Ähnlich argumentieren Barandt (BB 1983 S. 1293, 1298), Brezing (StbJb 1983/84 S. 215, 225 ff., FR 1984 S. 390, DB 1984 S. 2059, DB 1985 S. 1265) und Döllerer (Stbg 1984 S. 12, BB 1986 S. 97).

Buyer (Gewinn und Kapital, 1989, DB 1989 S. 1697, BB 1990 S. 1809) sieht die Wirkungen eines ex tunc begründeten Rückgewährsanspruchs darin, daß die verdeckte Gewinnausschüttung

– für Zwecke des § 8 Abs. 3 Satz 2 KStG von Anfang an entfällt,

– für Zwecke der §§ 27 – 29 KStG wegen des erfolgten Abfließens bestehen bleibt. Nach Buyer ist die Rückgewähr aber keine Einlage, sondern hat über § 41 AO bei der Kapitalgesellschaft und beim Anteilseigner alle Auswirkungen einer Gewinnausschüttung, aber mit umgekehrten Vorzeichen.

Verschiedene Autoren wollen die verdeckte Gewinnausschüttung auf der Grundlage des BFH-Urteils vom 13.08.1957 (HFR 1961 S. 230) ungeschehen machen. Nach diesem BFH-Urteil müssen die vertretungsberechtigten Organe der Körperschaft die Vorteilsgewährung kennen und diese wollen. Dieses **Wissen und Wollen,** so die Literaturmeinung, liege nicht vor, wenn mit Wirkung ex tunc ein Rückgewähranspruch entstehe.

In dem Urteil vom 30.03.1983 (BStBl II S. 512) hatte der BFH zwar ausgeführt, daß es **handelsrechtlich** unter den dort genannten Voraussetzungen möglich ist, einen Gewinnverteilungsbeschluß für ein Wirtschaftsjahr aufzuheben und diesen durch einen Gewinnverteilungsbeschluß für ein anderes Jahr zu ersetzen; zur **steuerrechtlichen** Behandlung der zurückgezahlten Gewinnausschüttung jedoch schweigt dieses Urteil. Der BFH nimmt in der Urteilsbegründung auf seine frühere Rechtsprechung Bezug, in der er das steuerliche „Zurückdrehen" der Ausschüttung abgelehnt hat.

1196 Von der Finanzverwaltung und vom BFH **anerkannt** wird die Rückgängigmachung einer Gewinnausschüttung nur in dem Sonderfall, **in dem** sie im **Zeitpunkt der Rückgängigmachung** noch **nicht** bei der Körperschaft **abgeflossen** war (vgl. BFH-Urteil vom 09.12.1987, BStBl 1988 II S. 460, Abschnitt 77 Abs. 8 KStR 1990).

1197 Nicht abgestimmt erscheint uns die Rechtsprechung in der Frage, ob die Rückgängigmachung einer Gewinnausschüttung bei der **Körperschaft** und **ihren Anteilseignern parallel** zu beurteilen ist. Vgl. dazu insbesondere BFH-Urteile vom 19.01.1977 (BStBl II S. 847), vom 02.11.1977 (BStBl 1978 II S. 102), vom 06.03.1979 (BStBl II S. 510) und vom 13.11.1985 (BStBl 1986 II S. 193). Dem Urteil vom 06.03.1979 (a.a.O.) läßt sich entnehmen, daß der BFH eine negative Einnahme bejaht, wenn der Anteilseigner **rechtlich oder tatsächlich** zur Rückzahlung **verpflichtet** ist (z.B., weil eine verdeckte Gewinnausschüttung oder Vorabausschüttung das Stammkapital angegriffen hat), **nicht** jedoch **bei einer freiwillig** begründeten Rückzahlungsverpflichtung. Das könnte so auszulegen sein, daß eine negative Einnahme nur bei **gesetzlicher** Rückzahlungspflicht möglich wäre, denn jede **vertraglich** begründete Rückzahlungspflicht wird ja freiwillig eingegangen. Andererseits betreffen alle bisherigen Urteile, in denen der BFH beim Anteilseigner eine negative Einnahme anerkannt hat, nicht verdeckte, sondern offene Gewinnausschüttungen. In seinem Urteil vom 29. 4. 1987 (BStBl II S. 733) läßt es der BFH ausdrücklich dahingestellt, ob in der Rückgängigmachung einer verdeckten Ausschüttung ein Kapitalertrag des Anteilseigners zu sehen ist. Bejaht man beim Anteilseigner eine negative Einnahme, müßte folgerichtig auch das Einkommen der Kapitalgesellschaft wieder um den zurückgezahlten Betrag erhöht werden. Dafür bietet aber wohl § 8 Abs. 3 Satz 2 KStG keine Rechtsgrundlage. Zur Anerkennung negativer Kapitalerträge bei einer Rückzahlung von offenen Gewinnausschüttungen aufgrund **tatsächlicher** Verpflichtung (Drohung der Bank mit der Eröffnung des Konkursverfahrens) siehe auch das rkr. Urteil des Niedersächsischen FG vom 1. 11. 1982 (EFG 1983 S. 461). 1197

In letzter Zeit gingen die Bemühungen derer, die sich mit der Behandlung einer zurückgezahlten Gewinnausschüttung nicht abfinden wollen, verstärkt in Richtung auf eine **Gesetzesänderung**. Einen Vorstoß in diese Richtung haben Ende 1983 die Spitzenverbände der deutschen Industrie mit einem Vorschlag zur Änderung insbesondere der §§ 27 und 28 KStG sowie der §§ 8 und 36 EStG gemacht, der auf folgenden Grundüberlegungen beruht: 1198

Verdeckte Gewinnausschüttungen werden in aller Regel erst i.R. einer steuerlichen Außenprüfung aufgedeckt. In denjenigen Fällen, in denen von Anfang an (ex tunc) ein Rückgewähranspruch der Körperschaft besteht, soll

a) **bei der ausschüttenden Körperschaft**

 – die Zahlung der verdeckten Gewinnausschüttung vom EK 02 abgezogen werden,

 – die Ausschüttungsbelastung nicht hergestellt werden,

 – insoweit eine Steuerbescheinigung an den Anteilseigner nicht erteilt werden,

 – die Rückgewähr der verdeckten Gewinnausschüttung als Zugang vom EK 02 erfaßt werden;

b) **beim Anteilseigner**

 – bei Zahlung der verdeckten Gewinnausschüttung zunächst ein steuerpflichtiger Kapitalertrag (aber ohne Körperschaftsteuer-Anrechnung) angesetzt werden,

 – im Jahr der Rückgewähr der verdeckten Gewinnausschüttung eine negative Einnahme aus Kapitalvermögen angesetzt werden.

Für beschränkt steuerpflichtige Anteilseigner werden weitere Sonderregelungen angeregt.

Vgl. zu diesem Vorschlag auch Jonas (FR 1985 S. 285), der den Verbandsvorschlag im Hinblick auf das o.a. BFH-Urteil vom 23.05.1984 modifiziert. Auch Heinicke (abgedruckt in „Satzungsklauseln im Steuerrecht" DIHT-Schriftenreihe Nr. 217) spricht sich, weil er nach geltendem Recht keine andere als die vorstehend erläuterte Einlagelösung für möglich hält, für eine gesetzliche Regelung aus. Er befürwortet im Rückzahlungsjahr beim Anteilseigner einen negativen Kapitalertrag und eine negative Körperschaftsteuer-Anrechnung.

Die obersten Finanzbehörden von Bund und Ländern haben den Änderungsvorschlag der Spitzenverbände geprüft, aber nicht befürwortet. Mit Schreiben vom 23.04.1985 (DB 1985 S. 1437) hat das BMF die in seinem o.a. Schreiben vom 06.08.1981 enthaltene Einlagelösung nochmals bestätigt und auch die von den Verbänden geforderte Ausdehnung der in Nr. 4 dieses Schreibens enthaltenen Härteregelung abgelehnt. 1199

4.5.4 Vorabausschüttungen

Ausgewählte Literaturhinweise: Loos, Zur Verwendungsfiktion bei verdeckten Gewinnausschüttungen und der Vorabdividende im KStRG 1977, BB 1976 S. 1211; **Müller**, Vorabausschüttungen bei der GmbH, BB 1977 S. 1194; **Purwins**, Steuerliche Behandlung von Zwischendividenden nach dem KStG 1977, BB 1977 S. 1292; **Gschwendtner**, Vorabausschüttungen bei einer GmbH nach Handels- und Steuerrecht, BB 1978 S. 109; **Lange**, Körperschaftsteuer bei Vorabausschüttungen, NWB F. 4 S. 3253; **Mack**, Steuerliche Behandlung der Vorabausschüttungen von Körperschaften – eine Zwischenbilanz, DB 1982 S. 1536;

Maas, Die verspätet zugeflossene Vorabausschüttung – Eine verunglückte Regelung im körperschaftsteuerlichen Anrechnungsverfahren, BB 1986 S. 711; ders., Vorabausschüttungen und vGA in den Fällen der Hinzurechnungsbesteuerung nach dem AStG, BB 1989 S. 269; **Köhler,** vGA und Vorabausschüttungen bei ausländischen Zwischengesellschaften (Erwiderung auf Maas in BB 1989 S. 269), RIW 1989 S. 466.

1200 Anders als bei einer **Aktiengesellschaft**, die gemäß § 59 Abs. 1 AktG erst nach Ablauf des Wirtschaftsjahres einen Abschlag auf den voraussichtlichen Bilanzgewinn leisten darf, sind bei einer **GmbH** Vorabausschüttungen handelsrechtlich bereits vor Ablauf des Wirtschaftsjahres zulässig.

Nach dem Urteil des BFH vom 27. 1. 1977 (BStBl 1977 II S. 491) ist der Vorabausschüttungsbeschluß ein wirksamer Gewinnverteilungsbeschluß, der nicht durch einen weiteren (endgültigen) Beschluß bestätigt zu werden braucht.

1201 Im Rahmen der Gliederungsrechnung stellt sich die Frage, ob die Vorabausschüttungen in ihrer Wirkung den offenen oder den verdeckten Gewinnausschüttungen gleichstehen. Diese Frage, die vor der Änderung der §§ 27 bis 29 KStG durch das StEntlG 1984 vom 22. 12. 1983 (BGBl I S. 1583) strittig war (vgl. dazu Dötsch in Dötsch/Eversberg/Jost/Witt, Kommentar zum KStG und EStG, Tz. 110 zu § 27 KStG), ist dadurch geklärt worden, daß die §§ 27 bis 29 KStG nunmehr, wenn sie von Ausschüttungen sprechen, die auf einem den gesellschaftsrechtlichen Vorschriften entsprechenden Gewinnverteilungsbeschluß beruhen, jeweils den Zusatz „**für ein abgelaufenes Wirtschaftsjahr**" enthalten. Entsprechend der Auffassung, die die Finanzverwaltung (Abschnitt 81 KStR 1981) bereits vor dem StEntlG 1984 vertreten hat, kommt es somit maßgeblich darauf an, ob der Beschluß über die Vorabausschüttung vor oder nach Ablauf des jeweiligen Wirtschaftsjahrs gefaßt wurde (vgl. dazu Abschnitt 78a KStR 1985).

Vor Ablauf des Wirtschaftjahrs beschlossene Vorabausschüttungen sind gemäß § 28 Abs. 2 Satz 2 KStG mit dem verwendbaren Eigenkapital zum Schluß des Wirtschaftsjahrs zu verrechnen, in dem die Ausschüttung erfolgt. Sie führen zu einer Änderung der Körperschaftsteuer für den Veranlagungszeitraum, in dem dieses Wirtschaftsjahr endet (§ 27 Abs. 3 Satz 2 KStG). Das gilt selbst dann, wenn die Vorabausschüttung vor Ablauf des Wirtschaftsjahres beschlossen wird, die Ausschüttung tatsächlich aber erst im Folgejahr vollzogen wird (vgl. BFH-Urteil vom 17. 10. 1990, BStBl 1991 II S. 734).

Nach Ablauf des Wirtschaftsjahrs beschlossene Vorabausschüttungen sind gemäß § 28 Abs. 2 Satz 1 KStG mit dem verwendbaren Eigenkapital zum Schluß des letzten vor dem Gewinnverteilungsbeschluß abgelaufenen Wirtschaftsjahrs zu verrechnen. Die Körperschaftsteuer ändert sich für den Veranlagungszeitraum, in dem das Wirtschaftsjahr endet, für das die Ausschüttung erfolgt (§ 27 Abs. 3 Satz 1 KStG).

1202 Wegen der auf Antrag rückwirkenden Anwendung der geänderten §§ 27 bis 29 KStG auf Veranlagungszeiträume vor 1984 siehe BMF-Schreiben vom 7. 6. 1984 (BStBl I 369).

1203 Hinsichtlich der Rückgängigmachung einer bereits ausgezahlten Vorabausschüttungen gelten die Ausführungen in den vorstehenden RZ 1192 ff sinngemäß.

4.5.5 Ausschüttungen auf Genußrechte

1204 Bei Beantwortung der Frage, inwieweit die Vorschriften des Anrechnungsverfahrens bei Ausschüttungen auf **Genußrechte** anzuwenden sind, ist von **§ 20 Abs. 1 Nr. 1 EStG** auszugehen, der durch das StBereinigungsG vom 14. 12. 1984 (BGBl I 1493) geändert worden ist. In § 20 Abs. 1 Nr. 1 EStG ist ebenso wie in § 43 Abs. 1 EStG und § 8 Abs. 3 KStG das Wort „Genußscheine" mit Wirkung ab dem Veranlagungszeitraum 1985 durch das Wort „Genußrechte" ersetzt worden.

1205 Mit Wirkung ab dem Veranlagungszeitraum 1985 sind alle Ausschüttungen auf verbriefte oder unverbriefte **Genußrechte**, mit denen das Recht auf Beteiligung an Gewinn und Liquidationserlös verbunden ist, in das körperschaftsteuerliche Anrechnungsverfahren einbezogen und führen bei der Kapitalgesellschaft zur Herstellung der Ausschüttungsbelastung nach § 41 Abs. 1 i. V. m. § 27 KStG.

Beim Anteilseigner gehören künftig auch die Ausschüttungen auf unverbriefte Genußrechte zu 1205
den Kapitalerträgen i.S. des § 20 Abs. 1 Nr. 1 EStG, die zur Anrechnung von Körperschaftsteuer
und Kapitalertragsteuer berechtigen.

Nennenswerte Auswirkungen ergeben sich aus diesen Gesetzesänderungen wohl nicht, denn es
war bisher nicht üblich, Genußrechte in unverbriefter Form auszugeben.

Da Ausschüttungen auf Genußrechte, die eine Beteiligung am Gewinn und am Liquidationserlös 1206
der Kapitalgesellschaft gewähren, nicht auf einem den gesellschaftsrechtlichen Vorschriften
entsprechenden Gewinnverteilungsbeschluß beruhen, werden sie in der Gliederungsrechnung
den verdeckten Gewinnausschüttungen gleichgestellt (§ 27 Abs. 3 Satz 2 KStG, Abschnitt 77
Abs. 7 KStR).

Die Folge der Gleichbehandlung der Genußrechtsausschüttung mit der verdeckten Gewinnausschüttung ist, daß dadurch eine Differenz zwischen dem Betriebsvermögen lt. Steuerbilanz und
der Gliederungsrechnung auftritt.

Beispiel:

	Handelsbilanz/Steuerbilanz	**Eigenkapitalgliederung**
Jahr 1: Passivierung der Verpflichtung auf Ausschüttung der Genußrechtsvergütung	echte Verbindlichkeit	Erst der Abfluß vermindert das Eigenkapital. Bis dahin bleibt die Verpflichtung Eigenkapitalbestandteil.
Jahr 2: Auszahlung der Genußrechtsvergütung	Schuldposten fällt weg	Da die Auszahlung gem. § 28 Abs. 2 Satz 2 KStG erst mit dem Eigenkapital zum 31. 12. 02 zu verrechnen ist, ist das verwendbare Eigenkapital zum 31. 12. 02 im Vergleich zur Steuerbilanz zu hoch ausgewiesen (wie bei der verdeckten Gewinnausschüttung).

Für Genußrechte, die nur eine Beteiligung am Gewinn **oder** Liquidationserlös vermitteln, hat 1207
sich durch das StBerG nichts an der früheren Rechtslage geändert. Vergütungen dafür sind

– bei der auszahlenden Kapitalgesellschaft als Betriebsausgabe abziehbar,
– beim Anteilseigner steuerpflichtiger Kapitalertrag nach § 20 Abs. 1 Nr. 7 EStG. Sie unterliegen der Kapitalertragsteuer, sind jedoch nicht in das körperschaftsteuerliche Anrechnungsverfahren einbezogen. A.A. hinsichtlich der Kapitalertragsteuer Haarmann und Bordewin
  (JbFStR 1985/86 S. 437, 444).

4.5.6 Ausschüttungen auf Anteile an einem Wertpapiersondervermögen

4.5.6.1 Steuerliche Behandlung bei der Kapitalanlagegesellschaft

Einen **Sonderfall** der Herstellung der Ausschüttungsbelastung regelt § 38a KAGG. Danach 1208
müssen Kapitalanlagegesellschaften für den Teil der Ausschüttungen auf Anteile an einem
Wertpapiersondervermögen, der die Anteilseigner gemäß § 39a Abs. 1 KAGG zur Anrechnung
oder zur Vergütung von Körperschaftsteuer berechtigt, die Ausschüttungsbelastung mit Körperschaftsteuer herstellen.

Das Wertpapiersondervermögen gilt gemäß § 38 Abs. 1 KAGG als **steuerbefreites Zweckver-** 1209
mögen i.S.d. § 1 Abs. 1 Nr. 5 KStG. Gewinnausschüttungen inländischer Kapitalgesellschaften,
die einem Wertpapiersondervermögen **zufließen**, werden bei diesem in vollem Umfang von der
Körperschaftsteuer und Kapitalertragsteuer entlastet. Nach § 38 Abs. 2 und 3 KAGG werden die
anrechenbare Körperschaftsteuer an die Depotbank vergütet und die erhobene Kapitalertragsteuer erstattet.

1210 Bei der **Weiterausschüttung** dieser Erträge an die Anteilseigner des Fonds muß, da die Anteilseigner bei Vorliegen auch der übrigen Voraussetzungen die Körperschaftsteuer anrechnen können, die **Ausschüttungsbelastung mit Körperschaftsteuer** hergestellt werden (§ 38a KAGG i. V .m. § 5 Abs. 2 Nr. 2 KStG). Das Wertpapiersondervermögen ist jedoch **nicht** zur **Gliederung seines verwendbaren Eigenkapitals** verpflichtet, sondern berechnet die Ausschüttungsbelastung in einem besonderen Anmeldeverfahren (Steuererklärung i. S. d. § 38a Abs. 1 KAGG, amtlicher Vordruck KAGG 1).

1211 Für die **Weiterausschüttung** der Kapitalerträge durch den Fonds wird ab 1993 gemäß § 38b KAGG **Zinsabschlagsteuer** einbehalten. Durch das StMBG sind ab 1994 zusätzlich die sog. **Zwischengewinne**, die beim Verkauf der Anteile an der Kapitalanlagegesellschaft entstehen, zinsabschlagsteuerpflichtig geworden. Die Zinsabschlagsteuer beträgt i. d. R. 30 v. H., bei sog. Tafelgeschäften 35 v. H.

4.5.6.2 Steuerliche Behandlung beim Anteilseigner

1212 Nach § 39 Abs. 1 KAGG gehören Ausschüttungen auf Anteile an einem Wertpapiersondervermögen zu den Kapitalerträgen im Sinne des § 20 Abs. 1 Nr. 1 EStG. Hinsichtlich der **Anrechnung von Körperschaftsteuer** ist bei diesen Ausschüttungen eine Besonderheit zu beachten: Abweichend von der grundlegenden Vorschrift des § 36 Abs. 2 Nr. 3 EStG, wonach die anrechenbare Körperschaftsteuer stets 3/7 (bis 1993: 9/16) der Kapitalerträge i. S. d. § 20 Abs. 1 Nr. 1 und 2 EStG beträgt, bestimmt § 39a Abs. 1 KAGG, daß der Anteilseigner eines Wertpapiersondervermögens die Körperschaftsteuer-Anrechnung nur für den Teil seiner Kapitalerträge beanspruchen kann, für den die Depotbank selbst einen Anspruch auf Körperschaftsteuer-Vergütung nach § 38 Abs. 2 KAGG hat, weiter noch für den in § 39a Abs. 1 Nr. 2 KAGG genannten Teil des Ausgabepreises. Die übrigen Ausschüttungsbestandteile, die z.B. aus ausländischen Dividenden, aus Zinsen, Veräußerungsgewinnen oder aus steuerfreien Wertpapiererträgen bestehen können, rechnen nach der Fiktion des § 39 KAGG zwar ebenfalls zu den Kapitalerträgen i. S. d. § 20 Abs. 1 Nr. 1 EStG, berechtigen aber **nicht** zur Anrechnung von Körperschaftsteuer. Beim Anteilseigner wird demnach die Körperschaftsteuer angerechnet, die die Depotbank gemäß § 38a Abs. 1 KAGG als Ausschüttungsbelastung zahlen muß.

1213 Die einbehaltenen **Zinsabschlagsteuer** wird ebenfalls angerechnet.

4.6 Das Schütt-aus-Hol-zurück-Verfahren

Ausgewählte Literaturhinweise: Felix/Streck, „Schütt-aus-Hol-zurück"-Verfahren – Eine flankierende ertragsteuerliche Gestaltung zugunsten der mittelständischen GmbH, DStR 1977 S. 42; **Hintzen,** Zulässigkeit des „Schütt-aus-Hol-zurück"-Verfahrens bei Reinvestitionen als EK i.R. der neuen Körperschaftsteuer, BB 1977 S. 1247; ders., Das Schütt-aus-Hol-zurück-Verfahren nach den KStR, BB 1978, S. 1302; **Kruschwitz,** Kritische Ertragsteuersätze für die Schütt-aus-Hol-zurück-Politik nach dem KStG 1977, DB 1983 S. 683; ders., Das Schütt-aus-Hol-zurück-Verfahren bei der Körperschaftsteuer von GmbH und AG, FR 1978, S. 60; **Durchlaub,** Wiedereinlage ausgeschütteter Gewinne und Minderheitenschutz in der GmbH, DB 1979 S. 777; **Siegel,** Das Schütt-aus-Hol-zurück-Verfahren bei Nichterreichung der Standardausschüttung, DB 1981 S. 1847; **Weckbecker,** Steuer- und Liquiditätswirkungen beim Schütt-aus-Hol-zurück-Verfahren, DB 1980 S. 649; **Priester,** Körperschaftsteuerreform und Gewinnverwendung – Probleme des Ausschüttungsrückholverfahrens, ZGR 1977 S. 445; **Jurkat,** Ko-Referat zum Thema, Das Eigenkapital und Fremdkapital der Kapitalertragsgesellschaft unter Beteiligung von Inländern, JbFStR 1979/80 S. 405, 424; **Nicolai,** Zum „Schütt aus – Hol zurück"-Verfahren bei der Familien GmbH, StBp 1981 S. 63; **Siegel,** Probleme der Schütt-aus-Hol-zurück-Politik – Zur Berücksichtigung der Gewinnsteueränderungen und zur Erfassung der späteren Restausschüttung, DB 1983 S. 1881; **Kruschwitz,** Schütt-aus-Hol-zurück-Verfahren oder Sofortthesaurierung bei dividendenabhängigen Gehältern. DB 1984 S. 1049; **Orth,** Neue Aspekte zum Schütt-aus-Hol-zurück-Verfahren, Abflußtheorie, Kapitalrücklage, GmbHR 1987 S. 195; **Goutier/Spönlein,** Gestaltungsmöglichkeiten unter dem KStG 1977, GmbHR 1985 S. 264; **Schöne,** Das Schütt-aus-Hol-zurück-Verfahren und seine Anwendung, StStud 1989 S. 384; ders., Probleme der Unternehmenserhaltung bei der GmbH, Gewinnverwendungspolitik der GmbH auf der neuen

Rechtsgrundlage (u.a. Schütt-aus-Hol-zurück), GmbHR 1990 S. 20; **Neufang/Hug,** Besonderheiten des Schütt-aus-Hol-zurück-Verfahrens, Inf 1991 S. 299; **Axel/Stuirbrink,** Verdeckte sacheinlage und Schütt-aus-Hol-zurück-Verfahren, Wpg 1991 S. 669.

Das KStG belastet die Gewinne von Körperschaften mit einer 45 %-igen Körperschaftsteuer (bis 1989: 56 v.H.; von 1990 bis 1993: 50 v.H.), die wegen des Anrechnungsverfahrens „vorläufig" ist. Im Ausschüttungsfall wird die Körperschaftsteuer-Belastung bei der Körperschaft mit der **Steuerbelastung** des Anteilseigners ausgetauscht. Immer dann, wenn die Steuerbelastung beim Anteilseigner geringer ist als diejenige bei der Körperschaft, ist es attraktiv, auch diejenigen Gewinne auf die Steuerbelastung des Anteilseigners hinabzuschleusen, die letztlich dem Unternehmen für Investitionszwecke zur Verfügung bleiben sollen. Dies läßt sich dadurch erreichen, daß die Gewinne zunächst an den Anteilseigner ausgeschüttet (= Schütt aus/Austausch der Steuerbelastung) und sodann an die Körperschaft zurückgewährt werden (= Hol zurück). Die Finanzverwaltung erkennt diese Gestaltung grundsätzlich steuerlich an (vgl. Abschnitt 77 Abs. 5 KStR). 1214

Das Schütt-aus-Hol-zurück-Verfahren ist allerdings nicht bei allen Kapitalgesellschaften praktizierbar; insbesondere nicht bei Publikumsgesellschaften. Das Verfahren eignet sich insbesondere für **mittelständische Körperschaften mit nur wenigen Gesellschaftern**, bei denen die Rechtsbeziehungen zwischen Gesellschaft und Gesellschaftern überschaubar und gestaltbar sind. Insbesondere dann, wenn Kinder als Gesellschafter beteiligt sind, kann deren regelmäßig geringere Einkommensteuer-Belastung genutzt werden. Genutzt wird das Verfahren aber auch, wenn steuerbefreite Anteilseigner, z.B. die öffentliche Hand, an der ausschüttenden Gesellschaft beteiligt sind. 1215

Der kritische Punkt ist die **Kontrolle der Kapitalrückführung**, denn die Gesellschaft verliert und der Gesellschafter gewinnt die Herrschaft über das Kapital. Felix/Streck (Schütt-aus-Hol-zurück-Verfahren, DStR 1977 S. 42) bringen einen Überblick über die Gestaltungsmöglichkeiten für das „Hol-zurück" (z.B. Einlage, Darlehen, stille Gesellschaft), welche die Risiken eines Übergangs für die Körperschaft einschränken sollen (vgl. zu dieser Frage auch Priester, ZGR 1977 S. 445). 1216

4.7 Ausnahmen von der Körperschaftsteuer-Erhöhung (§ 40 KStG)

In folgenden Fällen erhöht sich – abweichend von § 27 Abs. 1 KStG – die Körperschaftsteuer nicht: 1217

– **soweit für die Ausschüttung EK 01 als verwendet gilt** 1218

Zusätzlich zu den bisherigen Ausnahmen von der Körperschaftsteuer-Erhöhung sieht der durch das StandOG neu eingefügte § 40 S. 1 Nr. 1 KStG eine Ausnahme von der Erhöhung der Körperschaftsteuer in den Fällen vor, in denen ein **Teilbetrag i. S. d. § 30 Abs. 2 Nr. 1 KStG (EK 01)** als verwendet gilt.

Das neue Recht hinsichtlich des Verzichts auf die Herstellung der Körperschaftsteuer-Erhöhung bei Ausschüttung von EK 01 gilt erstmals 1219

– für Ausschüttungen, die auf einem den gesellschaftsrechtlichen Vorschriften entsprechenden Gewinnverteilungsbeschluß für ein abgelaufenes Wirtschaftsjahr beruhen und in dem ersten nach dem 31. Dezember 1993 endenden Wirtschaftsjahr erfolgen,

– für andere Ausschüttungen und sonstige Leistungen, die in dem letzten vor dem 1. Januar 1994 endenden Wirtschaftsjahr erfolgen,

d. h. für alle Ausschüttungen und sonstigen Leistungen, die mit dem verwendbaren Eigenkapital zum Schluß des letzten vor dem 1. 1. 1994 endenden Wirtschaftsjahres zu verrechnen sind. Für ein Übergangsjahr kann auch noch nach altem Recht verfahren werden. Vgl. hierzu auch RZ 1124 ff.

1220 Die Neuregelung soll in Verbindung mit den Bestimmungen in § 8b Abs. 1 und 2 KStG (vgl. RZ 951 ff) steuerliche Hemmnisse beseitigen, die nach bisherigen Recht der Gründung inländischer Holdinggesellschaften mit Auslandsbeteiligungen entgegenstehen.

1221 Gilt bei der ausschüttenden Körperschaft für die Gewinnausschüttung ein Teilbetrag i.S.d. § 30 Abs. 2 Nr. 1 KStG (**steuerfreie ausländische Vermögensmehrung oder steuerfreie Einkünfte i.S.d. § 8b Abs. 1 und 2 KStG** – vgl. RZ 1367) als verwendet, ergibt sich folgende steuerliche Behandlung:

- **bei der ausschüttenden Körperschaft:**

  Keine Erhöhung der Körperschaftsteuer (§ 40 S. 1 Nr. 1 KStG)

- **bei dem Anteilseigner:**

1222 – wenn dieser selbst eine **zur Eigenkapitalgliederung verpflichtete Körperschaft** ist:

Die vereinnahmte Ausschüttung aus dem Teilbetrag i. S. d. § 30 Abs. 2 Nr. 1 KStG bleibt bei der Ermittlung des Einkommens außer Ansatz (§ 8b Abs. 1 KStG). Der Anteilseigner erhält keine Körperschaftsteuer-Anrechnung (§ 36 Abs. 2 Nr. 3 Buchstabe a EStG). Die Ausschüttung wird beim Anteilseigner dem Teilbetrag i. S. d. § 30 Abs. 2 Nr. 1 KStG (EK 01) zugeordnet (vgl. RZ 1367). Hierdurch wird eine steuerfreie Durchleitung ausländischer Einkünfte durch einen Konzern möglich.

1223 – wenn dieser eine **nicht zur Eigenkapitalgliederung verpflichtete Körperschaft i. S. d. § 1 Abs. 1 Nr. 3 oder 6 KStG** ist:

Die vereinnahmte Ausschüttung aus dem Teilbetrag i. S. d. § 30 Abs. 2 Nr. 1 KStG bleibt bei der Ermittlung des Einkommens außer Ansatz (§ 8b Abs. 1 KStG). Der Anteilseigner erhält keine Körperschaftsteuer-Anrechnung (§ 36 Abs. 2 Nr. 3 Buchstabe a EStG).

1224 – wenn dieser eine **natürliche Person** oder eine nicht zur Eigenkapitalgliederung verpflichtete **Körperschaft i. S. d. § 1 Abs. 4 oder 5 KStG** ist:

Die vereinnahmte Ausschüttung wird besteuert, allerdings ohne die Erhöhung um 3/7 nach § 20 Abs. 1 Nr. 3 EStG. Der Anteilseigner erhält keine Körperschaftsteuer-Anrechnung (§ 36 Abs. 2 Nr. 3 Buchstabe a EStG).

1225 Der für den Teilbetrag i. S. d. § 30 Abs. 2 Nr. 1 KStG vorgesehene Verzicht auf die Körperschaftsteuer-Erhöhung, verbunden mit der unterschiedlichen Behandlung der aus den Teilbeträgen i. S. d. § 30 Abs. 2 Nr. 1, 2, 3 und 4 KStG finanzierten Ausschüttungen, führt allerdings zukünftig in der Steuerbescheinigung und in der steuerlichen Behandlung beim Anteilseigner zu einer noch stärkeren Aufspaltung der Dividenden als im geltenden Recht.

1226 Zur Anrechnung der Körperschaftsteuer berechtigen zukünftig nur noch Ausschüttungen aus den mit Körperschaftsteuer belasteten Teilbeträgen und aus den Teilbeträgen i. S. d. § 30 Abs. 2 Nr. 2 und 3 KStG.

1227 Zur Vergütung nach § 52 KStG, § 36e EStG berechtigen nur noch Ausschüttungen aus dem Teilbetrag i. S. d. § 30 Abs. 2 Nr. 3 KStG (vgl. RZ 1369).

1228 – **soweit für die Ausschüttung EK 04 als verwendet gilt**

Nach § 20 Abs. 1 Nr. 1 und 2 EStG gehört die **Rückzahlung von nicht auf das Nennkapital geleisteten Einlagen,** (EK 04), beim Anteilseigner nicht zu den Einnahmen aus Kapitalvermögen. Dementsprechend darf der Anteilseigner für diese Einnahmen auch nicht die Körperschaftsteuer anrechnen.

§ 40 S. 1 Nr. 2 KStG bestimmt dazu parallel für die **Kapitalgesellschaft**, daß bei Ausschüttungen aus dem EK 04 die Ausschüttungsbelastung (KSt-Erhöhung) nicht herzustellen ist.

1229 Gehören die Anteile an der ausschüttenden Körperschaft beim Anteilseigner zu seinem **Betriebsvermögen,** sind alle Ausschüttungen im Rahmen des Betriebsvermögensvergleichs zu erfassen. Der auf das EK 04 entfallende Ausschüttungsteil ist genau wie eine Auszahlung anläßlich der Herabsetzung des Nennkapitals zu behandeln. Die Anschaffungskosten oder der

Buchwert der Anteile sind um die Ausschüttung aus dem EK 04 zu verringern; der Teilwert der Anteile ist dabei ohne Bedeutung. Soweit die Ausschüttungen aus dem EK 04 den Buchwert der Anteile übersteigen, liegen beim Anteilseigner gewinnerhöhende Betriebseinnahmen vor (vgl. BMF-Schreiben vom 9. 1. 1987, BStBl I S. 171 und RZ 1866 f).

Beispiel:

Sachverhalt:

Buchwert der im Betriebsvermögen gehaltenen Anteile an der X-GmbH = 50 000 DM

Von der Gewinnausschüttung in Höhe von insgesamt 100 000 DM entfallen lt. Steuerbescheinigung der GmbH auf die Auskehrung von EK 04:

Fall A = 35 000 DM

Fall B = 60 000 DM

Lösung:

Fall A:

Von der Gesamt-Gewinnausschüttung in Höhe von 100 000 DM sind 35 000 DM erfolgsneutral gegen den Buchwert der Anteile zu verrechnen (Restbuchwert = 15 000 DM). Der übersteigende Betrag ist eine steuerpflichtige Betriebseinnahme.

Fall B:

Von der Gesamt-Gewinnausschüttung sind 50 000 DM gegen den Buchwert der Anteile zu verrechnen (Restbuchwert = 0 DM). Der übersteigende Betrag ist eine steuerpflichtige Betriebseinnahme; auch soweit er auf die Ausschüttung von EK 04 entfällt;

- **soweit eine von der Körperschaftsteuer befreite Körperschaft Gewinnausschüttungen an einen unbeschränkt steuerpflichtigen, von der Körperschaftsteuer befreiten Anteilseigner oder an eine juristische Person des öffentlichen Rechts vornimmt.**
§ 40 S. 1 Nr. 3 KStG enthält eine Ausnahme von dem Grundsatz, daß auch für Ausschüttungen an von der Körperschaftsteuer befreite Anteilseigner die Ausschüttungsbelastung herzustellen ist. Diese Ausnahme ist deshalb vertretbar, weil in den Fällen des § 40 S.1 Nr. 3 KStG der erwirtschaftete Gewinn den steuerfreien Bereich nicht verläßt. Seit der Streichung der bisherigen Steuerbefreiung für gemeinnützige Wohnungsunternehmen hat die Regelung insbesondere noch Bedeutung für Ausschüttungen der nach § 5 Abs. 1 Nr. 10, 12 und 14 KStG steuerbefreiten Vermietungsgenossenschaften und -vereine, gemeinnützigen Siedlungsunternehmen und land- und forstwirtschaftlichen Erwerbs- und Wirtschaftsgenossenschaften an Anteilseigner, die ebenfalls von der Körperschaftsteuer freigestellt sind, oder an juristische Personen des öffentlichen Rechts.

Voraussetzung für den Verzicht auf die Körperschaftsteuer-Erhöhung nach § 40 S. 1 Nr. 3 KStG ist, daß der steuerbefreite Anteilseigner der ausschüttenden Körperschaft seine Befreiung durch eine **Bescheinigung des Finanzamts** (Vordruck NV 2) nachweist. Juristische Personen des öffentlichen Rechts als Anteilseigner brauchen diesen Nachweis nicht zu führen.

§ 40 S. 1 Nr. 3 KStG gilt **nicht**, d. h. die Körperschaftsteuer ist zu erhöhen, wenn die Anteile an der ausschüttenden Körperschaft

– in einem wirtschaftlichen Geschäftsbetrieb des steuerbefreiten Anteilseigners gehalten werden, für den die Befreiung von der Körperschaftsteuer ausgeschlossen ist,

– in einem steuerpflichtigen Betrieb gewerblicher Art einer juristischen Person des öffentlichen Rechts gehalten werden.

4.8 Auswirkungen des Anrechnungsverfahrens auf die Bemessung der Körperschaftsteuer-Rückstellung und des Ausschüttungsbetrags

Literaturhinweis: **Goutier,** Die Berechnung der Körperschaftsteuer-Rückstellung nach dem KStG 1977, NWB F. 17a S. 659.

1232 Körperschaftsteuer-Aufwand ist der Betrag, für den die bilanzierende Gesellschaft nach den geltenden Steuergesetzen Steuerschuldner ist. Die Vorschrift des § 27 Abs. 3 Satz 1 KStG zwingt die Körperschaft dazu, in ihrer Handels- und Steuerbilanz die Körperschaftsteuer-Rückstellung so zu bemessen, wie sie sich unter Berücksichtigung der Körperschaftsteuer Änderung ergibt. In dieser Höhe entsteht gemäß § 48 Buchst. c KStG auch die Körperschaftsteuerschuld. Übersteigt die Körperschaftsteuer-Minderung die sich vor ihrem Abzug ergebende Steuerschuld, ist in der Bilanz ein Körperschaftsteuer-Erstattungsanspruch auszuweisen.

1233 – **Handelsrechtliche Bestimmungen zur Bemessung der Körperschaftsteuer-Rückstellung vor dem Inkrafttreten des BiRiLiG**

Die Körperschaftsteuer-Rückstellung in der Bilanz einer **AG** war in der Zeit vor dem Inkrafttreten des BiRiLiG grds. in der Höhe zu bemessen, wie sie sich bei **Vollausschüttung** ergibt (vgl. BT-Drs. 7/1470 S. 365). Beschließt die Hauptversammlung eine geringere Ausschüttung, ist die daraus sich ergebende höhere Körperschaftsteuer in der Aufgliederung des Gewinnverwendungsbeschlusses als zusätzlicher Aufwand anzugeben. Bei der GmbH kann bei der Berechnung der Körperschaftsteuer-Rückstellung direkt vom Gewinnverwendungsvorschlag ausgegangen werden; ansonsten gilt das gleiche wie bei der AG.

1234 – **Bemessung der Körperschaftsteuer-Rückstellung nach Inkrafttreten des Bilanzrichtlinengesetzes (BiRiLiG)**

Nach Art. 23 Abs. 1 EG HGB i. d. F. des BiRiLiG sind die durch das BiRiLiG geänderten Vorschriften über den handelsrechtlichen Jahresabschluß erstmals auf das nach dem 31. 12. 1986 beginnende Geschäftsjahr anzuwenden. Sie können nach Art. 23 Abs. 1 Satz 2 EG HGB auf ein früheres Geschäftsjahr angewendet werden, jedoch nur insgesamt.

Nach der Neuregelung **gilt für alle Kapitalgesellschaften** folgendes: Nach § 278 HGB sind künftig alle Vertragsvariationen von der Vollausschüttung über die Teilausschüttung bis zur Vollthesaurierung denkbar. Die Körperschaftsteuer-Rückstellung ist auf der Grundlage des tatsächlichen Gewinnverwendungsbeschlusses zu berechnen. Liegt ein Gewinnverwendungsbeschluß im Zeitpunkt der Feststellung des Jahresabschlusses noch nicht vor, ist vom **Gewinnverwendungsvorschlag** auszugehen. Weicht der spätere Gewinnverwendungsbeschluß vom Gewinnverwendungsvorschlag ab, braucht der Jahresabschluß nicht geändert zu werden.

Schaubild betreffend handelsrechtliche und steuerliche Folgen einer Gewinnausschüttung

1. Bilanz / G + V-Rechnung

Ertrag	100 TDM	**Körperschaftsteuer-Rückstellung**	
		45 % von 100 TDM	45 TDM
		Körperschaftsteuer-Minderung	– 15 TDM
			30 TDM
		Handelsbilanz-Gewinn =	
		Ausschüttung	70 TDM
	100 TDM		100 TDM

2. Ausschüttung

Verwendung von EK 45	55,0 TDM
+ Körperschaftsteuer-Minderung	+ 15,0 TDM
Ausschüttung	70,0 TDM
– Kapitalertragsteuer (25 %)	– 17,5 TDM
Netto(Bar)ausschüttung	52,5 TDM

3. Körperschaftsteuer-Veranlagung

Handelsbilanz-Gewinn = Ausschüttung	70 TDM
+ Körperschaftsteuer (nichtabziehbare Ausgabe)	+ 30 TDM
zu versteuern	100 TDM
Körperschaftsteuer 45 % von 100 TDM	45 TDM
– Körperschaftsteuer-Minderung	– 15 TDM
Körperschaftsteuer-Schuld	30 TDM

4. Eigenkapital-Gliederung   **EK 45**

100 TDM – 45 v. H. Körperschaftsteuer	+ 55 TDM
Ausschüttung = 70 TDM Dafür Verwendung von EK 45 ($^{55}/_{70}$ von 70 TDM)	– 55 TDM
Körperschaftsteuer-Minderung $^{15}/_{70}$ von 70 TDM = 15 TDM	0 TDM

5. Die Körperschaftsteuer-Rückstellung ist nach folgendem Schema zu ermitteln:

   Tarifbelastung des Einkommens
– Körperschaftsteuer-Minderung
+ Körperschaftsteuer-Erhöhung

= Festzusetzende Körperschaftsteuer
– Vorauszahlungen

= Körperschaftsteuer-Rückstellung

Begriffsbestimmungen (dargestellt am Zahlenbeispiel):

Gewinn vor Körperschaftsteuer	100,0 TDM
abzüglich Tarifbelastung	– 45,0 TDM
Zugang zum EK 45	55,0 TDM
+ Körperschaftsteuer-Minderung daraus (bei Vollausschüttung)	+ 15,0 TDM
Gewinnausschüttung (Dividende)	70,0 TDM
abzüglich Kapitalertragsteuer 25 v. H.	– 17,5 TDM
Netto-(Bar-)ausschüttung	52,5 TDM

1237 **Beispiel 1: Berechnung einer Körperschaftsteuer-Rückstellung und Berechnung der im handelsrechtlichen Gewinnverwendungsbeschluß anzugebenden Gewinnausschüttung bei Vollausschüttung**

a) **Vorläufige Gewinn- und Verlustrechnung (vor Körperschaftsteuer)**

Abziehbare Betriebsausgaben	400 000 DM	Erträge	750 000 DM
Vermögensteuer	11 000 DM		
Jahresüberschuß vor Körperschaftsteuer	339 000 DM		
	750 000 DM		750 000 DM

Die Gesellschaft will den Jahresüberschuß in voller Höhe ausschütten.

b) **Berechnung der höchstmöglichen Ausschüttung**
Vollausschüttung bedeutet, daß die Gesellschaft den gesamten Jahresüberschuß (nach Körperschaftsteuer) ausschüttet. Die Minderung der Körperschaftsteuer ist Bestandteil des Ausschüttungsbetrags; in Höhe einer Körperschaftsteuer-Erhöhung muß Eigenkapital zurückbehalten werden.

Jahresüberschuß vor Körperschaftsteuer	339 000 DM
+ Vermögensteuer	+ 11 000 DM
Zu versteuern	350 000 DM
– Körperschaftsteuer 45 v. H.	– 157 500 DM
– Vermögensteuer	– 11 000 DM
= Zugang zum EK 45	181 500 DM
Mögliche Ausschüttung daraus = $^{70}/_{55}$ von 181 500 DM	231 000 DM
Körperschaftsteuer-Minderung $^{15}/_{70}$ von 231 000 DM	49 500 DM

c) **Endgültige Gewinn- und Verlustrechnung (nach Körperschaftsteuer)**

Abziehbare Betriebsausgaben		400 000 DM	Erträge	750 000 DM
Vermögensteuer		11 000 DM		
Körperschaftsteuer-Rückstellung 45 v. H. von 350 000 DM	157 500 DM			
– Körperschaftsteuer-Minderung	– 49 500 DM	108 000 DM		
Jahresüberschuß		231 000 DM		
		750 000 DM		750 000 DM

Beispiel 2: Berechnung der Körperschaftsteuerrückstellung und der im handelsrechtlichen Gewinnverteilungsbeschluß anzugebenden Gewinnausschüttung bei hälftiger Ausschüttung

a) **Aufgabe**
Eine GmbH (Wirtschaftsjahr = Kalenderjahr) möchte die Hälfte des Jahresüberschusses ausschütten und die andere Hälfte in die Rücklage einstellen, d. h. thesaurieren.

b) **Vorläufige Gewinn- und Verlustrechnung (vor Körperschaftsteuer)**

abziehbare Betriebsausgaben	200 000 DM	Erträge	400 000 DM
Vermögensteuer	7 000 DM		
Jahresüberschuß vor Körperschaftsteuer	193 000 DM		
	400 000 DM		400 000 DM

c) **Berechnung der hälftigen Ausschüttung**

Jahresüberschuß vor Körperschaftsteuer	193 000 DM
+ Vermögensteuer	7 000 DM
Zu versteuern	200 000 DM
– Körperschaftsteuer 45 v. H.	– 90 000 DM
– Vermögensteuer	– 7 000 DM
= Zugang zum EK 45	103 000 DM

Durch die Ausschüttung mindert sich die Körperschaftsteuerschuld, die bei voller Thesaurierung 90 000 DM betragen hätte. Der Jahresüberschuß ist dadurch um die Körperschaftsteuer-Minderung höher als der Zugang zum verwendbaren Eigenkapital oder – anders ausgedrückt: Der ausschüttbare Gewinn ist gegenüber dem als verwendet geltenden EK 45 um die Körperschaftsteuer-Minderung höher (§ 28 Abs. 4 Satz 1 KStG).

Der Betrag, der im handelsrechtlichen Gewinnverteilungsbeschluß als Gewinnausschüttung anzugeben ist, ist daher im Beispielsfall die Summe aus dem Zugang zum EK 45 (103 000 DM zuzüglich der Körperschaftsteuer-Minderung ($^{15}/_{70}$ der Ausschüttung).

Berechnung:

Ausschüttung (A)	=	$^{1}/_{2}$ (103 000 DM	+ $^{15}/_{70}$ A)
2 A	=	103 000 DM	+ $^{15}/_{70}$ A
2A – $^{15}/_{70}$ A	=	103 000 DM	
$^{125}/_{70}$ A	=	103 000 DM	
125 A	=	7 210 000 DM	
A	=	7 210 000 DM	: 125
A	=	57 680 DM	
Körperschaftsteuer-Minderung	=	$^{15}/_{70}$ von 57 680 DM	
	=	12 360 DM	

c) **Endgültige Gewinn- und Verlustrechnung (nach Körperschaftsteuer)**

Abziehbare Betriebsausgaben	200 000 DM		Erträge	400 000 DM
Vermögensteuer	7 000 DM			
Körperschaftsteuer-Rückstellung				
45 v. H.	90 000 DM			
– Körperschaftsteuer-				
Minderung	– 12 360 DM	77 640 DM		
Einlage in die Rücklage		57 680 DM		
Jahresüberschuß		5 680 DM		
		400 000 DM		400 000 DM

e) **Eigenkapitalgliederung**

Verringerung des EK 45 durch die Ausschüttung:
57 680 DM – 12 360 DM (Körperschaftsteuer-Minderung) = 45 320 DM

Verbleibendes EK 50:
103 000 DM – 45 320 DM = 57 680 DM (wie Rücklage in der Bilanz)

5. Für die Ausschüttung als verwendet geltendes Eigenkapital; Verwendungsfiktion bei Gewinnausschüttungen (§ 28 KStG, Abschnitt 78, 78a KStR)

Ausgewählte Literaturhinweise: Becker, Berechnungsformeln für das neue körperschaftsteuerliche Anrechnungsverfahren, BB 1976 S. 873; **Bacher,** Belastungsfaktoren im neuen Körperschaftsteuerrecht, BB 1977 S. 1093; **Müller-Dott,** Verwendungsfestschreibung nach § 28 Abs. 4 KStG, BB 1979 S. 509; **Herzig,** Die Zuordnung von Ausschüttungen zum verwendbaren Eigenkapital und die Interessen der Anteilseigner, FR 1977 S. 129, 162; **Kerssenbrock,** Die Verwendungsfiktion des § 28 Abs. 3 KStG – Zur Nichtanwendung der Vorschrift bei Rückzahlung von Zuschüssen des Gesellschafters, DB 1987 S. 1658.

5.1 Allgemeines

1240 § 28 KStG regelt die Verringerung des verwendbaren Eigenkapitals durch Gewinnausschüttungen und bestimmt, welche Teilbeträge des verwendbaren Eigenkapitals in welchem Umfang durch eine Gewinnausschüttung verringert werden. § 28 KStG enthält eine notwendige Ergänzung zu § 27 KStG. Ohne eine **gesetzliche Fiktion,** die regelt, welche Teilbeträge des verwendbaren Eigenkapitals für eine Gewinnausschüttung als verwendet gelten, wäre die Ermittlung der Körperschaftsteuer-Änderung nach § 27 KStG nicht möglich.

1241 Nach **Handelsrecht** wird jeweils die Ausschüttung des Gewinns eines bestimmten Geschäftsjahres beschlossen; § 28 KStG hingegen löst sich vollkommen von zeitlichen Maßstäben und stellt aus Praktikabilitätsgründen ausschließlich auf die Höhe der Körperschaftsteuerbelastung der vorhandenen Teilbeträge ab. Die Frage, ob z.B. der Gewinn des letzten Wirtschaftsjahres vor dem eines früheren Wirtschaftsjahres als ausgeschüttet gilt, spielt im Rahmen des § 28 KStG keine Rolle. Ebenso spielt es keine Rolle, ob es sich bei der Auskehrung an den Anteilseigner handelsrechtlich um eine Gewinnausschüttung oder um die Rückzahlung einer Gewinn- oder Kapitalrücklage handelt.

5.2 Für die Ausschüttung als verwendet geltendes Eigenkapital

1242 **Offene Gewinnausschüttungen** für ein abgelaufenes Wirtschaftsjahr (dazu gehören auch nach Ablauf des Wirtschaftsjahrs beschlossene und vorgenommene Vorabausschüttungen) sind mit dem verwendbaren Eigenkapital zum Schluß des letzten vor dem Gewinnverteilungsbeschluß abgelaufenen Wirtschaftsjahrs zu verrechnen (§ 28 Abs. 2 Satz 1 KStG). Das gilt auch für sogenannte verspätet beschlossene offene Gewinnausschüttungen.

1243 **Andere Ausschüttungen** (insbesondere Vorabausschüttungen, die vor Ablauf des Wirtschaftsjahrs beschlossen werden, und verdeckte Gewinnausschüttungen) sind mit dem verwendbaren Eigenkapital zu verrechnen, das sich zum Schluß des Wirtschaftsjahrs ergibt, in dem die Ausschüttung erfolgt. Vgl. dazu das Beispiel 2 in RZ 1316. Das gleiche gilt für sonstige Leistungen i. S. d. § 41 Abs. 1 KStG, also insbesondere für Auskehrungen aus dem verwendbaren Eigenkapital anläßlich einer Kapitalherabsetzung oder der Liquidation der Körperschaft.

1244 Zu der Frage, wie zu verfahren ist, **wenn mehrere Ausschüttungen mit dem verwendbaren Eigenkapital zum selben Stichtag zu verrechnen sind,** enthält das KStG keine Regelung. Nach Abschnitt 78 Abs. 2 KStR sind alle Ausschüttungen, für die das verwendbare Eigenkapital zum selben Stichtag als verwendet gilt, in einer Summe mit diesem verwendbaren Eigenkapital zu verrechnen. Die daraus sich ergebende Minderung und Erhöhung der Körperschaftsteuer ist entsprechend dem Verhältnis der Ausschüttungen auf die nach § 27 Abs. 3 KStG in Betracht kommenden Veranlagungszeiträume aufzuteilen (vgl. dazu auch Abschnitt 78 Abs. 2, Abschnitt 80 Abs. 3 Nr. 3 KStR, BFH-Urteil vom 14.03.1990, BStBl II S. 651, und nachstehend unter RZ 1316).

5.3 Die Verwendungsfiktion

Nach § 28 Abs. 3 KStG gelten die **belasteten Teilbeträge** des verwendbaren Eigenkapitals **in der Reihenfolge als** für eine Ausschüttung **verwendet, in der ihre Belastung abnimmt.** Anschließend gelten die nicht mit Körperschaftsteuer belasteten Teilbeträge in der Reihenfolge EK 01 bis EK 04 als verwendet. 1245

Die Anwendung der Verwendungsfiktion in § 28 Abs. 3 KStG setzt voraus, daß die Gliederung des verwendbaren Eigenkapitals in seine Teilbeträge gemäß § 30 KStG bekannt ist. Desweiteren geht das Gesetz davon aus, daß die Höhe der Dividende bekannt ist, weil die Dividendenzahlung ein tatsächlicher Vorgang im Unternehmen ist, der sich nach dem Handelsrecht bestimmt. Es gilt demnach lediglich festzulegen, aus welchen Teilen des nach den steuerlichen Vorschriften ermittelten verwendbaren Eigenkapitals sich die Dividende zusammensetzt. 1246

Dabei ist wichtig zu wissen, daß sich beim anrechnungsberechtigten **Anteilseigner** der zu versteuernde Kapitalertrag aus Dividende zuzüglich Körperschaftsteuer-Anrechnung zusammensetzt und daß dem **bei der ausschüttenden Körperschaft** entspricht:

- **im Falle der Körperschaftsteuer-Minderung:** die Summe aus der Eigenkapitalverringerung und der Tarifbelastung;
- **im Falle der Körperschaftsteuer-Erhöhung:** die Summe aus der Eigenkapitalverringerung durch die Ausschüttung und aus der Körperschaftsteuer-Erhöhung.

Durch die **Verwendungsfiktion** wird zweierlei festgelegt, nämlich 1247

- zum ersten die Reihenfolge, in der die Teilbeträge des verwendbaren Eigenkapitals für die Ausschüttung als verwendet gelten,
- zum zweiten die gedankliche Zuordnung des Betrages, um den sich im Falle der Ausschüttung die Körperschaftsteuer ändert.

Die **Reihenfolge der Verwendung** lautet im einzelnen: 1248

1. **EK 56** (ungemildert, d.h. mit 56 v.H. Körperschaftsteuer belasteter Teilbetrag; entstanden bis einschließlich 1989; nur noch für eine Übergangszeit bis 1994 von Bedeutung; vgl. § 54 Abs. 11 KStG)
2. **EK 50** (ungemildert, d.h. mit 50 v.H. Körperschaftsteuer belasteter Teilbetrag; entstanden von 1990 bis einschließlich 1993; nur noch für eine Übergangszeit bis 1998 von Bedeutung; vgl. § 54 Abs. 11a KStG)
3. **EK 45** (ungemildert, d.h. mit 45 v.H. Körperschaftsteuer belasteter Teilbetrag; ab 1994 von Bedeutung)
4. **EK 36** (entstanden nur im Falle der Aufteilung nach § 32 Abs. 2 KStG bis einschließlich 1993; nur noch für eine Übergangszeit bis 1994 von Bedeutung; vgl. § 54 Abs. 11b KStG)
5. **EK 30** (entsteht nur im Falle der Aufteilung nach § 32 Abs. 2 KStG; ab 1994 von Bedeutung)
6. **Nicht mit Körperschaftsteuer belasteter Teilbetrag** (§ 30 Abs. 1 Nr. 3 KStG)
    a) **EK 01** (aus ausländischen Einkünften und steuerfreien Einkünften i.S.v. § 8b Abs. 1 und 2 KStG; § 30 Abs. 2 Nr. 1 KStG)
    b) **EK 02** (aus nicht der Körperschaftsteuer unterliegenden inländischen Vermögensmehrungen; § 30 Abs. 2 Nr. 2 KStG)
    c) **EK 03** (Altkapital; § 30 Abs. 2 Nr. 3 KStG)
    d) **EK 04** (aus Einlagen; § 30 Abs. 2 Nr. 4 KStG)

Bis zur Änderung der §§ 30 und 32 KStG durch das StEntlG 1984 vom 22.12.1983 (BGBl I S. 1583), also letztmals für den Veranlagungszeitraum 1984, konnten in der Gliederungsrechnung zusätzlich die Teilbeträge EK 30, EK 28, EK 25 und in Ausnahmefällen EK 46 auftauchen. Eventuelle Restbestände bei diesen Teilbeträgen mußten zum Schluß des letzten vor dem 1. 1. 1249

1250 1985 endenden Wirtschaftsjahrs umgegliedert werden. Vgl. dazu Tz. 3 des BMF-Schreibens vom 7. 6. 1984 (DB 1984 S. 1272).

Der Gesetzgeber hat die Reihenfolge der Verwendung lückenlos festgelegt, und zwar so, wie sie für die Körperschaft im allgemeinen am günstigsten ist. Aus diesem Grunde gibt es auch **kein Wahlrecht** hinsichtlich der Reihenfolge.

5.4 Fiktion der Verwendung und Änderung der Körperschaftsteuer; als verwendet geltender Teil des Eigenkapitals

1251 Für die **Körperschaftsteuer-Minderung** enthält § 28 Abs. 6 Satz 1 KStG die Fiktion, daß auch der Betrag, um den sich die Körperschaftsteuer nach § 27 KStG mindert, für die Ausschüttung mit als verwendet gilt, also zusammen mit dem verwendeten Eigenkapital Bestandteil der Dividende ist. Dementsprechend gilt mit Körperschaftsteuer belastetes verwendbares Eigenkapital nur in der Höhe für die Ausschüttung als verwendet, in der die Ausschüttung den Minderungsbetrag übersteigt.

Schematische Darstellung:

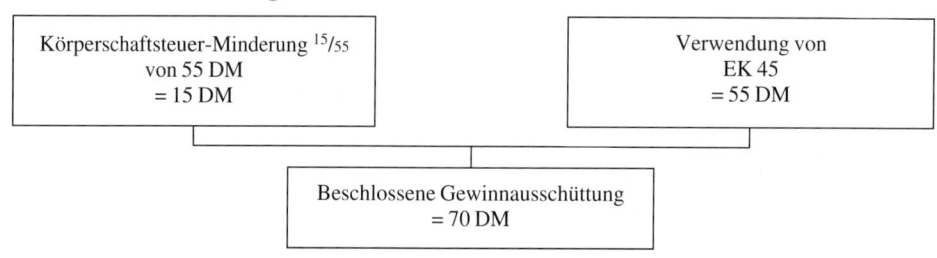

```
┌─────────────────────────────────┐        ┌─────────────────────────────────┐
│ Körperschaftsteuer-Minderung ¹⁵/₅₅ │        │        Verwendung von           │
│         von 55 DM               │        │            EK 45                │
│         = 15 DM                 │        │          = 55 DM                │
└──────────────┬──────────────────┘        └──────────────┬──────────────────┘
               └──────────────────┬──────────────────────┘
                    ┌─────────────────────────────┐
                    │ Beschlossene Gewinnausschüttung │
                    │           = 70 DM           │
                    └─────────────────────────────┘
```

Beispiel:

Das zu versteuernde Einkommen der X-GmbH beläuft sich im Veranlagungszeitraum 01 auf 100 000 DM. Der im Jahre 02 für das Wirtschaftsjahr 01 ausgeschüttete Gewinn beträgt 70 000 DM.

1. Körperschaftsteuer 45 v.H. von 100 000 DM   45 000 DM
Körperschaftsteuer-Minderung ($^{15}/_{70}$ = $^{3}/_{14}$ von 70 000 DM)   – 15 000 DM
= Festzusetzende Körperschaftsteuer 01   30 000 DM
2. Für die Gewinnausschüttung von 70 000 DM in 01 gelten als verwendet:
    a) EK 45 in Höhe von $^{55}/_{70}$ = $^{11}/_{14}$ von 70 000 DM   55 000 DM
    b) die Körperschaftsteuer-Minderung   15 000 DM

Ergebnis:

Im Falle der Körperschaftsteuer-Minderung ist die Verringerung des verwendbaren Eigenkapitals immer niedriger als die Gewinnausschüttung. Der Grund ist, daß die Körperschaftsteuer-Minderung mit zur Ausschüttung gehört, aber nicht das verwendbare Eigenkapital verringert.

1252 Für die Fälle, in denen Körperschaftsteuer nacherhoben werden muß (Körperschaftsteuer-Erhöhung), sieht § 28 Abs. 6 Satz 2 KStG vor, daß das verwendbare Eigenkapital in Höhe der Körperschaftsteuer-Erhöhung nicht für die Ausschüttung verwendbar ist. Dadurch wird vermieden, daß infolge der Körperschaftsteuer-Erhöhung ein negativer Teilbetrag des verwendbaren Eigenkapitals entsteht.

Schematische Darstellung: 1252

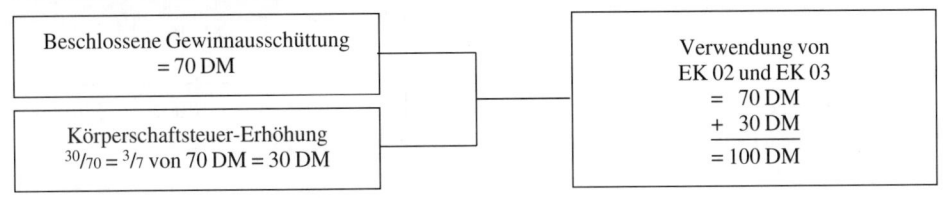

Beschlossene Gewinnausschüttung = 70 DM	Verwendung von EK 02 und EK 03 = 70 DM
Körperschaftsteuer-Erhöhung $30/70 = 3/7$ von 70 DM = 30 DM	+ 30 DM
	= 100 DM

Beispiel:

Die Gesellschaft muß eine verdeckte Gewinnausschüttung von 70 000 DM aus dem nichtbelasteten Teilbetrag EK 03 finanzieren.

Für die verdeckte Gewinnausschüttung von 70 000 DM gilt
das EK 03 in Höhe der Gewinnausschüttung als verwendet   70 000 DM
Zusätzlich verringert sich das EK 03 um die darauf entfallende
Körperschaftsteuer-Erhöhung (30/70 = 3/7 von 70 000 DM)   + 30 000 DM
                                                                              100 000 DM

Ergebnis:

Im Falle der Körperschaftsteuer-Erhöhung ist die Verringerung des verwendbaren Eigenkapitals immer höher als die Gewinnausschüttung. Der Grund ist, daß sich das verwendbare Eigenkapital sowohl um den Betrag der Gewinnausschüttung als auch um den Betrag der Körperschaftsteuer-Erhöhung verringert.

Eine Übereinstimmung zwischen dem Ausschüttungsbetrag und dem als verwendet geltenden Eigenkapital ist nur bei Verwendung von EK 30 (bis 1993: EK 36) gegeben. 1253

5.5 Getrennte Ermittlung der Körperschaftsteuer-Änderung für jeden einzelnen Eigenkapitalteil

Gelten nach § 28 Abs. 3 KStG unterschiedlich mit Körperschaftsteuer belastete oder nichtbelastete Teile des verwendbaren Eigenkapitals als für eine Ausschüttung verwendet, ist die nach § 27 KStG sich ergebende Änderung der Körperschaftsteuer für jeden dieser Eigenkapitalteile getrennt zu berechnen. Daher **kann eine Gewinnausschüttung zugleich eine Minderung** der **Körperschaftsteuer und eine Erhöhung** der Körperschaftsteuer **bewirken** (vgl. Abschnitt 78 Abs. 3 KStR). Die Bezugnahme der Verwendungsfiktion auf den einzelnen Teilbetrag und nicht anteilmäßig auf sämtliche Teilbeträge erspart komplizierte Verhältnisrechnungen. Der nächste Teilbetrag in der festgelegten Reihenfolge wird erst berührt, wenn der vorherige (höher belastete) aufgebraucht ist. 1254

Beispiel:

Für den Veranlagungszeitraum 01 beträgt das zu versteuernde Einkommen einer Kapitalgesellschaft 700 000 DM. Es unterliegt dem Steuersatz von 45 v. H. Die nichtabziehbaren Aufwendungen belaufen sich ohne die Körperschaftsteuer auf 65 000 DM. Für das im Veranlagungszeitraum endende Wirtschaftsjahr 01 schüttet die Kapitalgesellschaft im folgenden Jahr 490 000 DM Gewinn aus.

Anfangsbestände: EK 45 =   10 000 DM
                         EK 03 = 580 000 DM

1254 Gliederung des verwendbaren Eigenkapitals zum 31. 12. 01

	DM	EK 45 DM	EK 03 DM
a) Anfangsbestände 1. 1. 01		10 000	580 000
b) Zugang aus dem Einkommen 01:			
Einkommen 01	700 000		
Körperschaftsteuer 45 v. H.	– 315 000	+ 385 000	
Sonstige nichtabziehbare Ausgaben			
(z. B. Vermögensteuer)		– 65 000	
c) verwendbares Eigenkapital am 31. 12. 01		330 000	580 000
d) **Nur nachrichtlich:**			
Offene Gewinnausschüttung in 02 für das			
Wirtschaftsjahr 01	490 000		
Dafür gelten als verwendet:			
aa) das gesamte EK 45	– 330 000	– 330 000	
auf aa) entfallende Körperschaftsteuer-			
Minderung ($^{15}/_{55} = ^{3}/_{11}$ von 330 000 DM)	– 90 000	–	
	70 000		
bb) in Höhe des Restbetrages gilt EK 03 als			
verwendet	– 70 000		– 70 000
auf bb) enfallende Körperschaftsteuer-			
Erhöhung ($^{30}/_{70} = ^{3}/_{7}$ von 70 000 DM)		–	– 30 000
= verringertes verwendbares Eigenkapital		0	480 000

Körperschaftsteuer-Veranlagung 01:
Die Körperschaftsteuerschuld 01 errechnet sich wie folgt:

45 v. H. des Einkommens von 700 000 DM	315 000 DM
Minderung der Körperschaftsteuer lt. Gliederungsrechnung	– 90 000 DM
Erhöhung der Körperschaftsteuer lt. Gliederungsrechnung	+ 30 000 DM
= Körperschaftsteuer-Schuld 01	255 000 DM

Wegen der Ermittlung und Zuordnung der Körperschaftsteuer-Änderung bei **Verrechnung mehrerer Ausschüttungen mit dem verwendbaren Eigenkapital zum selben Stichtag** siehe nachstehend unter RZ 1316.

5.6 Rechenformeln

1255 In der nachstehenden **Übersicht** sind die wichtigsten Multiplikatoren zusammengestellt, die im Rahmen des körperschaftsteuerlichen Anrechnungsverfahrens von Bedeutung sind. Es würde zu weit führen, die rechnerische Entwicklung der einzelnen Multiplikatoren hier darzustellen. Vielmehr erscheint in diesem Punkt der Hinweis auf das Rechenschema unter RZ 1013 ausreichend, denn aus diesem einfachen Schema sind die jeweiligen Bezugsgrößen, aus denen die Multiplikatoren entwickelt wurden, deutlich erkennbar.

5.6.1 Rechtslage bis 1993 (Ausschüttungsbelastung 36 v.H.):

1256

Nr.	Fall	bekannt ist	gesucht ist	Multiplikatoren (bezogen auf den Betrag lt. Spalte 3) für die verschiedenen Teilbeträge des verwendbaren Eigenkapitals			
				EK 56[1]	EK 50[2]	EK 36[3]	EK 01 bis EK 03
1	2	3	4	5	6	8	10
1	**I. Im Falle der Körperschaftsteuer-Minderung** 1. Ermittlung des für eine festgesetzte Ausschüttung benötigten verwendbaren Eigenkapitals	Ausschüttung	Körperschaftsteuer-Minderung	20/64= 5/16	14/64= 7/32	–	–
2		Ausschüttung	verwendbares Eigenkapital	44/64=11/16	50/64=25/32		–
3	2. Ermittlung der aus einem vorhandenen Eigenkapital möglichen Ausschüttung	verwendbares Eigenkapital	Körperschaftsteuer-Minderung	20/44=5/11	14/50=7/25		–
4		verwendbares Eigenkapital	Ausschüttung	64/44=16/11	64/50=32/25		–
5	3. Sonstiges	verwendbares Eigenkapital	Gewinn vor Körperschaftst.	100/44=25/11	100/50=2/1		–
6		Gewinn nach Körperschaftsteuer	Körperschaftsteuer	56/44=14/11	50/50=1/1		–
7		Körperschaftsteuer	Gewinn vor Körperschaftst.	100/56=25/14	100/50=2/1		–
8	**II. Im Fall der Körperschaftsteuer-Erhöhung** 1. Ermittlung des für eine festgesetzte Ausschüttung benötigten verwendbaren Eigenkapitals	Ausschüttung	Körperschaftsteuer-Minderung	–	–	–	36/64=9/16
9		Ausschüttung	verwendbares Eigenkapital	–	–	–	100/64= 25/16
10	2. Ermittlung der aus einem vorhandenen Eigenkapital möglichen Ausschüttung	verwendbares Eigenkapital	Körperschaftsteuer-	–	–	–	36/100=9/25
11		verwendbares Eigenkapital	Ausschüttung	–	–	–	64/100=16/25
12	3. Sonstiges	verwendbares Eigenkapital	Gewinn vor Körperschaftst.	–	–	–	100/100=1/1
13		Gewinn nach Körperschaftsteuer	Körperschaftsteuer	–	–	–	–
14		Körperschaftsteuer	Gewinn vor Körperschaftst.	–	–	–	–

---

[1] Nur noch bis zum Veranlagungszeitraum 1989 und in einer Übergangszeit bis 1994 von Bedeutung.
[2] Nur noch bis zum Veranlagungszeitraum 1993 und in einer Übergangszeit bis 1998 von Bedeutung.
[3] Nur noch bis 1994 von Bedeutung.

5.6.2 Rechtslage ab 1994 (Ausschüttungsbelastung 30 v.H.):

1257

Nr.	Fall	bekannt ist	gesucht ist	Multiplikatoren (bezogen auf den Betrag lt. Spalte 3) für die verschiedenen Teilbeträge des verwendbaren Eigenkapitals					
				EK 56[1]	EK 50[2]	EK 45	EK 36[3]	EK 30	EK 02 und EK 03
1	2	3	4	5	6	7	8	9	10
1	I. Im Falle der Körperschaftsteuer-Minderung 1. Ermittlung des für eine festgesetzte Ausschüttung benötigten verwendbaren Eigenkapitals	Ausschüttung	Körperschaftsteuer-Minderung	26/70= 13/35	20/70= 2/7	15/70= 3/14	6/70= 3/35	–	–
2		Ausschüttung	verwendbares Eigenkapital	44/70= 22/35	50/70= 5/7	55/70= 11/14	64/70= 32/35		
3	2. Ermittlung der aus einem vorhandenen Eigenkapital möglichen Ausschüttung	verwendbares Eigenkapital	Körperschaftsteuer-Minderung	26/44= 13/22	20/50= 2/5	15/55= 3/11	6/64= 3/32	–	–
4		verwendbares Eigenkapital	Ausschüttung	70/44= 35/22	70/50= 7/5	70/55= 14/11	70/64= 35/32		
5	3. Sonstiges	verwendbares Eigenkapital	Gewinn vor Körperschaftst.	100/44= 25/11	100/50= 2/1	100/55= 20/11	100/64= 25/16	–	–
6		Gewinn nach Körperschaftsteuer	Körperschaftsteuer	56/44= 14/11	50/50= 1/1	45/55= 9/11	36/64= 9/16		
7		Körperschaftsteuer	Gewinn vor Körperschaftst.	100/56= 25/14	100/50= 2/1	100/45= 20/9	100/64= 25/9		
8	II. Im Fall der Körperschaftsteuer-Erhöhung 1. Ermittlung des für eine festgesetzte Ausschüttung benötigten verwendbaren Eigenkapitals	Ausschüttung	Körperschaftsteuer-Minderung	–	–	–	–	–	30/70=3/7
9		Ausschüttung	verwendbares Eigenkapital	–	–	–	–	–	100/70= 10/7
10	2. Ermittlung der aus einem vorhandenen Eigenkapital möglichen Ausschüttung	verwendbares Eigenkapital	Körperschaftsteuer-	–	–	–	–	–	30/100= 3/10
11		verwendbares Eigenkapital	Ausschüttung	–	–	–	–	–	70/100= 7/10
12	3. Sonstiges	verwendbares Eigenkapital	Gewinn vor Körperschaftst.	–	–	–	–	–	100/100= 1/1
13		Gewinn nach Körperschaftsteuer	Körperschaftsteuer	–	–	–	–	–	–
14		Körperschaftsteuer	Gewinn vor Körperschaftst.	–	–	–	–	–	–

5.7 Ausnahmeregel nach § 28 Abs. 4 KStG

1258 **Ändern sich,** z.B. auf Grund einer steuerlichen Außenprüfung, **die Teilbeträge** des verwendbaren Eigenkapitals, dann hat dies **grundsätzlich** auch **Auswirkungen auf die Ausschüttungen,** die mit diesen Teilbeträgen zu verrechnen sind. Wurde z.B. eine offene Gewinnausschüttung bisher mangels ausreichendem EK 45 anteilig aus dem EK 30 finanziert und führt eine steuerliche Außenprüfung für die Vorjahre zu einem höheren steuerpflichtigen Einkommen, ist die offene Gewinnausschüttung nach der Außenprüfung zu einem höheren Anteil bzw. insgesamt mit dem EK 45 neu zu verrechnen. Von diesem Grundsatz, daß eine Veränderung der Teilbeträge des verwendbaren Eigenkapitals auch zu einer Neuverrechnung der Ausschüttung führt, enthalten § 28 Abs. 4, 5 und 7 KStG eine **Ausnahme.**

---

[1] Nur noch bis zum Veranlagungszeitraum 1989 und in einer Übergangszeit bis 1994 von Bedeutung.
[2] Nur noch bis zum Veranlagungszeitraum 1993 und in einer Übergangszeit bis 1998 von Bedeutung.
[3] Nur noch bis 1994 von Bedeutung.

Der ab 1994 neu eingefügte **§ 28 Abs. 4 KStG regelt einen Sonderfall,** in dem eine Gewinn- 1259
ausschüttung zur Erhöhung der Körperschaftsteuer führt. Diese Ausnahmeregelung ist für Fallgestaltungen erforderlich, in denen für eine Gewinnausschüttung zunächst einer der ungemildert mit Körperschaftsteuer belasteten Teilbeträge, der mit 36 v. H. oder der mit 30 v. H. Körperschaftsteuer belastete Teilbetrag als verwendet gilt, später jedoch, z.B. wegen der Verringerung des zu versteuernden Einkommens aufgrund einer Außenprüfung oder eines Verlustrücktrags, der ursprünglich verwendete Teilbetrag einen zur Finanzierung der Gewinnausschüttung ausreichenden Bestand nicht mehr ausweist. In diesen Fällen **schreibt § 28 Abs. 4 KStG** vor, daß die **Gewinnausschüttung, soweit für ihre Verrechnung die ungemildert mit Körperschaftsteuer belasteten Teilbeträge, der mit 36 v. H. oder dem mit 30 v. H. Körperschaftsteuer belastete Teilbetrag nicht mehr ausreichen, mit dem Teilbetrag i. S. d. § 30 Abs. 2 Nr. 2 KStG (EK 02) zu verrechnen** ist, auch wenn dieser Teilbetrag dadurch negativ wird.

§ 54 Abs. 10b KStG stellt ausdrücklich klar, daß die Regelung des § 28 Abs. 4 KStG auch dann 1260
gilt, wenn für die Gewinnausschüttungen zunächst die Teilbeträge im Sinne des § 54 Abs. 11, 11a, 11b KStG (EK 56, EK 50 bzw. EK 36) als verwendet gegolten haben.

Ohne diese Sonderregelung bliebe die Gewinnausschüttung, wenn sie wegen der Verringerung 1261
der mit Körperschaftsteuer belasteten Teilbeträge mit dem Teilbetrag i.S.d. § 30 Abs. 2 Nr. 1 KStG (EK 01) zu verrechnen wäre, im Inland weitgehend unbesteuert. Die von der ausschüttenden Gesellschaft ursprünglich gezahlte Körperschaftsteuer wäre nämlich wegen der Verringerung des Einkommens ganz oder teilweise an die Gesellschaft zu erstatten, obwohl die Steuer in Höhe der Ausschüttungsbelastung bei den Anteilseignern in der Regel angerechnet worden ist. Würde für die Ausschüttung nachträglich der Teilbetrag i.S.d. § 30 Abs. 2 Nr. 1 KStG (EK 01) als verwendet gelten, wäre die Ausschüttungsbelastung bei der Körperschaft zukünftig nicht mehr herzustellen (vgl. § 40 S. 1 Nr. 1 KStG – RZ 1218 ff). Dies hätte eine Berichtigung der erteilten Steuerbescheinigung zur Folge, was – insbesondere bei Publikumsgesellschaft – faktisch nicht möglich ist.

Beispiel: 1262

a) **Erstmalige EK-Gliederung**	DM	EK 45 DM	EK 02 DM	EK 03 DM
Bestände zum 31. 12. 01		11 000	5 000	10 000
oGA für 01	21 000			
Dafür Verwendung EK 45	– 11 000	– 11 000		
KSt-Minderung	– 3 000	–		
Dafür Verwendung von EK 02	– 3 500		– 3 500	
KSt-Erhöhung	–		– 1 500	
Für den Restbetrag	3 500			
Verwendung von EK 03	– 3 500			– 3 500
	0			
KSt-Erhöhung	–			– 1 500
= verringertes verwendbares Eigenkapital		0	0	5 000

1262 **b) Geänderte EK-Gliederung (nach Bp)**

	DM	EK 45 DM	EK 02 DM	EK 03 DM
Berichtigtes VEK zum 31. 12. 01 (unterstellt)		5 500	5 000	10 000
oGA für 01	21 000			
Dafür Verwendung von EK 45	– 5 500	– 5 500		
KSt-Minderung	– 1 500	–		
Verbleibende oGA	14 000			
Dafür Verwendung von EK 02/03 (wie bisher)	– 7 000		– 3 500	– 3 500
KSt-Erhöhung (wie bisher)	–		– 1 500	– 1 500
Für den Restbetrag gem. § 28 Abs. 4 KStG	7 000			
Verwendung von EK 02	– 7 000		– 7 000	
	0			
KSt-Erhöhung	–		– 3 000	
= verringertes verwendbares Eigenkapital (nach Bp)		0	– 10 000	5 000

5.8 Verwendungsfestschreibung bei Ausschüttungen aus dem Teilbetrag i.S.d. § 30 Abs. 2 Nr. 1 KStG (EK 01) nach § 28 Abs. 5 KStG

1263 Der ab 1994 neu eingefügte § 28 Abs. 5 KStG schreibt für den Fall der Verrechnung einer Gewinnausschüttung mit dem Teilbetrag i.S.d. § 30 Abs. 2 Nr. 1 KStG (EK 01) die Verwendung fest. Wenn sich im nachhinein, z.B. bei einer steuerlichen Außenprüfung, herausstellt, daß der Bestand dieses Teilbetrages nicht mehr ausreicht, die zunächst mit ihm verrechnete Gewinnausschüttung zu verrechnen, müßte die Ausschüttung – ohne die Sonderregelung nach § 28 Abs. 5 KStG – nach den allgemeinen mit den Teilbeträgen im Sinne des § 30 Abs. 2 Nr. 2 bis 4 KStG verrechnet werden. Da diese Teilbeträge zukünftig steuerlich anders behandelt werden als der Teilbetrag im Sinne des § 30 Abs. 2 Nr. 1 KStG, müßten auch die bisher erteilten Steuerbescheinigungen korrigiert werden, was – insbesondere bei Publikumsgesellschaft – faktisch nicht möglich ist.

1264 Beispiel:

1. Die Gesellschaft hat in der Gliederungsrechnung zum 31. 12. 02 ihr verwendbares Eigenkapital ursprünglich wie folgt ermittelt:

	DM	EK 45 DM	EK 01 DM
a) Verwendbares Eigenkapital zum 31. 12. 01		110 000	100 000 (aus steuerfreien ausländischen Einkünften)
b) Offene Gewinnausschüttung in 02 für 01	240 000		
aa) Dafür Verwendung des gesamten EK 45	– 110 000	– 110 000	
Körperschaftsteuer-Minderung aus aa) ($^{15}/_{55}$ + $^{3}/_{11}$ von 110 000 DM)	– 30 000		
verbleiben	100 000		
bb) In Höhe des verbleibenden Betrages gilt EK 01 als verwendet	– 100 000		– 100 000
= verringertes verwendbares Eigenkapital	0	0	0

Im Rahmen einer späteren Außenprüfung wird festgestellt, daß die im Jahre 01 als steuerfrei erklärten ausländischen Einkünfte in Höhe von 100 000 DM (EK 01) in vollem Umfang der inländischen Körperschaftsteuer in Höhe von 45 v. H. unterliegen (aus Vereinfachungsgründen bleibt die ausländische Steuer vom Einkommen, die ggf. zu einer Aufteilung nach § 32 Abs. 2 KStG führen würde, unberücksichtigt).

2. **Die Gliederung des verwendbaren Eigenkapitals ist wie folgt zu berichtigen:** 1264

	DM	EK 45 DM	EK 01 DM
a) **Gliederung des verwendbaren Eigenkapitals zum 31. 12. 01**			
aa) Verwendbares Eigenkapital zum 31. 12. 01 (bisher)		110 000	100 000
bb) Berichtigung (Umgliederung) auf Grund der Außenprüfung – Körperschaftsteuer 45 v. H.	100 000 – 45 000	+ 55 000	– 100 000
cc) Verwendbares Eigenkapital zum 31. 12. 01 (nach der Berichtigung)		165 000	0
b) **Gliederung des verwendbaren Eigenkapitals zum 31. 12. 02**			
aa) Berichtigtes verwendbares Eigenkapital 31. 12. 01		165 000	0
bb) Verringerung des verwendbaren Eigenkapitals durch die Ausschüttung (die Verwendungsfiktion bleibt nach § 28 Abs. 4 KStG unverändert) Offene Gewinnausschüttung – Verwendung von EK 45 – Körperschaftsteuer-Minderung	240 000 – 110 000 – 30 000 100 000	– 110 000 –	
– Verwendung von EK 01	– 100 000		– 100 000
cc) Berichtiges verwendbares Eigenkapital nach der Gewinnausschüttung	0	55 000	– 100 000

5.9 Festschreibung der Verwendung bei Vergütung des Körperschaftsteuer-Erhöhungsbetrages (§ 28 Abs. 7 KStG)

Bedeutung erlangt die Regelung des § 28 Abs. 7 KStG in den Fällen, in denen an einer Kapital- 1265
gesellschaft nichtanrechnungsberechtigte Anteilseigner beteiligt sind und die Ausschüttung (ggfs. anteilig) aus EK 03 finanziert worden ist. Nach § 36e EStG bzw. § 52 KStG können nichtanrechnungsberechtigte Anteilseigner die Körperschaftsteuer-Erhöhung, die auf an sie geleistete Ausschüttungen aus EK 03 entfällt, vom deutschen Fiskus (genau gesagt; vom Bundesamt für Finanzen) im Wege der Vergütung des Erhöhungsbetrags zurückerhalten.

§ 28 Abs. 7 KStG betrifft folgenden Fall: 1266

Eine Kapitalgesellschaft, an der nichtanrechnungsberechtigte Anteilseigner beteiligt sind, hat die Ausschüttungsbelastung unter Inanspruchnahme des EK 03 hergestellt. Dementsprechend hat das Bundesamt für Finanzen den ausländischen Anteilseignern auf entsprechende Anträge hin den Körperschaftsteuer-Erhöhungsbetrag vergütet. Später stellt sich, z.B. infolge einer Außenprüfung des Finanzamtes, heraus, daß die Gesellschaft ein höheres belastetes Eigenkapital hatte und daß sie für die Gewinnausschüttung gar nicht das EK 03 hätte angreifen dürfen, sondern z.B. das EK 45.

Ohne die Regelung des § 28 Abs. 7 KStG müßte die Gewinnausschüttung neu verrechnet werden. Die gewährte Körperschaftsteuer-Vergütung müßte vom ausländischen Anteilseigner zurückgefordert werden. Eine solche Rückforderung wäre in der Praxis aber häufig nicht durchzusetzen. Um in solchen Fällen eine Rückforderung des vergüteten Körperschaftsteuer-Er-

1266 höhungsbetrages zu vermeiden, schreibt § 28 Abs. 7 KStG, daß die Gesellschaft, die ihren Anteilseignern die Verwendung von EK 03 bescheinigt hat, die einmal von der Gesellschaft angenommene **Verwendung** trotz Änderung der Grundlagen für die Verwendungsfiktion **festschreibt,** d.h. unverändert läßt. Dies gilt auch in Fällen, in denen mit Körperschaftsteuer belastetes Eigenkapital fehlt. Durch die Festschreibung der Verwendungsfiktion kann der Teilbeträge EK 03 negativ werden.

1267 § 28 Abs. 7 KStG wirft in der Praxis große Probleme auf, weil die Gesellschaft im Regelfall nicht wissen kann, ob ihre nichtanrechnungsberechtigten Anteilseigner für die betreffende Ausschüttung die Vergütung des Körperschaftsteuer-Erhöhungsbetrages beantragt haben. Da die Fiktion der Verwendung stets einheitlich für alle Anteilseigner gilt, schreibt § 28 Abs. 7 KStG die Verwendungsfiktion stets einheitlich für alle, also auch für die anrechnungsberechtigten Anteilseigner, fest. Die Verwendung wird auch dann hinsichtlich des gesamten EK 03 festgeschrieben, wenn nur einem von mehreren Gesellschaftern der Körperschaftsteuer-Erhöhungsbetrag vergütet wurde.

Beispiel:

1268 1. **Die Gesellschaft hat in der Gliederungsrechnung zum 31. 12. 02 ihr verwendetes Eigenkapital ursprünglich wie folgt ermittelt:**

	DM	EK 45 DM	EK 03 DM
a) Verwendbares Eigenkapital zum 31. 12. 01		110 000	100 000
b) Offene Gewinnausschüttung in 02 für 01	210 000		
aa) Dafür Verwendung des gesamten EK 45	– 110 000	– 110 000	
Körperschaftsteuer-Minderung aus aa) ($^{15}/_{55} + {}^3/_{11}$ von 110 000 DM)	– 30 000	–	
verbleiben	70 000		
bb) In Höhe des verbleibenden Betrages gilt EK 01 als verwendet	– 70 000		– 70 000
Körperschaftsteuer-Erhöhung aus bb) ($^{30}/_{70} + {}^3/_7$ von 70 000 DM)	–		– 30 000
= verringertes verwendbares Eigenkapital	0	0	0

Im Rahmen einer späteren Außenprüfung wird festgestellt, daß im Jahre 01 höhere inländische Einkünfte in Höhe von 100 000 DM erzielt wurden, die in vollem Umfang der inländischen Körperschaftsteuer in Höhe von 45 v. H. unterliegen.

2. Die Gliederung des verwendbaren Eigenkapitals ist wie folgt zu berichtigen:

	DM	EK 45 DM	EK 03 DM
a) **Gliederung des verwendbaren Eigenkapitals zum 31. 12. 01**			
aa) Verwendbares Eigenkapital zum 31. 12. 01 (bisher)		110 000	100 000
bb) Berichtigung auf Grund der Außenprüfung – Körperschaftsteuer 45 v. H.	100 000 – 45 000	+ 55 000	
cc) Verwendbares Eigenkapital zum 31. 12. 01 (nach der Berichtigung)		165 000	100 000
b) **Gliederung des verwendbaren Eigenkapitals zum 31. 12. 02**			
aa) Berichtigtes verwendbares Eigenkapital 31. 12. 01		165 000	100 000
bb) Verringerung des verwendbaren Eigenkapitals durch die Ausschüttung (die Verwendungsfiktion bleibt nach § 28 Abs. 7 KStG unverändert, da Körperschaftsteuer-Erhöhungsbeträge gem. § 52 KStG bescheinigt worden sind) Offene Gewinnausschüttung – Verwendung von EK 45 – Körperschaftsteuer-Minderung	210 000 – 110 000 – 30 000 70 000	– 110 000 –	
– Verwendung von EK 03 – Körperschaftsteuer-Erhöhung	– 70 000	–	– 70 000 – 30 000
cc) Berichtiges verwendbares Eigenkapital nach der Gewinnausschüttung	0	55 000	0

Wäre in dem vorstehenden Beispiel, in dem aus Vereinfachungsgründen der sogenannte nachrichtliche Teil der Gliederungsrechnung außer Betracht gelassen wurde, bei der erstmaligen Gliederung des verwendbaren Eigenkapitals zum 31. 12. 01 neben dem EK 03 nur EK 30 vorhanden gewesen, hätte sich aber bei der Berichtigung dieser Gliederung ein Zugang zum EK 45 ergeben, würde für die im nachrichtlichen Teil im Jahre 02 vorzunehmende Verringerung des verwendbaren Eigenkapitals durch die offene Gewinnausschüttung nur die bisherige Verwendung des EK 03, nicht jedoch auch die des EK 30 unverändert bleiben. Anstelle des EK 30 würde das neue EK 45 als verwendet gelten.

Die Festschreibung der Verwendung nach § 28 Abs. 7 KStG ist u.E. vom Grundgedanken her nur dann zu beachten, wenn sich nach der geänderten Gliederung eine **geringere Verwendung** von EK 03 ergeben würde, nicht dagegen bei einer insgesamt höheren Verwendung von EK 03 (= **Mehr-Vergütung**). Vgl. dazu im einzelnen Dötsch/Eversberg/Jost/Witt, Kommentar zum KStG und EStG, Tz. 21 zu § 28 KStG.

§ 28 Abs. 7 KStG entspricht der bis einschließlich 1993 in § 28 Abs. 5 KStG 1991 enthaltenen Regelung, wonach die Verwendung bei Vergütung des Körperschaftsteuer-Erhöhungsbetrages festgeschrieben wird. **Bis 1993** wurde **auch der Teilbetrag i.S.d. § 30 Abs. 2 Nr. 1 KStG (EK 01)** von dieser Regelung **erfaßt**. Ab 1994 ist eine Einbeziehung von EK 01 entbehrlich geworden, weil für Ausschüttung von EK 01 eine Körperschaftsteuer-Erhöhung nicht mehr durchzuführen ist (vgl. § 40 Satz 1 Nr. 1 KStG – RZ 1218 ff) und sich somit keine Vergütung nach § 36e EStG bzw. § 52 KStG ergeben kann. Für EK 01 ergibt sich eine neue Verwendungsfestschreibung nach § 28 Abs. 5 KStG (vgl. RZ 1263 ff).

frei –1294

6. Verwendbares Eigenkapital (§ 29 KStG, Abschnitt 79, 80 KStR)

Ausgewählte Literaturhinweise: Raupach, Die Systematik der Grundvorschriften des körperschaftsteuerlichen Anrechnungsverfahrens, FR 1978 S. 570; **Gassner/Widmann,** Kongruenzen und Inkongruenzen zwischen Steuerbilanz und verwendbarem Eigenkapital, JbFStR 1980/81 S. 279; **Herzig,** Vorschlag zur Änderung des Körperschaftsteuergesetzes – Verrechnung von Vorabausschüttungen und verdeckten Gewinnausschüttungen, BB 1981 S. 783; **Bink,** Berichtigung der Feststellung und Gliederung des verwendbaren Eigenkapitals nach Schätzung, BB 1981 S. 235; **von Gamm,** Behandlung der Rücklagenverzinsung gemäß § 6b Abs. 6 EStG bei der Ermittlung des verwendbaren Eigenkapitals, DStR 1983 S. 448; **Nickel,** Differenzen beim Eigenkapitalvergleich nach § 29 Abs. 1 KStG, StWa 1985 S. 121; **Haller,** Probleme bei der Bilanzierung der Rücklagen und des Bilanzergebnisses einer AG nach neuem Bilanzrecht, DB 1987 S. 645; **Rausch,** Eigenkapital und Eigenkapital-Ersatz i.R. der stillen Gesellschaft, BB 1989 S. 2358; **Weber/Zündorf,** Zur Abgrenzung der Eigenkapital-Größe i.R. der Kapitalkonsolidierung, AG 1989 S. 420; **Küting/Kessler,** Die Problematik der „anderen Zuzahlungen" gemäß § 272 Abs. 2 Nr. 4 HGB, BB 1989 S. 25; **Tietze,** Aktuelle Probleme des Sonderpostens mit Rücklageanteil, DB 1990 S. 593; **Knobbe-Keuk,** Rangrücktrittvereinbarung und Forderungserlaß mit und ohne Besserungsschein, StuW 1991 S. 306.

6.1 Zweck und Bedeutung der Vorschrift

1295 § 29 KStG definiert den **Zentralbegriff** des Anrechnungsverfahrens, nämlich das verwendbare Eigenkapital. Die übrigen Gliederungsvorschriften der §§ 30–34 und §§ 36–38b sowie § 41 KStG ergänzen lediglich den § 29 KStG.

Vom Grundgedanken her entspricht das verwendbare Eigenkapital der Summe der in der Gesellschaft thesaurierten Gewinne. Die **Einlagen der Anteilseigner** dürften danach nicht zum verwendbaren Eigenkapital gehören. Hinsichtlich der **auf das Nennkapital geleisteten Einlagen** ist das auch der Fall. Die **nicht auf das Nennkapital geleisteten Einlagen** jedoch, das sogenannte EK 04, werden vom Gesetz dem verwendbaren Eigenkapital zugeordnet. M.a.W.: Verwendbares Eigenkapital ist der Teil des in der Steuerbilanz ausgewiesenen Eigenkapitals, der nicht Nennkapital ist.

1296 § 29 KStG definiert das verwendbare Eigenkapital nur in seiner **Gesamtsumme.** Nach § 30 KStG wird diese Gesamtsumme nach Maßgabe der unterschiedlichen Belastungen mit Körperschaftsteuer in verschiedene Teilbeträge untergliedert. Erst diese Untergliederung macht es möglich, im Ausschüttungsfall die Belastung auf 30 v.H. (bis 1993: 36 v.H.) zu vereinheitlichen.

6.2 Eigenkapital

6.2.1 Ableitung aus der Steuerbilanz

1297 Das verwendbare Eigenkapital wird in § 29 KStG in zwei Schritten abgegrenzt. Zunächst erläutert Abs. 1 den weitergehenden Begriff Eigenkapital; Abs. 2 i.V.m. Abs. 3 definieren im Anschluß daran den Begriff des verwendbaren Eigenkapitals.

Eigenkapital i.S. der Gliederungsvorschriften des KStG ist das Reinvermögen der Körperschaft. Es ist die rechnerische Größe, die sich als Unterschiedsbetrag zwischen dem auf der Aktiv- und dem auf der Passivseite der Steuerbilanz ausgewiesenen Betriebsvermögen ergibt. Im Eigenkapital einer Kapitalgesellschaft sind deshalb das Nennkapital, die Kapital- und Gewinnrücklage, die Gewinnvorträge und schließlich der laufende Bilanzgewinn bzw. -verlust enthalten.

1298 Im ursprünglichen Entwurf des Dritten Steuerreformgesetzes (BT-Drucksache 7/1470) war in Artikel 1 – Einkommensteuergesetz – § 12 Abs. 1 eine Legaldefinition der **Steuerbilanz** und zugleich die Verpflichtung zu deren Aufstellung enthalten. Danach ist die Steuerbilanz eine Bilanz, in der das Betriebsvermögen nach den handelsrechtlichen Grundsätzen ordnungsmäßiger Buchführung auszuweisen ist, soweit sich aus den steuerrechtlichen Vorschriften nichts anderes ergibt.

Da Artikel 1 § 12 des Dritten Steuerreformgesetzes zu demjenigen Teil der Reform gehört, der seinerzeit zurückgestellt und bis heute nicht verwirklicht worden ist, stehen wir vor der Situation, daß § 29 KStG zwar vom Vorhandensein einer Steuerbilanz ausgeht, daß es jedoch weder eine gesetzliche Verpflichtung zur Aufstellung einer Steuerbilanz noch eine Legaldefinition dieses Begriffs gibt. Die Vorschrift des § 29 Abs. 1 KStG enthält unzweifelhaft **keine Verpflichtung,** eine Steuerbilanz aufzustellen, sondern setzt voraus, daß eine Steuerbilanz freiwillig erstellt ist. § 29 Abs. 1 KStG regelt daher auch vom Wortlaut her nur die Ermittlung des Eigenkapitals für diejenigen Körperschaften, die, obwohl sie nicht dazu verpflichtet sind, eine Steuerbilanz aufstellen.

Für die Eigenkapitalermittlung bei denjenigen Körperschaften, die eine Steuerbilanz **nicht** aufstellen, gilt folgendes: 1299

Körperschaften, die für steuerliche Zwecke ihren Gewinn ermitteln müssen, haben zum Zweck der Eigenkapitalgliederung – ausgehend von der Handelsbilanz – das Betriebsvermögen zu ermitteln, das sich nach den Vorschriften über die steuerliche Gewinnermittlung (§ 60 Abs. 2 Satz 1 EStDV) ergibt (Abschnitt 79 Abs. 2 KStR). Das kann durch eine formlose Berechnung, aber auch durch Zusätze und Anmerkungen zur Handelsbilanz geschehen.

Das gleiche gilt (vgl. Abschnitt 83a Abs. 1 KStR 1990)

– für steuerbefreite Körperschaften i.S.d. § 5 KStG hinsichtlich ihres Einkommens aus einem steuerpflichtigen wirtschaftlichen Geschäftsbetrieb,
– für Vermietungsgenossenschaften und -vereine i.S.d. § 5 Abs. 1 Nr. 10 KStG hinsichtlich ihres der partiellen Steuerpflicht unterliegenden Einkommens,
– für steuerbefreite Erwerbs- und Wirtschaftsgenossenschaften hinsichtlich ihres der partiellen Steuerpflicht unterliegenden Einkommens.

6.2.2 Umfang des Eigenkapitals

6.2.2.1 Gesetzliche Definition

Eigenkapital ist das gezeichnete Kapital zuzüglich der Kapital- und der Gewinnrücklage, des 1300 Bilanzgewinns und des Gewinnvortrags, abzüglich des Bilanzverlusts und des Verlustvortrags.

Den Grundsatz, daß das verwendbare Eigenkapital lt. Gliederungsrechnung dem aus der Steuerbilanz sich ergebenden verwendbaren Eigenkapital entsprechen muß, durchbricht § 29 Abs. 1 KStG in zwei Punkten. Die Vorschrift definiert das Eigenkapital als das in der Steuerbilanz ausgewiesene Betriebsvermögen, das sich ohne Änderung der Körperschaftsteuer nach § 27 KStG und ohne Verringerung um die im Wirtschaftsjahr erfolgten Ausschüttungen ergeben würde, die nicht auf einem den gesellschaftsrechtlichen Vorschriften entsprechenden Gewinnverteilungsbeschluß für ein abgelaufenes Wirtschaftsjahr beruhen. Wegen der Begründung für diese abweichende Eigenkapitaldefinition siehe RZ 1311 ff.

6.2.2.2 Sonderposten mit Rücklagenanteil i.S.d. § 247 Abs. 3 HGB

Nicht zum Eigenkapital gehören nach Abschnitt 79 Abs. 3 KStR diejenigen auf der Passivsei- 1301 te der Steuerbilanz ausgewiesenen Sonderposten mit Rücklagenanteil im Sinne des § 247 Abs. 3 HGB, die auf Grund steuerrechtlicher Vorschriften erst bei ihrer Auflösung zu versteuern sind. Dies sind z.B.:

– Rücklage für Ersatzbeschaffung (Abschnitt 35 EStR),
– Rücklage im Falle der Veräußerung bestimmter Anlagegüter nach § 6b Abs. 3 EStG,
– Rücklage für Zuschüsse (Abschnitt 34 Abs. 3 EStR),
– Rücklagen nach Sondergesetzen, wie z.B. nach § 8 des UmwStG 1977 bzw. nach § 6 des UmwStG 1995.

Rücklagen sind in aller Regel aus versteuertem Gewinn gebildet; sie gehören zum verwendbaren Eigenkapital. Letzteres gilt auch für die aus steuerfreiem Gewinn gebildeten Rücklagen.

1301 Hiervon zu unterscheiden sind die vorgenannten Rücklagen, die nach den steuerrechtlichen Vorschriften zwar zu Lasten des steuerlichen Gewinns gebildet werden dürfen, über deren steuerliches Schicksal jedoch noch nicht endgültig entschieden ist. Nach Ablauf einer bestimmten Frist sind diese Rücklagen entweder gewinnerhöhend aufzulösen oder können auf die Anschaffungskosten anderer Wirtschaftsgüter übertragen werden. Das HGB schreibt in § 247 Abs. 3 für diese als Sonderposten mit Rücklagenanteil bezeichneten Rücklagen einen besonderen Ausweis in der Bilanz vor. Es sieht die Sonderposten in Höhe der zukünftig anfallenden Steuern als Rückstellung und in Höhe des darüber hinausgehenden Betrages je nach dessen Zweckbestimmung als Rücklage oder Wertberichtigung an. Vgl. wegen des Bilanzausweises Tietze, DB 1990 S. 593.

1302 Steuerrechtlich müssen die Sonderposten mit Rücklagenanteil einheitlich gesehen werden. Da die steuerrechtlichen Vorschriften eine den Gewinn mindernde Rücklage zulassen, müssen diese Rücklagen auch bei der Eigenkapital-Ermittlung als betriebsvermögensmindernd anerkannt werden, d.h. sie stellen kein Eigenkapital, sondern Fremdkapital dar.

6.2.3 Eigenkapital als Oberbegriff

1303   Nach § 29 Abs. 2 KStG ist das **Eigenkapital** lt. Steuerbilanz zum Schluß jedes Wirtschaftsjahres **aufzuteilen** in das

| **für Ausschüttungen verwendbares Eigenkapital** | **übrige Eigenkapital** |
| (**= verwendbares Eigenkapital**) | |

Der Grund für diese Unterteilung liegt in der gesellschaftsrechtlichen und – ihr folgenden ertragsteuerlichen – Abgrenzung zwischen Kapitalrückzahlungen und Gewinnausschüttungen. Nur für Auskehrungen aus dem **verwendbaren Eigenkapital** ist i. d. R. die Ausschüttungsbelastung herzustellen (wegen der Ausnahmen vgl. § 40 KStG sowie RZ 1217 ff). Für Ausschüttungen verwendbar ist nur der Teil des Eigenkapitals, der das Nennkapital übersteigt. Nur dieser Teil ist nach § 30 KStG zu gliedern. Damit gehören auch die Rücklagen, die aus vor dem Systemwechsel entstandenem Gewinn gebildet worden sind (**Altrücklagen, EK 03**), zum verwendbaren Eigenkapital.

Das **übrige Eigenkapital** wird nicht gegliedert; für Auskehrungen daraus ist die Ausschüttungsbelastung nicht herzustellen (Ausnahme: § 29 Abs. 3 KStG).

Eine **Sonderstellung** nehmen die **nicht auf das Nennkapital geleisteten Einlagen** der Anteilseigner **(EK 04)** ein. Der Teilbetrag EK 04 wird dem verwendbaren Eigenkapital zugerechnet. Auskehrungen daraus werden jedoch im steuerlichen Ergebnis wie die Auskehrung des übrigen Eigenkapitals behandelt (vgl. dazu RZ 1227).

Schaubild 1304

	verwendbares Eigenkapital				Nennkapital		
	Neurücklagen (EK 56, EK 50, EK 45, EK 36, EK 30, EK 02)	Altrücklagen (EK 01)	Einlagen (EK 03)		aus Umwandlung von Neurücklagen (EK 56, –EK 30, EK 02)	aus Umwandlung von EK 03 oder EK 04 (EK 01)	„echtes" Nennkapital aus direkter Einzahlung der Anteilseigner
Einbezogen in die Gliederungsrechn. nach § 47 Abs. 1 Nr. 1 KStG?	ja	ja	ja	ja (scheiden bei Umwandlung in Nennkapital aus dem verwendbaren Eigenkapital aus; § 41 Abs. 3 KStG)	ja	ja	nein	nein
Einbezogen in die Sonderfeststellung nach § 47 Abs. 1 Nr. 2 KStG?	nein	nein	nein	nein	ja	ja	nein	nein
Herstellen der Ausschüttungsbelast. bei Auskehrung?	ja	nein	ja	nein	ja	nein	nein	nein
steuerpflichtiger Kapitalertrag beim Anteilseigner?	ja	ja	ja	nein	ja	ja	nein	nein
Anrechnung – der Körperschaftsteuer?	ja	nein	ja	nein	ja	nein	nein	nein
– der Kapitalertragsteuer?	ja	ja	ja	nein	ja	ja	nein (bei Auskehrung von umgewandeltem EK 03 ggf. Pauschsteuer gem. § 5 KapErhStG)	nein

Bei **Erwerbs- und Wirtschaftsgenossenschaften** ist die Summe der Geschäftsguthaben wie 1305 Nennkapital zu behandeln. **Bergrechtliche Gewerkschaften** haben nach Abschnitt 79 Abs. 5 KStR kein dem Nennkapital vergleichbares Vermögen. Ihr Eigenkapital ist daher in voller Höhe als verwendbares Eigenkapital anzusehen. Dies hat zur Folge, daß die Bezüge der Gewerken aus den Kuxen in jedem Fall gemäß § 20 Abs. 1 Nr. 1 EStG zu den Einkünften aus Kapitalvermögen rechnen.

Genußrechtskapital, das aus Einlagen der Genußrechtsinhaber gebildet wurde und in der Bi- 1306 lanz auszuweisen ist, rechnet, wenn der Genußrechtsinhaber am Gewinn **und** Liquidationserlös der Gesellschaft beteiligt ist, **steuerlich** zum **Eigenkapital** und nicht zum Fremdkapital der Gesellschaft. Das Genußrechtskapital ist in der **Handelsbilanz** als Eigenkapital auszuweisen, wenn seine Rückzahlung nur aus dem Reingewinn des Unternehmens verlangt werden kann oder das Unternehmen nicht zur Rückzahlung vor der Liquidation verpflichtet ist. Im letzteren Fall kommt es allerdings auf die Rückzahlungsmodalitäten im einzelnen und insbesondere darauf

1306 an, ob der Anspruch auf Rückzahlung des Genußrechtskapitals den übrigen Verbindlichkeiten im Range nachgeht.

1307 Es ist fraglich, ob das Genußrechtskapital in den vorgenannten Fällen zum verwendbaren Eigenkapital oder zum (nicht gegliederten) übrigen Eigenkapital rechnet. **Für** die Zurechnung zum **verwendbaren Eigenkapital (EK 04)** spricht, daß das in der Handelsbilanz auszuweisende Nennkapital unverändert bleibt. **Gegen** die Zurechnung zum verwendbaren Eigenkapital spricht der Charakter dieses Kapitals. Wegen Einzelheiten siehe auch Dötsch in Dötsch/Eversberg/Jost/witt, Kommentar zum KStG und EStG; Tz. 88 zu § 29 KStG. U.E. ist in den vorstehend beschriebenen Fall das Genußrechtskapital dem übrigen Eigenkapital zuzurechnen. In **anderen** Fällen (Genußrechte nur mit Beteiligung am Gewinn **oder** Liquidationserlös) bildet das Genußrechtskapital für die Gesellschaft **Fremdkapital.**

1308 Wegen der zeitlichen Abgrenzung des verwendbaren Eigenkapitals siehe vorstehende RZ 1300.

6.2.4 Abweichungen zwischen dem Eigenkapital lt. Gliederungsrechnung und dem Eigenkapital nach der Steuerbilanz – Die Eigenkapitalverprobung

6.2.4.1 Vorbemerkung

1309 Aus der Regelung des § 29 Abs. 1 KStG, wonach das Eigenkapital lt. Gliederungsrechnung mit dem aus einer Steuerbilanz sich ergebenden Eigenkapital übereinstimmen muß, leitet die Finanzverwaltung her, daß die Gliederungsrechnung **zum Schluß jedes Wirtschaftsjahrs** mit der Steuerbilanz **abzustimmen** ist (Verprobung). Die KStR sprechen **nicht** von einer **Pflicht** zur Eigenkapital-Verprobung, sondern nur davon, wie die Gliederungsrechnung an die Steuerbilanz anzupassen ist (Abschnitt 83 Abs. 1 KStR). Gleichwohl kann man u.E. aus § 29 Abs. 1 KStG i.V.m. Abschnitt 83 Abs. 1 KStR zumindest **für die Finanzämter** eine **Verpflichtung** zur jährlichen Verprobung herleiten. Dafür, daß die **Unternehmen** dem Finanzamt jährlich die Eigenkapital-Verprobung einreichen müssen, findet sich keine eindeutige Rechtsgrundlage. Gleichwohl sollte die Körperschaft bereits aus eigenen Interesse diese Eigenkapital-Abstimmung durchführen, werden bei der Verprobung doch immer wieder Fehler bei der Bilanzaufstellung und bei der Einkommensermittlung festgestellt.

Die Finanzverwaltung hat die Verprobungsrechnung auf der **Rückseite des amtlichen Erklärungsvordrucks „KSt 1G"** schematisiert (vgl. dazu nachstehend bei RZ 1330).

6.2.4.2 Unterschiedliche Qualität der Verprobungsdifferenzen

1310 Treten bei der jährlich vorzunehmenden Verprobung der beiden Vergleichsgrößen
- Eigenkapital lt. „Steuerbilanz" und
- Eigenkapital lt. Gliederungsrechnung

Differenzen auf, dann muß hinsichtlich der steuerlichen Wertung **unterschieden** werden: **1310**

Fallgruppe A	**Fallgruppe B**	**Fallgruppe C**
Die Abweichung ist gesetzlich zugelassen	Die Abweichung beruht auf der unrichtigen Bemessung der Körperschaftsteuer-Rückstellung in der Bilanz	Das aus der Gliederungsrechnung sich ergebende verwendbare Eigenkapital stimmt aus anderen Gründen nicht mit dem verwendbaren Eigenkapital überein, das sich aus der Steuerbilanz ergeben würde.
Eine Anpassung der Gliederungsrechnung ist **nicht** erforderlich.	Eine Anpassung der Gliederungsrechnung ist **nicht** erforderlich.	Die Gliederungsrechnung ist an die Steuerbilanz **anzupassen**

Regelfall	Sonderfälle des
(Abschn. 83 Abs. 1 KStR)	§§ 38, 38a KStG

– **Fallgruppe A: Die Abweichung ist gesetzlich zugelassen**

Nach § 29 Abs. 1 KStG muß das Eigenkapital lt. Gliederungsrechnung mit dem aus einer Steuerbilanz sich ergebenden Eigenkapital übereinstimmen. Von diesem Grundsatz läßt § 29 Abs. 1 KStG zwei Ausnahmen zu. Er definiert das Eigenkapital lt. Gliederungsrechnung als das Eigenkapital (lt. Steuerbilanz), das sich ergeben würde: **1311**

= **ohne Änderung der Körperschaftsteuer nach § 27 KStG**

Das Eigenkapital lt. Gliederungsrechnung weicht von dem lt. Steuerbilanz sowohl um die Körperschaftsteuer-Änderung bei einer offenen Gewinnausschüttung für ein abgelaufenes Wirtschaftsjahr als auch um die Körperschaftsteuer-Änderung bei „anderen" (insbesondere verdeckten) Ausschüttungen und sonstigen Leistungen ab;

= **ohne Verringerung um die im Wirtschaftsjahr erfolgten Ausschüttungen, die nicht auf einem den gesellschaftsrechtlichen Vorschriften entsprechenden Gewinnverteilungsbeschluß für ein abgelaufenes Wirtschaftsjahr beruhen und um die im Wirtschaftsjahr erfolgten sonstigen Leistungen**

Diese Leistungen verringern das Eigenkapital gemäß § 28 Abs. 2 Satz 2 i.V.m. § 29 Abs. 1 KStG erst in dem auf die Ausschüttung folgenden Jahr. Hieraus ergibt sich, daß diese Auskehrungen zum Schluß des Wirtschaftsjahres, in dem sie vorgenommen werden, zur Ermittlung des Eigenkapitals dem Betriebsvermögen nach der Steuerbilanz hinzuzurechnen sind.

Wenn die Verprobung der Gliederungsrechnung mit der Steuerbilanz nur zu Differenzen der vorgenannten Art führt, ist sie beendet, da das Gesetz diese Abweichungen ausdrücklich zuläßt. Die **amtliche Verprobungsrechnung** ist so aufgebaut, daß sie die gesetzlich zugelassenen Abweichungen von vornherein neutralisiert und insoweit eine Verprobungsdifferenz erst gar nicht ausweist. Vgl. dazu auch das Zahlenbeispiel unter RZ 1331. **1312**

In der **Steuerbilanz** ist die **Körperschaftsteuer-Rückstellung** in der Höhe auszuweisen, in der die Körperschaftsteuerschuld entstanden ist. Die Körperschaftsteuerschuld entsteht nach § 48 i.V.m. § 23 Abs. 5 KStG in der nach § 27 KStG geänderten Höhe. Folglich wirkt sich die Minderung oder Erhöhung der Körperschaftsteuer aufgrund einer nach Ablauf des Jahres für dieses Jahr vorgenommenen offenen Gewinnausschüttung bzw. einer im Wirtschaftsjahr vorgenommenen (insbesondere verdeckten) Ausschüttung auf die Körperschaftsteuerschuld dieses Jahres aus (§ 27 Abs. 3 Satz 1 KStG). Das gilt auch bei einem vom Kalenderjahr abweichenden Wirtschaftsjahr, obwohl dort die Körperschafteuerschuld erst nach Ablauf des Wirtschaftsjahres entsteht. **1313**

1314 In der **Eigenkapitalgliederung** hingegen ist die Körperschaftsteuer-Änderung infolge dieser Gewinnausschüttungen noch nicht zu berücksichtigen, d.h. ist das Eigenkapital so zu berechnen, als ob das Einkommen des betr. Wirtschaftsjahres mit der vollen Tarifbelastung (ohne Körperschaftsteuer-Änderung) belastet wäre. Der Nebensatz in § 29 Abs. 1 KStG, in dem bestimmt ist, daß die Körperschaftsteuer-Änderung nach § 27 KStG noch nicht berücksichtigt sein darf, drückt an sich etwas Selbstverständliches aus, denn gedanklich kann die Änderung der Körperschaftsteuer nicht bereits in ihrer Ermittlungsgrundlage berücksichtigt sein.

1315 Beispiel 1 (Eigenkapitalabweichung bei offener Gewinnausschüttung):

	Eigenkapital lt. Steuerbilanz		Eigenkapital lt. Gliederungsrechnung	
	DM	DM	DM	DM
Gewinn 01		100 000		100 000
Körperschaftsteuer 45 v. H.	45 000		45 000	
Körperschaftsteuer-Minderung wegen einer im Wirtschaftsjahr 02 für das Wirtschaftsjahr 01 vorgenommenen offenen Gewinnausschüttung von 55 000 DM ($^{15}/_{70}$ von 70 000 DM)	−15 000		–	
Körperschaftsteuer-Aufwand	30 000	−30 000	45 000	−45 000
Eigenkapital zum 31. 12. 01		70 000		55 000
Verringerung durch die offene Gewinnausschüttung im Wirtschaftsjahr 02		−70 000		−55 000 ($^{15}/_{70}$)
Eigenkapital nach der offenen Gewinnausschüttung		0		0

Das Eigenkapital lt. Gliederungsrechnung ist zum 31. 12. 01 um 15 000 DM niedriger als das Eigenkapital lt. Steuerbilanz, weil die Vermögensmehrung aus der Körperschaftsteuer-Minderung gliederungsmäßig erst im Ausschüttungsjahr 02 erfaßt werden darf.

1316 Beispiel 2 (Eigenkapitalabweichung bei verdeckter Gewinnausschüttung, Abschnitt 80 Abs. 3 KStR):

1. Sachverhalt

Die Gliederung des verwendbaren Eigenkapitals einer GmbH weist zum 31. 12. 01 folgende Teilbeträge aus:

EK 45   0 DM
EK 03   1 500 000 DM

Im Jahr 02 erzielt die GmbH einen Bilanzgewinn von 210 000 DM (nach Körperschaftsteueraufwand von 90 000 DM, das sind 30 v. H. von 300 000 DM). Auf Grund eines ordnungsgemäßen Gewinnverteilungsbeschlusses vom 28. 4. 03 schüttet die GmbH im Jahr 03 für das Jahr 02 den Bilanzgewinn von 210 000 DM an ihre Gesellschafter aus. Bei einer steuerlichen Betriebsprüfung wird festgestellt, daß der Bilanzgewinn des Jahres 02 um eine als Betriebsausgabe gebuchte verdeckte Gewinnausschüttung von 105 000 DM verringert ist.

F. Das körperschaftsteuerliche Anrechnungsverfahren

2. Eigenkapitalgliederung zum
31. 12. 02 nach Betriebsprüfung

	DM	EK 45 DM	EK 03 DM
Bestände zum 31. 12. 01		0	1 500 000
Einkommen des Jahres 02 nach Steuererklärung			
210 000 DM + 90 000 DM	300 000		
verdeckte Gewinnausschüttung	+ 105 000		
	405 000		
Körperschaftsteuer 45 v. H.	− 182 250		
Zugang zum EK 45	222 750	222 750	
Bestände zum 31. 12. 02		222 750	1 500 000
Offene Gewinnausschüttung im Jahr 03	210 000		
Verdeckte Gewinnausschüttung im Jahr 02	+ 105 000		
	315 000		
Dafür gilt zunächst das gesamte EK 45 als verwendet	− 222 750	− 222 750	
Körperschaftsteuer-Minderung			
($^{15}/_{55} = {}^{3}/_{11}$ von 315 000 DM)	− 60 750	−	
Für den Restbetrag Verwendung von EK 03	− 31 500		− 31 500
Körperschaftsteuer-Erhöhung	0		
($^{30}/_{70} = {}^{3}/_{7}$ von 31 500 DM)			− 13 500
Bestände nach Verrechnung der Gewinnausschüttungen		0	1 455 000

3. Festzusetzende Körperschaftsteuer

Tarifbelastung des Jahres 02	182 250 DM
Körperschaftsteuer-Minderung	− 60 750 DM
Körperschaftsteuer-Erhöhung	+ 13 500 DM
Festzusetzende Körperschaftsteuer 02	135 000 DM

4. Aufteilung der Körperschaftsteuer-Änderung auf die beiden Gewinnausschüttungen (vgl. RZ 1244)

(von Bedeutung z. B. für die Ausstellung der Steuerbescheinigung, wenn an der Gesellschaft auch nichtanrechnungsberechtigte Anteilseigner beteiligt sind; wegen § 52 KStG, § 36e EStG)

	Körperschaftsteuer-Minderung	Körperschaftsteuer-Erhöhung
Auf die offene Gewinnausschüttung (210 000 DM) entfallen jeweils $\frac{210\,000}{315\,000}$ der Körperschaftsteuer-Minderung (60 750 DM) und der Körperschaftsteuer-Erhöhung (13 500 DM)	40 500 DM	9 000 DM
Auf die verdeckte Gewinnausschüttung entfallen jeweils $\frac{105\,000}{315\,000}$ der Körperschaftsteuer-Minderung und -Erhöhung	20 250 DM	4 500 DM
	60 750 DM	13 500 DM

1316 5. **Abstimmung des Eigenkapitals nach der Steuerbilanz und der Gliederungsrechnung zum 31. 12. 02**

a) **Betriebsvermögen zum 31. 12. 02 nach der Steuerbilanz**

Anfangskapital	1 500 000 DM
Bilanzgewinn	+ 210 000 DM
Betriebsvermögen = Eigenkapital (vor Betriebsprüfung)	1 710 000 DM
– Mehr-Körperschaftsteuer wegen der verdeckten Gewinnausschüttung (45 v. H. von 105 000 DM)	– 47 250 DM
– Unterschiedsbetrag der Körperschaftsteuer-Änderung für beide Ausschüttungen (vor Betriebsprüfung: Körperschaftsteuer-Minderung von $^{15}/_{70}$ = $^{3}/_{14}$ von 210 000 DM = 45 000 DM; nach Betriebsprüfung: Körperschaftsteuer-Minderung von 60 750 DM und Körperschaftsteuer-Erhöhung von 13 500 DM)	+ 2 250 DM
= Eigenkapital nach der Steuerbilanz (nach Betriebsprüfung)	1 665 000 DM

b) **Eigenkapital zum 31. 12. 02 nach der Gliederungsrechnung**

Bestände zum 31. 12. 02 nach der vorstehenden Gliederungsrechnung	1 722 750 DM

c) **Der Unterschiedsbetrag in Höhe von 57 750 DM setzt sich wie folgt zusammen:**

aa) In der Steuerbilanz zum 31. 12. 02 berücksichtigte, in der Gliederungsrechnung aber erst im Folgejahr 03 zu berücksichtigende verdeckte Gewinnausschüttung	105 000 DM
bb) In der Steuerbilanz bereits berücksichtigte, in der Gliederungsrechnung aber erst im Folgejahr zu berücksichtigende Körperschaftsteuer-Minderung und -Erhöhung für beide Ausschüttungen (60 750 DM – 13 500 DM)	– 47 250 DM
	57 750 DM

– **Fallgruppe B: Unrichtige Körperschaftsteuer-Rückstellung in der Steuerbilanz**

1317 Häufig kommt es vor, daß die Kapitalgesellschaft in ihrer Bilanz die **Körperschaftsteuer-Rückstellung nicht exakt** auf die Mark **ausgerechnet** und einen Etwa-Betrag geschätzt hat. In diesem Fall ist – streng genommen – die Bilanz unrichtig, denn dort müßte der exakte Rückstellungsbetrag ausgewiesen werden. In der Praxis wird wohl regelmäßig auf eine solche Richtigstellung in der Bilanz verzichtet, d.h. die Abweichung zur aufgestellten Bilanz wird hingenommen, da dem Finanzamt die zutreffende Höhe der Körperschaftsteuer-Rückstellung bekannt ist. Entsprechend ist auch die **amtliche Verprobungsrechnung** (vgl. RZ 1330) aufgebaut, die die vorgenannte Differenz automatisch neutralisiert. Nickel (StWa 1985 S. 121) empfiehlt zur Erleichterung der Verprobung gleichwohl eine Korrektur.

1318 Die in der **Gliederungsrechnung** abgezogene Körperschaftsteuer ist zutreffend, da diese hier unabhängig berechnet und nicht etwa aus der Bilanz übernommen wird. **Bilanzmäßig** korrigiert sich die falsche Körperschaftsteuer-Rückstellung ohnehin im nächsten Jahr, ohne daß dies einkommensmäßige Auswirkungen hat. **Gliederungsmäßige** Korrekturen ergeben sich nicht. Wenn eine Körperschaftsteuer-Rückstellung überhaupt nicht oder in so falscher Höhe ausgewiesen ist, daß gemäß § 256 Abs. 4 oder 5 AktG der Jahresabschluß und demzufolge auch der Gewinnverwendungsbeschluß nichtig sind, führt dies ebenso zur Nichtigkeit des Gewinnverteilungsbeschlusses. Die Ausschüttung ist dann wie eine verdeckte Gewinnausschüttung zu behandeln. Vgl. dazu Dötsch in Dötsch/Eversberg/Jost/Witt, Kommentar zum KStG und EStG, Tz. 59 zu § 27 KStG.

– **Fallgruppe C: Sonstige Verprobungsdifferenzen**

1319 Ergibt sich bei der Abstimmung des gegliederten verwendbaren Eigenkapitals mit dem verwendbaren Eigenkapital lt. Steuerbilanz eine Verprobungsdifferenz, die nicht den vorstehenden Fallgruppen A und B zugeordnet werden kann, bleibt es dem Unternehmen bzw. dem Berater nicht erspart, diese Differenz zu orten und die Gliederungsrechnung bzw. die Bilanz und/oder die Einkommensermittlung richtigzustellen.

Auch bei diesen Abstimmungsdifferenzen muß nochmals **unterschieden** werden: 1320

Eigenkapitaldifferenzen	Eigenkapitaldifferenzen
i. S. des **Abschn. 83 Nr. 1 KStR**	i. S. der **§§ 38, 38a** KStG. Wegen dieser Differenz
Nur diese wird nachstehend abgehandelt.	siehe nachstehende RZ 1725 ff.

= **Eigenkapitaldifferenzen i.S. des Abschnitt 83 Abs. 1 KStR**

Solche Differenzen sind häufig auf Fehler in der Einkommensermittlung zurückzuführen, die auf die Gliederungsrechnung durchschlagen.

In aller Regel weist bei diesen Fallgestaltungen die Steuerbilanz das zutreffende Eigenkapital aus, d.h. das aus der Gliederungsrechnung sich ergebende verwendbare Eigenkapital ist unzutreffend. Die Differenzbeträge ergeben sich meist daraus, daß § 29 Abs. 1 KStG das verwendbare Eigenkapital ausgehend von der Steuerbilanz definiert, während Abschnitt 82a Abs. 1 KStR, weil der Inhalt der Steuerbilanz nicht hinreichend bestimmbar ist und weil eine gesonderte Steuerbilanz meist nicht erstellt wird – einen anderen Weg der Eigenkapital-Ermittlung vorschreibt. Danach sind die Zugänge zu den belasteten Teilbeträgen des verwendbaren Eigenkapitals aus dem Einkommen zu ermitteln. Betragsmäßige Abweichungen zum verwendbaren Eigenkapital lt. Steuerbilanz infolge dieses abweichenden Ermittlungswegs sind nach Abschnitt 83 Abs. 1 KStR im Regelfall durch **Anpassung der Gliederungsrechnung** über den Teilbetrag i. S. des § 30 Abs. 2 Nr. 2 KStG **(EK 02)** zu beseitigen. Das Gesetz regelt diesen Fall der Eigenkapital-Veränderung nicht ausdrücklich. Wegen der Kritik an der pauschalen Zuordnung zum EK 02 siehe Dötsch in Dötsch/Eversberg/Jost/Witt, Kommentar zum KStG und EStG, Tz. 77 – 78 zu § 29 KStG.

Anpassungen dieser Art sind z.B. erforderlich (vgl. dazu auch Nickel, StWa 1985 S. 121):

a) **Nur bis 1987:** wenn das **zu versteuernde Einkommen** nach § 23 Abs. 4 KStG **abgerundet** worden ist (vgl. Abschnitt 83 Abs. 1 Nr. 1 KStR 1985). 1321

   § 23 Abs. 4 KStG ist durch das StRefG 1990 mit Wirkung ab dem Veranlagungszeitraum 1988 gestrichen, damit hat auch die hierzu ergangene Rechtsprechung (BFH-Urteil vom 22. 7. 1987, BStBl 1988 II S. 203) nur noch für die Zeit bis 1987 Bedeutung;

b) wenn das Einkommen einen **Berichtigungsbetrag im Sinne des § 1 AStG** oder einen **Hinzurechnungsbetrag im Sinne des § 10 AStG** enthält, das Eigenkapital nach der Steuerbilanz hierdurch aber insgesamt nicht erhöht wird, z.B. bei unentgeltlicher Überlassung von Wirtschaftsgütern zur Nutzung an eine ausländische Tochtergesellschaft (BFH-Urteil vom 3. 2. 1971, BStBl 1971 II S. 408). Vgl. dazu Abschnitt 83 Abs. 1 Nr. 1 KStR 1990. 1322

Beispiel:

Sachverhalt

Eine inländische Muttergesellschaft erzielt einen Steuerbilanzgewinn von 43 000 DM. Dieser Gewinn ist gemindert um 135 000 DM Körperschaftsteuer und um 22 000 DM Vermögenssteuer. Einkünfte der ausländischen Tochtergesellschaft aus passivem Erwerb = 115 000 DM. Darauf entfallende, nach § 10 Abs. 1 AStG vom Hinzurechnungsbetrag abziehbare ausländische Steuern = 15 000 DM.

Körperschaftsteuer-Veranlagung

Steuerbilanzgewinn	43 000 DM
+ Körperschaftsteuer	+ 135 000 DM
+ Vermögenssteuer	+ 22 000 DM
= Einkünfte der inländischen Muttergesellschaft	200 000 DM
+ Hinzurechnungsbetrag (115 000 DM – 15 000 DM)	+ 100 000 DM
Zu versteuerndes Einkommen	300 000 DM
Körperschaftsteuer 45 v. H.	135 000 DM

1322 **Eigenkapitalgliederung**

	Summe DM	EK 45 DM	EK 02 DM
Einkommen (einschließlich Hinzurechnungsbetrag) 300 000 DM – Körperschaftsteuer 45 v. H. – 135 000 DM	+ 165 000	+ 165 000	
– Vermögenssteuer	– 22 000	– 22 000	
– Korrektur beim EK 02, weil das Eigenkapital laut Steuerbilanz durch den Hinzurechnungsbetrag nicht erhöht worden ist.	– 100 000		– 100 000
	43 000	143 000	– 100 000

1323 c) Abschnitt 83 Abs. 1 Nr. 2 Satz 2 KStR 1985 nennt als weiteren Fall der Eigenkapital-Abweichung zwischen Gliederungsrechnung und Steuerbilanz den Fall, daß für eine verdeckte Gewinnausschüttung die Körperschaftsteuer-Ausschüttungsbelastung nicht herzustellen ist, nämlich den **Fall der Überlassung eines Nutzungsvorteils zwischen Schwestergesellschaften.** Die KStR weisen auf die frühere Rechtsprechung des BFH (Urteil vom 28. 1. 1981, BStBl II S. 612) hin.

Nachdem der BFH in seinem Urteil vom 23. 10. 1985 (BStBl 1986 II S. 178 und S. 195) entschieden hat, daß die Körperschaftsteuer-Ausschüttungsbelastung unabhängig davon herzustellen ist, ob der mit der verdeckten Gewinnausschüttung gewährte Vorteil bei dem Empfänger einlagefähig ist, und der GrS des BFH (Beschluß vom 26. 10. 1987, BStBl 1988 II S. 348) ergänzend dazu ausführt, daß der gemeinsamen Muttergesellschaft zwar eine verdeckte Gewinnausschüttung als Kapitalertrag zufließt, daß bei ihr jedoch in gleicher Höhe ein abziehbarer Aufwand anzusetzen ist, ist Abschnitt 83 Abs. 1 Nr. 2 KStR 1985, wonach eine Anpassung beim EK 02 i.H. des Betrags der verdeckten Gewinnausschüttung vorzunehmen ist, insoweit überholt. Die KStR 1990 sehen folgerichtig eine Eigenkapitalanpassung auch nicht mehr vor. Nach der neuen Rechtsprechung verbleibt keine Verprobungsdifferenz, wie auch das nachstehende Beispiel zeigt.

Beispiel:

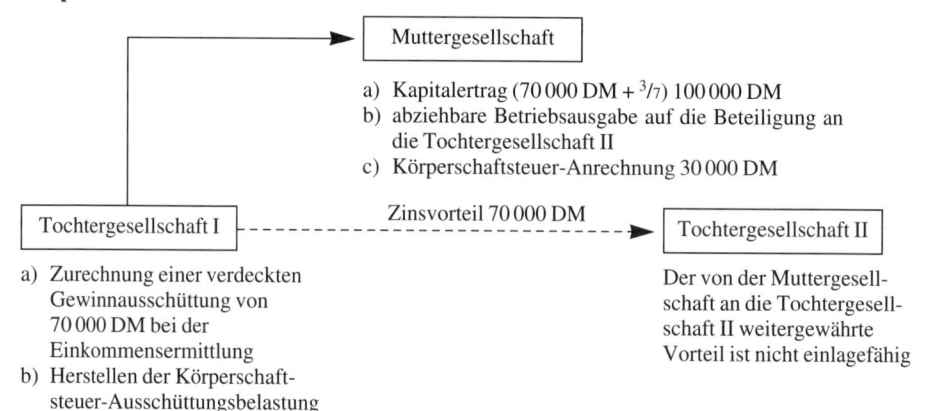

Muttergesellschaft
a) Kapitalertrag (70 000 DM + $^3/_7$) 100 000 DM
b) abziehbare Betriebsausgabe auf die Beteiligung an die Tochtergesellschaft II
c) Körperschaftsteuer-Anrechnung 30 000 DM

Tochtergesellschaft I — Zinsvorteil 70 000 DM → Tochtergesellschaft II

Tochtergesellschaft I:
a) Zurechnung einer verdeckten Gewinnausschüttung von 70 000 DM bei der Einkommensermittlung
b) Herstellen der Körperschaftsteuer-Ausschüttungsbelastung

Tochtergesellschaft II:
Der von der Muttergesellschaft an die Tochtergesellschaft II weitergewährte Vorteil ist nicht einlagefähig

EK-Gliederung der Muttergesellschaft			Steuerbilanz der Muttergesellschaft:	
		EK 45		
	DM	DM	**Körperschaftsteuer-Erstattung:**	
Kapitalertrag (70 000 DM + 30 000 DM)		100 000	45 v. H. von 30 000 DM	13 500 DM
– abziehbare Betriebsausgabe		– 70 000	– Körperschaftsteuer-Anrechnung	– 30 000 DM
				– 16 500 DM
Zu versteuern		30 000	Der Kapitalertrag und die abziehbare Betriebsausgabe schlagen sich nicht in der Steuerbilanz nieder.	
– Körperschaftsteuer 45 v. H.		– 13 500 16 500		

d) wenn ein **Organträger nicht zu 100 v.H. am Nennkapital der Organgesellschaft beteiligt** ist und die Organgesellschaft Beträge aus ihrem Jahresüberschuß in Gewinnrücklagen einstellt. Vgl. dazu Abschnitt 83 Abs. 1 Nr. 2 i.V.m. Abschnitt 91 Abs. 2 KStR;

e) wenn das verwendbare Eigenkapital auf Grund einer **Schätzung der Besteuerungsgrundlagen** ermittelt worden ist, sich später herausstellt, daß es mit dem verwendbaren Eigenkapital auf Grund einer nachgereichten zutreffenden Steuerbilanz nicht übereinstimmt und die Änderung der auf Grund der Schätzung ergangenen Bescheide nach den Vorschriften der AO nicht mehr möglich ist (Abschnitt 83 Abs. 1 Nr. 3 KStR). In diesen Fällen ist die Anpassung in der nächsten gesonderten Feststellung vorzunehmen, die noch geändert werden kann oder erstmals ergeht;

f) wenn die Kapitalgesellschaft Erwerber im Sinne des **§ 50c EStG** oder des **§ 8b Abs. 6 KStG** (ab 1994; bis 1993: § 26 Abs. 8 KStG) ist, hinsichtlich der nach diesen Vorschriften nicht zu berücksichtigenden Gewinnminderung (Abschnitt 83 Abs. 1 Nr. 4 KStR);

g) wenn eine Rücklage nach § 6b Abs. 3 Satz 5 EStG gewinnerhöhend aufzulösen ist, hinsichtlich des **Gewinnzuschlags nach § 6b Abs. 6 EStG** (Abschnitt 83 Abs. 1 Nr. 5 KStR);

h) wenn **Ausgleichszahlungen an Minderheitsgesellschafter einer Organgesellschaft** (sogenannte außenstehende Anteilseigner) mit anderen Teilbeträgen als dem EK 45 zu verrechnen sind (vgl. Abschnitt 92 Abs. 3 Satz 2 KStR 1990).

Wegen der gliederungsmäßigen Behandlung von Verlusten, die lediglich im Rahmen des § 2a Abs. 1, § 15 Abs. 3 oder des § 15a EStG verrechnet werden dürfen, siehe nachstehend unter RZ 1626 ff.

6.2.4.3 Die amtliche Verprobungsrechnung

1330 Die Finanzverwaltung hat die Verprobungsrechnung auf der Rückseite des amtlichen Erklärungsvordrucks „KSt 1G" schematisiert:

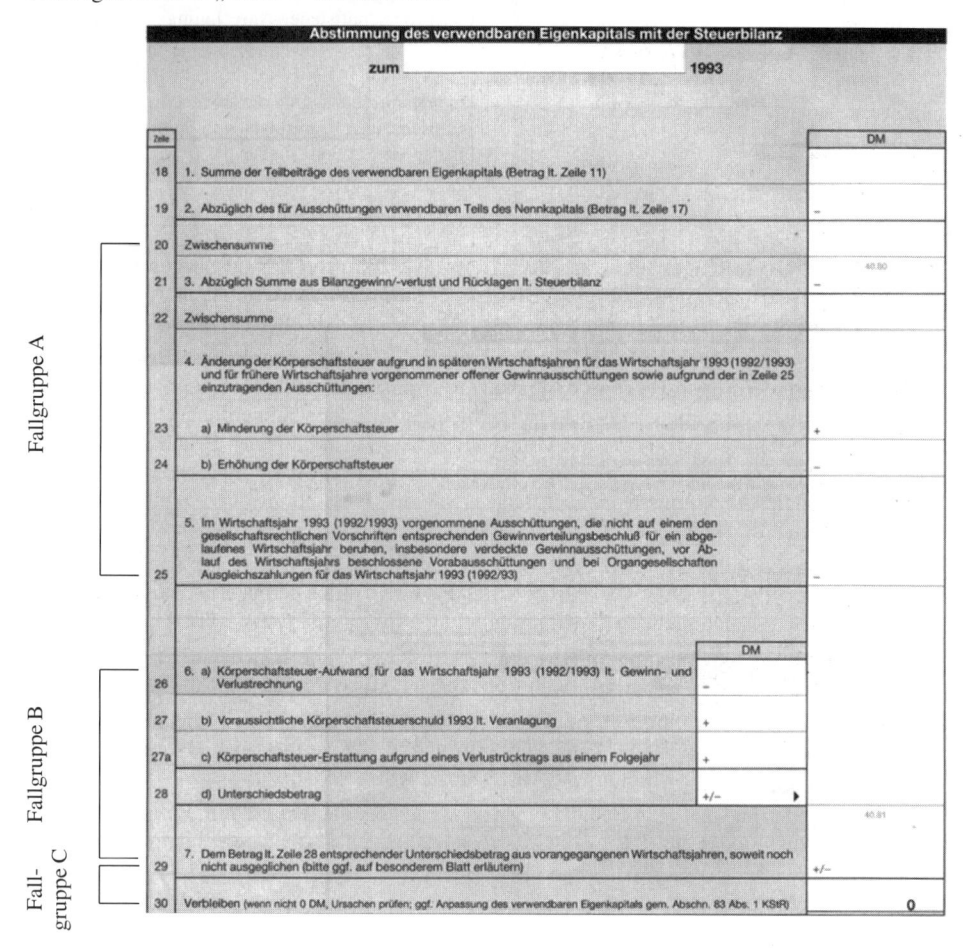

	Zeile	Abstimmung des verwendbaren Eigenkapitals mit der Steuerbilanz zum _____ 1993	DM
	18	1. Summe der Teilbeträge des verwendbaren Eigenkapitals (Betrag lt. Zeile 11)	
	19	2. Abzüglich des für Ausschüttungen verwendbaren Teils des Nennkapitals (Betrag lt. Zeile 17)	−
	20	Zwischensumme	40.80
	21	3. Abzüglich Summe aus Bilanzgewinn/-verlust und Rücklagen lt. Steuerbilanz	−
Fallgruppe A	22	Zwischensumme	
		4. Änderung der Körperschaftsteuer aufgrund in späteren Wirtschaftsjahren für das Wirtschaftsjahr 1993 (1992/1993) und für frühere Wirtschaftsjahre vorgenommener offener Gewinnausschüttungen sowie aufgrund der in Zeile 25 einzutragenden Ausschüttungen:	
	23	a) Minderung der Körperschaftsteuer	+
	24	b) Erhöhung der Körperschaftsteuer	−
	25	5. Im Wirtschaftsjahr 1993 (1992/1993) vorgenommene Ausschüttungen, die nicht auf einem den gesellschaftsrechtlichen Vorschriften entsprechenden Gewinnverteilungsbeschluß für ein abgelaufenes Wirtschaftsjahr beruhen, insbesondere verdeckte Gewinnausschüttungen, vor Ablauf des Wirtschaftsjahrs beschlossene Vorabausschüttungen und bei Organgesellschaften Ausgleichszahlungen für das Wirtschaftsjahr 1993 (1992/93)	−
			DM
Fallgruppe B	26	6. a) Körperschaftsteuer-Aufwand für das Wirtschaftsjahr 1993 (1992/1993) lt. Gewinn- und Verlustrechnung	−
	27	b) Voraussichtliche Körperschaftsteuerschuld 1993 lt. Veranlagung	+
	27a	c) Körperschaftsteuer-Erstattung aufgrund eines Verlustrücktrags aus einem Folgejahr	+
	28	d) Unterschiedsbetrag	+/− → 40.81
Fallgruppe C	29	7. Dem Betrag lt. Zeile 28 entsprechender Unterschiedsbetrag aus vorangegangenen Wirtschaftsjahren, soweit noch nicht ausgeglichen (bitte ggf. auf besonderem Blatt erläutern)	+/−
	30	Verbleiben (wenn nicht 0 DM, Ursachen prüfen; ggf. Anpassung des verwendbaren Eigenkapitals gem. Abschn. 83 Abs. 1 KStR)	0

Wie am Rand des vorstehend abgedruckten Formulars vermerkt, unterscheidet auch die amtliche Verprobungsrechnung nach den vorstehenden Fallgruppen A bis C. Verprobungsdifferenzen der Fallgruppen A und B werden neutralisiert, so daß die Rechnung mit 0 DM endet, wenn nicht Verprobungsdifferenzen der Fallgruppe C hinzukommen. Verbleibt jedoch in der Vordruckzeile 30 eine Differenz, bleibt es der Körperschaft und dem Finanzamt nicht erspart, deren Grund zu suchen und die Abweichung zu beheben. Wegen möglicher Gründe für eine Abweichung vgl. auch Palitzsch (BB 1979 S. 928).

6.2.4.4 Beispiel zur Verprobungsrechnung:

Sachverhalt:

Zu versteuerndes Einkommen 02 (einschließlich eines Gewinnzuschlags nach § 6b Abs. 6 EStG von 50 000 DM)	250 000 DM
Die Gesellschaft schüttet in 03 für 02 140 000 DM Dividende aus (es soll ausreichend EK 45 zur Verfügung stehen)	
Körperschaftsteuer-Rückstellung lt. Steuerbilanz zum 31. 12. 02:	
a) für 02	100 000 DM
b) für 01 (zutreffende Körperschaftsteuerschuld 01 = 70 000 DM)	76 000 DM
EK zum 31. 12. 02 lt. Steuerbilanz	433 000 DM
EK zum 31. 12. 02 lt. Gliederung	476 500 DM

Verprobung zum 31. 12. 02

1. Summe der Teilbeträge des verwendbaren Eigenkapitals		476 500 DM
2. Abzüglich Summe aus Bilanzgewinn und Rücklagen lt. Steuerbilanz		– 433 000 DM
		– 43 500 DM
3. Minderung der Körperschaftsteuer aufgrund in späteren Wirtschaftsjahren für das Wirtschaftsjahr 02 geleisteter offener Gewinnausschüttungen ($^{15}/_{70}$ von 140 000 DM)		+ 30 000 DM
		+ 73 500 DM
4. Körperschaftsteuer-Aufwand für das Wirtschaftsjahr 02		
a) lt. G-. u. V.-Rechnung	– 100 000 DM	
b) Voraussichtliche Körperschaftsteuerschuld 02 lt. Veranlagung	+ 82 500 DM*	
Unterschiedsbetrag	– 17 500 DM	▶ – 17 500 DM
		56 000 DM
5. Den Betrag lt. Nr. 4 entsprechender Unterschiedsbetrag aus dem vorangegangenen Wirtschaftsjahr, soweit noch nicht ausgeglichen (70 000 DM – 76 000 DM)		– 6 000 DM
6. Verbleibende Differenz		50 000 DM

Die Differenz ist auf den in der Steuerbilanz nicht enthaltenen Gewinnzuschlag nach § 6b Abs. 6 EStG zurückzuführen. Die Gliederungsrechnung ist durch einen entsprechenden Abzug vom EK 02 an die Steuerbilanz anzupassen.

6.2.5 Sonderfall Großspenden

Ausgewählte Literaturhinweise: Thiel/Eversberg, Gesetz zur steuerlichen Förderung von Kunst, Kultur und Stiftung sowie zur Änderung steuerlicher Vorschriften, DB 1991 S. 118.

Ein Sonderfall der Anpassung der Gliederungsrechnung ist bei sog. Großspenden i. S. v. § 9 Abs. 1 Nr. 2 Sätze 3 und 4 KStG gegeben.

Beispiel:

Fortführung des Beispiels in RZ 325:

	StBil DM		EK-Gliederung EK 45 DM
Jahr 1	Spende – 100 000	Einkommensminderung durch den Spendenabzug	– 10 000
		Spendenüberhang (**vorl. nichtabziehbare** Ausgabe i. S. des § 31 Abs. 1 Nr. 4 KStG)	– 90 000
			– 100 000

---

*) 45 v. H. von 250 000 DM = 112 500 DM – Körperschaftsteuer-Minderung $^{15}/_{70}$ von 140 000 DM.

1332		StBil			EK-Gliederung
		DM	EK 45		
					DM
	Jahr 2–8 Durch den Spenden- abzug stfrei gestellte Einkommensteile 60 000 DM	Entsprechende Einkommensteile 02–08 – Spendenvortrag	60 000 – 60 000		
		EK-Zugang aus dem Einkommen Anpassung an die StBil (Hinzurechnung des abzb. Spendenvortrags)	0 DM		0 + 60 000
					60 000
	31. 12. 08 Endgültige nabzb. Ausgabe i. S. des § 31 Abs. 1 Nr. 4 KStG (verbleibender Abzug im EK 45 = **endgültig nichtabziehbare** Teile der Großspende				30 000

Die in den Spendenvortragsjahren beim EK 45 (bei bis einschließlich 1993 geleisteten Spenden beim EK 50) vorzunehmende Korrektur hat eine Doppelfunktion:

– Die Korrektur dient zum einen der zutreffenden Ermittlung der nichtabziehbaren Ausgaben i. S. des § 31 Abs. 1 Nr. 4 KStG, deren endgültige Höhe erst nach Ablauf des siebenjährigen Spendenvortragszeitraums feststeht.

– Die Korrektur dient zum anderen der Anpassung der EK-Gliederung an die Steuerbilanz. Weil die Abweichung ihrem Gehalt nach eine nichtabziehbare Ausgabe betrifft, soll die Korrektur bei dem Teilbetrag erfolgen, bei dem im Jahr ihrer Zahlung der zunächst nichtabziehbare Teil der Großspende abgezogen worden ist (im Regelfall: EK 45; bis 1993: EK 50)

Vgl. wegen Einzelheiten Dötsch in Dötsch/Eversberg/Jost/Witt, Kommentar zum KStG und EStG; Tz. 79 zu § 29 KStG sowie TZ. 70m und 70n zu § 9 KStG.

6.3 In Nennkapital umgewandelte Rücklagen als Teil des verwendbaren Eigenkapitals (§ 29 Abs. 3 KStG)

Literaturhinweise: Siehe Teil F Kapitel 18.

6.3.1 Vorbemerkung

1333 § 29 Abs. 3 KStG enthält für den Fall der Nennkapitalerhöhung eine Ausnahme von dem Grundsatz, daß das Nennkapital nicht in die Eigenkapitalgliederung einzubeziehen ist. Nach dieser Vorschrift rechnet derjenige Teil des Nennkapitals, der durch die Umwandlung von nach dem 31.12.1976 entstandenen (neuen) Rücklagen entstanden ist, zum verwendbaren Eigenkapital. Bei seiner Auskehrung an den Anteilseigner ist die Ausschüttungsbelastung herzustellen. Die Vorschrift des § 29 Abs. 3 KStG wird ergänzt durch § 41 Abs. 3 und § 47 Abs. 1 Satz 1 Nr. 2 KStG.

1334 Handelsrechtlich ist zwischen folgenden **Formen der Kapitalerhöhung** zu unterscheiden:

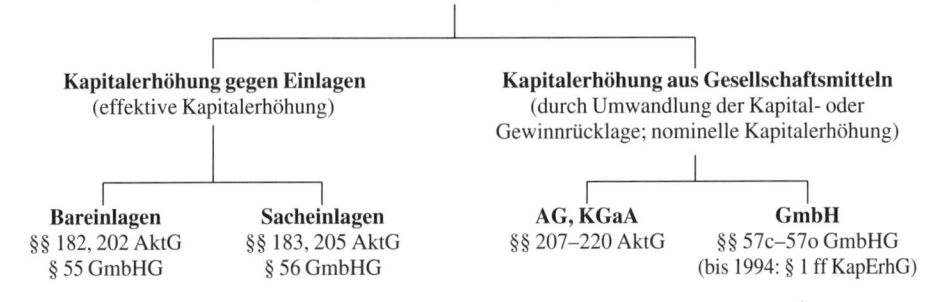

Kapitalerhöhung gegen Einlagen (effektive Kapitalerhöhung)		**Kapitalerhöhung aus Gesellschaftsmitteln** (durch Umwandlung der Kapital- oder Gewinnrücklage; nominelle Kapitalerhöhung)	
Bareinlagen §§ 182, 202 AktG § 55 GmbHG	**Sacheinlagen** §§ 183, 205 AktG § 56 GmbHG	**AG, KGaA** §§ 207–220 AktG	**GmbH** §§ 57c–57o GmbHG (bis 1994: § 1 ff KapErhG)

Bei der **Kapitalerhöhung aus Einlagen** wird der Kapitalgesellschaft neues Eigenkapital zugeführt, nicht hingegen bei der Kapitalerhöhung aus Gesellschaftsmitteln. 1334

§ 29 Abs. 3 KStG betrifft ebenso wie § 41 Abs. 3 KStG nur die **Kapitalerhöhung aus Gesellschaftsmitteln.** Für eine Kapitalerhöhung aus Gesellschaftsmitteln können nur Rücklagen verwendet werden, die in der letzten Jahresbilanz bereits als solche ausgewiesen sind. Die Umwandlung von Gewinnen und Gewinnvorträgen ist nicht möglich (§§ 57c Abs. 1, 57d GmbHG bzw. § 1 KapErhG, §§ 207, 208 AktG).

6.3.2 Auswirkungen der Kapitalerhöhung auf die Besteuerung des Einkommens der Kapitalgesellschaft und ihrer Anteilseigner

Bei der **Kapitalgesellschaft** wirkt sich die Nennkapitalerhöhung als gesellschaftsrechtlicher Vorgang nicht auf das zu versteuernde Einkommen aus. Es handelt sich um einen einkommensneutralen Vorgang auf der Vermögensebene. 1335

In der **Ausgabe von Freianteilen** bei der Umwandlung offener Rücklagen in Nennkapital liegt in aller Regel keine steuerliche Doppelmaßnahme (Ausschüttung der Rücklage mit anschließender Wiedereinlage). Vgl. BFH-Urteil vom 21.11.1966 (BStBl III S. 220).

Beim **Anteilseigner** rechnet im Fall der **Kapitalerhöhung gegen Einlage** die Bar- bzw. Sacheinlage zu den Anschaffungskosten für die neuen Anteile. Im Fall der **Kapitalerhöhung aus Gesellschaftsmitteln** gehört der Wert der neuen Anteilsrechte bei den Anteilseignern nicht zu den steuerpflichtigen Einkünften (§ 1 KapErhStG). Der Erwerb der neuen Anteile unterliegt somit, wenn die Erhöhung des Nennkapitals nach den Vorschriften der §§ 57c–57o GmbHG bzw. des KapErhG durchgeführt worden ist, weder der Einkommensteuer (Körperschaftsteuer) noch der Gewerbesteuer (vgl. Hinweis 154 (Freianteile) EStH 1993). 1336

Ist eine handelsrechtliche und steuerlich anzuerkennende Kapitalerhöhung aus Gesellschaftsmitteln gegeben, werden nach § 3 KapErhStG die bisherigen Anschaffungskosten auf die alten und neuen Anteile nach dem Verhältnis der Nennbeträge verteilt. Die Anschaffungskosten, die Anteilseigner für die Altanteile aufgebracht hat, stellen damit die Anschaffungskosten für die nunmehr in seinem Besitz befindlichen alten und neuen Anteilsrecht dar. 1337

Beispiel:
a) Ein Aktionär hatte vor der Kapitalerhöhung aus Gesellschaftsmitteln eine Aktie über 100 DM zu 150 DM erworben. Nach einer Kaptitalerhöhung 1:1 erhält er eine zusätzliche Aktie von 100 DM. Die Anschaffungskosten beider Aktien betragen nach § 3 KapErhStG damit je 75 DM.
b) Bei einer Einmann-GmbH mit einem Stammkapital von 50 000 DM wird das Stammkapital um 50 000 DM auf 100 000 DM erhöht.

Da die Anschaffungskosten für die ursprünglichen Anteile 50 000 DM betragen haben, entfallen auf 100 000 DM Stammanteile jetzt ebenfalls Anschaffungskosten von nur 50 000 DM. Nach § 3 KapErhStG haben 1 000 DM Stammanteile nach der Kapitalerhöhung somit Anschaffungskosten von 500 DM.

6.3.3 Auswirkungen der Kapitalerhöhung auf die Eigenkapitalgliederung der Kapitalgesellschaft

6.3.3.1 Kapitalerhöhung gegen Einlagen

§ 29 Abs. 1 KStG unterteilt das Eigenkapital in das zu gliedernde verwendbare Eigenkapital und in das übrige, also das Nennkapital. Das **Nennkapital** wird im Gegensatz zum verwendbaren Eigenkapital nicht gegliedert (§ 47 Abs. 1 Satz Nr. 1 KStG). 1338

Erhöht die Kapitalgesellschaft ihr Nennkapital durch Einlagen der Anteilseigner, verändert sich nur das nicht gegliederte Nennkapital; das verwendbare Eigenkapital bleibt unverändert.

6.3.3.2 Kapitalerhöhung aus Gesellschaftsmitteln

1339   Dies ist der Fall des § 29 Abs. 3 KStG. Erhöht eine Kapitalgesellschaft ihr Nennkapital aus Gesellschaftsmitteln, indem sie gemäß §§ 207–211 AktG oder nach § 57c f GmbHG bzw. – bis 1994 – dem KapErhG (zum verwendbaren Eigenkapital gehörende) **Rücklagen umwandelt,** müßte sich logischerweise das gegliederte verwendbare Eigenkapital verringern und das nicht gegliederte Nennkapital erhöhen. Das ist auch so, wenn man den in der Praxis selteneren Fall, nämlich die **Umwandlung von Altrücklagen (EK 03) und von Einlagen (EK 04)** als Grundfall bezeichnet. Diese scheiden gemäß § 41 Abs. 3 KStG mit ihrer Umwandlung in Nennkapital aus dem verwendbaren Eigenkapital aus.

1340   Das Gesetz enthält jedoch in § 29 Abs. 3 KStG für den häufigeren Fall, die **Umwandlung neuer,** also nach dem Systemwechsel am 1. 1. 1977 entstandener **Rücklagen** (= EK 56, EK 50 bzw. EK 45 bis EK 02) eine **gewichtige Ausnahme.**

Danach bleiben die in Nennkapital umgewandelten Neurücklagen auch nach ihrer Umwandlung in Nennkapital weiterhin Bestandteil des verwendbaren Eigenkapitals: sie werden, wenn man so will, doppelt erfaßt, einmal im handelsrechtlichen Nennkapital und ebenso im steuerlichen verwendbaren Eigenkapital.

Beispiel:

	Verwendbares Eigenkapital (gesonderte Feststellung nach § 47 Abs. 1 Nr. 1 KStG)		Zum verwendbaren Eigenkapital gehörender Teil des Nennkapitals (gesonderte Feststellung nach § 47 Abs. 1 Nr. 2 KStG)	Nennkapital
	EK 45 DM	EK 03 DM	DM	DM
Jahr 1 Bestände vor der Kapitalerhöhung	100 000	200 000	0	50 000
Kapitalerhöhung durch Umwandlung aller vorhandenen Rücklagen	(unverändert)	– 200 000	+ 100 000	+ 300 000
Bestände nach der Kapitalerhöhung	100 000	0	100 000	350 000

1341   Das Beispiel zeigt, daß die umgewandelten Altrücklagen (EK 03) aus dem verwendbaren Eigenkapital ausscheiden, nicht aber die umgewandelten Neurücklagen (EK 45). Diese sind sowohl im verwendbaren Eigenkapital als auch im Nennkapital erfaßt.

Für den gemäß § 29 Abs. 3 KStG zum verwendbaren Eigenkapital rechnenden Teil des Nennkapitals schreibt § 47 Abs. 1 Satz 1 Nr. 2 KStG eine **zweite gesonderte Feststellung** vor. Bei dieser zweiten gesonderten Feststellung wird allerdings der zum verwendbaren Eigenkapital rechnende Teil des Nennkapitals nur in einer **Gesamtsumme** festgehalten. Nicht festgestellt wird, in welchen Teilbeträgen des verwendbaren Eigenkapitals er erfaßt ist (und bleibt). Diese zweite gesonderte Feststellung erlangt erst Bedeutung, wenn das **Nennkapital** in späteren Jahren wieder **herabgesetzt** wird (vgl. dazu nachstehend unter RZ 1830 ff).

1342   Da die in Nennkapital umgewandelten neuen Rücklagen **ununterscheidbar Bestandteil** des verwendbaren Eigenkapitals bleiben, steht das verwendbare Eigenkapital für eine Gewinnausschüttung noch genauso zur Verfügung, wie es ohne Kapitalerhöhung zur Verfügung gestanden hätte.

Fortsetzung des Beispiels: 1342

	Verwendbares Eigenkapital § 47 Abs. 1 Nr. 1 KStG			Sonderausweis (§ 47 Abs. 1 Nr. 2 KStG)	Nennkapital
	EK 45 DM	EK 30 DM	EK 01 DM	DM	DM
Jahr 2 Bestand nach Kapitalerhöhung	100 000	–	100 000		350 000
Eigenkapitalzugang aus dem Einkommen des Jahres 2	+ 10 000	+100 000	+200 000		
Jahr 3	110 000	100 000	200.000	100 000	350 000
Offene Gewinnausschüttung für das Jahr 2 = 310 000 DM					
Dafür gelten als verwendet:					
a) das gesamte EK 45 – 110 000 DM	–110 000				
b) Körperschaftsteuer-Minderung ($^{15}/_{55}$ von 110 000 DM) – 30 000 DM	–				
c) das gesamte EK 30 – 100 000 DM		– 100 000			
d) für den Restbetrag EK 01 – 70 000 DM			– 70 000		
0 DM					
Bestand zum Schluß des Jahres 3	0	0	130 000	100 000	350 000

Das Beispiel zeigt, daß für die offene Gewinnausschüttung u.a. das EK 45 in voller Höhe verbraucht worden ist, obwohl Rücklagen in dieser Höhe in Nennkapital umgewandelt worden sind. Im wirtschaftlichen Ergebnis haben sich die in Nennkapital umgewandelten Rücklagen vom EK 45 ins EK 01 verlagert.

Sinn der Regelung **des § 29 Abs. 3 KStG** ist es, das auf den umgewandelten Neurücklagen ruhende Steuerguthaben nicht verloren gehen zu lassen. Wenn die Gesellschaft die in Nennkapital umgewandelten Neurücklagen später an ihre Anteilseigner auskehrt, müssen diese die Bezüge aus der Kapitalrückzahlung versteuern und können das darauf liegende Steuerguthaben anrechnen. Wegen näherer Einzelheiten vgl. nachstehend RZ 1830. 1343

Werden Altrücklagen (EK 03) oder nicht auf das Nennkapital geleistete Einlagen der Anteilseigner (EK 04) in Nennkapital umgewandelt, greift § 29 Abs. 3 KStG nicht. Diese Beträge scheiden aus dem verwendbaren Eigenkapital aus und erhöhen das Nennkapital (Umkehrschluß aus § 29 Abs. 3 KStG). Das führt dazu, daß die spätere Auskehrung dieser Beträge an die Anteilseigner bei diesen nicht zu den steuerpflichtigen Kapitalerträgen i.S. des § 20 Abs. 1 Nr. 1 oder 2 EStG gehört und die Kapitalgesellschaft somit nicht die Ausschüttungsbelastung herstellen muß (vgl. jedoch nachstehend unter RZ 1830). 1344

In der **Reihenfolge** der Zu- und Abgänge zum verwendbaren Eigenkapital ist die Verringerung des EK 03 und EK 04 wegen der Umwandlung von Rücklagen in Nennkapital gemäß Abschnitt 82 Abs. 2 KStR als letzte Veränderung vor dem Schlußbestand des Kapitalerhöhungsjahres zu erfassen. 1345

Daß umgewandelte **Einlagen (EK 04)** mit ihrer Umwandlung in Nennkapital aus dem verwendbaren Eigenkapital ausscheiden, hat steuersystematische Gründe. Hätte der Gesetzgeber nicht aus dem alten Recht die handelsrechtliche Abgrenzung „Gewinnausschüttung" zu „Kapitalrückzahlung" übernommen, hätte er die im EK 04 auszuweisenden Einlagen von vornherein 1346

1346 nicht zum verwendbaren Eigenkapital gerechnet. Diese formale Zuordnung des EK 04 zum verwendbaren Eigenkapital wird im wirtschaftlichen Ergebnis dadurch wieder aufgehoben, daß
- für Auskehrungen aus dem EK 04 eine Ausschüttungsbelastung nicht herzustellen ist (§ 40 Satz 1 Nr. 2 KStG) und beim Anteilseigner eine Steuerpflicht nicht eintritt,
- in Nennkapital umgewandeltes EK 04 aus dem verwendbaren Eigenkapital ausscheidet und wie „echtes" Nennkapital steuerfrei an den Anteilseigner ausgekehrt werden kann.

1347 Anders ist es hinsichtlich des umgewandelten **Altkapitals (EK 03).** Würde die Körperschaft das EK 03 unmittelbar an ihre Anteilseigner ausschütten, müßte sie die Ausschüttungsbelastung herstellen und der Anteilseigner hätte steuerpflichtige Kapitalerträge. Insoweit hat der Gesetzgeber bewußt an der im früheren Recht geltenden Mehrfachbelastung festgehalten. Wenn die Körperschaft das EK 03, anstelle es auszuschütten, **zunächst in Nennkapital umwandeln und es erst anschließend** (in einem zweiten Schritt) an ihre Anteilseigner **auskehren würde,** wäre das EK 03 gemäß § 29 Abs. 3 KStG aus dem verwendbaren Eigenkapital ausgeschieden und die spätere Nennkapitalauskehrung wäre beim Anteilseigner steuerfrei. D.h. die Umwandlung von EK 03 in Nennkapital, verbunden mit einer späteren Kapitalherabsetzung, könnte genutzt werden, um die vom Gesetzgeber gewollte Belastung der Ausschüttung von EK 03 zu verhindern. Diesen „Umweg" versperrt aber, wenn die Kapitalherabsetzung innerhalb von fünf Jahren nach der Kapitalerhöhung vorgenommen wird, § 5 des KapErhStG (vgl. dazu nachstehend unter RZ 1846 ff).

Wartet die Körperschaft mit der Kapitalherabsetzung die in § 5 KapErhStG genannten **fünf Jahre ab,** wird sie den genannten Weg in aller Regel nutzen können.

1348 Die Regelung des **§ 29 Abs. 3 wird ergänzt durch § 41 Abs. 3 KStG.** Diese Vorschrift legt zugunsten der Steuerpflichtigen fest, daß bei einer Nennkapitalerhöhung aus Gesellschaftsmitteln immer zuerst das EK 03 und das EK 04 als umgewandelt gelten (näheres vgl. bei RZ 1338 ff).

1349 frei

7. Gliederung des verwendbaren Eigenkapitals (§ 30 KStG, Abschnitt 82 bis 83 KStR)

Ausgewählte Literaturhinweise:
Lange, Steuerliche Behandlung der nicht eingelösten Dividenden, NWB F. 4 S. 3201; **Enge,** Kein Körperschaftsteuer-Anrechnungsverfahren bei der Einziehung von Anteilen aus Kapitalgesellschaften, BB 1979 S. 566; **Breithecker,** Zur Aufteilung des Teilbetrags des verwendbaren Eigenkapitals, dessen Tarifbelastung 46 v.H. beträgt, BB 1983 S. 1914; **Müller-Dott,** Zur Aufteilung ermäßigt besteuerter Eigenkapitalanteile nach dem StEntlG 1984, BB 1984, S. 524; **Graffe,** Spenden- und Verlustabzug im Körperschaftsteuer-Recht, RWP-Blattei SG 7.1 S. 147; **Kroos,** Pauschal besteuerte ausländische Einkünfte bis 1983 nicht dem EK 25, sondern dem EK 36 und EK 01 zuzuordnen, DB 1986 S. 1048; **Breithecker,** Behandlung pauschal besteuerter ausländischer Einkünfte im verwendbaren Eigenkapital, DB 1986 S. 1946; **Lemm,** Zur Umgliederung von Altbeständen des EK 56 gemäß § 54 Abs. 9 KStG, DStR S. 763; **Gail,** Bilanzielle und steuerliche Überlegungen des Gesellschafter-Geschäftsführers zum Jahresende 1988, GmbHR 1988 S. 461; **Bauer,** Ausschüttungspolitik personenbezogener Kapitalgesellschaft vor, in und nach der StReform 1990, GmbHR 1989 S. 209; **Wittstock/Klein,** Körperschaftsteuerliche Tarifabsenkung und Ausschüttungspolitik nach dem StRefG 1990, DStR 1989 S. 155; **Schirmer,** Die Streichung der Abrundungsvorschrift des § 23 Abs. 4 KStG, FR 1989 S. 640; **Söffing,** Die Absenkung des Körperschaftsteuer-Thesaurierungssatzes auf 50%, StStud 1989 S. 421; **Ketterer/Pumbo,** Ausschüttungseffekte des StandOG, IStR 1993 S. 289; **Zeitter/Krebs,** „Europatauglisches" Anrechnungsverfahren im StandOG, DB 1993 S. 1051; **Dötsch,** StandOG: Auswirkungen auf das kstliche und das estliche Anrechnungsverfahren, DB 1993 S. 1790; **Binger/Pinkos,** Schwerpunkte des StandOG aus der Sicht der mittelständischen GmbH bzw. GmbH & Co, GmbHR 1993 S. 556; **Cattelaens,** Änderungen des KStG durch das FKPG und das StandOG, Wpg 1993 S. 557; **Franz/Rupp,** Das StandOG, BB Beilage 20/1993; **Cattelaens,** Änderungen des KSt-Rechts,

insbesondere durch das StMBG, Wpg 1994 S. 41; **Kussel,** Steuerliche Überlegungen zum Ausschüttungsverhalten von KapGes im Jahr 1994, DB 1994 S. 552; **Dorozala,** Umgliederung des vEK nach dem StandOG, StStud 1994 S. 61.

7.1 Bedeutung der Eigenkapitalgliederung

Die Gliederung des verwendbaren Eigenkapitals ist eine von der Gewinnermittlung zu unterscheidende Sonderrechnung, deren Zweck darin besteht, für den Fall einer Gewinnausschüttung oder sonstigen Leistung die Grundlage für das Herstellen der Ausschüttungsbelastung bereitzustellen. Wegen dieser Bedeutung der Gliederung sind die Teilbeträge des verwendbaren Eigenkapitals zum Schluß jedes Wirtschaftsjahres gesondert festzustellen (§§ 47, 30 Abs. 1 KStG). Die Gliederung muß auch erfolgen, wenn ausnahmsweise für ein Wirtschaftsjahr eine Gewinnausschüttung unterblieben ist. 1350

Während **§ 29 KStG den Umfang des verwendbaren Eigenkapitals** festlegt, regelt **§ 30 KStG die Ermittlung seiner Teilbeträge.** Die einzelnen Teilbeträge des verwendbaren Eigenkapitals sind aus den jährlichen Zu- und Abgängen zu ermitteln. Die Zugänge zu den einzelnen Teilbeträgen des verwendbaren Eigenkapitals sind aus dem Einkommen und den anderen Vermögensmehrungen abzuleiten und dabei bereits in ihren ungemildert besteuerten Teil, in ihren ermäßigt besteuerten Teil und in ihren nicht besteuerten Teil aufzugliedern. Bei den Einkommenszugängen ist zu unterscheiden zwischen solchen, die **direkt,** d. h. ohne Aufteilung nach § 32 KStG, und solchen, die **indirekt,** d.h. über die Aufteilung nach § 32 KStG, den Teilbeträgen zuzuorden sind. 1351

Nach § 30 Abs. 1 Satz 2 KStG sind die Teilbeträge des verwendbaren Eigenkapitals jeweils aus der Eigenkapitalgliederung für das vorangegangene Wirtschaftsjahr abzuleiten **(Gliederungszusammenhang).** Von dem Anfangsbestand eines Teilbetrags sind die Beträge abzuziehen, die für eine Gewinnausschüttung oder für eine sonstige Leistung i. S. d. § 41 KStG als verwendet gelten; andererseits sind die Zugänge hinzuzurechnen, die sich im Laufe des Wirtschaftsjahres ergeben haben (vgl. Abschnitt 82 KStR). 1352

Nach § 30 Abs. 1 S. 1 KStG ist das verwendbare Eigenkapital grundsätzlich in so viele Teilbeträge zu untergliedern, wie Einkommensteile mit unterschiedlicher Tarifbelastung vorhanden sind. 1353

Gäbe es keine Vorschrift zur Begrenzung, könnte im Einzelfall die Zahl der Teilbeträge unübersehbar werden, weil jede vom Vorjahr abweichende Körperschaftsteuer-Belastung zu einem neuen Eigenkapitalteil führen würde.

Die **Begrenzung der Anzahl der Teilbeträge** ergibt sich aus § 32 Abs. 2 KStG. Danach sind ermäßigt belastete Einkommensteile, je nachdem, ob ihre Tarifbelastung mehr oder weniger als 30 v. H. (ab 1994; bis 1993: 36 v. H.) beträgt, auf das EK 45 (bis 1989: EK 56, von 1990 bis 1993: EK 50) und das EK 30 (bis 1993: EK 36) oder auf das EK 30 (Bis 1993 EK 36) und das EK 01 bzw. EK 02 aufzuteilen. § 32 Abs. 2 i. V. m. § 30 Abs. 1 Nr. 2 KStG schafft durch die Aufteilungsrechnung einen zusätzlichen, künstlichen Teilbetrag, das EK 30 (bis 1993: EK 36), verhindert aber gleichzeitig die Bildung einer großen Zahl sonst erforderlicher neuer Teilbeträge. EK 30 (bis 1993: EK 36) kann nur aus der Aufteilung nach § 32 KStG und aus der Zuordnung nach § 27 BerlinFG entstehen.

Vor Inkrafttreten des StEntlG 1984, also bis zum Veranlagungszeitraum 1984, gab es neben den heutigen Teilbeträgen noch zusätzlich die Teilbeträge EK 46, EK 30, EK 28 und EK 25. Die letztgenannten Teilbeträge waren zum Schluß des letzten vor dem 1. 1. 1985 abgelaufenen Wirtschaftsjahres nach den Grundsätzen des § 32 Abs. 2 KStG umzugliedern. 1354

In einer **Übergangszeit bis zum Jahr 1994** kann die Gliederungsrechnung noch das bis zum Jahr 1989 entstandene **EK 56** sowie das bis zum Jahr 1993 enstandene **EK 36** zusätzlich aus- 1355

1355 weisen (vgl. § 54 Abs. 11 und 11b KStG). In einer **Übergangszeit bis zum Jahr 1998** kann die Gliederungsrechnung noch das bis zum Jahr 1993 enstandene **EK 50** zusätzlich ausweisen (vgl. § 54 Abs. 11a KStG).

7.2 Stichtag für die Gliederung; Fortführung der Gliederungsrechnung

1356 Das verwendbare Eigenkapital ist für jeden Steuerbilanzstichtag neu zu ermitteln (§ 29 Abs. 2 Satz 1 KStG) und zu gliedern (§ 30 Abs. 1 Satz 1 KStG), und zwar **erstmals** zum Schluß des letzten Wirtschaftsjahres, das vor dem 1. 1. 1977 abgelaufen ist (§ 54 Abs. 6 KStG 1977). Da zu diesem Zeitpunkt noch kein Gewinn entstanden war, der mit neuer anrechenbarer Körperschaftsteuer belastet ist, besteht das verwendbare Eigenkapital der ersten Gliederungsrechnung lediglich aus einem Teilbetrag, nämlich aus dem nicht mit Körperschaftsteuer belasteten Teilbetrag i. S. d. § 30 Abs. 2 Nr. 3 KStG (sogenannte Altrücklagen = EK 03). Dieser kann selbstverständlich auch negativ sein.

1357 Auch dann, wenn in einem Veranlagungszeitraum zwei Wirtschaftsjahre enden (**Rumpfwirtschaftsjahr),** deren Ergebnisse in der Veranlagung zusammengefaßt werden, hat die Eigenkapitalgliederung für jedes Wirtschaftsjahr getrennt zu erfolgen. Der Grund dafür ist, daß handelsrechtlich für jedes Wirtschaftsjahr eine getrennte Gewinnausschüttung beschlossen werden kann. Die Eigenkapitalgliederung bei Rumpfwirtschaftsjahren bereitet jedoch **praktische Schwierigkeiten,** da für Gliederungszwecke das bei der Körperschaftsteuer-Veranlagung ermittelte zusammengefaßte Einkommen und seine einzelnen Bestandteile im nachhinein wieder auf die beiden Wirtschaftsjahre aufgeteilt werden müssen. Die Finanzverwaltung hat hierfür einen gesonderten Vordruck (KSt 1 G/E) entwickelt.

Probleme tauchen insbesondere auf, **wenn eines der beiden Wirtschaftsjahre einen Verlust, das andere einen Gewinn aufweist** und das Gesamteinkommen des Veranlagungszeitraums positiv ist. Hier liegt – aus der Sicht der Körperschaftsteuer-Veranlagung – ein steuerlicher Verlust nicht vor. Für Gliederungszwecke müssen gemäß § 30 Abs. 1 beide Wirtschaftsjahre getrennt beurteilt werden. Daraus folgt, daß in der Eigenkapitalgliederung die Grundsätze des § 33 KStG anzuwenden sind (vgl. Abschnitt 89 Abs. 6 KStR).

7.3 Die Gliederung des verwendbaren Eigenkapitals in Teilbeträge

7.3.1 Gesetzliche Begrenzung der Zahl der Teilbeträge

1358 Nach **§ 30 Abs. 1** Satz 1 KStG ist das verwendbare Eigenkapital grundsätzlich in so viele Teilbeträge zu untergliedern, wie Einkommensteile mit unterschiedlicher Tarifbelastung vorhanden sind. U. E. enthält § 30 Abs. 1 **Satz 1** KStG die Kernaussage für die Gliederung des verwendbaren Eigenkapitals in seine Teilbeträge. Der Satz 3 des § 30 Abs. 1 KStG zählt ergänzend dazu die möglichen Teilbeträge auf.

Gäbe es keine Vorschrift zur Begrenzung, könnte – wie bereits erwähnt – im Einzelfall die Zahl der Teilbeträge unübersehbar werden, weil jede vom Vorjahr abweichende Körperschaftsteuer-Belastung zu einem neuen Eigenkapitalteil führen würde. Die **Begrenzung der Anzahl der Teilbeträge** ergibt sich, wie bereits erwähnt, aus § 30 Abs. 1 Satz 3 i.V.m. § 32 Abs. 2 KStG, wonach ermäßigt belastete Eigenkapitalteile, je nachdem, ob ihre Tarifbelastung mehr oder weniger als 30 v. H. (bis 1993: 36 v. H.) beträgt, auf das EK 45 (bis 1989: EK 56; von 1990 bis 1993: EK 50) und das EK 30 (bis 1993: EK 36) oder auf das EK 30 (bis 1993: EK 36) und das EK 01 bzw. EK 02 **aufzuteilen** sind.

§ 32 Abs. 2 i. V. m. § 30 Abs. 1 Nr. 2 KStG schafft durch die Aufteilungsrechnung einen zusätzlichen, **künstlichen Teilbetrag,** das **EK 30** (bis 1993: EK 36), verhindert dadurch aber gleichzeitig die Bildung einer großen Zahl sonst erforderlicher neuer Teilbeträge.

Schaubild 1359

Folgende **Teilbeträge des verwendbaren Eigenkapitals** sind denkbar

Ungemildert belasteter Teilbetrag
(§ 30 Abs. 1 Nr. 1 KStG)

- EK 56 (Zugänge nur bis 1989; ein positives EK 56 kann bis Ende 1994 neben dem EK 50/EK 45 ausgewiesen werden)
- EK 50 (Zugänge von 1990 bis 1993; ein positives EK 50 kann bis Ende 1998 neben dem EK 45 ausgewiesen werden)
- EK 45 (ab 1994)

Ermäßigt belastete Teilbeträge
(§ 30 Abs. 1 Nr. 2 KStG)

bis 1984:
- EK 46 (Zugänge nur bis 1980; Umgliederung Ende 1984)*
- EK 36 (Zugänge nur bis 1993; Umgliederung Ende 1994)
- EK 30 (ab 1994)

bis 1984:
- EK 30
- EK 28
- EK 25
(Zugänge nur bis 1983; Umgliederung Ende 1984)*

Nicht mit Körperschaftsteuer belasteter Teilbetrag
(§ 30 Abs. 1 Nr. 3 und Abs. 2 KStG)

- EK 01
- EK 02
- EK 03
- EK 04

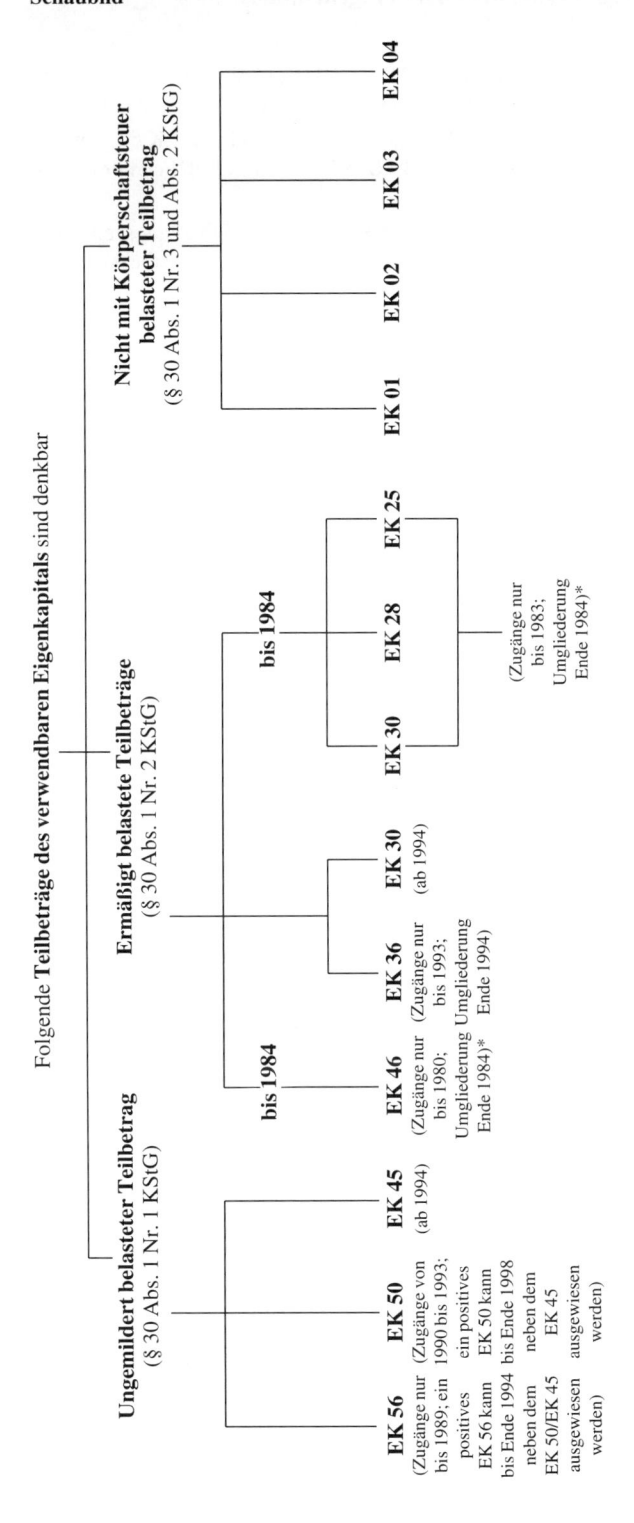

*) Vgl. BMF-Schreiben vom 7. 6. 1984 (DB 1984 S. 1272).

7.3.2 Die einzelnen Teilbeträge des verwendbaren Eigenkapitals

7.3.2.1 EK 56

1360   EK 56 entstand aus Einkommensteilen, die nach dem 31. 12. 1976 und vor dem 1. 1. 1990 ungemildert der Körperschaftsteuer mit einem Regelsteuersatz von 56 v. H. unterlegen haben.

In einem nach dem 31.12.1989 endenden Wirtschaftsjahr können sich beim EK 56 – mit Ausnahme der Erstattung nichtabziehbarer Ausgaben (vgl. RZ 1459) – grundsätzlich nur noch Abgänge, aber keine Zugänge mehr ergeben.

Wegen der Weiterführung eines positiven Teilbetrags EK 56 für eine Übergangszeit und der anschließenden Zwangsumgliederung eines dann noch verbleibenden Restbestandes vgl. RZ 1374 ff.

7.3.2.2 EK 50

1361   EK 50 entstand aus Einkommensteilen, die nach dem 31. 12. 1989 und vor dem 1. 1. 1994 ungemildert der Körperschaftsteuer mit einem Regelsteuersatz von 50 v. H. unterlegen haben.

Bei der Ermittlung des Zugangs zum EK 50 ist die ungemilderte Körperschaftsteuer direkt von den Einkommensteilen abzuziehen (§ 31 Abs. 1 Nr. 2 KStG). Die sonstigen nichtabziehbaren Ausgaben sind gemäß § 31 Abs. 1 Nr. 4 KStG i.V.m. Abschnitt 84 Abs. 1 Satz 1 KStR erst daran anschließend vom Teilbetrag des EK 50 in seiner Gesamtheit abzuziehen. Das EK 50 kann insbesondere negativ werden

– durch den Abzug von sonstigen nichtabziehbaren Ausgaben (vgl. § 31 Abs. 2 Satz 2 KStG),
– durch die Festschreibung der Verwendung von verwendbarem Eigenkapital beim Verlustrücktrag gemäß § 33 Abs. 3 KStG,
– durch die Umgliederung eines negativen EK 56 gemäß § 54 Abs. 11 Satz 4 KStG.

EK 50 konnte von 1990 bis 1993 auch unmittelbar aus der Aufteilung nach § 32 Abs. 2 Nr. 2 KStG entstehen; das so entstandene EK 50 gilt nach § 32 Abs. 4 Nr. 2 KStG als originär aus entsprechend belasteten Einkommensteilen entstanden.

Schließlich konnte EK 50 von 1990 bis 1993 auch entstehen, wenn sich die Körperschaftsteuer nur nach § 21 Abs. 2 Satz 1 oder Abs. 3 Satz 1 BerlinFG ermäßigte, weil die Tarifbelastung gemäß § 27 BerlinFG als um die Berlinpräferenz erhöht galt.

In einem nach dem 31. 12. 1993 endenden Wirtschaftsjahr können sich beim EK 50 – mit Ausnahme der Erstattung nichtabziehbarer Ausgaben (die Ausführungen in RZ 1459 gelten entsprechend auch für EK 50) – grundsätzlich nur noch Abgänge, aber keine Zugänge mehr ergeben.

Wegen der Weiterführung eines positiven Teilbetrags EK 50 für eine Übergangszeit und der anschließenden Zwangsumgliederung eines dann noch verbleibenden Restbestandes vgl. RZ 1377 ff.

7.3.2.3 EK 45

1362   EK 45 entsteht aus Einkommensteilen, die nach dem 31. 12. 1993 ungemildert der Körperschaftsteuer mit einem Regelsteuersatz von 45 v.H. unterliegen.

Bei der Ermittlung des Zugangs zum EK 45 ist die ungemilderte Körperschaftsteuer direkt von den Einkommensteilen abzuziehen (§ 31 Abs. 1 Nr. 2 KStG). Die sonstigen nichtabziehbaren Ausgaben sind gemäß § 31 Abs. 1 Nr. 4 KStG erst anschließend vom Teilbetrag EK 50 in seiner Gesamtheit abzuziehen. Das EK 45 kann insbesondere negativ werden

– durch den Abzug von sonstigen nichtabziehbaren Ausgaben (vgl. § 31 Abs. 2 S. 2 KStG,
– durch die Umgliederung eines negativen EK 50 gemäß § 54 Abs. 11a Satz 4 KStG

EK 45 kann auch unmittelbar aus der Aufteilung nach § 32 Abs. 2 Nr. 2 KStG entstehen; das so 1362 entstandene EK 45 gilt nach § 32 Abs. 4 Nr. 2 als originär aus entsprechenden belasteten Einkommensteilen entstanden.

Schließlich kann EK 45 im Veranlagungszeitraum 1994 auch entstehen, wenn sich die Körperschaftsteuer nur nach § 21 Abs. 2 S. 1 oder Abs. 3 S. 1 BerlinFG ermäßigt, weil die Tarifbelastung gemäß § 27 BerlinFG als um die Berlinpräferenz erhöht gilt.

7.3.2.4 EK 36

Das EK 36 als künstlicher Teilbetrag entstand bis zum 31. 12. 1993 immer nur infolge der Auf- 1363 teilung nach § 32 Abs. 2 KStG. Nach § 32 Abs. 4 Nr. 1 KStG gilt das EK 36 originär als aus mit 36 v. H. Körperschaftsteuer belasteten Einkommensteilen entstanden.

Wegen der Weiterführung eines positiven Teilbetrags EK 36 für eine Übergangszeit und der anschließenden Zwangsumgliederung eines dann noch verbleibenden Restbestandes vgl. RZ 1380.

7.3.2.5 EK 30

Das EK 30 als künstlicher Teilbetrag entsteht nach dem 31. 12. 1993 immer nur infolge der Auf- 1364 teilung nach § 32 Abs. 2 KStG. Nach § 32 Abs. 4 Nr. 1 KStG gilt das EK 30 originär als aus mit 30 v.H. Körperschaftsteuer belasteten Einkommensteilen entstanden.

7.3.2.6 EK 46, EK 30, EK 28 und EK 25

Die früher daneben möglichen Teilbeträge EK 46, EK 30, EK 28 und EK 25 waren zum Schluß 1365 des in 1984 endenden Wirtschaftsjahrs aufzulösen (vgl. BMF-Schreiben vom 7. 6. 1984 (DB 1984 S. 1272)). Wegen der Frage, welche Einkommensbestandteile in diesen Teilbeträgen auszuweisen sind, siehe Dötsch/Eversberg/Jost/Witt, Komm. zum KStG und EStG, Tzn. 63, 65–67 zu § 30 KStG.

7.3.2.7 Steuerfreie Vermögensmehrungen

Bei allen nicht mit Körperschaftsteuer belasteten Vermögensmehrungen i. S. d. § 30 Abs. 2 1366 KStG (EK 01 bis EK 04) handelt es sich um Nettobeträge. Sie ergeben sich aus den Vermögenszugängen nach Abzug der hiermit in unmittelbarem wirtschaftlichem Zusammenhang stehenden Aufwendungen.

7.3.2.7.1 EK 01

EK 01 beinhaltet nach § 30 Abs. 2 Nr. 1 KStG Eigenkapitalteile, die in nach dem 31. 12. 1976 ab- 1367 gelaufenen Wirtschaftsjahren aus steuerfreien ausländischen Einkünften entstanden sind, insbesondere

- aus ausländischen Einkünften, die auf Grund eines Doppelbesteuerungsabkommens nicht der Körperschaftsteuer unterliegen,
- aus ausländischen Einkünften, die der Körperschaftsteuer unterliegen, wenn die auf die Körperschaftsteuer anzurechnende ausländische Steuer mindestens genau so hoch ist oder nach § 26 Abs. 3 KStG als so hoch gilt wie die deutsche Körperschaftsteuer,
- aus ausländischen Einkünften, soweit sie infolge der Aufteilung ermäßigt belasteter Eigenkapitalteile nach § 32 Abs. 2 Nr. 1 KStG als nicht mit Körperschaftsteuer belastet gelten; das gleiche gilt für die nicht belasteten Eigenkapitalteile, die aus einer Zuordnung nach § 27 BerlinFG entstanden sind,
- aus ausländischen Verlusten in den Fällen, in denen ein Antrag nach § 2a EStG (bis 1989: § 2 Abs. 1 AIG) nicht gestellt worden ist sowie

1367 — ab dem Veranlagungszeitraum 1994 die nach § 8b Abs. 1 und 2 bei der Ermittlung des Einkommens außer Ansatz bleibenden Beträge (vgl. hierzu RZ 951 ff).

Gilt ab dem Veranlagungszeitraum 1994 EK 01 als verwendet, ist eine Körperschaftsteuer-Erhöhung nicht mehr durchzuführen (§ 40 Satz 1 Nr. 1 KStG – vgl. RZ 1218 ff). Bei nicht anrechnungsberechtigten Anteilseignern kommt es deshalb bei einer Ausschüttung von EK 01 nicht mehr zu einer bis 1993 möglichen Vergütung nach § 52 KStG bzw. § 36e EStG (vgl. RZ 2012 ff).

7.3.2.7.2 EK 02

1368 EK 02 kann aus inländischen Vermögensmehrungen entstehen, die nicht der Körperschaftsteuer unterliegen, und die nicht dem EK 01 (ab dem Veranlagungszeitraum 1994 die nach § 8b Abs. 1 und 2 KStG bei der Ermittlung des Einkommens außer Ansatz bleibenden Beträge – § 30 Abs. 2 Nr. 1 KStG), den Altrücklagen EK 03 (§ 30 Abs. 2 Nr. 3 KStG) bzw. den Einlagen (EK 04 – § 30 Abs. 2 Nr. 4 KStG) zuzuordnen sind, insbesondere

– aus steuerfreien inländischen Einnahmen mit Ausnahme der ab dem Veranlagungszeitraum 1994 nach § 8b Abs. 1 und 2 KStG bei der Ermittlung des Einkommens außer Ansatz bleibenden Beträge (vgl. § 30 Abs. 2 Nr. 1 KStG),

– aus steuerfreien Investitionszulagen (§ 5 Abs. 2 InvZulG, § 19 BerlinFG),

– bei Anpassung der Gliederungsrechnung an die Steuerbilanz in den Fällen des Abschnitt 83 Abs. 1 KStR (vgl. dazu vorstehend unter RZ 1459),

– in den Fällen des Verlusts und des Verlustabzugs (§ 33 KStG),

– aus der Aufteilung nach § 32 Abs. 2 Nr. 1 KStG und bis 1994 der Zuordnung nach § 27 BerlinFG bei einem Eigenkapitalzugang aus inländischen Einkünften. Das aus der Aufteilung entstandene EK 02 gilt gemäß § 32 Abs. 4 Nr. 3 i.V.m. § 30 Abs. 2 Nr. 2 KStG als originär aus steuerfreien inländischen Vermögensmehrungen entstanden,

– bis einschließlich 1994 aus der Berlinpräferenz nach § 21 Abs. 2 Satz 1 oder Abs. 3 Satz 1 BerlinFG, soweit sie auf inländische Einkünfte entfällt,

– aus dem Erlaß von Körperschaftsteuer (§ 34 KStG),

– bei fehlendem verwendbaren Eigenkapital (§ 35 KStG).

7.3.2.7.3 EK 03

1369 Beim Teilbetrag EK 03 ist das Eigenkapital auszuweisen, das bis zum Ende des letzten vor dem 1. 1. 1977 abgelaufenen Wirtschaftsjahrs entstanden ist. Hier sind auch nach dem 1. 1. 1977 z. B. aufgrund einer steuerlichen Betriebsprüfung entstandene Mehr- und Mindergewinne sowie nichtabziehbare Ausgaben bzw. Erstattungen für vor dem 1. 1. 1977 endende Wirtschaftsjahre zu erfassen (§ 31 Abs. 3 KStG). Auch offene Gewinnausschüttungen für vor dem 1. 1. 1977 endende Wirtschaftsjahre verringern das EK 03. Eine Korrektur beim EK 03 kann sich weiter ergeben, wenn Rücklagen in Nennkapital umgewandelt werden (§ 41 Abs. 3 KStG).

Wird EK 03 an nichtanrechnungsberechtigte Anteilseigner ausgeschüttet, kann – wie bis einschließlich 1993 auch beim EK 01 – der darauf entfallende Körperschaftsteuer-Erhöhungsbetrag vergütet werden (§ 52 KStG, § 36e EStG; vgl. RZ 2012 ff).

7.3.2.7.4 EK 04

1370 Der Teilbetrag EK 04 enthält in erster Linie die nach dem Systemwechsel von den Anteilseignern geleisteten Einlagen. Dazu gehören neben verdeckten (also nicht in der Handelsbilanz ausgewiesenen) Einlagen

– die Beträge, die bei Ausgabe von Anteilen über den Nennbetrag der Anteile hinaus erzielt werden (Ausgabeaufgeld bei Aktien, § 272 Abs. 2 Nr. 1 HGB),

– Zuzahlungen der Gesellschafter gegen Gewährung eines Vorzugs (§ 272 Abs. 2 Nr. 3 HGB),

- andere Zuzahlungen i.S.d. § 272 Abs. 2 Nr. 4 HGB, **1370**
- Mehr- und Minderabführungen bei Organschaft (§ 37 Abs. 2 KStG),
- die Verringerung des verwendbaren Eigenkapitals durch die Einziehung eigener Anteile und die Erhöhung des verwendbaren Eigenkapitals durch eine Herabsetzung des Nennkapitals zum Zweck des Verlustausgleichs (vgl. RZ 1837 ff),
- die Anpassung des zusammengerechneten verwendbaren Eigenkapitals an die Steuerbilanz in den Fällen der §§ 38, 38a KStG (Umwandlung, Verschmelzung, Auf-, Abspaltung),
- die Verringerung des verwendbaren Eigenkapitals bei der Umwandlung von Rücklagen in Nennkapital (§ 41 Abs. 3 KStG),
- das verwendbare Eigenkapital, das im Zeitpunkt des Eintritts in die Gliederungspflicht vorhanden ist (§ 30 Abs. 3 KStG – vgl. zur Anwendung § 54 Abs. 12 KStG; vgl. auch RZ 1411 ff).

Gilt EK 04 für eine Ausschüttung als verwendet, erhöht sich die Körperschaftsteuer nicht (§ 40 Satz 1 Nr. 2 KStG). Bei den Anteilseignern liegen keine Einnahmen aus Kapitalvermögen vor (§ 20 Abs. 1 Nr. 1 und 2 EStG); sie erhalten keine Anrechnung von Körperschaftsteuer. Wegen der Besonderheiten, die zu beachten sind, wenn der Anteilseigner die Anteile im Betriebsvermögen hält, siehe vorstehend unter RZ 1227 ff und nachstehend unter RZ 1866 f.

7.3.3 Die Zwangsumgliederung von Teilbeträgen

Durch das StRefG 1990 ist der Körperschaftsteuer-Satz für einbehaltene Gewinne ab dem Veranlagungszeitraum 1990 von 56 v. H. auf 50 v. H. gesenkt worden, während der Ausschüttungssatz wie bisher 36 v.H. beträgt. Durch das StandOG ist der Körperschaftsteuer-Satz für einbehaltene Gewinne ab dem Veranlagungszeitraum 1994 weiter von 50 v. H. auf 45 v. H., während der Ausschüttungssatz auf 30 v. H. gesenkt worden ist. **1371**

§ 54 Abs. 11–11b KStG regeln, was mit den Altbeständen beim EK 56, EK 50 und EK 36 geschieht. Aus Vereinfachungsgründen wäre es wünschenswert gewesen, die Altbestände sofort, d.h. beim EK 56 zum Schluß des letzten nach dem 31. 12. 1989 endenden Wirtschaftsjahrs rechnerisch in den neuen Teilbetrag EK 50 umzugliedern und beim EK 50 und EK 36 zum Schluß des letzten nach dem 31. 12. 1993 endenden Wirtschaftsjahrs rechnerisch in den neuen Teilbetrag EK 45 bzw. EK 30 umzugliedern. Eine solche Zwangsumgliederung hätte den Unternehmen jedoch beträchtliche Nachteile gebracht. **1372**

- Hätten sie doch dann bei der Ausschüttung der Einkommensteile, die in der Zeit vor 1990 noch einer Körperschaftsteuer von 56 v. H. unterlegen haben, nur eine Körperschaftsteuer-Minderung von 14 v. H. statt der gerechtfertigten 20 v. H. erhalten. Diese um 6 v. H. geringere Körperschaftsteuer-Minderung hätte die Vorteile aus der Steuersatzabsenkung von ebenfalls 6 v. H. oft auf Jahre hin aufgehoben. Deshalb sieht § 54 Abs. 11 KStG vor, daß ein aus der Zeit vor 1990 entstandenes positives EK 56 für eine Übergangszeit von fünf Jahren neben dem neuen Teilbetrag EK 50 fortzuführen ist. Nach der Reihenfolgefiktion des § 28 Abs. 3 KStG sind die Gewinnausschüttungen vorrangig mit diesem EK 56 und erst nach dessen Verbrauch mit dem neuen EK 50 zu verrechnen.

- Hätten sie doch dann bei der Ausschüttung der Einkommensteile, die in der Zeit vor 1994 noch einer Körperschaftsteuer von 50 v. H. unterlegen haben, nur eine Körperschaftsteuer-Minderung von 15 v. H. statt der gerechtfertigten 20 v. H. erhalten. Diese um 5 v. H. geringere Körperschaftsteuer-Minderung hätte die Vorteile aus der Steuersatzabsenkung von ebenfalls 5 v. H. oft auf Jahre hin aufgehoben. Deshalb sieht § 54 Abs. 11a KStG vor, daß ein aus der Zeit vor 1994 entstandenes positives EK 50 für eine Übergangszeit von fünf Jahren neben dem neuen Teilbetrag EK 45 fortzuführen ist. Nach der Reihenfolgefiktion des § 28 Abs. 3 KStG sind die Gewinnausschüttungen vorrangig mit diesem EK 50 und erst nach dessen Verbrauch mit dem neuen EK 45 zu verrechnen.

1373 Nach Ablauf dieser Übergangszeiten, also in der Eigenkapitalgliederung zum Schluß des letzten vor dem 1. 1. 1995 bzw. vor dem 1. 1. 1999 endenden Wirtschaftsjahr, muß allerdings eine Zwangsauflösung des dann noch vorhandenen positiven EK 56 bzw. EK 50 erfolgen. Diese Auflösung geschieht im Wege der Umgliederung. Dem im Rahmen der Umgliederung entstehenden Teilbetrag (EK 50 bzw. EK 45) ist dabei ein Betrag in der Höhe hinzuzurechnen, die seine bisherigen Tarifbelastungen (56 v. H. bzw. 50 v. H.) entspricht. Das bedeutet, daß aus der Zurechnung bei dem im Rahmen der Umgliederung entstehenden Teilbetrag (EK 50 bzw. EK 45), damit sie ein gleichhohes Körperschaftsteuer-Guthaben wie das bisherige EK 56 bzw. EK 50 repräsentiert, ein höheres EK 50 bzw. EK 45 entsteht, als ein EK 56 bzw. EK 50 wegfällt. Da gemäß § 29 Abs. 1 KStG die Höhe des gegliederten Eigenkapitals dem Eigenkapital lt. Steuerbilanz entsprechen muß, ist der zu hoch ausgewiesene Betrag des verwendbaren Eigenkapitals durch einen Abzug vom EK 02 wieder auszugleichen.

Eine auf einem den gesellschaftsrechtlichen Vorschriften entsprechenden Gewinnverteilungsbeschluß beruhende Gewinnausschüttung ist gemäß § 28 Abs. 2 Satz 1 KStG mit dem verwendbaren Eigenkapital zum Schluß des letzten vor dem Gewinnverteilungsbeschluß abgelaufenen Wirtschaftsjahrs zu verrechnen (vgl. RZ 1151 ff). So ist beispielsweise eine in 1994 beschlossene offene Gewinnausschüttung für 1993 mit dem verwendbaren Eigenkapital zum Schluß des Wirtschaftsjahrs 1993 zu verrechnen, das auch noch Bestände bei dem Teilbetrag EK 56 ausweisen kann. Wenn diese Ausschüttung aber erst in 1995 bei der ausschüttenden Körperschaft abfließt, verringert sich deren verwendbares Eigenkapital erst zum Schluß des Wirtschaftsjahrs 1995 (vgl. RZ 1155). Da jedoch ein bei dem Teilbetrag EK 56 noch vorhandener Restbestand gemäß § 54 Abs. 11 KStG zum Schluß des letzten Wirtschaftsjahrs, das vor dem 1. 1. 1995 abgelaufen ist, in die Teilbeträge EK 50 und EK 02 umzugliedern ist, steht zum Schluß des Wirtschaftsjahrs 1995 der Teilbetrag EK 56 nicht mehr zur Verfügung (vgl. RZ 1374 ff).

Die zum Schluß des Wirtschaftsjahrs 1994 vorzunehmende Umgliederung hat die Zusammensetzung des verwendbaren Eigenkapitals verändert, aus dem nach § 28 Abs. 2 Satz 1 KStG die in 1994 beschlossene Gewinnausschüttung zu finanzieren ist. Die Gewinnausschüttung, die erst zum Schluß des Wirtschaftsjahrs 1995 das verwendbare Eigenkapital verringert, ist danach mit dem Teilbetrag EK 50, der aus der Umgliederung des früheren EK 56 entstanden ist, zu verrechnen (vgl. das BMF-Schreiben vom 16. 5. 1994, BStBl I S. 315).

Entsprechendes gilt u. E. auch für verspätet abfließende Ausschüttungen, die vor 1995 beschlossen werden, nach 1994 abfließen und noch gegen EK 36 verrechnet werden könnten. Diese Ausschüttungen sind mit dem Teilbetrag EK 45 und ggfs. EK 30, der aus der Umgliederung des früheren EK 36 entstanden ist, zu verrechnen (vgl. RZ 1380). Es gilt u. E. auch für verspätet abfließende Ausschüttungen, die vor 1999 beschlossen werden und nach 1998 abfließen und noch gegen EK 50 verrechnet werden könnte. Diese Ausschüttungen sind mit dem Teilbetrag EK 45, der aus der Umgliederung des früheren EK 50 entstanden ist, zu verrechnen (vgl. RZ 1377 ff).

7.3.3.1 Die Zwangsumgliederung des Teilbetrags EK 56

1374 Nach § 54 Abs. 11 KStG kann ein aus der Zeit vor 1990 entstandenes positives EK 56 für eine Übergangszeit noch fortgeführt werden. Nach der Verwendungsreihenfolgefiktion des 28 Abs. 3 KStG sind die Gewinnausschüttungen vorrangig mit diesem EK 56 und erst nach dessen Verbrauch mit EK 50 bzw. dem neuen EK 45 zu verrechnen. Zum Schluß des letzten vor dem 1. 1. 1995 endenden Wirtschaftsjahres ist ein dann noch vorhandener positiver Bestand an EK 56 zwangsweise umzugliedern und zwar in Höhe von 56/44 seines Bestandes in EK 45 und zur Eigenkapitalkorrektur ist in Höhe von 12/44 seines Bestandes beim EK 02 ein Abzug vorzunehmen.

Beispiel:
Bestand EK 56 am 31. 12. 1994:   44 000 DM
umzugliedern in
EK 50: 56/44 von 44 000 DM   56 000 DM
EK 02: 12/44 von 44 000 DM   − 12 000 DM
     44 000 DM

Ein negativer Bestand an EK 56 ist bereits zum Schluß des letzten vor dem 01.01.1991 abge- 1375
laufenen Wirtschaftsjahres von dem Teilbetrag EK 50 abzuziehen. Die Umgliederung erfolgt
zum Nominalbetrag.

Die Umgliederung muß u.E. auch erfolgen, wenn das EK 50 dadurch negativ wird. Der Grund 1376
dafür, daß ein Negativbestand beim EK 56 im Gegensatz zu einem Positivbestand bereits
Ende 1990 in das EK 50 umgegliedert wird, ist, daß insoweit ein Bestandschutz nicht notwendig ist. Nach dem Grundgedanken des § 31 Abs. 2 Satz 2 KStG sind übersteigende nichtabziehbare Ausgaben, die zu einem negativen EK 56 (dann EK 50) geführt haben, in den Folgejahren vorrangig von dem neu entstehenden ungemildert mit Körperschaftsteuer belasteten
EK abzuziehen. Das ist aus der Sicht des 01.01.1990 immer das neu entstehende EK 50.

7.3.3.2 Die Zwangsumgliederung des Teilbetrags EK 50

Nach § 54 Abs. 11a KStG kann ein aus der Zeit vor 1994 entstandenes positives EK 50 für eine 1377
Übergangszeit noch fortgeführt werden. Nach der Verwendungsreihenfolgefiktion des § 28
Abs. 3 KStG sind die Gewinnausschüttungen vorrangig mit diesem EK 50 und erst nach dessen
Verbrauch mit dem neuen EK 45 zu verrechnen. Zum Schluß des letzten vor dem 1. 1. 1999 endenden Wirtschaftsjahres ist ein dann noch vorhandener positiver Bestand an EK 50 zwangsweise umzugliedern und zwar in Höhe von 11/9 seines Bestandes in EK 45 und zur Eigenkapitalkorrektur ist in Höhe von 2/9 seines Bestandes beim EK 02 ein Abzug vorzunehmen.

Beispiel:

Bestand EK 50 am 31. 12. 1999: 50 000 DM

umzugliedern in
EK 45: 11/9 von 50 000 DM 61 111 DM
EK 02: 2/9 von 50 000 DM − 11 111 DM
50 000 DM

Ein negativer Bestand an EK 50 ist bereits zum Schluß des letzten vor dem 1. 1. 1995 abge- 1378
laufenen Wirtschaftsjahres von dem Teilbetrag EK 45 abzuziehen. Die Umgliederung erfolgt
zum Nominalbetrag (§ 54 Abs. 11a Satz 4 KStG).

Die Umgliederung muß u. E. auch erfolgen, wenn das EK 45 dadurch negativ wird. Der 1379
Grund dafür, daß ein Negativbestand beim EK 50 im Gegensatz zu einem Positivbestand bereits Ende 1994 in das EK 45 umgegliedert wird, ist, daß insoweit ein Bestandschutz nicht
notwendig ist. Nach dem Grundgedanken des § 31 Abs. 2 Satz 2 KStG sind übersteigende
nichtabziehbare Ausgaben, die zu einem negativen EK 50 (künftig EK 45) geführt haben, in
den Folgejahren vorrangig von dem neu entstehenden ungemildert mit Körperschaftsteuer
belasteten EK abzuziehen. Das ist aus der Sicht des 01.01.1994 immer das neu entstehende
EK 45.

7.3.3.3 Die Zwangsumgliederung des Teilbetrags EK 36

Nach § 54 Abs. 11b KStG kann ein aus der Zeit vor 1994 entstandenes positives EK 36 noch 1380
für ein Jahr fortgeführt werden. Zum Schluß des letzten vor dem 01.01.1995 endenden Wirtschaftsjahres ist ein dann noch vorhandener positiver Bestand an EK 36 zwangsweise umzugliedern und zwar in Höhe von 11/32 seines Bestandes in EK 45 und in Höhe von 21/32 seines Bestandes in EK 30.

Beispiel:

Bestand EK 36 am 31. 12. 1994: 64 000 DM

umzugliedern in
EK 45: 11/32 von 64 000 DM 22 000 DM
EK 30: 21/32 von 64 000 DM 42 000 DM
64 000 DM

7.4 Zu- und Abgänge zum verwendbaren Eigenkapital
7.4.1 Ermittlung der Zu- und Abgänge
7.4.1.1 Getrennte Zuordnung aller Zu- und Abgänge zum verwendbaren Eigenkapital

1381 Die Gliederungsvorschrift des § 30 Abs. 1 KStG setzt voraus, daß die Einkommensermittlung durchgeführt ist. Um die Zugänge zu den mit Körperschaftsteuer belasteten Teilbeträgen ermitteln zu können, ist das Einkommen zunächst
- in den ungemildert mit Körperschaftsteuer belasteten Einkommensteil und
- in die mit ermäßigter Körperschaftsteuer belasteten Einkommensteile

aufzuteilen (vgl. Abschnitt 82a Abs. 1 KStR). Liegen unterschiedlich mit Körperschaftsteuer belastete Einkommensteile vor, ist der **Zugang zum verwendbaren Eigenkapital für jeden Einkommensteil gesondert zu ermitteln** (vgl. dazu nachstehend unter RZ 1479 ff).

1382 Darüber hinaus sind die **nicht mit Körperschaftsteuer belasteten Vermögensmehrungen dem EK 01 bis EK 04 zuzuordnen** (vgl. § 30 Abs. 2 KStG). Auch diese Werte sind größtenteils aus der Körperschaftsteuer-Veranlagung ersichtlich. Sie werden dort aus dem Einkommen ausgeschieden.

1383 Aus § 30 KStG ergibt sich nicht der Teilbetrag des **EK 30** (bis 1993: EK 36); dessen Bildung folgt aus § 32 Abs. 2 KStG.

7.4.1.2 Direkte oder indirekte Zuordnung

1384 Die Zu- und Abgänge zum verwendbaren Eigenkapital, die sich im Laufe des Wirtschaftsjahrs aus dem Einkommen oder aus sonstigen Vermögensmehrungen bzw. -minderungen ergeben haben, sind den Teilbeträgen in der Gliederungsrechnung
- entweder **direkt**
- oder **indirekt**

zuzuordnen. Wann welche Art der Zuordnung zu erfolgen hat, ergibt sich aus § 32 KStG.

1385 Eine **direkte Zuordnung** von Einkommensteilen zu den vorgenannten Teilbeträgen (**ohne Aufteilung** nach § 32 Abs. 2 KStG) ist nur möglich
1. bei Einkommensteilen, für die sich die Körperschaftsteuer nicht ermäßigt,
2. bis 1994 bei Einkommensteilen, für die sich die Körperschaftsteuer ausschließlich nach § 21 Abs. 2 **Satz 1** oder Abs. 3 **Satz 1** BerlinFG ermäßigt. Insoweit erfolgt eine Zuordnung nach § 27 BerlinFG, nicht eine Aufteilung nach § 32 Abs. 2 KStG,
3. bei nicht mit Körperschaftsteuer belasteten Vermögensmehrungen.

In allen übrigen Fällen, d.h. wenn sich für einen Einkommensteil die Körperschaftsteuer ermäßigt und diese Ermäßigung nicht bzw. nicht nur auf § 21 Abs. 2 Satz 1 oder Abs. 3 Satz 1 BerlinFG beruht, ist der **Eigenkapitalzugang** nach den Grundsätzen des § 32 Abs. 2 KStG **aufzuteilen (indirekte Zuordnung)**. Dabei spielt es keine Rolle, ob die Steuerermäßigung auf einem **besonderen Steuersatz** (insbesondere Steuersatz 25 v.H. bei ausländischen Einkünften, § 26 Abs. 6 KStG i.V.m. § 34c Abs. 4 und 5 EStG) oder auf einer **sonstigen Tarifvorschrift** (insbesondere §§ 16, 17, 21 Abs. 2 Satz 2 oder Abs. 3 Satz 2 BerlinFG – die Ermäßigungen nach §§ 16 und 17 BerlinFG sind inzwischen ausgelaufen, die Ermäßigungen nach § 21 Abs. 2 **Satz 2** oder Abs. 3 **Satz 2** BerlinFG sind letztmals 1994 anzuwenden – und Anrechnung ausländischer Steuern auf die deutsche Körperschaftsteuer gemäß § 26 KStG) beruht.

1386 **Bis zum Veranlagungszeitraum 1984,** also vor dem Inkrafttreten des **StEntlG** 1984, waren Einkommenszugänge, bei denen sich die Körperschaftsteuer (nur) durch **besonderen Steuersatz** ermäßigte, nicht nach § 32 KStG aufzuteilen, sondern **direkt zuzuordnen**. Dadurch ergaben sich (die heute nicht mehr vorhandenen, weil durch das StEntlG weggefallenen) Teilbeträge des **EK 46, EK 30, EK 28 und EK 25.**

1387 Die Zugänge aus dem Einkommen zu den Teilbeträgen des verwendbaren Eigenkapitals sind **Nettobeträge** (Einkommen ./. Körperschaftsteuer ./. sonstige nichtabziehbare Ausgaben). An dieser Stelle ist es notwendig, wegen der gliederungsmäßigen Behandlung der **ungemilderten**

Körperschaftsteuer einen Blick auf deren Behandlung in den Gliederungsvordrucken und in dem KStR zu werfen. Die auf die jeweiligen Einkommensteile entfallende **ungemilderte Körperschaftsteuer wird unmittelbar** von diesen **abgezogen** und nur der Saldo als Zugang erfaßt. Die **sonstigen nichtabziehbaren Ausgaben** im Sinne des § 31 Abs. 1 Nr. 4 KStG werden erst auf der Rechenstufe danach zusammengefaßt als Verringerung des verwendbaren Eigenkapitals berücksichtigt (§§ 31, 32 KStG). Erst die im Anschluß daran verbleibenden Beträge stellen die Zugänge zu den belasteten Teilbeträgen des verwendbaren Eigenkapitals aus dem Einkommen dar (vgl. Abschnitt 82a Abs. 2 Satz 3 KStR).

7.4.2 Die Aufbereitung der Veranlagungswerte für die Gliederungsrechnung

7.4.2.1 Vorbemerkung

Abschnitt 67 Abs. 2 und Abschnitt 82a KStR beschäftigen sich mit der Frage, nach welchen Kriterien das **zu versteuernde Einkommen aufzuteilen** ist, wenn es sich aus unterschiedlich mit Körperschaftsteuer belasteten Bestandteilen oder aus in- und ausländischen Einkommenteilen zusammensetzt. Abschnitt 67 Abs. 2 hat für die Körperschaftsteuer-Veranlagung Bedeutung, Abschnitt 82a für die Gliederungsrechnung.

In **Ausnahmefällen** ist die Aufteilung des zu versteuernden Einkommens für die **Körperschaftsteuer-Veranlagung** selbst von Interesse. Dies aber nur dann, wenn im zu versteuernden Einkommen neben ungemildert zu besteuernden Einkommensteilen ausländische Einkünfte enthalten sind, die dem ermäßigten Steuersatz von 22,5 v. H. (bis 1989: 28 v. H.; von 1990 bis 1993: 25 v. H.) bzw. 25 v. H. unterliegen (§ 26 Abs. 6 KStG i. V. m. § 34c Abs. 4 und 5 EStG).

Im **Regelfall** jedoch hat die Aufteilung des zu versteuernden Einkommens **nur für die Gliederungsrechnung Bedeutung.** Die Einzelwerte, die sich aus der Aufgliederung des zu versteuernden Einkommens ergeben, bilden die **Ausgangsbeträge** für die Gliederungsrechnung, insbesondere für die Aufteilung der Eigenkapitalzugänge nach § 32 KStG und bis 1994 – in den Fällen der Steuerermäßigung nach § 21 BerlinFG – für die Zuordnung nach § 27 BerlinFG.

Das zu versteuernde Einkommen ist in so viele Einkommensbestandteile zu zerlegen, wie für die Gliederungsrechnung gesonderte Aufteilungsrechnungen vorzunehmen sind bzw. sich dort unmittelbare Zugänge (ohne Aufteilung) zu einem der Teilbeträge ergeben.

Die eigentliche Problematik der Abschnitt 67 Abs. 2 und 82a Abs. 3 KStR liegt in folgendem:

Im zu versteuernden Einkommen sind

a) der im Wege des **Verlustausgleichs** abzuziehende inländische oder ausländische Verlust des laufenden Jahres,

b) der **Spendenabzug** (§ 9 Abs. 1 Nr. 2 i. V. m. Abs. 2 und 3 KStG – bis 1993: § 9 Nr. 3 KStG),

c) der **Verlustabzug** (§ 10d EStG, § 2a Abs. 3, 5 und 6 EStG bzw. § 2 Abs. 1 Satz 2 AIG),

d) der **Freibetrag** nach § 25 KStG sowie

e) bis 1990 (bei abweichendem Wirtschaftsjahr: bis 1991): der **Ausbildungsplatz-Abzugsbetrag** (§ 24b EStG)

bereits im Rahmen der **Gesamtrechnung** abgezogen, ohne daß dabei festgelegt werden mußte, welchem der in zu versteuernden Einkommen enthaltenen Einkommensteile diese Abzugsbeträge zuzuordnen sind.

Wenn das zu versteuernde Einkommen **insgesamt in gleicher Weise besteuert wird** (Beispiel: Normalfall der kleineren und mittleren GmbH mit nur inländischen Einkünften), ergibt sich kein Problem. Eine Aufteilung des zu versteuernden Einkommens und eine Zuordnung der o.a. Abzugsbeträge erübrigen sich. Das zu versteuernde Einkommen ist zugleich Ausgangsgröße für die Ermittlung des Zugangs zum verwendbaren Eigenkapital.

Bedeutung erlangt die Zuordnung der vorgenannten Abzugsbeträge jedoch, wenn das zu versteuernde Einkommen **unterschiedlich zu besteuernde Einkommensteile** enthält. In diesem Fall muß über die Zuordnung der o.a. Abzugsbeträge zu den verschiedenen Einkommensbestandteilen entschieden werden. Für diese Zuordnung, die in Abschnitt 67 Abs. 2 und Abschnitt 82a Abs. 3 KStR geregelt ist, gelten die nachstehenden Grundsätze.

7.4.2.2 Zuordnung der Abzugsbeträge, wenn das zu versteuende Einkommen unterschiedlichen Steuersätzen unterliegt

1391 Unterliegt das zu versteuernde Einkommen unterschiedlichen Steuersätzen, sind die nachstehend genannten Beträge gemäß Abschnitt 67 Abs. 2 KStR vorrangig von den am höchsten besteuerten Einkommensteilen abzuziehen (vgl. auch BFH-Urteil vom 25. 6. 1959, BStBl III S. 404, und R 197 Abs. 1 EStR 1993):
- Verluste des Veranlagungszeitraums, die mit positiven Einkommensteilen desselben Veranlagungszeitraums auszugleichen sind (Verlustausgleich, auch nach § 2a Abs. 3 Satz 1 EStG bzw. nach § 2 Abs. 1 Satz 1 AIG),
- bis 1990 bzw. 1991: Abzugsbetrag nach § 24b EStG (nur von den inländischen Einkünften abzuziehen),
- abziehbare Spenden nach § 9 Nr. 3 KStG,
- Verlustabzug nach § 10d EStG und § 2a Abs. 3 Satz 2, Abs. 5 und 6 EStG bzw. nach § 2 Abs. 1 Satz 2 AIG,
- Freibeträge nach den §§ 24, 25 KStG.

1392 Die Zuordnungsgrundsätze des Abschnitt 67 Abs. 2 KStR haben nicht nur bei Körperschaften Bedeutung, die ihr Eigenkapital gliedern müssen. Sie sind bei **allen** Körperschaftsteuerpflichtigen zu beachten.

7.4.2.3 Zuordnung der Abzugsbeträge, wenn das zu versteuernde Einkommen einem einheitlichen Steuersatz unterliegt, aber für Zwecke der Eigenkapitalgliederung in seine Bestandteile zerlegt werden muß

1393 Abschnitt 82a Abs. 3 KStR ergänzt die Regelung des Abschnitt 67 Abs. 2 KStR für die Fälle, in denen das zu versteuernde Einkommen einem einheitlichen Steuersatz unterliegt, sich aber aus mehreren inländischen und/oder ausländischen Einkommensteilen zusammensetzt. Dort sind folgende Zuordnungsgrundsätze aufgestellt:

a) **Zuordnung von Verlusten, die im jeweiligen Veranlagungszeitraum mit positiven Einkommensteilen auszugleichen sind (Verlustausgleich) und Spenden, die nach § 9 Abs. 1 Nr. 2 i. V. m. Abs. 2 und 3 KStG (bis 1993: § 9 Nr. 3 KStG) abzuziehen sind**

1394 – **Erste Stufe der Zuordnung:**
Inländische oder ausländische Verluste, die im jeweiligen Veranlagungszeitraum mit positiven Einkommensteilen auszugleichen sind, sind – ebenso wie die abziehbaren Spenden – vorrangig mit positiven inländischen Einkommensteilen bzw. mit ausländischen Einkommensteilen **ohne** anzurechnende ausländische Steuer (dazu rechnen auch ausländische Einkünfte mit Steuerabzug nach § 34c Abs. 2 und 3 EStG) zu verrechnen, die dem **Steuersatz von 45 v.H.** (bis 1989: 56 v.H.; von 1990 bis 1993: 50 v.H.) unterliegen (vgl. dazu auch BFH-Urteil vom 25.06.1959, BStBl III S. 404, und R 197 Abs. 1 EStR 1993).
Das gleiche wie für auszugleichende inländische Verluste gilt für die nach § 2a Abs. 3 Satz 1 EStG bzw. § 2 Abs. 1 Satz 1 AIG auszugleichenden ausländischen Verluste.

1395 Besteht das zu versteuernde Einkommen aus **mehreren inländischen oder ausländischen Einkommensteilen, die dem Steuersatz von 45 v. H.** (bis 1989: 56 v. H.; von 1990 bis 1993: 50 v. H.) **unterliegen** und für die sich die Körperschaftsteuer nicht nach § 26 Abs. 1 KStG i. V. m. § 34c Abs. 1 EStG ermäßigt, sind die Abzugsbeträge diesen Einkommensteilen jeweils anteilig zuzurechnen.

1396 – **Zweite Stufe der Zuordnung**
Daran anschließend sind nach Verwaltungsauffassung (vgl. die amtliche Erläuterung 28 zur Anlage AE) der Spendenabzug und der Verlustausgleich mit Dividendenerträgen aus **Frankreich** mit anzurechnender französischer Steuer (avoir fiscal) zu verrechnen.

1397 Verbleibt danach noch ein auszugleichender Verlust bzw. ein noch nicht berücksichtigter Spendenabzug, ist dieser von den **steuerpflichtigen ausländischen Einkommensteilen** abzuziehen, die einer auf die deutsche Körperschaftsteuer anzurechnenden ausländischen Steuer vom Einkommen unterlegen haben.

Die vorrangige Zuordnung der Abzugsbeträge zu anderen Einkommensteilen als den ausländischen Einkommensteilen mit anzurechnender ausländischer Steuer ergibt sich nach u. E. zutreffender Auffassung der Finanzverwaltung im **Rückschluß aus § 34c Abs. 1 Satz 2 EStG,** der gemäß § 26 Abs. 6 KStG auch bei der Körperschaftsteuer zu beachten ist. Nach § 26 Abs. 1 KStG ist die ausländische Steuer auf die Körperschaftsteuer anzurechnen, die auf die betr. ausländischen Einkünfte entfällt. Dieser Teil der deutschen Körperschaftsteuer ist nach § 34c Abs. 1 Satz 2 EStG dadurch zu ermitteln, daß die bei der Veranlagung für das zu versteuernde Einkommen sich ergebende Körperschaftsteuer im Verhältnis der ausländischen Einkünfte zum Gesamtbetrag der Einkünfte aufgeteilt wird. Die Höhe der jeweiligen ausländischen Einkünfte wird durch den Verlustausgleich und den Spendenabzug nicht berührt, wohl aber verringern diese Abzugsbeträge den Gesamtbetrag der Einkünfte. Dadurch wirken sie sich im Ergebnis bei den **anderen** Einkommensteilen aus. Bei der Ermittlung der nach § 34c Abs. 1 EStG höchstens anzurechnenden ausländischen Steuern vom Einkommen ergibt sich dadurch eine für die Körperschaft günstigere Anrechnungsquote. 1397

Sind nach den vorstehenden Grundsätzen der Verlustausgleich und die Spenden, weil sie die Einkünfte der vorgenannten ersten Stufe übersteigen oder derartige Einkünfte nicht vorhanden sind, (auch) von ausländischen Einkünften abzuziehen, für die sich die Körperschaftsteuer durch Anrechnung der ausländischen Steuern ermäßigt und stammen diese **Einkünfte aus mehreren Staaten,** sind die Abzugsbeträge **insoweit anteilig** zuzuordnen. 1398

– **Dritte Stufe der Zuordnung** 1399

Verbleibt nach der vorstehend bei der ersten und zweiten Stufe erläuterten Zurechnung noch ein auszugleichender Verlust bzw. ein noch nicht berücksichtigter Spendenabzug, ist dieser von den positiven ausländischen Einkommensteilen abzuziehen, die einer deutschen Körperschaftsteuer mit **25 v.H.** und danach von **22,5 v.H.** (bis 1989: Reihenfolge 28 v.H., 25 v.H.; von 1990 bis 1993: 25 v.H.) unterliegen und erst nach deren Verbrauch von den ausländischen Einkünften, die unter das **Quasi-Schachtelprivileg** (§ 26 Abs. 3 KStG) fallen und danach im Ergebnis von der deutschen Körperschaftsteuer freigestellt sind.

Die Rechenformel des § 34c Abs. 1 Satz 2 EStG „verdrängt" den Verlustausgleich und den Spendenabzug zwar auch dann auf die jeweils anderen Einkünfte, wenn ausländische Einkünfte mit anzurechnender ausländischer Steuer mit Einkünften zusammentreffen, die einem ermäßigten Steuersatz unterliegen. Hier sind u.E. jedoch die Grundsätze des BFH-Urteils vom 25.06.1959 (a.a.O.) zu beachten, wonach die genannten Abzugsbeträge vorrangig von denjenigen Einkommensteilen abzuziehen sind, bei denen der Abzug zur höchsten Steuerentlastung führt.

Auch ein **Verlustausgleich i. S. d. § 2a Abs. 3 Satz 1 EStG** (bis 1989: § 2 Abs. 1 Satz 1 AIG) ist vorrangig bei den inländischen Einkommensteilen bzw. bei den ausländischen Einkünften ohne anzurechnende ausländische Steuer zu berücksichtigen. Der **Hinzurechnungsbetrag nach § 2a Abs. 3 Satz 3 EStG** (bis 1989: § 2 Abs. 1 Satz 3 AIG) ist nach Verwaltungsauffassung den ausländischen Einkommensteilen hinzuzurechnen. 1400

b) **Zuordnung des Verlustabzugs (§ 10d EStG, § 2a Abs. 3 Satz 2, Abs. 5 und 6 EStG bzw. § 2 Abs. 1 Satz 2 AIG), des Freibetrags nach § 25 KStG und des Ausbildungsplatz-Abzugsbetrags (§ 24b EStG)**

Unterliegt das zu versteuernde Einkommen **unterschiedlichen Steuersätzen,** ist der Verlustabzug (Abschnitt 82a Abs. 3 KStR sagt das nur für diesen Abzugsbetrag, u.E. gilt das aber auch genauso für den Freibetrag nach § 25 KStG) vorrangig von den **am höchsten belasteten Einkommensteilen** abzuziehen. 1401

Sind im zu versteuernden Einkommen sowohl inländische als auch ausländische Einkommensteile enthalten, die dem **gleichen Steuersatz** unterliegen, sind die genannten Beträge den Einkommensteilen **anteilig** zuzuordnen. Bedeutung hat letztere Zuordnung nur für die Gliederungsrechnung.

Hinsichtlich der Zuordnung des **Ausbildungsplatz-Abzugsbetrags (§ 24b EStG** – bis 1990; bei abweichendem Wirtschaftsjahr: bis 1991) findet sich nur in Abschnitt 67 Abs. 2 KStR eine Aussage. Danach ist dieser Betrag nur **von den inländischen Einkommensteilen** abzuziehen.

c) Keine Zuordnung zu Kapitalerträgen im Sinne des § 43 Abs. 1 Nr. 5 EStG

1402 Inländische Kapitalerträge, die mit 30 v.H. der Kapitalertragsteuer unterliegen (§ 43 Abs. 1 Nr. 5 EStG), sind bereits vor der Ermittlung des Gesamtbetrags der Einkünfte abzuziehen. Ihnen sind daher keine anteiligen Abzugsbeträge zuzuordnen.

7.4.2.4 Rechenschema

1403 Die Zuordnung der einkommensmindernden Beträge kann – entsprechend der Seite 6 des amtlichen Vordrucks Anlage AE – nach folgendem Schema vorgenommen werden:

		Vorspalte	Inländische Einkommensteile	Positive ausländische Einkünfte (Steuersatz 45 %) ohne anrechenbare ausländische Steuern	Dividenden aus Frankreich mit Anrechnung der französischen Steuergutschrift	Positive ausl. Einkünfte (Steuersatz 45 %) mit anrechenbarer ausl. Steuer – ohne avoir fiscal – (bei mehreren Staaten getrennt je Staat)	Ausländische Einkünfte, die dem Steuersatz von 25 % unterliegen	Ausländische Einkünfte, die dem Steuersatz von 22,5 % unterliegen	Ausländische Einkünfte i. S. des § 26 Abs. 3 KStG (Quasi-Schachtelprivileg)
		DM	DM	DM	DM	DM	DM	DM	DM
	1	2	3	4	5	6	7	8	9
1	Summe der Einkünfte								
2	Negative ausländische Einkünfte, die bei der Ermittlung der Summe der Einkünfte abgezogen worden sind	+							
3	Zusammen								
4	Positive ausländische Einkünfte								
5	Inländische Einkünfte (Z. 3/Z. 4)	±							
6	Ausländische Steuern, die nach § 34c Abs. 2 oder 3 EStG abgezogen werden	–		–					
7	Verbleiben (Negativbeträge aus Sp. 3 oder 4 in Sp. 2 zurechnen)		◄	◄					
8	Betrag vor dem Ausgleich ausländischer und inländischer Verluste (Übertrag)								

		Vorspalte	Inländische Einkommensteile	Positive ausländische Einkünfte (Steuersatz 45 %) ohne anrechenbare ausländische Steuern	Dividenden aus Frankreich mit Anrechnung der französischen Steuergutschrift	Positive ausl. Einkünfte (Steuersatz 45 %) mit anrechenbarer ausl. Steuer – ohne avoir fiscal – (bei mehreren Staaten getrennt je Staat)	Ausländische Einkünfte, die dem Steuersatz von 25 % unterliegen	Ausländische Einkünfte, die dem Steuersatz von 22,5 % unterliegen	Ausländische Einkünfte i. S. des § 26 Abs. 3 KStG) (Quasi-Schachtelprivileg
		DM	DM	DM	DM	DM	DM	DM	DM
	1	2	3	4	5	6	7	8	9
9	Übertrag								
10	Zuordnung der ausgeglichenen ausländischen Verluste (Betrag lt. Zeile 2 u. d. negativen Betrags lt. Zeile 7 Sp. 4) sowie der ausgeglichenen inländischen Verluste (Betrag aus Zeile 7, Sp. 3)*	–	–	–	–	–	–	–	
11	Verbleiben								
12	Zuordnung des Spendenabzugs*	–	–	–	–	–	–	–	
13	Verbleiben								
14	Zuordnung des Verlustabzugs und des Freibetrags nach §§ 24, 25 KStG*	–	–	–	–	–	–	–	
15	Auf die verschiedenen Einkommensteile aufgeteiltes zu versteuerndes Einkommen (Ausgangsbeträge für die Ermittlung der Eigenkapital-Zugänge)								

---

* Bei der Zuordnung sind die Zuordnungsregeln, die aus Abschn. 67 Abs. 2 i. V. mit Abschn. 82a KStR sowie aus den vorstehenden Ausführungen entnommen werden können, zu beachten.

7.4.2.5 Zusammenfassendes Beispiel:

1404 a) **Sachverhalt**

Bilanzgewinn		156 000 DM
Der Bilanzgewinn ist verringert durch		
– Vermögensteuer	26 000 DM	
– Körperschaftsteuer	58 000 DM	
– ausländische Steuern vom Einkommen	50 000 DM	
– Spenden für mildtätige Zwecke	5 000 DM	
	139 000 DM	139 000 DM
Im Bilanzgewinn sind enthalten:		
– steuerpflichtige ausländische Einkünfte aus Staat A (nach Abzug einer anrechenbaren ausländischen Steuer von 40 000 DM)		160 000 DM
– steuerpflichtige ausländische Einkünfte aus Staat B (nach Abzug einer anrechenbaren ausländischen Steuer von 10 000 DM)		40 000 DM
– ausländischer Betriebsstättenverlust aus einem DBA-Staat (Antrag auf Verlustberücksichtigung nach § 2a Abs. 3 EStG ist gestellt)		– 220 000 DM
Noch nicht verbrauchter Verlustabzug nach § 10d EStG aus dem Vorjahr		50 000 DM

b) **Ermittlung des zu versteuernden Einkommens**

Bilanzgewinn	156 000 DM
+ nichtabziehbare Ausgaben (einschließlich Spenden)	+ 139 000 DM
+ ausländischer DBA-Verlust	+ 220 000 DM
	515 000 DM
– Abzug nach § 2a Abs. 3 EStG	– 220 000 DM
– abziehbare Spenden	– 5 000 DM
Gesamtbetrag der Einkünfte	290 000 DM
– Verlustabzug aus dem Vorjahr	– 50 000 DM
Zu versteuerndes Einkommen	240 000 DM

c) **Festzusetzende Körperschaftsteuer**

Körperschaftsteuer 45 v. H. von 240 000 DM	108 000 DM
– anzurechnende ausländische Steuern	– 50 000 DM
Festzusetzende Körperschaftsteuer	58 000 DM

d) **Aufteilung des zu versteuernden Einkommens**

		Inländische Einkünfte	Ausländische Einkünfte Staat A	Ausländische Einkünfte Staat B
	DM	DM	DM	DM
Zu versteuerndes Einkommen	240 000			
+ Verlustabzug	+ 50 000			
+ Spendenabzug	+ 5 000			
+ Abzug gem. § 2a Abs. 3 EStG	+ 220 000			
	515 000	265 000	200 000	50 000
Zuordnung des Verlustausgleichs nach § 2a Abs. 3 EStG und des Spendenabzugs		– 225 000	–	–
		40 000	200 000	50 000
Zuordnung des Verlustabzugs gem. § 10d EStG (im Verhältnis 40 000 : 200 000 : 50 000)		– 6 896	– 34 483	– 8 621
Ausgangsbeträge für die Gliederungsrechnung		33 104	165 517	41 379

e) **Gliederungs des verwendbaren Eigenkapitals** 1404

	DM	DM	EK 45 DM	EK 30 DM	EK 01 DM	EK 02 DM
Inländischer Einkommensteil		33 104				
– Körperschaftsteuer 45 v. H.		–14 896	18 208			
Ausländische Einkünfte						
aus Staat A		165 517				
Körperschaftsteuer 45 v. H.	74 482					
– anzurechnende						
ausländische Steuer	–40 000	–33 103[1]				–6 897[2]
Tarifbelastung		132 414				
(26,0 v. H.)	34 482	–34 482				
Aufzuteilender Eigenkapitalzugang		97 932				
Davon Zugang zum EK 30:						
(vgl. Abschn. 87 Abs. 2 KStR)						
34 482 DM x $^7/_3$		–80 458		80 458		
Restbetrag = Zugang zum EK 01		17 474			17 474	
Ausländische Einkünfte						
aus Staat B		41 379				
Körperschaftsteuer 45 v. H.	18 621					
– anzurechnende						
ausländische Steuer	–10 000	–8 276[3]				–1 724[4]
Tarifbelastung		33 103				
(26,0 v. H.)	8 621	–8 621				
Aufzuteilender Eigenkapitalzugang		24 482				
Davon Zugang zum EK 30:						
(vgl. Abschn. 87 Abs. 2 KStR)						
8 621 DM x $^7/_3$		20 116		20 116		
Restbetrag = Zugang zum EK 01		4 366			4 366	
Verlustvortrag gem. § 10d EStG						50 000
Abzug der Vermögensteuer			–18 208	–7 792		
			0	92 782	21 840	41 379

7.4.3 Zugänge zu den nichtbelasteten Teilbeträgen des verwendbaren Eigenkapitals

Auch die meisten der nicht mit Körperschaftsteuer belasteten Zugänge zum verwendbaren Eigenkapital sind aus der **steuerlichen Einkommensermittlung** ersichtlich, weil sie dort aus dem steuerpflichtigen Einkommen ausgeschieden werden. Zu den nicht mit Körperschaftsteuer belasteten Zugängen gehören alle **Vermögensmehrungen,** die entweder sachlich steuerbefreit sind oder von vornherein nicht zum Einkommen gehören, weil sie Einlagen der Anteilseigner sind. 1405

Nicht hierin gehören die Beträge, die steuerfrei in Rücklagen eingestellt werden können, deren steuerliches Schicksal jedoch nicht entschieden ist (= Sonderposten mit Rücklagenanteil). Diese Sonderposten sind nicht Teil des verwendbaren Eigenkapitals (vgl. vorstehend unter RZ 1301).

Die **Zugänge zum nicht mit Körperschaftsteuer belasteten Eigenkapital** sind nach § 30 Abs. 2 KStG **zu unterteilen,** weil bei Verwendung von nichtbelastetem Eigenkapital für eine Ausschüttung, je nachdem, welcher der nichtbelasteten Eigenkapitalteile für die Ausschüttung als verwendet gilt, unterschiedliche Rechtsfolgen eintreten: 1406

---

[1] $\frac{165\,517}{200\,000}$ v. 40 000 DM   [2] $\frac{34\,483}{200\,000}$ v. 40 000 DM   [3] $\frac{41\,379}{50\,000}$ v. 10 000 DM   [4] $\frac{8\,621}{50\,000}$ v. 10 000 DM

EK 01	EK 02	EK 03	EK 04
(§ 30 Abs. 2 Nr. 1 KStG) Eigenkapitalanteile, die in nach dem 31. 12. 1976 abgelaufenen Wirtschaftsjahren aus ausländischen Einkünften bzw. i. d. R. ab 1994 aus nach § 8b Abs. 1 und 2 KStG steuerfreien Einkünften entstanden sind	(§ 30 Abs. 2 Nr. 2 KStG) Sonstige Vermögensmehrungen und -minderungen, die der Körperschaftsteuer nicht unterliegen und nicht unter das EK 01, EK 03 oder EK 04 einzuordnen sind	(§ 30 Abs. 2 Nr. 3 KStG) Verwendbares Eigenkapital, das bis zum Ende des letzten vor dem 1. 1. 1977 abgelaufenen Wirtschaftsjahres entstanden ist (Altkapital)	(§ 30 Abs. 2 Nr. 4 KStG) Einlagen der Anteilseigner, die das verwendbare Eigenkapital in nach dem 31. 12. 1976 abgelaufenen Wirtschaftsjahren erhöht haben

Alle vorgenannten Teilbeträge können auch negativ werden.

Wegen der Frage, welche Vermögensmehrungen und -minderungen in den Teilbeträgen EK 01 bis EK 04 auszuweisen sind, siehe vorstehende RZ 1367 ff.

7.4.4 Sonderfälle von Zu- und Abgängen

7.4.4.1 Verlustanteil an einer Personengesellschaft

Ist eine unbeschränkt steuerpflichtige Kapitalgesellschaft an einer Personengesellschaft beteiligt, ergeben sich die Beteiligungserträge der Kapitalgesellschaft aus der einheitlichen und gesonderten Feststellung des Gewinns der Personengesellschaft (§ 180 Abs. 1 Nr. 2a AO). Dementsprechend ist der Einkommensermittlung der Kapitalgesellschaft auch ein gesondert festgestellter Anteil am Verlust der Personengesellschaft zugrunde zu legen (§ 182 Abs. 1 AO). Der festgestellte Verlustanteil mindert in der Steuerbilanz den Wert des Kapitalkontos (BFH-Urteil vom 23. 7. 1975, BStBl 1976 II S. 73). Das gilt auch, wenn dadurch bei dem Gesellschafter ein negatives Kapitalkonto entsteht. Das verwendbare Eigenkapital verringert sich entsprechend (Abschnitt 79 Abs. 4 KStR).

7.4.4.2 Änderungen des verwendbaren Eigenkapitals durch Einziehung eigener Anteile oder Herabsetzung des Nennkapitals

Verringert sich das verwendbare Eigenkapital einer GmbH durch die Einziehung eigener Anteile (§ 34 GmbHG), ist die Verringerung beim EK 04 zu erfassen. Setzt eine Kapitalgesellschaft ihr Nennkapital herab (§ 229 Aktiengesetz, § 58 GmbH-Gesetz) und verwendet sie den freiwerdenden Betrag nicht zur Auszahlung an die Gesellschaft, sondern zum Ausgleich eines in der Handelsbilanz des Vorjahres ausgewiesenen Verlustes, verringert sich das übrige Eigenkapital. Das verwendbare Eigenkapital erhöht sich, wenn der Betrag nicht nach § 29 Abs. 3 KStG zum verwendbaren Eigenkapital gehört. Dieser Zugang ist in der Gliederungsrechnung ebenfalls beim EK 04 zu erfassen (Abschnitt 83 Abs. 4 KStR). Wegen der Frage, wie sich die Einziehung von Anteilen unter Herabsetzung des Nennkapitals auf den nach § 47 Abs. 1 Nr. 2 KStG gesondert festzustellenden, für Ausschüttungen verwendbaren Teil des Nennkapitals auswirkt, siehe Abschnitt 95 Abs. 3 KStR.

7.4.4.3 Nichtabgehobene Dividenden

Im Zeitpunkt der Dividendenbereitstellung hat die Körperschaft die Ausschüttungsbelastung herzustellen. Fließen später wegen Verjährung des Dividendenanspruchs (§§ 195, 801 Abs. 2 BGB) einzelne Dividenden an die Körperschaft zurück, sind diese als Einlage dem Teilbetrag EK 04 zuzuordnen (vgl. Vfg der OFD Frankfurt/Main vom 16. 7. 1984, Wpg 1984 S. 89).

U.E. paßt diese Regelung, die die Finanzverwaltung in einer Zeit getroffen hat, in der sie sich hinsichtlich des Herstellens der Körperschaftsteuer-Ausschüttungsbelastung noch an die Kapitalertragsteuer anlehnte (vgl. Abschnitt 77 Abs. 5 KStR 1985), nicht mehr sauber in das Bild, nachdem der BFH das Abfließen der Ausschüttung bei der Körperschaft als Auslöser für das Herstellen der Ausschüttungsbelastung ansieht. Gleichwohl wurde sie (u.E. sinnvoll) in die KStR 1990 (Abschnitt 77 Abs. 6 Satz 7; vgl. RZ 1152) übernommen. **1409**

7.4.5 Reihenfolge, in der die Zu- und Abgänge in der Gliederungsrechnung zu berücksichtigen sind

Das KStG regelt nicht, in welcher Reihenfolge die verschiedenen Zu- und Abgänge in der Gliederungsrechnung zu berücksichtigen sind. Eine solche Reihenfolgeregelung, die für die praktische Durchführung der Gliederungsrechnung unerläßlich ist, enthält jedoch Abschnitt 82 Abs. 2 KStR. Danach sind die Zu- und Abgänge zum verwendbaren Eigenkapital – **unabhängig von zeitlichen Kriterien** – in folgender Reihenfolge zu berücksichtigen: **1410**

1. Bestand zum Schluß des vorangegangenen Wirtschaftsjahrs
2. Verringerung auf Grund

   a) der im Wirtschaftsjahr vorgenommenen Gewinnausschüttungen, die auf einem den gesellschaftsrechtlichen Vorschriften entsprechenden Gewinnverteilungsbeschluß für ein abgelaufenes Wirtschaftsjahr beruhen,

   b) der im vorangegangenen Wirtschaftsjahr vorgenommenen anderen Gewinnausschüttungen,

   c) der im vorangegangenen Wirtschaftsjahr bewirkten sonstigen Leistungen, die bei den Empfängern Einnahmen im Sinne des § 20 Abs. 1 Nr. 2 EStG sind.

   Die vorgenannten Ausschüttungen, für die das verwendbare Eigenkapital zum selben Stichtag als verwendet gilt, sind **in einer Summe** mit dem maßgeblichen verwendbaren Eigenkapital zu verrechnen. Die sich daraus ergebende Änderung der Körperschaftsteuer ist entsprechend dem Verhältnis der Ausschüttungen auf die nach § 27 Abs. 3 KStG in Betracht kommenden Veranlagungszeiträume aufzuteilen (vgl. Abschnitt 78 Abs. 2 KStR). Nach Abschnitt 97 Abs. 7 Satz 5 KStR ist bei der Ausstellung der Steuerbescheinigung entsprechend zu verfahren. Von praktischer Bedeutung kann diese anteilige Zuordnung insbesondere bei Körperschaften sein, an denen auch nichtanrechnungsberechtigte Anteilseigner beteiligt sind (wegen der Vergütung des Körperschaftsteuer-Erhöhungsbetrags nach § 52 KStG, § 36e EStG).

   Beispiel:
   Eine Kapitalgesellschaft mit einem dem Kalenderjahr entsprechenden Wirtschaftsjahr nimmt im Jahr 03 sowohl eine verspätete Gewinnausschüttung für das Jahr 01 als auch eine Gewinnausschüttung für das Jahr 02 vor. Beide Ausschüttungen beruhen auf Gewinnverteilungsbeschlüssen, die den gesellschaftsrechtlichen Vorschriften entsprechen. Außerdem hat die Kapitalgesellschaft im Jahr 02 eine verdeckte Gewinnausschüttung vorgenommen. Alle drei Ausschüttungen sind in einer Summe mit dem verwendbaren Eigenkapital zum 31.12.02 zu verrechnen. Die daraus sich ergebende Minderung bzw. Erhöhung der Körperschaftsteuer ist entsprechend deren Verhältnis auf die drei Ausschüttungen aufzuteilen.

   Wegen eines Beispiels zur Aufteilung der Körperschaftsteuer-Änderung siehe vorstehend RZ 1204 und RZ 1316 Beispiel 2.

3. Zugang aus dem steuerpflichtigen Einkommen nach Abzug der darauf entfallenden Körperschaftsteuer

4. Korrekturbetrag zur Anpassung der Zu- und Abgänge aus dem Einkommen an das Eigenkapital nach der Steuerbilanz (vgl. Abschnitt 83 Abs. 1 KStR)

5. Vermögensmehrungen, die nicht der Körperschaftsteuer unterliegen, und entsprechende Vermögensminderungen. Hierzu gehören auch Veränderungen des verwendbaren Eigenkapitals, die sich durch eine Kapitalherabsetzung ohne Auszahlung an die Gesellschafter und durch die Einziehung eigener Anteile ergeben

1410 6. Veränderungen des verwendbaren Eigenkapitals infolge von Verlusten und des Verlustabzugs (§ 10d EStG)

7. Erstattung und Abzug der sonstigen nichtabziehbaren Ausgaben im Sinne des § 31 Abs. 1 Nr. 4 KStG

8. Zugang aus der Erstattung von Körperschaftsteuer nach § 11 Abs. 2 und 3 AStG

9. Zugang nach § 34 KStG wegen Erlaß von Körperschaftsteuer nach § 227 AO oder niedrigerer Steuerfestsetzung nach § 163 AO

10. Zu- und Abgänge bei Verschmelzung, Auf- oder Abspaltung (§§ 38, 38a KStG)

11. Abgang wegen Umwandlung von Rücklagen in Nennkapital (§ 41 Abs. 3 KStG)

12. Nur für 1984: Umgliederung der ermäßigt belasteten Teilbeträge mit Ausnahme des EK 36 (§ 54 Abs. 7 KStG i. d. F. des StEntlG 1984)

Nur für 1990: Umgliederung eines Negativbetrages beim EK 56 (vgl. § 54 Abs. 11 Satz 4 KStG; vgl. dazu vorstehende RZ 1374 ff)

Nur für 1994: Umgliederung eines Negativbetrages beim EK 50 (vgl. § 54 Abs. 11a Satz 4 KStG; vgl. dazu vorstehende RZ 1377 ff)

= Bestand zum Schluß des Wirtschaftsjahrs

Wegen der Berücksichtigung der Zahlungen, die die Körperschaft im Falle ihrer Auflösung und Abwicklung auf den Liquidationsüberschuß leistet, vgl. nachstehend RZ 1796 ff.

7.5 Erstmalige Gliederung bei Eintritt in die „Gliederungspflicht"

1411 Regelungen für die erstmalige Eigenkapital-Gliederung enthielt das KStG bisher nur für den **Systemwechsel** zum 1. 1. 1977. Nach § 54 Abs. 6 KStG 1977 ist das verwendbare Eigenkapital erstmals zum Schluß des letzten Wirtschaftsjahrs zu gliedern, das vor dem 1. 1. 1977 abgelaufen ist, also bei einem mit dem Kalenderjahr übereinstimmenden Wirtschaftsjahr zum 31. 12. 1976. Das gesamte zu diesem Gliederungsstichtag vorhandene verwendbare Eigenkapital ist in das **EK 03 (Altkapital)** einzustellen (§ 30 Abs. 2 Nr. 3 KStG).

1412 Wie zu verfahren ist, wenn eine Gesellschaft zu einem späteren Zeitpunkt erstmals zur Eigenkapitalgliederung verpflichtet ist, dazu sagte das KStG bis zum Jahre 1990 nichts. Praktische Bedeutung erlangt diese Frage insbesondere in folgenden Fällen:

a) Neugründung einer Kapitalgesellschaft

b) Umwandlung/Einbringung einer Personengesellschaft in eine Kapitalgesellschaft,

c) Umwandlung des Betriebs gewerblicher Art einer Körperschaft des öffentlichen Rechts in eine Kapitalgesellschaft

d) „Umwandlung" der inländischen Betriebsstätte einer ausländischen Muttergesellschaft in eine inländische Tochtergesellschaft,

e) Verlegung des Sitzes oder der Geschäftsleitung einer Kapitalgesellschaft vom Ausland ins Inland,

f) erstmalige Eigenkapitalgliederung bei kleineren Körperschaften i.S.d. Abschnitt 104 KStR.

Für die vorstehend unter e) und f) genannten Fälle enthielten aber die KStR 1985 eine Aussage. Im **Fall e)** soll das beim Eintritt in die unbeschränkten Körperschaftsteuer-Pflichten vorhandene verwendbare Eigenkapital in den Teilbetrag **EK 03** eingestellt werden. Im **Fall f)** soll das verwendbare Eigenkapital, wenn eine kleinere Körperschaft von der Regelung des Abschnitt 104 KStR keinen Gebrauch mehr macht bzw. machen darf, dem Teilbetrag **EK 02** zugeordnet werden, soweit die Körperschaft nicht glaubhaft macht, daß es nach den Grundsätzen des § 30 anderen Teilbeträgen zugeordnet werden. Diese Regelungen waren wegen ihrer Belastungswirkungen umstritten (vgl. dazu Dötsch, DB 1989 S. 2296ff.). 1412

Inzwischen ist die Frage der Eröffnungsgliederung vom **Gesetzgeber** gelöst (vgl. RZ 2333). Durch das **Einigungsvertragsgesetz** vom 23. 9. 1990 (BGBl II S. 885; vgl. Anl. I Teil A Kap. IV Nr. 14) ist in den § 30 KStG ein neuer **Abs. 3** eingefügt worden, der zwar besondere Bedeutung für die zum 1. 1. 1991 in der **ehemaligen DDR** vorzunehmende Eröffnungsgliederung hat, der aber im übrigen **auch für** das „**Alt-Bundesgebiet**" von Bedeutung ist und dort **rückwirkend** zu beachten ist (vgl. § 54 Abs. 12 KStG i.d.F. des Einigungsvertragsgesetzes). Diese Gesetzesänderung war ursprünglich für das geplante, aber bis heute nicht realisierte Körperschaftsteuer-VereinfG (vgl. RZ 1414 ff) vorgesehen. 1413

Nach § 30 Abs. 3 KStG ist das aus der Eröffnungsbilanz sich ergebende Eigenkapital, soweit es das Nennkapital übersteigt, vorbehaltlich der §§ 38, 38a KStG in dem Teilbetrag **EK 04** auszuweisen.

Im Normalfall des Eintritts in die Gliederungspflicht, z. B. im Fall der Neugründung einer Kapitalgesellschaft, wird deren verwendbares Eigenkapital nicht bereits auf den Stichtag des Eintritts in die Körperschaftsteuerpflicht, sondern erst zum Schluß des ersten Wirtschaftsjahres festgestellt. Dabei wird das aus der Eröffnungsbilanz sich ergebende verwendbare Eigenkapital dem Teilbetrag EK 04 zugeordnet.

Etwas anderes gilt für die gliederungspflichtigen Körperschaften in der **ehemaligen DDR,** aber auch dort nur zum 1. 1. 1991. Nach dem durch das Einigungsvertragsgesetz ins KStG eingefügten § 54a Nr. 7 KStG haben Körperschaften, Personenvereinigungen oder Vermögensmassen, die am 31. 12. 1990 ihre Geschäftsleitung oder ihren Sitz in der ehemaligen DDR und im Jahr 1990 weder ihre Geschäftsleitung noch ihren Sitz im „Alt-Bundesgebiet" hatten, die **erstmalige Gliederung des verwendbaren Eigenkapitals zum 1. 1. 1991 vorzunehmen.** Dabei ist das gesamte aus der Steuerbilanz zum 31. 12. 1990 sich ergebende Eigenkapital, soweit es das Nennkapital übersteigt, in den Teilbetrag **EK 04** einzustellen.

7.6 Die vorgesehene Vereinfachung des körperschaftsteuerlichen Anrechnungsverfahrens durch Straffung der Gliederungsrechnung

Ausgewählte Literaturhinweise:

Krebs, Überlegungen zur Vereinfachung des körperschaftssteuerlichen Anrechnungsverfahrens, BB 1984 S. 1862; **Maas,** Überlegungen zur Vereinfachung des körperschaftsteuerlichen Anrechnungsverfahrens, BB 1985 S. 45; **Herzig,** Körperschaftssteuer-Guthaben statt verwendbare Eigenkapital-Überlegungen zur Vereinfachung des körperschaftsteuerlichen Anrechnungsverfahrens, GmbHR 1985 S. 37; **IdW,** Vorschlag zur Vereinfachung des körperschaftsteuerlichen Anrechnungsverfahrens, Wpg 1985 S. 526; **Mayer-Wegelin,** Das verwendbare Eigenkapital oder vereinfachte Gliederung des verwendbaren Eigenkapitals? Beilage 3/86 zu DB 5/86; **Sarrazin,** Gesetzgeberische Pläne zur Vereinfachung des Anrechnungsverfahrens, DStZ A 1986 S. 235; **Krebs,** Steuerpolitische Entscheidungen zu Beginn des zweiten Jahrzehnts des deutschen Körperschaftsteuer-Systems, GmbHR 1987 S. 156; **Uelner,** Die Unternehmensbesteuerung aus der aktuellen Sicht des Gesetzgebers, der Verwaltung und der Rechtsprechung, JbFStR 1986/87 S. 11, 31; **Döllerer,** Einlagen bei Kapitalgesellschaften nach Handelsrecht und Steuerrecht unter besonderer Berücksichtigung des BiRiLiG, BB 1986 S. 1857; **Dötsch,** Vereinfachung des körperschaftsteuerlichen Anrechnungsverfahrens – Vergleich des sog. Steuerguthabenmodells mit dem Modell einer vereinfachten Gliederungsrechnung, DB 1987 S. 1858; **Bareis,** Die notwendige Reform der Körperschaftsteuer: Systembereinigungen und Vereinfachungen, StBKongrRep 1987 S. 33; **Herzig/Dötsch,** Gedanken zu einer erneuten Reform der Körperschaftsteuer, Festschrift 40 Jahre DB (1988) S. 115; **Bareis/Geiger/Höflacher,** Überlegungen zur Körperschaftsteuer-Reform 1990, GmbHR 1988 S. 312; **Herzig/Schuler,** Die Vereinfachung der Gliederungsrechnung wird vertagt – Eine vertane Chance zur Steuervereinfachung, DB 1989 S. 495; **Zeitler/Krebs,** „Europataugliches" Anrechnungsverfahren im Standortsicherungsgesetz – Anrechnung „ausländischer Körperschaftsteuer" bei der Weiterausschüttung von Auslandserträgen, DB 1993 S. 1051; **Müller-Gatermann,** Die internationalen steuerlichen Auswirkungen des StandOG, FR 1993 S. 381; **Cattelaens,** Standortsicherung durch Anrechnung ausländischer Körperschaftsteuer, StuW 1993 S. 249.

1414 Das körperschaftsteuerliche Anrechnungsverfahren, insbesondere die Gliederung des verwendbaren Eigenkapitals, ist inzwischen den Kinderschuhen entwachsen und hat ein Stadium erreicht, in dem zu fast allen wichtigen Fragen eine abgestimmte Verwaltungsauffassung besteht oder bei strittigen Bereichen doch zumindest klare Rechtspositionen bezogen sind. Die vom Steuergesetzgeber 1976 vorgenommene Reform hat sich im Prinzip bewährt; die Praxis hat sich mit der neuen Körperschaftsteuer vertraut gemacht.

Das darf aber nicht darüber hinwegtäuschen, daß das körperschaftsteuerliche Anrechnungsverfahren nach wohl einhelliger Meinung der Fachwelt in einigen Bereichen der Eigenkapitalgliederung komplizierter ist, als es zur Erreichung seiner Zielsetzung notwendig wäre. Nach den bis heute mit der neuen Körperschaftsteuer gemachten Erfahrungen ließe sich, wenn auf einige (nicht systemnotwendige) Sonderregelungen verzichtet würde, eine **ganz beachtliche Vereinfachung** des Verfahrens erreichen.

1415 Mehrere Jahre lang prüfte eine **Bund-Länder-Kommission** innerhalb der Finanzverwaltung, in welchen Bereichen eine Vereinfachung des körperschaftsteuerlichen Anrechnungsverfahrens möglich ist. Die Vereinfachungsüberlegungen der Kommission konzentrierten sich im wesentlichen auf die beiden folgenden Modelle:

1416 **Das Steuerguthaben-Modell (Krebs, BB 1984 S. 1862 und GmbHR 1987 S. 156, Sarrazin, DStZ A 1986 S. 235)**

Bei diesem Modell träte an die Stelle der Eigenkapital-Gliederung mit den verschiedenen Teilbeträgen ein einziger Wert, nämlich das Körperschaftsteuer-Guthaben. Aus diesem Guthaben würde die Körperschaftsteuer-Minderung bei Gewinnausschüttungen an die Anteilseigner finanziert. Der tragende Gedanke dieses Anrechnungsverfahrens ohne Eigenkapital-Gliederung ist der, daß auf die heutigen Teilbeträge des verwendbaren Eigenkapitals, die letztlich nur Speicherstellen für das Körperschaftsteuer-Guthaben sind, zugunsten eines Direktausweises des Körperschaftsteuer-Guthabens verzichtet werden kann. Beim **geltenden** System läßt sich das Körperschaftsteuer-Guthaben nur **mittelbar** (über den Bestand des jeweiligen Teilbetrags) errechnen; bei dem vorgeschlagenen **neuen** System ergäbe sich das Körperschaftsteuer-Guthaben **unmittelbar** aus dem Speicherkonto. Dieses Speicherkonto „Körperschaftsteuer-Guthaben" würde jeweils mit der Körperschaftsteuer-Tarifbelastung aus der Veranlagung **aufgefüllt. Geleert** würde es insbesondere durch Gewinnausschüttungen und durch den Abzug der auf sonstige nichtabziehbare Ausgaben entfallenden Körperschaftsteuer-Belastung. Im Vergleich zum geltenden System der Eigenkapital-Gliederung würde das Steuerguthaben-Modell die **gesonderte Feststellung i.S.d. § 47 KStG auf das Körperschaftsteuer-Guthaben** reduzieren.

1417 **Das Modell einer vereinfachten Gliederungsrechnung (Maas, BB 1985 S. 45; Herzig, GmbHR 1985 S. 37; Jost, Beilage 3/86 zu DB 5/86; Dötsch, DB 1987 S. 1858)**

Dieses Modell geht davon aus, daß sich die Gliederungsrechnung bewährt hat und daher beibehalten werden soll. Durch gezielte Gesetzesänderungen sollen die Vereinfachungen, die das Steuerguthaben-Modell im Vergleich zum geltenden Recht bringen würde, ebenso innerhalb der Eigenkapital-Gliederung erreicht werden. Folgende Änderungen sollten eintreten:

a) Ermäßigt mit Körperschaftsteuer belastete Zugänge zum verwendbaren Eigenkapital aus dem Einkommen sollen unabhängig von der Höhe der Tarifbelastung stets auf das **EK 45 und das EK 0** aufgeteilt werden (sogenannte zweigleisiges Vollsplitting anstelle des heutigen dreigleisigen Aufteilungsverfahrens; Wegfall des EK 30).

b) Für das gesamte zu versteuernde Einkommen soll, wenn es ermäßigt mit Körperschaftsteuer belastet ist, nur noch **eine zusammengefaßte Aufteilungsrechnung** erfolgen (im geltenden Recht ist eine Vielzahl von Aufteilungsrechnungen nebeneinander möglich).

c) Die **Teilbeträge EK 01 bis EK 03** sollen zu **einem Teilbetrag** zusammengefaßt werden. Daraus ergeben sich zwei Folgeänderungen:

   aa) Nichtanrechnungsberechtigte Anteilseigner, denen bisher nur die auf das EK 01 und das EK 03 entfallende Körperschaftsteuer-Erhöhung nach § 52 KStG bzw. nach § 36e EStG

vergütet wird, sollen künftig auch die **Vergütung des Körperschaftsteuer-Erhöhungs-** 1417
betrags hinsichtlich des EK 02 erhalten. Dabei wird unterstellt, daß auch hinsichtlich
des EK 01 die Ausschüttungsbelastung herzustellen ist. Dies ist ab 1994 jedoch nicht
mehr der Fall (vgl. RZ 1218 ff)

bb) Die **30%-ige Pauschsteuer nach § 5 KapErhStG** könnte, da das EK 03 nicht mehr gesondert ausgewiesen wurde, nicht mehr erhoben werden. Nach geltendem Recht fällt die Pauschsteuer an, wenn eine Körperschaft zunächst unter Umwandlung von Altrücklagen (EK 03) ihr Nennkapital erhöht und anschließend innerhalb von fünf Jahren das Nennkapital unter Rückzahlung an die Anteilseigner wieder herabsetzt. Künftig bliebe das in Nennkapital umgewandelte EK 03 weiterhin Bestandteil des verwendbaren Eigenkapitals. Eine spätere Auskehrung des zuvor umgewandelten EK 03 i.R. der Kapitalherabsetzung wäre beim Anteilseigner „normaler" Kapitalertrag und würde damit im Regelfall höher als nach geltendem Recht besteuert.

Der Vergleich der Modelle; die Entscheidung für das Modell einer vereinfachten Gliede- 1418
rungsrechnung

Nach einer mehrjährigen Diskussion entschieden sich die obersten Finanzbehörden von Bund und Ländern, den gesetzgebenden Körperschaften einen Gesetzes-Entwurf auf der Grundlage der **vereinfachten Gliederungsrechnung** vorzulegen (vgl. Editorial in DB Heft 33/1988).

Ausschlaggebend für diese Entscheidung war insbesondere, daß eine vereinfachte Gliederungsrechnung einen nahezu identischen Grad an technischer Vereinfachung bei übereinstimmenden materiellen Wirkungen wie das sogenannte Steuerguthabenmodell bringt, ohne daß der gesamten Praxis eine erneute Umstellung auf ein völlig anderes Berechnungsmodell zugemutet werden muß.

Eines muß nämlich ganz klar gesehen werden: Das, was das von Krebs (a.a.O.) vorgestellte Steuerguthaben-Modell einfacher macht als das geltende Gliederungsverfahren, ist ohne Ausnahme nicht an dieses Modell gebunden, sondern läßt sich ebenso im System der Eigenkapitalgliederung verwirklichen. Das gilt – wie Maas (a.a.O.) zutreffend erkannt hat – für den Verzicht auf das EK 30 (Aufteilung künftig zwischen EK 45 und EK 0 und Durchführung nur einer zusammengefaßten Aufteilungsrechnung) ebenso wie für eine Neugestaltung des Verlustrücktrags sowie für den Verzicht auf die Abstimmung zwischen Eigenkapitalgliederung und Steuerbilanz. Auch eine evtl. Neugestaltung der Verfahrensvorschrift des § 47 KStG sowie die Frage, ob für die sonstigen nichtabziehbaren Ausgaben eine Belastungsveränderung im Vergleich zur heutigen Rechtslage angestrebt werden soll, müssen unabhängig von dem Modell der Vereinfachung gelöst werden.

Wie **statistische Auswertungen** beweisen, machen diejenigen Sachverhalte, die das Körper- 1419
schaftsteuer-Veranlagungs- und das Gliederungsverfahren so kompliziert gestalten (insbesondere Fälle mit ausländischen Einkünften oder Berlineinkünften, schwierige Aufteilungs- sowie Organschaftsfälle), zusammen allenfalls **1 v. H. aller Fälle** aus. M. a. W.: Die weitaus meisten Regelungen werden für äußerst selten vorkommende Sachverhalte benötigt; und diese Sachverhalte kommen in aller Regel nur bei solchen Körperschaften praktisch vor, die wegen ihrer ausgezeichneten Steuerabteilungen sehr gut mit den auftretenden Problemen fertig werden.

In dem Modell einer vereinfachten Gliederungsrechnung lassen sich mit einem geringen gesetzgeberischen Aufwand die Probleme genau da (punktuell) regeln, wo sie wirklich liegen. Damit in den 1 v. H. aller Fallgestaltungen, die heute Schwierigkeiten bereiten, eine wirksame Vereinfachung eintritt, muß nicht – anders als beim Steuerguthaben-Modell – 100 v. H. aller Körperschaften ein grundlegendes Umlernen auf ein anderes Modell zugemutet werden.

Der Referentenentwurf eines KSt-VereinfG; die Vertagung der geplanten Vereinfachung 1420
Mit Schreiben vom 20. 10. und 18. 11. 1988 legte das BMF den interessierten Fachkreisen und Verbänden den mit den obersten Finanzbehörden der Länder abgestimmten Referenten-Entwurf eines KSt-VereinfG vor (vgl. dazu Dötsch, DB 1988 S. 2426). Entsprechend den Ausführungen

1420 in dem allgemeinen Teil der amtlichen Begründung des StRefG 1990 (BT-Drs. 11/2157 S. 119) war geplant, daß das KSt-VereinfG zeitgleich mit den wichtigsten Regelungen des StRefG 1990, also zum 1. 1. 1990 in Kraft treten sollte.

Der vom BMF vorgelegte Referenten-Entwurf wurde aber, nachdem die Verbände ein stärkeres Interesse an materiellen Verbesserungen als an „bloßen" technischen Vereinfachungen zeigten, im Januar 1989 überraschend zurückgezogen (vgl. Editorial in DB-Heft 4/1989).

1421 Der Vorschlag im Rahmen des StandOG zur Vereinfachung der Gliederungsrechnung

Im Gesetzesbeschluß des Deutschen Bundestages zum Standortsicherungsgesetz war folgende Vereinfachung der Gliederungsrechnung vorgesehen (vgl. wegen der Einzelheiten BT-Drucksache 12/5016, Einzelbegründung zu Artikel 2 Nummer 9 (§ 30 KStG), S. 99 f):

– **Zusammenfassung der bisherigen Teilbeträge EK 01 und EK 02** zu einem nicht mit Körperschaftsteuer belasteten Teilbetrag EK 0, der ohne Körperschaftsteuer-Erhöhung ausgeschüttet werden sollte.

– **Zusammenfassung der bisherigen Teilbeträge EK 03 und EK 04** zu einem weiteren nicht belasteten Teilbetrag EK 04, der wie der bisherige Teilbetrag EK 04 behandelt werden sollte.

Im Rahmen des Vermittlungsverfahrens zum StandOG wurde die Vereinfachung gestrichen, weil sie mit der umstrittenen Regelung zur Anrechnung ausländischer Steuern gekoppelt wurde (vgl. Editorial in DB-Heft 26/27/1993 sowie Cattelaens, StuW 1993 S. 249).

Nach der Empfehlung des Vermittlungsausschusses zum StandOG soll eine Vereinfachung der Gliederungsrechnung weiter angestrebt werden.

1422–1424 frei

8. Zuordnung der bei der Einkommensermittlung nichtabziehbaren Ausgaben (§ 31 KStG, Abschnitt 84 KStR)

Ausgewählte Literaturhinweise:

Wischet, Zweifelsfragen zu § 31 KStG 1977, DB 1977 S. 1286; ders., Sind Körperschaftsteuer-Nachzahlungen für 1976 bei der Ermittlung des Einkommens 1977 als nichtabziehbare Aufwendungen i.S.d. § 10 Nr. 2 KStG zu behandeln?, DB 1977 S. 2245; **Kläschen**, Das KStG und die KStR 1977 – Eine Gesamtdarstellung, DStZA 1979 S. 379; **Maas**, Körperschaftsteuer-Reform und Bilanzierungswahlrecht für Nachzahlungen von Betriebsteuern aufgrund einer Außenprüfung, BB 1979 S. 1657; **Haase**, Zur Körperschaftsteuer-Belastung nichtabziehbarer Ausgaben, BB 1981 S. 2063; **Ring**, Behandlung der Vermögensabgabe bei der Körperschaftsteuer vor und nach der Körperschaftsteuer-Reform, Inf. 1978 S. 174; **Kantenwein**, Ist in der Bilanz eine zusätzliche Steuerverbindlichkeit bzw. -rückstellung auszuweisen, wenn im Fall des § 31 Abs. 2 Nr. 3 KStG nichtabziehbare Ausgaben in der Eigenkapitalgliederung vorzutragen sind?, FR 1978 S. 336; **Garber**, Die Steuerbelastung der nichtabziehbaren Betriebsausgaben und der verdeckten Gewinnausschüttungen aus der Sicht des ausländischen Investors, BB 1977 S. 537; **Herzig**, Verluste im körperschaftsteuerlichen Anrechnungsverfahren, StbJb 1982/83 S. 141; **Siegel**, Belastungswirkungen und Bruttoertragsbedarf bei nichtabziehbaren Betriebsausgaben, BB 1983 S. 2170; **Dötsch**, Die Änderungen des KStG, des GewStG und des UmwStG durch das Steuerbereinigungsgesetz 1985, DB 1985, S. 11; **Breithecker**, Überlegungen zur Definitiv-Körperschaftsteuer, DB 1985 S. 2109; **Institut Finanzen und Steuern (Verf. Piltz)**, Vorschlag zur Verbesserung der Behandlung der nichtabziehbaren Ausgaben im KStG 1977, Grüner Brief Nr. 263; **Herzig**, Nachversteuerung nichtabziehbarer Ausgaben und Organschaft, DStR 1987 S. 671; **Siegel**, Die systemgerechte körperschaftsteuerliche Behandlung nichtabziehbarer Ausgaben, BB 1988 S. 1013; **Bareis**, Überlegungen zur Körperschaftsteuer-Reform 1990, GmbHR 1988 S. 312; **Singbartl/Dötsch/Hundt**, Die Änderungen des KStG durch das StRefG 1990 (II), DB 1988 S. 1819; **Cattelaens**, Änderungen des Körperschaftsteuergesetzes durch das Gesetz zur Umsetzung des Föderalen Konsolidierungsprogramms und das Standortsicherungsgesetz; Wpg 1993 S. 557; ders., Änderungen des Körperschaftsteuerrechts, insbesondere durch das Mißbrauchsbekämpfungs- und Steuerbereinigungsgesetz, Wpg 1994 S. 41.

8.1 Bedeutung der Vorschrift

§ 31 KStG regelt, wie die verschiedenen Arten von **nichtabziehbaren Ausgaben,** die das verwendbare Eigenkapital verringern, in der Gliederungsrechnung zuzuordnen sind. Bevor wir uns mit der Vorschrift im einzelnen befassen, soll zunächst der scheinbare Widerspruch „Zuordnung" (= Abzug) der „nichtabziehbaren Ausgaben" aufgeklärt werden. Die Auflösung ist einfach. „Zuordnung" bezieht sich auf die Gliederungsrechnung, „nichtabziehbare Ausgaben" auf die Einkommensermittlung.

1425

Nichtabziehbare Ausgaben sind z. B. die **Körperschaftsteuer,** die **Vermögensteuer und** die **anderen Personensteuern.** Auch die **Nebenleistungen auf diese Steuern** sind nichtabziehbar, **ausgenommen** allerdings die Zinsen auf Steuerforderungen nach den §§ 233a, 234 und 237 AO (vgl. den durch das StRefG 1990 geänderten § 10 Nr. 2 KStG). Weitere nichtabziehbare Ausgaben sind die Ausgaben i. S. d. § 4 Abs. 5 Nr. 1 bis 4, 7 und 8 und Abs. 7, §§ 4c und 4d EStG, § 160 AO, § 10 Nr. 3 u. 4 KStG. Die genannten Ausgaben haben in der **Handels- bzw. Steuerbilanz** das Eigenkapital verringert. Bei der Ermittlung des **zu versteuernden Einkommens** der Körperschaft sind sie wieder hinzuzurechnen, d. h. die unzulässige Gewinnminderung ist rückgängig zu machen.

1426

Da bei der **Gliederung des verwendbaren Eigenkapitals** die Zugänge grundsätzlich aus dem Einkommen abzuleiten sind, wird in der Gliederungsrechnung automatisch ein zunächst um die nichtabziehbaren Ausgaben zu hoher Eigenkapitalzugang erfaßt. Dieser zu hohe Eigenkapitalzugang ist an die Handels- oder Steuerbilanz anzupassen, indem die (bei der Einkommensermittlung) nichtabziehbaren Ausgaben nach der Einkommenszurechnung wieder vom verwendbaren Eigenkapital abgezogen werden.

1427

Dadurch, daß § 31 KStG die Zuordnung der verschiedenen Arten von nichtabziehbaren Ausgaben zu den einzelnen Teilbeträgen des verwendbaren Eigenkapitals bindend vorschreibt, legt er gleichzeitig definitiv die Höhe von deren Körperschaftsteuer-Belastung fest. Durch den gliederungsmäßigen Abzug der nichtabziehbaren Ausgaben, z. B. vom EK 45, entsteht grundsätzlich keine neue (zusätzliche) Körperschaftsteuer-Belastung. Vielmehr wird dadurch sichergestellt, daß eine in einem früheren, im laufenden oder in einem späteren Veranlagungszeitraum in der Veranlagung entstandene Körperschaftsteuer endgültig wird, d.h. nicht mehr für die Anrechnung beim Anteilseigner zur Verfügung steht. Diese Grundidee ist jedoch weder im Gesetz noch in den Richtlinien konsequent durchgehalten worden. So ergibt sich z.B. eine Belastungsveränderung, wenn das Einkommen (wegen Steuerermäßigungen) nur mit 40 v.H. Körperschaftsteuer belastet ist, die darin enthaltene Vermögensteuer jedoch vom EK 50 abgezogen werden muß (vgl. nachstehend RZ 1434 ff).

1428

§ 31 KStG unterscheidet zwischen folgenden **Arten von nichtabziehbaren Ausgaben:**

1429

Nichtabziehbare Ausgaben für nach dem 31. 12. 1976 abgelaufene Wirtschaftsjahre				Nichtabziehbare Ausgaben für vor dem 1. 1. 1977 abgelaufene Wirtschaftsjahre (§ 31 Abs. 3 KStG)
Körperschaft-steuer-Erhöhung (§ 31 Abs. 1 Nr. 1 KStG) abzuziehen von dem Teilbetrag, auf den sie entfällt	**tarifliche Körperschaftsteuer** (§ 31 Abs. 1 Nr. 2 KStG)	**ausländische Steuern** (§ 31 Abs. 1 Nr. 3 KStG)	**sonstige nicht-abziehbare Ausgaben** (§ 31 Abs. 1 Nr. 4 KStG)	
	abzuziehen von dem ihr unterliegenden **Einkommensteil** bzw. von den ihr unterliegenden **Einkünften**		Abzug vorrangig vom EK 45	Abzug vom EK 03
Abzug bezieht sich auf den **Teilbetrag** in seiner Gesamtheit			Abzug bezieht sich auf den **Teilbetrag** in seiner Gesamtheit	

8.2 Zuordnung des Körperschaftsteuer-Erhöhungsbetrages (§ 31 Abs. 1 Nr. 1 KStG)

1430 Nach § 31 Abs. 1 Nr. 1 KStG, der in engem Zusammenhang mit § 28 Abs. 6 Satz 2 KStG steht, ist die Körperschaftsteuer-Erhöhung im Wirtschaftsjahr der Ausschüttung von dem Teilbetrag des verwendbaren Eigenkapitals abzuziehen, auf den sie entfällt. Für den Abzug in Betracht kommen die Teilbeträge des EK 02 und 03 (bis 1993: EK 01 bis 03); beim EK 01 (ab 1994) und beim EK 04 ist gemäß § 40 Satz 1 Nrn. 1 und 2 KStG eine Körperschaftsteuer-Erhöhung nicht vorzunehmen.

1431 Nach § 28 Abs. 6 Satz 2 KStG ist im Falle der **Körperschaftsteuer-Erhöhung** ein Teilbetrag des verwendbaren Eigenkapitals höchstens für die Ausschüttung verwendbar, soweit er den nach § 31 Abs. 1 Nr. 1 KStG von ihm abzuziehenden Erhöhungsbetrag übersteigt, d.h. für den Körperschaftsteuer-Erhöhungsbetrag ist verwendbares Eigenkapital zurückzubehalten.

Beispiel:

		EK 02–03
Anfangsbestand		300 000 DM
Ausschüttung für das Vorjahr	70 000 DM	
Dafür gilt das EK 02 oder EK 03 als verwendet in Höhe von	– 70 000 DM	– 70 000 DM
	0 DM	
Zusätzlich verringert sich das EK 02 bzw. EK 03 um die Körperschaftsteuer-Erhöhung ($^{30}/_{70} = ^{3}/_{7}$ von 70 000 DM)		– 30 000 DM
		200 000 DM

Diese Zuordnung des Körperschaftsteuer-Erhöhungsbetrages soll sicherstellen, daß der Erhöhungsbetrag auch aus den nichtbelasteten Teilbeträgen stammt. So wird die Belastung des Körperschaftsteuer-Erhöhungsbetrags mit anderer Körperschaftsteuer vermieden. Die Körperschaftsteuer-Erhöhung kann grundsätzlich nicht zu einem negativen Teilbetrag führen (Ausnahmen: § 28 Abs. 7, § 35 KStG).

8.3 Zuordnung der tariflichen Körperschaftsteuer (§ 31 Abs. 1 Nr. 2 KStG)

1432 Nach § 31 Abs. 1 Nr. 2 KStG ist die tarifliche Körperschaftsteuer von dem Einkommensteil abzuziehen, der ihr unterliegt. § 31 Abs. 1 Nr. 2 KStG spricht den einzelnen ermäßigt besteuerten Einkommensteil an und nicht – wie § 31 Abs. 1 Nr. 1 KStG – den Teilbetrag des verwendbaren Eigenkapitals schlechthin. Da die Körperschaftsteuer nicht höher als der ihr unterliegende Einkommensteil sein kann, kann durch die Zuordnung nach § 31 Abs. 1 Nr. 2 KStG ein negativer Teilbetrag nicht entstehen; eine Schattenwirkung wird vermieden.

Seit der Änderung des § 31 KStG durch das Steuerbereinigungsgesetz 1985 ist klargestellt, daß § 31 Abs. 1 Nr. 2 KStG die gliederungsmäßige Zuordnung jeder tariflichen Körperschaftsteuer regelt, unabhängig davon, ob es sich um die ungemilderte (45 %-ige) oder eine ermäßigte Körperschaftsteuer handelt.

Beispiel:

Eine Kapitalgesellschaft hat ein Einkommen von 100 000 DM zu versteuern, das folgenden Steuersätzen unterliegt:

	Körperschaftsteuer
Inländische Einkommensteile 70 000 DM zu 45 v. H.	31 500 DM
Ausländische Einkünfte i. S. des § 26 Abs. 6 Satz 4 EStG i. V. mit § 34 Abs. 4 EStG 30 000 DM zu 22,5 v. H.	6 750 DM
	38 250 DM

Nichtabziehbare Ausgaben außer der Körperschaftsteuer sind im Einkommen nicht enthalten.

Gliederungsmäßige Behandlung:	DM	EK 45 DM	EK 30 DM	EK 01 DM
a) **Mit 45 v. H. besteuerte Einkünfte**	70 000			
Körperschaftsteuer 45 v. H. (§ 31 Abs. 1 Nr. 2 KStG)	− 31 500			
Zugang zum EK 45	38 500	38 500		
b) **Mit 22,5 v. H. besteuerte ausländische Einkünfte**	30 000			
Körperschaftsteuer 22,5 v. H. (§ 31 Abs. 1 Nr. 2 KStG)	− 6 750			
Nach § 32 Abs. 2 Nr. 1 KStG aufzuteilender Eigenkapitalzugang	23 250			
Davon Zugang zum EK 30 6 750 DM x $^{7}/_{3}$	− 15 750		+ 15 750	
Restbetrag = Zugang zum EK 01	7 500			+ 7 500

8.4 Zuordnung ausländischer Steuern (§ 31 Abs. 1 Nr. 3 KStG)

Da das deutsche Steuerrecht unterschiedliche Formen der steuerlichen Behandlung ausländischer Einkünfte kennt, gibt es auch in der Gliederungsrechnung entsprechend unterschiedliche Methoden der Zuordnung von Vermögensvermehrungen oder -minderungen aus ausländischen Einkünften sowie der damit zusammenhängenden ausländischen Steuern.

Vgl. dazu im einzelnen nachstehend unter RZ 1640 ff.

8.5 Zuordnung der sonstigen nichtabziehbaren Ausgaben (§ 31 Abs. 1 Nr. 4 KStG)

8.5.1 Vorrangiger Abzug vom ungemildert belasteten Teilbetrag

Nach § 31 Abs. 1 Nr. 4 KStG in der bis 1989 geltenden Fassung sind in den nach dem 31. 12. 1976 und **vor dem 1. 1. 1990 endenden Wirtschaftsjahren** die sonstigen nichtabziehbaren Ausgaben von den Einkommensteilen **abzuziehen,** die nach dem 31. 12. 1976 ungemildert mit 56 v. H. der Körperschaftsteuer unterlegen haben **(EK 56).**

Durch das **StRefG 1990** ist der **Körperschaftsteuer-Satz** mit Wirkung ab dem Veranlagungszeitraum 1990 von 56 v.H. **auf 50 v.H. gesenkt** worden. Dementsprechend sind in der Gliederungsrechnung – bis 1993 – die diesem Steuersatz unterliegenden Einkommensteile in dem neuen Teilbetrag EK 50 auszuweisen.

Für eine **Übergangszeit** bis zum 31. 12. 1994 ist in der Gliederungsrechnung neben diesem neuen Teilbetrag zusätzlich der bisherige Teilbetrag EK 56 auszuweisen, falls er positiv ist (§ 54 Abs. 11 KStG). Bei der Eigenkapitalgliederung zum Schluß des letzten vor dem 1. 1. 1995 abgelaufenen Wirtschaftsjahres ist ein dann noch vorhandener Restbetrag beim EK 56 nach den Rechenformeln lt. § 54 Abs. 11 KStG in das EK 50 und in das EK 02 zwangsumzugliedern. Ein **negatives EK 56** ist bereits zum Schluß des letzten vor dem 1. 1. 1991 abgelaufenen Wirtschaftsjahrs zum Nominalbetrag in den neuen Teilbetrag EK 50 umzugliedern. Siehe dazu im einzelnen bei vorstehender RZ 1374 ff.

Nach § 31 Abs. 1 Nr. 4 KStG in der von 1990 bis 1993 geltenden Fassung sind in den **nach dem 31. 12. 1989 und vor dem 1. 1. 1994 endenden Wirtschaftsjahren** die sonstigen **nichtabziehbaren Ausgaben** von den Einkommensteilen **abzuziehen,** die nach dem 31 .12. 1990 ungemildert mit 50 v. H. der Körperschaftsteuer unterlegen haben **(EK 50).** Das gilt auch für die fünf-

1436 jährige Übergangszeit, in der die Eigenkapitalgliederung daneben noch ein positives EK 56 ausweist. Würden diese nichtabziehbaren Ausgaben, die in der Veranlagung mit 50 v.H. der Körperschaftsteuer unterliegen, in der Eigenkapitalgliederung vom EK 56 abgezogen, würde die Gliederungsrechnung die in der Veranlagung eingetretene Körperschaftsteuer-Belastung von 50 v.H. auf 56 v.H. erhöhen.

1437 Durch das **StandOG** ist der **Körperschaftsteuer-Satz** mit Wirkung ab dem Veranlagungszeitraum 1994 von 50 v.H. **auf 45 v.H. gesenkt** worden. Dementsprechend sind in der Gliederungsrechnung künftig die diesem Steuersatz unterliegenden Einkommensteile in dem neuen Teilbetrag EK 45 auszuweisen.

Für eine **Übergangszeit** bis zum 31. 12. 1998 ist in der Gliederungsrechnung neben diesem neuen Teilbetrag zusätzlich der bisherige Teilbetrag EK 50 auszuweisen, falls er positiv ist (§ 54 Abs. 11a KStG). Bei der Eigenkapitalgliederung zum Schluß des letzten vor dem 1. 1. 1999 abgelaufenen Wirtschaftsjahres ist ein dann noch vorhandener Restbetrag beim EK 50 nach den Rechenformeln lt. § 54 Abs. 11a KStG in das EK 45 und in das EK 02 zwangsumzugliedern. Ein **negatives EK 50** ist bereits zum Schluß des letzten vor dem 1. 1. 1995 abgelaufenen Wirtschaftsjahrs zum Nominalbetrag in den neuen Teilbetrag EK 50 umzugliedern. Siehe dazu im einzelnen bei vorstehender RZ 1377.

1438 Nach § 31 Abs. 1 Nr. 4 KStG in der ab 1994 geltenden Fassung sind in den **nach dem 31. 12. 1993 endenden Wirtschaftsjahren die sonstigen nichtabziehbaren Ausgaben** von den Einkommensteilen abzuziehen, die nach dem 31. 12. 1993 ungemildert mit 45 v. H. der Körperschaftsteuer unterlegen haben **(EK 45)**. Das gilt auch für die jeweils fünfjährige Übergangszeit, in der die Eigenkapitalgliederung daneben noch ein positives EK 56 oder ein positives EK 50 ausweist. Würden diese nichtabziehbaren Ausgaben, die in der Veranlagung mit 45 v. H. der Körperschaftsteuer unterliegen, in der Eigenkapitalgliederung vom EK 56 oder EK 50 abgezogen, würde die Gliederungsrechnung die in der Veranlagung eingetretene Körperschaftsteuer-Belastung von 45 v. H. auf 56 v. H. bzw. 50 v. H. erhöhen.

1439 **Nach dem Verbrauch des EK 56 bzw. EK 50** sind die nichtabziehbaren Ausgaben **bis 1993 vom EK 36 abzuziehen** (vgl. dazu nachstehende RZ 1451 f). **Reicht** auch das **EK 36** nicht für den Abzug aus, ist gem. § 31 Abs. 2 Satz 2 KStG ein **vorläufiger Negativbetrag beim EK 56** (bis 1989) **bzw. beim EK 50** (von 1990 bis 1993) zu bilden. Selbst im letzteren Fall ist ein eventuell vorhandenes positives EK 56 unberührt zu lassen.

1440 **Ab 1994** sind **nach dem Verbrauch des EK 45** die nichtabziehbaren Ausgaben **vom EK 30 abzuziehen** (vgl. dazu nachstehende RZ 1451 f). **Reicht** auch das **EK 30** nicht für den Abzug aus, ist gem. § 31 Abs. 2 Satz 2 KStG ein **vorläufiger Negativbetrag beim EK 45** zu bilden. Selbst in diesem Fall ist ein eventuell vorhandenes positives EK 56 oder EK 50 unberührt zu lassen.

1441 Für Nachzahlungen nichtabziehbarer Ausgaben für vor dem 1. 1. 1990 bzw. nach dem 31. 12. 1989 beginnenden und vor dem 1. 1. 1994 endenden Wirtschaftsjahren sieht weder das StRefG 1990 noch das StandOG eine Übergangsregelung, wie sie in § 31 Abs. 3 KStG für den Systemwechsel zum 1. 1. 1977 enthalten war (vgl. dazu RZ 1460), vor. Solche Nachzahlungen führen dann, wenn die Vorjahresveranlagungen und -bilanzen geändert werden, über eine ebenfalls geänderte Vorjahres-Gliederungsrechnung zum Abzug der Nachzahlung vom EK 56 (bis 1989) bzw. EK 50 (von 1990 bis 1993). Können hingegen die Vorjahresveranlagungen und -bilanzen nicht geändert werden, wickelt sich die Nachzahlung in der Steuerbilanz und Einkommensermittlung der Veranlagungszeiträume nach 1989 bzw. 1993 ab. Dies ist die für die Körperschaften günstigere Lösung, weil die nachgezahlte nichtabziehbare Ausgabe dann vom EK 50 (von 1990 bis 1993) bzw. vom EK 45 (ab 1994) abzuziehen ist und damit auch nur mit 50 v. H. bzw. 45 v. H. statt mit 56 v. H. oder 50 v. H. belastet wird.

Wegen der gliederungsmäßigen Behandlung der Erstattung nichtabziehbarer Ausgaben in den Jahren ab 1990 bis 1993 für Jahre bis 1989 bzw. in den Jahren ab 1994 für die Jahre bis 1989 bzw. für die Jahre von 1990 bis 1993 siehe nachstehende RZ 1451 ff.

Häufig Belastungsveränderung durch die gliederungsmäßige Zuordnung der sonstigen nichtabziehbaren Ausgaben

1442

Die Vorschrift des § 31 Abs. 1 Nr. 4 KStG bezieht sich nicht – wie § 31 Abs. 1 Nr. 2 und 3 KStG – auf den Einkommensteil des Veranlagungszeitraums, in dem die Ausgaben bei der Einkommensermittlung berücksichtigt worden sind, sondern – wie die Nr. 1 des § 31 Abs. 1 KStG – auf den **Teilbetrag** des EK 45 (bis 1989: EK 56; von 1990 bis 1993: EK 50) in seiner Gesamtheit. Entsprechendes gilt, wenn die sonstigen nichtabziehbaren Ausgaben nach § 31 Abs. 2 Satz 1 KStG vom Teilbetrag EK 30 (bis 1993: EK 36) abzuziehen sind.

Während die in § 31 Abs. 1 Nr. 1 und 2 sowie im Regelfall auch die in § 31 Abs. 1 Nr. 3 KStG genannten nichtabziehbaren Ausgaben so zugeordnet werden, daß sich durch die Gliederungsrechnung die Tarifbelastung nicht verändert, die diese nichtabziehbaren Ausgaben lt. Körperschaftsteuer-Veranlagung tragen, verläßt das Gesetz bei den sonstigen nichtabziehbaren Ausgaben i. S. d. § 31 Abs. 1 Nr. 4 KStG diesen Grundsatz. Die sonstigen nichtabziehbaren Ausgaben i. S. d. § 31 Abs. 1 Nr. 4 KStG werden – unabhängig von ihrer tatsächlichen Tarifbelastung – vorrangig vom EK 45 (bis 1989: EK 56; von 1990 bis 1993: EK 50) abgezogen. Beträgt z.B. aufgrund tariflicher Ermäßigungen die Belastung des zu versteuernden Einkommens in der Veranlagung nur 40 v. H., dann ist auch eine darin enthaltene Vermögensteuer nur mit 40 v. H. Körperschaftsteuer belastet.

Dadurch, daß diese Vermögensteuer in der Eigenkapitalgliederung aber vom EK 45 (bis 1989: EK 56; von 1990 bis 1993: EK 50) abgezogen wird, ergibt sich durch die Gliederungsrechnung eine Belastungserhöhung auf 45 v. H. (bis 1989: 56 v. H.; von 1990 bis 1993: 50 v. H.).

1443

Damit die sonstigen nichtabziehbaren Ausgaben auch bei ermäßigter Besteuerung des Einkommens mit 45 v. H. Körperschaftsteuer (bis 1989: 56 v. H.; von 1990 bis 1993: 50 v. H.)belastet werden, sind sie erst nach der Aufteilungsrechnung nach § 32 Abs. 2 KStG abzuziehen (vgl. Abschnitt 88 Satz 3 KStR).

Diese gliederungsmäßige Behandlung der sonstigen nichtabziehbaren Ausgaben ergibt sich nach Auffassung der Finanzverwaltung zwingend aus § 31 Abs. 1 Nr. 4 i. V. m. § 32 Abs. 4 KStG; die letztgenannte Vorschrift hätte bei anderer Auslegung keinen Sinn. Die Auslegung durch die Finanzverwaltung wird in der Fachliteratur und in der Wirtschaft heftig angegriffen. Vgl. z.B. Felix/Streck (§ 31 Anm. 9), Müller-Dott in Flick/Wassermeyer/Becker (Kommentar zum ASt-Recht, Anm. 183 ff zu § 26 KStG), Gail/Goutier/Grützner (Anm. 7 und 52 zu § 31), Kläschen (DStZ A 1979 S. 379, 382). Nach der Gegenmeinung darf sich aus der Gliederungsrechnung generell keine Belastungsveränderung im Vergleich zur Veranlagung ergeben.

8.5.2 Sonstige nichtabziehbare Ausgaben im Sinne des § 31 Abs. 1 Nr. 4 KStG

Von dem Teilbetrag des EK 45 (bis 1989: EK 56; von 1990 bis 1993: EK 50) werden sämtliche nichtabziehbaren Ausgaben, soweit sie nicht bereits in § 31 Abs. 1 Nr. 1 bis 3 KStG genannt sind, abgezogen. Dadurch wird erreicht, daß die Körperschaftsteuer-Belastung auf diese nichtabziehbaren Ausgaben definitiv wird.

1444

Nichtabziehbare Ausgaben i. S. d. § 31 Abs. 1 Nr. 4 KStG sind insbesondere die Vermögensteuer, die Hälfte der Aufsichtsratsvergütungen (§ 10 Nr. 4 KStG), die nichtabziehbaren Spenden, die Schmiergelder (§ 160 AO), die nach § 4 Abs. 5 Nr. 1 bis 4, 7 und 8 und Abs. 7 EStG, §§ 4c und 4d EStG sowie die nach § 10 Nr. 3 KStG nichtabziehbaren Betriebsausgaben.

Wegen der Behandlung der **Umsatzsteuer auf den Eigenverbrauch** siehe vorstehend unter RZ 341 ff und unter RZ 507 ff.

Zu den sonstigen nichtabziehbaren Ausgaben i. S. d. § 31 Abs. 1 Nr. 4 KStG gehören nicht (vgl. Abschnitt 84 Abs. 3 KStR):

1445

- **Ausgaben, deren Abzug wegen des unmittelbaren wirtschaftlichen Zusammenhangs mit steuerfreien Einnahmen nach § 3c EStG ausgeschlossen ist.** Sie sind entsprechend

1445 ihrem wirtschaftlichen Zusammenhang bei der Ermittlung der steuerfreien Vermögensmehrungen vom **EK 02** abzuziehen;

– **Ausgaben, die in unmittelbarem wirtschaftlichen Zusammenhang mit Kapitalerträgen i.S.d. § 43 Abs. 1 Nr. 5 EStG stehen, welche einer Kapitalertragsteuer von 30 v.H. unterlegen haben und bei der Veranlagung nicht erfaßt werden (§ 50 Abs. 1 Nr. 3 KStG).** Die mit diesen Kapitalerträgen zusammenhängenden Ausgaben sind bei der Ermittlung des Eigenkapitalzugangs aus den mit 30 v.H. besteuerten Kapitalerträgen so abzuziehen, daß sich ihre Belastung mit Körperschaftsteuer nicht verändert (vgl. das Beispiel in Abschnitt 88a Abs. 1 Nr. 4 KStR).

1446 Es ist zu beachten, daß eine Körperschaft, die Organträger i.S.d. § 14 KStG ist, bei der Ermittlung des Eigenkapitalzugangs neben ihren eigenen auch die ihr nach § 36 KStG zuzurechnenden entsprechenden nichtabziehbaren Ausgaben der Organgesellschaft(en) abziehen muß. Ebenso hat eine Körperschaft, die unmittelbar oder mittelbar an einer Personengemeinschaft beteiligt ist, in ihrer Gliederungsrechnung neben ihren eigenen nichtabziehbaren Ausgaben die entsprechenden, in den außerhalb der Steuerbilanz hinzuzurechnenden Einkommensbeträgen enthaltenen nichtabziehbaren Ausgaben aus der Beteiligung anzusetzen.

8.5.3 Abzug der tariflichen Körperschaftsteuer und der sonstigen nichtabziehbaren Ausgaben auf unterschiedlichen Rechenstufen

1447 Durch den generellen Abzug der sonstigen nichtabziehbaren Ausgaben vom EK 45 (bis 1989: vom EK 56; von 1990 bis 1993: vom EK 50) werden diese in Höhe von 45/55 = 9/11 = 81,82 v.H. (bis 1989: in Höhe von 56/44 = 14/11 = 127,27 v.H.; von 1990 bis 1993: in Höhe von 50/50 = 1/1 = 100 v.H.) mit Körperschaftsteuer belastet.

1448 Um eine Vermögensteuer von 100 DM zahlen zu können, muß die Körperschaft zusätzlich folgende Körperschaftsteuer bzw. folgenden Gewinn vor Körperschaftsteuer erwirtschaften:

Teilbetrag	Körperschaftsteuer	Gewinn vor Körperschaftsteuer
EK 45	81,82 DM	181,82 DM
EK 50	100,00 DM	200,00 DM
EK 56	127,27 DM	227,27 DM

1449 **Rechengang, wenn sich die Körperschaftsteuer nicht ermäßigt**

Beispiel:

Zu versteuerndes Einkommen	100 000 DM
– Körperschaftsteuer 45 v. H.	– 45 000 DM
– Zugang zum EK 45 aus dem Einkommen	55 000 DM
– Sonstige nichtabziehbare Ausgaben i. S. des § 31 Abs. 1 Nr. 4 KStG (z. B. Vermögensteuer)	– 10 000 DM
	45 000 DM

Das Beispiel zeigt, daß die Körperschaftsteuer und die sonstigen nichtabziehbaren Ausgaben auf **unterschiedlichen Rechenstufen** abgezogen werden. Die **Belastung** der sonstigen nichtabziehbaren Ausgaben mit Körperschaftsteuer **ändert sich** durch die gliederungsmäßige Zuordnung **nicht.** Dies beweist folgende Berechnung:

Bilanzgewinn	45 000 DM
+ Vermögensteuer	+ 10 000 DM
+ Körperschaftsteuer	+ 45 000 DM
	100 000 DM

F. Das körperschaftsteuerliche Anrechnungsverfahren

	Bilanzgewinn	Vermögensteuer
	45 000 DM	10 000 DM
Die Körperschaftsteuer lt. Veranlagung von 45 000 DM entfällt auf	36 818 DM	8 182 DM
entsprechender Einkommensteil	81 818 DM	18 182 DM
Körperschaftsteuer 45 v. H.	36 818 DM	8 182 DM

45 000 DM

1450

Rechengang, wenn sich die Körperschaftsteuer durch eine Tarifermäßigung oder einen besonderen Steuersatz ermäßigt

Beispiel:

		DM	EK 45 DM	EK 30 DM
Bilanzgewinn		45 900 DM		
+ Körperschaftsteuer		+ 44 100 DM		
+ Vermögensteuer		+ 10 000 DM		
= Zu versteuerndes Einkommen		100 000 DM	100 000	
Körperschaftsteuer 45 v. H.		45 000 DM		
– Tarifermäßigung		– 900 DM		
		44 100 DM	– 44 100	
Aufzuteilender Eigenkapitalzugang			55 900	
Vomhundertsatz der Tarifbelastung $\frac{44\,100 \times 100}{100\,000} = 44,1$ v. H.				
Zugang zum EK 30: 900 DM × $^{14}/_3$			4 200	+ 4 200
Restbetrag = Zugang zum EK 45			51 700	+ 51 700
– Sonstige nichtabziehbare Ausgaben i. S. des § 31 Abs. 1 Nr. 4 KStG			– 10 000	
			41 700	4 200

	Bilanzgewinn	Vermögensteuer
	45 900 DM	10 000 DM
Von der Körperschaftsteuer-Belastung **lt. Veranlagung** von 44 100 DM entfallen auf		
– den Bilanzgewinn (45 900 : 55 900)	36 211	
– die Vermögensteuer (10 000 : 55 900)		7 889 DM
Körperschaftsteuer auf die Vermögensteuer **lt. Eigenkapitalgliederung** ($^{45}/_{55}$ × 10 000 DM)		8 182 DM

Das Beispiel zeigt folgendes:
– Die **Körperschaftsteuer** wird **vor** der Aufteilung abgezogen. Dies hat zur Folge, daß sie bei der Ausschüttung voll durch die Steuer des Anteilseigners ersetzt wird. Ohne die vorherige Zuordnung der Körperschaftsteuer wäre die Aufteilung rechnerisch nicht lösbar.
– Die **sonstigen nichtabziehbaren Ausgaben** werden erst **nach** der Aufteilung abgezogen, und zwar vom EK 45. Sie werden auch dann vom EK 45 abgezogen und dadurch mit 45 v. H. Körperschaftsteuer belastet, wenn sie in der Veranlagung niedriger als mit 45 v. H. besteuert worden sind.

8.5.4 Übersteigende nichtabziehbare Ausgaben (§ 31 Abs. 2 KStG)

1451 Soweit das EK 45 (bis 1989: EK 56; von 1990 bis 1993: EK 50) für den Abzug der sonstigen nichtabziehbaren Ausgaben nach § 31 Abs. 1 Nr. 4 KStG nicht ausreicht, sind die nichtabziehbaren Ausgaben vom Teilbetrag EK 30 (bis 1993: EK 36) bis zu dessen Verbrauch abzuziehen.

Beispiel:

1. Sachverhalt:

Eine Kapitalgesellschaft hat aus dem Betrieb von Handelsschiffen im internationalen Verkehr einen Gewinn in Höhe von 500 000 DM erzielt. Nach § 34c Abs. 4 EStG gelten 80 v. H. dieses Gewinns als ausländische Einkünfte.

a) Ungemildert der Körperschaftsteuer unterliegender Einkommensteil
   (§ 23 Abs. 1, § 30 Abs. 1 Nr. 1 KStG) : 20 v. H. von 500 000 DM   100 000 DM
b) Ermäßigt mit 22,5 v. H. der Körperschaftsteuer unterliegende ausländische Einkünfte (§ 26 Abs. 6 Satz 4, § 30 Abs. 1 Nr. 2 KStG):
   80 v. H. von 500 000 DM   400 000 DM
c) Sonstige nichtabziehbare Ausgaben i. s. des § 31 Abs. 1 Nr. 4 KStG   180 000 DM

Die Gliederung des verwendbaren Eigenkapitals weist zum Schluß des Vorjahrs die folgenden mit Körperschaftsteuer belasteten Teilbeträge aus:
– EK 45   2 000 DM
– EK 30   10 000 DM

2. Zuordnung der nichtabziehbaren Ausgaben:

		DM	EK 45 DM	EK 30 DM	EK 01 DM
a)	Bestand zum Schluß des Vorjahrs		2 000	10 000	0
b)	Ungemildert der Körperschaftsteuer unterliegender Einkommensteil	100 000			
	abzüglich 45 v. H. Körperschaftsteuer (§ 31 Abs. 1 Nr. 2 KStG)	– 45 000			
		55 000	55 000		
c)	Ermäßigt besteuerter Einkommensteil	400 000			
	abzüglich 22,5 v. H. Körperschaftsteuer (§ 31 Abs. 1 Nr. 2 KStG)	– 90 000			
	Aufzuteilender Eigenkapitalzugang	310 000			
	– Davon Zugang zum EK 30: 90 000 DM x $^7/_3$	– 210 000		210 000	
	Restbetrag = Zugang zum EK 01	100 000			100 000
d)	Sonstige nichtabziehbare Ausgaben i. S. des § 31 Abs. 1 Nr. 4 KStG	180 000			
	aa) Abzug vom EK 45 gem. § 31 Abs. 1 Nr. 4 KStG	– 57 000	– 57 000		
	bb) Abzug des Restbetrags vom EK 30 gem. § 31 Abs. 2 Satz 1 KStG	123 000		– 123 000	
e)	Bestand nach der Zuordnung der nichtabziehbaren Ausgaben		0	87 000	100 000

1452 Soweit die nichtabziehbaren Ausgaben i. S. d. § 31 Abs. 1 Nr. 4 KStG neben dem EK 45 (bis 1989: EK 56; von 1990 bis 1993: EK 50) auch das EK 30 (bis 1993: EK 36) **übersteigen,** bringt § 31 Abs. 2 Satz 2 KStG für das Entstehungsjahr der nichtabziehbaren Ausgaben eine **Abzugssperre,** um zu verhindern, daß durch einen Abzug vom EK 0 die Belastung der nichtabziehbaren Ausgaben wegfällt. Keine solche Abzugssperre besteht für die nichtabziehbaren Ausgaben nach § 31 Abs. 1 Nr. 1 bis 3 KStG.

§ 31 Abs. 2 Satz 2 KStG bestimmt, daß der übersteigende Betrag der nichtabziehbaren Ausgaben i.S.d. § 31 Abs. 1 Nr. 4 KStG **als Negativbetrag** bei dem Teilbetrag EK 45 (bis 1989: EK 56; von 1990 bis 1993: EK 50) auf das folgende Wirtschaftsjahr **vorzutragen** und in diesem Wirtschaftsjahr mit den Zugängen zu den mit Körperschaftsteuer belasteten Teilbeträgen in der Reihenfolge zu verrechnen ist, in der die Tarifbelastung abnimmt. Technisch sieht das so aus, daß im Entstehungsjahr der übersteigenden nichtabziehbaren Ausgaben ein „vorläufiger" Negativbetrag beim EK 45 (bis 1989: EK 56; von 1990 bis 1993: EK 50) ausgewiesen und dieser im Folgejahr gegebenenfalls beim EK 45 (bis 1989: EK 56; von 1990 bis 1993: EK 50) wieder zugerechnet und bei anderen belasteten Teilbeträgen mit neuen Vermögensmehrungen verrechnet wird. Vgl. dazu das Beispiel in RZ 1529 sowie das Beispiel in Abschnitt 89 Abs. 4 KStR. 1452

8.5.5 Zuordnung in Verlustjahren

Was vorstehend zur gliederungsmäßigen Zuordnung der sonstigen nichtabziehbaren Ausgaben gesagt wurde, gilt ohne Besonderheit auch für nichtabziehbare Ausgaben in Verlustjahren. 1453

Diese Gleichbehandlung wird im Schrifttum heftig kritisiert. Insbesondere wird vorgebracht, daß ein Negativbetrag beim EK 45 (bis 1989: EK 56; von 1990 bis 1993: EK 50) wegen nichtabziehbarer Ausgaben zu einer Nachbesteuerung dieser Ausgaben führe, die bei Personengesellschaften und Einzelunternehmen nicht stattfinde. Wegen der Kritik im einzelnen und der daraus hergeleiteten Vorschläge an den Gesetzgeber vgl. bei Dötsch/Eversberg/Jost/Witt, Kommentar zum KStG und EStG, Tz. 130–138 zu § 31 KStG.

8.5.6 Erstattung sonstiger nichtabziehbarer Ausgaben

Werden einer Körperschaft sonstige nichtabziehbare Ausgaben erstattet, z.B. Vermögensteuer, ist der Erstattungsbetrag entsprechend dem Grundgedanken des § 31 KStG dem Teilbetrag des verwendbaren Eigenkapitals hinzuzurechnen, der durch diese Ausgaben verringert worden war (vgl. Abschnitt 84 Abs. 4 Satz 1 KStR). 1454

Abschnitt 84 Abs. 4 Satz 1 KStR bezieht sich auf die **Erstattung** nichtabziehbarer Ausgaben **für vorangegangene Wirtschaftsjahre.** Erstattungen für das **laufende** Wirtschaftsjahr sind mit den Zahlungen zu saldieren und erscheinen daher nicht gesondert in der Gliederungsrechnung. Die Erstattung nichtabziehbarer Ausgaben für vor dem 01.01.1977 endende Wirtschaftsjahre ist beim EK 03 als Zugang zu erfassen.

Wie sich bereits aus seinem Wortlaut ergibt, hat Abschnitt 84 Abs. 4 Satz 1 KStR keine Bedeutung für **Körperschaftsteuer-Erstattungen.** Jede Änderung der Körperschaftsteuer wird durch die Einkommensberichtigung in der Gliederungsrechnung für das betreffende Vorjahr automatisch erfaßt. Wenn sich nämlich das Einkommen des Vorjahres ändert, wird in der Gliederungsrechnung auch die geänderte Körperschaftsteuer durch ihre Saldierung mit dem geänderten Einkommen erfaßt. 1455

Die Regelung des Abschnitt 84 Abs. 4 Satz 1 KStR kann **praktische Schwierigkeiten** aufwerfen, denn bei der Hinzurechnung des Erstattungsbetrages muß in jedem Fall geprüft werden, ob die entsprechende nichtabziehbare Ausgabe im betreffenden Vorjahr vom EK 45 (bis 1989: EK 56; von 1990 bis 1993: EK 50) oder – mangels eines ausreichenden EK 45 (bis 1989: EK 56; von 1990 bis 1993: EK 50) – vom EK 30 (bis 1993: EK 36) abgezogen worden ist. Genau dieser tatsächliche Abzug soll rückgängig gemacht werden. Es liegt auf der Hand, daß dies nur durch eine Nebenrechnung (**Schattengliederung**) möglich ist. Bereits in der Buchführung der Körperschaft müssen die hier bedeutsamen Beträge getrennt festgehalten werden. 1456

Werden die sonstigen nichtabziehbaren Ausgaben **nur zu einem Teil erstattet,** ist der Erstattungsbetrag den durch die Ausgaben verringerten Teilbeträgen in der Reihenfolge zuzurechnen, in der ihre Belastung mit Körperschaftsteuer zunimmt (Abschnitt 84 Abs. 4 Satz 2 KStR). 1457

1457 **Beispiel:**

1. Sachverhalt:

Das verwendbare Eigenkapital einer Körperschaft zum 31. 12. 02 hat sich wie folgt entwickelt:

	DM	EK 45 DM	EK 30 DM
a) Bestand 31. 12. 01		45 000	120 000
b) Zugang aus dem Einkommen 02		+ 24 000	+ 33 000
		69 000	153 000
c) Vermögensteuer 02	78 000		
aa) Abzug vom EK 45 gemäß § 31 Abs. 1 Nr. 4 KStG		– 69 000	– 69 000
bb) Abzug des Restbetrags vom EK 30 gemäß § 31 Abs. 2 Satz 1 KStG		– 9 000	– 9 000
d) Bestand 31. 12. 02		0	144 000

Im Jahr 03 erzielt die Körperschaft ein ungemildert der Körperschaftsteuer unterliegendes Einkommen in Höhe von 150 000 DM. Die sonstigen nichtabziehbaren Ausgaben im Sinne des § 31 Abs. 1 Nr. 4 KStG setzen sich wie folgt zusammen:

Vermögensteuer 03	60 000 DM
Vermögensteuererstattung 02	– 21 000 DM
	39 000 DM

Gewinnausschüttungen wurden für beide Jahren nicht vorgenommen.

2. Gliederung des verwendbaren Eigenkapitals zum 31. 12. 03

	EK 45	EK 30
a) Bestand 31. 12. 02	0	144 000
b) Zugang aus dem Einkommen 03 (150 000 DM abzüglich 45 v. H. Körperschaftsteuer)	+ 82 500	
c) Erstattung von sonstigen nichtabziehbaren Ausgaben des Vorjahres	+ 12 000	+ 9 000
d) Abzug der Vermögensteuer 03	– 60 000	
e) Bestand 31. 12. 03	34 500	153 000

1458 Wegen der Behandlung von **Erstattungen auf nichtabziehbare Ausgaben** in späteren Jahren als 1984, wenn die nichtabziehbaren Ausgaben in den Vorjahren das **EK 46, EK 30, EK 28 oder das EK 25** verringert haben, siehe Dötsch/Eversberg/Jost/Witt, Kommentar zum KStG und EStG, Tz. 51 zu § 30 KStG.

1459 Werden einer Körperschaft in den Jahren ab 1990 bzw. ab 1994 nichtabziehbare Ausgaben erstattet, die in früheren Jahren bis 1989 das EK 56 bzw. von 1990 bis 1993 das EK 50 verringert haben, ist zu differenzieren (vgl. Abschnitt 84 Abs. 4 KStR 1990):

a) Können die **Vorjahres**veranlagungen und -bilanzen geändert werden, wird der Erstattungsbetrag über eine ebenfalls geänderte Vorjahres-Gliederungsrechnung i. d. R. dem EK 56 (nichtabziehbare Ausgaben der Jahre bis 1989) bzw. dem EK 50 (nichtabziehbare Ausgaben der Jahre von 1990 bis 1993) zugeordnet.

b) Ist eine Änderung der Vorjahresveranlagungen, -bilanzen und -gliederungsrechnungen **nicht** möglich, ist der Erstattungsbetrag nach den Grundsätzen des Abschnitts 84 Abs. 4 KStR demjenigen Teilbetrag zuzurechnen, von dem die nichtabziehbare Ausgabe im früheren Jahr abgezogen worden ist, also im Regelfall dem EK 56 (nichtabziehbare Ausgaben der Jahre bis 1989) bzw. dem EK 50 (nichtabziehbare Ausgaben der Jahre von 1990 bis 1993). War der

Teilbetrag vor der Erstattung bereits umzugliedern (vgl. RZ 1371 ff), sind die erstatteten nichtabziehbaren Ausgaben u.E. nach den gleichen Regeln umzugliedern.

1459

8.6 Zuordnung der vor dem 1. 1. 1977 entstandenen nichtabziehbaren Ausgaben (§ 31 Abs. 3 KStG)

Nach § 31 Abs. 3 KStG sind die bei der Ermittlung des Einkommens nichtabziehbaren Ausgaben **für vor dem 1. 1. 1977 abgelaufene Wirtschaftsjahre,** die das Betriebsvermögen in einem später abgelaufenen Wirtschaftsjahr gemindert haben, vom EK 03 abzuziehen. Dementsprechend sind Erstattungen auf diese nichtabziehbaren Ausgaben beim EK 03 als Zugang zu erfassen. Zu den nichtabziehbaren Ausgaben i. S. d. § 31 Abs. 3 KStG rechnet auch der nichtabziehbare Teil der (inzwischen ausgelaufenen) Vermögensabgabe.

1460

Es ist in den ersten Jahren nach dem Systemwechsel häufig vorgekommen, daß insbesondere Vermögensteuer und Körperschaftsteuer infolge von Berichtigungsveranlagungen für vor dem 1. 1. 1977 endende Veranlagungszeiträume nachzuzahlen waren. Für diese Ausgaben waren häufig Rückstellungen in der Bilanz zum Schluß des betreffenden abgelaufenen Wirtschaftsjahres nicht gebildet. § 31 Abs. 3 KStG sieht die Zuordnung dieser Ausgaben zum EK 03 vor (bei der Körperschaftsteuer im Wege der Saldierung mit dem berichtigten Einkommen), um deren Belastung mit neuer Körperschaftsteuer zu vermeiden. Der Anwendungsbereich des § 31 Abs. 3 KStG beschränkt sich auf diejenigen Fälle, in denen nichtabziehbare Ausgaben das verwendbare Eigenkapital in dem Wirtschaftsjahr, in dem sie entstanden sind, nicht gemindert haben, also auf **verspätet geleistete** Ausgaben.

8.7 Zuordnung der Pauschsteuer nach § 5 KapErhStG

Eine Sonderstellung hinsichtlich der Zuordnung der nichtabziehbaren Ausgaben nimmt die Pauschsteuer ein, die gemäß § 5 KapErhStG auch nach dem 31. 12. 1976 in den Fällen zu erheben ist, in denen alte Rücklagen als in Nennkapital umgewandelt gelten und Nennkapital vor Ablauf der Sperrfrist von fünf Jahren zurückgezahlt wird (vgl. dazu nachstehend unter RZ 1846 ff).

1461

Die zu zahlende Pauschsteuer in Höhe von 30 v.H. der in Nennkapital umgewandelten und danach zurückgezahlten Rücklagen ist nach § 5 Abs. 2 Satz 4 KapErhStG vom EK 03 abzuziehen.

1462
frei −1470

9. Aufteilung ermäßigt belasteter Eigenkapitalteile nach § 32 KStG und Zuordnung nach § 27 BerlinFG (Abschnitt 86 bis 88 KStR)

Ausgewählte Literaturhinweise:

Zu § 32 KStG: Jünger, Überblick über das Körperschaftsteuerreformgesetz, DB 1976 S. 1122, 1126; **Becker,** Berechnungsformeln für das neue körperschaftsteuerliche Anrechnungsverfahren, BB 1976 S. 873; **Thiel,** Wegweiser durch den Irrgarten der körperschaftsteuerlichen Anrechnungsvorschriften, DB 1976 S. 1495, 1499; **Krebs,** Die Reform der Körperschaftsteuer, BB Beilage 3 zu Heft 27/1976, S. 18; **Maas,** Die Gewährung von Darlehen nach § 16 oder § 17 BerlinFG i.V.m. dem körperschaftsteuerlichen Anrechnungsverfahren, BB 1978 S. 351; **Jost,** Auswirkungen des Zusammentreffens von Steuerermäßigungen, die zu einer Aufteilung des Eigenkapitals nach § 32 KStG führen, mit anrechenbaren ausländischen Steuern vom Einkommen, DB 1978 S. 1946; **Stern,** Vereinfachte Berechnung der Eigenkapital-Aufteilung bei ermäßigter Tarifbelastung über 36 %, BB 1969 S. 414; **Dötsch,** Zur Abgabe der Körperschaftsteuer-Erklärung und der Erklärung zur gesonderten Feststellung nach § 47 KStG für 1978, DB 1979 S. 761, 767; **Wölfel,** Körperschaftsteuer: Aufteilung von Eigenkapital-Teilen in besonderen Fällen, DB 1979 S. 810; **Merten,** Gestaltung des EK 56 durch Vergabe von Darlehen nach dem BerlinFG, DB 1979 S. 1714; **Jost,** Ermäßigung der Körperschaftsteuer nach den §§ 16, 17 und 21 BerlinFG bei ausländischen Einkünften mit anrechenbarer ausländischer Steuer vom Einkommen, DB 1980 S. 413 und DB 1981 S. 1011; **Palitzsch,** Bringt die Aufteilung ermäßigt belasteter Eigenkapitalteile bei Vollausschüttung überhaupt einen steuerlichen Vorteil, BB 1981 S. 900; **Singbartl/Hundt/Dötsch,** Die KStÄR 1981, Teil II, DB 1982 S. 65, 71; **Dötsch,** Aufteilung ermäßigt belasteter Eigenkapitalteile nach § 32 KStG, NSt, KSt, Eigenkapitalaufteilung, Darstellung 1; **Bullinger,** Wirkungen der vorgesehenen Änderung der Aufteilungsvorschriften des § 32 KStG, RIW/AWI 1983 S. 930; **Altehoefer/Krebs/Nolte/Roland,** StEntlG 1984, DStZ 1984 S. 4; **Dötsch,** Die Änderungen des KStG durch das StEntlG 1984, DB 1984 S. 147; **Müller-Dott,** Zur Aufteilung ermäßigt besteuerter Eigenkapitalanteile nach dem StEntlG 1984, BB 1984 S. 524; **Martens,** Rechtsänderungen und Verwaltungserlasse im Körperschaftsteuerrecht, DStR 1984 S. 168; **Krebs,** Die Änderungen des KStG durch das Parteienfinanzierungsgesetz und durch das StEntlG 1984, BB 1984 S. 1153; **Jost,** Aufteilung nach § 32 KStG bei Steuerermäßigungen durch besonderen Steuersatz ab 1984, DB 1984 S. 1593; **Kroos,** Pauschal besteuerte ausländische Einkünfte bis 1983 nicht dem EK 25, sondern dem EK 36 und EK 01 zuzuordnen, DB 1986 S. 1048; **Breithecker,** Behandlung pauschal besteuerter ausländischer Einkünfte im verwendbaren Eigenkapital, DB 1986 S. 1946; **Krebs,** Stpolitische Entscheidungen zu Beginn des zweiten Jahrzehnts des deutschen KSt-Systems, GmbHR 1987 S. 156; **Dötsch,** Vereinfachung des kstlichen Anrechnungsverfahrens, DB 1987 S. 1858; ders., Der Referentenentwurf des KSt-Vereinfachungsgesetzes, DB 1988 S. 2426; **Bareis/Geiger/Höflacher,** Überlegungen zur KSt-Reform 1990, GmbHR 1988 S. 312; Weirich, Neue Formeln für die EK-Aufteilung ab 1990 bei einer Tarifbelastung von mehr als 36 %, DB 1989 S. 54; **Herzig/Schuler,** Die Vereinfachung der Gliederungsrechnung wird vertagt – eine vertane Chance zur StVereinfachung, DB 1989 S. 495; **Cattelaens,** Änderungen des Körperschaftsteuergesetzes durch das Gesetz zur Umsetzung des Föderalen Konsolidierungsprogramms und das Standortsicherungsgesetz; Wpg 1993 S. 557; ders., Eigenkapitalaufteilung bei der Körperschaftsteuer, DB 1994 S. 1641.

Zu §§ 21 – 27 BerlinFG: Krebs, Die Reform der Körperschaftsteuer, BB Beilage zu Heft 27/1976, S. 36; **Jünger,** Das Einführungsgesetz zum Körperschaftsteuerreformgesetz 1977, DB 1976 S. 2370; **Maas,** Auswirkungen der ertragsteuerlichen Vergünstigungen nach dem BerlinFG auf das verwendbare Eigenkapital nach dem KStG 1977, BB 1977 S. 36; **Schröder,** Die Körperschaftsteuerpräferenz nach dem BerlinFG, FR 1978 S. 4; **Müller-Dott,** Geänderte Körperschaftsteuer-Ermäßigung auf Berliner Einkünfte, BB 1979 S. 205; **Bareis,** Auslegungsprobleme und Wahl der besten Alternative bei der körperschaftsteuerlichen Berlinvergünstigung 1977, DB 1979 S. 1715; **Jost,** Ermäßigung der Körperschaftsteuer nach den §§ 16, 17 und 21 BerlinFG bei ausländischen Einkünften mit anrechenbarer ausländischer Steuer vom Einkommen, DB 1980 S. 413 und DB 1981 S. 1011; **Singbartl/Hundt/Dötsch,** Die KStÄR 1981, Teil II, DB 1982 S. 65, 71; **Schröder,** Zweifelhafte Verwaltungserlasse zum Körperschaftsteuerrecht, FR 1981 S. 269; **Kaligin,** Steuerliche optimale Gestaltungen bei wirtschaftlichen Engagements in Berlin, DB 1983 S. 2168; **Jost/Bullinger,** Ertragsteuerliche Vorteile bei wirtschaftlichen Engagements in Berlin, DB 1983 S. 2724; **Kaligin,** Basisgesellschaften in Berlin?, BB 1984 S. 2250; **Plock,** Grenzen ertragsteuerlicher Vorteile beim Berlin-Engagement, BB 1986 S. 851; **Kaligin,** § 24 Abs. 2 des BerlinFG – eine universelle Gewinnkorrekturvorschrift bei verbundenen Unternehmen?, BB 1987 S. 454; **Jost/Bullinger,** Zur Anwendbarkeit des § 24 Abs. 2 BerlinFG bei wirtschaftlichen Engagements in Berlin, insbesondere bei „Berlin-Töchtern", DB 1987 S. 857, 909; **Kaligin,** Steuerlich optimale Gestaltungen bei der Inanspruchnahme von Steuervergünstigungen nach dem BerlinFG, DStZ 1987 S. 263, 426; ders., Die Berlin-Präferenzen im Blickwinkel der amerikanischen StReform, RIW 1987 S. 858; **Kaligin/Rieckmann,** Die Optimierung von Berlinpräferenzen im

Blickwinkel der StReform, Wpg 1988 S. 699; **Kudert,** Zur stoptimalen Gestaltung von Ges.-GF-Bezügen bei Berliner Kap.Ges., DB 1988 S. 206; ders., Gewinnausweis versus Ges.-GF-Bezüge – ein StBelastungsvergleich bei Berliner Kap.Ges., DStZ 1989 S. 274; **Jost,** Nochmals: Zur Anwendbarkeit des § 24 Abs. 2 BerlinFG bei wirtsch. Engagements in Berlin, DB 1989 S. 650; ders., Unterschiedliche Präferenzvorteile gemäß § 21 Abs. 3 BerlinFG bei Einzelunternehmen und Kap.Ges., DB 1989 S. 1795; ders., Ermäßigung der KSt gemäß § 21 Abs. 2 und 3 BerlinFG – Geänderte Bemessungsgrundlagen für die Präferenzsätze von 10 v.H. und 22,5 v.H. aufgrund des BFH-Urteils vom 18.07.1990, BStBl II S. 926, DB 1991 S. 931; **Rödder,** Der Abbau der Tarifpräferenzen des BerlinFG, BB 1991 S. 1753; **Cattelaens,** Eigenkapitalaufteilung bei der Körperschaftsteuer, DB 1994 S. 1641.

9.1 Vorbemerkung

§ 32 KStG und § 27 BerlinFG regeln die Aufteilung bzw. die Zuordnung bestimmter ermäßigt belasteter Eigenkapitalteile. Obwohl diese beiden Gesetzesvorschriften von ihrem rechtlichen Gehalt her nicht übermäßig kompliziert sind, bedingen sie doch zu ihrer technischen Umsetzung einen enormen Verwaltungsaufwand. Allein zur Aufteilung nach § 32 KStG und zur Zuordnung nach § 27 BerlinFG hat die Finanzverwaltung vier verschiedene Formulare entwickeln müssen, um allen möglichen Aufteilungsfällen gerecht werden zu können. Es ist jedoch auch möglich, alle Aufteilungsfälle über eine einheitliche Rechenformel abzuwickeln (vgl. Cattelaens, DB 1994 S. 1641). **1471**

Wenn man sich einmal klarmacht, daß ein sehr großer Teil des heutigen Verwaltungsaufwands im Zusammenhang mit der Durchführung der Aufteilungsrechnung nur den Sinn hat, bei einer Tarifbelastung von weniger als 30 v.H. (bis 1993: 36 v.H.) das (bis 1993 nach § 52 KStG vergütungsfähige) EK 01 (für das ab 1994 die Ausschüttungsbelastung nicht mehr herzustellen ist) von dem (nicht vergütungsfähigen) EK 02 (für das die Ausschüttungsbelastung herzustellen ist) zu trennen, dann wird deutlich, daß die Regelung des § 32 KStG zu den zentralen Vorschriften rechnet, bei denen eine Vereinfachung des Anrechnungsverfahrens ansetzen muß (vgl. dazu auch vorstehende RZ 1414 ff). **1472**

Nach § 30 Abs. 1 KStG ist das verwendbare Eigenkapital grundsätzlich in so viele Teilbeträge aufzuteilen, wie unterschiedliche Belastungen mit Körperschaftsteuer vorhanden sind. Ohne die einschränkende Regelung des § 32 KStG würde jeder Eigenkapitalzugang aus dem zu versteuernden Einkommen zu einem neuen Teilbetrag führen, wenn seine Belastung mit Körperschaftsteuer von den bereits bei der Körperschaft vorhandenen Teilbeträgen abweicht. Angesichts der unterschiedlichen Steuerermäßigungen des deutschen Körperschaftsteuerrechts (oft eine Kombination mehrerer Ermäßigungen in einem Steuerfall) könnten selbst bei ein und derselben Körperschaft von Jahr zu Jahr unterschiedlich belastete Eigenkapitalteile entstehen. **§ 32 KStG grenzt die Zahl der möglichen Teilbeträge ein** und macht dadurch das Gliederungsverfahren erst praktikabel. **1473**

Die Zugänge zum verwendbaren Eigenkapital können sich sowohl durch **direkte** Zuordnung von Einkommensteilen bzw. Vermögensmehrungen (ohne Aufteilung nach § 32 Abs. 2 KStG bzw. Zuordnung nach § 27 BerlinFG) als auch durch **indirekte** Zuordnung (über die Aufteilung nach § 32 Abs. 2 KStG bzw. Zuordnung nach § 27 BerlinFG) ergeben. **1474**

9.2 Direkte Zuordnung von Eigenkapitalzugängen (ohne Aufteilung nach § 32 KStG oder Zuordnung nach § 27 BerlinFG)

Eigenkapitalzugänge aus Einkommensteilen, die **ungemildert** (mit **45 v. H.;** bis 1989: 56 v. H.; von 1990 bis 1993: 50 v. H.) der Körperschaftsteuer unterliegen, sind unmittelbar (d. h. ohne Aufteilung nach § 32 Abs. 2 KStG) dem EK 45 zuzuordnen (bis 1989: EK 56; von 1990 bis 1993: EK 50; vgl. § 30 Abs. 1 Nr. 1 KStG). **1475**

9.3 Indirekte Zuordnung des Eigenkapitalzugangs

9.3.1 Die Arten der Zuordnung

1476 Unterliegt das Einkommen einer ermäßigten Körperschaftsteuer, ist der daraus sich ergebende Eigenkapitalzugang
- **nach § 32 Abs. 2 KStG aufzuteilen,** sofern die Steuerermäßigung nicht nur auf § 21 Abs. 2 Satz 1 oder Abs. 3 Satz 1 BerlinFG beruht. Ob die Steuerermäßigung sich aus einem besonderen Steuersatz ergibt oder auf andere Weise gewährt wird, spielt keine Rolle,
- **nach § 27 BerlinFG zuzuordnen,** wenn sich die Körperschaftsteuer ausschließlich nach § 21 Abs. 2 Satz 1 oder Abs. 3 Satz 1 BerlinFG ermäßigt (vgl. dazu nachstehend unter RZ 1500 ff).

Die Aufteilung nach § 32 Abs. 2 KStG und die Zuordnung nach § 27 BerlinFG sind **zu kombinieren,** wenn sich die Körperschaftsteuer sowohl nach § 21 Abs. 2 Satz 1 oder Abs. 3 Satz 1 BerlinFG als auch auf andere Weise ermäßigt.

9.3.2 Aufteilung des Eigenkapitalzugangs nach § 32 KStG

9.3.2.1 Grundsätzliches

1477 Aufteilung i. S. d. § 32 Abs. 2 KStG bedeutet, daß ein ermäßigt mit Körperschaftsteuer belasteter Eigenkapitalzugang zwei Teilbeträgen des verwendbaren Eigenkapitals (statt einem) zugeordnet wird, deren Tarifbelastung von vornherein festgelegt wird. Dabei gelten folgende Grundsätze:

1. Liegt die **Tarifbelastung über 30 v. H.** (bis 1993: 36 v. H.), ist der Eigenkapitalzugang auf das EK 45 (bis 1989: EK 56; von 1990 bis 1993: EK 50) und das EK 30 (bis 1993: EK 36) aufzuteilen,
2. Liegt die **Tarifbelastung unter 30 v. H.** (bis 1993: 36 v. H.), ist der Eigenkapitalzugang aufzuteilen auf das EK 30 (bis 1993: EK 36) und
   - bei inländischen Einkünften: das EK 02
   - bei ausländischen Einkünften: das EK 01.

Führt eine Ermäßigung der Körperschaftsteuer z.B. zu einer Tarifbelastung von 41 v. H., entsteht aus den betreffenden Einkommensteilen nicht etwa ein EK 41, sondern der Eigenkapitalzugang ist auf das EK 45 und das EK 30 aufzuteilen. Durch diese Aufteilung ändert sich weder die Höhe des verwendbaren Eigenkapitals noch dessen Tarifbelastung, sondern lediglich seine Gliederung.

1478 **EK 30** (bis 1993: EK 36) kann praktisch nur aus einer Aufteilung nach § 32 Abs. 2 KStG entstehen; eine unmittelbare Entstehung aus einem Einkommensteil mit genau 30 v. H. (bzw. 36 v. H.) Tarifbelastung wäre ein Zufallsergebnis.

9.3.2.2 Unterschiedliche Tarifbelastung mehrerer Einkommensteile

1479 Werden **mehrere Einkommensteile in unterschiedlicher Höhe besteuert,** ist der **Vomhundertsatz der Tarifbelastung für jeden** auf diese Weise entstandenen ermäßigt belasteten **Eigenkapitalteil gesondert zu berechnen** (Abschnitt 84 Abs. 4 Satz 1 KStR). M.a.W.: Die Körperschaft muß zunächst ihr **zu versteuerndes Einkommen** in so viele Teile **splitten,** wie unterschiedliche Körperschaftsteuer-Belastungen vorhanden sind. Dabei kann es vorkommen, daß für einzelne Einkommensteile eine Aufteilung nach § 32 Abs. 2 KStG erforderlich ist, für andere dagegen nicht. Wegen der Ermittlung der Ausgangswerte für die Gliederungsrechnung aus dem zu versteuernden Einkommen siehe vorstehend unter RZ 1371 ff.

1480 Um zu wissen, in wieviele unterschiedlich belastete Teile das Einkommen zu splitten ist, ist es wichtig, die Wirkung der einzelnen Ermäßigungen zu kennen:

1. **Folgende Steuerermäßigung ermäßigt die Körperschaftsteuer auf das gesamte Einkommen:**   **1480**

- der Abzug von der Steuerschuld nach den §§ 16, 17 BerlinFG (bis 1991, ggfs. bis 1992, bei abweichendem Wirtschaftsjahr bis 1993) sowie auch die Steuerermäßigung nach § 15 des 5. VermBG (bis 1989, bei abweichendem Wirtschaftsjahr bis 1990).

2. **Folgende Steuerermäßigungen ermäßigen nur die Körperschaftsteuer auf bestimmte Einkommensteile:**

- die Anrechnung ausländischer Steuern auf die deutsche Körperschaftsteuer nach § 26 KStG i.V.m. § 34c Abs. 1 EStG;
- die Anrechnung ausländischer Steuern nach DBA, nach § 12 AStG und die Anrechnung der avoir fiscal;
- die Ermäßigung der Körperschaftsteuer auf die Hälfte gemäß § 4 der Wasserkraftwerksverordnung;
- die Ermäßigung der Körperschaftsteuer nach § 21 Abs. 2 Satz 2 oder Abs. 3 Satz 2 BerlinFG (wegen der Steuerermäßigung nach § 21 Abs. 2 Satz 1 oder Abs. 3 Satz 1 BerlinFG siehe nachstehend unter RZ 1500 ff).

Nach Abschnitt 86 Abs. 4 KStR sind die **Steuerermäßigungen,** die zu einer Aufteilung nach § 32 Abs. 2 KStG führen, zur Berechnung der Tarifbelastung der einzelnen Eigenkapitalteile in der **Reihenfolge** zu berücksichtigen, in der sie sich bei der Festsetzung der Körperschaftsteuer auswirken.   **1481**

Treffen die Anrechnung ausländischer Steuern nach § 26 Abs. 1 KStG i.V.m. § 34c Abs. 1 EStG **und die Steuerermäßigung nach § 21 Abs. 2 Satz 1 oder Abs. 3 Satz 1 BerlinFG** für Einkünfte aus Berlin (West) **zusammen,** gilt eine Besonderheit: Hier kann die Körperschaft nach Abschnitt 86 Abs. 4 Sätze 2 und 3 KStR **wählen,** in welcher Reihenfolge diese Steuerermäßigungen abgezogen werden sollen. Beide Steuerermäßigungen sind von demselben Ausgangsbetrag, nämlich von der tariflichen Steuerschuld, zu berechnen. Im Rahmen der Körperschaftsteuer-Veranlagung spielt die Reihenfolge keine Rolle, da sich die Steuer höchstens bis auf null DM ermäßigen kann. Auswirkungen können sich aber in der Gliederungsrechnung ergeben, wenn abweichend von der in R 4 EStR 1993 vorgeschriebenen Reihenfolge **zuerst die Berlinpräferenz** und erst daran anschließend die anzurechnende ausländische Steuer abgezogen wird. Bei einem vorgezogenen Abzug der Berlinpräferenz entsteht nämlich gemäß § 27 KStG **zusätzliches EK 0,** wodurch sich das Ausschüttungsvolumen erhöht. § 27 BerlinFG enthält – wenn man von den Sonderregelungen des KAGG absieht – die einzige Ausnahme von dem Grundsatz, daß eine der Körperschaft gewährte Steuervergünstigung im Ausschüttungsfall verlorengeht (vgl dazu vorstehend unter RZ 1024 f); die Berlinpräferenz wird an den Anteilseigner weitergeleitet. Würde bei der **umgekehrten Reihenfolge** die Steuerschuld bereits durch die Anrechnung ausländischer Steuern aufgezehrt, würde ein zusätzliches EK 0 aus der Präferenz nicht oder nur in geringerer Höhe entstehen. Es gibt aber auch Fallgestaltungen, bei denen es günstiger ist, zuerst die anzurechnenden ausländischen Steuern abzuziehen (vgl. dazu im einzelnen Jost, DB 1978 S. 1946, DB 1980 S. 413 und DB 1981 S. 1011).   **1482**

Die Steuerermäßigungen sind den Einkommensteilen zuzuordnen, auf die sie **entfallen.** Wenn sich eine Steuerermäßigung auf mehrere Einkommensteile erstreckt, ist für die Aufteilung dieser Ermäßigung auf die unterschiedlich belasteten Einkommensteile das Verhältnis der Körperschaftsteuer-Beträge maßgebend, die sich vor Berücksichtigung dieser Ermäßigung ergeben.   **1483**

9.3.2.3 Die Ermittlung des Vomhundertsatzes der Tarifbelastung

Die Aufteilungsrechnung nach § 32 Abs. 2 KStG vollzieht sich in **zwei Rechenschritten,** nämlich   **1484**

a) Ermittlung des Vomhundertsatzes der Tarifbelastung des aufzuteilenden Eigenkapitalzugangs

1484 b) Aufteilung des Eigenkapitalzugangs.

Nur wenn der Vomhundertsatz der Tarifbelastung des ermäßigt belasteten Eigenkapitalteils bekannt ist, kann die Aufteilung nach § 32 Abs. 2 KStG erfolgen, denn Eigenkapitalzugänge mit einer Tarifbelastung von mehr als 30 v.H. (bis 1993: 36 v.H.) werden anders zugeordnet als solche mit einer Tarifbelastung von unter 30 v.H. (bis 1993: 36 v.H.).

1485 **Bezugsgröße** für den Vomhundertsatz ist gemäß Abschnitt 86 Abs. 1 KStR die Summe aus aufzuteilendem Eigenkapitalteil und dessen Tarifbelastung.

1486 Zu beachten ist, daß z.Zt. nur noch die Vergünstigungen nach § 4 der Wasserkraftwerksverordnung als inländische Steuerermäßigung anzuwenden ist. Hiervon sind nur wenige Fälle betroffen. Die anderen inländischen Steuervergünstigungen (Steuerermäßigung nach § 15 des 5. VermBG und Abzug von der Steuerschuld nach §§ 16, 17 BerlinFG – vgl. RZ 1480) sind zwischenzeitlich ausgelaufen.

Beispiel für den Veranlagungszeitraum 1991:

Sachverhalt

Zu versteuerndes Einkommen (Körperschaftsteuer 50 v. H.)	500 000 DM
Steuerermäßigung nach §§ 16, 17 BerlinFG	20 000 DM

Die in der Veranlagung festzusetzende Körperschaftsteuer errechnet sich wie folgt:

Körperschaftsteuer 50 v. H. von 500 000 DM	250 000 DM
– Steuerermäßigung nach §§ 16, 17 BerlinFG	– 20 000 DM
= Körperschaftsteuer-Schuld (Tarifbelastung)	230 000 DM

Ermittlung des Vomhundertsatzes der Tarifbelastung

Ermäßigt besteuerter Einkommensteil		500 000 DM
Körperschaftsteuer 50 v. H.	250 000 DM	
– Ermäßigung der Körperschaftsteuer nach §§ 16, 17 Berlin FG	– 20 000 DM	
Tarifbelastung	230 000 DM	– 230 000 DM
Zugang vom verwendbaren Eigenkapital (aufzuteilender Teilbetrag)		270 000 DM

Tarifbelastung in v. H.: $\frac{230\,000 \times 100}{500\,000} = 46$ v. H.

Der Zugang zum verwendbaren Eigenkapital in Höhe von 270 000 DM ist gemäß § 32 Abs. 2 Nr. 2 KStG auf das EK 50 und das EK 36 aufzuteilen (siehe dazu nachstehend unter RZ 1488).

Wären im vorstehenden Beispiel im zu versteuernden Einkommen 50 000 DM nichtabziehbare Vermögensteuer enthalten gewesen, wäre, da die Vermögensteuer erst nach der Aufteilung vom EK 50 abzuziehen ist, der ermäßigt belastete Eigenkapitalteil genau wie im vorstehenden Beispiel zu ermitteln. Es ergäben sich unverändert eine Tarifbelastung von 46 v. H. und ein aufzuteilender Teilbetrag von 270 000 DM.

1487 Werden mehrere Einkommensteile in unterschiedlicher Höhe ermäßigt besteuert, ist die Tarifbelastung für jeden auf diese Weise entstandenen ermäßigt belasteten Eigenkapitalteil gesondert zu berechnen (Abschnitt 86 Abs. 3 Satz 1 KStR). Für die Zwecke der Aufteilung können unter Umständen mehrere Eigenkapitalzugänge zusammengefaßt werden; vgl. dazu nachstehend unter RZ 1497 f.

9.3.2.4 Die Aufteilungsrechnung

1488 § 32 Abs. 3 KStG bringt zur praktischen Durchführung der Aufteilung nur den Hinweis, daß die belasteten Teilbeträge aus der Tarifbelastung der aufzuteilenden Eigenkapitalteile abzuleiten sind.

Unter **Eigenkapitalteilen** i.S.d. § 32 Abs. 1 KStG sind die jährlichen **Zugänge** zum verwendbaren Eigenkapital zu verstehen, die ermäßigt mit Körperschaftsteuer belastet sind. Von diesen Zugängen ist die darauf entfallende **Tarifbelastung** in Form der ermäßigten Körperschaftsteuer bereits abgezogen. Dagegen sind die **sonstigen** bei der Einkommensermittlung **nichtabziehbaren** Ausgaben im Zeitpunkt der Aufteilung noch nicht zugeordnet. Sie sind erst nach der Aufteilung abzuziehen, und zwar vom EK 45 (§ 31 Abs. 1 Nr. 4 KStG; bis 1989: EK 56; von 1990 bis 1993: EK 50; siehe dazu vorstehend unter RZ 1434 ff).

Die Aufteilung nach § 32 KStG ist grundsätzlich so vorzunehmen, daß sich die Tarifbelastung der durch die Aufteilung entstehenden Teilbeträge mit der laut Veranlagung vorhandenen Tarifbelastung des aufzuteilenden Eigenkapitalteils deckt. Hinsichtlich der **Aufteilungsmethode** ist zwischen der Aufteilung eines Eigenkapitalteils, dessen Tarifbelastung weniger als 30 v. H. (bis 1993: 36 v. H.) beträgt, und der Aufteilung eines Eigenkapitalteils, dessen Tarifbelastung über 30 v.H. (bis 1993: 36 v. H.) liegt, zu unterscheiden. Ein Eigenkapitalteil, dessen Tarifbelastung genau 30 v. H. (bis 1993: 36 v. H.) beträgt, ist nicht aufzuteilen.

1489

9.3.2.4.1 Die Rechtslage bis 1993
– **Tarifbelastung unter 36 v.H.**

1490

Beträgt die Tarifbelastung weniger als 36 v. H., ist der ermäßigt belastete Eigenkapitalteil nach § 32 Abs. 2 Nr. 1 KStG wie folgt aufzuteilen:

a) bei **inländischen** Einkünften: auf das EK 36 und das EK 02

b) bei **ausländischen** Einkünften: auf das EK 36 und das EK 01.

Die Tarifbelastung des aufzuteilenden Eigenkapitalteils ist mit der Ausschüttungsbelastung des gesuchten, mit 36 v.H. belasteten Betrags identisch. Bei einer Belastung von 36 v.H. beträgt die Körperschaftsteuer, bezogen auf das Eigenkapital, 36/64 = 9/16. Umgekehrt beträgt das mit Körperschaftsteuer belastete Eigenkapital, bezogen auf die Körperschaftsteuer, 64/36 = 16/9 (vgl. Abschnitt 87 Abs. 2 KStR).

Beispiel:

Vomhundertsatz der Tarifbelastung	DM	DM
Ermäßigt besteuertes Einkommen		50 000
Körperschaftsteuer 50 v. H.	25 000	
Steuerermäßigung nach den §§ 16, 17 Berlin FG	– 12 000	
Tarifbelastung	13 000	– 13 000
Zugang zum verwendbaren Eigenkapital (= aufzuteilender Teilbetrag)		37 000

Vomhundertsatz der Tarifbelastung

$$\frac{13\,000 \times 100}{50\,000} = 26 \text{ v. H.}$$

Aufteilung des Zugangs zum verwendbaren Eigenkapital	DM	EK 36 DM	EK 02 DM
Aufzuteilender Teilbetrag	37 000		
Davon sind in Höhe der Ausschüttungsbelastung (36 v. H.) belastet 13 000 DM x $^{16}/_9$		– 23 111	23 111
Restbetrag = Zugang zum EK 02	13 889		13 889

1491 – **Tarifbelastung über 36 v.H.**

= Rechtslage bis 1989

Beträgt die Tarifbelastung mehr als 36 v.H., ist die Aufteilung nach folgendem **Rechengang** vorzunehmen:

a) Der ermäßigt besteuerte Einkommensteil (E) wird in zwei Teile zerlegt,
   - einen Teil, der mit 56 v.H. der Körperschaftsteuer unterliegt (E 56) und
   - einen Teil, der mit 36 v.H. der Körperschaftsteuer unterliegt (E 36).

   Zerlegt wird nach der Formel
   $$E\ 56 \times 0,56 + E\ 36 \times 0,36 = St.$$
   Die Buchstaben St bezeichnen die Tarifbelastung des aufzuteilenden Eigenkapitalteils. Da sich der Einkommensteil E 56 durch E – E 36 ausdrücken läßt, ergibt sich
   $$E\ 36 = 2,8\ E - 5\ St.$$

b) Von den errechneten beiden Teilen (E 36 und E 56) sind die entsprechenden Körperschaftsteuer-Beträge abzuziehen. Die verbleibenden Beträge stellen den Zugang zu den Teilbeträgen des verwendbaren Eigenkapitals dar.

Die Eigenkapitalzugänge können auch nach folgenden **vereinfachten Formeln** ermittelt werden:

a) **bei inländischen Einkommensteilen:**

   Summe der Steuerermäßigungen x 3,2 = Zugang zum EK 36 (Rest = Zugang zum EK 56);

b) **bei ausländischen Einkommensteilen:**

   Anzurechnende ausländische Steuer x 3,2
   + Summe der übrigen Steuerermäßigungen x 1,408
   = Zugang zum EK 36
   (Rest = Zugang zum EK 56)

1492 **= Rechtslage von 1990 bis 1993**

Beträgt die Tarifbelastung mehr als 36 v.H., ist die Aufteilung nach folgendem **Rechengang** vorzunehmen (vgl. Abschnitt 87 Abs. 3 KStR):

a) Der ermäßigt besteuerte Einkommensteil (E) wird in zwei Teile zerlegt,
   - einen Teil, der mit 50 v.H. der Körperschaftsteuer unterliegt (E 50) und
   - einen Teil, der mit 36 v.H. der Körperschaftsteuer unterliegt (E 36).

   Zerlegt wird nach der Formel
   $$E\ 50 \times 0,5 + E\ 36 \times 0,36 = St.$$
   Die Buchstaben St bezeichnen die Tarifbelastung des aufzuteilenden Eigenkapitalteils. Da sich der Einkommensteil E 50 durch E – E 36 ausdrücken läßt, ergibt sich
   $$E\ 36 = 25/7\ E - 50/7\ St.$$

b) Von den errechneten beiden Teilen (E 36 und E 50) sind die entsprechenden Körperschaftsteuer-Beträge abzuziehen. Die verbleibenden Beträge stellen den Zugang zu den Teilbeträgen des verwendbaren Eigenkapitals dar.

Die Eigenkapitalzugänge können auch nach folgenden **vereinfachten Formeln** ermittelt werden:

a) bei **inländischen Einkommensteilen** (vgl. Abschnitt 87 Abs. 3 KStR):

   Summe der Steuerermäßigungen x 32/7 = Zugang zum EK 36 (Rest = Zugang zum EK 50);

b) bei **ausländischen Einkommensteilen** (vgl. Abschnitt 88a Abs. 1 Nr. 2 KStR)

Anzurechnende ausländische Steuer x 16/7
+ Summe der übrigen Steuerermäßigungen x 32/7
= Zugang zum EK 36
(Rest = Zugang zum EK 50)

Beispiel:

Vomhundertsatz der Tarifbelastung	DM	DM
Ermäßigt besteuertes Einkommen		500 000
Körperschaftsteuer 50 v. H.	250 000	
Steuerermäßigung nach den §§ 16, 17 Berlin FG	− 20 000	
Tarifbelastung	230 000	− 230 000
Zugang zum verwendbaren Eigenkapital (= aufzuteilender Teilbetrag)		270 000

Vomhundertsatz der Tarifbelastung
$$\frac{230\,000 \times 100}{500\,000} = 46 \text{ v. H.}$$

Aufteilung des Zugangs zum verwendbaren Eigenkapital

	DM	DM	EK 50 DM	EK 36 DM
Aufzuteilender Teilbetrag		270 000		
Davon sind in Höhe der Ausschüttungs- belastung (36 v. H.) belastet:				
500 000 DM x $^{25}/_7$	1 785 714			
− 230 000 DM x $^{50}/_7$	1 642 857			
	142 857			
− 36 v. H. Körperschaftsteuer	− 51 428			
Zugang zum EK 36	91 429	− 91 429		91 429
Restbetrag = Zugang zum EK 50		178 571	178 571	

Ermittlung der Eigenkapitalzugänge nach vereinfachten Rechenformeln:	DM	EK 50 DM	EK 36 DM
Aufzuteilender Eigenkapitalanteil	270 000		
Davon Zugang zum EK 36: 20 000 DM (Tarifermäßigung) x $^{32}/_7$	− 91 429		91 429
Restbetrag = Zugang zum EK 50	178 571	178 571	

9.3.2.4.2 Die Rechtslage ab 1994

− **Tarifbelastung unter 30 v. H.**

Beträgt die Tarifbelastung weniger als 30 v. H. ist der ermäßigt belastete Eigenkapitalteil nach § 32 Abs. 2 Nr. 1 KStG wie folgt aufzuteilen:

− bei **inländischen** Einkünften: auf das EK 30 und das EK 02
− bei **ausländischen** Einkünften: auf das EK 30 und das EK 01

Die Tarifbelastung des aufzuteilenden Eigenkapitals ist mit der Ausschüttungsbelastung des gesuchten, mit EK 30 belasteten Betrags identisch. Bei einer Belastung von 30 v. H. beträgt die Körperschaftsteuer bezogen auf das Eigenkapital 30/70 = 3/7. Umgekehrt beträgt das mit Körperschaftsteuer belastete Eigenkapital bezogen auf die Körperschaftsteuer 70/30 = 7/3.

1495 – **Tarifbelastung über 30 v.H.**

Beträgt die Tarifbelastung mehr als 30 v. H., ist die Aufteilung wie folgt vorzunehmen:

a) Der ermäßigt besteuerte Einkommensteil (E) wird in zwei Teile zerlegt:
   – einen Teil, der mit 45 v. H. der Körperschaftsteuer unterliegt (E 45) und
   – einen Teil, der mit 30 v. H. der Körperschaftsteuer unterliegt (E 30).

Zerlegt wird nach der Formel:

$$E\,45 \times 0{,}45 + E\,30 \times 0{,}30 = St,$$

wobei St die Tarifbelastung des aufzuteilenden Eigenkapitalteils bezeichnet.

Daraus ergibt sich:

$$E\,30 = 3\,E - 20/3\,St$$

b) Von den errechneten beiden Teilen (E 30 und E 45 = E – E 30) sind die entsprechenden Körperschaftsteuer-Beträge abzuziehen. Die verbleibenden Beträge stellen den Zugang zu den Teilbeträgen des verwendbaren Eigenkapitals dar.

Die Eigenkapitalzugänge können auch **vereinfacht** wie folgt **ermittelt** werden:

a) bei inländischen Einkommensteilen:

Summe der Steuerermäßigungen x 14/3 = Zugang zum EK 30

(Rest = Zugang zum EK 45)

b) bei ausländischen Einkommensteilen:

anzurechnende ausländische Steuer x 77/30
+ Summe der übrigen Steuerermäßigungen x 14/3
= Zugang zum EK 30

(Rest = Zugang zum EK 45)

1496 Wegen einer zeitraumunabhängigen Aufteilungsformel für alle Ermäßigungsgründe vgl. Cattelens, DB 1994 S. 1641.

9.3.2.5 Aufteilungsrechnung bei aus ausländischen Einkünften entstandenen Eigenkapitalteilen

1497 Aus ausländischen Einkünften entstandene Eigenkapitalzugänge sind nach § 32 Abs. 2 KStG aufzuteilen, wenn für die ausländischen Einkünfte eine deutsche Körperschaftsteuer anfällt und sich diese deutsche Körperschaftsteuer ermäßigt

– durch die Anrechnung ausländischer Steuern und/oder
– durch die „inländische" Tarifermäßigung nach den §§ 16, 17 BerlinFG (bis 1991, ggfs. bis 1992; bei abweichendem Wirtschaftsjahr bis 1993).

Wie am nachstehenden Beispiel dargelegt wird, unterscheidet sich die Aufteilungsrechnung bei ausländischen Einkommensteilen in zwei Punkten von der bei inländischen Einkommensteilen.

Beispiel: 1497

Sachverhalt

Im zu versteuernden Einkommen enthaltene ausländische Einkünfte i. S. des § 26 KStG i. V. mit § 34c Abs. 1 EStG		100 000 DM
Darin enthaltene anrechenbare ausländische Steuer		35 000 DM

Vomhundertsatz der Tarifbelastung

Ausländische Einkünfte		100 000 DM
Körperschaftsteuer 45 v. H.	45 000 DM	
– Anzurechnende ausländische Steuer	– 35 000 DM	– 35 000 DM
		65 000 DM
Tarifbelastung	10 000 DM	– 10 000 DM
Aufzuteilender Eigenkapitalzugang		55 000 DM

Tarifbelastung in v. H. $\dfrac{10\,000 \times 100}{65\,000} = 15{,}4$ v. H.

Hier liegt der **erste Unterschied** in der Berechnung. Nach Abschnitt 86 Abs. 1 Satz 3 KStR ist Bezugsgröße für den Vomhundertsatz der Tarifbelastung die Summe aus dem aufzuteilenden Eigenkapitalzugang und **dessen Tarifbelastung**. Während bei inländischen Einkünften in der vorstehenden Bruchrechnung unter dem Bruchstrich die Zahl 100 000 stehen würde, sind es bei ausländischen Einkünften nur 65 000 DM. Der Grund ist der, daß nach Abschnitt 86 Abs. 5 KStR **die anzurechnende ausländische Steuer vor der Aufteilung von den ausländischen Einkünften abzuziehen** ist, damit sie nicht über die Gliederungsrechnung mit deutscher Steuer belastet wird. Da die ausländische Steuer wegen ihrer Anrechnung nicht mit deutscher Körperschaftsteuer belastet ist, entfällt die gesamte Tarifbelastung auf den Eigenkapitalzugang von 55 000 DM, so daß die Summe aus aufzuteilendem Eigenkapitalzugang (55 000 DM) und dessen Tarifbelastung (10 000 DM) = 65 000 DM ergibt.

Aufteilung des Eigenkapitalzugangs

		EK 30	EK 01
	DM	DM	DM
Aufzuteilender Teilbetrag	55 000		
davon Zugang zum EK 30: 10 000 DM x $^{77}/_{30}$	– 25 667	25 667	
Restbetrag = Zugang zum EK 01	29 333		29 333

Hier liegt der **zweite Unterschied:** Der Betrag, der nach der Aufteilungsrechnung in den nichtbelasteten Teilbetrag einzustellen ist, ist bei inländischen Einkünften dem EK 02, bei ausländischen Einkünften dem EK 01 zuzuordnen (§ 32 Abs. 4 Nr. 3 i.V.m. § 30 Abs. 2 Nr. 1 KStG).

Wegen der gliederungsmäßigen Behandlung ausländischer Einkünfte siehe im einzelnen nachstehend unter RZ 1640 ff.

Bei **ausländischen Einkünften,** die der deutschen Steuer unterliegen und bei denen die ausländische Steuer nach § 26 KStG in Verbindung mit § 34c EStG oder nach einem Abkommen zur Vermeidung der Doppelbesteuerung auf die Körperschaftsteuer anzurechnen ist, kann nach Abschnitt 87 Abs. 4 KStR die Aufteilung dadurch vereinfacht werden, daß mehrere aufzuteilende Eigenkapitalteile und deren Tarifbelastung für die Aufteilung zusammengefaßt werden. Eigenkapitalteile mit einer Tarifbelastung von mehr als 30 v.H. (bis 1993: 36 v.H.) dürfen aber nicht mit Eigenkapitalteilen zusammengefaßt werden, deren Tarifbelastung geringer ist. 1498

9.3.2.6 Entstehungsfiktion; Berücksichtigung der nichtabziehbaren Ausgaben bei der Aufteilung

Die durch die Aufteilung ermittelten Teilbeträge gelten gemäß § 32 Abs. 3 KStG als von vornherein so entstanden, wie sie sich durch die Aufteilung ergeben haben. 1499

1499 Diese **Fiktion der Entstehung** hat nur Bedeutung für die Zuordnung der **sonstigen nichtabziehbaren Ausgaben** nach § 31 Abs. 1 Nr. 4 KStG. Die Vorschrift des § 32 Abs. 4 KStG ist nämlich nur verständlich, wenn man davon ausgeht, daß die nichtabziehbaren Ausgaben – abgesehen von der Körperschaftsteuer – den einzelnen Teilbeträgen **nach** der Aufteilung zuzuordnen sind. Dies bewirkt, daß sie höher mit Körperschaftsteuer belastet werden können, als ihre Belastung im Steuerfestsetzungsverfahren ausmacht. Vgl. dazu auch die vorstehenden Ausführungen unter RZ 1434 ff.

9.3.3 Die Zuordnung von nach § 21 Abs. 2 oder 3 BerlinFG ermäßigt belasteten Eigenkapitalteilen (§ 27 BerlinFG)

1500 Nicht in den KStR geregelt ist die Zuordnung von Eigenkapitalteilen nach § 27 BerlinFG, die aus nach § 21 Abs. 2 **Satz 1** oder Abs. 3 **Satz 1** BerlinFG ermäßigt besteuerten Einkommensteilen entstanden sind. Die Regelungen der §§ 21 und 27 BerlinFG lassen sich wie folgt zusammenfassen:

1501 1. Nach **§ 21 BerlinFG** ermäßigt sich die Körperschaftsteuer

   a) bis einschließlich Veranlagungszeitraum 1990: um 22,5 v. H.
   für den Veranlagungszeitraum 1991: um 20 v. H.
   für den Veranlagungszeitraum 1992: um 13,5 v. H.
   für den Veranlagungszeitraum 1993: um 9 v. H.
   für den Veranlagungszeitraum 1994: um 4,5 v. H.
   (§ 21 Abs. 2 **Satz 1** und Abs. 3 **Satz 1** BerlinFG)

   – bei Körperschaften, Personenvereinigungen und Vermögensmassen mit Geschäftsleitung und Sitz in Berlin (West),

   – bei Körperschaften, Personenvereinigungen und Vermögensmassen mit Sitz und Geschäftsleitung im übrigen Bundesgebiet, die eine Betriebstätte in Berlin unterhalten;

   b) bis einschließlich Veranlagungszeitraum 1990: um 10 v. H.
   für den Veranlagungszeitraum 1991: um 9 v. H.
   für den Veranlagungszeitraum 1992: um 6 v. H.
   für den Veranlagungszeitraum 1993: um 4 v. H.
   für den Veranlagungszeitraum 1994: um 2 v. H.
   (§ 21 Abs. 2 **Satz 2** und Abs. 3 **Satz 2** BerlinFG) für begünstigte Beteiligungserträge aus Berlin (West).

1502 2. **Tritt** zur Ermäßigung nach § 21 Abs. 2 **Satz 1** oder Abs. 3 **Satz 1** BerlinFG **keine andere Ermäßigung hinzu,** liegt ein Aufteilungsfall i. S. d. **§ 32 Abs. 2 KStG nicht vor.** In diesem Fall erfolgt **nur eine Zuordnung nach § 27 BerlinFG.** Bei der Ermittlung des Vomhundertsatzes der Tarifbelastung ist die sogenannte **„maßgebliche Tarifbelastung"** anzusetzen, d. h. der Betrag der Berlinpräferenz ist zur Ermittlung des Vomhundertsatzes wieder zuzurechnen. In Höhe der Berlinpräferenz ist der aufzuteilende Eigenkapitalzugang dem EK 0 (bei inländischen Einkünften dem EK 02 und bei ausländischen Einkünften dem EK 01) zuzuordnen.

Beispiel: 1502

	DM	DM	EK 45 DM	EK 02 DM
Begünstigte Berliner Einkünfte 1994		100 000		
Körperschaftsteuer 45 v. H.	45 000			
Ermäßigung nach § 21 Abs. 2 Satz 1				
Berlin FG (4,5 v. H. von 45 000 DM)	– 2 025			
Tarifbelastung	42 975	– 42 975		
Aufzuteilender Eigenkapitalteil		57 025		
+ Erhöhung der Tarifbelastung				
gem. § 27 Berlin FG	+ 2 025			
= Maßgebliche Tarifbelastung				
(= 45 v. H.)	45 000			
Zuordnung der Berlinpräferenz		– 2 025		+ 2 025
Restbetrag = Zuordnung zum EK 45		55 000	+ 55 000	

3. Werden Einkommensteile sowohl **nach § 21 Abs. 2 Satz 1 oder Abs. 3 Satz 1 BerlinFG als** 1503
auch zusätzlich auf andere Weise ermäßigt besteuert, treffen die Zuordnung nach § 27
BerlinFG und die Aufteilung nach § 32 Abs. 2 KStG zusammen. Auch hier wird der Präferenzbetrag nach § 21 Abs. 2 oder 3 BerlinFG so behandelt, als hätte er die Körperschaftsteuer nicht gemindert (Ermittlung der sogenannten „maßgeblichen Tarifbelastung").

Im Rahmen der vorweg vorzunehmenden Zuordnung nach § 21 BerlinFG wird der Präferenzbetrag dem EK 0 (bei inländischen Einkünften dem EK 02, bei ausländischen Einkünften dem EK 01) zugeordnet. Anschließend erfolgt die **Aufteilung** des restlichen Eigenkapitals nach § 32 Abs. 2 KStG.

Beispiel:

Vomhundertsatz der Tarifbelastung

	DM	DM
Nach § 21 Abs. 3 Satz 1 BerlinFG begünstigter Einkommensteil 1990		100 000
Darauf entfallende Körperschaftsteuer (50 v. H.)	50 000	
– Ermäßigung nach § 21 Abs. 3 Satz 1 BerlinFG		
(22,5 v. H. von 50 000 DM)	– 11 250	
	38 750	
– Ermäßigung nach §§ 16, 17 BerlinFG	– 5 000	
Verbleiben	33 750	– 33 750
= Zugang zum verwendbaren Eigenkapital (aufzuteilender Teilbetrag)		66 250
+ Berlinpräferenz	+ 11 250	
= Maßgebliche Tarifbelastung	45 000	

v.H.-Satz der Tarifbelastung = $\dfrac{45\,000 \times 100}{100\,000}$ = 45 v. H.

1503 Aufteilung des Zugangs zum verwendbaren Eigenkapital

	EK 50 DM	EK 36 DM	EK 02 DM
Aufzuteilender Teilbetrag	66 250		
Zuordnung nach § 27 BerlinFG			
Vorwegzuordnung nach § 27 BerlinFG	– 11 250		+ 11 250
	55 000		
Aufteilung nach § 32 Abs. 2 KStG			
Zugang zum EK 36: 5 000 DM x $^{32}/_{7}$	– 22 857	+ 22 857	
Restbetrag = Zugang zum EK 50	32 143	+ 32 143	

1504 4. Bei Ermäßigung der Körperschaftsteuer für begünstigte Berliner Beteiligungserträge nach § 21 Abs. 2 Satz 2 oder Abs. 3 Satz 2 BerlinFG ist in jedem Fall nur eine Aufteilung nach § 32 Abs. 2 KStG vorzunehmen. Diese Steuerermäßigung wird also genauso behandelt wie die übrigen Tarifermäßigungen.

1505–1510 frei

10. Gliederung des verwendbaren Eigenkapitals bei Verlusten; Verlustrücktrag (§ 33 KStG; Abschnitt 89 KStR)

Ausgewählte Literaturhinweise:

Zur Rechtslage bis 1993: Courage/Hutmacher, Die Problematik der Begrenzung des Verlustrücktrags im KStG 1977 bei Körperschaften im Anrechnungsverfahren, BB 1981 S. 902; **Fasold,** Die Praxis der neuen Körperschaftsteuer 1977, DStR 1978 S. 369; **Herzig,** Körperschaftsteuerliche Mehrbelastung durch die Begrenzung des Verlustrücktrags in § 8 Abs. 4 KStG, GmbHR 1978 S. 133; ders., Verluste im körperschaftsteuerlichen Anrechnungsverfahren, StbJb 1982/83 S. 141; **Dötsch,** Gliederung des verwendbaren Eigenkapitals bei Verlusten, NSt, Schlagwort, EK-Aufteilung, Darstellung 2; ders., Die Anwendung der Vorschriften des § 8 Abs. 4 und des § 33 Abs. 3 KStG beim zweijährigen Verlustrücktrag, DB 1986 S. 63; **Röhl,** Verlustrücktrag und verwendbares Eigenkapital, DB 1978 S. 1711; **Pinggéra,** Die Benachteiligung von Verlusten im Körperschaftsteuerrecht, BB 1981 S. 1205; **Orth,** Überlegungen zum zweijährigen Verlustrücktrag i.d.F. des Entwurfs eines 2. HStruktG, FR 1981 S. 5; ders., Substanzsteuerliche Rechtsfragen des Verlustrücktrags, StuW 1982 S. 365; ders., Verluste im körperschaftsteuerlichen Anrechnungsverfahren, JbFStR 1984/85 S. 335; **Pezzer,** Körperschaftsteuerbescheid und Feststellung des verwendbaren Eigenkapitals im Falle des Verlustrücktrags, DB 1979 S. 134; **Lange,** Gliederung des verwendbaren Eigenkapitals beim Verlustrücktrag, NWB Fach 4 S. 3311; **Dötsch/Jost,** Probleme im Zusammenhang mit der Billigkeitsregelung der Finanzverwaltung zur Auslegung des § 8 Abs. 4 und des § 33 Abs. 3 beim zweijährigen Verlustrücktrag, DB 1984 S. 846 und S. 894; **Raudszus,** Trennung oder Zusammenfassung der Rücktragsjahre beim zweijährigen Verlustrücktrag von Körperschaften?, BB 1984 S. 1090; **von Gamm,** Der Zwang zum Verlustrücktrag - können steuerliche Benachteiligungen im Bereich der Körperschaftsteuer vermieden werden?, FR 1984 S. 195; **Orth,** Verluste im körperschaftsteuerlichen Anrechnungsverfahren, JbFStR 1984/85 S. 335; **Bink,** Schwierigkeiten beim körperschaftsteuerlichen Verlustrücktrag, GmbHR 1985 S. 95; **Dötsch,** Die Anwendung der Vorschriften des § 8 Abs. 4 und des § 33 Abs. 3 KStG beim zweijährigen Verlustrücktrag, DB 1986 S. 63; **Christoffel,** Berücksichtigung von Verlusten bei der Gliederung des verwendbaren Eigenkapitals, StStud 1986 S. 363; **Reiß,** Der zweijährige Verlustrücktrag gem. § 8 Abs. 4, § 33 Abs. 2 und 3 KStG, DB 1987 S. 451; **Nickel,** Der Verlustrücktrag nach den KStR 1985, StWa 1987 S. 122; **Schneider,** Was verlangt eine marktwirtschaftliche Steuerreform: Einschränkung des Verlustmantelkaufs oder Ausweitung des Verlustausgleichs durch handelbare Verlustverrechnungsgutscheine?, BB 1988 S. 1222; **Herb/Menges,** Unvollständiger Verlustausgleich als Innovationshemmnis – Überlegungen zur Gestaltung von Steuergutscheinen bei Körperschaft, BB 1989 S. 1525; **Herzig/Braun,** Der körperschaftsteuerliche Verlustrücktrag de lege ferenda, GmbHR 1968 S. 486; **Seidl,** Steuerreform oder Floriansprinzip?, BB 1989 S. 2157; **Haar,** Verlustrücktrag bei der Körperschaftsteuer, StStud 1990, S. 100.

Zur Rechtslage ab 1994: Dötsch, Wahlweiser Verzicht auf den Verlustrücktrag bei der Einkommen- und Körperschaftsteuer, DB 1993 S. 1639, ders., Beabsichtigte Änderungen des StandOG durch das StMBG im Bereich der KSt, DB 1993 S. 2200; **Cattelaens,** Änderungen des Körperschaftsteuergesetzes durch das FKPG und das StandOG, Wpg 1993 S. 557; ders., Änderungen des Körperschaftsteuerrechts, insbesondere durch das StMBG, Wpg 1994 S. 41; **Voß,** Wahlrecht beim Verlustrücktrag?, DStZ 1993 S. 413; **Schult/Hundsdoerfer,** Optimale Nutzung des geplanten Wahlrechts beim Verlustrücktrag nach § 10d EStG, DStR 1993 S. 525; **Winter,** Verlustabzug der GmbH, GmbHR 1993 S. 803; **Siegle,** Wahlweiser Verzicht auf den Verlustrücktrag – Gestaltungsmöglichkeiten oder Steuerfalle?, DStR 1993 S. 1549; **Schlarb,** Das Wahlrecht beim Verlustrücktrag ab 1994 – Körperschaftsteuer/Einkommensteuer, BB 1994 S. 187; **Gehrmann,** Nutzung des Wahlrechts beim Verlustrücktrag nach § 10d EStG bei Einkommen- und Körperschaftsteuer, Inf 1994 S. 13 und S. 46.

10.1 Vorbemerkung

10.1.1 Die Regelung in § 10d EStG

10.1.1.1 Bis 1993 zwingender Verlustrücktrag

Nach dem bis zum Veranlagungszeitraum 1993 geltenden Recht waren nicht ausgeglichene Verluste, die bis einschließlich Veranlagungszeitraum 1993 enstanden waren, innerhalb der von § 10d EStG vorgegebenen Grenzen zwingend in dem jeweils ältesten Jahr abzuziehen, beginnend in dem zweiten dem Verlustjahr vorangegangenen Veranlagungszeitraum. Soweit nach diesem Abzug noch ein nicht ausgeglichener Verlust verblieb, war dieser in dem jeweils folgenden Veranlagungszeitraum abzuziehen, bis der Verlustabzug verbraucht war. **1511**

Nach § 10d Abs. 1 EStG waren Verluste, die bei der Ermittlung des Gesamtbetrags der Einkünfte nicht ausgeglichen werden, bis zu einem Betrag von insgesamt 10 Mio. DM wie Sonderausgaben vom Gesamtbetrag der Einkünfte des zweiten dem Veranlagungszeitraum vorangegangenen Veranlagungszeitraum abzuziehen; soweit ein Abzug danach nicht möglich ist, waren sie wie Sonderausgaben vom Gesamtbetrag der Einkünfte des ersten dem Veranlagungszeitraum vorangegangenen Veranlagungszeitraum abzuziehen.

§ 10d EStG regelte, daß nicht ausgeglichene Verluste, die nicht nach § 10d Abs. 1 EStG abgezogen worden waren, in den folgenden Veranlagungszeiträumen wie Sonderausgaben vom Gesamtbetrag der Einkünfte abzuziehen waren.

10.1.1.2 Ab 1994 wahlweiser Verlustrücktrag

Nach den durch das Standortsicherungsgesetz eingefügten Sätzen 4 und 5 in § 10d Abs. 1 EStG ist auf Antrag des Steuerpflichtigen ganz oder teilweise von der Anwendung des Satzes 1 abzusehen. In dem **Antrag** sind die Höhe des abzuziehenden Verlustes und der Veranlagungszeitraum anzugeben, in dem der Verlust abgezogen werden soll. Wenn ein solcher Antrag nicht gestellt wird, greift die Grundregel des § 10d EStG, d. h. der Verlustabzug wird in dem jeweils ältesten Abzugsjahr vorgenommen. **1512**

§ 10d Abs. 1 Satz 4 und 5 EStG regelt das Wahlrecht nicht i. S. eines „entweder-oder", sondern erlaubt innerhalb der Grenzen des § 10d Abs. 1 Satz 1 EStG auch jede Zwischenlösung. Auf einen Verlustrücktrag kann deshalb nicht nur – zugunsten des Abzugs in einem späteren Veranlagungszeitraum, auch in dem zweiten Rücktragsjahr – insgesamt verzichtet, sondern ein Rücktrag kann auch der Höhe nach auf den gewünschten Betrag begrenzt werden.

10.1.1.3 Keine vergleichbare Abzugsbegrenzung für den Verlustvortrag

Für den Verlustvortrag sieht das Gesetz einen Verzicht bzw. eine betragsmäßige Beschränkung des Abzugs nicht vor, d. h. dieser muß – wie im geltenden Recht – bis zu einem zu versteuernden Einkommen von null DM vorgenommen werden, soll er nicht insoweit verloren gehen. **1513**

10.1.2 Anwendung des § 10d EStG im Körperschaftsteuerrecht

1514 § 10d EStG gilt über § 8 Abs. 1 KStG auch im Körperschaftsteuerrecht.

1515 Bei zur Gliederung ihres verwendbaren Eigenkapitals verpflichteten Körperschaften konnte es bei dem bis 1993 zwingend durchzuführenden Verlustrücktrag zu einem Verbrauch des Verlustes ohne steuerliche Entlastung beim Verlustrücktrag kommen, wenn das Einkommen der Verlustrücktragsjahre bereits ausgeschüttet worden war. Deshalb sahen die Regelung des § 8 Abs. 5 und des § 33 Abs. 3 KStG für diese Körperschaften eine Begrenzung des Verlustrücktrags vor. § 8 Abs. 5 (früher Abs. 4) KStG legte – über die Regelung des § 10d EStG hinaus – für Körperschaften, die zur Eigenkapitalgliederung verpflichtet sind, einen Höchstbetrag für den Verlustrücktrag fest. § 33 Abs. 3 KStG enthielt eine Sondervorschrift für die gliederungsmäßige Behandlung von Ausschüttungen beim Verlustrücktrag.

1516 Mit der Einführung des Wahlrechts beim Verlustrücktrag durch das Standortsicherungsgesetz sind die Sondervorschriften entbehrlich geworden. Sie sind deshalb gestrichen worden.

1517 Der Verlustrücktrag ist für unsere Begriffe das schwierigste, was das körperschaftsteuerliche Anrechnungsverfahren „zu bieten" hat. Mit seiner Ausdehnung auf zwei Jahre war die Grenze dessen, was der Praxis zumutbar ist, u.E. erreicht oder vielleicht sogar bereits überschritten. Auch die **ab 1994** geltende Neuregelung bringt insoweit nur eine **Entlastung für die Finanzämter, für die steuerpflichtige Körperschaft** und ihren steuerlichen Berater bringt die Neuregelung jedoch **kaum eine Vereinfachung**.

Wegen der **Ermittlung** eines steuerlichen Verlustes und dessen Behandlung in der **Veranlagung** siehe vorstehend unter RZ 606 ff.

10.2 Gliederungstechnische Behandlung des steuerlichen Verlustes

1518 In der **Gliederungsrechnung** verringern steuerliche Verluste im Wirtschaftsjahr ihrer Entstehung das verwendbare Eigenkapital. Gemäß § 33 Abs. 1 KStG erfolgt ihr **Abzug vom EK 02**. Durch diese Regelung soll erreicht werden, daß das vorhandene belastete verwendbare Eigenkapital und das darauf lastende Steuerguthaben für Ausschüttungen an die Anteilseigner und damit für die Anrechnung erhalten bleibt. Nach Abschnitt 89 Abs. 1 KStR ist der steuerliche Verlust auch dann vom EK 02 abzuziehen, wenn durch den Abzug ein negativer Teilbetrag entsteht.

Angesprochen sind in § 33 Abs. 1 KStG die vor- und rücktragsfähigen Verluste, die sich nach den **steuerlichen Vorschriften** über die Gewinnermittlung ergeben haben, und zwar steuerliche Verluste, die **nach** dem Systemwechsel entstanden sind. **Vor** dem Systemwechsel entstandene Verluste haben das bei der erstmaligen Gliederung anzusetzende **EK 03** verringert.

1519 Soweit der in der Steuerbilanz ausgewiesene Verlust oder gar Gewinn nicht mit dem steuerlich berücksichtigungsfähigen Verlust identisch ist, richtet sich die Zuordnung der Differenzbeträge nach den §§ 30 und 31 KStG.

Beispiel:

Steuerbilanzgewinn	2 000 DM
+ darin abgezogene sonstige nichtabziehbare Ausgaben i. S. des § 31 Abs. 1 Nr. 4 KStG	10 000 DM
./. darin enthaltene steuerfreie ausländische Einkünfte	./. 15 000 DM
= steuerlicher Verlust	./. 3 000 DM

Gliederungsmäßige Behandlung:

Die steuerfreien ausländischen Einkünfte in Höhe von 15 000 DM sind dem EK 01 zuzuordnen (§ 30 Abs. 2 Nr. 1 KStG).

Der steuerliche Verlust in Höhe von 3 000 DM mindert das EK 02 (§ 33 Abs. 1 KStG).

Die nichtabziehbaren Ausgaben sind, wenn dort ein ausreichender Anfangsbestand vorhanden ist, vom EK 45 abzusetzen (§ 31 Abs. 1 Nr. 4 KStG).

10.3 Gliederungstechnische Behandlung des Verlustvortrags

Nach § 33 Abs. 2 Satz 1 KStG ist in der Eigenkapitalgliederung des Abzugsjahres der im Verlustjahr ins EK 02 eingestellte Negativbetrag durch eine Hinzurechnung (beim EK 02) auszugleichen, soweit der Verlust in diesem späteren Veranlagungszeitraum bei der Ermittlung des Einkommens ausgeglichen wird.

Anders als beim Verlustrücktrag fallen beim Verlustvortrag die dadurch bedingte Eigenkapitalverringerung sowie die Eigenkapitalerhöhung aufgrund der Verringerung der Körperschaftsteuer zeitlich nicht auseinander, d.h. beide Veränderungen des verwendbaren Eigenkapitals sind in dem Wirtschaftsjahr zu erfassen, auf das der Verlust vorgetragen wird.

Beispiel:
Der im Jahr 01 entstandene Verlust in Höhe von 30 000 DM ist insgesamt als Verlustvortrag vom steuerlichen Gewinn des Jahres 02 in Höhe von 50 000 DM abzuziehen.

Gliederungsrechnung

	DM	EK 45 DM	EK 02 DM
Anfangsbestand 1. 1. 02			− 30 000
Einkommen 02	50 000		
./. Verlustvortrag aus 01	− 30 000		+ 30 000
	20 000		
./. Körperschaftsteuer 45 v. H.	− 9 000		
Eigenkapitalzugang aus dem Einkommen	11 000	+ 11 000	
		+ 11 000	0

– **Sonderregelung für Körperschaften in der ehemaligen DDR**

Nach § 54a Nr. 3 KStG i. d. F. des Einigungsvertragsgesetzes vom 23. 9. 1990 (BGBl I S. 885) ist bei Körperschaften, Personenvereinigungen und Vermögensmassen, die am 31. 12. 1990 ihre Geschäftsleitung oder ihren Sitz in der ehemaligen DDR und im Jahre 1990 keine Geschäftsführung und keinen Sitz im „Alt-Bundesgebiet" hatten, die in § 33 Abs. 2 KStG für den Fall des Verlustvortrags vorgeschriebene Erhöhung des EK 0 bei dem Teilbetrag EK 04 (statt beim EK 02) vorzunehmen. Diese Regelung war erforderlich, weil das Gesamt-Eigenkapital der DDR-Körperschaften, also auch die für den Verlustvortrag nur in Betracht kommenden steuerlichen Verluste 1990 (vgl. § 57 Abs. 4 EStG i. d. F. des Einigungsvertragsgesetzes), im Rahmen der zum 1. 1. 1991 vorzunehmenden Eröffnungsgliederung im Teilbetrag EK 04 ausgewiesen sind.

10.4 Gliederungstechnische Behandlung des Verlustrücktrags

10.4.1 Grundsätzliches

Bevor wir uns mit den schwierigen Problemen beschäftigen, die sich der bis 1993 geltenden Rechtslage sowie aus der Anwendung des § 8 Abs. 5 und des § 33 Abs. 3 KStG bzw. der ab 1994 geltenden Rechtslage ergeben, soll zunächst auf die **gliederungstechnische Behandlung** des Verlustrücktrags eingegangen werden. Wegen der **bis 1993 geltenden Rechtslage** und der Begrenzung nach **§ 8 Abs. 5 KStG** siehe nachstehend unter RZ 1532 ff; wegen der Festschreibung der Verwendung gemäß **§ 33 Abs. 3 KStG** siehe RZ 1550 ff; wegen der **ab 1994 geltenden Rechtlage** siehe nachstehend unter RZ 1578 ff.

Da sich durch einen Verlustrücktrag nach § 10d EStG das Einkommen des (der) dem Verlustjahr vorangegangenen Abzugsjahres (Abzugsjahre) verringert, ändert sich auch die Gliederung des verwendbaren Eigenkapitals zum Schluß dieses (dieser) Wirtschaftsjahre(s). Gemäß Ab-

1523 schnitt 89 Abs. 2 Satz 2 KStR sind in der geänderten Gliederungsrechnung zum Schluß des Abzugsjahres die Zugänge aus dem Einkommen zu den mit Körperschaftsteuer belasteten Teilbeträgen entsprechend den Auswirkungen des Verlustrücktrags auf die Einkommensteile neu zu berechnen.

1524 Durch den Verlustrücktrag verringert sich die Körperschaftsteuer für das Abzugsjahr. Gleichwohl wirkt sich der Verlustrücktrag auf die **Handels- und Steuerbilanz** nicht aus, d.h. diese Bilanz bleibt unverändert. Der **Körperschaftsteuer-Erstattungsanspruch** ist erstmals in der Bilanz des (späteren) Verlustjahres zu aktivieren. Vgl. Stellungnahme des Hauptfachausschusses des Instituts der Wirtschaftsprüfer HFA 2/1977 unter Nr. 5, abgedruckt in Wpg 1977 S. 463.

1525 Da sich der Verlustrücktrag in der Bilanz des Abzugsjahres noch nicht niederschlägt, darf auch in der **Gliederungsrechnung** zum Schluß des Abzugsjahrs die Summe des verwendbaren Eigenkapitals durch den Verlustrücktrag nicht verändert werden. Nur seine **Zusammensetzung ändert sich,** weil bisher steuerpflichtige Eigenkapitalzugänge durch den Verlustrücktrag nunmehr zu nicht belasteten Eigenkapitalzugängen werden. Der **Körperschaftsteuer-Erstattungsanspruch** aus dem Verlustrücktrag darf auch gliederungsmäßig erst das Eigenkapital des Verlustentstehungsjahres erhöhen. Diese zeitliche Verschiebung des Erstattungsanspruchs bringt in der Gliederungsrechnung Komplikationen mit sich. Vgl. dazu das nachstehend unter RZ 1529 abgedruckte Schaubild.

10.4.2 Auswirkungen des Verlustrücktrags auf die Eigenkapitalgliederung

1526 Die Verringerung des zu versteuernden Einkommens durch den Verlustrücktrag führt in der **Körperschaftsteuer-Veranlagung** für das Vorjahr, auf das der Verlust zurückgetragen wird (Abzugsjahr), zu einer Verringerung der Körperschaftsteuer-Schuld. In der **Eigenkapitalgliederung** des Abzugsjahres ist als Zugang zu den belasteten Teilbeträgen das um den Verlustrücktrag verringerte Einkommen anzusetzen; der durch den Verlustrücktrag steuerfrei gestellte Einkommensteil ist dem EK 02 zuzuordnen (§ 33 Abs. 2 KStG). Die **Körperschaftsteuer** ist in der Höhe abzusetzen, wie sie sich ohne den Verlustrücktrag ergibt, und zwar wie folgt:

– Die nach dem Verlustrücktrag **verbleibende** Körperschaftsteuer-Tarifbelastung mindert die belasteten Teilbeträge. Sie wird bei der Ermittlung des Eigenkapitalzugangs aus dem (nach Verlustrücktrag) verbleibenden steuerpflichtigen Einkommen abgezogen;

– die infolge des Verlustrücktrags **zu erstattende** Körperschaftsteuer ist im Abzugsjahr von dem Teilbetrag EK 02 abzuziehen (den sie im Verlustjahr wieder erhöht).

Gesamtauswirkung: Durch den Verlustrücktrag verändert sich das verwendbare Eigenkapital zum Schluß des Abzugsjahrs nicht in der Summe, wohl aber in seiner Zusammensetzung.

1527 **Beispiel:**

Einkommen vor Verlustrücktrag	100 000 DM
steuerlich zu berücksichtigender Verlustrücktrag	30 000 DM

F. Das körperschaftsteuerliche Anrechnungsverfahren

1. Gliederung des verwendbaren Eigenkapitals zum Schluß des Abzugsjahrs: 1527

a) vor Verlustrücktrag

	EK 45 DM	EK 02 DM
Eigenkapitalzugang aus dem Einkommen 100 000 DM ./. 45 000 DM Körperschaftsteuer	+ 55 000	

b) nach Verlustrücktrag

	DM	EK 45 DM	EK 02 DM
Einkommen	100 000		
Verlustrücktrag	− 30 000		+ 30 000
Zu versteuern	70 000		
Körperschaftsteuer 45 v. H.	− 31 500		
Eigenkapitalzugang	− 38 500	+ 38 500	
Wegen des Verlustrücktrags vom EK 02 abzuziehende Körperschaftsteuer (45 v. H. von 30 000 DM)			− 13 500
		38 500	16 500
		55 000 DM	

2. Gliederung des verwendbaren Eigenkapitals zum Schluß des Verlustjahrs

	EK 45 DM	EK 02 DM
Steuerlicher Verlust		− 30 000
Körperschaftsteuer-Erstattung aus dem Verlustrücktrag		+ 13 500

10.4.3 Grundfall zum zweijährigen Verlustrücktrag

1. Eigenkapital-Gliederung für die Jahre 01 und 02 vor Verlustrücktrag 1528

	DM	EK 45 DM	EK 03 DM
Bestand zum 1. 1. 01		0	520 000
Einkommen 01	300 000		
− Körperschaftsteuer 45 v. H.	− 135 000	+ 165 000	
− Vermögensteuer		− 5 500	
Bestand 31. 12. 01		159 500	520 000
Offene Gewinnausschüttung im Jahre 02 für 01	70 000		
Dafür gilt EK 45 als verwendet in Höhe von $^{55}/_{70}$ von 70 000 DM	− 55 000	− 55 000	
Körperschaftsteuer-Minderung	15 000		−
Einkommen 02	200 000		
− Körperschaftsteuer 45 v. H.	− 90 000	+ 110 000	
− Vermögensteuer		− 5 500	
Bestand zum 31. 12. 02		209 000	520 000

2. Im **Jahre 03** erzielt die Gesellschaft einen Bilanzverlust von − 495 500 DM. Eine Vermögensteuer-Zahlung von 5 500 DM wurde als Betriebsausgabe gebucht. Für die Jahre 02 und 03 wurden Gewinnausschüttungen nicht vorgenommen.

1528 **3. Verlustabzug**

Steuerlicher Verlust 03 (– 495 500 DM + 5 500 DM) : 490 000 DM

a) Höchstmöglicher Verlustrücktrag nach 01 (vgl. dazu nachstehend unter RZ 1589 ff)

	DM
Tarifbelastetes Eigenkapital zu Beginn des Verlustrücktragjahres nach Abzug der damit zu verrechnenden Ausschüttungen	0
+ darauf lastende Körperschaftsteuerbelastung	0
= **Zwischensumme 1**	0
+ Einkommen des Verlustrücktragsjahres vor Verlustrücktrag	300 000
– nichtabziehbare Ausgaben des Verlustrücktragsjahres (ohne Körperschaftsteuer)	5 500
– auf die vorstehenden nichtabziehbaren Ausgaben lastende Körperschaftsteuerbelastung	4 500
= **Zwischensumme 2**	290 000
– im Verlustrücktragsjahr ausgeschütteter Gewinn	70 000
– auf die vorstehenden Gewinnausschüttungen lastende Ausschüttungsbelastung	30 000
= **Summe**	190 000

Höchstmöglicher Verlustrücktrag nach 01   190 000 DM
Verbleibender rück- und vortragsfähige Verlust   300 000 DM

b) Höchstmöglicher Verlustrücktrag nach 02 (bis zur Höhe des Einkommens)   200 000 DM

c) Verbleiben als Verlustvortrag nach 04   100 000 DM

4. Eigenkapital-Gliederung für die Jahre 01 bis 03 nach Verlustrücktrag

	DM	EK 45 DM	EK 02 DM	EK 03 DM
Bestand zum 1. 1. 01		0	0	520 000
Einkommen 01	300 000			
– Verlustrücktrag	– 190 000		+ 190 000	
Zu versteuern	110 000			
– Körperschaftsteuer 45 v. H.	– 49 500	+ 60 500		
– Wegen des Verlustrücktrags vom EK 02 abzuziehende Körperschaftsteuer; Abschn. 89 Abs. 3 KStR (45 v. H. von 190 000 DM)			– 85 500	
– Vermögensteuer 01		– 5 500		
Bestand zum 31. 12. 01		55 000	104 500	520 000
Offene Gewinnausschüttung im Jahre 02 für 01	70 000			
dafür gilt EK 50 als verwendet in Höhe von $^{55}/_{70}$ von 70 000 DM	– 55 000	– 55 000		
Körperschaftsteuer-Minderung für 01	15 000			
Einkommen 02	200 000			
– Verlustrücktrag	– 200 000		+ 200 000	
Zu versteuern	0	0		
– Wegen des Verlustrücktrags vom EK 02 abzuziehende Körperschaftsteuer; Abschn. 89 Abs. 3 KStR (45 v. H. von 200 000 DM)			– 90 000	
– Vermögensteuer 02		– 5 500		
Bestand zum 31. 12. 02		– 5 500	214 500	520 000
Steuerlicher Verlust 03			– 490 000	
Körperschaftsteuer-Erstattungsanspruch durch beide Verlustrückträge			+ 175 500	
– Vermögensteuer 03		– 5 500		
Bestand zum 31. 12. 03		– 11 000	– 100 000	520 000

10.5 Zusammenfassende Übersicht zur gliederungsmäßigen Behandlung von Verlust, Verlustrücktrag und Verlustvortrag

In dem nachstehenden **Beispiel** ist die gliederungsmäßige Behandlung von Verlust, Verlustrücktrag und Verlustabzug nochmals schematisch dargestellt. Der besseren Übersichtlichkeit wegen erfolgt die Darstellung am Beispiel des einjährigen Verlustrücktrags. Beim zweijährigen Verlustrücktrag treten insoweit keine Besonderheiten auf.

Beispiel:

Sachverhalt:

Eine im Jahre 01 neugegründete GmbH

– erzielt in 01 ein Einkommen in Höhe von	80 000 DM
– erleidet in 02 einen steuerlichen Verlust von	– 70 000 DM
– erzielt in 03 ein Einkommen in Höhe von	60 000 DM

Wegen einer Gewinnausschüttung für 01 soll auf das Einkommen dieses Jahres nur ein Rücktrag von 30 000 DM sinnvoll sein (vgl. RZ 1589 ff). Die danach noch nicht ausgeglichenen – 40 000 DM Verlust sollen auf das Einkommen 03 vorgetragen werden.

1529 Gliederungsmäßige Behandlung:

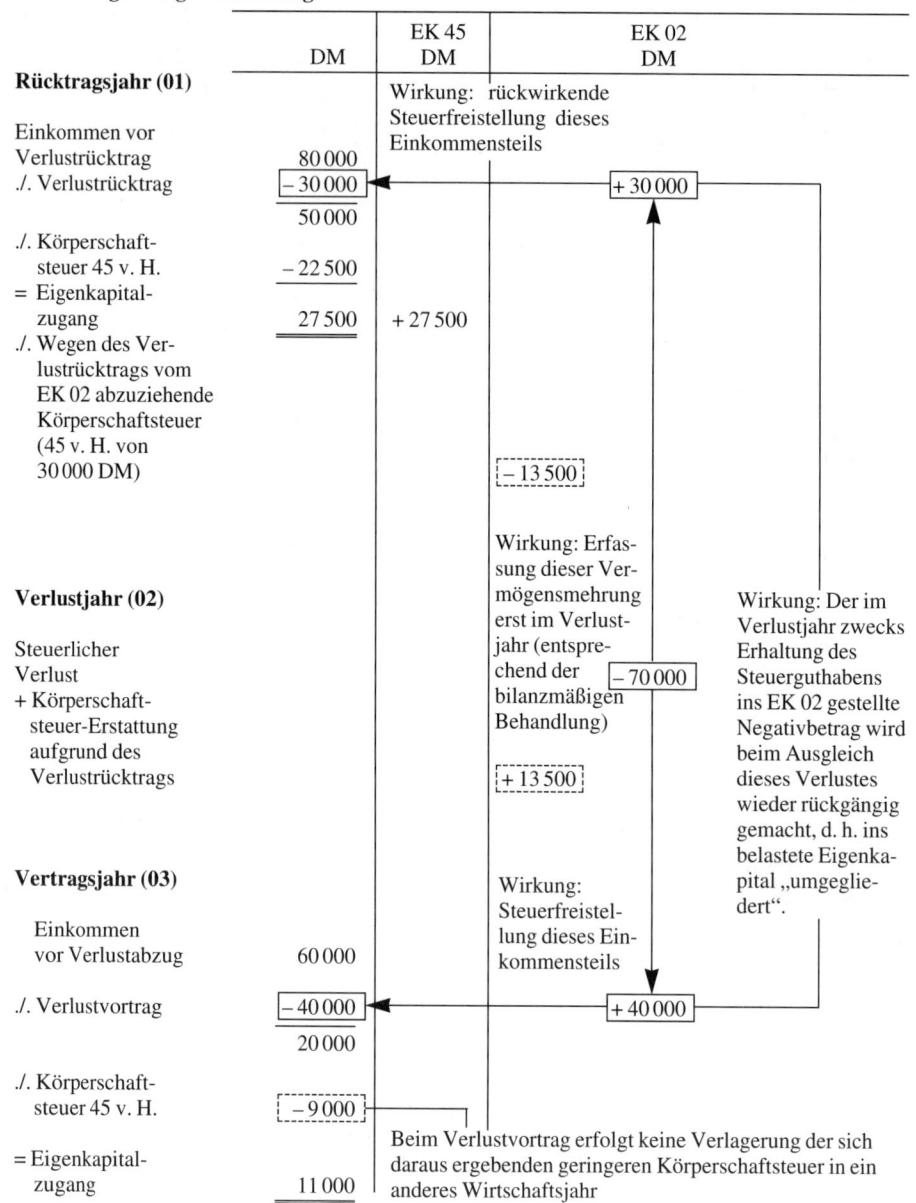

	DM	EK 45 DM	EK 02 DM	
Rücktragsjahr (01)		Wirkung: rückwirkende Steuerfreistellung dieses Einkommensteils		
Einkommen vor Verlustrücktrag	80 000			
./. Verlustrücktrag	−30 000	◄──────	+30 000	──┐
	50 000			
./. Körperschaftsteuer 45 v. H.	−22 500			
= Eigenkapitalzugang	27 500	+27 500		
./. Wegen des Verlustrücktrags vom EK 02 abzuziehende Körperschaftsteuer (45 v. H. von 30 000 DM)		⸽−13 500⸽		
		Wirkung: Erfassung dieser Vermögensmehrung erst im Verlustjahr (entsprechend der bilanzmäßigen Behandlung)		Wirkung: Der im Verlustjahr zwecks Erhaltung des Steuerguthabens ins EK 02 gestellte Negativbetrag wird beim Ausgleich dieses Verlustes wieder rückgängig gemacht, d. h. ins belastete Eigenkapital „umgegliedert".
Verlustjahr (02)				
Steuerlicher Verlust + Körperschaftsteuer-Erstattung aufgrund des Verlustrücktrags			−70 000	
			⸽+13 500⸽	
Vertragsjahr (03)		Wirkung: Steuerfreistellung dieses Einkommensteils		
Einkommen vor Verlustabzug	60 000			
./. Verlustvortrag	−40 000	◄──────	+40 000	
	20 000			
./. Körperschaftsteuer 45 v. H.	⸽−9 000⸽			
= Eigenkapitalzugang	11 000	Beim Verlustvortrag erfolgt keine Verlagerung der sich daraus ergebenden geringeren Körperschaftsteuer in ein anderes Wirtschaftsjahr		

10.6 Übergangsfragen beim Systemwechsel zum 1. 1. 1977

1530 Wegen der gliederungsmäßigen Behandlung
- eines Verlustrücktrags von 1977 nach 1976,
- von Verlustvorträgen aus Veranlagungszeiträumen vor 1977 in die Zeit nach der Reform der Körperschaftsteuer

siehe Abschnitt 106 Abs. 7 und 8 KStR 1981.

10.7 Die Rechtslage bis 1993: Zwingender Verlustrücktrag – Begrenzung des Verlustrücktrages (§ 8 Abs. 5 KStG, § 33 Abs. 3 KStG, Abschnitt 89 a KStR)

1531 Die nachfolgenden Ausführungen betreffen den Verlustrücktrag von bis einschließlich Veranlagungszeitraum 1993 entstandenen Verlusten. Vgl. auch RZ 1511.

10.7.1 Die Begrenzung des Verlustrücktrags nach § 8 Abs. 5 KStG

10.7.1.1 Der Regelungsinhalt des § 8 Abs. 5 KStG

1532 Für Körperschaften, die zur Gliederung ihres verwendbaren Eigenkapitals verpflichtet sind, schränkt **§ 8 Abs. 5 KStG** den Verlustrücktrag im Sinne des § 10d EStG **für bis einschließlich Veranlagungszeitraum 1993 entstandene Verluste** ein. Der Verlustrücktrag ist bei diesen Körperschaften nur insoweit möglich, als sie das Einkommen des Jahres, auf das der Verlust zurückgetragen werden soll, nicht an ihre Anteilseigner ausgeschüttet haben. Abschnitt 89a Abs. 1 KStR umschreibt das so, daß der Verlust nur insoweit zurückgetragen werden kann, als das Einkommen des Abzugsjahrs höher ist als die für dieses Jahr vorgenommene Gewinnausschüttung zuzüglich der Ausschüttungsbelastung von $^9/_{16}$.

Beispiel:

Steuerlicher Verlust einer GmbH im Jahr 03		120 000 DM
Einkommen 01(**vor** Verlustrücktrag)		90 000 DM
Offene Ausschüttung für 01 im Jahr 02		32 000 DM
Der Verlustrücktrag nach 01 ist nur in folgender Höhe möglich:		
Einkommen 01 vor Rücktrag		90 000 DM
Offene Ausschüttung für 01	32 000 DM	
+ Ausschüttungsbelastung $^9/_{16}$ von 32 000 DM =	18 000 DM	./. 50 000 DM
Unterschiedsbetrag = höchstmöglicher Verlustrücktrag nach 01:		40 000 DM
Verbleibender Verlustvortrag nach 04		80 000 DM

1533 Wie bei der Einkommensteuer kann die Körperschaft für bis einschließlich Veranlagungszeitraum 1993 entstandene Verluste nicht zwischen Verlustrück- und -vortrag wählen; es besteht ein **Muß** zum Rücktrag. Wenn § 8 Abs. 5 KStG den Verlustrücktrag beschneidet, ist dies in aller Regel für die Gesellschaft von Vorteil. Dem geringeren (weil sonst ohne steuerliche Entlastung verbrauchten) Verlustrücktrag steht (steuerwirksam) ein höherer Verlustabzug in einem anderen Jahr gegenüber.

1534 Die Anwendung des § 8 Abs. 5 KStG kann große **Probleme** bereiten, da eine wortgemäße Auslegung (ebenso wie bei der Parallelregelung in § 33 Abs. 3 KStG) nicht immer zu einem der Zielsetzung der Vorschrift entsprechenden Ergebnis führt. Vgl. dazu im einzelnen nachstehend unter RZ 1555 ff.

10.7.1.2 Die Zielsetzung des § 8 Abs. 5 KStG

1535 Die Meinungen über den gesetzlichen Zweck des § 8 Abs. 5 KStG gehen auseinander.

Nach der **amtlichen Gesetzesbegründung** (BT-Drucksache 7/5310, S. 11) ist § 8 Abs. 5 KStG eine Schutzvorschrift für die Körperschaft. Sie soll vermeiden, daß ein bei der Veranlagung nach § 10d EStG zurückgetragener Verlust wirkungslos bleibt, d.h. aufgezehrt wird, ohne daß sich eine Steuerminderung für die Gesellschaft ergibt. Das könnte – so die amtliche Begründung – ohne die Rücktragsbeschränkung nach § 8 Abs. 5 KStG geschehen, wenn der Verlustrücktrag das zu versteuernde Einkommen des Abzugsjahres insgesamt (oder teilweise) steuerfrei stellte und die Körperschaftsteuer dieses Jahres vollkommen (oder teilweise) aufzehrte.

Wenn ein ausreichender Vorjahresbestand an belastetem verwendbarem Eigenkapital nicht vorhanden wäre, wäre für die Ausschüttung eine Körperschaftsteuer-Erhöhung erforderlich, soweit

1535 eine vor dem Rücktrag aus EK 50 „finanzierte" Gewinnausschüttung nach Durchführung des Rücktrags infolge Aufzehrung des EK 50 mit der Rechtsfolge einer Körperschaftsteuer-Erhöhung mit dem EK 01 bis EK 03 verrechnet werden müßte. Hierdurch würde die durch den Verlustrücktrag erzielte Steuerersparnis wieder ganz oder teilweise rückgängig gemacht. Der Verlustrücktrag wäre in entsprechendem Umfang „ins Leere" gegangen, mit anderen Worten: er wäre ohne steuerliche Entlastung verbraucht.

Die amtliche Begründung ist u.E. vom Ansatz her nicht überzeugend, weil der beschriebene Effekt des Leerlaufens des Verlustrücktrags bei uneingeschränkter Rücktragsfähigkeit nur eintreten würde, wenn es die Parallelregelung des § 33 Abs. 3 KStG nicht gäbe.

1536 Nach **anderer Auffassung** soll § 8 Abs. 5 KStG verhindern, daß der Fiskus neben der Körperschaftsteuer-Minderung für die für das Abzugsjahr vorgenommenen Gewinnausschüttungen sowie der Körperschaftsteuer-Anrechnung beim Anteilseigner zusätzlich die Körperschaftsteuer-Erstattung für einen nicht um diese Gewinnausschüttungen gekürzten Verlustrücktrag gewähren muß. D.h. der Vorschrift werden haushaltspolitische Erwägungen zugrunde gelegt (wird in der Literatur aber z.T. bestritten).

1537 Plausibel läßt sich u.E. die Vorschrift des § 8 Abs. 5 KStG nur als **Reihenfolgefestlegung** erklären. Sowohl der Verlustrücktrag als auch Gewinnausschüttungen verringern in der Gliederungsrechnung die belasteten Teilbeträge mit der Folge, daß Körperschaftsteuer auf gespeichertes Eigenkapital nachträglich wieder entlastet wird. Das latente Körperschaftsteuer-Guthaben kann jedoch nur einmal entlastet werden. So gesehen, kann man § 8 Abs. 5 KStG als Regelung des Konkurrenzproblems sehen, ob vorrangig der Verlustrücktrag oder die Gewinnausschüttung zu berücksichtigen ist. Nach § 8 Abs. 5 KStG gebührt den Gewinnausschüttungen der Vorrang. Das bedeutet: nur insoweit, als der Eigenkapitalzugang aus dem Einkommen des Abzugsjahres nicht durch Gewinnausschüttungen für dieses Jahr verbraucht ist, kann das ihm entsprechende Einkommen noch durch einen Verlustrücktrag von der Körperschaftsteuer entlastet werden.

1538 Grundbeispiel zur Zielsetzung des § 8 Abs. 5 KStG:

	EK 50 DM	EK 02 DM	KSt DM
a) **Eigenkapitalgliederung zum 31. 12. 01 vor Verlustrücktrag**			
aa) Anfangsbestände		0	100 000
bb) Gewinn im Jahr 01	100 000		
Körperschaftsteuer 50 v. H.	− 50 000		50 000
Zugang EK 50	50 000	+ 50 000	
cc) Offene Gewinnausschüttung im Jahr 02 für das Jahr 01	64 000		
dafür Verwendung von EK 50 ($^{50}/_{64}$ von 64 000 DM)	− 50 000	− 50 000	
Körperschaftsteuer-Minderung ($^{14}/_{64}$ von 64 000 DM)	14 000	−	− 14 000
	0	100 000	36 000

		EK 50 DM	EK 02 DM	KSt DM

b) **Steuerlicher Verlust im Jahr 03**
= – 100 000 DM

c) **Eigenkapitalgliederung zum 31. 12. 01 nach Verlustrücktrag (ohne Begrenzung und ohne Festschreibung nach § 33 Abs. 3 KStG)**

	EK 50 DM	EK 02 DM	KSt DM
aa) Anfangsbestände		0	100 000
bb) Gewinn im Jahr 01	100 000		
– Verlustrücktrag	– 100 000	+ 100 000	
Zu versteuern	0		0
Wegen des Verlustrücktrags vom EK 02 abzuziehende Körperschaftsteuer (vgl. Abschn. 89 Abs. 3 KStR)		– 50 000	
cc) Offene Gewinnausschüttung im Jahr 02 für das Jahr 01	64 000		
Dafür Verwendung von EK 02	– 64 000	– 64 000	
	0		
Körperschaftsteuer-Erhöhung ($^9/_{16}$ von 64 000 DM)		– 36 000	+ 36 000
Bestände nach der Gewinnausschüttung		0	50 000	36 000

dd) **Ergebnis:**
Die Steuerschuld hat sich nicht verringert. Der Verlustabzug ist verbraucht.

d) **Eigenkapitalgliederung zum 31. 12. 01 nach Verlustrücktrag (mit Begrenzung)**

	EK 50 DM	EK 02 DM	KSt DM
aa) Anfangsbestände		0	100 000
bb) Gewinn im Jahr 01	100 000		
Verlustrücktrag (100 000 DM ./. 64 000 DM ./. $^9/_{16}$ von 64 000 DM)	0		
	100 000		
Körperschaftsteuer 50 v. H.	– 50 000		
Zugang EK 50	50 000	+ 50 000	
cc) Offene Gewinnausschüttung im Jahr 02 für das Jahr 01	64 000		
Dafür Verwendung von EK 50 ($^{50}/_{64}$ von 64 000 DM)	– 50 000	– 50 000	
Körperschaftsteuer-Minderung ($^{14}/_{64}$ von 64 000 DM)	14 000	–	– 14 000
Bestände nach der Gewinnausschüttung		0	100 000	36 000

dd) **Ergebnis:**
Bei unveränderter Steuerschuld bleibt der Verlustabzug erhalten.

10.7.1.3 Parallelregelung zu § 8 Abs. 5 KStG in § 33 Abs. 3 KStG

Im Bereich der Gliederungsvorschriften findet sich in § 33 Abs. 3 KStG eine Parallelvorschrift zu § 8 Abs. 5 KStG. Danach gelten beim Verlustrücktrag, wenn für das Abzugsjahr die Ausschüttungsbelastung herzustellen ist, die Teilbeträge des Eigenkapitals in der Höhe für die

1539 Ausschüttung als verwendet, in der sie ohne den Verlustrücktrag als verwendet gegolten hätten (**Festschreibung der Verwendung**). Vgl. dazu im einzelnen nachstehend unter RZ 1550 ff.

10.7.1.4 Gewinnausschüttungen im Sinne des § 8 Abs. 5 KStG und des § 33 Abs. 3 KStG

1540 Abschnitt 89a Abs. 1 Satz 2 KStR definiert die erste der für die Begrenzung des Verlustrücktrags erforderliche Rechengröße, den **ausgeschütteten Gewinn**.

Der Verlustrücktrag ist gemäß § 8 Abs. 5 KStG nur insoweit vorzunehmen, als das Einkommen im Abzugsjahr den ausgeschütteten Gewinn übersteigt, der sich vor Abzug der Körperschaftsteuer ergibt und für den die Ausschüttungsbelastung herzustellen ist.

Zur Frage, was **ausgeschütteter Gewinn** im Sinne des Gesetzes ist, gilt in Anlehnung an Abschnitt 89a Abs. 1 KStR, daß folgende Ausschüttungen in die Berechnung nach § 8 Abs. 5 KStG einzubeziehen sind:

– die im Folgejahr beschlossenen offenen Gewinnausschüttungen für das Abzugsjahr,

– die in einem späteren als dem Folgejahr beschlossenen offenen Gewinnausschüttungen für das Abzugsjahr,

– die verdeckten Gewinnausschüttungen, für die im Abzugsjahr die Änderung der Körperschaftsteuer zu berücksichtigen ist,

– die vor Ablauf des Abzugsjahrs für dieses Geschäftsjahr beschlossenen Vorabausschüttungen,

– die sonstigen Leistungen im Sinne des § 41 Abs. 1 KStG, für die im Abzugsjahr die Änderung der Körperschaftsteuer zu berücksichtigen ist.

1541 Die Vorschriften des § 8 Abs. 5 und des § 33 Abs. 3 KStG sind hinsichtlich des Ausschüttungsbegriffs **gleich auszulegen.** D.h., für Ausschüttungen, die in die Berechnung nach § 8 Abs. 5 KStG einzubeziehen sind, ist auch gemäß § 33 Abs. 3 KStG die vor dem Verlustrücktrag maßgebliche Verwendung festgeschrieben (vgl. hierzu auch Abschnitt 89a Abs. 1 Satz 3 KStR).

1542 Das Einbeziehen einer Gewinnausschüttung in die Rücktragsberechnung nach § 8 Abs. 5 KStG erfordert, daß die Ausschüttung bei der Körperschaft **abgeflossen** ist (BFH-Urteil vom 09.12.1987, BStBl 1988 II S. 460). U.E. ist darauf abzustellen, ob der Abfluß in dem Zeitpunkt der Rücktragsberechnung bereits erfolgt ist.

1543 **Nicht** als ausgeschüttete Gewinne i.S.d. § 8 Abs. 5 KStG sind gemäß Abschnitt 89a Abs. 1 Satz 4 KStR **Gewinnausschüttungen** anzusehen, **die für ein früheres oder späteres als das Verlustabzugsjahr** beschlossen werden.

Ebenso sind **nicht** in die Berechnung nach § 8 Abs. 5 KStG die Gewinnausschüttungen einzubeziehen, für die die Ausschüttungsbelastung nicht herzustellen ist, also offene und sonstige Ausschüttungen, soweit dafür **EK 04** als verwendet gilt.

10.7.1.5 Einkommen des Abzugsjahres i.S.d. § 8 Abs. 5 KStG

1544 Unter dem Einkommen des Abzugsjahres (= Rücktragsjahres) i.S.d. § 8 Abs. 5 KStG muß logischerweise das **Einkommen vor** Durchführung des zu beurteilenden Verlustrücktrags verstanden werden. Denn die Höhe dieses **Verlustrücktrags** soll ja erst ermittelt werden. Abschnitt 89a Abs. 2 KStR definiert diese zweite für die Berechnung des Verlustrücktrags erforderliche Rechengröße. Einkommen im Sinne des § 8 Abs. 5 KStG ist danach der Betrag, der nach Abzug eines Verlustes gemäß § 10d EStG, § 2a Abs. 3 Satz 2, Abs. 5 und 6 EStG (bis 1989: § 2 Abs. 1 Satz 2 AIG) aus einem anderen Veranlagungszeitraum als demjenigen verbleibt, dessen Verlust der Berechnung des Verlustrücktrags zugrunde liegt. Die genaue Festlegung dieser Rechnungsgröße erlangt ihre eigentliche Bedeutung, wenn

a) in einem der beiden Verlustrücktragsjahre ein Verlustabzug aus einem Drittjahr abzuziehen ist, oder 1544

b) in einem der beiden Verlustrücktragsjahre ebenfalls ein Verlust eingetreten ist.

Fall 1: Verlustabzug aus einem Drittjahr

Nach der Definition in Abschnitt 89a Abs. 2 KStR wirkt sich ein Verlustabzug aus einem Drittjahr auf die Rechengröße „Einkommen des Rücktragsjahres" mindernd aus. 1545

Für die Anwendung des § 8 Abs. 5 KStG geht mithin ein Verlustabzug aus einem solchen Drittjahr gedanklich dem vorzunehmenden Verlustrücktrag vor. Drittjahr kann auch das jeweils andere Verlustrücktragsjahr sein.

Beispiel 1:		1546
Steuerlicher Verlust des Jahres 04	– 200 000 DM	
Ermittlung des Einkommens des Rücktragsjahrs 02:		
Einkommen des Jahres 02 vor Verlustabzug	150 000 DM	
Verlustvortrag aus dem Jahr 01	– 30 000 DM	
Einkommen des Jahres 02 im Sinne des § 8 Abs. 5 KStG	120 000 DM	

M.a.W.: Der Verlustvortrag aus 01 nach 02 ist für die Anwendung des § 8 Abs. 5 KStG für das Jahr 02 gedanklich vor dem Verlustrücktrag aus 04 nach 02 vorzunehmen.

Bei dieser Fallgestaltung stimmt die Reihenfolge der Verlustberücksichtigung auch mit dem Grundsatz überein, daß Verluste in der Reihenfolge ihres Entstehungsjahres abzuziehen sind, d.h. die ältesten Verluste sind zuerst nach § 10d EStG abzuziehen.

Soweit es um das Zusammentreffen zweier Verlustrückträge geht, entspricht dies auch dem tatsächlichen Geschehensablauf.

Beispiel 2 (aus Abschnitt 89a Abs. 2 KStR):		1547
Steuerlicher Verlust des Jahres 03	– 120 000 DM	
Ermittlung des Einkommens des Rücktragsjahrs 01:		
Einkommen des Jahres 01 vor Verlustabzug	100 000 DM	
Verlustrücktrag aus dem Jahr 02	– 10 000 DM	
Einkommen des Jahres 01 im Sinne des § 8 Abs. 5 KStG	90 000 DM	

Zu beachten ist jedoch, daß bei der Vornahme des Verlustrücktrags von 02 nach 01 ebenfalls bereits § 8 Abs. 5 KStG beachtet worden sein muß. Hierbei war ebenfalls bereits die Definition der Rechengröße „maßgebliches Einkommen" im Verlustrücktragsjahr zu beachten.

Aus der Sicht dieses Rücktragsvorgangs (von 02 nach 01) ist nunmehr der Verlust des Jahres 03 ein „Verlust aus einem anderen Veranlagungszeitraum als demjenigen, dessen Verlust der Berechnung des Verlustrücktrags zugrunde liegt".

Hier droht ein **Zirkelschluß.**

Die Regelung in Abschnitt 89a Abs. 2 KStR muß man aber eingebettet in die Grundsätze über die Reihenfolge der Verlustberücksichtigung bei Zusammentreffen mehrerer Verlustabzüge und vom zeitlichen Geschehensablauf her sehen. Zuerst muß regelmäßig der ältere Verlust zurückgetragen worden sein (hier der Verlust aus 02).

Fall 2: Eintritt eines steuerlichen Verlusts in einem der beiden dem Verlustjahr vorangegangenen Jahre

Schwierigkeiten treten weiter in dem Fall auf, daß die Körperschaft die zusammengefaßte Berechnung nach Abschnitt 89a Abs. 3 KStR gewählt hat und **im ersten dem Verlustjahr vorangegangenen Jahr ebenfalls ein steuerlicher Verlust** eingetreten ist. Nach Abschnitt 89a 1548

1548 Abs. 2 Satz 2 KStR ist das Einkommen dieses Jahres in der Berechnung nach § 8 Abs. 5 KStG mit 0 DM anzusetzen. Damit wird verhindert, daß dieser Verlust zweimal (einmal im Verlustabzugsjahr und ein zweites Mal im Verlustjahr) berücksichtigt wird.

Beispiel:

a) **Sachverhalt**

Verwendbares Eigenkapital (EK 02) am 1. 1. 01	200 000 DM
(im Vorjahr wurde ein steuerpflichtiges Einkommen nicht erzielt)	
Einkommen 01	100 000 DM
Gewinnausschüttung in 02 für 01	32 000 DM
Steuerlicher Verlust 02	− 10 000 DM
Steuerfreie inländische Vermögensmehrungen im Jahr 02	25 000 DM
Gewinnausschüttung in 03 für 02	16 000 DM
Steuerlicher Verlust 03	− 120 000 DM

b) **Anwendung des § 8 Abs. 5 bei zusammengefaßter Berechnung für die beiden dem Verlustjahr 03 vorangegangenen Jahre**

Steuerlicher Verlust 03			− 120 000
Einkommen 01 vor Verlustabzug		100 000 DM	
− Verlustrücktrag aus 02		− 10 000 DM	
		90 000 DM	
Einkommen 02 =	− 10 000 DM		
Davon sind im Jahr 01 bereits als			
Verlustabzug berücksichtigt	+ 10 000 DM		
Verbleiben	0 DM	0 DM	
Zusammengefaßtes Einkommen 01 und 02		90 000 DM	
Summe der Ausschüttungen für die			
Jahre 01 und 02: 32 000 DM + 16 000 DM	48 000 DM		
+ $^9/_{16}$ Ausschüttungsbelastung	+ 27 000 DM	− 75 000 DM	
Höchstzulässiger Verlustrücktrag			
von 03 nach 01 (ein Rücktrag nach 02 ist nicht			
möglich, da das Jahr 02 selbst Verlustjahr ist)		15 000 DM	− 15 000 DM
Restbetrag = Verlustvortrag nach 04			− 105 000 DM

10.7.1.6 Rechenschema zur Ermittlung des höchstzulässigen Verlustrücktrags nach § 8 Abs. 5 KStG

1549 Das nachstehende **Rechenschema,** das nicht Bestandteil der amtlichen Erklärungsvordrucke ist, kann als Rechenhilfe für die Ermittlung der nach § 8 Abs. 5 KStG zulässigen Verlustrückträge genutzt werden. **Abschnitt A** enthält die Ermittlung des Verlustrücktrags bei **getrennter** Berechnung. **Abschnitt B** enthält die **zusammengefaßte** Berechnung. Um jedoch die steuerlichen Wirkungen der Antragstellung übersehen zu können, muß **zusätzlich** zu **jeder** der beiden Berechnungsarten die **Eigenkapitalgliederung** durchgeführt werden. Die Auswirkungen auf die Körperschaftsteuer sind zu **vergleichen.**

F. Das körperschaftsteuerliche Anrechnungsverfahren

Zeile				
1	**A. Steuerlicher Verlust 03** (Negativer Betrag lt. Zeile 69 des Vordrucks KSt 1 A)			DM
2	**B. Begrenzung des Verlustrücktrags nach § 10 d Abs. 1 Satz 1 EStG** (Betrag lt. Zeile 1, höchstens 10 Mio DM)			
	C. Begrenzung des Verlustrücktrags nach § 8 Abs. 5 KStG			
	I. Ermittlung des höchstzulässigen Verlustrücktrags bei getrennter Betrachtung der beiden Abzugsjahre			
	1. Verlustrücktrag nach 01	DM	DM	
3	Zu versteuerndes Einkommen 01 (nach Verlustvorträgen und nach Verlustrücktrag aus 02)			
4	Offene Gewinnausschüttung für im Jahre 01 endende Wirtschaftsjahre sowie andere Ausschüttungen in diesen Wirtschaftsjahren			
5	Zuzüglich darauf entfallende Ausschüttungsbelastung (9/16 des Betrages lt. Zeile 4)	+		
6	Zusammen		▶ –	
7	Verbleiben	..		
8	Für 01 zu berücksichtigender Verlustrücktrag (niedrigerer Betrag lt. Zeilen 2 oder 7)			–
9	Verbleiben (ggf. als Verlustrücktrag nach 02 zu berücksichtigen)			
	2. Verlustrücktrag nach 02	DM	DM	
10	Zu versteuerndes Einkommen 02 (nach Verlustvorträgen)			
11	Offene Gewinnausschüttungen für im Jahre 02 endende Wirtschaftsjahre sowie andere Ausschüttungen in diesen Wirtschaftsjahren			
12	Zuzüglich darauf entfallende Ausschüttungsbelastung (9/16 des Betrags lt. Zeile 11)	+		
13	Zusammen		▶ –	
14	Verbleiben			
15	Für 02 zu berücksichtigender Verlustrücktrag (niedrigerer Betrag lt. Zeilen 9 oder 14)			
16	Summe der Verlustrückträge bei getrennter Betrachtung (Summe der Beträge aus den Zeilen 8 und 15)			
	II. Ermittlung des höchstzulässigen Verlustrücktrags bei zusammengefaßter Betrachtung der beiden Abzugsjahre			
17	Nach § 10 d Abs. 1 Satz 1 EStG rücktragsfähiger steuerlicher Verlust 03 (Betrag lt. Zeile 2)			
18	Zu versteuerndes Einkommen 01 (nach Verlustvorträgen und nach Verlustrücktrag aus 02)			
19	Zu versteuerndes Einkommen 02 (nach Verlustvorträgen; wenn negativ, 0 DM eintragen)	+		
20	Zusammen			
21	Offene Gewinnausschüttung für in den Jahren 01 und 02 endende Wirtschaftsjahre sowie andere Ausschüttungen in diesen Wirtschaftsjahren	DM		
22	Zuzüglich darauf entfallende Ausschüttungsbelastung (9/16 des Betrags lt. Zeile 21)	+		
23	Zusammen		▶ –	
24	Verbleiben			
25	Zu berücksichtigender Verlustrücktrag bei zusammengefaßter Betrachtung (niedrigerer Betrag lt. Zeilen 17 oder 24)			
26	**III. Vorläufige Ausübung des Wahlrechts** Höherer Betrag lt. Zeilen 16 oder 25			
27	**D. Vornahme des Rücktrags; verbleibender Verlustvortrag** Steuerlicher Verlust 03 (Betrag lt. Zeile 1)			
28	Davon Rücktrag nach 01			–
29	Davon Rücktrag nach 02			–
30	Verbleiben als Verlustvortrag			

1549

10.7.2 Festschreibung der Verwendung in den Fällen des Verlustrücktrags (§ 33 Abs. 3 KStG)

10.7.2.1 Regelungsinhalt und Zielsetzung der Vorschrift

1550 Durch den Verlustrücktrag ändert sich im Abzugsjahr die Körperschaftsteuer-Veranlagung und in deren Folge auch die Gliederung des verwendbaren Eigenkapitals. Ohne die Regelung des § 33 Abs. 3 KStG könnte in Ausnahmefällen bei einem Verlustrücktrag der Fall eintreten, daß für die vorgenommenen Ausschüttungen nach dem Verlustrücktrag andere Teilbeträge des verwendbaren Eigenkapitals als verwendet gelten als vor dem Verlustrücktrag. So wäre es möglich, daß das vor dem Verlustrücktrag vorhandene belastete verwendbare Eigenkapital durch die Steuerfreistellung des Einkommens und durch Verringerung um die nichtabziehbaren Ausgaben des Abzugsjahrs verbraucht ist und daß für die im folgenden Jahr vorgenommene Gewinnausschüttung statt dessen EK 0 mit der Folge der Körperschaftsteuer-Erhöhung in Anspruch genommen werden müßte. Um dies zu vermeiden, bestimmt § 33 Abs. 3 KStG, daß in den Fällen, in denen bei einem Verlustrücktrag für das Abzugsjahr die Ausschüttungsbelastung herzustellen ist, die Teilbeträge des verwendbaren Eigenkapitals in der Höhe als für die Ausschüttung verwendet gelten, in der sie ohne den Rücktrag als verwendet gegolten hätten. Dies gilt selbst dann, wenn dadurch bei der auf Grund der Berichtigung erforderlich werdenden Neugliederung bei den belasteten Teilbeträgen des verwendbaren Eigenkapitals Negativbeträge entstehen.

1551 Die Regelung des **§ 33 Abs. 3 KStG** enthält – wie die des § 28 Abs. 5 oder 7 KStG – eine **Festschreibung der Verwendung**. Die Festschreibung der Verwendung **gilt auch** für **verspätete Gewinnausschüttungen**.

§ 33 Abs. 3 KStG ist die gliederungsmäßige Parallel-Vorschrift zu § 8 Abs. 5 KStG. Gäbe es keine sonstigen nichtabziehbaren Ausgaben, wäre § 33 Abs. 3 KStG in den Fällen, in denen das Einkommen einer Tarifbelastung von 50 v.H. unterliegt, genau **deckungsgleich** mit § 8 Abs. 5 KStG. Da letztere Regelung den Verlustrücktrag in entsprechender Höhe einschränkt, bedürfte es einer zusätzlichen Festschreibung der Verwendung nicht, weil aus dem nicht steuerfrei gestellten Einkommen des Abzugsjahrs automatisch genau so viel belastetes Eigenkapital zur Verfügung steht, wie es für die Finanzierung der Gewinnausschüttung benötigt wird.

1552 § 33 Abs. 3 KStG entfaltet aber über die Wirkungen des § 8 Abs. 5 KStG **hinausgehende** steuerliche Wirkungen hinsichtlich der im Einkommen des Abzugsjahrs enthaltenen **sonstigen nichtabziehbaren Ausgaben** (insbesondere Vermögensteuer) und bewirkt, daß der Verlustrücktrag auch den Teil des Einkommens von der Körperschaftsteuer freistellt, der auf diese nichtabziehbaren Ausgaben entfällt.

Beispiel:

a) **Sachverhalt**

Zu versteuerndes Einkommen im Gründungsjahr 01 (nach Vermögensteuer-Zurechnung von 10 000 DM)	200 000 DM
Offene Gewinnausschüttung in 02 für 01	64 000 DM
Steuerlicher Verlust 02 (nach Vermögensteuer-Zurechnung von 10 000 DM)	– 180 000 DM

b) **Begrenzung des Verlustrücktrags nach § 8 Abs. 5 KStG**

Einkommen 01		200 000 DM
Offene Gewinnausschüttung für 01	64 000 DM	
Ausschüttungsbelastung ($^9/_{16}$ von 64 000 DM)	+ 36 000 DM	– 100 000 DM
Höchstmöglicher Verlustrücktrag		100 000 DM

c) **Gliederung des verwendbaren Eigenkapitals zum 31. 12. 01 vor Verlustrücktrag** 1552

	DM	EK 50 DM	EK 02 DM
Bestand 1. 1. 01		0	0
Einkommen 01	200 000		
– Körperschaftsteuer 50 v. H.	– 100 000	+ 100.000	
– Abzug der Vermögensteuer		– 10.000	
Bestände 31. 12. 01		90.000	0
Offene Gewinnausschüttung in 02	64 000		
dafür Verwendung von EK 50			
($^{50}/_{64}$ von 64 000 DM)	– 50 000	– 50.000	
Körperschaftsteuer-Minderung ($^{14}/_{64}$ von 64 000 DM)	14 000	–	
Bestand nach der offenen Gewinnausschüttung		40.000	0

d) **Gliederung des verwendbaren Eigenkapitals zum 31. 12. 01 nach Verlustrücktrag**

	DM	EK 50 DM	EK 02 DM
Bestand 1. 1. 01		0	0
Einkommen 01	200 000		
– Verlustrücktrag	– 100 000		+ 100 000
	100 000		
– Körperschaftsteuer 50 v. H.	– 50 000	+ 50 000	
Wegen des Verlustrücktrags vom EK 02 abzuziehende			
Körperschaftsteuer, vgl. Abschn. 89 Abs. 3 KStR			
(50 v. H. von 100 000 DM)			– 50 000
Abzug der Vermögensteuer 01		– 10 000	
Bestand 31. 12. 01		40 000	50 000
Offene Gewinnausschüttung 02	64 000		
Dafür Verwendung von EK 50			
gemäß § 33 Abs. 3 KStG	– 50 000	– 50 000	
Körperschaftsteuer-Minderung	14 000	–	
Steuerlicher Verlust			– 180 000
Körperschaftsteuer-Erstattungsanspruch infolge			
des Verlustrücktrags			+ 50 000
Abzug der Vermögensteuer 02		– 10 000	
Bestände 31. 12. 02		– 20 000	– 80 000

Ohne die Regelung des § 33 Abs. 3 KStG hätte die offene Gewinnausschüttung nach dem Verlustrücktrag mit dem geänderten Stand des verwendbaren Eigenkapitals zum 31. 12 . 01 verrechnet werden müssen. Dies hätte statt einer Körperschaftsteuer-Minderung von 14 000 DM nur eine Minderung von (14/50 von 40 000 DM =) 11 200 DM ergeben. Aus dem EK 50 von 40 000 DM hätte nur eine Gewinnausschüttung von 51 200 DM bestritten werden können. Die restliche Gewinnausschüttung von (64 000 DM – 51 200 DM =) 12 800 DM hätte aus dem EK 02 entnommen werden müssen und hätte eine Körperschaftsteuer-Erhöhung von (36/64 der anteiligen Ausschüttung von 12 800 DM =) 7 200 DM zur Folge gehabt.

Wie das vorstehende Beispiel zeigt, bereitet die Anwendung des § 33 Abs. 3 KStG im Regelfall 1553
keine Probleme, weil das vor dem (= ohne den) Verlustrücktrag für die Gewinnausschüttung als verwendet geltende Eigenkapital feststeht.

Probleme können sich insbesondere jedoch beim Verlustrücktrag auf zwei Jahre ergeben. Dort muß der Bestand des Eigenkapitals, der gemäß § 33 Abs. 3 KStG als für eine Gewinnausschüttung verwendet gilt, unter Umständen zunächst durch eine **Nebenrechnung** ermittelt werden. Vgl. dazu nachstehend unter RZ 1566 ff.

10.7.2.2 Anwendung des § 33 Abs. 3 KStG beim Zusammentreffen eines Verlustrücktrags mit mehreren Gewinnausschüttungen, für die das verwendbare Eigenkapital zum selben Stichtag als verwendet gilt

1554 Nicht in den KStR geregelt ist der Fall, daß ein Verlustrücktrag mit mehreren Gewinnausschüttungen zusammentrifft, die mit dem verwendbaren Eigenkapital zu demselben Stichtag zu verrechnen sind und nur eine dieser Gewinnausschüttungen für das Abzugsjahr erfolgt. Zur Anwendung des § 33 Abs. 3 KStG gilt nach Auffassung der Finanzverwaltung folgendes:

§ 33 Abs. 3 KStG schreibt die Verwendung des Eigenkapitals, wie sie sich ohne den Verlustrücktrag ergeben hätte, nur hinsichtlich der Gewinnausschüttung für das Abzugsjahr fest. Sind mehrere Gewinnausschüttungen mit dem Eigenkapital zu demselben Stichtag zu verrechnen, ist die Ausschüttung für das Abzugsjahr nach dem Sinn und Zweck des § 33 Abs. 3 KStG erst **nach** den anderen Ausschüttungen zu verrechnen.

Beispiel:

a) **Sachverhalt**

Anfangsbestand zum 1. 1. 01
EK 50	50 000 DM
EK 02	200 000 DM
Einkommen 01 und 02 je	100 000 DM
Vermögensteuer 02	50 000 DM
Steuerlicher Verlust 03	− 150 000 DM

Im Verlustjahr 03 beschlossene und durchgeführte Gewinnausschüttungen:
aa) Verspätete Gewinnausschüttung für das Jahr 00	96 000 DM
bb) Gewinnausschüttung für das Jahr 02	32 000 DM

Der Verlust 03 ist sowohl bei zusammengefaßter als auch bei getrennter Berechnung in Höhe von 100 000 DM nach 01 und in Höhe von 50 000 DM nach 02 zurückzutragen.

b) **Gliederung des verwendbaren Eigenkapitals vor Verlustrücktrag**

		EK 50	EK 02	Körperschaft-steuer
	DM	DM	DM	DM
Anfangsbestand 1. 1. 01		50 000	200 000	
Einkommen 01	100 000			
Körperschaftsteuer 50 v. H.	− 50 000	+ 50 000		50 000
Einkommen 02	100 000			
Körperschaftsteuer 50 v. H.	− 50 000	+ 50 000		50 000
Vermögensteuer 02		− 50 000		
Bestand 31. 12. 02		100 000		
Im Verlustjahr 03 beschlossene und vorgenommene offene Gewinnausschüttungen:				
Verspätete offene Gewinnausschüttung für 00	96 000			
Offene Gewinnausschüttung für 02	32 000			
Zusammen	128 000			
Dafür Verwendung von EK 50 ($^{50}/_{64}$ von 128 000 DM)		− 100 000	− 100 000	
Körperschaftsteuer-Minderung ($^{14}/_{64}$ von 128 000 DM)	28 000		−	− 28 000
		0	200 000	72 000

c) **Gliederung des verwendbaren Eigenkapitals nach Verlustrücktrag**

	EK 50	EK 02	Körperschaft-steuer
	DM	DM	DM
Anfangsbestand 1. 1. 01		50 000	200 000
Einkommen 01	100 000		
Verlustrücktrag	– 100 000		+ 100 000	0
	0	0	
Wegen des Verlustrücktrags vom EK 02 abzuziehende Körperschaftsteuer (Abschn. 89 Abs. 3 KStR)			– 50 000
Einkommen 02	100 000		
Verlustrücktrag: 100 000 DM abzüglich offene Gewinnausschüttung (32 000 DM + $^9/_{16}$ von 32 000 DM)	– 50 000		+ 50 000
Zu versteuern	50 000		
Körperschaftsteuer 50 v. H.	– 25 000	+ 25 000		25 000
Wegen des Verlustrücktrags vom EK 02 abzuziehende Körperschaftsteuer (Abschn. 89 Abs. 3 KStR)			– 25 000
Vermögensteuer 02		– 50 000	
Bestand 31. 12. 02		25 000	275 000	25 000
Verspätete offene Gewinnausschüttung für 00	96 000		
Dafür Verwendung des EK 50	– 25 000	– 25 000	
Körperschaftsteuer-Minderung ($^{14}/_{50}$ von 25 000 DM)	– 7 000	–		– 7 000
Für den Restbetrag Verwendung von EK 02	64 000		– 64 000
Körperschaftsteuer-Erhöhung ($^{36}/_{64}$ von 64 000 DM)			– 36 000	+ 36 000
Offene Gewinnausschüttung für 02 dafür Verwendung von EK 50: ($^{50}/_{64}$ von 32 000 DM; Festschreibung nach § 33 Abs. 3 KStG)	– 25 000	– 25 000	
Körperschaftsteuer-Minderung ($^{14}/_{64}$ x 32 000 DM)	7 000	–		– 7 000
		– 25 000	175 000	47 000

d) **Ergebnis:**

Durch den Verlustrücktrag hat sich die Körperschaftsteuer um 72 000 DM – 47 000 DM = 25 000 DM verringert. Das sind 50 v. H. des nach 02 zurückgetragenen Verlustes von 50 000 DM. Der nach 01 zurückgetragene Verlust von 100 000 DM führt hingegen im Ergebnis nicht zu einer Entlastung, weil die für 00 vorgenommene verspätete Ausschüttung nach Verlustrücktrag teilweise aus EK 02 finanziert werden muß.

10.7.3 Die Problemfälle bei der Anwendung des § 8 Abs. 5 und des § 33 Abs. 3 KStG

10.7.3.1 Vorbemerkung

Zwei Problembereiche sind es, die die praktische Anwendung des § 8 Abs. 5 und des § 33 Abs. 3 KStG erschweren:

– Der erste **Problembereich,** der inzwischen im Verwaltungswege geregelt ist, betrifft die Anwendung der beiden Gesetzesvorschriften bei einem **Verlustrücktrag auf zwei Jahre.** Nach ihrem **Wortlaut** sind die Regelungen des § 8 Abs. 5 und des § 33 Abs. 3 KStG beim Verlust-

1555 rücktrag auf zwei Jahre für jedes der beiden dem Verlustjahr vorangegangenen Jahre **getrennt** anzuwenden. In manchen Fällen führt jedoch nur die **Zusammenfassung** der Berechnungsgrundlagen für beide Jahre zu einer **sinnvollen Anwendung** des § 8 Abs. 5 KStG. Abschnitt 89a KStR räumt der Gesellschaft ein **Wahlrecht** hinsichtlich der Art der Berechnung ein. Vgl. dazu im einzelnen nachstehend unter RZ 1557 ff.

1556 – Der zweite **Problembereich** ist nicht gelöst, er **bedarf** u.E. einer **gesetzlichen Regelung**. Hierbei geht es darum, daß § 8 Abs. 5 KStG nach seiner Zielsetzung als Schutzvorschrift für die Körperschaft den Verlustrücktrag nur einschränken soll, soweit dieser **nicht** zu einer Steuerentlastung führen würde. Es gibt jedoch Fallgestaltungen, bei denen der Gesetzeswortlaut den Rücktrag einschränkt, ohne daß dieser zu einer steuerlichen Entlastung führt. Vgl. hierzu nachstehend unter RZ 1569 ff.

10.7.3.2 Zweijähriger Verlustrücktrag – Generelles Wahlrecht zwischen zusammengefaßter und getrennter Berechnung für die Abzugsjahre bei der Ermittlung des höchstzulässigen Verlustrücktrags nach § 8 Abs. 5 KStG und der Festschreibung der Verwendung nach § 33 Abs. 3 KStG

10.7.3.2.1 Die Problematik

1557 Bei den Beratungen zum 2. Haushaltsstrukturgesetz (BGBl 1981 I S. 1523), durch das der Verlustrücktrag auf zwei Jahre ausgedehnt worden ist, zeigte sich, daß im Bereich der Körperschaftsteuer Sonderprobleme mit dem zweijährigen Rücktrag auftreten können. Diese bestehen darin, daß der **Wortlaut** des § 8 Abs. 5 KStG von einer **getrennten Berechnung** des Verlustrücktrags für jedes der beiden Abzugsjahre und § 33 Abs. 3 KStG von einer **getrennten Festschreibung der Verwendung für jede Gewinnausschüttung** ausgehen, daß aber in verschiedenen Fällen nur eine zusammengefaßte Berechnung für die beiden dem Verlustjahr vorangegangenen Jahre der **Zielsetzung** des Gesetzes entspricht. Der Gesetzgeber sah, daß sich diese Probleme, die eine Anpassung des § 8 Abs. 5 und des § 33 Abs. 3 KStG erfordert hätten, nicht in der Eile des damaligen Gesetzgebungsverfahrens lösen ließen. Daher, so der **Bericht des Haushaltsausschusses des Deutschen Bundestags** (BT-Drucksache 9/971 S. 90), sollte die Finanzverwaltung **Härten** aus dem zweijährigen Verlustrücktrag, die mit den Zielsetzungen des körperschaftsteuerlichen Anrechnungsverfahrens nicht vereinbar sind, zunächst (d. h. bis zu einer Gesetzesänderung) im Verwaltungswege beseitigen.

Um diesen Auftrag im o.a. Ausschußbericht zu erfüllen, hat die Finanzverwaltung bereits mit BMF-Schreiben vom 20. 12. 1983 (BStBl I S. 552) eine **bundeseinheitliche Billigkeitsregelung** geschaffen. Danach **können** für die Berechnung des höchstzulässigen Verlustrücktrags nach § 8 Abs. 5 KStG und für die Festschreibung der Verwendung nach § 33 Abs. 3 KStG die beiden Abzugsjahre zusammengefaßt werden. Der Sachverhalt der Billigkeitsregelung liegt so, daß bei einem Rücktrag des Verlusts auf das zweite dem Verlustjahr vorangegangene Jahr für das erste dem Verlustjahr vorangegangene Jahr eine Gewinnausschüttung beschlossen wird, für die bereits vor dem Verlustrücktrag mehr belastetes Eigenkapital verbraucht wird, als aus dem Einkommen dieses Jahres entstanden ist (Überausschüttung).

Bereits kurze Zeit nach Ergehen des o.a. BMF-Schreibens vom 20. 12. 1983 stellte sich heraus, daß diese bundeseinheitliche Billigkeitsregelung zu eng war. Abschnitt 89a Abs. 2 KStR ersetzt deshalb, ohne ausdrücklich von einer Wahlmöglichkeit zu sprechen, das o.a. BMF-Schreiben vom 20. 12. 1983 und macht die zusammengefaßte Berechnung nicht von Voraussetzungen abhängig. Die Art der Berechnung, die die Körperschaft für § 8 Abs. 5 KStG wählt, bindet die Körperschaft auch für die Anwendung des § 33 Abs. 3 KStG (vgl. Abschnitt 89a Abs. 1 Satz 3 KStR).

10.7.3.2.2 Wahlrecht zwischen getrennter und zusammengefaßter Berechnung

1558 Nach Abschnitt 89a Abs. 3 Satz 1 KStR ist der Verlustrücktrag für beide Abzugsjahre **zusammengefaßt** zu berechnen, wenn die Körperschaft nicht ausdrücklich die getrennte Berechnung

beantragt hat. Der Grund dafür, daß die Berechnung des höchstzulässigen Verlustrücktrags letzt- **1558**
lich **antragsgebunden** ausgestaltet wurde, ist, daß die Zusammenfassung der beiden Abzugsjahre nicht immer die für die Körperschaft günstigste Lösung ist. Häufig werden die getrennte
und die zusammengefaßte Betrachtung der beiden Abzugsjahre zum gleichen Ergebnis führen.
Es sind jedoch Fallgestaltungen möglich, bei denen die **getrennte Betrachtung** der Abzugsjahre für die Körperschaft günstiger ist. Auch der entgegengesetzte Fall, daß die zusammengefaßte
Betrachtung für die Körperschaft zum günstigeren Ergebnis führt, ist möglich.

Wegen der Entscheidungskriterien für die Ausübung des Wahlrechts siehe nachstehend unter
RZ 1560.

Nachstehend aus Abschnitt 89a Abs. 3 KStR der **Standardfall,** in dem die zusammengefaßte **1559**
Betrachtung der beiden dem Verlustjahr vorangegangenen Jahre im Rahmen der Berechnung
nach § 8 Abs. 5 KStG die für die Körperschaft günstigste Art der Berechnung ist.

Beispiel:

a) **Sachverhalt**

Verwendbares Eigenkapital EK 02 am 1.1.01	200 000 DM
Einkommen 01	140 000 DM
Einkommen 02	10 000 DM
Verlust 03	– 100 000 DM
Gewinnausschüttung in 03 für 02	64 000 DM
Einkommen 04	250 000 DM
Vermögensteuer 01–04	je 6 000 DM

b) **Eigenkapitalgliederung vor Verlustrücktrag**

	EK 50		EK 02	Körperschaft-steuer
	DM	DM	DM	DM
Bestand 1.1.01			200 000	
Einkommen 01	140 000			
Körperschaftsteuer 50 v. H.	– 70 000	+ 70 000		70 000
Vermögensteuer 01		– 6 000		
Bestand 31.12.01		64 000	200 000	70 000
Einkommen 02	10 000			
Körperschaftsteuer 50 v. H.	– 5 000	+ 5 000		5 000
Vermögensteuer 02		– 6 000		
Bestand 31.12.02		63 000	200 000	75 000
Gewinnausschüttung in 03 für 02	64 000			
Dafür Verwendung von EK 50 ($^{50}/_{64} = {}^{25}/_{32}$ von 64 000 DM)	– 50 000	– 50 000		
Körperschaftsteuer-Minderung ($^{14}/_{64} = {}^{7}/_{32}$ von 64 000 DM)	14 000	–		– 14 000
Verlust 03			– 100 000	
Vermögensteuer 03		– 6 000		
Bestand 31.12.03		7 000	100 000	61 000
Einkommen 04	250 000			
Körperschaftsteuer 50 v. H.	– 125 000	125 000		125 000
Vermögensteuer 04		– 6 000		
Bestand 31.12.04		126 000	100 000	186 000

1559 c) **Anwendung des § 8 Abs. 5 und des § 33 Abs. 3 KStG bei zusammengefaßter Berechnung für die beiden dem Verlustjahr vorangegangenen Jahre**

aa) **Höchstzulässiger Verlustrücktrag (§ 8 Abs. 5 KStG)**

Verlust 03			100 000 DM
Einkommen 01		140 000 DM	
Einkommen 02		10 000 DM	
Summe der beiden Einkommen		150 000 DM	
Ausschüttung für 01	0 DM		
Ausschüttung für 02	64 000 DM		
Summe der Ausschüttungen	64 000 DM		
Ausschüttungsbelastung ($^{36}/_{64} = {}^9/_{16}$ von 64 000 DM)		+ 36 000 DM	− 100 000 DM
höchstzulässiger Verlustrücktrag nach 01		50 000 DM	− 50 000 DM
für den Verlustvortrag nach 04 verbleiben			50 000 DM

bb) **Eigenkapitalgliederung nach Verlustrücktrag**

	DM	EK 50 DM	EK 02 DM	Körperschaft- steuer DM
Bestand 1. 1. 01			200 000	
Einkommen 01	140 000			
Verlustrücktrag	− 50 000		+ 50 000	
Zu versteuern	90 000			
Körperschaftsteuer 50 v. H.	− 45 000	+ 45 000		45 000
Wegen des Verlustrücktrags vom EK 02 abzuziehende Körperschaftsteuer (Abschn. 89 Abs. 3 KStR)			− 25 000	
Vermögensteuer 01		− 6 000		
Bestand 31. 12. 01		39 000	225 000	45 000
Einkommen 02	10 000			
Körperschaftsteuer 50 v. H.	− 5 000	+ 5 000		5 000
Vermögensteuer 02		− 6.000		
Bestand 31. 12. 02		38 000	225 000	50 000
Gewinnausschüttung in 03 für 02	64 000			
Dafür Verwendung von EK 50 (Festschreibung der Verwendung gemäß § 33 Abs. 3 KStG; $^{50}/_{64} = {}^{25}/_{32}$ von 64 000 DM)		− 50 000	− 50 000	
Körperschaftsteuerminderung ($^{14}/_{64} = {}^7/_{32}$ von 64 000 DM)		− 14 000	−	− 14 000
Steuerlicher Verlust 03			− 100 000	
Körperschaftsteuer-Erstattungsanspruch wegen des Verlustrücktrags			+ 25 000	
Vermögensteuer 03		− 6 000		
Bestand 31. 12. 03		− 18 000	150 000	36 000
Einkommen 04	250 000			
Verlustvortrag	− 50 000		+ 50 000	
Zu versteuern	200 000			
Körperschaftsteuer 50 v. H.	− 100 000	+ 100 000		100 000
Vermögensteuer 04		− 6 000		
Bestand 31. 12. 04		76 000	200 000	136 000

d) **Anwendung des § 8 Abs. 5 und des § 33 Abs. 3 KStG bei getrennter Berechnung für die beiden dem Verlustjahr vorgegangenen Jahre** 1559

aa) **Höchstzulässiger Verlustrücktrag (§ 8 Abs. 5 KStG)**
Da die Gewinnausschüttung für das Jahr 02 erfolgt, kann der steuerliche Verlust des Jahres 03 in voller Höhe auf das Jahr 01 zurückgetragen werden.

bb) **Eigenkapitalgliederung nach Verlustrücktrag**

	EK 50	EK 02	Körperschaft-steuer
	DM	DM	DM	DM
Bestand 1. 1. 01			200 000	
Einkommen 01	140 000			
Verlustrücktrag	– 100 000		+ 100 000	
Zu versteuern	40 000			
Körperschaftsteuer 50 v. H.	– 20 000	+ 20 000		20 000
Wegen des Verlustrücktrags vom EK 02 abzuziehende Körperschaftsteuer (Abschn. 89 Abs. 3 KStR)			– 50 000	
Vermögensteuer 01		– 6 000		
Bestand 31. 12. 01		14 000	250 000	20 000
Einkommen 02	10 000			
Körperschaftsteuer 50 v. H.	– 5 000	+ 5 000		5 000
Vermögensteuer 02		– 6 000		
Bestand 31. 12. 02		13 000	250 000	20 000
Gewinnausschüttung in 03 für 02	64 000			
Dafür Verwendung von EK 50	– 13 000	– 13 000		
Körperschaftsteuer-Minderung ($^{14}/_{50} = {}^7/_{25}$ von 13 000 DM)	– 3 640	–		– 3 640
Für den Restbetrag Verwendung von EK 02	47 360		– 47 360	
Körperschaftsteuer-Erhöhung ($^{36}/_{64} = {}^9/_{16}$ von 47 360 DM)			– 26 640	+ 26 640
Steuerlicher Verlust 03			– 100 000	
Körperschaftsteuer-Erstattung wegen des Verlustrücktrags			+ 50 000	
Vermögensteuer 03		– 6 000		
Bestand 31. 12. 03		– 6 000	126 000	48 000
Einkommen 04	250.000			
Körperschaftsteuer 50 v. H.	– 125.000	+ 125 000		125 000
Vermögensteuer 04		– 6 000		
Bestand 31. 12. 04		113 000	126 000	173 000

Bei der Gewinnausschüttung für das Jahr 02 ist § 33 Abs. 3 KStG nicht anzuwenden, weil der Verlust in den Veranlagungszeitraum 01 zurückgetragen wird und das Jahr 02 bei getrennter Berechnung der dem Verlustjahr vorangegangenen Jahre nicht Abzugsjahr ist.

c) **Vergleich der Körperschaftsteuer für die Veranlagungszeiträume 01 bis 04**

Gesamt-Körperschaftsteuer ohne Verlustrücktrag (vgl. b)	186 000 DM	186 000 DM
Gesamt-Körperschaftsteuer bei zusammengefaßter Berechnung für die beiden dem Verlustjahr vorangegangenen Jahre (vgl. c)	– 136 000 DM	
Gesamt-Körperschaftsteuer bei getrennter Berechnung für die beiden dem Verlustjahr vorangegangenen Jahre (vgl. d)		– 173 000 DM
Unterschied	50 000 DM	13 000 DM

1559 Die **zusammengefaßte** Berechnung für die beide dem Verlustjahr vorangegangenen Jahre ermöglicht die volle steuerliche Entlastung in Höhe von 50 v. H. des Verlustes von 100 000 DM = 50 000 DM. Bei **getrennter** Berechnung würde sich dagegen die Körperschaftsteuer nur um 13 000 DM verringern.

f) **Anmerkung**

Hinzuweisen ist noch darauf, daß der Vorteil von 37 000 DM kein endgültiger Vorteil ist, sondern nur ein – allerdings oft erheblicher – **Liquiditätsvorteil**. Bei späterer Vollausschüttung der Eigenkapitalbestände zum 31. 12. 04 gleicht sich dieser Vorteil wieder aus.

Die um 37 000 (50 000 DM – 13 000 DM) höhere Körperschaftsteuer ist **lediglich ein Liquiditätsvorteil**. Bei Vollausschüttung der durch die zusammengefaßte Betrachtung veränderten Zusammensetzung der Teilbeträge des verwendbaren Eigenkapitals zum 31. 12. 04 ergibt sich exakt eine um 37 000 DM höhere Körperschaftsteuer-Belastung:

	zusammengefaßte Betrachtung		getrennte Betrachtung	
	EK 50 DM	EK 02 DM	EK 50 DM	EK 02 DM
Bestände 31. 12. 04	76 000	200 000	113 000	126 000
Ausschüttung ($^{64}/_{50}$ bzw. $^{64}/_{100}$)	97 280	128 000	144 640	80 640
Körperschaftsteuer-Minderung	− 21 280		− 31 640	
Körperschaftsteuer-Erhöhung		+ 72 000		+ 45 360
Körperschaftsteuer-Änderung	+ 50 720		+ 13 720	
Belastungsdifferenz	+ 37 000			

Es ist noch auf einen **weiteren Rechenschritt** hinzuweisen: Unabhängig davon, ob der Verlustrücktrag aufgrund zusammengefaßter oder getrennter Berechnung ermittelt worden ist, ist er stets auf der Grundlage der getrennten Berechnung auf die beiden dem Verlustjahr vorangegangenen Jahre aufzuteilen (vgl. dazu Abschnitt 89a Abs. 3 Satz 3 KStR 1990).

10.7.3.2.3 Wann ist die getrennte Berechnung günstiger? – Entscheidungshilfen für die Ausübung des Wahlrechts

1560 Problematisch an der in Abschnitt 89a Abs. 3 KStR vorgesehenen zusammengefaßten Betrachtung beider Abzugsjahre ist, daß sie für das Unternehmen **nicht immer die günstigste Lösung** ist. Die denkbaren Fallgestaltungen sind so vielschichtig, daß in den KStR auf eine Aussage dazu verzichtet wurde, wann die zusammengefaßte bzw. die getrennte Berechnung günstiger und wann sie ungünstiger für das Unternehmen ist. Die KStR beschränken sich (indirekt) auf eine Aussage, wonach die beiden Abzugsjahre zur Vermeidung von Härten für die Anwendung des § 8 Abs. 5 KStG und des § 33 Abs. 3 KStG zusammengefaßt werden können.

Zu beachten ist dabei auch, daß es sich in der Mehrzahl der Fälle nicht um endgültige, sondern um – allerdings vielfach recht erhebliche – **Liquiditätsvorteile** handeln wird.

1561 Die Entscheidung, ob das Unternehmen sich für die getrennte oder für die zusammengefaßte Berechnung für die beiden dem Verlustjahr vorangegangenen Jahre entscheiden soll, läßt sich wohl nur anhand einer vergleichenden **Steuer-Belastungsrechnung** über die Veranlagungszeiträume, in denen der Verlustabzug (Verlustrück- oder -vortrag) verbraucht wird, treffen.

Als **Entscheidungshilfen** kommen folgende Überlegungen in Betracht (vgl. auch Dötsch/Jost, DB 1984 S. 846 und S. 894):

a) Häufig wird die **zusammengefaßte Berechnung** für die Körperschaft günstiger sein, weil der Verlustrücktrag entsprechend der Zielsetzung des § 8 Abs. 5 KStG in der richtigen Höhe beschränkt wird und dadurch eine rücktragsbedingte Körperschaftsteuer-Erhöhung vermieden wird. Insbesondere in solchen Fällen, in denen Probleme aus dem zweijährigen Verlustrücktrag nicht hinsichtlich der Berechnung nach § 8 Abs. 5 KStG, sondern nur hinsichtlich **1561** der Festschreibung gemäß § 33 Abs. 3 KStG bestehen, ergeben sich Vorteile aus der zusammengefaßten Berechnung. Zu bedenken ist jedoch, daß diese Vorteile nicht endgültig sind, sondern die Körperschaft „nur" liquiditätsmäßig besser stellen (vgl. das Beispiel in RZ 1559).

b) **Weist das EK 50 zu Beginn des zweiten dem Verlustjahr vorangegangenen Wirtschaftsjahrs** (aber gemindert um den Betrag, der für Gewinnausschüttungen für frühere Wirtschaftsjahre als verwendet gilt) **einen** so **hohen Bestand** aus, daß dieser (zuzüglich des in den Abzugsjahren entstandenen EK 50) ausreicht, damit sowohl der Verlustrücktrag als auch die Gewinnausschüttung(en) mit steuerentlastender Wirkung vorgenommen werden können, dürfte die zusammengefaßte Berechnung **nicht** zu empfehlen sein. Bei getrennter Berechnung ergibt sich ein höherer Verlustrücktrag und damit eine höhere Steuerentlastung als bei der zusammengefaßten Berechnung.

c) Mußten die Gewinnausschüttungen bereits vor dem Verlustrücktrag mit der Folge der Körperschaftsteuer-Erhöhung aus dem **EK 01 bis EK 03** finanziert werden, weil wegen eines negativen EK 50 aus nichtabziehbaren Ausgaben der Vorjahre aus dem in den Abzugsjahren erwirtschafteten EK 50 die Gewinnausschüttungen nicht bestritten werden konnten, würde bei Vornahme des Verlustrücktrags (der Gesetzes**wortlaut** läßt, wenn das Einkommen höher ist als der ausgeschüttete Gewinn, hier den Rücktrag zu) bei gleichbleibender Körperschaftsteuer-Erhöhung für die Ausschüttung die Tarifbelastung des Einkommens wegfallen. Der Verlustrücktrag ginge nicht ins Leere. Auch bei dieser Fallgestaltung führt die **getrennte Berechnung** wegen des höheren Verlustrücktrags im Regelfall zum günstigeren Ergebnis. Diese Fallgestaltung wird bei Unternehmen praktisch, bei denen die sonstigen nichtabziehbaren Ausgaben in vorangegangenen Jahren das EK 50 verbraucht oder zu einem negativen EK 50 geführt haben (meist bei Unternehmen mit mehreren aufeinanderfolgenden Verlustjahren).

Beispiel:

a) **EK-Gliederung vor Verlustrücktrag**

		EK 50		EK 02	Körperschaftsteuer
	DM	DM		DM	DM
Anfangsbestand 1. 1. 01			– 100 000	700 000	
Einkommen 01		100 000			
– Körperschaftsteuer 50 v. H.		– 50 000	+ 50 000		50 000
Einkommen 02		100 000			
– Körperschaftsteuer 50 v. H.		– 50 000	+ 50 000		50 000
Bestand 31. 12. 02			– 0	700 000	100 000
Offene Gewinnausschüttung in 03 für 02		96 000			
Dafür Verwendung von EK 02		– 96 000		– 96 000	
Körperschaftsteuer-Erhöhung ($^9/_{16}$ von 96 000 DM)				– 54 000	54 000
		0			
Steuerlicher Verlust 03				– 80 000	
					154 000

b) **Getrennte Berechnung**

aa) **Verlustrücktrag nach 01 (§ 8 Abs. 5 KStG)**

Der Verlustrücktrag ist in voller Höhe zulässig, da die Ausschüttung für ein anderes als das Abzugsjahr erfolgt ist.

1562 bb) **Eigenkapital-Gliederung nach Verlustrücktrag**

		EK 50	EK 02	Körperschaft-steuer
	DM	DM	DM	DM
Anfangsbestand 1. 1. 01			−100 000	700 000	
Einkommen 01	100 000			
− Verlustrücktrag	−80 000		+80 000	
Zu versteuern	20 000			
− Körperschaftsteuer 50 v. H.	−10 000	+10 000		10 000
− Wegen des Verlustrücktrags vom EK 02 abzuziehende Körperschaft-steuer (Abschn. 89 Abs. 3 KStR)			−40 000	
Einkommen 02	100 000			
− Körperschaftsteuer 50 v. H.	−50 000	+50 000		50 000
Bestand 31. 12. 02		−40 000	740 000	60 000
Offene Gewinnausschüttung in 03 für 02			−96 000	
Körperschaftsteuer-Erhöhung ($^9/_{16}$ von 96 000 DM)			−54 000	54 000
Steuerlicher Verlust 03			−80 000	
− Körperschaftsteuer-Erstattungs-anspruch wegen des Verlustrücktrags			+40 000	
		−40 000	550 000	114 000

c) **Zusammengefaßte Berechnung**
   aa) **Verlustrücktrag nach 01 (§ 8 Abs. 5 KStG)**

Zusammengefaßtes Einkommen der beiden Vorjahre		200 000 DM
Offene Gewinnausschüttung	96 000 DM	
+ $^9/_{16}$ Ausschüttungsbelastung	+54 000 DM	−150 000 DM
Höchstmöglicher Verlustrücktrag (nach 01)		50 000 DM

bb) **Eigenkapital-Gliederung nach Verlustrücktrag**

		EK 50	EK 02	Körperschaft-steuer
	DM	DM	DM	DM
Anfangsbestand 1. 1. 01			−100 000	700 000	
Einkommen 01	100 000			
− Verlustrücktrag	−50 000		+50 000	
Zu versteuern	50 000			
− Körperschaftsteuer 50 v. H.	−25 000	+25 000		25 000
− Wegen des Verlustrücktrags vom EK 02 abzuziehende Körperschaft-steuer (Abschn. 89 Abs. 3 KStR)			−25 000	
Einkommen 02	100 000			
− Körperschaftsteuer 50 v. H.	−50 000	+50 000		50 000
Bestand 31. 12. 02		−25 000	725 000	75 000
Offene Gewinnausschüttung in 03 für 02			−96 000	
Körperschaftsteuer-Erhöhung ($^9/_{16}$ von 96 000 DM)			−54 000	+54 000
Steuerlicher Verlust 03			−80 000	
− Körperschaftsteuer-Erstattungs-anspruch wegen des Verlustrücktrags			+25 000	
		−25 000	520 000	129 000

d) Ergebnis:

Die getrennte Berechnung ist günstiger. Sie führt zu einer um 15 000 DM (129 000 DM – 114 000 DM) niedrigeren Gesamtbelastung (50 v. H. des um 30 000 DM höheren Verlustrücktrags).

Analysiert man die beiden vorstehend unter b) und c) genannten Fälle, tritt folgendes kurioses **Ergebnis** zutage: Durch die wortgetreue Auslegung des § 8 Abs. 5 und des § 33 Abs. 3 KStG (fehlende Zusammenfassung) tritt **bei getrennter Berechnung** für die Abzugsjahre genau die Wirkung ein, die die Fachliteratur für den einjährigen Verlustrücktrag fordert und die die Finanzverwaltung ablehnt. Vgl. dazu nachstehend unter RZ 1569 ff.

d) Nicht so eindeutig wie bei b) und c) kann die Aussage getroffen werden, wenn diese Fallgestaltungen nicht in so reiner Form, sondern als **Mischfälle** vorkommen (**bei b):** Finanzierung der Ausschüttung aus anderen Teilbeträgen als dem EK 50, **bei c):** Körperschaftsteuer-Minderung und -Erhöhung nebeneinander). Hier muß in der Tat gerechnet und verglichen werden, um die günstigste Lösung zu finden.

Wegen der **weiteren** Entscheidungskriterien, zu denen auch eine unter Umständen definitive Schlechterstellung der Körperschaft infolge einer unüberlegten Ausübung des Wahlrechts gehört, vgl. den o.a. Beitrag von Dötsch/Jost (DB 1984 S. 846 und S. 894).

10.7.3.2.4 Nebenrechnung zur Ermittlung des durch § 33 Abs. 3 KStG „geschützten" Eigenkapitals

Sonderprobleme hinsichtlich der Anwendung des **§ 33 Abs. 3 KStG** können sich bei den beiden nachfolgenden in Abschnitt 89a Abs. 4 KStR genannten Fallgestaltungen ergeben:

– Wenn bei einer Gewinnausschüttung für das Verlustabzugsjahr der Gewinnverteilungsbeschluß erst (verspätet) nach Ablauf des Verlustjahrs gefaßt worden ist (dieser Sachverhalt kann sowohl beim einjährigen als auch beim zweijährigen Verlustrücktrag auftreten), oder
– wenn das Eigenkapital, das für die Gewinnausschüttung als verwendet gilt, durch einen Verlustrücktrag auf zwei Jahre beeinflußt worden ist. Dies ist auch bei einer nicht verspätet beschlossenen Gewinnausschüttung möglich.

Die Problematik dieser Fallgestaltungen liegt darin, daß das verwendbare Eigenkapital, mit dem die durch § 33 Abs. 3 KStG „geschützte" Gewinnausschüttung zu verrechnen ist, nicht das Eigenkapital zum Schluß des betreffenden Verlustabzugsjahrs ist. Der für die Verrechnung der Gewinnausschüttung maßgebliche Bestand ist nach dem Verlustrücktrag sowohl durch den Verlustrücktrag selbst als auch durch Fremdeinflüsse des bzw. der Zwischenjahre (insbesondere nichtabziehbare Ausgaben im Zwischenjahr) verringert. Die **erst**genannte Eigenkapitalverringerung wird durch die Festschreibung der Verwendung nach § 33 Abs. 3 KStG negiert, die **zweit**genannte nicht. Daher ist allein damit, daß Abschnitt 89a Abs. 1 KStR die verspätet beschlossenen Gewinnausschüttungen für das Verlustabzugsjahr zu den „geschützten" Ausschüttungen im Sinne des § 8 Abs. 5 und des § 33 Abs. 3 KStG rechnet, nicht sichergestellt, daß eine solche Gewinnausschüttung, die **vor** dem Verlustrücktrag zu einer Minderung der Körperschaftsteuer führte, dies **nach** dem Verlustrücktrag ebenfalls noch tut. Folglich kann § 33 Abs. 3 KStG in diesen Fällen nur zum Teil helfen.

Der Bestand des belasteten Eigenkapitals, der ohne den Verlustrücktrag als verwendet gegolten hat und dessen bisherige Verwendung gemäß § 33 Abs. 3 KStG festgeschrieben ist, ist in den vorgenannten Fällen also nicht einfach der Bestand zum Schluß des Wirtschaftsjahrs, das dem verspätet gefaßten Gewinnverteilungsbeschluß vorangeht. Dieser Bestand muß vielmehr in der Weise korrigiert werden, daß die Eigenkapitalveränderungen aus dem Verlustrücktrag quasi rückgängig gemacht werden. Die Eigenkapitalveränderungen des bzw. der Zwischenjahre jedoch werden nicht korrigiert. Wir bezeichnen die dazu erforderliche Berechnung im folgenden mit „**Nebenrechnung**".

Beispiel:

Bei einer im Verlustjahr 03 verspätet beschlossenen Gewinnausschüttung für das Jahr 01 und einem Verlustrücktrag sowohl auf die Jahre 01 und 02 ist das für die Verrechnung der Gewinnausschüttung

1567   maßgebliche Eigenkapital zum 31.12. des Jahres 02 durch beide Rückträge verändert. Für Zwecke der Festschreibung der Verwendung nach § 33 Abs. 3 KStG ist das Eigenkapital zum 31. 12. 02 um die Auswirkungen des Verlustrücktrags in das Jahr 01, nicht aber um die in das Jahr 02, zu korrigieren.

1568   Abschnitt 89a Abs. 4 KStR enthält zur Berechnung des nach § 33 Abs. 3 KStG festgeschriebenen Betrags in den Fällen des zweijährigen Verlustrücktrags (Nebenrechnung) folgende Anweisungen:

1. Wird der Verlustrücktrag für beide Verlustabzugsjahre zusammengefaßt berechnet, sind die Eigenkapitalveränderungen durch beide Verlustrückträge zu berücksichtigen (vgl. das nachstehende Beispiel unter c)).

2. Wird der Verlustrücktrag für jedes der Verlustabzugsjahre getrennt berechnet, sind nur die Eigenkapitalveränderungen durch den Verlustrücktrag auf das Jahr zu berücksichtigen, für das der Gewinn ausgeschüttet wird (vgl. das nachstehende Beispiel unter d)).

Beispiel (aus Abschnitt 89a Abs. 4 KStR):

a) **Sachverhalt**
   Bestände zum 1. 1. 01:

EK 50	– 20 000 DM
EK 02	500 000 DM
Einkommen 01 und 02 je	100 000 DM
Vermögensteuer 01	40 000 DM
Vermögensteuer 02	6 000 DM
Steuerlicher Verlust 03	– 125 000 DM
in 03 verspätet beschlossene Gewinnausschüttung für 01	32 000 DM

b) **Eigenkapitalgliederung vor Verlustrücktrag**

		EK 50	EK 02	Körperschaft-steuer
	DM	DM	DM	DM
Bestand 1. 1. 01		– 20 000	500 000	
Einkommen 01	100 000			
Körperschaftsteuer 50 v. H.	– 50 000	+ 50 000		50 000
Vermögensteuer 01		– 40 000		
Bestand 31. 12. 01		10 000	500 000	50 000
Einkommen 02	100 000			
Körperschaftsteuer 50 v. H.	– 50 000	+ 50 000		50 000
Vermögensteuer 02		– 6 000		
Bestand 31. 12. 02		34 000	500 000	100 000
Gewinnausschüttung in 03 für 01	32 000			
Dafür Verwendung von EK 50 ($^{50}/_{64} = {}^{25}/_{32}$ von 32 000 DM)	– 25 000	– 25 000		
Körperschaftsteuer-Minderung ($^{14}/_{64} = {}^{7}/_{32}$ von 32 000 DM)	7 000	–		– 7 000
		9 000	500 000	93 000

c) **Zusammengefaßte Berechnung für die beiden dem Verlustjahr vorangegangenen Jahre** 1568

aa) **Verlustrücktrag nach § 8 Abs. 5 KStG**

	DM	DM	DM
Verlust			– 125 000
Einkommen 01	100 000		
Einkommen 02	100 000	200 000	
Gewinnausschüttung	32 000		
Ausschüttungsbelastung ($^{36}/_{64} = ^{9}/_{16}$ x 32 000 DM)	+ 18 000	– 50 000	
Höchstzulässiger Verlustrücktrag		150 000	
Höchstens jedoch steuerlicher Verlust 03		125 000	
Davon Rücktrag nach 01 (Einkommen 100 000 DM – Ausschüttung + $^{9}/_{16}$ = 50 000 DM)		50 000	
Davon Rücktrag nach 02 (125 000 DM – 50 000 DM)		75 000	

bb) **Eigenkapitalgliederung nach Verlustrücktrag**

	DM	EK 50 DM	EK 02 DM	Körperschaftsteuer DM
Bestand 1. 1. 01		– 20 000	500 000	
Einkommen 01	100 000			
Verlustrücktrag	– 50 000		+ 50 000	
Zu versteuern	50 000			
Körperschaftsteuer 50 v. H.	– 25 000	+ 25 000		25 000
Wegen des Verlustrücktrags vom EK 02 abzuziehende Körperschaftsteuer (Abschn. 89 Abs. 3 KStR)			– 25 000	
Vermögensteuer 01		– 40 000		
Bestand 31. 12. 01		– 35 000	525 000	25 000
Einkommen 02	100 000			
Verlustrücktrag	– 75 000		+ 75000	
Zu versteuern	25 000			
Körperschaftsteuer 50 v. H.	– 12 500	+ 12 500		12 500
Wegen des Verlustübertrags vom EK 02 abzuziehende Körperschaftsteuer (Abschn. 89 Abs. 3 KStR)			– 37 500	
Vermögensteuer 02		– 6 000		
Bestand 31. 12. 02		– 28 500	562 500	37 500
Offene Gewinnausschüttung in 03 für 01	32 000			
Dafür Verwendung von EK 50 (§ 33 Abs. 3 KStG; vgl. die nachstehende Berechnung)	– 25 000	– 25 000		
Körperschaftsteuer-Minderung ($^{14}/_{50} = ^{7}/_{25}$ von 25 000 DM)	7 000	–		– 7 000
		– 53 500	562 500	30 500

1568 **Nebenrechnung:**

Der nach § 33 Abs. 3 KStG als verwendet geltende Betrag ist wie folgt zu ermitteln:

EK 50 zum 31. 12. 02 nach dem Verlustrücktrag auf beide Jahre	−28 500 DM
Berichtigung um die Auswirkungen des Verlustrücktrags auf beide Jahre auf das EK 50: $^{50}/_{100}$ x 125 000 DM	+ 62 500 DM
Nach § 33 Abs. 3 KStG maßgebendes EK 50	34 000 DM

d) **Getrennte Berechnung für die beiden Verlustjahr vorangegangenen Jahre**

   aa) **Verlustrücktrag gemäß § 8 Abs. 5 KStG**

	DM	DM	DM
Steuerlicher Verlust 03			− 125 000
Einkommen 01		100 000	
Ausschüttung für 01	32 000		
Ausschüttungsbelastung ($^{36}/_{64} = ^{9}/_{16}$ x 32 000 DM)	+ 18 000	− 50 000	
Verlustrücktrag in den Veranlagungszeitraum 01		50 000	− 50 000
Für den weiteren Verlustabzug verbleiben			75 000

Da das Einkommen 02 (100 000 DM) höher ist als der noch nicht verrechnete Verlust und für 02 keine Gewinnausschüttung erfolgt, ist der noch nicht verrechnete Verlust von 75 000 DM in voller Höhe auf das Jahr 02 zurückzutragen.

bb) **Eigenkapitalgliederung nach Verlustrücktrag**

	EK 50	EK 02	Körperschaftsteuer
	DM	DM	DM
Bestand 31. 12. 02 (wie vorstehend bei c) unter bb))	− 28 500	562 500	37 500
Offene Gewinnausschüttung in 03 für 01 (keine Auswirkung des § 33 Abs. 3 KStG; vgl. die nachstehende Nebenrechnung)		− 32 000	
Körperschaftsteuer-Erhöhung ($^{36}/_{64} = ^{9}/_{16}$ von 32 000 DM)		− 18 000	+ 18 000
	− 28 500	512 500	55 500

Nebenrechnung:

Das belastete Eigenkapital zum 31. 12. 02 ist zwar durch den Verlustrücktrag auf zwei Jahre (von 03 nach 01 und 02) verringert worden; die Anwendung des § 33 Abs. 3 KStG) kommt aber nur für das Jahr 01(Wirtschaftsjahr, für das ausgeschüttet wurde) in Betracht.

Der nach § 33 Abs. 3 KStG als verwendet geltende Betrag ist wie folgt zu ermitteln:

EK 50 zum 31. 12. 02 nach dem Verlustrücktrag auf beide Jahre	− 28 500 DM
Berichtigung um die Auswirkungen der beiden Verlustrücktrags nach 01 ($^{50}/_{100}$ x 50 000 DM)	+ 25 000 DM
Nach § 33 Abs. 3 KStG maßgebendes EK 50	− 3 500 DM

Die offene Gewinnausschüttung in 03 für 01 ist, da belastetes Eigenkapital nicht zur Verfügung steht, mit der Folge, der Körperschaftsteuer-Erhöhung **insgesamt** aus dem EK 02 zu finanzieren.

e) **Vergleich der Körperschaftsteuer für die Veranlagungszeiträume 01 bis 03**

Gesamt-Körperschaftsteuer ohne Verlustrücktrag (vgl. b)	93 000 DM	93 000 DM
Gesamt-Körperschaftsteuer bei zusammengefaßter Berechnung für die beiden dem Verlustjahr vorangegangenen Jahre (vgl. c)	− 30 500 DM	
Gesamt-Körperschaftsteuer bei getrennter Berechnung für die beiden dem Verlustjahr vorangegangenen Jahre (vgl. d)		− 55 500 DM
	62 500 DM	37 500 DM

Die zusammengefaßte Berechnung für die beiden dem Verlustjahr vorangegangenen Jahre ermöglicht die volle steuerliche Entlastung in Höhe von 50 v. H. des Verlustes von 125 000 DM. Bei getrennter Berechnung würde sich dagegen die Körperschaftsteuer nur um 37 500 DM verringern. 1568

Wegen weiterer Einzelheiten und wegen Beispielen zur Nebenrechnung siehe Dötsch/Eversberg/Jost/Witt, Kommentar zum KStG und EStG, Tz. 89 ff zu § 33 KStG der ausgesonderten und gesondert aufzubewahrenden Kommentierung zu § 33 KStG.

10.7.3.3 Einbeziehung der Anfangsbestände bei den Teilbeträgen in die Berechnung nach § 8 Abs. 5 KStG

Aber noch in einem weiteren Punkt haben die Regelungen des § 8 Abs. 5 und des § 33 Abs. 3 KStG im Fachschrifttum starke und u.E. großenteils berechtigte **Kritik** erfahren. Vgl. dazu Herzig, GmbHR 1978 S. 133 und StbJb 1982/83 S. 153, Courage/Hutmacher, BB 1981 S. 902, Orth, FR 1981 S. 525, 533 und JbFStR 1984/85 S. 335. Gegen die gesetzliche Regelung wird vor allem eingewendet, daß der Wortlaut des § 8 Abs. 5 KStG den Verlustrücktrag bei bestimmten Fallgestaltungen einschränkt, obwohl der Rücktrag zu einer steuerlichen Entlastung führen würde und daher nach der Zielsetzung des Gesetzes nicht eingeschränkt werden dürfte. 1569

Zu diesem Problembereich haben sich in der bisherigen Fachdiskussion zwei typische Fallgestaltungen herauskristallisiert:

Fall 1: Ein ausreichender Bestand des EK 50 zu Beginn des Verlustabzugsjahrs würde die steuerentlastende Wirkung des Verlustrücktrags sicherstellen.

§ 8 Abs. 5 KStG vergleicht nur das Einkommen **des Abzugsjahrs** mit den Gewinnausschüttungen für das Abzugsjahr. Nur soweit das Einkommen höher ist als die Gewinnausschüttung (zuzüglich Ausschüttungsbelastung), ist danach ein Verlustrücktrag zulässig. Der Gesetzgeber des KStG 1977 hat aber nicht bedacht, daß der Rücktrag nach den unstreitigen Zielvorstellungen des § 8 Abs. 5 KStG auch insoweit nicht hätte eingeschränkt werden dürfen, als ein ausreichend **hoher Bestand des EK 50** zu Beginn des Verlustabzugsjahrs (nach Abzug der damit zu verrechnenden Ausschüttungen) in Verbindung mit den Einkommen des Abzugsjahrs sicherstellt, daß die Gewinnausschüttung nach dem Verlustrücktrag aus demselben Teilbetrag wie vor dem Rücktrag finanziert werden kann und daß auch der Verlustrücktrag zu einer steuerlichen Entlastung führt. Wegen der Frage, ob und ggfs. wie sich in der Übergangszeit von 1990 bis 1994 ein **positiver Bestand beim EK 56** auf den körperschaftsteuerlichen Verlustrücktrag auswirkt, siehe Zwerger/Dötsch in Dötsch/Eversberg/Jost/Witt, Kommentar zum KStG und EStG, RZ 71a zu § 33 KStG. 1570

Es wird gefordert, den Anfangsbestand der belasteten Teilbeträge zu Beginn des Abzugsjahrs in die Berechnung nach § 8 Abs. 5 KStG einzubeziehen (so z.B. FG Hamburg, Urteil vom 19. 6. 1990 – II 156/89).

Beispiel:

a) **Sachverhalt**

Auf Grund einer vorangegangenen Thesaurierungsperiode ist zum 1. 1. 01 ungemildert belastetes EK (EK 50) von 500 000 DM vorhanden.

Einkommen 01	100 000 DM
Offene Gewinnausschüttung in 02 für 01	64 000 DM
Steuerlicher Verlust 03	– 100 000 DM

1570 b) **Eigenkapitalgliederung vor Verlustrücktrag**

		EK 50	EK 02	Körperschaft-steuer
	DM	DM	DM	DM
Bestand 1. 1. 01		300 000	0	
Einkommen 01	100 000			
– Körperschaftsteuer 50 v. H.	– 50 000			50 000
	50 000	+ 50 000		
Bestand 31. 12. 01		350 000	0	50 000
Offene Gewinnausschüttung in 02 für 01	64 000			
Dafür gilt EK 50 als verwendet in Höhe von $^{50}/_{64}$ von 64 000 DM	– 50 000	– 50 000		
Körperschaftsteuer-Minderung ($^{14}/_{64}$ von 64 000 DM)	14 000	–		– 14 000
Bestand nach der Gewinnausschüttung		300 000	0	36 000

c) Bei **wortgetreuer Auslegung** des § 8 Abs. 5 KStG ist ein Verlustrücktrag, obwohl er zu einer Steuerentlastung führen würde, **nicht** zulässig ($^{100}/_{64}$ der offenen Gewinnausschüttung für 01 entsprechen genau dem Einkommen 01).

d) **Gliederung des verwendbaren Eigenkapitals nach Verlustrücktrag (keine Begrenzung des Verlustrücktrags nach § 8 Abs. 5 KStG weegen des Anfangsbestands beim EK 50)**

		EK 50	EK 02	Körperschaft-steuer
	DM	DM	DM	DM
Bestand 1. 1. 01		300 000		
Einkommen 01	100 000			
– Verlustrücktrag aus 03	– 100 000	0	+ 100 000	0
Wegen des Verlustrücktrags vom EK 02 abzuziehende Körperschaftsteuer (vgl. Abschn. 89 Abs. 3 KStR)			– 50 000	
Bestand 31. 12. 01		300 000	50 000	0
Offene Gewinnausschüttung in 02 für 01	64 000			
Dafür gilt EK 50 als verwendet in Höhe von $^{50}/_{64}$ von 64 000 DM	– 50 000	– 50 000		
Körperschaftsteuer-Minderung ($^{14}/_{64}$ von 64 000 DM)	14 000	–		– 14 000
Bestand nach der Gewinnausschüttung		250 000	50 000	– 14 000

e) **Ergebnis:**
Der Verlustrücktrag hat zu einer entsprechenden Verringerung der Körperschaftsteuer-Schuld geführt (50 v. H. von 100 000 DM = 50 000 DM).

Fall 2: Wegen eines Negativbestands bei EK 50 zu Beginn des Verlustabzugsjahrs (infolge hoher nichtabziehbarer Ausgaben in vorangegangenen Jahren) hat die Gewinnausschüttung bereits vor dem Verlustrücktrag zu einer Erhöhung der Körperschaftsteuer geführt (weil das Einkommen den Negativbetrag beim EK 50 nur gemindert, aber nicht beseitigt hat).

1571 Auch hier vergleicht § 8 Abs. 5 KStG, ohne nach den übrigen Besteuerungsgrundlagen zu fragen, nur das Einkommen des Abzugsjahrs mit dem für dieses Jahr ausgeschütteten Gewinn.

Wenn eine Gewinnausschüttung in Höhe des Einkommens erfolgt, kann nach dem eindeutigen **1571**
Gesetzeswortlaut die auf dem Einkommen liegende Tarifbelastung nicht durch einen Verlustrücktrag beseitigt werden.

Auch in diesem Fall wäre nach der **Zielsetzung** des § 8 Abs. 5 KStG ein Verbot bzw. eine Einschränkung des Verlustrücktrags nicht geboten. Würde der Verlustrücktrag zugelassen, würde dieser das Einkommen des Abzugsjahrs steuerfrei stellen; die Körperschaftsteuer wäre zu erstatten. Die Gewinnausschüttung würde – wie bereits vor dem Verlustrücktrag – zu einer Körperschaftsteuer-Erhöhung führen. Der Verlustrücktrag wäre demnach nicht ohne steuerliche Entlastung verbraucht.

Beispiel:

a) **Sachverhalt**
Bestände zum 31. 12. 01: EK 50: – 50 000 DM, EK 02: 300 000 DM.

Einkommen 02	80 000 DM
Vermögensteuer 02	10 000 DM
Offene Gewinnausschüttung in 03 für 02	64 000 DM
Steuerlicher Verlust 04	– 100 000 DM

b) **Gliederung des verwendbaren Eigenkapitals vor Verlustrücktrag**

	EK 50	EK 50	EK 02	Körperschaftsteuer
	DM	DM	DM	DM
Bestand 31. 12. 01		– 50 000	300 000	
Einkommen 02	80 000			
Körperschaftsteuer 50 v. H.	– 40 000	+ 40 000		40 000
Vermögensteuer 02		– 10 000		
Bestand 31. 12. 02		– 20 000	300 000	40 000
Offene Gewinnausschüttung im Jahre 03 für 02			– 64 000	
Körperschaftsteuer-Erhöhung ($^9/_{16}$ von 64 000 DM)			– 36 000	+ 36 000
Bestand nach der Gewinnausschüttung		– 20 000	200 000	76 000

c) Bei **wortgetreuer Auslegung** des § 8 Abs. 5 KStG ist ein Verlustrücktrag, obwohl er zu einer Steuerentlastung führen würde, **nicht** zulässig ($^{100}/_{64}$ der offenen Gewinnausschüttung für 02 sind höher als das Einkommen 02).

d) **Gliederung des verwendbaren Eigenkapitals nach Verlustrücktrag (ohne Begrenzung nach § 8 Abs. 5 KStG)**

	EK 50	EK 50	EK 02	Körperschaftsteuer
	DM	DM	DM	DM
Bestand 31. 12. 01		– 50 000	300 000	
Einkommen 02	80 000			
– höchstmöglicher Verlustrücktrag	– 80 000	0	+ 80 000	0
Wegen des Verlustrücktrags vom EK 02 abzuziehende Körperschaftsteuer (vgl. Abschn. 89 Abs. 3 KStR)			– 40 000	
Vermögensteuer 02		– 10 000		
Bestand 31. 12. 02		– 60 000	340 000	0
Offene Gewinnausschüttung im Jahre 03 für 02			– 64 000	
Körperschaftsteuer-Erhöhung ($^9/_{16}$ von 64 000 DM)			– 36 000	36 000
Bestand nach der Gewinnausschüttung		– 60 000	240 000	36 000

1571 e) **Ergebnis:**
>Der Verlustabzug wurde mit 80 000 DM in Anspruch genommen und hat zu einer entsprechenden Verringerung der Körperschaftsteuer-Schuld geführt (50 v. H. von 80 000 DM = 40 000 DM).

1572 Die beiden vorstehenden Fälle 1 und 2 können in der Praxis auch kombiniert oder „anteilig" vorkommen.

1573 Die Anregungen im Schrifttum (Herzig, GmbHR 1978 S. 133; ders., StbJb 1982/83 S. 141; Courage/Hutmacher, BB 1981 S. 902; Dötsch, DB 1986 S. 63; Reiß, DB 1987 S. 451), den Verlustrücktrag auszudehnen, wenn zu Beginn des Verlustjahrs mit Körperschaftsteuer belastetes Eigenkapital vorhanden ist hat weder der Gesetzgeber noch die Finanzverwaltung aufgegriffen. Der Bundesfinanzhof hat die Beschränkung des Verlustrücktrags in dem vorstehenden Fall 1 für rechtmäßig erachtet (vgl. BFH-Beschluß vom 6. 10. 1993, BStBl 1994 II S. 189). Er führt zur Begründung u. a. aus:

>*„Für die Auslegung von Steuergesetzen ist der objektivierte Wille des Gesetzgebers maßgebend, wie er sich aus dem Gesetzeswortlaut und dem Sinnzusammenhang der Vorschrift ergibt (BFH-Urteil vom 14. 5. 1991 VIII R 31/88, BFHE 164, 516, 526, BStBl 1992 II S. 1672 mit Hinweisen auf die Rechtsprechung des BVerfG). Die Motive und Vorstellungen der Mitglieder der gesetzgebenden Körperschaften können nur dann berücksichtigt werden, wenn sie im Gesetz selbst einen Ausdruck gefunden haben (BVerfG-Beschluß vom 17. 5. 1960 2 BvL 11/59, 11/60, BVerfGE 11, 126, 131; BFH in BFHE 164, 516, 526, BStBl 1992 II S. 167). Da der im Gesetzeswortlaut objektivierte Wille des Gesetzgebers keine Zweifel offen läßt, kommt eine von diesem Wortlaut abweichende Auslegung allenfalls in Betracht, wenn der Sinnzusammenhang eindeutig zu einer anderen Auslegung führen würde.*
>
>*Das ist nicht der Fall. Für eine Berücksichtigung des zu Beginn des Ausschüttungsjahres vorhandenen voll belasteten verwendbaren Eigenkapitals gibt das Gesetz keine Anhaltspunkte (ebenso Zwerger/Dötsch in Dötsch/Eversberg/Jost/ Witt, Kommentar zum KStG und EStG, Tz. 125 zu § 33 KStG – der ausgesonderten und gesondert aufzubewahrenden Kommentierung zu § 33 KStG).*
>
>*§ 8 Abs. 4 KStG 1984 (= § 8 Abs. 5 KStG 1991) ist eine von der Gliederungsrechnung unabhängige Vorschrift der Einkommensermittlung (vgl. dazu Jünger in Lademann, Kommentar zum KStG, § 33 RZ 131). Das KStG trennt scharf zwischen den Vorschriften der Einkommensermittlung (Zweiter Teil) und den Vorschriften zum Anrechnungsverfahren (Vierter Teil). Ein gesetzgeberischer Wille zur Berücksichtigung von Vorschriften der Gliederungsrechnung könnte nur unterstellt werden, wenn der Wortlaut des § 8 KStG entsprechende Anhaltspunkte böte.*
>
>*...*
>
>*Schließlich ist auch nicht zu verkennen, daß eine zusätzliche Berücksichtigung des zu Beginn des Ausschüttungsjahres vorhandenen belasteten Eigenkapitals zu einer weiteren Komplizierung des bereits kompliziert geregelten Verlustrücktrags im Anrechnungsverfahren bedeutet hätte. Dem Gesetzgeber kann ohne besondere Anhaltspunkte nicht unterstellt werden, daß er eine weitere Komplizierung lediglich im Hinblick auf einen in einigen Fällen möglichen Liquiditätsvorteil in Kauf genommen hätte (vgl. dazu Dötsch, DB 1986 S. 63, 67; Frotscher/Maas, KStG, § 8 RZ 200).*
>
>*Unter diesen Umständen ist eine vom klaren Wortlaut des § 8 Abs. 4 KStG 1984 (= § 8 Abs. 5 KStG 1991) abweichende Zielsetzung des Gesetzgebers zumindest nicht klar erkennbar. Das wäre jedoch Voraussetzung für eine vom Wortlaut abweichende Auslegung."*

Auf der Grundlage dieser Rechtsprechung ist u.E. nicht zu erwarten, daß für die Vergangenheit (bis 1993) die Anfangsbestände bei den Teilbeträgen in die Berechnung nach § 8 Abs. 5 KStG mit einbezogen werden.

10.7.4 Bei verspätet beschlossenen Gewinnausschüttungen treten Fehlwirkungen auf, die ihre Ursache in dem unrichtigen zeitlichen Bezug des § 28 Abs. 2 Satz 1 KStG haben

Wie bereits vorstehend unter RZ 1540 ff erwähnt, gehören auch die **verspätet beschlossenen Gewinnausschüttungen für das Abzugsjahr** zu den Ausschüttungen i.S.d. § 8 Abs. 5 KStG. Nicht dazu gehören jedoch die Gewinnausschüttungen, die **verspätet für ein früheres oder späteres als das Verlustabzugsjahr** beschlossen werden. Für die Gewinnausschüttungen, die verspätet für das Verlustabzugsjahr beschlossen werden, schreibt § 33 Abs. 3 KStG die ohne den Verlustrücktrag maßgebliche Verwendung fest (vgl. Abschnitt 89a Abs. 1 Satz 3 KStR).

1574

Obwohl Abschnitt 89a KStR die verspätet beschlossenen Gewinnausschüttungen für das Verlustabzugsjahr zu den „geschützten" Ausschüttungen i.S.d. § 8 Abs. 5 und des § 33 Abs. 3 KStG rechnet, ist damit allein noch nicht sichergestellt, daß eine solche Gewinnausschüttung, die vor dem Verlustrücktrag zu einer Minderung der Körperschaftsteuer führte, dies **nach** dem Verlustrücktrag ebenfalls noch tut. Wie vorstehend unter RZ 1560 ff erläutert, kann nämlich der ursprünglich für diese Gewinnausschüttung verwendete belastete Teilbetrag durch Eigenkapitalverringerungen in der Zeit zwischen dem Abzugsjahr und dem für die Verrechnung der verspätet beschlossenen Gewinnausschüttung maßgeblichen Verrechnungszeitpunkt verbraucht sein. Dies ist in der Praxis insbesondere wegen der nichtabziehbaren Ausgaben des bzw. der **Zwischenjahre** möglich. § 33 Abs. 3 KStG schreibt die bisherige Verwendung des belasteten Eigenkapitals für Gewinnausschüttungen nur insoweit fest, als dieses Eigenkapital für einen Verlustrücktrag verbraucht wurde; die Vorschrift schützt dagegen **nicht** den Verbrauch des belasteten Eigenkapitals durch die vorgenannten Fremdeinflüsse des bzw. der Zwischenjahre.

In diesem Punkt bringen – und dies ist u.E. systemgerecht – auch die KStR 1990 **keine Abhilfe,** denn die Ursachen für diese Fehlwirkungen liegen woanders: Die Vorschrift des § 8 Abs. 5 KStG geht von dem Denkmodell aus, daß das Einkommen eines Jahres, soweit es nicht ausgeschüttet worden ist, für eine steuerliche Entlastung durch den Verlustrücktrag zur Verfügung steht. Es liegt auf der Hand, daß das angestrebte Ergebnis nur dann eintreten kann, wenn das Eigenkapital, mit dem die betreffende Ausschüttung zu verrechnen ist, auch tatsächlich diesem gedachten Eigenkapital i. S. d. § 8 Abs. 5 KStG entspricht. Im **Normalfall** der offenen Gewinnausschüttung ist dies gewährleistet, denn die Ausschüttung wird mit dem verwendbaren Eigenkapital zum Schluß des Abzugsjahrs verrechnet.

1575

Anders jedoch bei der **verspätet** für das Abzugsjahr beschlossenen Gewinnausschüttung. **Beispiel:** Verlustrücktrag von 03 auf 01, verspätet beschlossene Ausschüttung für 01 in 03. Hier ist das Eigenkapital, mit dem die Ausschüttung verrechnet werden muß (Eigenkapital zum 31. 12. 02; vgl. § 28 Abs. 2 Satz 1 KStG), in aller Regel durch Besteuerungsmerkmale des Zwischenjahrs (02) beeinflußt, insbesondere durch die nichtabziehbaren Ausgaben des Zwischenjahrs. Die Folge davon kann sein, daß nach § 8 Abs. 5 KStG, der die **Fremdeinflüsse** des Zwischenjahrs nicht berücksichtigt, ein Verlustrücktrag errechnet wird, der ganz oder teilweise **nicht** zu einer steuerlichen Entlastung führt. Hier führt auch die Festschreibung der Verwendung nach § 33 Abs. 3 KStG nicht zum sinnvollen Ergebnis.

Eine befriedigende Lösung hätte sich u.E. nur ergeben, wenn die verspätet beschlossenen Ausschüttungen, wie es bereits die Bundessteuerberaterkammer in einer Stellungnahme zu dem Referentenentwurf des KStÄndG 1982 forderte, mit dem verwendbaren Eigenkapital zum Schluß des Jahres verrechnet würden, für das die Gewinnausschüttung erfolgt (Verrechnung entsprechend dem sogenannten **funktionalen Bezug**). Insbesondere würde dann auch in den Fällen der verspätet beschlossenen Gewinnausschüttung eine **Nebenrechnung** (vgl. vorstehend unter RZ 1560 ff) **entbehrlich.**

1576

Beispiel:

a) **Sachverhalt**

Eine GmbH hat im Jahr 01 ein Einkommen von 100 000 DM erzielt; weiter hat sie steuerfreie DBA-Einkünfte von 150 000 DM bezogen. Im Jahr 02 erzielt sie nur steuerfreie DBA-Einkünfte von 200 000 DM.

1576 Im Jahr 03 erleidet sie einen steuerlichen Verlust von –120 000 DM; steuerfreie DBA-Einkünfte 03 = 100 000 DM. Vermögensteuer in den Jahren 02 und 03 = je 30 000 DM. Im Jahr 03 beschließt die GmbH verspätet, für 01 einen Gewinn von 32 000 DM auszuschütten.

b) **Verlustrücktrag**

Einkommen 01		100 000 DM
Gewinnausschüttung	32 000 DM	
+ $9/16$ Ausschüttungsbelastung	18 000 DM	– 50 000 DM
Verlustrücktrag von 03 nach 01		50 000 DM

c) **Eigenkapitalgliederung nach Verlustrücktrag**

	EK 50 DM	EK 01 DM	EK 02 DM	Körperschaftsteuer DM
Einkommen 01	100 000			
– Verlustrücktrag aus 03	– 50 000		+ 50 000	
Zu versteuern	50 000			
Körperschaftsteuer 50 v. H.	– 25 000	+ 25 000		25 000
– Wegen des Verlustrücktrags vom EK 02 abzuziehende Körperschaftsteuer (vgl. Abschn. 89 Abs. 3 KStR)			– 25 000	
Steuerfreie DBA-Einkünfte		+ 150 000		
Bestand 31. 12. 01	25 000	150 000	25 000	25 000
Steuerfreie DBA-Einkünfte 02		+ 200 000		
Vermögensteuer 02	– 30 000			
Bestand 31. 12. 02	– 5 000	350 000	25 000	25 000
Gewinnausschüttung in 03 für 01 (vor dem Verlustrücktrag aus dem EK 50 finanziert)	32 000			
Dafür gemäß § 33 Abs. 3 KStG Verwendung von EK 50 (vgl. Abschn. 89a Abs. 4 KStR und vorstehend unter Rz 1566 ff): Tatsächlicher Bestand 31. 12. 02 – 5 000 DM + „Rückgängigmachung" der Auswirkungen des Verlustrücktrags ($50/100$ von 50 000 DM) + 25 000 DM				
maßgeblicher Bestand des EK 50 20 000 DM	– 20 000	– 20 000		
Körperschaftsteuer-Minderung ($14/50$ von 20 000 DM)	– 5 600	–		– 5 600
Für den Restbetrag Verwendung von EK 01	6 400	– 6 400		
Körperschaftsteuer-Erhöhung ($9/16$ von 6 400 DM)		– 3 600		+ 3 600
Bestände nach der Gewinnausschüttung	– 25 000	340 000	25 000	23 000

d) Ergebnis

aa) Körperschaftsteuer 01 ohne Verlustrücktrag
    50 v. H. von 100 000 DM   50 000 DM
    – Körperschaftsteuer-Minderung $^{14}/_{64}$ von 32 000 DM   – 7 000 DM   43 000 DM

bb) Körperschaftsteuer 01 nach Verlustrücktrag
    50 v. H. von 50 000 DM   25 000 DM
    – Körperschaftsteuer-Minderung   – 5 600 DM
    + Körperschaftsteuer-Erhöhung   + 3 600 DM   23 000 DM

cc) Unterschiedsbetrag   20 000 DM

Statt um 50 v. H. von 50 000 DM = 25 000 DM hat sich die Körperschaftsteuer nur um 20 000 DM verringert. Der Verlustrücktrag ist teilweise ins Leere gegangen.

10.7.5 Übersteigende nichtabziehbare Ausgaben i.S.d. § 31 Abs. 2 Satz 2 KStG bei Verlusten; Gesamtbeispiel zum zweijährigen Verlustrücktrag und zum Verlustvortrag

Das nachstehende Gesamtbeispiel zum zweijährigen Verlustrücktrag nach dem bis 1993 geltenden Recht, dem bewußt die Zahlen des Beispiels aus Abschnitt 89 Abs. 4 KStR zugrunde gelegt sind, zeigt sehr instruktiv die Besonderheiten, die auftreten können, wenn sonstige nichtabziehbare Ausgaben i.S.d. § 31 Abs. 1 Nr. 4 KStG in Verbindung mit einem Verlust vorkommen.

Beispiel:

1. **Sachverhalt**

Einkommen des Jahres 01   100 000 DM
Für das Jahr 01 erfolgt keine Gewinnausschüttung
Einkommen des Jahres 02   40 000 DM
Im Jahr 03 beschlossene und durchgeführte Gewinnausschüttung für das Jahr 02   16 000 DM
Steuerlicher Verlust im Jahr 03   – 148 000 DM
Vermögensteuer in den Jahren 02 und 03 je   1 000 DM

2. **Verlustrücktrag**

a) **in das Jahr 01**
Der Verlustrücktrag ist möglich bis zur Höhe des Einkommens   100 000 DM

b) **In das Jahr 02 (Begrenzung nach § 8 Abs. 5 KStG; vgl. dazu Abschn. 89a KStR)**
Nach dem Verlustrücktrag in das Jahr 01 noch nicht
verrechneter Verlust (148 000 DM – 100 000 DM)   48 000 DM
Einkommen des Jahres 02   40 000 DM
Ausschüttung für das Jahr 02   16 000 DM
+ Ausschüttungsbelastung
   ($^{36}/_{64} = ^{9}/_{16}$ von 16 000 DM)   + 9 000 DM   – 25 000 DM

Höchstzulässiger Verlustrücktrag in das
Jahr 02 (§ 8 Abs. 5 KStG)   15 000 DM   – 15 000 DM

Verbleibender vortragsfähiger Verlust   33 000 DM

3. **Verringerung der Körperschaftsteuer auf Grund des Verlustrücktrags**

Die Körperschaftsteuer des Jahres 01 verringert sich um
50 v. H. von 100 000 DM =   50 000 DM
und die des Jahres 02
um 50 v. H. von 15 000 DM =   7 500 DM

1577 4. **Gliederung des verwendbaren Eigenkapitals vor Verlustrücktrag**

	DM	EK 50 DM	EK 02 DM
a) Einkommen des Jahres 01	100 000		
Körperschaftsteuer 50 v. H.	– 50 000		
	50 000	50 000	
b) Bestand 31. 12. 01		50 000	0
c) Einkommen des Jahres 02	40 000		
Körperschaftsteuer 50 v. H.	– 20 000	+ 20 000	
	20 000		
d) Sonstige nichtabziehbare Ausgaben des Jahres 02		– 1 000	
e) Bestand 31. 12. 02		69 000	0

5. **Geänderte Gliederung des verwendbaren Eigenkapitals nach Verlustrücktrag**

	DM	EK 50 DM	EK 02 DM
a) Einkommen des Jahres 01	100 000		
Durch den Verlustrücktrag steuerfrei gestelltes Einkommen	– 100 000		+ 100 000
Zu versteuern	0		
b) Wegen des Verlustrücktrags vom EK 02 abzuziehende Körperschaftsteuer (50 v. H. von 100 000 DM; vgl. Abschn. 89 Abs. 3 KStR)			– 50 000
c) Bestand 31. 12. 01		0	50 000
d) Einkommen des Jahres 02	40 000		
Durch den Verlustrücktrag steuerfrei gestelltes Einkommen	– 15 000		+ 15 000
Zu versteuern	25 000		
Körperschaftsteuer 50 v. H.	– 12 500		
	12 500	+ 12 500	
e) Wegen des Verlustrücktrags vom EK 02 abzuziehende Körperschaftsteuer (vgl. Abs. 3)			
Körperschaftsteuer vor Verlustrücktrag	20 000		
Körperschaftsteuer nach Verlustrücktrag	– 12 500		
Erstattungsanspruch	7 500		– 7 500
f) Sonstige nichtabziehbare Ausgaben des Jahres 02		– 1 000	
g) Bestand 31. 12. 02		11 500	57 500

6. **Gliederung des verwendbaren Eigenkapitals zum 31. 12. 03 unter Berücksichtigung der Gewinn- 1577
ausschüttung für das Jahr 02 und des im Jahr 03 entstandenen Verlustes**

	DM	EK 50 DM	EK 02 DM
a) Bestand 31. 12. 02		11 500	57 500
b) Abgang durch Gewinnausschüttung für das Jahr 02	16 000		
Dafür Verwendung von EK 50 ($^{50}/_{64} = {}^{25}/_{32}$ von 16 000 DM; § 28 Abs. 3, § 33 Abs. 3 KStG)	– 12 500	– 12 500	
Körperschaftsteuer-Minderung ($^{14}/_{64} = {}^{7}/_{32}$ von 16 000 DM)	3 500		
c) Steuerlicher Verlust des Jahres 03			– 148 000
d) Anspruch auf Körperschaftsteuer-Erstattung wegen des Verlustrücktrags in die Jahre 01 und 02			+ 57 500
e) sonstige nichtabziehbare Ausgaben		– 1 000	
f) Bestand 31. 12. 03		– 2 000	– 33 000
g) übersteigende nichtabziehbare Ausgaben i. S. des § 31 Abs. 2 Satz 2 KStG (vgl. Abschn. 84 Abs. 2 KStR)		2 000	

Ergänzung des Beispiels (Verlustvortrag):

1. **Einkommensermittlung des Jahres 04**

Steuerbilanzgewinn	44 500 DM
Körperschaftsteuer	12 500 DM
Vermögensteuer	1 000 DM
Zwischensumme	58 000 DM
Verlustvortrag (vgl. dazu vorstehend unter Nr. 2b)	– 33 000 DM
Zu versteuerndes Einkommen	25 000 DM

Eine Gewinnausschüttung für das Jahr 03 ist nicht vorgesehen.

2. **Gliederung des verwendbaren Eigenkapitals zum 31. 12. 04**

	DM	EK 50 DM	EK 02 DM
a) Bestand 31. 12. 03		– 2 000	– 33 000
b) Einkommen vor Verlustvortrag		58 000	
– Verlustvortrag		– 33 000	+ 33 000
zu versteuern		25 000	
Körperschaftsteuer 50 v. H.		– 12 500	
		12 500	+ 12 500
c) Sonstige nichtabziehbare Ausgaben		– 1 000	
d) Bestand 31. 12. 04		9 500	0

10.8 Die Rechtslage ab 1994: Wahlrecht beim Verlustrücktrag

Die nachfolgenden Ausführungen betreffen den Verlustrücktrag von ab dem Veranlagungszeit- 1578
raum 1994 entstandenen Verlusten. Vgl. auch RZ 1512.

10.8.1 Die Neuregelungen durch das Standortsicherungsgesetz

Nicht ausgeglichene Verluste **ab dem Veranlagungszeitraum 1994** können gemäß § 10d EStG 1579
– wie bisher – vor- und zurückgetragen werden. Allerdings hat der Steuerpflichtige die **Mög-**

1579 **lichkeit,** zugunsten des Verlustvortrags ganz oder teilweise **auf den Verlustrücktrag zu verzichten,** ohne daß sich hierdurch der verbleibende Verlustabzug mindert. Über § 8 Abs. 1 KStG gilt das in § 10d EStG neu geregelte Wahlrecht zwischen dem Verlustrücktrag und dem Verlustvortrag auch für Körperschaften. Diese Regelung macht die bisherigen Regelungen zur Beschränkung des Verlustrücktrags in § 8 Abs. 5 KStG und in § 33 Abs. 3 KStG entbehrlich. Vgl. hierzu auch RZ 1531 ff. Sie sind deshalb gestrichen worden. Die bisherigen Regelungen sollten verhindern, daß bei den zur Eigenkapitalgliederung verpflichteten Körperschaften ein Verlustrücktrag beim Zusammentreffen mit einer Gewinnausschüttung ohne steuerliche Entlastung verbraucht wird. Die bisherigen Regelungen komplizierten das körperschaftsteuerliche Anrechnungsverfahren in einem nicht vertretbaren Maß (vgl. RZ 1555 ff). Außerdem führte der bisherige Gesetzeswortlaut in einer Reihe von Fallgestaltungen zu nicht mit dem Sinn der Regelung zu vereinbarenden Auswirkungen, z.B. bei einem hohen positiven oder negativen Bestand an tarifbelastetem Eigenkapital (vgl. RZ 1569 ff).

10.8.2 Anwendungsregeln

1580 Der neue **§ 10d EStG gilt erstmals für nicht ausgeglichene Verluste des Veranlagungszeitraums 1994** (§ 52 Abs. 13 EStG). Das Standortsicherungsgesetz (vom 13. 9. 1993, BGBl I S. 1569) sah zunächst vor, daß die bisherigen Sondervorschriften des § 8 Abs. 5 KStG 1991 und des § 33 Abs. 3 KStG 1991 erst ab dem Veranlagungszeitraum 1994 entfallen sollten (§ 54 Abs. 1 KStG). Das hätte bedeutet, daß bei einem Verlustrücktrag von 1994 auf die Veranlagungszeiträume 1992 oder 1993 bzw. bei einem Verlustrücktrag von 1995 auf den Veranlagungszeitraum 1993 zwar bereits das neue Wahlrecht gegolten hätte, gleichzeitig aber noch die Regelungen des § 8 Abs. 5 KStG 1991 und des § 33 Abs. 3 KStG 1991 hätten beachtet werden müssen (vgl. Dötsch, DB 1993 S. 1639, S. 1642; Cattelaens, Wpg 1993 S. 557, S. 558). In diesem Punkt hat das StMBG (vom 21.12.1993, BGBl I S. 2310) eine Nachbesserung gebracht. **§ 8 Abs. 5 KStG 1991 ist letztmals für den Veranlagungszeitraum 1992** anzuwenden, **soweit nicht ausgeglichene Verluste des Veranlagungszeitraums 1993** zurückgetragen werden (§ 54 Abs. 6a KStG). **§ 33 Abs. 3 KStG 1991 ist letztmals für das Abzugsjahr 1992** anzuwenden, **soweit nicht ausgeglichene Verluste des Veranlagungszeitraums 1993** zurückgetragen werden (§ 54 Abs. 12a KStG). § 8 Abs. 5 KStG 1991 und § 33 Abs. 3 KStG 1991 gelten nicht im Rahmen eines Verlustrücktrags von ab 1994 entstandene Verluste. Mit der Streichung des § 8 Abs. 5 KStG 1991 und des § 33 Abs. 3 KStG 1991 ist gleichzeitig **das in Abschnitt 89a KStR vorgesehene Wahlrecht zwischen getrennter und zusammengefaßter Betrachtung der Abzugsjahre gegenstandlos** geworden.

1581 In einer **Übergangszeit** kann der körperschaftsteuerliche Verlustrücktrag **besondere Probleme** aufwerfen, und zwar in den Fällen, in denen im **Abzugsjahr 1992** das **bisherige Recht** (zwangsweiser Rücktrag; Anwendung der §§ 8 Abs. 5 und 33 Abs. 3 KStG 1991) für Verluste des Veranlagungszeitraums 1993 und das **neue Recht** (wahlweiser Verlustrücktrag ohne Anwendung der §§ 8 Abs. 5 und 33 Abs. 3 KStG 1991) für Verluste des Veranlagungszeitraums 1994 gleichzeitig aufeinandertreffen. Vgl. hierzu auch Zwerger in Dötsch/Eversberg/Jost/Witt, Kommentar zum KStG und EStG, Tz 127ff zu § 33 KStG.

10.8.3 Ausübung des Wahlrechts
10.8.3.1 Das Wahlrecht

1582 § 10d Abs. 1 Satz 1 EStG sind Verluste, die bei der Ermittlung des Gesamtbetrags der Einkünfte nicht ausgeglichen werden, bis zu einem Betrag von insgesamt 10 Mio. DM wie Sonderausgaben vom Gesamtbetrag der Einkünfte des zweiten dem Veranlagungszeitraum vorangegangen Veranlagungszeitraum abzuziehen; soweit ein Abzug danach nicht möglich ist, sind sie wie Sonderausgaben von Gesamtbetrag der Einkünfte des ersten dem Veranlagungszeitraum vorangegangen Veranlagungszeitraum abzuziehen. § 10d Abs. 1 Satz 1 schreibt als Grundsatz den Verlustrücktrag zwingend vor.

Nach § 10d Abs. 1 Sätze 4 und 5 EStG ist auf **Antrag des Steuerpflichtigen** ganz oder teilweise von der Anwendung des § 10d Abs. 1 Satz 1 EStG abzusehen. Im Antrag ist **die Höhe des abzuziehenden Verlustes** und der Veranlagungszeitraum anzugeben, in dem der Verlust abgezogen werden soll. D.h., von dem Grundsatz des zwingenden Verlustrücktrags nach § 10d Abs. 1 Satz 1 EStG wird nur auf Antrag des Steuerpflichtigen abgesehen. Dabei kann ein **Verlustrücktrag zwischen 0 DM und dem höchst zulässsigen nach § 10d Abs. 1 Satz 1 EStG** gewählt werden; innerhalb dieses Rahmens **ist jede Zwischenlösung zulässig.** Damit hat der Steuerpflichtige de facto zukünftig ein Wahlrecht, ob und in welcher Höhe er in den Grenzen des § 10d Abs.1 Satz 1 EStG einen Verlustrücktrag durchführen will. 1583

10.8.3.2 Die Gründe für das gesetzliche Wahlrecht

Wie bereits in den vorstehenden RZ 1531 ff erläutert, sollten die durch das Standortsicherungsgesetz gestrichenen Sonderregelungen des § 8 Abs. 5 KStG 1991 und des § 33 Abs. 3 KStG 1991, die letztmals für den Rücktrag eines im Veranlagungszeitraums 1993 eingetretenen Verlustes gelten, die zur Gliederung ihres verwendbaren Eigenkapitals verpflichtete Körperschaft davor **schützen,** daß ein **Verlustrücktrag,** der mit einer Gewinnausschüttung für das Abzugsjahr zusammentrifft, **ohne steuerliche Entlastung verbraucht** wird. Insbesondere die Regelung des § 8 Abs. 5 KStG 1991 war jedoch unzureichend (vgl. RZ 1569 ff). In bestimmten Fällen schränkte der Wortlaut der Vorschrift den Verlustrücktrag stärker ein, als es von der Zielsetzung der Vorschrift her erforderlich gewesen wäre; in anderen Fällen ging die Einschränkung nicht weit genug. 1584

Mit der Ausdehnung des **Verlustrücktrags auf zwei Jahre** ergaben sich **zusätzliche Probleme,** die die Praxis lediglich mit Hilfe aufwendiger EDV-Programme zu bewältigen in der Lage waren. Abschnitt 89a Abs. 3 KStR stellte Regeln für den zweijährigen Verlustrücktrag auf, die jedoch nicht in der Lage waren, alle unbefriedigenden Wirkungen des bisherigen Rechts zu heilen. Der bisherige körperschaftsteuerliche Verlustrücktrag wurde zu kompliziert. 1585

Zunächst gab es Überlegungen mit dem Ziel, die Regeln zum körperschaftsteuerlichen Verlustrücktrag zu „perfektionieren", d.h. sie an den zweijährigen Rücktrag anzupassen und sicherzustellen, daß der Gesetzeswortlaut auch das ausdrückt, was der Sinn der Regelung ist. Nachdem diese Überlegungen nicht zu einer einfachen und damit praxisgerechten Neugestaltung des körperschaftsteuerlichen Verlustrücktrags führten, war die Alternative die nunmehr im Standortsicherungsgesetz realisierte **Streichung der bisherigen Sondervorschriften,** verbunden mit einem **wahlweisen Verzicht** auf den Verlustrücktrag. 1586

Der Gesetzgeber hat dieses **Wahlrecht generalisiert.** Es gilt auch für Einkommensteuerpflichtige und für nicht gliederungspflichtige Körperschaften. 1587

Mit der Einführung eines allgemeinen Wahlrechts auf Verlustrücktrag oder Verlustvortrag (§ 10d Abs. 1 Sätze 4 und 5 EStG) bei gleichzeitiger Streichung des § 8 Abs. 5 KStG 1991 und des § 33 Abs. 3 KStG 1991 gibt der Gesetzgeber den betroffenen Körperschaften ein Instrument zur Hand, das es diesen ermöglicht, auf die im Zusammenhang mit einem Verlustrücktrag auftretenden Fallgestaltungen und Probleme **individuell** zu reagieren. Mangels gesetzlicher Reglementierung des Rücktragsvolumens wächst **den Unternehmen und ihren Beratern** künftig ein größeres Maß an Verantwortung zu. Die Körperschaft bzw. ihre steuerlichen Berater müssen künftig selbst prüfen, ob ein Verlustrücktrag zu den von ihnen erwarteten steuerlichen Auswirkungen führt. Sollte dies nicht der Fall sein, werden sie auf den Verlustrücktrag verzichten und statt dessen einen höheren Verlustabzug in einem späteren Jahr wählen. Vgl. hierzu RZ 1589 ff.

Die **Finanzämter** werden künftig weitgehend auf eigene Ermittlungen verzichten können, denn die Körperschaft muß in ihrer Steuererklärung angeben, ob und inwieweit sie einen ihr nach § 10d EStG zustehenden Verlustrücktrag in Anspruch nehmen will (vgl. RZ 1583). 1588

10.8.4 Kriterien für die Ausübung des Wahlrechts

10.8.4.1 Vorbemerkungen

1589   Auch in Zukunft bleibt die **Ermittlung des günstigsten Verlustrücktrags** schwierig. Die Streichung des § 8 Abs. 5 KStG und des § 33 Abs. 3 KStG bedeutet nicht, daß der Anlaß für die bisherigen Regelungen weggefallen ist. Vielmehr ist es für die Unternehmen nach wie vor sinnvoll, bei der Ausübung ihres Wahlrechts zu prüfen, ob ein Verlustrücktrag wegen des Zusammentreffens mit einer Gewinnausschüttung ganz oder teilweise ohne steuerliche Entlastung bleiben würde und ob sie deshalb für den gesamten Verlust oder einen Teil davon den Verlustvortrag beantragen. Wegen der fehlenden Festschreibung der Verwendung des verwendbaren Eigenkapitals nach § 33 Abs. 3 KStG ist es nunmehr möglich, daß nur noch ein geringerer Verlustrücktrag als bisher zu einer vollen Entlastung führt. Es sind auch Fallgestaltungen denkbar, in denen ein höherer Verlustrücktrag als bisher gleichwohl zu einer vollen Entlastung führt.

10.8.4.2 Vorrangiger Verlustrücktrag auf das älteste Abzugsjahr

1590   Innerhalb des der Körperschaft gemäß § 10d Abs. 1 Sätze 4 und 5 EStG zustehenden Wahlrechts kann sie frei entscheiden, ob sie den Verlust ganz oder teilweise auf das **erste oder das zweite** (das ältere) **dem Verlustjahr vorangegangene Jahr** zurücktragen will. Es ist denkbar, daß die Körperschaft den Verlust auf das **erste** vorangegangene Jahr zurücktragen und auf einen Rücktrag auf das zweite vorangegangene Jahr verzichten will.

Diese Vorgehensweise ist im Regelfall **nicht zu empfehlen**. Es ist i.d.R. günstiger, einen Verlust vorrangig auf das **zweite** vorangegangene Jahr zurückzutragen. Von praktischer Bedeutung ist das für den Fall, daß dem Verlustjahr ein weiteres Verlustjahr folgt. Dann steht das Einkommen des ersten (dem ersten Verlustjahr) vorangegangenen Jahres noch ungeschmälert für den weiteren Rücktrag (aus dem zweiten Verlustjahr) zur Verfügung.

10.8.4.3 Ausnutzung des Steuersatzgefälles

1591   **Bezugsgröße** für den Verlustrücktrag ist das **zu versteuernde Einkommen des Abzugsjahres.** Unberücksichtigt bleibt hierbei zunächst, in welcher Höhe dieses Einkommen der tariflichen Körperschaftsteuer unterliegt. Denkbar ist, daß in dem Abzugsjahr zwar ein positives zu versteuerndes Einkommen vorhanden ist, sich jedoch infolge von Tarifermäßigungen (z.B. anrechenbare ausländische Steuer) keine oder nur eine geringe Belastung mit deutscher Körperschaftsteuer ergibt.

Ist in einem möglichen Verlustvortragsjahr die Tarifbelastung höher als in den Rücktragsjahren, ist der Körperschaft zu empfehlen, auf den Verlustrücktrag zu verzichten und stattdessen den Verlustvortrag zu wählen. Ist aufgrund von Gesetzesänderungen der Thesaurierungssteuersatz (§ 23 Abs. 1 KStG) in den Rücktragsjahren höher als in einem möglichen Vortragsjahr (so z.B. beim Verlustrücktrag von 1994 auf 1992 und 1993 bzw. von 1995 auf 1993), ist der Verlustrücktrag günstiger.

10.8.4.4 Beschränkung des Verlustrücktrags, um eine volle steuerliche Entlastung zu erreichen

10.8.4.4.1 Die Problemstellung

1592   Daß eine Beschränkung des Verlustrücktrags nach neuem Recht immer noch sinnvoll ist, zeigt das folgende **Grundbeispiel:**

F. Das körperschaftsteuerliche Anrechnungsverfahren

1592

	DM	EK 45 DM	EK 02 DM	KSt DM
Eigenkapitalgliederung zum 31. 12. 01 vor Verlustrücktrag				
Anfangsbestände		0	100 000	
Gewinn im Jahr 01	100 000			
Körperschaftsteuer 45 v. H.	− 45 000			45 000
Zugang EK 45	55 000	+ 55 000		
Bestände 31. 12. 01		55 000	100 000	45 000
Offene Gewinnausschüttung im Jahr 02 für das Jahr 01	70 000			
dafür Verwendung von EK 45 ($^{11}/_{14}$ von 70 000 DM)	− 55 000	− 55 000		
Körperschaftsteuer-Minderung ($^{3}/_{14}$ von 70 000 DM)	15 000			− 15 000
Bestände nach der Gewinnausschüttung		0	100 000	30 000

Steuerlicher Verlust im Jahr 03: − 100 000 DM

	DM	EK 45 DM	EK 02 DM	KSt DM
Eigenkapitalgliederung zum 31. 12. 01 nach Verlustrücktrag in voller Höhe				
Anfangsbestände		0	100 000	
Gewinn im Jahr 01	100 000			
− Verlustrücktrag	− 100 000		+ 100 000	
zu versteuern	0			0
Wegen des Verlustrücktrags vom EK 02 abzuziehende Körperschaftsteuer (vgl. Abschn. 89 Abs. 3 KStR)			− 45 000	
Bestände 31. 12. 01		0	155 000	0
Offene Gewinnausschüttung im Jahr 02 für das Jahr 01	70 000			
dafür Verwendung von EK 02	70 000		− 70 000	
	0			
Körperschaftsteuer-Erhöhung ($^{3}/_{7}$ von 70 000 DM)			− 30 000	+ 30 000
Bestände nach der Gewinnausschüttung		0	55 000	30 000

Ergebnis: Die Steuerschuld hat sich nicht verringert. Der Verlustabzug ist verbraucht.

1592

	DM	EK 45 DM	EK 02 DM	KSt DM
Eigenkapitalgliederung zum 31. 12. 01 nach Verlustrücktrag bei Begrenzung auf 0 DM				
Anfangsbestände		0	100 000	
Gewinn im Jahr 01	100 000			
– Verlustrücktrag	0			
zu versteuern	100 000			
Körperschaftsteuer 45 v. H.	– 45 000			45 000
Zugang EK 45	55 000	+ 55 000		
Bestände 31. 12. 01		55 000	100 000	45 000
Offene Gewinnausschüttung im Jahr 02 für das Jahr 01	70 000			
dafür Verwendung von EK 45 ($^{11}/_{14}$ von 70 000 DM)	– 55 000	– 55 000		
Körperschaftsteuer-Minderung ($^{3}/_{14}$ von 70 000 DM)	15 000			– 15 000
Bestände nach der Gewinnausschüttung		0	100 000	30 000

Ergebnis: Bei unveränderter Steuerschuld bleibt der Verlustabzug erhalten.

Nach neuem Recht ist im vorstehenden Beispiel zwar ein Verlustrücktrag von 100 000 DM möglich. Eine sinnvolle Steuerentlastung durch den Verlustrücktrag tritt aber auch nur bei einer Begrenzung des Verlustrücktrags auf 0 DM ein.

10.8.4.4.2 Rechenschema zur Ermittlung des optimalen Verlustrücktrags

10.8.4.4.2.1 Einjähriger Verlustrücktrag

1593 Soweit die Neuregelungen (Wahlrecht beim Verlustrücktrag, Streichung von §§ 8 Abs. 5, 33 Abs. 3 KStG 1991) eingreifen, kann in Zukunft in den Fällen, in denen der Gewinn des Verlustrücktragjahres ausgeschüttet worden ist, der günstigste Verlustrücktrag **im Regelfall** nach folgendem **Schema** berechnet werden:

	DM
Tarifbelastetes Eigenkapital zu Beginn des Verlustrücktragsjahres nach Abzug der damit zu verrechnenden Ausschüttungen + darauf lastende Körperschaftsteuerbelastung	
= **Zwischensumme 1** + Einkommen des Verlustrücktragsjahres vor Verlustrücktrag – nichtabziehbare Ausgaben des Verlustrücktragsjahres (ohne Körperschaftsteuer) – auf die vorstehenden nichtabziehbaren Ausgaben lastende Körperschaftsteuerbelastung	
= **Zwischensumme 2** – im Verlustrücktragsjahr ausgeschütteter Gewinn – auf die vorstehenden Gewinnausschüttungen lastende Ausschüttungsbelastung	
= **Summe**	

Die auf das **tarifbelastete Eigenkapital** zu Beginn des Verlustrücktragsjahres sowie auf die **nichtabziehbaren Ausgaben** lastende **Körperschaftsteuer** beträgt je nach dem betrachteten Eigenkapital:

- bei EK 56 = 127,27 v.H. des EK 56
- bei EK 50 = 100,00 v.H. des EK 50
- bei EK 45 =   81,82 v.H. des EK 45

Die auf die **Gewinnausschüttungen** lastende Ausschüttungsbelastung beträgt bei einer Ausschüttungsbelastung

- von 36 v. H.:   9/16
- von 30 v. H.:   3/7

Ist die Einstiegsgröße, d. h. **das tarifbelastete Eigenkapital zu Beginn des Verlustrücktragjahres** nach Abzug der damit zu verrechnenden Ausschüttungen **aufgrund übersteigender nichtabziehbarer Ausgaben negativ,** so sind diese übersteigenden nichtabziehbaren Ausgaben nur insoweit in die Einstiegsgröße einzubeziehen, als sie im Verlustrücktragsjahr nach den Verrechnungsregel des § 31 Abs. 2 Satz 2 KStG weiterhin vom tarifbelasteten Eigenkapital abzuziehen ist. Sie sind auszuscheiden, soweit sie im Verlustrücktragsjahr vom EK 30 (ab 1994; 1992 und 1993: EK 36) abzuziehen sind.

Bei den nach der Zwischensumme 2 anzusetzenden Gewinnausschüttungen sind folgende Gewinnausschüttungen nicht anzusetzen:

- Gewinnausschüttungen, die vor Verlustrücktrag gegen **EK 01** verrechnet worden sind, für die nach § 40 Nr. 1 KStG ab 1994 keine Körperschaftsteuer-Erhöhung durchzuführen ist und deren Verwendung nach § 28 Abs. 5 KStG (bzw. § 28 Abs. 5 KStG 1991) festgeschrieben ist;
- Gewinnausschüttungen, die vor Verlustrücktrag gegen **EK 03** verrechnet worden sind und deren Verwendung nach § 28 Abs. 7 KStG KStG (bzw. § 28 Abs. 5 KStG 1991) festgeschrieben ist;
- Gewinnausschüttungen, die vor Verlustrücktrag gegen **EK 04** verrechnet worden sind, für die nach § 40 Nr. 2 KStG keine Körperschaftsteuer-Erhöhung durchzuführen ist (wegen der Besonderheiten bei Ausschüttungen aus EK 04 vgl. auch RZ 1610).

Ergibt sich bei der **Zwischensumme 2 ein negativer Betrag oder 0 DM,** ist im Regelfall ein Verlustrücktrag in Höhe des gesamten Einkommens des Verlustrücktragjahres sinnvoll, weil schon bisher die Ausschüttungen nicht aus belastetem Eigenkapital finanziert werden. Ergibt sich bei **der Zwischensumme 2 ein positiver Betrag, bei der Endsumme aber ein negativer Betrag,** ist ein Verlustrücktrag im Regelfall nicht sinnvoll, weil die durch den Verlustrücktrag eintretende Steuerersparnis durch das dann notwendige Herstellen der Ausschüttungsbelastung wieder verbraucht wird. Ergibt sich bei der **Endsumme ein positiver Betrag,** ist im Regelfall ein Verlustrücktrag bis zur dieser Höhe, höchstens bis zur Höhe des Einkommens des Verlustrücktragjahres sinnvoll.

Es ist zu beachten, daß nach neuem Recht der günstigste **Verlustrücktrag wegen der Streichung des § 33 Abs. 3 KStG** bis zur Höhe **der nichtabziehbaren Ausgaben sowie der darauf lastenden Körperschaftsteuerbelastung bei nicht ausreichendem tarifbelasteten Eigenkapital geringer** ausfällt als nach dem bis 1993 geltenden Recht.

Das **vorstehende Rechenschema stellt** sicher, daß eine zunächst **vor Verlustrücktrag aus tarifbelastetem Eigenkapital finanzierte Ausschüttung auch nach Verlustrücktrag aus tarifbelastetem Eigenkapital finanziert** werden kann. **Andernfalls wird der Verlustrücktrag eingeschränkt oder gar ausgeschlossen.** Dadurch wird auch sichergestellt, daß – ab 1994 – die Verwendungsregel des **§ 28 Abs. 4 KStG** (vgl. RZ 1258 ff) **nicht** zur Anwendung kommen kann, die wegen der zwangsweisen Verrechnung der Ausschüttung mit dem EK 02 und der sich daraus ergebenden Körperschaftsteuer-Erhöhung stets zu einem Leerlaufen des Verlustrücktrags führt.

Das vorstehende Rechenschema berücksichtigt auch, daß bei einem entsprechenden **Anfangsbestand an EK 30** (bzw. bis 1994: EK 36) die Finanzierung einer vor Verlustrücktrag mit tarifbelastetem Eigenkapital finanzierten Gewinnausschüttung, die nach dem Verlustrücktrag aus EK 30 bzw. (bis 1994) EK 36 finanziert werden könnte, **nicht zu einer optimalen Nutzung** des Verlustrücktrags führt, weil die bisherige **Körperschaftsteuer-Minderung wegfällt**.

1600 Das Rechenschema berücksichtigt grundsätzlich **alle Gewinnausschüttungen,** bei denen **die Ausschüttungsbelastung herzustellen ist** und **deren Verrechnung sich beim verwendbaren Eigenkapital nach Verlustrücktrag verändern kann.** Vorrangig sollen dabei Ausschüttung betrachtet werden, die vor Verlustrücktrag aus tarifbelasteten Eigenkapital finanziert worden sind. Aber auch Ausschüttungen aus EK 30 bzw. (bis 1994) EK 36 sowie Ausschüttungen aus EK 02 sind berücksichtigt. Nicht einbezogen werden Ausschüttungen, bei denen die Ausschüttungsbelastung nicht herzustellen ist (Ausschüttungen aus EK 04 (vgl. hierzu auch RZ 1610) und ab 1994 aus EK 01) sowie Ausschüttungen, deren Verwendung festgeschrieben ist (Ausschüttungen aus EK 01 und EK 03 – vgl. § 28 Abs. 5 KStG 1991 bzw. § 28 Abs. 5 KStG und § 28 Abs. 7 KStG). Vgl. auch RZ 1595. Bei den betrachteten Ausschüttungen soll **sichergestellt werden, daß sie nach Verlustrücktrag nicht mit einem niedriger belasteten Teilbetrag** mit der Folge einer geringeren Körperschaftsteuer-Minderung oder gar Körperschaftsteuer-Erhöhung statt -Minderung **verrechnet werden.**

1601 Beispiel:

1. Eigenkapitalgliederung vor Verlustrücktrag

	DM	EK 45 DM	EK 02 DM
Bestand 1. 1. 01		27 500	100 000
Gewinn im Jahr 01	100 000		
Körperschaftsteuer 45 v. H.	– 45 000		
Zugang EK 45	55 000	+ 55 000	
Vermögensteuer 01		– 5 500	
Bestand 31. 12. 01		77 000	100 000
Offene Gewinnausschüttung im Jahr 02 für das Jahr 01	70 000		
dafür Verwendung von EK 45			
($^{11}/_{14}$ von 70 000 DM)		– 55 000	– 55 000
Körperschaftsteuer-Minderung			
($^{3}/_{14}$ von 70 000 DM)	15 000		
Bestände nach der Gewinnausschüttung		22 000	100 000

Bilanzverlust im Jahr 02: – 105 500 DM, darin 5 500 DM Vermögensteuer 02 als Betriebsausgabe verbucht, der nur – soweit vorteilhaft – nach 01 zurückgetragen werden soll.

Steuerlicher Verlust 02 (– 105 500 DM + 5 500 DM):   100 000 DM

2. Berechnung des Verlustrücktrags

		DM
	Tarifbelastetes Eigenkapital zu Beginn des Verlustrücktragsjahres nach Abzug der damit zu verrechnenden Ausschüttungen	27 500
+	darauf lastende Körperschaftsteuerbelastung	22 500
=	**Zwischensumme 1**	50 000
+	Einkommen des Verlustrücktragsjahres vor Verlustrücktrag	100 000
–	nichtabziehbare Ausgaben des Verlustrücktragsjahres (ohne Körperschaftsteuer)	5 500
–	auf die vorstehenden nichtabziehbaren Ausgaben lastende Körperschaftsteuerbelastung	4 500
=	**Zwischensumme 2**	140 000
–	im Verlustrücktragsjahr ausgeschütteter Gewinn	70 000
–	auf die vorstehenden Gewinnausschüttungen lastende Ausschüttungsbelastung	30 000
=	**Summe**	40 000

höchstmöglicher vorteilhafter Verlustrücktrag nach 01: 40 000 DM **1601**

3. Eigenkapitalgliederung nach Verlustrücktrag

	DM	EK 45 DM	EK 02 DM
Bestand 1. 1. 01		27 500	100 000
Gewinn im Jahr 01	100 000		
– Verlustrücktrag	– 40 000		+ 40 000
zu versteuerndes Einkommen 01	60 000		
Körperschaftsteuer 45 v. H.	– 27 000		
Zugang EK 45	33 000	+ 33 000	
Wegen Verlustrücktrag abzuziehende Körperschaftsteuer; Abschnitt 89 Abs. 3 KStR (45 v. H. von 40 000 DM)			– 18 000
Vermögensteuer 01		– 5 500	
Bestand 31. 12. 01		55 000	122 000
Offene Gewinnausschüttung im Jahr 02 für das Jahr 01	70 000		
dafür Verwendung von EK 45 ($^{11}/_{14}$ von 70 000 DM)	– 55 000	– 55 000	
Körperschaftsteuer-Minderung ($^{3}/_{14}$ von 70 000 DM)	15 000		
Verlust 02			– 100 000
Körperschaftsteuer-Erstattungsanspruch aufgrund des Verlustrücktrags			+ 18 000
Vermögensteuer 02		– 5 500	
Bestand 31. 12. 02		– 5 500	40 000

4. Ergebnis:

Körperschaftsteuer vor Verlustrücktrag (45 000 DM – 15 000 DM):	30 000 DM
Körperschaftsteuer nach Verlustrücktrag (27 000 DM – 15 000 DM):	12 000 DM
Entlastung	18 000 DM

Die eintretende Entlastung von 18 000 DM entspricht 45 v.H. des zurückgetragenen Verlustes von 40 000 DM. Das angewandte Rechenschema liefert den höchstmöglichen sinnvollen Verlustrücktrag nach 01, der dazu führt, das die in 02 für 01 vorgenommen Gewinnausschüttung gerade noch aus EK 45 finanziert werden kann.

In den Fällen, in denen **im Verlustrücktragsjahr kein Gewinn ausgeschüttet** wird, ist der **1602 Verlustrücktrag in Höhe des gesamten Einkommens** im Regelfall günstig.

Beispiel:

1. Eigenkapitalgliederung vor Verlustrücktrag

	DM	EK 45 DM	EK 02 DM
Bestand 1. 1. 01		27 500	100 000
Gewinn im Jahr 01	100 000		
Körperschaftsteuer 45 v. H.	– 45 000		
Zugang EK 45	55 000	+ 55 000	
Vermögensteuer 01		– 5 500	
Bestand 31. 12. 01		77 000	100 000

1602 Bilanzverlust im Jahr 02: – 105 500 DM, darin 5 500 DM Vermögensteuer 02 als Betriebsausgabe verbucht, der nur – soweit vorteilhaft – nach 01 zurückgetragen werden soll.

Steuerlicher Verlust 02 (– 105 500 DM + 5 500 DM): 100 000 DM

2. höchstmöglicher vorteilhafter Verlustrücktrag nach 01

(in Höhe des Einkommens 01): 100 000 DM

3. Eigenkapitalgliederung nach Verlustrücktrag

	DM	EK 45 DM	EK 02 DM
Bestand 1. 1. 01		27 500	100 000
Gewinn im Jahr 01	100 000		
– Verlustrücktrag	– 100 000		+ 100 000
zu versteuerndes Einkommen 01	0		
Körperschaftsteuer 45 v. H.	0		
Zugang EK 45	0	0	
Wegen Verlustrücktrag abzuziehende Körperschaftsteuer; Abschn. 89 Abs. 3 KStR (45 v. H. von 100 000)			– 45 000
Vermögensteuer 01		– 5 500	
Bestand 31. 12. 01		22 000	155 000
Verlust 02			– 100 000
Körperschaftsteuer-Erstattungsanspruch aufgrund des Verlustrücktrags			+ 45 000
Vermögensteuer 02		– 5 500	
Bestand 31. 12. 02		16 500	100 000

4. Ergebnis:

Körperschaftsteuer vor Verlustrücktrag:	45 000 DM
Körperschaftsteuer nach Verlustrücktrag:	0 DM
Entlastung	45 000 DM

Die eintretende Entlastung von 45 000 DM entspricht 45 v.H. des zurückgetragenen Verlustes von 100 000 DM.

10.8.4.4.2.2 Zweijähriger Verlustrücktrag

1603 Beim **zweijährigen** Verlustrücktrag ist die Vergleichsrechnung komplizierter, weil wir es hier mit zwei Einkommen und ggfs. mit Ausschüttungen für **beide** Abzugsjahre zu tun haben. Hier können sich, wenn das Einkommen des Abzugsjahres mit dem ausgeschütteten Teil dieses Einkommens verglichen wird (Rücktragsobergrenze: nicht ausgeschütteter Teil des Einkommens), **unterschiedliche Rücktragsvolumen** ergeben, **je nachdem, ob** dieser Abgleich

– für jedes Abzugsjahr **getrennt,** oder
– für beide Abzugsjahre **zusammengefaßt**

durchgeführt wird.

1604 Besteht für beide Verlustabzugsjahre ein **Einkommensüberhang,** d.h. sind die Einkommen der beiden Verlustabzugsjahre jeweils höher als die nichtabziehbaren Ausgaben dieser Jahre einschließlich der darauf lastenden Körperschaftsteuer und die für diese Jahre jeweils vorgenommen Gewinnausschüttungen einschließlich der darauf lastenden Ausschüttungsbelastung, ist i. d. R. der optimale Verlustrücktrag nach der **getrennten Methode** mit Hilfe des vorstehend unter RZ 1593 vorgestellte Rechenschemas zu ermitteln.

1605 Besteht insbesondere für das **zweite** der beiden Verlustabzugsjahre ein **Ausschüttungsüberhang,** d. h. ist das Einkommen des zweiten Verlustabzugsjahres geringer als die nichtabziehbaren Ausgaben dieses Jahres einschließlich der darauf lastenden Körperschaftsteuer und die für **1605** dieses Jahr vorgenommen Gewinnausschüttungen einschließlich der darauf lastenden Ausschüttungsbelastung, ist i. d. R. der optimale Verlustrücktrag nach **der zusammengefaßten Methode** zu ermitteln.

Bei **zusammengefaßter Betrachtung im Rahmen eines zweijährigen Verlustrücktrags** ist **1606** im Regelfall das folgende Rechenschema anzuwenden:

	DM
Tarifbelastetes Eigenkapital zu Beginn des ersten Verlustrücktragsjahres nach Abzug der damit zu verrechnenden Ausschüttungen + darauf lastende Körperschaftsteuerbelastung	
= **Zwischensumme 1** + Einkommen der beiden Verlustrücktragsjahre vor Verlustrücktrag − nichtabziehbare Ausgaben der beiden Verlustrücktragsjahre (ohne Körperschaftsteuer) − auf die vorstehenden nichtabziehbaren Ausgaben lastende Körperschaftsteuerbelastung	
= **Zwischensumme 2** − in den beiden Verlustrücktragsjahren ausgeschütteter Gewinn − auf die vorstehenden Gewinnausschüttungen lastende Ausschüttungsbelastung	
= **Summe**	

Bei der zusammengefaßten Betrachtung beim zweijährigen Verlustrücktrag gelten die o.g. Bedingungen und Entscheidungsregeln (vgl. RZ 1594 ff) entsprechend.

Beispiel: **1607**

1. Eigenkapitalgliederung vor Verlustrücktrag

	DM	EK 45 DM	EK 02 DM
Bestand 1. 1. 01		27 500	100 000
Gewinn im Jahr 01	100 000		
Körperschaftsteuer 45 v. H.	− 45 000		
Zugang EK 45	55 000	+ 55 000	
Vermögensteuer 01		− 5 500	
Bestand 31. 12. 01		77 000	100 000
Offene Gewinnausschüttung im Jahr 02 für das Jahr 01	35 000		
dafür Verwendung von EK 45			
($^{11}/_{14}$ von 35 000 DM)	− 27 500	− 27 500	
Körperschaftsteuer-Minderung			
($^{3}/_{14}$ von 35 000 DM)	7 500		
Gewinn im Jahr 02	50 000		
Körperschaftsteuer 45 v. H.	− 22 500		
Zugang EK 45	27 500	+ 27 500	
Vermögensteuer 02		− 5 500	
Bestand 31. 12. 02		71 500	100 000
Offene Gewinnausschüttung im Jahr 03			
für das Jahr 02	70 000		
dafür Verwendung von EK 45			
($^{11}/_{14}$ von 70 000 DM)	− 55 000	− 55 000	
Körperschaftsteuer-Minderung			
($^{3}/_{14}$ von 70 000 DM)	15 000		
Bestände nach der Gewinnausschüttung		16 500	100 000

1607 Bilanzverlust im Jahr 03: – 205 500 DM, darin 5 500 DM Vermögensteuer 03 als Betriebsausgabe verbucht, der nur – soweit vorteilhaft – nach 01 und 02 zurückgetragen werden soll.

Steuerlicher Verlust 03 (– 205 500 DM + 5 500 DM):   200 000 DM

2. getrennte Betrachtung

a) Berechnung des Verlustrücktrags

Berechnung des Verlustrücktrags nach 01

	DM
Tarifbelastetes Eigenkapital zu Beginn des Verlustrücktragsjahres nach Abzug der damit zu verrechnenden Ausschüttungen	27 500
+ darauf lastende Körperschaftsteuerbelastung	22 500
= **Zwischensumme 1**	50 000
+ Einkommen des Verlustrücktragsjahres vor Verlustrücktrag	100 000
– nichtabziehbare Ausgaben des Verlustrücktragsjahres (ohne Körperschaftsteuer)	5 500
– auf die vorstehenden nichtabziehbaren Ausgaben lastende Körperschaftsteuerbelastung	4 500
= **Zwischensumme 2**	140 000
– im Verlustrücktragsjahr ausgeschütteter Gewinn	35 000
– auf die vorstehenden Gewinnausschüttungen lastende Ausschüttungsbelastung	15 000
= **Summe**	90 000

höchstmöglicher vorteilhafter Verlustrücktrag nach 01:   90 000 DM
verbleibender rück- und vortragsfähiger Verlust: 110 000 DM

Berechnung des Verlustrücktrags nach 02

	DM
Tarifbelastetes Eigenkapital zu Beginn des Verlustrücktragsjahres nach Abzug der damit zu verrechnenden Ausschüttungen	0
+ darauf lastende Körperschaftsteuerbelastung	0
= **Zwischensumme 1**	0
+ Einkommen des Verlustrücktragsjahres vor Verlustrücktrag	50 000
– nichtabziehbare Ausgaben des Verlustrücktragsjahres (ohne Körperschaftsteuer)	5 500
– auf die vorstehenden nichtabziehbaren Ausgaben lastende Körperschaftsteuerbelastung	4 500
= **Zwischensumme 2**	40 000
– im Verlustrücktragsjahr ausgeschütteter Gewinn	70 000
– auf die vorstehenden Gewinnausschüttungen lastende Ausschüttungsbelastung	30 000
= **Summe**	– 60 000

höchstmöglicher vorteilhafter Verlustrücktrag nach 02:   0 DM
verbleibender vortragsfähiger Verlust: 110 000 DM

b) Eigenkapitalgliederung nach Verlustrücktrag bei getrennter Betrachtung

	DM	EK 45 DM	EK 02 DM
Bestand 1. 1. 01		27 500	100 000
Gewinn im Jahr 01	100 000		
– Verlustrücktrag	– 90 000		+ 90 000
zu versteuerndes Einkommen 01	10 000		
Körperschaftsteuer 45 v. H.	– 4 500		
Zugang EK 45	5 500	+ 5 500	
Wegen Verlustrücktrag abzuziehende Körperschaftsteuer; Abschnitt 89 Abs. 3 KStR (45 v. H. von 90 000 DM)			– 40 500
Vermögensteuer 01			– 5 500
Bestand 31. 12. 01		27 500	149 500
Offene Gewinnausschüttung im Jahr 02 für das Jahr 01	35 000		
dafür Verwendung von EK 45 ($^{11}/_{14}$ von 35 000 DM)	– 27 500	– 27 500	
Körperschaftsteuer-Minderung ($^{3}/_{14}$ von 35 000 DM)	7 500		
Gewinn im Jahr 02	50 000		
Körperschaftsteuer 45 v. H.	– 22 500		
Zugang EK 45	27 500	+ 27 500	
Vermögensteuer 02		– 5 500	
Bestand 31. 12. 02		22 000	149 500
Offene Gewinnausschüttung im Jahr 03 für das Jahr 02	70 000		
dafür Verwendung von EK 45	– 22 000	– 22 000	
Körperschaftsteuer-Minderung ($^{3}/_{11}$ von 22 000 DM)	– 6 000		
Dafür Verwendung von EK 02 (vgl. § 28 Abs. 4 KStG)	42 000		– 42 000
Körperschaftsteuer-Erhöhung ($^{3}/_{7}$ von 42 000 DM)	18 000		– 18 000
Verlust 03			– 200 000
Körperschaftsteuer-Erstattungsanspruch aufgrund des Verlustrücktrags			+ 40 500
Vermögensteuer 03		– 5 500	
Bestand 31. 12. 03		– 5 500	– 70 000

1607 **3. zusammengefaßte Betrachtung**

a) Berechnung des Verlustrücktrags

	DM
Tarifbelastetes Eigenkapital zu Beginn des Verlustrücktragsjahres nach Abzug der damit zu verrechnenden Ausschüttungen	27 500
+ darauf lastende Körperschaftsteuerbelastung	22 500
= **Zwischensumme 1**	50 000
+ Einkommen der beiden Verlustrücktragsjahre vor Verlustrücktrag	150 000
− nichtabziehbare Ausgaben der beiden Verlustrücktragsjahre (ohne Körperschaftsteuer)	11 000
− auf die vorstehenden nichtabziehbaren Ausgaben lastende Körperschaftsteuerbelastung	9 000
= **Zwischensumme 2**	180 000
− in den beiden Verlustrücktragsjahren ausgeschütteter Gewinn	105 000
− auf die vorstehenden Gewinnausschüttungen lastende Ausschüttungsbelastung	45 000
= **Summe**	30 000

höchstmöglicher vorteilhafter Verlustrücktrag nach 01 und 02:	30 000 DM
vorrangig nach 01:	30 000 DM
nach 02:	0 DM
verbleibender vortragsfähiger Verlust:	170 000 DM

b) Eigenkapitalgliederung nach Verlustrücktrag bei zusammengefaßter Betrachtung

	DM	EK 45 DM	EK 02 DM
Bestand 1. 1. 01		27 500	100 000
Gewinn im Jahr 01	100 000		
− Verlustrücktrag	− 30 000		+ 30 000
zu versteuerndes Einkommen 01	70 000		
Körperschaftsteuer 45 v. H.	− 31 500		
Zugang EK 45	38 500	+ 38 500	
Wegen Verlustrücktrag abzuziehende Körperschaftsteuer; Abschnitt 89 Abs. 3 KStR (45 v. H. von 30 000 DM)			− 13 500
Vermögensteuer 01		− 5 500	
Bestand 31. 12. 01		60 500	116 500
Offene Gewinnausschüttung im Jahr 02 für das Jahr 01	35 000		
dafür Verwendung von EK 45 ($^{11}/_{14}$ von 35 000 DM)	− 27 500	− 27 500	
Körperschaftsteuer-Minderung ($^{3}/_{14}$ von 35 000 DM)	7 500		
Gewinn im Jahr 02	50 000		
Körperschaftsteuer 45 v. H.	− 22 500		
Zugang EK 45	27 500	+ 27 500	
Vermögensteuer 02		− 5 500	
Bestand 31. 12. 02		55 000	116 500

	DM	EK 45 DM	EK 02 DM
Übertrag Bestand 31. 12. 02		55 000	116 500
Offene Gewinnausschüttung im Jahr 03 für das Jahr 02	70 000		
dafür Verwendung von EK 45 ($^{11}/_{14}$ von 70 000 DM)	– 55 000	– 55 000	
Körperschaftsteuer-Minderung ($^{3}/_{14}$ von 70 000 DM)	15 000		
Verlust 03			– 200 000
Körperschaftsteuer-Erstattungsanspruch aufgrund des Verlustrücktrags			+ 13 500
Vermögensteuer 03		– 5 500	
Bestand 31. 12. 03		– 5 500	– 70 000

4. Ergebnis:

a) getrennte Betrachtung:

Körperschaftsteuer vor Verlustrücktrag
(45 000 DM – 7 500 DM + 22 500 DM – 15 000 DM):   45 000 DM

Körperschaftsteuer nach Verlustrücktrag
(4 500 DM – 7 500 DM + 22 500 DM – 6 000 DM + 18 000 DM):   31 500 DM

Entlastung   13 500 DM

b) zusammengefaßte Betrachtung:

Körperschaftsteuer vor Verlustrücktrag
(45 000 DM – 7 500 DM + 22 500 DM – 15 000 DM):   45 000 DM

Körperschaftsteuer nach Verlustrücktrag
(31 500 DM – 7 500 DM + 22 500 DM – 15 000 DM):   31 500 DM

Entlastung   13 500 DM

Die eintretende Entlastung von 13 500 DM entspricht 45 v.H von 30 000 DM. Dies entspricht dem bei der zusammmgefaßten Betrachtung zurückgetragenen Verlust. Bei getrennter Betrachtung würde ein Verlust von 90 000 DM zugetragen, der nicht zu einer vollen Entlastung führt.

10.8.4.4.2.3 Besonderheiten bei übersteigenden nichtabziehbaren Ausgaben

Die o.g. Rechenschemata decken grundsätzlich auch den Fall ab, in dem in einem Verlustrücktragsjahr die sonstigen nichtabziehbaren Ausgaben einschließlich der darauf lastenden Körperschaftsteuerbelastung das Einkommen übersteigen. In diesem Fall ergibt sich bei der **Zwischensumme 2 ein negativer Betrag**, so daß im Regelfall ein Verlustrücktrag in Höhe des gesamten Einkommens des Verlustrücktragjahres sinnvoll ist, weil kein tarifbelastetes Eigenkapital vorhanden ist und schon bisher die Ausschüttungen nicht aus belastetem Eigenkapital finanziert werden.

Beispiel:
1. **Eigenkapitalgliederung vor Verlustrücktrag**

	DM	EK 45 DM	EK 02 DM
Bestand 1. 1. 01		– 110 000	500 000
Gewinn im Jahr 01		100 000	
Körperschaftsteuer 45 v. H.		– 45 000	
Zugang EK 45		55 000	+ 55 000
Vermögensteuer 01			– 5 500
Bestand 31. 12. 01		– 60 500	500 000
Offene Gewinnausschüttung im Jahr 02 für das Jahr 01	70 000		
dafür Verwendung von EK 02	– 70 000		– 70 000
Körperschaftsteuer-Erhöhung ($^{3}/_{7}$ von 70 000 DM)	30 000		– 30 000
Übertrag		– 60 500	400 000

1608

	EK 45 DM	EK 02 DM
Übertrag		− 60 500	400 000
Gewinn im Jahr 02	50 000		
Körperschaftsteuer 45 v. H.	− 22 500		
Zugang EK 45	27 500	+ 27 500	
Vermögensteuer 02		− 5 500	
Bestand 31. 12. 02		− 38 500	400 000

Bilanzverlust im Jahr 03: − 205 500 DM, darin 5 500 DM Vermögensteuer 03 als Betriebsausgabe verbucht, der nur − soweit vorteilhaft − nach 01 und 02 zurückgetragen werden soll.

Steuerlicher Verlust 03 (− 205 500 DM + 5 500 DM): 200 000 DM

2. Berechnung des Verlustrücktrags

Berechnung des Verlustrücktrags nach 01

		DM
	Tarifbelastetes Eigenkapital zu Beginn des Verlustrücktragsjahres nach Abzug der damit zu verrechnenden Ausschüttungen	− 110 000
+	darauf lastende Körperschaftsteuerbelastung	− 90 000
=	**Zwischensumme 1**	− 200 000
+	Einkommen des Verlustrücktragsjahres vor Verlustrücktrag	100 000
−	nichtabziehbare Ausgaben des Verlustrücktragsjahres (ohne Körperschaftsteuer)	5 500
−	auf die vorstehenden nichtabziehbaren Ausgaben lastende Körperschaftsteuerbelastung	4 500
=	**Zwischensumme 2**	− 110 000
−	im Verlustrücktragsjahr ausgeschütteter Gewinn	70 000
−	auf die vorstehenden Gewinnausschüttungen lastende Ausschüttungsbelastung	30 000
=	**Summe**	− 210 000

höchstmöglicher vorteilhafter Verlustrücktrag nach 01:	100 000 DM
verbleibender rück- und vortragsfähiger Verlust:	100 000 DM
Berechnung des Verlustrücktrags nach 02	
höchstmöglicher vorteilhafter Verlustrücktrag nach 02	
(= Einkommen des Jahres 02):	50 000 DM
verbleibender vortragsfähiger Verlust:	50 000 DM

3. Eigenkapitalgliederung nach Verlustrücktrag

	DM	EK 45 DM	EK 02 DM
Bestand 1. 1. 01		− 110 000	500 000
Gewinn im Jahr 01	100 000		
− Verlustrücktrag	− 100 000		+ 100 000
zu versteuerndes Einkommen 01	0		
Körperschaftsteuer 45 v. H.	0		
Zugang EK 45	0	0	
Wegen Verlustrücktrag abzuziehende Körperschaftsteuer; Abschnitt 89 Abs. 3 KStR (45 v. H. von 100 000 DM)			− 45 000
Vermögensteuer 01		− 5 500	
Bestand 31. 12. 01		− 115 500	555 000

	EK 45 DM	EK 02 DM
Übertrag Bestand 31. 12. 01	– 115 500	555 000
Offene Gewinnausschüttung im Jahr 02 für das Jahr 01	70 000	
dafür Verwendung von EK 02	– 70 000	– 70 000
Körperschaftsteuer-Erhöhung ($^3/_7$ von 70 000 DM)	30 000	– 30 000
Gewinn im Jahr 01	50 000	
– Verlustrücktrag	– 50 000	+ 50 000
zu versteuerndes Einkommen 01	0	
Körperschaftsteuer 45 v. H.	0	
Zugang EK 45	0	0
Wegen Verlustrücktrag abzuziehende Körperschaftsteuer; Abschnitt 89 Abs. 3 KStR (45 v. H. von 50 000 DM)		– 22 500
Vermögensteuer 02	– 5 500	
Bestand 31. 12. 01	– 121 000	482 500
Verlust 02		– 200 000
Körperschaftsteuer-Erstattungsanspruch aufgrund des Verlustrücktrags		+ 67 500
Vermögensteuer 03	– 5 500	
Bestand 31. 12. 03	– 126 500	350 000

4. Ergebnis

Körperschaftsteuer vor Verlustrücktrag
(45 000 DM + 30 000 DM + 22 500 DM): 97 500 DM
Körperschaftsteuer nach Verlustrücktrag: 30 000 DM
Entlastung 67 500 DM

Die eintretende Entlastung von 67 500 DM entspricht 45 v. H der nach 01 und 02 zurückgetragenen Verluste von 150 000 DM.

Im Zusammenhang mit übersteigenden sonstigen nichtabziehbaren Ausgaben gibt es jedoch zwei Fallgestaltungen, die nicht die die o.g Rechenschemata abgedeckt werden und einer gesonderten Betrachtung bedürfen:

a) Im **ersten Fall** ist zwar **das laufende tarifbelastete Eigenkapital** (1992 und 1993: EK 50; ab 1994 EK 45) **wegen übersteigender nichtabziehbarer Ausgaben negativ,** es **ist aber noch positives tarifbelastetes Eigenkapital vorhanden,** das einer höheren Tarifbelastung unterlegen hat (bis 1994: EK 56, von 1994 bis 1998: EK 50) und aus dem die gesamte Ausschüttung finanziert werden kann. Die Summe des tarifbelasteten Eigenkapitals reicht rechnerisch hingegen nicht, um die Ausschüttung zu finanzieren. In diesem Fall ist eine zutreffende Beurteilung nur dann möglich, wenn die tarifbelasteten Eigenkapitalteile differenziert beurteilt werden. In diesen Fällen ist nämlich ein Verlustrücktrag in gesetzlicher Höhe – gegen das Ergebnis der vereinfachten Berechnung – sinnvoll. Bei dieser Fallgestaltung handelt es sich um ein Übergangsproblem, das nur bis zur Zwangsumgliederung der alten tarifbelasteten Einkapitalteile auftritt.

1609 Beispiel:
1. **Eigenkapitalgliederung vor Verlustrücktrag**

	DM	EK 50 DM	EK 45 DM	EK 02 DM
Bestand 1.1.01		50 000	– 55 000	500 000
Gewinn im Jahr 01	100 000			
Körperschaftsteuer 45 v. H.	– 45 000			
Zugang EK 45	55 000		+ 55 000	
Vermögensteuer 01			– 5 500	
Bestand 31.12.01		50 000	– 5 500	500 000
Offene Gewinnausschüttung im Jahr 02 für das Jahr 01	70 000			
dafür Verwendung von EK 50 ($^5/_7$ von 70 000 DM)	– 50 000	– 50 000		
Körperschaftsteuer-Minderung ($^2/_7$ von 70 000 DM)	– 20 000			
Gewinn im Jahr 02	50 000			
Körperschaftsteuer 45 v. H.	– 22 500			
Zugang EK 45	27 500		+ 27 500	
Vermögensteuer 02			– 5 500	
Bestand 31.12.02		0	16 500	500 000

Bilanzverlust im Jahr 03: – 205 500 DM, darin 5 500 DM Vermögensteuer 03 als Betriebsausgabe verbucht, der nur – soweit vorteilhaft – nach 01 und 02 zurückgetragen werden soll.

Steuerlicher Verlust 03 (– 205 500 DM + 5 500 DM): 200 000 DM

2. **Berechnung nach dem Grundschema**
a) Berechnung des Verlustrücktrags

   Berechnung des Verlustrücktrags nach 01

	DM
Tarifbelastetes Eigenkapital zu Beginn des Verlustrücktragsjahres nach Abzug der damit zu verrechnenden Ausschüttungen (50 000 – 55 000)	– 5 000
+ darauf lastende Körperschaftsteuerbelastung (50/50 von 50 000 – 45/55 von 55 000)	5 000
= **Zwischensumme 1**	0
+ Einkommen des Verlustrücktragsjahres vor Verlustrücktrag	100 000
– nichtabziehbare Ausgaben des Verlustrücktragsjahres (ohne Körperschaftsteuer)	5 500
– auf die vorstehenden nichtabziehbaren Ausgaben lastende Körperschaftsteuerbelastung	4 500
= **Zwischensumme 2**	90 000
– im Verlustrücktragsjahr ausgeschütteter Gewinn	70 000
– auf die vorstehenden Gewinnausschüttungen lastende Ausschüttungsbelastung	30 000
= **Summe**	– 10 000

höchstmöglicher vorteilhafter Verlustrücktrag nach 01: 0 DM
verbleibender rück- und vortragsfähiger Verlust: 200 000 DM

Berechnung des Verlustrücktrags nach 02

höchstmöglicher vorteilhafter Verlustrücktrag nach 02
(= Einkommen des Jahres 02): 50 000 DM
verbleibender vortragsfähiger Verlust: 150 000 DM

b) Eigenkapitalgliederung nach Verlustrücktrag **1609**

	DM	EK 50 DM	EK 45 DM	EK 02 DM
Bestand 1. 1. 01		50 000	– 55 000	500 000
Gewinn im Jahr 01	100 000			
– Verlustrücktrag	0			
zu versteuerndes Einkommen 01	100 000			
Körperschaftsteuer 45 v. H.	45 000			
Zugang EK 45	55 000		+ 55 000	
Vermögensteuer 01			– 5 500	
Bestand 31. 12. 01		50 000	– 5 500	500 000
Offene Gewinnausschüttung im Jahr 02 für das Jahr 01	70 000			
dafür Verwendung von EK 50 ($^5/_7$ von 70 000 DM)	– 50 000	– 50 000		
Körperschaftsteuer-Minderung ($^2/_7$ von 70 000 DM)	– 20 000			
Gewinn im Jahr 01		50 000		
– Verlustrücktrag		– 50 000		+ 50 000
zu versteuerndes Einkommen 01		0		
Körperschaftsteuer 45 v. H.		0		
Zugang EK 45		0		0
Wegen Verlustrücktrag abzuziehende Körperschaftsteuer; Abschn. 89 Abs. 3 KStR (45 v. H. von 50 000 DM)				– 22 500
Vermögensteuer 02			– 5 500	
Bestand 31. 12. 01		0	– 11 000	527 500
Verlust 02				– 200 000
Körperschaftsteuer-Erstattungsanspruch aufgrund des Verlustrücktrags				+ 22 500
Vermögensteuer 03			– 5 500	
Bestand 31. 12. 03		0	– 16 500	350 000

3. Berechnung bei differenzierter Betrachtung:

a) Berechnung des Verlustrücktrags

Berechnung des Verlustrücktrags nach 01

Die Gewinnausschüttung von 70 000 DM, die in 02 für 01 vorgenommen wird, wird in voller Höhe aus EK 50 finanziert. Mindert man das tarifbelastete Eigenkapital zu Beginn des Verlustrücktragjahres und die im Verlustrücktragsjahr 01 vorgenommenen Ausschüttung um diese Ausschüttung, so ergibt sich, daß aus tarifbelasteten Eigenkapital EK 45 keine (weitere) Ausschüttung zu verrechnen ist, so daß nach 01 ein höchstmöglicher sinnvoller Verlustrücktrag in Höhe des Einkommens möglich ist.

höchstmöglicher vorteilhafter Verlustrücktrag nach 01 (= Einkommen des Jahres 01):	100 000 DM
verbleibender rück- und vortragsfähiger Verlust:	100 000 DM

Berechnung des Verlustrücktrags nach 02

höchstmöglicher vorteilhafter Verlustrücktrag nach 02 (= Einkommen des Jahres 02):	50 000 DM
verbleibender vortragsfähiger Verlust:	50 000 DM

1609 b) Eigenkapitalgliederung nach Verlustrücktrag

	DM	EK 50 DM	EK 45 DM	EK 02 DM
Bestand 1. 1. 01		50 000	– 55 000	500 000
Gewinn im Jahr 01	100 000			
– Verlustrücktrag	– 100 000			+ 100 000
zu versteuerndes Einkommen 01	0			
Körperschaftsteuer 45 v. H.	0			
Zugang EK 45	0		0	
Wegen Verlustrücktrag abzuziehende Körperschaftsteuer; Abschn. 89 Abs. 3 KStR (45 v. H. von 100 000 DM)				– 45 000
Vermögensteuer 02			– 5 500	
Bestand 31. 12. 01		50 000	– 60 500	555 000
Offene Gewinnausschüttung im Jahr 02 für das Jahr 01	70 000			
dafür Verwendung von EK 50 ($^5/_7$ von 70 000 DM)	– 50 000	– 50 000		
Körperschaftsteuer-Minderung ($^2/_7$ von 70 000 DM)	– 20 000			
Gewinn im Jahr 01	50 000			
– Verlustrücktrag	– 50 000			+ 50 000
zu versteuerndes Einkommen 01	0			
Körperschaftsteuer 45 v. H.	0			
Zugang EK 45	0		0	
Wegen Verlustrücktrag abzuziehende Körperschaftsteuer; Abschn. 89 Abs. 3 KStR (45 v. H. von 50 000 DM)				– 22 500
Vermögensteuer 02			– 5 500	
Bestand 31. 12. 01		0	– 66 000	582 500
Verlust 02				– 200 000
Körperschaftsteuer-Erstattungsanspruch aufgrund des Verlustrücktrags				+ 67 500
Vermögensteuer 03			– 5 500	
Bestand 31. 12. 03		0	– 71 500	450 000

4. Ergebnis

a) Berechnung nach Grundschema

Körperschaftsteuer vor Verlustrücktrag (45 000 DM – 20 000 DM + 22 500 DM):	47 500 DM
Körperschaftsteuer nach Verlustrücktrag (45 000 DM – 20 000 DM + 0 DM):	25 000 DM
Entlastung	22 500 DM

Die eintretende Entlastung von 27 500 DM entspricht 45 v. H. des nach 02 zurückgetragenen Verlustes von 50 000 DM.

b) Berechnung bei differenzierter Betrachtung:

Körperschaftsteuer vor Verlustrücktrag (45 000 DM – 20 000 DM + 22 500 DM):	47 500 DM
Körperschaftsteuer nach Verlustrücktrag (0 DM – 20 000 DM + 0 DM):	– 20 000 DM
Entlastung	67 500 DM

Die eintretende Entlastung von 67 500 DM entspricht 45 v. H. der nach 01 und 02 zurückgetragenen Ver- **1609**
luste von 150 000 DM.

Zwar tritt in beiden Fällen eine Entlastung von 45 v. H. der zurückgetragenen Verluste ein, bei differenzierter Betrachtung ergibt sich aber ein um 100 000 DM höherer Verlustrücktrag; dieser ist insbesondere unter Liquiditätsgesichtspunkten vorteilhafter.

b) Im **zweiten Fall ist das tarifbelastete Eigenkapital** vor Verlustrücktrag wegen übersteigen- **1610**
der nichtabziehbarer Ausgaben **negativ; Ausschüttung** wurden mangels anderem positiven verwendbaren **Eigenkapitalteilen gegen EK 04 verrechnet.** Nach Verlustrücktrag ergibt sich aus dem durch den Verlustrücktrag freigestellten Einkommen ein positives EK 02, welches nunmehr im Rahmen der Verwendungsfiktion nach § 28 Abs. 3 KStG für die Ausschüttung als verwendet gelten würde. Dabei ist zu beachten, daß es für Ausschüttungen aus dem EK 04 keine Verwendungsfestscheibung wie für die Ausschüttung aus EK 01 oder EK 03 gibt (vgl. hierzu § 28 Abs. 5 und 7 KStG, RZ 1263 f, 1265 ff). In diesem Fall ist es in der Regel sinnvoller, auf den Verlustrücktrag zu verzichten.

Beispiel:

1. **Eigenkapitalgliederung vor Verlustrücktrag**

	DM	EK 45 DM	EK 02 DM	EK 04 DM
Bestand 1. 1. 01		− 55 000	0	100 000
Gewinn im Jahr 01	100 000			
Körperschaftsteuer 45 v. H.	− 45 000			
Zugang EK 45	55 000	+ 55 000		
Vermögensteuer 01		− 5 500		
Bestand 31. 12. 01		− 5 500	0	100 000
Offene Gewinnausschüttung im Jahr 02 für das Jahr 01	70 000			
dafür Verwendung von EK 04	− 70 000			− 70 000
	0			
Gewinn im Jahr 02	50 000			
Körperschaftsteuer 45 v. H.	− 22 500			
Zugang EK 45	27 500	+ 27 500		
Vermögensteuer 02		− 5 500		
Bestand 31. 12. 02		16 500	0	30 000

Bilanzverlust im Jahr 03: − 205 500 DM, darin 5 500 DM Vermögensteuer 03 als Betriebsausgabe verbucht, der nur − soweit vorteilhaft − nach 01 und 02 zurückgetragen werden soll.

Steuerlicher Verlust 03 (− 205 500 DM + 5 500 DM): 200 000 DM

1610 2. Berechnung des Verlustrücktrags

Berechnung des Verlustrücktrags nach 01

	DM
Tarifbelastetes Eigenkapital zu Beginn des Verlustrücktragsjahres nach Abzug der damit zu verrechnenden Ausschüttungen	− 55 000
+ darauf lastende Körperschaftsteuerbelastung	− 45 000
= **Zwischensumme 1**	− 100 000
+ Einkommen des Verlustrücktragsjahres vor Verlustrücktrag	100 000
− nichtabziehbare Ausgaben des Verlustrücktragsjahres (ohne Körperschaftsteuer)	5 500
− auf die vorstehenden nichtabziehbaren Ausgaben lastende Körperschaftsteuerbelastung	4 500
= **Zwischensumme 2**	− 10 000
− im Verlustrücktragsjahr ausgeschütteter Gewinn	0
− auf die vorstehenden Gewinnausschüttungen lastende Ausschüttungsbelastung	0
= **Summe**	− 10 000

höchstmöglicher vorteilhafter Verlustrücktrag nach 01:   100 000 DM
verbleibender rück- und vortragsfähiger Verlust: 100 000 DM

Berechnung des Verlustrücktrags nach 02

höchstmöglicher vorteilhafter Verlustrücktrag nach 02
(= Einkommen des Jahres 02):   50 000 DM
verbleibender vortragsfähiger Verlust: 50 000 DM

b) Eigenkapitalgliederung nach Verlustrücktrag

	DM	EK 45 DM	EK 02 DM	EK 04 DM
Bestand 1. 1. 01		− 55 000	0	100 000
Gewinn im Jahr 01	100 000			
− Verlustrücktrag	− 100 000		+100 000	
zu versteuerndes Einkommen 01	0			
Körperschaftsteuer 45 v. H.	0			
Zugang EK 45	0			
Wegen Verlustrücktrag abzuziehende Körperschaftsteuer; Abschn. 89 Abs. 3 KStR (45 v. H. von 100 000 DM)			− 45 000	
Vermögensteuer 01			− 5 500	
Bestand 31. 12. 01		− 60 500	55 000	100 000
Offene Gewinnausschüttung im Jahr 02 für das Jahr 01	70 000			
dafür Verwendung von EK 02 ($7/10$ von 55 000 DM)	− 38 500		− 38 500	
Körperschaftsteuer-Erhöhung ($3/10$ von 55 000 DM)	− 16 500		− 16 500	
Rest: Verwendung von EK 04	31 500			− 31 500
Gewinn im Jahr 02	50 000			
− Verlustrücktrag	− 50 000		+ 50 000	
zu versteuerndes Einkommen 01	0			
Körperschaftsteuer 45 v. H.	0			
Zugang EK 45	0	0		
Übertrag		−60 500	50 000	68 500

	DM	EK 45 DM	EK 02 DM	EK 04 DM
Übertrag			−60 500	50 000	68 500
Wegen Verlustrücktrag abzuziehende Körperschaftsteuer; Abschn. 89 Abs. 3 KStR (45 v. H. von 50 000 DM)			− 22 500	
Vermögensteuer 02		− 5 500		
Bestand 31. 12. 02		− 71 000	27 500	68 500
Verlust 03			− 200 000	
Körperschaftsteuer-Erstattungsanspruch aufgrund des Verlustrücktrags			+ 67 500	
Vermögensteuer 03		− 5 500		
Bestand 31. 12. 03		− 76 500	− 105 000	68 500

3. Ergebnis

Körperschaftsteuer vor Verlustrücktrag (45 000 DM + 22 500 DM):	67 500 DM
Körperschaftsteuer nach Verlustrücktrag (0 DM + 16 500 DM + 0 DM):	16 500 DM
Entlastung	51 000 DM

Bei einem Verlustrücktrag nach 01 und 02 von 150 000 DM müßte sich eine Entlastung von 45 v. H. = 67 500 DM ergeben. Die tatsächliche Entlastung fällt geringer aus, weil eine in 02 für 01 vorgenommen, bisher aus EK 04 finanzierte Ausschüttung nunmehr teilweise auch gegen EK 02 zu verrechnen ist. Anders als bei Ausschüttung aus EK 01 und EK 03 gibt es bei Ausschüttungen aus EK 04 keine § 28 Abs. 5 bzw. 7 KStG entsprechende Verwendungsfestschreibung.

10.8.4.4.2.4 Besonderheiten bei verspäteten Gewinnausschüttungen

Die o.g. **Entscheidungsregeln** (vgl. RZ 1593 ff und RZ 1603 ff) **decken den Regelfall ab, in dem Gewinnausschüttungen zeitnah aus tarifbelastetem Eigenkapital erfolgen.** Detaillierte Betrachtungen sind insbesondere bei verspäteten beschlossenen und verspätet abfließenden Gewinnausschüttungen erforderlich.

Wie vorstehend unter RZ 1144–1163 dargestellt, tritt die Minderung oder Erhöhung der Körperschaftsteuer gemäß § 27 Abs. 3 Satz 1 KStG bei Gewinnausschüttungen für ein abgelaufenes Wirtschaftsjahr, die auf einem ordnungsgemäßen Gewinnverteilungsbeschluß beruhen, für den Veranlagungszeitraum ein, in dem das Wirtschaftsjahr endet, für das die Ausschüttung erfolgt (vgl. RZ 1144 ff). Die Ausschüttungsbelastung darf jedoch erst dann hergestellt werden, wenn die Gewinnausschüttung abgeflossen ist (vgl. Abschnitt 77 Abs. 6 KStR sowie RZ 1147). Nach § 28 Abs. 2 Satz 1 KStG gilt das Eigenkapital als verwendet, das sich zum Schluß des letzten vor dem Gewinnverteilungsbeschluß abgelaufenen Wirtschaftsjahr ergibt (vgl. RZ 1148 ff). Die aufgrund der Gewinnausschüttung sich ergebende Eigenkapitalverringerung tritt nach § 29 Abs. 1 KStG erst in dem Wirtschaftsjahr ein, in dem die Ausschüttung bei der Körperschaft abfließt (vgl. RZ 1151 ff). Diese Grundsätze gelten auch bei verspätet beschlossenen Gewinnausschüttungen (vgl. RZ 1161 ff). Soweit eine offene Gewinnausschüttung nicht im Jahr des Gewinnverteilungsbeschlusses, sondern erst in einem späteren Jahr abfließt, wird im Jahr des Gewinnverteilungsbeschlusses ein Teilbetrag des verwendbaren Eigenkapitals gemäß der sich für dieses Jahr für die Ausschüttung ergebende Verwendungsfiktion reserviert. Dieser Teilbetrag des verwendbaren Eigenkapitals ist danach für andere Verwendungen gesperrt (vgl. RZ 1155). Aus diesen Grundsätzen ergeben sich **für verspätet beschlossene bzw. verspätet abfließende offene Gewinnausschüttungen bei Betrachtung über den günstigsten Verlustrücktrag folgende Besonderheiten:**

1612 **a) verspätet beschlossene Gewinnausschüttungen:**

aa) für ein Wirtschaftsjahr vor den Verlustrücktragsjahren, die in einem Verlustrücktragsjahr beschlossen wird:

Wird in den Wirtschaftjahren, auf die ein Verlustrücktrag durchgeführt werden soll, eine Gewinnausschüttung für ein vor den Verlustrücktragsjahren liegendes Wirtschaftjahr beschlossen, so ist diese Gewinnausschüttung in den o.g. Rechenschemata als im Verlustrücktragsjahr bzw. als in den beiden Verlustrücktragsjahren ausgeschütteter Gewinn zu behandeln. Nur so wird sichergestellt, daß auch diese Ausschüttung – anders als bei der bis 1993 geltenden Rechtslage – wenn sie zuvor aus tarifbelastem Eigenkapital finanziert worden ist, auch nach dem Verlustrücktrag aus tarifbelastetem verwendbaren Eigenkapital finanziert werden kann.

1613 **bb) für ein Verlustrücktragsjahr:**

Wird für ein Verlustrücktragsjahr eine verspätete Gewinnausschüttung beschlossen, sind **folgende Fallgestaltungen zu unterscheiden:**

- Handelt es sich um eine verspätet beschlossene Gewinnausschüttung für das erste, zwei Veranlagungszeiträume vor dem Verlustentstehungsjahr liegende Verlustrücktragsjahr, die im Verlustentstehungsjahr beschlossen wird, so ist diese wie eine offene Gewinnauschüttung für das zweite, einen Veranlagungszeitraum vor dem Verlustentstehungsjahr liegende Verlustrücktragsjahr zu behandeln. Besteht dabei für das zweite Verlustabzugsjahr insgesamt ein Ausschüttungsüberhang, ist der Verlustrücktrag nach der zusammengefaßten Vetrachtung vorzunehmen (vgl. RZ 1603 ff).

- Bei allen anderen verspätet beschlossenen Gewinnausschüttungen für die Verlustrücktragsjahre sind differenziertere Betrachtungen erforderlich. Dabei ist zu berücksichtigen, daß sich das tarifbelastete Eigenkapital durch spätere tarifbesteuerte Einkommenszugänge sowie durch die Verrechnung von späteren nichtabziehbaren Ausgaben und Gewinnausschüttungen verändern haben kann.

1614 **cc) für ein Wirtschaftsjahr vor den Verlustrücktragsjahren, die nach den Verlustrücktragsjahren beschlossen wird:**

Die für verspätet beschlossene Gewinnausschüttungen für ein Verlustrücktragsjahr gemachten Ausführungen gelten entsprechend.

1615 **b) verpätet abfließende offene Gewinnausschüttungen**

Soweit eine offene Gewinnausschüttung nicht im Jahr des Gewinnverteilungsbeschlusses, sondern erst in einem späteren Jahr abfließt, wird im Jahr des Gewinnverteilungsbeschlusses ein Teilbetrag des verwendbaren Eigenkapitals gemäß der sich für dieses Jahr für die Ausschüttung ergebende Verwendungsfiktion reserviert. Dieser Teilbetrag des verwendbaren Eigenkapitals ist danach für andere Verwendungen gesperrt (vgl. RZ 1155). Daraus ergeben sich in Bezug auf den günstigen Verlustrücktrag folgende Besonderheiten:

1616 **aa) verspätet abfließende offene Gewinnausschüttung für ein Wirtschaftsjahr vor den Verlustrücktragsjahren, die bis einschließlich dem Verlustrücktragsjahr bzw. beim zweijährigen Verlustrücktrag und bei zusammengefaßter Betrachtung dem ersten, zwei Veranlagungszeiträume vor dem Verlustentstehungsjahr liegenden Verlustrücktragsjahr beschlossen wird:**

In den o.g. Rechenschemata ist das tarifbelastete Eigenkapital zu Beginn des (ersten) Verlustrücktragsjahres nach Abzug der damit zu verrechnenden Ausschüttungen zusätzlich um die beschlossene, verspätet abfließende Gewinnausschüttung zu kürzen, weil das dieser Gewinnausschüttung zuzuordnende Eigenkapital für die Gewinnausschüttung reserviert und für andere Verwendungen gesperrt ist.

bb) andere verspätete abfließende Gewinnausschüttungen für die Verlustrücktrags-   1617
jahre und davor liegende Wirtschaftsjahre:

Da diese Gewinnausschüttungen im Jahr des Gewinnverteilungsbeschlusses mit dem verwendbaren Eigenkapital zu verrechnen sind, das dann für den späteren Abfluß der Ausschüttung reserviert ist, sind diese Ausschüttungen bei der Berechnung des günstigsten Verlustrücktrags wie zeitgleich beschlossene zeitnah abfließende offene Gewinnausschüttungen zu behandeln (vgl. RZ 1595 ff, 1601 und 1608 ff).

1618
frei –1624

10.9 Verlustausgleich bei zwei im Veranlagungszeitraum endenden Wirtschaftsjahren

Besondere Probleme entstehen in Fällen, in denen in einem Veranlagungszeitraum zwei Wirt-   1625
schaftsjahre enden (Rumpfwirtschaftsjahr), von denen eines mit einem Verlust abgeschlossen hat. Während bei der Körperschaftsteuer-Veranlagung die Ergebnisse der beiden Wirtschaftsjahre zu saldieren sind und die Frage eines Verlustvortrags oder -rücktrags nur jeweils aus der Sicht der zusammengefaßten Ergebnisse zu entscheiden ist, sind gliederungsmäßig die beiden Wirtschaftsjahre getrennt zu beurteilen (vgl. dazu auch Abschnitt 89 Abs. 6 KStR und den amtlichen Vordruck KSt 1 G/E, der das Gesamtergebnis der Veranlagung auf die beiden Wirtschaftsjahre rückaufteilt). Dies hat zur Folge, daß selbst dann, wenn in einem der beiden Wirtschaftsjahre ein Verlust, in dem anderen jedoch ein diesen Verlust übersteigender Gewinn entstanden ist (Fall des Verlustausgleichs, bei dem in der Körperschaftsteuer-Veranlagung per Saldo ein Positivbetrag erscheint), für Gliederungszwecke mit einem fiktiven Verlustvortrag oder -rücktrag zu arbeiten ist.

Darüber hinaus ist bei einem Verlustvortrag oder -rücktrag auf einen Veranlagungszeitraum, in dem zwei Wirtschaftsjahre enden, für das Abzugsjahr zu entscheiden, wie der Verlustvor- oder -rücktrag gliederungsmäßig auf die beiden Wirtschaftsjahre aufzuteilen ist.

Vgl. dazu im einzelnen Dötsch/Eversberg/Jost/Witt, Komm. zum KStG und EStG, Tz. 120–126 zu § 33 KStG.

10.10 Verluste, die lediglich im Rahmen des § 2a Abs. 1, § 15 Abs. 4 oder des § 15a EStG verrechnet werden dürfen

Nach Abschnitt 89 Abs. 5 KStR sind Verluste, die lediglich im Rahmen des § 2a Abs. 1, § 15   1626
Abs. 4 oder des § 15a EStG verrechnet werden dürfen, ebenfalls als Verluste im Sinne des § 33 KStG zu behandeln. Das bedeutet, daß die Finanzverwaltung - entgegen dem Gesetzeswortlaut, der nur von „Verlusten, die sich nach den steuerlichen Vorschriften über die Gewinnermittlung ergeben haben", spricht - auch Teilverluste, die zudem steuerlich nur eingeschränkt ausgleichsfähig sind, in die Regelung des § 33 KStG einbezieht. Gleichwohl ist diese Richtlinienvorschrift zu begrüßen, denn alle vorgenannten Gesetzesvorschriften enthalten **innerhalb der jeweiligen Einkünfte** einen Verlustabzugsmechanismus ähnlich dem des § 10d EStG.

Im einzelnen handelt es sich um folgende Verluste:

– **Ausländische Verluste im Sinne des § 2a Abs. 1 EStG:**   1627

Nach § 2a Abs. 1 EStG Verluste dürfen aus passiver Betätigung aus ausländischen Staaten, mit denen ein DBA nicht abgeschlossen ist oder mit denen zwar ein DBA besteht, dieses DBA jedoch für die unter § 2a Abs. 1 EStG fallenden Einkünfte nicht die Freistellungs-, sondern die Anrechnungsmethode vorsieht, nicht mehr mit positiven in- oder ausländischen Einkünften ausgeglichen oder nach § 10d EStG abgezogen werden. Wohl aber sieht § 2a Abs. 1 Satz 2

1627 EStG selbst einen – ab 1992 zeitlich unbeschränkten – Verlustvortrag vor, allerdings beschränkt auf positive ausländische Einkünfte der jeweils selben Art aus demselben ausländischen Staat;

1628 – **Verluste aus gewerblicher Tierzucht oder gewerblicher Tierhaltung (§ 15 Abs. 4 EStG):**

§ 15 Abs. 4 EStG verbietet für die genannten Verluste einen Ausgleich mit anderen Einkünften und einen Abzug nach § 10d EStG. Die Vorschrift läßt jedoch innerhalb dieser Einkünfte einen Verlustrücktrag und einen Verlustvortrag in den Grenzen des § 10d EStG zu;

1629 – **Verluste bei beschränkter Haftung (§ 15a EStG):**

Nach § 15a EStG darf der einem Kommanditisten zuzurechnende Anteil am Verlust der KG, soweit durch diesen ein negatives Kapitalkonto entsteht oder sich erhöht, nicht mit anderen Einkünften ausgeglichen werden. Ebenso ist insoweit der Verlustabzug nach § 10d EStG nicht möglich. § 15a Abs. 2 EStG läßt jedoch innerhalb der Einkünfte aus der Kommanditbeteiligung einen zeitlich nicht begrenzten Verlustvortrag zu.

1630 Aufgrund der Regelung in Abschnitt 89 Abs. 5 KStR

– verringern die nach dem o. a. Vorschriften nichtabziehbaren in- oder ausländischen Verluste im Verlustentstehungsjahr den Teilbetrag EK 02,

– erhöhen die positiven in- oder ausländischen Einkünfte, die durch den Verlustabzug nach den o. a. Vorschriften von der Körperschaftsteuer freigestellt werden, den Teilbetrag EK 02.

Für die nichtabziehbaren ausländischen Verluste i.S.d. § 2a Abs. 1 EStG ist weiter die Regelung in Abschnitt 88a Abs. 1 Nr. 5 KStR zu beachten. Danach ist eine ausländische Steuer, die trotz des ausländischen Verlusts geschuldet wird, ebenfalls von dem Teilbetrag **EK 02** abzuziehen.

10.11 Verluste im Sinne des § 2 AIG

1631 Wegen der gliederungsmäßigen Behandlung von Verlusten aus einer ausländischen Betriebsstätte, die nach § 2 AIG bei der Ermittlung des zu versteuernden Einkommens zu berücksichtigen sind, vgl. nachstehend unter RZ 1642 ff.

10.12 Sonderfragen

1632 Wegen der **Zuordnung des Verlustabzugs** in den Fällen, in denen im zu versteuernden Einkommen unterschiedlich mit Körperschaftsteuer belastete Einkommensteile enthalten sind, vgl. vorstehend unter RZ 1391 ff.

1633 Zur Frage, wie eine vom Einkommen erhobene ausländische Steuer in den Fällen zu behandeln ist, in denen die ihr unterliegenden ausländischen Einkünfte aus einem Nicht-DBA-Staat bei der Körperschaftsteuerveranlagung mit im gleichen Veranlagungszeitraum erzielten negativen inländischen Einkünften (Verlustausgleich) oder mit einem Verlustabzug zu verrechnen sind, vgl. nachstehend unter RZ 1673.

1634–
1639 frei

11. Gliederungsmäßige Zuordnung von Vermögensmehrungen und -minderungen aus ausländischen Einkünften

Ausgewählte Literaturhinweise:

Dötsch, Behandlung ausländischer Einkünfte bei der Gliederung des verwendbaren Eigenkapitals, DB 1979 S. 1428 und 1477; ders., Das körperschaftsteuerliche Anrechnungsverfahren – Abschnitt 77 – 96 KStR 1977; Vordrucke zur Gliederung des verwendbaren Eigenkapitals (III), DB 1978 S. 361, 366; **Maas,** Besteuerung ausländischer Einkünfte und ihre Auswirkung auf das verwendbare Eigenkapital bei Kapitalgesellschaften nach dem KStG 1977, BB 1976 S. 1506; **Müller-Dott,** Anrechnung ausländischer Steuern nach § 26 Abs. 1 KStG und Aufteilung des verwendbaren Eigenkapitals, BB 1978 S. 1105; **Müller-Dott,** Avoir fiscal und Tarifbelastung nach § 27 Abs. 2 KStG 1977, RIW/AWD 1978 S. 309; **Pott,** Die Berechnung der körperschaftsteuerlichen Tarifbelastung im Falle angerechneter, dem deutschen Fiskus rückerstatteter ausländischer Steuern, BB 1978 S. 807; **Pöllath,** Behandlung ausländischer Einkünfte im körperschaftsteuerlichen Anrechnungsverfahren, RIW/AWD 1979 S. 757; **Brezing,** Die Behandlung steuerfreier Einnahmen (Einkünfte) einer Kapitalgesellschaft nach der Körperschaftsteuerreform – Die gegenwärtige Regelung ist verfassungswidrig, AG 1979 S. 244; ders., Die Behandlung ausländischer Einkünfte nach der Körperschaftsteuerreform, GmbHR 1976 S. 279; **Wohlschlegel,** Körperschaftsteuerreform mit Hindernissen – Herstellung der Ausschüttungsbelastung und Steuerbefreiung nach Abkommensrecht, FR 1976 S. 243; **Herzig,** Vorteilhaftigkeit der Pauschalierungsmethode unter der Herrschaft des körperschaftsteuerlichen Anrechnungsverfahrens, RIW/AWD 1978 S. 169; **Krebs,** Die Wirkungen der Zugriffsbesteuerung nach dem AStG auf die Gliederung des verwendbaren Eigenkapitals nach dem KStG 1977, BB 1977 S. 640; **Piltz,** Pauschalierte Steuer für ausländische Einkünfte im KStG 1977, DB 1977 S. 327; **Görlich,** Ausländerdiskriminierung im Körperschaftsteuerrecht – Dichtung und Wahrheit, FR 1978 S 367; **Achenbach,** Zur Tarifbelastung und Gliederung des verwendbaren Eigenkapitals bei Anrechnung ausländischer Steuer nach dem KStG 1977, RIW/AWD 1978 S. 246; **Baranowski,** Zuordnung ausländischer Steuern bei der Gliederung des verwendbaren Eigenkapitals, IWB Fach 3 Gr. 4 S. 3; **Müller-Dott,** Zur Aufteilung ermäßigt besteuerter Eigenkapitalteile nach dem StEntlG 1984, BB 1984 S. 524; **Heibel,** Die Ausschüttung von Auslandseinkünften, DB 1984 S. 2060; **Dötsch,** Zuordnung der ausländischen Einkünfte und der damit zusammenhängenden ausländischen Steuern in den Fällen des § 2 AIG bei der Gliederung des verwendbaren Eigenkapitals – Anmerkung zum BMF-Schreiben vom 14.12.1984, DB 1985 S. 362; **Fiedler,** Die deutsche Besteuerung französischer Dividenden, Stbg 1985 S. 50; **Raudszus,** Die Auswirkungen von § 2 AIG auf die Einkommensermittlung und die Eigenkapitalgliederung, BB 1985 S. 859; **Lange,** Zuordnung ausländischer Einkünfte nach § 2 AIG bei der Gliederung des verwendbaren Eigenkapitals, IWB Fach 3 Gr. 4 S. 227; **Institut Finanzen und Steuern,** Grüner Brief Nr. 249, Die Behandlung der Ausschüttungen von ausländischen Einkünften nach der Körperschaftsteuer-Reform – Verbesserungsvorschläge; **Wilke,** Die Besteuerung ausländischer Einkünfte im Körperschaftsteuer-Recht, IWB Fach 3 Gr. 4 S. 289; **Günkel/Fischer,** Steuergutschrift auf französische Dividenden nach dem DBA Frankreich, IWB Fach 5 Gr. 2 S. 635; **Mathiak,** Anrechnung ausländischer Steuern – Zur Auslegung des § 34c Abs. 1 EStG, FR 1991 S. 735; **Woywode,** Besteuerung deutscher Anteilseigner von US-Kapitalanlagegesellschaften, IWB Gr. 2 USA S. 675; **Geiger,** Anrechnung von Kapitalertragsteuer, Körperschaftsteuer und ausländischer Quellensteuer, FR 1992, S. 286.

Im übrigen siehe Literaturhinweise unter RZ 900 ff.

11.1 Vorbemerkung

Die nachstehenden Ausführungen ergänzen aus der Sicht der Eigenkapitalgliederung die Erläuterungen unter RZ 900 ff. **1640**

11.2 Freistellungsmethode (Internationales Schachtelprivileg)

11.2.1 Ausländische Gewinne, die nach einem DBA steuerfrei sind

1641 Die nicht mit deutscher Körperschaftsteuer belasteten Vermögensmehrungen (ausländische Einkünfte abzüglich ausländische Steuer) sind gemäß § 30 Abs. 2 Nr. 1 KStG dem EK 01 zuzuordnen. Vgl. auch unter RZ 1642.

Beispiel:

Nach einem DBA steuerbefreite ausländische Einkünfte	100 000 DM
– darin enthaltene ausländische Steuern	– 30 000 DM
Zugang zum EK 01	70 000 DM

11.2.2 Ausländische Verluste aus DBA-Staaten

1642 Ausländische Verluste aus einem DBA-Staat, für die der Antrag nach § 2a Abs. 3 Satz 1 EStG (bis 1989: § 2 Abs. 1 Satz 1 AIG) gestellt wird, sind in der Gliederung des verwendbaren Eigenkapitals wie Verluste aus einer inländischen Betriebsstätte zu behandeln. Dementsprechend mindern solche Verluste den Zugang zu den mit Körperschaftsteuer belasteten Eigenkapitalteilen, wenn sie im Entstehungsjahr mit positiven Einkommensteilen **ausgeglichen** werden.

Soweit der ausländische Verlust im Entstehungsjahr nicht ausgeglichen werden kann, weil der Verlust die positiven Einkommensteile übersteigt und somit insgesamt ein steuerlicher Verlust entsteht, ist dieser nach § 10d EStG rück- oder vorzutragen (§ 2a Abs. 3 Satz 2 EStG; bis 1989: § 2 Abs. 1 Satz 2 AIG). In der Gliederungsrechnung ist § 33 KStG anzuwenden (Abzug des verbleibenden steuerlichen Verlusts vom EK 02).

1643 Soweit abgezogene Verluste in einem der folgenden Veranlagungszeiträume nach § 2a Abs. 3 Satz 3 EStG (bis 1989: § 2 Abs. 1 Satz 3 AIG) bei der Ermittlung des Gesamtbetrags der Einkünfte wieder hinzuzurechnen sind, erhöhen sie grundsätzlich den Zugang zu den mit Körperschaftsteuer belasteten Eigenkapitalteilen. Der in einem früheren oder späteren Jahr durch den Verlustabzug nach § 10d EStG i.V.m. § 2a Abs. 3 Satz 2 EStG (bis 1989: § 2 Abs. 1 Satz 2 AIG) steuerfrei gestellte Einkommensteil ist gemäß § 33 Abs. 2 KStG i.V.m. Abschnitt 89 Abs. 8 Satz 2 KStR dem EK 02 hinzuzurechnen.

1644 Eine auf den Abzugsbetrag entfallende **ausländische Steuer** ist von dem Teilbetrag EK 01 abzuziehen. Entsprechendes gilt für eine ausländische Steuer auf spätere Gewinne der ausländischen Betriebsstätte, die nach § 2a Abs. 3 Satz 2 EStG (bis 1989: § 2 Abs. 1 Satz 3 AIG) hinzuzurechnen sind (vgl. Abschnitt 89 Abs. 8 Sätze 3 und 4 KStR).

1645 Beispiel:

a) **Sachverhalt**

Eine neugegründete Kapitalgesellschaft hat folgende Einkünfte:

Jahr 1:

Inländische Einkommensteile	20 000 DM
Kürzung nach § 2a Abs. 3 Satz 1 EStG:	
Verlust aus der ausländischen Betriebsstätte	
(nach Zurechnung einer ausländischen Steuer von 10 000 DM)	– 50 000 DM
Steuerlicher Verlust	– 30 000 DM

Jahr 2:

Inländische Einkommensteile	100 000 DM
Verlustabzug nach § 2a Abs. 3 Satz 2 i. V. m. § 10d EStG	– 30 000 DM
Zu versteuern	70 000 DM

Jahr 3: 1645

Inländische Einkommensteile		100 000 DM
Gewinn aus der ausländischen Betriebsstätte (einschließlich ausländischer Steuer von 80 000 DM)	300 000 DM	
Davon nachzuversteuern als Hinzurechnungsbetrag gemäß § 2a Abs. 3 Satz 3 EStG	– 50 000 DM	+ 50 000 DM
bleiben steuerfrei	250 000 DM	
Zu versteuern		150 000 DM

b) **Gliederung des verwendbaren Eigenkapitals**

	EK 45 DM	EK 02 DM	EK 04 DM
Jahr 01:			
Inländische Einkommensteile	20 000		
Kürzung nach § 2a Abs. 3 Satz 1 EStG: Verlust aus der ausländischen Betriebsstätte (nach Zurechnung einer ausländischen Steuer von 10 000 DM)	– 50 000		
Steuerlicher Verlust	– 30 000		– 30 000
Abzug der ausländischen Steuer		– 10 000	
Bestand 31. 12. 01	0	– 10 000	– 30 000
Jahr 02:			
Inländische Einkommensteile	100 000		
Verlustabzug nach § 2a Abs. 3 Satz 2 EStG: i. v. m. § 10d EStG	– 30 000		+ 30 000
Zu versteuern	70 000		
Körperschaftsteuer 45 v. H.	– 31 500		
Zugang zum EK 45	38 500	+ 38 500	
Bestand 31. 12. 02	38 500	– 10 000	0
Jahr 03:			
Inländische Einkommensteile	100 000		
Gewinn aus der ausländischen Betriebsstätte (einschließlich ausländischer Steuer von 80 000 DM) 300 000 DM			
Hinzurechnung nach § 2a Abs. 3 Satz 3 EStG – 50 000 DM	+ 50 000		
Zu versteuern	150 000		
Steuerfrei bleiben 250 000 DM		+ 250 000	
– Körperschaftsteuer 45 v. H.	– 67 500		
Zugang zum EK 45	82 500	+ 82 500	
Abzug der ausländischen Steuer		– 80 000	
Bestand 31. 12. 03	121 000	160 000	0

Hat eine Körperschaft den Antrag auf Abzug des ausländischen Betriebsstättenverlustes nach 1646
§ 2a Abs. 3 EStG (bis 1989: § 2 Abs. 1 AIG) **nicht** gestellt, sind gemäß Abschnitt 83 Abs. 3
Satz 2 KStR der ausländische Verlust und eine eventuell im Ausland trotz des Verlusts gezahlte
Steuer von dem Teilbetrag EK 01 abzuziehen.

11.2.3 Weiterausschüttung von steuerbefreiten ausländischen Einkünften

Im System des körperschaftsteuerlichen Anrechnungsverfahrens bleiben Steuerbefreiungen und 1647
Steuerermäßigungen, die die Körperschaft genießt, grundsätzlich immer nur so lange wirksam,

1647 als sie die betreffenden Erträge nicht weiter ausschüttet (vgl. vorstehend unter RZ 951 ff). Bei der Weiterausschüttung tritt die Besteuerung beim Anteilseigner an die Stelle der Körperschaftsteuer der Gesellschaft; für die Höhe der Steuerbelastung ist dann ausschließlich auf die steuerlichen Verhältnisse des Anteilseigners abzustellen.

1648 Als typisches Beispiel war hier in der Vergangenheit die Weiterausschüttung von steuerbefreiten Schachtelerträgen zu nennen, die eine deutsche Muttergesellschaft aus dem Ausland bezogen hat (vgl. RZ 951). Der durch das Standortsicherungsgesetz eingefügte § 8b KStG läßt es nunmehr zu, daß Tochtergesellschaften steuerfreie ausländische Gewinne unter Beibehaltung der Steuerbefreiung an ihre Muttergesellschaft ausschütten können (vgl. RZ 952 sowie RZ 953 ff).

11.3 Die Anrechnung ausländischer Steuern

11.3.1 Direkte Steueranrechnung nach § 26 Abs. 1 KStG i.V.m. § 34c Abs. 1 EStG

1649 Wie bereits unter RZ 1497 ff ausgeführt, ist die Anrechnung ausländischer Steuern eine Tarifermäßigung und führt, wenn nach der Anrechnung eine Belastung mit deutscher Körperschaftsteuer verbleibt, zur **Aufteilung** des Eigenkapitalzugangs nach § 32 Abs. 2 KStG. Vgl. auch unter RZ 1668, Fallgruppe II.

Bei der Ermittlung des **Vomhundertsatzes der Tarifbelastung** ist die anzurechnende ausländische Steuer vor der Aufteilung von den ausländischen Einkünften abzuziehen. Dadurch wird sichergestellt, daß sie nicht mit deutscher Körperschaftsteuer belastet wird (§ 31 Abs. 1 Nr. 3 KStG, Abschnitt 86 Abs. 5 KStR).

Der **Eigenkapitalzugang** ist gemäß § 32 Abs. 2 KStG auf das EK 45 und EK 30 (bei Tarifbelastung von mehr als 30 v.H.; bis 1989: auf das EK 56 und das EK 36 ; von 1990 bis 1993: auf das EK 50 und das EK 36 bei einer Tarifbelastung von mehr als 36 v.H.) bzw. auf das EK 30 und das EK 01 (bei Tarifbelastung von weniger als 30 v.H.; bis 1993: auf das EK 36 und das EK 01 bei Tarifbelastung von weniger als 36 v.H.) aufzuteilen. Vgl. dazu im einzelnen vorstehend unter RZ 1497.

1650 **Beispiel 1** (Tarifbelastung von mehr als 30 v. H. (ab 1994) bzw. 36 v. H. (bis 1993)):

Sachverhalt

Im zu versteuernden Einkommen enthaltene ausländische Einkünfte i. S. des § 26 KStG i. V. mit § 34c Abs. 1 EStG in 1990		200 000 DM
Darin enthaltene anrechenbare ausländische Steuer		28 000 DM
Ermäßigung der Körperschaftsteuer nach § 16 BerlinFG (1991 ausgelaufen)		4 000 DM

Ermittlung des Vomhundertsatzes der Tarifbelastung

Ausländische Einkünfte		200 000 DM
Körperschaftsteuer 50 v. H.	100 000 DM	
– anzurechnende ausländische Steuer	– 28 000 DM	– 28 000 DM
	72 000 DM	172 000 DM
– Ermäßigung nach § 16 BerlinFG	– 4 000 DM	
Tarifbelastung	68 000 DM	– 68 000 DM
Zugang zum verwendbaren Eigenkapital (= aufzuteilender Teilbetrag)		104 000 DM

Tarifbelastung in v. H. $\dfrac{68\,000 \times 100}{172\,000} =$ 39,5 v. H.

		EK 50 DM	EK 36 DM
Aufzuteilender Teilbetrag		104 000	
Davon Zugang zum EK 36:			
Anzurechnende ausländische Steuer			
(28 000 DM x $^{16}/_7$)	64 000 DM		
+ andere Steuerermäßigungen			
(4 000 DM x $^{32}/_7$)	18 286 DM	− 82 286	+ 82 286
Restbetrag = Zugang zum EK 50		21 714	+ 21 714

1650

Beispiel 2 (Tarifbelastung von weniger als 30 v.H. (ab 1994) bzw. 36 v.H. (bis 1993)): **1651**

Sachverhalt

Im zu versteuernden Einkommen enthaltene ausländische Einkünfte
i. S. des § 26 KStG i. V. mit § 34c Abs. 1 EStG   200 000 DM
Die darauf entfallende ausländische Steuer von 80 000 DM ist in voller
Höhe auf die Körperschaftsteuer anzurechnen.

Ermittlung des Vomhundertsatzes der Tarifbelastung

Ausländische Einkünfte		200 000 DM
Körperschaftsteuer 45 v. H.	90 000 DM	
− anzurechnende ausländische Steuer	− 80 000 DM	− 80 000 DM
		120 000 DM
Tarifbelastung	10 000 DM	− 10 000 DM
Zugang zum verwendbaren Eigenkapital		
(= aufzuteilender Teilbetrag)		110 000 DM
Tarifbelastung in v. H. $\frac{10\,000 \times 100}{120\,000} =$	8,33 v. H.	

Aufteilung des Zugangs zum verwendbaren Eigenkapital

	DM	EK 30 DM	EK 01 DM
Aufzuteilender Teilbetrag	100 000		
Davon Zugang zum EK 30			
10 000 DM x $^7/_3$		− 23 334	+ 23 334
Restbetrag = Zugang zum EK 01		76 666	+ 76 666

Im Falle der **übersteigenden ausländischen Steuer** (ausländische Steuerbelastung ist höher als **1652** 45 v.H.) verbleibt keine Belastung mit inländischer Körperschaftsteuer. Ein Aufteilungsfall i. S. des § 32 Abs. 2 KStG ist insoweit **nicht** gegeben. Der nach Abzug der gesamten ausländischen Steuer sich ergebende Betrag aus den ausländischen Einkünften ist als Zugang zum EK 01 zu erfassen (vgl. Abschnitt 88a Abs. 1 Nr. 1 KStR).

11.3.2 Indirekte Steueranrechnung nach § 26 Abs. 2 und 5 KStG

Die indirekte Steueranrechnung nach § 26 Abs. 2 und 5 KStG (vgl. dazu im einzelnen unter **1653** RZ 913 ff) ist gliederungsmäßig genau wie die direkte Anrechnung ausländischer Steuern zu behandeln. Als anzurechnende ausländische Steuern sind sowohl die direkt anzurechnende ausländische Quellensteuer als auch die indirekt anzurechnende Körperschaftsteuer der ausländischen Tochtergesellschaft anzusehen.

11.3.3 Fiktive indirekte Steueranrechnung nach § 26 Abs. 3 KStG

1654 Da sich keine Belastung mit deutscher Körperschaftsteuer ergibt, ist die Vermögensmehrung dem EK 01 zuzuordnen.

Beispiel:

Ausländische Einkünfte i. S. des § 26 Abs. 3 KStG (einschließlich ausländischer Steuer von 23 000 DM)		100 000 DM
Körperschaftsteuer 45 v. H.	45 000 DM	
– anzurechnende ausländische Steuer	– 45 000 DM	– 23 000 DM
Festzusetzende Körperschaftsteuer	0 DM	
Zugang zum EK 01		77 000 DM

11.3.4 Fiktive direkte Steueranrechnung auf Grund von Doppelbesteuerungsabkommen mit Entwicklungsländern

1655 In der **Eigenkapitalgliederung** weist die fiktive Anrechnung ausländischer Steuern nach DBA folgende Besonderheiten auf:

1. Bei der Ermittlung der **Tarifbelastung** ist die fiktive (höhere) ausländische Steuer abzuziehen.
2. Bei der Ermittlung des **Zugangs zum verwendbaren Eigenkapital** ist die tatsächlich gezahlte (niedrigere) ausländische Steuer abzuziehen.

Bei der fiktiven Anrechnung nach DBA können die vereinfachten Aufteilungsmultiplikatoren nicht unmittelbar angewendet werden. Insoweit läßt sich eine zutreffende Aufteilung nur über die ausführlichen Aufteilungsformeln oder mit folgender Kombination der vereinfachten Formeln erreichen (bei einer Tarifbelastung zwischen 30 v.H. und 45 v.H.):

      anzurechnende ausländische Steuer x 77/30
+ Summe der übrigen Steuerermäßigungen x 14/3
= Zugang zum EK 30
(Rest = Zugang zum EK 45)

Vgl. RZ 1876. Wegen der bis 1989 geltenden Formel vgl. 1866, wegen der von 1990 bis 1993 geltenden Formel RZ 1867.

11.3.5 Avoir fiscal

1656 Bezieht eine unbeschränkt steuerpflichtige Körperschaft Dividenden von einer in Frankreich ansässigen Kapitalgesellschaft, an der sie zu weniger als einem Zehntel beteiligt ist, kann sie nach dem Revisionsprotokoll vom 9. 6. 1969 zum deutsch-französischen DBA (vgl. hierzu BMF-Schreiben vom 22. 10. 1970, BStBl I S. 1000) bei der Veranlagung zur deutschen Einkommen- oder Körperschaftsteuer auf Antrag einen Betrag von 50 v.H. der Dividende als Steuergutschrift (avoir fiscal) auf ihre deutsche Steuer anrechnen. Als Finanzausgleich zahlt der französische Fiskus an den deutschen Fiskus einen Betrag von 27,5 v.H. der Dividende zurück (vgl. dazu BMF-Schreiben vom 25. 3. 1988, BStBl I S. 136). Macht die unbeschränkt steuerpflichtige Körperschaft von ihrem Wahlrecht auf Anrechnung Gebrauch, ist der Betrag der Steuergutschrift als zusätzliche Einnahme in die Veranlagung einzubeziehen. Zur Tarifbelastung im Sinne des § 27 Abs. 2 KStG gehört jedoch nur die Belastung mit der bei der Gesellschaft selbst nach dem 31. Dezember 1976 entstandenen deutschen Körperschaftsteuer. Nicht dazu gehört der vom französischen an den deutschen Fiskus gezahlte Finanzausgleich. Die französische Steuergutschrift ist in der Eigenkapitalgliederung wie anzurechnende ausländische Steuer zu behandeln; sie führt zur Aufteilung des Eigenkapitalzugangs nach § 32 Abs. 2 KStG (vgl. Abschnitt 88a Abs. 1 Nr. 6 KStR).

Beispiel: 1656

Einnahmen aus französischen Dividenden		100 000 DM
Erhöhung um die Steuergutschrift (avoir fiscal, 50 v. H.)		+ 50 000 DM
Zu versteuernder Betrag		150 000 DM
Körperschaftsteuer 45 v. H.	67 500 DM	
Anrechnung der Steuergutschrift (avoir fiscal)	− 50 000 DM	
Verbleibende Körperschaftsteuer	17 500 DM	

Aufteilung des Zugangs zum verwendbaren Eigenkapital

a) **Vomhundertsatz der Tarifbelastung**

Zu versteuernder Betrag		150 000 DM
Körperschaftsteuer 45 v. H.	67 500 DM	
Anrechnung der Steuergutschrift (avoir fiscal)	− 50 000 DM	− 50 000 DM
		100 000 DM
Tarifbelastung	17 500 DM	− 17 500 DM
Nach § 32 Abs. 2 KStG aufzuteilender Zugang zum verwendbaren Eigenkapital		82 500 DM

Vomhundertsatz der Tarifbelastung $\frac{17\,500 \times 100}{100\,000} =$ <u>17,5 v. H.</u>

Aufteilung des Zugangs zum verwendbaren Eigenkapital

		EK 30	EK 01
	DM	DM	DM
Aufzuteilender Teilbetrag	82 500		
Davon Zugang zum EK 30			
17 500 DM x $^7/_3$		− 40 834	+ 40 834
Restbetrag = Zugang zum EK 01		41 666	+ 41 666

Übersteigt die zu erstattende französische Steuergutschrift die auf die französische Dividende entfallende deutsche Körperschaftsteuer, ist der übersteigende Betrag im Rahmen der Veranlagung zu erstatten. In diesem Fall ist der Erstattungsbetrag in der Eigenkapitalgliederung wie der Eigenkapitalzugang aus der französischen Dividende bei dem Teilbetrag EK 01 zu erfassen.

11.4 Abzug ausländischer Steuern von der Bemessungsgrundlage für die deutsche Körperschaftsteuer (§ 26 Abs. 6 KStG i.V.m. § 34c Abs. 2 und 3 EStG)

Beispiel: 1657

Steuerpflichtige ausländische Einkünfte	100 000 DM
Abzüglich der darin enthaltenen, nicht der deutschen Einkommen- oder Körperschaftsteuer entsprechenden ausländischen Steuer	− 20 000 DM
Zu versteuern	80 000 DM
Körperschaftsteuer 45 v. H.	− 36 000 DM
Zugang zum EK 45	44 000 DM

Vgl. auch unter RZ 1669.

11.5 Ausländische Einkünfte im Sinne des § 34c Abs. 4 oder 5 EStG

1658 Bei ausländischen Einkünften

- aus dem Betrieb der in § 34c Abs. 4 EStG bezeichneten Schiffe, für die die deutsche Körperschaftsteuer 22,5 v.H. (ab 1994; bis 1989: 28 v.H.; von 1990 bis 1993: 25 v.H.) beträgt (§ 26 Abs. 6 Satz 3 KStG),
- für die die Körperschaftsteuer pauschal auf 25 v.H. festgesetzt wird (§ 34c Abs. 5 EStG in Verbindung mit BMF-Schreiben vom 10. 4. 1984, BStBl I S. 252),

ist in jedem Fall der Eigenkapitalzugang nach § 32 Abs. 2 KStG aufzuteilen (vgl. auch unter RZ 1670):

Der Eigenkapitalzugang aus den ausländischen Einkünften i.S. des § 34c Abs. 4 oder 5 EStG ist auf das EK 30 (ab 1994; bis 1993: EK 36) und das EK 01 aufzuteilen. Der Vomhundertsatz der Tarifbelastung braucht nicht berechnet zu werden, weil er stets unter 30 v. H. (bzw. 36 v. H.) liegt (Abschnitt 88a Abs. 1 Nr. 4 KStR).

Bei der Aufteilung nach § 32 Abs. 2 KStG ist folgendes zu beachten:

Ausländische Steuer, die auf ausländische Einkünfte i.S. des § 34c Abs. 4 oder 5 EStG entfällt und nicht auf die deutsche Körperschaftsteuer anrechenbar ist, wird im Ergebnis mit deutscher Körperschaftsteuer belastet. Nach Abschnitt 88a Abs. 1 Nr. 4 KStR ist die nicht anrechenbare ausländische Steuer in der Gliederungsrechnung so zuzuordnen, daß sich ihre Belastung mit deutscher Körperschaftsteuer durch die Aufteilung nicht verändert.

Beispiel:

a) **Sachverhalt**

Ausländische Einkünfte i. S. des § 34c Abs. 5 EStG	300 000 DM
Nicht anrechenbare ausländische Steuer	45 000 DM
Vermögensteuer	30 000 DM

b) **Ermittlung der Tarifbelastung**

Ausländische Einkünfte i. S. des § 34c Abs. 5 EStG		300 000 DM
Darauf entfallende Körperschaftsteuer zu 25 v. H. (= Tarifbelastung)	75 000 DM	− 75 000 DM
		225 000 DM
./. Nicht auf die Körperschaftsteuer anrechenbare ausländische Steuer		− 45 000 DM
Zugang zum verwendbaren Eigenkapital (= aufzuteilender Teilbetrag)		180 000 DM

Von der Tarifbelastung (75 000 DM) entfallen auf den Zugang zum verwendbaren Eigenkapital:

$$\frac{75\,000 \times 180\,000}{225\,000} = 60\,000 \text{ DM}$$

c) **Aufteilung des Zugangs zum verwendbaren Eigenkapital**

		EK 30	EK 01
	DM	DM	DM
Aufzuteilender Betrag	180 000		
Davon Zugang zum EK 30 Tarifermäßigung 60 000 DM x ⁷/₃		− 140 000	140 000
Restbetrag = Zugang zum EK 01		40 000	40 000

Die Vermögensteuer ist nach den in Abschn. 88 KStR dargestellten Grundsätzen bei dem Teilbetrag des verwendbaren Eigenkapitals abzuziehen, der am höchsten mit deutscher Körperschaftsteuer belastet ist (EK 45).

d) Der Zugang zum verwendbaren Eigenkapital kann auch nach folgendem Rechengang ermittelt werden: **1659**

	EK 30 DM	EK 01 DM
Ausländische Einkünfte nach Abzug der Körperschaftsteuer (= aufzuteilender Eigenkapitalzugang) 225 000		
Davon Zugang zum EK 30:		
$^7/_3$ x 75 000 DM 175 000	175 000	
Restbetrag = Zugang zum EK 01 50 000		50 000
Abzug der nichtanzurechnenden ausländischen Steuern von 45 000 DM (im Verhältnis 175 000 : 50 000)	– 35 000	– 10 000
	140 000	40 000

11.6 Sonderregelungen des Außensteuergesetzes

11.6.1 Berichtigungsbetrag nach § 1 AStG

Bei der gliederungsmäßigen Behandlung ist zwischen zwei **Fallgestaltungen** zu unterscheiden: **1660**

– **Die Gewinnberichtigung führt zu einer Erhöhung der Bilanzaktiva**

Bei der Berichtigung von Einkünften einer Kapitalgesellschaft sind die Fälle unproblematisch, in denen sich die Erhöhung der steuerlichen Einkünfte in einer Verstärkung der Aktivseite der Bilanz niederschlägt. Liegen bei einem Geschäft mit einer ausländischen Tochtergesellschaft die Voraussetzungen für die Annahme einer **verdeckten Einlage** vor, deckt sich der auf Grund der Berichtigung zu versteuernde Gewinn nach Abzug der Körperschaftsteuer mit der bilanziellen Erhöhung des Betriebsvermögens. Insoweit ergibt sich ein höheres belastetes Eigenkapital (i.d.R. EK 45 (ab 1994); vgl. § 30 Abs. 1 Nr. 1 KStG).

– **Die Gewinnberichtigung führt nicht zu einer Erhöhung der Bilanzaktiva**   **1661**

Wenn die inländische Kapitalgesellschaft der ausländischen Tochtergesellschaft unentgeltlich Nutzungsvorteile überläßt, verneint die Rechtsprechung eine verdeckte Einlage (Beschluß des Großen Senats des BFH vom 26. 10. 1987, BStBl 1988 II S. 348); jedoch gebietet § 1 AStG eine Berichtigung der Einkünfte um den Betrag der unter unabhängigen Dritten üblichen Vergütung.

Die Besonderheit besteht darin, daß hier Einkünfte besteuert werden und sich daraus in der Gliederungsrechnung verwendbares Eigenkapital gebildet hat, obwohl sich das Betriebsvermögen laut Steuerbilanz nicht erhöht hat, da eine Vergütung weder gezahlt noch vereinbart worden ist. Ein zusätzlicher Aktivposten kann nicht gebildet werden; die Berichtigung erfolgt **außerhalb** der Bilanz.

Da das verwendbare Eigenkapital sich gemäß § 29 Abs. 1 KStG nach der Steuerbilanz bestimmt, ergibt sich ohne Betriebsvermögenszuwachs in der Steuerbilanz auch kein Zuwachs des verwendbaren Eigenkapitals. Damit die Übereinstimmung des verwendbaren Eigenkapitals mit der Steuerbilanz wieder erreicht wird, schreibt Abschnitt 83 Abs. 1 Nr. 2 KStR vor, daß der **Berichtigungsbetrag gemäß § 1 AStG in voller Höhe** (d. h. nicht gekürzt um die darauf entfallende Körperschaftsteuer) wieder vom verwendbaren Eigenkapital abzuziehen ist. Würde diese Kürzung beim EK 45 erfolgen, würde das dort aus dem Einkommen entstandene Steuerguthaben entgegen dem Sinn des Anrechnungsverfahrens vernichtet. Um dieses Ergebnis zu vermeiden, schreiben die KStR die Angleichung an die Steuerbilanz durch eine **Kürzung des EK 02** vor. Der Abzug beim EK 02 ist auch vorzunehmen, wenn dort ein negativer Teilbetrag entsteht.

1661 **Beispiel:**

	Steuerbilanz	Gliederungsrechnung	
		EK 45	EK 02
Berichtigungbetrag nach § 1 AStG	100 TDM		
– Körperschaftsteuer 45 v. H.	– 45 TDM	– 45 TDM	
	55 TDM	–	+ 55 TDM
Korrektur nach Abschn. 83 KStR		$\underbrace{\qquad\qquad\qquad}$	100 TDM
	– 45 TDM	– 45 TDM	

11.6.2 Hinzurechnungsbetrag nach den §§ 7 bis 14 AStG

1662 Wie beim Berichtigungsbetrag nach § 1 AStG ergibt sich auch beim Hinzurechnungsbetrag nach § 10 AStG das Problem, daß bei der Ableitung des verwendbaren Eigenkapitals aus dem Einkommen in der Gliederung Beträge erfaßt werden, die in der Steuerbilanz nicht enthalten sind.

Nach Abschnitt 83 Abs. 1 Nr. 2 KStR ist auch hier – wie beim Berichtigungsbetrag nach § 1 AStG – **das EK 02 um den Hinzurechnungsbetrag zu kürzen,** um eine Angleichung des verwendbaren Eigenkapitals lt. Gliederungsrechnung an das verwendbare Eigenkapital lt. Steuerbilanz zu erreichen.

Beispiel:

a) **Sachverhalt**

Die inländische Muttergesellschaft erzielt im Jahre 01 einen Steuerbilanzgewinn von 129 000 DM. Dieser Gewinn ist gemindert um 405 000 DM Körperschaftsteuer und um 66 000 DM Vermögensteuer. Einkünfte der ausländischen Tochtergesellschaft aus passivem Erwerb = 345 000 DM. Darauf entfallende, nach § 10 Abs. 1 AStG vom Hinzurechnungsbetrag abziehbare ausländische Steuern = 45 000 DM.

b) **Körperschaftsteuer-Veranlagung 01**

Steuerbilanzgewinn	129 000 DM
+ Körperschaftsteuer	+ 405 000 DM
+ Vermögensteuer	+ 66 000 DM
Einkünfte der inländischen Muttergesellschaft	600 000 DM
+ Hinzurechnungsbetrag (345 000 DM – 45 000 DM)	+ 300 000 DM
Zu versteuerndes Einkommen	900 000 DM
Körperschaftsteuer 45 v. H.	405 000 DM

c) **Gliederung des verwendbaren Eigenkapitals zum 31. 12. 01**

	Summe DM	EK 45 DM	EK 02 DM
Einkommen (einschl. Hinzurechnungsbetrag von 300 000 DM)	900 000		
– Körperschaftsteuer 45 v. H. (einschl. 45 v. H. von 900 000 DM)	405 000	495 000	495 000
– Vermögensteuer		– 66 000	– 66 000
Korrektur nach Abschn. 83 Abs. 1 Nr. 2 KStR		– 300 000	– 300 000
	129 000	423 000	– 300 000

1663 Bei **Erstattung der Körperschaftsteuer nach § 11 Abs. 2 AStG** sind in der Eigenkapitalgliederung des Ausschüttungsjahrs **zwei Veränderungen** des Eigenkapitals zu erfassen, nämlich

F. Das körperschaftsteuerliche Anrechnungsverfahren

1. die **erstattete Körperschaftsteuer**. Diese erhöht das verwendbare Eigenkapital der deutschen Muttergesellschaft. Sie ist nach Abschnitt 83 Abs. 2 KStR dem EK 02 zuzurechnen,
2. die **Umgliederung** des früher entstandenen belasteten Eigenkapitals. Die nachträgliche Körperschaftsteuer-Erstattung hat zur Folge, daß dem aus der Zugriffsbesteuerung entstandenen belasteten Teilbetrag (i.d.R. EK 45) nunmehr keine Körperschaftsteuer-Belastung mehr gegenübersteht. Um eine nicht gerechtfertigte Steuerentlastung im Falle der Weiterausschüttung durch die deutsche Muttergesellschaft zu vermeiden, bestimmt Abschnitt 83 Abs. 2 KStR, daß der Betrag des verwendbaren Eigenkapitals, dessen Belastung sich mit der erstatteten Körperschaftsteuer deckt, **vom belasteten Teilbetrag abzuziehen und dem EK 02 hinzuzurechnen** ist. Diese **Umgliederung** hat auch zu erfolgen, wenn dadurch beim EK 45 (ab 1994; bis 1989: EK 56; von 1990 bis 1993: EK 50) ein negativer Teilbetrag entsteht. Wegen **der Ermittlung des umzugliedernden Betrages** gelten die Berechnungen in Abschnitt 90 KStR analog (vgl. dazu nachstehend unter RZ 1680).

Insgesamt erhöht sich das verwendbare Eigenkapital – entsprechend der Vermögensmehrung in der Steuerbilanz – also nur um den Betrag der erstatteten Körperschaftsteuer.

Beispiel (Fortsetzung):

b) **Körperschaftsteuer-Veranlagung 02**

Steuerbilanzgewinn (einschließlich Ausschüttung von 600 000 DM)		729 000 DM
+ Körperschaftsteuer		+ 405 000 DM
+ Vermögensteuer		+ 66 000 DM
Einkünfte einschließlich der Beteiligungserträge		1 200 000 DM
Hinzurechnungsbetrag 02	300 000 DM	
– Gewinnausschüttung	– 600 000 DM	
Ausschüttungsüberschuß	300 000 DM	0 DM
Zu versteuerndes Einkommen		1 200 000 DM
Körperschaftsteuer 45 v. H.		540 000 DM
– Erstattung nah § 11 Abs. 2 AStG: 45 v. H. vom Ausschüttungsüberschuß		– 135 000 DM
zu entrichtende Körperschaftsteuer		405 000 DM

c) **Gliederung des verwendbaren Eigenkapitals zum 31. 12. 02**

		Summe DM	EK 45 DM	EK 02 DM
Anfangsbestände		129 000	429 000	– 300 000
Einkommen (einschl. Beteiligungserträge)	1 200 000 DM			
– Körperschaftsteuer 45 v. H.	– 540 000 DM	660 000	+ 660 000	
– Vermögensteuer		– 66 000		– 66 000
+ Körperschaftsteuer-Erstattung § 11 AStG		+ 135 000		+ 135 000
Umgliederung [55]/[45] von 135 000 DM		–	– 165 000	+ 165 000
		858 000	858 000	0

d) **Vergleich mit der Steuerbilanz**

Der Eigenkapitalzuwachs lt. Gliederung deckt sich in beiden Jahren mit dem Vermögenszuwachs lt. Steuerbilanz (129 000 DM + 729 000 DM = 858 000 DM).

1664 Schematische Darstellung der Auswirkungen der §§ 10 und 11 AStG auf die Eigenkapitalgliederung

	Steuerbilanz	Gliederung des verwendbaren Eigenkapitals	
		EK 45	EK 02
Jahr 1 (Hinzurechnungsbetrag)			
Einkommen aus Hinzurechnungsbetrag		100 TDM	
– Körperschaftsteuer 45 v. H.	– 45 TDM	– 45 TDM	
Korrektur gemäß Abschn. 83 Abs. 1 Nr. 2 KStR			– 100 TDM
	– 45 TDM	– 45 TDM	
Jahr 2 (Körperschaftsteuer-Erstattung)			
Ausschüttung	100 TDM	100 TDM	
– Körperschaftsteuer 45 v. H.	– 45 TDM	– 45 TDM	
Körperschaftsteuer-Erstattung gemäß § 11 Abs. 2 AStG	+ 45 TDM		+ 45 TDM
Umgliederung gemäß Abschn. 83 Abs. 2 KStR		– 55 TDM	+ 55 TDM
	+ 100 TDM	+ 100 TDM	

1665 Hat die deutsche Muttergesellschaft **gemäß § 12 AStG die Anrechnung der zu Lasten der ausländischen Tochtergesellschaft erhobenen Steuern** beantragt (vgl. dazu vorstehend unter RZ 936 ff),
– ist der Hinzurechnungsbetrag um die anzurechnende ausländische Steuer aufzustocken,
– ist die ausländische Steuer auf die deutsche Körperschaftsteuer anzurechnen. Die Anrechnung wirft in der Gliederungsrechnung keine Besonderheiten auf.

11.7 Die Zuordnung ausländischer Steuern in der Gliederungsrechnung (§ 31 Abs. 1 Nr. 3 KStG)

1666 Ausländische Steuern vom Einkommen gehören unabhängig davon, ob sie der deutschen Körperschaftsteuer entsprechen, zu den nichtabziehbaren Ausgaben im Sinne des § 31 Abs. 1 Nr. 3 KStG. Daraus folgt, daß sie von den ihnen unterliegenden ausländischen Einkünften abzuziehen sind.

Abschnitt 88a KStR enthält eine umfassende Verwaltungsregelung zur gliederungsmäßigen Zuordnung der ausländischen Steuern bei den verschiedenen Arten von ausländischen Einkünften. Danach ist zwischen folgenden Fallgestaltungen zu unterscheiden:

1667 Fallgruppe I: **Die ausländischen Einkünfte unterliegen auf Grund eines Abkommens zur Vermeidung der Doppelbesteuerung nicht der Körperschaftsteuer, oder es wird eine deutsche Körperschaftsteuer nicht erhoben, weil die anzurechnende ausländische Steuer mindestens so hoch ist oder nach § 26 Abs. 3 KStG als so hoch gilt wie die deutsche Körperschaftsteuer (Abschnitt 88a Abs. 1 Nr. 1 KStR).**

In diesem Fall unterliegen die ausländischen Einkünfte nicht der deutschen Tarifbelastung. Folglich ist die Vermögensmehrung daraus (ausländische Einkünfte abzüglich ausländische Steuer) als Zugang beim EK 01 zu erfassen (vgl. Abschnitt 83 Abs. 3 KStR). Vgl. auch unter RZ 1641 ff.

Beispiel: 1667

Steuerpflichtige ausländische Einkünfte (einschl. anrechenbarer ausländischer Steuer von 180000 DM)		300 000 DM
Körperschaftsteuer 45 v. H.	135 000 DM	
Anzurechnende ausländische Steuern (Höchstbetrag)	− 135 000 DM	− 135 000 DM
Tarifbelastung	0 DM	
Nichtanzurechnende ausländische Steuer (180 000 DM − 135 000 DM)		− 45 000 DM
Dem EK 01 zuzuordnende Vermögensmehrung		120 000 DM

Fallgruppe II: Die ausländische Steuer ist nach § 26 KStG in Verbindung mit § 34c Abs. 1 1668 EStG oder nach einem Abkommen zur Vermeidung der Doppelbesteuerung auf die deutsche Körperschaftsteuer anzurechnen. Nach der Steueranrechnung verbleibt eine Belastung mit deutscher Steuer (Abschnitt 88a Abs. 1 Nr. 2 KStR).

Die Anrechnung ausländischer Steuern ist eine Tarifermäßigung, die zur Aufteilung des Eigenkapitalzugangs aus ausländischen Einkünften nach § 32 Abs. 2 KStG führt (vgl. vorstehend unter RZ 1497). Die anzurechnende ausländische Steuer rechnet nicht zur Tarifbelastung und ist stets vor der Aufteilung von den ausländischen Einkünften abzuziehen (§ 31 Abs. 1 Nr. 3 KStG). Auf diese Weise wird erreicht, daß sie nicht zusätzlich mit deutscher Körperschaftsteuer belastet wird. Vgl. die Beispiele unter RZ 1649 ff.

Fallgruppe III: Die ausländische Steuer ist nach § 26 Abs. 6 KStG in Verbindung mit § 34c 1669 Abs. 2 oder 3 EStG bei der Ermittlung des Gesamtbetrags der Einkünfte abzuziehen (Abschnitt 88a Abs. 1 Nr. 3 KStR)

Dies führt, wenn keine Tarifermäßigung hinzutritt, nicht zur Aufteilung nach § 32 KStG. Verringert sich die Körperschaftsteuer wegen einer Tarifermäßigung und beträgt der Vomhundertsatz der Tarifbelastung weniger als 30 v. H. (ab 1994; bis 1993: 36 v. H.), ist der ermäßigt belastete Eigenkapitalteil in den mit 30 v. H. belasteten Teilbetrag (EK 30 − ab 1994; bis 1993 Eigenkapitalteil in den mit 36 v. H. belasteten Teilbetrag (EK 36)) und in den Teilbetrag nach § 30 Abs. 2 Nr. 1 KStG (EK 01) aufzuteilen. Vgl. auch unter RZ 1657.

Beispiel:

1. **Sachverhalt:**

    Eine Körperschaft bezieht in 1990 nur Einkünfte aus einem ausländischen Staat, mit dem kein Abkommen zur Vermeidung der Doppelbesteuerung besteht. Die im Ausland erhobene Steuer vom Einkommen entspricht nicht der deutschen Körperschaftsteuer. Das zu versteuernde Einkommen unterliegt dem Steuersatz von 50 v. H.

Ausländische Einkünfte	300 000 DM
Darin enthaltene nichtanrechenbare ausländische Steuer	75 000 DM
Ermäßigung der Körperschaftsteuer nach den §§ 16, 17 BerlinFG (1991 ausgelaufen)	60 000 DM

2. **Vomhundertsatz der Tarifbelastung und aufzuteilender Eigenkapitalteil**

Ausländische Einkünfte		300 000 DM
Abzug der ausländischen Steuer		− 75 000 DM
Zu versteuernde ausländische Einkünfte		225 000 DM
Körperschaftsteuer 50 v. H.	112 500 DM	
Ermäßigung nach den §§ 16, 17 Berlin FG	− 60 000 DM	
Tarifbelastung	82 500 DM	− 52 500 DM
Aufzuteilender Eigenkapitalteil		172 500 DM
Summe aus aufzuteilendem Eigenkapitalteil und Tarifbelastung		225 000 DM

1669 Tarifbelastung in v. H. = $\frac{52\,500 \times 100}{225\,000}$ = 23,3 v. H.

3. Aufteilung auf die Teilbeträge des verwendbaren Eigenkapitals

	DM	EK 36 DM	EK 01 DM
Aufzuteilender Eigenkapitalteil	172 500		
Davon sind dem EK 36 zuzuordnen: 52 500 DM x $^{64}/_{36}$ = $^{16}/_{9}$		−93 333	+93 333
Restbetrag = Zugang zum EK 01		79 167	+79 167

1670 **Fallgruppe IV: Die Körperschaft erzielt**

– **ausländische Einkünfte, für die deutsche Körperschaftsteuer pauschal auf 25 v.H. festgesetzt wird (§ 26 Abs. 6 Satz 1 KStG, § 34c Abs. 5 EStG, BMF-Schreiben betr. Pauschalierung der Einkommensteuer und der Körperschaftsteuer für ausländische Einkünfte, BStBl 1984 I S. 252)**

oder

– **ausländische Einkünfte aus dem Betrieb der in § 34c Abs. 4 EStG bezeichneten Schiffe, für die die deutsche Körperschaftsteuer 22,5 v.H. (ab 1994; bis 1989: 28 v.H.; von 1990 bis 1993: 25 v.H.) beträgt (§ 26 Abs. 6 Satz 4 KStG) (Abschnitt 88a Abs. 1 Nr. 4 KStR).**

In diesen Fällen der ermäßigten Besteuerung ist der Eigenkapitalzugang stets nach § 32 Abs. 2 Nr. 1 KStG aufzuteilen. Der Vomhundertsatz der Tarifbelastung braucht daher nicht berechnet zu werden, weil er stets unter 30 v.H. (ab 1994) bzw. 36 v.H. (bis 1993) liegt. Da die ausländische Steuer nicht auf die deutsche Körperschaftsteuer anzurechnen ist, belastet die Körperschaftsteuer auch die in den ausländischen Einkünften enthaltene ausländische Steuer. Dementsprechend ist nur der Restbetrag der deutschen Körperschaftsteuer bei der Aufteilung des Zugangs zu dem verwendbaren Eigenkapital zu berücksichtigen. Auf diese Weise wird die Belastung der nichtanrechenbaren ausländischen Steuer mit deutscher Körperschaftsteuer durch die Aufteilung nicht verändert. Vgl. dazu das Beispiel unter RZ 1658.

1671 **Fallgruppe V: Zuordnung einer im Ausland erhobenen Steuer vom Einkommen, die mit einem nach § 2a Abs. 1 EStG nicht zu berücksichtigenden ausländischen Verlust zusammenhängt (Abschnitt 88a Abs. 1 Nr. 5 KStR)**

Diese ausländische Steuer ist, weil der ausländische Verlust gemäß Abschnitt 89 Abs. 5 KStR in der Eigenkapitalgliederung nach den Grundsätzen des § 33 KStG zu behandeln ist (vgl. dazu RZ 1626 ff), grundsätzlich von dem Teilbetrag EK 02 abzuziehen.

1672 **Fallgruppe VI: Zuordnung der französischen Steuergutschrift avoir fiscal (Abschnitt 88a Abs. 1 Nr. 6 KStR)**

Der avoir fiscal ist wie eine nach § 26 KStG anzurechnende ausländische Steuer zu behandeln. Vgl. dazu im einzelnen unter RZ 1656.

1673 **Fallgruppe VII: Zusammentreffen anrechenbarer ausländischer Steuer mit einem inländischen Verlust oder mit einem Verlustabzug nach § 10d EStG**

Der in § 31 Abs. 1 Nr. 3 KStG niedergelegte Grundsatz, daß ausländische Steuer von den ihr unterliegenden ausländischen Einkünften abzuziehen ist, und die Regelung, daß der Abzug anzurechnender ausländischer Steuer stets vor der Aufteilung vorzunehmen ist, gelten auch, wenn steuerpflichtige ausländische Einkünfte mit inländischen Verlusten oder mit einem Verlustabzug im Sinne des § 10d EStG zusammentreffen. Dementsprechend sind die Fälle, in denen ein Verlustabzug **nicht** zu berücksichtigen ist **und die steuerpflichtigen ausländischen Einkünf-**

te höher sind **als ein inländischer Verlust** des laufenden Veranlagungszeitraums, nach Fallgruppe II (vgl. vorstehende RZ 1668) zu behandeln. **1673**

Bei anderen Fallgestaltungen sind **folgende Besonderheiten** zu berücksichtigen (vgl. Abschnitt 88a Abs. 2 KStR; wegen der vordruckmäßigen Behandlung siehe Anleitung zur Eigenkapitalgliederung): **1674**

a) **Der inländische Verlust übersteigt allein oder zusammen mit einem Verlustabzug im Sinne des § 10d EStG die steuerpflichtigen ausländischen Einkünfte, so daß sich ein zu versteuerndes Einkommen nicht ergibt.** Die gesamten ausländischen Einkünfte erhöhen den Teilbetrag des EK 02 (vgl. § 33 KStG). Dementsprechend ist auch die ausländische Steuer in voller Höhe bei diesem Teilbetrag abzuziehen. **1675**

Beispiel 1: Verlustausgleich

		EK 02 DM
Steuerpflichtige ausländische Einkünfte (einschließlich anrechenbarer ausländischer Steuer von 60 000 DM)	300 000 DM	
Inländischer Verlust	– 330 000 DM	
Steuerlicher Verlust (dem EK 02 zuzuordnen, § 33 Abs. 1 KStG)	– 30 000 DM	– 30 000
Abzug der ausländischen Steuer		– 60 000
Bestand am Ende des Wirtschaftsjahrs		– 90 000

Beispiel 2: Verlustabzug

Wirtschaftsjahr 1:	
Steuerlicher Verlust	– 270 000
Wirtschaftsjahr 2.	
Steuerpflichtige ausländische Einkünfte (einschließlich anrechenbarer ausländischer Steuer von 30 000 DM)	+ 150 000
Verlustvortrag	– 150 000
Zu versteuerndes Einkommen	0

Gliederung des verwendbaren Eigenkapitals im 2. Wirtschaftsjahr	EK 02 DM
Bestand zum Beginn des 2. Wirtschaftsjahres	– 270 000
steuerpflichtige ausländische Einkünfte (nicht zu versteuern auf Grund des Verlustvortrags)	+ 150 000
Abzug der ausländischen Steuer	– 30 000
Bestand am Ende des 2. Wirtschaftsjahrs	– 150 000

b) **Die ausländischen Einkünfte übersteigen den Verlustabzug im Sinne des § 10d EStG.** Durch die Anrechnung ausländischer Steuer auf die Körperschaftsteuer entsteht ermäßigt belastetes Eigenkapital, das nach § 32 KStG aufzuteilen ist. Die anrechenbare ausländische Steuer ist nach § 31 Abs. 1 Nr. 3 KStG vor der Aufteilung von den steuerpflichtigen ausländischen Einkünften abzuziehen, soweit sie auf diese Einkünfte entfällt. Soweit die ausländische Steuer auf Einkünfte entfällt, die durch den Verlustabzug von der Körperschaftsteuer freigestellt werden, verringert sie das EK 02. Für die übrige anrechenbare ausländische Steuer wirkt sich der Abzug vor der Aufteilung wirtschaftlich wie ein Abzug vom EK 01 aus. **1676**

Beispiel 1:

Für die ausländischen Einkünfte verbleibt nach dem Verlustabzug eine Belastung mit deutscher Körperschaftsteuer

Wirtschaftsjahr 1	
Steuerlicher Verlust	– 15 000 DM

1676 **Wirtschaftsjahr 2**
Steuerpflichtige ausländische Einkünfte
(einschließlich anrechenbarer ausländischer Steuer von 18 000 DM)   + 150 000 DM

Gliederung des verwendbaren Eigenkapitals im Wirtschaftsjahr 2

	DM	DM	EK 45 DM	EK 30 DM	EK 02 DM
1. Bestand zum Beginn des 2. Wirtschaftsjahrs					– 15 000
2. Steuerpflichtige ausländische Einkünfte		150 000			
Verlustvortrag		– 15 000			+ 15 000
Zu versteuern		135 000			
Körperschaftsteuer 45 v. H.	60 750				
Anzurechnende ausländische Steuer (Zuordnung nach dem Verhältnis der Einkünfte 135 000 : 15 000)	– 18 000	– 16 200			– 1 800
		118 800			
Tarifbelastung:	42 750	– 42 750			

Tarifbelastung in v. H.:

$$\frac{42\,750 \times 100}{118\,800} = 36{,}0 \text{ v. H.}$$

Aufzuteilender ermäßigte belasteter Eigenkapitalteil		76 050			

3. Berechnung des ermäßigt besteuerten Einkommensteils
E 30 = 3 x 118 800
     – $^{20}/_3$ x 42 750
E 30 = 356 400 – 285 000
E 30 = 71 400

Zugang zum EK 30					
EK 30 = E 30 – 0,30 x E 30					
EK 30 = 71 400 – 21 420					
EK 30 = 49 980			– 49 980	49 980	
Zugang zum EK 45			26 070	26 070	
4. Bestand am Ende des 2. Wirtschaftsjahrs			26 070	49 980	– 1 800

1677 Beträgt die Tarifbelastung des aufzuteilenden Eigenkapitalteils weniger als 30 v. H. (ab 1994; bis 1993: 36 v. H.), beläuft sich der Zugang zum EK 30 (bzw. EK 36) auf 70/30 = 7/3 (bzw. auf 64/36 = 16/9 – vgl. Abschnitt 87 Abs. 2 KStR) der Tarifbelastung.

Beispiel 2:
Nach Berücksichtigung des Verlustabzugs verbleibt zwar ein zu versteuerndes Einkommen, wegen der Anrechnung der ausländischen Steuer verbleibt jedoch keine Belastung mit Körperschaftsteuer

Die im Beispiel 1 dargelegten Grundsätze über die Zuordnung der anrechenbaren ausländischen Steuer gelten sinngemäß, wenn die ausländischen Einkünfte zwar den Verlustabzug übersteigen, wegen der Anrechnung der ausländischen Steuer eine Belastung mit Körperschaftsteuer aber nicht verbleibt. In diesem Fall verringert die ausländische Steuer, die anteilig auf die nach dem Verlustabzug verbleibenden steuerpflichtigen Einkünfte entfällt, den Zugang zum EK 01.

Wirtschaftsjahr 1
Steuerlicher Verlust   – 90 000 DM

Wirtschaftsjahr 2 1677
Steuerpflichtige ausländische Einkünfte (einschließlich anrechenbarer
ausländischer Steuer von 54 000 DM)   + 150 000 DM

Gliederung des verwendbaren Eigenkapitals im 2. Wirtschaftsjahr

	DM	DM	EK 01 DM	EK 02 DM
1. Bestand zum Beginn des 2. Wirtschaftsjahrs				– 90 000
2. Steuerpflichtige ausländische Einkünfte		150 000		
Verlustvortrag		– 90 000		+ 90 000
Zu versteuern		60 000		
Körperschaftsteuer 45 v. H.	27 000			
Anzurechnende ausländische Steuer (Zuordnung nach dem Verhältnis der Einkünfte: 60 000 : 90 000)	– 27 000	– 10 800		– 16 200
Tarifbelastung	0			
Nichtanzurechnende ausländische Steuer (54 000 – 27 000 DM = 27 000 DM) Zuordnung nach dem Verhältnis der Einkünfte 60 000 : 90 000)		– 10 800		– 16 200
Zugang zum EK 01		38 400	+ 38 400	
4. Bestand am Ende des 2. Wirtschaftsjahrs			38 400	– 32 400

1678
frei –1679

12. Gliederung des verwendbaren Eigenkapitals beim Erlaß oder niedrigerer Festsetzung von Körperschaftsteuer (§ 34 KStG, Abschnitt 90 KStR)

Ausgewählte Literaturhinweise: Dötsch, Das körperschaftsteuerliche Anrechnungsverfahren, DB 1978 S. 459; **Pezzer,** Die Umbuchung innerhalb des verwendbaren Eigenkapitals nach § 34 KStG; StuW 1977 S. 9; **Schroth,** Die Anrechnung der Körperschaftsteuer in Beispielen, StWa 1980 S. 176.

12.1 Allgemeines

Wird Körperschaftsteuer erlassen (§ 227 AO) oder von vornherein niedriger festgesetzt (§ 163 1680
AO), fällt in Höhe des erlassenen Betrages die Tarifbelastung weg. Da sich der Steuererlaß im Steuererhebungs- und nicht im Steuerfestsetzungsverfahren vollzieht, bleiben die Steuerbescheide davon unberührt. Durch die genannten Billigkeitsmaßnahmen erhöht sich wegen des Wegfalls der Steuerschuld das verwendbare Eigenkapital. § 34 KStG sieht neben der Einstellung des **Erlaßbetrags** in den Teilbetrag EK 02 zusätzlich vor, daß derjenige **Eigenkapitalteil,** der der erlassenen Körperschaftsteuer entspricht, vom belasteten auf den nicht belasteten Teil des verwendbaren Eigenkapitals umzugliedern ist. Ohne eine solche Umgliederung würde dieser Teil des verwendbaren Eigenkapitals trotz der nachträglichen Freistellung von der Körper-

1680 schaftsteuer unberechtigt in den belasteten Teilbeträgen verbleiben mit der Folge, daß bei einer Ausschüttung insoweit bei der Körperschaft die Körperschaftsteuer-Minderung und beim Anteilseigner die Körperschaftsteuer-Anrechnung zu gewähren wären.

Um zu vermeiden, daß die Eigenkapitalteile, auf die die erlassene Körperschaftsteuer entfällt, im einzelnen festgestellt werden müssen, schreibt § 34 KStG folgende Veränderungen des verwendbaren Eigenkapitals vor:

a) **Die erlassene bzw. niedriger festgesetzte Körperschaftsteuer** ist bei dem Teilbetrag EK 02 (bei Erlaß für vor dem 1. 1. 1977 endende Veranlagungszeiträume: bei dem Teilbetrag EK 03; vgl. Abschnitt 90 Abs. 4 KStR) als Zugang zu erfassen.

b) Der **Betrag, dessen Belastung mit Körperschaftsteuer sich mit dem Erlaßbetrag deckt,** ist vom belasteten Teilbetrag des verwendbaren Eigenkapitals abzuziehen und dem EK 02 zuzurechnen. Wird Körperschaftsteuer für einen vor dem 1. 1. 1977 abgelaufenen Veranlagungszeitraum erlassen, ist eine Umgliederung nicht vorzunehmen (wäre gleichzeitig Zu- und Abgang; vgl. Abschnitt 90 Abs. 4 KStR).

1681 Die Umgliederung wird auch vorgenommen, wenn feststeht, daß die erlassene Körperschaftsteuer nicht zur Tarifbelastung gehört, sondern auf die bei der Einkommensermittlung nichtabziehbaren Ausgaben entfällt.

Der Abzug nach a) und die Umgliederung nach b) sind in der Gliederung zum Schluß des Wirtschaftsjahres vorzunehmen, in dem die Körperschaftsteuer erlassen worden ist.

12.2 Ermittlung des umzugliedernden Eigenkapitalteils

1682 Nach § 34 Satz 1 KStG ist der Betrag des verwendbaren Eigenkapitals zu ermitteln, dessen Belastung mit Körperschaftsteuer sich mit dem Erlaßbetrag deckt. „Belastung mit Körperschaftsteuer" ist die Tarifbelastung. Der **gesuchte Betrag**, den § 34 Satz 1 KStG meint, ist **kein Einkommensbetrag**, sondern ein Betrag, der in den belasteten **Teilbeträgen des verwendbaren Eigenkapitals** enthalten ist, d. h. ein Nettozugang zum verwendbaren Eigenkapital nach Abzug der Körperschaftsteuer.

Aus diesem Grunde läßt sich der gesuchte Betrag auch rechnerisch nicht in einer allgemeingültigen festen Relation zur erlassenen Körperschaftsteuer ausdrücken; der umzubuchende, sich mit dem Erlaßbetrag deckende Betrag ist von Teilbetrag zu Teilbetrag verschieden.

1683 Um den gesuchten Betrag zu ermitteln, muß man, wie das nachstehende Beispiel zeigt, **gedanklich** in **zwei Rechenschritten** arbeiten.

Beispiel:
Erlassene Körperschaftsteuer 45 TDM
Die Eigenkapitalgliederung weist nur vollbelastetes Eigenkapital (EK 45) aus.
1. **Rechenschritt: Ermittlung des Einkommens, das dem Erlaßbetrag entspricht**
Erlaßbetrag (45 TDM) x $^{100}/_{45}$ = 100 TDM
2. **Rechenschritt: Ermittlung des EK 45, das dem Einkommen entspricht**
EK 45 = $^{55}/_{100}$ des Einkommens von 100 TDM = 55 TDM

Die **KStR** fassen in Abschnitt 90 Abs. 1 **die Berechnung** wie folgt zusammen:

$$\text{Umzugliederndes Eigenkapital} = \frac{100 - \text{v. H. Satz der Tarifbelastung}}{\text{v. H. Satz der Tarifbelastung}} \times \text{Erlaßbetrag}$$

Beispiel 1 (innerhalb des belasteten verwendbaren Eigenkapitals ist nur EK 45 vorhanden): 1684

a) EK 45 vor Erlaß der Körperschaftsteuer 300000 DM
b) Erlaß von Körperschaftsteuer 180000 DM
c) Berechnung des umzugliedernden Betrags:
X = (100 − 45) : 45 x 180 000 DM
X = $^{55}/_{45}$ x 180 000 DM
X = 220 000 DM

d) **Gliederung des verwendbaren Eigenkapitals**

	EK 45 DM	EK 02 DM
aa) Stand des verwendbaren Eigenkapitals vor Erlaß	300 000	0
bb) Körperschaftsteuer-Erlaß		+ 180 000
cc) Umgliederung des Betrages, dessen Belastung mit Körperschaftsteuer sich mit dem Erlaßbetrag deckt (x)	− 220 000	+ 220 000
dd) Neuer Stand	− 80 000	− 400 000

Insgesamt erhöht sich das verwendbare Eigenkapital um den Betrag der erlassenen Körperschaftsteuer von 180 000 DM.

Weist die Gliederung neben dem EK 45 auch den Teilbetrag **EK 30** aus, gilt für den Abzug des Betrages, dessen Belastung mit Körperschaftsteuer sich mit dem Erlaßbetrag deckt, entsprechend dem in § 38 Abs. 2 KStG zum Ausdruck gelangten Rechtsgedanken die **umgekehrte Reihenfolge,** in der die Teilbeträge nach § 28 Abs. 3 KStG als für eine Ausschüttung verwendet gelten. Dementsprechend ist der Abzug zunächst von dem Teilbetrag EK 30 und erst nach dessen Verbrauch von dem Teilbetrag EK 45 vorzunehmen. 1685

Beispiel 2 (es ist auch EK 30 vorhanden):

a) Verwendbares Eigenkapital vor Erlaß:
EK 45 = 300 000 DM
EK 30 = 350 000 DM

b) Körperschaftsteuer-Erlaß = 210 000 DM

c) Der in § 34 KStG vorgeschriebene Abzug ist zunächst vom EK 30 vorzunehmen. Der Betrag, dessen Belastung mit Körperschaftsteuer sich mit dem Erlaßbetrag deckt (x), beträgt:

$$x = \frac{100 - 30}{30} \times 210\,000 = 490\,000 \text{ DM}$$

1685 d) **Gliederung des verwendbaren Eigenkapitals:**

	EK 45 DM	EK 30 DM	EK 02 DM
aa) Stand vor Erlaß	300 000	350 000	0
bb) Körperschaftsteuer-Erlaß			+ 210 000
cc) Umgliederung des Betrags, dessen Belastung mit Körperschaftsteuer sich mit dem Erlaß betrag deckt (x)			
1. Da das EK 30 nur 350 000 DM beträgt, reicht es lediglich zum Abzug eines Betrags aus, dessen Belastung mit Körperschaftsteuer sich mit einem Erlaßbetrag in Höhe von $^3/_7$ x 350 000 DM = 150 000 DM deckt		– 350 000	+ 350 000
2. Der Betrag, dessen Belastung mit Körperschaftsteuer sich mit dem restlichen Erlaßbetrag in Höhe von 210 000 DM – 150 000 DM = 60 000 DM deckt, ist vom EK 45 abzuziehen. Der abzuziehende Betrag beläuft sich auf (100 – 45) : 45 x 60 000 DM = 73 333 DM	– 73 333		+ 73 333
dd) neuer Stand	226 667	0	633 333

1686 Im Zusammenhang mit der **Absenkung der Körperschaftsteuersätze** zum 1. 1. 1990 durch das **Steuerreformgesetz 1990** und zum 1. 1. 1994 durch das **Standortsicherungsgesetz** stellt sich die Frage, ob und inwieweit in der Vergangenheit bis zum Jahre 1994 bzw. 1998 (vgl. § 54 Abs. 11, 11a bzw. 11b KStG) ein noch vorhandener Teilbetrag **EK 56, EK 50** bzw. **EK 36** in die Umgliederung nach § 34 KStG einzubeziehen ist. U.E. gelten hier die allgemeinen Grundsätze, d. h. nach „Verbrauch" des EK 30 ist das – in 1994 – ggfs. vorhandene EK 36 und nach „Verbrauch des EK 45 ist auch das EK 50 sowie – in 1994 – ggfs. auch das EK 56 umzugliedern.

12.3 Keine negativen Teilbeträge durch die Umgliederung

1687 Die **Umgliederung unterbleibt,** soweit durch sie ein **negativer Teilbetrag** im belasteten Eigenkapital entstehen könnte (vgl. Abschnitt 90 Abs. 3 KStR). Der **Erlaßbetrag** selbst ist jedoch auch in diesem Fall in voller Höhe dem EK 02 hinzuzurechnen.

12.4 Schematische Übersicht zur Umgliederung nach § 34 KStG

1688

I. Bestand der Teilbeträge des verwendbaren Eigenkapitals

	EK 56 DM	EK 50 DM	EK 45 DM	EK 36 DM	EK 30 DM	DM	Zeile
							1

II. Im Wirtschaftsjahr erlassene bzw. niedriger festgesetzte Körperschaftsteuer (Zurechnung beim EK 02) — Zeile 2

III. Betrag, dessen Belastung mit Körperschaftsteuer sich mit dem Erlaßbetrag deckt (umzugliedernder Betrag): DM

1. **Bei Umgliederung von EK 30**
   a) $\dfrac{100-30}{30} \times$ _____ = ... (Betrag lt. Zeile 2) — Zeile 3
   b) Bestand des EK 30 lt. Zeile 1 — Zeile 4
   c) Niedrigerer Betrag aus Zeilen 3 und 4 (Umgliederung von EK 30 ins EK 02) — Zeile 5
   d) Die Umgliederung lt. Zeile 5 entspricht einem Körperschaftsteuer-Erlaßbetrag von $^{3}/_{7}$ des Betrags lt. Zeile 5 = ____ — Zeile 6
   Verbleiben — Zeile 7

2. **Bei Umgliederung von EK 36**
   a) $\dfrac{100-36}{36} \times$ _____ = ... (Betrag lt. Zeile 7) — Zeile 8
   b) Bestand des EK 36 lt. Zeile 1 — Zeile 9
   c) Niedrigerer Betrag aus Zeilen 8 und 9 (Umgliederung von EK 36 ins EK 02) — Zeile 10
   d) Die Umgliederung lt. Zeile 10 entspricht einem Körperschaftsteuer-Erlaßbetrag von $^{36}/_{64}$ des Betrags lt. Zeile 10 = ____ — Zeile 11
   Verbleiben — Zeile 12

3. **Bei Umgliederung von EK 45**
   a) $\dfrac{100-45}{45} \times$ _____ = ... (Betrag lt. Zeile 12) — Zeile 13
   b) Bestand des EK 45 lt. Zeile 1 — Zeile 14
   c) Niedrigerer Betrag aus Zeilen 13 und 14 (Umgliederung) — Zeile 15
   d) Die Umgliederung lt. Zeile 15 entspricht einem Körperschaftsteuer-Erlaßbetrag von $^{45}/_{55}$ des Betrags lt. Zeile 15 = ____ — Zeile 16
   Verbleiben — Zeile 17

4. **Bei Umgliederung von EK 50**
   a) Betrag lt. Zeile 17 .... — Zeile 18
   b) Bestand des EK 50 lt. Zeile 1 .... — Zeile 19
   c) Niedrigerer Betrag aus Zeilen 18 und 19 (Umgliederung) — Zeile 20
   d) Die Umgliederung lt. Zeile 20 entspricht einem Körperschaftsteuer-Erlaßbetrag in gleicher Höhe lt. Zeile 20 — Zeile 21
   Verbleiben — Zeile 22

5. **Bei Umgliederung von EK 56**
   a) $\dfrac{100-56}{56} \times$ _____ = ... (Betrag lt. Zeile 22) — Zeile 23
   b) Bestand des EK 56 lt. Zeile 1 _____ — Zeile 24
   c) Niedrigerer Betrag aus Zeilen 23 und 24 (Umgliederung) — Zeile 25
   d) Die Umgliederung lt. Zeile 25 entspricht einem Körperschaftsteuer-Erlaßbetrag von $^{56}/_{44}$ des Betrags lt. Zeile 25 = ____ — Zeile 26
   Verbleiben ggf. ohne Umgliederung (vgl. Abschnitt 90 Abs. 3 KStR; vgl. vorstehend unter RZ 1687). — Zeile 27

12.5 Umgliederung bei niedrigerer Steuerfestsetzung nach § 163 AO

1689 Nach § 34 Satz 2 KStG gilt, wenn die Körperschaftsteuer gemäß § 163 AO niedriger festgesetzt wird, hinsichtlich der Behandlung in der Eigenkapitalgliederung das gleiche wie für den Erlaß von Körperschaftsteuer.

Während der Erlaß von Steuern gemäß § 227 AO Teil des **Steuererhebungsverfahrens** ist, wird der „Steuererlaß" nach § 163 AO zwar äußerlich im **Steuerfestsetzungsverfahren** ausgesprochen. Die niedrigere Steuerfestsetzung nach § 163 AO ist jedoch Gegenstand eines besonderen Verwaltungsakts, der nur äußerlich mit der Steuerfestsetzung verbunden ist.

1690 Bei der niedrigeren Steuerfestsetzung nach § 163 AO ist zwischen folgenden **Arten von Billigkeitsmaßnahmen** zu unterscheiden:

a) Festsetzung einer niedrigeren Körperschaftsteuer (§ 163 Abs. 1 Satz 1 AO),

b) Nichtansatz von steuererhöhenden Besteuerungsgrundlagen (§ 163 Abs. 1 Satz 1 AO),

c) Berücksichtigung von Besteuerungsgrundlagen in einem früheren oder in einem späteren Veranlagungszeitraum (§ 163 Abs. 1 Satz 2 AO).

Die Regelung des § 34 Satz 2 KStG ist nach herrschender Meinung nur auf die beiden in § 163 Abs. 1 Satz 1 AO genannten Billigkeitsmaßnahmen (Buchstabe a) und b)) anzuwenden. Wegen näherer Einzelheiten vgl. Zwerger in Dötsch/Eversberg/Jost/Witt, Kommentar zum KStG und EStG, Tz. 23 zu § 34 KStG.

Bei der Billigkeitsmaßnahme nach § 163 Abs. 1 Satz 2 AO werden Besteuerungsgrundlagen in einen anderen Veranlagungszeitraum verlagert. Diese Maßnahme hat keine Erlaß-, sondern Stundungswirkung und rechtfertigt nicht die Anwendung des § 34 Satz 2 KStG.

1691 Bei der **Körperschaftsteuer-Veranlagung** erfolgen die Veranlagung und die niedrigere Festsetzung nach § 163 AO i. d. R. „in einem Zug"; d. h. es ergeht nicht zunächst ein Körperschaftsteuer-Bescheid mit der „zutreffenden" und anschließend ein zweiter Bescheid mit der niedrigeren Steuerfestsetzung.

Für **Gliederungszwecke** muß u. E. wie folgt vorgegangen werden:

1. Schritt: Im Wege einer **Schattenveranlagung** sind die Eigenkapitalzugänge zu ermitteln, die sich ohne die Billigkeitsmaßnahme ergeben hätten. Diese Beiträge sind als Zugänge aus dem Einkommen in der Eigenkapitalgliederung zu erfassen.

2. Schritt: Es ist der Betrag zu ermitteln, um den die Körperschaftsteuer gemäß § 163 AO niedriger festgesetzt worden ist. Bei niedrigerer **Steuerfestsetzung** ist dieser Betrag vorgegeben. Bei einem niedrigeren Ansatz von **Besteuerungsgrundlagen** ergibt sich dieser Betrag als Unterschied zwischen der Körperschaftsteuer-Schuld lt. Schattenveranlagung und der Körperschaftsteuer-Schuld lt. tatsächlicher Veranlagung.

3. Schritt: Der Körperschaftsteuer-Herabsetzungsbetrag ist dem EK 02 zuzurechnen. Der Betrag des verwendbaren Eigenkapitals, dessen Belastung mit Körperschaftsteuer sich mit dem Herabsetzungsbetrag deckt, ist nach den unter RZ 1682 ff erläuterten Grundsätzen zu ermitteln und umzugliedern.

1692–1694 frei

13. Fehlendes verwendbares Eigenkapital (§ 35 KStG, Abschnitt 90a KStR)

Ausgewählte Literaturhinweise: Jünger, Fehlendes verwendbares Eigenkapital, BB 1978, S. 709; **Garbe,** Körperschaftsteuer-Mehrbelastung von 127,27% bei fehlendem verwendbaren Eigenkapital, DB 1980 S. 2475; **Herzig,** Fehlendes verwendbares Eigenkapital, BB 1978 S. 490; ders., Das verwendbare Eigenkapital – eine Rechengröße, BB 1978 S. 799; **Meyer-Arndt,** Negative Beträge beim EK 02 in den Fällen des § 35 Abs. 2 KStG – ein Fehlgriff des Gesetzgebers, DB 1981 S. 15.

13.1 Allgemeines

§ 35 KStG ist zu beachten, wenn das verwendbare Eigenkapital für eine Gewinnausschüttung nicht ausreicht. Dies ist der seltene Fall, in dem eine Körperschaft ihre Rücklagen vollständig aufgebraucht hat, aber dennoch eine Gewinnausschüttung vornimmt. Ein Anwendungsfall des § 35 KStG wird sich in der Praxis meist daraus ergeben, daß die Körperschaft ihr Vermögen in der Handelsbilanz höher bewertet hat als in der Steuerbilanz und dadurch über Ausschüttungspotential verfügt. Anwendung findet § 35 KStG in der Praxis insbesondere bei verdeckten Gewinnausschüttungen, weil diese keine Rücksicht auf das Vorhandensein von Ausschüttungsvolumen nehmen.

13.2 Herstellen der Ausschüttungsbelastung

Nach § 35 Abs. 1 KStG ist auch bei Ausschüttungen, für die verwendbares Eigenkapital nicht oder nicht in ausreichender Höhe vorhanden ist, die Ausschüttungsbelastung in Höhe von **3/7** (ab 1994; bis 1993: 9/16) des ausgeschütteten Betrags herzustellen. Klarstellend weist § 35 Abs. 1 Satz 2 KStG darauf hin, daß § 27 Abs. 3 KStG (zeitliche Zuordnung der Körperschaftsteuer-Änderung) entsprechend gilt. Die Gewinnausschüttung ist zusammen mit der darauf entfallenden Körperschaftsteuer-Erhöhung von dem Teilbetrag EK 02 abzuziehen. Wie in den Fällen des § 33 KStG soll dadurch vermieden werden, daß das Körperschaftsteuer-Guthaben für die Anrechnung beim Anteilseigner verlorengeht.

Für die Anwendung des § 35 Abs. 1 KStG ist auf die **einzelnen Teilbeträge** des verwendbaren Eigenkapitals abzustellen und nicht auf deren Summe. Deshalb ist die Körperschaftsteuer nicht zu erhöhen, soweit die positiven Teilbeträge des verwendbaren Eigenkapitals für die Gewinnausschüttung ausreichen. Das gilt auch, wenn die Summe der Teilbeträge negativ ist.

Beispiel 1:

	Summe des vEK DM	EK 45 DM	EK 02 DM	EK 03 DM	EK 04 DM
1. Anfangsbestände	– 12 500	27 500	0	– 50 000	10 000
2. Verdeckte Gewinnausschüttung	50 000				
a) das gesamte EK 45	– 27 500	– 27 500	– 27 500		
Körperschaftsteuer-Minderung daraus (15/55 von 27 500 DM)	– 7 500	–	–		
	15 000				
b) das gesamte EK 04	– 10 000	– 10 000			– 10 000
	5 000	– 5 000	– 5 000		
	0				
3. Körperschaftsteuer-Erhöhung daraus (3/7 x 5 000 DM)	– 2 142		– 2 142		
4. Bestand nach der verdeckten Gewinnausschüttung	– 57 142	0	– 7 142	– 50 000	0

13.3 Behandlung späterer Vermögensmehrungen

1698 Nach § 35 Abs. 2 KStG darf das durch eine überhöhte Gewinnausschüttung entstandene negative EK 02 nur durch später entstandenes **EK 02**, nicht dagegen durch Zugänge zu anderen Teilbeträgen des verwendbaren Eigenkapitals, ausgeglichen werden. Diese Regelung stellt sicher, daß später entstehendes belastetes verwendbares Eigenkapital ungeschmälert für Ausschüttungen zur Verfügung steht.

Beispiel 2: (Fortsetzung des Beispiels 1)

	Summe des vEK DM	EK 45 DM	EK 02 DM	EK 03 DM	EK 04 DM
a) Stand nach der verdeckten Gewinnausschüttung	−57 142	0	−7 142	−50 000	0
b) Zugang aus dem Einkommen des folgenden Wirtschaftsjahrs (nach Abzug der Körperschaftsteuer und der sonstigen nichtabziehbaren Ausgaben)	+150 000	+150 000	–		
c) Stand nach Zugängen	92 858	150 000	−7 142	−50 000	0

1699 frei

14. Die Gliederung des verwendbaren Eigenkapitals bei Organschaft

Ausgewählte Literaturhinweise: Dötsch/Eversberg/Jost/Witt, Kommentar zum KStG und EStG, Fachverlag Schäffer GmbH und Co. KG (Anm. zu den §§ 36, 37 KStG), **Herrmann/Heuer/Raupach,** Kommentar zur ESt und KSt, Verlag, Dr. Otto Schmidt KG (Anm. zu §§ 36, 37 KStG); **Lademann,** Kommentar zum KStG, Richard Boorberg Verlag (Anm. zu §§ 36, 37 KStG); **Tesdorpf,** Rücklagen, Ausgleichsposten und verwendbares Eigenkapital bei der körperschaftsteuerlichen Organschaft, StBp 1981 S. 82.

1700 Organgesellschaft und Organträger bleiben auch bei Bestehen eines Organschaftsverhältnisses mit Gewinnabführungsvertrag selbständige Steuersubjekte. Dies bedeutet, daß für die Organgesellschaft in jedem Falle die Gliederung des verwendbaren Eigenkapitals erforderlich ist; für den Organträger gilt dies ebenfalls, wenn er eine in das Anrechnungsverfahren einbezogene Körperschaft, z. B. eine Kapitalgesellschaft oder Genossenschaft ist. Bei der Durchführung der Gliederung des verwendbaren Eigenkapitals ergeben sich gegenüber den allgemeinen Vorschriften dadurch Besonderheiten, daß das (positive oder negative) Einkommen der Organgesellschaft dem Organträger zugerechnet wird. Die Auswirkungen auf die Gliederung sind in den **§§ 36, 37 KStG** geregelt.

14.1 Die Gliederung des verwendbaren Eigenkapitals beim Organträger

1701 Ist der Organträger eine Körperschaft, die in das Anrechnungsverfahren einbezogen ist, sind ihm nach § 36 KStG zur Ermittlung der Teilbeträge des verwendbaren Eigenkapitals die Vermögensmehrungen, die bei der Organgesellschaft vor Berücksichtigung der Gewinnabführung entstehen, wie eigene Vermögensmehrungen zuzurechnen. Die Regelung umfaßt somit sowohl die sich aus dem steuerpflichtigen Einkommen der Organgesellschaft ergeben den Vermögensmehrungen als auch die steuerfreien Einnahmen (vgl. Abschn. 91 Abs. 3 KStR).

In der praktischen Abwicklung ist in der Gliederung des verwendbaren Eigenkapitals des Organträgers **das steuerpflichtige Einkommen der Organgesellschaft wie eigenes Einkommen des Organträgers zu behandeln.** Die nichtabziehbaren Aufwendungen, die in dem zuzurechnenden Einkommen enthalten sind, sind bei der Ermittlung der Teilbeträge des verwendbaren Eigenkapitals wie eigene Aufwendungen des Organträgers nach Maßgabe des § 31 KStG abzuziehen.

1702

1703

Die dem Organträger zuzurechnenden Vermögensmehrungen beinhalten **auch die Vermögensmehrungen, die von der Organgesellschaft zur Bildung von Rücklagen verwendet worden sind;** sie sind in dem zuzurechnenden Einkommen mit erfaßt. Die Übereinstimmung zwischen dem Eigenkapital laut Gliederung und dem Eigenkapital laut Steuerbilanz wird insoweit dadurch hergestellt, daß der Organträger in seiner Steuerbilanz einen **aktiven Ausgleichsposten** bildet. Dieser Ausgleichsposten darf jedoch nur den Betrag ausweisen, der dem Verhältnis der Beteiligung des Organträgers am Nennkapital der Organgesellschaft entspricht (vgl. RZ 823). Dagegen sind bei der Gliederung des verwendbaren Eigenkapitals die auf der Grundlage des Einkommens der Organgesellschaft ermittelten Vermögensmehrungen in vollem Umfang zu erfassen. Um eine hierdurch entstehende Abweichung zu verhindern, ist der Unterschiedsbetrag zwischen den von der Organgesellschaft gebildeten Rücklagen und dem besonderen Ausgleichsposten in der Gliederung des verwendbaren Eigenkapitals von dem Teilbetrag i. S. des § 30 Abs. 2 Nr. 2 KStG (EK 02) abzuziehen.

> **Beispiel:**
> Der Organträger ist an der Organgesellschaft zu 90 v. H. beteiligt. Die Organgesellschaft bildet zulässigerweise eine Gewinnrücklage in Höhe von 50 000 DM.
> Der in der Steuerbilanz des Organträgers zu bildende besondere Ausgleichsposten beträgt 45 000 DM. Die Vermögensmehrung in der Gliederung des verwendbaren Eigenkapitals beträgt jedoch 50 000 DM. Die Differenz in Höhe von 5 000 DM ist beim EK 02 abzuziehen. Wird die Rücklage in einem späteren Wirtschaftsjahr aufgelöst, so ist die vorgenommene Korrektur durch eine Zuschreibung beim EK 02 wieder auszugleichen.

Vgl. auch unten RZ 1720 f sowie BMF-Schreiben vom 10. 1. 1981 (BStBl 1981 I S. 44).

1704

Hinsichtlich des **Zeitpunkts der Zurechnung** in der Gliederung des verwendbaren Eigenkapitals sind die Grundsätze entsprechend anzuwenden, die für die Zurechnung des Einkommens gelten (vgl. RZ 807 f). Die Vermögensmehrungen sind beim Organträger hiernach zum Schluß des Wirtschaftsjahres zu erfassen, das in dem Veranlagungszeitraum endet, in den das Ende des Wirtschaftsjahres der Organgesellschaft fällt.

> **Beispiel:**
> Das abweichende Wirtschaftsjahr des Organträgers endet am 30. 6. 01, das Wirtschaftsjahr (= Kalenderjahr) der Organgesellschaft am 31. 12. 01. Bei der Gliederung des verwendbaren Eigenkapitals des Organträgers zum 30. 6. 01 sind die Vermögensmehrungen zu erfassen, die in dem am 31. 12. 01 endenden Wirtschaftsjahr der Organgesellschaft entstanden sind.

1705

Der Grundsatz, daß die bei der Organgesellschaft entstandenen Vermögensmehrungen dem Organträger zuzurechnen sind, wird insoweit durchbrochen, als die Vermögensmehrungen von der Organgesellschaft selbst zu versteuern sind. Aus der Systematik der Einkommenszurechnung ergibt sich ferner, daß die Vermögensmehrungen dem Organträger nicht zuzurechnen sind, die nach den steuerlichen Grundsätzen nicht den Gewinn (auch nicht den steuerfreien Gewinn), sondern nur das Vermögen der Organgesellschaft erhöhen. Danach sind folgende **Vermögensmehrungen von der Zurechnung auszunehmen** (§ 36 Satz 2 KStG):

a) Beträge, die die Organgesellschaft nach § 16 KStG zu versteuern hat,
b) Einlagen, die die Anteilseigner der Organgesellschaft geleistet haben,
c) Vermögen, das durch Gesamtrechtsnachfolge auf die Organgesellschaft übergegangen ist.

Vgl. hierzu im einzelnen unten RZ 1707 ff.

1706

Die dargestellten Grundsätze gelten entsprechend, wenn Organträger eine **Personengesell-**

1706 schaft ist, an der zur Gliederung des verwendbaren Eigenkapitals verpflichtete Körperschaften beteiligt sind. Diesen Körperschaften ist jeweils der Teil der bei der Organgesellschaft entstandenen Vermögensmehrungen zuzurechnen, der dem auf die einzelne Körperschaft entfallenden Bruchteil des dem Organträger zuzurechnenden Einkommens der Organgesellschaft entspricht. Der auf diese Körperschaften entfallende Teil der Vermögensmehrungen ist im Rahmen der Feststellung der Einkünfte der Personengesellschaft nach § 180 AO gesondert festzustellen.

14.2 Die Gliederung des verwendbaren Eigenkapitals bei der Organgesellschaft

1707 Grundlage für die Gliederung des verwendbaren Eigenkapitals der Organgesellschaft sind die bei ihr entstandenen (steuerpflichtigen und steuerfreien) Vermögensmehrungen. Soweit jedoch die Vermögensmehrungen gemäß § 36 KStG dem Organträger zugerechnet werden, bleiben sie bei der Organgesellschaft außer Ansatz (§ 37 Abs. 1 KStG). Dies gilt auch dann, wenn der Organträger die Rechtsform eines Personenunternehmens oder einer nicht in das Anrechnungsverfahren einbezogenen Körperschaft (z. B. einer Stiftung) hat.

In der Gliederung des verwendbaren Eigenkapitals der Organgesellschaft sind hiernach **folgende Vermögensmehrungen zu erfassen:**

a) Beträge, die die Organgesellschaft nach § 16 KStG zu versteuern hat,
b) Einlagen, die die Anteilseigner der Organgesellschaft geleistet haben,
c) Vermögen, das durch Gesamtrechtsnachfolge auf die Organgesellschaft übergegangen ist.

14.2.1 Ausgleichszahlungen

1708 Nach § 16 KStG hat die Organgesellschaft die Ausgleichszahlungen und die darauf entfallende Ausschüttungsbelastung selbst zu versteuern (vgl. RZ 815 ff). Die Abwicklung der Ausgleichszahlungen in der Gliederung des verwendbaren Eigenkapitals ist im Gesetz nicht näher bestimmt. Nach der Systematik des Anrechnungsverfahrens ist jedoch davon auszugehen, daß die Ausgleichszahlungen wie Gewinnausschüttungen behandelt werden, die auf einem den gesellschaftsrechtlichen Vorschriften entsprechenden Gewinnverteilungsbeschluß beruhen (vgl. Abschn. 92 Abs. 3 KStR). Die Ausschüttungsbelastung ist demnach für den Veranlagungszeitraum herzustellen, in dem das Wirtschaftsjahr endet, für das die Ausgleichszahlungen geleistet werden (§ 27 Abs. 3 Satz 1 KStG). Für die Gliederung des verwendbaren Eigenkapitals bedeutet dies, daß zunächst das von der Organgesellschaft zu versteuernde Einkommen (nach Abzug der Tarifbelastung) zum Gliederungsstichtag als verwendbares Eigenkapital ausgewiesen wird. Durch diese Behandlung ergibt sich zwischen dem Eigenkapital laut Gliederung und dem Eigenkapital laut Steuerbilanz eine Abweichung, da in der Bilanz der Organgesellschaft die Verpflichtung zur Leistung von Ausgleichszahlungen als Verbindlichkeit auszuweisen ist und daher insoweit kein Eigenkapital entstehen kann. Diese Differenz gleicht sich jedoch dadurch wieder aus, daß die tatsächlich entrichteten Ausgleichszahlungen in der Steuerbilanz erfolgsneutral verbucht werden, während sie in der Fortschreibung des verwendbaren Eigenkapitals als Abgang zu verbuchen sind. Eine Aufteilung von Einkommensteilen nach § 32 KStG kommt bei der Organgesellschaft nicht in Betracht, da die Steuerermäßigungen gemäß § 19 KStG auf den Organträger hochgeschleust werden. Vgl. im einzelnen Beispiel zu RZ 815 ff und Beispiele zur Organ-

1709 schaft (RZ 1719 ff).

Die Zuschreibung der Ausgleichszahlungen zum verwendbaren Eigenkapital ist auch in den Fällen erforderlich, in denen die Ausgleichszahlungen vom Organträger erbracht werden. Auch insoweit ergibt sich eine Abweichung von der Steuerbilanz, weil dort der Gesamtgewinn (einschließlich des für die Ausgleichszahlungen erforderlichen Betrags) als Schuld an den

1710 Organträger passiviert wird.

Die Abwicklung der Ausgleichszahlungen nach den für Ausschüttungen geltenden Grundsätzen führt folgerichtig dazu, daß für die Verrechnung mit den Teilbeträgen des verwendbaren Eigen-

kapitals die Verwendungsfiktion (§ 28 Abs. 3 KStG) gilt. Vgl. hierzu RZ 1240 ff sowie das   1710
BMF-Schreiben vom 30. 3. 1993, BStBl I S. 317 (Abschn. 92 Abs. 3 Satz 2 KStR 1990 ändernd).
Die Verwendungsreihenfolge des § 28 Abs. 3 KStG kann dazu führen, daß Ausgleichszahlungen
mit anderen Eigenkapital-Teilbeträgen als dem EK 45 zu verrechnen sind (z. B. mit EK 50). In
diesem Fall ergeben sich bei der Organgesellschaft und beim Organträger Abweichungen zwischen
dem Eigenkapital in der Steuerbilanz und in der Gliederungsrechnung; sie sind durch Anpassung
des EK 02 auszugleichen (vgl. hierzu Witt in Dötsch/Eversberg/Jost/Witt, Tz. 6 zu § 37
KStG). Vgl. auch Abschn. 92 Abs. 3 KStR 1995.   1711

Neben den Ausgleichszahlungen an außenstehende Anteilseigner (Minderheitsgesellschafter),
die gliederungsmäßig wie Gewinnausschüttungen behandelt werden, sind bei der Organgesellschaft
weitere Veränderungen des verwendbaren Eigenkapitals möglich, die nach den allgemeinen
Bestimmungen des Anrechnungsverfahrens abzuwickeln sind.   1712

Wie unter RZ 790 f ausgeführt, ist auch bei bestehender Organschaft unter bestimmten Voraussetzungen
die **Auflösung vororganschaftlicher Rücklagen** und die Abführung an den Organträger
(bei eingegliederten Organgesellschaften) bzw. die Ausschüttung an den Organträger und
die außenstehenden Anteilseigner zulässig. Diese Vorgänge unterliegen nicht den §§ 14, 36, 37
KStG, sondern folgen den Regelungen der §§ 27 ff KStG (Abschn. 55 Abs. 4 und Abschn. 57
Abs. 5 KStR 1990 sowie Abschn. 59 Abs. 4 S. 3 ff KStR 1995). Insoweit ergibt sich in der Gliederung
des verwendbaren Eigenkapitals der Organgesellschaft eine Verringerung der Teilbeträge
des verwendbaren Eigenkapitals nach der Verwendungsfiktion des § 28 Abs. 3 KStG.

14.2.2 Einlagen der Anteilseigner   1713

Einlagen der Anteilseigner der Organgesellschaft sind Vorgänge auf der Vermögensebene, die
den Steuerbilanzgewinn und damit das steuerliche Einkommen nicht berühren. Sie unterliegen
dementsprechend auch nicht der Zurechnung beim Organträger. Die auf den Einlagen beruhenden
Vermögensmehrungen sind folgerichtig als verwendbares Eigenkapital der Organgesellschaft
auszuweisen und zwar als Teilbetrag i. S. des § 30 Abs. 2 Nr. 4 KStG (EK 04). Hierzu
gehören z. B. Aufgelder, die bei Einzahlungen auf das Nennkapital erhoben werden, und verdeckte
Einlagen (z. B. Verzicht auf Darlehensforderungen durch den Gesellschafter oder Zuschüsse).
Einzahlungen auf das Nennkapital, die bei der Gründung der Gesellschaft oder bei einer
Kapitalerhöhung geleistet werden, sind hiervon nicht betroffen, da sie nicht dem
verwendbaren Eigenkapital, sondern dem übrigen Eigenkapital zuzuordnen sind.

Die gesetzliche Regelung geht offenbar davon aus, daß sich Einlagen nicht auf die handelsrechtliche
Gewinnabführung auswirken. Dies trifft zu auf offene Einlagen, nicht jedoch auf verdeckte
Einlagen. Nach dem eindeutigen Wortlaut des Gesetzes sind indes auch die **verdeckten
Einlagen** bei der Organgesellschaft zu erfassen. Sie sind bei der Ermittlung des (dem Organträger
zuzurechnenden) Einkommen zu kürzen. In Höhe der Einlage kann sich somit handelsrechtlich
eine Mehrabführung ergeben; sie ist steuerlich als Rückgewähr einer Einlage zu qualifizieren
(vgl. auch RZ 1865 ff).

14.2.3 Vermögensmehrungen durch Gesamtrechtsnachfolge   1714

Nach § 36 Nr. 3 KStG ist Vermögen, das durch Gesamtrechtsnachfolge auf die Organgesellschaft
übergegangen ist, dem verwendbaren Eigenkapital der Organgesellschaft und nicht des
Organträgers zuzuschreiben. Die Regelung betrifft insbesondere die Fälle der Verschmelzung
einer anderen Kapitalgesellschaft mit der Organgesellschaft. Die Verschmelzung führt im Regelfall
zu keiner Erhöhung des Jahresüberschusses der Organgesellschaft und wirkt sich daher
auf die Gewinnabführung nicht aus.   1715

Bei der Verschmelzung einer Tochtergesellschaft auf die Organgesellschaft kann jedoch insoweit
ein Übernahmegewinn entstehen, als der Wert, mit dem die übergegangenen Wirtschaftsgüter
von der übernehmenden Gesellschaft anzusetzen sind, den Buchwert der (wegfallenden)

1715 Anteile übersteigt (§ 12 Abs. 2 UmwStG 1995). Der hieraus entstehende **Übernahmegewinn** geht in den Jahresüberschuß ein und unterliegt somit der Gewinnabführung. Steuerlich bleibt der Übernahmegewinn jedoch bei der Ermittlung des Einkommens der (übernehmenden) Organgesellschaft grundsätzlich außer Ansatz (§ 12 Abs. 2 Satz 1 UmwStG); er ist nach § 36 Nr. 3 KStG von der Zurechnung beim Organträger auszunehmen. In der Steuerbilanz des Organträgers ergibt sich somit ein um den abgeführten Übernahmegewinn höheres Eigenkapital als in der Gliederung des verwendbaren Eigenkapitals nach § 36 KStG. Auf der Ebene der Organgesellschaft ist der aus dem Übernahmegewinn entstehende Eigenkapitalbetrag gliederungsmäßig auszuweisen, während er bilanzmäßig in die Gewinnabführungsverpflichtung eingeht. Es erscheint zweifelhaft, ob auf diese Fälle die Bestimmung des § 37 Abs. 2 Satz 2 KStG anwendbar ist, da sie nach ihrem Sinnzusammenhang nur Sachverhalte betrifft, in denen sich das verwendbare Eigenkapital während der Geltungsdauer des Gewinnabführungsvertrags zuerst erhöht und später verringert hat (vgl. auch RZ 821 und RZ 1701 f). Geht man von den Überlegungen aus, die dem BMF-Schreiben vom 10. 1. 1981 (BStBl 1981 I S. 44) zugrundeliegen, ist es folgerichtig, in der Gliederung des verwendbaren Eigenkapitals des Organträgers in Höhe der Mehrabführung ei-

1716 nen Zugang beim EK 02, bei der Organgesellschaft eine Minderung beim EK 02 auszuweisen.

Eine andere Beurteilung ist geboten, wenn die Organgesellschaft einen **steuerpflichtigen Übernahmegewinn** (§ 12 Abs. 2 Satz 2 UmwStG 1995) erzielt. Dies ist der Fall, wenn die tatsächlichen Anschaffungskosten den (z. B. durch eine Teilwertabschreibung geminderten) Buchwert der Anteile an der übertragenden Gesellschaft übersteigen. Der insoweit steuerpflichtige Übernahmegewinn erhöht das dem Organträger gemäß § 14 KStG zuzurechnende Einkommen und damit das verwendbare Eigenkapital des Organträgers; die Bestimmung des § 36 Nr. 3 KStG ist nicht anwendbar.

1717 **14.2.4 Die Bildung von Rücklagen bei der Organgesellschaft**

Das verwendbare Eigenkapital der Organgesellschaft kann sich dadurch erhöhen, daß sie im Rahmen des § 14 Nr. 5 KStG Beträge des Jahresüberschusses in eine Gewinnrücklage (§ 272 Abs. 3 HGB) einstellt. Das gleiche gilt, wenn der Betrag der handelsrechtlichen Gewinnabführung aus anderen Gründen geringer ist als der Steuerbilanzgewinn (z. B. wenn die Organgesellschaft eine handelsrechtlich mögliche, aber steuerlich unzulässige Rückstellung bildet). Die genannten Beträge erhöhen jedoch auch das verwendbare Eigenkapital des Organträgers, da die Zuschreibung auf der Grundlage des zuzurechnenden Einkommens der Organgesellschaft erfolgt (§ 36 KStG). Die bei der Organgesellschaft entstandenen Vermögensmehrungen sind insoweit doppelt erfaßt. Die Bestimmung des § 37 Abs. 2 KStG trägt diesem Umstand dadurch Rechnung, daß sie den Zugang bei der Organgesellschaft dem Teilbetrag i. S. des § 30 Abs. 2 Nr. 4 KStG zuweist. Der Vorgang kann danach gedanklich so behandelt werden, als ob die Organgesellschaft den ganzen Gewinn abführen und der Organträger in Höhe des bei der Organgesellschaft verbleibenden Teils eine Einlage leisten würde. Durch die Zuweisung zum EK 04 ist gewährleistet, daß auch nach Beendigung der Organschaft die Auskehrung des ent-

1718 sprechenden Vermögens zu keiner erneuten steuerlichen Belastung führt.

Führt die Organgesellschaft in späteren Wirtschaftsjahren die bei ihr verbliebenen Vermögensmehrungen ab, indem sie z. B. die gebildete Rücklage auflöst, verringert sich ihr verwendbares Eigenkapital. Die Kürzung ist nach § 37 Abs. 2 Satz 2 KStG vorrangig beim EK 04 vorzunehmen. Reicht dieser Teilbetrag nicht aus, sind die anderen Teilbeträge in der in § 28 Abs. 3 KStG vorgeschriebenen Reihenfolge zu kürzen.

14.3 Gesamtbeispiele zur Organschaft mit Gewinnabführung

1719

Beispiel 1:
1. Sachverhalt

Die Mutter-GmbH (Organträger) ist zu 100 v. H. an der – zum 1. 1. 01 gegründeten – Tochter-GmbH (Organgesellschaft) beteiligt. Beide Gesellschaften haben als Wirtschaftsjahr das Kalenderjahr. Das Organschaftsverhältnis mit Gewinnabführungsvertrag besteht seit 1. 1. 01.

1.1 Organgesellschaft: Das verwendbare Eigenkapital zum 1. 1. 01 beträgt 0 DM.

Handelsbilanz = Steuerbilanz zum 31. 12. 01

Aktiva	DM	Passiva	DM
Anlage- und Umlaufvermögen	200 000	Stammkapital	100 000
		Verbindlichkeiten	50 000
		Verpflichtung zur Abführung des Gewinns	50 000
	200 000		200 000

In den Aufwendungen des Jahres 01 sind steuerlich nichtabziehbare Aufwendungen in Höhe von 1 000 DM enthalten.

1.2 Organträger: Das verwendbare Eigenkapital zum 31. 12. 00 beträgt 400 000 DM. Davon sind 100 000 DM im EK 50 und 300 000 DM im EK 45 ausgewiesen.

Vorläufige Steuerbilanz zum 31. 12. 01

Aktiva	DM	Passiva	DM
Sachanlagen	1 000 000	Stammkapital	600 000
Beteiligung an Tochter-GmbH	100 000	Rücklagen	400 000
Anspruch auf Gewinnabführung der Tochter-GmbH für 02	50 000	vorläufiger Jahresüberschuß	150 000
übriges Umlaufvermögen	710 000	Körperschaftsteuer-Rückstellung	?
		Verbindlichkeiten	700 000
	1 850 000		1 850 000

In den Aufwendungen des Jahres 01 sind 70 000 DM Körperschaftsteuer-Vorauszahlungen und 9 000 DM nichtabziehbare Ausgaben enthalten. Für das Geschäftsjahr 01 schüttet der Organträger im Juni 02 eine Dividende von 70 000 DM aus.

2. Lösung

2.1 Organgesellschaft

a) **Einkommensermittlung**

Bilanzgewinn	0 DM
nichtabziehbare Ausgaben	1 000 DM
abgeführter Gewinn	50 000 DM
Summe	51 000 DM
Dem Organträger zuzurechnendes Einkommen	− 51 000 DM
Zu versteuerndes Einkommen	0 DM

1719 b) **Fortschreibung der EK-Gliederung zum 31. 12. 01**

	Summe DM	EK 45 DM
Stand 1. 1. 01	0	0
Dem OT zuzurechnendes Einkommen 51 000		
im Einkommen enthaltene nichtabziehbare Ausgaben − 1 000		
Dem OT zuzurechnende Vermögensmehrung 50 000		
Gewinnabführung − 50 000		
Differenz 0	0	0
Stand 31. 12. 01	0	0

2.2 Organträger

a) Einkommensermittlung und Körperschaftsteuer-Tarifbelastung

Vorläufiger Jahresüberschuß	150 000 DM
Körperschaftsteuer-Vorauszahlungen 01	70 000 DM
nichtabziehbare Ausgaben	9 000 DM
	229 000 DM
Im vorliegenden Jahresüberschuß enthaltene Gewinnabführung des Organs	− 50 000 DM
	179 000 DM
Zuzurechnendes Einkommen des Organs	51 000 DM
Zu versteuerndes Einkommen	230 000 DM
Körperschaftsteuer-Tarifbelastung 45 v. H.	103 500 DM

b) Fortschreibung der EK-Gliederung zum 31. 12. 01

	DM	Summe DM	EK 50 DM	EK 45 DM
Stand 31. 12. 00		400 000	100 000	300 000
Off. Ausschüttung für 00		− 0		
		400 000		
Zugang voll stpfl. Einkommen (einschl. Organeinkommen)	230 000			
Körperschaftsteuer 45 v. H.	− 103 500	126 500		126 500
abzüglich nichtabziehbare Ausgaben (einschl. OG)		− 10 000		− 10 000
Stand 31. 12. 01		516 500	100 000	416 500
nachrichtlich:				
Off. Gewinnausschüttung für 01	70 000			
$^{50}/_{70}$ hiervon	− 50 000	− 50 000	− 50 000	
Körperschaftsteuer-Minderung				
$^{20}/_{50}$ von 50 000	− 20 000			
		466 500	50 000	416 500

c) **Körperschaftsteuer-Schuld 01 und Körperschaftsteuer-Rückstellung**
Körperschaftsteuer-Tarifbelastung 103 500 DM
Körperschaftsteuer-Ausschüttungsbelastung:
Minderungsbetrag −20 000 DM
Körperschaftsteuer-Schuld 01 83 500 DM
Körperschaftsteuer-Vorauszahlungen −70 000 DM
Körperschaftsteuer-Rückstellung 13 500 DM

d) **Endgültiger Jahresüberschuß**
Vorläufiger Jahresüberschuß 150 000 DM
Körperschaftsteuer-Rückstellung −13 500 DM
Endgültiger Jahresüberschuß 136 500 DM

e) **Verprobung**
Eigenkapital lt. Steuerbilanz zum 31. 12. 01:
Rücklagen 400 000 DM
Endg. Jahresüberschuß 01 136 500 DM
536 500 DM
Eigenkapital lt. Gliederung zum 31. 12. 01 516 500 DM
Differenz = Körperschaftsteuer-Minderungsbetrag 20 000 DM

Beispiel 2:

1. **Sachverhalt**

Sachverhalt wie Beispiel 1 mit folgender Änderung: Die Organgesellschaft stellt von dem erwirtschafteten Überschuß des Jahres 01 in Höhe von 50 000 DM zulässigerweise 20 000 DM in eine Gewinnrücklage ein (§§ 14 Nr. 5, 17 KStG). An den Organträger werden daher nur noch 30 000 DM abgeführt.

Lösung:

2.1 Organgesellschaft

a) **Steuerbilanz zum 31. 12. 01**

Aktiva	DM	Passiva	DM
Anlage- und Umlaufvermögen	200 000	Stammkapital	100 000
		Rücklagen	20 000
		Verbindlichkeiten	50 000
		Gewinnabführungsverpflichtung	30 000
	200 000		200 000

b) **Einkommensermittlung**

Bilanzgewinn	0 DM
Zuführung zur Gewinnrücklage	20 000 DM
nichtabziehbare Ausgabe	1 000 DM
abgeführter Gewinn	30 000 DM
Summe	51 000 DM
Dem Organträger zuzurechnendes Einkommen	−51 000 DM
Zu versteuerndes Einkommen	0 DM

c) **Fortschreibung der EK-Gliederung zum 31. 12. 01**

	Summe DM	EK 45 DM	EK 04 DM
Stand 1. 1. 01		0	0
Dem OT zuzurechnendes Einkommen	51 000		
Im Einkommen enthaltene nichtabziehbare Ausgaben	−1 000		
Dem OT zuzurechnende Vermögensmehrung	50 000		
Gewinnabführung	−30 000		
Minderabführung (§ 37 Abs. 2 KStG)	20 000	+20 000	+20 000
Stand 31. 12. 01	20 000	0	20 000

1720 **2.2 Organträger**

a) Vorläufige Steuerbilanz zum 31. 12. 01

Aktiva	DM	Passiva	DM
Sachanlagen	1 000 000	Stammkapital	600 000
Beteiligung an Tochter-GmbH	100 000	Rücklagen	400 000
Ausgleichsposten zum Beteiligungswert	20 000	vorläufiger Jahresüberschuß (einschließlich Ausgleichsposten)	150 000
Anspruch auf Gewinnabführung der Tochter-GmbH	30 000	Körperschaftsteuer-Rückstellung	?
Übriges Umlaufvermögen	700 000	Verbindlichkeiten	700 000
	1 850 000		1 850 000

b) Einkommensermittlung und Körperschaftsteuer-Tarifbelastung

Vorläufiger Jahresüberschuß	150 000 DM
Körperschaftsteuer Vorauszahlungen	70 000 DM
nichtabziehbare Ausgaben	9 000 DM
	229 000 DM
Im vorläufigen Jahresüberschuß enthaltene Gewinnabführung des Organs	– 30 000 DM
Ausgleichsposten	– 20 000 DM
Einkommen des Organträgers	179 000 DM
Zuzurechnendes Einkommen der Organgesellschaft	51 000 DM
Zu versteuerndes Einkommen	230 000 DM
Körperschaftsteuer-Tarifbelastung 45 v. H.	103 500 DM

c) Fortschreibung der Eigenkapital-Gliederung zum 31. 12. 01

		Summe	EK 50	EK 45
	DM	DM	DM	DM
Stand 31. 12. 00		400 000	100 000	300 000
Offene Ausschüttung für 00		– 0		
		400 000		
Zugang voll stpfl. Einkommen (einschl. Organeinkommen)	230 000			
Körperschaftsteuer 45 v. H.	– 103 500	126 500		126 500
abzüglich nichtabziehbare Ausgaben (einschl. OG)		– 10 000		– 10 000
Stand 31. 12. 01		516 500	100 000	416 500
nachrichtlich:				
Off. Gewinnausschüttung für 01	70 000			
⁵⁰/₇₀ hiervon	– 50 000	– 50 000	– 50 000	
Körperschaftsteuer-Minderung ²⁰/₅₀ von 50 000	– 20 000			
		466 500	50 000	416 500

d) Körperschaftsteuer-Schuld 01 und Körperschaftsteuer-Rückstellung

Körperschaftsteuer-Tarifbelastung	103 500 DM
Körperschaftsteuer-Ausschüttungsbelastung: Minderungsbetrag	–20 000 DM
Körperschaftsteuer-Schuld 02	83 500 DM
Körperschaftsteuer-Vorauszahlungen	– 70 000 DM
Körperschaftsteuer-Rückstellung	13 500 DM

e) Endgültiger Jahresüberschuß

Vorläufiger Jahresüberschuß	150 000 DM
Körperschaftsteuer-Rückstellung	–13 500 DM
Endgültiger Jahresüberschuß	136 500 DM

f) Verprobung

Eigenkapital laut Steuerbilanz zum 31. 12. 01	
Rücklagen	400 000 DM
Endgültiger Jahresüberschuß (einschließlich Ausgleichsposten)	136 500 DM
	536 500 DM
Eigenkapital lt. Gliederung zum 31. 12. 01	516 500 DM
Differenz = Körperschaftsteuer-Minderungsbetrag	20 000 DM

3. Ein Vergleich des Beispiels 1 und des Beispiels 2 zeigt, daß das Eigenkapital des Organträgers trotz Bildung einer Rücklage bei der Organgesellschaft unverändert ist.

4. **Rückabwicklung des Ausgleichspostens**

   Löst die Organgesellschaft z. B. in ihrer Handelsbilanz zum 31. 12. 04 die Rücklage auf, ergeben sich folgende Auswirkungen:

   Die Auflösung der Rücklage erhöht den Handelsbilanz-Gewinn der Organgesellschaft, der an den Organträger abzuführen ist. In der Steuerbilanz des Organträgers ist die Mehrabführung (20 000 DM) gegen den aktiven Ausgleichsposten zu verrechnen. Der Gesamtwert des Betriebsvermögens des Organträgers ändert sich durch diese Verrechnung nicht. Bei der Einkommensermittlung des Organträgers wirkt sich die Mehrabführung nicht aus, weil der Betrag der Mehrabführung außerbilanzmäßig gekürzt und dafür das steuerlich zutreffende Einkommen der Organgesellschaft für 04 hinzugerechnet wird.

   Bei der Organgesellschaft mindert sich durch die Mehrabführung das verwendbare Eigenkapital. Die Kürzung ist im vorliegenden Beispielsfall gemäß § 37 Abs. 2 Satz 2 KStG beim EK 04 vorzunehmen. Das verwendbare Eigenkapital verringert sich damit auf 0 DM.

Beispiel 3:

1. **Sachverhalt**

   Sachverhalt wie Beispiel 1 mit folgenden Änderungen:

   a) Der Organträger ist an der Organgesellschaft nur zu 90 v. H. beteiligt. Die Minderheitsgesellschafter erhalten für das Jahr 01 Ausgleichszahlungen in Höhe von 1 750 DM.

   b) Die Organgesellschaft bildet zulässigerweise zu Lasten des Jahresüberschusses 01 eine Rücklage in Höhe von 15 000 DM.

2. **Lösung**

   2.1 **Organgesellschaft**

   a) **Steuerbilanz zum 31. 12. 01**

Aktiva	DM	Passiva	DM
Anlage- und Umlaufvermögen	200 000	Stammkapital	100 000
		Rücklagen	15 000
		Körperschaftsteuer-Rückstellung	750
		Verbindlichkeiten	50 000
		Verpflichtung zur Leistung von Ausgleichszahlungen	1 750
		Gewinnabführungsverpflichtung	32 500
	200 000		200 000

1721 b) **Einkommensermittlung und Körperschaftsteuer-Festsetzung**

Bilanzgewinn		0 DM
Zuführung zur Gewinnrücklage		15 000 DM
Körperschaftsteuer 01		750 DM
nichtabziehbare Ausgaben		1 000 DM
Ausgleichszahlungen		1 750 DM
abgeführter Gewinn		32 500 DM
		51 000 DM
Ausgleichszahlungen	1 750	
+ Ausschüttungsbelastung $^{30}/_{70}$ von 1 750	750	− 2 500 DM
Dem Organträger zuzurechnendes Einkommen		48 500 DM
Von der Organgesellschaft zu versteuerndes Einkommen		2 500 DM
Körperschaftsteuer-Tarifbelastung 45 v. H.	1 125	
Körperschaftsteuer-Minderung durch Herstellung der Ausschüttungsbelastung $^{15}/_{70}$ von 1 750 =	− 375	
(Abschn. 92 Abs. 3 Satz 3 KStR)		
Körperschaftsteuer-Schuld 01		750 DM

c) **Fortschreibung der Eigenkapital-Gliederung zum 31. 12. 01**

	Summe DM	EK 45 DM	EK 04 DM
Stand 1. 1. 01		0	0
Dem OT zuzurechnendes Einkommen	48 500		
Im Einkommen enthaltene nichtabziehbare Ausgaben	− 1 000		
Dem OT zuzurechnende Vermögensmehrung	47 500		
Gewinnabführung	− 32 500		
Minderabführung (§ 37 Abs. 2 KStG)	15 000	+ 15 000	+15 000
Von der OG zu versteuerndes Einkommen	2 500		
Körperschaftsteuer 45 v. H.	− 1 125	1 375	1 375
Stand 31. 12. 01		16 375	1 375	15 000
nachrichtlich:			
Ausgleichszahlung	1 750		
$^{55}/_{70}$ hiervon	− 1 375	− 1 375	− 1 375
Körperschaftsteuer-Minderung $^{15}/_{55}$ von 1.375	− 375		
	0		
	15 000	0	15 000

(Eigenkapital lt. Steuerbilanz zum 31. 12. 01 = 15 000 DM Rücklagen)

2.2 Organträger

a) **Vorläufige Steuerbilanz zum 31. 12. 01**

Aktiva	DM	Passiva	DM
Sachanlagen	1 000 000	Stammkapital	600 000
Beteiligung an Tochter-GmbH	90 000	Rücklagen	400 000
Ausgleichsposten zum Beteiligungswert		vorläufiger Jahresüberschuß	136 000
(Abschn. 59 Abs. 1 KStR)	13 500	Körperschaftsteuer-Rückstellung	?
Gewinnabführungsanspruch	32 500	Verbindlichkeiten	700 000
Übriges Umlaufvermögen	700 000		
	1 836 000		1 836 000

b) Einkommensermittlung und Körperschaftsteuer-Tarifbelastung

Vorläufiger Jahresüberschuß	136 000 DM
Körperschaftsteuer-Vorauszahlungen	70 000 DM
nichtabziehbare Ausgaben	9 000 DM
	215 000 DM
Im Jahresüberschuß enthaltene Gewinnabführung des Organs	− 32 500 DM
Ausgleichsposten	− 13 500 DM
Einkommen des Organträgers	169 000 DM
Zuzurechnendes Einkommen des Organs	48 500 DM
Zu versteuerndes Einkommen	217 500 DM
Körperschaftsteuer-Tarifbelastung 45 v. H.	97 875 DM

c) Fortschreibung der Eigenkapital-Gliederung zum 31. 12. 01

		Summe DM	EK 50 DM	EK 45 DM	EK 02 DM
Stand 31. 12. 00		400 000	100 000	300 000	
Off. Ausschüttung für 00		− 0			
		400 000			
Zugang voll stpfl. Einkommen (einschl. Organeinkommen)	217 500				
Körperschaftsteuer 45 v. H.	− 97 875	− 119 625		119 625	
10 v. H. der vom Organ gebildeten Rücklage von 15 000 DM (Abschn. 91 Abs. 2 KStR)		− 1 500			− 1 500
abzüglich der nichtabziehbaren Ausgaben (einschl. OG)		− 10 000		− 10 000	
Stand 31. 12. 01		508 125	100 000	409 625	− 1 500
nachrichtlich:					
Off. Ausschüttung für 01	70 000				
$^{50}/_{70}$ hiervon	− 50 000	− 50 000	− 50 000		
Körperschaftsteuer-Minderung $^{20}/_{11}$ von 50 000	− 20 000				
	0				
		458 125	50 000	409 625	− 1 500

d) Körperschaftsteuer-Schuld 01 und Körperschaftsteuer-Rückstellung

Körperschaftsteuer-Tarifbelastung	97 875 DM
Körperschaftsteuer-Ausschüttungsbelastung: Minderungsbetrag	− 20 000 DM
Körperschaftsteuer-Schuld 01	77 875 DM
Körperschaftsteuer-Vorauszahlungen	− 70 000 DM
Körperschaftsteuer-Rückstellung	7 875 DM

e) Endgültiger Jahresüberschuß

Vorläufiger Jahresüberschuß	136 000 DM
Körperschaftsteuer-Rückstellung	− 7 875 DM
Endgültiger Jahresüberschuß	128 125 DM

f) Verprobung

Eigenkapital lt. Steuerbilanz zum 31. 12. 01:	
Rücklagen	400 000 DM
Endgültiger Jahresüberschuß	128 125 DM
(einschließlich Ausgleichsposten)	528 125 DM
Eigenkapital lt. Gliederung zum 31. 12. 01	508 125 DM
Differenz = Körperschaftsteuer-Minderungsbetrag	20 000 DM

15. Auswirkungen des Vermögensübergangs durch Gesamtrechtsnachfolge auf die Gliederung des verwendbaren Eigenkapitals der übernehmenden Körperschaft

15.1 Vermögensübergang durch Gesamtrechtsnachfolge nach dem Umwandlungssteuergesetz 1977 (§ 38 KStG 1991, Abschnitt 93 KStR)

Ausgewählte Literaturhinweise: Loos, Die Umwandlung einer Kapitalgesellschaft auf eine Kapitalgesellschaft nach dem UmwStG 1977, BB 1977 S. 337; **Fasold,** Maßgeblichkeitsgrundsatz, Umwandlung und Gliederungsrechnung, DB 1977 S. 1015; **Dötsch,** Die neue Körperschaftsteuer in Erklärung und Jahresabschluß, Schriftenreihe DB S. 63ff; **Singbartl/Hundt/Dötsch,** Die KStÄR 1981, DB 1981 S. 148, **Widmann,** Auswirkungen der Kapitalveränderung und Umwandlung auf die Körperschaftsteuer-Anrechnung (Gestaltungshinweise), BB 1982 S. 1354.

1725 ### 15.1.1 Allgemeines

Die Körperschaftsteuerbelastung des Gewinns einer unbeschränkt steuerpflichtigen Körperschaft soll nicht nur in den Fällen der **Gewinnausschüttung** durch die Einkommen- oder Körperschaftsteuerbelastung des Anteilseigners ersetzt werden, sondern z.B. auch dann, wenn die in der Körperschaft gespeicherten Gewinne dem Anteilseigner anläßlich der Auflösung der Körperschaft zufließen. Dafür, daß die Vorschriften des Anrechnungsverfahrens auch in den Fällen der Umwandlung oder Verschmelzung einer Körperschaft ihre Wirkung behalten, sorgen die Regelungen des Umwandlungssteuergesetzes 1977 (UmwStG 1977). Für den Fall des Vermögensüberganges von einer auf eine andere ins Anrechnungsverfahren einbezogene Körperschaft werden die Regelungen des UmwStG 1977 durch § 38 KStG 1991 ergänzt.

1726 Die Regelungen des Umwandlungssteuergesetzes 1977 und des § 38 KStG 1991 sind letztmals auf den Übergang von Vermögen anzuwenden, der auf Rechtsakten beruht, die vor dem 01.01.1995 wirksam werden (§ 27 Abs. 2 UmwStG 1995, § 54 Abs. 12 KStG).

15.1.2 Die Regelungen des Umwandlungssteuergesetzes 1977

15.1.2.1 Übersicht

1727 Die Vorschriften des UmwStG 1977 lassen sich im wesentlichen in die folgenden **fünf Bereiche** untergliedern (vgl. dazu im einzelnen nachstehende RZ 2140 ff):

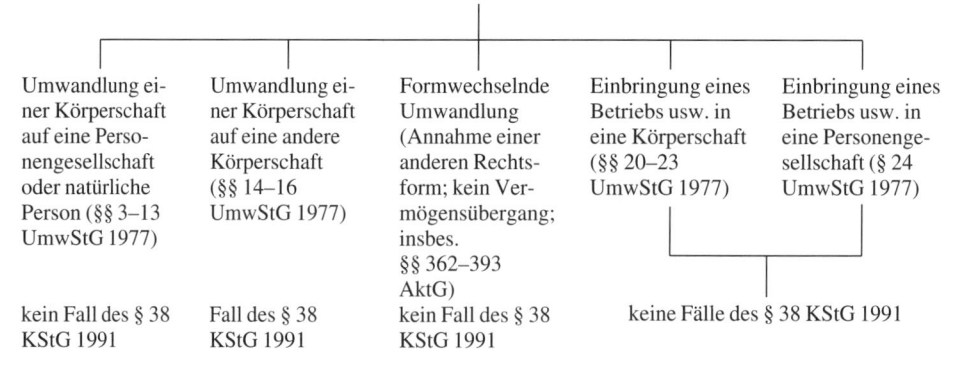

Umwandlung einer Körperschaft auf eine Personengesellschaft oder natürliche Person (§§ 3–13 UmwStG 1977)	Umwandlung einer Körperschaft auf eine andere Körperschaft (§§ 14–16 UmwStG 1977)	Formwechselnde Umwandlung (Annahme einer anderen Rechtsform; kein Vermögensübergang; insbes. §§ 362–393 AktG)	Einbringung eines Betriebs usw. in eine Körperschaft (§§ 20–23 UmwStG 1977)	Einbringung eines Betriebs usw. in eine Personengesellschaft (§ 24 UmwStG 1977)
kein Fall des § 38 KStG 1991	Fall des § 38 KStG 1991	kein Fall des § 38 KStG 1991	keine Fälle des § 38 KStG 1991	

1728 Bei der Anwendung des UmwStG 1977 ist zu beachten, daß sich in den Fällen, in denen die übernehmende an der übertragenden Gesellschaft beteiligt ist, die **vorhandenen stillen Reserven zweimal** steuerlich **auswirken.** Die stillen Reserven nämlich, die bei der Übertragerin in den Bilanzansätzen für die Sachwerte enthalten sind, wirken sich ebenfalls auf den Bilanzansatz der Übernehmerin für deren Beteiligung an der Übertragerin aus. Folglich erhöhen diese stillen Reserven im Umwandlungs- oder Verschmelzungsfall den Übertragungsgewinn und können gleichzeitig zu einem Übernahmegewinn führen. Die Entstehung sowohl eines Übertragungsgewinns bei der untergehenden Körperschaft als auch eines Übernahmegewinns bei der Übernehmerin bedeutet aber nicht, daß zwei verschiedene Gewinne besteuert werden. Vielmehr wirkt sich derselbe Gewinn auf zwei Ebenen aus. Er „wandert", wenn man so will, von der Übertragerin zur Übernehmerin. Wie die vorstehenden und die nachstehenden Ausführungen zeigen, wird auch der dem Übertragungs- und Übernahmegewinn entsprechende Einkommensteil der Körperschaft im Ergebnis nur einmal besteuert.

1728

15.1.2.2 Vermögensübergang von einer Körperschaft auf eine Personengesellschaft oder auf eine natürliche Person (§§ 3–13 UmwStG)

Bei der **übertragenden Körperschaft**

1729

- sind nach § 3 UmwStG 1977 in der steuerlichen Schlußbilanz für das letzte Wirtschaftsjahr die stillen Reserven aufzudecken;
- bleibt der dadurch entstehende **Übertragungsgewinn körperschaftsteuerfrei** (§ 4 UmwStG 1977; Ausnahme: § 13 Abs. 2 UmwStG 1977);
- ist die Körperschaftsteuer-Ausschüttungsbelastung nicht herzustellen. Kapitalertragsteuer wird nicht einbehalten.

Beim **Übernehmer**

- sind die (erhöhten) Buchwerte der Übertragerin zu übernehmen. Dadurch ergibt sich ein entsprechend höheres Abschreibungsvolumen (§ 5 UmwStG 1977),
- ist der **Übernahmegewinn zu versteuern** und die Körperschaftsteuer ist anzurechnen (§ 12 UmwStG 1977). Der Übernahmegewinn erhöht sich gemäß § 5 Abs. 3 UmwStG 1977 um die auf den übergegangenen Eigenkapitalteilen lastende Körperschaftsteuer. Gleichzeitig ist diese Körperschaftsteuer auf die Einkommensteuer bzw. Körperschaftsteuer der Gesellschafter der übernehmenden Personengesellschaft bzw. auf die Einkommensteuer der übernehmenden natürlichen Person anzurechnen;
- ist ein etwaiger Übernahmeverlust nicht abziehbar (§ 5 Abs. 4 UmwStG 1977),
- kann die Körperschaftsteuer auf den Übernahmegewinn für einen Zeitraum von längstens 10 Jahren gestundet werden (§ 7 UmwStG 1977).

Diese Gruppe von Umwandlungsfällen wird also im **Ergebnis** so behandelt, als hätte die übertragende Körperschaft ihr Vermögen an eine natürliche Person ausgeschüttet. Der Anteilseigner muß diese Ausschüttung versteuern und kann die darauf lastende Körperschaftsteuer auf seine persönliche Steuerschuld anrechnen.

Ein **Fall des § 38 KStG 1991** ist bei dieser Fallgruppe **nicht gegeben,** da der Übernehmer nicht zur Gliederung des verwendbaren Eigenkapitals verpflichtet ist.

15.1.2.3 Vermögensübergang von einer auf eine andere Körperschaft (§§ 14–16 UmwStG 1977)

Bei der **übertragenden Körperschaft**

1730

- sind in der steuerlichen Schlußbilanz für das letzte Wirtschaftsjahr die übergegangenen Wirtschaftsgüter grundsätzlich mit dem Wert der Gegenleistung oder mit dem Teilwert anzusetzen (= Gewinnrealisierung – § 14 Abs. 1 Satz 1 UmwStG 1977). Wird eine Gegenleistung nicht gewährt, kann **auf Antrag die Aufdeckung der stillen Reserven unterbleiben** (Buchwertfortführung), wenn die spätere Versteuerung der stillen Reserven bei der Übernehmerin gesichert ist (§ 14 Abs. 2 UmwStG 1977 = **Regelfall**).

1730 Bei der **übernehmenden Körperschaft**
- sind die **Buchwerte** der Übertragerin **fortzuführen** (§ 15 Abs. 1 UmwStG 1977),
- bleiben ein Übernahmegewinn oder -verlust grundsätzlich außer Ansatz (§ 15 Abs. 2 UmwStG 1977),
- **entfällt** eine **Körperschaftsteuer-Anrechnung,**
- sind das eigene **verwendbare Eigenkapital** der Übernehmerin und das übernommene verwendbare Eigenkapital **zusammenzurechnen** (§ 38 KStG 1991).

Diese Gruppe von Umwandlungs- und Verschmelzungsfällen wird also im Ergebnis so behandelt, als trete die Übernehmerin ohne Vermögensübergang an die Stelle der Übertragerin. Die in dem übertragenen Vermögen ruhenden stillen Reserven werden beim Übergang nicht aufgedeckt und somit nicht versteuert (Buchwertfortführung). Das verwendbare Eigenkapital der Übertragerin und der Übernehmerin werden addiert. Die **Besteuerung der stillen Reserven** wird **in die Zukunft verschoben;** sie erfolgt erst, wenn die übernehmende Körperschaft das auf sie übergegangene Vermögen an ihre Anteilseigner weiter ausschüttet. Damit ist die Einmalbesteuerung des ausgeschütteten Gewinns auch in diesem Fall sichergestellt.

15.1.3 Die Vorschrift des § 38 KStG 1991

15.1.3.1 Grundsätzliches

1731 § 38 KStG 1991 ergänzt die Vorschriften des UmwStG 1977, die den Vermögensübergang auf eine andere Körperschaft betreffen (vgl. vorstehend unter RZ 1730). § 38 KStG 1991 gilt – im Gegensatz zu den Regelungen des UmwStG 1977 – nur für den Fall des Vermögensübergangs einer Kapitalgesellschaft oder einer sonstigen Körperschaft im Sinne des § 43 KStG 1991 auf eine unbeschränkt steuerpflichtige Kapitalgesellschaft oder auf eine unbeschränkt steuerpflichtige sonstige Körperschaft im Sinne des § 43 KStG 1991, d. h. beim **Vermögensübergang zwischen ins Anrechnungsverfahren einbezogenen Körperschaften.**

1732 Nach Abschnitt 93 Abs. 1 KStR erstreckt sich der Anwendungsbereich des § 38 KStG 1991 insbesondere auf folgende Fälle:
- Verschmelzung von Kapitalgesellschaften (§§ 339–358a des Aktiengesetzes, §§ 19, 33–35 des KapErhStG);
- Verschmelzung von Erwerbs- oder Wirtschaftsgenossenschaften (§§ 93a–93s des Gesetzes betreffend die Erwerbs- und Wirtschaftsgenossenschaften);
- Umwandlung auf den Allein- oder Hauptgesellschafter, der nicht eine natürliche Person ist, nach dem Ersten Abschnitt des Umwandlungsgesetzes 1969.

1733 Nachdem durch das **Verschmelzungsrichtliniengesetz** vom 25.10.1982 (BGBl I S. 1425) die bis 1982 mögliche **Umwandlung** einer AG bzw. GmbH auf eine andere AG oder GmbH, die Allein- oder Hauptgesellschafter war, weggefallen ist, spielt die Umwandlung nur noch im Bereich der bergrechtlichen Gewerkschaft eine Rolle. Zwischen AG und GmbH wickelt sich der Vermögensübergang nur noch durch Verschmelzung ab. Vgl. dazu im einzelnen Dötsch in Dötsch/Eversberg/Jost/Witt, Kommentar zum KStG und EStG, Tz. 10 zu § 38 KStG 1991.

1734 Geht das Vermögen einer Körperschaft im Wege der Gesamtrechtsnachfolge auf eine andere Körperschaft über, liegt keine „Ausschüttung" vor, da das übergegangene Eigenkapital den Bereich der Gliederungsrechnung nicht verläßt. Das Körperschaftsteuer-Guthaben, das die aufnehmende Körperschaft von der übertragenden Körperschaft (mittelbar über das verwendbare Eigenkapital) übernimmt, wird nach dem System des Anrechnungsverfahrens erst dadurch an die Anteilseigner weitergegeben, daß die übernehmende Körperschaft (Gesamtrechtsnachfolgerin) Gewinnausschüttungen aus dem auf sie übergegangenen Eigenkapital vornimmt. § 38 Abs. 1 KStG 1991 bestimmt, daß die Gesamtrechtsnachfolgerin die **Gliederung des übernommenen verwendbaren Eigenkapitals** von der aufgelösten Körperschaft zu übernehmen hat. Während die Vorschriften des UmwStG 1977 den steuerfreien Übergang des Vermögens von einer Körperschaft auf eine andere zulassen, stellt § 38 Abs. 1 KStG 1991 durch die vorgeschriebene Gliederung des verwendbaren Eigenkapitals sicher, daß die mit Körperschaftsteuer belasteten Eigenkapitalteile zwecks Vermittlung des Körperschaftsteuer-Guthabens an die Anteilseigner erhalten bleiben.

15.1.3.2 Zusammenrechnung der Teilbeträge des verwendbaren Eigenkapitals

Die übernehmende Körperschaft hat den Vermögensübergang erstmals in der Gliederung zum Schluß des Wirtschaftsjahres zu berücksichtigen, in das der steuerliche Übertragungsstichtag (§ 2 Abs. 1 UmwStG 1977) fällt. Dabei ist das verwendbare Eigenkapital der übertragenden Gesellschaft, das sich aus der zum Übertragungsstichtag durchzuführenden letzten gesonderten Feststellung ergibt, den entsprechenden Teilbeträgen bei der übernehmenden Körperschaft **hinzuzurechnen.**

§ 38 KStG 1991 sieht bei der übernehmenden Körperschaft drei Rechenschritte vor:

1. Schritt: Addition der Teilbeträge verwendbaren Eigenkapitals von Übernehmerin und Übertragerin,

2. Schritt: Verprobung des zusammengefaßten verwendbaren Eigenkapitals lt. Gliederungsrechnung mit dem aus der (ggfs. fiktiven) Übernahmebilanz sich ergebenden verwendbaren Eigenkapitals,

3. Schritt: Angleichung der Gliederungsrechnung an die Steuerbilanz (falls die Verprobung zu Abweichungen geführt hat).

Nach § 38 KStG 1991 sind bei der Übernehmerin deren eigenes und das verwendbare Eigenkapital der Übertragerin **zusammenzufassen** (1. Schritt). Dabei ist das verwendbare Eigenkapital der übertragenden Gesellschaft, das sich aus der zum Übertragungsstichtag durchzuführenden letzten gesonderten Feststellung ergibt, den entsprechenden Teilbeträgen bei der übernehmenden Körperschaft hinzuzurechnen (§ 38 Abs. 1 Satz 1 KStG 1991, Abschnitt 93 Abs. 2 KStR).

Die Addition der Teilbeträge erfolgt bei der Verschmelzung durch **Aufnahme** i.R.d. gesonderten Feststellung der Teilbeträge des verwendbaren Eigenkapitals **zum Schluß des Wirtschaftsjahrs der Übernehmerin,** in das der steuerliche Übertragungsstichtag (§ 2 Abs. 1 UmwStG 1977) fällt. Zu addieren sind das eigene verwendbare Eigenkapital der Übernehmerin zum Schluß des vorangegangenen Wirtschaftsjahrs und das verwendbare Eigenkapital der übertragenden Körperschaft zum steuerlichen Übertragungsstichtag.

Nicht so eindeutig ist die Rechtslage bei der Verschmelzung durch **Neubildung,** weil hier die Übernehmerin erst mit Wirkung ab dem steuerlichen Übertragungsstichtag besteht. Da § 30 KStG 1991 keine **Eröffnungs**gliederung, sondern nur eine **Eigenkapitalgliederung zum Schluß des Wirtschaftsjahrs** vorsieht, ist u.E. die Addition der Teilbeträge (hier: 0 DM eigenes verwendbares Eigenkapital + zusammengerechnete Teilbeträge der mindestens zwei auf die Übernehmerin verschmolzenen Körperschaften) auch hier erst zum Schluß des ersten Wirtschaftsjahrs der Übernehmerin vorzunehmen. Das Fehlen einer Eröffnungsgliederung hat die nachteilige Wirkung, daß für **Ausschüttungen,** die mit dem Vorjahres-Eigenkapital zu verrechnen sind, ein entsprechendes verwendbare Eigenkapital nicht festgestellt worden ist.

Die Addition der Teilbeträge stellt sicher, daß für das verwendbare Eigenkapital der Übertragerin im Falle der Weiterausschüttung die bisherige steuerliche Behandlung erhalten bleibt.

Ab dem Moment der Zusammenfassung entstehen **einheitliche** neue Teilbeträge.

15.1.3.3 Abweichungen zwischen dem zusammengefaßten Eigenkapital in der Gliederungsrechnung und in der Steuerbilanz – Angleichung der Gliederungsrechnung

15.1.3.3.1 Vergleich mit dem verwendbaren Eigenkapital, das sich aus der Übernahmebilanz ergibt

1740 Der **zweite Rechenschritt,** den § 38 KStG 1991 vorschreibt, ist der, daß das im ersten Rechenschritt addierte verwendbare Eigenkapital lt. Gliederungsrechnung der beiden Körperschaften daraufhin **verprobt** wird, ob es mit dem verwendbaren Eigenkapital übereinstimmt, das sich aus einer **Steuerbilanz** auf den unmittelbar dem Vermögensübergang folgenden Zeitpunkt bei der Übernehmerin ergeben würde, in der **nur die durch den Vermögensübergang verursachten Auswirkungen, nicht** dagegen **sonstige Vermögensveränderungen,** berücksichtigt sind. Mit dem „unmittelbar dem Vermögensübergang folgenden Zeitpunkt" ist der Zeitpunkt gemeint, in dem die beiden Betriebsvermögen verschmolzen sind.

1741 Wie bereits erwähnt, wird bei einer Verschmelzung durch **Neubildung** eine solche Bilanz tatsächlich erstellt, weil es gleichzeitig die Eröffnungsbilanz der Übernehmerin ist. Auch in dem Ausnahmefall, in dem der steuerliche Übertragungsstichtag bei einer Verschmelzung durch Aufnahme auf den Abschlußstichtag der Übernehmerin fällt, existiert eine solche Bilanz.

1742 Eine Steuerbilanz, wie § 38 KStG 1991 sie zum Zweck des Abgleichs zwischen Gliederungsrechnung und Steuerbilanz fordert, wird aber in den übrigen Fällen der Verschmelzung durch **Aufnahme nicht** erstellt. Dort ist der Vermögensübergang aus der Sicht der aufnehmenden Kapitalgesellschaft ein laufender Geschäftsverfall. Auch enthält § 38 KStG 1991 keine Verpflichtung zur Aufstellung einer Steuerbilanz auf den Übertragungsstichtag. Das danach maßgebliche zusammengefaßte verwendbare Eigenkapital lt. Steuerbilanz wird dort, wo eine solche Steuerbilanz fehlt, formlos in einer Nebenrechnung ermittelt (vgl. nachstehend).

1743 Die **zweite Vergleichsgröße** für die in § 38 KStG 1991 vorgeschriebene Verprobung, das verwendbare Eigenkapital lt. Übernahmebilanz, ergibt sich somit im Fall der

- Verschmelzung durch Neubildung: aus der Eröffnungsbilanz zum steuerlichen Übertragungsstichtag, obwohl dieses verwendbare Eigenkapital nicht gesondert in einer Eröffnungsgliederung festgestellt wird,
- Verschmelzung durch Aufnahme: aus der folgenden formlosen Nebenrechnung (fiktive Steuerbilanz), die auf einer Vorstufe der Eigenkapital-Verprobung nach § 38 KStG 1991 durchzuführen ist:

	Verwendbares Eigenkapital der Übernehmerin lt. Steuerbilanz zum Schluß des vorangegangenen Wirtschaftsjahrs.
+	Veränderung des verwendbaren Eigenkapitals der Übernehmerin nur aufgrund des Vermögensübergangs durch Verschmelzung (unter Beachtung des Wegfalls einer bisherigen Beteiligung an der Übertragerin und evtl. Veränderungen des Nennkapitals der Übernehmerin; ohne Zu- und Abgänge im laufenden Wirtschaftsjahr).
=	Zusammengerechnetes verwendbares Eigenkapital lt. fiktiver Steuerbilanz.

15.1.3.3.2 Keine Eigenkapitalangleichung nach § 38 KStG 1991, soweit der Unterschiedsbetrag auf die von der Steuerbilanz abweichende Eigenkapitaldefinition des § 29 Abs. 1 KStG zurückzuführen ist

1744 Der amtliche Gliederungsvordruck KSt 1 G/Ba nennt auf einer **Vorstufe** der Eigenkapital-Angleichung nach § 38 KStG 1991 zwei weder im Gesetz noch in den KStR erwähnte Korrekturen, die **nicht** der Angleichung der Gliederungsrechnung an die Steuerbilanz dienen, sondern im Gegenteil eine solche **Eigenkapital-Angleichung,** weil nicht sachgerecht, **verhindern** sollen.

Die Korrekturen, von denen hier die Rede ist, lassen sich am ehesten damit umschreiben, daß es sich um **Differenzen** zwischen der Gliederungsrechnung und der Steuerbilanz handelt, **die in der** von der Steuerbilanz **abweichenden Eigenkapital-Definition des § 29 Abs. 1 KStG begründet sind:** 1744

– **Abweichung in Höhe der Körperschaftsteuer-Änderung bei Ausschüttungen und sonstigen Leistungen, für die das verwendbare Eigenkapital der Übernehmerin zum Schluß des vorangegangenen Wirtschaftsjahr als verwendet gilt** 1745

Beispiel (Rechtslage 1990 bis 1993):

Verschmelzung durch Aufnahme zum 31. 1. 02. Die Übernehmerin hat im Wirtschaftsjahr (= Kalenderjahr) 01 ein Einkommen von 100 000 DM erzielt, das lt. Beschluß vom 10. 1. 02 in voller Höhe (64 000 DM) ausgeschüttet wird.

Verwendbares Eigenkapital der Übernehmerin **lt. Gliederung** zum 31. 12. 01,
soweit auf den Einkommenszugang aus 01 entfallend
(Einkommen 100 000 DM – Körperschaftsteuer 50 v. H.) 50 000 DM

Verwendbares Eigenkapital der Übernehmerin **lt. fiktiver Übernahmebilanz**
zum 31. 3. 02, soweit auf den Einkommenszugang aus 01 entfallend:

Einkommen		100 000 DM
Körperschaftsteuer 50 v. H.	50 000 DM	
– Körperschaftsteuer-Minderung ($^{14}/_{64}$ von 64 000 DM)	– 14 000 DM	– 36 000 DM
		64 000 DM

Das verwendbare Eigenkapital lt. Übernahmebilanz ist im Vergleich zum zusammengefaßten verwendbaren Eigenkapital lt. Gliederung um 14 000 DM höher.

Die Körperschaftsteuer-Änderung führt zu einer **Eigenkapital-Differenz** zwischen Gliederung und Steuerbilanz, **die § 29 Abs. 1 KStG ausdrücklich zuläßt.** Diese Differenz hat sich in gleicher Höhe bereits zum 31. 12. 01 ergeben und bleibt bis zum Abfluß der Ausschüttung (also über den Übertragungsstichtag hinaus) bestehen.

Nach dem Übertragungsstichtag reguliert sich diese Eigenkapital-Differenz selbständig, weil die betreffende Ausschüttung in der Eigenkapital-Gliederung der Übernehmerin zum 31. 12. 02 als laufender Geschäftsvorfall abgezogen wird.

Wenn in der amtlichen Verprobungsrechnung gemäß § 38 Abs. 1 KStG 1991 (Vordruck KSt 1 G/Ba) der Betrag der Körperschaftsteuer-Änderung korrigiert wird, dann haben wir es insoweit nicht mit einer Anpassung des verwendbaren Eigenkapitals i. R. des § 38 KStG 1991 beim EK 04 zu tun, sondern umgekehrt mit dem Verhindern einer solchen **Anpassung auf einer Vorstufe** der Eigenkapital-Verprobung.

– **Abweichung wegen Ausschüttungen der Übernehmerin und/oder der Übertragerin, die das verwendbare Eigenkapital lt. Steuerbilanz bereits verringert haben, aber noch nicht das zusammengefaßte verwendbare Eigenkapital lt. Gliederungsrechnung (Vorabausschüttungen und verdeckte Gewinnausschüttungen im vorangegangenen Wirtschaftsjahr).** 1746

Beispiel (Rechtslage 1990 bis 1993):

Verschmelzung durch Aufnahme zum 31. 3. 02. Die Übernehmerin hat im Wirtschaftsjahr (= Kalenderjahr) 01 eine verdeckte Gewinnausschüttung i. H. v. 100 000 DM gezahlt.

Weil die verdeckte Gewinnausschüttung gemäß § 29 Abs. 1 KStG das verwendbare Eigenkapital erst zum 31.12 02 verringert, ist das ihr entsprechende Einkommen (100 000 DM) abzüglich 50 v. H. Körperschaftsteuer (50 000 DM) noch (mit 50 000 DM) im verwendbaren Eigenkapital lt. Gliederungsrechnung zum 31. 12. 01 enthalten. In der zweiten Vergleichsgröße für die Verprobung nach § 38 Abs. 1 KStG 1991, dem verwendbaren Eigenkapital lt. Übernahmebilanz, ist das der verdeckten Gewinnausschüttung entsprechende Einkommen nicht mehr enthalten, weil die verdeckte Gewinnausschüttung bereits im Wirtschaftsjahr 01 abgeflossen ist.

1746 Die Eigenkapital-Differenz ist bereits auf einer Vorstufe der Eigenkapital-Verprobung gemäß § 38 KStG 1991 zu beseitigen, um eine (nicht gerechtfertigte) Eigenkapital-Anpassung nach § 38 KStG 1991 zu verhindern.

15.1.3.3.3 Die Eigenkapitalangleichung nach § 38 KStG 1991 und ihre Gründe

1747 Ergeben sich bei der Verprobung **Differenzen**, d. h. stimmen das

– zusammengefaßte verwendbare Eigenkapital aus der **Gliederungsrechnung** und

– das aus einer (tatsächlichen oder fiktiven) **Übernahmebilanz** sich ergebende verwendbare Eigenkapital

nicht überein, ist, **soweit diese Abweichung nicht ausdrücklich vom Gesetz** (§ 29 Abs. 1 KStG) **zugelassen** wird (vgl. dazu RZ 1744), die Gliederungsrechnung gemäß § 38 KStG 1991 in einem **dritten Rechenschritt** durch Zu- oder Abrechnung an die Steuerbilanz **anzupassen** (Grundgedanke des § 29 Abs. 1 KStG).

1748 Den Fall, in dem **die Summe des zusammengerechneten verwendbaren Eigenkapitals mit dem verwendbaren Eigenkapital übereinstimmt, das sich** bei der Übernehmerin **aus einer Steuerbilanz** auf den unmittelbar nach dem Vermögensübergang folgenden Zeitpunkt **ergibt**, dürfte es in der Praxis nur selten geben. In dieser Situation ist mit der Verprobung die Sache erledigt. Es bleibt bei der Addition der Teilbeträge.

1749 Der Regelfall ist der, daß das zusammengerechnete verwendbare Eigenkapital lt. Gliederungsrechnung und das verwendbare Eigenkapital, **das sich aus einer Steuerbilanz** auf den unmittelbar nach dem Vermögensübergang folgenden Zeitpunkt bei der übernehmenden Körperschaft **ergeben würde, nicht** übereinstimmen. In diesem Fall geht die Wirkung des § 38 KStG 1991 über das bloße Addieren der Teilbeträge hinaus. Das zusammengerechnete verwendbare Eigenkapital lt. Gliederungsrechnung muß an die Summe des verwendbaren Eigenkapitals **angepaßt** werden, das sich aus der fiktiven zusammengefaßten Steuerbilanz ergeben würde (§ 38 Abs. 1 Satz 2 und Abs. 3 KStG 1991). Dies entspricht der Regelung des § 29 Abs. 1 KStG, auf Grund derer sich das verwendbare Eigenkapital nach der Steuerbilanz richtet.

1750 Auf der Suche nach den **Gründen, die für eine solche Differenz** zwischen Gliederungsrechnung und Steuerbilanz in Frage kommen, bildet der Wortlaut des § 38 Abs. 1 Satz 2 KStG 1991 den Ausgangspunkt. Dort ist ein Fall ausdrücklich genannt, nämlich der **Wegfall von Anteilen** an der übertragenden Kapitalgesellschaft. Daneben spricht das Gesetz von „anderen Gründen".

Im einzelnen kann eine zur Korrektur nach § 38 Abs. 1 Satz 2 oder Abs. 3 KStG 1991 führende **Abweichung folgende Ursachen haben** (vgl. dazu im einzelnen Dötsch/Eversberg/Jost/Witt, Kommentar zum KStG und EStG, Tz. 24 ff zu § 38 KStG 1991):

a) Abweichendes Umtauschverhältnis

Der in der Praxis häufigere Fall ist der, daß die **Anteilseigner nominell niedrigere** Anteile an der Übernehmerin anstelle der höheren Anteile an der Übertragerin erhalten. In diesem Fall wird das Nennkapital der Übernehmerin um einen geringeren Betrag aufgestockt, als das Nennkapital der Übertragerin ausmachte, d.h. ein Teil des Nennkapitals der Übertragerin wird bei der Übernehmerin in die Rücklagen (= verwendbares Eigenkapital) eingestellt. In diesem Fall ist das aus der zusammengefaßten Steuerbilanz sich ergebende verwendbare Eigenkapital höher als das zusammengefaßte verwendbare Eigenkapital lt. Gliederungsrechnung (bisheriges Nennkapital ist zu verwendbarem Eigenkapital geworden). Das **verwendbare Eigenkapital lt. Gliederungsrechnung ist** gemäß § 38 Abs. 3 KStG 1991 um den Unterschiedsbetrag **zu erhöhen,** und zwar beim Teilbetrag EK 04.

Es ist aber auch möglich, daß die Anteilseigner an der Übernehmerin **nominell höher** als an der Übertragerin beteiligt werden. In diesem Fall wird das Nennkapital der Übernehmerin um einen höheren Betrag aufgestockt, als das (wegfallende) Nennkapital der Übertragerin aus-

machte, d. h. für die Nennkapitalerhöhung bei der Übernehmerin wird ein Teil der Rücklagen 1750
der Übertragerin mitverwendet. In diesem Fall ist das aus der zusammengefaßten Steuerbilanz sich ergebende verwendbare Eigenkapital niedriger als das zusammengefaßte verwendbare Eigenkapital lt. Gliederungsrechnung (bisheriges verwendbares Eigenkapital ist zu Nennkapital geworden). **Das verwendbare Eigenkapital lt. Gliederungsrechnung ist** um den Unterschiedsbetrag **zu kürzen,** und zwar vorrangig beim Teilbetrag EK 04 (§ 38 Abs. 1 Satz 2 KStG 1991).

b) Wegfall der bisherigen Beteiligung der Übernehmerin an der übertragenden Körperschaft

Dies ist der in § 38 Abs. 1 Satz 2 KStG 1991 ausdrücklich angesprochene Sachverhalt. Ist die übernehmende an der übertragenden Körperschaft als Anteilseigner beteiligt, fällt diese Beteiligung mit dem Vermögensübergang fort. Während dieser Fortfall der Beteiligung die Addition der Teilbeträge des verwendbaren Eigenkapitals nicht berührt, ergibt sich aber daraus eine Verringerung des aus der zusammengefaßten Steuerbilanz sich ergebenden verwendbaren Eigenkapitals. Nach § 38 Abs. 1 Satz 2 KStG 1991 ist die Gliederungsrechnung durch einen Abzug vom EK 04 an die Steuerbilanz anzupassen.

c) Abfindung von Minderheitsgesellschaftern der übertragenden Körperschaft

Scheiden i. R. d. Vermögensübergangs bisherige Minderheitsgesellschafter der Übertragerin aus und findet die Übernehmerin diese ab, ist das aus der zusammengefaßten Steuerbilanz sich ergebende verwendbare Eigenkapital niedriger als das aus der Gliederungsrechnung. Die Gliederungsrechnung ist durch einen Abzug vom EK 04 anzupassen (§ 38 Abs. 1 Satz 2 KStG 1991).

d) Übernahmegewinn oder -verlust

Wenn man von dem theoretischen Fall absieht, daß der Buchwert der wegfallenden Beteiligung und der Bilanzansatz des übernommenen Betriebsvermögens gleich hoch sind, führt der Vermögensübergang durch Gesamtrechtsnachfolge **immer** dann zu einem bilanzmäßigen **Gewinn oder Verlust,** wenn die Übernehmerin an der übertragenden Körperschaft beteiligt war (Wegfall des Beteiligungsansatzes = Betriebsvermögen-Verringerung; Übernahme der Bilanzwerte der Übertragerin = Betriebsvermögen-Vermehrung). Dieser Übernahmegewinn oder -verlust bleibt bei der Übernehmerin **steuerlich grundsätzlich außer Ansatz** (§ 15 Abs. 2 Satz 1 UmwStG).

Wegen der z. T. recht komplizierten Auswirkungen, die ein

– steuerfreier Übernahmegewinn,
– nach § 15 Abs. 2 Satz 2 UmwStG 1977 steuerpflichtiger Übernahmegewinn,
– nichtabziehbarer Übernahmeverlust

auf die Eigenkapitalverprobung gemäß § 38 KStG 1991 haben, siehe im einzelnen Dötsch/Eversberg/Jost/Witt, Kommentar zum KStG und EStG, Tz. 29–31c zu § 38 KStG 1991.

e) Gewährung eigener alter Anteile

Die vorstehend unter a) bis e) genannten Ursachen für eine Abweichung zwischen dem verwendbaren Eigenkapital lt. zusammengefaßter Gliederungsrechnung und lt. zusammengefaßter Steuerbilanz können **einzeln oder in Kombination** vorliegen. 1751

§ 38 KStG 1991 sieht für die verschiedenen Abweichungen keine getrennte Anpassung an die Steuerbilanz vor, sondern faßt, wenn man vom steuerpflichtigen Übernahmegewinn absieht, alle Abweichungen zusammen und schreibt eine Anpassung an die Steuerbilanz nur für den Saldo aus allen Veränderungen vor.

15.1.3.3.4 Form und Zeitpunkt der Verprobung

1752 Zu der Verprobungsrechnung selbst enthält das Gesetz (§ 38 Abs. 1 Satz 2 KStG 1991) lediglich die Aussage, daß die Summe der zusammengerechneten Teilbeträge (Größe I) mit dem verwendbaren Eigenkapital zu vergleichen ist, das sich aus einer Steuerbilanz auf den unmittelbar nach dem Vermögensübergang folgenden Zeitpunkt (Größe II) ergeben würde. Dieser vom Gesetz vorgeschriebene Vergleich bereitet – wie bereits erwähnt – in verschiedener Hinsicht Schwierigkeiten:

1753 – Die erste Schwierigkeit ergibt sich daraus, daß es die vorgenannte **Vergleichsgröße II,** also die **zusammengefaßte Steuerbilanz** auf den der Übertragung unmittelbar folgenden Zeitpunkt, in der Praxis nur im Fall der **Verschmelzung durch Neubildung** und in dem Sonderfall gibt, daß bei einer Verschmelzung durch Aufnahme die Übernehmerin ihren Jahresabschluß genau zum steuerlichen Übertragungsstichtag erstellt. In allen anderen Fällen der **Verschmelzung durch Aufnahme** behandelt die Übernehmerin den Vermögensübergang als laufenden Geschäftsvorfall und stellt auf den steuerlichen Übertragungsstichtag keine eigene Steuerbilanz auf (vgl. RZ 2222 und RZ 1741). M.a.W.: Diese zweite Vergleichsgröße muß häufig zunächst in einer **Nebenrechnung** ermittelt werden (sog. **fiktive Steuerbilanz;** vgl. dazu im einzelnen RZ 1743).

1754 – Die zweite Schwierigkeit, die mit der ersten z.T. deckungsgleich ist, betrifft den Zeitpunkt, zu dem der Vergleich erfolgen soll. Die Übertragerin hat auf den steuerlichen **Übertragungsstichtag** sowohl eine Steuerbilanz als auch eine Eigenkapital-Gliederung erstellt. Folglich kann auch bei der Verprobung für den auf sie entfallenden Teil des verwendbaren Eigenkapitals auf diesen Zeitpunkt abgestellt werden. Die **Übernehmerin** jedoch erstellt in den Fällen der **Verschmelzung durch Aufnahme** ihre Steuerbilanz und Eigenkapital-Gliederung nur auf ihren üblichen Abschlußstichtag, der in aller Regel nicht mit dem Übertragungsstichtag identisch ist. Auf die Steuerbilanz und die Eigenkapital-Gliederung auf den **Schluß** des Wirtschaftsjahres, in dem der Übergang erfolgt ist, kann in diesen Fällen für die Verprobung des auf sie entfallenden Teils des verwendbaren Eigenkapitals **nicht** abgestellt werden, denn dort haben auch die für die Vergleichsrechnung nach § 38 KStG 1991 unbeachtlichen Geschäftsvorfälle dieses Jahres ihren Niederschlag gefunden. Die amtliche **Vergleichsrechnung** (Abschnitt 93 Abs. 4 KStR) stellt daher auf der Seite der Übernehmerin auf die Steuerbilanz und die Eigenkapital-Gliederung zum **Schluß des letzten Wirtschaftsjahres vor dem Vermögensübergang** ab, in denen sich insbesondere das Einkommen des Übernahmejahres noch nicht niedergeschlagen hat. Im Fall der **Verschmelzung durch Neubildung** existiert auf einen Stichtag vor dem steuerlichen Übertragungsstichtag bei der Übernehmerin weder eine Steuerbilanz noch eine Eigenkapital-Gliederung. Hier ist für Zwecke der Verprobung auch auf der Seite der Übernehmerin auf die Steuerbilanz zum gleichen Übertragungsstichtag abzustellen. Auch das **verwendbare Eigenkapital** ist aus der Steuerbilanz abzuleiten, obwohl es nicht gesondert festgestellt wird.

1755 Die nach § 38 Abs. 1 KStG 1991 vorzunehmende **Vergleichsrechnung hat nach folgendem dem amtlichen Vordruck KSt 1 G/Ba nachgebildeten Schema** zu erfolgen (vgl. Abschnitt 93 Abs. 4 KStR):

Zeile	vEK lt. Gliederungsrechnung (Vergleichsgröße I)	Verprobung n. § 38 KStG	Gliederung des vEK								
			EK 56	EK 50	EK 45	EK 36	EK 30	EK 01	EK 02	EK 03	EK 04
1	vEK der **übernehmenden Kö** zum Schluß des vorausgegangenen Wj. (ohne Zu- und Abgänge im lfd. Wj.). Bei der **Verschmelzung durch Neubildung** existiert bei der Übernehmerin eine EK-Gliederung noch nicht. In diesem Fall ist hier eine Null einzutragen. Wenn bei der Verschmelzung durch **Aufnahme** der Bilanzstichtag der Übernehmerin und der steuerliche Übertragungsstichtag zusammenfallen, ist hier das vEK der Übernehmerin zu diesem Stichtag (aber vor der Übernahme) einzutragen.	DM	DM	DM	DM	DM	DM	DM	DM	DM	DM
2	± vEK der **übertragenden Kö(en)** zum Übertragungsstichtag (einschl. der Zu- und Abgänge bis zum Übertragungsstichtag)	+/–									
3	= zusammengerechnetes vEK lt. Gliederungsrechnung (= **Vergleichsgröße I**)		–			–					
4	**vEK lt. StBil. auf den Übertragungsstichtag** (Vergleichsgröße II) a) **bei Verschmelzung durch Neubildung:** vEK lt. Eröffnungsbilanz zum Übertragungsstichtag .	–									
5	b) **Bei Verschmelzung durch Aufnahme:** vEK, das sich aus einer StBil. auf den unmittelbar nach dem Vermögensübergang folgenden Zeitpunkt ergeben würde, in der nur die durch den Vermögensübergang verursachten Auswirkungen, nicht dagegen sonstige Vermögensveränderungen berücksichtigt sind (fiktive StBil.)	–									
6	Unterschiedsbetrag										
	Korrektur des Unterschiedsbetrags, soweit dieser auf die von der StBil. abweichenden EK-Definition des § 29 Abs. 1 KStG zurückzuführen ist										
7	+ KSt-Minderung /– KSt-Erhöhung aus Bewinnausschüttungen, für die das vEK lt. Zeilen 1 und/oder 2 als verwendet gilt	+/–									
8	– Ausschüttungen der Übernehmerin und/oder der Überträgerin, die das vEK lt. StBil. bereits verringert haben, aber noch nicht das vEK lt. vorstehenden Zeilen 1 und/oder 2 (Vorausschüttungen und vGA im vorausgegangenen Wj.)	–									
9	Verbleibender Unterschiedsbetrag										
	Angleichung der Gliederungsrechnung an die StBil. nach § 38 KStG:										
10	Nach § 15 Abs. 2 Satz 2 UmwStG stpfl. Übernahmegewinn (nach Abzug der darauf entfallenden KSt u. GewSt)	+									
11	**Niedriger Betrag,** d. h. der Betrag lt. Zeile 11 ist negativ (Abzug vom EK 04 gem. § 38 Abs. 3 KStG)	+									+
12	**Übersteigender Betrag,** d. h. der Betrag lt. Zeile 11 ist positiv (abzuziehen in der umgekehrten Reihenfolge des § 28 Abs. 3 KStG, d. h. zuerst vom EK 04, nach dessen Verbrauch vom EK 03, usw. bis zum EK 01. Verbleibt auch nach Verbrauch des EK 01 noch ein übersteigender Betrag, ist dieser i. R. der nächstjährigen EK-Gliederung in der vorbezeichneten Reihenfolge abzuziehen; § 38 Abs. 1 Satz 3 KStG)										
13	Abzug bis zur Höhe der nichtbelasteten Teilbeträge	–					–	–	–	–	
14	Übersteigender Betrag										
15	= **vEK nach Zu- und Abgängen**										
16	Beträge lt. Zeile 15										
17	abzüglich Beträge lt. Zeile 1		–	–	–	–	–	–	–	–	–
18	= **Zu- und Abgänge zum vEK infolge der Vermögensübernahme** (zu erfassen in der EK-Gliederung der Übernehmerin zum Schluß des Übertragungsjahrs)										

1755

15.1.3.3.5 Die Angleichung der Gliederungsrechnung

15.1.3.3.5.1 Das zusammengerechnete verwendbare Eigenkapital lt. Gliederungsrechnung übersteigt das aus der fiktiven Steuerbilanz abgeleitete verwendbare Eigenkapital (§ 38 Abs. 1 Satz 2 und Abs. 2 KStG 1991)

1756 Übersteigen die zusammengerechneten Teilbeträge des verwendbaren Eigenkapitals aus den in RZ 1747 genannten Gründen das verwendbare Eigenkapital, das sich aus einer (ggfs. fiktiven) Steuerbilanz auf den unmittelbar nach dem Vermögensübergang folgenden Zeitpunkt ergeben würde, sind nach § 38 Abs. 1 Satz 2 und Abs. 2 KStG 1991 **die nicht belasteten Teilbeträge um den übersteigenden Betrag zu mindern.** Sie sind dabei in der umgekehrten Reihenfolge zu kürzen, in der sie nach § 28 Abs. 2 KStG 1991 als für eine Ausschüttung verwendet gelten, d. h. der Abzug beginnt beim EK 04 und endet beim EK 01. Reichen die nichtbelasteten Teilbeträge für die Kürzung nicht aus, ist der **Restbetrag** – um die Vernichtung belasteter Teilbeträge und damit von Körperschaftsteuer-Guthaben zu vermeiden – als (vorläufiger) negativer Eigenkapital-Teil beim EK 04 auszuweisen und mit späteren Vermögenszugängen bei den nichtbelasteten Teilbeträgen in der vorbezeichneten Reihenfolge zu verrechnen.

1757 **Beispiel (Vermögensübergang auf den bisherigen Alleingesellschafter):**

– Rechtslage 1990 bis 1993:

Das Vermögen der A-AG geht zum 30. 9. 02 (steuerlicher Übertragungsstichtag) im Wege der Verschmelzung durch Aufnahme auf die B-AG, den bisherigen Alleingesellschafter, über. Das Wirtschaftsjahr der übernehmenden Gesellschaft deckt sich mit dem Kalenderjahr. Die B-AG hat im Jahre 02 ein zu versteuerndes Einkommen von 750 000 DM erzielt, das ungemildert der Körperschaftsteuer unterliegt.

Das in der steuerlichen Übertragungsbilanz ausgewiesene Eigenkapital der A-AG (übertragende Gesellschaft) setzt sich wie folgt zusammen:

Nennkapital		300 000 DM
Verwendbares Eigenkapital:		
a) EK 50	1 200 000 DM	
b) EK 03	+ 150 000 DM	
	1 350 000 DM	+ 1 350 000 DM
Eigenkapital		1 650 000 DM

Der Buchwert der Anteile an der A-AG belief sich bei der übernehmenden B-AG am steuerlichen Übertragungsstichtag auf 600 000 DM.

Das Eigenkapital der B-AG (übernehmende Körperschaft) setzte sich in der gesonderten Feststellung zum 31. 12. 01 wie folgt zusammen:

Nennkapital		1 500 000 DM
Verwendbares Eigenkapital:		
a) EK 50	2 400 000 DM	
b) EK 03	+ 450 000 DM	
c) EK 04	+ 150 000 DM	
	3 000 000 DM	+ 3 000 000 DM
Eigenkapital		4 500 000 DM

Das Eigenkapital der B-AG, das sich aus einer Steuerbilanz zum 30. 9. 02 ergeben würde, beträgt:

Nennkapital		1 500 000 DM
Bisheriges Vermögen	3 000 000 DM	
Wegfall der Anteile an der A-AG	– 600 000 DM	2 400 000 DM
		3 900 000 DM
Vermögen der A-AG		+ 1 650 000 DM
Eigenkapital		5 550 000 DM

Ermittlung des verwendbaren Eigenkapitals der übernehmenden Körperschaft zum 31. 12. 02

Summe der Teilbeträge des verwendbaren Eigenkapitals der beiden Gesellschaften		4 350 000 DM	
Zusammengerechnetes Eigenkapital, das sich aus einer Steuerbilanz zum Übertragungsstichtag ergeben würde	5 550 000 DM		
darin enthaltenes Nennkapital	– 1 500 000 DM		
Zusammengerechnetes verwendbares Eigenkapital nach der Steuerbilanz		4 050 000 DM	– 4 050 000 DM
Übersteigender Betrag			300 000 DM

	Summe der Teilbeträge DM	EK 50 DM	EK 03 DM	EK 04 DM
a) Bestand 31. 12. 01	3 000 000	2 400 000	450 000	150 000
b) Eigenkapitalzugang aus dem Einkommen (750 000 DM – 50 v. H. Körperschaftsteuer)	+ 375 000	+ 375 000		
c) Zurechnung der von der A-AG übernommenen Teilbeträge	+ 1 350 000	+ 1 200 000	+ 150 000	
	4 725 000	3 975 000	600 000	150 000
d) Kürzung um den übersteigenden Betrag gemäß § 38 Abs. 1 Satz 2 und Abs. 2 KStG 1991	– 300 000	–	– 150 000	– 150 000
e) Bestand 31. 12. 02	4 425 000	3 975 000	450 000	0

Im vorstehenden Beispiel ergibt sich der geringere Betrag von 300 000 DM in der Steuerbilanz

a) aus der Verringerung des verwendbaren Eigenkapitals der Übernehmerin durch den Wegfall der Anteile: – 600 000 DM,

b) aus der Erhöhung des verwendbaren Eigenkapitals der Übernehmerin durch den Übergang des Vermögens der übertragenden Gesellschaft, das durch deren Nennkapital gedeckt war: + 300 000 DM.

Die KStR enthalten in Abschnitt 93 Abs. 5 noch ein zweites Beispiel zur Addition der Teilbeträge für den Fall, daß die Anteile an der übertragenden Gesellschaft außenstehenden Gesellschaftern gehören.

15.1.3.3.5.2 Das zusammengerechnete verwendbare Eigenkapital lt. Gliederungsrechnung ist niedriger als das zusammengerechnete verwendbare Eigenkapital lt. fiktiver Steuerbilanz (§ 38 Abs. 3 KStG 1991)

Sind die zusammengerechneten Teilbeträge aus den in RZ 1747 genannten Gründen niedriger als das verwendbare Eigenkapital nach der fiktiven Steuerbilanz, ist der **Unterschiedsbetrag dem EK 04 hinzuzurechnen** (§ 38 Abs. 3 KStG 1991).

Beispiel (Rechtslage 1990 bis 1993):

Das Vermögen der A-AG und der B-AG gehen zum 31. 1. 01 (steuerlicher Übertragungsstichtag) im Wege der Verschmelzung auf die neugegründete C-AG über. Die C-AG hat als Wirtschaftsjahr das Kalenderjahr. Im Wirtschaftsjahr 01 erzielt die C-AG ein zu versteuerndes Einkommen von 300 000 DM.

Steuerliche Schlußbilanz der übertragenen A-AG

Aktiva	600 000 DM	Grundkapital	450 000 DM
		Rücklagen	150 000 DM
	600 000 DM		600 000 DM

Verwendbares Eigenkapital der übertragenen A-AG zum 31. 7. 01

Ungemildert belasteter Teilbetrag (EK 50)	150000 DM

1759

Steuerliche Schlußbilanz der übertragenen B-AG			
Aktiva	900 000 DM	Grundkapital	600 000 DM
		Rücklagen	300 000 DM
	900 000 DM		900 000 DM

Verwendbares Eigenkapital der übertragenen B-AG zum 31. 7. 01

Ungemildert belasteter Teilbetrag (EK 50)	300 000 DM

Steuerliche Schlußbilanz der übernehmenden C-AG			
Aktiva	1 500 000 DM	Grundkapital	960 000 DM
		Rücklagen	540 000 DM
	1 500 000 DM		1 500 000 DM

Verwendbares Eigenkapital der C-AG zum 31. 12. 01

		EK 50	EK 04
	DM	DM	DM
Bestände zum Schluß des Vorjahrs		0	0
+ Zugang aus dem Einkommen 01 (300 000 DM – 50 v. H. Körperschaftsteuer)		+ 150 000	
+ Verwendbares Eigenkapital, das durch Gesamtrechtsnachfolge auf die C-AG übergegangen ist (150 000 DM + 300 000 DM)		+ 450 000	

Verprobung nach § 38 Abs. 1 KStG 1991:

Zusammengerechnetes verwendbares Eigenkapital lt. Gliederungsrechnung:	
Bestand bei der C-AG zum Schluß des Vorjahrs	0
Bestände bei der A- und B-AG zum 31. 7. 01	450 000
Zusammen	450 000
Verwendbares Eigenkapital der C-AG lt. Eröffnungsbilanz zum 31. 7. 01	540 000
Unterschiedsbetrag	90 000

Angleichung der Gliederungsrechnung an die Steuerbilanz

Zurechnung des Unterschiedsbetrags von 90 000 DM zum Teilbetrag EK 04 gem. § 38 Abs. 3 KStG 1991		– 90 000	+ 90 000
		0	
Bestände zum 31. 12. 01		600 000	90 000

15.1.3.4 Übergang des Vermögens auf eine steuerbefreite Körperschaft (§ 38 Abs. 4 KStG 1991)

1760 § 38 Abs. 4 KStG 1991 enthält eine **Ausnahmeregelung** für den Fall, daß die **Vermögensübernehmerin von der Körperschaftsteuer befreit** ist. Hierfür schreibt das Gesetz bei der Übernehmerin eine Zurechnung des auf sie übergegangenen Vermögens beim EK 02 vor.

§ 38 Abs. 4 KStG 1991 soll verhindern, daß die steuerbefreite Übernehmerin im Falle der Weiterausschüttung des übernommenen Vermögens ihren Anteilseignern insoweit ein Steuerguthaben vermitteln kann. Die aufgelöste Gesellschaft muß nach § 42 Abs. 1 KStG für das übergehende Vermögen die Ausschüttungsbelastung herstellen; dadurch wird die Übernehmerin in ihrer Steuerbelastung **so gestellt wie ein Ausschüttungsempfänger auf der Endstufe**.

15.2 Vermögensübergang durch Gesamtrechtsnachfolge nach dem Umwandlungssteuergesetz 1995 (§§ 38, 38a und 38 b KStG)

Ausgewählte Literaturhinweise: Wochinger/Dötsch, Das neue Umwandlungssteuergesetz und seine Folgeänderungen bzw. Auswirkungen bei der Einkommen-, Körperschaft- und Gewerbesteuer, DB Beilage 14/34.

15.2.1 Allgemeines

Die Körperschaftsteuerbelastung des Gewinns einer unbeschränkt steuerpflichtigen Körperschaft soll nicht nur in den Fällen der **Gewinnausschüttung** durch die Einkommen- oder Körperschaftsteuerbelastung des Anteilseigners ersetzt werden, sondern z.B. auch dann, wenn die in der Körperschaft gespeicherten Gewinne dem Anteilseigner anläßlich der Auflösung der Körperschaft zufließen. Dafür, daß die Vorschriften des Anrechnungsverfahrens auch in den Fällen der Umwandlung, Verschmelzung, Auf- oder Abspaltung einer Körperschaft ihre Wirkung behalten, sorgen die Regelungen des steuerlichen Umwandlungsgesetzes 1995 (UmwStG 1995). Für den Fall des Vermögensüberganges von einer auf eine andere ins Anrechnungsverfahren einbezogene Körperschaft werden die Regelungen des UmwStG 1995 durch §§ 38, 38a und 38b KStG ergänzt. 1761

Die Regelungen des Umwandlungssteuergesetzes 1995 und der §§ 38, 38a und 38b KStG sind erstmals auf den Übergang von Vermögen anzuwenden, der auf Rechtsakten beruht, die nach dem 31.12.1994 wirksam werden (§ 27 Abs. 1 UmwStG 1995, § 54 Abs. 12 KStG). 1762

15.2.2 Die Regelungen des Umwandlungssteuergesetzes 1995

15.2.2.1 Übersicht

Die Vorschriften des UmwStG 1995 lassen sich im wesentlichen in die folgenden **zehn Bereiche** untergliedern (vgl. dazu im einzelnen nachstehende RZ 2140 ff): 1763

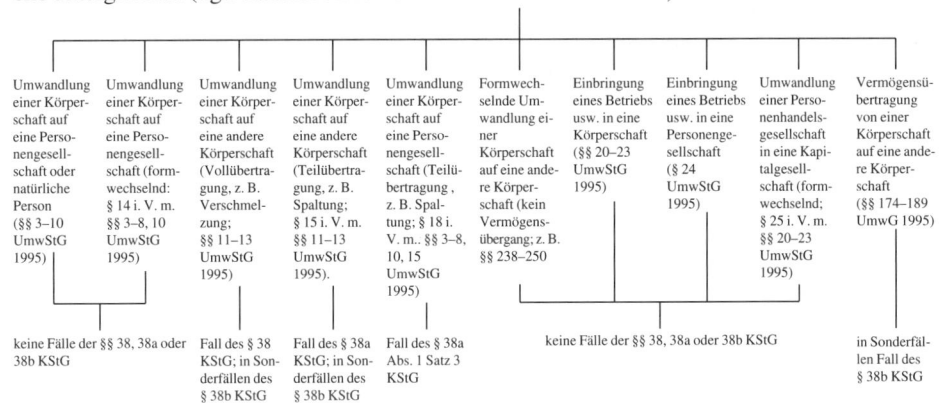

Umwandlung einer Körperschaft auf eine Personengesellschaft oder natürliche Person (§§ 3–10 UmwStG 1995)	Umwandlung einer Körperschaft auf eine Personengesellschaft (formwechselnd: § 14 i. V. m. §§ 3–8, 10 UmwStG 1995)	Umwandlung einer Körperschaft auf eine andere Körperschaft (Vollübertragung, z. B. Verschmelzung; §§ 11–13 UmwStG 1995)	Umwandlung einer Körperschaft auf eine andere Körperschaft (Teilübertragung, z. B. Spaltung; §§ 11–13 UmwStG 1995).	Umwandlung einer Körperschaft auf eine Personengesellschaft (Teilübertragung, z. B. Spaltung; §§ 3–8, 10, 15 UmwStG 1995)	Formwechselnde Umwandlung einer Körperschaft auf eine andere Körperschaft (kein Vermögensübergang; z. B. §§ 238–250)	Einbringung eines Betriebs usw. in eine Körperschaft (§§ 20–23 UmwStG 1995)	Einbringung eines Betriebs usw. in eine Personengesellschaft (§ 24 UmwStG 1995)	Umwandlung einer Personenhandelsgesellschaft in eine Kapitalgesellschaft (formwechselnd; § 25 i. V. m. §§ 20–23 UmwStG 1995)	Vermögensübertragung von einer Körperschaft auf eine andere Körperschaft (§§ 174–189 UmwG 1995)
keine Fälle der §§ 38, 38a oder 38b KStG		Fall des § 38 KStG; in Sonderfällen des § 38b KStG	Fall des § 38a KStG; in Sonderfällen des § 38b KStG	Fall des § 38a Abs. 1 Satz 3 KStG		keine Fälle der §§ 38, 38a oder 38b KStG			in Sonderfällen Fall des § 38b KStG

Die Regelungen des Umwandlungsteuergesetzes 1995 weichen in wesentlichen Punkten von denen des Umwandlungsteuergesetzes 1977 ab. Nur ein Teil dieser Abweichungen läßt sich über das neue handelsrechtliche Umwandlungsrecht erklären. 1764

15.2.2.2 Vermögensübergang von einer Körperschaft auf eine Personengesellschaft oder auf eine natürliche Person (§§ 3–10 UmwStG 1995)

Bei der **übertragenden Körperschaft** 1765

– besteht nach § 3 UmwStG 1995 ein **Wahlrecht** beim Ansatz des übergehenden Betriebsvermögens in der Schlußbilanz;
  = bei **Ansatz** des Betriebsvermögens **mit dem Buchwert** entsteht kein Übertragungsgewinn;
  = bei **Ansatz** des Betriebsvermögens **mit dem Teilwert oder einem zwischen Buch- und Teilwert liegenden Wert** entsteht ein steuerpflichtiger Übertragungsgewinn;

1765 – ist die Körperschaftsteuer-Ausschüttungsbelastung nicht herzustellen. Kapitalertragsteuer wird nicht einbehalten.

Beim **Übernehmer**

– sind die auf ihn übergegangenen Wirtschaftgüter **mit dem in der steuerlichen Schlußbilanz der übertragenden Körperschaft enthaltenen Wert** zu übernehmen (§ 4 Abs. 1 UmwStG 1995).
  = Bei Ansatz des Buchwertes tritt der Übernehmer hinsichtlich der Abschreibungen in die Rechtstellung der übertragenden Körperschaft ein (§ 4 Abs. 2 UmwStG 1995).
  = Bei Ansatz des Teilwertes oder eines zwischen Buch- und Teilwert liegenden Wertes ergibt sich ein entsprechend höheres Abschreibungsvolumen (§ 4 Abs. 3 UmwStG 1995).
– ist der **Übernahmegewinn zu versteuern** und die **Körperschaftsteuer ist anzurechnen** (§ 10 UmwStG 1995). Der Übernahmegewinn erhöht sich gemäß § 4 Abs. 5 UmwStG 1995 um die auf den übergegangenen Eigenkapitalteilen lastende Körperschaftsteuer. Gleichzeitig ist diese Körperschaftsteuer auf die Einkommensteuer bzw. Körperschaftsteuer der Gesellschafter der übernehmenden Personengesellschaft bzw. auf die Einkommensteuer der übernehmenden natürlichen Person anzurechnen;
– ist ein etwaiger Übernahmeverlust zunächst durch Aufstockung der Buchwerte bis zum Teilwert auszugleichen, ein danach verbleibender Übernahmeverlust ist abziehbar (§ 4 Abs. 6 UmwStG 1995).

Diese Gruppe von Umwandlungsfällen wird also im **Ergebnis** so behandelt, als hätte die übertragende Körperschaft ihr Vermögen an eine natürliche Person ausgeschüttet. Der Anteilseigner muß diese Ausschüttung versteuern und kann die darauf lastende Körperschaftsteuer auf seine persönliche Steuerschuld anrechnen.

Ein **Fall der §§ 38, 38a oder 38b KStG** ist bei dieser Fallgruppe **nicht gegeben,** da der Übernehmer nicht zur Gliederung des verwendbaren Eigenkapitals verpflichtet ist.

15.2.2.3 Vermögensübergang von einer Körperschaft auf eine Personengesellschaft (formwechselnd; § 14 UmwStG 1995 i. V. m. §§ 3–8, 10 UmwStG 1995)

1766 Hier gelten die unter RZ 1765 gemachten Ausführungen entsprechend. Ein **Fall der §§ 38, 38a oder 38b KStG** ist bei dieser Fallgruppe **nicht gegeben,** da der Übernehmer nicht zur Gliederung des verwendbaren Eigenkapitals verpflichtet ist.

15.2.2.4 Vermögensübergang von einer auf eine andere Körperschaft (Vollübertragung, z. B. Verschmelzung; §§ 11–13 UmwStG 1995)

1767 Bei der **übertragenden Körperschaft**

– sind in der steuerlichen Schlußbilanz für das letzte Wirtschaftsjahr die übergegangenen Wirtschaftsgüter grundsätzlich mit dem **Buchwert** anzusetzen, wenn die spätere Versteuerung der stillen Reserven bei der Übernehmerin gesichert ist und eine Gegenleistung nicht gewährt wird oder in Gesellschaftsrechten besteht (§ 11 Abs. 1 Satz 1 UmwStG 1995 = **Regelfall).** In diesem Fall ergibt sich kein Übertragungsgewinn. Der Ansatz eines höheren Wertes bis zum Teilwert ist zulässig (§ 11 Abs. 1 Satz 2 UmwStG 1995). Ist die spätere Versteuerung der stillen Reserven nicht sichergestellt oder wird – außer Gesellschaftsrechten – eine Gegenleistung gewährt, sind die übertragenden Wirtschaftsgüter mit dem Wert der Gegenleistung oder mit dem Teilwert anzusetzen (= Gewinnrealisierung – § 14 Abs. 2 UmwStG 1995). In diesen Fällen ergibt sich ein steuerpflichtiger Übertragungsgewinn.

Bei der **übernehmenden Körperschaft**

– sind die übernommenen **Wirtschaftgüter mit dem Wert in der Schlußbilanz** der Übertragerin **zu übernehmen** (§ 12 Abs. 1 UmwStG 1995),

– **bleiben** ein **Übernahmegewinn oder -verlust** grundsätzlich **außer Ansatz** (§ 12 Abs. 2 UmwStG 1995), 1767

– **entfällt** eine **Körperschaftsteuer-Anrechnung**,

– sind das eigene **verwendbare Eigenkapital** der Übernehmerin und das übernommene verwendbare Eigenkapital **zusammenzurechnen** (§ 38 KStG).

Diese Gruppe von Umwandlungs- und Verschmelzungsfällen wird also im Ergebnis so behandelt, als trete die Übernehmerin ohne Vermögensübergang an die Stelle der Übertragerin. Die in dem übertragenen Vermögen ruhenden stillen Reserven werden beim Übergang nicht aufgedeckt und somit nicht versteuert (Buchwertfortführung). Das verwendbare Eigenkapital der Übertragerin und der Übernehmerin werden addiert. Die **Besteuerung der stillen Reserven wird in die Zukunft verschoben;** sie erfolgt erst, wenn die übernehmende Körperschaft das auf sie übergegangene Vermögen an ihre Anteilseigner weiter ausschüttet. Damit ist die Einmalbesteuerung des ausgeschütteten Gewinns auch in diesem Fall sichergestellt.

Besonderheiten ergeben sich in folgenden Fällen: 1768

– Werden die Wirtschaftsgüter von einer zur Gliederung des verwendbaren Eigenkapitals verpflichteten Körperschaft auf eine nicht zur Gliederung des verwendbaren Eigenkapitals verpflichteten Körperschaft übertragen, erhöht sich um die auf den übergegangenen Eigenkapitalteilen lastende Körperschaftsteuer. Gleichzeitig ist diese Körperschaftsteuer auf die Körperschaftsteuer der übernehmenden Körperschaft anzurechnen (§ 12 Abs. 5 i.V.m. § 10 UmwStG 1995).

– Werden die Wirtschaftsgüter von einer nicht zur Gliederung des verwendbaren Eigenkapitals verpflichteten Körperschaft auf eine zur Gliederung des verwendbaren Eigenkapitals verpflichteten Körperschaft übertragen, gilt für die Eigenkapitalgliederung der übernehmenden Körperschaft § 30 Abs. 3 oder § 38b KStG (vgl. RZ 1776).

15.2.2.5 Vermögensübergang von einer auf eine andere Körperschaft (Teilübertragung, z. B. Spaltung; § 15 i. V. m. §§ 11–13 UmwStG 1995)

Im Grundsatz gelten die unter RZ 1767 gemachten Ausführungen entsprechend. Es ergeben sich folgende Besonderheiten: 1769

Bei der **übertragenden Körperschaft**

– ist das **verwendbare Eigenkapital** der übertragenden Körperschaft **im Verhältnis der übergehenden Vermögensteile** zu kürzen (§ 38a KStG).

Bei der **übernehmenden Körperschaft**

– ist das bei der übertragenden Körperschaft **gekürzte verwendbare Eigenkapital** dem verwendbaren Eigenkapital der übernehmenden Körperschaft **hinzuzurechnen** (§ 38a KStG).

Die unter RZ 1768 aufgeführten Besonderheiten gelten entsprechend.

15.2.2.6 Vermögensübergang von einer Körperschaft auf eine Peronengesellschaft (Teilübertragung, z. B. Spaltung; § 16 i. V. m. §§ 3–8, 10, 15 UmwStG 1995)

Im Grundsatz gelten die unter RZ 1765 gemachten Ausführungen entsprechend. Die Besonderheit dieser Fallgestaltung liegt darin, daß die Wirtschaftsgüter von einer zur Gliederung des verwendbaren Eigenkapitals verpflichteten Körperschaft auf eine nicht zur Gliederung des verwendbaren Eigenkapitals verpflichteten Personengesellschaft übertragen werden: 1770

Bei der **übertragenden Körperschaft**

– ist das **verwendbare Eigenkapital** der übertragenden Körperschaft **im Verhältnis der übergehenden Vermögensteile** zu kürzen (§ 38a Abs. 1 Satz 3 KStG).

1770 Bei der **übernehmenden Personengesellschaft**
- ist die **Körperschaftsteuer,** die **auf dem** bei der übertragenden Körperschaft **gekürzte verwendbare** Eigenkapital dem Übertragungsgewinn bei der Personengesellschaft **hinzuzurechnen** und bei der Einkommensteuer oder Körperschaftsteuer der Gesellschafter der Personengesellschaft **anzurechnen** (§ 16 i. V. m. §§ 4 Abs. 5 und 10 UmwStG 1995).

15.2.2.7 Vermögensübertragung von einer Körperschaft auf eine Körperschaft (§§ 174–189 UmwG 1995)

1771 Werden im Rahmen einer Vermögensübertragung nach §§ 174–189 UmwG 1995 Wirtschaftsgüter von einer nicht zur Gliederung des verwendbaren Eigenkapitals verpflichteten Körperschaft auf eine zur Gliederung des verwendbaren Eigenkapitals verpflichteten Körperschaft übertragen, gilt für die Eigenkapitalgliederung der übernehmenden Körperschaft § 30 Abs. 3 oder § 38b KStG (vgl. RZ 1776).

15.2.3 Gliederung des verwendbaren Eigenkapitals bei Verschmelzung (§ 38 KStG)

1772 Die Vorschrift des § 38 KStG gilt nur für die Gliederung des verwendbaren Eigenkapitals bei **der Verschmelzung von Körperschaften.** Die Gliederung des verwendbaren Eigenkapitals bei der Spaltung von Körperschaften, wenn Übernehmerin ebenfalls eine gliederungspflichtige Körperschaft ist, regelt der neu eingefügte § 38a KStG (vgl. RZ 1774 f), die Gliederung des verwendbaren Eigenkapitals in Sonderfällen des Vermögensübergangs § 38b KStG (vgl. RZ 1776).

1773 Die **Auswirkungen der Verschmelzung auf die Gliederung des verwendbaren Eigenkapitals und des Sonderausweises im Sinne des § 47 Abs. 1 Nr. 2 KStG** sind in drei – getrennt vorzunehmende – Schritten zu ermitteln:

- **Erster Schritt**

  Addition der Teilbeträge des verwendbaren Eigenkapitals und eventueller Sonderausweise im Sinne des § 47 Abs. 1 Nr. 2 KStG

  Addition der Teilbeträge des verwendbaren Eigenkapitals einschließlich eventuell vorhandener Sonderausweise im Sinne des § 47 Abs. 1 Nr. 2 KStG der übertragenden Kapitalgesellschaft bzw. Gesellschaften und der übernehmenden Kapitalgesellschaft.

- **Zweiter Schritt**

  = **Angleichung der Nennkapitalsphäre**

  Die Summe der ursprünglichen Nennkapitalbeträge der an der Verschmelzung beteiligten Kapitalgesellschaften ist mit dem tatsächlich festgesetzten Nennkapital der übernehmenden Kapitalgesellschaft nach der Verschmelzung zu vergleichen. Bei der Verschmelzung durch Aufnahme sind nur die Nennkapitalbeträge der übernehmenden Kapitalgesellschaft vor und nach der Verschmelzung zu vergleichen.

  = **Behandlung eines Differenzbetrages**

  Ist das Nennkapital nach der Verschmelzung höher als die entsprechenden Nennkapitalbeträge vor dem Vermögensübergang, führt dieser Mehrbetrag zu einer Erhöhung des Sonderausweises im Sinne des 47 Abs. 1 Nr. 2 KStG (Kapitalerhöhung).

  Davon ausgenommen ist jedoch eine eventuelle bare Zuzahlung oder Sacheinlage der Gesellschafter im Rahmen der Verschmelzung, die nach dem Umwandlungsgesetz zulässig ist.

  Ist das Nennkapital nach der Verschmelzung geringer als die entsprechenden Nennkapitalbeträge vor dem Vermögensübergang, verringert dieser Minderbetrag einen Sonderausweis im Sinne des § 47 Abs. 1 Nr. 2 KStG bis auf 0 DM (Kapitalherabsetzung). Ein darüber hinausgehender Minderbetrag ist dem Teilbetrag EK 04 zuzurechnen. Diese

Zurechnung erfolgt aber nicht als Bestandteil des zweiten Rechenschrittes, sondern wird **1773** in dem dritten Rechenschritt, der der Anpassung der Gliederungsrechnung an die Steuerbilanz dient und der diese Anpassung bei dem Teilbetrag EK 04 vornimmt, saldiert.

= **Dritter Schritt**
Angleichung der Rücklagensphäre

	Rücklagen lt. Steuerbilanz der übernehmenden Kapitalgesellschaft nach der Verschmelzung
–	Summe der Teilbeträge des verwendbaren Eigenkapitals lt. Gliederungsrechnung der übernehmenden Kapitalgesellschaft nach der Verschmelzung, vermindert um die Nennkapitalbeträge, die nach § 29 Abs. 3 KStG zum verwendbaren Eigenkapital gehören
=	Differenzbetrag

Soweit dieser **Differenzbetrag** auf den Wegfall von Anteilen oder auf anderen mit dem Vermögensübergang zusammenhängenden Gründen beruht, ist er **bei dem Teilbetrag EK 04 zu erfassen.**

Vgl. im übrigen auch die Erläuterungen und Beispiele zu § 38 KStG 1991 (RZ 1731 ff).

15.2.4 Gliederung des verwendbaren Eigenkapitals bei Aufspaltung oder Abspaltung (§ 38a KStG)

§ 38a KStG regelt die Aufteilung des verwendbaren Eigenkapitals in den Fällen der **Aufspal- 1774 tung oder Abspaltung** einer gliederungspflichtigen Körperschaft auf eine oder mehrere gliederungspflichtige Körperschaften. **Das verwendbare Eigenkapital der übertragenden Körperschaft ist** danach grundsätzlich **im Verhältnis der gemeinen Werte der übergehenden Vermögensteile** zu dem bei der übertragenden Körperschaft vor der Spaltung bestehenden Vermögen **aufzuteilen.** Dieses Verhältnis der übergehenden Vermögensteile zu dem bei der übertragenden Körperschaft vor der Spaltung bestehenden Vermögen ergibt sich in der Regel aus den Angaben zum Umtauschverhältnis der Anteile im Spaltungs- und Übernahmevertrag oder im Spaltungsplan (§ 126 Abs. 1 Nr. 3, § 136 UmwG 1995). Die Ermittlung der gemeinen Werte der übergehenden Vermögensteile bzw. des verwendbaren Vermögens ist daher nur dann erforderlich, wenn der Spaltungs- und Übernahmevertrag oder der Spaltungsplan keine Angaben zum Umtauschverhältnis der Anteile enthält.

Die Auswirkungen der Spaltung auf die Gliederung des verwendbaren Eigenkapitals und des **1775** Sonderausweises im Sinne des § 47 Abs. 1 Nr. 2 KStG sind – wie bei der Verschmelzung – in drei Schritten zu ermitteln. Vergleiche § 38a Abs. 2 UmStG 1995, der auf die sinngemäße Anwendung des § 38 Abs. 1 Sätze 2 bis 4 KStG hinweist (vgl. RZ 1772 f).

– **Erster Schritt**

Aufteilung der Teilbeträge des verwendbaren Eigenkapitals und eventueller Sonderausweise im Sinne des § 47 Abs. 1 Nr. 2 KStG

Aufteilung des vorhandenen Verwendbaren Eigenkapital einschließlich eines Sonderausweises im Sinne des § 47 Abs. 1 Nr. 2 KStG der übertragenden Kapitalgesellschaft nach dem in § 38a Abs. 1 KStG festgelegten Aufteilungsschlüssel.

– **Zweiter Schritt**

= **Angleichung der Nennkapitalsphäre**

Das Nennkapital jeder Kapitalgesellschaft nach der Spaltung ist mit dem auf sie entfallenden Anteil am Nennkapital der übertragenden Kapitalgesellschaft vor der Spaltung zu vergleichen. Für die Zuordnung des Nennkapitals vor der Spaltung gelten die Grundsätze des § 38 Abs. 1 KStG entsprechend.

1775 = **Behandlung eines Differenzbetrages**

Ist das **Nennkapital nach der Spaltung höher** als der auf die Kapitalgesellschaft entfallende Anteil am Nennkapital der übertragenden Kapitalgesellschaft vor dem Vermögensübergang, führt dieser Mehrbetrag zu einer Erhöhung des Sonderausweises im Sinne des § 47 Abs. 1 Nr. 2 KStG (Kapitalerhöhung).

Davon ausgenommen ist jedoch eine eventuelle bare Zuzahlung oder Sacheinlage der Gesellschafter im Rahmen der Spaltung, die nach dem Umwandlungsgesetz 1995 zulässig ist.

Ist das **Nennkapital nach der Spaltung geringer** als der Anteil am Nennkapital der übertragenden Kapitalgesellschaft vor dem Vermögensübergang, verringert dieser Minderbetrag einen Sonderausweis im Sinne des § 47 Abs. 1 Nr. 2 KStG bis auf 0 DM (Kapitalherabsetzung). Ein darüber hinausgehender Minderbetrag ist dem Teilbetrag EK 04 zuzurechnen. Wie bei der Verschmelzung erfolgt die Anpassung des Teilbetrages EK 04 jedoch saldiert erst im dritten Schritt.

– **Dritter Schritt**

Angleichung der Rücklagensphäre

	Rücklagen lt. Steuerbilanz der an der Spaltung beteiligten Gesellschaften nach der Spaltung
–	Summe der Teilbeträge des verwendbaren Eigenkapitals lt. Gliederungsrechnung der an der Spaltung beteiligten Gesellschaften nach der Spaltung, vermindert um die Nennkapitalbeträge, die nach 29 Abs. 3 KStG zum verwendbaren Eigenkapital gehören
=	Differenzbetrag

Soweit dieser **Differenzbetrag** auf den Wegfall von Anteilen oder auf anderen mit dem Vermögensübergang zusammenhängenden Gründen beruht, ist er **bei dem Teilbetrag EK 04 zu erfassen.**

15.2.5 Gliederung des verwendbaren Eigenkapitals in Sonderfällen des Vermögensübergangs (§ 38 b KStG)

1776 § 38b KStG regelt die Gliederung des verwendbaren Eigenkapitals in den Fällen des Vermögensübergangs durch Verschmelzung, Aufspaltung oder Abspaltung **sowie Vermögensübertragung** von einer **nicht** gliederungspflichtigen auf eine gliederungspflichtige Körperschaft. Wie in den Fällen des 30 Abs. 3 KStG ist **das entstehende verwendbare Eigenkapital** dem **Teilbetrag des 30 Abs. 2 Nr. 4 KStG (EK 04) zuzuordnen.** Während der Vermögensübergang durch Verschmelzung, Aufspaltung oder Abspaltung sowie Vermögensübertragung auf eine **neu entstehende Körperschaft unter § 30 Abs. 3 KStG fällt,** regelt die Vorschrift des § 38b KStG die Gliederung des verwendbaren Eigenkapitals bei Vermögensübergang auf eine **bestehende gliederungspflichtige Körperschaft.**

15.2.6 Übergang des Vermögens auf eine steuerbefreite Körperschaft (§ 38 Abs. 2 KStG)

1777 § 38 Abs. 2 KStG enthält – wie bisher § 38 Abs. 4 KStG 1991 (vgl. RZ 1760) – eine Ausnahmeregelung für den Fall, daß die Vermögensübernehmerin von der Körperschaftsteuer befreit ist. Hierfür schreibt das Gesetz bei der Übernehmerin eine Zurechnung des auf sie übergegangenen Vermögens beim EK 02 vor. § 38 Abs. 2 KStG gilt sowohl für den Fall der Verschmelzung (§ 38 Abs. 2 KStG) als auch für Fälle der Aufspaltung bzw. Abspaltung (§ 38a Abs. 2 Satz 1 i. V. m. § 38 Abs. 2 KStG)

§ 38 Abs. 2 KStG soll verhindern, daß die steuerbefreite Übernehmerin im Falle der Weiterausschüttung des übernommenen Vermögens ihren Anteilseignern insoweit ein Steuerguthaben vermitteln kann. Die aufgelöste Gesellschaft muß nach § 42 Abs. 1 KStG für das übergehende

Vermögen die Ausschüttungsbelastung herstellen; dadurch wird die Übernehmerin in ihrer Steuerbelastung **so gestellt wie ein Ausschüttungsempfänger auf der Endstufe**.

1778

frei **−1789**

16. Besteuerung kleiner Körperschaften (Abschnitt 104 KStR)

Nach § 156 Abs. 2 AO kann die Festsetzung von Steuern unterbleiben, wenn feststeht, daß die Kosten der Einziehung einschließlich der Festsetzung außer Verhältnis zu dem festzusetzenden Betrag stehen. Diese Voraussetzung kann, wie Abschnitt 104 KStR ausführt, im Einzelfall bei kleinen Körperschaften erfüllt sein, die einen Freibetrag nach § 24 oder § 25 KStG **nicht** beanspruchen können. Dazu gehören insbesondere **steuerbefreite Nutzungs- und Verwertungsgenossenschaften** und **steuerbefreite Kapitalgesellschaften**, soweit eine partielle Steuerpflicht besteht, sowie andere **kleinere Erwerbs- und Wirtschaftsgenossenschaften**. Bei diesen Körperschaften kann das in Satz 1 bezeichnete Mißverhältnis vorliegen, wenn das **Einkommen** ohne nähere Prüfung des Einzelfalls **offensichtlich 1000 DM nicht übersteigt**. Dementsprechend kann in diesen Fällen von **einer Veranlagung zur Körperschaftsteuer** und von einer **gesonderten Feststellung nach § 47 KStG abgesehen werden**. **1790**

Bei **einer GmbH**, die persönlich haftender Gesellschafter einer KG ist, ist Abschnitt 104 KStR **nicht** anzuwenden. Da das Einkommen der Kapitalgesellschaft im Rahmen der gesonderten Feststellung der Einkünfte der KG zu ermitteln ist, sind für die Komplementär-GmbH stets eine Veranlagung zur Körperschaftsteuer und eine gesonderte Feststellung nach § 47 KStG durchzuführen. **1791**

Hat eine Körperschaft, deren Veranlagung nach Abschnitt 104 KStR unterbleiben könnte, eine **Gewinnausschüttung** vorgenommen, ist die Veranlagung erstmals für den Veranlagungszeitraum, in dem das Wirtschaftsjahr endet, für das Gewinn ausgeschüttet wurde, und danach für alle folgenden Veranlagungszeiträume durchzuführen. Das gilt sinngemäß auch für die gesonderte Feststellung im Sinne des § 47 KStG. **1792**

Muß eine Körperschaft, bei der bisher nach Abschnitt 104 Abs. 1 KStR von einer Veranlagung zur Körperschaftsteuer und von der gesonderten Feststellung nach § 47 KStG abgesehen worden ist, ihr verwendbares **Eigenkapital erstmals gliedern**, ist ihr Vermögen dem Teilbetrag EK 04 zuzuordnen. Die frühere Regelung des Abschnitt 82 Abs. 3 KStR 1985 ist durch § 30 Abs. 3 KStG i. d. F. des Einigungsvertragsgesetzes vom 23. 9. 1990 (BGBl II S. 885) rückwirkend überholt (vgl. auch RZ 1413). **1793**

Abschnitt 104 KStR muß nicht zwangsläufig angewendet werden. Wenn die Körperschaft dies **beantragt**, sind die Veranlagung und die gesonderte Feststellung auch ohne Gewinnausschüttung durchzuführen. **1794**

frei **1795**

17. Gliederung des verwendbaren Eigenkapitals bei Liquidation der Körperschaft

Ausgewählte Literaturhinweise: Felix/Streck, Liquidationsüberlegungen auf der Schwelle zum KStRG, BB 1976 S. 923; **Herzig,** Körperschaftsteuerliche Zweifachbelastung von Liquidationsraten auf der Gesellschaftsebene?, DB 1979 S. 1007; ders., Die Liquidation von Kapitalgesellschaften im körperschaftsteuerlichen Anrechnungsverfahren; FR 1979 S. 289; ders., Einbringungsgeborene Anteile bei Liquidation einer Kapitalgesellschaft, BB 1981 S. 1143; ders., Steuerbilanz- und Ausschüttungspolitik einer Kapitalgesellschaft bei geplanter Liquidation unter Berücksichtigung von Anteilsveräußerungen, StuW 1980 S. 19; ders., Anteilsrotation vor Liquidation einer Kapitalgesellschaft, DB 1980 S. 1605; ders., Anteilsrotation bei laufender Geschäftstätigkeit – Steuerfreiheit von Gewinnausschüttungen durch Kombination von Veräußerungs- und Ausschüttungsvorgängen, BB 1981 S. 109; **Krebs,** Ausgewählte Problemfälle des körperschaftsteuerlichen Anrechnungsverfahrens, DB 1979 S. 1574, 1576; **Dötsch,** Zur Körperschaftsteuer-Erklärung 1980, NSt, Schlagwort „Körperschaftsteuer" Einzelfragen 5, S. 10; ders., Herstellung der Ausschüttungsbelastung bei sonstigen Leistungen einer Körperschaft; Auswirkungen auf die Eigenkapital-Gliederung, NSt, KSt, Kapitalerhöhung – Kapitalherabsetzung Darstellung 1; **Neyer,** Deutsche Besteuerung des ausländischen Anteilseigners bei Liquidation einer deutschen Tochtergesellschaft, RIW/AWD 1981 S. 387; **Stolz,** Übergangsprobleme durch das KStRG bei der Liquidation, DStR 1976 S. 572; **Spönlein,** Liquidationsbesteuerung, StStud 1982 S. 173; **Scholz,** Die Fortsetzung der Liquidations-GmbH, GmbHR 1982 S. 228; **Herzig,** Körperschaftsteuerliche Definitivbelastung im Liquidationsfall, BB 1979 S. 173; **Heimfarth,** Das Leg-ein-Hol-zurück-Verfahren zur Vermeidung der Definitiv-Körperschaftsteuer bei Liquidation, DB 1983 S. 1734; **Goutier/Spönlein,** Gestaltungsmöglichkeiten nach dem KStG 1977, GmbHR 1985 S. 264; **Weilbach,** Die Auskehrung – ein teurer Kehraus? Zur Besteuerung der Altrücklagen bei der Liquidation, GmbHR 1986 S. 320.

17.1 Gliederungsstichtag

1796   Nach § 11 Abs. 1 KStG ist im Liquidationsfall als **Veranlagungszeitraum** der Zeitraum der Abwicklung, längstens jedoch ein Zeitraum von drei Jahren anzusetzen (vgl. dazu auch vorstehend unter RZ 653 ff). Dementsprechend ist der **Gliederungsstichtag** (§ 30 Abs. 1 KStG) der Schluß des in der Regel mehrjährigen Besteuerungszeitraums (§ 11 Abs. 1 KStG). Stichtage, zu denen zwischenzeitlich Liquidationsbilanzen erstellt werden, sind für die Gliederungsrechnung ohne Bedeutung (Abschnitt 95a Abs. 1 KStR). Nur dann, wenn für den Abwicklungszeitraum mehrere Körperschaftsteuer-Veranlagungen durchgeführt werden, ist das verwendbare Eigenkapital zum Schluß jedes dieser Besteuerungszeiträume zu gliedern. Bei einer längerdauernden Liquidation ist es möglich, daß das Finanzamt nach Ablauf des ersten Dreijahreszeitraums wieder zu einem jährlichen Besteuerungszeitraum zurückkehrt.

17.2 Auskehrung des Liquidationserlöses an die Anteilseigner

17.2.1 Herstellen der Ausschüttungsbelastung

1797   Die KStR enthalten in Abschnitt 95 Abs. 1 und in Abschnitt 95a Sonderregelungen für das Herstellen der Ausschüttungsbelastung bei Zahlungen, die die Körperschaft auf den Liquidationsüberschuß leistet.

Die Auskehrung des Liquidationsüberschusses an die Anteilseigner ist eine sonstige Leistung, für die gemäß § 41 Abs. 1 KStG die §§ 27 - 40 KStG entsprechend gelten. Folglich ist die Ausschüttungsbelastung herzustellen, soweit für die sonstige Leistung verwendbares Eigenkapital mit Ausnahme des EK 04 als verwendet gilt.

1798   Die Körperschaft kann allerdings auch noch nach Beginn des Liquidationszeitraums beschließen, den Gewinn für einen **Zeitraum vor** dem **Liquidationsbeginn** auszuschütten. Dies ist dann eine auf einem ordnungsgemäßen Gewinnverteilungsbeschluß beruhende Gewinnausschüttung und nicht eine sonstige Leistung i. S. d. § 41 Abs. 1 (BFH-Urteil vom 17. 07. 1974, BStBl II S. 692). Die Körperschaftsteueränderung infolge dieser Gewinnausschüttung ist in dem Veranlagungszeitraum zu erfassen, in dem das Wirtschaftsjahr endet, für das der Gewinn offen ausgeschüttet wurde (§ 27 Abs. 3 Satz 1 KStG). 1798

17.2.2 Wahlrecht verwendbares Eigenkapital – Nennkapital

Bei Auflösung einer Kapitalgesellschaft oder sonstigen Körperschaft im Sinne des § 43 KStG gehören die nach der Auflösung gezahlten Liquidationsraten bei den **Anteilseignern** zu deren Kapitalerträgen i. S. d. § 20 Abs. 1 Nr. 2 EStG, wenn sie aus dem verwendbaren Eigenkapital – ausgenommen dem EK 04 – stammen. Dementsprechend führt die Auskehrung des vorhandenen **verwendbaren Eigenkapitals** einer Körperschaft im Falle ihrer Auflösung zur Anrechnung der **Körperschaftsteuer bei den Anteilseignern.** Wird dagegen **Nennkapital** ausgekehrt, liegen beim Anteilseigner keine steuerpflichtigen Kapitalerträge vor (Ausnahme: Fall des § 29 Abs. 3 KStG). 1799

Das Gesetz regelt nicht, ob für Zahlungen auf den Liquidationsüberschuß vorrangig verwendbares oder übriges Eigenkapital (Nennkapital) als verwendet gilt. Die KStR (Abschnitt 95a Abs. 2) billigen der Körperschaft ein **Wahlrecht** zu, ob die geleistete Zahlung vorrangig mit dem verwendbaren oder mit dem übrigen Eigenkapital zu verrechnen ist. Bei der Prüfung, in welcher Höhe übriges Eigenkapital zur Verfügung steht, ist § 41 Abs. 4 KStG zu beachten (vgl. dazu nachstehend unter RZ 1804 ff). Das Wahlrecht, die geleistete Zahlung mit dem verwendbaren Eigenkapital zu verrechnen, gilt als ausgeübt, wenn die Körperschaft dem Empfänger eine Steuerbescheinigung (§ 44 KStG, § 45a EStG) erteilt und Kapitalertragsteuer abgeführt hat. 1800

17.2.3 Letzte gesonderte Feststellung auf den Abwicklungs-Endzeitpunkt

Gegenstand der **letzten gesonderten Feststellung** im Sinne des § 47 KStG ist im Falle der Liquidation das zur Verteilung kommende Vermögen (§ 11 Abs. 3 KStG, Abschnitt 95a Abs. 4 KStR). 1801

Dieses Vermögen gilt für die Auskehrung des Liquidationsüberschusses im Rahmen der **Schlußverteilung** als verwendet. Aber auch **Abschlagszahlungen** auf den Liquidationsüberschuß sind, wenn der Abwicklungszeitraum nur einen Besteuerungszeitraum umfaßt, mit diesem Eigenkapital zu verrechnen. Umfaßt der Abwicklungszeitraum mehrere Besteuerungszeiträume, sind die Abschlagszahlungen mit dem Eigenkapital zu verrechnen, das sich zum Schluß des Besteuerungszeitraums ergibt, in dem die Abschlagszahlung erfolgt.

Die mit dem verwendbaren Eigenkapital zum Schluß des Abwicklungszeitraums zu verrechnenden Leistungen auf den Liquidationsüberschuß werden **zeitlich erst nach dieser letzten gesonderten Feststellung** erfaßt. Sie sind – um es einmal vordrucktechnisch auszudrücken – nicht als letzte Veränderung des verwendbaren Eigenkapitals vor dem Endbestand, sondern **im sogenannten nachrichtlichen Teil der letzten** für die liquidierte Körperschaft vorzunehmenden **Eigenkapitalgliederung** zu berücksichtigen. Die Abwicklungsschlußbestände (Beträge nach endgültiger Verteilung, also bei allen Teilbeträgen 0 DM) **werden nicht mehr gesondert festgestellt.** 1802

Beispiel: 1803

a) **Sachverhalt**

Die Y-AG wird liquidiert. Das Eigenkapital zum Schluß des letzten Besteuerungszeitraums, dem 31. 12. 01, beträgt:
aa) Grundkapital 3 000 000 DM
bb) verwendbares Eigenkapital
EK 45 1 320 000 DM

588   F. Das körperschaftsteuerliche Anrechnungsverfahren

1803
EK 30	1 920 000 DM
EK 02	300 000 DM
EK 03	2 400 000 DM

Im Jahre 02 wird ein Liquidationsgewinn von 1 500 000 DM erzielt, sämtliche Liquidationsüberschüsse an die Anteilseigner verteilt.

b) **Fragen**
Wie wirkt sich die Verteilung des Vermögens
aa) auf die Besteuerung der AG
bb) auf die Besteuerung der Anteilseigner aus?

c) **Besteuerung der AG**
   aa) **Entwicklung des verwendbaren Eigenkapitals**

	DM	Summe DM	EK 45 DM	EK 30 DM	EK 02 DM	EK 03 DM
Bestände 31. 12. 01		5 940 000	1 320 000	1 920 000	300 000	2 400 000
Liquidationsgewinn	1 500 000					
./. 45 v. H. Körperschaftsteuer	675 000					
Zugang zum EK 50	825 000	+ 825 000	+ 825 000			
Schlußbestände zum Abwicklungsendzeitpunkt		6 765 000	2 145 000	1 920 000	300 000	2 400 000
Nachrichtlich:						
Verringerung des verwendbaren Eigenkapitals durch Verteilung des Liquidationsüberschusses		6 765 000	2 145 000	1 920 000	300 000	2 400 000
verbleiben		0	0	0	0	0
Minderung der Körperschaftsteuer ($^{15}/_{55}$ von 2 145 000 DM)		585 000	585 000			
Erhöhung der Körperschaftsteuer ($^{30}/_{100}$ von 300 000 DM bzw. von 2 400 000 DM)		810 000			90 000	720 000

bb) **Berechnung des Liquidationsüberschusses**
Summe des verwendbaren Eigenkapitals	6 765 000 DM
Minderung der Körperschaftsteuer	+ 585 000 DM
Erhöhung der Körperschaftsteuer	– 810 000 DM
Zwischensumme	6 540 000 DM
Grundkapital	+ 3 000 000 DM
Zu verteilender Liquidationsüberschuß	9 540 000 DM

cc) **Berechnung der Körperschaftsteuer der AG**
Körperschaftsteuer auf den Liquidationsgewinn 45 v. H. von 1 500 000 DM	675 000 DM
Erhöhung der Körperschaftsteuer	+ 810 000 DM
Minderung der Körperschaftsteuer	– 585 000 DM
Festzusetzende Körperschaftsteuer	900 000 DM

d) **Besteuerung der Anteilseigner**
Bei den Anteilseignern stellt die Zahlung aus dem verwendbaren Eigenkapital (Gesamtsumme: 6 540 000 DM) Kapitalertrag i. S. des § 20 Abs. 1 Nr. 2 EStG dar, ebenso das darauf entfallende Körperschaftsteuer-Guthaben von $^{3}/_{7}$ (§ 20 Abs. 1 Nr. 3 EStG). Dieser Kapitalertrag berechtigt zur Anrechnung von Körperschaftsteuer.

Die Zahlung der Schlußrate aus dem Grundkapital stellt keinen Kapitalertrag dar. Insoweit wird die Steueranrechnung nicht gewährt. 1803

Wegen eines weiteren Beispiels siehe bei vorstehender RZ 691 f.

17.3 Umgliederung des negativen nichtbelasteten verwendbaren Eigenkapitals vor der Schlußverteilung (§ 41 Abs. 4 KStG)

Wird das **Vermögen** einer Kapitalgesellschaft nach ihrer Auflösung an die Anteilseigner **verteilt** und ergibt sich vor dieser Verteilung ein negativer Teilbetrag i. S. d. § 30 Abs. 1 Nr. 3 KStG, ist dieser Negativbetrag **vor** der Verrechnung der Auszahlung zunächst durch Umgliederung zu beseitigen. Nach § 41 Abs. 4 KStG ist der Negativbetrag beim EK 0 vorrangig mit dem Nennkapital zu verrechnen. Soweit das Nennkapital nicht für den Ausgleich des negativen EK 0 ausreicht, gelten die mit Körperschaftsteuer belasteten Teilbeträge des verwendbaren Eigenkapitals in der Reihenfolge als gemindert, in der ihre Belastung zunimmt (Reihenfolge EK 30 bis EK 45 – für die Übergangszeit bis 1994: bis EK 56; bis 1998: bis EK 50). 1804

Der **nichtbelastete Teilbetrag** des verwendbaren Eigenkapitals i. S. des § 30 Abs. 1 Nr. 3 KStG (= EK 0 insgesamt) setzt sich zusammen aus: 1805

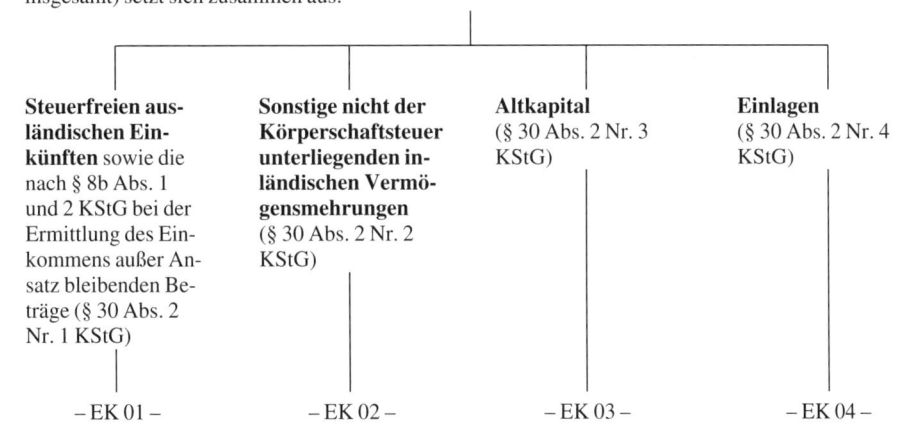

Steuerfreien ausländischen Einkünften sowie die nach § 8b Abs. 1 und 2 KStG bei der Ermittlung des Einkommens außer Ansatz bleibenden Beträge (§ 30 Abs. 2 Nr. 1 KStG)	Sonstige nicht der Körperschaftsteuer unterliegenden inländischen Vermögensmehrungen (§ 30 Abs. 2 Nr. 2 KStG)	Altkapital (§ 30 Abs. 2 Nr. 3 KStG)	Einlagen (§ 30 Abs. 2 Nr. 4 KStG)
– EK 01 –	– EK 02 –	– EK 03 –	– EK 04 –

Die **einzelnen Teilbeträge** können insbesondere in folgenden Fällen negativ sein: 1806

1. das EK 02 im Entstehungsjahr eines Verlustes (§ 33 Abs. 1 KStG) oder bei fehlendem verwendbaren Eigenkapital (§ 35 KStG);
2. das EK 01 bei ausländischen DBA-Verlusten, wenn der Verlustausgleich oder -abzug nach § 2a Abs. 3 EStG (bis 1989: § 2 Abs. 1 AIG) nicht beantragt wird;
3. das EK 01 und EK 03 in den Fällen, in denen gemäß § 28 Abs. 5 und 7 KStG (ab 1994; bis 1995: § 28 Abs. 5 KStG 1991) die Verwendung festgeschrieben wird;
4. das EK 03, wenn das verwendbare Eigenkapital am 1. 1. 1977 negativ ist;
5. das EK 04 in den Fällen des § 38 Abs. 1 Satz 3 KStG 1991 bzw. – ab 1995 – § 38 Abs. 1 Satz 4 KStG, wenn der nach dieser Vorschrift abzuziehende Betrag das gesamte nichtbelastete verwendbare Eigenkapital übersteigt;
6. alle Teilbeträge in den Fällen, in denen gemäß § 33 Abs. 3 KStG 1991 beim Verlustrücktrag die Verwendung festgeschrieben wird.

Ein negativer Teilbetrag im Sinne des § 41 Abs. 4 KStG liegt nur dann vor, wenn die **Summe des EK 0** negativ ist. Ohne die Regelung des § 41 Abs. 4 KStG müßte das negative EK 0 mit den belasteten Teilbeträgen des verwendbaren Eigenkapitals verrechnet werden und würde entsprechendes Steuerguthaben vernichten. 1807

1808 Im einzelnen **wirkt sich** die Regelung des **§ 41 Abs. 4 KStG wie folgt aus:**

a) Sind **einzelne Teilbeträge des EK 0 negativ, ist aber die Summe des EK 0 positiv,** liegt ein Fall des § 41 Abs. 4 KStG **nicht** vor. Für die Schlußverteilung gelten die positiven Teilbeträge, soweit die Gesellschaft nach Handelsrecht ausschüttbares Vermögen hat, als verwendet. Der Restbetrag der positiven und die negativen Teilbeträge des EK 0 bleiben ohne Verrechnung in der Schlußgliederung stehen. Ihre Bestände heben sich gegenseitig auf. Vgl. dazu im einzelnen Dötsch in Dötsch/Eversberg/Jost/Witt, Kommentar zum KStG und EStG, Tz. 65 zu § 41 KStG

1809 b) Ist die **Summe des EK 0 negativ,** sind zunächst die negativen Teilbeträge des EK 01 bis EK 04 mit den **positiven nichtbelasteten Teilbeträgen** auszugleichen. Verbleibt nach diesem Ausgleich ein negativer nichtbelasteter Teilbetrag, ist um diesen gemäß § 41 Abs. 4 KStG das Nennkapital zu mindern (= Zugang beim entsprechenden nichtbelasteten Teilbetrag). Soweit das Nennkapital für den Ausgleich nicht ausreicht, ist der negative nichtbelastete Teilbetrag mit den **belasteten Teilbeträgen** in der Reihenfolge auszugleichen, in der ihre Belastung zunimmt (EK 30, EK 45, bis 1994: zusätzlich EK 36 und EK 56; bis 1998: zusätzlich EK 50). Zum Nennkapital, das um den Negativbetrag des EK 0 zu verringern ist, gehört **nicht** der gemäß § 29 Abs. 3 KStG zum verwendbaren Eigenkapital rechnende Teil des Nennkapitals. Letzterer verringert sich automatisch in der Gliederungsrechnung, wenn das negative EK 0 auch das „echte" Nennkapital übersteigt.

1810 **Beispiel:**

a) **Sachverhalt:**

Bestände zum Schluß des Abwicklungszeitraums:

Ungemildert mit Körperschaftsteuer belasteter Teilbetrag (EK 45)	130 000 DM
Nichtbelasteter Teilbetrag aus steuerfreien inländischen Vermögensmehrungen (EK 02)	30 000 DM
Altkapital (EK 03)	– 170 000 DM
Nennkapital	120 000 DM
Ausgekehrter Liquidationsüberschuß	140 000 DM

b) **Gliederung des verwendbaren Eigenkapitals**

	Verwendbares Eigenkapital			Nennkapital
	EK 45 DM	EK 02 DM	EK 03 DM	DM
Bestände zum Schluß des Abwicklungszeitraums	130 000	30 000	– 170 000	120 000
Umgliederung nach § 41 Abs. 4 KStG a) nach Abs. 4 Satz 1		– 30 000	+ 30 000 + 120 000	– 120 000
b) nach Abs. 4 Satz 2	– 20 000		+ 20 000	
Auskehrung des Liquidationserlöses 140 000 DM				
Dafür Verwendung von EK 45 ($^{55}/_{70}$ = $^{11}/_{14}$ von 140 000 DM)	– 110 000 DM	– 110 000		
Körperschaftsteuer-Minderung ($^{15}/_{55}$ = $^{3}/_{11}$ von 110 000 DM)	30 000 DM	–		
Bestände nach der Auskehrung (werden nicht mehr gesondert festgestellt)	0	0	0	0

17.4 Negative Teilbeträge beim belasteten verwendbaren Eigenkapital

Nicht in § 41 Abs. 4 KStG geregelt ist der Fall, daß einer oder mehrere der mit Körperschaftsteuer **belasteten** Teilbeträge vor der Schlußverteilung negativ ist (z.B. das EK 45) durch die Zuordnung nichtabziehbarer Ausgaben gemäß § 31 Abs. 2 KStG), das EK 0 jedoch Positivbeträge ausweist (vgl. dazu Abschnitt 95a Abs. 6 KStR).

1811

Beispiel:
Eine Kapitalgesellschaft soll liquidiert werden. In ihrer Schlußgliederung zum Abwicklungszeitpunkt weist sie vor Verteilung des Liquidationsüberschusses folgende Teilbeträge aus:

Summe DM	EK 45 DM	EK 03 DM	EK 04 DM	Nennkapital DM
1 500	– 1 000	1 200	1 300	5 000

Der Negativbetrag beim EK 45 ist durch die Zahlung von Vermögensteuer entstanden.
Die Zahlung des Liquidationsüberschusses ist eine sonstige Leistung i. S. d. § 41 Abs. 1 KStG, soweit sie beim Anteilseigner zu steuerpflichtigen Kapitalerträgen i. S. d. § 20 Abs. 1 Nr. 1 oder 2 EStG führt. Für die Verrechnung mit dem verwendbaren Eigenkapital ist § 28 Abs. 3 KStG entsprechend anwendbar. § 41 Abs. 4 KStG ist nicht anzuwenden, da das EK 0 nicht negativ ist.

Im vorstehenden Fall steht für die Liquidationsschlußrate neben dem Nennkapital von 5000 DM insgesamt ein verwendbares Eigenkapital von 1 140 DM (1 500 DM – Körperschaftsteuer-Erhöhung aus EK 03 = 360 DM) zur Verfügung. Nach der Verwendungsreihenfolge des § 28 Abs. 3 KStG stehen für die Auskehrung der 1 500 DM aus dem verwendbaren Eigenkapital nur das EK 03 und das EK 04 in dieser Reihenfolge zur Verfügung. Es ergibt sich folgende Verrechnung:

	DM	Verwendbares Eigenkapital				Nennkapital DM
		Summe DM	EK 45 DM	EK 03 DM	EK 04 DM	
1. Bestände zum Schluß des Abwicklungszeitraums		1 500	– 1 000	1 200	1 300	5 000
2. Auskehrung aus dem vEK	6 140					
a) Davon Rückzahlung des Nennkapitals	– 5 000					– 5 000
	1 140					
b) Verwendung von EK 03: $^{70}/_{100}$ von 1 200 DM	– 840			– 840		
KSt-Erhöhung $^{30}/_{70}$ von 840 DM	–			– 360		
c) Verwendung von EK 04 (Restbetrag)	300				– 300	
3. Bestände nach der Auskehrung (werden nicht mehr gesondert festgestellt)		0	– 1 000	0	1000	0

17.5 Leg-ein-Hol-zurück-Verfahren

Immer dann, wenn negatives EK 0 gemäß § 41 Abs. 4 Satz 2 KStG mit belasteten Teilbeträgen zu verrechnen ist, wird das darauf lastende Körperschaftsteuer-Guthaben definitiv. Unzweifelhaft entspricht das nicht dem Grundgedanken des Anrechnungsverfahrens, das die Doppelbelastung ausgeschütteter Gewinne beseitigen wollte.

1812

1812 Herzig (BB 1979 S. 173) zeigt mit dem von ihm so benannten **Leg-ein-Hol-zurück-Verfahren** einen Weg zur Vermeidung von Definitvbelastungen auf. Danach soll die Körperschaft vor der Schlußverteilung ihres Vermögens durch gesellschaftsrechtliche oder verdeckte Einlagen ein positives EK 04 schaffen, damit statt der belasteten Teilbeträge dieses EK 04 für die Umgliederung des negativen EK 01–03 zur Verfügung steht.

Die **steuerliche Anerkennung** des Leg-ein-Hol-zurück-Verfahrens ist **umstritten.** Krebs (Steuerkongreß-Report 1981 S. 355, 369) sieht in einer solchen Gestaltung einen Mißbrauch i. S. v. § 42 AO. A. A. insbesondere Heimfahrt (DB 1983 S. 1734) und Jansen (in Herrmann/Heuer/Raupach, Anm. B II 3 zu § 41 Abs. 4 KStG auf grünen Blättern). Wegen der Darstellung der Problematik siehe im einzelnen bei Dötsch in Dötsch/Eversberg/Jost/Witt, Kommentar zum KStG und EStG, Tz. 70 bis 71 zu § 41 KStG.

1813–1819 frei

18. Kapitalerhöhung und Kapitalherabsetzung – Auswirkungen auf Einkommensermittlung und Eigenkapitalgliederung (§ 29 Abs. 3, § 41 KStG, Abschnitt 95 und 95a KStR)

Ausgewählte Literaturhinweise: Eggesiecker, Bitte um Abschaffung oder Umformulierung des § 29 KStG, FR 1978 S. 53; ders., Steuersparmodell: Das Anrechnungssystem, BB 1980 S. 1043; **Krebs,** Ausgewählte Problemfälle des körperschaftsteuerlichen Anrechnungsverfahrens (II), DB 1979 S. 1574, 1576; ders., Das Anrechnungsverfahren als Steuersparmodell? – Erwiderung auf Eggesiecker, BB 1980 S. 1843; **Schöneberger,** Steuerfreie Auskehrung von Altrücklagen durch Kapitalherabsetzung, DB 1980 S. 223; **Dötsch,** Kapitalerhöhung und Kapitalherabsetzung, Auswirkungen auf Einkommensermittlung und EigenkapitalGliederung, DB 1981 S. 1994 und S. 2202; ders., Herstellung der Ausschüttungsbelastung bei sonstigen Leistungen einer Körperschaft – Auswirkungen auf die Eigenkapital-Gliederung; NSt, „KSt", Kapitalerhöhung – Kapitalherabsetzung, Darstellung 1; ders., Das körperschaftsteuerliche Anrechnungsverfahren, DB 1978 S. 555; **Maas,** Die Erhöhung des Stammkapitals bei „einbringungsgeborenen" Gesellschaften, BB 1980 S. 1791; **Glade,** Die Erhöhung des Stammkapitals bei „einbringungsgeborenen" Gesellschaften, BB 1981 S. 172; **Brezing,** Das Kapitalerhöhungssteuergesetz nach der Körperschaftsteuerreform, AG 1979 S. 12; **Karwatzki,** Kapitalerhöhung aus Gesellschaftsmitteln und Spekulationsgewinne, DB 1979 S. 1150; **Lange,** Anrechnungsverfahren bei der Einziehung von Anteilen an einer AG oder an einer GmbH, NWB F. 4 S. 3161; **Ossendorf,** Körperschaftsteuer-Anrechnung bei der Einziehung von Geschäftsanteilen an einer GmbH? BB 1979 S. 40; **Engl,** Kein Körperschaftsteuer-Anrechnungsverfahren bei der Einziehung von Anteilen an Kapitalgesellschaft, zugleich Erwiderung zu Ossendorf, a.a.O., BB 1979 S. 566; **Loos,** Zur Überführung von verwendbarem Eigenkapital einer Kapitalgesellschaft auf ihre Gesellschafter nach der Körperschaftsteuerreform, DB 1977 S. 1067; **Widmann,** Aktuelle Fragen des Körperschaftsteuerrechts, JbFStR 1977/78 S. 310; ders., Auswirkungen von Kapitalveränderung und Umwandlung auf die Körperschaftsteuer-Anrechnung, BB 1982 S. 1336; **Langel,** Steuerliche Aspekte der Unternehmenssanierung; StbJb 1977/78 S. 321; **Raupach,** Problematik des verwendbaren Eigenkapitals, StbJb 1979/80 S. 423 und JbFStR 1980/81 S. 263; **Swart,** Problembereiche der Körperschaftsteuer, DB 1980 S. 1284; **Reuter,** Die Umdeutung von „echten" Kapitalherabsetzungen in verdeckte Gewinnausschüttung nach der Körperschaftsteuerreform, AG 1982 S. 306; ders., Die Auskehrung von Altrücklagen an die Gesellschafter, AG 1983 S. 148; **Kröller,** (Alt-) Gesellschaften mbH nach der GmbH-Novelle-Halbzeit der Übergangsregelung zur Anpassung an das neue Mindeststammkapital von 50000 DM bzw. die neuen Mindesteinlagen von 25000 DM, Beilage 7/83 zu Heft 16/83 des BB; **Niemeier,** Die Willensbildung über die Einziehung von Geschäftsanteilen, GmbHR 1983 S. 161; **Glade,** Die Auswirkungen von Kapitalveränderungen einer GmbH auf die Körperschaftsteuer-Anrechnung, GmbHR 1983 S. 173; **Kersenbrock,** Zur zivil- und steuerrechtlichen Behandlung der Kapitalherabsetzung bei einer GmbH, GmbHR 1984 S. 306; **Buyer,** Die Kapitalerhöhung bei der GmbH, Beilage Nr. 27/85 zu DB 44/85; **Central-Gutachtendienst,**

Rechtsfolgen bei Versäumen der Übergangsfrist zur Erhöhung des Mindeststammkapitals auf 50 000 DM, GmbHR 1/86 R 2, GmbHR 2/86 R 13; **Börner,** Verbindung von Kapitalerhöhung aus Gesellschaftsmitteln und Kapitalerhöhung gegen Bareinlagen bei Aktiengesellschaften. DB 1988 S. 1254; **Holtermann,** Verbotene Kapitalrückzahlung und verdeckte Gewinnausschüttung durch Dritten im Recht der AG, BB 1988 S. 1538; **wd,** Kapitalerhöhung aus Gesellschaftsmitteln, GmbH-Report R 2 in GmbHR 1/1989.

18.1 Kapitalerhöhung

18.1.1 Formen der Kapitalerhöhung

Von einer Kapitalerhöhung sprechen wir, wenn eine Kapitalgesellschaft durch formellen Beschluß ihr Nennkapital erhöht. Wir unterscheiden zwischen folgenden Formen der Kapitalerhöhung: 1820

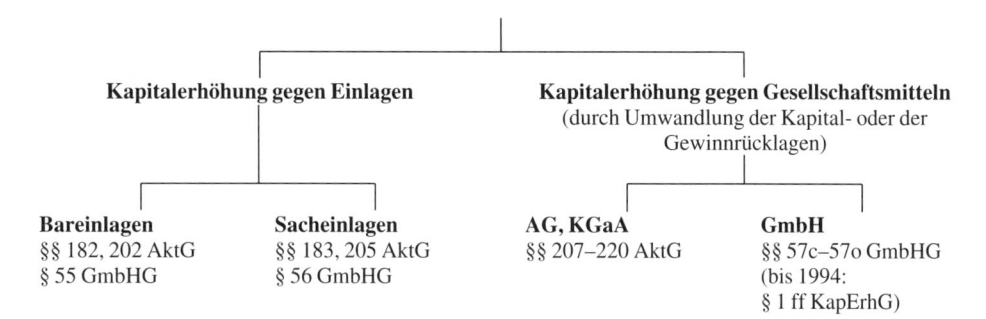

Kapitalerhöhung gegen Einlagen		Kapitalerhöhung gegen Gesellschaftsmitteln (durch Umwandlung der Kapital- oder der Gewinnrücklagen)	
Bareinlagen §§ 182, 202 AktG § 55 GmbHG	**Sacheinlagen** §§ 183, 205 AktG § 56 GmbHG	**AG, KGaA** §§ 207–220 AktG	**GmbH** §§ 57c–57o GmbHG (bis 1994: § 1 ff KapErhG)

Bei der **Kapitalerhöhung aus Einlagen** wird der Kapitalgesellschaft neues Eigenkapital zugeführt, nicht hingegen bei der Kapitalerhöhung aus Gesellschaftsmitteln.

Da das Nennkapital einer Kapitalgesellschaft weniger leicht entzogen werden kann als ihre Rücklagen, dient eine **Kapitalerhöhung aus Gesellschaftsmitteln** (nominelle Kapitalerhöhung) der wirtschaftlichen Stärkung der Kapitalgesellschaft durch Hebung ihrer Kreditfähigkeit und Sicherung der Gläubiger. Die Kapitalgesellschaft erhält zwar keine zusätzlichen Mittel zugeführt, aber das vorhandene Vermögen wird stärker gebunden und damit dem Gesellschaftszweck gesichert. 1821

Für eine Kapitalerhöhung aus Gesellschaftsmitteln **können nur Kapital- und Gewinnrücklagen** einschließlich der gesetzlichen Rücklage verwendet werden, die in der Bilanz bereits als solche ausgewiesen sind. Die Umwandlung von laufendem Bilanzgewinn ist nicht möglich (§ 1 KapErhG, §§ 207, 208 AktG). Gewinnrücklagen können grundsätzlich in voller Höhe für eine Kapitalerhöhung aus Gesellschaftsmitteln verwendet werden. Die Kapitalrücklage und die innerhalb der Gewinnrücklagen auszuweisende gesetzliche Rücklage dagegen sind nur eingeschränkt umwandlungsfähig (§ 208 Abs. 1 AktG). Zweckbestimmte Rücklagen können nur umgewandelt werden, soweit dies mit der Zweckbestimmung vereinbar ist – z. B. wenn die Verwendung der Rücklage zu einem aktivierungsfähigen Wirtschaftsgut führen würde (§ 208 Abs. 2 AktG, § 2 Abs. 3 KapErhG). Enthält die Bilanz Gegenposten zum Eigenkapital (z. B. Verlustvorträge), vermindern sich die umwandlungsfähigen Rücklagen entsprechend (§ 2 Abs. 2 KapErhG, § 208 Abs. 2 AktG). Schuldrechtliche Forderungen und damit keine Gegenposten zum Eigenkapital sind jedoch eigene Anteile und noch nicht eingezahlte Einlagen.

Nach ausdrücklicher gesetzlicher Vorschrift dürfen Sonderposten mit Rücklagenanteil und Beträge, die aus Pensionsrückstellungen nach Versicherungsneuregelungsgesetzen frei geworden sind, nicht in Nennkapital umgewandelt werden (§ 208 Abs. 2 AktG, § 2 Abs. 2 KapErhG). Sonderposten mit Rücklagenanteil sind Rücklagen, die bei ihrer Auflösung versteuert werden müssen, also z. B. Rücklagen nach § 6b EStG oder Rücklagen für Ersatzbeschaffung. Da eine Kapi- 1822

1822 talerhöhung aus Gesellschaftsmitteln eine **Satzungsänderung** bei der Kapitalgesellschaft darstellt, enthalten AktG und GmbHG (bis 1994: KapErhG) zusätzliche handelsrechtliche Voraussetzungen. Danach muß z. B. die der Kapitalerhöhung zugrunde liegende Jahresbilanz mit dem uneingeschränkten Bestätigungsvermerk eines Wirtschaftsprüfers (bei der GmbH auch eines vereidigten Buchprüfers) versehen sein. Der Bilanzstichtag darf **höchstens acht Monate** (§ 209 Abs. 1 AktG und § 57e GmbHG; bis 1994 bei einer GmbH höchstens sieben Monate – §§ 3, 7 KapErhG) vor der Anmeldung des Beschlusses beim Registergericht liegen. Durch die Eintragung des Kapitalerhöhungsbeschlusses im Handelsregister wird die Kapitalerhöhung wirksam. Die neuen Anteilsrechte stehen den Gesellschaftern im Verhältnis ihrer Anteile am bisherigen Nennkapital zu (§ 57j GmbHG bzw. § 9 KapErhG, § 212 AktG). Wenn die bisherigen Anteile zu einem Betriebsvermögen gehören, ist die Kapitalerhöhung nicht als handelsbilanzmäßiger Zugang zu behandeln (§ 57o GmbHG bzw. § 17 KapErhG, § 220 AktG). Diese handelsrechtliche Regelung entspricht der steuerlichen Behandlung nach § 3 KapErhStG.

1823 Die §§ 1 und 3 KapErhStG sind auch auf den Erwerb von Anteilsrechten an einer **ausländischen Gesellschaft** anzuwenden, wenn die Voraussetzungen des § 7 KapErhStG erfüllt sind. Die neuen Anteilsrechte müssen deshalb im wesentlichen auf Maßnahmen beruhen, die einer inländischen Kapitalerhöhung aus Gesellschaftsmitteln entsprechen. Bei einer aus den Rücklagen vorgenommenen Kapitalerhöhung genügt es dabei, wenn die jeweils geltenden ausländischen Rechtsvorschriften über die Kapitalerhöhung aus Gesellschaftsmitteln beachtet werden (BFH-Urteil vom 20.10.1976, BStBl 1977 II S. 177). Erhöht jedoch eine Kapitalgesellschaft ausländischen Rechts ihr Nennkapital nicht aus Rücklagen, sondern unmittelbar aus Gewinnen, so ist darin keine Kapitalerhöhung aus Gesellschaftsmitteln zu sehen (BFH-Urteil vom 5. 4. 1978, BStBl 1978 II S. 414).

18.1.2 Auswirkungen der Kapitalerhöhung auf die Einkommensbesteuerung der Kapitalgesellschaft und ihrer Anteilseigner

1824 Bei der **Kapitalgesellschaft** wirkt sich die Nennkapitalerhöhung als gesellschaftsrechtlicher Vorgang nicht auf das zu versteuernde Einkommen aus. Es handelt sich um einen einkommensneutralen Vorgang auf der Vermögensebene. Das gilt gleichermaßen für die Kapitalerhöhung durch Einlagen und die Kapitalerhöhung aus Gesellschaftsmitteln.

1825 In der **Ausgabe von Freianteilen** aufgrund einer Umwandlung offener Rücklagen in Nennkapital hat die Rechtsprechung (vgl. BFH-Urteil vom 17. 9. 1957, BStBl III S. 401) früher steuerlich eine Doppelmaßnahme gesehen. Danach wurde eine solche Kapitalerhöhung aus Gesellschaftsmitteln als Barauszahlung der Rücklage an die Gesellschafter mit nachfolgender Einzahlung auf das Grund- oder Stammkapital behandelt. Nach dieser Rechtsprechung waren die neuen Anteilsrechte bei den Gesellschaftern als Kapitaleinkünfte i. S. d. § 20 EStG anzusehen, gleichzeitig entstand bei der Kapitalgesellschaft Gesellschaftsteuerpflicht. Nach dem KapErhStG und den §§ 207 bis 220 AktG liegt bereits handelsrechtlich keine Doppelmaßnahme vor (vgl. auch BFH-Urteil vom 21. 1. 1966, BStBl III S. 220). Eine **Doppelmaßnahme wird** nur noch in folgenden Fällen **angenommen:**

a) wenn eine Kapitalerhöhung tatsächlich als Doppelmaßnahme erfolgt, also zunächst die Rücklagen ausgeschüttet und dann vom Anteilseigner wieder eingelegt werden;

b) wenn die Gesellschaft unter Verstoß gegen handelsrechtliche Vorschriften Rücklagen, laufende Gewinne oder Gewinnvorträge in Nennkapital umwandelt, ebenso in anderen Fällen einer fehlerhaften Kapitalerhöhung (vgl. Buyer, Beilage 27/85 zu DB Nr. 44/85 S. 4).

1826 Beim **Anteilseigner** gilt grundsätzlich das gleiche wie bei der Kapitalgesellschaft. Die steuerliche Behandlung der Kapitalerhöhung aus Gesellschaftsmitteln ist im KapErhStG geregelt. Nach § 1 KapErhStG gehört der Wert der neuen Anteilsrechte bei den Gesellschaftern nicht zu den steuerpflichtigen Einkünften. Der Erwerb der neuen Anteile unterliegt somit weder der Einkommen- bzw. Körperschaftsteuer noch der Gewerbesteuer (vgl. H 154: „Freianteile" EStH 1993). Die Steuerfreiheit bei den Gesellschaftern tritt jedoch nur ein, wenn die Erhöhung des

Nennkapitals nach den Vorschriften des handelsrechtlichen Kapitalerhöhungsgesetzes durchgeführt worden ist. Liegen die Voraussetzungen für die Anerkennung einer Kapitalerhöhung aus Gesellschaftsmitteln nicht vor, ist der Erwerb der neuen Anteile dem Grundsatz nach steuerpflichtig (BFH-Urteil vom 27. 3. 1979, BStBl II S. 560). Ein Verstoß gegen die Vorschriften des Kapitalerhöhungsgesetzes wird allerdings durch die Eintragung des Kapitalerhöhungsbeschlusses im Handelsregister geheilt. Die Eintragung ist konstitutiv und deshalb als rechtsgestaltende Maßnahme des Registergerichts auch für die steuerrechtliche Beurteilung bindend (BFH-Urteil vom 10. 10. 1973, BStBl 1974 II S. 32). Aus der Eintragung des Beschlusses im Handelsregister muß allerdings hervorgehen, daß es sich um eine Kapitalerhöhung aus Gesellschaftsmitteln handelt. 1826

Ist eine handelsrechtlich und steuerrechtlich anzuerkennende Kapitalerhöhung aus Gesellschaftsmitteln gegeben, werden nach § 3 KapErhStG die **bisherigen Anschaffungskosten** auf die alten und neuen Anteile nach dem Verhältnis der Nennbeträge verteilt. Die Anschaffungskosten, die der Anteilseigner für die Altanteile aufgebracht hat, stellen damit die Anschaffungskosten für die nunmehr in seinem Besitz befindlichen alten und neuen Anteilsrechte dar. 1827

Beispiel:

a) Ein Aktionär hatte vor der Kapitalerhöhung aus Gesellschaftsmitteln eine Aktie über 100 DM zu 150 DM erworben. Nach einer Kapitalerhöhung 1:1 erhält er eine zusätzliche Aktie von 100 DM. Die Anschaffungskosten beider Aktien betragen nach § 3 KapErhStG damit je 75 DM.

b) Bei einer Einmann-GmbH mit seinem Stammkapital von 20 000 DM wird wegen der GmbH-Novelle das Stammkapital um 30 000 DM auf 50 000 DM erhöht.

Da die Anschaffungskosten für die ursprünglichen Anteile 20 000 DM betragen haben, entfallen auf 50 000 DM Stammanteile jetzt ebenfalls Anschaffungskosten von 20 000 DM. Nach § 3 KapErhStG haben 1 000 DM Stammanteile nach der Kapitalerhöhung somit Anschaffungskosten von 400 DM.

Die Vorschrift des § 3 KapErhStG entspricht der wirtschaftlichen Bedeutung einer Kapitalerhöhung aus Gesellschaftsmitteln. Da hierbei ungebundenes Vermögen der Kapitalgesellschaft (Rücklagen) in gebundenes Vermögen (Nennkapital) umgewandelt wird, hat der Gesellschafter die Freianteile bereits mit dem Kauf der Altanteile angeschafft. Deshalb rechnet auch für die teilweise in Steuergesetzen vorgesehene Besitzdauer (z.B. §§ 6b und 23 EStG) die Besitzdauer der alten Anteile mit (vgl. R 41c Abs. 4 EStR 1993). 1828

18.1.3 Auswirkungen auf die Eigenkapitalgliederung der Kapitalgesellschaft

18.1.3.1 Kapitalerhöhung gegen Einlagen

§ 29 Abs. 1 KStG unterteilt das Eigenkapital in das zu gliedernde verwendbare Eigenkapital und in das übrige, also das **Nennkapital.** Das Nennkapital wird im Gegensatz zum verwendbaren Eigenkapital **nicht** gegliedert. 1829

Erhöht die Kapitalgesellschaft ihr Nennkapital durch Einlagen der Anteilseigner, verändert sich nur das nicht gegliederte Nennkapital; das verwendbare Eigenkapital bleibt unverändert.

18.1.3.2 Kapitalerhöhung aus Gesellschaftsmitteln

Bei einer Erhöhung des Nennkapitals durch Umwandlung von Rücklagen (= Teil des verwendbaren Eigenkapitals) bleibt der **Gesamtbetrag** des Eigenkapitals **unverändert,** aber seine **Zusammensetzung ändert sich.** 1830

Logischerweise müßte sich infolge dieser Kapitalerhöhung das verwendbare Eigenkapital verringern und das **Nennkapital erhöhen.** Das ist, wenn man den in der Praxis nicht so häufigen Fall als systematischen Grundfall bezeichnen darf, auch so, nämlich bei der Umwandlung von Altrücklagen (EK 03) und Einlagen (EK 04). Sie scheiden bei ihrer Umwandlung in Nennkapital

1830 aus dem verwendbaren Eigenkapital aus. In **der Reihenfolge der Zu- und Abgänge zum verwendbaren Eigenkapital** ist die Verringerung des EK 03 und des EK 04 wegen Umwandlung von Rücklagen in Nennkapital erst vor dem Schlußbestand zu berücksichtigen (Abschnitt 82 Abs. 2 KStR).

1831 Daß **Einlagen (EK 04)** mit ihrer Umwandlung in Nennkapital aus dem verwendbaren Eigenkapital ausscheiden, hat systematische Gründe. Hätte der Gesetzgeber nicht aus dem alten Recht (vor 1977) die handelsrechtliche Abgrenzung „Gewinnausschüttung" – „Kapitalrückzahlung" übernommen, hätte er die im EK 04 auszuweisenden Einlagen von vornherein nicht zum verwendbaren Eigenkapital gerechnet. Die formale Zuordnung des EK 04 zum verwendbaren Eigenkapital wird im wirtschaftlichen Ergebnis dadurch wieder aufgehoben, daß

– für Auskehrungen aus dem EK 04 eine Ausschüttungsbelastung nicht herzustellen ist (§ 40 Nr. 2 KStG) und beim Anteilseigner eine Steuerpflicht nicht eintritt,

– in Nennkapital umgewandeltes EK 04 aus dem verwendbaren Eigenkapital ausscheidet und wie „echtes" Nennkapital steuerfrei an den Anteilseigner ausgekehrt werden kann.

Wegen der Gründe, warum das **EK 03** mit seiner Umwandlung in Nennkapital aus dem verwendbaren Eigenkapital ausscheidet, siehe RZ 1344 ff.

1832 Das Gesetz enthält jedoch in § 29 Abs. 3 für den häufigeren Fall, der **Umwandlung neuer,** also nach dem Systemwechsel am 1. 1. 1977 entstandener **Rücklagen** (= EK 45 bis EK 02; bis 1994: zusätzlich EK 56 und EK 36; bis 1998 zusätzlich EK 50), eine **Ausnahme.** Danach bleiben in Nennkapital umgewandelte neue Rücklagen weiterhin Teil des verwendbaren Eigenkapitals; sie sind, wenn man so will, **doppelt erfaßt** im Nennkapital und im verwendbaren Eigenkapital. Dieser nach § 29 Abs. 3 KStG doppelt erfaßte Teil des Nennkapitals wird im Rahmen der gesonderten Feststellung nach § 47 KStG außerhalb der Gliederungsrechnung festgestellt (§ 47 Abs. 1 Nr. 2 KStG).

Beispiel 1:

	Verwendbares Eigenkapital (gesonderte Feststellung nach § 47 Abs. 1 Nr. 1 KStG)		Zum verwendbaren Eigenkapital gehörender Teil des Nennkapitals (gesonderte Feststellung nach § 47 Abs. 1 Nr. 2 KStG)	
	EK 30 DM	EK 03 DM	DM	Nennkapital DM
Jahr 1 Bestände vor der Kapitalerhöhung	100 000	200 000	0	50 000
Kapitalerhöhung durch Umwandlung aller vorhandenen Rücklagen im Jahr 1	(unverändert)	– 200 000	+ 100 000	+ 300 000
Bestände nach der Kapitalerhöhung	100 000	0	100 000	350 000

(Fortsetzung siehe Beispiel 2)

Das Beispiel zeigt, daß die umgewandelten Altrücklagen (EK 03) aus dem verwendbaren Eigenkapital ausscheiden, nicht aber die umgewandelten Neurücklagen (EK 30). Diese sind sowohl im verwendbaren Eigenkapital als auch im Nennkapital erfaßt.

1833 Der Grund für diese Doppelerfassung ist folgender: Das körperschaftsteuerliche Anrechnungsverfahrung als sogenanntes geschlossenes System will sicherstellen, daß jedes bei der Körperschaft geschaffene Steuerguthaben dem Anteilseigner zugute kommt, sobald diesem der betreffende Eigenkapitalteil zufließt, sei es durch eine Gewinnausschüttung, sei es anläßlich der Liquidation oder über die Kapitalrückzahlung im Rahmen einer Kapitalherabsetzung. Dem entspricht es, daß beim Anteilseigner Bezüge aufgrund einer Kapitalherabsetzung gemäß § 20

Abs. 1 Nr. 2 EStG zu den steuerpflichtigen Kapitalerträgen gehören, wenn dafür verwendbares 1833
Eigenkapital als verwendet gilt; insoweit erhält der Anteilseigner auch die Anrechnung.

Die gesonderte Feststellung des nach § 29 Abs. 3 KStG für Ausschüttungen verwendbaren Teils 1834
des Nennkapitals beschränkt sich darauf, den **Gesamtbetrag** des zum verwendbaren Eigenkapital gehörenden Teils des Nennkapitals festzuhalten. **Nicht** festgehalten wird, **in welchem Teilbetrag des verwendbaren Eigenkapitals** die umgewandelten Rücklagen enthalten waren (und bleiben). Daraus folgt, daß die Teilbeträge des verwendbaren Eigenkapitals für nach der Kapitalerhöhung vorgenommene Gewinnausschüttungen so zur Verfügung stehen, als sei diese Kapitalerhöhung überhaupt nicht erfolgt. Die gesonderte Feststellung nach § 47 Abs. 1 Nr. 2 KStG erlangt erst bei einer späteren Kapitalherabsetzung praktische Bedeutung (vgl. dazu nachstehend unter RZ 1843 ff).

Beispiel 2 (Fortsetzung des Beispiels 1):

	Verwendbares Eigenkapital (§ 47 Abs. 1 Nr. 1 KStG)			Sonderausweis (§ 47 Abs. 1 Nr. 2 KStG)	Nennkapital
	EK 45 DM	EK 30 DM	EK 01 DM	DM	DM
Jahr 2					
Bestand nach der Kapitalerhöhung	–	100 000	–	100 000	350 000
Eigenkapitalzugang aus dem Einkommen des Jahres 2	+ 55 000	+ 10 000	+ 280 000		
	55 000	110 000	280 000	100 000	350 000
Jahr 3					
Offene Gewinnausschüttung für das Jahr 2 = 300 000 DM					
dafür gelten als verwendet:					
a) das gesamte EK 45 – 55 000 DM	– 55 000				
b) Körperschaftsteuer-Minderung ($^{15}/_{55}$ von 55 000 DM) – 15 000 DM	–				
c) das gesamte EK 30 – 110 000 DM		– 110 000			
d) für den Restbetrag = EK 01 – 120 000 DM			– 120 000		
0					
Bestand zum Schluß des Jahres 3	0	0	160 000	100 000	350 000

Das Beispiel zeigt, daß für die offene Gewinnausschüttung u.a. das EK 30 in voller Höhe verbraucht worden ist, obwohl Rücklagen in dieser Höhe in Nennkapital umgewandelt worden sind. Im wirtschaftlichen Ergebnis haben sich die in Nennkapital umgewandelten Rücklagen vom EK 30 ins EK 01 verlagert.

Die Regelung des § 29 Abs. 3 KStG wird ergänzt durch **§ 41 Abs. 3 KStG**. Da für die verschie- 1835
denen Teilbeträge des verwendbaren Eigenkapitals im Falle ihrer Umwandlung in Nennkapital unterschiedliche Rechtsfolgen eintreten, bedarf es einer Regelung, die besagt, in welcher **Reihenfolge** die Teilbeträge als in Nennkapital umgewandelt gelten. Diese Regelung enthält § 41 Abs. 3 KStG. Danach gelten **zuerst das EK 03 und** nach dessen Verbrauch das **EK 04** vor allen übrigen Teilbeträgen als in Nennkapital umgewandelt. Der Sinn dieser Reihenfolgeregelung ist folgender: Beim Anteilseigner sind Bezüge aufgrund einer Kapitalherabsetzung nach § 20 Abs. 1 Nr. 2 EStG steuerpflichtig, wenn dafür verwendbares Eigenkapital als verwendet gilt, **nicht** hingegen bei der Verwendung „**echten**" **Nennkapitals.** Da die Teilbeträge des EK 03 und des EK 04 bei ihrer Umwandlung aus dem verwendbaren Eigenkapital ausscheiden, führt ihre spätere Auszahlung an den Anteilseigner im Wege einer Kapitalherabsetzung – anders als die Verwendung von umgewandelten neuen Rücklagen (EK 45 bis EK 02; bis 1994: zusätzlich

1835 EK 56 und EK 36; bis 1998: zusätzlich EK 50) – grundsätzlich nicht zur Steuerpflicht beim Empfänger (wegen der **Ausnahme** bei der **Rückzahlung** des umgewandelten **EK 03** innerhalb von **fünf** Jahren nach der Kapitalerhöhung vgl. nachstehend unter RZ 1846 ff). § 41 Abs. 3 KStG bestimmt somit die für die Beteiligten günstigste Reihenfolge. **Einer Reihenfolgeregelung innerhalb der neuen Rücklagen** (EK 45 bis EK 02; bis 1994: zusätzlich EK 56 und EK 36; bis 1998: zusätzlich EK 50) bedarf es nicht, weil diese ununterscheidbar in den bisherigen Teilbeträgen des verwendbaren Eigenkapitals enthalten bleiben.

Beispiel 3:

1. **Sachverhalt**

Das Eigenkapital der X-GmbH setzt sich am 31. 12. 01 wie folgt zusammen:

Stammkapital	50 000 DM
Verwendbares Eigenkapital (EK 03)	300 000 DM

Im Jahre 02 erzielte die GmbH einen Gewinn von 500 000 DM, der nach Abzug der Körperschaftsteuer der Rücklage zugeführt wird. Im Jahr 03 ergibt sich kein weiterer Geschäftsvorgang. Im Jahr 04 werden alle zu Beginn des Jahres vorhandenen Rücklagen in Nennkapital umgewandelt. Im selben Jahr erzielt die GmbH einen steuerfreien Gewinn von 210 000 DM, der im Jahr 05 in voller Höhe an die Gesellschafter ausgeschüttet wird.

2. **Lösung:**

a) **Entwicklung des Eigenkapitals**

	Verwendbares Eigenkapital (§ 47 Abs. 1 Nr. 1 KStG)			Sonderausweis beim Stammkapital (§ 47 Abs. 1 Nr. 2 KStG)	Stammkapital
	EK 45 DM	EK 02 DM	EK 03 DM	DM	DM
Stand 31. 12. 01		0	0	300 000		50 000
Einkommen 02	500 000					
– Körperschaftsteuer (45 v. H.)	225 000	275 000				
Stand 31. 12. 02/03		275 000	0	300 000		50 000
Zugang 04 aus steuerfreiem Gewinn			210 000			
Umwandlung aller am 31. 12. 03 vorhandenen Rücklagen in Nennkapital:						
davon Altrücklagen				– 300 000		+ 300 000
davon Neurücklagen (§ 29 Abs. 3 KStG)		(unverändert)	unverändert)		+ 275 000	+ 275 000
Stand 31. 12. 03		275 000	210 000	–	275 000	625 000
Nachrichtlich:						
Ausschüttung 05	210 000					
davon aus EK 45: $^{55}/_{70}$ × 210 000 DM	165 000	– 165 000				
davon Körperschaftsteuer-Minderung ($^{15}/_{70}$ × 210 000 DM)	45 000	–				
Stand nach der Gewinnausschüttung	0	110 000	210 000	–	275 000	625 000

b) Berechnung der Körperschaftsteuer für 04 1836
Zu versteuerndes Einkommen   0 DM
Körperschaftsteuer auf das Einkommen   0 DM
Minderung der Körperschaftsteuer aufgrund der Gewinnausschüttung
($^{15}/_{70}$ x 210 000 DM)   – 45 000 DM
Festzusetzende Körperschaftsteuer   – 45 000 DM

Ergebnis:
1. Als Körperschaftsteuer ist ein negativer Betrag festzusetzen.
2. Für die Ausschüttung gilt die Verwendungsfiktion nach § 28 Abs. 3 KStG. **Obwohl die Rücklage aus dem EK 45 vollständig in Stammkapital umgewandelt** und daher der im Jahre 04 erzielte steuerfreie Gewinn ausgeschüttet **worden ist, bleibt das EK 45 für die Minderung der Körperschaftsteuer erhalten.** Der **Sonderausweis beim Stammkapital wird nicht nach Teilbeträgen gegliedert.**
(Fortsetzung siehe Beispiel 6; RZ 1851)

18.2 Kapitalherabsetzung
18.2.1 Formen der Kapitalherabsetzung
Es ist zwischen folgenden Formen der Kapitalherabsetzung zu unterscheiden: 1837

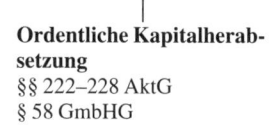

Ordentliche Kapitalherabsetzung	**Vereinfachte Kapitalherabsetzung**	**Kapitalherabsetzung durch Einziehen von Anteilen**
§§ 222–228 AktG	§§ 229–236 AktG	§§ 237–239 AktG
§ 58 GmbHG	§ 58a–58f	§ 58 GmbHG
	(bis 1994: § 58 GmbHG)	

18.2.2 Auswirkungen auf die Einkommensbesteuerung der Kapitalgesellschaft und ihrer Anteilseigner

Bei der **Kapitalgesellschaft** wirkt sich die Kapitalherabsetzung als gesellschaftsrechtlicher 1838
Vorgang nicht auf deren Einkommen aus. Es handelt sich um einen einkommensneutralen Vorgang auf der Vermögensebene.

Beim **Anteilseigner** werden die Auskehrungen anläßlich einer Kapitalherabsetzung gemäß § 20 Abs. 1 Nr. 1 und 2 sowie § 17 Abs. 4 Satz 2 EStG **aufgespalten** in

– **Einkünfte aus Kapitalvermögen,** die zur Anrechnung von Körperschaftsteuer berechtigen. Hierzu rechnen alle Auskehrungen der Kapitalgesellschaft, für die **verwendbares Eigenkapital** mit Ausnahme des EK 04 als verwendet gilt, also die Auskehrung des gemäß § 29 Abs. 3 KStG zum verwendbaren Eigenkapital rechnenden Teils des Nennkapitals;

– die **verbleibende Auskehrung,** also die Auskehrung von „echtem" Nennkapital und von **EK 04.** Ist der Anteilseigner wesentlich beteiligt im Sinne des § 17 EStG, ist diese verbleibende Auskehrung als maßgeblicher Veräußerungspreis den (anteiligen) Anschaffungskosten der Anteile gegenüberzustellen, wodurch sich ein Veräußerungsgewinn oder -verlust nach § 17 Abs. 4 EStG ergibt.

Wegen der Auskehrung umgewandelter **Altrücklagen (EK 03)** vgl. nachstehend unter RZ 1846 ff.

18.2.3 Auswirkungen auf die Eigenkapitalgliederung der Kapitalgesellschaft
18.2.3.1 Reihenfolge der Verwendung (§ 41 Abs. 2 KStG)

Keine Schwierigkeiten bereitet die steuerliche Beurteilung einer Kapitalherabsetzung, wenn das 1839
Nennkapital nicht in einem vorangegangenen Jahr durch die Umwandlung von Rücklagen erhöht worden ist. Die Kapitalgesellschaft braucht keine Ausschüttungsbelastung herzustellen; der Anteilseigner braucht die Auskehrung nicht zu versteuern.

1840 Wird aber das **Nennkapital herabgesetzt, nachdem** es in einem früheren Jahr **aus Gesellschaftsmitteln** erhöht worden war, ist zu entscheiden, ob für die Kapitalherabsetzung als verwendet gelten

a) „echtes" Nennkapital aus direkten Einzahlungen der Anteilseigner oder Nennkapital, das durch Umwandlung von zum verwendbaren Eigenkapital gehörenden Einlagen (EK 04) entstanden ist;

b) Nennkapital, das durch Umwandlung von zum verwendbaren Eigenkapital gehörenden Altrücklagen (EK 03) entstanden ist. Diese umgewandelten Rücklagen sind aus dem verwendbaren Eigenkapital ausgeschieden (vgl. vorstehend unter RZ 1830 ff);

c) Nennkapital, das durch Umwandlung von zum verwendbaren Eigenkapital gehörenden neuen Rücklagen (EK 50 bis EK 02) entstanden ist. Diese umgewandelten Rücklagen gehören nach § 29 Abs. 3 KStG auch weiterhin zum verwendbaren Eigenkapital (vgl. vorstehend unter RZ 1830 ff).

1841 Da die **Rechtsfolgen** für die Auskehrung der verschiedenen Bestandteile des Nennkapitals **unterschiedlich** sind, bedarf es auch hier einer Vorschrift, die regelt, in welcher **Reihenfolge** die unterschiedlichen Teile des Nennkapitals als ausgekehrt gelten. Diese Reihenfolgeregelung enthält § 41 Abs. 2 KStG. Der Fall des § 41 Abs. 2 KStG tritt immer nur ein, wenn zuvor das **Nennkapital** in einem nach dem 31. 12. 1976 endenden **Wirtschaftsjahr durch Umwandlung von neuen Rücklagen** (EK 45 bis EK 02; bis 1994: zusätzlich EK 56 und EK 36; bis 1998: zusätzlich EK 50) erhöht worden ist (§ 29 Abs. 3, § 41 Abs. 3 KStG) und es **in einem späteren Wirtschaftsjahr wieder ausgekehrt** wird. Nach § 41 Abs. 2 KStG gilt bei der Rückzahlung von Nennkapital der Teil des Nennkapitals als zuerst für die Rückzahlung verwendet, der zum verwendbaren Eigenkapital gehört. Das sind die umgewandelten neuen Rücklagen. Daran anschließend gilt das umgewandelte EK 03 und erst danach das übrige Nennkapital einschließlich des umgewandelten EK 04 als verwendet. Vgl. Dötsch in Dötsch/Eversberg/Jost/Witt, Kommentar zum KStG und EStG, Tz. 22 zu § 41 KStG, m. w. N.

18.2.3.2 Ordentliche Kapitalherabsetzung

18.2.3.2.1 Grundsätzliches

1842 Bei der ordentlichen Kapitalherabsetzung wird durch förmlichen Beschluß das Grund- oder Stammkapital der Gesellschaft herabgesetzt

– durch Herabsetzung des Nennbetrags der Anteile oder

– durch Zusammenlegung von Anteilen

(vgl. § 222 Abs. 4 AktG). Der Zweck der ordentlichen Kapitalherabsetzung ist beliebig. So ist z. B. auch, wenn dies nicht gegen die Grundsätze des Gläubigerschutzes (§ 225 AktG) verstößt, eine ordentliche Kapitalherabsetzung zum Zweck der **Auszahlung an die Anteilseigner** zulässig.

18.2.3.2.2 Kapitalherabsetzung unter Verwendung des zum verwendbaren Eigenkapital rechnenden Teils des Nennkapitals

1843 Wie bereits erwähnt, **gilt** im Falle einer Kapitalherabsetzung gemäß § 41 Abs. 2 KStG **vorrangig der zum verwendbaren Eigenkapital gehörende Teil** des Nennkapitals – das sind die bei einer früheren Kapitalerhöhung umgewandelten neuen Rücklagen – **als verwendet.** Die Rückzahlung des zum verwendbaren Eigenkapital gehörenden Nennkapitals ist eine **sonstige Leistung,** für die die Kapitalgesellschaft – genau wie für eine „normale" Gewinnausschüttung – die Ausschüttungsbelastung herstellen muß (§ 41 Abs. 1 KStG). Beim Anteilseigner liegen steuerpflichtige Kapitalerträge im Sinne des § 20 Abs. 1 Nr. 2 EStG vor; er kann die Körperschaftsteuer anrechnen.

Eine **Besonderheit** ist aber **bei der Eigenkapitalgliederung** zu beachten: Durch die Rückzahlung des zum verwendbaren Eigenkapital gehörenden Nennkapitals verringert sich in der gesonderten Feststellung nicht nur das verwendbare Eigenkapital (§ 47 Abs. 1 Nr. 1 KStG), sondern auch **der Sonderausweis beim Nennkapital** (§ 47 Abs. 1 Nr. 2 KStG). Beide Beträge **verringern sich** jedoch **in unterschiedlicher Höhe,** wie die nachstehende Tabelle zeigt. Während sich der gesondert **festgestellte Teil des Nennkapitals** stets um den Nominalbetrag der Kapitalherabsetzung verringert, hängt die Verringerung des **verwendbaren Eigenkapitals** davon ab, welcher Teilbetrag als verwendet gilt. Im Falle der Körperschaftsteuer-Minderung ist der Betrag der Eigenkapitalverringerung niedriger als der Herabsetzungsbetrag. Im Falle der Körperschaftsteuer-Erhöhung übersteigt er diesen (vgl. Abschnitt 95 Abs. 2 KStR). 1844

Beispiel 4: 1845

Angenommener Sachverhalt: Kapitalherabsetzung um 70 000 DM

	Verwendbares Eigenkapital § 47 Abs. 1 Nr. 1 KStG)			Sonderausweis bei Nennkapital (§ 47 Abs. 1 Nr. 2 KStG)
	EK 45 DM	EK 30 DM	EK 02 DM	DM
a) **bei Verwendung von EK 45:** Sonstige Leistung 70 000 DM Dafür gilt EK 50 als verwendet in Höhe von $^{55}/_{70}$ von 70 000 DM −55 000 DM Körperschaftsteuer-Minderung = $^{15}/_{70}$ von 70 000 DM 15 000 DM	−55 000 −			−70 000
b) **bei Verwendung von EK 30:**		−70 000		−70 000
c) **bei Verwendung von EK 02:** Sonstige Leistung 70 000 DM + Körperschaftsteuer-Erhöhung $^{3}/_{7}$ von 70 000 DM			−70 000 −30 000 −100 000	−70 000

18.2.3.2.3 Kapitalherabsetzung unter Verwendung von Nennkapital, das durch Umwandlung von zum verwendbaren Eigenkapital gehörenden Altrücklagen (EK 03) entstanden ist

Die Ausschüttung von Altrücklagen (EK 03) führt bei der Kapitalgesellschaft – wie die Ausschüttung von EK 02 (und bis 1993 auch von EK 01) –, zur Körperschaftsteuer-Erhöhung; der **Anteilseigner** hat die an ihn ausgeschütteten Altrücklagen zu versteuern, obwohl sie bei der Kapitalgesellschaft bereits mit alter Körperschaftsteuer belastet sind (= von Gesetzgeber gewollte Weitergeltung der früheren Doppelbelastungsgrundsätze). Die bei der Kapitalgesellschaft herzustellende Ausschüttungsbelastung wird auf die persönliche Steuerschuld des Anteilseigners angerechnet. 1846

Diese bei der Ausschüttung von Altrücklagen vorgeschriebene Besteuerung könnte ohne die Regelung des § 5 Abs. 1 KapErhStG wie folgt vermieden werden: Die Kapitalgesellschaft erhöht im Jahr 1 ihr Nennkapital durch Umwandlung von Altrücklagen (EK 03). Dadurch scheidet das umgewandelte EK 03 aus dem verwendbaren Eigenkapital aus. Für diese Kapitalerhöhung fällt weder eine Ertragsteuer noch Gesellschaftsteuer an. Im Jahr 2 setzt die Kapitalgesellschaft das Nennkapital wieder herab und zahlt den Herabsetzungsbetrag an die Anteilseigner aus. Da für den Herabsetzungsbetrag nicht das verwendbare Eigenkapital als verwendet gilt, braucht die 1847

1847 Kapitalgesellschaft nicht die Ausschüttungsbelastung herzustellen, und der Anteilseigner braucht ihn nicht zu versteuern. Das EK 03 wäre über die Kapitalerhöhung mit anschließender Kapitalherabsetzung steuerfrei an den Anteilseigner gelangt. Diesen Weg der Steuerersparnis verschließt § 5 KapErhStG. Danach führt eine Kapitalherabsetzung, die **innerhalb von fünf Jahren** nach einer Kapitalerhöhung vorgenommen wird, dazu, daß der Herabsetzungsbetrag als steuerpflichtiger Gewinnanteil anzusehen ist. Auch im Rahmen des § 5 KapErhStG ist § 41 Abs. 2 KStG **zu beachten,** d. h. zunächst gelten für die Kapitalherabsetzung die umgewandelten neuen Rücklagen – und daran anschließend das „echte" Nennkapital sowie das umgewandelte EK 04; vgl. vorstehend unter RZ 1839 ff – als verwendet. Erst im Anschluß daran gilt das umgewandelte EK 03 mit den Rechtsfolgen des § 5 KapErhStG als ausgekehrt.

1848 Die Anwendung des § 5 KapErhStG führt aber nicht dazu, daß die Kapitalgesellschaft für den fiktiven Gewinnanteil die **Ausschüttungsbelastung** herstellen muß. Nach § 5 Abs. 2 KapErhStG wird statt dessen von der Kapitalgesellschaft eine **30%ige Pauschsteuer** erhoben, die bei der Ermittlung ihres Einkommens nichtabziehbar und bei der Eigenkapitalgliederung vom **EK 03 abzuziehen** ist. Beim **Anteilseigner** werden die fiktiven Gewinnanteile nicht in die Besteuerung einbezogen; seine Steuerschuld ist mit der bei der Gesellschaft erhobenen Pauschsteuer abgegolten. Folglich erhält er insoweit auch keine Steueranrechnung.

Beispiel 5:

	Verwendbares Eigenkapital (§ 47 Abs. 1 Nr. 1 KStG)		Sonderausweis (§ 47 Abs. 1 Nr. 2 KStG)
	EK 45 DM	EK 03 DM	DM
Bestand zum Beginn des Jahres 2 (nach Kapitalerhöhung um 64 000 DM aus alten Rücklagen im Jahr 1)	100 000	(84 000) ./. 64 000) 20 000	0
Im Jahr 2 wird das Nennkapital wieder um 64 000 DM herabgesetzt Pauschsteuer für Rückzahlung umgewandelter Altrücklagen 30 v. H. von 64 000 DM (§ 5 Abs. 2 KapErhStG)		– 19 200	
Bestand nach der Kapitalherabsetzung	100 000	800	0

1849 Die Kapitalherabsetzung läßt, wenn man vom Abzug der Pauschsteuer beim EK 03 absieht, die Eigenkapitalgliederung der Gesellschaft unberührt. Beim Anteilseigner erscheinen die fiktiven Dividenden nicht in der Steuererklärung; seine Steuer ist mit der von der Gesellschaft zu entrichtenden Pauschsteuer abgegolten.

Per Saldo gesehen ist die Kapitalherabsetzung nach vorangegangener Kapitalerhöhung trotz der 30%-igen Pauschsteuer nach § 5 KapErhStG und der anfallenden Notarkosten usw. im Regelfall günstiger als die Ausschüttung von EK 03, denn im letzteren Fall erfolgt u.U. eine Steuerbelastung zum Spitzensteuersatz der Einkommensteuer zuzüglich Kirchensteuer (vgl. im einzelnen Schöneberger, DB 1980 S. 223). Anders hingegen für **nichtanrechnungsberechtigte Anteilseigner,** die sich bei der Ausschüttung günstiger stehen (vgl. Reuter, AG 1983 S. 148).

1850 Erfolgt die Kapitalherabsetzung erst **nach Ablauf von fünf Jahren** seit der Kapitalerhöhung, greift § 5 KapErhStG nicht mehr. Die Kapitalgesellschaft braucht keine Pauschsteuer zu zahlen; der Anteilseigner vereinnahmt die Nennkapitalrückzahlung steuerfrei. Im Urteil vom 25.10.1979 (BStBl 1980 II S. 247) hat der BFH ausgeführt, daß außerhalb des Anwendungsbereichs des § 6 KapErhStG 1961 (jetzt 5 KapErhStG) aber die **allgemeine** Mißbrauchsverhütungsvorschrift der AO (jetzt § 42 AO) eingreifen kann. § 42 AO wird im Fall der Kapitalherabsetzung nach vorangegangener Kapitalerhöhung u.E. dann wohl nicht greifen, wenn die Gesellschaft wirtschaftliche Gründe für diese Maßnahme anführen kann (so auch Schöneberger, DB 1980 S. 223).

18.2.3.2.4 Zusammenfassendes Beispiel zur ordentlichen Kapitalherabsetzung

Beispiel 6 (Fortsetzung von Beispiel 3; RZ 1836): 1851

1. **Sachverhalt**

   Die in Beispiel 3 bezeichnete X-GmbH beschließt im Jahre 05 die **Herabsetzung ihres Stammkapitals um 500 000 DM.** Dieser Betrag wird noch im selben Jahr an die beiden Gesellschafter A und B zurückgezahlt. A ist zu 80 v. H., B zu 20 v. H. an der GmbH beteiligt.

2. **Entwicklung des Eigenkapitals**

	Verwendbares Eigenkapital (§ 47 Abs. 1 Nr. 1 KStG)			Sonderausweis beim Stammkapital (§ 47 Abs. 1 Nr. 2 KStG)	Stammkapital
	EK 45 DM	EK 02 DM	EK 03 DM	DM	DM
Stand nach der Gewinnausschüttung im Jahr 05	110 000	210 000	–	275 000	625 000
Kapitalherabsetzung und -rückzahlung					
a) **aus Neurücklagen (im verwendbaren Eigenkapital enthalten)**					
(§ 41 Abs. 2 KStG) 275 000 DM				– 275 000	– 275 000
Davon aus EK 45 – 110 000 DM	– 110 000				
Davon aus Körperschaftsteuer-Minderung					
$^{15}/_{55}$ x 110 000 DM – 30 000 DM					
Restbetrag aus EK 02 135 000 DM		– 135 000			
Körperschaftsteuer-Erhöhung Für die Verwendung von EK 02 = $^{3}/_{7}$ x 135 000 DM		– 57 857			
b) **aus Altrücklagen** (500 000 DM – 275 000 DM = 225 000 DM; **nicht im verwendbaren Eigenkapital enthalten**)					– 225 000
c) **Pauschsteuer** für Rückzahlung umgewandelter Altrücklagen (30 v. H. von 225 000 DM, § 5 Abs. 2 KapErhStG)			– 67 500		
Stand nach der Kapitalrückzahlung	0	17 143	– 67 500	0	100 000

3. **Steuerliche Auswirkungen**

   aa) **Bei der GmbH:**

– eigene Steuer: Körperschaftsteuer-Minderung	– 30 000 DM
Körperschaftsteuer-Erhöhung	+ 57 857 DM
Zwischenergebnis	27 857 DM
– Pauschsteuer gemäß § 5 KapErhStG	67 500 DM
von der GmbH insgesamt zu entrichten	95 357 DM

1851 bb) **Bei den Gesellschaftern**

	Gesamt-betrag DM	A (80 v. H.) DM	B (20 v. H.) DM
Kapitalrückzahlung			
a) **aus Neurücklagen** (steuerpflichtig gemäß § 20 Abs. 1 Nr. 2 EStG, mit Anrechnung von Körperschaftsteuer)	275 000	220 000	55 000
b) **Aus Altrücklagen** (Steuer durch Pauschsteuer der Kapitalgesellschaft abgegolten, keine Einbeziehung in die Veranlagung; keine Anrechnung von Körperschaftsteuer)	225 000	180 000	45 000
Summe	500 000	400 000	100 000

Eine **Besteuerung nach § 17 Abs. 4 EStG** kommt bei dem wesentlich beteiligten Gesellschafter A **nicht** in Betracht, weil die Rückzahlung insgesamt als Gewinnanteil gilt.

18.2.3.3 Vereinfachte Kapitalherabsetzung

1852 Eine vereinfachte Kapitalherabsetzung ist nur zulässig

– zum Ausgleich von Wertminderungen

– zur Abdeckung von Verlusten

– zur Einstellung von Beträgen in die Kapitalrücklage.

Nicht zulässig ist bei der vereinfachten Kapitalherabsetzung die Auszahlung an die Anteilseigner.

1853 Der Vorgang wirkt sich weder auf die Einkommensermittlung der Gesellschaft noch auf die des Anteilseigners aus. Auch bei der vereinfachten Kapitalherabsetzung wird im Regelfall nicht eine Doppelmaßnahme, d.h. zuerst eine Auskehrung an die Anteilseigner und eine ausschließende Wiedereinlage angenommen (vgl. dazu vorstehend unter RZ 1824 ff).

1854 Wegen der **Auswirkungen** der vereinfachten Kapitalherabsetzung **auf die Eigenkapitalgliederung** bei der Körperschaft gilt folgendes:

Da die vereinfachte Kapitalherabsetzung nicht mit einer Auskehrung an die Anteilseigner verbunden ist,

– braucht die auskehrende Körperschaft nicht gemäß § 41 Abs. 1 die Ausschüttungsbelastung herzustellen,

– liegen bei den Anteilseignern insoweit keine steuerpflichtigen Kapitalerträge vor.

1855 Gleichwohl kann die vereinfachte Kapitalherabsetzung Auswirkungen auf die Gliederungsrechnung der Körperschaft haben. Um diese zu erläutern, muß zunächst einmal die Vorfrage geklärt werden, welcher der möglichen Bestandteile des Nennkapitals

– „echtes" Nennkapital aus Einlagen der Anteilseigner,

– Nennkapital, das aus der Umwandlung von EK 03 oder EK 04 entstanden ist,

– Nennkapital, das aus der Umwandlung neuer Rücklagen (EK 45 bis EK 02; bis 1994: zusätzlich EK 56 und EK 36; bis 1998: zusätzlich EK 50) entstanden ist,

für die vereinfachte Kapitalherabsetzung **als verwendet gilt.** Hinsichtlich dieser Reihenfolge fehlt im Gesetz eine Aussage. § 41 Abs. 2 KStG ist wegen der fehlenden Auszahlung an die Anteilseigner nicht anwendbar (vgl. Abschnitt 95 Abs. 3 Satz 1 KStR).

U.E. ist, da eine gesetzliche Regelung fehlt, die für die beteiligten Steuerpflichtigen **günstigste** Reihenfolge der Verwendung maßgebend. Deshalb gelten u. E. vorrangig das **„echte"** sowie das aus der Umwandlung von **EK 03 und EK 04** entstandene Nennkapital für die vereinfachte Kapitalherabsetzung als verwendet. Insoweit **verringert sich** das (nicht gegliederte) **Nennkapital** und erhöht sich das verwendbare Eigenkapital. Die Erhöhung des verwendbaren Eigenkapitals muß – auch, soweit Einzahlungen auf das herabgesetzte Stammkapital in der Zeit vor dem 1. 1. 1977 geleistet worden sind – entsprechend dem wirtschaftlichen Gehalt des Vorgangs – bei dem Teilbetrag erfaßt werden, bei dem er auch erfaßt würde, wenn die Gesellschaft den Kapitalherabsetzungsbetrag zunächst an die Gesellschafter ausgezahlt hätte und diese die Mittel der Gesellschaft wieder als Einlage zuführen würden, also beim sogenannten EK 04 (vgl. Abschnitt 83 Abs. 4 KStR). Die Erhöhung des verwendbaren Eigenkapitals ist in dem Wirtschaftsjahr zu erfassen, in dem der Beschluß im Handelsregister eingetragen wird.

Insoweit bleibt das zum verwendbaren Eigenkapital rechnende und im Sonderausweis gemäß § 47 Abs. 1 Nr. 2 KStG repräsentierte Nennkapital aus umgewandelten **neuen Rücklagen** (EK 45 bis EK 02; bis 1994: zusätzlich EK 56 und EK 36; bis 1998: zusätzlich EK 50) zugunsten der Beteiligten (Erhalt des darauf lastenden Körperschaftsteuer-Guthabens) unverändert.

Nur **soweit** der Betrag der **Kapitalherabsetzung höher** ist als das „echte" und das aus der Umwandlung von EK 03 und EK 04 hervorgegangene Nennkapital, gilt das aus der Umwandlung **neuer Rücklagen** entstandene Nennkapital für die vereinfachte Kapitalherabsetzung als verwendet. Insoweit verringern sich durch die Kapitalherabsetzung das Nennkapital und der Sonderausweis gemäß § 47 Abs. 1 Nr. 2 KStG (vgl. Abschnitt 95 Abs. 3 Satz 2 KStR). Auf das verwendbare Eigenkapital und damit auf die gesonderte Feststellung gemäß § 47 Abs. 1 Nr. 1 KStG ergeben sich daraus jedoch keine Auswirkungen, weil dort die Rücklagen ohnehin bereits in den Teilbeträgen des EK 45 bis EK 02 (bis 1994: zusätzlich EK 56 und EK 36; bis 1998: zusätzlich EK 50) enthalten sind – und bleiben (§ 29 Abs. 3 KStG).

Beispiel 7:

	Verwendbares Eigenkapital (§ 47 Abs. 1 Nr. 1 KStG)				Sonderausweis beim Stammkapital (§ 47 Abs. 1 Nr. 2 KStG)	Stammkapital
	EK 45 DM	EK 02 DM	EK 03 DM	EK 04 DM	DM	DM
Bestand 1. 1. 01	200 000	0	190 000	0	0	50 000
Umwandlung aller Rücklagen in Nennkapital im Jahr 02	–	–	– 190 000	0	+ 200 000	+ 390 000
Bestand 31. 12. 02	200 000	0	0	0	200 000	440 000
Steuerliche Verluste in den Jahren 03–05		– 300 000				
Bestand 31. 12. 05	200 000	– 300 000	0	0	200 000	440 000
Vereinfachte Kapitalherabsetzung zur Verlustabdeckung im Jahr 06 = 300 000 DM **Auswirkungen:**						
a) für die ersten 240 000 DM („echtes" Nennkapital und umgewandeltes EK 03)				+ 240 000	–	– 240 000
b) für die restlichen 60 000 DM		–			– 60 000	– 60 000
Bestand nach der Kapitalherabsetzung (31. 12. 06)	200 000	– 300 000	0	240 000	140 000	140 000

Würde die Kapitalgesellschaft zum 31. 12. 06 liquidiert, könnten mit der Auskehrung der verbleibenden 140 000 DM Nennkapital an die Anteilseigner (nach der Umgliederung gemäß § 41

1857 Abs. 4 KStG) $^3/_7$ Körperschaftsteuer-Guthaben von diesem Betrag aktiviert werden. Das Körperschaftsteuer-Guthaben auf die restlichen 60 000 DM beim EK 45 würde, da eine entsprechende Ausschüttungsmasse nicht mehr vorhanden ist, definitiv.

18.2.3.4 Kapitalherabsetzung durch Einziehung von Anteilen

1858 Nach den §§ 237–239 AktG und nach § 34 GmbHG können die AG und die GmbH eigene Anteile oder Anteile, die die Gesellschafter an ihr besitzen, unter bestimmten gesellschaftsrechtlichen Voraussetzungen einziehen (amortisieren).

Einer der beiden möglichen Wege ist es, daß die Kapitalgesellschaft die **Anteile zunächst von den Anteilseignern erwirbt und anschließend einzieht.** Die Einziehung muß grundsätzlich nach den Regeln der ordentlichen Kapitalherabsetzung erfolgen (§ 237 Abs. 2 i. V. m. § 222 AktG, § 34 GmbHG). In diesem Fall wird das Nennkapital um den Nennwert der eingezogenen Anteile herabgesetzt. Nach § 237 Abs. 3 AktG, § 34 GmbHG brauchen bei der Einziehung die Vorschriften über die ordentliche Kapitalherabsetzung **nicht** befolgt zu werden, wenn Aktien, deren Nennbetrag bzw. Ausgabebetrag voll eingezahlt ist, der Gesellschaft unentgeltlich zur Verfügung gestellt oder zu Lasten des Bilanzgewinns oder der freien Rücklagen eingezogen werden. In diesem Fall wickelt sich die Einziehung nach den Prinzipien der vereinfachten Kapitalherabsetzung ab; das Nennkapital weicht von der Summe der Nennwerte der einzelnen Anteile ab.

1859 Der zweite Weg der Einziehung ist die **Einziehung ohne vorherigen Erwerb** durch die Kapitalgesellschaft. Diese kann – nach den gleichen Regeln wie für die Einziehung im Anschluß an den Erwerb – entgeltlich oder unentgeltlich erfolgen. Bei entgeltlicher Einziehung ist die gezahlte Vergütung als Anschaffungskosten der Beteiligung zu werten.

1860 **Wenn die Kapitalgesellschaft ihre eigenen Anteile vom ausscheidenden Anteilseigner erwirbt,** führt dies bei den **verbleibenden Anteilseignern** grundsätzlich nicht zu steuerpflichtigen Kapitalerträgen (BFH-Urteil vom 14. 5. 1969, BStBl II S. 501), ebenso nicht die spätere Einziehung dieser Anteile (vgl. z. B. BFH-Urteil vom 28. 1. 1966, BStBl III S. 245). Die mit den untergegangenen Anteilen verbundenen Rechte und Pflichten wachsen den verbleibenden Anteilseignern anteilig zu (BFH-Urteil vom 17. 3. 1970, BStBl II S. 498).

1861 Auch beim **ausscheidenden Anteilseigner** liegen keine steuerpflichtigen Kapitalerträge i. S. d. § 20 Abs. 1 Nr. 1 oder 2 EStG vor. Der ausscheidende Anteilseigner erzielt einen Gewinn bzw. Verlust aus der Aufgabe der Gesellschaftsanteile, der bei Anteilen im Privatvermögen gemäß § 17 oder § 23 EStG zu versteuern ist (vgl. auch Verfügung der OFD Hannover vom 18. 10. 1982, DB 1982 S. 2644). Nur wenn die Kapitalgesellschaft die Anteile zu einem unangemessen hohen Preis erwirbt, liegt in dem unangemessenen Teil des Kaufpreises nach den allgemeinen Grundsätzen eine verdeckte Gewinnausschüttung vor.

1862 Die **Kapitalgesellschaft** braucht wegen **des Erwerbs und der Einziehung der eigenen Anteile die Ausschüttungsbelastung nicht herzustellen,** und zwar auch dann nicht, wenn das **Nennkapital angepaßt,** d. h. **herabgesetzt** wird und ein Teil des Nennkapitals gemäß § 29 Abs. 3 KStG zum verwendbaren Eigenkapital rechnet. Für eine Kapitalherabsetzung i. V. mit der Einziehung eigener Anteile gilt die Regelung des § 41 Abs. 2 KStG **nicht,** da eine Auszahlung an die Anteilseigner unterbleibt (Abschnitt 95 Abs. 3 KStR). Deshalb ist die Anpassung des Eigenkapitals wegen der Einziehung vorrangig bei dem (nicht gegliederten) Nennkapital zu berücksichtigen. Der Sonderausweis i. S. d. § 47 Abs. 1 Nr. 2 KStG bleibt für die verbleibenden Anteile erhalten (Ausnahme siehe nachstehend).

Beispiel 8:   1862

	Verwendbares Eigenkapital	Sonderausweis i. S. des § 47 Abs. 1 Nr. 2 KStG	Nennkapital
	EK 45 DM	DM	DM
Bestände zu Beginn des Wirtschaftsjahrs	100 000	40 000	210 000
Einziehung von im Vorjahr erworbenen eigenen Anteilen unter Herabsetzung des Nennkapitals	–	–	– 30 000

Wenn aber der Nennwert der eingezogenen Anteile den nicht zum verwendbaren Eigenkapital 1863 gehörenden Teil des Nennkapitals („echtes" Nennkapital einschließlich des umgewandelten EK 03 und EK 04) **übersteigt,** vermindern sich bei Einzug der Eigenanteile insoweit das verwendbare Eigenkapital und der Sonderausweis i. S. des § 47 Abs. 1 Nr. 2 KStG (vgl. Abschnitt 95 Abs. 3 KStR). Diese im KStG nicht angesprochene Eigenkapitalverringerung ist nach Abschnitt 83 Abs. 4 KStR beim EK 04 zu erfassen, auch wenn dieses negativ wird. Fälle dieser Art sind möglich, wenn bei ursprünglich niedrigem Nennkapital eine hohe Kapitalerhöhung aus Gesellschaftsmitteln erfolgt und zu einem späteren Zeitpunkt Eigenanteile eingezogen werden, wobei der Nennwert der eingezogenen Anteile höher ist als das ursprüngliche („echte") Nennkapital.

Die vorstehenden Ausführungen gelten bei der **Einziehung von Anteilen ohne vorherigen Er-** 1864 **werb** entsprechend.

Beispiel 9:

	Verwendbares Eigenkapital		Sonderausweis i. S. des § 47 Abs. 1 Nr. 2 KStG	Nenn-kapital
	EK 45 DM	EK 04 DM	DM	DM
Bestände zu Beginn des Wirtschaftsjahrs	530 000	–	480 000	500 000
Einziehung von zum Nennwert erworbenen eigenen Anteilen in Höhe von 50 000 DM unter Herabsetzung des Nennkapitals		– 30 000	– 30 000	– 50 000
Bestände zum Ende des Wirtschaftsjahrs	530 000	– 30 000	450 000	450 000

Wegen einer Übersicht über die möglichen Fallgestaltungen siehe im einzelnen Dötsch in Dötsch/Eversberg/Jost/Witt, Kommentar zum KStG und EStG, Tz. 45 zu § 41 KStG und Verfügung der OFD Frankfurt/Main vom 27. 6. 1983 (Wpg 1983 S. 508).

18.3 Rückzahlung von Einlagen, die nicht auf das Nennkapital geleistet worden sind

Keine Kapitalherabsetzung liegt vor, wenn die Gesellschaft die zum verwendbaren Eigenkapi- 1865 tal gehörenden Einlagen an die Anteilseigner zurückzahlt. Gilt nach der Reihenfolgefiktion des § 28 KStG für eine Gewinnausschüttung oder sonstige Leistung das EK 04 als verwendet,
- braucht die Gesellschaft keine Ausschüttungsbelastung herzustellen (§ 40 Nr. 1 KStG),
- braucht der Anteilseigner den ausgeschütteten Betrag nicht zu versteuern (§ 20 Abs. 1 Nr. 1 Satz 2 EStG) und erhält auch keine Steueranrechnung.

Hält der Anteilseigner die Gesellschaftsanteile in seinem **Betriebsvermögen,** wirkt sich die 1866 Ausschüttung von EK 04 bei ihm wie folgt aus (vgl. BMF-Schreiben vom 9. 1. 1987, BStBl I

1867 S. 171): Die gesamten Bezüge einschließlich der Ausschüttung des EK 04 sind im Rahmen des Betriebsvermögensvergleichs zu erfassen, wobei **der Teil der Ausschüttung, für den EK 04 als verwendet gilt,** als Kapitalrückzahlung zu behandeln ist. Die Anschaffungskosten oder der Buchwert der Anteile sind ohne Rücksicht auf den Teilwert um den Ausschüttungsbetrag aus EK 04 zu verringern. **Soweit der Ausschüttungsbetrag den Buchwert der Anteile übersteigt,** liegen gewinnerhöhende Betriebseinnahmen vor.

Wegen eines Beispiels siehe vorstehend unter RZ 1228. Wegen näherer Einzelheiten zur steuerlichen Behandlung der EK 04-Rückzahlung im Rahmen einer Gewinnausschüttung oder einer Kapitalherabsetzung siehe Dötsch in Dötsch/Eversberg/Jost/Witt, Kommentar zum KStG und EStG, RZ 124–130 und 166 zu § 17 EStG, Tz. 74–83 und 129–138 zu § 20 EStG sowie Tz. 37b zu § 41 KStG.

1868–1869 frei

19. Minderung und Erhöhung der Körperschaftsteuer bei Vermögensübertragung auf eine steuerbefreite Übernehmerin (§ 42 KStG)

19.1 Allgemeines

1870 § 42 KStG schließt den Kreis der Regelungen **zur Vermögensübertragung durch Gesamtrechtsnachfolge.** Die Anrechnung der Körperschaftsteuer im Fall der **Umwandlung** oder **Verschmelzung** einer Kapitalgesellschaft oder sonstigen Körperschaft ist vom Gesetzgeber für alle vorkommenden Fälle geregelt worden, und zwar wie folgt:

1871 – **Umwandlung (Vollübertragung) oder Verschmelzung auf eine unbeschränkt steuerpflichtige, nicht steuerbefreite Kapitalgesellschaft oder sonstige Körperschaft i. S. d. § 43 KStG**

Dieser Fall ist in den §§ 14 bis 16 UmwStG 1977 i. V. m. § 38 KStG 1991 (bis 1994) bzw. in §§ 11 bis 13 UmwStG 1995 i. V. m. § 38 KStG (ab 1995) geregelt. Danach kann die übertragende Körperschaft zu Buchwerten übertragen. Bei der Übernehmerin bleibt ein Übernahmegewinn außer Ansatz; sie erhält folglich keine Körperschaftsteuer-Anrechnung. Nach § 38 KStG wird ihr das verwendbare Eigenkapital der Übertragerin zugerechnet und steht für die Körperschaftsteuer-Entlastung bei Ausschüttungen an ihre Anteilseigner zur Verfügung.

1872 – **Umwandlung (Teilübertragung) oder Auf- bzw. Abspaltung auf eine unbeschränkt steuerpflichtige, nicht steuerbefreite Kapitalgesellschaft oder sonstige Körperschaft i. S. d. § 43 KStG**

Dieser Fall ist in § 15 i. V. m. §§ 11 bis 13 UmwStG 1995 i. V. m. § 38a KStG (ab 1995) geregelt. Danach kann die übertragende Körperschaft einen Teilbetrieb zu Buchwerten übertragen. Bei der Übernehmerin bleibt ein Übernahmegewinn außer Ansatz; sie erhält folglich keine Körperschaftsteuer-Anrechnung. Nach § 38a KStG wird ihr das verwendbare Eigenkapital der Übertragerin anteilig zugerechnet und steht für die Körperschaftsteuer-Entlastung bei Ausschüttungen an ihre Anteilseigner zur Verfügung.

1873 – **Umwandlung einer unbeschränkt steuerpflichtigen Kapitalgesellschaft auf eine inländische Personengesellschaft oder auf eine unbeschränkt steuerpflichtige natürliche Person**

Dieser Fall ist – bis 1994 – in den §§ 3 bis 11 UmwStG 1977 geregelt. Danach ist bei der übertragenden Körperschaft der Übertragungsgewinn steuerfrei; der Übernahmegewinn bei der

Personengesellschaft bzw. bei der natürlichen Person ist steuerpflichtig. Der Übernahmegewinn erhöht sich um die Körperschaftsteuer, die der Übernehmer auf seine Steuerschuld anrechnen kann.

Ab 1995 gelten die §§ 3 bis 10 UmwStG 1995. Danach ist bei der übertragenden Körperschaft sich ggfs. ergebende Übertragungsgewinn steuerpflichtig; der Übernahmegewinn bei der Personengesellschaft bzw. bei der natürlichen Person ist ebenfalls steuerpflichtig. Der Übernahmegewinn erhöht sich um die Körperschaftsteuer, die der Übernehmer auf seine Steuerschuld anrechnen kann.

1873

– **Umwandlung einer unbeschränkt steuerpflichtigen Kapitalgesellschaft auf eine inländische Personengesellschaft (formwechselnd)**

1874

Dieser Fall ist ab 1995 in § 14 i. V. m. §§ 3 bis 8 und 10 UmwStG 1995 geregelt. Danach ist bei der übertragenden Körperschaft sich ggfs. ergebende Übertragungsgewinn steuerpflichtig; der Übernahmegewinn bei der Personengesellschaft ist ebenfalls steuerpflichtig. Der Übernahmegewinn erhöht sich um die Körperschaftsteuer, die der Übernehmer auf seine Steuerschuld anrechnen kann.

– **Umwandlung einer unbeschränkt steuerpflichtigen Kapitalgesellschaft auf eine inländische Personengesellschaft (Teilübertragung, z. B. Spaltung)**

1875

Dieser Fall ist ab 1995 in § 16 i. V. m. §§ 3 bis 8, 10 und 15 UmwStG 1995 geregelt. Danach ist bei der übertragenden Körperschaft sich ggfs. ergebende Übertragungsgewinn steuerpflichtig; der Übernahmegewinn bei der Personengesellschaft ist ebenfalls steuerpflichtig. Der Übernahmegewinn erhöht sich um die Körperschaftsteuer, die der Übernehmer auf seine Steuerschuld anrechnen kann.

– **Umwandlung (Vollübertragung) oder Verschmelzung unbeschränkt steuerpflichtiger Körperschaften (Kapitalgesellschaften oder sonstige Körperschaften i. S. d. § 43 KStG) auf eine unbeschränkt steuerpflichtige, aber steuerbefreite Kapitalgesellschaft, Personenvereinigung oder Vermögensmasse oder auf eine juristische Person des öffentlichen Rechts**

1876

Dieser Fall ist in § 42 KStG geregelt.

– **Umwandlung (Teilübertragung) oder Auf- bzw. Abspaltung unbeschränkt steuerpflichtiger Körperschaften (Kapitalgesellschaften oder sonstige Körperschaften i. S. d. § 43 KStG) auf eine unbeschränkt steuerpflichtige, aber steuerbefreite Kapitalgesellschaft, Personenvereinigung oder Vermögensmasse oder auf eine juristische Person des öffentlichen Rechts**

1877

Dieser Fall ist in § 42 KStG geregelt.

19.2 Inhalt des § 42 KStG

§ 42 KStG regelt die Minderung und Erhöhung der Körperschaftsteuer im Fall des Vermögensübergangs durch Gesamtrechtsnachfolge von einer der Körperschaftsteuer unterliegenden auf eine nicht der Körperschaftsteuer unterliegenden Körperschaft.

1878

Im Gegensatz zu § 38 KStG 1991 bzw. (ab 1995) §§ 38, 38a KStG und den Vorschriften des UmwStG 1977 bzw. 1995 ist in § 42 KStG eine **Regelung für die umgewandelte, verschmolzene oder gespaltene Körperschaft** getroffen worden. Danach **mindert oder erhöht sich** bei dieser Körperschaft im letzten Veranlagungszeitraum **die Körperschaftsteuer** um den Betrag, der sich nach § 27 KStG ergeben würde, wenn das verwendbare Eigenkapital als im Zeitpunkt des Vermögensübergangs für eine Ausschüttung verwendet gelten würde. Dadurch wird sichergestellt, daß das übergehende Vermögen genau so hoch mit Körperschaftsteuer belastet ist, wie wenn es ausgeschüttet worden wäre.

1879 In den folgenden Fällen der Umwandlung **erhöht sich die Körperschaftsteuer** nicht (§ 42 Abs. 2 KStG):
- in den Fällen des § 40 Nr. 2 und 3 KStG, also
    = bei Verwendung von EK 04,
    = bei Ausschüttungen einer steuerbefreiten Körperschaft an eine andere von der Körperschaftsteuer befreite Körperschaft oder an eine juristische Person des öffentlichen Rechts,
- soweit das verwendbare Eigenkapital aus Vermögensmehrungen entstanden ist, die es in vor dem 01. 01. 1977 abgelaufenen Wirtschaftsjahren erhöht haben (Altrücklagen, EK 03).

Beispiel:

	EK 45 DM	EK 30 DM	EK 01 DM	EK 02 DM	EK 03 DM	EK 04 DM
Im Zeitpunkt des Vermögensübergangs vorhandenes verwendbares Eigenkapital	220 000	30 000	50 000	50 000	100 000	80 000
Daraus ergeben sich folgende **Änderungen der Körperschaftsteuer-Schuld**	Körperschaftsteuer-Minderung $^{15}/_{55}$ = 60 000	keine Körperschaftsteuer-Änderung	keine Körperschaftsteuer-Erhöhung gem. § 40 Nr. 1 KStG	Körperschaftsteuer-Erhöhung $^{30}/_{100}$ = 15 000	Keine Körperschaftsteuer-Erhöhung gem. § 42 Abs. 2 Nr. 2 KStG	Keine Körperschaftsteuer-Erhöhung gem. § 40 Nr. 2 i. v. m. § 42 Abs. 2 Nr. 1 KStG

1880 Die Körperschaftsteuer erhöht sich in Fällen der Umwandlung u. E. ebenfalls nicht bei Verwendung von EK 01. Dies ergibt sich zwar nicht ausdrücklich aus § 42 Abs. 2 KStG, sondern aus § 40 Nr. 1 KStG. Es ist nicht davon auszugehen, daß der Gesetzgeber im Rahmen des StandOG eine Schlechterstellung zur bisherigen Rechtslage herbeiführen wollte. A. A. Dötsch in Dötsch/Eversberg/Jost/Witt, Kommentar zum KStG und EStG, Tz. 25 ff zu § 42 KStG, unter Bezugnahme auf den Wortlaut von § 42 Abs. 2 Nr. 1 KStG.

Wegen einer Übersicht über die möglichen Fallgestaltungen bei der Anwendung des § 42 KStG i. V. m. § 38 Abs. 4 KStG 1991 bzw. § 38 Abs. 2 KStG siehe Dötsch in Dötsch/Eversberg/Jost/Witt, Kommentar zum KStG und EStG, Tz. 30 zu § 42 KStG.

1881–1899 frei

Teil G

Steuerbescheinigungen

1. Allgemeines

Die **auf den Gewinnausschüttungen der ausschüttenden Körperschaft lastende Körperschaftsteuer wird dem anrechnungsberechtigten Anteilseigner auf seine Einkommensteuer nur angerechnet, wenn er eine Steuerbescheinigung nach den §§ 44, 45 oder 46 KStG vorlegt** (vgl. § 36 Abs. 2 Nr. 3 Buchstabe b EStG). Die Körperschaftsteuer-Anrechnung setzt voraus, daß dem Anteilseigner im Veranlagungszeitraum tatsächlich mit Körperschaftsteuer belastete Gewinnanteile einer inländischen Körperschaft zugeflossen sind. Beträgt die Einkommensteuer-Belastung eines Steuerpflichtigen weniger als der anzurechnende Betrag (ab 1994 grundsätzlich 30 v. H.), so könnte er sich einen Vorteil verschaffen, wenn er den Zufluß von Kapitaleinkünften behauptet, die zur Anrechnung von Körperschaftsteuer berechtigen. Die Steuerbescheinigung dient somit der **Verhinderung von Mißbräuchen.** Die Körperschaftsteuer-Anrechnung darf nur einmal und zwar vom Anteilseigner selbst geltend gemacht werden. Deshalb ist die Steuerbescheinigung nach § 36 Abs. 2 Nr. 3 Buchstabe b EStG **materiell-rechtliche Voraussetzung für die Anrechnung** (vgl. auch BFH-Urteil vom 26. 9. 1991, BStBl 1992 II S. 924) und nicht etwa nur eine Beweisurkunde. Aus diesem Grunde hat der Anteilseigner – soweit die gesetzlichen Voraussetzungen erfüllt sind – einen zivilrechtlichen **Anspruch auf die Erteilung einer Steuerbescheinigung gegen die ausschüttende Körperschaft** (§ 44 Abs. 1 KStG) **oder das auszahlende Kreditinstitut** (§ 45 Abs. 1 KStG). Der Anspruch auf Ausstellung einer Steuerbescheinigung besteht unabhängig davon, ob der Anteilseigner anrechnungsberechtigt ist oder nicht. Auch die Vergütung von Körperschaftsteuer nach § 36b EStG (Anteilseigner stellt selbst den Antrag auf Körperschaftsteuer-Vergütung beim Bundesamt für Finanzen) und die Vergütung des Körperschaftsteuer-Erhöhungsbetrags an nichtanrechnungsberechtigte Anteilseigner nach § 52 KStG oder § 36e EStG (Ausschüttung von EK 03 an nichtanrechnungsberechtigte Anteilseigner) ist von der Vorlage einer Steuerbescheinigung nach den §§ 44 und 45 KStG abhängig. Eine Steuerbescheinigung darf jedoch nicht ausgestellt werden, wenn der Anteilseigner durch ein inländisches Kreditinstitut, seinen Arbeitgeber oder seine Genossenschaft einen Antrag auf Körperschaftsteuer-Vergütung nach den §§ 36c oder 36d EStG stellen läßt (§ 44 Abs. 2 Nr. 2 KStG). Ebenso ist die Ausstellung der Steuerbescheinigung durch die ausschüttende Körperschaft oder das auszahlende Kreditinstitut ausgeschlossen, wenn wegen der Veräußerung von Gewinnansprüchen eine Bescheinigung eines Notars (§ 46 KStG) benötigt wird.

1900

Die ausschüttende Körperschaft hat die Steuerbescheinigung auszustellen, wenn sie die Gewinnanteile dem Anteilseigner selbst auszahlt oder gutschreibt (§ 44 Abs. 1 KStG). Ist die Gewinnausschüttung von der Vorlage eines Dividendenscheins abhängig (z. B. bei Aktien) und wird sie durch ein inländisches Kreditinstitut erbracht, so ist die Steuerbescheinigung vom Kreditinstitut auszustellen (§ 45 Abs. 1 KStG). In diesem Fall darf die ausschüttende Körperschaft keine Steuerbescheinigung ausstellen (§ 44 Abs. 2 Nr. 1 KStG). Einer Steuerbescheinigung bedarf es nicht nur bei offenen Gewinnausschüttungen, sondern z. B. auch bei verdeckten Gewinnausschüttungen und bei anderen Leistungen, die beim Anteilseigner Einnahmen nach § 20 Abs. 1 Nr. 1 oder 2 EStG sind (z. B. Zahlungen bei der Liquidation, die aus verwendbarem Eigenkapital herrühren oder Zahlungen aus einem früheren Rechtsverhältnis, vgl. Abschn. 97 Abs. 5 KStR). Unter den Voraussetzungen des Abschn. 101 Abs. 2 und 3 KStR besteht auch die Möglichkeit, daß ein inländischer Anteilseigner eine Steuerbescheinigung für Dividendenzahlungen auf inländische Aktien erhält, wenn sich die Aktien im Wertpapierdepot eines ausländischen Kreditinstituts befinden (vgl. auch Schreiben des Bundesministeriums der Finanzen vom 16. 10. 1978, DB 1978 S. 2053).

1901

1902 Nach § 20 Abs. 2a EStG ist **Anteilseigner derjenige, dem die Anteile** an dem Kapitalvermögen also z. B. die Aktien, Kuxe, GmbH- oder Genossenschaftsanteile im Zeitpunkt des Gewinnverteilungsbeschlusses **nach § 39 AO zuzurechnen sind.** Sind die Kapitalerträge einem **Nießbraucher** oder **Pfandgläubiger** zuzurechnen, so gilt er als danach Anteilseigner.

1903 Bei **Treuhandverhältnissen** ist nach § 39 Abs. 2 AO der Treugeber Anteilseigner. An ihn wäre deshalb die Steuerbescheinigung auszustellen. Da der ausschüttenden Körperschaft (dem Kreditinstitut) in der Regel das Treuhandverhältnis und der Treugeber nicht bekannt sein werden, dürfte der Treuhänder eine auf seinen Namen ausgestellte Steuerbescheinigung erhalten. Wenn der Treuhänder die auf ihn ausgestellte Steuerbescheinigung dem Treugeber weiterleitet und letzterer die Verhältnisse bei seinem Finanzamt offenlegt, erhält der Treugeber die Körperschaftsteuer-Anrechnung ohne Berichtigung der Steuerbescheinigung (OFD Düsseldorf, Vfg. vom 23. 3. 1982, DB 1982, S. 879). Wegen der Zurechnung der Einkünfte bei **Nießbrauchsverhältnissen** ist auch für die Ausstellung der Steuerbescheinigung der sogenannten Nießbrauchserlaß (BMF-Schreiben vom 23. 11. 1983, BStBl 1983 I S. 508) zu beachten.

1904 Gehören die Anteile zum Gesamthandsvermögen einer **Personengesellschaft,** wird über die steuerliche Zurechnung der Gewinnausschüttung und der anzurechnenden Körperschaftsteuer und Kapitalertragsteuer im Rahmen der gesonderten Feststellung des Gewinns der Personengesellschaft nach § 180 AO entschieden. Deshalb ist eine zusammenfassende Bescheinigung auf den Namen der Personengesellschaft auszustellen. Die anzurechnende Körperschaftsteuer und Kapitalertragsteuer ergibt sich für die Mitunternehmer in diesen Fällen aus der gesonderten Feststellung (Abschn. 97 Abs. 4 KStR). Entsprechend ist zu verfahren, wenn die Anteile zu einem **anderen Gesamthandvermögen** oder einer **Bruchteilsgemeinschaft** zuzurechnen sind. Sind die Anteile Alleineigentum eines Gesellschafters, rechnen sie aber steuerlich zum Sonderbetriebsvermögen einer Personengesellschaft, wird die Steuerbescheinigung auf den Namen des Gesellschafters ausgestellt. Dieser hat die Steuerbescheinigung in dem Verfahren der gesonderten Feststellung nach § 180 AO dem Finanzamt vorzulegen, weil die Ausschüttungen der Körperschaft und die anzurechnenden Steuerbeträge in die gesonderte Feststellung einbezogen werden müssen. Bei Durchführung der gesonderten Feststellung kann das Finanzamt die Körperschaftsteuer-Anrechnung nur berücksichtigen, wenn bei Durchführung der Feststellung die Steuerbescheinigung vorliegt (sinngemäß R 213g Abs. 2 EStR, – vgl. auch Abschn. 97 Abs. 4 KStR für den Fall der Veranlagung des Gesellschafters vor Ergehen des Feststellungsbescheids für die Personengesellschaft).

1905 Die Steuerbescheinigung ist **nach amtlich vorgeschriebenem Muster** zu erteilen (§ 44 Abs. 1, § 45 Abs. 1 KStG). Die amtlichen Muster ergeben sich aus den **Anlagen 2–5 zu den KStR.** Die **Bescheinigung über die anrechenbare Körperschaftsteuer und die Bescheinigung über die anrechenbare Kapitalsteuer** (§ 45a Abs. 2 und 3 EStG) **werden in einem Formular zusammengefaßt** (Abschn. 97 Abs. 2 und Abschn. 99 Abs. 2 KStR). Trotzdem ist die Steuerbescheinigung nur für die Anrechnung der Körperschaftsteuer materiell-rechtliche Voraussetzung, während sie für die Anrechnung der Kapitalertragsteuer eine Beweisurkunde darstellt (vgl. den unterschiedlichen Wortlaut des § 36 Abs. 2 Nr. 2 und Nr. 3 Buchstabe b EStG).

1906 Besondere Bedeutung hat die Steuerbescheinigung in der Übergangsphase von der bisherigen Ausschüttungsbelastung von 30 v. H., also für die Veranlagungszeiträume 1993 und 1994. Die auf 30 v. H. abgesenkte Ausschüttungsbelastung (Anrechnung beim Anteilseigner $3/7$) und der Verzicht auf die Herstellung der Ausschüttungsbelastung bei der Ausschüttung von EK 01 gilt erstmals (vgl. § 54 Abs. 10a KStG) für Ausschüttungen, die auf einem den Gesellschaftsrechtlichen Vorschriften entsprechenden Gewinnverteilungsbeschluß für ein abgelaufenes Wj. beruhen und in dem ersten nach dem 31. 12. 1993 endenden Wj. erfolgen.

1907 Bei anderen Ausschüttungen und sonstigen Leistungen handelt es sich um die, die im 1993 endenden Wj. vorgenommen werden. Damit sind die auf 30 v. H. abgesenkte Ausschüttungsbelastung und der Verzicht auf KSt-Erhöhung bei der Ausschüttung von EK 01 für die Ausschüttungen erstmals anzuwenden, die nach § 28 Abs. 2 KStG mit dem verwendbaren Eigenkapital zum

Schluß des letzten vor dem 1. 1. 1994 endenden Wj. (bei mit dem Kj. übereinstimmenden Wj. **1907**
also dem 31. 12. 1993) zu verrechnen sind. Auf Antrag der ausschüttenden Körperschaft kann
aber für ein Jahr noch das alte Recht angewendet werden. Dieses Wahlrecht steht nur der Körperschaft zu, der Anteilseigner ist an die Rechtsform gebunden. Er kann die von der Körperschaft ausgeübte Wahl an der Steuerbescheinigung erkennen.

Wendet die Körperschaft für offene Gewinnausschüttungen, die 1994 (oder im abweichenden
Wj. 1993/94) erfolgen und verdeckte Gewinnausschüttungen, Vorabausschüttungen und sonstige Leistungen, die 1993 (oder im abweichenden Wj. 1992/93) vorgenommen wurden, das neue
Recht an, ergibt sich folgendes:

Die Ausschüttungsbelastung bei der Körperschaft beträgt 30 v. H. und der Anteilseigner darf $^3/_7$
der Dividende anrechnen. Bei Ausschüttung von EK 01 ergibt sich bei der Körperschaft keine
Körperschaftsteuererhöhung, der Anteilseigner darf keine KSt anrechnen. Bei Körperschaften
als Anteilseigner besteht die Steuerbegünstigung nach § 8b Abs. 1 KStG.

Übt die ausschüttende Körperschaft das Wahlrecht nach § 54 Abs. 10a Satz 2 KStG aus und verfährt für die vorgenannten Ausschüttungen noch nach altem Recht, so ergibt sich bei einer Ausschüttungsbelastung von 36 v. H. beim Anteilseigner ein KSt-Anrechnungsguthaben von $^9/_{16}$ der
Dividende. Bei nach § 8b Abs. 1 KStG begünstigten Anteilseignern entfällt die Vergünstigung. **1908**

Schüttet eine Körperschaft Beträge aus, die mit dem verwendbaren Eigenkapital zum 31. 12.
1993 (oder abweichenden Bilanzstichtag des Wj. 1992/93) zu verrechnen sind, und stellt eine
Steuerbescheinigung auf die Grundlage einer Ausschüttungsbelastung von 36 v. H. aus, stellt jedoch den Antrag nach § 54 Abs. 10a Satz 2 KStG (Anwendung des alten Rechts) in der eigenen
Steuererklärung nicht, haftet sie nach § 44 Abs. 5 KStG.

2. Bescheinigung durch die ausschüttende Körperschaft (§ 44 KStG)

Erfolgt die **Auszahlung von Gewinnausschüttungen durch die ausschüttende Körperschaft** **1909**
selbst, so hat sie eine Steuerbescheinigung nach § 44 KStG auszustellen. In der Praxis hat diese
Vorschrift insbesondere Bedeutung für GmbHs. Nach § 44 Abs. 1 KStG muß die Bescheinigung
den Namen und die Anschrift des Anteilseigners, die Höhe der Leistungen, den Zahlungstag, den
Anrechnungsbetrag (Vergütungsbetrag) und die eventuelle Höhe des auf den Anteilseigner entfallenden ausgeschütteten EK 01 und EK 04 enthalten. Die Verwendung von EK 01 bleibt bis der
ausschüttenden Körperschaft nach § 28 Abs. 5 KStG i. d. F. d. StandOG mit dem in der ausgestellten Steuerbescheinigung genannten Betrag festgeschrieben. Die ausgestellten Steuerbescheinigungen müssen deshalb nicht berichtigt werden, wenn sich Änderungen beim verwendbaren Eigenkapital ergeben. Weicht die in der Steuerbescheinigung angegebene Anschrift des
Anteilseigners von derjenigen ab, unter der er beim Finanzamt geführt wird, wird dies nicht beanstandet, wenn kein Zweifel an der Identität der Person besteht (Abschn. 97 Abs. 6 KStR). Andernfalls hat der Anteilseigner den Sachverhalt aufzuklären. Da die Steuerbescheinigung den
Zahlungstag enthalten muß, kann die Steuerbescheinigung erst ausgestellt werden, wenn die
Körperschaft die Dividende usw. ausbezahlt hat.

Nach H 154 (Zuflußzeitpunkt bei Gewinnausschüttungen) EStH 1993 kann bei **Alleingesell-** **1910**
schaftern und **beherrschenden Gesellschaftern** einer Kapitalgesellschaft der Zufluß der Einnahmen bereits in einem früheren Veranlagungszeitraum als dem der tatsächlichen Auszahlung
erfolgen. Der Anteilseigner kann in derartigen Fällen die Körperschaftsteuer-Anrechnung bereits für den früheren Veranlagungszeitraum erhalten, wenn die Bescheinigung bis zur Veranlagung des Anteilseigners dem Finanzamt vorgelegt wird (R 213g Abs. 2 EStR). Dieselben
Grundsätze gelten, wenn nach der **Konzernrechtsprechung** (vgl. RZ 1974) der Dividendenanspruch bereits zu einem Bilanzstichtag aktiviert wird, der zeitlich vor dem Gewinnverteilungsbeschluß liegt. Auch in diesen Fällen ist nach R 213g Abs. 1 EStR die Anrechnung in dem Ver-

1910 anlagungszeitraum durchzuführen, in dem der aktivierte Dividendenanspruch einschließlich des Körperschaftsteuer-Guthabens versteuert wird. Nicht entscheidend ist, daß die Steuerbescheinigung hier erst mit dem Gewinnverteilungsbeschluß erteilt werden kann. Sie muß aber im Zeitpunkt der Veranlagung des Anteilseigners vorliegen.

1911 Für die Bescheinigung nach § 44 KStG ist das in der Anlage 2 zu den KStR abgedruckte Muster zu verwenden. Genossenschaften dürfen statt des Musters der Anlage 2 auch das Muster nach der Anlage 3 zu den KStR verwenden (Abschn. 97 Abs. 2 KStR). Für die nach § 52 KStG oder § 36e EStG an Nichtanrechnungsberechtigte zu vergütende Körperschaftsteuer können gesonderte Steuerbescheinigungen erteilt werden. Handelt es sich um eine Vergütung für die Ausschüttung ausländischer Einkünfte, kann das Finanzamt einen Nachweis über die Höhe der ausländischen Einkünfte und die auf die deutsche Körperschaftsteuer anzurechnenden ausländischen Steuern verlangen (Abschn. 97 Abs. 8 KStR).

1912 Bei der Ausstellung der Steuerbescheinigung ist insbesondere bei der Beteiligung von Nichtanrechnungsberechtigten zu berücksichtigen, daß möglicherweise **mehrere Ausschüttungen mit dem** verwendbaren **Eigenkapital zum selben Stichtag zu verrechnen** sind (Abschn. 78 Abs. 2 und Abschn. 97 Abs. 7 KStR). Besondere Bedeutung haben dabei die seit 1984 in dieser Fassung geltenden §§ 27-29 KStG, wonach offene Gewinnausschüttungen mit dem verwendbaren Eigenkapital zum Schluß des letzten vor dem Gewinnverteilungsbeschluß abgelaufenen Wirtschaftsjahres zu verrechnen sind (§ 28 Abs. 2 KStG) und andere Ausschüttungen (Vorabausschüttungen vor Ablauf eines Wirtschaftsjahres, verdeckte Gewinnausschüttungen, Auskehrungen anläßlich einer Kapitalherabsetzung oder einer Liquidation) mit dem verwendbaren Eigenkapital zum Schluß des Wirtschaftsjahres, in dem die Ausschüttung erfolgt, verrechnet werden (§ 28 Abs. 2 Satz 2 KStG). Wie schwierig in derartigen Fällen die Ausstellung einer Steuerbescheinigung sein kann, ergibt das nachstehende Beispiel (ursprünglich entnommen aus Dötsch/Eversberg/Jost/Witt, Komm. zum KStG und EStG, Tz. 56b zu § 44 KStG).

Beispiel:

An der unbeschränkt steuerpflichtigen Kapitalgesellschaft sind A, B, C und D zu je 25 v. H. beteiligt. D ist ein beschränkt steuerpflichtiger Anteilseigner. Im Wirtschaftsjahr 01 hat die Kapitalgesellschaft an D einen Gewinn von 100 DM verdeckt ausgeschüttet; im Wirtschaftsjahr 02 erfolgte eine offene Gewinnausschüttung für das Wirtschaftsjahr 01 in Höhe von 200 DM. Das verwendbare Eigenkapital zum Schluß des Wirtschaftsjahr 01 beträgt: EK 45 = 55 DM; EK 03 = 400 DM.

Ergebnis:

Die verdeckte Gewinnausschüttung im Wirtschaftsjahr 01 (100 DM) und die im Wirtschaftsjahr 02 beschlossene und vorgenommene offene Gewinnausschüttung für das Wirtschaftsjahr 01 (200 DM) sind in einer Summe (300 DM) mit dem verwendbaren Eigenkapital zum Schluß des Wirtschaftsjahr 01 zu verrechnen.

1913 a) **Ermittlung der Körperschaftsteuer-Minderungs- und Erhöhungsbeträge**

	DM	EK 45 DM	EK 03 DM
verwendbares Eigenkapital zum Schluß des Wirtschaftsjahr 01		55	400
Gewinnausschüttung	300		
– Verwendung von EK 45	– 55	– 55	
– Körperschaftsteuer-Minderung $^{15}/_{55}$ von 55 DM	– 15		
Restbetrag der Ausschüttung	230		
– Verwendung von EK 03	– 230		– 230
	0		
Körperschaftsteuer-Erhöhung $^{3}/_{7}$ von 230 DM			– 99
verwendbares Eigenkapital nach Verrechnung der Ausschüttung		0	71

b) **Ermittlung des dem beschränkt steuerpflichtigen Anteilseigners (D) nach § 44 Abs. 1 Nr. 5 KStG zu bescheinigenden Vergütungsbetrags**

Bei der Verrechnung der verdeckten Gewinnausschüttung und der offenen Gewinnausschüttung, die in einer Summe mit dem zum Schluß des Wirtschaftsjahr 01 maßgebenden verwendbaren Eigenkapitals zu verrechnen sind, ist EK 45 und EK 03 in Anspruch genommen worden.

Hinsichtlich der beschränkt steuerpflichtigen Anteilseigner (D) sind durch die Verrechnung eines Teils der Ausschüttungen mit dem EK 03 die Voraussetzungen für die Vergütung des Körperschaftsteuer-Erhöhungsbetrags nach § 36e EStG (§ 52 KStG) erfüllt. Die Kapitalgesellschaft hat nach § 44 Abs. 1 Nr. 5 KStG den Betrag der zu vergütenden Körperschaftsteuer zu bescheinigen. Dabei ist die Verrechnung der Summe der Ausschüttungen (300 DM) mit dem verwendbaren Eigenkapital maßgebend. Das für die Ausschüttungen verwendete EK 03 ist anteilmäßig sowohl für die verdeckte Gewinnausschüttung als auch für die offene Gewinnausschüttung verwendet worden. Bezogen auf den bei EK 03 verrechneten Teilbetrag der verdeckten Gewinnausschüttung ist D der gesamte Körperschaftsteuer-Erhöhungsbetrag zu bescheinigen. Dagegen ist ihm der Körperschaftsteuer-Erhöhungsbetrag nur entsprechend seinem Anteil an der offenen Gewinnausschüttung (25 v. H.) zu bescheinigen, soweit die offene Gewinnausschüttung mit dem EK 03 verrechnet worden ist.

Gemessen an der mit dem verwendbaren Eigenkapital zum Schluß des Wirtschaftsjahr 01 verrechneten Gesamtausschüttung (300 DM) entfallen auf

a) die verdeckte Gewinnausschüttung = $1/3$;
b) die offene Gewinnausschüttung = $2/3$.

Die Gesamtausschüttung (300 DM) ist in Höhe von 230 DM mit EK 03 verrechnet worden. Folglich entfallen von dem für die Gesamtausschüttung aus EK 03 verwendeten Betrag (230 DM) auf

a) die verdeckte Gewinnausschüttung = $1/3$ von 230 DM = 77 DM
b) die offene Gewinnausschüttung = $2/3$ von 230 DM = 153 DM.

Der Körperschaftsteuer-Erhöhungsbetrag aus der Verwendung des EK 03 (99 DM) entfällt mit

a) $3/7$ von 77 DM = 33 DM auf die verdeckte Gewinnausschüttung;
b) $3/7$ von 153 DM = 66 DM auf die offene Gewinnausschüttung.

Dem beschränkt steuerpflichtigen Anteilseigner (D) sind gemäß § 44 Abs. 1 Nr. 5 KStG als Körperschaftsteuer-Erhöhungsbetrag zu bescheinigen:

– der gesamte auf die verdeckte Gewinnausschüttung entfallende Betrag von 33 DM;
– der auf den dem D zuzurechnenden Anteil an der offenen Gewinnausschüttung entfallende Betrag von 17 DM (= 25 v. H. von 66 DM).

Gemäß § 28 Abs. 7 KStG n. F. wird die Ausschüttung an den beschränkt steuerpflichtigen Anteilseigner (D) in Höhe von 115 DM (77 DM verdeckte Gewinnausschüttung und 25 v. H. von 153 DM = 38 DM) für die Verrechnung mit EK 03 festgeschrieben.

Sind in der Steuerbescheinigung die Kapitalerträge und die anrechenbare Körperschaftsteuer oder Kapitalertragsteuer zu niedrig ausgewiesen, kann die ausschüttende Körperschaft von einer Berichtigung der Steuerbescheinigung absehen, wenn sie eine ergänzende Bescheinigung über den Unterschiedsbetrag zwischen dem ursprünglich bescheinigten und dem richtigen Betrag ausstellt. Die ergänzende Bescheinigung ist als solche zu kennzeichnen (Abschn. 98 Abs. 1 KStR). Die Ausstellung von **Ersatzbescheinigungen** und die **Rückforderung unrichtiger Bescheinigungen** ist in § 44 Abs. 3 und 4 KStG besonders geregelt. Der Aussteller einer unrichtigen Bescheinigung haftet für die aufgrund der Bescheinigung verkürzten Steuern. Die Haftung ist unabhängig von dem Nachweis eines Verschuldens des Ausstellers (vgl. aber auch Abschn. 98 Abs. 2 KStR), sie wird allerdings dann ausgeschlossen, wenn der Aussteller die Berichtigung einer unrichtigen Bescheinigung betrieben hat (§ 44 Abs. 5 KStG).

3. Bescheinigung durch das auszahlende Kreditinstitut (§ 45 KStG)

Wenn die Zahlung der Dividenden usw. **von der Vorlage eines Dividendenscheines abhängig ist und für Rechnung der ausschüttenden Körperschaft durch ein inländisches Kreditinstitut erbracht wird,** hat nach § 45 KStG das inländische Kreditinstitut die Steuerbescheini-

1916 gung auszustellen. Die Ausstellung der Steuerbescheinigung durch das Kreditinstitut dient der Vereinfachung des Verfahrens, weil der Anteilseigner dadurch gleichzeitig die Dividende und die Bescheinigung erhält. Zu den inländischen Kreditinstituten gehören auch die im Inland gelegenen Zweigstellen ausländischer Kreditinstitute, die eine Erlaubnis zum Geschäftsbetrieb im Inland haben (vgl. Abschn. 99 Abs. 1 KStR und BMF-Schreiben vom 4. 12. 1992, BStBl 1992 I S. 21).

1917 Das Kreditinstitut hat in seiner Steuerbescheinigung **dieselben Angaben zu machen wie die ausschüttende Körperschaft selbst.** Aus der Bescheinigung muß allerdings der Schuldner hervorgehen, für den die Kapitalerträge gezahlt werden (§ 45 Abs. 1 Satz 2 KStG). Nach der Änderung durch das StandOG vom 13. 9. 1993 ist in der Steuerbescheinigung die Ausschüttung der nicht mit KSt belasteten Teilbeträge EK 01 und EK 04 gesondert auszuweisen. Nach § 45 Abs. 1 Satz 2 KStG a. F. war früher auch die Ausschüttung von EK 04 als Kapitalertrag bescheinigt und die richtige Besteuerung durch Iontrollmitteilungen der Finanzämter sichergestellt worden (vgl. auch Abschn. 99 Abs. 2 KStR).

1918 Die **Steuerbescheinigung kann auf dem Formular erfolgen, mit dem das Kreditinstitut dem Empfänger Mitteilung über die Gutschrift der Dividenden usw. erteilt.** Eine Steuerbescheinigung durch ein Kreditinstitut gilt als nach **amtlich vorgeschriebenem Muster** erteilt, wenn sie **die in Abschn. 99 Abs. 4 KStR geforderten Voraussetzungen** enthält. Die Anlage 4 zu den KStR enthält beispielhaft verschiedene Muster für die Erteilung von Steuerbescheinigungen durch Kreditinstitute. **Für Buchungszwecke** kann das Kreditinstitut den Anteilseignern **Durchschriften der Steuerbescheinigung** überlassen. Dabei muß durch einen besonderen Aufdruck sichergestellt sein, daß die Durchschrift nicht als Steuerbescheinigung verwendet wird (Abschn. 99 Abs. 5 KStR). Anstelle der Einzelsteuerbescheinigungen für die im Kalenderjahr zugeflossenen Dividenden usw., die bei den Kunden des Kreditinstituts zur Anrechnung von Körperschaftsteuer und Kapitalsteuer führen können, kann das Kreditinstitut für jedes von ihm geführte Wertpapierdepot eine **Jahressteuerbescheinigung** ausstellen (Abschn. 100 Abs. 1 KStR). Die Jahressteuerbescheinigung setzt nach Abschn. 100 Abs. 2 KStR voraus, daß nicht gleichzeitig Einzelsteuerbescheinigungen erteilt werden. Auch die Jahressteuerbescheinigungen sind nach amtlich vorgeschriebenem Muster (Abschn. 100 Abs. 3 KStR und Anlage 5 zu den KStR) zu erteilen. Legt ein Anteilseigner, der eine Jahressteuerbescheinigung beantragt hat, dem Kreditinstitut eine NV-Bescheinigung vor, und beantragt das Kreditinstitut die Vergütung von Körperschaftsteuer und Erstattung von Kapitalsteuer, so darf es insoweit eine Steuerbescheinigung nicht ausstellen (Abschn. 100 Abs. 4 KStR).

1919 Wird von **Ehegatten** ein **Gemeinschaftsdepot** unterhalten, so wird die Steuerbescheinigung auf den Namen der beiden Ehegatten ausgestellt, wenn die Voraussetzungen des § 26 EStG (Zusammenveranlagung, getrennte Veranlagung) vorliegen (Abschn. 99 Abs. 6 KStR). Lautet ein Depot auf den Namen einer **Personengesellschaft, Erbengemeinschaft,** eines **Investmentclubs** oder handelt es sich um ein **sonstiges Gemeinschaftsdepot,** so stellt das Kreditinstitut eine Steuerbescheinigung aus, die auf die Gesellschaft oder Gemeinschaft lautet. Die Erträge werden dann in der gesonderten Feststellung nach § 180 AO erfaßt, aus der gesonderten Feststellung ergeben sich auch die auf den einzelnen Beteiligten entfallenden Beträge der anzurechnenden Körperschaftsteuer und Kapitalsteuer (Abschn. 97 Abs. 4 KStR). Eine Körperschaftsteuer-Vergütung und eine Erstattung von Kapitalertragsteuer durch das Bundesamt für Finanzen darf in diesen Fällen nicht durchgeführt werden (BMF-Schreiben vom 10. 4. 1980, DB 1980, S. 896). Von den Kreditinstituten werden für die Steuerbescheinigung Formulare verwendet, mit denen auch andere Gutschriften über Dividenden, Zinsen usw. mitgeteilt werden (Abschn. 99 Abs. 3 KStR). In den Fällen, in denen das Kreditinstitut eine Steuerbescheinigung nicht erteilen darf (z. B. §§ 36c, 36d, 44b Abs. 1-3 EStG, § 46 KStG), hat das Kreditinstitut deshalb in derartigen Fällen den Aufdruck „Keine Steuerbescheinigung" anzubringen (Abschn. 99 Abs. 8 KStR). Liegt dem Kreditinstitut eine NV-Bescheinigung vor, so wird auf dem Formular vermerkt „Dividendengutschrift bei NV-Bescheinigung".

Verwahrt ein Kreditinstitut Wertpapiere für ein anderes Kreditinstitut, darf das depotführende Kreditinstitut dem anderen Kreditinstitut eine Steuerbescheinigung nur erteilen, wenn das andere Kreditinstitut schriftlich versichert, daß es Eigentümer der Wertpapiere ist. Andernfalls hat das Kreditinstitut, das die Wertpapiere in Verwahrung gegeben hat, die Steuerbescheinigung zu erteilen, und zwar sowohl für die Dividenden, die es seinen Kunden gutschreibt als auch für die selbstbezogenen Dividenden (Abschn. 101 Abs. 1 KStR). Wegen der Steuerbescheinigungen bei Investment-Erträgen wird auf Abschn. 102 KStR und wegen der Ausstellung von Steuerbescheinigungen in Nießbrauch- und Treuhandfällen sowie bei Ander-Depots wird auf BStBl 1981 I S. 504 und BStBl 1983 I S. 508 verwiesen. Ist eine Aktie im Zeitpunkt des Zuflusses von Kapitaleinnahmen nicht in einem auf den Namen des Anteilseigners lautenden Wertpapierdepot bei dem Kreditinstitut verzeichnet, das nach § 45 KStG die Steuerbescheinigung auszustellen hat, so muß das Kreditinstitut die Steuerbescheinigung durch einen entsprechenden Hinweis kennzeichnen (§ 45 Abs. 2 KStG). Das Kreditinstitut muß außerdem Aufzeichnungen über die gekennzeichneten Bescheinigungen führen (§ 45 Abs. 3 KStG). Es handelt sich dabei um die sogenannten Schalterfälle, bei denen das Kreditinstitut nicht nachprüfen kann, ob der Empfänger der Bescheinigung auch tatsächlich der Eigentümer der Anteile ist. Zweck der Kennzeichnung durch das Kreditinstitut ist es, eine Vergütung des Körperschaftsteuer-Anrechnungsbetrags auszuschließen (§ 36b Abs. 5 Nr. 2 EStG). Der Anteilseigner kann sein Anrechnungsguthaben bei einer gekennzeichneten Bescheinigung – ebenso wie bei GmbH-Anteilen – nur im Wege der Einkommensteuer-Veranlagung geltend machen, die dem zuständigen Finanzamt eine genauere Nachprüfung ermöglicht, als das beim Bundesamt für Finanzen durchgeführte Vergütungsverfahren.

Das Kreditinstitut haftet für Steuerverkürzungen und zu Unrecht gewährten Steuervorteilen aufgrund einer von ihm ausgestellten Steuerbescheinigung auch ohne eigenes Verschulden (§ 45 Abs. 4 KStG). Eine Haftung des Kreditinstituts ist jedoch ausgeschlossen, wenn die unrichtigen Angaben in der Steuerbescheinigung von der ausschüttenden Körperschaft zu vertreten sind. In diesen Fällen tritt nach § 44 Abs. 5 Satz 3 KStG eine Haftung der ausschüttenden Körperschaft ein.

4. Bescheinigung durch einen Notar (§ 46 KStG)

Nach § 20 Abs. 2 Nr. 2a EStG gehören zu den steuerpflichtigen Einkünften auch die Erträge aus der Veräußerung von Dividendenscheinen, wenn die dazugehörigen Aktien nicht mit veräußert werden. Der Veräußerer des Dividendenscheins hat deshalb auch die Möglichkeit der Körperschaftsteuer-Anrechnung bei seiner Einkommensteuer-Veranlagung (§ 36 Abs. 2 Nr. 3 EStG). Der Gesetzgeber mußte allerdings sicherstellen, daß nur der Anteilseigner, der den Dividendenschein erstmals veräußert, die Körperschaftsteuer-Anrechnung erhält. Dieser Sicherstellung dient der § 46 KStG, nach dem in Fällen der Veräußerung eines Dividendenscheins ohne Anteilsveräußerung die Steuerbescheinigung durch einen inländischen Notar zu erteilen ist. Die Steuerbescheinigung kann von dem Notar in der Form einer Niederschrift (§ 36 Beurkundungsgesetz) oder in Form eines Vermerks (§ 39 Beurkundungsgesetz) erteilt werden.

Wegen einer etwa erforderlichen Ersatzbescheinigung (vgl. § 46 Abs. 1 Satz 3 KStG) sollte der Notar aber die Form der Niederschrift wählen.

In die Steuerbescheinigung hat der Notar den Namen und die Anschrift des Veräußerers des Dividendenscheins, die Daten des Dividendenscheins, Veräußerungstag und Preis aufzunehmen und zu bestätigen, daß der Dividendenschein in seiner Gegenwart von dem Bogen getrennt und als veräußert gekennzeichnet worden ist (§ 46 Abs. 1 KStG).

Werden andere Ansprüche i. S. des § 20 Abs. 2 Nr. 2a EStG, die nicht durch einen Dividendenschein verbrieft sind, ohne den dazugehörenden Anteil veräußert (z. B. Veräußerung von Gewinnansprüchen gegen eine GmbH), so erteilt der Notar eine Bescheinigung nach § 46 Abs. 2 KStG.

1924 **Unrichtige Bescheinigungen** hat der Notar **zurückzufordern.** Kommt ein Inhaber der unrichtigen Bescheinigung der Aufforderung des Notars zur Rückgabe nicht nach, so hat der Notar das für den Veräußerer zuständige Finanzamt schriftlich zu benachrichtigen (§ 46 Abs. 3 KStG). Eine Haftungsvorschrift des Notars (wie in den §§ 44 und 45 KStG) sieht das Gesetz nicht vor, weil der Notar nach § 19 der Bundesnotar-Ordnung haftet.

Teil H

Entstehung, Veranlagung und Erhebung der Körperschaftsteuer

1. Entstehung der Körperschaftsteuer

Nach § 38 AO entsteht die Steuer nach der sich aus den Einzelsteuergesetzen ergebenden Verwirklichung des Tatbestands.

In § 48 KStG ist die Entstehung der Körperschaftsteuer wie folgt geregelt:

Bei **Steuerabzugsbeträgen** entsteht die Körperschaftsteuer in dem Zeitpunkt, in dem die Steuerpflichtigen Einkünfte zufließen, maßgebend ist der Zufluß i. S. des § 11 EStG (BFH, Urteil vom 1. 3. 1972, BStBl 1972 II, S. 591). Die Einbehaltung und Fälligkeit der Kapitalertragsteuer richtet sich indessen nach der Vorschrift des § 44 Abs. 2 EStG (BFH, Urteil vom 18. 12. 1985, BStBl 1986 II S. 451).

Bei **Vorauszahlungen** entsteht die Körperschaftsteuer mit Beginn des Kalendervierteljahrs, in dem die Vorauszahlungen zu entrichten sind. Körperschaftsteuer-Vorauszahlungen sind zum 10. 3., 10. 6., 10. 9. und 10. 12. zu entrichten.

Wird die **Steuerpflicht erst im Lauf eines Kalenderjahres begründet,** so entsteht die Steuerschuld frühestens mit Begründung der Steuerpflicht. Die Steuerpflicht wird begründet durch Eintritt in die unbeschränkte Steuerpflicht, Beendigung einer Steuerbefreiung oder Begründung der partiellen Steuerpflicht (beispielsweise bei gemeinnützigen Körperschaften mit wirtschaftlichen Geschäftsbetrieben).

Die **veranlagte Körperschaftsteuer** entsteht mit Ablauf des Veranlagungszeitraums, soweit sie nicht für Steuerabzugsbeträge und Vorauszahlungen bereits früher entstanden ist. Damit entsteht die sich durch die Veranlagung ergebende Abschlußzahlung mit dem Ende des Veranlagungszeitraums. Die Körperschaftsteuer entsteht im übrigen in der nach den §§ 27ff. KStG geänderten Höhe (§ 23 Abs. 5 KStG).

Der § 48 KStG entspricht in vollem Umfang der bis 31. 12. 1976 geltenden Vorschrift des § 3 Abs. 5 Ziff. 2 StAnpG. Von der Entstehung der Steuerschuld ist die **Fälligkeit** zu unterscheiden (§ 220 Abs. 1 AO), die im Regelfall eine Steuerfestsetzung voraussetzt (vgl. auch BFH, Urteil vom 26. 5. 1972, BStBl 1972 II S. 693). Eine durch Steuerfestsetzung entstehende Abschlußzahlung ist innerhalb eines Monats nach Bekanntgabe des Steuerbescheids fällig (§ 36 Abs. 4 EStG). Der Zeitpunkt der Entstehung der Körperschaftsteuer ist beispielsweise für den Beginn der Festsetzungsverjährung (§§ 169-171 AO), für die Rangordnung beim Konkurs und für den Schuldenabzug bei der Einheitsbewertung wichtig.

2. Unmittelbare Steuerberechtigung und Zerlegung

Der Anspruch auf **Körperschaftsteuer für ein Kalenderjahr steht dem Bundesland zu,** in dem die Körperschaft am 10. Oktober dieses Jahres oder an dem sonstigen in dieses Kalenderjahr fallenden Stichtag der Personenstandsaufnahme den **Ort der Geschäftsleitung** hat (§ 1 Abs. 1 des ZerlG vom 25. 2. 1971, BStBl 1971 I S. 178, geändert durch Gesetz vom 9. 11. 1992, BGBl. I S. 1853). Ist ein Steuerbetrag einem Lande zugeflossen, dem der Steueranspruch nicht zusteht, so ist er, wenn er mehr als 50 000 DM beträgt, an das steuerberechtigte Land zu überweisen. Bei Körperschaften mit einem Einkommen von mehr als 3 Millionen DM, die in mehreren Ländern des Bundesgebiets Betriebsstätten unterhalten, ist die Körperschaftsteuer unter entsprechender Anwendung der §§ 29 bis 31 und 33 GewStG **auf die beteiligten Bundesländer zu zerlegen** (§ 2 Abs. 1 des ZerlG). Zerlegungsbeträge eines Landes von jährlich weniger als 100 000 DM werden dem unmittelbar steuerbegünstigten Land zugeteilt (§ 2 Abs. 5

1927 ZerlG). Die neuen Bundesländern nehmen erstmals für 1991 an der Zerlegung teil (§ 8 Abs. 1 Satz 2 ZerlG).

3. Veranlagung und Erhebung der Körperschaftsteuer

1928 Bei unbeschränkt steuerpflichtigen Körperschaften und bei Körperschaften, die nach § 2 Nr. 1 KStG mit ihren inländischen Einkünften beschränkt körperschaftsteuerpflichtig sind, erfolgt eine Körperschaftsteuer-Veranlagung. Auf die Durchführung der Besteuerung einschließlich die Anrechnung, Entrichtung und Vergütung der Körperschaftsteuer sind **die Vorschriften des Einkommensteuergesetzes** entsprechend anzuwenden (§ 49 Abs. 1 KStG). Die bei der Körperschaftsteuer-Veranlagung zu beachtenden einkommensteuerlichen Vorschriften ergeben sich im einzelnen aus Abschn. 26 Abs. 1 KStR.

1929 Die **Pflicht zur Abgabe der Körperschaftsteuer-Erklärung** ergibt sich aus der sinngemäßen Anwendung von § 56 EStDV. Außerdem sind Körperschaften zur Abgabe einer Körperschaftsteuer-Erklärung verpflichtet, die dazu von der FinVerw aufgefordert werden (§ 149 Abs. 1 AO). Den Steuererklärungen sind Unterlagen hinzuzufügen (§ 150 Abs. 4 AO), also insbesondere Bilanz, Gewinn- und Verlustrechnung, Anhang, Lagebericht und Prüfungsbericht (vgl. § 60 EStDV). Die **Abgabepflicht zur Erklärung über die gesonderte Feststellung** des verwendbaren Eigenkapitals nach § 47 KStG ist durch den nach dem Steuerbereinigungsgesetz 1985 (BGBl 1984 I S. 659, 1493) eingefügten § 49 Abs. 2 KStG geregelt.

1930 **Veranlagungszeitraum** ist auch bei Körperschaften **das Kalenderjahr** (§ 25 EStG); ein vom Kalenderjahr abweichender Veranlagungszeitraum ergibt sich bei bestimmten Körperschaften, die sich in Liquidation befinden (§ 11 Abs. 1 KStG). Bei Wechsel von der beschränkten Körperschaftsteuer-Pflicht zur unbeschränkten Körperschaftsteuer-Pflicht – und umgekehrt – sind zwei Körperschaftsteuer-Veranlagungen durchzuführen (vgl. RFH, Urteil 21. 7. 1937, RStBl 1937 S. 1008). Durch die Anwendbarkeit des § 36 Abs. 2 Nr. 3 EStG auf Körperschaften gilt das Körperschaftsteuer-Anrechnungsverfahren auch für inländische Körperschaften. Die Anrechnung wird nicht Text der Steuerfestsetzung, sondern gehört zur Steuererhebung (Abschn. 213f EStR). Besteht somit über die Höhe der anzurechnenden Körperschaftsteuer, muß das Finanzamt durch Abrechnungsbescheid entscheiden (BFH-Urteil vom 28. 4. 1993, BStBl 1993 II S. 836).

1931 **Nicht im Wege der Veranlagung erfaßt** werden die **Einkünfte, bei denen die Körperschaftsteuer mit dem Steuerabzug als abgegolten gilt** (§ 50 Abs. 1 KStG). Bezieht eine nach § 5 Abs. 1 KStG steuerbefreite Körperschaft inländische Einkünfte, die dem Steuerabzug unterliegen, so ist die Steuerbefreiung nach § 5 Abs. 2 Nr. 1 KStG insoweit ausgeschlossen. Die Körperschaftsteuer ist aber durch den Steuerabzug abgegolten (§ 50 Abs. 1 Nr. 1 KStG). In diesen Fällen kann nach § 44c EStG entsprechend den dort beschriebenen Voraussetzungen die Erstattung der vollen oder halben Kapitalertragsteuer in Betracht kommen. Unterliegt eine steuerfreie Körperschaft wegen Unterhaltung eines wirtschaftlichen Geschäftsbetriebs der partiellen Körperschaftsteuerpflicht (z. B. selbstbewirtschaftetes Vereinsheim eines gemeinnützigen Vereins), so ist die Körperschaftsteuer für die zum wirtschaftlichen Geschäftsbetrieb gehörenden Einkünfte nicht abgegolten. Die Körperschaftsteuer ist durch Steuerabzug auch bei beschränkt Körperschaftsteuerpflichtigen abgegolten, wenn die Einkünfte nicht in einem inländischen Betrieb anfallen (§ 50 Abs. 1 Nr. 2 KStG). Bei Zinsen, die dem Kapitalertragsteuerabzug mit 30 v. H. nach § 43 Abs. 1 Nr. 5 EStG unterliegen, ist die Körperschaftsteuer insoweit durch den Steuerabzug abgegolten. Diese Zinsen werden bei der Veranlagung aus dem Einkommen ausgeschieden. Dagegen werden Kapitalerträge, bei denen ein Kapitalertragsteuerabzug von 25 v. H. nach § 43 Abs. 1 Nr. 1–4 EStG oder mit 30 v. H. (35 v. H.) nach § 43 Abs. 1 Nr. 7 EStG (sogen. Zinsabschlag) erfolgt ist, bei der Veranlagung unbeschränkt steuerpflichtiger Körperschaften erfaßt und die Kapitalertragsteuer auf die Körperschaftsteuer-Schuld angerechnet.

Die Körperschaftsteuer ist durch den Steuerabzug nicht abgegolten (§ 50 Abs. 2 KStG), soweit die Körperschaft wegen der Steuerabzugsbeträge in Anspruch genommen werden kann (vgl.

z. B. § 44 Abs. 5 EStG). Die Körperschaftsteuer ist auch dann nicht abgegolten, wenn die Ausschüttungsbelastung nach § 27 KStG herzustellen ist. Dieser Fall ist beispielsweise gegeben, wenn eine steuerbefreite Körperschaft selbst Ausschüttungen vornimmt (vgl. § 5 Abs. 2 Nr. 2 KStG). 1931

Bei Körperschaften gelten auch die einkommensteuerlichen Vorschriften über die Vorauszahlungen (§ 37 EStG) und Abschlußzahlungen sowie die Erstattungen aufgrund der Veranlagung (§ 36 Abs. 4 EStG). Eine Abweichung vom Einkommensteuerrecht besteht allerdings bei der **Anrechnung von Vorauszahlungen bei abweichenden Wirtschaftsjahren.** Nach § 49 Abs. 3 KStG sind bei Körperschaften mit abweichenden Wirtschaftsjahren die Vorauszahlungen auf die Körperschaftsteuer eines Veranlagungszeitraums bereits während des Wirtschaftsjahres zu entrichten, das im Veranlagungszeitraum endet. 1932

Beispiel:
Eine AG hat ein Wirtschaftsjahr vom 1. 7. bis zum 30. 6. Der Gewinn des Wirtschaftsjahres vom 1. 7. 01 bis 30. 6. 02 gilt nach § 7 Abs. 4 KStG als im Jahr 02 bezogen. Nach § 49 Abs. 2 KStG sind auf die Körperschaftsteuer-Schuld 02 die Körperschaftsteuer-Vorauszahlungen zum 10. 9. 01, 10. 12. 01, 10. 3. 02 und 10. 6. 02 anzurechnen.

Bei Umstellungen des Wirtschaftsjahres kann danach (anders als bei der Einkommensteuer) keine Lücke in den Vorauszahlungen entstehen. 1933

4. Bagatellgrenze (Abschn. 104 KStR)

Die Festsetzung von Steuern kann nach § 156 Abs. 2 AO unterbleiben, wenn die Kosten der Festsetzung und Einziehung außer Verhältnis zu dem Steuerbetrag stehen. Nach Abschn. 104 KStR kann deshalb bei **kleinen Körperschaften, die keinen Freibetrag nach den §§ 24 und 25 KStG beanspruchen können,** die Körperschaftsteuer-Veranlagung und die gesonderte Feststellung nach § 47 KStG unterbleiben. Als kleine Körperschaften werden die Körperschaften angesehen, bei denen das **Einkommen** im Einzelfall offensichtlich **1000 DM nicht übersteigt.** In Abschn. 104 KStR werden als Anwendungsfall der Bagatellgrenze von 1000 DM ausdrücklich kleine Erwerbs- und Wirtschaftsgenossenschaften genannt. Die Anwendung des Abschn. 104 KStR wird aber auch z. B. für kleinere GmbH bejaht (z. B. steuerbefreite GmbH mit partieller Steuerpflicht, GmbHR 1984, 158). Bei der **Komplementär-GmbH** einer GmbH & Co. KG ist die Bagatellregelung des Abschn. 104 KStR **nicht** anzuwenden, weil der Gewinnanteil bereits in der gesonderten Feststellung des Gewinns der Personengesellschaft ermittelt wird. 1934

Sollte eine unter Abschn. 104 KStR fallende Erwerbs- und Wirtschaftsgenossenschaft oder Kapitalgesellschaft einmal Ausschüttungen vornehmen, ist nach Abschn. 104 Abs. 2 und 4 KStR für die Zukunft regelmäßig eine Veranlagung und die gesonderte Feststellung nach § 47 KStG durchzuführen; in der ersten Eigenkapitalgliederung ist in diesen Fällen das vorhandene verwendbare Eigenkapital dem EK 02 zuzuordnen § 30 Abs. 3 KStG, der bei der ersten Gliederung für das vorhandene verwendbare Eigenkapital die Zuordnung zum EK 04 vorschreibt, kann hier nicht gelten, weil auf die bisherigen Eigenkapitalsgliederungen nicht aus Rechts- sondern aus Billigkeitsgründen verzichtet worden ist. Die Körperschaft kann aber auch glaubhaft machen, daß das verwendbare Eigenkapital anderen Teilbeträgen als dem EK 02 zuzuordnen ist (vgl. DB 1993 S. 1749). 1935

Auf Antrag der Körperschaft ist aber stets eine Veranlagung und die Feststellung nach § 47 KStG durchzuführen. Die Veranlagung ist für die Anrechnung von Körperschaftsteuer und die Erstattung von Kapitalertragsteuer von Bedeutung, wenn diese Beträge höher sind als eine nach dem Einkommen sich ergebende Körperschaftsteuer-Schuld. Wegen der Bagatellgrenze des Abschn. 104 KStR vgl. auch RZ 1790 ff. 1936

Teil I

Einkommensteuerliche Vorschriften zum Anrechnungsverfahren

Ausgewählte Literaturhinweise: Raupach, Die Systematik der Grundvorschriften des körperschaftsteuerlichen Anrechnungsverfahrens (§§ 20, 36 EStG, §§ 27, 41, 43 KStG), FR 1978 S. 570; **Wrede,** Die Reform der Körperschaftsteuer NSt Nr. 15-16/1976 (Körperschaftsteuer Darstellung 2); **Scholtz,** Die Einkünfte aus Kapitalvermögen nach neuem Recht FR 1977 S. 25; **Scholtz,** Anrechnung, Vergütung oder Erstattung von Körperschaftsteuer und Kapitalertragsteuer, FR 1977 S. 77; **Scholtz,** Die Erhebung der Kapitalertragsteuer nach neuem Recht, FR 1977 S. 53; **Scholtz,** Das Anrechnungsverfahren bei Investmentgesellschaften, FR 1977 S. 105; **Richter,** Die Besteuerung der ausgeschütteten (Körperschafts-)Gewinne bei den Anteilseignern, DStR 1977 S. 81; **Schoor,** Aktivierung von Dividenden bei verbundenen Unternehmen, BB 1984 S. 828; **Beckermann,** Die Anrechnung von Körperschaftsteuer im Veranlagungsverfahren, Steuer Stud 1982 S. 324; **Beckermann,** Die Vergütung der Körperschaftsteuer, Steuer Stud 1982 S. 353; **Dötsch/Eversberg/Jost/Witt,** Kommentar zum KStG und EStG, Schäffer-Poeschel-Verlag.

1. Beseitigung der Doppelbelastung durch Körperschaftsteuer-Anrechnung

Das seit 1977 geltende Ertragsteuerrecht läßt beim Anteilseigner die Anrechnung der auf den Dividenden unbeschränkt steuerpflichtiger Kapitalgesellschaften und Genossenschaften lastenden Körperschaftsteuer zu. Dasselbe gilt für Gewinnausschüttungen von Realgemeinden und wirtschaftlichen Vereinen, die kapitalmäßige Mitgliedschaftsrechte gewähren (vgl. §§ 27 und 43 KStG). Die in das Körperschaftsteuer-Anrechnungsverfahren einbezogenen Körperschaften haben ihr Einkommen ohne Minderung um offene oder verdeckte Gewinnausschüttungen der Körperschaftsteuer zu unterwerfen (§ 8 Abs. 3 KStG). Bei einer Gewinnausschüttung wird für die Dividenden die sogenannte **Ausschüttungsbelastung** hergestellt, die **30 v. H.** (grundsätzlich ab 1994, Inkrafttreten vgl. nachstehende Ausführungen – früher 36 v. H.**) des Gewinns vor Körperschaftsteuer** beträgt (§ 27 Abs. 1 KStG). Durch die einheitliche Ausschüttungsbelastung ist sichergestellt, daß **der Anteilseigner immer 30 v. H.** (früher 36 v. H.), **das sind auf die empfangene Dividende bezogen** $^3/_7$ (früher $^9/_{16}$) **der Dividende, anrechnen kann.** Deshalb schreibt § 36 Abs. 2 Nr. 3 EStG vor, daß auf die Einkommensteuer des Anteilseigners $^3/_7$ (früher $^9/_{16}$) der Kapitaleinnahmen nach § 20 Abs. 1 Nr. 1 oder 2 EStG angerechnet werden. Durch diese Vorschrift im EStG, die die wichtigste einkommensteuerliche Vorschrift des KörperschaftsteuerAnrechnungsverfahrens darstellt, wird die auf den Dividenden inländischer Kapitalgesellschaften und Genossenschaften lastende Körperschaftsteuer beseitigt. An ihre Stelle tritt beim Anteilseigner dessen individuelle Belastung mit Einkommensteuer. Die anzurechnende Körperschaftsteuer gehört als geldwerter Vorteil zur Bemessungsgrundlage der Einkommensteuer (§ 20 Abs. 1 Nr. 3 EStG). Bei Anteilseignern, die nicht zur Einkommensteuer veranlagt werden, kann die anrechenbare Körperschaftsteuer in einem besonderen Verfahren vergütet werden (vgl. § 36b EStG).

Die **Auswirkungen des Körperschaftsteuer-Anrechnungsverfahrens bei der ausschüttenden Kapitalgesellschaft und bei den anrechnungsberechtigten Anteilseignern** ergibt sich aus dem nachstehenden Schema:		
Unbeschränkt steuerpflichtige Kapitalgesellschaft (schüttet aus)	**bisher**	**neu**
Gewinn vor Körperschaftsteuer	100	100,0
Körperschaftsteuer-Ausschüttungsbelastung (§ 27 Abs. 1 KStG)	+ 36	+ 30,0
Dividende	64	70,0
Kapitalertragsteuer (25 v. H. bisher aus 64, neu aus 70)	./. 16	./. 17,5
Netto(Bar)ausschüttung	48	52,5
Auf die Dividende bezogen beträgt die Körperschaftsteuer-Ausschüttungsbelastung somit bisher: $^{36}/_{64}$ oder gekürzt $^9/_{16}$ neu: $^{30}/_{70}$ oder gekürzt $^3/_7$ (vgl. § 36 Abs. 2 Nr. 3 EStG).		

1938 Das Beispiel zeigt, daß der Anteilseigner nur dann einen Vorteil aus der Absenkung der Ausschüttungsbelastung hat, wenn die Kapitalgesellschaft den Steuervorteil in einer höheren Dividende weitergibt. Die grundsätzlich ab 1994 niedrigere Ausschüttungsbelastung kommt in erster Linie den nichtanrechnungsberechtigten Anteilseignern zugute.

Anrechnungsberechtigter Anteilseigner (erhält Dividende)	bisher		neu	
Netto(Bar)ausschüttung	48		52,5	
Kapitalertragsteuer (vgl. auch § 12 Nr. 3 EStG)	+ 16		+17,5	
Dividende (§ 20 Abs. 1 Nr. 1 EStG)	64		70,0	
Körperschaftsteuer-Gutschrift (§ 20 Abs. 1 Nr. 3 EStG) (bisher 9/16, neu 3/7 der Dividende	+ 36		+ 30,0	
einkommensteuerpflichtige Kapitaleinnahme (= Gewinn vor Körperschaftsteuer)	100		100,0	
Bei einer angenommenen Einkommensteuer-Belastung des Anteilseigners von 40 v. H. beträgt die Einkommensteuer		40		40,0
./. anzurechnende Kapitalertragsteuer	16		17,5	
./. anzurechnende Körperschaftsteuer	36	./. 52	30,0	./. 47,5
Einkommensteuererstattung		12		7,5

Das Beispiel zeigt, daß die vom Anteilseigner zu versteuernde Kapitaleinnahme (100) dem Ausschüttungsbetrag vor Abzug der Körperschaftsteuer (100) entspricht. Nach **Anrechnung der Körperschaftsteuer,** die auf der Dividende in Höhe der Ausschüttungsbelastung lastet (30, bisher 36), **hat die Dividende im Endergebnis nur der individuellen Einkommensteuer-Belastung des Anteilseigners unterlegen.** Eine Doppelbelastung (Körperschaftsteuer bei der ausschüttenden Körperschaft und zusätzlich Einkommensteuer beim Anteilseigner) von Dividenden, wie in der Zeit vor Einführung des Körperschaftsteuer-Anrechnungsverfahrens, tritt deshalb nicht mehr ein.

Die in dem Schema genannten Begriffe „Gewinn vor Körperschaftsteuer" und „Dividende" werden nicht einheitlich gebraucht. In der Literatur werden teilweise die Begriffe „Bruttodividende" für den „Gewinn vor Körperschaftsteuer" und „Bardividende" für die „Dividende" verwendet. Die hier verwendeten Bezeichnungen sind an die gesetzlichen Bestimmungen angelehnt. Der Begriff „Gewinn vor Körperschaftsteuer" ergibt sich aus § 27 Abs. 1 KStG, die „Dividende" entspricht der handelsrechtlichen Gewinnausschüttung.

1939 Die Absenkung der Ausschüttungsbelastung von 36 auf 30 v. H. gilt erstmals für offene Gewinnausschüttungen und andere Ausschüttungen, die mit dem verwendbaren Eigenkapital zum 31. 12. 1993 (bzw. zum Schluß des Wj. 1992/93) verrechnet werden (§ 54 Abs. 10a KStG i. d. F. des Mißbrauchsbekämpfungs- und Steuerbereinigungsgesetzes). Dies sind

– offene Gewinnausschüttungen (Dividenden), die in 1994 (bzw. im abweichenden Wj. 1993/94) erfolgen.

– verdeckte Gewinnausschüttungen, Vorabausschüttungen und sonstige Leistungen, die in 1993 (bzw. im abweichenden Wj. 1992/93) vorgenommen wurden.

Entsprechendes gilt für die Anrechnung auf der Ebene des Anteilseigners (§ 52 Abs. 27 EStG).

1940 Im Hinblick auf etwaige Haftungsprobleme kann jedoch nach § 54 Abs. 10a S. 2 KStG i. d. F. des StMBG auf Antrag der ausschüttenden Körperschaft die neue Ausschüttungsbelastung von 30 v. H. erst ein Jahr später angewandt werden, d. h. für offene Gewinnausschüttungen und andere Ausschüttungen, die mit dem verwendbaren Eigenkapital zum 31. 12. 1994 (bzw. zum Schluß des Wj. 1993/94) verrechnet werden. Das sind

– offene Gewinnausschüttungen (Dividenden), die in 1995 (bzw. im abweichenden Wj. 1994/95) erfolgen,

– verdeckte Gewinnausschüttungen, Vorabausschüttungen und sonstige Leistungen, die in **1940**
1994 (bzw. im abweichenden Wj. 1993/94) vorgenommen werden.

Das Wahlrecht kann nur von der Körperschaft und nur einheitlich ausgeübt werden (bei Anwendung der Ausschüttungsbelastung von 36 v. H. erfolgt für das EK 01 noch eine KSt-Erhöhung, bei 30 v. H. Ausschüttungsbelastung nicht).

Der Anteilseigner hat kein eigenes Wahlrecht; er ist also an die erstmalige Anwendung der Neuregelung durch die ausschüttende Körperschaft gebunden. Für den Anteilseigner ist die von der Körperschaft ausgeübte Wahl aus der ihm nach § 44 KStG ausgestellten Steuerbescheinigung ersichtlich. Dies bedeutet für Dividenden in 1994 oder andere Ausschüttungen in 1993

– wendet die Körperschaft bereits die neue Ausschüttungsbelastung von 30 v. H. an (Ausnahme EK 01 und EK 04), muß der Anteilseigner auch $3/7$ der Dividende versteuern und hat eine KSt-Anrechnung von $3/7$ (§§ 20 Abs. 1 Nr. 3, 36 Abs. 2 Nr. 3 EStG). Für Ausschüttungen aus dem EK 01 ist beim Anteilseigner die Neuregelung des § 8b Abs. 1 KStG zu beachten (Grundsatz).

– wendet die Körperschaft noch die bisherige Ausschüttungsbelastung von 36 v. H. an (Ausnahme nur EK 04), muß der Anteilseigner auch $9/16$ der Dividende versteuern und hat eine KSt-Anrechnung von $9/16$. Dies gilt auch für Ausschüttungen aus dem EK 01; § 8b Abs. 1 KStG findet noch keine Anwendung (Wahlrecht der Körperschaft auf Antrag).

2. Zur Anrechnung von Körperschaftsteuer berechtigende Einkünfte des Anteilseigners

2.1 Kapitaleinnahmen

Voraussetzung für die Anrechnung von Körperschaftsteuer ist, daß der Anteilseigner **Einnah-** **1941**
men nach § 20 Abs. 1 Nr. 1 oder 2 EStG von einer unbeschränkt steuerpflichtigen Kapitalgesellschaft oder Genossenschaft bezieht (§ 36 Abs. 2 Nr. 3 EStG). Darunter fallen insbesondere die von Aktiengesellschaften, GmbH und Genossenschaften ausgeschütteten Dividenden. Dividenden müssen zu einer Verminderung des Vermögens der ausschüttenden Körperschaft zugunsten der Anteilseigner geführt haben und dem Anteilseigner wegen seiner Gesellschafterstellung zugeflossen sein (wegen der verdeckten Verrechnung von Dividenden mit Kaufpreiszahlungen vgl. BFH, Urteil vom 12. 10. 1982, BStBl 1983 II S. 128). **Genußrechte** werden wie Dividenden behandelt, wenn sie das Recht am Gewinn und am Liquidationserlös beinhalten. Bis 1984 galt das lediglich für verbriefte Genußrechte („Genußscheine"). Auch **Ausgleichszahlungen nach § 304 AktG** an Minderheitsgesellschafter von Organgesellschaften stellen Kapitalerträge nach § 20 Abs. 1 Nr. 1 EStG dar. Zu den Kapitaleinnahmen nach § 20 Abs. 1 Nr. 1 EStG gehören auch die verdeckten Gewinnausschüttungen, sie berechtigen deshalb auch zur Körperschaftsteuer-Anrechnung. § 20 Abs. 2 Nr. 1 EStG schafft insoweit keinen selbständigen Steuertatbestand, sondern stellt lediglich sicher, daß verdeckte Gewinnausschüttungen nach § 20 Abs. 1 Nr. 1 EStG erfaßt werden. Dies wurde durch § 20 Abs. 1 Nr. 1 EStG i. d. F. d. Steuerreformgesetzes 1990 ausdrücklich klargestellt, galt jedoch bereits früher (vgl. Scholtz, FR 1977 S. 98 und BFH, Urteil vom 11. 10. 1977, BStBl 1978 II S. 109).

Der Zufluß einer verdeckten Gewinnausschüttung beim Anteilseigner muß bei diesem nicht un- **1942**
bedingt nachteilige Folgen haben, weil er mit der verdeckten Gewinnausschüttung die Körperschaftsteuer-Anrechnung erhält. Eine verdeckte Gewinnausschüttung führt durch die Herstellung der Ausschüttungsbelastung bei der Körperschaft dazu, daß der Ausschüttungsempfänger den nicht durch eine verdeckte Gewinnausschüttung begünstigten Gesellschaftern Anrechnungsguthaben wegnimmt. Die möglichen Rechtsfolgen einer verdeckten Gewinnausschüttung beim Anteilseigner zeigt das nachstehende Beispiel (nach Dötsch in Dötsch/Eversberg/Jost/Witt Komm. zum KStG und EStG, Tz. 14 zu § 20 EStG).

1942 **Beispiel:**

Anläßlich einer steuerlichen Betriebsprüfung wird festgestellt, daß ein ab 1993 gezahlter Betrag von 70 000 DM, den die GmbH und ihr Gesellschafts-Geschäftsführer als steuerpflichtigen Arbeitslohn angesehen haben, als verdeckte Gewinnausschüttung zu werten ist.

Vor der Aufdeckung der verdeckten Gewinnausschüttung:

zu versteuerndes Einkommen des Anteilseigners (nur aus Lohneinkünften)	200 000 DM
Einkommensteuer (angenommen 50 v. H.)	100 000 DM

Nach der Aufdeckung der verdeckten Gewinnausschüttung:

zu versteuerndes Einkommen vorher		200 000 DM
./. Kürzung der Einkünfte aus nichtselbständiger Arbeit		./. 70 000 DM
+ Einkünfte aus KapV		
Wert der verdeckten Gewinnausschüttung	70 000 DM	
+ $3/7$ Körperschaftsteuer-Guthaben	+ 30 000 DM	
	100 000 DM	
./. WK-Pauschbetrag gemäß § 9a Nr. 2 EStG (für Verheiratete)	200 DM	
./. Sparer-Freibetrag gemäß § 20 Abs. 4 EStG (für Verheiratete)	1 200 DM	
– soweit WK-Pauschbetrag und Sparer-Freibetrag nicht bereits durch andere Kapitaleinkünfte verbraucht –	87 800 DM	+ 87 800 DM
geändertes zu versteuerndes Einkommen		217 800 DM
Einkommensteuer (angenommen 50 v. H.)		108 900 DM
./. Körperschaftsteuer-Anrechnung gemäß § 36 Abs. 2 Nr. 3 EStG		30 000 DM
verbleibende Einkommensteuer-Schuld		78 900 DM

Es wird auch die Auffassung vertreten, die KSt sei nach § 51 KStG nicht anzurechnen, soweit sie auf den WK-Pauschbetrag und den Sparer-Freibetrag entfalle (NWB Fach 4 S. 3955 mit Nachweisen). Danach wären im vorliegenden Fall aus 87 800/100 000 von 30 000 DM – 26 340 DM anrechenbar. U. E. ist § 51 KStG eine nur auf Körperschaften anwendbare Spezialvorschrift die für natürliche Personen nicht gilt (vgl. auch Schwebel in Dötsch/Eversberg/Jost/Witt, Komm. zum KStG und EStG, Tz. 5 zu § 51 KStG).

Verringerung der Einkommensteuer-Schuld durch die Aufdeckung der verdeckten Gewinnausschüttung	./. 21 100 DM

Der aus dem vorstehenden Beispiel ersichtliche Vorteil ergibt sich insbesondere daraus, daß der Betrag der verdeckten Gewinnausschüttung (allerdings ohne das Anrechnungsguthaben von $3/7$) schon in dem Einkommen des Anteilseigners enthalten war. In derartigen Fällen führt die Aufdeckung einer verdeckten Gewinnausschüttung nur zu einer anderen Qualifikation bereits bisher erfaßter Einkünfte zuzüglich $3/7$ des Nettobetrags der verdeckten Gewinnausschüttung.

1943 Die Ausschüttung von EK 04 (Einlagen der Anteilseigner nach dem Systemwechsel) stellt bei den Anteilseignern keine Kapitaleinnahme dar, insoweit entfällt auch eine Körperschaftsteuer-Anrechnung (§ 20 Abs. 1 Nr. 1 Satz 2 EStG) und nach § 43 Abs. 1 Nr. 1 EStG auch die Kapitalsteuerpflicht. Die Zahlung von EK 04 wird in den Steuerbescheinigungen besonders vermerkt (§ 44 Abs. 1 Nr. 7 KStG).

1944 Die Gewinnanteile sind beim Anteilseigner in der Regel als Einkünfte aus Kapitalvermögen zu erfassen. Soweit solche Gewinnanteile im Rahmen der Einkunftsarten Land- und Forstwirtschaft, Gewerbebetrieb, selbständige Arbeit oder Vermietung und Verpachtung anfallen, gehören sie zu diesen Einkünften (§ 20 Abs. 3 EStG). Auch hier erfolgt die Anrechnung der Körperschaftsteuer. Die Anrechnung von Körperschaftsteuer setzt allerdings voraus, daß der Anteilseigner materiell-rechtlich Kapitaleinkünfte erzielt hat (BFH, Urteil vom 28. 4. 1993, BStBl 1993 II S. 836). Auch Beteiligungserträge, die nach § 20 Abs. 3 EStG zu anderen Einkunftsarten zählen, sind ihrer Art nach Kapitaleinkünfte nach § 20 Abs. 1 Nr. 1 oder 2 EStG und berechtigen daher zur Anrechnung.

Zur steuerlichen Behandlung von Nießbrauchsfällen ist eine besondere Verwaltungsregelung **1945**
ergangen (BMF-Schreiben vom 23. 11. 1983, BStBl 1983 I S. 508). Beim sogenannten Vorbehaltsnießbrauch (bei der schenkweisen Übertragung von Kapitalvermögen wurde der Nießbrauch vorbehalten) und beim Vermächtnisnießbrauch werden die Kapitaleinnahmen dem Nießbraucher zugerechnet. Dieser hat das Körperschaftsteuer-Guthaben nach § 20 Abs. 1 Nr. 3 EStG zu versteuern, ihm steht auch der Anrechnungsanspruch zu (§ 20 Abs. 2 Nr. 2 Satz 3 EStG). Bei der unentgeltlichen Bestellung eines Zuwendungsnießbrauchs werden alle Einnahmen, die dem Nießbraucher zufließen, steuerlich dem Nießbrauchbesteller zugerechnet (BFH, Urteil vom 14. 12. 1976, BStBl 1977 II S. 115). Der Nießbrauchbesteller hat das Körperschaftsteuer-Anrechnungsguthaben zu versteuern (§ 20 Abs. 1 Nr. 3 EStG), er darf die Körperschaftsteuer anrechnen. Wegen weiterer Einzelheiten, insbesondere wegen der Behandlung des entgeltlich bestellten Nießbrauchs und einer Übergangsregelung für vor dem 1. 4. 1977 bestellte Zuwendungsnießbrauchsfälle, wird auf die Regelungen des BMF-Schreibens verwiesen.

2.2 Verhältnis zu Veräußerungsgewinnen nach § 17 EStG

Nach § 20 Abs. 1 EStG gehören zu den Kapitaleinkünften auch **Bezüge, die bei Kapitalherab-** **1946**
setzung oder Liquidation einer unbeschränkt steuerpflichtigen Körperschaft **anfallen,** soweit bei dieser für Ausschüttungen verwendbares Eigenkapital i. S. des § 29 KStG als verwendet gilt. Die Rückzahlung von EK 04 stellt jedoch auch hier keine Kapitaleinkünfte dar (§ 20 Abs. 1 Nr. 2 Satz 2 EStG). Vgl. auch RZ 1865.

Nach § 17 Abs. 4 EStG wird der Gewinn, den ein Anteilseigner bei Auflösung der Kapitalge- **1947**
sellschaft oder bei einer Kapitalherabsetzung erzielt, dem Gewinn aus der Veräußerung des Anteils gleichgestellt. Der § 17 EStG umfaßt grundsätzlich die Veräußerung einer zum Privatvermögen gehörenden Beteiligung an einer Kapitalgesellschaft, wenn der Veräußerer innerhalb der letzten 5 Jahre am Kapital der Gesellschaft zu mehr als einem Viertel („wesentlich") beteiligt war. Erläutert werden die Begriffe „wesentliche Beteiligung" und „Veräußerung" in R 140 Abs. 2 und 3 EStR. Mit Urteil vom 27. 7. 1988 (BStBl 1989 II S. 271) hatte der BFH entschieden, daß die verdeckte Einlage einer wesentlichen Beteiligung aus dem Privatvermögen in eine andere KapGes als unentgeltlich anzusehen sei. Ab dem VZ 1992 steht dieser Vorgang einer Veräußerung gleich (§ 17 Abs. 2 Satz 2 StG n. F.). Es genügt, wenn die wesentliche Beteiligung nur kurzfristig bestanden hat (BFH, Urteil vom 5. 10. 1976, BStBl 1977 II S. 198). Eine wesentliche Beteiligung liegt nur vor, wenn der Veräußerer unmittelbar oder mittelbar zu mehr als 25 v. H. am Nennkapital der Kapitalgesellschaft nominell beteiligt war (BFH, Urteil vom 19. 5. 1992, BStBl 1992 II S. 902). Rechtspolitisch wäre die Absenkung der Quote für wesentliche Beteiligungen von 25 v. H. auf 10 v. H. wünschenswert (vgl. Dötsch in DB 1993 S. 1842 ff.). § 17 EStG gilt nicht, wenn Anteile zu einem Betriebsvermögen gehören (R 140 Abs. 1 EStR), wenn ein Spekulationsgeschäft nach § 23 EStG vorliegt (die entgegenstehende Auffassung des BFH, Urt. vom 4. 11. 1992, BStBl 1993 II S. 292, oder von der FinVerw nicht gefolgt wurde, BStBl 1993 I S. 300, ist ab 1994 durch Änderung des § 17 Abs. 3 EStG überholt). Eine weitere Einschränkung erfährt die Anwendung des § 17 EStG durch den mit dem Körperschaftsteuer-Anrechnungsverfahren eingeführten § 17 Abs. 4 Satz 2 EStG, wonach ein Gewinn aus der Veräußerung wesentlicher Beteiligungen nur insoweit entsteht, als die Kapitalauskehrung nicht nach § 20 Abs. 1 Nr. 1 oder 2 EStG zu den Einnahmen aus Kapitalvermögen gehört. Bei der Besteuerung von Liquidationsauszahlungen und Kapitalherabsetzungen beim Anteilseigner ist deshalb streng zu unterscheiden, ob bei der Körperschaft verwendbares Eigenkapital i. S. des § 29 Abs. 2 und 3 KStG (nach § 29 Abs. 3 KStG auch wenn für eine Kapitalerhöhung EK 56 bis EK 02 verwendet wurde) oder übriges Eigenkapital zurückgezahlt wird. Soweit bei der Körperschaft für Ausschüttungen verwendbares Eigenkapital (ohne EK 04) als verwendet gilt, handelt es sich um Kapitaleinnahmen der Anteilseigner, die ohne die Tarifvergünstigung des § 34 EStG zu versteuern sind. Soweit Kapitaleinnahmen vorliegen, erfolgt nach § 36 Abs. 2 Nr. 3 EStG die Körperschaftsteuer-Anrechnung in Höhe von $^3/_7$ (früher $^9/_{16}$). § 20 Abs. 1 Nr. 2 EStG hat inso-

1947 weit Vorrang vor § 17 Abs. 4 EStG. Keine Kapitaleinnahmen liegen auch vor, wenn EK 03 für eine Kapitalerhöhung verwendet wurde und das Kapital innerhalb von 5 Jahren wieder herabgesetzt wird. Hier hat die Kapitalgesellschaft die Pauschsteuer von 30 v. H. zu entrichten, beim Anteilseigner liegen keine Kapitaleinkünfte vor. Auch die Anwendung des § 17 Abs. 4 EStG kommt nach h. M. für einen aus dem EK 03 herrührenden Kapitalherabsetzungsbetrag nur in Betracht, wenn das Kapital nach Ablauf von 5 Jahren herabgesetzt wird oder eine Liquidation vorliegt.

1948 Soweit Nennkapital, das nicht nach § 29 Abs. 3 KStG zum verwendbaren Eigenkapital gehört oder EK 04 zurückgezahlt wird, erfolgt grundsätzlich eine Besteuerung nach § 17 EStG. Eine Anrechnung von Körperschaftsteuer kommt insoweit nicht in Betracht, weil es sich nicht um Kapitaleinkünfte sondern um einen Veräußerungsgewinn handelt. Da den Anschaffungskosten der Beteiligung dabei der Anteil des Kapitalherabsetzungsbetrags oder der Liquidationszahlung nicht gegenübergestellt wird, soweit diese Beträge als Kapitaleinnahme nach § 20 EStG gelten, wird sich häufig ein ausgleichsfähiger Veräußerungsverlust nach § 17 EStG ergeben.

Beispiel:

Anschaffungskosten einer wesentlichen Beteiligung	100 000 DM
Bei der Liquidation der Kapitalgesellschaft werden an den Anteilseigner	110 000 DM
ausgekehrt, von denen auf das verwendbare Eigenkapital	70 000 DM
und auf das Nennkapital	40 000 DM
entfallen.	

Der aus dem verwendbaren Eigenkapital stammende Betrag von 70 000 DM zuzüglich 9/16 = 36 000 DM stellt beim Anteilseigner einen steuerpflichtigen Kapitalertrag nach § 20 Abs. 1 Nr. 2 und 3 EStG dar. Der restliche Betrag von 40 000 DM fällt unter § 17 Abs. 4 EStG, woraus sich ein Veräußerungsverlust von 40 000 DM ./. Anschaffungskosten 100 000 DM = ./. 60 000 DM ergibt.

1949 Bei wesentlich beteiligten Anteilseignern wird die Besteuerung der nicht nach § 34 EStG tarifbegünstigten Auskehrung des verwendbaren Eigenkapitals häufig durch einen Veräußerungsverlust gemildert. Nicht wesentlich beteiligte Anteilseigner haben ebenfalls die Auskehrung des verwendbaren Eigenkapitals nach § 20 Abs. 1 Nr. 2 EStG zu versteuern, können jedoch keinen Veräußerungsverlust abziehen (vgl. Herzig in DB 1980 S. 1607 und BB 1981 S. 1143).

Beispiel:

	wesentlich beteiligter Anteilseigner	nicht wesentlich beteiligter Anteilseigner
Anschaffungskosten der Beteiligung	100 000 DM	100 000 DM
Liquidationserlös aus verwendbarem Eigenkapital	70 000 DM	70 000 DM
Liquidationserlös aus Nennkapital	40 000 DM	40 000 DM
Steuerpflichtig nach § 20 Abs. 1 Nr. 2 EStG	70 000 DM	70 000 DM
+ 3/7	30 000 DM	30 000 DM
	100 000 DM	100 000 DM
Veräußerungsverlust nach § 17 EStG aus Nennkapital 40 000 DM ./. Anschaffungskosten 100 000 DM	./. 60 000 DM	– DM
Besteuerungsgrundlage	40 000 DM	100 000 DM

1950 Bei Beteiligungen, die in einem **Betriebsvermögen** gehalten werden, bestehen naturgemäß keine Unterschiede in der Besteuerung eines Liquidationserlöses zwischen wesentlichen und nicht wesentlichen Beteiligungen. Um die Unterschiede in der Besteuerung von Liquidationserlösen bei Beteiligungen im Betriebsvermögen sowie wesentlichen Beteiligungen und nicht wesentlichen Beteiligungen im Privatvermögen auszunützen, werden in der Fachliteratur verschiedene Modelle empfohlen (vgl. Dötsch in Dötsch/Eversberg/Jost/Witt, Kommentar zum KStG und EStG, Tz. 138 ff zu § 17 EStG mit ausführlichen Literaturnachweisen). Mindestens für einen

Teil dieser Gestaltungen könnte möglicherweise nach § 42 AO die steuerliche Anerkennung versagt werden (BFH, Beschluß vom 3. 2. 1993, BStBl 1993 II S. 426). **1950**

Verluste, die eine Kapitalgesellschaft erleidet, wirken sich beim Gesellschafter nicht einkommensmindernd aus. Eine steuerliche Auswirkung kann sich allerdings ergeben, wenn es sich um eine wesentliche Beteiligung i. S. des § 17 EStG handelt und die beim Anteilseigner angefallenen Anschaffungskosten höher als der Erlös für den Anteilsverkauf oder der auf den Anteilseigner entfallende Liquidationserlös waren. Die entgeltlose Übertragung eines wertlosen GmbH-Anteils im Zuge von Sanierungsbemühungen stellt im Regelfall eine Veräußerung i. S. d. § 17 EStG dar (BFH, Urteil vom 18. 8. 1992, BStBl 1993 II S. 34). Dabei ist zu beachten, daß zu den Anschaffungskosten einer Beteiligung auch Aufwendungen gehören können, die der Anteilseigner erst nach der Anschaffung auf die Anteile macht und die nicht Werbungskosten bei den Einkünften aus Kapitalvermögen bilden. **1951**

Dazu gehören insbesondere die verdeckten Kapitaleinlagen i. S. des Abschn. 36a KStR, nicht alle nachträglichen Anschaffungskosten setzen jedoch verdeckte Einlagen voraus. Zu den verdeckten Einlagen können Verlustübernahmen des Gesellschafters zugunsten der Kapitalgesellschaft, Forderungsverzichte und die Inanspruchnahme des Gesellschafters aus Bürgschaften zugunsten der Kapitalgesellschaft gehören (vgl. grundsätzlich Steemann in DStR 1984 S. 507). Die Hingabe eines Gesellschafterdarlehens, das wegen Zahlungsschwierigkeiten der KapG bereits mit der Hingabe kapitalersetzendes Darlehen wurde, stellt nach der Rechtsprechung zusätzliche Anschaffungskosten dar (BFH, Urteil vom 2. 10. 1984, BStBl 1985 II S. 320; vgl. für Bürgschaften BFH, Urteil vom 9. 8. 1983, BStBl 1984 II S. 29). Noch mit Urteil vom 16. 4. 1991 (BStBl 1992 II S. 234) hatte der BFH entschieden, daß nachträgliche Anschaffungskosten auf eine Beteiligung nur anzunehmen sind, soweit Darlehen in der Krise der KapG hingegeben werden. Nunmehr wird die Eigenschaft von Darlehen als nachträgliche Anschaffungskosten auch dann bejaht, wenn sie schon vor Eintritt der Krise hingegeben, aber in der Krise durch bewußtes Stehenlassen der Kap.Ges weiter zur Verfügung standen (BFH, Urteil vom 7. 7. 1992, BStBl 1993 II S. 333, vgl. aber Nichtanwendungserlaß im BMF-Schreiben vom 14. 4. 1994, BStBl I 1994, 257). Die tatsächliche Berücksichtigung als Anschaffungskosten (im allgemeinen in Höhe des Nennwerts des Darlehens) setzt jedoch wie im Falle der Darlehnshingabe in der Krise voraus, daß das Darlehen verlorengeht oder auf seine Rückzahlung verzichtet wird (BFH, Urteil vom 18. 8. 1992, BFH/NV 1993 S. 158). Äußerst umstritten ist die steuerliche Behandlung der Einlage nicht werthaltiger Forderungen durch Gesellschafter in die Kap.Ges. (vgl. DStR 1993 S. 225 und FG He., Urteil vom 7. 12. 1989, EFG 1990 S. 351; Klärung durch die höchstrichterliche Rechtsprechung ist nach dem Vorlagebeschluß vom 27. 7. 1994, BStBl II S. 27, zu erwarten). Wegen eines Forderungsverzichts des Gesellschafters gegen Besserungsversprechen vgl. BFH, Urteil vom 30. 5. 1990, BStBl 1991 II S. 588.

Der Veräußerungsverlust nach § 17 Abs. 4 EStG ist in dem Jahr zu erfassen, in dem das auf die wesentliche Beteiligung entfallende Vermögen der Gesellschaft verteilt wurde. Der Verlust kann aber bereits in dem Jahr beim Gesellschafter ausgesetzt werden, in dem mit einer Änderung des bereits feststehenden Verlustes nicht mehr zu rechnen ist. Letztmöglicher Zeitpunkt der Erfassung eines Auflösungsverlustes ist der förmliche Abschluß der Abwicklung der Kapitalgesellschaft (BFH, Urteil vom 2. 10. 1984, BStBl 1985 II S. 428). **1952**

Die Entstehung eines Auflösungsgewinns oder -verlusts beim Gesellschafter setzt die Auflösung der Kapitalgesellschaft (normalerweise der Auflösungsbeschluß) voraus. Für den Regelfall der Auflösung mit anschließender Liquidation ist der Veräußerungsgewinn (-Verlust) daher normalerweise auf den Zeitpunkt des Abschlusses der Liquidation zu ermitteln. Ist zivilrechtlicher Auflösungsgrund indessen die Ablehnung der Eröffnung des Konkursverfahrens mangels Masse, so ist der Veräußerungsverlust beim Gesellschafter zu diesem Zeitpunkt zu erfassen (BFH-Urteil vom 3. 6. 1993, BStBl 1994 II S. 162).

Fallen nach der Auflösung der Kapitalgesellschaft nachträgliche Anschaffungskosten der Beteiligung i. S. des § 17 EStG an, kann dies als rückwirkendes Ereignis bei der Ermittlung des Ver-

1952 äußerungsverlusts berücksichtigt werden (§ 175 Abs. 1 Nr. 2 AO, vgl. auch FG Rheinland-Pfalz, Urteil vom 14. 4. 1983, EFG 1983 S. 606).

2.3 Veräußerung von Dividendenschein ohne Stammrecht

1953 Gedanklich sind beim nach § 20 EStG zu beurteilenden Bezug von Dividende vier Fälle zu unterscheiden:
- Der in § 20 Abs. 1 Nr. 1 EStG geregelte Normalfall, in dem der Inhaber des Stammrechts, also der Aktie oder des GmbH-Anteils, auch Dividendenempfänger ist (Fall 1).
- Der Sonderfall des § 20 Abs. 2 Nr. 2a EStG, in dem der Inhaber des Stammrechts vor dem Gewinnverteilungsbeschluß seine künftige Dividendenforderung veräußert, das Stammrecht jedoch zurückbehält (Fall 2).
- Der bisherige Anteilseigner veräußert sein Stammrecht, behält aber den Dividendenanspruch zurück (Fall 3).
- Der bisherige Anteilseigner veräußert sein Stammrecht im Laufe eines Jahres; Veräußerer und Erwerber vereinbaren die Aufteilung des zu erwartenden Dividendenanspruchs (Fall 4).

Ohne Schwierigkeiten bei der Besteuerung war bisher uns der erstgenannte Normalfall. Deshalb war eine Klarstellung durch das Standortsicherungsgesetz vom 13. 9. 1993 erforderlich, durch das der § 20 EStG neu gefaßt wurde. Nach § 20 Abs. 2a EStG n. F. ist Anteilseigner derjenige, dem nach § 39 AO die **Anteile im Zeitpunkt des Gewinnverteilungsbeschlusses zuzurechnen** sind. Nach § 52 Abs. 20 Satz 3 EStG ist die Neuregelung erstmals für die Fälle anzuwenden, in denen die Trennung zwischen Stammrecht und Dividende nach dem 31. 12. 1993 erfolgt.

1954 Zu den steuerpflichtigen Einkünften gehören nach § 20 Abs. 1 Nr. 2a EStG auch Erträge aus der **Veräußerung von Dividendenscheinen (Gewinnbezugsrechten), wenn die dazu gehörigen Stammrechte (Anteile) nicht mit veräußert werden.** Der Veräußerer des Dividendenscheines hat deshalb auch die Möglichkeit der Körperschaftsteuer-Anrechnung bei der Einkommensteuer-Veranlagung (§ 36 Abs. 2 Nr. 3 Satz 2 EStG). Eine Vergütung ist in diesen Fällen nicht möglich. Bei der Veräußerung von Dividendenscheinen kann nur ein inländischer Notar die Steuerbescheinigung ausstellen (§ 46 KStG).

Unter § 20 Abs. 2 Nr. 2a EStG fällt aber nur die Veräußerung eines zum Veräußerungszeitpunkt noch nicht entstandenen Dividendenanspruchs (obiger Fall 2). Ist die Dividende bei der Veräußerung des Dividendenscheins bereits beschlossen, so ist sie vom Veräußerer nach § 20 Abs. 1 Nr. 1 i. V. m. § 20 Abs. 2a EStG zu versteuern. Der Veräußerer hat in diesem Fall den Kapitalertrag bereits mit der Veräußerung vereinnahmt, er ist zur Anrechnung von Körperschaftsteuer und Kapitalertragsteuer berechtigt. Die anzurechnende KSt ist durch eine Steuerbescheinigung nach den §§ 44, 45 KStG nachzuweisen. Der Erwerber des Gewinnanspruchs bezieht keinen Kapitalertrag, er zieht lediglich eine Forderung ein, wenn die Dividende an ihn ausgezahlt wird (vgl. auch BFH, Urteil vom 12. 12. 1969, BStBl 1970 II S. 212). In diesen Fällen verbietet § 45 Abs. 1 Satz 1 EStG die Erstattung der Kapitalertragsteuer an den Zahlungsempfänger, der nicht Stammrechtsinhaber zum Zeitpunkt des Gewinnverteilungsbeschlusses ist. Der Stammrechtsinhaber, der die Dividende versteuern muß, darf nämlich auch die Kapitalertragsteuer auf seine Einkommensteuerschuld anrechnen. Erforderlichenfalls muß der Zahlungsempfänger zu diesem Zweck seine Steuerbescheinigung an den steuerlichen Anteilseigner nach § 20 Abs. 2a EStG weiterleiten.

1955 Bei dem Erwerber des noch nicht durch Gewinnausschüttungsbeschluß gesicherten Gewinnanspruchs aus Aktien, GmbH-Anteilen oder Genossenschaftsanteilen (Anwendungsfall des § 20 Abs. 2 Nr. 2a EStG) stellen die zufließenden Dividenden keine Einkünfte aus Kapitalvermögen dar, weil er an der Körperschaft zum Zeitpunkt des Gewinnverteilungsbeschlusses keine kapitalmäßige Beteiligung hält (§ 20 Abs. 2a EStG). Der Erwerber hat lediglich eine Forderung aufgrund eines schuldrechtlichen Vertrags, die er einzieht. Der Veräußerer hat die Dividende durch den Verkauf wirtschaftlich vorvereinnahmt und damit zu versteuern (BFH, Urteil vom 11. 12. 1968, BStBl 1969 II S. 188). Genau genommen versteuert er nicht eine Dividende, sondern einen Veräußerungsgewinn. Die anzurechnende Körperschaftsteuer in Höhe von $3/7$ (früher $9/16$) ist nach § 20 Abs. 1 Nr. 3 EStG beim Veräußerer zusätzlich zu versteuern. Kapitalertragsteuerpflicht besteht für den Veräußerungserlös nicht. Auch hier zieht der Erwerber des Dividendenscheins mit dem Zufluß der Dividenden lediglich eine Forderung ein, er bezieht keinen steuerpflichtigen Kapitalertrag (RFH, Urteil vom 12. 11. 1931, RStBl 1932 S. 135; BFH, Urteil vom 12. 12. 1969, BStBl 1970 II S. 212). Nach § 45 Abs. 1 Satz 2 KStG n. F. kann die zu Unrecht einbehaltene Kapitalertragsteuer ab 1994 an den Erwerber des Dividendenscheins (früher an den Dividendenscheinveräußerer) erstattet werden. Der Erwerber kann auch keine Körperschaftsteuer anrechnen. 1955

Beispiel:

V hat an E vor dem Gewinnausschüttungsbeschluß einen Dividendenschein ohne die dazugehörige Aktie um 70 DM veräußert. V hat nach § 20 Abs. 2 Nr. 2a EStG 70 DM zuzüglich $3/7$ (früher $9/16$) aus 70 DM = 30 DM (vgl. § 20 Abs. 1 Nr. 3 EStG), also 100 DM, als Kapitaleinkünfte zu versteuern. Nach § 36 Abs. 2 Nr. 3 EStG kann V die Körperschaftsteuer (unter Berücksichtigung der Höchstbetrags nach § 36 Abs. 2 Nr. 3 Satz 2, 2. Halbsatz EStG) bei seiner Einkommensteuer-Veranlagung unter Beachtung der Frist des § 36 Abs. 2 Nr. 3d EStG anrechnen. Kapitalertragsteuerpflicht besteht für den Veräußerungserlös nicht, weil die Kapitaleinkünfte des § 20 Abs. 2 Nr. 2a EStG nicht unter § 43 EStG fallen. V kann deshalb auch keine Kapitalertragsteuer anrechnen.

Auch E kann eine Kapitalertragsteuer, die bei der Dividendenausschüttung zu Unrecht einbehalten worden ist, nicht auf seine Einkommensteuer anrechnen. Kapitalertragsteuerpflicht besteht nicht, weil E nur eine Forderung einzieht, was jedoch den auszahlenden Kreditinstitut nicht bekannt ist. § 45 Abs. 1 Satz 2 EStG läßt nunmehr die Erstattung der zu Unrecht einbehaltenen Kapitalertragsteuer an E zu.

Wird ein Gewinnbezugsrecht mit oder ohne Anteile veräußert, nachdem der Gewinnausschüttungsbeschluß der Kapitalgesellschaft vorliegt, so hat der Veräußerer den Kapitalertrag nach § 20 Abs. 1 Nr. 1 EStG zu versteuern. Seinen Anrechnungsanspruch muß er auch dann nach § 44 oder § 45 KStG nachweisen, wenn das Gewinnbezugsrecht ohne die Anteile veräußert worden ist. Der Erwerber des Gewinnbezugsrechts zieht lediglich eine Forderung ein. 1956

Von den Fällen, in denen ein Dividendenschein ohne das dazugehörige Stammrecht veräußert wird, sind die **Fälle zu unterscheiden, in denen das Stammrecht mit dem Dividendenanspruch veräußert wird.** Die durch die Veräußerung erzielten Einkünfte können nur dann zu einer Einkommensteuerpflicht führen, wenn es sich um Anteile in einem Betriebsvermögen handelt, oder bei Anteilen in Privatvermögen ein Spekulationsgeschäft nach § 23 EStG oder eine Veräußerung einer wesentlichen Beteiligung nach § 17 EStG vorliegt. Wegen der Anrechnung von Körperschaftsteuer in derartigen Fällen wird auf die Ausführungen zu RZ 1986 verwiesen. 1957

2.4 Anrechnung nach § 10 UmwStG 1995

Nach § 10 UmwStG 1995 (§ 12 UmwStG 1977) ist die auf dem verwendbaren Eigenkapital einer umgewandelten Körperschaft lastende Körperschaftsteuer auf die Einkommensteuer- oder Körperschaftsteuer-Schuld der Gesellschafter der übernehmenden Personengesellschaft oder der übernehmenden natürlichen Person anzurechnen. Die Anrechnung wird nach § 10 Abs. 2 UmwStG 1995 nicht gewährt, soweit der Übernahmegewinn (oder der Einkünfte nach den §§ 7, 8 oder 9 Abs. 2 UmwStG 1995) nicht besteuert werden. 1958

Die übertragende Körperschaft hat keine Ausschüttungsbelastung herzustellen, bei unbelastetem verwendbarem Eigenkapital erfolgt daher keine Körperschaftsteuer-Erhöhung. Die beabsichtigte Doppelbelastung des EK 03 erfolgt durch Besteuerung des Übernahmegewinns. Die Anrechnung, für die keine Steuerbescheinigung erforderlich ist, erfolgt durch die Finanzverwal-

1958 tung auf der Grundlage der letzten gesonderten Feststellung des verwendbaren Eigenkapitals für die untergehende Körperschaft.

Beispiel:

Vorhanden ist ein	darauf lastende Körperschaftsteuer	anrechnende Körperschaftsteuer
EK 56 von 44 (bis 31. 12. 1994)	$^{56}/_{44}$	56
EK 50 von 50 (bis 31. 12. 1998)	$^{50}/_{50}$	50
EK 45 von 55	$^{45}/_{55}$	45
EK 36 von 64 (bis 31. 12. 1994)	$^{36}/_{64}$	36
EK 30	$^{30}/_{70}$	30

Die Anrechnung erfolgt in dem Veranlagungszeitraum, in dem bei der übernehmenden Personengesellschaft oder Einzelfirma der Vermögensübergang erfaßt wird. Bei Personengesellschaften wird der anzurechnende Körperschaftsteuer nach dem Beteiligungsverhältnis zum Zeitpunkt des Vermögensübergangs auf die Gesellschafter verteilt.

3. Anrechenbare Körperschaftsteuer als Bestandteil der Kapitaleinnahmen

1959 Die beim Anteilseigner **anzurechnende Körperschaftsteuer** beträgt wegen der bei der ausschüttenden Körperschaft herzustellenden einheitlichen Ausschüttungsbelastung **immer $^3/_7$** (früher $^9/_{16}$) **der Dividende** (§ 36 Abs. 2 Nr. 3 EStG).

1960 Die anrechenbare Körperschaftsteuer ist als **Bestandteil der steuerpflichtigen Einkünfte des Anteilseigners** bei derselben Einkunftsart und im selben Veranlagungszeitraum wie die Ausschüttung zu erfassen (§ 20 Abs. 1 Nr. 3 EStG und R 154 Abs. 2 EStR). Auch bei verdeckten Gewinnausschüttungen sind neben dem Nettobetrag der verdeckten Gewinnausschüttung noch $^3/_7$ (früher $^9/_{16}$) des Betrags der verdeckten Gewinnausschüttung als Einkünfte anzusetzen. Der Besteuerung beim Anteilseigner wird damit der Gewinn der Körperschaft zugrundegelegt, der ohne Vorbelastung mit Körperschaftsteuer hätte ausgeschüttet werden können.

1961 Der Körperschaftsteuer-Anrechnungsanspruch erhöht auch dann die steuerpflichtigen Einnahmen des Anteilseigners wenn er nach § 20 Abs. 3 EStG zu einer anderen Einkunftsart gehört. Soweit Kapitalerträge dem gewerblichen Gewinn zuzurechnen sind, gehört die anzurechnende Körperschaftsteuer auch zum Gewerbeertrag (R 154 Abs. 2 EStR und Abschn. 39 Abs. 1 Satz 15 GewStR). Die Rechtsprechung folgt der Auffassung der Finanzverwaltung, daß bei zu einem gewerblichen Betriebsvermögen gehörenden Anteilen auch das Körperschaftsteuerguthaben in Höhe von $^3/_7$ (früher $^9/_{16}$) zu den gewerblichen Einkünften zu rechnen ist (FG München, Urteil vom 17. 9. 1984, BB 1985 S. 35, mit ausführlicher Anmerkung von Döllerer, bestätigt durch BFH-Urteil vom 26. 6. 1991, BStBl. 1991 II S. 877). Nach h. M. gehört der Körperschaftsteuer-Anrechnungsanspruch von $^3/_7$ (früher $^9/_{16}$) auch dann zum gewerblichen Gewinn, wenn die Anteile der ausschüttenden Körperschaft zum Betriebsvermögen einer anderen Kapitalgesellschaft oder einer Personengesellschaft (oder zum Sonderbetriebsvermögen der Mitunternehmer dieser Personengesellschaft) gehören (a. A. FG Köln, Beschluß vom 26. 8. 1982, EFG 1983 S. 133). Bei einer Beteiligung von mindestens 10 v. H. ist die Kürzungsvorschrift des § 9 Nr. 2a GewStG auch insoweit anzuwenden (Abschn. 62b Abs. 1 Satz 9 GewStR). In den Fällen der Betriebsaufspaltung und der GmbH & Co. KG tritt deshalb auch hinsichtlich des Anrechnungsguthaben keine Doppelbelastung mit GewSt ein.

1962 Wird ein Anteilseigner zur ESt veranlagt, der die Körperschaftsteuer vergütet erhielt, so gehört zu seinen steuerpflichtigen Kapitalerträgen neben der Dividende auch die vergütete Körperschaftsteuer (vgl. Wortlaut des § 20 Abs. 1 Nr. 3 EStG). Die vergütete Körperschaftsteuer kann in derartigen Fällen nicht auf die Einkommensteuer des Anteilseigners angerechnet werden (§ 36 Abs. 2 Nr. 3c EStG).

4. Anrechnung bei der Einkommensteuerveranlagung

Im Regelfall wird die auf den Gewinnausschüttungen lastende Körperschaftsteuer **bei der Veranlagung des Anteilseigners auf seine Einkommensteuer-Schuld angerechnet.** Bei Anteilseignern, die nicht veranlagt werden, sieht das Gesetz ein **Vergütungsverfahren** vor (vgl. nachstehende Ausführungen unter RZ 1992 ff). In diesen Fällen hat der Anteilseigner grundsätzlich ein Wahlrecht, ob er die Vergütung beantragen oder die Anrechnung bei der Veranlagung in Anspruch nehmen will. Ein Arbeitnehmer kann nach § 46 Abs. 2 Nr. 8e EStG eine Veranlagung zum Zwecke der Körperschaftsteuer-Anrechnung beantragen. Es besteht also kein Zwang zur Vergütung. Die Anrechnung ist jedoch ausgeschlossen, wenn die Vergütung beantragt oder durchgeführt worden ist (§ 36 Abs. 2 Nr. 3c EStG).

1963

Die **Körperschaftsteuer-Anrechnung** ist **grundsätzlich unabhängig von der Entrichtung der Körperschaftsteuer durch die ausschüttende Körperschaft** vorzunehmen. Eine **Ausnahme** gilt bei Anteilseignern mit beherrschendem Einfluß oder wesentlicher Beteiligung (vgl. § 36a EStG). Bei solchen Anteilseignern ist die Anrechnung zu versagen oder rückgängig zu machen soweit die Körperschaftsteuer von der Körperschaft noch nicht bezahlt wurde und eine begonnene Vollstreckung keine Aussicht auf Erfolg bietet. Bei wesentlich beteiligten Anteilseignern wird der **beherrschende Einfluß** nicht besonders geprüft. § 36a Abs. 1 EStG enthält keine Definition des beherrschenden Einflusses. Nach R 213i EStR ist hierfür von der Rechtsprechung zur steuerlichen Anerkennung rückwirkender Gehaltsvereinbarungen einer Kapitalgesellschaft mit ihrem Gesellschafter-Geschäftsführer auszugehen. Für die Frage eines beherrschenden Einflusses wurden früher die Anteile des Ehegatten und der minderjährigen Kinder des Anteilseigners regelmäßig mit einbezogen, was für die Ehegatten-Anteile nach dem BVG-Beschluß v. 12. 3. 1985, BStBl 1985 II S. 475, nicht mehr ohne weiteres möglich ist. Ein beherrschender Einfluß wird auch anzunehmen sein, wenn ein Gesellschafter aufgrund einer tatsächlichen Machtstellung die Beschlüsse der Kapitalgesellschaft beeinflussen kann (BFH, Urteil vom 10. 11. 1965, BStBl 1966 III S. 73, und Urteil vom 11. 11. 1982, BStBl 1983 II S. 299).

1964

Die Versagung oder Rückgängigmachung der Körperschaftsteuer-Anrechnung setzt nach § 36a EStG nicht nur voraus, daß die der anzurechnenden Körperschaftsteuer entsprechende Körperschaftsteuer nicht gezahlt worden ist, sondern erfordert zwingend, daß nach Beginn der Vollstreckung wegen dieser rückständigen Körperschaftsteuer anzunehmen ist, daß die vollständige Einziehung keinen Erfolg haben wird. Die Erfolglosigkeit der vollständigen Einziehung erfordert deshalb erfolglose Beitreibungsversuche, wie z. B. fruchtlose Pfändungen. Ist die entsprechende Körperschaftsteuer nach § 261 AO niedergeschlagen worden, so steht die voraussichtliche Erfolglosigkeit fest. Voraussetzung der Anwendung des § 36a EStG ist die Niederschlagung jedoch nicht.

In § 36a EStG wird nicht erläutert, was unter der **der anzurechnenden Körperschaftsteuer entsprechenden Körperschaftsteuer** zu verstehen ist. U. E. kann die „entsprechende Körperschaftsteuer" nur die Körperschaftsteuer sein, die auf das verwendbare Eigenkapital der KapGes entfällt, das für die Ausschüttung als verwendet gilt. Wegen des hierüber in der Literatur bestehenden Streits wird auf die Ausführungen von Jost in Dötsch/Eversberg/Jost/Witt, Kommentar zum KStG und EStG, Tz. 51 ff zu § 36a EStG, verwiesen. § 36a Abs. 3 EStG schreibt vor, daß der Steuerbescheid zu ändern ist, wenn die Anrechnung rückgängig gemacht wird. Bei Versagung oder Rückgängigmachung der Körperschaftsteuer-Anrechnung nach § 36a EStG, ist beim Anteilseigner nämlich nur die Dividende (ohne KörperschaftsteuerAnrechnungsguthaben) zu versteuern. Dadurch werden im Ergebnis die Steuerbelastungen aus dem Ausschluß oder der Rückgängigmachung der Körperschaftsteuer-Anrechnung erheblich gemildert. Bei nachträglicher Bezahlung der Körperschaftsteuer ist eine Änderung des Steuerbescheids des Anteilseigners möglich (§ 36a Abs. 4 EStG).

1965

Sind Körperschaften Dividendenempfänger, so erhalten sie grundsätzlich ebenfalls die Körperschaftsteuer-Anrechnung (§ 49 Abs. 1 KStG).

1966

1967 Die Anrechnung von Körperschaftsteuer (und von Kapitalsteuer) setzt im übrigen voraus, daß **die der Anrechnung zugrunde liegenden Einnahmen bei der Veranlagung erfaßt werden** (R 213g EStR, vgl. auch BFH-Urteil vom 28. 4. 1993, BStBl 1993 II S. 836). Zu den Voraussetzungen der Anrechnung von Körperschaftsteuer gehört nach § 36 Abs. 2 Nr. 3 EStG das **Vorliegen der Steuerbescheinigung.** Liegt zum Zeitpunkt der Veranlagung keine Steuerbescheinigung vor, so sind die Kapitaleinnahmen ohne das Körperschaftsteuer-Anrechnungsguthaben zu erfassen. Eine Anrechnung erfolgt dann nicht (R 213g Abs. 2 EStR). Wird die Steuerbescheinigung später nachgereicht, so ist die Veranlagung nach den Vorschriften der AO zu ändern. Bei fehlenden Steuerbescheinigungen wird das FA gegebenenfalls eine Veranlagung unter dem Vorbehalt der Nachprüfung oder eine vorläufige Veranlagung (§§ 164, 165 AO) durchführen.

1968 Für den Anteilseigner ist es im allgemeinen immer günstiger, das Körperschaftsteuer-Anrechnungsguthaben als Einkünfte nach § 20 Abs. 1 Nr. 3 EStG in die Besteuerung einbeziehen zu lassen und gleichzeitig die Körperschaftsteuer anzurechnen. In ganz seltenen Ausnahmefällen kann es vorteilhaft sein, die Steuerbescheinigung beim Finanzamt nicht vorzulegen, wenn z. B. lediglich wegen der Hinzurechnung des Körperschaftsteuer-Anrechnungsguthabens eine Einkommensgrenze für eine Steuervergünstigung (z. B. Wohnungsbauprämie) überschritten wird.

1969 Fließt die Ausschüttung einer Kapitalgesellschaft oder sonstigen in das Körperschaftsteuer-Anrechnungsverfahren einbezogenen Körperschaft einer **Personengesellschaft** zu, so wird die Steuerbescheinigung der Personengesellschaft erteilt. Die Körperschaftsteuer-Anrechnung kann jedoch nur bei deren Gesellschaftern erfolgen. Die anzurechnende Körperschaftsteuer wird deshalb im Gewinnfeststellungsbescheid der Personengesellschaft gesondert ausgewiesen. Entsprechend R 213g Abs. 2 EStR dürfte die Anrechnung bei den Mitunternehmern erst zu dem Zeitpunkt erfolgen, zu dem die Personengesellschaft ihrem Finanzamt die Steuerbescheinigung vorgelegt hat (a. A., OFD Düsseldorf, Verfg. vom 23. 3. 1982, DB 1982 S. 879). Wird an den Mitunternehmer der Personengesellschaft ein Einkommen- oder Körperschaftsteuerbescheid erlassen, bevor der Bescheid über die gesonderte Feststellung ergeht, so läßt Abschn. 97 Abs. 4 KStR eine vorläufige Anrechnung im Schätzungswege zu.

1970 Die Körperschaftsteuer-Anrechnung gehört nach dem steuerlichen Verfahrensrecht (ebenso wie die Anrechnung von Steuerabzugsbeträgen) nicht zur Steuerfestsetzung, sondern zur **Steuererhebung.** Die Anrechnung der Körperschaftsteuer kann deshalb jederzeit bis zum Ablauf der Zahlungsverjährung zugunsten Steuerpflichtiger geändert werden. Besteht über die Höhe der nach § 36 Abs. 1 Nr. 3 EStG anzurechnenden Körperschaftsteuer Streit, so muß das FA durch Abrechnungsbescheid nach § 218 Abs. 2 AO entscheiden (BFH-Urteil vom 28. 4. 1993, BStBl 1993 II S. 836). Der Abrechnungsbescheid geht einer zuvor erlassenen Anrechnungsverfügung vor, hebt diese aber nicht förmlich auf. Bei Erlaß des Abrechnungsbescheids besteht keine Bindung an die frühere Anrechnung. Die §§ 130, 131 AO sind deshalb nicht anwendbar, weil § 218 Abs. 2 AO eine für die Anrechnung geltende Sonderregelung darstellt.

5. Steuerliche Erfassung der Einkünfte beim Anteilseigner

5.1 Die Anteile befinden sich im Privatvermögen

1971 Werden die Anteile der ausschüttenden Körperschaft im Privatvermögen des Anteilseigners gehalten, so ist eine **Dividende in dem Kalenderjahr zu versteuern, in dem sie nach § 11 EStG zugeflossen ist** (d. h. wenn der Empfänger wirtschaftlich darüber verfügen kann, z. B. durch Barzahlung, Gutschrift, Verrechnung u. a.). Die für den Kapitalertragsteuer-Abzug maßgebende Zuflußfiktion (§ 44 Abs. 2 EStG, vgl. BFH, Urteil vom 12. 12. 1986, BStBl II S. 451); ist für die Erfassung beim Anteilseigner nicht entscheidend. Ebenso spielt das Jahr für das die Gewinnausschüttung erfolgt oder der Zeitpunkt der Herstellung der Ausschüttungsbelastung bei der ausschüttenden Körperschaft (nach Abschn. 77 Abs. 6 KStR ist dies der tatsächliche Abfluß bei der Körperschaft) keine Rolle für die Erfassung beim Anteilseigner. Im Jahr des Zuflusses

der Dividende ist auch das Körperschaftsteuer-Anrechnungsguthaben nach § 36 Abs. 2 Nr. 3 **1971**
EStG mit $3/7$ (früher $9/16$) der Dividende zu versteuern (§ 20 Abs. 1 Nr. 3 EStG). Der zeitliche Zusammenhang zwischen dem Ansatz der Kapitalerträge und des dazugehörigen Anrechnungsbetrags ergibt sich aus § 20 Abs. 1 Nr. 3 Satz 2 EStG, nach dem die anzurechnende Körperschaftsteuer als mit den Einnahmen i. S. des § 20 Abs. 1 Nr. 1 oder 2 EStG bezogen gilt. Die **Anrechnung der Körperschaftsteuer und Kapitalertragsteuer erfolgt ebenfalls in dem Veranlagungszeitraum, in dem die der Anrechnung zugrunde liegenden Einnahmen bei der Veranlagung erfaßt werden** (§ 36 Abs. 2 Nr. 2 EStG, R 213g Abs. 1 EStR).

Bei dem **Alleingesellschafter einer GmbH** ist zu beachten, daß diesem nach H 154 (Zufluß zeit- **1972**
punkt bei Gewinnausschüttungen) EStH 1993 eine Gewinnausschüttung bereits zum Zeitpunkt der Beschlußfassung nach § 11 EStG zugeflossen ist (BFH, Urteil vom 6. 3. 1979, BStBl II S. 510). Die Rechtsprechung geht davon aus, daß ein Alleingesellschafter den Zeitpunkt der Ausschüttung frei bestimmen kann und es deshalb nicht seinem Willen überlassen werden darf, den Zeitpunkt selbst zu wählen, zu dem er seine Dividende versteuern will. Da **beherrschende Gesellschafter** in gleicher Weise wie Alleingesellschafter den Zeitpunkt der Auszahlung von Dividenden bestimmen können, muß bei diesen ebenfalls ein Zufluß der Dividende mit der Beschlußfassung angenommen werden (vgl. auch BFH, Urteil vom 12. 7. 1957, BStBl III S. 289, und vom 11. 2. 1965, BStBl III S. 407). Ein Zufluß bei der Beschlußfassung liegt nur dann nicht vor, wenn die Gesellschaft in dem maßgebenden Zeitpunkt konkursreif ist und nach ihrer wirtschaftlichen Lage deshalb keine Mittel zur Begleichung ihrer Schulden flüssig machen kann (BFH, Urteil vom 22. 5. 1973, BStBl II S. 815).

> **Beispiel:**
> A ist Alleingesellschafter der A GmbH und hält die GmbH-Anteile in seinem Privatvermögen. Im Gewinnverteilungsbeschluß für das Jahr 01, der am 10. 9. 02 gefaßt wird, ist als Zeitpunkt der Dividendenauszahlung der 10. 1. 03 genannt.
>
> Der Zufluß nach § 11 EStG ist mit der Beschlußfassung am 10. 9. 02 eingetreten. A hat im Jahr 02 neben seiner Dividende auch das Körperschaftsteuer-Anrechnungsguthaben zu versteuern und erhält für dieses Jahr die Körperschaftsteuer- und Kapitalsteuer-Anrechnung. Würde A eine Minderheitsbeteiligung an der GmbH halten, so wäre ihm die Dividende erst im Jahr 03 zugeflossen. Wegen der Auswirkungen bei der ausschüttenden GmbH vgl. jedoch das BFH-Urteil vom 9. 12. 1987, BStBl 1988 II S. 460.

Die von einer Kapitalgesellschaft vorgenommene Gewinnausschüttung bleibt beim Gesell- **1973**
schafter auch dann eine Einnahme aus Kapitalvermögen, wenn der Gewinnausschüttungsbeschluß wegen eines Rückforderungsanspruchs der Kapitalgesellschaft **rückgängig** gemacht oder aufgehoben wird (H 154 (Rückgängigmachung einer Gewinnausschüttung) EStH 1993, Abschn. 77 Abs. 8 KStR und die dort zitierte Rechtsprechung).

Die Rückzahlung offener und verdeckter Gewinnausschüttungen ist steuerlich wie folgt zu beurteilen:

1. Die Rückzahlung stellt eine Einlage in die Kapitalgesellschaft dar. Entscheidend hierfür ist, daß die Rückzahlung ihre Ursache im Gesellschaftsverhältnis hat (vgl. BFH, Urteile vom 29. 4. 1987, BStBl II S. 733 und vom 13. 9. 1989, BStBl II S. 1029).

   Die Rückzahlung wirkt sich als Einlage nicht auf die Höhe des Einkommens der Kapitalgesellschaft aus (§ 8 Abs. 1 KStG, § 4 EStG). In der Eigenkapitalgliederung ist der zurückgezahlte Betrag in das EK 04 einzustellen.

2. Für den Gesellschafter entstehen in Höhe des zurückgezahlten Betrags zusätzliche Anschaffungskosten auf die Beteiligung, ein Abzug als negative Einnahmen ist nicht möglich (vgl. Abschn. 31 Abs. 9 KStR und die BMF-Schreiben vom 6. 8. 1981, BStBl I S. 599, und vom 23. 5. 1985, DB 1985 S. 1437).

Wegen der Rechtsprobleme bei der Rückabwicklung verdeckter Gewinnausschüttungen vgl. Lange in GmbHR 1993 S. 762 (mit ausführlichen Nachweisen auch der Kritik an Rechtsprechung und Verwaltungsauffassung). Das FG München geht bei der Rückabwicklung von ver-

1973 deckten Gewinnausschüttungen beim Anteilseigner von negativen Einnahmen aus (FG München, Urt. vom 26. 10. 1993 – Besprechung Buyer in DB 1994, 602).Nach der höchstrichterlichen Rechtsprechung zum vergleichbaren Problem der Rückgängigmachung von Vorabausschüttungen ist es jedoch nicht zweifelsfrei, ob an dem Rechtsinstitut der „negativen Einnahme" noch festgehalten werden kann (BFH-Urteil vom 3. 8. 1993, BStBl 1994 II S. 561).

5.2 Die Anteile befinden sich im Betriebsvermögen

1974 Gehören Anteile an einer ausschüttenden Körperschaft zu einem **Betriebsvermögen des Anteilseigners** und wird der Gewinn dieses Betriebes nicht nach § 4 Abs. 3 EStG ermittelt, so ist für die steuerliche Erfassung der Dividenden der Zufluß nach § 11 EStG nicht maßgebend. Der **Dividendenanspruch** ist vielmehr beim Anteilseigner im Regelfall **dann zu bilanzieren, wenn ein Gewinnverteilungsbeschluß der ausschüttenden Körperschaft vorliegt** und hierdurch ein verfügbarer Rechtsanspruch des Gesellschafters in bestimmter Höhe endgültig begründet worden ist (vgl. Adler-Düring-Schmaltz, Rechnungslegung und Prüfung der AG, III. Auflage, Tz. 173 zu § 151 AktG). Von diesem Grundsatz geht auch die steuerliche Rechtsprechung aus (BFH, Urteil vom 30. 10. 1973, BStBl II S. 234). Nach der Rechtsprechung zum Handelsrecht ist es allerdings in Ausnahmefällen möglich, daß der Gewinnanspruch gegenüber einer Tochtergesellschaft noch im selben Wirtschaftsjahr von der Muttergesellschaft erfaßt wird (BGH, Urteil vom 3. 11. 1975, DB 1976 S. 38). Danach darf bei einer Mehrheitsbeteiligung und identischen Abschlußstichtagen die Muttergesellschaft eine zu erwartende Gewinnausschüttung der Tochtergesellschaft in ihrer Bilanz für das gleiche Geschäftsjahr ausweisen, wenn der Jahresabschluß für das Tochterunternehmen festgestellt ist und mindestens ein entsprechender Gewinnverwendungsvorschlag vorliegt, bevor die Jahresabschlußprüfung bei der Muttergesellschaft beendet ist. Diese handelsrechtliche Konzernrechtsprechung ist auch steuerlich zu beachten (BdF, Schreiben vom 3. 12. 1976, BStBl I S. 679). Im Regelfall kann eine Dividende bei den Anteilseignern zwar erst bilanziert werden, wenn der Gewinnverteilungsbeschluß der ausschüttenden Körperschaft vorliegt. Nach der handelsrechtlichen und steuerlichen Rechtsprechung ist aber der **Gewinnanspruch der Muttergesellschaft gegenüber einer Tochtergesellschaft** bei der ersteren bereits dann zu aktivieren, wenn er sich gegen ein verbundenes Unternehmen mit gleichem Geschäftsjahr richtet. Von einem verbundenen Unternehmen wird dann ausgegangen, wenn die Muttergesellschaft an der Tochtergesellschaft mehrheitlich beteiligt ist oder sonst ein Abhängigkeitsverhältnis entsprechend dem § 17 Abs. 1 AktG vorliegt (BFH, Urteile vom 2. 4. 1980, BStBl II S. 702, vom 3. 12. 1980, BStBl 1981 II S. 184, und vom 21. 5. 1986, BStBl II S. 815). Nach der Rechtsprechung (BFH, Urteil vom 8. 3. 1989, BStBl II S. 714) wird die Konzernrechtsprechung sinngemäß auch auch Obergesellschaften in der Rechtsform eines Personenunternehmens (also insbesondere in Betriebsaufspaltungsfällen) angewandt. Hierzu sind auch verschiedene Verwaltungsanweisungen ergangen (vgl. z. B. Vfg. OFD Frankfurt vom 15. 7. 1993, DStR 1993 S. 203). In dem genannten Urteil wird die zeitkongruente Aktivierung bei dem Mehrheitsgesellschafter bereits in dem Jahr, für das das der Untergesellschaft ausschüttet, damit begründet, daß der Mehrheitsgesellschafter den Umfang der Ausschüttung bestimmen kann. Mit dem späteren Beschluß verdeutlicht der Mehrheitsgesellschafter nur den am Bilanzstichtag bereits bestehende Absicht der Gewinnausschüttung. Der rechtlich entstandene Gewinnausschüttungsanspruch war wirtschaftlich bereits am Bilanzstichtag vorhanden und ist durch den Ausschüttungsbeschluß in objektiv nachprüfbarer Weise erhellt worden. Nach unserer Auffassung müssen diese Grundsätze auch für verdeckte Gewinnausschüttungen gelten. Die zeitkongruente Aktivierung der Gewinnansprüche wird in der Literatur aber auch kritisiert (vgl. FR 1990 S. 9 und DStR 1993 S. 558).

1975 **Mit der steuerlichen Erfassung des Dividendenanspruchs ist auch die anzurechnende Körperschaftsteuer gewinnerhöhend zu behandeln** (vgl. auch BFH, Urteil vom 26. 6. 1991, BStBl II S. 877). Das ergibt sich aus § 20 Abs. 1 Nr. 3 Satz 2 EStG wonach die anzurechnende Körperschaftsteuer als zusammen mit der Dividende bezogen gilt. Die Vorschrift spricht ausdrücklich nicht von „zugeflossen", sie erfaßt vielmehr mit dem Wort „bezogen" auch die im Rahmen von Gewinneinkünften bezogenen Dividenden. Obwohl das Körperschaftsteuer-Anrechnungsguthaben bei im Betriebsvermögen gehaltenen Beteiligungen ebenfalls zu den betrieblichen Einkünften gehören, dürfte das Körperschaftsteuer-Anrechnungsguthaben keine betriebliche Forderung darstellen. Die Körperschaftsteuer-Anrechnung erfolgt nach § 36 Abs. 2 Nr. 3 EStG wie eine Einkommensteuer-Vorauszahlung. Ebenso wie ein Einkommensteuer-Erstattungsanspruch niemals eine betriebliche Forderung darstellen kann, ist das Körperschaftsteuer-Anrechnungsguthaben nicht als betriebliche Forderung in der Bilanz einzustellen. Der Hauptfachausschuß beim Institut der Wirtschaftsprüfer hat sich zwar in einer Stellungnahme (vgl. Wirtschaftsprüfung 1977 S. 463) dafür ausgesprochen, das Körperschaftsteuer-Anrechnungsguthaben als zusätzlichen Beteiligungsertrag im betrieblichen Bereich zu erfassen. Bei Anteilen im Betriebsvermögen einer Einzelfirma oder Personengesellschaft kann das aber nur bedeuten, daß das Körperschaftsteuer-Anrechnungsguthaben im betrieblichen Bereich entsteht und sofort entnommen wird. Zu buchen wäre also: Kapital (Privatentnahme) an Beteiligungsertrag. Damit ist das Körperschaftsteuer-Anrechnungsguthaben im Gewinn enthalten, ohne daß eine betriebliche Forderung ausgewiesen wird. Nach unserer Auffassung gilt das auch dann, wenn die Anteile an der ausschüttenden Körperschaft zum Gesamthandsvermögen einer Personengesellschaft oder zum Sonderbetriebsvermögen der Mitunternehmer einer Personengesellschaft (hier lautet die Steuerbescheinigung auf den Gesellschafter) gehören. Die Erträge einschließlich des Körperschaftsteuer-Anrechnungsguthabens sind den Mitunternehmern als Sonderbetriebseinnahmen bei der gesonderten Feststellung zuzuordnen (vgl. Abschn. 97 Abs. 4 KStR), ohne daß der Anrechnungsanspruch in der Handelsbilanz der Personengesellschaft ausgewiesen werden kann. Die Körperschaftsteuer-Anrechnung steht nämlich nicht der Personengesellschaft, sondern deren Mitunternehmer bei der Einkommensteuer-Veranlagung zu. Unterbleibt eine entsprechende Buchung, muß das Körperschaftsteuer-Anrechnungsguthaben dem Gewinn außerhalb der Bilanz zugeschlagen werden.

Die buchmäßige Erfassung von Beteiligungserträgen bei Einzelunternehmen und Personengesellschaften ergibt sich aus den nachstehenden Beispielen:

Beispiel:

Ein Einzelunternehmen hält in seinem Betriebsvermögen eine Beteiligung an einer GmbH. Die GmbH hat im August 02 eine Dividende für 01 ausgeschüttet. Der Gewerbetreibende erhält folgende Gutschrift (Steuerbescheinigung nach amtlichem Muster liegt vor).

Dividende	7 000 (früher 6 400) DM
./. Kapitalertragsteuer 25 v. H.	1 750 (früher 1 600) DM
	5 250 (früher 4 800) DM

Da die anzurechnende Körperschaftsteuer $^3/_7$ (früher $^9/_{16}$) der Dividende von 7 000 (früher 6 400) DM, also 3 000 (früher 3 600) DM beträgt, hat der Gewerbetreibende 02 folgende Buchungen durchzuführen:

Bank	5 250 (früher 4 800) DM		
Privat	1 750 (früher 1 600) DM	an Beteiligungsertrag	7 000 (früher 6 400) DM
und Privat	3 000 (früher 3 600) DM	an Beteiligungsertrag	3 000 (früher 3 600) DM

Die Körperschaftsteuer-Gutschrift mit 3 000 (früher 3 600) DM und die Kapitalertragsteuer mit 1 750 (früher 1 600) DM sind auf die Einkommensteuer-Schuld 02 anzurechnen.

Ist am Schluß des Wirtschaftsjahres eines Anteilseigners ein Dividendenanspruch zu erfassen, weil die ausschüttende Körperschaft bereits einen Gewinnverteilungsbeschluß gefaßt, aber die Ausschüttung noch nicht vorgenommen hat, ist wie folgt zu verfahren:

Beispiel:

Wäre im vorstehenden Beispiel (Beschluß der Gesellschafterversammlung im August 02) die Auszahlung der Dividende erst im Jahr 03 erfolgt, so wären folgende Buchungen erforderlich geworden:

Im Jahr 02 (zur richtigen Behandlung in der Bilanz zum 31. 12. 02):

sonstige Forderungen	5 250 (früher 4 800) DM		
Privat	1 750 (früher 1 600) DM	an Beteiligungsertrag	7 000 (früher 6 400) DM
und Privat	3 000 (früher 3 600) DM	an Beteiligungsertrag	3 000 (früher 3 600) DM

Im Januar 03 (bei Eingang der Dividende) ist zu buchen:

Bank	5 250 (früher 4 800) DM	an sonst. Forderungen	5 250 (früher 4 800) DM

1977 Auch bei Anteilen im Betriebsvermögen stellen Beträge, die dem Anteilseigner durch Kapitalherabsetzung oder Liquidation zufließen, steuerpflichtige Erträge dar, wenn sie aus der Auskehrung umgewandelter EK 56 bis EK 02-Beträge (vgl. § 29 Abs. 3 KStG) herrühren. Dies gilt nach Auffassung der Finanzverwaltung im Falle der Liquidation auch dann, wenn die Beteiligung im Betriebsvermögen das gesamte Nennkapital der Gesellschaft umfaßt (BMF-Schr. vom 17. 7. 1991, BStBl I S. 767; a. A. BFH-Urt. vom 19. 4. 1994, DB 1994 S. 2375).

1978 Fließen dem Anteilseigner, der die Anteile im Betriebsvermögen hält, Beträge aus einer Kapitalherabsetzung zu und rührt der Herabsetzungsbetrag aus Rücklagen, die aus EK 03 gebildet worden sind, so muß zwischen Kapitalherabsetzungen innerhalb von 5 Jahren seit der Kapitalerhöhung und späteren Kapitalherabsetzungen unterschieden werden. In beiden Fällen entstehen zwar keine steuerpflichtigen Einnahmen des Anteilseigners. Bei der Kapitalherabsetzung innerhalb von 5 Jahren fällt bei der Kapitalgesellschaft die Pauschsteuer von 30 v. H. (§ 5 KapErhStG) an, der Buchwert der Anteile beim Anteilseigner bleibt nach § 6 KapErhStG für die Beteiligung unverändert. Erfolgt die Kapitalherabsetzung jedoch nach Ablauf von 5 Jahren, so führt die Kapitalherabsetzung zu einer Verminderung des Buchwerts der Anteile, was bei einer späteren Anteilsveräußerung Gewinnauswirkungen hat.

5.3 Erträge aus der Ausschüttung von EK 01

1979 Bei der Ausschüttung von EK 01 wurde bisher die Ausschüttungsbelastung bei der ausschüttenden Körperschaft hergestellt und der Anteilseigner hatte seine aus dem EK 01 herrührende Dividende voll zu versteuern (einschließlich des KSt-Anrechnungsguthabens) und erhielt die KSt-Anrechnung. Durch das Standortsicherungsgesetz vom 13. 9. 1993 ergibt sich im Regelfall ab 1994 eine wesentlich andere Rechtslage.

1980 Bei der ausschüttenden Körperschaft wird – unabhängig davon, wer Anteilseigner ist – für ausgeschüttetes EK 01 keine Ausschüttungsbelastung mehr hergestellt. Damit erhöht sich die Körperschaftsteuer nicht (§ 40 Satz 1 Nr. 1 KStG n. F.), Kapitalertragsteuer wird aber für die Ausschüttung weiterhin erhoben (§ 43 Abs. 1 EStG, anrechenbar vgl. § 36 Abs. 2 Nr. 2 EStG). Die ausschüttende Körperschaft muß in der Steuerbescheinigung angeben, inwieweit eine Ausschüttung auf EK 01 beruht (§ 44 Abs. 1 Nr. 8 KStG).

1981 Soweit der Anteilseigner eine zur Eigenkapitalgliederung verpflichtete Körperschaft, ein Versicherungsverein a. G. oder ein Betrieb gewerblicher Art einer juristischen Person des öffentlichen Rechts bleiben die an sie weiter ausgeschütteten steuerfreien ausländischen Einkünfte (EK 01) bei der Einkommensermittlung außer Ansatz (§ 8b Abs. 1 KStG). Ausnahmen bestehen für ausschüttungsbedingte Teilwertabschreibungen und Verlusten durch Anteilsveräußerungen usw. (§ 8b Abs. 1 Satz 3 KStG). Gewinne aus der Veräußerung eines Anteils an einer ausländischen Gesellschaft bleiben nach Maßgabe des § 8b Abs. 2 u. 3 KStG steuerfrei. Die bei der empfangenden Körperschaft, die zur Eigenkapitalgliederung verpflichtet ist, steuerfrei bleibenden Beträge sind wiederum in das EK 01 einzustellen (§ 30 Abs. 2 Nr. 1 KStG).

1982 Natürliche Personen oder Körperschaften, die nicht unter die oben genannte Regelung fallen, haben die Dividenden, die aus dem EK 01 stammen, als Kapitalertrag zu versteuern. Für die aus dem EK 01 finanzierte Dividende gibt es keine KSt-Anrechnung (§ 36 Abs. 2 Nr. 3 EStG n. F.), dementsprechend ist kein KSt-Guthaben nach § 20 Abs. 1 Nr. 3 EStG zu versteuern. Die einbehaltene Kapitalertragsteuer ist aber anzurechnen.

1983 Die Neuregelung ist dem Grunde nach für offene Ausschüttungen anzuwenden, die in nach dem 31. 12. 1993 endenden Wj. erfolgen (§ 52 Abs. 27 EStG n. F.). Da die ausschüttende Körperschaft aber das Wahlrecht hat, die Neuregelung erst ein Jahr später anzuwenden (vgl. Rz 1940), hängt die Anwendung der neuen Vorschriften beim Anteilseigner in den Veranlagungszeiträumen 1992 bis 1994 davon ab, ob sich aus der Steuerbescheinigung eine KSt-Anrechnung von $3/7$ und eine EK 01-Ausschüttung ergibt (§ 52 Abs. 27 EStG n. F.)

5.4 Erträge aus der Ausschüttung von EK 04

Soweit eine inländische Kapitalgesellschaft oder Genossenschaft EK 04 ausschüttet, gehören diese Bezüge des Anteilsigners nicht zu den steuerpflichtigen Kapitaleinnahmen (§ 20 Abs. 1 Nr. 2 Satz 2 EStG). Bei der ausschüttenden Körperschaft ergibt sich insoweit auch keine Körperschaftsteuererhöhung (§ 40 Nr. 1 KStG), es besteht auch keine Kapitalertragsteuerpflicht (§ 43 Abs. 1 Nr. 1 EStG). Aus der Steuerbescheinigung ist ersichtlich, inwieweit eine Gewinnausschüttung EK 04 enthält (vgl. § 44 Abs. 1 Nr. 7 KStG). Gehören die Anteile zu einem Betriebsvermögen des Anteilsigners, so sind die gesamten Bezüge aus Ausschüttungen der Körperschaft im Rahmen des Betriebsvermögensvergleichs zu erfassen. Der Teil der aus dem EK 04 stammt, ist als Kapitalrückzahlung zu behandeln, d. h. der Buchwert der Anteile ist ohne Rücksicht auf den Teilwert um den Betrag dieser Bezüge zu mindern. **Übersteigt das ausgeschüttete EK 04 den Buchwert der Anteile beim Anteilsigner,** ist der übersteigende Betrag als **gewinnerhöhende Betriebseinnahme** zu erfassen (BdF, Schreiben vom 9. 1. 1987, BStBl 1987 I S. 171; vgl. dazu auch vorstehend unter RZ 1865). Auch die Rechtsprechung geht von diesen Grundsätzen aus (BFH-Urteil vom 7. 11. 1990, BStBl 1991 II S. 177). **1984**

> **Beispiel:**
>
> Der Buchwert der zu einem Betriebsvermögen gehörenden Anteile an der X-GmbH beträgt 20 000 DM. Der Anteilsigner erhält von der X-GmbH eine Gewinnausschüttung in Höhe von 24 000 DM, die nach der Steuerbescheinigung 16 000 DM EK 04 enthält.
>
> Der nicht aus dem EK 04 herrührende Teil der Ausschüttung (24 000 DM – 16 000 DM = 8 000 DM) ist einschließlich des Körperschaftsteuer-Anrechnungsguthabens ($3/7$ aus 8 000 DM = 3 429 DM) als steuerpflichtige Betriebseinnahme (Kapitalertrag i. S. d. § 20 Abs. 3 EStG) zu behandeln. Der in der Ausschüttung enthaltene EK 04-Betrag ist erfolgsneutral mit dem Buchwert der Anteile von 20 000 DM zu verrechnen, der danach nur noch 4 000 DM beträgt (vgl. auch BFH, Urteil vom 16. 3. 1994, BStBl II S. 527).
>
> Würde der Ausschüttungsbetrag von 24 000 DM voll aus dem EK 04 stammen, so wäre er in Höhe von 20 000 DM erfolgsneutral mit dem Buchwert der Anteile zu verrechnen, der Teil der Gewinnausschüttung, den den Buchwert der Anteile übersteigt, also 4 000 DM, wäre als steuerpflichtige Betriebseinnahme zu erfassen. Eine Körperschaftsteuer-Anrechnung käme insoweit nicht in Betracht.

Wegen der Behandlung von EK 04-Ausschüttungen von Kapitalgesellschaften im Beitrittsgebiet an westdeutsche Muttergesellschaften für vor dem 1. 1. 1991 endende Wj. vgl. die BMF-Schreiben vom 22. 3. 1991 (DB 1991 S. 839) und vom 19. 7. 1991 (DB 1991 S. 1653).

Befinden sich Anteile im Privatvermögen und liegt eine wesentliche Beteiligung nach § 17 EStG vor, so müssen die Anschaffungskosten dieser Anteile in sinngemäßer Anwendung des BdF-Schreibens im BStBl 1987 I S. 171 nach unten korrigiert werden, weil ein Veräußerungsgewinn nach § 17 EStG sonst zu niedrig ausgewiesen würde (vgl. R 140 Abs. 9 EStR und BFH-Urteil vom 7. 11. 1990, BStBl 1991 II S. 177). Eine im Privatvermögen anfallende EK 04-Ausschüttung bleibt allerdings mangels gesetzlicher Regelung unbesteuert. Eine Kapitalrückzahlung aufgrund einer Kapitalherabsetzung unter Verwendung von eingezahltem Nennkapital führt zwar nicht zu Einkünften i. S. d. § 20 Abs. 1 Nr. 2 EStG. Allerdings greift insoweit die Vorschrift des § 17 Abs. 4 EStG, wenn die Rückzahlung die – vollen – Anschaffungskosten übersteigt (umstritten). **1985**

5.5 Veräußerung von Stammrecht und Dividendenanspruch

Wird der Anteil an einer Kapitalgesellschaft veräußert, so geht schon nach der bisherigen Auffassung der Finanzverwaltung der **Gewinnanspruch** für das laufende Wirtschaftsjahr **nicht als selbständig zu bilanzierendes Wirtschaftsgut** auf den Erwerber über. Der Erwerber erwirbt vielmehr mit dem Anteil an der Kapitalgesellschaft das uneingeschränkte Mitgliedschaftsrecht, das auch die Anwartschaft auf den nach Ablauf des Geschäftsjahrs zu verteilenden Gewinn einschließt. Die Aufwendungen des Erwerbers sind daher einschließlich einer Zahlung für den **1986**

1986 Gewinnanspruch Anschaffungskosten der Anteile. Der nach Ablauf des Geschäftsjahrs an den Erwerber ausgeschüttete Gewinn stellt deshalb bei diesem einen Kapitalertrag/eine Betriebseinnahme dar. Liegen die Voraussetzungen des § 36 Abs. 2 Nr. 2 und 3 EStG vor, ist der Erwerber zur Anrechnung der auf den ausgeschütteten Gewinn entfallenden Körperschaftsteuer und Kapitalertragsteuer berechtigt (BdF, Schreiben vom 18. 3. 1980, BStBl 1980 I S. 146).

1987 Nicht zweifelsfrei waren bisher die Fälle zu lösen, in denen zum Zeitpunkt des Gewinnverteilungsbeschlusses Stammrecht und Dividendenanspruch auseinanderfallen ohne daß der in § 20 Abs. 2 Nr. 2a EStG ausdrücklich geregelte Fall vorliegt (das sind die Fälle 3 und 4 der RZ 1953). Der I. Senat des BFH hatte mit Urteilen vom 21. 5. 1986, BStBl 1986 II S. 794 und S. 815, entschieden, daß beim Erwerb eines GmbH-Anteils vor dem Gewinnverteilungsbeschluß die Anschaffungskosten des Erwerbers nicht auf das Stammrecht und ein daneben bestehendes besonderes Wirtschaftsgut „Gewinnbezugsrecht" aufgeteilt werden dürfen. Danach war der mit dem Stammrecht veräußerte und noch nicht entstandene Dividendenanspruch als Kapitalertrag voll vom Anteilserwerber zu versteuern. Demgegenüber ist der IV. Senat des BFH davon ausgegangen, daß derjenige die Dividenden zu versteuern hat, dem sie zivilrechtlich gebühren und die Beteiligten deshalb über eine zivilrechtliche Aufteilung nach § 101 Nr. 2 BGB bestimmen können, wer welchen Anteil zu versteuern hat (BFH-Urteil vom 30. 4. 1991, BStBl 1991 II S. 574). Die Finanzverwaltung hat zu dieser Frage nicht eindeutig Stellung genommen.

1988 Durch die Neuregelung in § 20 Abs. 2a EStG n. F. ist die Frage in dem Sinne entschieden, daß der Dividendenanspruch bis zum Gewinnverteilungsbeschluß ein unselbständiger Bestandteil des Stammrechts bleibt und deshalb von demjenigen als Kapitalertrag zu versteuern ist, dem im Zeitpunkt des Gewinnverteilungsbeschlusses das Stammrecht steuerlich zuzurechnen ist. Vereinbarungen der Beteiligten über eine Aufteilung des Dividendenanspruchs nach § 101 Nr. 2 Halbsatz 2 BGB betreffen bereits die Einkommensverwendung und sind für die steuerliche Zurechnung damit unbeachtlich. Die Neuregelung gilt nach § 52 Abs. 20 Satz 3 EStG für die Fälle, in denen die Trennung zwischen Stammrecht und Dividendenbezug nach dem 31. 12. 1993 erfolgt. Allerdings wird nach dem Bericht des Finanzausschusses des Deutschen Bundestages (BT-Drucks. 12/5016 S. 87) die Regelung als klarstellend angesehen, so daß sie auch auf frühere Fälle anzuwenden sein wird.

1989 Ergänzt wird die Neuregelung durch § 45 Abs. 1 EStG n. F., der die Erstattung der Kapitalertragsteuer (vom Ausnahmefall des § 20 Abs. 2 Nr. 2a EStG abgesehen) an einen anderen Zahlungsempfänger als den Stammrechtsinhaber zur Zeit des Gewinnverteilungsbeschlusses verbietet. Da der Stammrechtsinhaber die Dividende versteuern muß, darf er auch die Kapitalertragsteuer auf seine Steuerschuld anrechnen. Erforderlichenfalls ist die Steuerbescheinigung hierzu vom Zahlungsempfänger an den Stammrechtsinhaber weiterzuleiten.

Beispiel:

V hält eine Beteiligung an der X AG in seinem Betriebsvermögen. Am 20. 3. 06 veräußert er seine Beteiligung um 100 000 DM an E, behält aber die Dividendenscheine für das Wj. 05 der X AG zurück. Am 30. 6. 06 erhält er aufgrund der Vorlage der Dividendenscheine von der X AG 8 000 DM Dividende für 05 ausbezahlt (Gewinnverteilungsbeschluß vom 30. 6. 06).

V hat steuerlich einen Veräußerungserlös von:

Vereinbarter Kaufpreis	100 000 DM
+ zurückbehaltener Dividendenanspruch für 05:	8 000 DM
	108 000 DM

Die Anschaffungskosten bei E betragen somit ebenfalls 108 000 DM. E hat als Stammrechtsinhaber zum Zeitpunkt des Gewinnverteilungsbeschlusses („Anteilseigner" i. S. d. § 20 Abs. 2a EStG n. F.) die Dividende für 05 zuzüglich $3/7$ KSt-Guthaben zu versteuern und kann KSt und Kapitalertragsteuer anrechnen. Voraussetzung für die Anrechnung ist allerdings, daß V die ihm ausgestellte Steuerbescheinigung an E weiterleitet (vgl. § 36 Abs. 2 Nr. 3b EStG).

6. Voraussetzungen der Anrechnung

Anrechnungsberechtigt sind **nur unbeschränkt steuerpflichtige Anteilseigner.** Auch bei unbeschränkter Steuerpflicht entfällt die Anrechnungsberechtigung, wenn bei Doppelwohnsitz im In- und Ausland das Besteuerungsrecht dem ausländischen Staat zugewiesen ist (§ 36 Abs. 2 Nr. 3e EStG). Beschränkt Steuerpflichtige sind von der Anrechnung ausgeschlossen (§ 50 Abs. 5 Satz 2 EStG). Die Anrechnung wird jedoch gewährt, wenn die Dividenden Einnahmen eines inländischen Betriebs darstellen (§ 50 Abs. 5 Satz 3 EStG). Körperschaftsteuer darf bei der Veranlagung des Anteilseigners nur angerechnet werden, wenn die Steuerbescheinigung vorgelegt worden ist (BFH-Urteil vom 26. 9. 1991, BStBl 1992 II S. 924). 1990

Die Anrechnung der KSt ist nicht möglich, wenn die der Anrechnung zugrunde liegenden Einnahmen bei der Veranlagung nicht erfaßt werden (§ 36 Abs. 2 Nr. 3 f. EStG, vgl. auch R 213g Abs. 1 EStR). Nach der Rechtsprechung sind die anzusetzenden Einnahmen die Kapitaleinnahmen i. S. d. § 20 Abs. 1 Nr. 1 u. 2 EStG, also nicht die anzurechnende KSt (BFH-Urteil vom 6. 10. 1993, BStBl 1994 II S. 191).

Bei den **Körperschaften** erfolgt **keine Anrechnung und Vergütung, wenn Anteilseigner juristische Personen des öffentlichen Rechts, von der Körperschaftsteuer befreite Körperschaften oder beschränkt steuerpflichtige Körperschaften** nach § 2 Nr. 1 KStG (§ 51 KStG) sind. Dividendeneinkünfte von juristischen Personen des öffentlichen Rechts werden zwar von der beschränkten Steuerpflicht nach § 2 Nr. 2 KStG erfaßt, die Körperschaftsteuer ist jedoch durch den Steuerabzug abgegolten (§ 50 Abs. 1 Nr. 2 KStG) und die Einkünfte werden nicht im Rahmen der Körperschaftsteuer-Veranlagung erfaßt. Bezieht eine juristische Person des öffentlichen Rechts jedoch Dividendeneinkünfte im Rahmen eines Betriebs gewerblicher Art, der nach § 1 Abs. 1 Nr. 6 KStG steuerpflichtig ist, erfolgt die Körperschaftsteuer-Anrechnung. Die Dividendeneinkünfte von Körperschaften, die nach § 5 Abs. 1 KStG steuerbefreit sind (z. B. gemeinnützige Institutionen, Unterstützungskassen, Berufsverbände usw.), sind von der Körperschaftsteuer-Befreiung zwar ausgenommen (§ 5 Abs. 2 Nr. 1 KStG), durch den Steuerabzug ist die Körperschaftsteuer aber abgegolten (§ 50 Abs. 1 Nr. 1 KStG). Auch diese Einkünfte werden deshalb nicht in einer Körperschaftsteuer-Veranlagung einbezogen. Fallen bei nach § 2 Nr. 1 KStG beschränkt Körperschaftsteuer-Pflichtigen die Einkünfte nicht im Rahmen eines inländischen gewerblichen oder land- und forstwirtschaftlichen Betriebs an, so ist die Körperschaftsteuer durch den Steuerabzug abgegolten (§ 50 Abs. 1 Nr. 2 KStG). Auch hier ist nach § 51 KStG die Anrechnung oder Vergütung von Körperschaftsteuer ausgeschlossen. Die Vorschrift des § 51 KStG läßt die Anrechnung oder Vergütung von Körperschaftsteuer nicht zu, wenn Dividenden-Einkünfte bei der empfangenden Körperschaft nicht steuerpflichtig oder aus sonstigen Gründen nicht in die Veranlagung einzubeziehen sind. Die Vorschrift entspricht deshalb dem Grundsatz, daß durch die Körperschaftsteuer-Anrechnung oder Vergütung nur eine Doppelbelastung beseitigt werden soll. 1991

7. Vergütung von Körperschaftsteuer

7.1 Grundsätzliches zur Vergütung

Das Vergütungsverfahren soll Anteilseignern, die nicht veranlagt werden, ohne große Schwierigkeiten in den Genuß der anrechenbaren Körperschaftsteuer bringen. Die Vergütung wird im Regelfall vom Bundesamt für Finanzen gewährt (§ 36b Abs. 3 EStG). Die Vergütung ist möglich auf Grund von Einzel- oder Sammelanträgen. Bei Sammelanträgen, die ein Kreditinstitut stellt, zahlt dieses die Vergütungsbeträge und die Kapitalertragsteuer dem Anteilseigner sofort mit der Dividende aus. 1992

Die Vergütung setzt im Regelfall voraus, daß sich Aktien bei einem inländischen Kreditinstitut in einem Wertpapierdepot befinden, das auf den Namen des Empfängers der Steuerbescheinigung lautet (§ 36b Abs. 5 Nr. 2 EStG). 1993

1993 Bei Aktien in Eigenverwahrung und GmbH-Anteilen ist deshalb nur die Körperschaftsteuer-Anrechnung bei der Veranlagung möglich. Auch bei Wertpapieren, die sich in einem Gemeinschaftsdepot befinden, läßt sich die Finanzverwaltung (Ausnahmefall ist ein gemeinschaftliches Depot von Eheleuten) eine Vergütung von Körperschaftsteuer nicht zu (Abschn. 99 Abs. 6 KStR; BMF, Schreiben vom 10. 4. 1980, DB 1980 S. 896). Die Körperschaftsteuer-Vergütung ist ebenfalls ausgeschlossen, wenn die Steuerbescheinigung auf den Namen einer Personengesellschaft ausgestellt wird (sinngemäß Abschn. 97 Abs. 4 KStR) oder wenn eine auf den Depotinhaber lautende Steuerbescheinigung nach Abschn. 99 Abs. 6 KStR durch den Hinweis „Nießbrauchdepot", „Treuhand-Depot" bzw. „Ander-Depot" gekennzeichnet ist.

7.2 Anträge auf Vergütung

1994 Eine Vergütung erfolgt nur, wenn der Anteilseigner eine ausgestellte Bescheinigung nach § 36b Abs. 2 EStG (sogenannte **NV-Bescheinigung**) von seinem Wohnsitzfinanzamt vorlegen kann. Durch die NV-Bescheinigung wird bestätigt, daß der Anteilseigner unbeschränkt steuerpflichtig ist und eine Veranlagung voraussichtlich nicht in Betracht kommt. Billigkeitsanträge wegen Ausschluß der Vergütung bei beschränkt steuerpflichtigen Anteilseignern haben nur unter ganz engen Voraussetzungen in persönlichen Härtefällen Erfolgsaussichten, weil das Vorliegen sachlicher Härte generell verneint wird (vgl. BMF-Schreiben vom 4. 9. 1987, BStBl 1987 I S. 721). Die NV-Bescheinigung wird unter Widerrufsvorbehalt erteilt. Die Geltungsdauer beträgt höchstens drei Jahre, endend am 31. 12. eines Jahres. Gegen die Ablehnung eines Antrags auf NV-Bescheinigung und gegen den Widerruf einer vom FA erteilten Bescheinigung ist die Beschwerde gegeben (BFH-Urteil vom 16. 10. 1991, BStBl 1992 II S. 323). Heiratet ein Anteilseigner während der Geltungsdauer einer NV-Bescheinigung, so muß das Finanzamt neu prüfen, ob die Voraussetzungen für die Erteilung der Bescheinigung weiterhin vorliegen. Zu diesem Zweck hat der Anteilseigner eine vor der Eheschließung auf seinen Namen ausgestellte NV-Bescheinigung an das Finanzamt zurückzugeben. Ist anzunehmen, daß für den unbeschränkt steuerpflichtigen Anteilseigner und seinem Ehegatten auch nach der Eheschließung eine Veranlagung zur Einkommensteuer nicht in Betracht kommt, stellt das Finanzamt eine neue NV-Bescheinigung aus. Eine auf den Namen des Erblassers ausgestellte NV-Bescheinigung berechtigt nicht zur Vergütung an den Erben (R 213k Abs. 2 EStR).

7.2.1 Sammelanträge

1995 Sammelanträge auf Vergütung von Körperschaftsteuer können in Vertretung des Anteilseigners die folgenden Institutionen stellen:
- **Inländische Kreditinstitute,** wenn die Aktie in einem auf den Namen des Anteilseigners lautenden **Wertpapierdepot** bei dem Kreditinstitut verzeichnet ist (§ 36c Abs. 1 EStG)
- **Kapitalgesellschaften bei Belegschaftsaktien** (§ 36c Abs. 2 Nr. 1 EStG)
- **Treuhänder bei Belegschaftsaktien** (§ 36c Abs. 2 Nr. 2 EStG)
- **Genossenschaften** für ihre Gewinnausschüttungen (§ 36 Abs. 2 Nr. 3 EStG).

(Auf Abschn. 213 l EStR wird hingewiesen.)

1996 In Sammelantragsfällen legt der Anteilseigner die NV-Bescheinigung nach § 36b Abs. 2 EStG seinem Vertreter (z. B. seinem Kreditinstitut) vor. Ab 1993 kann anstelle einer NV-Bescheinigung auch ein Freistellungsauftrag des Anteilseigners nach § 44 Abs. 2 EStG (Muster im BMF-Schreiben vom 3. 9. 1992, BStBl 1992 I S. 582) vorgelegt werden. Wegen Freistellungsaufträgen und NV-Bescheinigungen für nicht steuerbefreite Körperschaften mit Einkünften aus Kapitalvermögen (z. B. nicht steuerbefreite Vereine) wird auf die BMF-Schreiben vom 26. 10. 1992, BStBl 1992 I S. 693, und vom 27. 11. 1992, BStBl 1992 S. 772, verwiesen. Wegen des Ausschlusses der KSt-Vergütung für steuerbefreite Körperschaften und juristische Personen des öffentlichen Rechts vgl. § 51 KStG. Das Kreditinstitut stellt den Antrag auf Vergütung – und Erstattung der Kapitalertragsteuer – beim Bundesamt für Finanzen, Friedhofstraße 3, 53225 Bonn, und zahlt dem Anteilseigner in Vorlage auf die spätere Körperschaftsteuer-Vergütung- und Kapitalertragsteuer-Erstattung das Steuerguthaben sofort mit der Dividende aus. Anschließend holt sich das Kreditinstitut die Beträge, für die es in Vorlage getreten ist, durch einen Sammelantrag beim Bundesamt für Finanzen zurück. Die Sammelanträge beim Bundesamt für Finanzen können auf manuell erstellten Listen und auf Datenträgern (vgl. Sammelantrags-Datenträger-VO vom 21. 6. 1978, BGBl 1978 I S. 766) gestellt werden. In Sammelantragsfällen dürfen Steuerbescheinigungen für die Anteilseigner nicht ausgestellt werden (vgl. § 36c Abs. 1 Nr. 1 EStG). 1996

Von der Vorlage der NV-Bescheinigungen und der Steuerbescheinigungen an das Bundesamt für Finanzen kann ein Sammelantragsteller absehen, wenn er bei der Antragstellung bestimmte Versicherungen abgibt (vgl. § 36c Abs. 1 EStG). Die Antragsfrist für Sammelanträge endet am 31. 12. des Jahres, das auf das Jahr des Dividendenzuflusses folgt (§ 36b Abs. 4 EStG). Einzelheiten zur Körperschaftsteuer-Vergütung bei **Belegschaftsaktien** usw. regelt das BdF-Schreiben vom 19. 10. 1978 (BStBl 1978 I S. 546). 1997

7.2.2 Sammelanträge bei Bezügen des Anteilseigners bis zu 100 DM

Ein Sammelantrag auf Körperschaftsteuer-Vergütung ist bei Dividenden auf **Belegschaftsaktien** und **Genossenschaftsanteilen,** die nicht mehr als 100 DM je Jahr und Gesellschaft betragen, unabhängig davon möglich, ob für den Anteilseigner eine Einkommensteuer-Veranlagung in Betracht kommt oder nicht (§ 36d EStG). Auch NV-Bescheinigungen sind in diesen Fällen nicht erforderlich. Die Vergütung erfolgt nicht durch das Bundesamt für Finanzen, sondern durch das für die ausschüttende Körperschaft zuständige Finanzamt. Für die Frage, ob die Ausschüttung nicht mehr als 100 DM beträgt, ist die auf den Anteilseigner entfallende Dividende (ohne den Vergütungsbetrag) der betreffenden Körperschaft maßgebend. Wegen der Einzelheiten des Verfahrens wird auf R 213m EStR verwiesen. 1998

7.2.3 Einzelanträge

Ein Anteilseigner, der nicht die Hilfe eines Kreditinstituts in Anspruch nehmen will, kann einen Einzelantrag auf Vergütung beim Bundesamt für Finanzen stellen. In diesen Fällen ist die Vorlage der Steuerbescheinigung und der NV-Bescheinigung oder des Freistellungsauftrags erforderlich (§ 36b Abs. 1 und 2 EStG). Wurde bereits ein Sammelantrag gestellt, so ist die Vergütung auf Einzelantrag ausgeschlossen (§ 44 Abs. 3 Nr. 2 KStG). 1999

Da auch Einzelanträge nur dann gestellt werden können, wenn der Anteilseigner seine Aktien im Wertpapier-Depot eines inländischen Kreditinstituts verwahrt hat (und deshalb jederzeit auch ein Sammelantrag über einen Vertreter nach § 36c und § 44b Abs. 1 EStG möglich wäre), sind Einzelanträge selten. Verwahrt ein Aktionär seine Anteile selbst, muß das Kreditinstitut bei der Auszahlung der Dividende die Steuerbescheinigung nach § 45 Abs. 2 KStG kennzeichnen (sogenannter Schalterfall). Bei Schalterfällen ist eine Vergütung ausgeschlossen, der Anteilseigner kann sein Steuerguthaben nur im Veranlagungsverfahren geltend machen.

8. Behandlung der Kapitalertragsteuer

8.1 Pflicht zum Kapitalertragsteuerabzug

Die abzugspflichtigen Kapitalerträge sind in § 43 EStG abschließend aufgeführt. Der Kapitalertragsteuer unterliegen z. B. Gewinnanteile (Dividenden, verdeckte Gewinnausschüttungen, Zinsen aus Wandelanleihen usw.), nicht kapitalertragssteuerpflichtig ist z. B. der Körperschaftsteuer-Anrechnungsbetrag von $^3/_7$ (früher $^9/_{16}$) der Dividende. Die Kapitalertragsteuer für 2000

2000 Dividenden usw. beträgt 25 v. H. (§ 43a Abs. 1 Nr. 1 EStG) und für bestimmte Zinsen aus Altanleihen 30 v. H. (§ 43a Abs. 1 Nr. 2 EStG). Die 1993 eingeführte Kapitalertragsteuer für Zinsen aus sonstigen Kapitalforderungen, Stückzinsen und bestimmten Zinssurrogaten, die von Kreditinstituten für Steuerinländer einzubehalten ist (sogen. Zinsabschlag), beträgt 30 v. H. und für Tafelgeschäfte 35 v. H. (§ 43a Abs. 1 Nr. 4 EStG).

8.2 Kapitalertragsteueranrechnung bei der Veranlagung

2001 Im Regelfall wird die Kapitalertragsteuer **bei der Veranlagung auf die Einkommensteuer-Schuld des Anteilseigners angerechnet** (§ 36 Abs. 2 Nr. 2 EStG). **Bei beschränkt Einkommensteuer-Pflichtigen** ist die Einkommensteuer durch Steuerabzug abgegolten (§ 50 Abs. 5 EStG), es erfolgt somit **keine Anrechnung von Kapitalertragsteuer.** Etwas anderes gilt nur, wenn die Kapitalerträge Betriebseinnahmen eines inländischen Betriebes sind. Eine Kapitalertragsteuer-Erstattung ist auch aufgrund von Doppelbesteuerungsabkommen möglich. Zuständig ist hierfür das Bundesamt für Finanzen.

2002 Auch **wenn Körperschaften Anteilseigner sind,** erfolgt die **Kapitalertragsteuer-Anrechnung grundsätzlich bei der Körperschaftsteuer-Veranlagung** (§ 49 Abs. 1 KStG). Bei beschränkt steuerpflichtigen Körperschaften, juristischen Personen des öffentlichen Rechts und inländischen steuerbefreiten Körperschaften erfolgt keine Anrechnung der Kapitalertragsteuer, es sei denn, die Kapitalerträge stellen Betriebseinnahmen eines steuerpflichtigen Betriebes dar (§ 50 Abs. 1 KStG). In bestimmten Fällen kann jedoch eine Kapitalertragsteuer-Erstattung nach § 44c EStG erfolgen (vgl. nachstehend unter RZ 2006).

2003 Der Schuldner der Kapitalerträge oder das auszahlende Kreditinstitut müssen eine Bescheinigung über die entrichtete Kapitalertragsteuer erteilen (§ 45a Abs. 2-6 EStG). Diese Kapitalertragsteuer-Bescheinigung dient dem Nachweis für die Kapitalertragsteuer-Anrechnung beim Finanzamt, sie stellt jedoch nicht – wie die Steuerbescheinigung für die Körperschaftsteuer-Anrechnung – eine materiell-rechtliche Voraussetzung für Kapitalertragsteuer-Anrechnung dar (vgl. Wortlaut des § 36 Abs. 2 Nr. 2 und 3 EStG). Die Kapitalertragsteuer-Bescheinigung wird trotzdem mit der Steuerbescheinigung über die anrechenbare Körperschaftsteuer zusammengefaßt (Abschn. 97 Abs. 2 KStR).

8.3 Erstattung von Kapitalertragsteuer

2004 Die Erstattung von Kapitalertragsteuer ist – soweit es möglich war – mit der Vergütung von Körperschaftsteuer zusammengefaßt worden (vgl. R 213p EStR). Eine Abstandnahme vom Kapitalertragsteuerabzug kommt bei Dividenden und Gewinnanteilen nicht in Betracht, für diese Kapitalerträge ist das Erstattungsverfahren nach § 44b EStG vorgesehen. Für den Sonderfall, daß eine steuerbefreite Körperschaft oder eine inländische juristische Person des öffentlichen Rechts Gewinnanteile von einer steuerbefreiten Körperschaft bezieht, kann nach § 44a Abs. 4 Satz 2 EStG vom Kapitalertragsteuerabzug abgesehen werden. Ansonsten kann vom Kapitalertragsteuerabzug nur bei stillen Gesellschaftern, Versicherungszinsen und vom Zinsabschlag Abstand genommen werden (§ 44a Abs. 1–4 EStG), soweit entsprechende Freistellungsaufträge oder NV-Bescheinigungen vorliegen. Ist zu Unrecht Kapitalertragsteuer einbehalten oder ein Freistellungsauftrag bzw. eine NV-Bescheinigung verspätet vorgelegt worden, so kann das Kreditinstitut nach § 44b Abs. 4 EStG oder das Finanzamt aus Billigkeitsgründen (BMF-Schreiben vom 26. 10. 1992, BStBl 1992 I S. 693) erstatten. Bei Sammelanträgen auf Vergütung von Körperschaftsteuer wird unter denselben Voraussetzungen auch die Kapitalertragsteuer erstattet. Zuständig ist hierfür ebenfalls das Bundesamt für Finanzen (§ 44b Abs. 1 letzter Satz EStG).

2005 Ein Einzelantrag auf Kapitalertragsteuer-Erstattung beim Bundesamt für Finanzen ist nur möglich bei Aktien in einem Wertpapierdepot. Bei Aktien in Eigenverwahrung und bei GmbH-Anteilen kann die Kapitalertragsteuer nur bei der Veranlagung angerechnet werden. In den Fällen des § 36d EStG (Bezüge bis zu 100 DM) wird ohne NV-Bescheinigung zusammen mit der Körperschaftsteuer-Veranlagung auch die Kapitalertragsteuer vom für den Sammelantragsteller zuständigen Finanzamt erstattet (§ 44b Abs. 2 EStG). 2005

8.4 Kapitalertragsteuer-Erstattung an bestimmte Körperschaften

Steuerbefreite gemeinnützige Körperschaften (außer gemeinnützigen Wohnungsunternehmen), gemeinnützige öffentlich-rechtliche Stiftungen und Kirchen erhalten die einbehaltene Kapitalertragsteuer auf Antrag vom Bundesamt der Finanzen voll erstattet (§ 44c Abs. 1 EStG). Hierfür ist eine besondere NV-Bescheinigung (sogenannte NV 2-Bescheinigung) und eine Kapitalertragsteuer-Bescheinigung erforderlich. Soweit steuerbefreite oder öffentlich rechtliche Körperschaften nicht bereits unter § 44c Abs. 1 EStG fallen (das sind z. B. gemeinnützige Wohnungsunternehmen, Unterstützungskassen, Berufsverbände, Gemeinden), erhalten sie auf Antrag vom Bundesamt für Finanzen die Kapitalertragsteuer zur Hälfte erstattet, sofern diese auf Dividenden und Gewinnanteile erhoben wurde. Hierfür ist ebenfalls die Vorlage der NV 2-Bescheinigung und der Kapitalertragsteuer-Bescheinigung erforderlich (§ 44c Abs. 2 EStG). 2006

8.5 Kapitalertragsteuer-Erstattung aufgrund von Doppelbesteuerungsabkommen

Verschiedene Doppelbesteuerungsabkommen enthalten einen Anspruch auf Befreiung oder Ermäßigung der Kapitalertragsteuer. Für die Erstattung der Kapitalertragsteuer auf Grund von Doppelbesteuerungsabkommen ist das Bundesamt für Finanzen zuständig. 2007

9. Investment-Anteile

Das Sondervermögen von Investmentfonds gilt als Zweckvermögen i. S. des § 1 Abs. 1 Nr. 5 KStG und ist von der Körperschaftsteuer befreit (§§ 38 Abs. 1, 43a, 44 KAGG). Der Anteilseigner erzielt hieraus Einkünfte aus Kapitalvermögen i. S. des § 20 Abs. 1 Nr. 1 EStG; darunter fallen die Ausschüttungen auf Anteile an dem Sondervermögen und die vom Sondervermögen wieder angelegten Beträge. Diese gelten mit Ablauf des Geschäftsjahrs, in dem sie vereinnahmt worden sind, beim Anteilseigner als zugeflossen (§§ 39 Abs. 1, 43a Satz 1 und 45 Abs. 1 KAGG). Nicht als Kapitaleinnahme ist der Teil der Ausschüttung anzusehen, der auf Gewinne aus der Veräußerung von Wertpapieren und Bezugsrechten auf Anteile an Kapitalgesellschaften entfällt, sofern es sich nicht um Bezugsrechte auf Freianteile an Kapitalgesellschaften handelt, die als Kapitalerträge i. S. des § 20 EStG zu erfassen sind (§§ 40 Abs. 1, 43a Satz 1 KAGG). 2008

Der Anteilseigner wird im Körperschaftsteuer-Anrechnungsverfahren wie ein Direktanleger behandelt. Er kann die Körperschaftsteuer in Höhe von $^{3}/_{7}$ (früher $^{9}/_{16}$) des Dividendenanteils aus Erträgen inländischer Körperschaften bei der Veranlagung anrechnen oder bekommt sie vergütet. Das Kreditinstitut, das die Erträge auszahlt, muß eine entsprechende Steuerbescheinigung ausstellen (§ 39a KAGG). Kapitalertragsteuer wird auf die Erträge, die aus Aktienbesitz des Fonds stammen, nicht erhoben (§ 38a KAGG). Auf andere Erträge (Zinserträge, Grundstückserträge entfällt ab 1993 der Zinsabschlag, der vom auszahlenden Kreditinstitut oder vom Fonds einzubehalten ist (§ 39b KAGG). 2009

Beispiel:

(entsprechend Herrmann/Heuer/Raupach, Kommentar zur ESt und KSt, 19. Aufl., Anmerkung 2 zu § 38a KAGG)

2009 Ein Wertpapiersondervermögen hat für einen Anteil 100 DM an Dividenden vereinnahmt. Darin sind die Körperschaftsteuer und Kapitalertragsteuer, die dem Sondervermögen nach § 38 KAGG erstattet werden, bereits enthalten. Außer den Dividenden hat das Sondervermögen 50,– DM an Zinsen erwirtschaftet. Die Ertragsrechnung pro Anteil hätte dann folgendes Aussehen:

Dividenden (einschl. erstatteter Körperschaftsteuer und Kapitalertragsteuer)		100 DM
./. Körperschaftsteuer-Ausschüttungsbelastung	30 DM	70 DM
Zinsen		50 DM
		114 DM
Zur Anrechnung oder Vergütung von Körperschaftsteuer berechtigender Teil der Ausschüttung des Sondervermögens		70 DM
Körperschaftsteuer-Anrechnungsanspruch des Anteilseigners nach § 39a KAGG $^3/_7$ aus 70 DM		30 DM

Wegen weiteren Rechenbeispielen zu Investmentfonds wird auf Hofmann/Holzheimer/Laube/Laube/Müller, Handbuch der Steuerpraxis für Kreditinstitute, Erich Schmidt-Verlag, Berlin, Stichwort Wertpapier- und Grundstückssondervermögen nach dem KAGG, Kennzahl 4610 verwiesen.

2010 Werden vom Sondervermögen Erträge thesauriert, die beim Anteilseigner als zugeflossen gelten, so gilt für die Steuerbescheinigung ein besonderes Verfahren. Das Kreditinstitut muß hier nur die Anzahl und Bezeichnung der Anteile sowie den Namen und die Anschrift des Anteilschein-Inhabers in die Bescheinigung aufnehmen (§ 39a Abs. 2 KAGG). Die Anrechnung und Vergütung der Körperschaftsteuer ist dann davon abhängig, daß der Steuererklärung oder dem Vergütungsantrag außer der Steuerbescheinigung des Kreditinstituts ein Abdruck der Bekanntmachung der Kapitalanlagegesellschaft über die verschiedenen steuerlich erforderlichen Angaben (§ 41 und 42 KAGG) beigefügt wird.

2011 Wird der Anteilschein am Investmentfonds zurückgegeben, erhält der Inhaber den Rücknahmepreis (Werte der vom Fonds gehaltenen Wirtschaftsgüter und vom Fonds seit der letzten Ausschüttung oder Thesaurierung bezogene Erträge) vom Fonds erstattet.

Bisher konnte der private Anteilscheininhaber im Gegensatz zum Direktanleger einen steuerfreien Vermögenszuwachs durch Rückgabe des Anteilscheins an dem Investmentfonds vor Ausschüttung (beim thesaurierenden Fonds vor Ablauf des Geschäftsjahres) erzielen.

Diese erheblich günstigere steuerliche Behandlung der Anteilscheininhaber – im Vergleich mit dem Direktanleger und dem betrieblichen Anleger – wurde mit Wirkung vom 1. 1. 1994 aufgehoben (§ 39 Abs. 1a KAGG – Übergangsfrist nach dem BMF-Schreiben vom 17. 12. 1993, BStBl 1994 I S. 16). Danach ist dieser sogenannte Zwischengewinn ebenfalls als Kapitalertrag i. S. des § 20 Abs. 1 Nr. 1 EStG anzusetzen. Zwischengewinn ist das Entgelt für die dem Anteilscheininhaber noch nicht als zugeflossen geltenden Einnahmen des Wertpapier-Sondervermögens i. S. des § 20 Abs. 1 Nr. 7 und Abs. 2 mit Ausnahme der Nr. 2a EStG, sowie für die angewachsenen Ansprüche des Wertpapier-Sondervermögens auf derartige Einnahmen. Dabei gilt der Zwischengewinn in den Einnahmen aus der Rückgabe oder Veräußerung von Anteilscheinen an einem Wertpapier-Sondervermögen oder aus der Abtretung der in den Anteilscheinen verbrieften Ansprüche als enthalten. Für die Zwischengewinne wird Zinsabschlag erhoben.

10. Vergütung des Körperschaftsteuer-Erhöhungsbetrags

2012 Nach § 27 KStG wird die Ausschüttungsbelastung auch hergestellt, wenn EK 03 (Eigenkapitalteil nach § 30 Abs. 2 Nr. 3 KStG, aus der Zeit vor 1977 herrührendes Eigenkapital) als für eine Ausschüttung verwendet gilt. In diesen Fällen erhalten **nicht anrechnungsberechtigte Anteilseigner den Körperschaftsteuer-Erhöhungsbetrag vergütet** (§ 36e EStG, § 52 KStG). Danach sind vergütungsberechtigt beschränkt einkommensteuerpflichtige Anteilseigner, beschränkt körperschaftsteuerpflichtige Anteilseigner, von der Körperschaftsteuer befreite Anteilseigner und juristische Personen des öffentlichen Rechts, soweit die Erträge nicht in einem steuerpflichtigen wirtschaftlichen Geschäftsbetrieb, einem steuerpflichtigen Betrieb gewerblicher Art oder in einer inländischen Betriebsstätte angefallen sind.

Beispiel:
Eine GmbH schüttet aus EK 03 aus. Da das EK 03 nicht mit neuer Körperschaftsteuer belastet ist (vgl. § 27 Abs. 2 KStG), ist bei der ausschüttenden Körperschaft eine Körperschaftsteuer-Erhöhung durchzuführen (§ 27 Abs. 1 KStG). Ausländischen Anteilseignern wird der Erhöhungsbetrag nach § 36e EStG vergütet. Bei vergütungsberechtigten Körperschaften gilt § 52 KStG.

Der Vergütungsberechtigte muß die Höhe seiner Einnahmen und die ihm zu vergütende Körperschaftsteuer durch eine Steuerbescheinigung (§ 44, 45 KStG) nachweisen und eine Bescheinigung der ausländischen Steuerbehörde vorlegen, aus der sich sein Wohnsitz oder gewöhnlicher Aufenthalt (bei ausländischen Körperschaften Sitz oder Geschäftsleitung) ergibt. Bei steuerfreien inländischen Körperschaften ist die Steuerbefreiung durch eine Bescheinigung des zuständigen Finanzamts nachzuweisen (vgl. § 52 Abs. 2 KStR).

Solange für die Ausschüttung von EK 01 (Eigenkapital nach § 30 Abs. 2 Nr. 1 KStG aus steuerfreien Auslandseinkünften) nach § 40 KStG a. F. noch die Ausschüttungsbelastung hergestellt wurde, erhielten nicht anrechnungsberechtigte Anteilseigner auch hierfür den Körperschaftsteuer-Erhöhungsbetrag nach § 36e EStG i. V. m. § 52 KStG vergütet. Der Verzicht auf die Herstellung der Ausschüttungsbelastung für EK 01-Ausschüttungen gilt grundsätzlich für alle Ausschüttungen, die in der Eigenkapitalgliederung mit dem verwendbaren Eigenkapital zum 31. 12. 1993 zu verrechnen sind. Auf Antrag der Körperschaft kann die Anwendung aber für ein Jahr hinausgeschoben werden (§ 54 Abs. 10a KStG n. F. – vgl. auch Rz. 1940).

Ändert sich bei der ausschüttenden Körperschaft nachträglich der Gewinn, so ändern sich die Körperschaftsteuer-Festsetzungen und die Feststellung des verwendbaren Eigenkapitals. Trotzdem verbleibt es nach der sogenannten **Veränderungssperre** des § 28 Abs. 7 KStG in diesen Fällen bei der für die Vergütung zugrundegelegten Verwendung der Eigenkapitalteile.

Für die Vergütung ist das **Bundesamt der Finanzen** zuständig, dem eine Steuerbescheinigung über den Erhöhungsbetrag (§ 44 und 45 KStG) und eine Bescheinigung der ausländischen Steuerbehörde über den ausländischen Wohnort (§ 36e EStG, § 52 KStG) vorgelegt werden muß. Der **Vergütungsbetrag unterliegt dem Kapitalertragsteuer-Abzug** (§ 43 Abs. 1 Nr. 6 EStG), die Kapitalertragsteuer von 25 v. H. wird vom Bundesamt für Finanzen einbehalten (§ 45c EStG). Bei den Körperschaften, denen die Kapitalertragsteuer nach § 44c Abs. 1 EStG in vollem Umfang erstattet wird, entfällt der Kapitalertragsteuer-Abzug.

frei –2019

11. Verbot der steuerlichen Berücksichtigung von ausschüttungsbedingten Gewinnminderungen (§ 50c EStG, R 227d EStR 1993)

Ausgewählte Literaturhinweise: **Thiel/Schad,** Die Veräußerung von Anteilen an einer Kapitalgesellschaft, DB 1972 S. 497; **Meyer-Arndt,** Veräußerungen an der Substanz der Anteilsrechte – neuralgische Punkte des Anrechnungsverfahrens, StbJb 1976/77 S. 349; **Rath,** Die Übertragung von Anteilen an Kapitalgesellschaften von Nichtanrechnungsberechtigten auf Anrechnungsberechtigte, FR 1978 S. 425; **Dankmeyer/Dötsch,** Einschränkung der mißbräuchlichen Ausnutzung steuerlicher Vorschriften: Die neuen §§ 15a und 50c EStG, StWa 1980 S. 162; **Dötsch,** Wertminderung von Anteilen durch Gewinnausschüttung: Ersetzung von § 39 KStG durch § 50c EStG, DStR 1980 S. 189; ders., Einschränkung ausschüttungsbedingter Teilwert-Abschreibungen und ausschüttungsbedingter Veräußerungsverluste, DB 1980 S. 1562; **Grützner,** Wertminderung von Anteilen durch Gewinnausschüttung, NWB Fach 4 S. 3191; **Krebs,** Änderungen des Körperschaftsteuer-Rechts, BB 1980 S. 1257; ders., Neue Steuerbestimmungen für die Anteilsübertragung von nichtanrechnungsberechtigten Gesellschaftern auf anrechnungsberechtigte Erwerber (§ 50c EStG), RWP/B ESt S. 1151; **Koch,** Verbot ausschüttungsbedingter Teilwert-Abschreibungen und ausschüttungsbedingter Veräußerungsverluste – § 50c EStG, DStZA 1980 S. 339; **Söffing/Wrede,** Gesetz zur Änderung des EStG, des KStG und anderer Gesetze (Teil II), FR 1980 S. 397; **Winter,** Die neuesten Änderungen im Bereich des Körperschaftsteuer-Rechts und der Einkommensbesteuerung der Anteilseigner, GmbHR 1980 S. 273; **Neyer/Becker,** § 50c EStG-Zielsetzung, Auswirkungen und Vermeidung, RIW/AWD 1980 S. 365; **Littmann,** Besteuerung von Gewinnausschüttungen an Anteilseigner nach Erwerb von einem nichtanrechnungsberechtigten Anteilseigner, § 50c EStG, DStZ 1981 S. 355; **Sieker,** Ungerechtfertigte Steuervorteile durch die ausschüttungsbedingte Teilwert-Abschreibung i.V.m. der Ausnutzung von Schachtelprivilegien?, RIW 1985 S. 718; **Rabald,** Zur Berücksichtigung von Steuerguthaben beim Erwerb nichtnotierter Anteile, WPG 1986 S. 7; **Förster,** Ausländische Anteilseigner bei der Umwandlung von Kapitalgesellschaften in Personengesellschaften, RIW 1986 S. 794; **Herzig/Hötzel,** Ausschüttungsbedingte Teilwert-Abschreibungen, DB 1988 S. 2265; **Krüger,** Drei Beweise für gesetzliche Unsystematik, FR 1988 S. 517; **Herzig,** Steuerorientierte Grundmodelle des Unternehmenskaufs, DB 1990 S. 133, **App,** Der Übernahmegewinn beim Anteilserwerb von beschränkt steuerpflichtigen Veräußerern, RIW 1991 S. 234; **Wagner,** Besteuerung der Wertpapierleihe, StBp 1992 S. 173; **Eich,** Kapitalerträge aus Wertpapier-, Options- und Devisengeschäften, KÖSDI 1/93 S. 9225; **Dötsch,** StandOG: Auseinderfallen von Stammrecht und Dividendenschein – Dividenden – Stripping, DB 1993 S. 1842; ders., Maßnahmen zur steuerlichen Einschränkung des Dividenden-Stripping durch das StandOG, Hefte zur internationalen Besteuerung der Universität Hamburg, Heft 95.

11.1 Vorbemerkung

2020 § 50c EStG ist eine derjenigen Vorschriften zur Besteuerung des Anteilseigners, deren Sinn erst klar wird, wenn man die Besteuerung der Kapitalgesellschaft mit in die Betrachtung einbezieht. § 50c EStG ist die Nachfolgevorschrift für den aufgehobenen § 39 KStG. Der Gesetzgeber versuchte ursprünglich, das Gesetzesziel durch eine Vorschrift im Körperschaftsteuergesetz, also **auf der Ebene der Kapitalgesellschaft,** zu verwirklichen. Nachdem sich die Schwächen des früheren § 39 KStG offenbart hatten, wurde dieser aufgehoben und durch eine Regelung **auf der Ebene des Anteilseigners,** den § 50c EStG, ersetzt.

2021 § 50c EStG regelt ein Problem, das entsteht, wenn beim Erwerb von Anteilen an einer Kapitalgesellschaft die Höhe des Kaufpreises durch das Vorhandensein von offenen Rücklagen oder stillen Reserven bei der Kapitalgesellschaft beeinflußt worden ist und die Rücklagen später von der Kapitalgesellschaft an den Erwerber ausgeschüttet werden.

Nach dem System des körperschaftsteuerlichen Anrechnungsverfahrens sind Gesellschafter inländischer Kapitalgesellschaften, deren Dividenden im Inland nicht voll zur Einkommen- oder Körperschaftsteuer herangezogen werden (insbesondere ausländische Anteilseigner, inländische Gebietskörperschaften, steuerbefreite inländische Körperschaften wie Berufsverbände und Pensionskassen), nicht zur Anrechnung von Körperschaftsteuer berechtigt. Gäbe es eine dem § 50c EStG entsprechende Vorschrift nicht, könnten diese Anteilseigner aber mittelbar in den

Genuß des Körperschaftsteuerguthabens gelangen, indem sie ihre Anteile an der inländischen Kapitalgesellschaft veräußern und sich den **Wert der Steuergutschrift** für die von der Kapitalgesellschaft gebildeten Rücklagen – zumindest teilweise – im Kaufpreis **mitbezahlen** lassen. Anrechnungsberechtigte Erwerber wären zu dieser Mehrzahlung oft bereit, weil die Ausschüttung bezahlter Rücklagen bei ihnen nur eine Vermögensumschichtung ist (Erhöhung des Geldbestands, Minderung des Werts der Anteile), sie die Steuergutschrift aber realisieren könnten. Das Finanzamt würde in diesem Fall auf die bezahlten Rücklagen keinerlei Steuer erhalten. 2021

§ 50c EStG soll **Umgehungen des Anrechnungsverbots entgegenwirken** und sicherstellen, daß die vor dem Erwerb der Anteile erzielten Gewinne der Kapitalgesellschaft im Falle ihrer Ausschüttung an den Erwerber einmal mit einer Steuer vom Einkommen belastet werden.

11.2 Die Wirkungsweise

Im Gegensatz zum früheren § 39 KStG berührt § 50c EStG **die Eigenkapitalgliederung bei der ausschüttenden Kapitalgesellschaft nicht.** Die ausschüttende Körperschaft hat für ihre Ausschüttungen nach Maßgabe der § 27ff KStG die Ausschüttungsbelastung herzustellen, und zwar unabhängig davon, ob ihre Anteile zwischenzeitlich den Besitzer gewechselt haben. 2022

Der nicht zur Anrechnung von Körperschaftsteuer berechtigte **Veräußerer** braucht seinen Gewinn aus der Anteilsveräußerung nicht zu versteuern. Der anrechnungsberechtigte **Erwerber** muß die Ausschüttungen, die er nach dem Anteilserwerb erhält, versteuern und kann das Körperschaftsteuerguthaben auf seine Steuerschuld anrechnen.

§ 50c EStG entfaltet seine Wirkung erst dann, wenn der **Erwerber** für die erworbenen Anteile **eine Teilwertabschreibung oder einen Veräußerungs- bzw. Entnahmeverlust geltend macht.** Jetzt muß geprüft werden, ob die geltend gemachte Gewinnminderung sich daraus ergibt, daß die im Erwerbspreis mitbezahlten Rücklagen der Kapitalgesellschaft an den Erwerber ausgeschüttet worden sind. Ist dies zu bejahen, verbietet § 50c EStG insoweit die steuerliche Berücksichtigung der Gewinnminderung. 2023

11.3 Der Anschaffungspreis

Anhand eines einfachen Beispiels soll untersucht werden, welchen Anschaffungspreis ein anrechnungsberechtigter Erwerber zahlen kann, wenn er die Anteile von einem nichtanrechnungsberechtigten Veräußerer erwirbt. 2024

> **Beispiel:**
>
> **Unterstellter Sachverhalt:**
>
> Ein anrechnungsberechtigter Anteilseigner erwirbt von einem nichtanrechnungsberechtigten Veräußerer alle Anteile an einer inländischen GmbH.
>
> Das Eigenkapital der GmbH setzt sie wie folgt zusammen:
>
> Nennkapital 100 000 DM
>
> Rücklagen (EK 45) 55 000 DM
>
> Die erworbenen Anteile rechnen zum Betriebsvermögen des Erwerbers. Nach dem Erwerb schüttet die GmbH die bezahlten Rücklagen an den Erwerber aus.

2024

	Steuerliche Behandlung ohne eine Mißbrauchsverhütungsvorschrift	Steuerliche Behandlung nach Inkrafttreten des § 50c EStG		
		Steuersatz des Erwerbers 50 v. H.	Steuersatz des Erwerbers 30 v. H.	Steuersatz des Erwerbers 0 v. H.
1. **Behandlung bei der Kapitalgesellschaft**	Herstellung der Ausschüttungsbelastung (Körperschaftsteuer-Minderung = 15 000 DM)	Herstellung der Ausschüttungsbelastung (Körperschaftsteuer-Minderung = 15 000 DM)		
II. **Behandlung beim Anteilseigner**				
1. Steuerpflichtige Betriebseinnahmen aus Kapitalerträgen (70 000 DM + 30 000 DM)	100 000	100 000	100 000	100 000
2. ./. Teilwert-Abschreibung*	− 100 000	− 50 000	− 70 000	− 100 000
3. Steuerbilanzgewinn daraus	0	50 000	30 000	0
4. Nicht zu berücksichtigende Gewinnminderung nach § 50c EStG	−	+ 50 000	+ 70 000	+ 100 000
5. Zu versteuern	0	100 000	100 000	100 000
6. Einkommensteuer des Anteilseigners	0	50 000	30 000	0
7. − Anrechnung der Körperschaftsteuer	− 30 000	− 30 000	− 30 000	− 30 000
8. Steuerschuld des Anteilseigners	− 30 000	20 000	0	− 30 000
9. Nettozufluß aus Rücklagen beim Anteilseigner (= Betrag, den er als Anschaffungskosten für die erworbenen Rücklagen zahlen kann)	70 000 + 30 000 100 000	70 000 − 20 000 50 000	70 000 ± 0 70 000	70 000 + 30 000 100 000

* Die Teilwertverringerung richtet sich danach, wieviel der Erwerber für die erworbenen Rücklagen der Kapitalgesellschaft gezahlt hat.

11.4 Zum Inhalt des § 50c EStG

11.4.1 Der Grundfall des § 50c EStG

2025 Der **Grundfall** des § 50c EStG ist der Erwerb eines Anteils an einer unbeschränkt steuerpflichtigen Kapitalgesellschaft durch einen zur Anrechnung von Körperschaftsteuer berechtigten Steuerpflichtigen von einem nicht zur Anrechnung berechtigten Anteilseigner. Ein **Erwerb** in diesem Sinne liegt auch vor beim Anteilsübergang durch Schenkung sowie durch gesellschaftsrechtliche oder verdeckte Einlage, aufgrund der Sonderregelung des § 50c Abs. 1 Satz 2 EStG nicht jedoch beim Erbanfall oder beim Vermögensübergang durch Vermächtnis. Als Erwerb gilt (ab 1994) aufgrund der Sonderregelung des § 50c Abs. 1 Satz 2 EStG auch die verdeckte Einlage. Dies entspricht einer durch das Steueränderungsgesetz 1992 entsprechend eingefügten Regelung in § 17 EStG. 2025

§ 50c EStG entfaltet seine Wirkung im Jahr des Erwerbs und in den folgenden neun Jahren; die sogenannte Sperrzeit. Innerhalb dieser Sperrzeit werden **Gewinnminderungen, die durch den Ansatz** der erworbenen Anteile mit dem **niedrigeren Teilwert** oder (ab 1994: Gewinnminderungen; bis 1993: Verluste) **aus ihrer Veräußerung oder Entnahme** entstehen, **steuerlich nicht anerkannt.** 2026

§ 50c Abs. 1 Satz 1 EStG stellt ab 1994 ausdrücklich klar, daß die Kapitalgesellschaft, deren Anteile erworben werden, im Zeitpunkt des Erwerbs und im Zeitpunkt der Gewinnminderung unbeschränkt steuerpflichtig sein muß. Vgl. hierzu auch Dötsch in Dötsch/Eversberg/Jost/Witt, Kommentar zum KStG und EStG, Tz. 3–5 zu § 50c EStG (rote Blätter). 2027

Liegen gleichzeitig **mehrere Gründe** für die Teilwertabschreibung bzw. die Gewinnminderung im Rahmen der Veräußerung vor, ist die Gewinnminderung nicht ausschließlich durch einen dieser Gründe bedingt. Da § 50c EStG nur Umgehungen des Anrechnungsverbots verhindern will, gilt das Verbot der steuerlichen Berücksichtigung nur für solche Teilwertabschreibungen und Gewinnminderung im Rahmen der Veräußerung, die **nur** auf Gewinnausschüttungen zurückgeführt werden können. **Soweit** der Erwerber **glaubhaft machen** kann, daß die Gewinnminderung auf anderen Ursachen als auf einer vorausgegangenen Gewinnausschüttung beruht, ist sie steuerlich anzuerkennen. Die anderen (nicht schädlichen) Ursachen werden damit zugunsten des Steuerpflichtigen als vorrangige Begründung für die Teilwertabschreibung oder den Veräußerungsverlust angesehen. **Solche anderen Ursachen** für eine Teilwertabschreibung, bei denen die Gewinnminderung anerkannt wird, sind z. B. 2028

– Verluste der Kapitalgesellschaft,
– die Verringerung der stillen Reserven der Kapitalgesellschaft.

Die Gewinnminderung, die bei einem **Organträger** auf die Gewinnabführung einer Organgesellschaft zurückzuführen ist, steht einer ausschüttungsbedingten Gewinnminderung gleich (§ 50c Abs. 1 Satz 1 EStG in der ab 1994 geltenden Fassung). Diese gesetzliche Regelung entspricht der bisherigen Verwaltungsauffassung (vgl. Abschnitt 227d Abs. 4 EStR 1990). Diese bisher in den EStR bis 1990 enthaltene Aussage war umstritten. Vgl. dazu Zwerger in Dötsch/Eversberg/Jost/Witt, Kommentar zum KStG und EStG, Tz. 32c zu § 50c EStG. Im Rahmen des Standortsicherungsgesetzes hat der Gesetzgeber deshalb eine entsprechende Klarstellung in § 50c EStG eingefügt. 2029

Die Vorschrift des § 50c EStG muß nicht nur bei den **Gewinneinkünften** beachtet werden, sondern auch im Rahmen der **§§ 17 und 23 EStG,** denn Gewinnminderungen i. S. d. § 50c EStG sind neben der Minderung des Gewinns nach § 4 EStG auch die Minderung des Veräußerungsgewinns nach den §§ 17 und 23 EStG. 2030

Das Verbot der ausschüttungsbedingten Teilwertabschreibung bzw. des ausschüttungsbedingten Veräußerungsverlusts ist nach oben begrenzt durch den **Sperrbetrag**, dessen Legaldefinition § 50c Abs. 4 EStG enthält. Als Sperrbetrag wird der Unterschiedsbetrag zwischen den Anschaffungskosten und dem Nennwert der erworbenen Anteile bezeichnet; er entspricht den im Kaufpreis mitbezahlten offenen Rücklagen und stillen Reserven der Kapitalgesellschaft. 2031

Bei **fehlenden Anschaffungskosten** tritt gemäß § 50c Abs. 4 S. 2 EStG der Wert an deren Stelle, der für die steuerliche Gewinnermittlung maßgebend ist (vgl. H 227d EStR 1993: Maßgebender Wert i. S. d. § 50c Abs. 4 S. 2 EStG (fehlende Anschaffungskosten)). 2032

Das ist

a) bei betrieblich veranlaßter unentgeltlicher Übertragung des Anteils in das Betriebsvermögen des Erwerbers: der Betrag, den der Erwerber für den Anteil hätte aufwenden müssen (§ 7 Abs. 2 EStDV),

b) bei nicht betrieblich veranlaßter unentgeltlicher Übertragung in das Privatvermögen des Erwerbers: die Anschaffungskosten des Rechtsvorgängers (§ 17 Abs. 2 Satz 2 EStG, § 11d EStDV),

2032 c) bei der Einlage des Anteils in ein Betriebsvermögen des Erwerbers: der Teilwert bzw. die Anschaffungskosten des Rechtsvorgängers (§ 6 Abs. 1 Nr. 5 EStG).

2033 Der **Sperrbetrag verringert sich** um nicht anerkannte Gewinnminderungen i. S. d. § 50c EStG. Das Finanzamt hat den Sperrbetrag formlos zu berechnen und fortzuschreiben (vgl. R 227d Abs. 3 Satz 1 EStR 1993). Eine förmliche Feststellung, wie § 39 KStG sie für den Sonderausweis des EK 04 vorsah, schreibt § 50c EStG nicht vor.

> **Beispiel 1** (Anteile befinden sich im Betriebsvermögen des Erwerbers):
> Der unter § 50c EStG fallende Erwerb hat stattgefunden am 01. 02. 01
>
> | | |
> |---|---:|
> | Nennwert der erworbenen Anteile (= Alleinbeteiligung) | 1 000 000 DM |
> | Vorhandene Rücklagen | + 500 000 DM |
> | Anschaffungskosten des Erwerbers | 1 500 000 DM |
>
> In den Jahren 01 bis 04 schüttet die Kapitalgesellschaft, deren Anteile erworben wurden, Gewinne aus. Der Anteilseigner muß diese versteuern und kann gemäß § 36 Abs. 2 Nr. 2 und 3 EStG auf seine Einkommensteuer- bzw. Körperschaftsteuer-Schuld die einbehaltene Kapitalertragsteuer und das Körperschaftsteuer-Guthaben anrechnen. Im Jahre 07 macht der Anteilseigner eine Teilwertabschreibung in Höhe von 700 000 DM auf die erworbenen Anteile geltend. Er kann glaubhaft machen, daß eine Teilwertverringerung von 300 000 DM darauf zurückzuführen ist, daß die Kapitalgesellschaft ab dem Jahre 05 in eine langfristige Verlustsituation geraten ist.
>
> Im Jahre 07 ist eine Teilwertabschreibung in Höhe von 300 000 DM anzuerkennen. Gemäß § 50c EStG nicht anzuerkennen ist jedoch die darüber hinausgehende Gewinnminderung von 400 000 DM.
>
> Zum Schluß des Jahres 07 ergibt sich folgender **Rest-Sperrbetrag:**
>
> | | |
> |---|---:|
> | Ursprünglicher Sperrbetrag im Jahr 01 | 500 000 DM |
> | Nicht anerkannte Gewinnminderung im Jahr 07 | – 400 000 DM |
> | Rest-Sperrbetrag 31. 12. 07 | 100 000 DM |
>
> **Beispiel 2** (Anteile befinden sich im Privatvermögen des Erwerbers):
> Sachverhalt wie Beispiel 1. Der Anteilseigner veräußert die erworbenen Anteile im Jahre 07 für 1 000 000 DM.
>
> **Berechnung des steuerlich anzuerkennenden Veräußerungsverlusts nach § 17 EStG:**
>
> | | |
> |---|---:|
> | Anschaffungskosten der Anteile | 1 500 000 DM |
> | Veräußerungspreis | ./. 800 000 DM |
> | Veräußerungsverlust | – 700 000 DM |
> | Davon nicht anzuerkennen gemäß § 50c EStG | + 400 000 DM |
> | = Steuerlich anzuerkennender Veräußerungsverlust | – 300 000 DM |
>
> Der Rest-Sperrbetrag in Höhe von 100 000 DM geht auf den Zweiterwerber der Anteile über.

2034 Wenn die **Gewinnminderungen infolge von Ausschüttungen höher sind als der Sperrbetrag,** entfallen die Ausschüttungen insoweit nicht auf Rücklagen, die der Erwerber im Kaufpreis der Anteile mitbezahlt hat. Insoweit kann es sich nur um Rücklagen der Kapitalgesellschaft handeln, die **nach** dem Anteilserwerb entstanden sind. Da diese Rücklagen die Anschaffungskosten des Erwerbers nicht erhöht haben, kann hierfür eine Teilwertabschreibung auch nicht in Betracht kommen.

2035 Zur Vermeidung unbilliger Härten ist der sich nach § 50c Abs. 4 EStG ergebende **Sperrbetrag** gemäß § 163 AO auch um den Betrag zu verringern, der nachweislich von einem früheren Anteilseigner im Inland als Veräußerungsgewinn versteuert worden ist (R 227d Abs. 3 Satz 2 EStR 1993).

> **Beispiel 3:**
> Der inländische Erwerber hat im Jahr 03 sämtliche Anteile an der unbeschränkt steuerpflichtigen X-GmbH im Nennwert von 3 000 000 DM von dem ausländischen Veräußerer B für 4 320 000 DM er-

worben. A weist nach, daß B die Anteile im Jahr 01 von dem inländischen Vorveräußerer C erworben **2036**
hat, der für die Anteilsveräußerung deutsche Einkommensteuer auf einen Veräußerungsgewinn von
300 000 DM zu zahlen hatte.

Der Sperrbetrag nach § 50c Abs. 4 EStG beträgt 4 320 000 DM – 3 000 000 DM =	1 320 000 DM
Er ist im Billigkeitswege zu kürzen um den im Inland bereits versteuerten Veräußerungsgewinn von	300 000 DM
Verbleibender Sperrbetrag	1 020 000 DM

Nach § 50c Abs. 1 Satz 1 EStG gilt § 50c EStG auch – ab 1994 ausdrücklich – der Erwerb von einem Sondervermögen i.S.d. §§ 38, 43a und 44 KAGG als Erwerb von einem nichtanrechnungsberechtigten Anteilseigner. Vgl. hierzu auch Dötsch in Dötsch/Eversberg/Jost/Witt, Kommentar zum KStG und EStG, Tz. 6 zu § 50c EStG (rote Blätter).

11.4.2 Erweiterung des Grundfalles des § 50c EStG

11.4.2.1 Kapitalherabsetzung nach dem Anteilserwerb (§ 50c Abs. 2 EStG)

§ 50c Abs. 2 EStG erweitert den Anwendungsbereich der Vorschrift auf Leistungen aus einer **2037**
Kapitalherabsetzung nach dem Erwerb der Anteile, soweit für diese Leistungen **Eigenkapital im Sinne des § 29 Abs. 3 KStG** als verwendet gilt. Das sind Beträge, die dem Nennkapital durch Umwandlung von Rücklagen aus dem Gewinn eines nach dem 31. 12. 1976 endenden Wirtschaftsjahres zugeführt werden und die gemäß § 29 Abs. 3 KStG auch nach ihrer Umwandlung in Nennkapital weiterhin zum verwendbaren Eigenkapital der Kapitalgesellschaft gehören (vgl. dazu vorstehend unter RZ 1333 ff und RZ 1830 ff). § 50c Abs. 4 Satz 4 EStG schreibt eine entsprechende **Aufstockung des Sperrbetrags** vor.

§ 50c EStG könnte in den Fällen der Kapitalherabsetzung umgangen werden, wenn sein **2038**
Absatz 2 nicht eine Aufstockung des Sperrbetrags vorsehen würde. Eine Umgehung wäre dadurch möglich, daß die Kapitalgesellschaft, deren Anteile veräußert werden, vor dem Anteilserwerb das Nennkapital unter Auszahlung an die Anteilseigner wieder um den Aufstockungsbetrag herabsetzt.

Die in § 50c Abs. 2 EStG vorgeschriebene sinngemäße Anwendung des Abs. 1 bedeutet, daß auch Gewinnminderungen, die infolge solcher Kapitalrückzahlungen bei dem Erwerber entstehen, steuerlich nicht berücksichtigt werden.

Beispiel 4:

Nennwert der erworbenen Anteile (Alleinbeteiligung)	1 000 000 DM
Bei der Kapitalgesellschaft vorhandene offene Rücklagen	500 000 DM
Anschaffungskosten	1 500 000 DM

Wenn die Kapitalgesellschaft die Rücklagen nicht in Nennkapital umwandelt, sondern später in der Form von Dividenden an den Erwerber ausschüttet, haben wir es mit dem Grundfall des § 50c EStG zu tun. Der Sperrbetrag beträgt 500 000 DM. Insoweit sind ausschüttungsbedingte Teilwertabschreibungen und Veräußerungsverluste nicht anzuerkennen (vgl. Beispiele 1 und 2, RZ 2033).

Die gleichen steuerlichen Auswirkungen ergeben sich, wenn die Kapitalgesellschaft **nach** dem Anteilserwerb ihre Neu-Rücklagen in Nennkapital umwandelt und später das Nennkapital unter Auskehrung an die Anteilseigner wieder herabsetzt. Soweit für die Kapitalherabsetzung Nennkapital i. S. des § 29 Abs. 3 KStG als verwendet gilt, hat diese Auskehrung die gleichen Rechtsfolgen wie eine normale Gewinnausschüttung.

Wenn aber der Erwerber i. S. des § 50c EStG die Kapitalgesellschaft veranlassen würde, vor dem Anteilserwerb ihr Nennkapital unter Umwandlung der miterworbenen neu-Rücklagen zu erhöhen und nach dem Anteilserwerb unter Auskehrung an die Anteilseigner wieder herabzusetzen, ergäbe sich folgende Beurteilung:

2038	Nennwert der Anteile beim Erwerb (1 000 000 DM + 500 000 DM)	1 500 000 DM
	Anschaffungskosten	1 500 000 DM
	Sperrbetrag ohne Erhöhung um den Betrag nach § 29 Abs. 3 KStG	0 DM
	Sperrbetrag unter Berücksichtigung des Betrags nach § 29 Abs. 3 KStG	500 000 DM

Bei der späteren Kapitalherabsetzung um 500 000 DM ergäbe sich beim Anteilseigner folgendes Bild:

Auskehrung aus EK 45 (392 857 DM + 107 143 DM)	500 000 DM
+ Körperschaftsteuer-Guthaben ($3/7$)	+ 214 286 DM
Einkünfte i. S. des § 20 Abs. 1 Nr. 2 und 3 EStG	714 286 DM
– Teilwert-Abschreibung	– 392 857 DM
+ nicht anzuerkennen gemäß § 50c EStG	+ 392 857 DM
Zu versteuern insgesamt	714 286 DM

Rest-Sperrbetrag

Ursprünglicher Sperrbetrag	500 000 DM
Nicht zu berücksichtigende Gewinnminderung	– 392 857 DM
Rest-Sperrbetrag	107 143 DM

Ohne eine entsprechende Aufstockung des Sperrbetrags müßte die Teilwertabschreibung mit steuerlicher Wirkung anerkannt werden.

2039 Es darf nicht verkannt werden, daß die Regelung für die Praxis Probleme aufwirft. In den Fällen der Kapitalherabsetzung ist die Ermittlung des Sperrbetrags nämlich nur unter **Einschaltung des für die Kapitalgesellschaft zuständigen Finanzamts** möglich. Dieses Finanzamt muß dem für die Besteuerung des Anteilseigners zuständigen Finanzamt auf Anfrage die Höhe des im Erwerbszeitpunkt vorhandenen Betrages i.s.d. § 29 Abs. 3 KStG mitteilen, der auf den Erwerber entfällt. Hierfür wird das für die Kapitalgesellschaft zuständige Finanzamt eine **Sonderberechnung außerhalb der Eigenkapitalgliederung** zum Stichtag des Erwerbs der Anteile vornehmen müssen.

2040 Für Nennkapital, das aus vor dem Systemwechsel entstandenen **Altrücklagen** gebildet worden ist, besteht keine vergleichbare Regelung, da insoweit eine Umgehung des § 50c Abs. 1 EStG nicht möglich ist. Da das aus Altrücklagen aufgestockte Nennkapital nicht zum verwendbaren Eigenkapital (§ 29 Abs. 3 KStG) gehört, führt seine Rückzahlung beim Empfänger nicht zu Einnahmen aus Kapitalvermögen im Sinne des § 20 Abs. 1 Nr. 2 EStG. Nach dem BMF-Schreiben vom 9. 1. 1987, BStBl 1987 I S. 171 (vgl. dazu auch vorstehend unter RZ 1212 ff und unter RZ 1866 f). ist der Kapitalherabsetzungsbetrag mit den Anschaffungskosten der Beteiligung zu verrechnen, so daß eine Teilwertabschreibung und damit eine Gewinnminderung i. S. d. § 50c Abs. 1 EStG nicht in Betracht kommt.

11.4.2.2 Liquidation der Kapitalgesellschaft (§ 50c Abs. 3 EStG)

2041 Ebenso wie der Absatz 2 des § 50c EStG dient auch sein Absatz 3 dazu, Umgehungen des Absatzes 1 zu vermeiden. Nach § 50c Abs. 3 EStG ist, wenn die Kapitalgesellschaft, deren Anteile erworben wurden, nach dem Erwerb, aber während der Sperrzeit aufgelöst und abgewickelt wird, der beim Erwerber entstehende **Liquidationsgewinn um den Sperrbetrag zu erhöhen.** Entsprechend ist ein durch die Auflösung entstandener Verlust zu verringern. Das gleiche gilt, wenn die Abwicklung wegen der Eröffnung des **Konkursverfahrens** unterbleibt. § 50c Abs. 3 EStG dehnt die Rechtsfolgen seines Absatzes 1 auf die Liquidation aus, um zu verhindern, daß unterschiedliche Rechtsfolgen eintreten, je nachdem, ob der Anteilseigner die erworbenen Anteile veräußert oder ob er deren Wert über die Liquidation der Kapitalgesellschaft realisiert. Im Hinblick darauf, daß es im Liquidationsfall keinen Rechtsnachfolger des Erwerbers gibt, sieht § 50c Abs. 3 EStG die Erhöhung des Liquidationsgewinns um den **gesamten** noch nicht verbrauchten Sperrbetrag vor.

Beispiel 5:   2041

Nennwert der erworbenen Anteile (Alleinbeteiligung)	3 000 000 DM
Erworbene Rücklagen der Kapitalgesellschaft (EK 45)	1 500 000 DM
Anschaffungskosten	4 500 000 DM
Sperrbetrag gemäß § 50c Abs. 4 EStG	1 500 000 DM

Die Anteile befinden sich im Betriebsvermögen des Erwerbers und sind mit 4 500 000 DM zu aktivieren.

Im Jahr darauf wird die Kapitalgesellschaft, deren Anteile erworben wurden, aufgelöst und abgewickelt. Das Gesamtvermögen wird versilbert und der Liquidationsgewinn an den Anteilseigner ausgekehrt.

Behandlung beim Anteilseigner:

Zufluß aus der Auskehrung des EK 45 (1 500 000 DM + Körperschaftsteuer-Minderung 409 091 DM)	1 909 091 DM
Steuerguthaben ($^3/_7$)	+ 818 182 DM
Rückzahlung des Nennkapitals	+ 3 000 000 DM
Wegfall der Anteile	− 4 500 000 DM
	1 227 273 DM
+ Sperrbetrag gemäß § 50c EStG	+ 1 500 000 DM
zu versteuern	2 727 273 DM

§ 50c Abs. 4 Satz 4 EStG macht **darüber hinaus die Aufstockung des Sperrbetrags** um den   2042
Teil des Nennkapitals erforderlich, der bei der Kapitalgesellschaft gemäß § 29 Abs. 3 KStG zu deren verwendbarem Eigenkapital rechnet. Ohne eine solche Aufstockung des Sperrbetrags wäre es durch eine Kapitalerhöhung vor dem Anteilserwerb und die Auflösung und Abwicklung der Kapitalgesellschaft nach dem Anteilserwerb möglich, die Rechtsfolgen des § 50c EStG zu umgehen. Diese Problematik ist mit der des § 50c Abs. 2 EStG vergleichbar (siehe dazu vorstehend unter RZ 2037 ff).

11.4.2.3 Umwandlung und Verschmelzung

Die Rechtsfolgen des § 50c EStG könnten, wenn es keine gesetzliche „Bremse" gäbe, dadurch   2043
vermieden werden, daß die Gesellschaft, deren Anteile erworben wurden, auf die Übernehmerin umgewandelt oder mit ihr verschmolzen wird. Um hier eine Lücke zu vermeiden, mußte der Gesetzgeber auch das Umwandlungssteuergesetz (UmwStG 1977 bzw. UmwStG 1995) ändern.

§ 5 Abs. 3 UmwStG 1977 bzw. **§ 4 Abs. 5 UmwStG 1995** regeln, daß sich der **Übernahmegewinn um den gesamten Rest-Sperrbetrag i.S.d. § 50c Abs. 1 EStG erhöht** und verhindert dadurch, daß der nichtanrechnungsberechtigte Vorbesitzer der Anteile das Körperschaftsteuer-Guthaben über die Anteilsveräußerung realisieren kann (vgl. dazu auch Förster, RIW 1986 S. 794).

Beispiel 6:

– Rechtslage bis einschließlich 1994 –

Die E-OHG (nur anrechnungsberechtigte Mitunternehmer beteiligt) erwirbt die Anteile an einer inländischen GmbH von dem nichtanrechnungsberechtigten Veräußerer V.

Bilanz der GmbH zum Erwerbszeitpunkt			
Aktiva (einschließlich aller Reserven von 100 000 DM)	1 500 000 DM	Stammkapital	1 000 000 DM
		Rücklagen	500 000 DM
	1 500 000 DM		1 500 000 DM
Anschaffungskosten der E-OHG:		**Sperrbetrag gem. § 50c E-AG:**	
Stammkapital	1 000 000 DM	Anschaffungskosten	1 600 000 DM
Rücklagen	500 000 DM	− Nennkapital	− 1 000 000 DM
stille Reserven	100 000 DM		
Anschaffungskosten	1 600 000 DM	Sperrbetrag	600 000 DM

2044 In Anschluß an den Erwerb wandelt die E-OHG die GmbH auf sich um.

Übertragungsbilanz der GmbH Umwandlungsstichpunkt

Aktiva	1 600 000 DM	Stammkapital	1 000 000 DM
		Rücklagen	500 000 DM
		Übertragungsgewinn	100 000 DM
	1 600 000 DM		1 600 000 DM

Auswirkungen bei der E-OHG:

Einbuchung übernommenes Vermögen	1 600 000 DM
Ausbuchung des Wertes der Beteiligung	– 1 600 000 DM
Übernahmegewinn	0 DM
+ Erhöhung gem. § 5 Abs. 3 UmwStG 1977 um den Sperrbetrag	+ 600 000 DM
+ anrechenbare Körperschaftsteuer gem. § 12 UmwStG 1977 = $^{50}/_{50}$ von 500 000 DM	+ 500 000 DM
Insgesamt zu versteuern (= Rücklagen vor Körperschaftsteuer, einschließlich stiller Reserven)	1 100 000 DM

– Ab 1995 ergeben sich entsprechende Ergebnisse –

2045 **Beispiel 7:**

– Rechtslage bis einschließlich 1994 –

Sachverhalt:

Die KG A erwirbt im Jahre 01 von nichtanrechnungsberechtigten V die Anteile an einer GmbH im Nennwert von	7 000 000 DM
und zahlt dafür zusätzlich:	
offene Rücklagen	4 900 000 DM
originärer Firmenwert	5 600 000 DM
Anschaffungskosten	17 500 000 DM
Sperrbetrag i. S. des § 50c EStG	10 500 000 DM

Im Jahre 02 mindern sich die offenen Rücklagen a) durch Ausschüttung um 1 400 000 DM und b) zusätzlich durch einen Verlust um 700 000 DM. Im Jahre 03 wandelt die KG A die AG B auf sich um.

Steuerliche Behandlung bei der übernehmenden Gesellschaft:

Fallvariante A:

Keine Teilwertabschreibung vor der Umwandlung

a)	Kalenderjahr 02: Ausschüttung (ohne Körperschaftsteuer-Guthaben)	1 400 000 DM
b)	Kalenderjahr 03: Übernahmewert*	9 800 000 DM
	– Buchwert	– 17 500 000 DM
	Übernahmeverlust	– 7 700 000 DM
	+ Sperrbetrag (§ 5 Abs. 3 UmwStG 1977)	+ 10 500 000 DM
	Zu versteuern	2 800 000 DM
c)	Insgesamt versteuert (ohne Körperschaftsteuer-Guthaben)	4 200 000 DM

---

*	Anschaffungskosten	17 500 000 DM
	– Ausschüttung	– 1 400 000 DM
	– Verlust	– 700 000 DM
	– Firmenwert (nicht anzusetzen gem. BMF-Schreiben vom 5. 4. 1986, BStBl I S. 164, Tz. 8)	– 5 600 000 DM
		9 800 000 DM

Fallvariante B:
Teilwertabschreibung vor der Umwandlung

a) Kalenderjahr 02: Ausschüttung (ohne Körperschaftsteuer-Guthaben)   1 400 000 DM
   – Teilwertabschreibung   – 2 100 000 DM
   + Nach § 50c EStG nicht anzuerkennende Gewinnminderung   + 1 400 000 DM
   Zu versteuern   700 000 DM

b) Kalenderjahr 03
   Übernahmewert (15 400 000 DM – 5 600 000 DM)   9 800 000 DM
   – Buchwert   – 15 400 000 DM
   Übernahmeverlust   – 5 600 000 DM
   + Rest-Sperrbetrag (10 500 000 DM – 1 400 000 DM)   + 9 100 000 DM
   Zu versteuern   3 500 000 DM

c) Insgesamt versteuert (ohne Körperschaftsteuer-Guthaben)
   wie bei Fallvariante A   4 200 000 DM

– Ab 1995 ergeben sich entsprechende Ergebnisse –

§ 15 Abs. 2 UmwStG 1977 bzw. **§ 12 Abs. 2 UmwStG 1995** verhindern, daß in Höhe des Sperrbetrags über § 15 Abs. 2 Satz 3 UmwStG 1977 eine nochmalige bzw. § 12 Abs. 2 Satz 3 UmwStG 1995 Besteuerung eintritt. § 15 UmwStG 1977 bzw. § 12 UmwStG 1995 betrifft den **Vermögensübergang von einer auf eine andere Kapitalgesellschaft**. In diesen Fällen wird der Übernahmegewinn nicht um den Sperrbetrag i. S. d. § 50c EStG erhöht, denn die Erhöhungsvorschrift § 5 Abs. 3 UmwStG 1977 bzw. § 4 Abs. 5 UmwStG 1995 betrifft nur den **Vermögensübergang auf eine Personengesellschaft** (vgl. auch § 15 Abs. 5 UmwStG 1977 bzw. § 12 Abs. 5 UmwStG 1995). Bei der Vermögensübernahme durch eine Kapitalgesellschaft wird im Zeitpunkt des Vermögensübergangs nicht eine Ausschüttung der bezahlten Rücklage unterstellt, diese Rücklagen gelten vielmehr gemäß § 38 KStG von der übernehmenden Kapitalgesellschaft als fortgeführt.

§ 16 Abs. 4 UmwStG 1977 bzw. **§ 13 Abs. 4 UmwStG 1995** stellen sicher, daß in den Fällen, in denen die erworbenen Anteile untergehen und an ihre Stelle Anteile an der übernehmenden Gesellschaft treten, § 50c EStG auch auf die an die Stelle der untergegangenen Anteile tretenden Anteile anzuwenden ist. Für den Fall des **Aktientausches** hat der Gesetzgeber eine Sonderregelung nicht als erforderlich angesehen. Insoweit liegt ein Fall der Rechtsnachfolge i. S. d. § 50c Abs. 8 EStG vor.

11.4.2.4 Anteilserwerb durch eine Personengesellschaft (§ 50c Abs. 5 EStG)

In den Fällen, in denen die Anteile an die Kapitalgesellschaft **zu Bruchteilen** oder **zur gesamten Hand** erworben werden, also insbesondere durch eine **Personengesellschaft,** ist § 50c EStG sinngemäß anzuwenden, und zwar im Rahmen der Gewinnermittlung der Personengesellschaft. Das Verbot der Berücksichtigung von Gewinnminderungen betrifft auch atypische stille Gesellschafter, die steuerlich als Mitunternehmer anzusehen sind.

Die Gewinnminderungen sind nach § 50c Abs. 5 EStG insoweit nicht zu berücksichtigen, als sie auf anrechnungsberechtigte Mitunternehmer entfallen.

11.4.2.5 Einbringung der erworbenen Anteile in den steuerpflichtigen Bereich des Erwerbers (§ 50c Abs. 6 EStG)

In Fortführung der Regelung des § 39 Abs. 6 KStG dehnt § 50c Abs. 6 EStG die Rechtsfolgen auf die Fälle aus, in denen ein **bisher steuerbefreiter Anteilseigner steuerpflichtig** wird oder in denen ein **bisher beschränkt steuerpflichtiger Anteilseigner unbeschränkt steuerpflichtig** wird. Wie bisher werden damit auch die Fälle erfaßt, in denen ein nichtanrechnungsberechtigter Anteilseigner den Anteil

– in seine inländische Betriebsstätte,

2049 – in seinen steuerpflichtigen wirtschaftlichen Geschäftsbetrieb oder
– in seinen steuerpflichtigen Betrieb gewerblicher Art einlegt.

Wenn der erworbene Anteil zu einem **Betriebsvermögen** gehört, tritt dabei für die Sperrbetragsermittlung an die Stelle der Anschaffungskosten der Buchwert der Anteile.

11.4.2.6 Anwendung des § 50c EStG auf mittelbare Erwerbe (§ 50c Abs. 7 EStG)

2050 Der durch das Standortsicherungsgesetz mit Wirkung ab 1994 neu eingefügte § 50c Abs. 7 EStG unterwirft auch ausschüttungsbedingte Gewinnminderungen aus Anteilen an einer **Tochtergesellschaft,** die ihrerseits Erwerber i. S. d. § 50c EStG ist, den Wirkungen dieser Vorschrift.

Hier angesprochen ist der Sachverhalt, daß eine anrechnungsberechtigte Muttergesellschaft die Anteile nicht selbst von einem nichtanrechnungsberechtigten Veräußerer erwirbt, sondern sie von einer anrechnungsberechtigten Tochtergesellschaft erwerben läßt und sie der Tochtergesellschaft Einlagen (= nachträgliche Anschaffungskosten) gewährt. § 50c Abs. 7 EStG verbietet die steuerliche Anerkennung einer ausschüttungsbedingten Gewinnminderung auf die Beteiligung der Tochtergesellschaft, die sich ergibt, wenn die Tochtergesellschaft die von ihr im Erwerbspreis der Anteile mitbezahlten Dividenden an die Muttergesellschaft weiter ausschüttet.

Probleme kann in diesen Fällen die Berechnung des Sperrbetrags bereiten. U.E. ist der Summe aus ursprünglichen und nachträglichen Anschaffungskosten der Nennbetrag an der zwischengeschalteten Tochtergesellschaft gegenüberzustellen.

11.4.2.7 Fortführung des Sperrbetrags bei Rechtsnachfolgern des Erwerbers (§ 50c Abs. 8 EStG)

2051 Außer beim Erwerber (Ersterwerber) selbst ist das Verbot der Gewinnminderung auch bei dessen **Rechtsnachfolgern** (Zweiterwerber) zu beachten (§ 50c Abs. 8 EStG). Bei diesen beschränkt sich das Verbot jedoch auf die **Rest-Sperrzeit** und den **Rest-Sperrbetrag.**

Die Sperrbetragsfortführung ist theoretisch auch bei **nichtanrechnungsberechtigten** Anteilseignern denkbar, so z. B. bei Verlusten aus der Veräußerung einer wesentlichen Beteiligung i. S. des § 49 Abs. 1 Nr. 2c EStG.

2052 Zu beachten ist, daß die in § 50c Abs. 9 EStG genannte Bagatellgrenze von 100 000 DM (vgl. RZ 2054) nur für den Ersterwerber gilt. Eine Sperrbetragsfortführung muß beim Rechtsnachfolger also auch erfolgen, wenn seine Anschaffungskosten weniger als 100 000 DM betragen.

2053 Die Regelung des § 50c Abs. 8 EStG kann Probleme aufwerfen, denn sie setzt voraus, daß der Ersterwerber dem Zweiterwerber die für ihn maßgeblichen steuerlichen Daten **mitteilt.** Damit können diesem aber unter Umständen die Anschaffungskosten und gegebenenfalls auch der Veräußerungsgewinn des Ersterwerbers bekannt sein. Wenn der Ersterwerber nicht bereit ist, dem Zweiterwerber die benötigten Zahlen mitzuteilen, wird das für den Zweiterwerber zuständige Finanzamt den Sachverhalt von sich aus aufklären müssen (unter Einschaltung des für den Ersterwerber zuständigen Finanzamts). Ein Verstoß gegen das **Steuergeheimnis** wird in der Mitteilung der steuerlich relevanten Daten nicht gesehen werden können, weil sie der Durchführung des Besteuerungsverfahrens beim Rechtsnachfolger dient (§ 30 Abs. 4 Nr. 1 AO).

11.4.2.8 Ausnahmen von den Rechtsfolgen (§ 50c Abs. 9 EStG)

2054 Bei dem **Ersterwerber** von Anteilen ist § 50c EStG nur anzuwenden, wenn die Anschaffungskosten der im Veranlagungszeitraum erworbenen Anteile an einer Kapitalgesellschaft den Betrag von 100 000 DM überschreiten (§ 50c Abs. 9 EStG). In den Fällen des § 50c Abs. 5 EStG ist auf die Anschaffungskosten der Gemeinschaft abzustellen. Bei Rechtsnachfolgern des Erwerbers sind ausschüttungsbedingte Gewinnminderungen auch bei geringeren Anschaffungskosten steuerlich nicht zu berücksichtigen.

11.4.2.9 Erwerbe über die Börse (§ 50c Abs. 10 EStG)

11.4.2.9.1 Allgemeines

Die **Schwachstelle** des § 50c EStG ist der **Börsenhandel**. Nach § 50c Abs. 8 Satz 2 EStG 1991 war die Vorschrift bis 1993 insgesamt **nicht** anzuwenden, wenn der Erwerber die Anteile über die Börse gekauft hat. Der Gesetzgeber schätzte die Gefahr, daß sogenannte Paketverkäufe zur Umgehung der Sanktionen des § 50c EStG über die Börse abgewickelt werden, wegen der Anonymität des Börsenhandels als nur gering ein, weil es bei Börsengeschäften leicht möglich ist, daß das angebotene Aktienpaket bei der Weiterveräußerung zersplittert wird. 2055

Die Entwicklung hat gezeigt, daß sich der Gesetzgeber in diesem Punkt **gründlich verschätzt** hat. Eine ganze Reihe von **Gestaltungsmodellen** unter dem Sammelbegriff des **Dividenden-Strippings** beweist, daß ein gezielter Verkauf mit anschließendem Rückerwerb von Aktienpaketen auch über die von der Börse bereitgehaltenen Geschäftsabläufe möglich ist.

Daneben wurden **weitere Gestaltungsmodelle mittels sogenannter Finanzinnovationen** (z. B. Wertpapierleihe) **oder durch Nutzung der** Techniken der **Optionsmärkte** entwickelt, denen mit dem herkömmlichen Regelungsmechanismus des § 50c EStG ohnehin nicht beizukommen ist, weil es an einer ausschüttungsbedingten Gewinnminderung fehlt. Diesen Modellen ist gemeinsam, daß ein Nichtanrechnungsberechtigter seine Anteile vor dem Dividendentermin an einen Anrechnungsberechtigten weitergibt, dem die Anteile und die daraus fließenden Dividenden steuerlich zuzurechnen sind. Der Nichtanrechnungsberechtigte erhält anstelle der Dividende eine Zahlung, mit der er nicht der deutschen Besteuerung unterliegt. Beim Anrechnungsberechtigten bewirkt die an den Nichtanrechnungsberechtigten geleistete und als Betriebsausgabe oder Werbungskosten abziehbare Zahlung insoweit die Nichtbesteuerung der Dividende unter Erhalt des Anrechnungsguthabens.

Wegen dieser breiten Streuung der Sachverhalte war der Gesetzgeber gezwungen, neben dem § 50 c EStG auch den § 36 Abs. 2 Nr. 3 EStG zu ändern (vgl. Dötsch in Dötsch/Eversberg/Jost/Witt, Kommentar zum KStG und EStG, Tz. 149–159 zu § 36 EStG).

Während bisher Aktienerwerbe über die Börse generell aus dem Anrechnungsbereich des § 50c EStG ausgenommen waren, enthält der neue Absatz 10 dafür wesentlich schärfere Voraussetzungen. 2056

11.4.2.9.2 Die Regelungen des § 50c Abs. 10 EStG

§ 50c Abs. 10 EStG regelt in Ersetzung des bisherigen § 50c Abs. 8 Satz 2 EStG 1991 **ab 1994** eine Einschränkung der Wirkungen des § 50c EStG auf den Börsenhandel. Danach bleiben diejenigen Börsenfälle, bei denen die erworbenen Aktien **nicht** innerhalb einer kurzen Zeitspanne (10 Tage) weiterveräußert werden oder der Erwerber, falls es später doch zur Weiterveräußerung kommt, das **volle Kursrisiko** trägt, von den Sanktionen des § 50c EStG **verschont**. 2057

Für die Fälle jedoch, in denen ein nichtanrechnungsberechtigter Anteilseigner seine Aktien zur Realisierung des Körperschaftsteuer-Anrechnungsguthabens an einen Anrechnungsberechtigten veräußert und er die Aktien unter Ausschluß bzw. Minimierung des Kursrisikos später (ggf. über einen Dritten) zurückerwirbt, unterstellt § 50c Abs. 10 EStG in drei eigenständigen Tatbeständen (Buchstaben a bis c) typisierend einen Gestaltungsmißbrauch und wendet § 50c EStG an. Diese drei gesetzlichen Tatbestände knüpfen an die Erkenntnis, daß beim Dividenden-Stripping der Nichtanrechnungsberechtigte und der Anrechnungsberechtigte das Kursrisiko für den Erwerber begrenzen müssen, um das Körperschaftsteuer-Anrechnungsguthaben ungefährdet zwischen sich aufteilen zu können. Das geschieht entweder dadurch, daß der An- und Rückkauf der Anteile in unmittelbarem zeitlichen Zusammenhang um den Dividendenstichtag erfolgen oder dadurch, daß das Kursrisiko auf andere Weise begrenzt wird. § 50c Abs. 10 EStG gestattet dem Erwerber jedoch den Gegenbeweis, daß der Veräußerer anrechnungsberechtigt ist. Bei Führung dieses Gegenbeweises ist § 50c EStG nicht anzuwenden. 2058

a) 10-tägige Behaltefrist (§ 50c Abs. 10 Buchstabe a EStG)

2059 § 50c Abs. 10 Buchstabe a EStG, wonach § 50c EStG anzuwenden ist, wenn zwischen dem Erwerb der Anteile und der Veräußerung dieser oder gleichartiger Anteile nicht mindestens 10 Tage liegen und der Gewinnausschüttungsbeschluß der ausschüttenden Kapitalgesellschaft in diesen Zeitraum fällt, regelt den **Grundfall** des Dividendenstrippings, in dem die Aktien einige Tage vor dem Dividendenstichtag durch den Nichtanrechnungsberechtigten an einen Anrechnungsberechtigten veräußert und unmittelbar nach der Dividendenzahlung rückerworben werden. Im Standortsicherungsgesetz war zunächst eine 30-Tage-Frist vorgesehen, die dann aber im StMBG auf 10 Tage reduziert wurde.

§ 50c Abs. 10 Buchstabe a EStG läßt Erwerbe, bei denen die Anteile 10 **Tage** oder **länger** im Besitz des Anteilserwerbers bleiben, von den Sanktionen des § 50c EStG **verschont**. Bei einer so langen Behaltefrist sind die Kursrisiken, die der Erwerber eingeht, so beachtlich, daß das Gesetz einen Gestaltungsmißbrauch dann nicht mehr unterstellt.

U.E. ist die 10-Tage-Frist auf Kalendertage bezogen. Eine Weiterveräußerung ist erst ab dem 12. Tag (Sperrzeit = Erwerbstag + 10 Tage) nach dem Erwerb unschädlich.

b) Beschränkung des Kursrisikos auf andere Weise (§ 50c Abs. 10 Buchstabe b EStG)

2060 § 50c Abs. 10 Buchstabe b EStG unterstellt einen Gestaltungsmißbrauch für den Fall, daß die oder gleichartige Anteile (gleiche Aktiengattung) unmittelbar oder mittelbar zu Bedingungen rückveräußert werden, die allein oder im Zusammenhang mit anderen Vereinbarungen dazu führen, daß das Kursrisiko begrenzt ist.

Das Wort „**rückveräußert**" in § 50c Abs. 10 Buchstabe b EStG ist u. E. i. S. von „**weiterveräußert**" zu verstehen. Dies ergibt sich aus der Gesamtkonzeption der Vorschrift, die auch auf der Erwerberseite den mittelbaren Erwerb dem unmittelbaren gleichstellt. Auch verlangt die Vorschrift nicht die Rückgabe der körperlich gleichen, sondern greift auch bei **gleichartigen** Anteilen.

§ 50c Abs. 10 Buchstabe b EStG trägt ebenfalls dem beim Dividendenstripping typischen Ablauf Rechnung, wonach die Veräußerung der Anteile nur der Realisierung des Körperschaftsteuer-Anrechnungsguthabens dient und für den Erwerber kein echtes Kursrisiko besteht. Wird das Kursrisiko für den Erwerber nicht, wie unter § 50c Abs. 10 Buchstabe a EStG durch zeitnahen Ver- und Rückkauf ausgeschlossen, muß es auf anderem Wege beschränkt werden. Dies kann dadurch geschehen, daß der Rückkauf zu einem vom Börsenkauf abweichenden Preis, z.B. über ein **neben** dem Verkauf der Anteile vorgenommenes **Optionsgeschäft** über die Deutsche Terminbörse, oder im sogenannten „**konstruierten Handel**" erfolgt, bei dem die Börse nur benutzt wird, um die Geschäfte mit einem amtlichen Kurs zu unterlegen.

Die Regelung des § 50c Abs. 10 Buchstabe b EStG erstreckt sich auf den Verkauf „gleicher oder gleichartiger" Anteile, da es dem nichtanrechnungsberechtigten Veräußerer in aller Regel gleichgültig ist, ob er dieselben oder gleichartige Papiere zurückerhält.

Zur Vermeidung von Umgehungen durch Zwischenschaltung Dritter werden ausdrücklich auch **mittelbare** Rückveräußerungen erfaßt.

c) Geschäfte mit jungen Aktien (§ 50c Abs. 10 Buchstabe c EStG)

2061 Nach § 50c Abs. 10 Buchstabe c EStG finden die Sanktionen des § 50c EStG auch Anwendung, wenn die Gegenleistung für den Erwerb der Anteile ganz oder teilweise in der Verpflichtung zur Übertragung nicht oder nicht voll dividendenberechtigter (junger) Aktien besteht.

Da junge Aktien an der nachfolgenden Dividendenausschüttung normalerweise nicht teilnehmen, sind sie billiger als alte. Ein nichtanrechnungsberechtigter Aktionär, der eine mit Körperschaftsteuer belastete Dividendenzahlung vermeiden will, kann Altaktien veräußern und gleichzeitig junge Aktien zu einem niedrigeren Kurs erwerben. Die Lieferung der jungen

Aktien erfolgt regelmäßig erst nach dem Dividendenstichtag, d.h. zu einem Zeitpunkt, in dem **2061**
die ehemals jungen Aktien sich nicht mehr von den leergeschütteten Altaktien unterscheiden;
die jungen werden nach dem Ex-Tag ebenfalls zu alten Aktien. Der Aktionär hat nach Abschluß aller Transaktionen wieder seinen Ursprungsbestand, hat aber statt der steuerpflichtigen Dividende einen steuerfreien Kursgewinn vereinnahmt. Sein anrechnungsberechtigter Vertragspartner, bei dem sich die steuerpflichtige Dividende und der Kursverlust aus dem Geschäft saldieren, macht die Körperschaftsteuer-Anrechnung geltend.

Solche Geschäfte sind in der Vergangenheit in Größenordnungen abgewickelt worden, die das verfügbare Emissionsvolumen junger Aktien um ein Mehrfaches überstiegen haben. Die Verkäufer sind dabei Leerpositionen in einem solchen Ausmaß eingegangen, daß die damit verbundenen Lieferverpflichtungen nur dadurch erfüllt werden konnten, daß nach dem Dividendenstichtag nicht junge, sondern leergeschüttete alte Aktien rückübertragen wurden (vgl. Frankfurter Finanzmarkt-Bericht, Ausgabe 11/92 S. 3).

§ 50c Abs. 10 Buchstabe c EStG verwehrt künftig die steuerliche Geltendmachung entsprechender Kursverluste beim anrechnungsberechtigten Erwerber.

Die **Sanktionen des § 50c EStG greifen nicht,** wenn der Erwerber **glaubhaft** macht, daß der **2062**
Veräußerer anrechnungsbedingt ist. Bei einem Anteilserwerb über die Börse trägt danach der Erwerber die Beweislast dafür, daß der Veräußerer anrechnungsberechtigt ist. Diese Regelung bezweckt zweierlei. Zum einen sollen Erwerber, denen vor dem Hintergrund der Anonymität des Börsenhandels dennoch der Nachweis der Anrechnungsberechtigung des Veräußerers gelingt, im Hinblick auf das rechtsstaatliche Übermaßverbot nicht unter die Sanktionen des § 50c EStG fallen. Zum anderen soll dem Börsenhandel die Möglichkeit zur Anpassung seiner Geschäftsabläufe gegeben werden.

Nach § 50c Abs. 10 EStG sind die Absätze 1 bis 9 des § 50c EStG beim Aktienerwerb über die **2063**
Börse nur anzuwenden, soweit nicht § 36 Abs. 2 Nr. 3 Satz 4 Buchstabe g EStG anzuwenden ist. § 36 Abs. 2 Nr. 3 Satz 4 Buchstabe g EStG soll verhindern, daß die Einmalbesteuerung inländischer körperschaftsteuerpflichtiger Gewinne durch Einsatz insbesondere von Finanzinnovationen (z.B. Wertpapierleihe, unechtes Wertpapierpensionsgeschäft i.S.d. § 340b Abs. 5 HGB) oder durch Nutzung der Techniken der Optionsmärkte vermieden wird (vgl. Dötsch in Dötsch/Eversberg/Jost/Witt, Kommentar zum KStG und EStG, Tz. 31 und 32 zu § 50c EStG (rote Blätter) sowie Tz. 149–159 zu § 36 EStG).

11.4.3 Erstmalige Anwendung des § 50c EStG; letztmalige Anwendung des § 39 KStG

§ 50c EStG gilt erstmals für Gewinnminderungen, die im Veranlagungszeitraum 1980 eintreten. **2064**

Die Anwendung des § 50c EStG und des § 39 KStG soll nach dem Sinn und Zweck dieser Vorschriften **nicht** zu einer **kumulativen Steuerbelastung** führen. Um eine solche zu vermeiden, enthalten § 52 Abs. 27a EStG und § 54 Abs. 10 KStG 1981 Sonderregelungen, die die erstmalige Anwendung des § 50c EStG und die letztmalige Anwendung des § 39 KStG betreffen. Vgl. dazu auch das BMF-Schreiben vom 1. 8. 1980 – IV B 7 – S 2823 – 4/80 (DB 1980 S. 1668).

2065
frei –2069

Teil J
Solidaritätszuschlag

1. Solidaritätszuschlag 1991/1992

Ausgewählte Literaturhinweise:
Orth, SolZ: Renaissance einer Doppelbelastung von Dividenden, DB 1991 S. 779; **Rödder,** Belastungs- und Gestaltungswirkungen des geplanten SolZ, DB 1991 S. 921; **Arndt,** Zur Rückwirkungsproblematik im Entw. zum SolZG, BB 1991 S. 877; **Rödder,** Belastung und Volumen von Ausschüttungen nach der endgültigen Ausgestaltung des SolZ, DB 1991 S. 1400; **Scheurmann-Kettner/Dötsch,** Das SolZG, DB 1991 S. 1591 und S. 1644; **Reinhardt/Sievers,** Die Belastungswirkungen des SolZ, DStR 1991 S. 887; **Riegler/Salomon,** Auswirkungen des Solidaritätszuschlags auf die Quellenbesteuerung von Dividenden und Zinsen, DB 1991 S. 1849; **Korn,** Der Solidaritätszuschlag in der Praxis, KÖSDI 9/91 S. 8646; **Wendland,** Der Solidaritätszuschlag zur ESt und KSt, Inf 1991 S. 347; **Keßler,** Zum Solidaritätszuschlag bei der Kapitalertragsteuer und bei der Abzugsteuer nach § 50a Abs. 4 EStG, DStR 1991 S. 1209; **Schomburg,** Der Solidaritätszuschlag – Rechtsgrundlage und Gestaltungsüberlegungen, WPG 1991 S. 433; **Heidemann,** Solidaritätszuschlag und Ausschüttungspolitik, Inf 1991 S. 421; **Stifter,** Belastungswirkungen aus dem Solidaritätszuschlag und Gestaltungsüberlegungen für Kap.Ges., DStZ 1992 S. 65; **Neufang,** Ungesetzmäßige Übererhebung des SolZ, Stbg 1992 S. 183; **Dötsch,** VEK und SolZ, GmbHR 1992 S. 513; **Jost,** Solidaritätszuschlag – Überhöhte Bemessungsgrundlage bei Einkünfte aus Berlin (West) aufgrund des § 3 Abs. 2 Satz 2 SolZG, DB 1992 S. 1260; **Schiffelholz,** Ungereimtheiten beim Solidaritätszuschlag bei nachträglicher Erhöhung von ESt-Vorauszahlungen, DStR 1992 S. 746; **Siegel,** Ein rechnerisches Problem des Solidaritätszuschlags im Anrechnungsverfahren?, GmbHR 1992 S. 795; **Schöchlin,** Berechnung der Vollausschüttung bei Kap.Ges. unter Miteinbeziehung des SolZ, StWa 1993 S. 25; **Heidemann,** Ausschüttungspolitik einer personenbezogenen GmbH für die Jahre 1990 bis 1992, Inf 1991 S. 250.

1.1 Allgemeines

Das im Rahmen des Steueränderungsgesetzes 1991 beschlossene Solidaritätszuschlaggesetz 1991 sah einen auf 12 Monate befristeten Solidaritätszuschlag vor. Regelungen zum Solidaritätszuschlag finden sich außer im Solidaritätszuschlaggesetz aber auch zusätzlich im StÄndG 1991, wo mit einer Neufassung des § 51a EStG sowie des § 49 Abs. 1 KStG das Festsetzungs- und Erhebungsverfahren für den Zuschlag geregelt sind. Als Ergänzungsabgabe zur Einkommensteuer und Körperschaftsteuer ist der Solidaritätszuschlag eine selbständig zu erhebende Personensteuer, die aus technischen Gründen an die Einkommen- bzw. Körperschaftsteuer anknüpft. Seine Verwaltung erfolgt im Auftrag des Bundes durch die Landesfinanzbehörden (vgl. Art. 108 Abs. 2 Satz 1 i.V.m. Abs. 3 Satz 1 GG).

2070

1.2 Abgabepflichtige Körperschaften (§ 2 SolzG 1991)

Nach § 2 Nr. 2 SolZG 1991 wird der Solidaritätszuschlag von allen unbeschränkt und beschränkt steuerpflichtigen Körperschaften, Personenvereinigungen und Vermögensmassen erhoben, es sei denn, deren Steuerpflicht endete vor dem 14. 5. 1991 (Tag der 2./3. Lesung des Steueränderungsgesetzes 1991 im Bundestag).

2071

Mit der **zeitlichen Begrenzung** wollte der Gesetzgeber den bereits im Vorfeld des Gesetzgebungsverfahrens massiv vorgebrachten **Bedenken** entgegenwirken, wonach § 2 SolzG 1991 eine verfassungsrechtlich **unzulässige Rückwirkung** enthält und damit gegen das Rechtsstaatsprinzip verstößt (Nachweise bei Scheurmann-Kettner/Dötsch, DB 1991 S. 1591, 1594). Inzwischen hat der BFH (Urteil vom 25. 6. 1992, DB 1992 S. 1659) die Verfassungsmäßigkeit des Solidaritätszuschlags bejaht.

2072

2073 Das Jahressteuerprinzip, wonach Bemessungsgrundlage für den Solidaritätszuschlag die für die Veranlagungszeitraum 1991 und 1992 festgesetzte Einkommen- bzw. Körperschaftsteuer ist, führt nämlich dazu, daß auch Geschäftsvorfälle und Einkommenszuflüsse aus dem 1. Halbjahr 1991 und aus dem 2. Halbjahr 1992 in der Bemessungsgrundlage für den Solidaritätszuschlag erfaßt werden, obwohl der Solidaritätszuschlag nach dem Koalitionsbeschluß vom 26. 2. 1991 nur für die Zeit vom 1. 7. 1991 bis 30. 6. 1992 erhoben werden soll. Als derartige Geschäftsvorfälle und Einkommenszuflüsse in dem vorgenannten Zeitraum kommen z. B. in Betracht:

– Veräußerung eines Gewerbebetriebs,
– betriebliche Veräußerungen i. S. d. §§ 14 und 18 EStG,
– das Ergebnis eines abweichenden Wirtschaftsjahres, das im 1. Halbjahr 1991 endet.

2074 Die Erhebung des Solidaritätszuschlags kann wegen des Jahressteuerprinzips nicht dadurch vermieden werden, daß Geschäftsvorfälle und Zahlungen in das 1. Halbjahr 1991 vorgezogen oder in das 2. Halbjahr 1992 verschoben werden.

1.3 Bemessungsgrundlage (§ 3 SolzG 1991)

2075 Die zum 1. 7. 1991 beginnende und zum 30. 6. 1992 endende Laufzeit des Solidaritätszuschlags erforderte eine **unterschiedliche Ausgestaltung** des Zuschlags, je nachdem, ob dieser auf Steuerabzüge (Kapitalertragsteuer), auf Vorauszahlungen oder auf die bei der Veranlagung festzusetzende Jahressteuer erhoben wird.

1.3.1 Der Zuschlag auf die veranlagte Körperschaftsteuer (§ 3 Abs. 1 Nr. 2 SolzG 1991)

2076 Ist eine **Veranlagung zur Körperschaftsteuer** vorzunehmen, bemißt sich der Solidaritätszuschlag nach der für die Veranlagungszeiträume 1991 und 1992 festgesetzten positiven Körperschaftsteuer (§ 3 Abs. 1 Nr. 2 SolZG 1991). Festgesetzte Körperschaftsteuer ist die Steuer nach Minderung bzw. Erhöhung gemäß § 27 KStG. D. h., der Solidaritätszuschlag ist auch auf den **Körperschaftsteuer-Erhöhungsbetrag** zu entrichten, auch wenn dieser wieder gem. § 52 KStG bzw. nach § 36e EStG an den Anteilseigner rückvergütet wird. Wegen der Anbindung an die festgesetzte Körperschaftsteuer verringert ein **Steuerabzugsbetrag** gemäß § 58 Abs. 3 EStG nicht den Solidaritätszuschlag.

2077 Bei einer **Organgesellschaft** bemißt sich der Solidaritätszuschlag nach der festgesetzten Körperschaftsteuer auf die Ausgleichszahlungen an die Minderheitsgesellschafter, denn diese ergeben (nach Hinzurechnung der Ausschüttungsbelastung) das eigene Einkommen der Organgesellschaft (§ 16 KStG).

2078 In der festgesetzten Körperschaftsteuer sind **tarifliche Steuerermäßigungen,** z. B. die der §§ 16, 17 BerlinFG, bereits berücksichtigt, d. h. diese mindern auch den Zuschlag. Kraft der ausdrücklichen Ausnahme in § 3 Abs. 2 Satz 2 SolzG 1991 mindert sich die Bemessungsgrundlage jedoch **nicht** um die sog. **Berlinpräferenz nach § 21 BerlinFG.** Wegen der Kritik an dieser Ausnahmeregelung, auch an den sich daraus ergebenden Belastungswirkungen, siehe Jost (DB 1992 S. 1260).

2079 Daß der Solidaritätszuschlag an die festgesetzte **positive** Körperschaftsteuer anknüpft, soll verhindern, daß bei einer wegen der ausschüttungsbedingten KSt-Minderung negativ festzusetzenden Körperschaftsteuer auch der Solidaritätszuschlag negativ festgesetzt, d. h. erstattet werden muß.

1.3.2 Der im Vorauszahlungswege zu erhebende Solidaritätszuschlag (§ 3 Abs. 1 Nr. 3 SolzG 1991)

2080 Sind **Vorauszahlungen** zur Körperschaftsteuer zu leisten, bemißt sich der Solidaritätszuschlag nach den im Zeitraum vom 1. 7. 1991 bis 30. 6. 1992 zu leistenden Vorauszahlungen für die

Kalenderjahre 1991 und 1992 (§ 3 Abs. 1 Nr. 3 SolZG 1991). Wegen Einzelheiten siehe Erlaß **2080** des Finanzministeriums Sachsen vom 18. 2. 1992, DB 1992 S. 1164).

Lt. Begründung des Gesetzentwurfs soll mit der zeitlichen „Beschränkung auf die beiden Kalenderjahre verhindert werden, daß die Abgabe auch auf eine nachträgliche (sog. fünfte) Vorauszahlung für **1990** erhoben wird" (vgl. BT-Drucksache 12/220 S. 8). Für eine fünfte Vorauszahlung für **1991,** die bis zum 30. 6. 1992 zu leisten ist, wird ein Solidaritätszuschlag fällig, **nicht** jedoch für eine nach dem 30. 6. 1992 zu leistende fünfte Vorauszahlung für 1992.

Ebenso verhindert die Gesetzesformulierung, daß bei abweichendem Wirtschaftsjahr 1992/93 auf eine vor dem 30. 6. 1992 zu leistende Körperschaftsteuer-Vorauszahlung auf die **Körperschaftsteuer 1993** ein Solidaritätszuschlag erhoben werden muß.

Wegen der Anrechnung des im Vorauszahlungsweg erhobenen Solidaritätszuschlags auf den **2081** veranlagten Zuschlag siehe nachstehende RZ 2092.

Vorauszahlungen auf den Solidaritätszuschlag sind **auch ohne einen entsprechenden Vor-** **2082** **auszahlungsbescheid** und ohne besondere Aufforderung zu entrichten (§ 51a Abs. 4 Satz 2 EStG). Das bedeutet, daß der Abgabepflichtige die Vorauszahlungen auf den Solidaritätszuschlag **selbst zu berechnen** hat, und zwar mit 7,5 v.H. der für den betreffenden Vorauszahlungszeitpunkt festgesetzten Körperschaftsteuer-Vorauszahlung. Die Vorschrift des § 51a Abs. 4 Satz 2 EStG enthält ein gesetzliches Leistungsgebot; einer besonderen Festsetzung der Vorauszahlungen auf den Solidaritätszuschlag durch Bescheid bedarf es daher nicht. In der Praxis teilen die Finanzämter den Steuerpflichtigen die Vorauszahlungen auf den Solidaritätszuschlag gleichwohl mit.

1.3.3 Der auf die Kapitalertragsteuer zu erhebende Solidaritätszuschlag (§ 3 Abs. 1 Nr. 6 SolZG 1991)

Bei Kapitalerträgen, die der Kapitalertragsteuer unterliegen, wird zusätzlich zur Kapitalertrag- **2083** steuer der Solidaritätszuschlag einbehalten (vgl. dazu im einzelnen Keßler, DStR 1991 S. 1209). Der Solidaritätszuschlag bemißt sich nach der im Zeitraum vom 1. 7. 1991 bis 30. 6. 1992 zu erhebenden Kapitalertragsteuer. Die Kapitalertragsteuer ist von der ausschüttenden Körperschaft einzubehalten und an das Finanzamt abzuführen. Schuldner der Kapitalertragsteuer ist aber der Anteilseigner (§ 44 Abs. 1 EStG).

Kapitalertragsteuer ist auch von einem nach § 52 KStG bzw. nach § 36e EStG **zu vergütenden Körperschaftsteuer-Erhöhungsbetrag** einzubehalten, folglich auch der Solidaritätszuschlag (vgl. § 43 Abs. 1 Nr. 6 Satz 2 EStG). Da, wo gemäß § 44c EStG bzw. nach einem Doppelbesteuerungsabkommen die Kapitalertragsteuer insgesamt oder z.T. wieder zu erstatten ist, behält das Bundesamt für Finanzen Kapitalertragsteuer auf den zu vergütenden Körperschaftsteuer-Erhöhungsbetrag nur in der jeweils verbleibenden Höhe ein (vgl. Riegler/Salomon, DB 1991 S. 1849 ff).

Der Zeitpunkt der Entstehung und Erhebung der Kapitalertragsteuer wird durch die differen- **2084** zierten Regelungen des Zuflusses in §§ 44 Abs. 1 bis 4 und 45 EStG festgelegt. Das bedeutet, daß die Kapitalertragsteuer eines nach dem 30. 6. 1991 und vor dem 1. 7. 1992 zugeflossenen Kapitalertrags oder eines in diesem Zeitraum vergüteten Körperschaftsteuer-Erhöhungsbetrags Bemessungsgrundlage für den Solidaritätszuschlag ist.

Da die Kapitalertragsteuer an den tatsächlichen Dividendenfluß anknüpft (§ 44 Abs. 1 und 2 EStG), sich beim Anteilseigner die steuerliche Erfassung aber u.U. nach bilanziellen Gesichtspunkten richtet, ist es durchaus denkbar, daß eine Dividende, die beim Anteilseigner nicht dem Zuschlag unterliegt, mit Solidaritätszuschlag auf die Kapitalertragsteuer belastet ist; ebenso ist der umgekehrte Fall möglich (vgl. RZ 2093).

Die Behandlung des einbehaltenen Solidaritätszuschlags folgt der Behandlung der Kapital- **2085** ertragsteuer, da die Vorschriften des EStG auf die Festsetzung und Erhebung der Zuschlagsteuer entsprechend anzuwenden sind (§ 51a EStG i. d. F. des StÄndG 1991). Daraus folgt, daß der

2085 Solidaritätszuschlag auf die Kapitalertragsteuer (anders als der Solidaritätszuschlag auf die Körperschaftsteuer)
- bei **inländischen Anteilseigner**
  = nach § 36 Abs. 2 Nr. 2 EStG bei der Veranlagung angerechnet wird,
  = nach §§ 44b und 44c EStG vollständig oder zur Hälfte erstattet wird,
  = nach §§ 43 Abs. 1 Nr. 6 Satz 2, 43 Abs. 2 und 44a EStG nicht einbehalten wird,
- und bei **ausländischen Anteilseignern**
  = nach § 50 Abs. 5 EStG mit dem Abzug abgegolten ist,
  = nach den DBA nach Maßgabe der Abkommen erstattet wird (vgl. Erlaß des Finanzministeriums NRW vom 25. 3. 1991, Wpg 1991 S. 516, und Verfügung der OFD Münster vom 28. 2. 1992, DB 1992 S. 1214).

2086 Da nach dem Gesetzeswortlaut auf die „zu erhebende Kapitalertragsteuer" als Bemessungsgrundlage für den Solidaritätszuschlag abgestellt wird, kommt in Fällen der **Abstandnahme vom Kapitalertragsteuer-Abzug** (§ 44a EStG) eine Erhebung des Solidaritätszuschlags nicht in Frage. Wegen der Bemessung des Solidaritätszuschlags zur Kapitalertragsteuer in den Fällen, in denen der Solidaritätszuschlag vom Schuldner der Kapitalerträge übernommen wird, vgl. Verfügung der OFD Koblenz vom 16. 9. 1991 (StLex 1991, Teil II U 22).

1.3.4 Kein Zuschlag auf die Pauschsteuer nach § 5 KapErhStG

2087 **Nicht** im Solidaritätszuschlaggesetz 1991 geregelt ist die Erhebung eines Solidaritätszuschlags auf die 30%-ige Pauschsteuer, die nach § 5 Abs. 2 KapErhStG anfällt, wenn eine Kapitalgesellschaft zunächst ihr Nennkapital unter Umwandlung von Altrücklagen (EK 03) erhöht und innerhalb von fünf Jahren das Nennkapital unter Auszahlung an ihre Anteilseigner wieder herabsetzt (vgl. dazu im einzelnen RZ 1846 ff).

1.4 Die Höhe des Zuschlags (§ 4 SolZG 1991)

2088 § 4 SolZG 1991 (Tarifvorschriften) sieht zwei **unterschiedliche v. H.-Sätze** für den Solidaritätszuschlag vor, und zwar:
- 3,75 v. H. der bei der Veranlagung 1991 und 1992 festgesetzten Körperschaftsteuer,
- 7,5 v. H. der in der Zeit vom 1. 7. 1991 bis 30. 6. 1992 zu leistenden Steuervorauszahlungen bzw. zu erhebenden Kapitalertragsteuer.

Die unterschiedlichen Sätze ergeben sich aus den unterschiedlichen Zeiträumen, wobei der zweite Spiegelstrich die Grundregel (7,5 v. H.) enthält. Da der Zeitraum 1. 7. 1991 bis 30. 6. 1992 die Veranlagungszeiträume 1991 und 1992 je zur Hälfte betrifft, muß sich bei der Jahresveranlagung der Satz zwangsläufig halbieren.

1.5 Doppelbesteuerungsabkommen (§ 5 SolZG 1991)

2089 Bei beschränkt steuerpflichtigen Anteilseignern, die **in Staaten ansässig** sind, **mit denen kein DBA besteht,** ist die inländische Steuer durch den Steuerabzug abgegolten (§ 50 Abs. 5 EStG). Ausschüttungen an solche Anteilseigner werden zusätzlich mit dem Solidaritätszuschlag belastet.

Bei beschränkt steuerpflichtigen Anteilseignern, die **in Staaten ansässig** sind, **mit denen die Bundesrepublik Deutschland ein DBA abgeschlossen** hat, ist das deutsche Besteuerungsrecht nahezu immer auf einen bestimmten v.H.-Satz der Bruttoerträge beschränkt. Riegler/Salomon (DB 1991 S. 1849 ff) haben in tabellarischen Übersichten die nach den einzelnen DBA höchstens zulässigen v.H.-Sätze zusammengestellt.

Entspricht im Einzelfall die Belastung mit inländischer Einkommensteuer dem Höchst-v.H.- 2089
Satz nach dem DBA oder überschreitet sie ihn, bleibt es bei der inländischen Einkommensteuer oder sie wird auf den im DBA festgelegten Höchst-v.H.-Satz ermäßigt.

Liegt die Steuerbelastung einschließlich Solidaritätszuschlag **über** dem Höchst-v.H.-Satz laut DBA, wird gemäß § 5 SolzG 1991 vorrangig der Solidaritätszuschlag und – falls dies nicht ausreicht – auch die Kapitalertragsteuer bis zu diesem Höchst-v.H.-Satz gekürzt. Eine **anteilige** Kürzung der Kapitalertragsteuer und des Solidaritätszuschlags hätte zu einer Schmälerung des den Ländern (und Gemeinden) zufließenden Steueraufkommens allein durch die Einführung des ausschließlich dem Bund zustehenden Solidaritätszuschlag geführt.

Bei Begrenzung des Besteuerungsrechts der Bundesrepublik Deutschland auf 25 v.H. und darunter führt der Solidaritätszuschlag bei ausländischen Anteilseignern zu keiner zusätzlichen Belastung. Lediglich dort, wo der Bundesrepublik Deutschland ein weitergehendes Besteuerungsrecht zusteht, kommt es aufgrund des Solidaritätszuschlags für Zuflüsse in der Zeit vom 1. 7. 1991 bis zum 30. 6. 1992 zu einer zusätzlichen Belastung i. H. v. 7,5 v. H. bezogen auf 25 v. H., also von 1,875 v. H. Wegen der Staaten, bei denen dies der Fall ist, siehe Riegler/Salomon (a. a. O.).

1.6 Verfahrensvorschriften (§ 51a EStG, § 49 Abs. 1 KStG)

Anders als bei früheren Zuschlagsteuergesetzen (vgl. Ergänzungsabgabegesetz vom 21. 12. 1967, 2090
BGBl I S. 1254, BStBl I S. 484 i. d. F. vom 23. 12. 1970, BGBl I S. 1856, BStBl 1971 I S. 8), findet man die Verfahrensvorschriften zur Erhebung und Festsetzung des Solidaritätszuschlags nicht im Solidaritätszuschlaggesetz 1991 selbst, sondern in § 51a EStG und § 49 Abs. 1 KStG i. d. F. des StÄndG 1991.

Der Solidaritätszuschlag zur Körperschaftsteuer **entsteht** entsprechend § 48 Buchstabe c KStG 2091
mit Ablauf des Veranlagungszeitraums und ist nach dessen Ablauf festzusetzen.

Der Solidaritätszuschlag wird im Rahmen der Körperschaftsteuerveranlagung durch eigenen Steuerbescheid festgesetzt.

Auf den im Rahmen der Körperschaftsteuer-Veranlagung festzusetzenden Jahres-Solidaritätszu- 2092
schlag wird der bereits im Vorauszahlungs- oder im Abzugswege erhobene Zuschlag **angerechnet.**

Auf den Solidaritätszuschlag sind **anzurechnen:**

– **die für den Veranlagungszeitraum entrichteten Vorauszahlungen auf den Solidaritätszuschlag (§ 51a Abs. 1, 4 EStG i.V.m. analoger Anwendung der §§ 36 Abs. 1 Nr. 1, 37 EStG);**

– **der in Fällen des Steuerabzugs (Kapitalertragsteuer) erhobene Solidaritätszuschlag (§ 51a Abs. 1 EStG i. V. m. analoger Anwendung der §§ 36 Abs. 1 Nr. 2, 43 Abs. 1 EStG).**

Es kann der Fall eintreten, daß eine Gewinnausschüttung für 1990 erst nach dem 1. 7. 1991 er- 2093
folgt und daß damit bei der ausschüttenden Körperschaft Solidaritätszuschlag auf die Kapitalertragsteuer zu erheben ist, diese Ausschüttung beim Empfänger aber der Besteuerung 1990, das ist außerhalb des zeitlichen Geltungsbereichs des SolZG 1991, unterliegt. Das ist insbesondere bei Gewinnausschüttungen im zweiten Halbjahr 1991 für das Geschäftsjahr 1990 an Mehrheitsgesellschafter möglich, die den Dividendenanspruch nach den Grundsätzen zur sog. phasengleichen Vereinnahmung bereits in ihrer Bilanz 1990 erfassen müssen. In einem solchen Fall hat das Finanzamt im Rahmen der Körperschaftsteuer-Veranlagung für 1990 den einbehaltenen Solidaritätszuschlag an den Anteilseigner zu erstatten (vgl. auch BMF-Schreiben vom 11. 9. 1991, DB 1991 S. 2008).

Nach § 51a Abs. 3 EStG ist der Solidaritätszuschlag in Fällen, in denen die Einkommensteuer bzw. 2094
die Körperschaftsteuer beim Steuerabzug vom Kapitalertrag (§ 45b EStG) als abgegolten gilt, ebenfalls abgegolten. Entsprechendes gilt, wenn Einkünfte bei der Veranlagung außer Betracht bleiben.

1.7 Besonderheiten bei Körperschaften mit abweichendem Wirtschaftsjahr (§ 49 Abs. 1 Satz 2 EStG i. d. F. d. StÄndG 1991)

2095 Die Regelungen im Solidaritätszuschlaggesetz werden durch § 49 Abs. 1 Satz 2 KStG i.d.F.d. StÄndG 1991 ergänzt, der verhindern soll, daß sich Probleme bei Körperschaften mit abweichendem Wirtschaftsjahr ergeben.

Nach § 49 Abs. 3 KStG sind die **Vorauszahlungen auf die Körperschaftsteuer** des Veranlagungszeitraums, in dem das abweichende Wirtschaftsjahr endet, bereits während des Wirtschaftsjahres zu entrichten. Nach § 49 Abs. 1 KStG i.V.m. § 36 Abs. 2 Nr. 1 EStG werden diese vorzeitig entrichteten Vorauszahlungen aber trotzdem erst auf die für den Veranlagungszeitraum zu entrichtende Körperschaftsteuer angerechnet.

Ohne eine **Sonderregelung** würde bei abweichendem Wirtschaftsjahr, z.B. vom 1. 7. 1991 bis 30. 6. 1992, der Solidaritätszuschlag auf die am 10. 9. und am 10. 12. 1991 zu leistenden Körperschaftsteuer-Vorauszahlungen erst auf den Solidaritätszuschlag zur veranlagten Körperschaftsteuer 1992 angerechnet und würde dort, weil für 1992 vier Vorauszahlungen angerechnet würden, größtenteils wieder erstattet. Gleichzeitig müßte die Körperschaft bei der Körperschaftsteuer-Veranlagung 1991, weil für dieses Jahr **keine** Vorauszahlungen anzurechnen wären, Solidaritätszuschlag nachzahlen. Dies soll die Regelung in § 49 Abs. 1 Satz 3 KStG vermeiden. Danach wird der im Wege der Vorauszahlung entrichtete Zuschlag auf den Solidaritätszuschlag für das Jahr angerechnet, **in dem** die Vorauszahlungen nach § 37 Abs. 1 EStG zu entrichten sind.

1.8 Die gliederungsmäßige Behandlung des Solidaritätszuschlags

2096 Der Solidaritätszuschlag ist gemäß § 1 SolzG 1991 eine **Ergänzungsabgabe zur Körperschaftsteuer,** d. h. eine nichtabziehbare Personensteuer. Da § 27 Abs. 2 KStG zur Tarifbelastung nur die Körperschaftsteuer selbst rechnet, ist der Zuschlag eine **sonstige nichtabziehbare Ausgabe** i. S. d. § 31 Abs. 1 Nr. 4 KStG, die in der Gliederung des verwendbaren Eigenkapitals vorrangig vom EK 50 abzuziehen ist (so auch die amtliche Gesetzesbegründung; vgl. BR-Drs. 142/91 S. 17).

1.9 Keine Einbeziehung in das körperschaftsteuerliche Anrechnungsverfahren

2097 Der von der ausschüttenden Körperschaft entrichtete Solidaritätszuschlag zur Körperschaftsteuer kann auf die Einkommen- oder Körperschaftsteuer der Anteilseigner nicht **angerechnet** werden. Auch kommt bei nicht zur Einkommensteuer veranlagten Anteilseignern eine Vergütung nach den §§ 36b bis 36d EStG nicht in Betracht. Eine Vergütung des Solidaritätszuschlags auf die **Körperschaftsteuer** kommt selbst dort nicht in Betracht, wo die zugrunde liegende Körperschaftsteuer (Erhöhungsbetrag) nach **§ 52 KStG** bzw. nach § 36e EStG vergütet wird. Wegen der Behandlung des Solidaritätszuschlags, der auf die **Kapitalertragsteuer** auf einen vergüteten Körperschaftsteuer-Erhöhungsbetrag entfällt, siehe RZ 2083 ff.

2098 Die dem Solidaritätszuschlaggesetz 1991 zugrundeliegende Konzeption, wonach auf eine vorübergehende Erhöhung der Körperschaftsteuer und der Einkommensteuer bewußt verzichtet und statt dessen eine (allein dem Bund zustehende) besondere Abgabe erhoben wird, führt hinsichtlich der ausgeschütteten Gewinne **von Körperschaften** zu einer **Doppelbelastung** mit Solidaritätszuschlag sowohl bei der Körperschaft als auch bei ihren Anteilseignern. Bei **Mehrfachverschachtelungen** im Konzernbereich kommt es auf jeder Stufe zur Festsetzung des Zuschlags und damit zu einer entsprechenden Kumulation. Vgl. die Darstellung der Belastungswirkungen bei Orth (DB 1991 S. 779), Rödder (DB 1991 S. 921, 1400), Reinhardt/Sievers (DStR 1991 S. 887), Korn (KÖSDI 9/91 S. 8652) und Stifter (DStZ 1992 S. 65).

Die **Belastung mit Solidaritätszuschlag** (3,75 v.H. der festgesetzten Körperschaftsteuer) beträgt 2099

- für den mit 50 v. H. Körperschaftsteuer unterliegenden thesaurierten Einkommensteil 1,875 v. H. des Einkommens,
- für den mit 36 v. H. Körperschaftsteuer unterliegenden ausgeschütteten Teil des Einkommens 1,35 v. H. des Einkommens.

Hinzu kommt auf der Ebene der Körperschaft, daß der Solidaritätszuschlag als nichtabzbare Ausgabe Anrechnungsguthaben vernichtet. Durch seinen Abzug vom EK 50 geht für die Zukunft eine Körperschaftsteuer-Minderung von 14/50 des Solidaritätszuschlags verloren. Bezogen auf das Einkommen beträgt diese Belastung:

- 1,875 v. H. · 14/50 = 0,525 v. H. bzw.
- 1,35 v. H. · 14/50 = 0,378 v. H.

Berücksichtigt man weiter, daß diese nicht nutzbare Körperschaftsteuer-Minderung wiederum nicht zur Senkung der Bemessungsgrundlage für den Solidaritätszuschlag genutzt werden kann (gegenseitig sich beeinflussende Rechengrößen), kommt man hinsichtlich des ausgeschütteten Einkommens auf eine Belastung mit Solidaritätszuschlag von annähernd 1,75 v. H. Weiter kommt die zweite Belastung mit Solidaritätszuschlag auf der Ebene des Anteilseigners hinzu.

Zusammenfassendes Beispiel (vgl. Dötsch, GmbHR 1992 S. 513) 2100

Ausschüttende Kap.Ges.

	DM	EK 50 DM
Ek-Bestand 31. 12. 1990		180 000
Zu versteuerndes Einkommen 1991	100 000	
– KSt 50 v. H.	– 50 000	+ 50 000
– SolZ		– 1 364
EK-Bestand 31. 12. 1991		228 636

Nachrichtlich:	DM	DM
Gewinnausschüttung in 1992 für 1991 (höchstmögliche Ausschüttung aus dem Einkommen 1991 50 000 DM – 1 364 DM = 48 636 DM + [$^{14}/_{50}$ v. 48 636 DM =] 13 618 DM)	62 254	
Dafür Verwendung von EK 50 ($^{50}/_{64}$ v. 62 254 DM)	– 48 636	
KSt-Minderung	13 618	
KSt 50 v. H. v. 100 000 DM		50 000
– KSt-Minderung		– 13 618
Festzusetzende KSt		36 382
SolZ 3,75 v. H. v. 36 382 DM		1 364

Auf die Gewinnausschüttung **einbehaltende Steuern:**
KapSt 25 v. H. v. 62 254 DM — 15 563
SolZ zur KapSt (7,5 v. H. v. 15 563 DM) — 1 167

Anteilseigner (Alleingesellschafter)	DM	DM
Gewinnausschüttung	62 254	
+ $^9/_{16}$ KSt-Guthaben	+ 35 018	
Zu versteuernde Kap. Erträge	97 272	
Festzusetzende **ESt** (unterstellter StSatz 50 v. H.)		48 636
– anzurechnende KSt		– 35 018
Verbleibende ESt		13 618

	DM
SolZ (3,75 v. H. v. 48 636 DM)	1 824
– anzurechnender Zuschlag auf die KapSt	– 1 167
Verbleibender SolZ	657
Gesamtbelastung mit SolZ	
– bei der Kap. Ges	1 364
– auf die KapSt	1 167
– beim AE	657
	3 188

Bezogen auf das Einkommen der Kap. Ges. vor Steuern (100 000 DM), das voll an den Anteilseigner ausgeschüttet wurde, beträgt die Belastung mit SolZ 3,19 v. H. Hinzu kommt die in vorstehender RZ 2099 angesprochene Zusatzbelastung wegen des Abzugs als nichtabziehbare Ausgabe.

1.10 Die rechnerische Ermittlung des Solidaritätszuschlags

2101 Will eine Körperschaft, die nicht über einen ausreichenden Anfangsbestand beim ungemildert mit Körperschaftsteuer belasteten Teilbetrag verfügt, ihr Einkommen in vollem Umfang ausschütten, dann errechnet sich die Höhe der möglichen Ausschüttung und daraus wiederum die Höhe der Körperschaftsteuer-Minderung nach dem vorhandenen EK 56 (bzw. EK 50). Da der Solidaritätszuschlag an die festgestzte Körperschaftsteuer (nach Minderung) anknüpft und als nichtabziehbare Ausgabe das EK 50 verringert, verändert er die Bemessungsgröße für die Gewinnausschüttung und für die Körperschaftsteuer-Minderung. Eine veränderte festzusetzende Körperschaftsteuer verändert wiederum die Höhe des Zuschlags. M.a.W.: Die höchstmögliche Ausschüttung und die festzusetzende Körperschaftsteuer einerseits sowie der Solidaritätszuschlag andererseits **hängen gegenseitig voneinander ab** und beeinflussen sich. Der bei der Körperschaft anfallende Solidaritätszuschlag beträgt bei maximaler Ausschüttung 1,364 v.H. des zu versteuernden Einkommens.

2102 **Beispiel** (vgl. Dötsch, GmbHR 1992 S. 513):

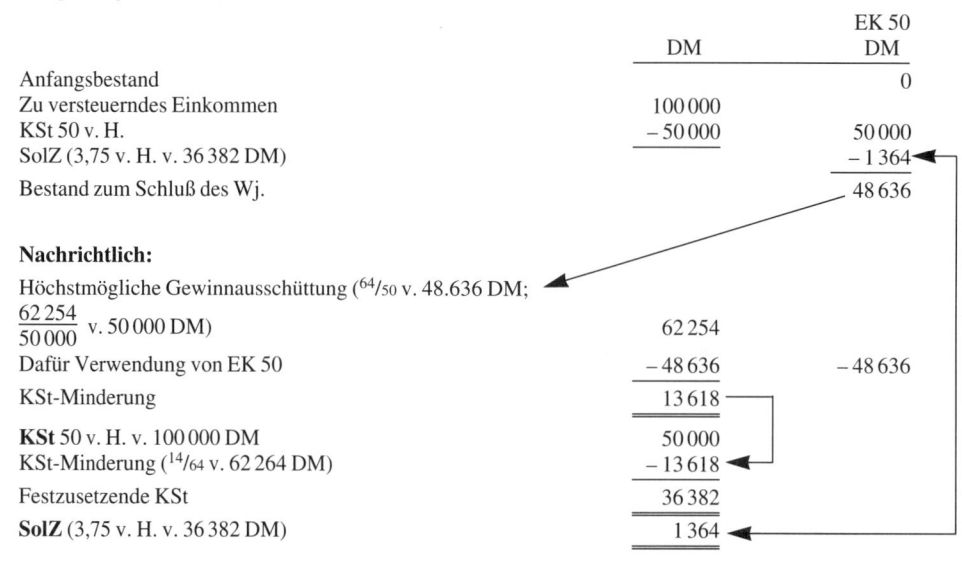

	DM	EK 50 DM
Anfangsbestand		0
Zu versteuerndes Einkommen	100 000	
KSt 50 v. H.	– 50 000	50 000
SolZ (3,75 v. H. v. 36 382 DM)		– 1 364
Bestand zum Schluß des Wj.		48 636
Nachrichtlich:		
Höchstmögliche Gewinnausschüttung ($^{64}/_{50}$ v. 48.636 DM; $\frac{62\,254}{50\,000}$ v. 50 000 DM)	62 254	
Dafür Verwendung von EK 50	– 48 636	– 48 636
KSt-Minderung	13 618	
KSt 50 v. H. v. 100 000 DM	50 000	
KSt-Minderung ($^{14}/_{64}$ v. 62 264 DM)	– 13 618	
Festzusetzende KSt	36 382	
SolZ (3,75 v. H. v. 36 382 DM)	1 364	

Der Solidaritätszuschlag beträgt also bei maximaler Ausschüttung stets ca. 1,364 v.H. des zu 2103
versteuernden Einkommens (vgl. Siegel, GmbHR 1992 S. 795). Wegen der Berechnung der
Vollausschüttung unter Einbeziehung des Solidaritätszuschlags siehe auch Schöchlin (StWa
1993 S. 25).

frei 2104

2. Solidaritätszuschlag ab 1995

Ausgewählte Literaturhinweise: Dötsch, Föderales Konsolidierungsprogramm: Der neue Solidaritätszuschlag zur KSt, DB 1993 S. 1440.

2.1 Allgemeimes

Das als Artikel 31 des Gesetzes zur Umsetzung des Föderalen Konsolidierungsprogramms 2105
(FKPG) vom 23. 6. 1993 (BGBl I S. 944, 975) beschlossene Solidaritätszuschlaggesetz 1995
wirkt auf den ersten Blick wie eine Neuauflage des Solidaritätszuschlaggesetzes 1991 vom
24. 6. 1991 (BGBl I S. 1318). Doch der erste Blick täuscht. Das neue Solidaritätszuschlaggesetz
1995, das eine Begrenzung seiner Laufzeit nicht enthält, sieht für den Solidaritätszuschlag ein
vereinfachtes Anrechnungsverfahren vor, das Mehrfachbelastungen ausgeschütteter Gewinne
von Körperschaften mit dem Zuschlag vermeiden soll. Das Solidaritätszuschlaggesetz 1991
nahm im Hinblick auf seine nur einjährige Laufzeit solche Mehrfachbelastungen in Kauf.

2.2 Wesen des Solidaritätszuschlages

Nach § 1 SolzG 1995 wird der Solidaritätszuschlag als **Ergänzungsabgabe** zur Einkommen- 2106
und Körperschaftsteuer erhoben. Er ist damit eine selbständig zu erhebende Steuer (Artikel 106
Abs. 1 Nr. 6 GG), die aus technischen Gründen an die Einkommen- bzw. Körperschaftsteuer anknüpft. Seine Verwaltung erfolgt im Auftrag des Bundes durch die Landesfinanzbehörden (Artikel 108 Abs. 2 Satz 1 und Abs. 3 Satz 1 GG).

2.3 Abgabepflichtige Personen

Der Solidaritätszuschlag wird nach § 2 Nr. 1 SolzG 1995 von einkommensteuerpflichtigen 2107
natürlichen Personen und nach § 2 Nr. 2 SolzG 1995 von allen unbeschränkt und beschränkt
steuerpflichtigen Körperschaften, Personenvereinigungen und Vermögensmassen erhoben. Der
Solidaritätszuschlag auf die Einkommensteuer wird hier nur bezogen auf die Anteilseigner der
Körperschaft angesprochen, ohne auf die Besonderheiten der Kappung (§§ 4 Satz 2, 3 Abs. 3 – 5
SolzG 1995) einzugehen.

2.4 Bemessungsgrundlage

2.4.1 Solidaritätszuschlag auf die veranlagte Steuer

Soweit eine Veranlagung zur Einkommensteuer oder zur Körperschaftsteuer vorzunehmen ist, 2108
bemißt sich der Solidaritätszuschlag nach der für die Veranlagungszeiträume ab 1995 festge-

2108 setzten Einkommen- oder Körperschaftsteuer, vermindert um die anzurechnende oder vergütete Körperschaftsteuer, wenn ein positiver Betrag verbleibt (§ 3 Abs. 1 Nr. 1 SolzG 1995). Festgesetzte Körperschaftsteuer ist die tarifliche Körperschaftsteuer nach Minderung bzw. Erhöhung gemäß §§ 27–43 KStG. Dem Zuschlag unterliegt erstmals das Einkommen aus dem ersten in 1995 endenden Wirtschaftsjahr. Das kann auch bereits ein in 1994 beginnendes abweichendes Wirtschaftsjahr sein.

2109 Zur Bemessung des Solidaritätszuschlags ist die **festgesetzte Einkommen- bzw. Körperschaftsteuer** um die nach § 36 Abs. 2 Nr. 3 EStG **anzurechnende** bzw. nach §§ 36b, 36c ggfs. i.V.m. § 36d EStG **vergütete Körperschaftsteuer** (auf vereinnahmte Gewinnausschüttungen entfallend) **zu verringern.** Wegen der Wirkungen dieses vereinfachten Anrechnungsverfahrens siehe RZ 2119 ff.

2110 Der Satzteil in § 3 Abs. 1 Nr. 1 SolzG 1995 **„wenn ein positiver Betrag verbleibt"** verhindert, daß infolge einer Körperschaftsteuer-Minderung oder einer anzurechnenden bzw. vergüteten Körperschaftsteuer ein **negativer Solidaritätszuschlag** festgesetzt werden müßte.

2.4.2 Solidaritätszuschlag auf die Körperschaftsteuer-Vorauszahlungen

2111 Soweit Vorauszahlungen auf die Einkommen- oder Körperschaftsteuer zu leisten sind, bemißt sich der Solidaritätszuschlag nach den Vorauszahlungen auf die Steuer für Veranlagungszeiträume ab 1995. Abgestellt wird auf die Veranlagungszeiträume ab 1995, nicht auf die in diesen Veranlagungszeiträumen zu leistenden Vorauszahlungen (§ 3 Abs. 1 Nr. 2 SolZG 1995).

2112 In diesem Zusammenhang ist auf Art. 22 FKPG hinzuweisen. Danach wird **in § 49 Abs. 1 KStG** der dort durch das Solidaritätszuschlaggesetz 1991 eingefügte Satz 2 wieder gestrichen. Nach § 49 Abs. 3 KStG sind die Vorauszahlungen auf die Körperschaftsteuer eines Veranlagungszeitraums, in dem ein **abweichendes Wirtschaftsjahr** endet, bereits **während** des abweichenden Wirtschaftsjahres zu entrichten. Nach § 49 Abs. 1 KStG i.V.m. § 36 Abs. 2 Nr. 1 EStG werden diese vorzeitig entrichteten Vorauszahlungen aber trotzdem erst auf die für den Veranlagungszeitraum zu entrichtende Körperschaftsteuer angerechnet. Für die Vorauszahlungen auf den Solidaritätszuschlag 1991/92 war diese für die Körperschaftsteuer geltende Regel nicht übernommen worden. Sie hätte wegen der nur einjährigen Laufzeit des damaligen Solidaritätszuschlag Probleme bereitet. § 49 Abs. 1 Satz 2 KStG enthielt deshalb für die Vorauszahlungen auf den Solidaritätszuschlag eine an die Behandlung der Einkommensteuervorauszahlungen angelehnte Sonderregelung (vgl. dazu Scheurmann-Kettner/Dötsch, DB 1991 S. 1644, 1646).

2113 Da der Solidaritätszuschlag nach dem Solidaritätszuschlaggesetz 1995 eine längere Laufzeit haben wird, ist die Sonderregelung in 49 Abs. 1 Satz 2 KStG entbehrlich. Die Vorauszahlungen auf den Solidaritätszuschlag ab 1995 werden damit parallel zu den Vorauszahlungen auf die Körperschaftsteuer, auf die sie entfallen, erhoben und angerechnet. Bei einem abweichenden Wirtschaftsjahr 1994/95 können Vorauszahlungen auf den Solidaritätszuschlag 1995 daher erstmals bereits in 1994 zu entrichten sein.

2.4.3 Solidaritätszuschlag auf Kapitalertragsteuer

2114 Ist **Kapitalertragsteuer** einzubehalten, bemißt sich der Solidaritätszuschlag nach der ab 1. 1. 1995 zu erhebenden Kapitalertragsteuer (in DBA-Fällen nach der ggf. begrenzten Kapitalertragsteuer). Ein Solidaritätszuschlag ist nach § 3 Abs. 1 Nr. 5 SolzG 1995 **nicht** auf die nach **§ 44d EStG** zu bemessende Kapitalertragsteuer zu erheben. Die Ausnahme betrifft Ausschüttungen an ausländische Muttergesellschaften innerhalb der EG. Auf diese Ausschüttungen darf Deutschland nach der sog. Mutter-Tochter-Richtlinie (ABl. EG 1990 Nr. L 225/6) bis zum 30. 6. 1996 nur noch eine höchstens 5%-ige Quellensteuer erheben. Bei einem zusätzlichen Solidaritätszuschlag würde dieser Höchstsatz überschritten.

2115 Erfolgt ein Steuerabzug nach § 50a EStG, ist der Solidaritätszuschlag auf den ab 1. 1. 1995 zu erhebenden Steuerabzug festzusetzen (§ 3 Abs. 1 Nr. 6 SolzG 1995). Dem Steuerabzug unterlie-

gen nach § 50a EStG bei beschränkt Steuerpflichtigen Aufsichtsratsvergütungen gemäß § 50a   2115
Abs. 1 EStG und Vergütungen gemäß § 50a Abs. 4 EStG. In § 50a Abs. 5 Sätze 1 und 2 EStG ist
als maßgeblicher Zeitpunkt der Entstehung und der Pflicht zur Erhebung der Steuer der Zeitpunkt des Zufließens beim Gläubiger festgelegt.

2.5 Zuschlagsatz

Nach § 4 SolzG 1995 beträgt der Solidaritätszuschlag 7,5 v.H. der Bemessungsgrundlage. Die in   2116
§ 4 Satz 2 i.V.m. § 3 Abs. 3–5 SolzG 1995 vorgesehene **Kappung** des Zuschlags bei geringerer
Steuer hat nur für die Einkommensteuer Bedeutung.

2.6 Gliederungsmäßige Behandlung des Solidaritätszuschlags

Der Solidaritätszuschlag ist eine Ergänzungsabgabe zu einer nichtabziehbaren Personensteuer   2117
(Einkommen- oder Körperschaftsteuer) und ist damit ebenfalls eine nichtabziehbare Ausgabe.

Da er, wie bereits der Solidaritätszuschlag 1991, nicht zur Körperschaftsteuer-Tarifbelastung   2118
gehört, kann er nicht im üblichen (für die Körperschaftsteuer vorgesehenen) Verfahren als Anrechnungsguthaben weitervermittelt werden. Vielmehr verringert der Solidaritätszuschlag in
der Gliederungsrechnung gemäß § 31 Abs. 1 Nr. 4 KStG als **sonstige nichtabziehbare Ausgabe** den ungemildert mit Körperschaftsteuer belasteten Teilbetrag (ab 1994: EK 45) und wird damit definitiv mit Körperschaftsteuer (und Solidaritätszuschlag) belastet. Wegen des eigenständigen vereinfachten Anrechnungsverfahrens für den Solidaritätszuschlag siehe nachstehend
RZ 2119 ff.

2.7 Vermeidung bzw. Milderung der Mehrfachbelastung mit Solidaritätszuschlag durch ein eigenständiges vereinfachtes Anrechnungsverfahren

§ 3 Abs. 1 Nr. 1 SolzG 1995, der die Bemessung des Solidaritätszuschlags auf die Einkommen-   2119
und Körperschaftsteuer regelt, unterscheidet sich von den entsprechenden Regelungen im Solidaritätszuschlaggesetz 1991 (§ 3 Abs. 1 Nr. 1 und 2 SolzG 1991) dadurch, daß sich der Zuschlag
nach der **um die anzurechnende bzw. vergütete Körperschaftsteuer verringerten festgesetzten Einkommen- oder Körperschaftsteuer bemißt.**

Dieses indirekte vereinfachte Anrechnungsverfahren für den Solidaritätszuschlag (ohne Gliede-   2120
rungsrechnung) tritt ab 1995 neben das körperschaftsteuerliche Anrechnungsverfahren (mit
Gliederung des verwendbaren Eigenkapitals). Der Grund dafür, daß das Solidaritätszuschlaggesetz 1995 die **Bemessung** des Solidaritätszuschlags nach der festzusetzenden Einkommen- bzw.
Körperschaftsteuer **nach Anrechnung bzw. Vergütung einer Körperschaftsteuer** (der Vorstufe) regelt, statt an die ungemilderte Einkommen- bzw. Körperschaftsteuer anzuknüpfen und
auf den danach festzusetzenden Solidaritätszuschlag den auf die anzurechnende Körperschaftsteuer (der Vorstufe) entfallenden Solidaritätszuschlag **anzurechnen,** ist in der fehlenden
eigenständigen Gliederung des verwendbaren Eigenkapitals für diesen Zuschlag zu suchen. Die
Anrechnung des Solidaritätszuschlags zur Körperschaftsteuer würde, wie die Anrechnung der
Körperschaftsteuer selbst, das Herstellen einer einheitlichen Ausschüttungsbelastung mit Solidaritätszuschlag und damit die Kenntnis der Vorbelastung mit Solidaritätszuschlag voraussetzen. Diese Informationen könnte jedoch nur eine Gliederung des verwendbaren Eigenkapitals
oder eine vergleichbare Speicherrechnung liefern. Eine eigenständige Gliederungsrechnung für
den Solidaritätszuschlag wurde jedoch, weil zu aufwendig, nie ernsthaft erwogen. Eine Alternative zur beschlossenen gesetzlichen Regelung wäre es allenfalls gewesen, einen anzurechnenden

2120 Solidaritätszuschlag zur Körperschaftsteuer in einem festen Bruchteil der anzurechnenden Körperschaftsteuer anzunehmen, und zwar unabhängig von einem Nachweis durch eine Steuerbescheinigung.

2121 Das für den Solidaritätszuschlag gewählte vereinfachte Anrechnungsverfahren unterscheidet sich von dem körperschaftsteuerlichen Anrechnungsverfahren insbesondere in zwei Punkten:

1. Der Solidaritätszuschlag wird – anders als die Körperschaftsteuer – in der Gliederung des verwendbaren Eigenkapitals als sonstige nichtabziehbare Ausgabe abgezogen und wird dadurch definitiv mit Körperschaftsteuer und mit Solidaritätszuschlag belastet; insoweit verringert sich das Ausschüttungspotential.

2. Beim Anteilseigner wird die Bemessungsgrundlage für den festzusetzenden Solidaritätszuschlag (festzusetzende Einkommen- bzw. Körperschaftsteuer) in jedem Fall um die anzurechnende bzw. vergütete Körperschaftsteuer verringert, ohne daß es darauf ankommt, ob die ausschüttende Körperschaft Gewinnausschüttung aus verwendbarem Eigenkapital finanziert hat, das mit Solidaritätszuschlag vorbelastet ist.

2122 Das im Solidaritätszuschlaggesetz 1995 vorgesehene vereinfachte Anrechnungsverfahren kann nicht verhindern, daß es zur Verringerung des Solidaritätszuschlags des Anteilseigners „durch Anrechnung" der Vorstufenbelastung auch insoweit kommt, als nicht angerechnet werden dürfte, insbesondere bei der Ausschüttung

– von vor dem Veranlagungszeitraum 1995 gebildeten Rücklagen,
– von steuerfreien Rücklagen (EK 0).

Diese Ausschüttungsbestandteile tragen nämlich keine Vorbelastung mit Solidaritätszuschlag.

2123 Die genannten Unvollkommenheiten im vereinfachten Anrechnungsverfahren für den Solidaritätszuschlag bieten ohne Zweifel Raum für entsprechende Steuergestaltungen (vgl. hierzu Dötsch in Dötsch/Eversberg/Jost/Witt, Kommentar zum KStG und EStG, Tz. 19–20 Anhang SolzG 1995).

2.8 Doppelbesteuerungsabkommen

2124 In § 5 SolzG 1995, der wörtlich dem § 5 SolzG 1991 entspricht, ist geregelt, daß sich Ermäßigungen der Steuern vom Einkommen, die sich aufgrund eines DBA ergeben, zuerst auf den Solidaritätszuschlag auswirken sollen.

In Abkommen zur Vermeidung der Doppelbesteuerung ist häufig vorgesehen, daß Steuern vom Einkommen, z. B. eine im Weg des Quellensteuerabzugs erhobene Kapitalertragsteuer, ermäßigt werden. Nach einigen Doppelbesteuerungsabkommen dürfen inländische Einkünfte nur bis zu bestimmten v.H.-Sätzen (sogar abweichend vom EStG) mit Steuern vom Einkommen belastet werden. Entspricht im konkreten Einzelfall die Belastung mit inländischer Einkommensteuer dem Höchst-v.H.-Satz nach dem DBA oder überschreitet sie ihn, bleibt es bei der inländischen Einkommensteuer oder sie wird auf den im DBA festgelegten Höchst-v.H.-Satz ermäßigt. Liegt die Steuerbelastung einschließlich Solidaritätszuschlag über dem Höchst-v.H.-Satz laut DBA, wird zunächst der Solidaritätszuschlag und – falls dies nicht ausreicht – auch die Kapitalertragsteuer bis zu diesem Höchst-v.H.-Satz gekürzt.

Eine anteilige Kürzung der Kapitalertragsteuer und des Solidaritätszuschlags würde zu einer Schmälerung des den Ländern (und Gemeinden) zufließenden Steueraufkommens allein durch die Einführung des ausschließlich dem Bund zustehenden Solidaritätszuschlag führen. Um dies zu vermeiden, ordnet § 5 SolzG 1995 an, daß sich die Ermäßigung zunächst auf den Solidaritätszuschlag auswirken soll. Dies hat zur Folge, daß der Solidaritätszuschlag im Einzelfall ganz oder teilweise nicht erhoben werden kann.

2.9 Beispiele zu den Belastungswirkungen des neuen Solidaritätszuschlags

Beispiel 1 (Verwendung von EK 45):

a) Sachverhalt

Eine GmbH erzielt in 1995 ein zu versteuerndes Einkommen von 500000 DM, das sie in voller Höhe an ihren Alleingesellschafter ausschüttet. Dieser hat keine anderen Einkünfte.

b) Steuerliche Behandlung bei der GmbH

	DM	EK-Gliederung EK 45 DM	KSt DM
Bestand 1. 1. 1995 (unterstellt)		0	
Zu versteuerndes Einkommen 1995	500 000		
– KSt 45 v. H.	– 225 000		225 000
EK-Zugang	275 000	275 000	
– SolZ (s. u.)		– 11 485	
Bestand 31. 12. 1995		263 515	

Nachrichtlich:

	DM	DM	DM
Höchstmögliche Gewinnausschüttung ($^{70}/_{55}$ von 263 515 DM)	335 383		
Dafür Verwendung von EK 45	– 263 515	– 263 515	
KSt-Minderung ($^{15}/_{55}$ von 263 515 DM)	71 868		– 71 868
Festzusetzende KSt			153 132
Festzusetzender SolZ (7,5 v. H. von 153 132 DM)			11 485

Auf die Gewinnausschüttung einzubehaltende Steuern:

KapSt (25 v. H. von 335 383 DM)	83 836
SolZ auf die KapSt (7,5 v. H. von 83 846 DM)	6 288,45

Bei der Vollausschüttung des Einkommens und deren Finanzierung aus dem EK 45 beträgt der SolZ, wenn keine anderen nichtabziehbaren Ausgaben außer KSt und SolZ vorliegen, 2,297 v. H. des zu versteuernden Einkommens.

c) Steuerliche Behandlung beim Anteilseigner

	DM	DM
Gewinnausschüttung in 1996 für 1995		335 383
+ $^{3}/_{7}$ KSt-Anrechnungsguthaben		+ 143 736
Zu versteuerndes Einkommen 1996*)		479 119
ESt (unterstellte Belastung 50 v. H.)		239 559
– anzurechnende KapSt		– 83 836
– anzurechnende KSt		– 143 736
Verbleibende ESt		11 977

Berechnung des SolZ:

Festzusetzende ESt	239 559
– anzurechnende KSt	– 143 736
Verbleiben	95 823

---

*) Aus Vereinfachungsgründen bleiben hier Sparerfreibetrag, Werbungskosten, Sonderausgaben usw. unberücksichtigt.

2125

	DM
Davon 7,5 v. H.	7 186,70
– anzurechnender SolZ auf die KapSt (nicht auf die KSt)	– 6 288,45
Verbleibender SolZ	898,25

d) Gesamtbelastung mit SolZ

SolZ auf die KSt	11 485,00
SolZ auf die KapSt	6 288,45
SolZ auf die ESt	898,25
	18 671,70

Bezogen auf das Einkommen der GmbH vor Steuern, das voll an den Anteilseigner ausgeschüttet wurde, beträgt die Belastung mit SolZ insgesamt 3,73 v. H.

2126 Beispiel 2:

a) Sachverhalt

Eine GmbH erzielt in 1995 ein zu versteuerndes Einkommen von 500 000 DM. Anfangsbestände des vEK zum 1. 1. 1995

– EK 50: 700 000 DM

– EK 45: 100 000 DM

Gewinnausschüttung in 1996 für 1995 an den Alleingesellschafter: 350 000 DM.

b) Steuerliche Behandlung bei der GmbH

		EK-Gliederung		KSt
		EK 50	EK 45	
	DM	DM	DM	DM
Bestand 1. 1. 1995		700 000	100 000	
Zu versteuerndes Einkommen 1995	500 000			
– KSt 45 v. H.	– 225 000			225 000
EK-Zugang	275 000		275 000	
– SolZ (s. u.)			– 9 375	
Bestände 31. 12. 1995		700 000	365 625	
Nachrichtlich:				
Gewinnausschüttung in 1996 für 1995	350 000			
Dafür Verwendung von EK 50				
($^{50}/_{70}$ von 350 000 DM)	– 250 000	– 250 000		
KSt-Minderung	100 000			– 100 000
Festzusetzende KSt				125 000
Festzusetzender SolZ				
(7,5 v. H. von 125 000 DM)				9 375

Auf die Gewinnausschüttung einzubehaltende Steuern:

KapSt (25 v. H. von 350 000 DM)	87 500
SolZ auf die KapSt (7,5 v. H. von 87 500 DM)	6 562,50

c) Besteuerung des Anteilseigners

	DM
Gewinnausschüttung in 1996 für 1995	350 000
+ $^{3}/_{7}$ KSt-Anrechnungsguthaben	+ 150 000
Zu versteuerndes Einkommen 1996*)	500 000

*) Aus Vereinfachungsgründen bleiben hier Sparerfreibetrag, Werbungskosten, Sonderausgaben usw. unberücksichtigt.

	DM	DM
Festzusetzende ESt (unterstellte Belastung 50 v. H.)		250 000
– anzurechnende KapSt		– 87 500
– anzurechnende KSt		– 150 000
Verbleibende ESt		12 500
Berechnung des SolZ:		
Festzusetzende ESt	250 000	
– anzurechnende KSt	– 150 000	
Verbleiben	100 000	
Davon 7,5 v. H.		7 500,00
– anzurechnender SolZ auf die KapSt (nicht auf die KSt)		– 6 562,50
Verbleibender SolZ		937,50
d) Gesamtbelastung mit SolZ		
SolZ auf die KSt		9 375,00
SolZ auf die KapSt		6 562,50
SolZ auf die ESt		937,50
		16 875,00

Beispiel 3:

a) Sachverhalt

Die T-GmbH, deren 100 %iger Anteilseigner die M-GmbH ist, erzielt in 1995 ein zu versteuerndes Einkommen von 500 000 DM, das sie in voller Höhe an die M-GmbH ausschüttet (höchstmögliche Ausschüttung – 335 383 DM, s. Beispiel 1, RZ 2125). Die M-GmbH hat in 1995, für das ihr steuerlich die Dividende der T-GmbH zuzurechnen ist (phasengleiche Vereinnahmung), außerdem ein eigenes Einkommen von 200 000 DM erwirtschaftet. Sie schüttet in 1996 für 1995 an ihren Alleingesellschafter A 350 000 DM aus.

b) Steuerliche Behandlung bei der T-GmbH

	DM	EK-Gliederung EK 45 DM	KSt DM
Bestand 1. 1. 1995 (unterstellt)		0	
Zu versteuerndes Einkommen 1995		500 000	
– KSt 45 v. H.		– 225 000	225 000
EK-Zugang		275 000	275 000
– SolZ (s. u.)			– 11 485
Bestand 31. 12. 1995			263 515
Nachrichtlich:			
Höchstmögliche Gewinnausschüttung	335 383		
Dafür Verwendung von EK 45	– 263 515	– 263 515	
KSt-Minderung	71 868		– 71 868
Festzusetzende KSt			153 132
Festzusetzender SolZ (7,5 v. H. von 153 132 DM)			11 485
Auf die Gewinnausschüttung einzubehaltende Steuern:			
KapSt (25 v. H. von 335 383 DM)			83 836
SolZ auf die KapSt (7,5 v. H. von 83 846 DM)			6 288,45

2127

	DM	EK-Gliederung EK 45 DM	KSt DM
c) Steuerliche Behandlung bei der M-GmbH			
Bestand 01. 01. 1995 (unterstellt)		0	
Dividende von T-GmbH	335 383		
+ ³/₇ KSt-Guthaben	+ 143 736		
	479 119		
+ eigenes Einkommen M-GmbH	+ 200 000		
Zu versteuerndes Einkommen	679 119		
– KSt 45 v. H.	– 305 604		305 604
EK-Zugang	373 515	373 515	
– SolZ (s. u.)		– 6 515	
Bestand 31. 12. 1995		367 000	
Nachrichtlich:			
Gewinnausschüttung in 1996 für 1995		350 000	
Dafür Verwendung von EK 45			
(⁵⁰/₇₀ von 350 000 DM)	– 275 000	– 275 000	
KSt-Minderung	75 000		– 75 000
Festzusetzende KSt			230 604
– anzurechnende KapSt			– 83 846
– anzurechnede KSt			– 143 736
Verbleibende KSt			3 022

Berechnung des SolZ:	DM	DM
Festzusetzende KSt	230 604	
– anzurechnende KSt	– 143 736	
Verbleiben	86 868	
Davon 7,5 v. H.		6 515,10
– anzurechnender SolZ auf die KapSt (nicht auf die KSt)		– 6 288,45
Verbleibender SolZ		226,50
d) Besteuerung beim Alleingesellschafter A		
Dividende von der M-GmbH		350 000
+ ³/₇ KSt-Guthaben		+ 150 000
Zu versteuerndes Einkommen*)		500 000
ESt (unterstellte Belastung 50 v. H.)		250 000
– anzurechnende KapSt		– 87 500
– anzurechnende KSt		– 150 000
Verbleibende ESt		12 500
Berechnung des SolZ:		
Festzusetzende ESt	250 000	
– anzurechnende KSt	– 150 000	
Verbleiben	100 000	
Davon 7,5 v. H.		7 500,00
– anzurechnender SolZ auf die KapSt (nicht auf die KSt)		– 6 562,50
Verbleibender SolZ		937,50

*) Aus Vereinfachungsgründen bleiben hier Sparerfreibetrag, Werbungskosten, Sonderausgaben usw. unberücksichtigt.

d) Gesamtbelastung mit SolZ   DM   **2127**

SolZ auf die KSt der T-GmbH	11 485,00
SolZ auf die von der T-GmbH einzubehaltende KapSt	6 288,45
SolZ auf die KSt der M-GmbH	226,65
SolZ auf die von der M-GmbH einzubehaltende KapSt	6 562,50
SolZ auf die ESt des A	937,50
Zusammen	25 500,10

Für den durchgeschütteten Teil der Dividende der Tochtergesellschaft T-GmbH ergibt sich bei der zwischengeschalteten M-GmbH keine Zusatzbelastung mit SolZ. Der bei ihr anfallende SolZ betrifft nur ihr eigenes Einkommen.

2128
frei **−2139**

Teil K
Überblick über die Vorschriften des Umwandlungssteuergesetzes

Ausgewählte Literaturhinweise: Dötsch, Das neue Umwandlungssteuerrecht ab 1995, Schäffer-Poeschel Verlag, Stuttgart; **Widmann-Mayer,** Umwandlungsrecht, Stollfuß-Verlag, Bonn; **Ganske,** Berufsrelevante Regelungen für Wirtschaftsprüfer im neuen Umwandlungsrecht, Wpg 1994 S. 157; **Müller-Gatermann,** Die Reform des Umwandlungssteuerrechts, Wpg 1993, S. 723; **Rödder,** Vermögensübergang von Kapitalgesellschaften auf Personengesellschaften und natürliche Personen im Referentenentwurf des neuen UmwStG, DStR 1993 S. 1349; **Krebs,** Änderungen des Umwandlungssteuerrechts, BB 1994 S. 2115; **App-Hörtnagel-Stratz,** Überblick über die Neuregelung des Umwandlungsrechts, NWB F 18 S. 3371 ff; **Glade,** Änderung der Unternehmensform nach dem UmStG (1995), NWB F 18 S. 3383 ff; **Herzig-Momen,** Die Spaltung von Kapitalgesellschaften im neuen Umwandlungssteuergesetz, DB 1994 S. 2157 ff, 2210 ff.

1. Allgemeines

Das Gesetz über steuerliche Maßnahmen bei Änderung der Unternehmensform (Umwandlungsteuergesetz – UmwStG 1977) vom 6. 9. 1976 (vgl. BGBl 1976 I S. 2641; BStBl 1976 I S. 476) ist mit grundsätzlicher Wirkung ab 1. 1. 1995 durch das Umwandlungssteuergesetz vom 28. 10. 1994, BGBl. 1994 I S. 3267 (UmwStG 1995) ersetzt worden. Das neue Umwandlungssteuerrecht sieht im Vergleich zum UmwStG 1977 Verbesserungen insbesondere im Bereich der Verschmelzung von Körperschaften auf Personenunternehmen, einer Körperschaft auf eine andere Körperschaft und bei der Spaltung von Körperschaften vor. Das UmwStG regelt neben den **Vermögensübertragungen von einer Körperschaft auf eine Personengesellschaft oder eine natürliche Person** (§§ 3–10, 14 UmwStG 1995) und dem **Vermögensübergang auf eine andere Körperschaft** (§§ 11–13 UmwStG 1995), der Spaltungsvorgänge (§ 15 UmwStG 1995) auch die Vorgänge der **Betriebseinbringung oder Umwandlung eines Personenunternehmens in Kapitalgesellschaften** (§§ 20–23 UmwStG 1995) und die **Einbringung eines Betriebs in Personengesellschaften** (§ 24 UmwStG 1995). Da seit der Körperschaftsteuerreform Betriebseinbringungen in Kapitalgesellschaften sehr häufig vorkommen, werden nachstehend auch diese Betriebseinbringungsvorgänge besprochen. 2140

Zum UmwStG 1977 sind zwei ausführliche Schreiben des Bundesministers der Finanzen ergangen, in denen Zweifels- und Auslegungsfragen zu diesem Gesetz behandelt werden. Die Ausführungen in diesem Schreiben können auch zur Auslegung des UmwStG 1995 herangezogen werden. Das Schreiben vom 15. 4. 1986 (BStBl 1986 I S. 164) befaßt sich in erster Linie mit Fragen der Umwandlung von Kapitalgesellschaften in Personenunternehmen oder andere Kapitalgesellschaften, während in dem Schreiben vom 16. 6. 1978 (BStBl 1978 I S. 235) zu den Vorgängen der Betriebseinbringung in Kapitalgesellschaften und Personengesellschaften Stellung genommen wird.

Die §§ 1–19 UmwStG 1995 sind im übrigen zwingendes Recht. Dem Grunde nach gilt das auch für die Betriebseinbringungen (§§ 20, 24 UmwStG 1995), hier eröffnet das Gesetz allerdings weitgehende Wahlrechte.

1.1 Umwandlungen nach Handelsrecht

Bei der Liquidation von Körperschaften gehen die Wirtschaftsgüter im Wege der **Einzelrechtsnachfolge** auf die Erwerber über. Auch bei der Veräußerung eines Betriebs einer Kapitalgesellschaft ist Einzelrechtsnachfolge gegeben. Dabei wird dann das Eigentum an den einzelnen Wirtschaftsgütern nach den Regeln des bürgerlichen Rechts übertragen (bei Grundstücken: Auflassung und Eintragung; bei beweglichen Wirtschaftsgütern: Einigung und Übergabe). Werden dagegen Umwandlungen nach den besonderen handelsrechtlichen Regelungen vorgenommen, geht das Vermögen der umgewandelten Körperschaft **ohne Abwicklung auf den Rechtsnachfolger über (Gesamtrechtsnachfolge).** 2141

2141 Durch das Gesetz zur Bereinigung des Umwandlungsrechts vom 28. 10. 1994, BGBl. 1994 I S. 3210 soll grundsätzlich allen Handelsgesellschaften alle Umwandlungsarten eröffnet werden. Außerdem werden die bisher in verschiedenen Gesetzen verstreuten Umwandlungsregelungen in einem Gesetz, dem (handelsrechtlichen) Umwandlungsgesetz vom 28. 10. 1994, BGBl 1994 I S. 3212 (UmwG 1995) zusammengefaßt.

Nach dem UmwG 1995 ist eine Umwandlung der Oberbegriff für die Überführung eines Unternehmens von einer Rechtsform in eine andere Rechtsform. Rechtsträger im Inland können nach § 1 UmwG 1995 nach folgenden Umwandlungsarten umgewandelt werden:
– durch Verschmelzung (§§ 2–122 UmwG 1995),
– durch Spaltung (§§ 123–173 UmwG 1995),
– durch Vermögensübertragung (§§ 174–189 UmwG 1995),
– durch Formwechsel (§§ 190–304 UmwG 1995).

Neben den bisher bestehenden 44 Umwandlungsmöglichkeiten eröffnen sich 75 neue Konstellationen der Umgründung (WPg 1994 S. 158). Im einzelnen wird auf die Darstellung von Ganske im Bundesanzeiger Nr. 112a vom 20. 6. 1992 verwiesen.

Unter **Verschmelzung** (Fusion) versteht man die Übertragung des gesamten Vermögens eines Rechtsträgers auf einen anderen – bereits bestehenden oder neu gegründeten – Rechtsträger, im Wege der Gesamtrechtsnachfolge. Den Anteilsinhabern des übertragenden Rechtsträgers wird dabei durch Anteilstausch eine Beteiligung am übernehmenden oder neuen Rechtsträger eingeräumt (Grundsatz des § 2 UmwG 1995).

Mit der Eintragung der Verschmelzung in das Handelsregister geht das Vermögen (einschließlich der Schulden) der übertragenden Kapitalgesellschaft auf die übernehmende Gesellschaft über. Die übertragende Kapitalgesellschaft erlischt, ihre Gesellschafter werden Gesellschafter der übernehmenden Gesellschaft.

2142 Handelsrechtlich wird zwischen einer **Verschmelzung durch Aufnahme** und einer **Verschmelzung durch Neubildung** unterschieden. Bei einer Verschmelzung durch Aufnahme (vgl. §§ 60–72 UmwG 1995) wird das Vermögen einer Kapitalgesellschaft auf eine andere bereits bestehende Kapitalgesellschaft gegen Gewährung von Gesellschaftsrechten der übernehmenden Kapitalgesellschaft übertragen. Bei einer Verschmelzung durch Neubildung (vgl. §§ 73–77 UmwG 1995) wird eine neue Kapitalgesellschaft gebildet, auf die das Vermögen der sich vereinigenden Kapitalgesellschaften gegen Gewährung von Gesellschaftsrechten der neuen Gesellschaft übergeht.

2143 Erstmals wird durch die §§ 123–173 UmwG 1995 im deutschen Recht die **Spaltung** von Kapitalgesellschaften (und Personengesellschaften) im Wege der Sonderrechtsnachfolge (partielle Gesamtrechtsnachfolge) allgemein geregelt. Es sind hiernach keine Einzelrechtsübertragungen mehr erforderlich. Das Gesetz unterscheidet die nachstehenden Varianten:

Bei der **Aufspaltung** § 123 Abs. 1 UmwG 1995 teilt eine Gesellschaft ihr Vermögen unter Auflösung ohne Abwicklung auf und überträgt die Vermögensteile jeweils als Gesamtheit auf (mindestens) zwei andere Rechtsträger. Den Anteilsinhabern der untergehenden Gesellschaft fällt die Beteiligung an den Rechtsträgern zu, auf die das Vermögen übergegangen ist. Die Aufspaltung ist eine „umgekehrte Verschmelzung".

Bei der **Abspaltung** § 123 Abs. 2 UmwG 1995 bleibt die sich spaltende Gesellschaft bestehen; sie überträgt einen Teil ihres Vermögens als Gesamtheit auf einen (oder mehrere andere) Rechtsträger. Die Anteilsinhaber der sich spaltenden Gesellschaft erhalten eine Beteiligung an dem übernehmenden Rechtsträger.

Bei der **Ausgliederung** § 123 Abs. 3 UmwG 1995 fallen im Gegensatz zu Abspaltung die Anteile an dem übernehmenden Rechtsträger in das Vermögen der sich spaltenden Gesellschaft.

2144 Bei der **Vermögensübertragung** (§ 174 UmwG 1995) geht ein Unternehmen ganz oder teilweise (Vollübertragung oder Teilübertragung) im Wege der Gesamtrechtsnachfolge auf einen anderen Rechtsträger über. Dabei werden keine Gesellschaftsrechte als Gegenleistung gewährt, sondern andere Wirtschaftsgüter (z. B. Bargeld). Die Vermögensübertragung ist nur für wenige Rechtsträger (insbesondere Versicherungen) vorgesehen. 2144

Der **Formwechsel** nach § 190 ff UmwG 1995 entspricht der formwechselnden Umwandlung im bisher geltenden Recht. Dabei ändert sich lediglich das Rechtskleid und die Struktur des Rechtsträgers, die Identität bleibt bestehen. Ein Vermögensübergang auf einen anderen Rechtsträger findet nicht statt. 2145

Im Gegensatz zum bisherigen Recht ist nunmehr auch ein Formwechsel von Kapitalgesellschaften in Personenhandelsgesellschaften und umgekehrt möglich. 2146

In der Praxis wird gelegentlich auch von einer Umwandlung gesprochen, wenn eine Kapitalgesellschaft aufgelöst und ihr Vermögen im Rahmen der Abwicklung im Wege der Einzelrechtsnachfolge auf einen anderen Rechtsträger übertragen wird, der ihr Unternehmen fortführt. Dabei handelt es sich jedoch um eine normale Liquidation, die nach § 11 KStG besteuert wird. Auch wenn eine Kapitalgesellschaft ihren Betrieb überträgt und rechtlich bestehen bleibt, handelt es sich nicht um eine Umwandlung, sondern um einen gewöhnlichen Veräußerungsvorgang, bei dem handelsrechtliche Einzelrechtsnachfolge gegeben ist.

1.2 Inkrafttreten des neuen Rechts

Für die Anwendung der **handelsrechtlichen** Neuregelung ist entscheidend, ob ein die Umwandlung vorbereitender Rechtsakt (Vertrag, Erklärung, Gesellschafterversammlung o. ä.) vor dem 1. 1. 1995 oder danach verwirklicht worden ist (§ 318 UmwG 1995). Diese Unterscheidung ist insbesondere bei Spaltungen zu beachten. 2147

Die steuerliche Neuregelung gilt erstmals für den Übergang von Vermögen, „der auf Rechtsakten beruht, die nach dem 31. 12. 1994 wirksam werden" (§ 27 UmwStG 1995). Die Gesetzesmaterialien geben hierzu keine Auslegungshilfe. Ein Vergleich des Wortlauts mit der bisherigen Regelung (vgl. § 27 UmwStG 1977) könnte dafür sprechen, daß der Rechtsakt maßgebend ist, der den Vermögensübergang bewirkt (also i. d. R. die Eintragung im Handelsregister). Die Finanzverwaltung geht jedoch aufgrund des Sachzusammenhangs mit der handelsrechtlichen Regelung davon aus, daß das UmwStG 1995 ebenso wie das handelsrechtliche UmwG 1995 noch nicht auf solche Umwandlungen anzuwenden ist, zu deren Vorbereitung vor dem 1. 1. 1995 ein Vertrag oder eine Erklärung beurkundet oder notariell beglaubigt oder eine Versammlung der Anteilseigner einberufen worden ist. 2148

Bei Umwandlungen, auf die das UmwStG 1995 anzuwenden ist, kann dem Vermögensübergang eine Bilanz auf einen höchstens acht Monate vor der Anmeldung zur Eintragung in das maßgebliche Register liegenden Stichtag zugrunde gelegt werden; dies kann auch ein Stichtag vor dem 1. 1. 1995 sein.

Vgl. hierzu BMF-Schr. vom 19. 12. 1994, BStBl 1995 I S. 42, und Orth in DB 1995 S. 169.

2. Besteuerung von Umwandlungen

2.1 Formwechsel (bisher: formwechselnde Umwandlung)

Bei der formwechselnden Umwandlung zwischen Kapitalgesellschaften besteht die bisherige Kapitalgesellschaft in der neuen Form fort. Es findet somit keine Vermögensübertragung statt, die Voraussetzungen für eine Besteuerung der stillen Reserven sind deshalb bereits dem Grunde nach nicht gegeben. Die bisherige Kapitalgesellschaft ist mit der Kapitalgesellschaft im neuen Rechtskleid identisch. Damit führt eine formwechselnde Umwandlung unter Kapitalgesellschaften nicht zu einer Ertragsteuerbelastung, die Kapitalgesellschaft führt vielmehr ihre bisherigen Buchwerte fort. Wegen der Personenidentität bleibt auch ein Verlustabzug (Verlustrücktrag oder Verlustvortrag) der umgewandelten Kapitalgesellschaft erhalten (BFH, Urteil vom 19. 8. 1958, BStBl 1958 III S. 468). Auch die Sechsjahresfrist nach § 6b EStG wird durch eine form- 2149

2149 wechselnde Umwandlung unter Kapitalgesellschaften nicht unterbrochen. Da die formwechselnde Umwandlung lediglich eine Rechtsformänderung darstellt, kann es bei den Anteilseignern auch nicht zu einer Gewinnrealisierung kommen (vgl. sogenanntes Tauschgutachten des BFH, Gutachten vom 16. 12. 1958, BStBl 1959 III S. 30). Gewinnrealisierungen sind allerdings denkbar, wenn in eine KGaA formwechselnd umgewandelt wird (umstritten) oder Gesellschafter bei einer formwechselnden Umwandlung ihre Gesellschaftsrechte gegen Barabfindung an die Gesellschaft abtreten (vgl. Widmann-Mayer, Umwandlungsrecht, Rz 6500 ff und die dort zitierten Quellen).

2150 Eine ganz andere Regelung gilt nach § 14 UmwStG 1995 für die nunmehr mögliche formwechselnde Umwandlung einer Kapitalgesellschaft in ein Personenunternehmen. In diesen Fällen wird steuerlich wie bei einer Verschmelzung einer Kapitalgesellschaft auf ein Personenunternehmen (also einem Vermögensübergang) verfahren. Auf die Aufstellung einer Übertragungsbilanz und einer Eröffnungsbilanz kann daher steuerlich nicht verzichtet werden. Der Formwechsel zwischen Kapitalgesellschaft und Personenunternehmen wird somit steuerlich einem Vermögensübergang gleichgestellt.

2.2 Besteuerung der Umwandlung von Kapitalgesellschaften auf Personenunternehmen nach den allgemeinen Regeln des Ertragsteuerrechts

2151 Durch eine Umwandlung endet die Steuerpflicht der umgewandelten Körperschaft. Es wären deshalb grundsätzlich die stillen Reserven aufzudecken (Schlußbesteuerung der umgewandelten Körperschaft). Wenn auch eine Schlußbesteuerung nach den §§ 3 und 4 Abs. 1 UmwStG 1995 – die zwingendes Recht darstellen – in der Regel nicht vorzunehmen ist, bleiben doch die Steuerfolgen einer Umwandlung, bei der die Vergünstigungen des Umwandlungsteuergesetzes nicht anzuwenden wären, für das Verständnis des Gesetzes von Interesse.

Nach allgemein ertragsteuerlichen Grundsätzen wären in der steuerlichen Schlußbilanz alle Wirtschaftsgüter mit dem Teilwert anzusetzen. § 11 Abs. 2 UmwStG 1995 schreibt z. B. vor, daß in der steuerlichen Schlußbilanz der übertragenden Körperschaft alle Wirtschaftsgüter mit dem Wert der für die Übertragung gewährten Gegenleistung anzusetzen sind. Der Wert der Gegenleistung ist mit dem Teilwert der untergehenden – quasi zurückzugebenden – Gesellschaftsrechte identisch (RFH, Urteil vom 6. 7. 1943, RStBl 1943 S. 758). Der Wert der untergehenden Gesellschaftsrechte deckt sich wiederum mit der Summe der Teilwerte der übergehenden Kapitalgesellschaft (RFH, Urteil vom 27. 2. 1940, RStBl 1940 S. 527).

2152 Dabei bleibt der originäre Firmenwert der umgewandelten Kapitalgesellschaft außer Ansatz (BFH, Urteil vom 29. 5. 1956, BStBl 1956 III S. 226). Bei einer Umwandlung ohne die vom Umwandlungsteuergesetz gewährten Vergünstigungen würden also – bis auf den selbstgeschaffenen Firmenwert – alle stillen Reserven im Betriebsvermögen der umgewandelten Kapitalgesellschaft aufgedeckt (sogenannter Übertragungsgewinn) und der Körperschaftsteuer unterworfen. Ein ermäßigter Körperschaftsteuersatz ist dabei wie bei der Liquidation nicht vorgesehen.

2153 Durch die Umwandlung ergeben sich aber auch Auswirkungen auf die Besteuerung der Übernehmerin (Personengesellschaft, Einzelfirma). Für die Übernehmerin stellt sich der Umwandlungsvorgang als Tausch der untergehenden Gesellschaftsrechte gegen die von der übertragenden Kapitalgesellschaft hereinkommenden Wirtschaftsgüter dar. Es handelt sich dabei um einen normalen betrieblichen Vorgang, bei dem in Höhe der Differenz zwischen dem Teilwert des übernommenen Vermögens und dem Buchwert der untergehenden Beteiligung ein betrieblicher Gewinn entsteht.

Beispiel: 2153

Eine GmbH weist zum Umwandlungsstichtag folgende Bilanz aus:

Aktiva	DM	Passiva	DM
Anlage- und Umlaufvermögen	600 000	Stammkapital	100 000
		Rücklagen	200 000
		Bilanzgewinn	50 000
		Verbindlichkeiten und Rückstellungen	250 000
	600 000		600 000

Das Vermögen der GmbH zu Teilwerten (Ansatz aller Besitz- und Schuldposten mit dem Teilwert; Ausnahme: originärer Firmenwert) beträgt 500 000 DM. Die GmbH wird auf ihre Alleingesellschafterin, eine OHG, verschmelzend umgewandelt. Die GmbH-Anteile standen bei der OHG mit 200 000 DM zu Buch.

Ohne Anwendung des UmwStG würden sich die nachstehenden Gewinne ergeben:

a) **Übertragungsgewinn bei der GmbH** (auch Gewinn der unteren Ebene genannt)

Dem Buchwert des GmbH-Vermögens von

Stammkapital	100 000 DM
Rücklagen	200 000 DM
Bilanzgewinn	50 000 DM
	350 000 DM
wird der Teilwert des GmbH-Vermögens mit gegenübergestellt	500 000 DM
Übertragungsgewinn	150 000 DM

Auf den Übertragungsgewinn würde sich eine Steuerbelastung mit Körperschaftsteuer und Gewerbesteuer von zusammen rd. 95 000 DM ergeben.

b) **Übernahmegewinn bei der OHG** (auch Gewinn der oberen Ebene genannt)

Teilwert des von der OHG übernommenen GmbH-Vermögens	500 000 DM
Steuern für Übertragungsgewinn	./. 95 000 DM
	405 000 DM
Buchwert der bisherigen GmbH-Beteiligung	./. 200 000 DM
Übernahmegewinn	205 000 DM

Aus dem Beispiel – das, wie bereits erwähnt, **die geltenden Vorschriften des UmwStG außer Betracht läßt, um die sich ohne UmwStG ergebenden Rechtsfolgen aufzuzeigen** – ergibt sich, daß bei einer übertragenden Umwandlung **bei der untergehenden Kapitalgesellschaft ein Übertragungsgewinn** und **bei der Übernehmerin ein Übernahmegewinn** entsteht.

Die Rechtslage nach dem UmwStG wird nachfolgend beschrieben.

2.3 Vermögensübertragungen nach §§ 174–189 UmwG 1995

Da die Gegenleistung bei diesen vorwiegend im Bereich von Versicherungen stattfindenden 2154 Vermögensübertragungen im Regelfall in Bargeld besteht, handelt es sich um normale Veräußerungen, die nach allgemeinen Grundsätzen besteuert werden.

2.4 Steuerliche Rückwirkung

Da den Vermögensübertragungen nach dem UmwStG eine Bilanz zugrundezulegen ist, und die 2155 Anmeldung beim Handelsregister erst nach dem Bilanzstichtag erfolgen kann, werden Umwandlungen steuerlich **auf den Stichtag der Umwandlungsbilanz zurückbezogen** (§ 2 Abs. 1 UmwStG 1995). Die Bilanz darf bei allen Umwandlungen bei der Anmeldung zum Handelsregister nicht älter als 8 Monate sein (§§ 17 Abs. 2, 125, 176 Abs. 1 und 177 Abs. 1 UmwG 1995).

2155 **Beispiel:**

Eine GmbH faßt im August 02 den Beschluß, auf der Grundlage der Bilanz zum 31. 12. 01 in eine OHG umzuwandeln. Die Anmeldung beim Handelsregister erfolgt noch im August 02. Nach § 2 Abs. 1 UmwStG gilt die GmbH für die Steuern vom Einkommen, Ertrag und Vermögen mit Wirkung vom 31. 12. 01 als erloschen. Die Fiktion hat zur Folge, daß beispielsweise ein gewinnmindernder Abzug von Gehältern an die Gesellschafter der – handelsrechtlich noch bis August 02 bestehenden – GmbH ab 1. 1. 02 nicht mehr möglich ist. Ein etwa erfolgter Lohnsteuerabzug ist zu erstatten oder bei der Einkommensteuerveranlagung des betreffenden Gesellschafters zu verrechnen.

2156 Die Rückwirkung erfolgt kraft Gesetzes, ein Antrag (wie nach dem UmwStG 1969) ist nicht erforderlich.

2157 Die Rückbeziehung der Vermögensübertragung auf den steuerlichen Umwandlungsstichtag (§ 2 Abs. 1 UmwStG 1995) gilt auch für **Gewinnausschüttungen der umgewandelten Kapitalgesellschaft.** Eine nach dem steuerlichen Übertragungsstichtag beschlossene Gewinnausschüttung darf das Vermögen in der Schlußbilanz der Kapitalgesellschaft nicht vermindern. Der nach dem Umwandlungsstichtag ausgeschüttete Gewinn der Kapitalgesellschaft wird deshalb in Form des Übernahmegewinns versteuert und nicht als Kapitalertrag der zivilrechtlich noch bestehenden aber steuerlich bereits weggefallenen Kapitalgesellschaft. Bei der Übernehmerin stellen die Gewinnausschüttungen lediglich einen gewinneutralen Vorgang dar. Im Fall der Umwandlung auf eine Personengesellschaft oder natürliche Person sind die Gewinnausschüttungen als Entnahmen zu behandeln (BStBl 1978 I S. 184, RZ 6).

Am steuerlichen Übertragungsstichtag bereits beschlossene offene Gewinnausschüttungen für frühere Jahre und Vorabausschüttungen für das letzte Wirtschaftsjahr sind jedoch, wenn die Ausschüttung noch nicht erfolgt ist, als Schuldposten in der steuerlichen Übertragungsbilanz zu berücksichtigen. Die Ausschüttungsbelastung ist hierfür herzustellen. Nach h. M. gilt die Auszahlung als am steuerlichen Übertragungsstichtag erfolgt und ist von den Anteilseignern im entsprechenden Jahr zu versteuern. Ist steuerlicher Übertragungsstichtag der 31. 12., so müssen Vorabausschüttungen für das letzte Wirtschaftsjahr oder vGA im letzten Wirtschaftsjahr wohl in einer an die letzte Eigenkapitalgliederung angehängte nachrichtlichen Berechnung bei der untergehenden Kapitalgesellschaft erfaßt werden. Nur so wird dem § 28 Abs. 2 Satz 2 KStG Rechnung getragen. Ebenso wird zu verfahren sein, wenn Anteilseigner zwischen dem steuerlichen Übertragungsstichtag und vor der Eintragung des Umwandlungs- oder Verschmelzungsbeschlusses ins Handelsregister ausgeschieden sind, weil insoweit § 2 Abs. 1 UmwStG nicht anwendbar ist.

2158 Zu beachten ist, daß die Fiktion des § 2 Abs. 1 UmwStG nicht für die Umsatzsteuer gilt.

Für die Umsatzsteuer besteht die übertragende Körperschaft bis zum Tag der Eintragung des Umwandlungs- oder Verschmelzungsbeschlusses im Handelsregister. Umsatzsteuerlich sind Umwandlungen usw. ab 1994 erheblich einfacher geworden, weil Umsätze im Rahmen einer Geschäftsveräußerung an einen anderen Unternehmer nach Maßgabe des § 1 Abs. 1a UStG nicht mehr steuerbar sind.

2.5 Vermögensübertragung auf Personengesellschaften und natürliche Personen nach bisherigem Recht (UmwStG 1977)

2.5.1 Besteuerung der vermögensübertragenden Kapitalgesellschaft (Übertragungsgewinn)

2159 Bei einer übertragenden Umwandlung auf eine Personengesellschaft muß die umzuwandelnde Körperschaft – dabei kann es sich nach dem handelsrechtlichen UmwG nur um eine Kapitalgesellschaft handeln – in ihrer **Schlußbilanz alle Wirtschaftsgüter mit dem Teilwert ansetzen** (§ 3 UmwStG 1977) und dadurch die in den Buchwerten enthaltenen stillen Reserven aufdecken. Ein originärer Firmenwert und andere unentgeltlich erworbene immaterielle Wirtschaftsgüter sind in der Schlußbilanz jedoch nicht anzusetzen, weil ihr Ansatz in der Steuerbilanz nach § 5 Abs. 2 EStG nicht möglich ist (BStBl 1986 I S. 164; Tz. 8). Wirtschaftsgüter, die nicht in ein Be-

triebsvermögen übergehen, sind mit dem gemeinen Wert und Pensionsverpflichtungen mit dem 2159
nach § 6a EStG sich ergebenden Wert zu bewerten. Eigene Anteile, die durch das Erlöschen der
umgewandelten Kapitalgesellschaft wertlos werden, können bereits in der Schlußbilanz nicht
mehr angesetzt werden (BFH, Urteil vom 28. 10. 1964, BStBl 1965 III S. 59). Der dadurch eintretende Buchverlust wird außerhalb der Bilanz bei der Einkommensermittlung zugerechnet,
weil er als gesellschaftsrechtlicher Vorgang das Einkommen der untergehenden Kapitalgesellschaft nicht mindern darf.

Der durch die Aufdeckung der stillen Reserven entstehende **Übertragungsgewinn unterliegt** 2160
nicht der Körperschaftsteuer (§ 4 UmwStG 1977). Es ist in der letztmaligen Eigenkapitalgliederung der übertragenden Körperschaft als EK 02 auszuweisen. Der Gesetzgeber hat diese
Befreiungsvorschrift aus Vereinfachungsgründen geschaffen, weil sonst Körperschaftsteuer
entstanden wäre, die bei den Anteilseignern zur Anrechnung geführt hätte. Der laufende Gewinn
des betreffenden Jahres bleibt aber körperschaftsteuerpflichtig. Die untergehende Kapitalgesellschaft muß deshalb für ihr letztes Wirtschaftsjahr eine normale Bilanz und eine Übertragungsbilanz nach § 3 UmwStG 1977 (in der die Wirtschaftsgüter mit dem Teilwert anzusetzen
sind) erstellen.

Wenn sich die Ansätze der steuerlichen Schlußbilanz nachträglich ändern, so löst dies eine Fol- 2161
geänderung bei der Übernehmerin aus. Bei späteren Steuernachforderungen müssen diese in den
Bilanzen der Wirtschaftsjahre passiviert werden, für die die Mehrsteuern entstanden sind. Das
Wahlrecht nach R 20 EStR ist insoweit ausgeschlossen (BStBl 1986 I S. 164 RZ 10-13). Der
Übertragungsgewinn entspricht nicht genau der Summe der aufgedeckten stillen Reserven. Er
mindert sich um die steuerlich abzugsfähigen Ausgaben, die mit der Umwandlung zusammenhängen. Darunter fällt auch die auf den Übertragungsgewinn entfallende GewSt, weil das UmwStG eine Gewerbesteuerbefreiung für den Übertragungsgewinn nicht vorsieht. Sie mindert den
Übertragungsgewinn (BFH, Urteil vom 17. 1. 1969, BStBl 1969 II S. 540 und BStBl 1986 I S.
164 RZ 11).

Der Übertragungsgewinn kann wie folgt ermittelt werden:

    Teilwerte des übergegangenen Betriebsvermögens
    (ohne selbstgeschaffene immaterielle Wirtschaftsgüter)
./. Buchwerte des übergegangenen Betriebsvermögens

= Buchgewinn/-verlust
./. Umwandlungskosten (soweit auf die übertragende Körperschaft entfallend)
./. GewSt auf den Übertragungsgewinn

= Übertragungsgewinn/-verlust

Soweit der Übernahmegewinn nicht der Einkommensteuer unterliegt wird die Besteuerung der
stillen Reserven dadurch gesichert, daß für den Übertragungsgewinn partielle Steuerpflicht eintritt (§ 13 Abs. 2 UmwStG 1977). Ein derartiger Fall kann sich bei beschränkt Steuerpflichtigen,
bei denen wegen des Vermögensübergangs in das Privatvermögen keine Steuerpflicht im Inland
gegeben ist oder bei steuerfreien Körperschaften und Köperschaften des öffentlichen Rechts ergeben.

2.5.2 Besteuerung der Übernehmerin (Übernahmegewinn)

Die übernehmende Personengesellschaft oder natürliche Person muß nach § 5 Abs. 1 UmwStG 2162
1977 die auf sie **übergegangenen Wirtschaftsgüter mit dem in der Umwandlungsbilanz der
übertragenden Körperschaft angesetzten Wert übernehmen.** In der Umwandlungsbilanz
sind die Wirtschaftsgüter der Körperschaft mit dem Teilwert ausgewiesen. Dadurch entsteht in
Höhe der Differenz zwischen den zu Teilwerten einzubuchenden Wirtschaftsgütern der umgewandelten Körperschaft und dem bisherigen Buchwert der Anteile an der umgewandelten Kapitalgesellschaft ein Übernahmegewinn. Der Übernahmegewinn ergibt sich in der Buchführung
der übernehmenden Personengesellschaft und entsteht mit Ablauf des steuerlichen Übertragungsstichtags.

2163 Die übergegangenen Wirtschaftsgüter gelten bei der übernehmenden Personengesellschaft als mit den in der Umwandlungsbilanz der Körperschaft angesetzten Werten angeschafft (§ 5 Abs. 2 UmwStG 1977), dadurch ergibt sich bei der übernehmenden Personengesellschaft eine erhöhte AfA-Grundlage.

2164 Der **Übernahmegewinn** wird bei den Gesellschaftern der übernehmenden Personengesellschaft **ohne tarifliche Begünstigung zur Einkommensteuer herangezogen.** Ist Gesellschafter der übernehmenden Personengesellschaft eine Körperschaft, so unterliegt der Übernahmegewinn insoweit der Körperschaftsteuer. Auf die Einkommensteuer oder Körperschaftsteuer wird die **Körperschaftsteuer angerechnet,** die auf den Teilbeträgen des für Ausschüttungen verwendbaren Eigenkapitals der übertragenen Körperschaft lastet (§ 12 UmwStG 1977). Da in den Umwandlungsfällen die Höhe der anrechenbaren Körperschaftsteuer leicht festgestellt werden kann, verzichtet das UmwStG darauf, die Ausschüttungsbelastung nach § 27 KStG bei der umzuwandelnden Körperschaft herzustellen. Das ist deshalb möglich, weil die anrechnungsberechtigten Gesellschafter der Personengesellschaft dem zuständigen Finanzamt bekannt sind.

2165 Die anzurechnende Körperschaftsteuer erhöht bei der übernehmenden Personengesellschaft den Gewinn (§ 5 Abs. 3 UmwStG 1977), sie ist aber gesondert zu erfassen (BStBl 1986 I S. 164, RZ 16). Die der Übernehmerin entstehenden nicht objektbezogenen Umwandlungskosten (vgl. nachstehende RZ 2170) mindern aus Vereinfachungsgründen zusammen mit der GewSt auf den Übernahmegewinn den laufenden Gewinn. Der Übernahmegewinn/-verlust wird nach § 5 Abs. 5 UmwStG 1977 danach wie folgt errechnet:

Wert der übergehenden Wirtschaftsgüter
./. Buchwert der Anteile
+ anrechenbare Körperschaftsteuer nach § 12 UmwStG 1977
+ Sperrbetrag nach § 50c EStG (bei Anteilskauf von nicht Anrechnungsberechtigten)
= Zu berücksichtigender Übernahmegewinn/-verlust

Trotz der mit dem Übernahmegewinn verbundenen Körperschaftsteuer-Anrechnung können sich durch die volle Heranziehung des Übernahmegewinns zur Einkommensteuer erhebliche Steuerbelastungen bei den Gesellschaftern der übernehmenden Personengesellschaft ergeben. Bestehen bei der umgewandelten Körperschaft Rücklagen, die unter dem alten Recht gebildet worden sind und wurden diese Rücklagen nicht schon von der Personengesellschaft „mitgekauft", so müssen die bei der Körperschaft bereits besteuerten Rücklagen im Übernahmegewinn nochmals versteuert werden. Dadurch tritt in diesen Fällen eine echte Doppelbelastung ein. Das wird bei der Umwandlung von vor dem 1. 1. 1977 bestehenden Kapitalgesellschaften insbesondere dann Bedeutung haben, wenn die anrechenbare Körperschaftsteuer gering ist. Das UmwStG 1977 sieht für den Unterschiedsbetrag zwischen der auf den Übernahmegewinn entfallenden Einkommensteuer und der anzurechnenden Körperschaftsteuer eine Stundung für die Dauer von längstens 10 Jahren vor (§ 7 UmwStG 1977).

2166 Soweit mit neuer Körperschaftsteuer belastetes Eigenkapital übergeht, wird durch die Körperschaftsteuer-Anrechnung bei den Gesellschaftern der übernehmenden Personengesellschaft eine Doppelbelastung beseitigt. Bei der GewSt bleibt dagegen die Doppelbelastung bestehen, weil der Übertragungsgewinn der GewSt unterliegt und der Übernahmegewinn ebenfalls gewerbesteuerlich erfaßt wird. Allerdings wird der Übernahmegewinn im Regelfall nur mit einem Drittel zur GewSt herangezogen. Haben sich die Anteile der Kapitalgesellschaft im Privatvermögen eines Gesellschafters befunden, entfällt die GewSt ganz (§ 18 Abs. 2 UmwStG 1977).

2167 Die Rechtsfolgen einer **Umwandlung auf eine Personengesellschaft nach dem UmwStG 1977** ergeben sich aus dem nachstehenden Beispiel:

Beispiel:

Eine GmbH wird zum Umwandlungsstichtag 31. 12. 07 auf ihre Alleingesellschafterin, eine OHG, umgewandelt. Bei der OHG stehen die GmbH-Anteile mit 100000 DM zu Buch (der Buchwert entspricht den Anschaffungskosten). Die Jahresbilanz der GmbH zum 31. 12. 07 zeigte folgendes Bild:

Aktiva	DM	Passiva	DM
Anlage- und Umlaufvermögen	400 000	Stammkapital	100 000
		Rücklagen	60 000
		Bilanzgewinn	40 000
		Verbindlichkeiten	200 000
	400 000		400 000

In dem Anlage- und Umlaufvermögen der GmbH sind insgesamt 300 000 DM stille Reserven enthalten.

Bei der GmbH ist nach § 3 UmwStG 1977 nachstehende Umwandlungsbilanz aufzustellen, in der die Wirtschaftsgebühr mit dem Teilwert anzusetzen sind:

Aktiva	DM	Passiva	DM
Anlage- und Umlaufvermögen	700 000	Stammkapital	100 000
		Rücklagen	60 000
		Bilanzgewinn	40 000
		Mehrkapital in der Umwandlungsbilanz	300 000
		Verbindlichkeiten	200 000
	700 000		700 000

Bei der GmbH ergibt sich dadurch ein Übertragungsgewinn von 300 000 DM. Der Übertragungsgewinn entspricht der Differenz zwischen dem in der regulären Jahresbilanz ausgewiesenen Vermögen von 200 000 DM (400 000 DM ./. Verbindlichkeiten 200 000 DM) und dem Vermögen in der Umwandlungsbilanz von 500 000 DM (700 000 DM ./. 200 000 DM). Die auf den Übertragungsgewinn entfallende Gewerbesteuer, die diesen mindert, wird in diesem Beispiel aus Vereinfachungsgründen unberücksichtigt gelassen. Nach § 4 UmwStG 1977 ist der Übertragungsgewinn körperschaftsteuerfrei.

Aufgrund der Umwandlungsbilanz ergibt sich folgende EK-Gliederung zum 31. 12. 07:

EK 56	44 000 DM	
EK 50	10 000 DM	
EK 02	300 000 DM	(Übertragungsgewinn)
EK 03	46 000 DM	
Summe vEK	400 000 DM	

Bei der übernehmenden OHG entsteht durch den Wegfall der GmbH-Anteile mit dem Buchwert von 100 000 DM und der Einbuchung des GmbH-Vermögens zu Teilwerten von 500 000 DM ein Übernahmegewinn von 400 000 DM (§ 5 Abs. 5 UmwStG 1977). Die auf dem für Ausschüttungen verwendbaren Eigenkapital der GmbH (Bilanzgewinn) lastende Körperschaftsteuer von

$^{56}/_{44}$ ($^{14}/_{11}$) auf dem EK 56 von 44 000 DM =	56 000 DM
$^{50}/_{50}$ ($^{1}/_{1}$) auf dem EK 50 von 10 000 DM =	10 000 DM
	66 000 DM

wirkt sich – zusätzlich zum eigentlichen Übernahmegewinn – bei der OHG gewinnerhöhend aus (§ 5 Abs. 3 UmwStG 1977). Der Betrag von 66 000 DM wird auf die Einkommensteuerschuld der Anteilseigner angerechnet (§ 12 UmwStG 1977).

2.5.3 Ergänzende Regelungen

Wenn der Buchwert der wegfallenden Anteile an der schwindenden Kapitalgesellschaft höher war als der Wert des übernommenen Vermögens, ergibt sich ein **Übernahmeverlust.** Vom Übernahmeverlust ist die nach § 12 UmwStG 1977 anzurechnende Körperschaftsteuer abzuziehen. Der danach verbleibende Übernahmeverlust wird steuerlich nicht berücksichtigt (§ 5 Abs. 4 UmwStG 1977). Die Anrechnung der Körperschaftsteuer auf die Einkommensteuer oder Körperschaftsteuer der Gesellschafter der übernehmenden Personengesellschaft nach § 12 UmwStG 1977 bleibt jedoch unberührt (BStBl 1986 S. 164; RZ 18).

Bei der Umwandlung erlöschen alle Schuldverhältnisse zwischen der umgewandelten Kapitalgesellschaft und der Übernehmerin durch die Vereinigung von Forderung und Verbindlichkeit. War eine Forderung wertberichtigt oder darf eine Rückstellung bei der Übernehmerin nicht fort-

2169 geführt werden, entsteht ein – vom Übernahmegewinn zu unterscheidender – **Übernahmefolgegewinn.** Ein Übernahmefolgegewinn entsteht beispielsweise dann, wenn das Vermögen einer Kapitalgesellschaft auf ein Einzelunternehmern eine Pensionsrückstellung gebildet hatte (BStBl 1986 I S. 164; RZ 27). Beim Vermögensübergang auf eine Personengesellschaft ist dagegen die Pensionsrückstellung nicht aufzulösen (BStBl 1986 I S. 164; RZ 26). Der Übernahmefolgegewinn entsteht bei der Übernehmerin mit Ablauf des steuerlichen Übertragungsstichtages. Er kann nach § 8 Abs. 1 UmwStG 1977 in eine steuerfreie Rücklage eingestellt werden, die in den auf ihre Bildung folgenden drei Wirtschaftsjahren aufzulösen ist.

2170 Die übertragende Kapitalgesellschaft und die Übernehmerin haben die auf sie entfallenden **Umwandlungskosten** (z. B. amtliche Gebühren, Beratungskosten usw.) jeweils selbst zu tragen. Die auf die umgewandelte Kapitalgesellschaft entfallenden Kosten sind dort als Betriebsausgaben zu berücksichtigen. Die der Übernehmerin entstehenden Umwandlungskosten wären zwar grundsätzlich als zusätzliche Anschaffungskosten zu aktivieren, die Finanzverwaltung läßt jedoch den sofortigen Abzug als Betriebsausgaben zu, soweit es sich nicht um objektbezogene Kosten handelt. Objektbezogene Kosten sind die bei der Vermögensübertragung anfallende Grunderwerbsteuer oder Börsenumsatzsteuer (BStBl 1986 I S. 164; RZ 21 und 22).

2171 Wenn am Umwandlungsstichtag nicht alle Anteile der umgewandelten Kapitalgesellschaft zum Betriebsvermögen der Übernehmerin gehört haben, wird nach § 6 Abs. 1 UmwStG 1977 unterstellt, daß sie zum Umwandlungsstichtag Betriebsvermögen der Personengesellschaft geworden sind. § 6 UmwStG 1977 stellt die errichtende Umwandlung der verschmelzenden Umwandlung gleich.

Das betrifft zum einen den Fall, daß das übernehmende Unternehmen erst nach dem Umwandlungsstichtag Anteile an der umgewandelten Körperschaft erworben hat. Die Anschaffungskosten diese Anteile sind dann dem Buchwert der vorher vorhandenen Anteile zur Berechnung des Übernahmegewinns zuzurechnen. Scheidet zum anderen ein Minderheitsgesellschafter im Zuge der Umwandlung aus, so erwirbt er einen Anspruch auf Barabfindung. Auch diese Barabfindung ist zur Errechnung des Übernahmegewinns dem am Umwandlungsstichtag vorhandenen Buchwert der Anteile zuzurechnen.

2172 Waren die Anteile an der Kapitalgesellschaft Betriebsvermögen eines Gesellschafters der Personengesellschaft so gelten sie nach § 6 Abs. 2 UmwStG 1977 in das Betriebsvermögen der Personengesellschaft überführt. Der Gesellschafter der Personengesellschaft kann seine Anteile zum Buchwert überführen, es kann aber auch ein Wert bis zum Teilwert angesetzt werden (sogenannter Mitunternehmererlaß, BStBl 1978 I S. 8; RZ 22, 24ff. und RZ 52, 56ff.). Die durch die Übertragung der Anteile entstehenden Buchwerte sind dann für § 6 Abs. 2 UmwStG 1977 maßgebend. Waren die Anteile Privatvermögen des Gesellschafters, so gelten sie als in die Personengesellschaft eingelegt. Bei wesentlichen Beteiligungen i. S. des § 17 EStG erfolgt die Einlage nach § 6 Abs. 3 EStG 1977 zu den Anschaffungskosten. Der sich deshalb ergebende Übernahmegewinn tritt an die Stelle des Veräußerungsgewinns nach § 17 EStG. Handelt es sich nicht um eine wesentliche Beteiligung, erfolgt die Einlage nach § 6 Abs. 3 UmwStG 1977 mit dem Teilwert. Dadurch ergibt sich insoweit kein Übernahmegewinn bei der übernehmenden Personengesellschaft. Ein nicht wesentlich Beteiligter bezieht jedoch in Höhe des seiner Beteiligungsquote entsprechenden verwendbaren Eigenkapitals (ohne EK 04) der untergehenden Kapitalgesellschaft und seines Körperschaftsteuer-Anrechnungsguthabens Einkünfte aus Kapitalvermögen (§ 9 UmwStG 1977). Das bei der umgewandelten Kapitalgesellschaft vorhandene verwendbare Eigenkapital wird damit so behandelt, als ob es ausgeschüttet worden wäre. Trotz der Anrechnung der Körperschaftsteuer auf die Einkommensteuer-Schuld des Anteilseigners kann sich bei diesem dadurch eine hohe Einkommensteuer-Belastung ergeben.

2173 Erfolgt eine **Umwandlung auf eine natürliche Person,** so sind dieselben Vorschriften anzuwenden, wie bei der Umwandlung auf eine Personengesellschaft (§ 11 UmwStG 1977).

2174 Für die seltenen Fälle, in denen die **Vermögensübertragung auf eine Personengesellschaft ohne Betriebsvermögen oder in das Privatvermögen** einer natürlichen Person erfolgt, enthält das UmwStG eine Sonderregelung. Bei der umgewandelten Kapitalgesellschaft sind die übergehenden Wirtschaftsgüter mit dem gemeinen Wert zu bewerten (§ 3 UmwStG 1977). Der Übernahmegewinn und die anzurechnende Körperschaftsteuer sind nicht bei der Personengesellschaft, sondern anteilig bei den einzelnen Gesellschaftern zu ermitteln. Der bei wesentlich beteiligten Gesellschaftern entstehende Veräußerungsgewinn erhöht sich um die anrechenbare Körperschaftsteuer. Der Freibetrag nach § 17 Abs. 3 EStG und der ermäßigte Steuersatz nach § 34 EStG kommen nicht zur Anwendung (§ 10 Abs. 2 UmwStG 1977). Bei nicht wesentlich beteiligten Gesellschaftern ergeben sich Einkünfte aus Kapitalvermögen nach § 9 UmwStG 1977. Ein Fall der Umwandlung auf eine Personengesellschaft ohne Betriebsvermögen ist beispielsweise dann gegeben, wenn die Kapitalgesellschaft nur Vermögensverwaltung betrieben hat und die übernehmende Personengesellschaft keinen Betrieb unterhält und weiterhin lediglich vermögensverwaltend tätig ist (vgl. BFH, Urteil vom 6. 3. 1985, BStBl 1985 II S. 541). Dieselbe Regelung gilt für die Fälle, in denen das Vermögen der übertragenden Kapitalgesellschaft Privatvermögen einer natürlichen Person wird (§ 11 Abs. 2 UmwStG 1977).

2.6 Vermögensübergang auf Personengesellschaften und natürliche Personen nach neuem Recht (UmwStG 1995)

2.6.1 Anwendungsbereich

Die Regelungen für den Vermögensübergang von unbeschränkt steuerpflichtigen Körperschaften (§ 1 Abs. 5 UmwStG 1995) gelten im wesentlichen für Verschmelzungen mit einem Vermögensübergang von einer Kapitalgesellschaft auf Personengesellschaften oder natürliche Personen (§§ 3–10 und 9 UmwStG 1995) sowie beim Formwechsel einer Kapitalgesellschaft in ein Personenunternehmen (§ 14 UmwStG 1995). Geht bei einer Aufspaltung oder Abspaltung Vermögen einer Körperschaft auf eine Personengesellschaft über, so sind die §§ 3–7 und 9–10 UmwStG 1995 ebenfalls anzuwenden (§ 16 UmwStG 1995). Bei derartigen Spaltungen sind aber auch die Einschränkungen des § 15 Abs. 1–3 UmwStG 1995 (z. B. Beschränkung auf Teilbetriebe, 5jährige Besitzdauer usw.) zu beachten.

Das neue Umwandlungsrecht kennt im übrigen das bisherige Rechtsinstitut der „übertragenden Umwandlung" nicht mehr, weil jetzt formwechselnde Umwandlungen („Formwechsel") von Körperschaften auf Personenunternehmen möglich sind.

2.6.2 Besteuerung der übertragenden Kapitalgesellschaft (Übertragungsgewinn)

In der steuerlichen Schlußbilanz der übertragenden Kapitalgesellschaft dürfen die bisherigen Buchwerte fortgeführt werden (§ 3 UmwStG 1995). Dadurch entfällt ein Übertragungsgewinn. Eine Freistellung des Übertragungsgewinns von der KSt ist daher nicht mehr erforderlich. Die Wirtschaftsgüter dürfen aber auch mit einem höheren Wert (bis zum Teilwert) angesetzt werden, um beispielsweise einen Verlustvortrag zu nutzen. Ein nicht ausgeglichener Verlust der übertragenden Körperschaft geht nicht auf das Personenunternehmen über (§ 4 Abs. 2 Satz 2 UmwStG 1995). Originäre immaterielle Wirtschaftsgüter oder ein originärer Firmenwert werden nicht angesetzt.

Wie bisher wird eine Ausschüttungsbelastung nicht hergestellt. § 3 UmwStG 1995 ist auch gewerbesteuerlich zu beachten (§ 18 Abs. 1 UmwStG 1995 – vgl. aber § 18 Abs. 4 bei Veräußerung innerhalb von 5 Jahren).

2.6.3 Besteuerung des übernehmenden Personenunternehmens (Übernahmegewinn)

Die übernehmende Personengesellschaft – oder natürliche Person – hat bei der in § 4 Abs. 1 UmwStG 1995 (§ 9 Abs. 1 UmwStG 1995) vorgeschriebenen Buchwertverknüpfung die übernommenen Wirtschaftsgüter mit den in der steuerlichen Schlußbilanz der übertragenden Kapitalgesellschaft enthaltenen Werten anzusetzen. Das Wahlrecht (Aufdeckung oder Nichtaufdeckung stiller Reserven wird damit bei der übertragenden Kapitalgesellschaft ausgeübt. In § 4 Abs. 2 und 3 UmwStG 1995 ist bestimmt, daß die Übernehmerin bezüglich der Afa, bei Sonderabschreibungen und einer „Besitzzeit" in die Rechtsstellung der übertragenden Kapitalgesellschaft eintritt.

2180 In Höhe des Unterschiedsbetrags zwischen dem Wert mit dem die Wirtschaftsgüter nach § 4 Abs. 1 UmwStG 1995 anzusetzen sind, und dem Buchwert der Anteile an der übertragenden Kapitalgesellschaft entsteht ein Übernahmegewinn oder -verlust (§ 4 Abs. 4 UmwStG 1995). Die Höhe des Übernahmegewinns – oder -verlusts hängt daher insbesondere von der Wahlrechtsausübung bei der Kapitalgesellschaft und der Anschaffungskosten der Anteile ab. Bei Buchwertverknüpfung und Anschaffung der Anteile bei Gründung der Kapitalgesellschaft entsteht ein Übernahmegewinn in Höhe der offenen Reserven (i. d. R. Gewinnrücklagen).

2181 Der Übernahmegewinn erhöht sich um die latente KSt-Belastung (nach § 10 UmwStG 1995 anrechenbare KSt der Kapitalgesellschaft) und einen evtl. Sperrbetrag gem. § 50 c EStG (§ 4 Abs. 5 UmwStG 1995). Ergibt sich ein Übernahmegewinn, so wird er unter Anrechnung des KSt-Guthabens nach § 10 UmwStG 1995 ohne Steuerermäßigungen der ESt bei den Anteilseignern unterworfen. Eine besondere Stundungsregelung enthält das UmwStG 1995 nicht. Der Übernahmegewinn unterliegt aber nicht der Gewerbesteuer (§ 18 Abs. 2 UmwStG 1995).

2182 Ein Übernahmeverlust wird nach § 4 Abs. 6 UmwStG 1995 berücksichtigt. Danach werden die Wertansätze der übernommenen Wirtschaftsgüter bis zu den Teilwerten erfolgsneutral aufgestockt. Bei Personengesellschaften als Übernehmerin erfolgt dies in Ergänzungsbilanzen der Gesellschafter. Ein darüber hinausgehender Betrag ist als Anschaffungskosten der immateriellen Wirtschaftsgüter (einschl. eines Firmenwerts) zu aktivieren. Damit wirkt sich der Übernahmeverlust über die höhere AfA aus. Erst ein nach der Aufstockung noch verbleibender Übernahmeverlust mindert den laufenden Gewinn.

2183 Wesentliche Beteiligungen, die sich im Privatvermögen befinden, gelten als am Übertragungsstichtag mit den Anschaffungskosten in das Betriebsvermögen eingelegt (§ 5 Abs. 2 UmwStG 1995). Nicht wesentliche Beteiligungen im Privatvermögen führen nach der Maßgabe des § 7 UmwStG 1995 zu Einkünften aus Kapitalvermögen unter KSt-Anrechnung. Wegen der Einlage von Anteilen, die zum Betriebsvermögen eines Gesellshafters gehört haben, vgl. die Regelung in § 5 Abs. 3 UmwStG 1995.

2184 Die Begünstigung eines Umwandlungsfolgegewinns wurde aus dem bisherigen Recht übernommen (§ 6 UmwStG 1995).

2.6.4 Grundbeispiel zur Anwendung des UmwStG 1995 beim Vermögensübergang von Kapitalgesellschaften auf Personenunternehmen

2185 Die wesentlichen Auswirkungen der gesetzlichen Neuregelung zeigen sich in dem nachstehenden vereinfachten Grundbeispiel. Dabei geht das Vermögen einer GmbH durch Verschmelzung oder Formwechsel auf eine Personengesellschaft über.

Beispiel:

Die zugrundeliegende Bilanz der GmbH zeigt folgendes Bild:

Aktiva	DM	Passiva	DM
Betriebsvermögen	350 000	Stammkapital	100 000
		Gewinnrücklagen	200 000
		Verbindlichkeiten	50 000
	350 000		350 000

Zu diesem Stichtag ergibt sich folgende EK-Gliederung:
EK 50: 145 000 DM
EK 45: 55 000 DM

Im GmbH-Vermögen sind 150 000 DM stille Reserven enthalten. Der Buchwert der GmbH-Anteile bei der Personengesellschaft beträgt 100 000 DM.

Die GmbH setzt die Wirtschaftsgüter in ihrer Schlußbilanz nach § 3 UmwSt 1995 mit den Buchwerten an.

Steuerliche Schlußbilanz der übertragenden GmbH

Aktiva	DM	Passiva	DM
Betriebsvermögen (Buchwerte)	350 000	Stammkapital	100 000
		Gewinnrücklagen	200 000
		Verbindlichkeiten	50 000
	350 000		350 000

Auswirkungen bei der Kapitalgesellschaft:

Durch den Ansatz der Buchwerte entsteht keine Übertragungsgewinn.

Auf der Grundlage der Übertragungsbilanz ergeben sich folgende EK-Beträge:

		Die auf dem für Ausschüttungen verwendbaren Eigenkapital lastende KSt beträgt:	
EK 50	145 000 DM	$^{50}/_{50}$ von 145 000 DM =	145 000 DM
EK 45	55 000 DM	$^{45}/_{55}$ von 55 000 DM =	45 000 DM
	200 000 DM		190 000 DM
	(wie Gewinn-rücklage)		

Auswirkungen bei der übernehmenden Personengesellschaft

Übernahmegewinn	
(Buch-)Wert des übernommenen Betriebsvermögens	300 000 DM
Buchwert der Anteile an der übertragenden GmbH	100 000 DM
Übernahmegewinn	200 000 DM
anzurechnende Körperschaftsteuer	190 000 DM
zu versteuernder Übernahmegewinn	390 000 DM
Steuerbelastung (Steuersatz 50 v. H.)	195 000 DM
Anrechnungsguthaben	190 000 DM
Verbleibende Steuerschuld	5 000 DM

Der Übernahmegewinn besteht im Ergebnis aus den offenen Rücklagen und den latenten Steuerguthaben. Für die stillen Reserven (150 000 DM) wird ein Steueraufschub erreicht, da sie erst bei späterer Realisierung innerhalb der Personengesellschaft steuerlich erfaßt werden. Für die aus dem Übernahmegewinn – nach Anrechnung der KSt – verbleibende Einkommensteuer ist keine Steuerstundung vorgesehen.

2.6.5 Wesentliche Unterschiede zwischen UmwStG 1977 und UmwStG 1995 beim Vermögensübergang von Kapitalgesellschaften auf Personenunternehmen

Bisherige Rechtslage (UmwStG 1977):

– Ansatz der Wirtschaftsgüter in der steuerlichen Schlußbilanz der übertragenden Körperschaft mit dem Teilwert. Der hierbei entstehende Übertragungsgewinn ist steuerfrei (§§ 3, 4 UmwStG 1977), unterliegt jedoch der Gewerbesteuer.

– Der Übernahmegewinn (Differenz zwischen dem Buchwert der Anteile an der Körperschaft und den Teilwerten der übernommenen Wirtschaftsgüter) ist steuerpflichtig. Ein etwaiger Übernahmeverlust bleibt unberücksichtigt (§ 5 UmwStG 1977).

– Ein nicht ausgeglichener Verlust der übertragenden Körperschaft geht nicht auf das übernehmende Personenunternehmen über.

– Gesetzlicher Anspruch auf Stundung der ESt auf Übernahmegewinn (§ 7 UmwStG 1977).

Neue Rechtslage (UmwStG 1995):

– Ansatz der Wirtschaftsgüter in der steuerlichen Schlußbilanz der übertragenden Körperschaft mit dem Buchwert, daher kein Übertragungsgewinn. Es besteht die Möglichkeit, die Wirtschaftsgüter mit einem höheren Wert (bis zum Teilwert) anzusetzen, um z. B. noch nicht ausgeglichene Verlustabzüge der Körperschaft zu „verbrauchen" (§ 3 UmwStG 1995).

2187 – Der Übernahmegewinn ist steuerpflichtig. Er umfaßt jedoch bei Ansatz der Wirtschaftsgüter mit dem Buchwert regelmäßig nur die im übertragenen Vermögen enthaltenen offenen Reserven. Die Erfassung der offenen Reserven wirkt wie eine Auskehrung des verwendbaren Eigenkapitals (mit Anrechnung der KSt). Die stillen Reserven gehen auf das übernehmende Personenunternehmen über (§ 4 UmwStG 1995).
– Ein aus Verlusten vor dem Übertragungsstichtag entstandener nicht ausgeglichener Verlustabzug der Körperschaft geht nicht auf das Personenunternehmen über (§ 4 Abs. 2 Satz 2 UmwStG 1995). Dies ist folgerichtig, da er sich bereits mindernd auf das übergehende Vermögen ausgewirkt und damit zu einem niedrigeren Übernahmegewinn bzw. einem höheren Übernahmeverlust geführt hat.
– Im Gegensatz zum bisherigen Recht ist ein Übernahmeverlust (gemindert um die anzurechnende Körperschaftsteuer) zwar als solcher nicht abzugsfähig; er ist jedoch im Ergebnis in der Weise zu berücksichtigen, daß die Wertansätze der übergegangenen Wirtschaftsgüter bis zu den Teilwerten (erfolgsneutral) aufgestockt werden. (Bei einer Personengesellschaft als Übernehmerin erfolgt die Aufstockung über Ergänzungsbilanzen für die Gesellschafter.) Ein darüber hinausgehender Betrag ist als Anschaffungskosten der übernommenen immateriellen Wirtschaftsgüter (einschl. eines Firmenwerts) zu aktivieren. Im Ergebnis erfolgt die Berücksichtigung des Übernahmeverlusts damit über höhere Abschreibungen. Soweit nach Aufstockung der materiellen und Ansatz der immateriellen Wirtschaftsgüter noch ein Übernahmeverlust verbleibt, mindert dieser den laufenden Gewinn der Übernehmerin (§ 4 Abs. 6 UmwStG 1995).
– Kein gesetzlicher Stundungsanspruch für ESt auf Übernahmegewinn.

2.7 Vermögensübertragungen auf andere Körperschaften

2188 Die §§ 11 bis 13 UmwStG 1995 gelten für die Fälle des Vermögensübergangs von Körperschaften auf andere Körperschaften im Wege der Gesamtrechtsnachfolge. Solche Fälle sind bei Umwandlungen oder Verschmelzungen von inländischen Kapitalgesellschaften, Genossenschaften und Versicherungsvereinen auf Gegenseitigkeit gegeben, soweit dies handelsrechtlich durch Gesamtrechtsnachfolge möglich ist.

2.7.1 Besteuerung der vermögensübertragenden Körperschaft (Übertragungsgewinn)

2189 Nach § 11 Abs. 1 UmwStG 1995 sind in der Schlußbilanz der übertragenden Körperschaft die übergehenden Wirtschaftsgüter grundsätzlich mit dem Buchwert anzusetzen.

2190 Der Ausweis eines Übertragungsgewinns erfolgt nur dann, wenn die Voraussetzungen des § 11 Abs. 1 UmwStG 1995 nicht erfüllt sind oder die übertragende Körperschaft freiwillig höhere Werte als den Buchwert ansetzt. Die Teilwerte dürfen dabei nicht überschritten werden (§ 11 Abs. 1 UmwStG 1995). Konzeptionell ergibt sich somit dieselbe Lösung wie nach dem bisherigen Recht (§§ 14–16 UmwStG 1977). Die umwandelnde Körperschaft hat ein Wahlrecht, ob sie die stillen Reserven in ihrer Übertragungsbilanz auflösen und versteuern oder beibehalten will. Die Versteuerung der stillen Reserven zur Ausnutzung eines Verlustvortrags aus früheren Jahren ist allerdings nicht mehr erforderlich, weil nach dem UmwStG 1995 ein Verlustvortrag von der übertragenden Körperschaft auf die übernehmende Körperschaft übergeht (§ 12 Abs. 3 UmwStG 1995). Die Sicherstellung der Besteuerung der bei der übertragenden Körperschaft vorhandenen stillen Reserven nach § 11 Abs. 1 Nr. 1 UmwStG 1995 ist im übrigen gegeben, wenn die Übernehmerin die übertragenen Wirtschaftsgüter mit dem Buchwert ansetzt. Eine Gegenleistung wird nicht gewährt in Umwandlungsfällen; eine Gegenleistung in Gesellschaftsrechten liegt bei Verschmelzungen vor.

2191 Im Regelfall liegen die Voraussetzungen des § 11 Abs. 1 UmwStG 1995 beim Vermögensübergang von einer inländischen Körperschaft auf eine andere inländische Körperschaft durch Verschmelzung vor. War bei einer Verschmelzung die aufnehmende Gesellschaft an der übertragenden Gesellschaft beteiligt, so ist § 11 Abs. 1 UmwStG 1995 ebenfalls anwendbar. Setzt die übertragende Körperschaft in ihrer Schlußbilanz die Buchwerte an und werden diese von der Übernehmerin fortgeführt (vgl. BStBl 1986 I S. 164; RZ 35), so entsteht kein Übertragungsgewinn.

Wenn die übertragende Körperschaft in ihrer Schlußbilanz die Wirtschaftsgüter mit höheren 2191
Werten als dem Buchwert ansetzt oder – wenn die Voraussetzungen des § 11 Abs. 1 UmwStG
1995 ausnahmsweise nicht gegeben sind – ansetzen muß, ergibt sich bei der übertragenden Körperschaft ein Übertragungsgewinn. Bei Verschmelzungen werden teilweise neben der Gewährung von Gesellschaftsrechten Zuzahlungen in bar geleistet. Insoweit müssen die stillen Reserven bei der übertragenden Gesellschaft realisiert werden.

Ein Übertragungsgewinn unterliegt ohne Ermäßigung der Körperschaftsteuer. Da nach § 38
KStG die Eigenkapitalteile der übertragenden Körperschaft auf die übernehmende Körperschaft
übergeht, kann die angefallene Körperschaftsteuer bei späteren Ausschüttungen oder Liquidation der übernehmenden Körperschaft bei den Anteilseignern angerechnet werden.

Vgl. dazu im einzelnen RZ 1761 ff.

2.7.2 Besteuerung der übernehmenden Körperschaft (Übernahmegewinn)

In § 12 Abs. 1 UmwStG 1995 wird bestimmt, daß die Vermögensübernahme mit den Werten zu 2192
erfolgen hat, die von der übertragenden Körperschaft in der Schlußbilanz angesetzt worden sind
(sogenannte **Buchwertverknüpfung**). Da im Normalfall in der Schlußbilanz die Buchwerte angesetzt werden, wird dadurch gleichzeitig die spätere Versteuerung der stillen Reserven bei der
Übernehmerin sichergestellt. Setzt die übertragende Körperschaft ausnahmsweise die Wirtschaftsgüter mit einem höheren Wert an, ist die Übernehmerin an diesen Wert gebunden. Bei der
Übernehmerin ergibt sich in Höhe der Differenz zwischen dem wegfallenden Buchwert und dem
zum Schlußbilanzwert der übertragenden Körperschaft übernommenen Vermögen ein Übernahmegewinn oder Verlust (§ 12 Abs. 2 UmwStG 1995).

Der Übernahmegewinn oder Verlust wird bei der Besteuerung nicht berücksichtigt (§ 12 Abs. 2 2193
UmwStG 1995), er ist außerhalb der Bilanz zu egalisieren. Durch die Nichtberücksichtigung des
Übernahmeverlusts wird der Grundsatz der nur einmaligen Besteuerung nicht verletzt (BFH, Urteil vom 18. 10. 1989, BStBl 1990 II S. 92). Eine Besteuerung kommt nur insoweit in Betracht, als der
Buchwert der Beteiligung (z. B. wegen einer früheren Teilwertabschreibung) unter den tatsächlichen
Anschaffungskosten liegt (§ 12 Abs. 2 Sätze 2-4 UmwStG). Der § 12 UmwStG enthält noch weitere
Vorschriften über die **AfA-Fortsetzung** bei Buchwertfortführung sowie **Besitzzeiten** der übernommenen Vermögenswerte und **Umwandlungsfolgegewinne** (§ 12 Abs. 3 und 4 UmwStG 1995).

Die grundsätzliche **Behandlung der Verschmelzung, bei der das Vermögen auf die bisherige Alleingesellschafterin übergeht,** zeigt das nachstehende Beispiel: 2194

Beispiel:

Die Mutter-GmbH ist an der Tochter-GmbH zu 100 v. H. beteiligt. Beide Gesellschaften sind unbeschränkt
körperschaftsteuerpflichtig und nicht von der Körperschaftsteuer befreit. Die Tochter-GmbH wird in die
Mutter-GmbH eingeschmolzen, wobei die Voraussetzungen des § 11 Abs. 1 UmwStG 1995 erfüllt sein sollen. Die Bilanzen der beiden Gesellschaften zeigen zum Umwandlungsstichtag folgendes Bild:

Tochter-GmbH

Aktiva		Passiva	
Anlage- und Umlaufvermögen	100 000 DM	Stammkapital	30 000 DM
		Rücklagen	60 000 DM
		Verbindlichkeiten	10 000 DM
	100 000 DM		100 000 DM

In den Anlagevermögen sind stille Reserven in Höhe von weiteren 100 000 DM enthalten.

Mutter-GmbH

Aktiva		Passiva	
Beteiligung an Tochter-GmbH	50 000 DM	Stammkapital	80 000 DM
(Buchwert = Anschaffungskosten)		Rücklagen	200 000 DM
übriges Anlage- und		Verbindlichkeiten	100 000 DM
Umlaufvermögen	330 000 DM		
	380 000 DM		380 000 DM

2194 Die übertragende Tochter-GmbH kann auf Antrag (§ 11 Abs. 1 UmwStG 1995) in ihrer Umwandlungsbilanz die steuerlichen Buchwerte ansetzen. Es entsteht kein Übertragungsgewinn bei der Tochter-GmbH.

Bei der Mutter-GmbH ergibt sich nach der Einbuchung des Tochter-GmbH-Vermögens nachstehende Bilanz:

Aktiva		Passiva	
Anlage- und Umlaufvermögen (ohne die weggefallene Beteiligung)	430 000 DM	Stammkapital	80 000 DM
		Rücklagen	200 000 DM
		Übernahmegewinn	40 000 DM
		Verbindlichkeiten	110 000 DM
	430 000 DM		430 000 DM

Der in der Bilanz erscheinende Übernahmegewinn ist durch die Einbuchung des Tochter-GmbH-Vermögens von 90 000 DM (100 000 ./. Verbindlichkeiten 10 000) und den Wegfall der Tochter-Anteile bei der Mutter-GmbH entstanden. Der Übernahmegewinn bleibt bei der Besteuerung außer Ansatz (§ 12 Abs. 2 UmwStG 1995), er ist also außerhalb der Bilanz als steuerfrei abzuziehen. Das bei der Tochter-GmbH vor der Vermögensübertragung vorhandene für Ausschüttungen verwendbare Eigenkapital wird der Mutter-GmbH nach Maßnahme des § 38 KStG zugerechnet. Vgl. RZ 1731, 1761 ff.

2195 Bei **Verschmelzungen** ist die übernehmende Körperschaft häufig an der übertragenden Körperschaft nicht beteiligt. Ein Übernahmegewinn entsteht bei der Übernehmerin in derartigen Verschmelzungsfällen deshalb nicht, weil das Vermögen der eingeschmolzenen Körperschaft bei der aufnehmenden Körperschaft eine gesellschaftsrechtliche Einlage darstellt. Gesellschaftsrechtliche Einlagen erhöhen das Einkommen nach allgemeinen körperschaftsteuerlichen Grundsätzen nicht. Das Prinzip der **steuerlichen Behandlung einer Verschmelzung bei der die Anteile an der übertragenden Gesellschaft außenstehenden Gesellschaftern gehören,** ergibt sich aus dem nachstehenden stark vereinfachten Beispiel:

Beispiel:
Die Klein-AG mit einem Grundkapital von 100 000 DM soll in die Groß-AG eingeschmolzen werden. Beide Gesellschaften sind unbeschränkt körperschaftsteuerpflichtig und nicht von der Körperschaftsteuer befreit. Die Klein-Aktionäre erhalten Groß-Aktien im Nennwert von ebenfalls 100 000 DM, die sich die Groß-AG durch eine Kapitalerhöhung beschafft. Vor der Verschmelzung haben die Aktiengesellschaften die nachstehenden Bilanzen ausgewiesen:

Klein-AG

Aktiva		Passiva	
Anlage- und Umlaufvermögen	200 000 DM	Grundkapital	100 000 DM
		Rücklagen	40 000 DM
		Verbindlichkeiten	60 000 DM
	200 000 DM		200 000 DM

Groß-AG

Aktiva		Passiva	
Anlage- und Umlaufvermögen	400 000 DM	Grundkapital	200 000 DM
		Rücklagen	120 000 DM
		Verbindlichkeiten	80 000 DM
	400 000 DM		400 000 DM

Die Gegenleistung für die Vermögensübertragung besteht in Gesellschaftsrechten. Wenn die Klein-AG in ihrer Schlußbilanz die Buchwerte beibehält, entsteht bei ihr nach § 11 Abs.1 UmwStG 1995 kein Übertragungsgewinn.

Bei der Groß-AG wird das Vermögen der Klein-AG nach § 12 Abs. 1 UmwStG 1995 mit den Schlußbilanzwerten der Klein-AG angesetzt. Werden die Buchwerte beibehalten, wie es das Handelsrecht zwingend vorschreibt, so ist das Vermögen mit 140 000 DM (200 000 ./. Verbindlichkeiten 60 000) einzubuchen. Der ganze Vorgang stellt bei der Groß-AG eine Kapitalerhöhung dar, die ihr steuerpflichtiges Einkommen nicht erhöhen darf. Das gilt auch für den die Kapitalerhöhung übersteigenden Betrag von

40 000 DM, der als Agio der Rücklage zuzuführen ist. Nach der Verschmelzung ergibt sich die folgende 2195
Bilanz der Groß-AG:

Aktiva			Passiva
Anlage- und Umlaufvermögen	600 000 DM	Grundkapital	300 000 DM
		Rücklagen	160 000 DM
		Verbindlichkeiten	140 000 DM
	600 000 DM		600 000 DM

Die Gesellschafter der übertragenden Körperschaft dürfen die empfangenen Anteile an der auf- 2196
nehmenden Körperschaft mit dem Buchwert der hingegebenen Anteile ansetzen (§ 13 UmwStG
1995). Das gilt sinngemäß für Anteile im Privatvermögen, die eine wesentliche Beteiligung i. S.
des § 17 EStG darstellen (§ 13 Abs. 2 UmwStG 1995). Die gesetzliche Regelung in § 13
UmwStG folgt somit der früheren Rechtsprechung. Der BFH war in dem sogenannten Tauschgutachten (BFH, Gutachten vom 16. 12. 1958, BStBl 1959 III S. 30) davon ausgegangen, daß in
dem Erwerb der Anteile an der übernehmenden Kapitalgesellschaft, die an die Stelle der ge-
schwundenen Anteile der eingeschmolzenen Kapitalgesellschaft treten, ein nicht gewinnver-
wirklichender Tausch zu sehen sei, bei dem die Art-, Wert- und Funktionsgleichheit nicht besonders geprüft zu werden braucht.

Es ist denkbar, daß ein Gesellschafter, der an der eingeschmolzenen Kapitalgesellschaft wesent- 2197
lich beteiligt war, an der aufnehmenden Kapitalgesellschaft nicht mehr wesentlich i. S. des § 17
EStG beteiligt ist. Auch in diesem Fall ist nach § 13 Abs. 2 UmwStG 1995 bei einer Veräußerung
der neuen Anteile § 17 EStG anwendbar.

2.8 Mißbrauchsvorschriften

Bringt die übernehmende Personengesellschaft oder Einzelfirma den übergegangenen Betrieb 2198
innerhalb von 5 Jahren nach dem steuerlichen Übertragungsstichtag in eine Kapitalgesellschaft
ein oder wird der Betrieb ohne triftigen Grund veräußert oder aufgegeben, so entfällt nach § 26
Abs. 1 UmwStG 1995 rückwirkend die Möglichkeit einer Rücklage für Umwandlungsfolgegewinne (§ 6 UmwStG 1995). Veräußert ein Gesellschafter der übernehmenden Personengesellschaft später seinen Mitunternehmeranteil, so liegt darin keine Veräußerung des „übergegangenen Betriebs" (BFH, Urteil vom 13. 12. 1989, BStBl 1990 II S. 474). Wegen der erheblich
weitergehenden Mißbrauchsvorschriften nach dem UmwStG 1977 (z. B. bei verspäteter Anmeldung zum Handelsregister, Unterlaufen der Mitbestimmung) vgl. die §§ 25, 26 UmwStG
1977.

3. Spaltung von Körperschaften

Das deutsche Handelsrecht kannte im Gegensatz z. B. zum französischen und spanischen Recht 2199
bisher keine Möglichkeit, das Vermögen einer Körperschaft ganz oder teilweise auf neu gegründete Körperschaften zu verteilen. Die Spaltungsrichtlinie der EG, die die Spaltung von AGs
regelt, mußte nicht zwingend in nationales Recht umgesetzt werden. Im UmwG 1995 wird in den
§§ 123 ff die Möglichkeit der Spaltung im Wege der Gesamtrechtsnachfolge eröffnet. § 123
UmwG 1995 sieht folgende Arten der Spaltung vor:

- **Aufspaltung** (§ 123 Abs. 1 UmwG 1995)

  Die Übertragerin überträgt ihr Vermögen durch Gesamtrechtsnachfolge auf mindestens zwei
  (bestehende oder neu gegründete) Rechtsträger.

2199 • **Abspaltung** (§ 123 Abs. 2 UmwG 1995)

Die Übertragerin besteht weiter und überträgt Vermögen durch Gesamtrechtsnachfolge auf einen oder mehrere (bestehende oder neu gegründete) Rechtsträger.

• **Ausgliederung** (§ 123 Abs. 3 UmwG 1995)

Der Abspaltung ähnelnder Vermögensübergang, bei der die Übertragerin Anteile an der Übernehmerin erlangt.

• Mischformen sind möglich (§ 123 Abs. 4 UmwStG).

2200 Mangels einer gesetzlichen Regelung hat die Verwaltung im Vorgriff auf eine Gesetzesänderung durch BMF-Schreiben vom 9. 1. 1992 (BStBl 1992 I S. 47) die steuerliche Behandlung der gewinneutralen Spaltung von Körperschaften im Billigkeitswege geregelt. Diese Verwaltungsanweisung ist auf allgemeine Zustimmung gestoßen, es wurden indessen auch Zweifel angemeldet, ob diese Praxis eine gesetzliche Grundlage besitze (vgl. DB 1992 S. 163 ff, DB 1992 S. 1317 ff und BB 1992 S. 184 ff). In der Verwaltungsregelung wurde davon ausgegangen, daß in der Spaltung ein einheitlicher Gesamtvorgang zu sehen ist, auf den die §§ 14-16 und 20 UmwStG 1977 und der im Tauschgutachten des BFH (BFH vom 16. 12. 1958, BStBl 1959 III S. 30) zum Ausdruck kommende Rechtsgedanke anzuwenden ist, daß die Besteuerung der stillen Reserven unter bestimmten Voraussetzungen unterbleiben kann, wenn ein Betrieb in anderer Rechtsform weitergeführt wird. Es wurde auch darauf verwiesen, daß die Finanzverwaltung schon Regelungen für bestimmte Aufspaltungsfälle bei Genossenschaften getroffen (FM Nordrhein-Westfalen, Erlaß vom 19. 2. 1980, BB 1980 S. 355) und in Einzelentscheidungen auch Spaltungsmodelle steuerneutral zugelassen hatte.

2201 Die Verwaltung war für die erfolgsneutrale Spaltung von folgenden Denkmodellen ausgegangen:

• **Aufspaltung**

Die aufzuspaltende Kapitalgesellschaft A bringt ihre beiden Teilbetriebe gegen Gewährung von Gesellschaftsrechten in eine Kapitalgesellschaft B und eine Kapitalgesellschaft C ein. Daraufhin wird die Kapitalgesellschaft A aufgelöst und ihr lediglich aus den Anteilen an den Kapitalgesellschaften B und C bestehendes Vermögen an ihre Anteilseigner ausgekehrt.

• **Abspaltung**

Die zu spaltende Kapitalgesellschaft X bringt einen Teilbetrieb gegen Gewährung von Gesellschaftsrechten in die neu gegründete Kapitalgesellschaft Y ein. Im Anschluß daran tauscht sie mit ihren Gesellschaftern die Anteile an der Kapitalgesellschaft Y gegen eigene Anteile, die danach zu Lasten einer Rücklage eingezogen werden.

2202 Durch § 15 UmwStG 1995 wird die erfolgsneutrale Spaltung auf der Basis des geänderten Handelsrechts auch steuerlich zugelassen. Das Umwandlungssteuerrecht sieht ab 1995 die gewinneutrale Spaltung auf andere Körperschaften und auf Personengesellschaften vor. Die Spaltung auf Personengesellschaften erfolgt nach § 16 UmwStG 1995 allerdings nach den Regeln der §§ 3-8, 10 und 15 UmwStG 1995 (wie Verschmelzung auf Personengesellschaften). Die gesetzliche Regelung zur Spaltung einer Körperschaft auf andere Körperschaften knüpft im wesentlichen an das BMF-Schreiben vom 9. 1. 1992 an. Abweichend von der Verwaltungsregelung geht aber im Falle einer Spaltung ein Verlustvortrag anteilig auf die übernehmenden Körperschaften über (§ 15 Abs. 4 UmwStG 1995). Die steuerneutrale Spaltung ist nur möglich (Gegensatz zur handelsrechtlichen Regelung), wenn Teilbetriebe, Mitunternehmeranteile oder 100 %ige Beteiligungen übergeben. Die Aufteilung erfolgt im Verhältnis des gemeinen Werts der übergehenden Vermögensteile zu dem Vermögen der übertragenden Körperschaft vor der Spaltung. Im Regelfall kann nach dem zu erstellenden Spaltungsplan vorgegangen werden. Diese Aufteilung gilt auch für die Zuordnung des verwendbaren Eigenkapitals nach § 38a KStG n. F. (vgl. Rz 1774).

Sofern alle Voraussetzungen des § 15 UmwStG 1995 vorliegen, sind auf den Vermögensübergang durch Spaltung auf eine andere Körperschaft die §§ 11–13 UmwStG 1995 sinngemäß anzuwenden: **2203**

- Bei der übertragenden Körperschaft entsteht, wenn das übergehende Vermögen
  - mit dem Buchwert angesetzt wird, kein Übertragungsgewinn,
  - mit dem Teilwert oder einem Zwischenwert angesetzt wird, ein steuerpflichtiger Übertragungsgewinn
- Bei der übernehmenden Körperschaft bleiben ein sich in der Bilanz ergebender Übernahmegewinn bzw. -verlust außer Ansatz.
- Bei den Anteilseignern gelten die Anteile an der übertragenden Körperschaft nach § 13 UmwStG 1995 als zum Buchwert oder den Anschaffungskosten veräußert. Die an ihre Stelle tretenden Anteile bleiben steuer-verhaftet und gelten als zum gleichen Wert angeschafft.

Die §§ 15 Abs. 1 und 16 UmwStG 1995 sehen, soweit die weiteren steuerlichen Voraussetzungen erfüllt sind, die folgende Behandlung vor: **2204**

Auf- oder Abspaltung oder der Spaltung entsprechende **Teilübertragung** von Vermögen von einer **auf eine andere Körperschaft**	**Auf- oder Abspaltung** von Vermögen einer Körperschaft **auf eine Personengesellschaft**
entsprechende Anwendung der §§ 11–13 UmwStG 1995	entsprechende Anwendung der §§ 3–7, 9 und 10 UmwStG 1995

In § 15 Abs. 1 und 3 UmwStG 1995 wird die steuerneutrale Spaltung an handelsrechtlich nicht bestehende Voraussetzungen geknüpft. In der nachstehenden Aufstellung werden diese Voraussetzungen mit denen des BMF-Schreibens vom 9. 1. 1992 (BStBl 1992 I S. 47) verglichen, an die der § 15 UmwStG 1995 angeknüpft. **2205**

Regelung im BMF-Schreiben vom 9. 1. 1992	Regelung nach UmwStG 1995
• Spaltung ist handelsrechtlich Einzelrechtsnachfolge, die steuerlich wie Gesamtrechtsnachfolge behandelt wird.	• Spaltung ist handelsrechtlich und steuerlich Gesamtrechtsnachfolge.
• Beschränkung auf Kapitalgesellschaften und Genossenschaften	• Vermögensübergang von Körperschaften auf Körperschaften oder Personengesellschaften
• Rückbeziehung bis zu 6 Monaten (§ 2 Abs. 3 UmwStG 1977)	• Rückbeziehung höchstens 8 Monate (§ 2 UmwStG 1995, i. V. m. § 17 Abs. 2 UmwG 1995)
• Gemeinsamer Antrag der Körperschaft und aller Anteilseigner	• Die Übertragerin wählt mit Wirkung für alle Beteiligten die Buchwertfortführung
• Unbeschränkte KSt-Pflicht von Übertragerin und Übernehmerin	• Wie Verwaltungsregelung
• Die Übernehmerin muß neugegründete Gesellschaft sein	• Die Übernehmerin kann eine neugegründete oder eine bereits bestehende Gesellschaft sein
• Keine Veränderung des Gesellschafterkreises. Es dürfen weder bisherige Anteilseigner ausscheiden noch neue hinzukommen.	• Veräußerungsverbot gegenüber Außenstehenden. Wohl dürfen bisherige Anteilseigner durch Veräußerung an andere bisherige Anteilseigner ausscheiden. Innerhalb von 5 Jahren nach der Spaltung dürfen gem. § 15 Abs. 3 UmwStG 1995 bis zu 20 v. H. der Anteile weiterveräußert werden.

2205
- Besteuerung der stillen Reserven im übergehenden Betriebsvermögen muß bei der Körperschaft und den Anteilseignern sichergestellt sein.
- Übergehendes Betriebsvermögen und (bei Abspaltung auch) verbleibendes Betriebsvermögen müssen ein Teilbetrieb sein.
- Mitunternehmeranteil und 100 %ige Beteiligung an einer Kapitalgesellschaft gelten als Teilbetrieb, wenn sie nicht innerhalb der letzten 5 Jahre durch Übertragung von Einzel-Wirtschaftsgütern erworben oder aufgestockt worden sind.
- Spaltung darf nicht der Vorbereitung der Veräußerung an Außenstehende dienen.

- Bei der Trennung von Gesellschafterstämmen muß außerdem die Beteiligung an der zu spaltenden Gesellschaft mindestens 5 Jahre vor der Spaltung bestanden haben.
- Als Gegenleistung sind nur Gesellschaftsrechte zulässig, nicht dagegen eine bare Zuzahlung.

- Keine Verlustübertragung auf übernehmende Kapitalgesellschaft bei Abspaltung. Bei Aufspaltung geht Verlustvortrag der Altgesellschaft unter.

- Durch die Spaltung dürfen sich die Vertretungsrechte der Arbeitnehmer nicht verschlechtern.

- Wie Verwaltungsregelung

- Wie Verwaltungsregelung

- Wie Verwaltungsregelung, aber 3-Jahres-Grenze

- Innerhalb von 5 Jahren nach der Spaltung dürfen bis zu 20 v. H. der Anteile an einer an der Spaltung beteiligten Körperschaft veräußert werden.
- Wie Verwaltungsregelung

- Soweit eine bare Zuzahlung erfolgt, ist Spaltung nur zu Teilwerten möglich, soweit Gesellschaftsrechte gewährt werden, Spaltung zu Buchwerten (vgl. § 15 i. V. m. § 11 Abs. 1 Nr. 2 UmwStG 1995)
- Verbleibender Verlustabzug geht anteilig auf übernehmende Körperschaften über (§ 15 Abs. 3 UmwStG 1995). Nicht jedoch auf übernehmende Personengesellschaften (§ 16 UmwStG 1995).
- Entfallen durch Abspaltung die Voraussetzungen der Mitbestimmung, gilt hierfür eine „Bestandsgarantie" von 5 Jahren. Entfallen Beteiligungsrechte des Betriebsrats, kann die Fortgeltung dieser Rechte vereinbart werden (§ 325 UmwG 1995).

4. Betriebseinbringung in Kapitalgesellschaften gegen Gewährung von Gesellschaftsrechten

2206 Die Einbringung eines Betriebs in eine Kapitalgesellschaft gegen Gewährung von Gesellschaftsrechten stellt an sich einen Tausch dar, der zur Realisierung der stillen Reserven des eingebrachten Betriebs führen müßte. Nach § 20 UmwStG ist es jedoch – entsprechend der früheren Rechtssprechung des RFH und BFH – möglich, einen **Betrieb ohne ertragsteuerliche Belastungen zu Buchwerten in eine Kapitalgesellschaft einzubringen.** Die Grundkonzeption der Betriebseinbringung wurde auch im UmwStG 1995 beibehalten. Für die Anwendung des § 20 UmwStG ist es unerheblich, ob es sich zivilrechtlich um einen Vorgang der Gesamtrechtsnachfolge oder der Einzelrechtsnachfolge handelt (vgl. § 20 Abs. 1 und Abs. 8 UmwStG 1995). Handelsrechtlich kann z. B. eine Personenhandelsgesellschaft und auch das Unternehmen eines

Einzelkaufmanns im Wege der Gesamtrechtsnachfolge auf eine GmbH umgewandelt werden. **2206**
Auch Umwandlungen von Personenhandelsgesellschaften oder Einzelunternehmen auf eine AG
oder KGaA sind handelsrechtlich möglich. Der § 20 UmwStG 1995 ist keine Antragsvorschrift,
er läßt aber ein weitgehendes **Wahlrecht** zu. Ob und in welcher Höhe bei dem Betriebseinbringer ein Veräußerungsgewinn entsteht, wird durch den Wert bestimmt, mit dem die übernehmende Kapitalgesellschaft das eingebrachte Betriebsvermögen einbucht. Setzt die Kapitalgesellschaft, die den Betrieb gegen Gewährung von Gesellschaftsrechten übernimmt, das
übernommene Betriebsvermögen zu Buchwerten an, ergibt sich für den Einbringenden kein
Veräußerungsgewinn. Wird das übernommene Betriebsvermögen von der Kapitalgesellschaft
zu einem höheren Wert als dem Buchwert übernommen, so ergibt sich für den Einbringenden ein
entsprechender – nach § 34 EStG tarifbegünstigter – Veräußerungsgewinn.

Die grenzüberschreitenden Einbringungsfälle innerhalb der Europäischen Union regelt § 23
UmwStG 1995; vgl. auch Thiel in GmbHR 1994 S. 277 ff und Kraft in StStud 1993
S. 434.

4.1 Gegenstand der begünstigten Sacheinlage

§ 20 UmwStG begünstigt die **Einbringung eines Betriebs, Teilbetriebs** (wegen des Begriffs **2207**
Teilbetrieb; vgl. R 139 Abs. 3 EStR) **oder Mitunternehmeranteils.** Wie ein Teilbetrieb wird
eine Beteiligung an einer Kapitalgesellschaft behandelt, die bei der aufnehmenden Gesellschaft
zu einer Mehrheitsbeteiligung führt (§ 20 Abs. 1 und 5 UmwStG 1995).

Auch die Einbringung eines Mitunternehmeranteils ist nach dem Wortlaut des § 20 Abs. 1
UmwStG begünstigt. Mitunternehmerschaften bilden OHG, KG, GbR, Partenreedereien und
atypische stille Gesellschaften. Möglich ist es auch, die Mitunternehmeranteile der Kommanditisten einer GmbH & Co. KG in die Komplementär-GmbH einzubringen. Bei der bisherigen
Komplementär-GmbH muß zur Anwendung des § 20 UmwStG dann aber eine Kapitalerhöhung
durchgeführt werden.

Einbringender kann eine natürliche Person (Einzelfirma), eine Personengesellschaft oder eine **2208**
andere Körperschaft sein. Bringt eine Personengesellschaft einen Betrieb in eine Kapitalgesellschaft ein, so wird davon ausgegangen, daß der einzelne Mitunternehmer Einbringender i. S. des
§ 20 UmwStG ist (BStBl 1978 I S. 235, RZ 8).

Als übernehmende Kapitalgesellschaft kommt jede unbeschränkt steuerpflichtige Kapitalgesellschaft (§ 20 Abs. 1 UmwStG) in Betracht. Die Einbringung kann auf eine schon bestehende **2209**
oder erst im Zusammenhang mit der Einbringung neu zu gründende Kapitalgesellschaft erfolgen.

4.1.1 Betriebseinbringung

Bei dem einzubringenden Betrieb kann es sich um einen gewerblichen Betrieb, um das Be- **2210**
triebsvermögen eines selbständig Tätigen (vgl. BFH, Urteil vom 13. 12. 1979, BStBl 1980 II
S. 239) oder um das Betriebsvermögen eines Land- und Forstwirts handeln. Ein Betrieb liegt
auch noch vor, wenn der Betrieb verpachtet, aber noch keine Aufgabeerklärung nach dem Verpachtungserlaß (BStBl 1965 II S. 2) erfolgt ist. Die Einbringung eines Betriebs liegt im übrigen
nur vor, wenn die zum Betrieb gehörenden Wirtschaftsgüter in einem einheitlichen Vorgang auf
die Kapitalgesellschaft übertragen werden. Das ist bei Betriebseinbringungen, die zivilrechtlich
im Wege der Einzelrechtsnachfolge durchgeführt werden, von Bedeutung. Es ist zwar nicht erforderlich, daß sämtliche Wirtschaftsgüter an einem Tag übertragen werden, ein Zeitraum der
über zwei bis drei Monate hinausgeht, dürfte jedoch in jedem Fall für die Anwendung des § 20
UmwStG schädlich sein.

2211 Voraussetzung für eine Betriebseinbringung ist, daß die **wesentlichen Grundlagen des Betriebs eingebracht werden.** Werden einzelne Wirtschaftsgüter, die eine wesentliche Betriebsgrundlage (vgl. R 139 Abs. 8 EStR) bilden, nicht in die Kapitalgesellschaft eingebracht, so ist eine Betriebseinbringung i. S. des § 20 UmwStG nicht gegeben. Es liegt dann nur die Einbringung einzelner Wirtschaftsgüter in eine Kapitalgesellschaft vor, die grundsätzlich zur Gewinnrealisierung führt. Wird beispielsweise das Vermögen einer Personengesellschaft in eine Kapitalgesellschaft eingebracht und wird dabei das im Alleineigentum eines Gesellschafters stehende Betriebsgrundstück, das eine wesentliche Betriebsgrundlage darstellt nicht mit eingebracht, so sind die Vergünstigungen des § 20 UmwStG nicht anwendbar (BStBl 1978 I S. 235; RZ 47). Soll der § 20 UmwStG Anwendung finden, müssen deshalb auch die im Sonderbetriebsvermögen eines Mitunternehmers stehenden Wirtschaftsgüter auf die aufnehmende Kapitalgesellschaft übertragen werden. Der BFH (Urteil vom 14. 4. 1988, BStBl 1988 II S. 667) hat bei einer Einbringung von Mitunternehmeranteilen die Anwendung des § 20 UmwStG bejaht und das zurückbehaltene Sonderbetriebsvermögen mit der Folge der Gewinnrealisierung als Privatvermögen behandelt. Dem Urteil ist aber nicht zu entnehmen, ob es sich dabei um wesentliche Betriebsgrundlagen gehandelt hat (vgl. auch Schulze zur Wiesche, GmbHR 1989 S. 86). Auch wenn eine Einzelfirma in eine Kapitalgesellschaft eingebracht werden soll, ist § 20 UmwStG nur anwendbar, wenn alle wesentlichen Betriebsgrundlagen mit eingebracht werden. Es ist dagegen unschädlich, wenn bei der Einbringung unwesentliche Teile des Betriebsvermögens zurückbehalten werden (BStBl 1978 I S. 235, RZ 46). Diese Wirtschaftsgüter gelten als entnommen, wenn sie beim Einbringenden nicht aus anderen Gründen weiter Betriebsvermögen darstellen. Der sich dabei ergebende Entnahmegewinn unterliegt dem ermäßigten Steuersatz nach § 24 EStG (BFH, Urteil vom 25. 9. 1991, BStBl 1992 II S. 406). Der Abzug eines Freibetrags nach § 16 Abs. 4 EStG kommt nicht in Betracht.

2212 Die Zurückbehaltung eines zu den wesentlichen Betriebsgrundlagen gehörenden Wirtschaftsguts und damit die Nichtanwendbarkeit des § 20 UmwStG bedeutet aber in der Praxis nicht unbedingt, daß die stillen Reserven realisiert werden müssen. Besteht durch die Zurückbehaltung der Wirtschaftsgüter zu der den Betrieb teilweise übernehmenden Kapitalgesellschaft das Verhältnis einer Betriebsaufspaltung i. S. des R 137 Abs. 4 ff. EStR ist nach der Praxis der Finanzverwaltung eine Aufdeckung der stillen Reserven nicht zwingend (vgl. BMF, Schreiben vom 22. 1. 1985, BStBl 1985 I S. 97).

4.1.2 Gegenleistung für die Sacheinlage

2213 Eine nach § 20 UmwStG zu behandelnde Sacheinlage in eine Kapitalgesellschaft liegt nur vor, wenn als **Gegenleistung für die Einbringung** des Betriebs, Teilbetriebs oder Mitunternehmeranteils **neue Gesellschaftsanteile** an der aufnehmenden Kapitalgesellschaft gewährt werden. Diese Gesellschaftsanteile müssen in Zusammenhang mit der Gründung einer Kapitalerhöhung der aufnehmenden Kapitalgesellschaft geschaffen werden (§ 20 Abs. 1 UmwStG: „... und erhält der Einbringende dafür neue Anteile an der Gesellschaft [Sacheinlage]"). Werden nur bereits vorhandene eigene Anteile der übernehmenden Kapitalgesellschaft für die Einbringung gewährt, so greift § 20 UmwStG nicht ein. Es brauchen aber nicht ausschließlich neue Anteile von der aufnehmenden Kapitalgesellschaft hingegeben zu werden. Es ist z. B. unschädlich, wenn neben den neuen Anteilen auch andere Vermögenswerte, wie z. B. eine Barzahlung, die Einräumung einer Forderung oder die Übernahme persönlicher Steuerschulden des Einbringenden gewährt werden. Auf die Höhe der Beteiligung, die der Einbringende für die Sacheinlage erhält, kommt es nicht an. Bei der Einbringung müssen auch nicht etwa in Höhe des Werts des eingebrachten Betriebsvermögens neue Anteile ausgegeben werden. Es genügt vielmehr, daß als Gegenleistung für die Sacheinlagen überhaupt neue Anteile (d. h. wenigstens teilweise neue Anteile) von der aufnehmenden Kapitalgesellschaft ausgegeben werden. Für die Anwendung des § 20 UmwStG würde deshalb auch die Ausgabe neuer Anteile in ganz geringem Umfang genügen. Wird die Sacheinlage nicht in vollem Umfang durch den Nennbetrag der ausgegebenen Anteile gedeckt, so liegt handelsrechtlich eine Überpari-Ausgabe vor. In Höhe des Differenzbetrags ergibt sich ein Agio, das den Rücklagen zuzuführen ist.

Beispiel: 2213

Eine Einzelfirma mit einem Buchvermögen von 80 000 DM wird in eine bestehende GmbH eingebracht. Von der GmbH wird das eingebrachte Vermögen auch mit 80 000 DM eingebucht. Es werden aber nur neue GmbH-Anteile von 50 000 DM ausgegeben. Der Restbetrag von 30 000 DM ist als Agio in die Rücklage einzubuchen. Insoweit entsteht u. E. EK 04 in der EK-Gliederung.

Eine Einbringung i. S. des § 20 UmwStG liegt danach vor, wenn ein Betrieb, Teilbetrieb, ein Mitunternehmeranteil oder Anteile, die zu einer Mehrheitsbeteiligung führen, auf eine Kapitalgesellschaft übertragen wird und diese dem Einbringenden dafür neugeschaffene Gesellschaftsrechte gibt. Handelsrechtlich ist dabei bei einer GmbH eine Sachgründung (§ 5 Abs. 4 GmbHG) oder eine Sachkapitalerhöhung (§ 56 GmbHG) gegeben. 2214

Als Sacheinlage i. S. des § 20 UmwStG hat die Praxis der Finanzverwaltung entsprechend der Rechtsprechung zur Gesellschaftsteuer (BFH, Urteil vom 5. 12. 1950, BStBl 1951 III S. 35 und vom 2. 2. 1972 BStBl 1972 II S. 578) früher auch die sogenannte verschleierte Sachgründung angesehen, wenn dabei ein Betrieb, Teilbetrieb oder Mitunternehmeranteil übertragen wurde. Unter einer verschleierten Sachgründung versteht man die Bargründung einer Kapitalgesellsellschaft, bei der diese unmittelbar nach der Gründung die Bareinlage an die einbringungspflichtigen Gründungsgesellschafter gegen Einbringung der von Anfang an vorgesehenen Sacheinlage zurückzahlt (Verkauf des Betriebs usw. an die neugegründete Kapitalgesellschaft in engem zeitlichem Zusammenhang mit der Gründung). Eine etwaige zivilrechtliche Nichtigkeit der verschleierten Sachgründung (vgl. BGH, Urteil vom 10. 11. 1958, BB 1959 S. 56) allein stünde der Anwendung des § 20 UmwStG nicht entgegen, wenn die Beteiligten den wirtschaftlichen Erfolg der Einbringung weiter gelten lassen (vgl. § 41 Abs. 1 AO) Neuerdings lehnen Rechtsprechung und Finanzverwaltung die Anwendung des § 20 UmwStG ab, wenn bei einer solchen GmbH-Gründung nur Bareinlagen vereinbart wurden (BFH, Urteil vom 24. 3. 1987, BStBl 1987 III S. 705 und BFH, Urteil vom 1. 7. 1992, BStBl 1993 II S. 131). Die Einbringung des Betriebs im Rahmen einer verschleierten Sachgründung ist damit nicht nach § 20 UmwStG begünstigt, weil nach dem Gesellschaftsvertrag eine Bareinlage vereinbart wurde und für die Sachgüter keine „neuen Gesellschaftsrechte" gewährt worden sind. Bei der aufnehmenden Kapitalgesellschaft sind deshalb die übernommenen Wirtschaftsgüter einschließlich eines im eingebrachten Betrieb selbst geschaffenen Firmenwerts mit dem Teilwert anzusetzen. Soweit die Kapitalgesellschaft die Buchwerte fortführt, ist in der Differenz zwischen dem Teilwert (einschließlich Firmenwert) und dem Ansatz der Wirtschaftsgüter in der Bilanz der Kapitalgesellschaft eine verdeckte Einlage anzunehmen. In Höhe der verdeckten Einlage erhöht sich der Veräußerungsgewinn des Einbringenden. 2215

4.2 Auswirkungen des Wahlrechts

Die Wirtschaftsgüter des eingebrachten Betriebsvermögens können von der übernehmenden Kapitalgesellschaft nach § 20 Abs. 2 UmwStG mit dem Buchwert, dem Teilwert oder mit einem Zwischenwert (zwischen Buchwert und Teilwert) angesetzt werden. Bei der Ausübung des Wahlrechts muß berücksichtigt werden, daß der Wertansatz der Kapitalgesellschaft als Veräußerungspreis für das eingebrachte Betriebsvermögen und als Anschaffungskosten für die erhaltenen Anteile (§ 20 Abs. 4 UmwStG) gilt. Die Frage, ob der Einbringende einen Veräußerungsgewinn zu versteuern hat, bestimmt sich deshalb ausschließlich danach, wie die aufnehmende Kapitalgesellschaft das eingebrachte Betriebsvermögen ansetzt. Die Kapitalgesellschaft darf einen einmal gewählten Bilanzansatz nicht im Wege einer Bilanzänderung ändern. Das Wahlrecht gilt als ausgeübt, wenn die Handelsbilanz der Kapitalgesellschaft für das Einbringungsjahr aufgestellt ist (BStBl 1978 I S. 235, RZ 15 und 16). Bilanzberichtigungen sind dagegen unter den auch sonst geltenden Voraussetzungen möglich. Wird z. B. durch eine Außenprüfung später festgestellt, daß die Ansätze in der Einbringungsbilanz des Einbringenden zu niedrig sind, so muß der Ansatz bei der aufnehmenden Kapitalgesellschaft berichtigt werden. 2216

2217 Wird bei der Betriebseinbringung das übernommene Vermögen von der Kapitalgesellschaft mit dem **Buchwert** angesetzt, so ist die **Einbringung erfolgsneutral.** Der Buchwert i. S. des § 20 Abs. 2 UmwStG entspricht dem Kapitalkonto der eingebrachten Einzelfirma oder des Mitunternehmeranteils. Es ist nicht möglich, Bilanzansätze zu verringern (z. B. Grund und Boden) und dafür andere Bilanzpositionen zu erhöhen (z. B. Waren oder geringwertige Wirtschaftsgüter). Die aufnehmende Kapitalgesellschaft kann auch jeden Wert zwischen dem Buchwert und dem Teilwert des eingebrachten Betriebsvermögens ansetzen. Beim Ansatz von Zwischenwerten zwischen Buchwert und Teilwert ist eine Aufstockung nur möglich, soweit in den einzelnen Wirtschaftsgütern stille Reserven enthalten sind, da die Teilwerte der einzelnen Wirtschaftsgüter nicht überschritten werden dürfen. Die stillen Reserven sind nach Auffassung der Finanzverwaltung prozentual gleichmäßig aufzulösen (BStBl 1978 I S. 235, RZ 10-12). Ein bestehender originärer Geschäftswert ist nur aufzulösen, wenn die übrigen Wirtschaftsgüter bis zu den Teilwerten aufgestockt worden sind (BStBl 1978 I S. 235, RZ 13-14). Sind in der Einbringungsbilanz steuerfrei Rücklagen enthalten, so sind diese bei dem Ansatz des Buchwerts oder von Zwischenwerten nicht aufzulösen, weil die aufnehmende Kapitalgesellschaft in die bilanzmäßige Rechtsstellung des Einbringenden eintritt (BStBl 1978 I S. 235, RZ 30).

2218 Die aufnehmende Kapitalgesellschaft kann das eingebrachte Betriebsvermögen freiwillig mit dem Teilwert ansetzen. In bestimmten Fällen (z. B. wenn das Besteuerungsrecht der Bundesrepublik ausgeschlossen ist – § 20 Abs. 3 UmwStG 1995) besteht ein Zwang zur Aufdeckung stiller Reserven. Beim Ansatz des Teilwerts sind auch alle originär erworbenen imateriellen Wirtschaftsgüter, also vor allem ein vom Einbringenden selbstgeschaffener Geschäftswert zu berücksichtigen (BStBl 1978 I S. 235, RZ 14). Der Geschäftswert kann nach der indirekten Methode (vgl. BFH, Urteile vom 25. 1. 1979 BStBl 1979 II S. 302, und vom 6. 2. 1980, BStBl 1980 II S. 477) oder bei kleineren Unternehmen nach der direkten Methode (BFH, Urteile vom 28. 10. 1976, BStBl 1977 II S. 73, und vom 9. 2. 1977, BStBl 1977 II S. 412) ermittelt werden. Der Teilwert stellt für jedes im Rahmen des Betriebs eingebrachte Einzelwirtschaftsgut die Höchstgrenze des Bilanzansatzes dar. Es können nicht etwa geringwertige Wirtschaftsgüter über dem Teilwert und dafür andere Wirtschaftsgüter unter dem Teilwert angesetzt werden (§ 20 Abs. 2 letzter Satz UmwStG). Setzt die aufnehmende Kapitalgesellschaft das eingebrachte Betriebsvermögen mit dem Teilwert an, so dürfen steuerfreie Rücklagen von der Kapitalgesellschaft nicht fortgeführt werden (BStBl 1978 I S. 235, RZ 32).

2219 Das der übernehmenden Kapitalgesellschaft eingeräumte Wahlrecht (Ansatz der Buchwerte, Teilwerte oder Zwischenwerte) ist für folgende Fälle eingeschränkt:

- Wenn neben neuen Anteilen **andere Wirtschaftsgüter** (z. B. Barzahlung, Einräumung einer Darlehensforderung usw.) gewährt werden, deren gemeiner Wert den Buchwert des eingebrachten Betriebsvermögens übersteigt, ist das eingebrachte Betriebsvermögen mindestens mit dem gemeinen Wert dieser anderen Wirtschaftsgüter anzusetzen (§ 20 Abs. 2 Satz 5 UmwStG 1995).

- **Übersteigen die Passivposten des eingebrachten Betriebsvermögens die Aktivposten,** so hat die Kapitalgesellschaft das eingebrachte Betriebsvermögen mindestens so anzusetzen, daß sich Aktiv- und Passiv-Vermögen ausgleichen, dabei ist das Eigenkapital nicht zu berücksichtigen (§ 20 Abs. 2 Satz 4 UmwStG 1995). Reicht in derartigen Fällen auch der Ansatz des Teilwerts nicht aus, um Aktiven und Passiven auszugleichen, so muß die Kapitalgesellschaft u. E. zur Vermeidung einer verdeckten Gewinnausschüttung eine entsprechende Forderung gegenüber dem Einbringenden ansetzen.

- Die Kapitalgesellschaft hat das eingebrachte Betriebsvermögen mit dem Teilwert anzusetzen, wenn die inländische Besteuerung des Gewinns aus der Veräußerung der dem Einbringenden gewährten Gesellschaftsanteile im Zeitpunkt der Sacheinlage ausgeschlossen ist (§ 20 Abs. 3 UmwStG 1995).

- Ist der **Buchwert des eingebrachten Betriebsvermögens in der Handelsbilanz höher als in der Steuerbilanz** (z. B. bei einer Preissteigerungsrücklage), so soll bei der Einbringung der Steuervorteil nicht verloren gehen. Nach § 20 Abs. 2 Satz 2 UmwStG kann in diesen Fällen ein aktiver Ausgleichsposten gebildet werden (vgl. dazu BStBl 1978 I S. 235, RZ 20-24).

Die Auswirkungen einer Einbringung zum Buchwert ergeben sich aus dem nachstehenden Beispiel einer **Betriebseinbringung in eine bestehende GmbH** gegen Kapitalerhöhung (Sachkapitalerhöhung):

Beispiel:

Ein Einzelunternehmen weist folgende Bilanz aus:

Aktiva		Passiva	
Anlage- und Umlaufvermögen	100 000 DM	Verbindlichkeiten	40 000 DM
		Kapital	60 000 DM
	100 000 DM		100 000 DM

Im Anlagevermögen sind alle Reserven in Höhe von 300 000 DM enthalten (Teilwert des Betriebsvermögens also 360 000 DM).

Die Einzelfirma wird zu Buchwerten in eine GmbH eingebracht, bei der sich die nachstehende Bilanz ergeben hat:

Aktiva		Passiva	
Anlage- und Umlaufvermögen	320 000 DM	Stammkapital	120 000 DM
		Verbindlichkeiten	200 000 DM
	320 000 DM		320 000 DM

In den Wirtschaftsgütern der GmbH sind stille Reserven von 600 000 DM enthalten; der Teilwert des GmbH-Vermögens beträgt damit 720 000 DM.

Im Zuge der Betriebseinbringung wird bei der GmbH eine Kapitalerhöhung (handelsrechtlich: Sachkapitalerhöhung) von 60 000 DM vorgenommen. Die Bilanz der GmbH zeigt nach der Einbringung folgendes Bild:

Aktiva		Passiva	
Anlage- und Umlaufvermögen	420 000 DM	Stammkapital	180 000 DM
		Verbindlichkeiten	240 000 DM
	420 000 DM		420 000 DM

Es ergeben sich nach § 20 UmwStG die nachstehenden steuerlichen Auswirkungen:

a) **Veräußerungspreis des Einbringenden**

Bilanzansatz des eingebrachten Betriebsvermögens bei der GmbH	60 000 DM
Buchwert des eingebrachten Betriebsvermögens – Kapitalkonto – (siehe § 20 Abs. 4 Satz 1 UmwStG)	./. 60 000 DM
Veräußerungsgewinn des Einbringenden	0 DM

b) **Anschaffungskosten der neugeschaffenen GmbH-Anteile**

Bilanzansatz des eingebrachten Betriebsvermögens (Anschaffungskosten nach § 20 Abs. 4 Satz 1 UmwStG)	60 000 DM

„Andere Wirtschaftsgüter" (vgl. § 20 Abs. 4 Satz 2 UmwStG) wurden nicht gewährt. Damit betragen die maßgebenden Anschaffungskosten für die einbringungsgeborenen GmbH-Anteile 60.000 DM. Veräußert der Betriebseinbringer seine GmbH-Anteile, die einen Teilwert von 360.000 DM verkörpern, so entsteht ein Veräußerungsgewinn von 300.000 DM (= eingebrachte stille Reserven).

Die Auswirkungen der **Einbringung von Mitunternehmeranteilen** an einer OHG, bei der für einen Gesellschafter das Besteuerungsrecht der Bundesrepublik ausgeschlossen ist und seinen Mitunternehmeranteil deshalb nur zum Teilwert einbringen kann (§ 20 Abs. 3 UmwStG) zeigt das nachstehende Beispiel. Die Einbringung erfolgt hier in eine neu gegründete GmbH (Sachgründung):

2221 **Beispiel:**

Sämtliche Mitunternehmeranteile der A und B-OHG sollen in eine GmbH eingebracht werden. Die Bilanz der OHG sieht wie folgt aus:

Aktiva		Passiva	
Anlage- und Umlaufvermögen	200 000 DM	Verbindlichkeiten	130 000 DM
		Kapital A	40 000 DM
		Kapital B	30 000 DM
	200 000 DM		200 000 DM

In dem Gesamthandsvermögen der OHG sind (einschließlich eines Geschäftswerts) 100 000 DM stille Reserven enthalten. Bei einer Gewinnverteilung nach Köpfen – ebenso Verteilung eines Veräußerungsgewinns – würde das OHG-Vermögen einen Teilwert von 170 000 DM aufweisen, wovon 90 000 DM auf A und 80 000 DM auf B entfallen würden.

Die Mitunternehmeranteile sollen in die neuzugründende A- und B-GmbH eingebracht werden, wobei ein möglichst geringer Veräußerungsgewinn realisiert werden soll. Das Stammkapital der GmbH soll 50 000 DM betragen, wovon A und B jeweils die Hälfte übernehmen. Für A ist das Besteuerungsrecht der Bundesrepublik ausgeschlossen.

Bei A ist der einzubringende Mitunternehmeranteil nach § 20 Abs. 3 UmwStG zwingend mit dem Teilwert anzusetzen; er muß deshalb die auf ihn entfallenden stillen Reserven in Höhe von 50 000 DM realisieren. Da das Wahlrecht nach § 20 Abs. 2 UmwStG jedem Mitunternehmer gesondert zusteht (BStBl 1978 I S. 235, RZ 9), kann B seinen Mitunternehmeranteil zum Buchwert einbringen.

Die Eröffnungsbilanz der A- und B-GmbH zeigt damit folgendes Bild:

Aktiva		Passiva	
Anlage- und Umlaufvermögen	250 000 DM	Stammkapital	50 000 DM
		Rücklagen	70 000 DM
		Verbindlichkeiten	130 000 DM
	250 000 DM		250 000 DM

Der Ansatz des von B eingebrachten Mitunternehmeranteils entspricht dem früheren Buchwert bei der OHG mit 30 000 DM, während der Ansatz des von A eingebrachten Mitunternehmeranteils den früheren OHG-Buchwert von 40 000 DM um 50 000 DM übersteigt.

Daraus ergibt sich:

a) **Veräußerungsgewinn des Einbringenden**

	A	B
Bilanzansatz des eingebrachten Mitunternehmeranteils bei der GmbH	90 000 DM	30 000 DM
Buchwert des eingebrachten Mitunternehmeranteils (Kapitalkonto) bei der OHG	40 000 DM	30 000 DM
Veräußerungsgewinn des Einbringenden	50 000 DM	0 DM

b) **Anschaffungskosten der GmbH-Anteile**

	A	B
Bilanzansatz des eingebrachten Mitunternehmeranteils bei der GmbH	90 000 DM	30 000 DM

Da keine „anderen Wirtschaftsgüter" gewährt worden sind, stellen diese Werte nach § 20 Abs. 4 Satz 2 UmwStG die maßgebenden Anschaffungskosten dar.

Da B mit einem geringeren Kapitalanteil bei der OHG (zu Teilwerten: 80 000 DM gegenüber 90 000 DM bei A) in gleicher Weise an der GmbH beteiligt worden ist, muß die Frage der Schenkungsteuerpflicht geprüft werden.

2222 Der Wert mit dem die Kapitalgesellschaft das eingebrachte Betriebsvermögen ansetzt, gilt für den Einbringenden auch als Anschaffungskosten seiner erhaltenen Gesellschaftsanteile (§ 20 Abs. 4 UmwStG). Erhält der Einbringende neben neuen Gesellschaftsanteilen andere Wirtschaftsgüter (z. B. Darlehensforderung, Übernahme persönlicher Steuern des Einbringenden oder eine Pensionszusage für die zurückliegende Zeit; BStBl 1978 I S. 235, RZ 38–44) so ist für die Berechnung der Anschaffungskosten der Gesellschaftsanteile der gemeine Wert der „anderen Wirtschaftsgüter" abzuziehen. Die **Berechnung der Anschaffungskosten** bei Gewährung anderer Wirtschaftsgüter zeigt das nachstehende Beispiel einer Betriebseinbringung in eine Kapitalgesellschaft im Wege der Sachgründung:

Beispiel:
Die Bilanz einer Einzelfirma zeigt zum Einbringungsstichtag 1. 1. 01 folgendes Bild:

Aktiva		Passiva	
Anlage- und Umlaufvermögen	200 000 DM	Verbindlichkeiten	110 000 DM
		Kapital	90 000 DM
	200 000 DM		200 000 DM

Im Anlage- und Umlaufvermögen sind 30 000 DM stille Reserven enthalten (Teilwert des eingebrachten Betriebsvermögens also 120 000 DM).

Das Einzelunternehmen wird zu Buchwerten in eine GmbH eingebracht. Seit 1. 1. 1981 ist auch die Umwandlung eines Einzelunternehmens in eine GmbH durch Gesamtrechtsnachfolge möglich. Das Stammkapital der GmbH soll 75 000 DM betragen, der Einbringende erhält daneben eine Darlehensforderung von 15 000 DM. Die Eröffnungsbilanz der GmbH hat damit folgendes Aussehen:

Aktiva		Passiva	
Anlage- und Umlaufvermögen	200 000 DM	Stammkapital	75 000 DM
		Darlehensverbindlichkeiten	15 000 DM
		Sonstige Verbindlichkeiten	110 000 DM
	200 000 DM		200 000 DM

Da die GmbH das eingebrachte Betriebsvermögen mit 90 000 DM (200 000 DM ./. 110 000 DM) angesetzt hat, ergibt sich für den Einbringenden kein Veräußerungsgewinn (Buchwert des eingebrachten Betriebs ebenfalls 90 000 DM). Die Anschaffungskosten der GmbH-Anteile sind wie folgt zu ermitteln:

Bilanzansatz des eingebrachten Betriebsvermögens (Anschaffungskosten nach § 20 Abs. 4 Satz 1 UmwStG)	90 000 DM
Gemeiner Wert der für die Einbringung gewährten Darlehensforderung („anderes Wirtschaftsgut") im Sinne des § 20 Abs. 4 Satz 2 UmwStG	./. 15 000 DM
Maßgebende Anschaffungskosten der GmbH-Anteile	75 000 DM

Die GmbH-Anteile beinhalten auch tatsächlich einen Wert von 105 000 DM (Teilwert des Einzelunternehmens vor der Einbringung 120 000 DM ./. Ausgleichsdarlehen 15 000 DM). Bei Veräußerung der Anteile zu diesem Wert entsteht ein Veräußerungsgewinn nach § 21 UmwStG von 30 000 DM (105 000 DM ./. Anschaffungskosten 75 000 DM). Dieser Betrag entspricht genau den in das GmbH-Vermögen gelangten stillen Reserven.

4.3 Einbringungszeitpunkt

Die Einbringung eines Betriebs, Teilbetriebs oder Mitunternehmeranteils in eine Kapitalgesellschaft gegen Gewährung von Gesellschaftsrechten, darf nach § 20 Abs. 7 und 8 UmwStG 1995 nunmehr bis zu 8 Monaten zurückbezogen werden. Maßgebend ist der Stichtag der zugrunde gelegten Bilanz. Nach dem UmwStG 1977 war eine bis zu 6monatige Rückbeziehung in Umwandlungsfällen zulässig (§ 20 Abs. 7 UmwStG 1977). Nach der Rechtsprechung (BFH, Urteil vom 9. 4. 1981; DB 1982 S. 520) war bei Betriebseinbringungsvorgängen nach § 20 Abs. 1 UmwStG eine Rückbeziehung nicht möglich. Auf Antrag ließ die Finanzverwaltung die Betriebseinbringung jedoch mit einer Rückwirkung von 6 Monaten zu (BStBl 1978 I S. 235, RZ 1–2, BMF-Schreiben vom 14. 6. 1982, BStBl 1982 I S. 624). Die Rechtsprechung hielt sich an die Verwaltungsregelung nicht gebunden (BFH, Urteil vom 20. 10. 1982, BStBl 1983 II S. 247).

2223 Auf Antrag sind Einkommen und Vermögen des Einbringenden und der übernehmenden Kapitalgesellschaft so zu ermitteln, als ob das eingebrachte Vermögen mit dem steuerlichen Übertragungsstichtag übergegangen wäre (§ 20 Abs. 7 UmwStG 1995).

2224 Die Rückbeziehung gilt aber nicht für **Entnahmen und Einlagen,** die nach dem Umwandlungs- oder Einbringungsstichtag erfolgen. Entnahmen in dieser Zeit vermindern die Anschaffungskosten der Gesellschaftsrechte und Einlagen sind den Anschaffungskosten für die Gesellschaftsrecht hinzuzusetzen.

2225 Ebenso sind **rückwirkende schuldrechtliche Vereinbarungen** auch in denjenigen Fällen **unwirksam,** in denen eine Betriebseinbringung nach § 20 Abs. 8 UmwStG 1995 auf einen höchstens acht Monate vor der Übertragung des wirtschaftlichen Eigentums liegenden Stichtag zurückbezogen wird. Wird z. B. eine Einzelfirma mit steuerlicher Rückwirkung in eine GmbH eingebracht, ist es nicht möglich, vom steuerlich angenommenen Einbringungszeitpunkt an rückwirkend ein Gehalt an den bisherigen Einzelunternehmer als Geschäftsführer der GmbH zu bezahlen. Dem steht das allgemein geltende steuerliche Rückwirkungsverbot entgegen, nach dem Vereinbarungen steuerlich erst ab dem tatsächlichen Vertragsabschluß berücksichtigt werden können (BStBl 1978 I S. 235, RZ 3). Eine rückwirkende Vereinbarung nimmt die Finanzverwaltung allerdings nicht an, wenn ein schuldrechtlicher Vertrag bereits zwischen einer eingebrachten Personengesellschaft und einem ihrer Gesellschafter bestanden hat, tatsächlich durchgeführt worden ist und nach der Einbringung fortbesteht (BStBl 1978 I S. 235, RZ 4). Liegen bei derartigen Vereinbarungen nach allgemeinen körperschaftsteuerlichen Grundsätzen Betriebsausgaben vor, so gilt dies auch in dem Rückwirkungszeitraum (BFH, Urteil vom 23. 4. 1986, BStBl 1986 II S. 880). Würden jedoch nach körperschaftsteuerlichen Grundsätzen im Rückwirkungszeitraum verdeckte Gewinnausschüttungen vorliegen, so sind diese nach § 20 Abs. 7 Satz 2 UmwStG 1995 als Entnahmen zu behandeln (BFH, Urteil vom 29. 4. 1987, BStBl 1987 II S. 797). Dadurch wird vermieden, daß durch die grundsätzliche Anwendung körperschaftsteuerliche Vorschriften auch die Vorgänge als verdeckte Gewinnausschüttungen behandelt werden, die nach dem Recht der Personenunternehmen im Rückwirkungszeitraum Entnahmen gewesen wären. Eine Herstellung der Ausschüttungsbelastung für derartige in Entnahmen umqualifizierte verdeckte Gewinnausschüttungen erfolgt nicht.

Die Rückbeziehung gilt nach allgemeiner Auffassung auch für die Vermögensteuer und die Gewerbesteuer.

4.4 Besteuerung des Übertragungsgewinns (Einbringungsgewinns) und weitere Steuerfolgen

2226 Setzt die Kapitalgesellschaft das eingebrachte Betriebsvermögen mit einem höheren Wert als dem Buchwert des Einbringenden an, so entsteht beim Einbringenden ein Veräußerungsgewinn. Dabei ist es grundsätzlich gleichgültig, ob die Kapitalgesellschaft den höheren Wert freiwillig oder zwangsweise ansetzt. Ist der Einbringende eine natürliche Person (Einzelbetrieb oder Gesellschafter einer Personengesellschaft), so ist der **Veräußerungsgewinn mit dem ermäßigten Steuersatz des § 34 EStG** (halber normaler Steuersatz) **zu versteuern.** Der ermäßigte Steuersatz gilt auch dann, wenn die stillen Reserven nur teilweise realisiert worden sind und ein Geschäftswert nicht angesetzt worden ist (§ 20 Abs. 5 UmwStG). Der Freibetrag nach § 16 Abs. 4 EStG oder § 17 Abs. 3 EStG ist dagegen nur zu gewähren, wenn die Kapitalgesellschaft das eingebrachte Betriebsvermögen mit dem Teilwert einschließlich eines Geschäftswerts ansetzt. Ein durch die Betriebseinbringung beim Einbringenden (natürliche Person, Personengesellschaft) entstehender Gewinn unterliegt – gleichgültig ob eine Vollaufstockung der stillen Reserven oder eine Teilaufstockung erfolgt – als Veräußerungsgewinn nicht der Gewerbesteuer. Gewerbesteuerpflicht entsteht nur in den Fällen der gesonderten Einbringung eines hundertprozentigen Anteils an einer Kapitalgesellschaft (BFH, Urteil vom 2. 2. 1972, BStBl 1972 II S. 470).

Ist der Einbringende eine Kapitalgesellschaft, so unterliegt der Veräußerungsgewinn dem normalen Körperschaftsteuersatz. Der Freibetrag nach § 16 Abs. 4 EStG ist bei Aufdeckung aller stillen Reserven allerdings anwendbar (BStBl 1978 I S. 235, RZ 55). 2227

Bei Steuerpflichtigen, bei denen die stillen Reserven bei der Sacheinlage nach § 20 Abs. 3 UmwStG aufgedeckt werden müssen, kann die auf den Veräußerungsgewinn entfallende Einkommensteuer und Körperschaftsteuer nach Maßgabe des § 20 Abs. 6 i. V. m. § 21 Abs. 2 UmwStG 1995 in jährlichen Teilbeträgen von jeweils einem Fünftel entrichtet werden, wenn die Entrichtung der Teilbeträge sichergestellt ist. 2228

Beim Buchwertansatz tritt die übernehmende Kapitalgesellschaft für Behaltefristen und hinsichtlich der AfA, von Sonderabschreibungen und Behaltefristen in die Rechtsstellung der Übertragerin ein. Steuerfreie Rücklagen sind nicht aufzulösen (§ 22 Abs. 1 UmwStG 1995). Die nach dem Wortlaut des § 22 Abs. 1 UmwStG 1995 mögliche Verlustübernahme nach § 10d EStG (uneingeschränkter Verweis auf § 12 Abs. 3 UmwStG 1995 ohne Beschränkung auf Satz 1) dürfte auf einem redaktionellen Versehen des Gesetzgebers beruhen. Es ist daher weiter davon auszugehen, daß ein etwaiger Verlustvortrag nicht auf die Kapitalgesellschaft übergeht. 2229

Erfolgt eine höhere Bewertung als dem Buchwert, sind die Abschreibungen nach Maßgabe des § 22 Abs. 2 UmwStG 1995 vorzunehmen. Bei Teilwertansatz gelten die Wirtschaftsgüter als von der Übernehmerin erworben.

4.5 Spätere Veräußerung der durch Einbringung erworbenen Gesellschaftsanteile

Hat die aufnehmende Kapitalgesellschaft das eingebrachte Betriebsvermögen mit dem Teilwert angesetzt und ist somit der Teilwert auch für die Anschaffungskosten der neuen Anteile an der Kapitalgesellschaft maßgebend, so gelten für die steuerliche Behandlung der neuen Anteile die allgemeinen Vorschriften (§ 21 Abs. 1 UmwStG 1995). Bei einer Veräußerung derartiger Anteile ist ein dabei entstehender Gewinn nur steuerpflichtig, wenn die Anteile zu einem Betriebsvermögen gehören oder die Voraussetzungen der §§ 17 oder 23 EStG vorliegen. 2230

Werden die durch eine Sacheinlage zum Buchwert oder einem Zwischenwert erworbenen Gesellschaftsanteile später veräußert, so gilt ein dabei entstehender Gewinn als Veräußerungsgewinn i. S. des § 16 EStG (§ 21 Abs. 1 UmwStG). Der Veräußerungsgewinn ist also auch dann steuerpflichtig, wenn keine wesentliche Beteiligung vorliegt. Die durch Sachlage erworbenen Gesellschaftsanteile (sogenannte einbringungsgeborene Anteile) stellen somit „Quasi – Betriebsvermögen" dar, sie sind „steuerverstrickt". Bei einer Veräußerung werden auch die Wertsteigerungen erfaßt, die die Anteile erst nach der Sacheinlage erfahren haben. 2231

Der Veräußerungsgewinn unterliegt bei natürlichen Personen – auch bei Teilveräußerungen – dem ermäßigten Steuersatz des § 34 Abs. 1 EStG, der Freibetrag nach § 16 Abs. 4 EStG wird anteilig gewährt. Bei Körperschaften unterliegt der Veräußerungsgewinn dem normalen Körperschaftsteuersatz. Die Besteuerung der auf die Gesellschaftsanteile übertragenen stillen Reserven ist auf Antrag des Anteilseigners oder in anderen in § 21 Abs. 2 UmwStG aufgeführten Fällen (Besteuerungsrecht der Bundesrepublik entfällt, Liquidation oder Kapitalherabsetzung bei der Kapitalgesellschaft) ohne Veräußerung vorzunehmen. Die dadurch entstehende Einkommensteuer oder Körperschaftsteuer kann in jährlichen Teilbeträgen von je einem Fünftel entrichtet werden, wenn die Entrichtung der Teilbeträge sichergestellt ist. Die Stundung erfolgt zinslos. 2232

Bei einer Kapitalgesellschaft, die durch eine Betriebseinbringung entstanden ist oder deren Kapital einmal durch eine Betriebseinbringung erhöht wurde (§ 20 UmwStG oder entsprechende frühere Regelungen), ist die Finanzverwaltung früher davon ausgegangen, daß bei einer Kapitalerhöhung gegen Bar- oder Sacheinlage eine sofortige Realisierung der auf die nicht einbringungsgeborenen Anteile abwandernden stillen Reserven erfolgen müsse (vgl. BStBl 1978 I S. 235, RZ 66 – inzwischen aufgehoben, DB 1992 S. 1858). Die Gewinnrealisierung wurde in dem Umfang vorgenommen, in dem stille Reserven auf neue, nicht einbringungsgeborene Anteile abgewandert sind. 2233

2233 Beispiel:

Bei der X-GmbH mit einem Stammkapital von DM 20 000,– erfolgte vor dem 1. 1. 1986 eine Kapitalerhöhung gegen Bareinlage auf DM 50 000,– zur Aufbringung des zu diesem Zeitpunkt erforderlichen Mindeststammkapitals. In den durch eine Betriebseinbringung zu Buchwerten oder Zwischenwerten entstandenen Anteilen („einbringungsgeborenen Anteilen") befanden sich stille Reserven von DM 100 000,–. In diesem Fall hätte die Finanzverwaltung $^3/_5$ von DM 100 000,– = DM 60 000,– stille Reserven nach § 21 UmwStG bei den Gesellschaftern versteuert.

Die Rechtsprechung ist der Auffassung der Finanzverwaltung nicht gefolgt und hat eine sofortige Versteuerung der stillen Reserven bei der Kapitalerhöhung abgelehnt (BFH-Urteil vom 8. 4. 1993, BStBl 1992 II S. 761, 763 und 764). Nach diesen Urteilen darf wegen fehlender Veräußerung keine Gewinnrealisierung vorgenommen werden, wenn stille Reserven von einbringungsgeborenen Anteilen auf junge, nicht durch eine Sacheinlage erworbene Anteile übergehen.

Der BFH geht in seinen Entscheidungen davon aus, daß es der von der Finanzverwaltung angenommenen analogen Anwendung des § 21 Abs. 1 UmwStG nicht bedarf, soweit stille Reserven anläßlich einer Kapitalerhöhung unentgeltlich von einbringungsgeborenen Anteilen auf junge Gesellschaftsanteile eines Dritten übergehen, da diese Reserven weiterhin steuerverhaftet blieben. Bei künftiger Veräußerung solcher jungen Anteile sei § 21 Abs. 1 UmwStG unmittelbar anzuwenden, da sie insoweit vom Veräußerer unentgeltlich und vom Rechtsvorgänger durch eine Sacheinlage (§ 20 Abs. 1 UmwStG) erworben worden seien.

Für den Fall, daß zunächst eine Bareinlage und erst anschließend eine Sacheinlage erfolgt, vertritt der BFH die Auffassung, daß die Steuerverhaftung nicht nur die durch die Sacheinlage entstehenden jungen Anteile erfasse, sondern auch die – aus der vorausgegangenen Bareinlage hervorgegangenen – Altanteile, soweit stille Reserven auf diese Altanteile übergegangen seien. Diese Anteile blieben insoweit ebenfalls nach § 21 UmwStG steuerverstrickt; sie seien anteilig i. S. des § 21 UmwStG durch Sacheinlage erworben.

Der BFH verwendet zur Verdeutlichung hierzu folgendes

Beispiel

Jahr		DM
01	**Sacheinlage** des A zum Buchwert von 100 000 DM gegen eine 10 %ige Beteiligung Stammanteil	50 000
02	Wert des Stammanteils des A vor Kapitalerhöhung	300 000
	Kapitalerhöhung 500 000 DM zu pari, davon auf A entfallend (10 %)	50 000
	Nominalbetrag der Anteile, soweit einbringungsgeboren	
	$\dfrac{100\,000 \text{ (Nominalbetrag der Anteile)} \times 300\,000 \text{ (Wert der Anteile vor Kapitalerhöhung)}}{350\,000 \text{ (Wert der Anteile nach Kapitalerhöhung)}}$	85 714
	Anschaffungskosten, soweit einbringungsgeborene Anteile	100 000
	Nominalbetrag der Anteile, soweit nicht einbringungsgeboren (100 000 ./. 85 714)	14 286
03	**Veräußerung** aller Geschäftsanteile des A für 400 000 DM	
	a) Veräußerungsgewinn gem. § 21 UmwStG auf Anteile entfallender Veräußerungserlös soweit diese einbringungsgeboren sind	
	$\dfrac{400\,000 \times 85\,714}{100\,000}$ (85,71 % von 400 000 DM)	342 856
	Anschaffungkosten der Anteile, soweit einbringungsgeboren	100 000
	Steuerpflichtig nach § 21 UmwStG =	242 856
	b) auf Anteile entfallender Veräußerungserlös soweit diese nicht einbringungsgeboren sind	
	$\dfrac{400\,000 \times 14\,286}{100\,000}$ (14,29 % von 400 000 DM)	57 144
	Anschaffungskosten der Anteile, soweit diese nicht einbringungsgeboren sind	50 000
	steuerfreier Veräußerungsgewinn =	7 144

5. Betriebseinbringung in Personengesellschaften

Nach § 24 UmwStG können Betriebe, Teilbetriebe oder Mitunternehmeranteile in eine Personengesellschaft eingebracht werden. Dabei gelten im wesentlichen dieselben Grundsätze wie bei der Betriebseinbringung in Kapitalgesellschaften (vgl. auch BStBl 1978 I S. 235, RZ 72-82). Von besonderer Bedeutung ist hier die Vermeidung von Einbringungsgewinnen durch sogenannte negative Ergänzungsbilanzen (BStBl 1978 I S. 235; RZ 79) und die ab 1994 geltende Einschränkung des ermäßigten Steuersatzes für den Fall, daß auf der Seite des Veräußerers und auf der Seite des Bewerbers dieselben Personen Unternehmer oder Mitunternehmer sind (§ 16 Abs. 2 Satz 3 EStG i. V. m. § 24 Abs. 3 UmwStG 1995). **2234**

2235
frei –**2299**

Teil L

Körperschaftsteuerfragen im Zusammenhang mit dem Beitritt der Länder der DDR zur Bundesrepublik

Ausgewählte Literturhinweise (Allgemeines):
Horlemann, Steuerfragen auf dem Weg zur Steuerunion mit der DDR, Beihefter zu DStR 15/16 – 1990; **Dötsch,** Körperschaftsteuerfragen im Zusammenhang mit dem Beitritt der Länder der DDR zur Bundesrepublik, DB-DDR-Report 1990 S. 3126; **Feurich,** Was bringt der Einigungsvertrag auf dem Gebiet der Besitz- und Verkehrssteuern, Finanzwirtschaft 9/90 S: 1; **Anders,** Die Ertragsteuern im Einigungsvertrag, Stbg 1991 S: 31; **Stuhrmann,** Besonderheiten bei der Einführung des westdeutschen Steuerrechts in der ehemaligen DDR unter Berücksichtigung der Land- und Forstwirtschaft, Inf 1991 S. 73.
Siehe im übrigen die Literaturhinweise bei den Einzelthemen.

1. Vorbemerkungen

Mit dem Einigungsvertrag vom 31. 8. 1990 zwischen der Bundesrepublik Deutschland und der DDR (vgl. Bulletin des Presse- und Informationsamts der Bundesregierung vom 6. 9. 1990 Nr. 104/90 S. 877 ff) sind auch die Weichen für das künftige gesamtdeutsche Steuerrecht gestellt worden, das in nahezu allen Punkten dem bisherigen bundesdeutschen Steuerrecht entspricht. Mit Gesetz vom 23. 9. 1990 (Einigungsvertragsgesetz BGBl 1990 II S. 885) ist der Vertragsinhalt in geltendes Recht umgesetzt worden. **2300**

Die nachstehenden Ausführungen beschäftigen sich mit körperschaftsteuerlichen Besonderheiten, die sich aus dem Beitritt der Länder der ehemaligen DDR zur Bundesrepublik ergeben. Dabei werden neben den Übergangsregelungen auch die Rechtslage in den beiden deutschen Staaten bis zum 31. 12. 1990 und die gemeinsame Rechtslage ab 1. 1. 1991 dargestellt.

2. Rechtslage bis zum Jahr 1990

2.1 Bis Ende 1990 zwei getrennte Rechtsordnungen

Bis zum 31. 12. 1990 gilt in den ehemals zwei deutschen Staaten ein **jeweils eigenständiges Steuerrecht,** wobei das Steuerrecht jedes Staates die Bürger des anderen Staats faktisch wie Ausländer und die Einkünfte aus diesem Staat faktisch wie ausländische Einkünfte behandelt. Zumindest das Steuerrecht der Bundesrepublik war jedoch nie so weit gegangen, die DDR formal zum Ausland zu erklären. Das Gebiet der DDR wurde bisher steuerlich weder dem Inland noch dem Ausland zugerechnet, faktisch aber wie Ausland behandelt. **2301**

Daß im „Alt-Bundesgebiet" und in den beigetretenen Gebieten für **das gesamte Jahr 1990** noch getrennte Steuerrechte zu beachten sind, gilt ungeachtet des bereits am **3. 10. 1990** vollzogenen staatsrechtlichen Beitritts der Länder der DDR (vgl. Anlage I Teil A Kapitel IV Sachgebiet B Abschnitt II Nr. 14 des Einigungsvertragsgesetzes). **2302**

2.2 Das Körperschaftsteuerrecht der DDR bis 1990

Ausgewählte Literaturhinweise:
Müssener, Das Abgabensystem der DDR, IWB Fach 5 Gr. 2, DDR, S. 55; **Schulz,** Überblick über das System der DDR, DStR 1990 S. 91; **Krause/Schulz,** Zum StÄndG der DDR vom 06.03.1990, DStR 1990 S. 239; **Müssener,** Reform des Steuer- und Abgabewesens in der DDR, IWB Fach 5 Gr. 2, DDR, S. 67; **Turner/Pflicke,** Die neuesten wirtschaftsrechtlichen Gesetze und VO der DDR, DB 1990 S. 821; **Ritt-**

2302 **stieg/Jenckel,** Gemeinschaftsunternehmen mit DDR-Betrieben, DB 1990 S. 361; **Maskow,** Die Gründung von Gemeinschaftsunternehmen in der DDR, Beilage 2/90 zu BB 2/1990; **Scheifele/Schweyer,** Überlegungen zur Rechtsformwahl bei Gründung eines Gemeinschaftsunternehmens in der DDR, Beilage 16/90 zu BB 12/1990; **Targan,** Die Rechtsnachfolge bei der Umwandlung der VEB in Kapitalgesellschaft., DB 1990 DDR-Report S. 3060; **Maskow,** Die Umwandlung von VEB in Kapitalgesellschaft, Beilage 13/90 zu BB 10/1990; **Bansner,** Die Einbeziehung der in Kapitalgesellschaft umgewandelten volkseigenen Kombinate, Betriebe und Einrichtungen in das Steuersystem im Zusammenhang mit der Herstellung der Währungsunion, GmbHR 1990 S. 365; ders., Die weitere Ausgestaltung des Steuerrechts der DDR im Zusammenhang mit der Realisierung des Staatsvertrages zwischen der Bundesrepublik und der DDR, DB-DDR-Report 1990 S. 3061; **Altehoefer,** Besteuerung der in Kapitalgesellschaften umgewandelten volkseigenen Kombinate, Betriebe und Einrichtungen im 2. Halbjahr 1990, NWB DDR Fach 4 S. 1, **Plath,** Steuerliche Behandlung der in der DDR im 1. Halbjahr 1990 in Kapitalgesellschaften umgewandelten volkseigenen Kombinate, Betriebe und Einrichtungen, DB 1993 S. 125; **Zinn,** zur Aufhebung von rechtsstaatswidrigen Steuerverwaltungsakten der DDR vor Wirksamwerden des Beitritts der DDR zur Bundesrepublik (Artikel 19 Einigungsvertrag), StBp 1993 S. 184.

2.2.1 Rechtslage bis zum 30. 6. 1990

2303 **Das KStG der DDR** i. d. F. vom 18. 9. 1970 (GBl der DDR, SDr. Nr. 671) entspricht in seinen Grundzügen dem bis zum Jahr 1976, also dem vor der Einführung des Anrechnungsverfahrens in der „Alt-Bundesrepublik" geltenden KStG. Die praktische Anwendung dieses KStG reduzierte sich jedoch wegen der Verstaatlichung der Wirtschaft der DDR und der überaus starken Progression des Körperschaftsteuer-Tarifs (95 v. H. auf Gewinne ab 250 000 M) auf ganz wenige Gesellschaften, die noch in der Rechtsform einer Kapitalgesellschaft betrieben wurden.

2304 Im übrigen war das **Steuerrecht der DDR** in der Praxis durch ein **Abgabensystem verdrängt,** das im Bereich der Körperschaften insbesondere vorsah (vgl. Müssener, IWB Fach 5 Gr. 2, DDR, S. 55 und S. 67):

a) Pflichtabführungen der volkseigenen Wirtschaft. Hier gab es eine kapital- („fonds-")abhängige, eine umsatz- und eine gewinnabhängige Abgabe sowie den Beitrag für gesellschaftliche Fonds (Lohnsummensteuer);

b) produktgebundene Abgaben, die die für den privaten Verbrauch produzierenden Betriebe entrichten mußten;

c) Produktionsfondsabgabe, Handelsfondsabgabe bei volkseigenen Betrieben und Kombinaten;

d) Nettogewinnabführung in individueller Höhe für jeden volkseigenen Betrieb bzw. für jedes Kombinat (als Planabgabe);

e) Beitrag für gesellschaftliche Fonds bei volkseigenen Betrieben und Kombinaten im Industrie- und Wohnungsbauwesen;

f) bei den Produktionsgenossenschaften des Handwerks eine Gewinnsteuer und eine Produktionsfondssteuer;

g) bei den landwirtschaftlichen Produktionsgenossenschaften eine ökonomische Abgabe.

2.2.2 Der Wechsel von der Abführungs- zur Steuerpflicht

Literaturhinweise:

Elsner, Die Umwandlung der VEB in Kapitalgesellschaften, DB 1990 S. 3027; **Targan,** Die Rechtsnachfolge bei Umwandlung der VEB in Kapitalgesellschaften, DB 1990 S. 3060; **Bansner,** Die Einbeziehung der in Kapitalgesellschaften umgewandelten ehemaligen VEB, Betriebe und Einrichtungen in das Steuersystem im Zusammenhang mit der Herstellung der Währungsunion, GmbHR 1990 S. 365; **Altehoefer,** Besteuerung der in Kapitalgesellschaften umgewandelten volkseigenen Kombinate, Betriebe und Einrichtungen im 2. Halbjahr 1990, NWB-DDR Fach 4 S. 1; **Maskow,** Die Umwandlung von VEB in Kapitalgesellschaften, Beilage 13/90 S. 1 zu BB 10/90; **Jürgens,** Die Zwangsumwandlung einer GmbH i.G. in eine GmbH i. A. – der Regelfall nach dem TreuhandG, DB 1990 S. 3162; **MdF der DDR,** Merkblatt zur

Besteuerung von Kapitalgesellschaften – ehemalige VEB – im 2. Halbjahr 1990; **Semler,** Zur Umwandlung ehemaliger Kombinate und Kombinatsbetriebe, Beilage 13/91 zu BB 15/91; **Weimar,** Die Kapitalgesellschaft „im Aufbau in den neuen Bundesländern", Beilage 13 zu BB 15/91 S. 12; **Graban,** Rechtsfragen des Ausscheidens und der Abfindung von PGH-Mitgliedern, DDR-Spezial 39/92 S. 4; **Haritz,** Bilanzrechtliche Folgen aus dem FinanzbereinigungsG, DDR-Spezial 27/93 S. 1; **Plath,** Steuerliche Behandlung der im 1. Halbjahr 1990 in Kapitalgesellschaften umgewandelten volkseigenen Kombinate, Betriebe und Einrichtungen, DB 1993 S. 125; **Götz/Schrezenmaier,** Die rechtliche Anpassung von LPG-Umwandlung statt Liquidation, DDR-Spezial 33/93 S. 4 und 34/93 S. 6; **Schmitz,** Besteuerung der LPG und deren Nachfolgegesellschaften, StBp 1993 S. 169. 2304

Besondere Probleme bereitet in den Bereichen der Wirtschaft der ehemaligen DDR, die bisher zu Abführungen an den Staatshaushalt verpflichtet waren, der Übergang vom früheren Abführungssystem auf das Steuersystem. Einen zusammenstellenden Überblick aufgegliedert nach den Rechtsformen der DDR geben Dötsch/Pinkos in Dötsch/Eversberg/Jost/Witt, Kommentar zum KStG und EStG, Tz. 6–33b Anhang DDR. 2305

2.2.3 Rechtslage vom 1. 7. 1990 bis zum 31. 12. 1990

Im Zusammenhang mit der Einführung der Währungs- und Wirtschaftsunion zwischen der DDR und der Bundesrepublik ab 1. 7. 1990 änderte die Volkskammer der DDR auch das KStG der DDR, und zwar mit dem StÄndG vom 6. 3. 1990 (GBl I der DDR S. 136) und mit dem StAnpG vom 22. 6. 1990 (GBl der DDR SDr. Nr. 1427). Diese Gesetzesänderungen sind für den gesamten Veranlagungszeitraum 1990 zu beachten, also auch für das 1. Halbjahr. 2306

Wichtigste Punkte dieser Änderungen sind die Absenkung der Körperschaftsteuer-Spitzenbelastung auf 50 v. H. und die **Einführung eines eigenständigen Körperschaftsteuer-Anrechnungsverfahrens für die DDR.** Ohne eine Eigenkapital-Gliederung vorzuschreiben, sieht § 5 des StÄndG vom 6. 3. 1990 eine Senkung der Körperschaftsteuer auf 36 v. H. für den ausgeschütteten Gewinn vor. Für die **Anteilseigner** sieht § 6 des StÄndG eine **(Teil-)Anrechnung der Körperschaftsteuer** von 22,5 v. H. des ausgeschütteten Gewinns (22,5 v. H. von 64 DM = 14,40 DM) vor.

Die Körperschaftsteuer in der ehemaligen DDR ist gemäß § 10 Abs. 1 der Durchführungsbestimmung vom 16. 3. 1990 zum StÄndG (GBl DDR I S. 195) in der Weise zu berechnen, daß aus dem zu versteuernden Einkommen (die Durchführungsbestimmung spricht hier von Gewinn statt von Einkommen) der ausgeschüttete Einkommensteil mit 36 v. H. zu besteuern ist. Für den restlichen (thesaurierten) Teil des Einkommens ergibt sich die Körperschaftsteuer aus dem mit Progressionswirkung versehenen Steuergrundtarif B in der Anlage zum StÄndG.

Zweifel ergeben sich in diesem Zusammenhang aus § 5 Abs. 2 StÄndG DDR. Der Gesetzeswortlaut beschränkt (beabsichtigt?) die Anwendung des „Ausschüttungs-Steuersatzes" auf **Kapitalgesellschaften.** Nach dem Gesetzeswortlaut können daher z. B. **Genossenschaften** die Minderung der Körperschaftsteuer im Ausschüttungsfall nicht beanspruchen.

Der Steuergrundtarif B gilt wohl auch für die Besteuerung des in **der DDR-Betriebsstätte** einer bundesdeutschen Kapitalgesellschaft erwirtschafteten Gewinns, weil das KStG der DDR für die **unbeschränkte** und **die beschränkte Steuerpflicht** unterschiedliche Tarife nicht vorsieht.

§ 11 des StÄndG-DDR sieht eine **Höchstbesteuerung** vor. Danach darf die Summe aus Körperschaftsteuer und Vermögenssteuer 75 v.H. des zu versteuernden Einkommens nicht übersteigen.

Für die Anteilseigner sieht § 6 des StÄndG-DDR eine **(Teil-)Anrechnung der Körperschaftsteuer** von 22,5 v. H. des ausgeschütteten Gewinns (22,5 v. H. von 64 DM = 14,40 DM) vor (vgl. § 11 der Durchführungsbestimmung von StÄndG). Allerdings brauchen die Anteilseigner als Kapitalertrag auch nur die Dividende selbst und nicht zusätzlich das Körperschaftsteuer-Guthaben zu versteuern. Auch das DDR-Körperschaftsteuerrecht sieht eine **Steuerbescheinigung** vor, die die Kapitalgesellschaft ihren Anteilseignern erteilt (§ 11 Abs. 3 der Durchführungsbestimmung zum StÄndG). Da auf Ausschüttungen in 1991 für 1990 bereits das bundesdeutsche Recht gilt, wird die Anrechnung der DDR-Körperschaftsteuer aber wohl nur selten praktisch werden (vgl. RZ 2339). 2307

2307 **Dividenden von DDR-Kapitalgesellschaften an bundesdeutsche Anteilseigner** lösen in der Zeit vom 1. 6. 1990 bis zum 31. 12. 1990 eine 10%-ige **Kapitalertragsteuer** in der DDR aus (vgl. Arbeitshinweise des MdF der DDR vom 12. 7. 1990, Abschnitt VI Nr. 1.3 Buchstabe a, BStBl 1990 I S. 333, 337).

2308 Der Beweis, daß ein so einfaches Anrechnungsverfahren wie das der DDR sinnvoll funktionieren kann, wird mangels praktischer Erfahrungen wohl nie erbracht werden können. Bedenken gegen dieses Verfahren bestehen insbes. wegen der Körperschaftsteuer-Anrechnung auch im Fall der Weiterausschüttung steuerfreier Vermögensmehrungen oder niedriger als mit 36 v.H. belasteter Einkommensteile. Hier müßte bei der ausschüttenden Körperschaft deren **Körperschaftsteuer erhöht** werden. Dies wiederum setzt voraus, daß die Körperschaft davon Kenntnis hat, ob und inwieweit eine Ausschüttung aus dem sog. EK 0 zu finanzieren ist. Ohne Gliederungsrechnung kann die Körperschaft das aber nicht feststellen. U.E. kann das DDR-Körperschaftsteuerrecht die Körperschaftsteuererhöhung, die es § 10 Abs. 2 Satz der Durchführungsbestimmung vom 16. 3. 1990 (a. a. O.) vorsieht, nicht praktizieren.

2.2.4 Körperschaftsteuer-Veranlagung für 1990

2309 Bei der **Körperschaftsteuer-Veranlagung 1990** in den beigetretenen Gebieten ist wie folgt zu differenzieren:

a) Alt-Körperschaften in der ehemaligen DDR

2310 Wegen der DM-Eröffnungsbilanz zum 1. 7. 1990 und der damit einhergehenden Umstellung der Gewinnermittlung sind das Einkommen für das erste und das zweite Halbjahr 1990 getrennt zu ermitteln. Die beiden Halbjahresergebnisse sind zu addieren. Die **Zusammenfassung** der beiden Halbjahresergebnisse erfolgt **zu Nominalwerten**, d. h. die für das 1. Halbjahr 1990 sich in Mark der DDR ergebenden Besteuerungsgrundlagen sind **nicht in DM umzurechnen**. Aus dem mit Progressionswirkung versehenen DDR-Steuergrundtarif B ist die Jahres-Steuerschuld abzulesen und anschließend auf die beiden Halbjahre 1990 aufzuteilen. Die auf das erste Halbjahr entfallende Steuerschuld ist, weil sie auf Mark der DDR lautet, im Verhältnis 2:1 in DM umzurechnen; entsprechendes gilt für die darauf geleisteten Abschlagszahlungen.

Es ist für beide Halbjahre eine zusammengefaßte Steuererklärung einzureichen, und es ergeht auch ein zusammengefaßter Steuerbescheid.

Zu diesen Alt-Körperschaften können auch die sogenannten **joint ventures** (sog. **Gemeinschaftsunternehmen**) auf der Grundlage der VO vom 25. 1. 1990 (GBl der DDR I S. 16) gehören, wenn sie in der Rechtsform einer Kapitalgesellschaft betrieben werden. Vgl. dazu auch Rittstieg/Jenekel (DB 1990 S. 361), Maskow (Beilage 2/90 zu BB 2/1990) und Scheifele/Schweyer (Beilage 16/90 zu BB 12/1990).

Weiter gehören dazu die aufgrund der Umwandlungs-VO vom 1. 3. 1990 (GBl DDR I S. 107) oder vom 8. 3. 1990 (GBl DDR I S. 164) bereits **vor dem 1. 7. 1990 in Kapitalgesellschaften umgewandelten VEB, Kombinate und Einrichtungen.** § 8 der Umwandlungs-VO bestimmt, daß ab dem Zeitpunkt der Umwandlung die Bestimmungen des Steuerrechts zu beachten sind. Hier gibt es aber z. Zt. noch Probleme, weil geplant war, daß die umgewandelte volkseigene Wirtschaft auch bei vorgezogener Umwandlung noch für das gesamte 1. Halbjahr 1990 die (höheren) **früheren Abgaben** weiterzahlen sollte.

b) Kapitalgesellschaften, die mit Wirkung ab 1. 7. 1990 aus umgewandelten VEB, Kombinaten oder Einrichtungen entstanden sind

2311 Durch das Treuhandgesetz vom 17. 6. 1990 (GBl der DDR I S. 300) gelten die früheren VEB, Kombinate und Einrichtungen in der ehemaligen DDR, soweit sie sich nicht bereits vor dem 1. 7. 1990 umwandelten (vgl. RZ 2310), zum 1. 7. 1990 **als in Kapitalgesellschaften umgewandelt;** vgl. DDR-Report (DB 1990 S. 3027), Targan (in DDR-Report, DB 1990 S. 3060) und Maskow (Beilage 13/90 zu BB 10/1990).

Für das **erste Halbjahr 1990** haben die umgewandelten Unternehmen noch die Abgaben 2311
usw. nach dem früheren Recht der DDR zu entrichten. Für das 2. Halbjahr 1990 unterliegen
sie dem Körpersteuerrecht der ehemaligen DDR.

Zum 1. 7. 1990 und zum 31. 12. 1990 haben diese Unternehmen eine Steuerbilanz zu erstellen und für das **zweite Halbjahr 1990** eine ordnungsgemäße Gewinnermittlung vorzunehmen. Für die Festsetzung der Körperschaftsteuer schreibt § 2 Abs. 3 der VO vom 27. 6. 1990 (GBl der DDR I S. 618) vor, daß die für das zweite Halbjahr ermittelte Bemessungsgrundlage zu verdoppeln und daß die dafür sich ergebende Körperschaftsteuer zu halbieren ist.

Bei den umgewandelten VEB, Kombinaten und Einrichtungen wird in der Steuererklärung und im Steuerbescheid für 1990 wohl nur die Zeit nach der Umwandlung in die Kapitalgesellschaft, d.h. nur die Zeit erfaßt, für die Steuer- statt Abgabenpflicht besteht.

c) **Im zweiten Halbjahr im beigetretenen Teil Deutschlands neu gegründete Kapitalgesellschaften**

Diese Unternehmen haben auf ihren Gründungsstichtag eine Eröffnungs- und auf den 31. 12. 2312
1990 eine Schlußbilanz aufzustellen.

Hier ist, anders als bei den umgewandelten VEB, Kombinaten und Einrichtungen (vgl. RZ 2311), zur Ermittlung der Körperschaftsteuer das tatsächliche Einkommen nicht zunächst auf ein Jahresergebnis umzurechnen und anschließend die Steuer zu zwölfteln. Dies ist für die Unternehmen angesichts des progressiv gestaffelten Körperschaftsteuer-Tarifs der DDR günstiger.

2.2.5 Zwei Jahre Steuerfreiheit für reprivatisierte Betriebe in der ehemaligen DDR

Nach § 3 der 1. Durchführungs-VO vom 8. 3. 1990 (GBl DDR I S. 144) besteht für die in den 2313
§§ 17–19 des Gesetzes vom 7. 3. 1990 (GBl DDR I S. 141) genannten früheren Betriebe mit staatlicher Beteiligung, Privatbetriebe und Produktionsgenossenschaften, die seit 1972 in Volkseigentum übergeleitet wurden und wieder in Kapitalgesellschaften, Personengesellschaften oder Einzelunternehmen umgewandelt worden sind, u.a. eine **zweijährige Steuerfreistellung** für die Gewinne der umgewandelten Unternehmen und für das entsprechende Einkommen der Anteilseigner.

Da diese VO im Einigungsvertrag nicht als weitergeltendes DDR-Recht genannt ist, hat sie auch im Bereich der ehemaligen DDR nur noch zum 31.12.1990 Bedeutung.

2.2.6 Weitere besondere Steuervergünstigungen nach DDR-Recht

a) **Steuerfreie Akkumulationsrücklage**

Ausgewählte Literaturhinweise:

Pinkos, Investitionen in der ehemaligen DDR und § 6b EStG, DB 1990 S. 3182; **Hauschild,** Fortgeltung von „DDR"-Steuervergünstigungen in Ostdeutschland, NWB, DDR-Spezial 6/91 S. 7; **Broudré,** Die Bildung steuerfreier Rücklagen im Beitrittsgebiet im VZ 1990, NWB, DDR-Spezial 35/91 S. 1; **Pinkos,** Anm. zum BMF-Schreiben Akkumulationsrücklage, NWB, DDR-Spezial 11/92 S. 2; **Inden,** Folgen der bilanzsteuerlichen Behandlung der Akkumulationsrücklage als Sonderposten mit Rücklageanteil, NWB, DDR-Spezial 18/92 S. 3; **Thalhammer,** Auswirkungen des Ausweises der Akkumulationsrücklage als Sonderposten in der Bilanz auf die Gliederung des VEK, NWB, DDR-Spezial 24/92 S. 4; **Sproß,** Rücklagenbildung in den neuen Bundesländern, DStZ 1992 S. 325; **Pinkos,** Auswirkungen einer Betriebsveräußerung oder -aufgabe auf die Akkumulationsrücklage, DDR-Spezial 5/93 S. 1.

Es sind zu unterscheiden: 2314

– **Akkumulationrücklage gemäß § 4 der Anordnung vom 26. 1. 1990** (GBl DDR I S. 27):
  Vgl. hierzu das BMF-Schreiben vom 29. 7. 1991, Abschnitt 1, BB 1991 S. 1895.

2314 – **Akkumulationrücklage gemäß § 3 Abs. 2 StÄndG-DDR** vom 6. 3. 1990 (GBl DDR I S. 136):

Vgl. hierzu das BMF-Schreiben vom 12. 3. 1992, BStBl I S. 192.

Nach § 58 Abs. 2 EStG i.d.F.d. EinigungsvertragsG i.V.m. § 3 Abs. 2 StÄndG-DDR vom 6. 3. 1990 (GBl DDR I S. 136) und § 8 der DB zum StÄndG-DDR vom 16. 3. 1990 können Steuerpflichtige, die Einkommen bzw. Gewinn aus den in § 1 Abs. 1 Ziff. 1–3 dieses Gesetzes genannten Einkunftsarten (Handwerks-, Handels- und Gewerbebetrieb sowie sonstiger selbständiger Tätigkeit einschließlich Land- und Forstwirtschaft, freiberuflicher Arbeit und Vermietung und Verpachtung) erzielen, **für Zwecke der Akkumulation eine steuerfreie Rücklage** i. H. v. 20 v. H. des jährlichen „Einkommens bzw. Gewinns", höchstens i. H. v. 50 000 M/DM, bilden. Genauer gesagt: i. H. v. 20 v. H. des zusammengerechneten Gewinns aus den begünstigten Einkunftsarten, höchstens 50 000 M/DM. Bei nicht buchführungspflichtigen Körperschaftsteuerpflichtigen sind als Summe der Gewinne die Beiträge die Zeilen 1 bis 3 und 5 des DDR-Steuererklärungsvordrucks AV 24/32 erst nach Korrektur um die Zu- und Absetzungen der Zeilen 8 bis 10 c (soweit diese mit den Beträgen der Zeilen 1 bis 3 zusammenhängen) anzusehen, bei buchführungspflichtigen Körperschaften die Beträge der Zeile 11.

Vgl. im übrigen auch Dötsch/Pinkos in Dötsch/Eversberg/Jost/Witt, Kommentar zum KStG und EStG, Tz. 43–46 Anhang DDR.

b) Die sogenannte joint-venture-Rücklage

Ausgewählte Literaturhinweise:
Rittstieg/Jenckel, Gemeinschaftsunternehmen mit DDR-Betrieben, DB 1990 S. 361; **Maskow,** Die Gründung von Gemeinschaftsunternehmen in der DDR, Beilage 2/90 zu BB 2/90; **Scheifele/Schweyer,** Überlegungen zur Rechtsformwahl bei Gründung eines Gemeinschaftsunternehmens in der DDR, Beilage 16/90 zu BB 12/90.

2315 Nach § 29 Abs. 1 der VO über die Gründung von Unternehmen mit ausländischen Beteiligung in der DDR vom 25. 1. 1990 (GBl DDR I S. 16) können die nach dieser VO gegründeten Unternehmen **jährliche Rücklagen** bei der Ermittlung ihres Einkommens abziehen, bis die Gesamtrücklage 10 v. H. des Grund- oder Stammkapitals beträgt.

Wegen Aufhebung dieser Vorschrift durch § 12 Abs. der VO vom 28. 6. 1990 (GBl DDR I S. 509) kann diese Rücklage **nur noch** in der M-Schlußbilanz **zum 30. 6. 1990** gewinnmindernd gebildet werden.

Da die joint-venture-Rücklage in der DM-Eröffnungsbilanz zum 1. 7. 1990 nicht mehr auszuweisen ist und das Weglassen der bisherigen Rückstellung gemäß § 51 DMBilG ergebnisneutral zu erfolgen hat, ist der Ansatz der Rücklage im 1. Halbjahr 1990 in der Wirkung eine definitive Einkommensminderung. Vgl. auch Erlaß des Finanzministeriums Sachsen vom 12. 11. 1991 (NWB, DDR-Spezial 1/92 S. 2).

c) Steuerbefreiung (Steuerabzugsbetrag) bei Neugründung

Ausgewählte Literaturhinweise:
Schulz, Weitergelten des Steuerrechts der ehemaligen DDR gem. § 58 EStG, NWB, DDR-Spezial 8/91 S. 1; **Inden,** Behandlung des Steuerabzugsbetrags wegen Neueröffnung eines Unternehmens bei in 1991 begründeten Organschaftsverhältnissen, NWB, DDR-Spezial 20/92 S. 1; **Schulz,** Erfahrungen im Zusammenhang mit dem Steuerabzugsbetrag nach § 58 Abs. 3 EStG, NWB, DDR-Spezial 45/92 S. 1; **Inden,** Steuerabzugsbetrag nach § 58 Abs. 3 EStG als zwingender Feststellungsbestandteil des Steuerbescheids für 1990?, NWB, DDR-Spezial 2/93 S. 1; **Schneider,** Möglichkeiten zur Nutzung des Steuerabzugsbetrags bei Neugründungen in der ehemaligen DDR, Inf 1993 S. 352.

2316 Nach § 9 Abs. 1 der DB zum StÄndG vom 16. 3. 1990 (GBl DDR I S. 195) wird dem Inhaber bei Neueröffnung eines Handwerks-, Handels- oder Gewerbebetriebs im Jahr 1990 eine einmalige Steuerbefreiung für zwei Jahre, höchstens bis 10 000 DM, gewährt. Gleiches gilt für die Aufnahme einer hauptberuflichen selbständigen oder freiberuflichen Tätigkeit. Obwohl als Steuerbefreiung formuliert, regelt § 9 Abs. 1 der DB inhaltlich einen **Steuerabzugsbetrag.**

§ 58 Abs. 3 EStG i.d.F.d. EinigungsvertragsG sieht vor, daß § 9 Abs. 1 der o.a. DB für solche **2316**
Steuerpflichtige weitergilt, d. h. **auch in Jahren nach 1990** noch anzuwenden ist, die vor
dem 1. 1. 1991 im Beitrittsgebiet eine Betriebsstätte begründet haben, vorausgesetzt, daß sie
von dem Tag der Begründung der Betriebsstätte an zwei Jahre lang die Tätigkeit ausüben, die
Gegenstand der Betriebsstätte ist. In Abschnitt 26 Abs. 1 Nr. 1 KStR ist die Anwendbarkeit
des § 58 EStG für die Körperschaftsteuer bestätigt, so daß der o.a. Steuerabzugsbetrag auch
den Körperschaften zu gewähren ist (a.A. noch Bansner, DB 1990 S. 3061). Die Anwendung
auf Jahre nach 1990 bedeutet, daß ein für 1990 – insbesondere wegen eines steuerlichen Verlusts – nicht ausgenutzter Steuerabzugsbetrag auf die Veranlagungszeiträume 1991 und 1992
vorgetragen wird.

Vgl. im übrigen auch Dötsch/Pinkos in Dötsch/Eversberg/Jost/Witt, Kommentar zum KStG
und EStG, Tz. 48 – 50b Anhang DDR.

d) Sonderabschreibungen

Ausgewählte Literaturhinweise:

Christoffel, Sonder-Abschreibungen und Investitionszulage für die neuen Bundesländer. NSt, StÄnd,
Darstellung 47.

Nach § 3 Abs. 1 StÄndG vom 6. 3. 1990 (GBl DDR I S. 136) i. V. m. § 7 der DB zum StÄndG **2317**
vom 16. 3. 1990 (GBl DDR I S. 195) können für die in 1990 angeschafften oder hergestellten
abnutzbaren Gegenstände des Anlagevermögens (**Grundmittel**) Sonderabschreibungen vorgenommen werden, wenn sie
– der Entwicklung und Einführung von Verfahren und Erzeugnissen auf hohem wissenschaftlich-technischem Niveau dienen,
– zu höheren Lieferungen und Leistungen für den Export führen,
– der Schaffung neuer Arbeitsplätze in bestehenden Betrieben oder Unternehmen dienen
 oder
– zur Realisierung von Umweltschutzmaßnahmen angeschafft oder hergestellt werden.

Die **Sonderabschreibungen** betragen
– 1990 je Halbjahr bis zu 25 v. H.
– 1991 bis zu 30 v. H.
– 1992 bis zu 20 v. H.

der Anschaffungs- oder Herstellungskosten.

Wegen weiterer Einzelfragen vgl. BMF-Schreiben vom 26. 6. 1991 BStBl I S. 657.

e) Ausgleichszahlungen für lohnpolitische Maßnahmen

Nach § 9 Abs. 2 der DB zum StÄndG vom 16. 3. 1990 (GBl DDR I S. 195) können Inhaber **2318**
von Handwerks-, Handels- und Gewerbebetrieben sowie hauptberuflich selbständig bzw.
freiberuflich Tätige, die ihre Einnahmen zu staatlich festgelegten Preisen realisieren, in denen die zwischen den Tarifpartnern vereinbarten Lohn- und Gehaltserhöhungen für die Beschäftigten noch nicht enthalten sind, in ihrer Steuererklärung für 1990 **staatliche Ausgleichszahlungen beantragen.** Voraussetzung dafür ist, daß ihre Einkünfte (Gewinne) aus
dem Betrieb 50 000 M/DM im Veranlagungszeitraum nicht übersteigen.

Wenn die Voraussetzungen für die Gewährung von Ausgleichszahlungen für lohnpolitische
Maßnahmen nicht im gesamten Veranlagungszeitraum bestanden haben, ist die Einkunftsgrenze von 50 000 M/DM **zeitanteilig** zu reduzieren. Ein Ausgleich von Mehraufwendungen
wegen lohnpolitischer Maßnahmen erfolgt nur bis zum Erreichen der maßgebenden Einkunftsgrenze.

Wurden im Veranlagungszeitraum 1990 Einnahmen **sowohl aus staatlich festgelegten Preisen als auch aus freien Preisen** realisiert, können Ausgleichszahlungen für lohnpolitische
Maßnahmen nur entsprechend dem Verhältnis der Einnahmen aus staatlich festgelegten Preisen zu den Gesamteinnahmen beantragt werden. Da die früheren Preisbindungen zum
1. 7. 1990 aufgehoben wurden, muß regelmäßig eine solch anteilige Berechnung erfolgen.

2.2.7 Verlustabzug

2319 **§ 4 der DB zum StÄndG vom 16. 30. 1990** (GBl DDR I S. 195) **eröffnet im Steuerrecht der ehemaligen DDR erstmals die Möglichkeiten des Verlustausgleichs** zwischen verschiedenen Einkunftsarten und eines fünfjährigen **Verlustvortrags**.

Wegen der Regelung in § 57 Abs. 4 Satz 2 EStG i. d. F. d. Einigungsvertrages wird ein **Verlustvortrag** nach § 4 der o.a. DB aber nicht praktisch. Ein verbleibender Verlustabzug aus dem Jahr 1990 wird zum 31. 12. 1990 nach § 10d Abs. 3 EStG **gesondert festgestellt** und steht damit für den (zeitlich nicht begrenzten) Verlustvortrag nach § 10d Abs. 2 EStG zur Verfügung.

2320 Einen **Verlustrücktrag** aus einem Veranlagungszeitraum nach 1990 in das Jahr 1990 ließ § 57 Abs. 4 Satz 1 EStG i. d. F. d. EinigungsvertragsG für Steuerpflichtige im Beitrittsgebiet nicht zu. Diese Vorschrift ist jedoch durch das **Steueränderungsgesetz 1991** vom 24. 6. 1991 (BGBl I S. 1322, BStBl I S. 665) dahingehend geändert worden, daß für Körperschaften im Beitrittsgebiet ein Verlustrücktrag aus 1991 und/oder 1992 **auf das Einkommen aus dem zweiten Halbjahr 1990 möglich** ist.

2.3 Die Besteuerung von DDR-Einkünften in der Bundesrepublik bis 1990

Ausgewählte Literaturhinweise:

Pistorius, DDR-Einkünfte und Vermögen in der bundesrepublikanischen Besteuerung, DStR 1990 S. 196; **Wilhelm,** Besteuerung von Einkünften aus der DDR, BB 1990 S. 322; **Schmidt/Wegen,** Gesellschafts- und steuerrechtliche Aspekte der Geschäftstätigkeit bundesdeutscher Unternehmen in der DDR, GmbHR 1990 S. 109 und S. 152; **Hundt,** DDR-IG-Teil I: Allgemeines und Überführung von WG, DDR-Report in DB 32/1990 S. 3086; ders., DDR-IG-Teil II: Verlustberücksichtigung DDR-Report in DB 34/1990 S. 3099; **Töben,** DDR-IG, NWB Fach 3 S. 7441; **Gail/Düll,** Bilanzielle und steuerliche Überlegungen des GmbH-Geschäftsführers und seines Beraters zum Jahresende 1990 (Teil II), GmbHR 1990 S. 537, **Selent,** Berücksichtigung von Verlusten bei Tochtergesellschaften in den neuen Bundesländern nach § 2 DDR-IG, DB 1991 S. 2153; **Spiekermann,** DDR-IG – Bildung einer Rücklage wegen Tochter-Verlusten nach § 2 DDR-IG, Anmerkung zum BMF-Schreiben vom 23. 10. 1991, DB 1991 S. 2460; **Tonner,** Nachholverbot bei § 2 DDR-IG?, DB 1992 S. 1019; **Sproß,** Rücklagenbildung in den neuen Bundesländern, DStZ 1992 S. 325.

2.3.1 Steuerfreistellung nach § 3 Nr. 63 und 69 EStG

2321 Die steuerliche Behandlung von Einkünften aus der ehemaligen DDR in der Bundesrepublik ist bis zum 31. 12. 1990 z. T. von Prinzipien der Einstaatlichkeit und z. T. von solchen der Zweistaatlichkeit geprägt.

So existiert zwar mit der DDR **kein Doppelbesteuerungsabkommen,** weil der zweite deutsche Staat aus bundesdeutscher Sicht nie Ausland war. Faktisch wird das fehlende Doppelbesteuerungsabkommen aber bis 1990 durch den **§ 3 Nr. 63 EStG** ersetzt, der über den § 8 Abs. 1 KStG auch bei der Körperschaftsteuer gilt (ab 1991 aufgehoben).

Nach § 3 Nr. 63 EStG sind Einkünfte der in § 49 EStG genannten Art, wenn sie in der DDR bezogen und dort zu einer der bundesdeutschen Einkommensteuer oder Körperschaftsteuer entsprechenden Steuer tatsächlich herangezogen werden, bei der Körperschaftsteuer-Veranlagung steuerfrei zu lassen.

2322 In der **Gliederungsrechnung** sind die entsprechenden steuerfreien Vermögensmehrungen (oder -minderungen) in den Teilbetrag EK 02 einzustellen.

2323 Ebenfalls bei der Körperschaftsteuer zu beachten ist auch der durch Gesetz vom 25. 6. 1990 (BGBl II S. 518) eingefügte und durch das EinigungsvertragsG mit Wirkung ab 1991 wieder aufgehobene **§ 3 Nr. 69 EStG.** Danach sind Leistungen aus der ehemaligen DDR, die nach den dort geltenden Vorschriften von der Einkommen- bzw. Körperschaftsteuer befreit sind und inländische steuerbefreiten Leistungen entsprechen, auch in der Bundesrepublik Deutschland steuerfrei. Wir können uns Anwendungsfälle im Bereich der Körperschaftsteuer aber nicht vorstellen.

2.3.2 Das DDR-Investitionsgesetz (DDR-IG) und sein Auslaufen

Mit **erstmaliger Wirkung** für Wirtschaftsjahre, die **im Veranlagungszeitraum 1990 enden,** ist das **DDR-IG** vom 26. 6. 1990 (BGBl I S. 1143, BStBl I S. 311) zu beachten. Dieses Gesetz, das für bundesdeutsche Unternehmen steuerliche Anreize schaffen sollte, in der DDR zu investieren, trägt Elemente der Zweistaatlichkeit. Es ist dem durch § 2a Abs. 3 und 4 EStG ersetzten früheren AIG nachgebildet.   2324

Durch Anlage I Teil A Kapitel IV Sachgebiet B Abschnitt II Nr. 16 und 22 des **Einigungsvertragsgesetzes** (a. a. O.) werden

- die durch das DDR-IG in den **§ 2a EStG** angefügten **Absätze 5 und 6** mit Wirkung ab 1. 1. 1991 **wieder aufgehoben,**
- § 7 des DDR-IG dahin geändert, daß die **Bildung einer Rücklage nach den §§ 1 und 2 DDR-IG zeitlich befristet** ist.

Der Regelungsinhalt des DDR-IG ist im wesentlichen folgender (vgl. dazu im einzelnen Hundt, DDR-Report in DB 34/1990 S. 3099):   2325

a) Steuerfreie Rücklagen

aa) Steuerfreie Rücklage nach § 1 DDR-IG

Nach § 1 DDR-IG können Steuerpflichtige, die eine Beteiligung an einer Kapitalgesellschaft mit Sitz und Geschäftsleitung in der ehemaligen DDR erworben haben oder bereits besitzen, und die abnutzbare Anlagegüter ihres in der Bundesrepublik befindlichen Betriebs in die DDR-Kapitalgesellschaften überführen, in Höhe des durch die Überführung entstehenden Gewinns eine den steuerlichen Gewinn mindernde **Rücklage** bilden.   2326

Nach dem durch Anlage I Teil A Kapitel IV Sachgebiet B Abschnitt II Nr. 22 des **Einigungsvertragsgesetzes** neu angefügten § 7 Abs. 2 DDR-IG darf die Rücklage nach § 1 DDR-IG nur noch gebildet werden, wenn die Wirtschaftsgüter **vor dem 1. 1. 1992** überführt werden, d. h. die Rücklagenbildung wird sogar noch nach dem Beitritt zugelassen.   2327

Die Rücklage nach § 1 Abs. 1 Satz 3 DDR-IG ist spätestens vom zehnten auf ihre Bildung folgenden Wirtschaftsjahr an jährlich mit mindestens 1/10 gewinnerhöhend aufzulösen.

Wegen der steuerneutralen Überführung von Wirtschaftsgütern in einen Betrieb oder in eine Betriebsstätte in der DDR **außerhalb** des Anwendungsbereichs des DDR-IG siehe BMF-Schreiben vom 12. 2. 1990 (BStBl I S. 72) und vom 30. 7. 1990 (DDR-Report in DB 1990 S. 3090).

bb) Steuerfreie Rücklage nach § 2 DDR-IG

Nach **§ 2 DDR-IG,** der dem früheren § 3 AIG nachgebildet ist, kann eine bundesdeutsche Muttergesellschaft in Höhe der steuerlichen Verluste ihrer Tochtergesellschaft in der ehemaligen DDR eine den steuerlichen Gewinn mindernde **Rücklage** bilden. § 2 Abs. 5 DDR-IG regelt die **spätere Wiederauflösung** der Rücklage, die spätestens zum Schluß des fünften auf ihre Bildung folgenden Wirtschaftsjahres zu erfolgen hat.   2328

Der durch das Einigungsvertragsgesetz neu eingefügte § 7 Abs. 3 DDR-IG schränkt im Zusammenhang mit der Übernahme des bundesdeutschen Steuerrechts in der ehemaligen DDR die Rücklagenbildung nach § 2 DDR-IG **auf Anteilserwerbe vor dem 1. 1. 1992** ein.   2329

Wie der § 1 wirkt also auch der § 2 DDR-IG noch in die Zeit des bundesdeutschen Steuerrechts hinein. Damit es aber nicht zu einer zweimaligen steuerlichen Auswirkung des Verlusts der DDR-Tochtergesellschaft kommt, schränkt § 7 Abs. 3 Satz 2 DDR-IG die Rücklagenbildung ein. Eine Rücklage darf danach **nicht** gebildet werden,

- soweit der Verlust der DDR-Tochtergesellschaft nach den §§ 14–17 KStG einem **Organträger** zuzurechnen ist. Das ist erstmals für 1991 möglich (vgl. nachstehende RZ 2345);

2329 – soweit der Verlust der DDR-Tochtergesellschaft gemäß § 10d Abs. 1 EStG i. V. m. § 8 Abs. 1 und 5 KStG 1991 bei ihrer eigenen Einkommensermittlung abgezogen worden ist. Hierbei kann es sich, da der Verlustrücktrag bei den „DDR-Unternehmen" gemäß § 57 Abs. 4 EStG i. d. F. d. StÄndG 1991 erstmals für **einen Rücktrag von 1991 nach dem zweiten Halbjahr 1990** möglich ist (vgl. RZ 2342), nur um Verluste der DDR-Tochtergesellschaft aus Jahren nach 1990 handeln.

In seinen Wirkungen geht § 2 DDR-IG damit, weil eine 10%-ige Beteiligung am Nennkapital der Tochtergesellschaft ausreicht, sogar über die der körperschaftsteuerlichen Organschaft hinaus. Zwar muß die bundesdeutsche Muttergesellschaft die nach § 2 DDR-IG gebildete Rücklage in späteren Jahren wieder gewinnhöhend auflösen; dafür verbleibt aber bei der DDR-Tochtergesellschaft der Verlustabzug.

2330 cc) **Gliederungsmäßige Behandlung der Rücklagenbildung und -auflösung**

Ebenso wie die Rücklage nach § 3 AIG wirken sich auch die Rücklagen nach § 1 bzw. nach § 2 DDR-IG sowie deren spätere Auflösung auf das zu versteuernde Einkommen der bundesdeutschen Muttergesellschaft und damit auf die mit Körperschaftsteuer belasteten Teilbeträgen des verwendbaren Eigenkapitals aus. Die **Rücklagenbildung** verringert das zu versteuernde Einkommen und damit i. d. R. den Zugang zum EK 50; die **Rücklagenauflösung** erhöht das Einkommen und das EK 50.

b) Berücksichtigung von Betriebsstättenverlusten aus der DDR

2331 Nach § 2a Abs. 5 und 6 EStG i. d. F. des § 4 DDR-IG ist auf Antrag ein **Verlust** aus einer in der DDR belegenen Betriebsstätte wie ein bundesdeutscher Verlust zu berücksichtigen, d. h. dafür gelten die Regeln des Verlustausgleichs und des Verlustabzugs.

Nach § 2a Abs. 5 und 6 i. V. m. Abs. 3 Satz 3 EStG müßte an sich ein positiver Betrag, der sich in späteren Jahren aus dieser DDR-Betriebsstätte ergibt, abweichend von § 3 Nr. 63 EStG bis zur Höhe des früher abgezogenen Betrags bei der Ermittlung des Gesamtbetrags der Einkünfte **wieder zugerechnet werden**. Wegen der Aufhebung des DDR-IG mit Wirkung ab 1991 kann es zu einer solchen Hinzurechnung aber nicht mehr kommen.

Wegen der **Streichung** der Absätze 5 und 6 des § 2a EStG mit Wirkung **ab 1991** durch das Einigungsvertragsgesetz haben die vorgenannten Regelungen nur noch für DDR-Betriebsstättenverluste im Jahr **1990** Bedeutung.

2332 Die **gliederungsmäßige Zuordnung** der DDR-Betriebsstättenverluste bei der bundesdeutschen Kapitalgesellschaft erfolgt in entsprechender Anwendung der Grundsätze, die Abschnitt 89 Abs. 8 KStR für sog. AIG-Verluste enthält, d.h. der Verlust und der Verlustabzug wickeln sich über den Teilbetrag **EK 02** ab (vgl. Abschnitt 89 Abs. 9 KStR 1990).

3. Übernahme des bundesdeutschen Steuerrechts im beigetretenen Teil Deutschlands ab 1991

2333 Im beigetretenen Teil Deutschlands tritt u.a. das bundesdeutsche Besitz- und Verkehrssteuerrecht **am 1. 1. 1991** in Kraft. Ab diesem Zeitpunkt ist der steuerliche **Inlandsbegriff** entsprechend weiter.

4. Übergangsfragen

Ausgewählte Literaturhinweise:
Dötsch, KSt-Fragen im Zusammenhang mit dem Beitritt der Länder der DDR zur Bundesrepublik, DB 1990 S. 3126; **Feurich,** Was bringt der Einigungsvertrag auf dem Gebiet der Besitz- und Verkehrssteuern, Finanzwirtschaft 9/90 S. 1; **Anders,** Die Ertragsteuern im Einigungsvertrag, Stbg 1991 S. 31; **wb,** Die ostdeutsche GmbH; Eintritt in das gesamtdeutsche KSt-Recht, GmbH-Report R 93 in GmbHR 12/1990; **Debatin,** DBA und Einigungsvertrag, BB 1991 S. 389; **Partner,** Wirkungen des Beitritts auf die DBA der Bundesrepublik und die der ehemaligen DDR, NWB, DDR-Spezial 12/13 1991 S. 15 sowie IWB Fach 3 Gr. 2 S. 575; **Köster/Nusche,** Realisierung von Beteiligungserträgen durch Kapitalgesellschaften mit Sitz im Beitrittsgebiet – Gestaltungsoptionen bei Abschluß auf den 31.12.1990, DB 1991 S. 1486.

4.1 Die Änderungen des KStG durch das Einigungsvertragsgesetz

Durch Anlage I Teil A Kapitel IV Sachgebiet B Abschnitt II Nr. 19 des Einigungsvertragsgesetzes (a.a.O.) ist das KStG in folgenden Punkten geändert worden:

4.1.1 Erweiterung des Katalogs der persönlichen Steuerbefreiungen in § 5 KStG

Mit Wirkung ab 1991 wurde der Katalog der steuerbefreiten Körperschaften in § 5 KStG erweitert um 2334

– die Deutsche Reichsbahn

– die Staatsbank Berlin

– die Treuhandanstalt.

4.1.2 Eigenkapitalgliederung bei Eintritt in die Gliederungspflicht

Der durch das Einigungsvertragsgesetz neu in den § 30 KStG eingefügte Abs. 3 enthält die Besonderheit, daß er nicht nur für Körperschaften der ehemaligen **DDR** gilt, sondern auch (und zwar rückwirkend; vgl. § 54 Abs. 12 KStG) für Körperschaften im **„Alt-Bundesgebiet".** 2335

a) Generelle Bedeutung des § 30 Abs. 3 KStG für die erstmalige Eigenkapital-Gliederung

Nach § 30 Abs. 3 KStG ist das aus der Eröffnungsbilanz sich ergebende Eigenkapital, soweit es das Nennkapital übersteigt, in dem Teilbetrag **EK 04** auszuweisen. Diese Gesetzesänderung, die ursprünglich für das geplante, aber bis heute nicht realisierte Körperschaftsteuer-Vereinfachungsgesetz vorgesehen war, wurde wegen den zum 1. 1. 1991 im beigetretenen Teil Deutschlands vorzunehmenden Eröffnungsgliederungen aus dem Vereinfachungspaket herausgelöst und vorgezogen. 2336

Vorzunehmen ist eine Eröffnungsgliederung insbesondere in den in RZ 1412 genannten Fällen.

b) Spezielle Bedeutung des § 30 Abs. 3 KStG für die Eröffnungsgliederung zum 1. 1. 1991 in der ehemaligen DDR

Die **Nummer 7** des durch das Einigungsvertragsgesetz ins KStG eingefügten § **54a** schreibt für Körperschaften, Personenvereinigungen und Vermögensmassen, die am 31. 12. 1990 ihre Geschäftsleitung oder ihren Sitz in der ehemaligen DDR und im Jahr 1990 weder ihre Geschäftsleitung noch ihren Sitz im „Alt-Bundesgebiet" hatten, die **erstmalige Gliederung des verwendbaren Eigenkapitals zum 1. 1. 1991** vor. Dabei ist das gesamte aus der Steuerbilanz zum 31. 12. 1990 (vgl. nachstehende RZ 2365, 2366) sich ergebende Eigenkapital, soweit es das Nennkapital übersteigt, in den Teilbetrag EK 04 einzustellen. 2337

2337 Bei einem **Anteilseigner in der DDR** ist die Beteiligung nach der sog. Equity-Methode grundsätzlich mit dem entsprechenden Anteil am gesamten Eigenkapital (= Nennkapital + Rücklagen) der Kapitalgesellschaft anzusetzen (vgl. § 11 Abs. 1 DMBilG und nachstehende RZ 2368). Dadurch ist sichergestellt, daß dem EK 04-Ausweis bei der Körperschaft ein entsprechender Betrag in den **Anschaffungskosten** bzw. in dem Buchwert der Beteiligung auf der AnteilseignerSeite entspricht. Für **Anteilseigner im „Alt-Bundesgebiet"** gilt die Regelung des § 11 DMBilG wohl nicht, d.h. hier bleibt es beiden allgemeinen Grundsätzen.

4.1.3 Übergangsregelungen für Gewinnausschüttungen

Ausgewählte Literaturhinweise:

Haar, Ausschüttungen von GmbH mit Sitz oder Geschäftsleitung im Beitrittsgebiet an Anteilseigner im Alt-Bundesgebiet, NWB, DDR-Spezial 10/93 S. 1.

2338 Die meisten Regelungen des durch das Einigungsvertragsgesetz neu ins KStG eingefügten § 54a betreffen Übergangsfragen bei Gewinnausschüttungen. Den Nummern 1, 2, 4 bis 6 des § 54 a KStG liegt folgendes **Konzept** zugrunde:

Sachverhalt	Behandlung bei der Kapitalgesellschaft	Behandlung beim Anteilseigner
1. Eine Kapitalgesellschaft im „Alt-Bundesgebiet" schüttet Gewinne an Anteilseigner im beigetretenen Teil Deutschlands aus		
a) Ausschüttung vor dem 1.1.1991	Herstellen der Körperschaftsteuer-Ausschüttungsbelastung Einbehaltung und Abführung einer auf 10 v. H. begrenzten Kapitalertragsteuer (vgl. BMF-Schr. v. 10. 7. 1990, DDR-Report in DB 1990 S. 3063)	Besteuerung in der ehemaligen DDR wie ausl. Einkünfte
b) Ausschüttung nach dem 31. 12. 1990	Herstellen der Körperschaftsteuer-Ausschüttungsbelastung Einbehalung und Abführung eienr 25 %igen Kapitalertragsteuer	Besteuerung als Kapitalertrag nach § 20 Abs. 1 Nr. 1 EStG Anrechnung der Körperschaftsteuer u. Kapitalertragsteuer nach § 36 Abs. 2 EStG
2. Eine Kapitalgesellschaft im beigetretenen Teil Deutschlands schüttet Gewinne an Anteilseigner im „Alt-Bundesgebiet" aus		
a) Ausschüttung vor dem 1.1.1991	Herstellen der 36 %igen Körperschaftsteuer-Ausschüttungsbelastung nach dem KStG der DDR; Kapitalertragsteuer 10 v. H.	Steuerfrei nach § 3 Nr. 63 EStG
b) Ausschüttungnach dem 31. 12. 1990 für Wirtschaftsjahre vor 1991	Verrechnung der Ausschüttung mit dem EK 04. Wohl aber Herstellen der Körperschaftsteuer-Ausschüttungsbelastung nach dem KStG der DDR (36 v. H.) Keine Einbehaltung von Kapitalertragsteuer	Keine Steuer-Freistellung nach § 3 Nr. 63 EStG (aufgehoben ab 1991) Kein Kapitalertrag beim Anteilseigner, weil aus EK 04, vgl. § 20 Abs. 1 Satz 3 EStG. Keine Körperschaftsteuer-Anrechnung

Sachverhalt	Behandlung bei der Kapitalgesellschaft	Behandlung beim Anteilseigner	2338
c) Ausschüttung nach dem 31. 12. 1990 für Wirtschaftsjahre nach 1990	36 %ige Körperschaftsteuer-Ausschüttungsbelastung 25 %ige Kapitalertragsteuer	Besteuerung als Kapitalertrag nach § 20 Abs. 1 Nr. 1 EStG. Anrechnung von Körperschaftsteuer und Kapitalertragsteuer nach § 36 Abs. 2 EStG	
3. Eine Kapitalgesellschaft im beigetretenen Teil Deutschlands schüttet Gewinne an Anteilseigner im beigetretenen Teil Deutschlands aus a) Ausschüttung vor dem 1. 1. 1991	Herstellen der 36 %igen Körperschaftsteuer-Ausschüttungsbelastung nach dem KStG der DDR Einbehaltung und Abführung einer 15 %igen DDR-Kapitalertragsteuer (§ 44 EStG-DDR)	Besteuerung als Kapitalertrag (aber ohne Aufstockung der Dividende um das Körperschaftsteuer-Guthaben) und Anrechnung von Körperschaftsteuer (22,5 v. H. der Dividende) und bis 1990 von Kapitalertragsteuer. Da als Anteilseigner in der Praxis nur – ggfs. über die Treuhandanstalt – der Staat in Betracht kommt, wird die Vorbelastung definitiv	
b) Ausschüttung nach dem 31. 12. 1990 für Wirtschaftsjahre vor 1991	– Behandlung wie 2 b –	Keine Besteuerung als Kapitalertrag (weil Verwendung von EK 04) Keine Körperschaftsteuer-Anrechnung	
c) Ausschüttung nach dem 31. 12. 1990 für Wirtschaftsjahre nach 1990	– Behandlung wie 2 c –	– Behandlung wie 2 c–	

Die Nummern 4 – 6 des § 54a KStG regeln die erstmalige Ausstellung von **Steuerbescheinigungen**. Diese Regelungen entsprechen den vorstehend erläuterten Übergangsbestimmungen zur Besteuerung der Gewinnausschüttungen. Eine Steuerbescheinigung nach § 44 oder § 45 KStG darf danach erstmals ausgestellt werden, wenn die Ausschüttung nach dem 31.12.1990 vorgenommen worden ist.

2339

Wegen der nach dem Körpersteuerrecht der **DDR** auszustellenden Steuerbescheinigung siehe RZ 2307.

4.2 Sonstige Übergangsfragen für Körperschaften im beigetretenen Teil Deutschlands

4.2.1 Verlustvortrag

Ausgewählte Literaturhinweise:

Vossius, Berücksichtigung von Verlustvorträgen bei Spaltung, NWB, DDR-Spezial 14/92 S. 6; **Boudré**, Ausgleich, Vor- und Rücktrag von Verlusten aus Einkünften, die in den neuen Bundesländern ab 1990 erzielt werden, NWB, DDR-Spezial 25/92 S. 3.

Die Nummer 3 des § 54a KStG hängt mit § 57 Abs. 4 EStG zusammen. Nach § 57 Abs. 4 EStG i.V.m. § 8 Abs. 1 KStG dürfen Körperschaften mit Sitz und Geschäftsleitung in der ehemaligen DDR erstmals Verluste aus dem Veranlagungszeitraum 1990 i. R. d. § 10d EStG vortragen, d.h.

2340

2340 insoweit ist eine Überlappung des DDR-Steuerrechts mit dem der Bundesrepublik vorgesehen. Steuerliche Verluste aus dem ersten Halbjahr 1990 sind mit ihrem Nominalbetrag (Mark = DM) zu berücksichtigen. Ein Verlustvortrag aus dem 1. Halbjahr 1990 kommt wohl nur bei Alt-Körperschaften in der DDR (vgl. vorstehende RZ 2309) in Betracht.

2341 § 54a Nr. 3 KStG regelt die gliederungsmäßige Behandlung des Verlustvortrags aus der Zeit des KStG-DDR in die Zeit, für die das bundesdeutsche KStG anzuwenden ist. Anstelle der in § 33 Abs. 3 KStG 1991 vorgesehenen Zuordnung zum EK 02 kommt es hier zur Zuordnung zum **EK 04** (entspricht § 54a Nr. 7 KStG).

4.2.2 Verlustrücktrag

2342 **Nach § 57 Abs. 4 EStG i. d. F. d. EinigungsvertragsG, der über § 8 Abs. 1 KStG auch bei der Körperschaftsteuer zu beachten ist, war ein Verlustrücktrag** für die in § 54a KStG genannten Körperschaften im beigetretenen Teil Deutschlands **erstmals** für Verluste des Veranlagungszeitraums **1992** zulässig, wobei der Rücktrag aus 1992 auf den Veranlagungszeitraum 1991 beschränkt war. Erst für Verluste, die im Jahr 1993 eintreten, hatten danach DDR-Unternehmen den uneingeschränkten, d. h. den zweijährigen Verlustrücktrag. Hier bringt jedoch das **Steueränderungsgesetz 1991** vom 24. 6. 1991 (BGBl I S. 1322, BStBl I S. 665) eine Verbesserung für die Körperschaften im Beitrittsgebiet. Nach dem geänderten § 57 Abs. 4 EStG dürfen Verluste aus 1991 und/oder 1992 auf das Einkommen aus dem **zweiten Halbjahr 1990** rückgetragen werden.

2343 Keine Aussage enthält das Steueränderungsgesetz 1991 zur **gliederungsmäßigen Behandlung** dieses Verlustrücktrags, weil hier nichts Besonderes gilt. Durch den Rücktrag verändert sich das verwendbare Eigenkapital (= EK 04) zum 31. 12. 1990 nicht. Die Körperschaftsteuer-Erstattung infolge des Verlustrücktrags erhöht im Verlustjahr das EK 02 (nicht EK 04, da erst in 1991 bzw. 1992 entstanden). Vgl. dazu auch die amtliche Begründung zu § 57 Abs. 4 EStG (BT-Drucksache 12/562 S. 70) und das BMF-Schreiben vom 21. 6. 1993 (DB 1993 S. 1327).

4.2.3 Vorauszahlungen

2344 Anlage I Teil A Kapitel IV Sachgebiet B Abschnitt II Nr. 15 des Einigungsvertragsgesetzes enthält eine Übergangsregelung insbesondere für die Vorauszahlungen auf die Einkommensteuer, Körperschaftsteuer, Gewerbesteuer und Vermögensteuer für das Gebiet der ehemaligen DDR.

Danach sind bis zur Festsetzung von Vorauszahlungen durch das zuständige Finanzamt die zuletzt zu leistenden Abschlagszahlungen

- nach der SelbstberechnungsVO vom 27. 6. 1990 (GBl der DDR I S. 616) und
- nach der VO über die Zahlung von Steuern der in Kapitalgesellschaften umgewandelten VEB, Kombinate und Einrichtungen im 2. Halbjahr 1990 vom 27. 6. 1990 (GBl der DDR I S. 618)

als Vorauszahlungen auf die genannten Steuern ab 1. 1. 1991 in derselben Höhe und zu denselben Zahlungsterminen an das zuständige Finanzamt zu entrichten, ohne daß es dazu eines Steuerbescheids oder einer besonderen Aufforderung bedarf. Dabei ist die bisherige zusammengefaßte Abschlagszahlung nach Steuerarten aufzugliedern.

Die o. a. Regelung im Einigungsvertragsgesetz soll sicherstellen, daß die Zahlungseingänge beim Fiskus nicht unterbrochen werden.

4.2.4 Organschaft

Ausgewählte Literaturhinweise:
Förster, Verzögerte handelsregistereintragung bei der Organschaft, NWB, DDR-Spezial 50/92 S. 1.

2345 Das **KStG der DDR** enthält **keine Organschaftsregelungen**.

Eine körperschaftsteuerliche Organschaft im Verhältnis zu Kapitalgesellschaften mit Sitz und Geschäftsleitung im Gebiet der ehemaligen DDR kann, weil dieses Gebiet bis zum 31. 12. 1990 **nicht** zum steuerlichen Inland rechnete, **erstmals** mit Wirkung für das (am 1. 1. 1991 beginnende und) in **1991** endende Wirtschaftsjahr vereinbart werden. 2345

Wie vorstehend unter RZ 2329 erläutert, läßt sich während der Geltungsdauer des § 2 DDR-IG die Zurechnung von Verlusten einer Tochtergesellschaft im Gebiet der ehemaligen DDR aber auch ohne Gewinnabführungsvertrag und sogar bei einer nur 10%-igen Beteiligung erreichen.

4.3 Doppelbesteuerungsabkommen

Kapitel IV des Einigungsvertragsgesetzes enthält in Artikel 11 Regelungen zu völkerrechtlichen Verträgen und Vereinbarungen, die die **„Alt-Bundesrepublik"** abgeschlossen hat. Diese Verträge und Vereinbarungen sollen ab 1991 auch für den beigetretenen Teil Deutschlands gelten. 2346

Artikel 12 spricht die von der ehemaligen **DDR** abgeschlossenen völkerrechtlichen Verträge und Vereinbarungen an, die u.a. aus Gründen des Vertrauensschutzes ebenfalls weitergelten sollen.

Mit denjenigen ausländischen Staaten, mit denen **sowohl** die „Alt-Bundesrepublik" **als auch** die ehemalige DDR Doppelbesteuerungsabkommen abgeschlossen haben, werden die Doppelbesteuerungsabkommen neu verhandelt werden müssen.

4.4 Verlegung des Sitzes und/oder der Geschäftsleitung zwischen den ehemals zwei deutschen Staaten

Bis zum 31.12.1989 hätte der „Umzug" einer Kapitalgesellschaft über die damalige innerdeutsche Grenze im Wegzugsstaat zur Schlußbesteuerung (§ 12 KStG) und im Zuzugsstaat zur Neugründung geführt. Angesichts der politischen Verhältnisse ist ein solcher „Umzug" aber wohl nur Theorie. 2347

Ab dem 1. 1. 1991 löst der „Umzug" einer Kapitalgesellschaft innerhalb der dann größeren Bundesrepublik zweifelsfrei eine Schlußbesteuerung **nicht** aus. 2348

Fraglich könnte die steuerliche Behandlung des „Umzugs" einer Kapitalgesellschaft im Jahr **1990,** eventuell sogar in der Zeit nach der politischen Vereinigung (3. 10.–31. 12. 1990), sein.

Verlegt eine bundesdeutsche Kapitalgesellschaft in 1990 ihren Sitz und/oder ihre Geschäftsleitung in das Gebiet der ehemaligen DDR, greifen jedenfalls die Übergangsregelungen des § 54a KStG nicht. Diese gelten nämlich ausdrücklich nur für Körperschaften, die am 31. 12. 1990 ihre Geschäftsleitung oder ihren Sitz in der ehemaligen DDR und **im Jahr 1990 weder Geschäftsleitung noch Sitz im „Alt-Bundesgebiet"** hatten. Das bedeutet, daß das in der „Alt-Bundesrepublik" erwirtschaftete EK 56 nicht über § 54a Nr. 7 KStG zu EK 04 wird. Zur Schlußbesteuerung nach § 12 KStG schweigen sich die dem Einigungsvertrag beigefügten steuerlichen Sonderregelungen aus. U. U. läßt sich hier eine Lösung aus dem insoweit bereits ab 1. 7. 1990 vereinheitlichten Zivilrecht herleiten, und zwar in der Weise, daß eine Schlußbesteuerung dort unterbleiben kann, wo das Zivilrecht eine identitätswahrende Verlegung des Sitzes bzw. der Geschäftsleitung zuläßt. Dann ginge auch ein noch nicht verbrauchter Verlustabzug durch den „Umzug" nicht verloren. 2349

4.5 Anwendung des § 50c EStG auf den Erwerb von Anteilen an Kapitalgesellschaften im Beitrittsgebiet, insbesondere über die Treuhandanstalt

Ausgewählte Literaturhinweise:
Toben, Ungelöste Probleme bei der Besteuerung von Kap.Ges. in der EX-DDR, NWB, DDR Spezial 11/91 S. 4.

2350 Zur Frage, ob § 50c EStG auf den Erwerb von Anteilen an Kapitalgesellschaften im Beitrittsgebiet über die Treuhandanstalt anzuwenden ist, vertritt die Finanzverwaltung folgende Auffassung (vgl. BMF-Schreiben vom 3. 1. 1991, DB 1991 S. 208, und vom 6. 6. 1991, DB 1991 S. 1354):

2351 a) **Anteilserwerb vor dem 1. 1. 1991**

Bei einem Anteilserwerb vor dem 1. 1. 1991 treten die Rechtsfolgen des § 50c EStG **nicht** ein, da die Kapitalgesellschaft, deren Anteile erworben worden sind, im Jahr 1990 noch nicht unbeschränkt steuerpflichtig i. S. d. § 1 KStG gewesen ist.

2352 b) **Anteilserwerb nach dem 31. 12. 1990**

Da die Treuhandanstalt nach § 5 Abs. 1 Nr. 2a KStG von der Körperschaftsteuer befreit ist, ist sie gemäß § 51 KStG von der Anrechnung der Körperschaftsteuer ausgeschlossen. Veräußert die nicht zur Anrechnung berechtigte Treuhandanstalt ab dem Jahr 1991 Anteile an den dann unbeschränkt steuerpflichtigen Kapitalgesellschaften in den neuen Bundesländern an Steuerpflichtige, die zur Anrechnung von Körperschaftsteuer berechtigt sind, **verbietet § 50c EStG** bei dem Anteilserwerber für einen Zeitraum bis zu zehn Jahren die steuerliche **Berücksichtigung von ausschüttungsbedingten Gewinnminderungen** auch bei Veräußerungen oder Entnahmen. Vgl. auch RZ 2020 ff.

2353 Vom Wortlaut des § 50c Abs. 6 EStG (nichtanrechnungsberechtigter Anteilseigner wird anrechnungsberechtigt) erfaßt wird auch der Fall, daß eine in 1990 gegründete ostdeutsche Kapitalgesellschaft mit ostdeutschen Anteilseignern in einem späteren Jahr an einen anrechnungsberechtigten Erwerber veräußert wird. U.E. würde die Anwendung des § 50c EStG aber seinem Sinn und Zweck widersprechen.

4.6 Umwandlungen, Verschmelzungen, Spaltung

4.6.1. Grundsätzliches

2354 Im Hinblick darauf, daß die Wirtschaftsunternehmen in der ehemaligen DDR völlig andere Organisationsformen hatten als die westdeutsche Wirtschaft und diese anderen Organisationsformen nicht in die gemeinsame Bundesrepublik übernommen werden, kommt der Umwandlung, Verschmelzung und Spaltung von Unternehmen im Zusammenhang mit der Vereinigung der ehemals zwei deutschen Staaten eine ganz außerordentliche Bedeutung zu. So sehen die noch vom Ministerrat der ehemaligen DDR verabschiedeten Gesetze **Zwangsumwandlungen** insbesondere vor

– für VEB, Kombinate und Einrichtungen bis spätestens zum 30. 6. 1990,
– für LPG: bis spätestens zum 31.12.1991,
– für PGH und AGP: bis spätestens zum 31. 12. 1992.

Nach den o. a. Gesetzen der DDR lösen die Umwandlung bzw. Verschmelzung der genannten Unternehmen eine **Besteuerung nicht** aus. Siehe auch Dötsch/Pinkos in Dötsch/Eversberg/Jost/Witt, Kommentar zum KStG und EStG, Tz. 95 Anhang DDR, m. w. N.

4.6.2 Spaltung der von der Treuhandanstalt verwalteten Körperschaften
Ausgewählte Literaturhinweise:

scdg, Erste Anmerkungen zum Gesetzentwurf über die Spaltung der von der Treuhandanstalt verwalteten Unternehmen, NWB, DDR-Spezial 9/91 S. 4; **Ganske,** Spaltung der Treuhandunternehmen, DB 1991 S. 791; **Mayer,** Zweifelsfragen bei der Spaltung von Treuhandunternehmen, DB 1991 S. 1609; **Schubert,** Gesetz über die Spaltung der von der Treuhandanstalt verwalteten Unternehmen (SpTrUG), Inf 1991 S. 438; **Neye,** Reichweite des § 12 SpTrUG, NWB, DDR-Spezial 42/91 S. 13; **Haritz,** Steuerliche Rückwirkung von Spaltungen nach dem TreuhandspaltungsG, NWB, DDR-Spezial 22/92 S. 1; **Haritz,** Bare Zuzahlungen bei der Spaltung nach dem SpTruG, NWB, DDR-Spezial 25/92 S. 4; **Rottnauer,** Publizität des Spaltungsplans und Gläubigerschutz, DB 1992 S. 1393.

In der Praxis der Treuhandanstalt ist ein Problem aufgetaucht, das vom Gesetzgeber des TreuhandG nicht vorausgesehen worden ist. Es hat sich nämlich gezeigt, daß viele der von der Treuhandanstalt verwalteten Gesellschaften für ein sinnvolles Wirtschaften zu groß sind, und daß daher das dringende Bedürfnis besteht, sie möglichst schnell in ihre einzelnen Betriebe aufzuteilen und diese Betriebe rechtlich zu verselbständigen, also in neu zu gründende Kapitalgesellschaften „umzuwandeln". 2355

Nach geltendem Recht war bisher eine Spaltung nur durch eine Billigkeitsregelung (vgl. BMF-Schreiben vom 9. 1. 1992, BStBl I S. 47) möglich.

Mit dem Gesetz **über die Spaltung der von der Treuhandanstalt verwalteten Unternehmen** vom 5. 4. 1991 (BGBl I S. 854) wurde für diejenigen Gesellschaften, die aus dem volkseigenen Vermögen der früheren DDR hervorgegangen sind, die Möglichkeit der Unternehmensaufspaltung erstmals zivilrechtlich verankert. 2356

Das o. a. Gesetz ermöglicht die Übertragung von Betrieben oder Betriebsteilen **in einem einheitlichen Vorgang** im Wege der Sonderrechtsnachfolge. Es sieht dafür **zwei Formen** der Spaltung vor. Zum einen die sog. **Aufspaltung.** Bei ihr teilt die bestehende Kap. Ges. als übertragender Rechtsträger unter Auflösung ohne Abwicklung ihr gesamtes Vermögen auf und überträgt die Vermögensteile im Wege der Sonderrechtsnachfolge auf mindestens zwei andere Kapitalgesellschaft, die dadurch neu gegründet werden. Und zum anderen die sog. **Abspaltung.** Bei ihr bleibt die übertragende Kapitalgesellschaft bestehen und überträgt lediglich Teile ihres Vermögens auf eine oder mehrere neu zu gründende Kapitalgesellschaft.

Wegen der **steuerlichen Behandlung** siehe Dötsch in Dötsch/Eversberg/Jost/Witt, Kommentar zum KStG und EStG, Tz. 363–374 im Anhang UmwStG. 2357

4.6.3 Entflechtung nach § 6b des Gesetzes zur Beseitigung von Hemmnissen bei der Privatisierung von Unternehmen und zur Förderung von Investitionen (PrHBG)
Ausgewählte Literaturhinweise:

Toben, Unternehmensumstrukturierung mit und ohne Anwendung von § 1 Abs. 5, § 4 Abs. 3 DMBilG: Vorteile/Nachteile, NWB, DDR-Spezial 16/91 S. 7; **Leitfaden Unternehmensrückübertragung** (Teil VIII): Die Entflechtung nach § 6b VermG, DDR-Spezial 11/93 S. 5.

Nach § 6b PrHBG (Gesetz vom 2. 3. 1991, BGBl I S. 766) können Unternehmen der bisher volkseigenen Wirtschaft der ehemaligen DDR durch **behördliche Anordnung** entflochten, d. h. aufgespalten werden, ohne daß das Gesetz vorschreibt, welche Rechtsform das zu spaltende und die aus der Spaltung hervorgegangenen Unternehmen haben müssen. 2358

Die Entflechtung löst weder bei der zu spaltenden Gesellschaft noch bei ihren Gesellschaftern eine Steuerbelastung aus.

4.6.4 Rückbeziehung von Gründungen, Verschmelzungen und Entflechtungen auf den 1. 7. 1990

Durch Artikel 4 Nr. 2 PrHBG vom 22. 3. 1991 (BGBl I S. 766) ist **§ 1 Abs. 5 DMBilG** dahin geändert worden, daß zur Rechnungslegung verpflichtete Unternehmen, die bis zum 30. 6. 1991 2359

2359 durch Gründung, Umwandlung, Verschmelzung oder Entflechtung entstehen, für Zwecke des DMBilG als zum 1. 7. 1990 entstanden angesehen werden. Daneben bestimmt § 4 Abs. 3 DMBilG, daß Vermögensgegenstände oder Schulden, die zum Zwecke der Neustrukturierung oder Privatisierung bis zum 30. 6. 1991 auf andere Unternehmen übertragen werden, nicht beim übertragenden, sondern beim übernehmen- den Unternehmen in der D-Mark-Eröffnungsbilanz berücksichtigt werden können. Nach **§ 50 Abs. 1 DMBilG** in der geänderten Fassung ist ein Steuerpflichtiger, der Rechtsträger eines Unternehmens ist, das nach § 1 Abs. 5 oder § 4 Abs. 3 DMBilG als zum 1. 7. 1990 entstanden angesehen wird, hinsichtlich der Steuern vom Einkommen und Ertrag mit diesem Unternehmen vom 1. 7. 1990 an steuerpflichtig, d.h. auch für steuerliche Zwecke wird die rückwirkende Gründung, Umwandlung, Verschmelzung, Entflechtung bzw. Vermögensübertragung nachvollzogen. Auf der Ebene der **Gesellschafter** ist entsprechend zu verfahren. Damit bleiben zwar die Neubewertungsdifferenzen als solche ohne Gewinnauswirkung. Die Rechtsträger der neu entstandenen oder von der Vermögensübertragung betroffenen Unternehmen müssen sich jedoch die in der Zwischenzeit (vom 1. 7. 1990 bis zum „Vermögensübergang") vorgenommenen laufenden Geschäftsvorfälle der bisherigen Unternehmen mit steuerlicher Wirkung als eigene zurechnen lassen. Die im PrHBG vorgesehene Rückwirkung geht weit über die bisher im Handels- und Steuerrecht ausnahmsweise zugelassenen rückwirkenden Umwandlungen hinaus. Von der Rückwirkung werden u.E. sowohl alle Arten von Umstrukturierungsvorgängen als auch ggf. mehrere hintereinander geschaltete Umwandlungsschritte erfaßt. Demgegenüber können mit der gesellschaftsrechtlichen Umstrukturierung einhergehende Austauschverträge nicht mit Rückwirkung versehen werden. Es bleibt daher bei der geltenden Rechtslage, wonach z. B. die rückwirkende Einbringung eines Einzelunternehmens in eine GmbH nicht mit der rückwirkenden Vereinbarung eines Anstellungsvertrages für den Geschäftsführer kombiniert werden darf. Bei der Rückbeziehung der Umstrukturierungsmaßnahme auf den Stichtag der Eröffnungsbilanz wird so verfahren werden müssen, daß sowohl das Vermögen als auch das Einkommen von Anfang an dem Nachfolgeunternehmen zugerechnet wird. Die Altunternehmen erscheinen insoweit lediglich noch als rechnerische Hilfsgröße. Soweit eine **rückwirkende Spaltung** zugelassen wird, entstehen **Zuordnungsprobleme.**

Hier kann z.B. durch eine geschickte Aufteilung von stillen Reserven und Schulden eine günstige steuerliche Gestaltung konstruiert werden.

Vgl. wegen weiterer Einzelheiten Dötsch/Pinkos in Dötsch/Eversberg/Jost/Witt, Kommenentar zum KStG und EStG, Tz. 99 – 99e Anhang DDR.

4.7 Vermögensrückgabe im Beitrittsgebiet

Ausgewählte Literaturhinweise:

Leitfaden Unternehmensrückübertragung: Teil I: Zurückzugebendes Unternehmen und Durchführung der Rückgabe, NWB, DDR-Spezial 52-53/92, S. 1; Teil II: Ausgleichsforderungen, NWB, DDR-Spezial 1/93 S. 1; **Friedrich/Scobel,** Ermittlung des EK zum Zeitpunkt der Rückgabe nach dem VermG, BB 1992 S. 174.

2360 Nach dem Vermögensgesetz i. d. F. d. Bekanntmachung vom 3. 8. 1992 (BGBl I S. 1446) i. V. m. der UnternehmensrückgabeVO vom 13. 7. 1991 (BGBl I S. 1542) können enteignete oder durch staatliche Verwaltung in ihrer Verfügungsbefugnis eingeschränkte Eigentümer entschädigt werden. Zur steuerlichen Behandlung der Vermögensrückgabe bzw. Entschädigung, die in Anlehnung an das 4. DMBG-EG 1961 (BGBl 1961 I S. 413) berechnet wird, bei einer zur Gliederung des verwendbaren Eingekapitals verpflichteten Körperschaft gilt u. E. folgendes:

2361 Bei **Unternehmen im Beitrittsgebiet** wird das durch die Vermögensrückgabe oder Entschädigung sich ergebende Mehr-Betriebsvermögen durch nachträgliche Änderung der DM-Eröffnungsbilanz erfaßt. Bei Körperschaften ist es damit automatisch Bestandteil des Eröffnungs-VEK zum 1. 1. 1991 (EK 04) geworden.

Bei Unternehmen im Alt-Bundesgebiet handelt es sich bei der Vermögensrückgabe oder Entschädigung um einen Vorgang des Entschädigungsjahrs. Die steuerfreie Vermögensrückgabe ist bei der Körperschaft in dem Teilbetrag zu erfassen, in dem sie auch erfaßt wäre, wenn die Vermögensrückgabe bereits im Jahr 1961 erfolgt wäre, d.h. im Teilbetrag EK 03. 2362

Bei sog. **Spaltgesellschaften,** die sowohl in West- als auch in Ostdeutschland Betriebsvermögen zurückerhalten, treffen u.E. ein Zugang zum EK 03 und zum EK 04 zusammen. 2363

Eine Besonderheit gilt für **Verluste** eines rückzuübertragenden Unternehmens in der Zeit vom 1. 7. 1990 bis zum 31. 12. 1992. Diese führen bei dem Unternehmen zum Zeitpunkt der Rückgabe zu einer **Ausgleichsforderung wegen wesentlicher Verschlechterung der Ertragslage** (§ 6 Abs. 4 VermG, § 6 Unternehmensrückgabe-VO). Diese Ausgleichsforderung, die nicht vor dem Eintritt der Verluste entstehen kann, wird gleichwohl in die DM-Eröffnungsbilanz auf den 1. 7. 1990 rückbezogen. U.E. führt dieser Aktivposten in der DM-Eröffnungsbilanz nicht zu einem ausschüttbaren verwendbaren Eigenkapital und damit auch nicht zu EK 04 in der Eröffnungsgliederung. Eine Ausgleichsforderung entsteht erst bei dem Eintritt der Verluste, u. U. also erst in 1991 oder 1992, und erhöht auch erst dann als Einlage des früheren AE (Treuhandanstalt) den Teilbetrag EK 04. U. E. führt die als Einlage zu wertende Verlustübernahme durch den früheren Anteilseigner nicht zum Untergang des steuerlichen Verlustabzugs bei der Kapitalgesellschaft. (gl. A. Dötsch/Pinkos in Dötsch/Eversberg/Jost/Witt, Kommentar zum KStG und EStG, Tz. 99g Anhang DDR; a. A. offensichtlich Friedrich/Scobel, BB 1992 S. 174, 177). 2364

5. Ausgewählte steuerliche Fragen zum DMBilG

Ausgewählte Literaturhinweise:

Biener, Der Entwurf eines D-Markbilanzgesetzes 1990, DDR-Report in DB 1990 S. 3066; **Strobel,** Das neue D-Markbilanzgesetz, BB 1990 S. 1709; **Wysocki/Glaubig/Rammert/Wenzler,** Neue Bilanzen in der DDR – ein halber Schritt auf halbem Wege, DDR-Report in DB 1990 S. 3018; **Biener,** Das DMBilG 1990, DDR-Report in DB 1990 S. 3142; **Strobel,** Das neue D-Markbilanzgesetz, BB 1990 S. 1709; **Reuser,** DM-Eröffnungsbilanzen nach dem D-Markbilanzgesetz in der betrieblichen Praxis, GmbHR 1990 S. 434 und S. 495; **Heilmer,** Die Aufteilung der DM-Eröffnungsbilanz – Rechtlicher Rahmen, Bilanzierung, Bewertung und Kapitalneufestsetzung, DStZ 1991 S. 2; **Förschle/Kropp,** Anmerkung zur Richtlinie der Treuhandanstalt zur Ausübung von Ansatz- und Bewertungswahlrechten, DStR 1991 S. 92; **Elkart/Pfitzer,** Grundlinien der D-Markeröffnungsbilanz: Kapitalneufestsetzung BB 1991 S. 165; **Küting/Pfuhl,** Offene Fragen zur Behandlung des Sonderverlustkontos aus Rückstellungsbildung gem. § 17 Abs. 4 DMBilG in der DM-Eröffnungsbilanz, DStR 1991 S. 129; **Volk,** Berichtigung von Wertansätzen nach dem DMBilG, DB 1991 S. 289; **Heinrich,** Entwurf einer Änderung des DMBilG, DB 9/91 S. IV; **Deppe,** Rückstellungen, Sonderverlustkonto und Sonderverlust-Rücklage nach § 17 Abs. 4 DMBilG und ihr Einfluß auf EK und Ausgleichsverbindlichkeit, DB 1991 S. 505; **Töben,** Neustrukturierung zum Zwecke der Privatisierung – Bedeutung des § 1 Abs. 5, § 4 Abs. 3 DMBilG für das StRecht, NWB, DDR-Spezial 9/91 S. 1; **Strobel,** Geändertes DMBilG i.R.d. BT-Beschlusses vom 15.03.1991, NWB, DDR-Spezial 12-13/91 S. 7; ders., Neues ArtikelG und SpaltungsG mit Folgen für die DM-Eröffnungsbilanz, BB 1991 S. 636; **Küting/Pfuhl,** Praktische Erfahrungen nach dem DMBilG, GmbHR 1991 S. 137; **Förschle/Ohlrogge,** Auflösung der Sonderrücklage nach § 17 Abs. 4 und § 27 Abs. 2 DMBilG unter besonderer Berücksichtigung eines bestehenden EAV, DStR 1991 S. 823; **Heinrich,** Änderungen des DMBilG, DB 1991 S. 817; **Fey,** Folgewirkungen des DMBilG für die Jahresabschlüsse nach der DM-Eröffnungsbilanz, WPG 1991 S. 253; **Birgel,** Berichtigung von Wertansätzen in der DM-Eröffnungsbilanz, Wpg 1991 S. 350; **IdW,** Einzelfragen zum DMBilG, Wpg 1991 S. 335; **Scheibe,** DMBilG, Stw 1991 S. 121; **Lipps,** Ausgleichsverbindlichkeiten bei Konzernen nach der Umwandlungs-VO, BB Beilage zu Heft 18/1991 S. 17; **Kilgert/Großmann,** Notwendigkeit und Grenzen der Bilanzänderung nach § 36 DMBilG, Wpg 1991 S. 497; **Bormann/Demant,** Aktuelle Kapitalneufeststellungsproblematik im Nachgang zum DMBilG, DB 1992 S. 53; **Neuber,** Ausgleichsforderungen und -verbindlichkeiten unter Berücksichtigung des Vermögensgesetzes, DB 1992 S. 104; **Selchert,** Das Sonderverlustkonto gemäß § 17 Abs. 4 DMBilG im Konzernabschluß nach HGB, DB 1992 S. 537; **Vieweg,** Auflösung der Sonderrücklage nach § 17 Abs. 4 DMBilG, DStR 1992 S. 334; **Kraft/Wenzel,** Sonderverlustkonto und Beteiligungsentwertungskonto, Wpg 1992 S. 485 und S. 531; **Centrale-Gutachtendienst,**

Sonderrücklage nach DM-BilanzG, GmbHR 1992 S. 519; **Haritz,** Sind Gewinnrücklagen nach § 36 Abs. 1 DMBilG ausschüttungsfähig?, NWB, DDR-Spezial 32/92 S. 1; **Pfitzer,** Ausschüttungssperre für"Gewinnrücklage" i.S.d. § 36 Abs. 1 DMBilG, DB 1992 S. 1945; **Pinkos,** Anmerkungen zum BMF-Schreiben vom 09.09.1992 (Bilanzstliche Behandlung des Sonderverlustkontos), NWB, DDR-Spezial 39/92 S. 1; **Selchert,** Nochmals zum Sonderverlustkonto gemäß § 17 Abs. 4 DMBilG im Konzernabschluß, DB 1992 S. 2201; **Haritz,** Die Anwendung von § 36 DMBilG nach Neustrukturierungen – ein Diskussionsanstoß, NWB, DDR-Spezial 18/93 S. 1.

5.1 Steuerbilanz zum 31. 12. 1990

2365 § 58 Abs. 1 DMBilG i. d. F. d. Einigungsvertragsgesetzes gibt den Unternehmen in der ehemaligen DDR die Möglichkeit, ihr erstes (am Währungsstichtag 1. 7. 1990 beginnendes) **Geschäftsjahr bis auf 18 Monate,** d. h. längstens bis zum 31. 12. 1991, auszudehnen.

Der **Absatz 2** des **§ 58 DMBilG** enthält aber aus steuerlichen Gründen eine wichtige **Einschränkung.** Danach haben die Unternehmen **auch auf den 31. 12. 1990** einen (vereinfachten) **Jahresabschluß** nach den für sie maßgeblichen Bestimmungen des Handelsrechts aufzustellen.

§ 53 DMBilG bestimmt, daß die Unternehmen **im Kalenderjahr 1990 zwei Wirtschaftsjahre** haben:

a) das Wirtschaftsjahr **vor** der Währungsumstellung (1. 1.–30. 6. 1990),

b) das Wirtschaftsjahr **nach** der Währungsumstellung (1. 7.–31. 12. 1990), auf dessen Ende eine steuerliche Schlußbilanz zu erstellen ist. Die Steuerbilanz zum 31. 12. 1990

– dient der Abgrenzung der bis 1990 und ab 1991 geltenden unterschiedlichen Steuerrechte,

– ist Grundlage für die Eröffnungsgliederung zum 1. 1. 1991 (vgl. dazu vorstehende RZ 2337).

2366 In diesem Punkt kann sich **für Kapitalgesellschaften** in der ehemaligen DDR u. U. eine **Besonderheit** ergeben, wenn sie nämlich in der Handelsbilanz ein Wirtschaftsjahr vom 1. 7. 1991 bis zum 31. 12. 1991 bilden und in 1992 auch für dieses verlängerte Wirtschaftsjahr eine **Dividendenzahlung** beschließen. Handelsrechtlich ist diese Dividende für das 18-monatige Wirtschaftsjahr beschlossen; steuerlich wird man sie wohl als Dividendenzahlung für das (steuerliche) Wirtschaftsjahr 1. 1.–31. 12. 1991 ansehen müssen.

5.2 Gleichklang von Eigenkapital bei der Kapitalgesellschaft und Beteiligungsansatz beim Anteilseigner

2367 Nach den §§ 1 ff DMBilG haben die Unternehmen in der ehemaligen DDR auf den 1. 7. 1990 eine Eröffnungsbilanz in DM aufzustellen, in der alle Wirtschaftsgüter grundsätzlich. mit ihrem Zeitwert anzusetzen sind.

2368 § 50 Abs. 1 regelt i. V. m. § 11 Abs. 1 DMBilG, daß bei den (in der ehemaligen DDR ansässigen) Anteilseignern einer Kapitalgesellschaft der Beteiligungsbuchwerte nach der sogenannten Equity-Methode grundsätzlich dem ausgewiesenen anteiligen Eigenkapital in der steuerlichen Eröffnungsbilanz des Unternehmens entsprechen muß, an dem die Beteiligung besteht (siehe aber die Ausnahme in § 11 Abs. 1 Satz 4 DMBilG). Bedeutung hat dies z.B. im Hinblick auf die steuerliche Sonderbehandlung des EK 04 (vgl. BMF-Schreiben vom 9. 1. 1987, BStBl I S. 171). § 50 Abs. 1 i. V. m. § 11 Abs. 1 DMBilG stellt sicher, daß der Einstellung der Rücklagen der Kapitalgesellschaft in das EK 04 bei der Eröffnungsgliederung zum 1. 1. 1991 ein entsprechender Betrag im Buchwert bzw. in den Anschaffungskosten gegenübersteht. Bei Anteilseignern im Alt-Bundesgebiet, für die § 11 DMBilG wohl keine Bedeutung hat (vgl. RZ 2337), ist dieser Gleichklang nicht gewährleistet.

5.3 Die steuerliche Behandlung der Ausgleichsforderungen und -verbindlichkeiten (§§ 24, 25 DMBilG), der ausstehenden Einlage (§ 26 DMBilG) und des Kapitalentwertungskontos (§ 28 DMBilG)

Die §§ 24–26 DMBilG regeln für die bisher volkseigenen Unternehmen den Vermögensausgleich und die Eigenkapitalsicherung, die §§ 27 ff DMBilG enthalten die Regelungen zur Neufestsetzung der Kapitalverhältnisse bei privaten Unternehmen. Vgl. dazu im einzelnen Biener (in DDR-Report in DB 1990 S. 3066).

2369

Übersicht über den Inhalt der Regelungen der §§ 24–28 DMBilG

Vorschrift in DMBilG	Sachverhalt	Behandlung in der Eröffnungsbilanz 1. 7. 1990 und später		Steuerliche Behandlung	
		Seite der Kapitalgesellschaft	Seite der Gesellschafter/ Muttergesellschaft	Seite der Kapitalgesellschaft	Seite der Gesellschafter
§ 24	Passivseite der Eröffnungsbilanz (ohne Nennkapital) ist höher als die Aktivseite. Der Fall des § 24 tritt wohl **immer in Kombination mit dem des § 26 DMBilG** auf	Ausweis einer **Ausgleichsforderung** an die Anteilseigner i. H. der Differenz. Tilgung = erfolgsneutral.	Aktivseite: Beteiligungswertungskonto Passivseite: Verbindlichkeit aus der Ausgleichsforderung. Spätere Tilgung der Verbindlichkeit = erfolgsneutral. Parallel dazu wird (ergebniswirksam) das Beteiligungsentwertungskonto abgeschrieben.	einkommensneutral	Abschreibung des Kapitalentwertungskontos = Betriebsausgabe (im Ergebnis wie Teilwert-Abschr.)
§ 25	Aktivseite der Eröffnungsbilanz ist höher als Passivseite einschließlich Mindest-Nennkapital.	Ausweis einer **Ausgleichsverbindlichkeit** gegenüber den Anteilseignern i. H. der Differenz.	Ausweis einer **Forderung in der Eröffnungsbilanz.** In den Folgejahren erfolgsneutrale Tilgung durch Zahlungen.	einkommensneutral	
§ 26	Der Mehrbetrag der Aktivseite gegenüber der Passivseite der Eröffnungsbilanz reicht nicht zur Finanzierung des Mindest-Nennkapitals aus.	Ausweis des Fehlbetrags als **Ausstehende Einlage** auf der Aktivseite der Eröffnungsbilanz.	Ausweis der **Ausstehenden Einlage** bzw. eines Kapitalentwertungskontos auf der Passivseite der Eröffnungsbilanz.	§ 50 Abs. 3 DMBilG verbietet den Abzug bei der steuerlichen Gewinnermittlung (auf beiden Ebenen als Einlage behandeln)	
§ 28	Vorläufige Neufestsetzung des Nennkapitals privater Unternehmen durch Übernahme des bisher in Mark der DDR festgesetzten Betrags auch in DM.	I. H. der Differenz Ausweis eines **Kapitalentwertungskontos** auf der Aktivseite der Eröffnungsbilanz. Tilgung im Unternehmen selbst insbes. aus späteren Jahresüberschüssen.	Aktivierung der Beteiligung grds. mit ihren Nennwert. Kein Zusatzkonto.	Behandlung wie Kapitalerhöhung durch Umwandlung von Rücklagen, d. h. Anwendung des § 29 Abs. 3 KStG (da neu entstehende Gewinne verwendet werden). Keine Einkommensminderung (§ 50 Abs. 4 DMBilG)	Keine Doppelmaßnahme, d. h. nicht zunächst Ausschüttung (= Kapitalertrag) mit anschließender Wiedereinlage.

Stichwortverzeichnis

Die Zahlen bedeuten die Randziffern (RZ)

Abgeltung der Körperschaftsteuer durch Steuerabzug, 112ff, 1931
Ablösesummen
– bei Vereinswechsel von Sportlern, 202
Abrundung
– des zu versteuernden Einkommens, 214
Abschlagszahlungen
– auf den Liquidationsüberschuß, 1801
abweichendes Wirtschaftsjahr, 219ff
– und SolZ, 2095, 2112
Abweichungen zwischen dem vEK lt. Gliederungsrechnung und lt. Steuerbilanz, 1309ff
Abwicklung, 640, 1796ff
  s. a. „Liquidation"
Abwicklungsanfangsvermögen, 662ff
Abwicklungsendvermögen, 667ff
Abwicklungsgewinn, 662
abziehbare Aufwendungen, 289ff
Abzug ausländischer Steuern, 925, 1657, 1669
Abzugsmethode
  s. „ausländische Steuern"
Änderung der Körperschaftsteuer
  s. a. „Ausschüttungsbelastung", „Erhöhung der Körperschaftsteuer" und „Minderung der Körperschaftsteuer"
– Ausnahmen von der KSt-Erhöhung, 1227ff
– Auswirkungen der – auf die Bemessung der KSt-Rückstellung, 1231ff
– Auswirkungen auf das Eigenkapital, 1311
– getrennte Ermittlung der – für jeden einzelnen Eigenkapitalteil, 1073ff
– Grundlagenfunktion des KSt-Bescheid hinsichtlich der –, 1049f, 1069ff
– Schätzung der –, 1147
– Vermögensübergang auf eine steuerbefreite Übernehmerin, 1871ff
AG & Co. KG, 23
AG
  s. „Aktiengesellschaft"
Agio
– bei Betriebseinbringung, 2213
Akkumulationsrücklage, 2314ff
Aktiengesellschaft, 42ff
– Gründung, 44ff
– handelsrechtliches Eigenkapital, 44
– Organe, 46
Altkapital
– Beibehaltung der Doppelbelastung, 1111, 1846ff
– Kapitalherabsetzung unter Verwendung von in Nennkapital umgewandeltem Altkapital, 1846ff
Altrücklagen, Umwandlung in Nennkapital, Pauschsteuer nach § 5 KapErhStG, 1344, 1835

andere Ausschüttung
  s. „verdeckte Gewinnausschüttung"
Anfangsvermögen
– bei Abwicklung, 662
– bei Verlegung der Geschäftsleitung in das Ausland, 703
Anfechtbarkeit
  s. „gesonderte Feststellung"
Angemessenheit
– Darlehensverträge, 555ff, 560ff
– Dienstverträge, 517ff
– Kaufverträge, 571ff
– Miet- und Pachtverträge, 562
– Pensionszusage, 532ff
anrechenbare KSt
  s. a. „Anrechnung der KSt"
– Bestandteil der Einnahmen, 1001, 1017, 1959ff
Anrechnung ausländischer Steuern
– auf die deutsche Tarifbelastung, 970
– Anrechnung gem. § 12 AStG, 936, 1665
– avoir fiscal, 922ff, 1656
– Begrenzung der Anrechnung ausländischer Steuern, 908
– direkte –, 907ff, 1649ff
– fiktive direkte – nach DBA, 918, 1655
– fiktive indirekte – nach § 26 Abs. 3 KStG, 252, 916, 1654
– indirekte Anrechnung nach § 26 Abs. 2 und 5 KStG, 913ff, 1653
Anrechnung der KSt
– anzurechnende KSt als Einnahme, 1001, 1017, 1959ff
– bei der ESt-Veranlagung, 1963ff
– bei einer Körperschaft, 872
– beim Anteilseigner, 1019, 1903ff, 1963ff
– Nichtanrechnungsberechtigte, 1020ff, 1990, 2012
– Verbot der Anrechnung, 1021, 1990
– Voraussetzung für die Anrechnung, 1990
– zur Anrechnung berechtigende Einkünfte, 1941ff
Anrechnungsverfahren
– bei Liquidation, 677ff, 1796ff
– bei Veränderung inländischer Betriebsstätten, 717
– bei Verlegung der Geschäftsleitung in das Ausland, 709ff
– einkommensteuerliches –, 1001, 1019
– körperschaftsteuerliches –, 1000ff
– Organschaft und –, 770, 796
– Wirkungsweise, 1004ff
Anteilseigner
– anrechnungsberechtigte –, 1019, 1990ff

- Einkünfte bei Liquidation, 686ff
- nichtanrechnungsberechtigte –, 1020ff, 1990ff

Anwendung
- einkommensteuerlicher Vorschriften, 238ff
- von § 10d EStG im KSt-Recht, 1514ff
- des § 50c EStG, 2064

Anwendungsbereich des KStG, 12ff

Anzeigengeschäft
- bei Vereinszeitschriften, 179

anzurechnende ausländische Steuern
  s. „Ausländische Steuern"

AStG, 930ff, 1660ff

Auflösung, 640ff
  s. a. „Liquidation",
- – einer Organgesellschaft, 675f, 796
- – eines Organträgers, 770

Auflösungsgründe, 647ff

Aufsichtsratsvergütungen, 365ff

Aufstockungsbetrag, 914

Aufteilung ermäßigt belasteter EK-Teile (§ 32 KStG), 1471ff
- Aufteilungsrechnung, 1475ff, 1488ff
  = bei ausländischen Einkünften, 1490ff, 1650ff
- Berücksichtigung der sonstigen nichtabziehbaren Ausgaben bei der –, 1499
- direkte Zuordnung von Einkommensteilen, 1475
- getrennte Ermittlung der Tarifbelastung für jeden Einkommensteil, 1479
- indirekte Zuordnung von Einkommensteilen, 1476ff
- Steuerermäßigungen, die zur – führen, 1480ff
- Vomhundertsatz der Tarifbelastung, 1484ff
- Zuordnung nach § 27 BerlinFG, 1500ff

Ausbeuten
- Herstellen der Ausschüttungsbelastung, 1102

Ausfall der Darlehensforderung
- verdeckte Gewinnausschüttung, 554

Ausgabeaufgeld, 292ff

Ausgabekosten, 292ff

Ausgaben für steuerbegünstigte Zwecke, 302ff
  s. a. „Spenden"

Ausgabe von Gesellschaftsanteilen
  s. „Ausgabekosten"

Ausgleichsposten bei Organschaft, 821ff

Ausgleichszahlungen an außenstehende Anteilseigner, 815ff, 1164ff, 1708ff

ausländische Anteilseigner
  s. „nichtanrechnungsberechtigte Anteilseigner"

ausländische Einkünfte
  s. a. „Beteiligung an ausländischen Gesellschaften"
- Abzug ausländischer Steuern, 1657, 1669
- AStG
  = Berichtigungsbetrag gem. § 1 AStG, 930, 1322, 1660ff
  = Zugriffsbesteuerung gem. §§ 7–14 AStG, 931ff, 1662ff

- Anrechnungsmethoden
  = avoir fiscal, 922ff, , 1660
  = direkte Anrechnung, 907ff, 1649ff
  = fiktive direkte Anrechnung nach DBA, 918, 1655
  = fiktive indirekte Anrechnung nach § 26 Abs. 3 KStG, 916, 1654
  = indirekte Anrechnung, 913ff, 1653
- Aufteilung des EK-Zugangs aus –, 1490ff, 1650ff
- ausländische Einkünfte i. S. des § 34 d EStG, 911
- ausländische Verluste
  = Abzug nach § 2a Abs. 3 EStG bzw. nach § 2 AIG, 903ff, 1642ff
  = Nachversteuerung, 904, 1643
- ausschüttungsbedingte Teilwertabschreibung, Verbot der steuerlichen Berücksichtigung (§ 8b Abs. 6 KStG bzw. § 26 Abs. 8 KStG 1991), 937, 962ff
- Freistellungsmethode, 827ff, 1317, 1342
- Gliederungsmäßige Zuordnung von Vermögensmehrungen und -minderungen aus –, 1641ff
- intern. Schachtelprivileg, 902, 1641, 1667
- Pauschalierung der KSt
  = mit 25 v. H., 807, 926f, 1658ff, 1670
  = aus dem Betrieb von Handelsschiffen im internationalen Verkehr, 807, 928, 1658ff, 1670
- steuerfreie –,
  = Durchleitung der Steuerfreiheit bei Weiterausschüttung ab 1994 (§ 8b Abs. 1 KStG), 951ff, 1024ff
  = keine Durchleitung der Steuerfreiheit bei Weiterausschüttung bis 1993, 1012, 1024ff
  = bei Organschaft, 805, 806
  = Zugang in der EK-Gliederung, 1641, 1667
- Übersicht über die Besteuerungsmethoden, 901

ausländische Steuern
- Abzug von der Bemessungsgrundlage, 925, 1657, 1669
- Anrechnung – auf die Tarifbelastung, 970
- Anrechnung von –, 907ff, 1649ff, 1668
- Anrechnung von – gem. § 12 AStG, 936, 1665
- avoir fiscal, 922ff, 1656
- bei pauschal besteuerten ausländischen Einkünften, 1670
- bei steuerfreien ausländischen Einkünften, 1667
- Zuordnung – bei deren Zusammentreffen mit einem inländischen Verlust oder mit einem Verlustabzug, 1673ff
- Zuordnung – bei nichtabziehbaren Verlusten i. S. des § 2a Abs. 1 EStG, 1626ff
- Zuordnung in der EK-Gliederung, 1666ff

Auslandsinvestitionsgesetz, § 2a Abs. 3 EStG
- Berücksichtigung ausländischer Verluste, 903ff, 1642ff
- Nachversteuerung, 904, 1643

Ausschließlichkeit, 203
Ausschüttung, 1017, 1231ff
ausschüttungsbedingte Gewinnminderungen
– Verbot der steuerlichen Berücksichtigung, 937, 962ff, 2020ff
Ausschüttungsbelastung, 871, 1115ff
　s. a. „offene Gewinnausschüttung", „verdeckte Gewinnausschüttung" und „Vorabausschüttung"
– Änderung der KSt, 1004ff, 1115ff, 1131ff
– Ausnahmen von der KSt-Erhöhung, 1217ff
– Auswirkungen von Gewinnausschüttungen auf die KSt-Änderung, 1140ff
– Auswirkungen der KSt-Änderung auf die Bemessung der KSt-Rückstellung, 1140ff, 1231ff, 1317ff
– Ermittlungsschritte, 1101
– erstmaliges Herstellen der –, 1122ff
– Festschreibung der Verwendung bei Ausschüttungen
　= nach § 28 Abs. 4 KStG, 1258ff
　= nach § 28 Abs. 5 KStG, 1263ff
　= nach § 28 Abs. 5 KStG 1991, 1271
　= nach § 28 Abs. 7 KStG, 1265ff
– für die Ausschüttung verwendetes EK, 1240ff
– Genußrechte, Ausschüttungen auf –, 1204ff
– getrennte Ermittlung der KSt-Änderung für jeden einzelnen Eigenkapitalteil, 1254
– Herstellen der –, 1009ff, 1115ff
– Herstellen der – auch bei Weiterausschüttung steuerfreier ausländischer Einkünfte bis 1993, 1012, 1024ff
– (kein) Herstellen der – bei Weiterausschüttung steuerfreier ausländischer Einkünfte ab 1994 (§ 8b Abs. 1 KStG), 951ff, 1012, 1024ff
– Herstellen der – bei steuerbefreiten Körperschaften, 188
– Kapitalanlagegesellschaft, 1208ff
– kein ermäßigter Steuersatz, 880, 1014
– keine Verringerung der – durch Steuerermäßigungen, 1121
– Kongruenz, sachliche, und zeitliche – zwischen dem Herstellen der Ausschüttungsbelastung bei der Kap.Ges. und der Besteuerung und Anrechnung beim Anteilseigner, 1137ff
– Minderung und Erhöhung der Körperschaftsteuer, 1140ff
– offene Gewinnausschüttungen, 1144ff
– persönlicher Geltungsbereich des § 27 KStG, 1102ff
– Rechenformeln, 1134ff, 1255ff
　= bis 1993, 1135, 1256
　= ab 1994, 1136, 1257
– sachliche Kongruenz zwischen dem Herstellen der – und der KSt-Anrechnung, 1137ff
– sachlicher Geltungsbereich des § 27 KStG, 1102ff
– Schätzung der KSt-Änderung, 1147
– Schaubild zum Herstellen der –, 1101, 1133

– Schütt-aus-Hol-zurück-Verfahren, 881, 1213ff
– Übersicht betr. v.H.-Sätze der KSt-Änderung
　= bis 1993, 1135
　= ab 1994: 1136
– Verwendungsreihenfolge, 1240ff
– Vorabausschüttungen, 1141, 1200ff
– Weiterausschüttung, KSt-Erhöhung
　= von EK 01, 951f, 953ff, 1012, 1024ff
　= von EK 02, 1012, 1024ff
　= von EK 03, 1012, 1024ff
– Wertpapiersondervermögen, 1208ff
– zeitliche Kongruenz zwischen dem Herstellen der – und der KSt-Anrechnung, 1137ff
– Zeitpunkt des Herstellens der –, 1151ff
außenstehende Anteilseigner, 815ff
avoir fiscal
– bei der EK-Gliederung, 1656
– bei der KSt-Veranlagung, 922ff

Bandenwerbung
– als Vermögensverwaltung, 182
Bardividende, 1017, 1235, 1938
Bausparkassen, 857
Beherrschung
　s. „beherrschender Gesellschafter"
beherrschender Gesellschafter, 525ff
Beitragsrückerstattungen
– Rückstellungen für, 853
Beirat, 366
Belastung von verdeckten Gewinnausschüttungen, 1183ff
Bemessungsgrundlage für die KSt, 214, 871
Bergrechtliche Gewerkschaften, 56
Berichtigungsbetrag gem. § 1 AStG, 930, 1322, 1660ff
Berlineinkünfte
– Grundlagenfunktion des KSt-Bescheids für die Berlinpräferenz, 1067
– kein Verlust der Steuerermäßigung bei Weiterausschüttung, 1025
– maßgebliche Tarifbelastung, 1502
– Zuordnung nach § 27 BerlinFG, 1500ff
Berufsverbände, 189ff, 2006
beschränkt steuerpflichtige Körperschaften
– Steuersatz, 883
– keine Einbeziehung ins Anrechnungsverfahren, 1099
beschränkte Steuerpflicht, 102ff
– Abgeltungswirkung des Steuerabzugs, 112ff, 143ff, 1931
– ausländische Körperschaften, 105ff
– sonstige Körperschaften, 141ff
– Steuersatz, 140, 883
– Veranlagung, 138ff
– Verlustausgleichsverbot, 139
Besserungsscheine, 266
Besserungszahlungen
　s. „Besserungsscheine"

Beteiligung
- der Körperschaft an einer Personengesellschaft, 1407
- an einem Betrieb gewerblicher Art, 629

Beteiligung an ausländischen Gesellschaften
s. a. „ausländische Einkünfte", „EK 01"
- Anwendungsvorschriften zu § 8b KStG, 966ff
- Dividenden aus einer wesentlichen – bei inländischen Betriebsstätten, 959f
- Gewinne aus der Veräußerung einer –, 957f
  = Verhinderung von Mißbräuchen, 958
- keine Berücksichtigung ausschüttungsbedingter Teilwertabschreibungen, 954, 962ff
- und EK-Gliederung, 1218ff
  = Behandlung bei der ausschüttenden Körperschaft, 1221
  = beim Anteilseigner, 1222ff
- und Organschaft, 806
- und Schachtelvergünstigungen, 961
  = bei Organschaft, 806
- Weiterausschüttung steuerfreier ausländischer Einkünfte, 951f, 953ff
  = und Gewinnminderung, 954
  = Ausnahmen von der Steuerbefreiung nach § 8b Abs. 1 KStG, 955
- Übersicht, 956

Betrieb gewerblicher Art von juristischen Personen des öffentlichen Rechts, 71ff
- keine Einbeziehung ins Anrechnungsverfahren, 1099
- Begriff, 75ff
- Betriebe in privatrechtlicher Rechtsform, 91
- Einkommensermittlung, 89
- Freibetrag, 889
- Hoheitsbetriebe, 87ff
- juristische Personen des öffentlichen Rechts als –, 87
- als Organträger, 756
- Steuersatz, 883
- Verpachtung von –, 86
- Versorgungsbetriebe, 84
- Zusammenfassung von Betrieben, 90

Betriebsaufspaltung
- und Organschaft, 768
- Verluste des Besitzunternehmens, keine verdeckte Einlage, 408

Betriebseinbringung
- Anschaffungskosten der Anteile, 2216ff
- Besteuerung des Einbringungsgewinns, 2226ff
- in Kapitalgesellschaften, 2206ff
- in Personengesellschaften, 2234
- Rückbeziehung der –, 2223ff
- spätere Veräußerung der Anteile, 2230ff

Betriebsstätte
- Auflösung, 714
- keine Pflicht zur EK-Gliederung, 1099
- Übertragung als Ganzes, 716
- Verlegung in das Ausland, 715

Besteuerungszeitraum
- bei Liquidation, 653, 875, 1801ff
- im allgemeinen, 215ff

Bewertung
- verdeckter Einlagen, 413
- verdeckter Gewinnausschüttungen, 494ff

Bilanzgewinn, 385ff

Bilanzverlust
s. „Bilanzgewinn"

Börse
- Anwendung des § 50c EStG bei Erwerben über die –, 2055ff

Bruttodividende, 1017, 1235, 1938ff

Buchung
- der Gewinnverwendung, 388ff

buchführungspflichtige Körperschaften, 242, 376

Buchwertverknüpfung, 585

Bund, 71

Bundesamt für Finanzen, 1996, 2004ff

Bundeseisenbahnvermögen, 174
- Bundesbahnhotel, 174

Bundesländer, 71

Darlehen
- verdeckte Gewinnausschüttungen bei –, 548ff

Darlehensverzicht der Gesellschaft
- verdeckte Gewinnausschüttung, 553

DDR, ehemalige, 2300ff
- Doppelbesteuerungsabkommen, 2346
- in der ehemaligen DDR erzielte Einkünfte, 2321ff
- Körperschaften mit Sitz oder Geschäftsleitung in der ehemaligen DDR, 2303ff
- Organschaft, 2345
- Übernahme des bundesdeutschen Steuerrechts ab 1991, 2333, 2334ff
- Übergangsregelung für Gewinnausschüttungen, 2338f

DDR-Investitionsgesetz, 2324ff

Dienstverträge, 513ff

direkte Anrechnung
s. „Anrechnung ausländischer Steuern"

direkte Zuordnung von Einkommensteilen, 1475

Dividenden
- Begriff, 262, 1017
- auf Belegschaftsaktien, 1998
- nichtabgehobene –, 1403
- aus Genossenschaftsanteilen, 1998
- Bezeichnung, 1938

Dividendenanspruch
- Erfassung des –, 1971ff, 1975
- Zufluß des –, 1971ff

Dividendeneinkünfte
- buchmäßige Erfassung beim Anteilseigner, 1976
- Erfassung beim Anteilseigner, 1971ff
- von steuerfreien Körperschaften, 1991ff

Dividendenschein, 1953ff, 1986ff
DM-Bilanzgesetz
- ausgewählte Fragen zum –, 2365ff
- Steuerbilanz zum 31.12.1990, 2365f
- Beteiligungsansatz nach dem –, 2367ff
- Ausgleichsforderungen und -verbindlichkeiten nach dem –, 2369

Doppelbelastung ausgeschütteter Gewinne
- Beibehaltung der – für Altkapital, 1111, 1846ff
- Beseitigung durch die KSt-Reform, 1000
- und SolZ, 2089, 2124

Doppelbesteuerungsabkommen, 902, 1641, 1667

Durchgriff
- durch die Rechtsform, 20ff

Durchlaufspenden
- Listenverfahren, 211
- Sachspenden, 211

Ehegatten-GmbH, 19
Eigenkapital
- Ableitung aus der Steuerbilanz, 1297ff
- Abweichungen zwischen dem – lt. Steuerbilanz und lt. Gliederungsrechnung, 1309ff
- Definition, 1300
- Einlagen als Bestandteil des –, 1295, 1303
- Ermittlung bei steuerfreien Körperschaften, 1270
- Genußrechtskapital, 1306f
- Geschäftsguthaben bei Genossenschaften, 1305
- Gliederung des verwendbaren –, 1350ff
- KSt-Minderung und -Erhöhung, Auswirkung auf das –, 1311
- Sonderposten mit Rücklageanteil, 1301
- Umfang des –, 1300ff
- Unterteilung in vEK und übriges –, 1303
- zeitliche Abgrenzung, 1242ff

eigene Anteile
- Auswirkungen der Einziehung – auf das vEK, 1408, 1858ff

Eigenkapitalgliederung
  s. „Gliederungsrechnung"

Einbringung
- eines Teilbetriebs, 2207
- von Betrieben, 2207, 2210
- von Mitunternehmeranteilen, 2207, 2221
- zum Buchwert, 2216ff
- zum Teilwert, 2216ff
- zu Zwischenwerten, 2216ff

einbringungsgeborene Anteile, 2231
Eingliederung bei Organschaft, 763ff
- finanzielle –, 764ff
- organisatorische –, 771ff
- wirtschaftliche –, 767ff
- zeitliche Voraussetzungen der –, 775ff

Einkommen
- einer Organgesellschaft, 799ff
- eines Organträgers, 809ff

- Einkommensbegriff
  = allgemein, 238ff
  = i. S. des § 47 Abs. 2 KStG, 1058ff

Einkommensermittlung, 238ff
- bei buchführungspflichtigen Körperschaften, 242ff

Einkommensträger, 31ff
Einkommensverteilung, 416ff
Einkunftsabgrenzung
- bei Auslandsbeziehungen, 116

Einkunftsarten, 241ff
- bei beschränkter Steuerpflicht, 120ff

Einkunftsermittlung, 251ff
Einlagen
- als Bestandteil des vEK, 1295, 1303
- gesellschaftliche, 398ff
- gesellschaftsrechtliche, 399ff
- bei Organschaft, 803, 1713
- Rückzahlung von –, 1866f
- verdeckte, 403ff
- Zugang zum vEK, 1295, 1303

Einnahmeerzielungsabsicht
- bei Betrieben gewerblicher Art, 80ff
- bei wirtschaftlichem Geschäftsbetrieb, 179

Eintritt in die Gliederungspflicht, erstmalige EK-Gliederung, 1411ff
- Eröffnungsgliederung in der ehemaligen DDR, 1413, 2335ff

Einziehung eigener Anteile, 1408, 1858ff
EK
  s. „Eigenkapital"

EK 01
  s. a. „Beteiligung an ausländischen Gesellschaften"
- Ausschüttungen aus dem – bis 1993, 1012, 1024ff
- Ausschüttungen aus dem – ab 1994 (§ 8b Abs. 1 KStG), 951ff, 1012, 1024ff, 1218ff

EK 04
- Ausschüttungen aus dem –, 1227ff, 1866ff
  = bei Anteilen im Betriebsvermögen, 1228

Endvermögen
- bei Abwicklung, 667ff
- bei Verlegung der Geschäftsleitung in das Ausland, 704ff

Entflechtung
- im Beitrittsgebiet, 2358
- Rückwirkung, 2359

Entstehung der Körperschaftsteuer, 1925
- in der nach § 27 KStG geänderten Höhe, 1016

Entwicklung des Körperschaftsteuerrechts, 1
Erbschaft, 241
Ergebnisabführung
  s. „Gewinnabführung"

Erhebungsform
- Unterschiede, 41

Erhöhung der Körperschaftsteuer
- Ausnahmen von der –, 1267ff, 1879
- Auswirkungen auf das vEK, 1252

- Auswirkungen auf die Dividende, 1252
- bei fehlendem vEK, 1695ff
- beim Vermögensübergang auf eine steuerbefreite Körperschaft, 1760, 1878ff
- Ermittlung der –, 1251ff
- Grundlagenfunktion des KSt-Bescheides für die –, 1069ff
- Sinn, 1012
- Zuordnung als nichtabziehbare Ausgabe in der EK-Gliederung, 1430ff
- Zurückbehalten von vEK für die –, 1252

Erlaß
- Gliederung des vEK bei –, 1680ff

ermäßigt belastete Eigenkapitalteile
s. „Aufteilung ermäßigt belasteter Eigenkapitalteile"

ermäßigte Körperschaftsteuer
- Zuordnung der – als nichtabziehbare Ausgabe in der EK-Gliederung, 1432

Ermittlungsschema
- zu versteuerndes Einkommen, 369, 379ff

Ermittlungszeitraum
- für Spenden, 313ff

Erstattung
- der Kapitalertragsteuer, 146, 2004ff
- nichtabziehbarer Steuern, 355ff
- von Körperschaftsteuer gem. § 11 AStG, 935, 1663
- von mit Steuern zusammenhängenden Leistungen, 358

Erstattung nichtabziehbarer Ausgaben
- Zuordnung in der EK-Gliederung, 1454ff

Erstattungszinsen, 349

erstmalige EK-Gliederung, 1411ff
- nach dem Systemwechsel, 1356
- in der ehemaligen DDR, 1413, 2335ff

Erwerbs- und Wirtschaftsgenossenschaften
- Umfang des verwendbaren Eigenkapitals, 1305

Europäische Union, 6

Familien-GmbH, 19
Familienstiftungen, 64, 873
fehlendes vEK, 1695ff
Festschreibung der Gepräge-Rechtsprechung, 25ff
Festschreibung der Verwendung
- bei Gewinnausschüttungen
  = nach § 28 Abs. 4 KStG, 1258ff
  = nach § 28 Abs. 5 KStG, 1263ff
  = nach § 28 Abs. 5 KStG 1991, 1271
  = nach § 28 Abs. 7 KStG, 1265ff
- beim Verlustrücktrag (bis 1993 gem. § 33 Abs. 3 KStG 1991), 1539, 1550ff

fiktive Steueranrechnung
s. „Anrechnung ausländischer Steuern"
Fiktionstheorie, 480
Formwechsel, 2145, 2149
Freianteile, Ausgabe von –, 1825

Freibetrag
- für kleinere Körperschaften, 888ff
- für land- und forstwirtschaftliche Genossenschaften und Vereine, 891ff
- für Veräußerungsgewinne, 268ff, 831

Freistellungsbescheid
- wegen Gemeinnützigkeit, 211

Freistellungsmethode (Internationales Schachtelprivileg), 902ff, 1641, 1667

Fremdfinanzierung
s. a. „Gesellschafter-Fremdkapital"
- durch nichtanrechnungsberechtigte Anteilseigner, 588ff
- § 8a KStG, 592ff

Friedhofsverwaltung
- einer Gemeinde, 75

für die Ausschüttung als verwendet geltendes EK, 1240ff

Gebietskörperschaften, 71
Gegenleistung für Betriebseinbringung, 2213
Geldbußen, 270ff
Geldstrafen, 359ff
Gemeinden, 21
Gemeindeverbände, 21
gemeinnützige Körperschaften, 2006
gemeinnützige Wohnungsunternehmen, 176, 2006
Gemeinnützigkeit, 198ff
gemischte Beiträge, 637
Genossenschaft, 58, 860ff, 879
- des öffentlichen Rechts, 58
- eingetragene –, 58
- Geschäftsguthaben als übriges EK, 1305

genossenschaftliche Rückvergütung, 860ff
- Abgrenzung zu anderen Preisnachlässen, 861ff
- Milchgeldnachzahlungen als –, 861

Genußrechtskapital, 1306f
Genußscheine
- Ausschüttungen auf –, 1204ff

Gesamtrechtsnachfolge, 1725ff, 1761ff, 2141, 2144
Geschäftsleitung, 93
- Verlegung der –, 693ff

Geschäftsguthaben bei Genossenschaften als EK, 1305
geschlossenes System, 1003
Gesellschaft bürgerlichen Rechts, 34ff
Gesellschafter-Fremdkapital
- anteiliges EK, 599
- Anwendungsbereich
  = bei banküblichen Geschäften, 597
  = bei gewinnabhängigen Vergütungen, 596
  = bei gewinnunabhängigen Vergütungen, 597
  = bei umsatzabhängigen Vergütungen, 596
  = bei umsatzunabhängigen Vergütungen, 597
  = beim Zusammentreffen von Vergütungen i. S. v. § 8a Abs. 1 Nr. 1 und 2 KStG, 598

= persönlicher, 594f
= sachlicher, 596ff
– bei Drittvergleich, 597
– bei Holdinggesellschaften, 602
– Sonderregelungen, 601
– Steuervorteile durch –, 604
– wesentliche Beteiligung, 600
– zeitliche Anwendung des § 8a KStG, 605
– Zwischenschaltung von
   = inländischen Betriebsstätten, 603
   = Personengesellschaften, 603
Gesellschafterverzicht
   s. „Sanierung"
gesellschaftsrechtliche Einlage, 400ff, 1295, 1866
– bei Verschmelzungen, 2195
gesonderte Feststellung nach § 47 KStG
   (Verfahrensfragen), 1027ff
– Bedeutung der Gliederungsrechnung, 1032ff, 1350ff
– der Teilbeträge des vEK, 1040f
– des zum vEK rechnenden Teils des Nennkapitals, 1042ff
– Feststellungsbescheid als Grundlagenbescheid
   = für den KSt-Bescheid, 1049f
   = für den nachfolgenden Feststellungsbescheid, 1047f
– gesonderte Feststellung des verbleibenden Verlustabzugs, 1081ff
– Inhalt der –, 1039ff
– KSt-Bescheid als Grundlagenbescheid, 1051ff
   = bei negativem Einkommen, 1075ff
   = der KSt-Bescheid als kombinierter Festsetzungs- und Feststellungsbescheid, 1051ff
   = für das zu versteuernde Einkommen, 1058ff
   = für den Feststellungsbescheid, 1056f
   = für den Feststellungsbescheid nach § 10d Abs. 3 EStG, 1081ff
   = für die Berlinpräferenz, 1067f
   = für die gesonderte Feststellung nach § 47 Abs. 1 Nr. 1 KStG, 1056ff
   = für die Minderung und Erhöhung der KSt, 1069ff
   = für die Tarifbelastung, 1066ff
   = keine Grundlagenfunktion für Einkommensbestandteile und steuerfreie Vermögensmehrungen, 1060
– Nebeneinander von KSt-Veranlagung und EK-Gliederung, 1029, 1030, 1032ff
– Rumpf-Wirtschaftsjahr, 1357
– Schaubild
   = Überblick, 1030
   = zur gegenseitigen Bindungswirkung, 1037
   = zu den Grundlagenfunktionen, 1036
– Sinn, 1032ff
– Verfahrensmäßige Abgrenzung von KSt- und Feststellungsbescheid, 1029f
– Zeitpunkt der –, 1038, 1356

getrennte Ermittlung der KSt-Änderung für jeden EK-Teil, 1254ff
Gewerbesteuer
– bei verdeckten Gewinnausschüttungen, 504
– gewerblich geprägte Personengesellschaft, 23ff
Gewerkschaft
– bergrechtliche, s. dort
– Industriegewerkschaft, 190
Gewinnabführungsvertrag, 778ff
– Beendigung des –, 795
– bei Aktiengesellschaften, 781ff
– bei anderen Kapitalgesellschaften, 788ff
– bei Auflösung der Organgesellschaft, 796
– bei Vorgründungsgesellschaft, 780
– keine Anwendung der §§ 27ff KStG, 797, 1164ff
– Vollzug des –, 789ff
Gewinnanteile
– des Komplementärs der KGaA, 298ff
Gewinnausschüttung
   s. a. „offene Gewinnausschüttung" und „verdeckte Gewinnausschüttung"
– Schaubild betr. Verknüpfung der handelsrechtlichen – mit dem KSt-Recht, 1017
– Begriff der –, 1017, 1235
– verspätete, 1147, 1149, 1161ff
– Zeitpunkt der –, 1151ff
Gewinnermittlung, 376ff
– bei Liquidation, 661ff
– bei Veränderung bei einer inländischen Betriebsstätte, 717
– bei Verlegung der Geschäftsleitung in das Ausland, 699ff
– für inländische Betriebsstätte, 115ff
Gewinnminderung
– Verbot der steuerlichen Berücksichtigung ausschüttungsbedingter –, 937, 962ff, 1013ff, 2020f
Gewinnrücklagen, 385ff
Gewinnverteilungsbeschluß, ordnungsgemäßer, 1156ff
– verspäteter Beschluß, 1147, 1149, 1161ff
Gewinnsparverein, 69
Gliederungsrechnung
   s. a. „gesonderte Feststellung" und „verwendbares Eigenkapital"
– erstmalige –, 1411ff
   = nach dem Systemwechsel, 1356
   = in der ehemaligen DDR, 1413, 2335ff
– Feststellungsbescheid als Grundlagenbescheid
   = für den KSt-Bescheid, 1049f
   = für den nachfolgenden Feststellungsbescheid, 1047f
– KSt-Bescheid als Grundlagenbescheid, 1051ff
   = bei negativem Einkommen, 1075ff
   = der KSt-Bescheid als kombinierter Festsetzungs- und Feststellungsbescheid, 1051ff
   = für das zu versteuernde Einkommen, 1058ff

- = für den Feststellungsbescheid, 1056f
- = für den Feststellungsbescheid nach § 10d Abs. 3 EStG, 1081ff
- = für die Berlinpräferenz, 1067f
- = für die gesonderte Feststellung nach § 47 Abs. 1 Nr. 1 KStG, 1056ff
- = für die Minderung und Erhöhung der KSt, 1069ff
- = für die Tarifbelastung, 1066ff
- = keine Grundlagenfunktion für Einkommensbestandteile und steuerfreie Vermögensmehrungen, 1060
- Schaubild
  - = Überblick, 1030
  - = zur gegenseitigen Bindungswirkung, 1037
  - = zu den Grundlagenfunktionen, 1036
- Kreis der zur EK-Gliederung verpflichteten Körperschaften, 1098ff, 1104
- Nebeneinander von KSt-Veranlagung und –, 1029, 1030, 1032ff
  - = bei Organschaft, 1700ff
- Reihenfolge der Zu- und Abgänge zum vEK, 1410ff
- Rumpf-Wirtschaftsjahr, 1357
- steuerfreie Körperschaften, 1299
- Vereinfachung des Anrechnungsverfahrens durch Straffung der –, 1414ff
- Verfahrensmäßige Abgrenzung, 1029ff
- Wirkungsweise, 1004ff

Gliederungszusammenhang, 1047f
GmbH, 49ff
- Gründung, 49ff
- handelsrechtliches Eigenkapital, 50
- Organe, 54

GmbH und Co. KG
- Beirat bei –, 365
- als Personengesellschaft, 23ff
- und Organschaft, 774

GmbH in Gründung, 153ff
Großspenden
- bei der Einkommensermittlung, 325
- bei der EK-Gliederung, 1332

Gründergesellschaft
- s. „Vorgründungsgesellschaft"

Grunderwerbsteuer, 295
Grundkapital
- s. „Nennkapital"

Grundkonzeption, Körperschaftsteuergesetz, 2
Grundlagenbescheid
- s. „gesonderte Feststellung"

Grundstücksverkäufe
- einer Gemeinde, 77

Hafenbetrieb, 84
Handelsbilanzgewinn, 381ff
Handelsregister
- Eintragung, 60, 151ff

Heilung von Formmängeln
- des Gesellschaftsvertrags, 154

Herabsetzung des Nennkapitals,
- s. „Kapitalherabsetzung"

Hinzurechnung gem. §§ 7–14 AStG, 931ff, 1662ff

Holdinggesellschaften
- als Organträger, 757, 767ff

indirekte Anrechnung
- s. „Anrechnung ausländischer Steuern"

indirekte Zuordnung von Einkommensteilen, 1476ff
Industrie- und Handelskammer, 71
inländische Betriebsstätte
- keine Einbeziehung ins Anrechnungsverfahren, 1099
- Veränderungen, 713ff

inländische Einkünfte, 108ff
- Gewerbebetrieb, 121ff
- Kapitalvermögen, 132ff
- Land- und Forstwirtschaft, 120
- selbständige Arbeit, 129ff
- sonstige, 136ff
- Spekulationsgeschäfte, 136
- Vermietung und Verpachtung, 134ff

Innungen, 71
internationales Schachtelprivileg, 902ff, 1641, 1667
- bei Organschaft, 805

Investmentanteile, 1208ff, 2008ff
isolierende Betrachtungsweise
- bei beschränkter Steuerpflicht, 110

Jahresfehlbetrag, 381
Jahressteuerbescheinigungen, 1918
Jahresüberschuß, 381
joint-venture-Rücklage, 2315
juristische Personen, 42ff
- des öffentlichen Rechts, 12ff, 71ff
- des privaten Rechts, 42ff

Kammern, 71
Kapitalanlagegesellschaft, 1208ff, 2008ff
Kapitalerhöhung, 1333ff, 1820ff
- s. a. „verwendbares Eigenkapital"
- aus Gesellschaftsmitteln, 1333ff, 1821, 1830ff
- Auswirkungen auf das Einkommen, 1335ff, 1824ff
- Auswirkungen auf die EK-Gliederung, 1338ff, 1829ff
- einbringungsgeborene Anteile, 2231
- Formen, 1334, 1820ff
- gegen Einlagen, 1338, 1820
- Reihenfolge für die Umwandlung von Rücklagen in Nennkapital (§ 41 Abs. 3 KStG), 1835
- Umwandlung von Rücklagen in Nennkapital, 1333ff, 1821ff

Kapitalerträge i. S. des § 43 Abs. 1 Nr. 5 EStG
- gliederungsmäßige Zuordnung der Ausgaben i. V. mit –, 1445

Kapitalertragsteuer
- Abstandnahme von Kapitalertragsteuerabzug, 2004
- Abzug, 2000
- Anrechnung, 1962, 2001ff
- bei verdeckten Gewinnausschüttungen, 491
- Erstattung, 144, 2004ff
- Erstattung an bestimmte Körperschaften, 144, 2006
- Erstattung nach Doppelbesteuerungsabkommen, 2007
- und SolZ, 2083ff, 2114f

Kapitalgesellschaft, 43ff

Kapitalherabsetzung
- s. a. „verwendbares Eigenkapital"
- Auswirkungen auf das Einkommen, 1838
- Auswirkungen auf die EK-Gliederung, 1839ff
- Auswirkungen auf die gesonderte Feststellung nach § 47 Abs. 1 Nr. 2 KStG, 1844
- Einziehung von Anteilen, 1404, 1858ff
- Formen, 1837
- Herstellen der Ausschüttungsbelastung, 1102
- ordentliche –, 1842ff
- Pauschsteuer nach § 5 KapErhStG, 1848
- Reihenfolge der Verwendung der Nennkapitalbestandteile (§ 41 Abs. 2 KStG), 1839ff
- Rückzahlung von EK 04, 1856, 1857
- Sperrbetrag gem. § 50c EStG bei –, 2037ff
- unter Verwendung von vorher umgewandelten Altrücklagen, 1846ff
- vereinfachte –, 1852ff

Kapitalrücklage, 386

kleinere Körperschaften
- erstmalige EK-Gliederung, 1411ff
- Verzicht auf die Körperschaftsteuerveranlagung und EK-Gliederung, 1790ff

Know how, 137

Körperschaften
- gemeinnützige, 198ff
- kirchliche, 201
- mildtätige, 201

Körperschaftsteuer
- Anrechnung der –, 1001, 1017, 1937ff, 1963ff
- Entstehung der –, 1016, 1925ff
- Zuordnung als nichtabziehbare Ausgabe in der EK-Gliederung, 1432

Körperschaftsteuer-Änderung
  s. „Änderung der Körperschaftsteuer"

Körperschaftsteuer-Anrechnung
- im Jahr der Erfassung der Einkünfte, 1967
- keine – bei fehlender Steuerbescheinigung, 1967

Körperschaftsteuer-Erhöhung
  s. „Erhöhung der Körperschaftsteuer"

Körperschaftsteuer-Minderung
  s. „Minderung der Körperschaftsteuer"

Körperschaftsteuer-Rückstellung
- Abweichung zwischen Steuerbilanz und Gliederungsrechnung, 1311ff, 1317ff
- Auswirkungen des Anrechnungsverfahrens auf die Bemessung der –, 1311ff, 1317ff
- Bemessung, 1231ff
- unrichtige –, 1317ff

Körperschaftsteuer-Tarifbelastung, 871ff, 1002, 1106ff

Körperschaftsteuer-Veranlagung
- KSt-Bescheid als Grundlagenbescheid, 1051ff
- = bei negativem Einkommen, 1075ff
- = der KSt-Bescheid als kombinierter Festsetzungs- und Feststellungsbescheid, 1051ff
- = für das zu versteuernde Einkommen, 1058ff
- = für den Feststellungsbescheid, 1056f
- = für den Feststellungsbescheid nach § 10d Abs. 3 EStG, 1081ff
- = für die Berlinpräferenz, 1067f
- = für die gesonderte Feststellung nach § 47 Abs. 1 Nr. 1 KStG, 1056ff
- = für die Minderung und Erhöhung der KSt, 1069ff
- = für die Tarifbelastung, 1066ff
- = keine Grundlagenfunktion für Einkommensbestandteile und steuerfreie Vermögensmehrungen, 1060
- Kreis der zur EK-Gliederung verpflichteten Körperschaften, 1098ff, 1104
- Nebeneinander von KSt-Veranlagung und EK-Gliederung, 1029, 1030, 1032ff
- verfahrensmäßige Abgrenzung, 1029ff

Körperschaftsteuer-Vorauszahlungen, 1925
- bei Organschaft, 808
- und SolZ, 2080ff, 2111ff

Kommanditgesellschaft auf Aktien, 55
- Gewinnanteile des Komplementärs, 297ff

Konkurseröffnung
- Liquidationsbesteuerung, 640ff

Kosten
- für Herstellung der Anteilsurkunden, 293

Kraftfahrtversicherung, 852
Krankenversicherung, 845, 848, 852
Kreditgenossenschaften, 860, 885
Kreditinstitute, 879, 885, 1900, 1916
Kreishandwerkerschaft, 71, 189

Landkreise, 71
Lebensversicherung, 845, 852ff
Leg-ein-Hol-zurück-Verfahren, 1812
Leihe
- und verdeckte Gewinnausschüttung, 564

Leitungswasserversicherung, 849
Liquidation, 640ff, 1796ff, 1977, 2041ff, 2146
- Abschlagszahlungen, 692, 1801
- Gewinnausschüttungen für Wj. vor dem Liquidationsbeginn, 1798
- Gliederung des vEK bei –, 1796ff
- Gliederungsstichtag, 1796
- Herstellen der Ausschüttungsbelastung, 1003, 1102ff, 1797

- Leg-ein-Hol-zurück-Verfahren, 1812
- letzte gesonderte Feststellung bei –, 1801
- negative Teilbeträge beim belasteten EK, 1811ff
- Liquidationsraten, 692
- bei Organschaft, 770, 796
- Schlußverteilung, 1801ff
- Sperrbetrag gem. § 50c EStG bei –, 2041ff
- Umgliederung der negativen nichtbelasteten Teilbeträge (§ 41 Abs. 4 KStG), 1804ff
- Wahlrecht vEK-Nennkapital, 1799

Liquidationsbesteuerung, 640ff
- Abwicklung, 651ff
- Abwicklungsanfangsvermögen, 662ff
- Abwicklungsendvermögen, 667ff
- Abwicklungsgewinn, 661
- Anrechnungsverfahren, 677ff
- Auflösung, 647ff
- Besteuerungszeitraum, 653ff
- Konkurseröffnung, 649ff

Liquidationsgewinn
  s. „Abwicklungsgewinn"

Liquidationsverlust, 672ff

Lohnsteuerhilfevereine, 191

Mantelkauf, 610

maßgebliche Tarifbelastung bei Berlineinkünften, 1502

Mehr- und Minderabführungen, 821ff

Mehrmütterorganschaft, 758, 765

Mietervereine, 191

Minderheitsgesellschafter
  s. „außenstehende Anteilseigner"

Minderung der Körperschaftsteuer
- Auswirkung auf das vEK, 1017, 1267
- Auswirkungen auf die Dividende, 1017, 1251
- beim Vermögensübergang auf eine steuerfreie Körperschaft, 1871ff
- Ermittlung der –, 1131ff
- Gesamtdarstellung, 1131ff
- kein ermäßigter Steuersatz, 1014
- Zugehörigkeit der – zur handelsrechtlichen Ausschüttung, 1017, 1267

Mindeststammkapital, GmbH, 52

Mitgliederbeiträge
- steuerfreie, 633ff

Müllverbrennungsanlagen, 87

Nachschußkapital, Rückzahlung, 1102

Nachtragsausschüttungen, 1157ff

Nachzahlungsverbot
  s. „Rückwirkungsverbot"

nahestehende Person, 436ff

Nebengeschäfte, 862

Nebenleistungen
- Aussetzungszinsen, 347ff
- Hinterziehungszinsen, 348
- mit Steuern zusammenhängende –, 347ff
- Nachzahlungszinsen, 348ff

- Säumniszuschläge, 348ff
- Stundungszinsen, 347ff
- Verspätungszuschläge, 347ff
- Zwangsgelder, 347ff

Nennkapital
- Änderungen des vEK durch Herabsetzung des –, 1838ff
- als Teil des EK, 1303f
- Erhöhung nach GmbHG, 52
- gesonderte Feststellung des zum vEK gehörenden Teils des Nennkapitals, 1042ff, 1844
- Umwandlung von Rücklagen in –, 1333ff, 1821ff
  = Auswirkungen auf das Einkommen, 1335ff, 1824ff
- Wahlrecht vEK-Nennkapital bei der Liquidation, 1799

Nettoprämie, fiktive
- bei Pensionszusagen, 532

nichtabgehobene Dividenden, 1409

nichtabziehbare Aufwendungen
  s. a. „nichtabziehbare Ausgaben"
- bei der EK-Gliederung, 425ff
- nach anderen Gesetzen, 272ff
- nach dem KStG, 326ff

nichtabziehbare Ausgaben, 272ff, 1425ff
- Abzug der – der Organgesellschaft beim Organträger, 1446, 1702
- Arten der –, 1429
- Auswirkungen der Festschreibung nach § 33 Abs. 3 KStG auf – bis 1993, 1550ff
- Berücksichtigung – bei der EK-Aufteilung, 1499
- Erstattung, 355ff, 1454ff
- Hinzurechnung bei Einkommensermittlung, 272ff
- nicht unter § 31 Abs. 1 Nr. 4 KStG fallende –, 1445
- Pauschsteuer nach § 5 KapErhStG, 1461, 1848
- Personengesellschaft, – als Bestandteil des zuzurechnenden Einkommens aus einer Beteiligung an einer Personengesellschaft, 1446
- Schattenwirkung, 1014
- SolZ als –, 2096, 2118
- Tarifbelastung auf –, 1110, 1434ff
- übersteigende –, 1451, 1577
- Zuordnung
  = ausländischer Steuern, 1433, 1666ff
  = der tariflichen KSt, 1418
  = des KSt-Erhöhungsbetrags, 1430ff
  = der Pauschsteuer nach § 5 KapErhStG, 1461
  = sonstiger –, 1434ff
  = der vor dem 1. 1. 1977 entstandenen –, 1460

nichtabziehbare Betriebsausgaben, 272ff

nichtabziehbare Steuern, 912ff

nichtanrechnungsberechtigte Anteilseigner
- Anrechnungsverbot, 1020ff, 1990ff

- Begriff, 1990
- Belastungssätze, 1022
- Fremdfinanzierung durch –, 588ff
- Vergütung des KSt-Erhöhungsbetrags, 1021, 2012

nichtrechtsfähige
- Personenvereinigungen, 65ff
- Vereine, 62ff
- Vermögensmassen, 66

niedrigere Steuerfestsetzung
- Gliederung des vEK –, 1689ff

Notar- und Gerichtskosten
- bei Gesellschaftsgründung, 293

Nutzungs- und Gebrauchsüberlassung
- keine verdeckte Einlage, 406ff, 1323

NV-Bescheinigungen, 1918, 1994ff

offene Gewinnausschüttungen
  s. a. „Gewinnausschüttung"
- als verwendet geltendes EK, 1148ff
- Änderung des Gewinnverteilungsbeschlusses, 1156ff
- Auswirkungen auf die KSt-Änderung und das vEK, 1144ff, 1913
- bei Liquidation, 1798
- bei Organschaft, 791, 1712
- Nachtragsausschüttungen, 1157ff
- ordnungsgemäßer Gewinnverteilungsbeschluß, 1156ff
- Verrechnung mehrerer Gewinnausschüttungen in einem Betrag, 1150, 1316
- verspätete Ausschüttungen, 1147, 1149, 1161ff
- Schätzung der KSt-Änderung, 1147
- zeitliche Zuordnung der KSt-Änderung, 1147
- Zeitpunkt der -
    = als Auslöser für das Herstellen der Ausschüttungsbelastung, 1151ff
    = als Auslöser für die EK-Verringerung, 1151ff
- Zusammentreffen von verdeckten und –, 1150, 1912f

ordentliche Kapitalherabsetzung, 1842ff
ordnungsgemäßer Gewinnverteilungsbeschluß, 1156ff
Organgesellschaft, 754
Organschaft, 750ff, 1700ff
- Abweichung zwischen dem EK lt. Gliederungsrechnung und lt. Steuerbilanz bei nicht 100%iger Beteiligung des Organträgers, 1324, 1703
- Anrechnungsverfahren, 752, 797
- Ausgleichsposten, 821ff
- Ausgleichszahlungen, 815ff, 1164ff, 1708ff
- ausländische Körperschaft, 754, 760
- außenstehende Anteilseigner bei –, 815ff
- Bedeutung, 750ff
- Begriff, 750ff
- Beispiele, 1719ff

- Betriebsaufspaltung und –, 768ff
- Eingliederung bei –, 763ff
- Einkommensermittlung bei –, 799ff
- GmbH und Co. KG und –, 774
- Gewinnabführung, kein Herstellen der KSt-Ausschüttungsbelastung, 797ff, 1164ff
- Gewinnabführungsvertrag, 778ff, 1164ff
- Gewinnausschüttungen bei –, 791, 1164ff, 1712
- Gliederung des verwendbaren Eigenkapitals bei –, 1700ff
- Holdinggesellschaften, 757, 767ff
- Mehr- und Minderabführungen bei –, 821ff
- Rücklagen bei –, 782ff, 792ff, 1717f
- Rückstellungen für drohende Verluste bei –, 811
- Schachtelprivileg bei –, 805ff
- Spenden, 801, 813
- Steuerabzugsbeträge bei –, 832
- steuerfreie Einnahmen bei –, 832
- Tarifermäßigungen bei –, 827ff
- Teilwertabschreibung auf Organbeteiligung, 812
- Übernahmegewinn bei –, 1714ff
- verdeckte Gewinnausschüttungen bei –, 800ff, 814
- Verlustabzug bei –, 802ff
- „verunglückte" –, 833ff, 1165ff
- zeitliche Voraussetzungen, 775ff

Organschaftskette, 766
Organträger, 755ff, 777
- ausländischer Anteilseigner als –, 760
- Personengesellschaft als, 761f, 777
- Zuordnung der nichtabziehbaren Ausgaben der Organgesellschaft, 1446, 1702
- Zweigniederlassung, 760

partielle Steuerpflicht, 147ff
- Einschränkungen, 149

Pauschalierung der KSt bei ausländischen Einkünften
- mit 25 v.H., 807, 926ff, 1658ff, 1670
- aus dem Betrieb von Handelsschiffen im internationalen Verkehr, 807, 928, 1658ff, 1670

Pauschsteuer nach § 5 KapErhStG
- Steuertatbestand, 1848
- Zuordnung in der EK-Gliederung, 1461, 1848
- und SolZ, 2088

Pensionierungsalter
- bei Pensionszusagen, 527

Pensionszusagen
- an Gesellschafter-Geschäftsführer, 524, 525ff

Personengesellschaft, 65
- als Organträger, 761f, 777
- nichtabziehbare Ausgaben aus der Beteiligung an einer –, 1446
- Verlustanteil an einer –, 1407

Pkw-Nutzung durch Gesellschafter, 515
politische Parteien, 194ff

politischer Verein
- KSt-Pflicht, 195

Preissteigerungsrücklage, 2020
Produktionsgenossenschaften, 2304
Progressionsvorbehalt bei Organschaft, 805
Publikums-KG, 29ff

Rathausparteien
- KSt-Pflicht, 195
- Spendenabzug, 305ff

Rechenformeln, i. V. mit der KSt-Änderung, 1134ff, 1255ff
- bis 1993, 1135, 1256
- ab 1994, 1136, 1257

Rechenschema für den Verlustrücktrag
- zur Ermittlung des höchstzulässigen Verlustrücktrags nach § 8 Abs. 5 KStG 1991, 1549
- zur Ermittlung des optimalen Verlustrücktrags ab 1994, 1593ff, 1606

Rechtsform
- Maßgeblichkeit der –, 18ff

Rechtsgrundlagen, KStG, 11
Regelsteuersatz, 879
Reihenfolge
- der Berücksichtigung von Steuerermäßigungen bei der Ermittlung der Tarifbelastung, 1481
- der Verwendung der Nennkapitalbestandteile bei einer Kapitalherabsetzung (§ 41 Abs. 2 KStG), 1839ff
- der Verwendung der Teilbeträge bei der Umwandlung von Rücklagen in Nennkapital (§ 41 Abs. 3 KStG), 1835
- der Verwendung von EK bei Ausschüttungen, 1240ff
- der Zu- und Abgänge zum vEK, 1410ff

Religionsgemeinschaften
- öffentlich-rechtliche, 71

Rückbeziehung
- von Gründung, Verschmelzung und Entflechtung im Beitrittsgebiet, 2359

Rücklagen, 382, 385ff
- bei Organschaft, 782f, 792f, 1717f
- Umwandlung in Nennkapital, 1333ff; 1820ff

Rückstellungen
- für drohende Verluste bei Organschaft, 811
- für latente KSt, 354

Rücktrag
s. „Verlustrücktrag"

Rückversicherungen, 850, 853
Rückwirkung nach dem Umwandlungssteuergesetz, 2154ff, 2223ff
Rückwirkungsverbot bei beherrschender Beteiligung, 447ff
- Dienstverträge, 516
- Kaufverträge, 570
- Miet- und Pachtverträge, 565
- Pensionszusagen, 530

Rückzahlung
- von Nachschußkapital, 1102
- von offenen Gewinnausschüttungen, 509, 1193, 1973
- von verdeckten Gewinnausschüttungen, 581, 1192ff, 1973

Rumpf-Wirtschaftsjahr, 229
- Aufteilung des Einkommens, 1357
- gesonderte Feststellung, 1356
- Gliederungsstichtag, 1356
- Verlustausgleich bei zwei in einem Veranlagungszeitraum endenden Wirtschaftsjahren, 1625
- bei Liquidation, 654
- bei Organschaft, 776

Rundfunkanstalten, 71

Sachgründung, 2214f, 2222
Sachkapitalerhöhung, 2214, 2220
Sachspenden, 318
Sanierung
- durch Gesellschaftsverzicht, 411
- durch Kapitalherabsetzung, 411

Sanierungsgewinn, 256, 411
- Abgrenzung zu verdeckten Einlagen, 411
- bei Liquidation, 670

Satzung
- Erhebung von Mitgliederbeiträgen, 636
- Übereinstimmung mit tatsächlicher Geschäftsführung, 206

Satzungsklauseln, 581ff
- Rückzahlung verdeckter Gewinnausschüttungen aufgrund von –, 581ff, 1192ff

Satzungszweck
- Aufwendungen zur Erfüllung von –, 332ff
- Vorbehalt des Spendenabzugs, 336

Schachtelprivileg
- bei Organschaft, 805f
- internationales –, 902ff, 1641, 1667
- Quasi-Schachtelprivileg, 916, 1654

Schadensregulierungskosten, 846
Schadensverlauf
- ungünstiger, 849

Schätzung der KSt-Änderung, 1147
Schätzung von Besteuerungsgrundlagen
- Auswirkungen auf das vEK, 1325

Schattenwirkung bei nichtabziehbaren Ausgaben, 1014
Schenkung, 245
Schlußbesteuerung
- bei Verlegung der Betriebsstätte in das Ausland, 715ff
- bei Verlegung der Geschäftsleitung in das Ausland, 693ff

Schlußverteilung
- des Liquidationsüberschusses, 1801ff

Schütt-aus-Hol-zurück-Verfahren, 881, 1213ff
schwankender Jahresbedarf, 849
Schwankungsrückstellungen, 849ff
Schwestergesellschaften, 1323
Selbstkontrahierungsverbot, 22, 478

Selbstversorgungsbetriebe, 83
Siedlungsunternehmen
- gemeinnützige, 176
Sitz, 94
Solidaritätszuschlag
- abgabepflichtige Körperschaft, 2070ff, 2107
- abweichendes Wj., Besonderheiten bei, 2095, 2112
- als Ergänzungsabgabe, 2070, 2106
- Anrechnung
  = des SolZ auf Kapitalertragsteuer, 2092ff, 2114
  = des vorausgezahlten SolZ, 2092
- Anrechnungsverfahren
  = keine Einbeziehung des SolZ 1991/1992 ins Anrechnungsverfahren, 2097ff
  = vereinfachtes – nach SolZG 1995, 2119ff
- Ausschüttungspolitik zur Minderung des SolZ, 2122
- Beispiele
  = zum SolZ 1991/1992, 2100
  = zum SolZ 1995, 2125ff
- Bemessungsgrundlage, 2075, 2108ff
  = bei Organschaft, 2077, 2108ff
  = bei Berlinpräferenz, 2078
- bei DBA, 2089, 2124
- Entstehung, 2091
- Erstattung, 2093
- gliederungsmäßige Behandlung, 2096, 2117f
- Höhe des SolZ, 2088, 2116
- Kapitalertragsteuer
  = SolZ auf die –, 2083ff, 2114f
  = SolZ bei Abstandnahme vom -abzug, 2085f
  = SolZ bei anteiliger -erstattung, 2085f
- nichtabziehbare Ausgabe, 2096, 2118
- bei Pauschsteuer nach § 5 KapErhStG, 2088
- rechnerische Ermittlung, 2101ff
- Rückwirkungsproblematik, 2072
- Solidaritätszuschlag 1991/1992, 886, 2070ff
- Solidaritätszuschlag 1995, 887, 2105ff
- Verfahrensvorschriften, 2090
- Vorauszahlungen
  = SolZ auf Vorauszahlungen zur KSt, 2080ff, 2111ff
Sonderposten mit Rücklageanteil als Teil des EK, 1301
Sozialversicherungen, 71
Spaltung von Körperschaften, 2199ff
- und EK-Gliederung, 1774ff
- von Treuhandunternehmen, 2355ff
Sparkassen, 885
- als Betrieb gewerblicher Art, 85
Spendenabzug
s. a. „Ausgaben für steuerbegünstigte Zwecke"
- Großspenden, 325, 1332
- Spendenhöchstbeträge, 306f
- Spenden im Organkreis, 801, 813
- Zuordnung bei unterschiedlich belasteten Einkommensteilen, 1388ff
Sperrbetrag nach § 50c EStG, 2020ff

Stadtwerke, 91
ständiger ausländischer Vertreter, 125ff
- Agenten, 126
- Kommissionäre, 126
- Makler, 126
Standplätze auf Wochenmärkten, 77
Stammkapital
s. „Nennkapital"
Steuerabzugsbeträge bei Organschaft, 832
Steuerberaterkammern, 71, 189
steuerbefreite Körperschaften
- Ausnahme von der Erhöhung der Körperschaftsteuer bei Ausschüttungen von – an –, 1267ff, 1879
- Eigenkapitalermittlung, 1299
- Vermögensübergang durch Gesamtrechtsnachfolge auf –, 1870ff
Steuerbefreiung
- Ausschluß für wirtschaftliche Geschäftsbetriebe, 176
- Beginn, 718ff
- bei Neugründungen, 2316
- Erlöschen, 724ff
- keine Durchleitung bei Weiterausschüttung, 1012, 1024ff
- partielle, 730
- persönliche, 169ff
- Umfang der –, 174ff
Steuerbescheinigungen, 1900ff
- Anspruch auf Ausstellung, 1900
- durch Kreditinstitut, 1900ff, 1916ff
- durch Notar, 1922ff
- Durchschriften für Buchungszwecke, 1918
- durch ausschüttende Körperschaft, 1900ff
- gekennzeichnete –, 1920
- nach amtlichem Muster, 1905
- Rückforderung von –, 1915, 1924
Steuerbilanz, 390ff
- Abweichungen zwischen den EK lt. – und lt. Gliederungsrechnung, 1309ff
- Abweichungen zwischen Steuerbilanz- und Handelsbilanzgewinn, 390ff
- Begriff, 1298
- keine Pflicht zur Aufstellung einer –, 1298
Steuerermäßigungen
- bei Organschaft, 827ff
- keine Durchleitung der Steuerermäßigung bei Weiterausschüttung ermäßigt besteuerter Einkünfte, 1012, 1024ff
- Reihenfolge der Berücksichtigung von – bei der Ermittlung des v.H.-Satzes der Tarifbelastung, 1481
steuerfreie Einnahmen
- bei Organschaft, 832
- Gliederungsmäßige Zuordnung der Ausgaben, die mit – zusammenhängen, 1445
steuerfreie Körperschaft
- Ausnahmen von der KSt-Erhöhung, 1230ff, 1879f

- Gliederung des vEK bei –, 1299
- Vermögensübergang auf eine –, 1871ff

steuerfreie Vermögensmehrungen, 255ff, 951ff, 1366ff
- Durchleitung der Steuerfreiheit bei der Weiterausschüttung von EK 01 ab 1994, 951ff, 1012ff, 1024ff
- keine Durchleitung der Steuerfreiheit bei der Weiterausschüttung –, 1012ff, 1024ff
- steuerfreie ausländische Einkünfte bei der EK-Gliederung, 902ff, 1641, 1667

Steuerfreiheit
- Mitgliederbeiträge, 637ff

Steuerguthabenmodell, 1416

Steuerklauseln
- s. „Satzungsklauseln"

Steuerpause, 226, 660

Steuerpflicht
- Beginn, 151ff
- beschränkte, 162ff
- Einschränkungen der sachlichen –, 99ff
- Ende, 159ff
- partielle, 149ff, 187
- persönliche, 12ff
- sachliche, 213ff
- Umfang der sachlichen –, 98ff
- unbeschränkte, 42ff
- Wechsel, 164ff

Steuersätze, 876ff
- allgemeiner Steuersatz, 879ff
- bei Handelsschiffen, 872
- bei Pauschalierung, 872
- ermäßigter Steuersatz, 883

Stiftungen
- rechtsfähige –, 64, 882
- Zuwendungen durch – an ihre Destinatäre, 334ff, 882

Studentenwerke, 21

Systemwechsel
- erstmalige EK-Gliederung beim –, 1356
- Übergangsprobleme i.Z.m. Verlusten beim –, 1530

Tarifbelastung, 871ff, 874, 1002, 1106ff
s. a. „tarifliche KSt"
- Abwicklungsgewinn, 661
- Anrechnung ausländischer Steuern auf die –, 970
- auf nichtabziehbare Ausgaben, 1110, 1434ff
- ausländische Körperschaftsteuer, 1111
- Begriff, 1106ff
- DDR-KSt, 1111
- gesonderte Feststellung der – gem. § 47 KStG, 1066
- Körperschaftsteuer der Jahre bis 1976, 1111
- Unterschiedliche – mehrerer Einkommensteile, 1391ff, 1479ff
- v.H.-Satz der –, 1484ff

Tarifermäßigungen, 874, 1480
- bei Organschaft, 827ff

tarifliche KSt
s. a. „Tarifbelastung"
- Zuordnung als nichtabziehbare Ausgabe, 1432

Teilbeträge
- Gliederung des vEK in –, 1350ff

Teilbetrieb, 2205, 2207

Teilwert-Abschreibung
- auf Organbeteiligung, 812
- Verbot der steuerlichen Berücksichtigung
  = nach § 50c EStG, 2020ff
  = nach § 8b Abs. 6 KStG bzw. § 26 Abs. 8 KStG 1991, 937, 962ff

Transportversicherung, 848

Treuhandanstalt
- Anwendung des § 50c EStG bei Erwerb einer Kap.Ges. von der –, 2350ff
- Spaltung der von der – verwalteten Unternehmen, 2355ff
- Zwangsumwandlung der von der – verwalteten Unternehmen, 2354

Treuhandverhältnisse, 234, 1903

Überlassung gewerblicher Erfahrungen, 137
Überlassung von Rechten, 134ff, 137
Übernahmefolgegewinn (Umwandlungsfolgegewinn), 2169, 2184
Übernahmegewinn, 2153, 2162ff, 2179ff, 2192ff
- bei Organschaft, 1714ff

Übernahmeverlust, 2161, 2168, 2182, 2193
übersteigende nichtabziehbare Ausgaben, 1451, 1577
Übertragungsgewinn, 2153, 2159ff, 2177ff, 2181, 2186f, 2189f
Überwachungsfunktion, 367

Umsatzsteuer
- bei verdeckter Gewinnausschüttungen, 341ff, 505ff

Umsatztantiemen, 518ff
Umstellung des Wirtschaftsjahres, 221ff
Umwandlung, 160ff, 227ff, 2141
- Auswirkungen auf die EK-Gliederung, 1725ff, 1761ff
- auf eine Personengesellschaft, 1729, 1765f, 2151ff, 2159ff, 2175ff
- einer Personengesellschaft in eine GmbH, 2206ff
- formwechselnde – ("Formwechsel"), 161, 2145
- nach Handelsrecht, 2141ff
- Sperrbetrag gem. § 50c EStG bei –, 2043ff
- von Rücklagen im Nennkapital, 1332ff

Umwandlungskosten, 2156
Umwandlungssteuergesetz, 2140ff
- Erlasse zum –, 2140
- Mißbrauchsvorschriften, 2198

Umwandlungsstichtag, 2155ff
unbeschränkte Steuerpflicht, 42ff
- AG, 43ff

- Erwerbs- und Wirtschaftsgenossenschaften, 58ff
- GmbH, 49ff
- Kapitalgesellschaften, 43ff
- nichtrechtsfähige Personenvereinigungen und Vermögensmassen, 65ff
- sonstige juristische Personen des privaten Rechts, 61ff
- sonstige Kapitalgesellschaften, 55ff
- Steuersubjekte, 42ff
- VVaG, 59

unentgeltliche Leistungen an Gesellschaften,
- USt, 341ff, 505ff

unentgeltliche Übertragung
- von Wirtschaftsgütern an Gesellschafter, 575ff

Unfallversicherung, 791
Universitäten, 71
Unmittelbarkeit, 204
Unterstützungskassen, 888, 2007

Veräußerungsverluste
- Verbot der steuerlichen Berücksichtigung ausschüttungsbedingter –, 937, 962ff, 2020ff

Veräußerung von Dividendenscheinen, 1953ff, 1986
Veranlagung der KSt, 1928ff
Veranlagungszeitraum, 215, 1930
Verbandszeitschrift, 179
verbilligte Leistungen an Gesellschafter
- USt, 341ff, 505ff

Verbot der steuerlichen Berücksichtigung ausschüttungsbedingter Gewinnminderungen, 937, 962ff, 2020ff

verdeckte Einlagen, 403ff
verdeckte Gewinnausschüttungen, 421ff, 1167ff
- als verwendet geltendes EK, 1180
- Angemessenheit, 493, 532, 555ff, 560ff, 565
- Auswirkungen auf die GewSt, 504
- Auswirkungen auf die KSt-Änderung und das vEK, 1167ff
- Auswirkungen auf die USt, 505ff
- Auswirkungen beim Anteilseigner, 487ff, 1942
- Begriff, 426ff, 1169ff
- bei Organschaft, 800ff, 814
- Belastung der –, 1183ff
- Bewertung, 494ff
- Darlehensverträge, 548ff
- Definition „vGA" und „andere Ausschüttung", 1169ff
- Dienstverträge, 513ff
- Einzelfälle, 496ff, 572ff
- EK-Verringerung, 1181
- Erstausstattung der Kapitalgesellschaft, 446
- Fiktionstheorie, 480
- Fremdfinanzierung durch Gesellschafter, 588ff
- Geschäftswert, unentgeltliche Übertragung zwischen Schwestergesellschaften, 500
- Grundformen, 493ff
- bei Gründungskosten, 296
- und Umsatzsteuer, 341ff, 505ff
- Kapitalertragsteuer, 491ff
- Kostenerstattung, 498
- Leihe, 564
- Miet- und Pachtverträge, 561ff
- Nachzahlungen, 451
- nahestehende Person, 436
- negative Salden bei Verrechnungskonten, 551
- Pensionszusagen, 524ff
- Rückwirkungsverbot, 447ff
- Rückzahlung von –, 581ff, 1192ff, 1973
- Schmiergeldzahlungen, 499
- Steuerbescheinigung, 1912f
- Tätigkeitsvergütungen an Gründungspersonen, 155
- Umbuchung von Rücklagen auf ausstehende Einlagen, 496ff
- Unterschiedliche Belastung von offenen und –, 1183ff
- verdecktes Nennkapital, 588ff
- Verhältnis der §§ 27, 29 KStG zu § 8 Abs. 3 KStG, 1169ff
- Verzicht auf Erforderung der Mindesteinlage, 501
- Vorteilsausgleich, 445
- Wesen, 421ff
- Wettbewerbsverbot, Verstoß als –, 460ff
- Zeitliche Zuordnung der KSt-Änderung, 1179
- Zusammentreffen von offenen und –, 1150

Vereine
- Freibeträge, 888ff
- ideelle –, 62
- nicht rechtsfähige –, 68
- rechtsfähige –, 62ff
- Steuersatz, 883
- wirtschaftliche –, 62, 879

Vereinsregister
- Eintragung, 62, 151

vEK
s. „verwendbares Eigenkapital"

vereinfachte Kapitalherabsetzung, 1852ff
Vereinfachung des Anrechnungsverfahrens durch Straffung der Gliederungsrechnung, 1414ff
Verfahrensfragen
s. „gesonderte Feststellung" und „SolZ"
Verfahrenskosten, 364
Vergütungen
- an nahestehende Personen, 4
- für Fremdfinanzierung, 588ff

Vergütung des KSt-Erhöhungsbetrags, 1021, 2012ff
Vergütung von KSt, 1021, 1992ff
- Einzelanträge auf –, 1999
- Sammelanträge auf –, 1995ff

Verlegung
- der Betriebsstätte in das Ausland, 715

- der Geschäftsleitung in das Ausland, 693ff
- der Geschäftsleitung vom Ausland ins Inland, erstmalige EK-Gliederung, 1411ff
- des Sitzes in das Ausland, 696ff

Verleihung
- der Rechtsfähigkeit bei Vereinen, 60

Verlust
- ausländische DBA-Verluste, 902ff, 1641, 1667
- Berücksichtigung ausländische Verluste nach § 2a Abs. 3 EStG bzw. nach § 2 AIG, 903ff, 1642ff
- Gliederung des vEK bei –, 1518ff, 1529
- Übergangsprobleme beim Systemwechsel, 1530
- Übersicht über die gliederungsmäßige Behandlung von Verlust, Verlustrück- und -vortrag, 1529
- Verlustabzug DDR, 1521, 2340f, 2342f
- Verlustausgleich bei zwei in einem Veranlagungszeitraum endenden Wirtschaftsjahren, 1625
- Verluste, die nur i. R. des § 2a Abs. 1, § 15 Abs. 4 oder § 15a EStG verrechnet werden dürfen, 1626
- Zusammentreffen ausländischer Steuern mit einem –, 1673ff

Verlustabzug, 606ff, 1515ff
  s. a. „Verlustvortrag und Verlustrücktrag"
- Abzugsberechtigter, 608ff
- bei Mantelkauf, 610ff
- bei Organschaft, 802ff
- DDR, 1521, 2340f, 2342f
- gesonderte Feststellung des verbleibenden –, 625, 1075ff, 1081ff
- nicht ausgeglichener Verlust, 606ff
- Reihenfolge der Verlustberücksichtigung, 622
- steuerfreie Einkünfte, 606
- Verlustrücktrag, 621ff, 1511ff,
- Zuordnung bei unterschiedlich belasteten Einkommensteilen, 1388ff

Verlustanteil an einer Personengesellschaft, 1407

Verlustausgleich, 247ff, 622
- bei zwei in einem Veranlagungszeitraum endenden Wirtschaftsjahren, 1625
- Zuordnung zu unterschiedlich belasteten Einkommensteilen, 1388ff

Verlustausgleichsverbote, 250

Verlustrücktrag
- Anwendung der Neuregelung des – ab 1994, 1580f
- Anwendung des § 33 Abs. 3 KStG 1991 beim Zusammentreffen mehrerer Ausschüttungen, von denen nur eine nach § 33 Abs. 3 KStG 1991 „geschützt" ist, 1564
- Auswirkung des – auf die EK-Gliederung, 1526ff
- Begrenzung des – nach § 8 Abs. 5 KStG 1991, 1532ff
- = Einkommen i. S. des § 8 Abs. 5 KStG 1991, 1544ff
- = Gewinnausschüttungen i. S. des § 8 Abs. 5 und des § 33 Abs. 3 KStG 1991, 1569ff
- Einbeziehung der Anfangsbestände
- = ab 1994, 1593ff
- = in die Berechnung nach § 8 Abs. 5 KStG 1991, 1569ff
- einjähriger –, 1527, 1593ff
- Festschreibung der Verwendung (§ 33 Abs. 3 KStG 1991), 1539, 1550ff
- = Nebenrechnung, 1553, 1566ff
- Gesamtbeispiele, 1577, 1607, 1608, 1609, 1610
- Gliederung des vEK bei –, 1523ff, 1529
- Nebenrechnung zur Ermittlung des nach § 33 Abs. 3 KStG 1991 festgeschriebenen EK, 1553ff, 1566ff
- Neuregelung ab 1994, 1578ff
- = Anwendung, 1580f
- nichtabziehbare Ausgaben; Zusammentreffen mit einem –, 1539, 1577
- Problemfälle zur Anwendung des § 8 Abs. 5 und des § 33 Abs. 3 KStG 1991, 1565ff
- Rechenschema
- = zur Ermittlung des höchstzulässigen – nach § 8 Abs. 5 KStG 1991, 1549
- = zur Ermittlung des optimalen – ab 1994, 1593ff, 1606
- Rechtslage
- = bis 1993, 1511, 1531ff
- = ab 1994, 1512, 1578ff
- Übergangsprobleme zum Systemwechsel, 1530
- Übersicht über die gliederungsmäßige Behandlung von Verlust, Verlustrück- und -vortrag, 1529
- übersteigende nichtabziehbare Ausgaben i. V. mit dem –, 1577, 1608ff
- Verlustausgleich bei zwei in einem Veranlagungszeitraum endenden Wirtschaftsjahren, 1675
- verspätet beschlossene Gewinnausschüttungen
- = als Ausschüttungen i. S. des § 8 Abs. 5 KStG 1991, 1574ff
- = Besonderheiten bei – ab 1994, 1611ff
- Wahlrecht
- = zum – ab 1994, 1582ff
- = Gründe für das – ab 1994, 1584
- = Kriterien für die Ausübung des – ab 1994, 1589ff
- = zwischen zusammengefaßter und getrennter Berechnung bei der Anwendung des § 8 Abs. 5 und des § 33 Abs. 3 KStG 1991, 1557ff
- zweijähriger –, 1528, 1603ff
- = getrennte Betrachtung, 1577ff, 1603ff
- = zusammengefaßte Betrachtung, 1577ff, 1603ff

Verlustvortrag, 621ff
- Gesamtbeispiel, 1577
- gliederungsmäßige Behandlung, 1520ff, 1529
- keine Abzugsbegrenzung beim –, 1513
- Übergangsprobleme beim Systemwechsel, 1530
- Verlustausgleich bei zwei in einem Veranlagungszeitraum endenden Wirtschaftsjahren, 1625
- Verluste, die nur i. R. des § 2a Abs. 1, § 15a Abs. 4 oder § 15a EStG ausgeglichen werden dürfen, 1626

Vermächtnis, 245

Vermögensmassen
- nichtrechtsfähige –, 66

Vermögensminderungen
- gesellschaftsrechtliche –, 416ff

Vermögensübergang
- auf Körperschaften, 1730ff, 1767ff, 2141ff, 2188ff
- auf Personengesellschaften, 1729, 1765f, 2159ff, 2175ff

Vermögensübergang durch Gesamtrechtsnachfolge
- auf eine steuerbefreite Körperschaft, 1760, 1777, 1871ff, 2141ff
- Auswirkungen auf die EK-Gliederung, 1725ff, 1761ff
- Behandlung nach UmwStG, 2151ff, 2175ff

Vermögensrückgabe
- im Beitrittsgebiet, 2360ff

Vermögensverwaltung, 77
- bei wirtschaftlichem Geschäftsbetrieb, 180ff

Verpachtung
- eines Betriebs gewerblicher Art, 86

verschleierte Sachgründung, 2115

Verschmelzung, 160, 227ff, 2141ff
- Auswirkungen auf die EK-Gliederung, 1725ff, 1731ff, 1761ff, 1772ff
- durch Aufnahme, 2142
- durch Neubildung, 2142
- nach dem Umwandlungssteuergesetz, 2188
- nach Handelsrecht, 2141
- Sperrbetrag gem. § 50c EStG bei –, 2043ff
- steuerliche Behandlung, 2195

Versicherungsgeschäft, 841ff

Versicherungstechnische Rückstellungen, 840ff

Versicherungstechnischer Überschuß, 853

Versicherungsunternehmen, 841ff

Versicherungsvereine auf Gegenseitigkeit, 59, 883, 2188

verspätete Ausschüttungen, 1147, 1149, 1161ff
- bei der Anwendung des § 8 Abs. 5 und des § 33 Abs. 3 KStG 1991, 1574ff
- beim Verlustrücktrag ab 1994, 1611ff

„verunglückte" Organschaft, 833ff, 1165ff, 1001ff

Verwaltungsanweisungen, 11

verwendbares Eigenkapital
- Ableitung aus der Steuerbilanz, 1297ff
- Abweichung zwischen dem EK lt. Gliederungsrechnung und lt. Steuerbilanz, 1309ff
- Änderung des -
  = durch Einziehung eigener Anteile, 1408, 1858ff
  = durch Herabsetzung des Nennkapitals, 1839ff
- als Bestandteil des EK, 1303
- Aufteilung ermäßigt belasteter EK-Teile, 1471ff
- ausländische Vermögensmehrungen und -minderungen, 900ff, 1641ff
- Ausschüttungen auf Genußscheine, 1204ff
- Begriff, 1295ff
- Eigenkapitalverringerung bei
  = offenen Gewinnausschüttungen, 1144ff
  = verdeckten Gewinnausschüttungen, 1167ff
  = Vorabausschüttungen, 1200ff
- Einlagen, 1295, 1303
- Ermittlung des – bei steuerfreien Körperschaften, 1299ff
- erstmalige Gliederung des –, 1411ff
- fehlendes –, 1695ff
- Genußrechtskapital, 1306
- gesonderte Feststellung der Teilbeträge des –, 1027ff
- Gliederung des – bei
  = Erlaß und niedrigerer Steuerfestsetzung, 1680ff
  = Gesamtrechtsnachfolge, 1725ff, 1761ff
  = Kapitalerhöhung und Kapitalherabsetzung, 1333ff, 1820ff
  = Liquidation, 1499ff, 2041ff
  = Organschaft, 1700ff
  = Verlusten, 1518ff
- Gliederung in Teilbeträge, 1350ff
- Gliederungsstichtag, 1356
- KSt-Änderung; Auswirkung auf das –, 1311
- nichtabziehbare Ausgaben, 1425ff
- Reihenfolge der Berücksichtigung von Steuerermäßigungen, 1481
- Reihenfolge der Zu- und Abgänge zum –, 1410ff
- Rücklagen; in Nennkapital umgewandelte Rücklagen als Teil des vEK, 1333ff, 1821ff
- Steuerermäßigungen, die zur Aufteilung führen, 1480ff
- steuerfreie Vermögensmehrungen, 1366ff
- unterschiedliche Tarifbelastung mehrerer Einkommensteile, 1391ff, 1479ff
- Umwandlung von Rücklagen in Nennkapital, 1333ff, 1821ff
- Vermögenübergang auf eine steuerfreie Körperschaft, 1760, 1777, 1871ff
- Verprobung mit der Steuerbilanz, 1309ff
- Verwendungsfiktion bei Gewinnausschüttungen, 1240ff
- v.H.-Satz der Tarifbelastung, 1484ff

- Verlustanteil an einer Personengesellschaft, 1407
- zeitliche Abgrenzung, 1242ff
- Zu- und Abgänge zum vEK, 1360ff
  = Aufbereitung der Veranlagungswerte für die Gliederungsrechnung, 1388ff
  = direkte Zuordnung, 1384, 1475
  = indirekte Zuordnung, 1384, 1476ff
  = Zuordnung der Abzugsbeträge zu den einzelnen Einkommensbestandteilen, 1393ff
- Zugänge zu den nichtbelasteten Teilbeträgen des vEK, 1405ff
- Zuordnung nichtabziehbarer Ausgaben, 1425ff
- Zuordnung von nach § 21 BerlinFG ermäßigt belasteten EK-Teilen, 1560ff

Verwendung, Festschreibung
- bei Gewinnausschüttungen
  = nach § 28 Abs. 4 KStG, 1258ff
  = nach § 28 Abs. 5 KStG, 1263ff
  = nach § 28 Abs. 5 KStG 1991, 1271
  = nach § 28 Abs. 7 KStG, 1265ff
  = beim Verlustrücktrag nach § 33 Abs. 3 KStG 1991, 1539, 1550ff

Verwendungsreihenfolge
- bei Gewinnausschüttungen, 1240ff

volkseigene Betriebe, 2310ff
Vorabausschüttungen, 1200ff
Vorgesellschaft, 153ff
Vorgründungsgesellschaft, 152
Vorschüsse
- auf das Abwicklungsergebnis, 681, 1801

Wählervereinigungen, unabhängige
- KSt-Pflicht, 196
- Zuwendungen an –, 305

Wahlrecht
- beim Verlustrücktrag ab 1994, 1512
- zwischen zusammengefaßter und getrennter Berechnung bei der Anwendung des § 8 Abs. 5 und des § 33 Abs. 3 KStG 1991, 1557ff

Warengenossenschaften, 860ff
Warenrückvergütungen, 860
- s. a. genossenschaftliche Rückvergütungen

Weiterausschüttung steuerfreier ausländischer Einkünfte, 951ff, 1012ff, 1024ff

Werbung auf der Sportkleidung
- als wirtschaftlicher Geschäftsbetrieb, 182

Wertpapierdepot, 1901, 1919f
Wertpapier-Sondervermögen
- Ausschüttungen auf Anteile an einem –, 1208ff, 2008

wesentliche Beteiligung
- bei Beginn und Erlöschen einer Steuerbefreiung, 733ff
- Einkünfte aus Veräußerung bei beschränkter Steuerpflicht, 128, 136

wesentliche Betriebsgrundlagen, 2212
Wettbewerbsverbot
- Verstoß gegen – als vGA, 460ff

Wirtschaftsbetrieb
- einer juristischen Person des öffentlichen Rechts, 71ff

wirtschaftlicher Geschäftsbetrieb, 177ff, 883, 888, 1931

Wirtschaftsjahr, 219ff
- Gliederungsstichtag beim Rumpf-Wirtschaftsjahr, 1356
- Umstellung des –, 221ff
- Wahl des Abschlußzeitpunktes, 220

Zerlegung der KSt, 1927
Zuflüsse außerhalb der Einkunftsarten, 245ff
Zugänge zum vEK
- direkte Zuordnung von Einkommenszugängen, 1384, 1475
- indirekte Zuordnung von Einkommenszugängen, 1384, 1476ff

Zugriffsbesteuerung nach §§ 7–14 AStG, 931ff, 1662ff
Zuordnung nach § 27 BerlinFG, 1500ff
Zurechnung
- des Einkommens, 233ff

Zuwendung einer Kapitalgesellschaft
- an einem Gesellschafter nahestehenden Personen, 436ff

Zweckbetrieb, 184ff
Zweckvermögen, 66ff, 883
Zweigniederlassung, 129
Zweites Deutsches Fernsehen, 884

Finanz und Steuern –
in der Ausbildung
seit Jahren bewährt!

Die einzelnen Bände dieser kontinuierlich auf dem neuesten Stand gehaltenen Schriftenreihe »Finanz und Steuern« empfehlen sich als Lehrbücher für Studenten an den Universitäten und Fachhochschulen, für die Ausbildung zum Steuerberater, sowie zur Vorbereitung auf die Bilanzbuchhalterprüfung und als Nachschlagewerk für Praktiker in der Finanzverwaltung, in der Steuerberatung und im Betrieb.

Band 1:
BILANZSTEUERRECHT UND BUCHFÜHRUNG
von Prof. Dr. H. Horschitz,
Prof. W. Groß und
Prof. W. Weidner
6. Auflage 1995.
768 Seiten. Geb., DM 74,–
ISBN 3-8202-1040-7

Band 2:
UMSATZSTEUER
von Prof. D. Völkel und
Prof. H. Karg
5. Auflage 1994.
584 Seiten. Geb., DM 74,–
ISBN 3-8202-0947-6

Band 3:
EINKOMMENSTEUER
von Oberregierungsrat
W. Zenthöfer und Prof. Dr.
D. Schulze zur Wiesche
3. Auflage 1994.
1.276 Seiten. Geb., DM 110,–
ISBN 3-8202-0912-3

Band 4:
ABGABENORDNUNG UND FINANZ-GERICHTSORDNUNG
von Ltd. Regierungsdirektor
R. Ax, Regierungsdirektor
Th. Große und Regierungsoberrat J. Cämmerer
14. Aufl. 1995.
686 Seiten. Geb., DM 74,–
ISBN 3-8202-0913-1

Band 13:
BEWERTUNG UND VERMÖGENSTEUER
von Prof. Dr. H. Horschitz,
Prof. Dr. W. Groß
und Regierungsamtsrat
Peter Schnur
12. Auflage 1994.
704 Seiten. Geb., DM 74,–
ISBN 3-8202-0914-X

Band 15:
METHODENLEHRE UND KLAUSURTECHNIK IM STEUERRECHT
von Prof. Dr. W. D. Beger
2. Auflage 1994.
202 Seiten. Geb., DM 58,–
ISBN 3-8202-0967-0

Stand April 1995
Änderungen vorbehalten.

Für alle Bände dieser Reihe:
unverbindliche Preisempfehlung

Schäffer-Poeschel Verlag
Postfach 10 32 41
70028 Stuttgart

SCHÄFFER POESCHEL

Grundkurs des Steuerrechts

Die Reihe ist besonders für den Beamten der Steuerverwaltung geeignet, der sich am Anfang seiner Ausbildung befindet. Der Stoff für die Prüfung zum Gehilfen in den steuerberatenden Berufen und die Bilanzbuchhalter- und Fortbildungsprüfung zum Steuerfachwirt bzw. -assistenten ist vollständig abgedeckt. Auch zur Vorbereitung auf die Steuerberaterprüfung ist der Grundkurs von hohem Nutzen.

Band 1
ABGABENORDNUNG
Prof. H. Helmschrott/
Prof. J. Schaeberle
8. Aufl. 1995. ca. 280 Seiten.
DIN A4, kart., ca. DM 38,–
ISBN 3-8202-0974-3

Band 2
EINKOMMENSTEUER
Prorektor Prof. R. Zimmermann/Prof. U. Reyher
10. Aufl. 1995. 236 Seiten.
DIN A4, kart., DM 36,–
ISBN 3-8202-1056-3

Band 3
BUCHFÜHRUNGSTECHNIK UND BILANZSTEUERRECHT
Prof. R. Wuttke/
Prof. W. Weidner
8. Aufl. 1995. 186 Seiten.
DIN A4, kart., DM 36,–
ISBN 3-8202-0976-X

Band 4
UMSATZSTEUER
Prof. D. Völkel/Prof. H. Karg
10. Aufl. 1994. 223 Seiten.
DIN A4, kart., DM 36,–
ISBN 3-8202-0977-8

Band 5
BEWERTUNGSRECHT UND VERMÖGENSTEUER
Prof. Dr. H. Horschitz/
Prof. W. Groß/
Regierungsrat P. Schnur
8. Aufl. 1994. 250 Seiten.
DIN A4, kart., DM 36,–
ISBN 3-8202-0978-6

Band 6
STAATSRECHT UND STEUERRECHT
Prof. J. Bischoff/
Prof. Dr. E. Haug-Adrion
4. Aufl. 1993. 192 Seiten.
DIN A4, kart., DM 34,–
ISBN 3-8202-0873-9

Band 7
LOHNSTEUER
Prof. V. Walter/
Prof. J. Hottman
8. Aufl. 1994. 176 Seiten.
DIN A4, kart., DM 36,–
ISBN 3-8202-0979-4

Band 8
ERBRECHT, ERBSCHAFTSTEUER, SCHENKUNGSTEUER
Prof. R. Haas/Dipl.-Finanzwirt H. G. Christoffel
1. Aufl. 1995. Ca. 200 Seiten.
DIN A4, kart., ca. DM 38,–
ISBN 3-8202-0948-4
In Vorbereitung.

Band 9
BILANZBERICHTIGUNGEN
Prof. Dr. P. Simon/
Oberamtsrat H. Göhring
4. Aufl. 1993. 171 Seiten.
DIN A4, kart., DM 34,–
ISBN 3-8202-0897-6

Band 10
BÜRGERLICHES RECHT UND STEUERRECHT
Prof. W. Maier/Prof. J. Schmitt
6. Aufl. 1994. 213 Seiten.
DIN A4, kart., DM 36,–
ISBN 3-8202-1005-9

Band 11
KÖRPERSCHAFTSTEUER/ GEWERBESTEUER
Oberregierungsrat
W. Zenthöfer/Prof. G. Leben
7. Aufl. 1995. 179 Seiten.
DIN A4, kart., DM 36,–
ISBN 3-8202-0980-8

Band 13
HANDELSRECHT, GESELLSCHAFTSRECHT UND STEUERRECHT
Dipl.-Finanzwirt F. Mihm
3. Aufl. 1993. 125 Seiten.
DIN A4, kart., DM 34,–
ISBN 3-8202-0885-2

Stand April 1995.
Für alle Bände dieser Reihe: unverbindliche Preisempfehlung

Schäffer-Poeschel Verlag
Postfach 10 32 41
70028 Stuttgart

SCHÄFFER POESCHEL

Die praktische Hilfe für die sichere Formulierung steuerlicher Belange

Raatz/Boochs
DER SCHRIFTVERKEHR BEIM FINANZAMT
Bearbeitet von Dr. Wolfgang Boochs, Regierungsdirektor, unter Mitarbeit weiterer Autoren.
Loseblatt-Ausgabe. Grundwerk etwa 1000 Seiten, in einem Kunststoffordner.
1995. DM 58,–
ISBN 3-8202-0343-5
Jährlich etwa 2 Ergänzungslieferungen.

Die wachsende Belastung durch hohe Fallzahlen machen den Schriftverkehr beim Finanzamt kompliziert und zeitraubend. Für die meisten Fälle gibt es Vordrucke, die aber Einzelproblemstellungen nicht gerecht werden.

Die Loseblatt-Sammlung von Raatz/Boochs stellt durch die laufend ergänzte Sammlung von Mustertexten eine wertvolle Arbeitshilfe dar. Für die Mitarbeiter beim Finanzamt ist die Sammlung ein Ratgeber, der praxisorientiert und aktuell ist. Nach jedem Mustertext folgen eingehende Erläuterungen, praktische Hinweise, Literaturhinweise und Rechtsprechungsnachweise. Das Autorenteam – bestehend aus namhaften Steuerpraktikern – hat sachkundig zu nahezu allen Schriftvorgängen aus den unterschiedlichsten Rechtsgebieten Mustertexte zusammengestellt, die als Bausteine für die Korrespondenz genutzt werden können.

Aus dem Inhalt:
Erster Teil: Allgemeine Einführung in den Schriftverkehr · Die schriftliche Darstellung · Bestandteile und Aufbau eines Schreibens · Interner Schriftverkehr · Schriftverkehr mit dem Steuerpflichtigen und mit Dritten, insbesondere Vorbereitung und Erlaß von Verwaltungsakten · Die Einspruchsentscheidung · Schriftverkehr mit Behörden und Gerichten.
Zweiter Teil: Sammlung von Mustern, Checklisten und anderen Vorlagen aus Abgabenordnung · Finanzgerichtsordnung · Anweisungen für das Straf- und Bußgeldverfahren · Einkommensteuergesetz · Körperschaftsteuergesetz · Grunderwerbsteuergesetz · Gewerbesteuergesetz · Umsatzsteuergesetz · Vermögensteuergesetz · Finanzkasse.

Schäffer-Poeschel Verlag
Postfach 10 32 41
70028 Stuttgart

SCHÄFFER POESCHEL